国 家 出 版 基 金 资 助 项 目
国 家 哲 学 社 会 科 学 基 金 项 目 重 点 项 目
"中 国 新 闻 法 制 通 史 研 究" 项 目 最 终 成 果

GENERAL HISTORY OF
CHINESE JOURNALISM
LEGAL SYSTEM

中国新闻法制通史

第五卷
史料卷
（上）

倪延年　选编

总 主 编　倪延年

分卷主编　（按姓氏笔画为序）

　　　　　王桂平　王继先　李　歌
　　　　　张晓锋　倪延年　薛传会

南京师范大学出版社

图书在版编目(CIP)数据

中国新闻法制通史.第五卷,史料卷/倪延年主编;
倪延年选编.—南京:南京师范大学出版社,2015.12
ISBN 978-7-5651-2495-2

Ⅰ.①中… Ⅱ.①倪… Ⅲ.①新闻工作—法制史—史料—中国 Ⅳ.①D922.162

中国版本图书馆CIP数据核字(2015)第309122号

书　　名	中国新闻法制通史·第五卷:史料卷
丛书主编	倪延年
本卷编者	倪延年
责任编辑	张元卿
出版发行	南京师范大学出版社
地　　址	江苏省南京市宁海路122号(邮编:210097)
电　　话	(025)83598919(总编办)　83598412(营销部)　83598297(邮购部)
网　　址	http://www.njnup.com
电子信箱	nspzbb@163.com
照　　排	南京理工大学印刷照排中心
印　　刷	南京爱德印刷有限公司
开　　本	787毫米×1 092毫米　1/16
印　　张	91.75
字　　数	1656千
版　　次	2015年12月第1版　2015年12月第1次印刷
书　　号	ISBN 978-7-5651-2495-2
定　　价	330.00元
出 版 人	彭志斌

南京师大版图书若有印装问题请与销售商调换
版权所有　侵犯必究

《中国新闻法制通史》
学术顾问委员会

主任委员

方汉奇　中国人民大学新闻学院教授、博士生导师。中国新闻史学会首任会长、国务院学科评议组成员兼新闻学科召集人

副主任委员

丁淦林　复旦大学新闻学院教授、博士生导师,曾任中国新闻史学会副会长、学会顾问

赵玉明　中国传媒大学电视与新闻学院教授、博士生导师,国务院学科评议组成员,曾任北京广播学院副院长、中国新闻史学会第二任会长,现为该学会顾问

委　员
（以姓氏汉语拼音为序）

程曼丽　北京大学新闻与传播学院副院长、教授、博士生导师,中国新闻史学会会长

方晓红　南京师范大学新闻与传播学院院长、教授、博士生导师,中国新闻史学会常务理事

方延明　南京大学新闻与传播学院院长、教授、博士生导师,中国高校校报研究会秘书长

顾理平　南京师范大学新闻与传播学院党委书记、教授、博士生导师

黄　瑚　复旦大学新闻学院教授、博士生导师,中国新闻史学会副会长

李　彬　清华大学新闻与传播学院副院长、教授、博士生导师,曾任中国新闻史学会常务理事

罗以澄　武汉大学新闻与传播学院院长、教授、博士生导师,国务院学科评议组成员

尹韵公　中国社会科学院新闻研究所所长、研究员、博士生导师,国务院学科评议组成员兼新闻学科召集人

张　昆　华中科技大学新闻与传播学院院长、教授、博士生导师,中国新闻史学会副会长,国务院学科评议组成员

前　言

这是作为国家哲学社会科学基金2007年度重点项目"中国新闻法制发展史研究"的最终研究成果八卷本《中国新闻法制通史》系列著作中的第五卷《中国新闻法制通史·史料卷(上)》。主要收录从古代有文字记载开始,到中国历史上最后一个封建皇帝宣布退位、具有资产阶级共和政体性质的中华民国宣布正式成立之前的1911年12月31日止,长达数千年间形成的新闻法制史料文献。其目的一是为了补本书有关各卷对史料内容介绍叙述文字之不足,二是便于读者根据史料文献原文对照阅读本书正文的有关内容,以便于读者对正文的理解和检验;三是为了给其他研究者在本课题组已有工作成果的基础上,对中国新闻法制(专题)史或与中国新闻法制史相关方面进行更加深入的研究提供部分文献史料的方便,除此别无它哉。

一

由于本卷所收录文献产生时间的跨度长达数千年,而在这数千年中的中国社会则发生了翻天覆地的变化:从有文字记载的"五帝"(黄帝、颛顼、帝喾、尧、舜)时期的原始共产主义社会解体到由禹开创的奴隶社会初期的夏朝,再从奴隶社会成熟的殷商及西周时期,发展到礼崩乐坏的东周列国,即被一些学者比称为西方"城邦国家"时期的春秋战国,又在经历了上百年的纵横吞并和血的拼杀后,由秦始皇统一了中原大地,于公元前221年建立了中国历史上第一个由皇帝为最高政治代表的封建君主专制国家。自秦及汉(西汉、王莽及东汉),三国(魏、蜀汉、吴)、晋(西晋、东晋)南北朝(南朝:宋、齐、梁、陈;北朝:北魏、东魏、北齐、西魏、北周)、隋朝,又历唐、五代(后梁、后唐、后晋、后汉、后周)十国,宋(北宋、南宋;期间又几乎平行存在着辽、金),宋后即是由蒙古族贵族入主中原成立的元朝,从忽必烈改"元"到元顺帝被灭,期间不足百年后即是朱家明朝。明朝共历17帝276年,1644年被满族八旗兵借明朝降将洪承畴等人之力进入北京,成为由满族贵族统治集团执掌全国政权的清朝。有清一朝,在经历了太祖、太宗以及世祖时期近50年的巩固稳定期后,自"圣祖"康熙朝开始进入了被学界称之为"康乾盛世"的黄金时期,盛气延至嘉庆朝,到道光皇帝接手时已成强弩之末而几乎无药可救。公元1842年的中英鸦片一战,中国被迫割让香港,巨额军费赔偿使国力大伤,关税权也被英国人控制,由此进入了半殖民地半封建的社会形态。此后西方列强对中国的掠夺、瓜分益甚,自香港被迫割让给英国以后,葡萄牙人以哄骗吓诈手段获得了"永居"澳门的权力;甲午一战,台湾和澎湖列岛又被日本人占据,曾经是世界政治经济文化中心的中华帝国成了"俎上肉""盘中餐"。自近代以来,中国这块土地上虽然也发生过太平天国农民起义、戊戌变法、洋务运动及以孙中山领导的资产阶级共和革命,虽然成立了资产阶级共和政体性质的中华民国,但事实上都没有能从根本上改变半殖民地半封建的社会性质,没有能改变国内战事频发和"国弱民贫受人欺"的状况,其中最严重的是日本人于1937年制造"卢沟桥七七事变"后对中国的全面武装入侵。历经八年浴血奋战,中华民族终于战胜了日本侵略者,取得抗日战争的胜利,台湾和澎湖列岛由此回归祖国版图。由于外国势力介入和国内政治的复杂因素,在抗日战争胜利后不到一年又爆发了国共两党军队的内战。三年较量,国民党南京政府溃败到了台湾,大陆建立了中国共产党领导的以工农联盟为基础的人民民主专政的社会主义政权,中国历史进入了以中华人民共和国为中央政权的当代史阶段。

和所有事物一样,中国古代新闻法制也经历了从起源到萌芽,再逐步发展到成熟的历史进程;而在中国社会进入了以半殖民地半封建为社会性质的近代社会以后,中国的新闻法制一方面继承了中华民族的传统文化,另一方面则或多或少、或快或慢地接受了西方国家在工业技术革命和资产阶级政治革命所形成的文化文明成果,开始了新闻法制的近代化进程。在中国新闻法制长达数千年的发展历程中,中国新闻法制不仅在内容方面各有不同,而且在表现方式方面也是形态各异:首先是在远古时期根本不可能出现近代意义上的"新闻传播活动",当然也就不可能存在近代意义上的"新闻法制"——这既是历史事实,也是符合历史唯物主义观点的历史结论。但不可能出现近代意义上的"新闻传播活动"并不等于当时没有新闻传播活动;没有可能存在近代意义上的新闻法制也不等于没有实际上具有新闻法制功能的制度"规矩"。这就需要我们从辩证唯物主义观点的角度,从现存的文献中按照新闻传播活动的本质特征和新闻法制的基本功能予以认识和思考。其次不光是远古或近古的新闻法制,就是进入近代(即通常所说的1842年鸦片战争以后)的中国新闻法制,也与规范规整的现代法律在格式或表述上不尽相同。例如光绪二十七年(公元1901年)重修刊刻的《大清律例增修统纂集成》中"造袄(妖)书袄(妖)言"条款,其表述的形式就是以"一"到底,即不管是几个条款,都是以"一"开头,在字面上看不出条款的次序先后,这是与现代法律条款的格式明显不同的。但我们却不能否定它作为新闻法制文献的存在,因为正如戈公振先生所说:"乾隆间之伪造奏折案,光绪间之《苏报》案,判决时均引用之。是最初有关报纸之法律也。"①可见它在当时的确发挥着新闻法制的功能。再则是在这一阶段的某一个时期中,中国的领土如台湾、香港、澳门等,曾根据某一国际双边或多边条约在某一阶段割让给其他国家:如台湾曾因中国在甲午战争中被日本打败而在于1895年签订的中日《马关条约》中规定割让给日本;香港本岛也是在1842年的中英《江宁条约》(即南京条约)中规定割让给英国的。澳门则被葡萄牙人通过《中葡和好通商条约》的形式取得了"永居"权。按照国际法惯例,台湾在1895—1945年属于日本的领土;香港本岛在1842年—1997年属于英国的领土,这是历史事实,因为在那一阶段是日本人在台湾、英国人在香港行使主权和治权。但台湾被日本人割占仅短短50年,这与台湾自古以来就是中国领土的数千年历史相比几乎可以忽略不计;香港本岛面积为77.5平方公里,仅占香港地区总面积1 066平方公里的7.27%,脱离香港其他地区几乎无法独立存在,也似乎无必要或可能专为规范新闻活动制定实施法律法令。正因为如此,我们仍然把台湾、香港和澳门地区在被外人占据时期的新闻法制,纳入中国新闻法制史研究的对象和范围,从现存的有关文献史料中择要选录一些有代表性的文献,以保持这些地区新闻法制发展轨迹的完整连续性。

二

尽管本卷所选录的历史文献已经是固态的、静止的和无言的,但记录了历史事实的文献内容本身,却又无时无刻不在无声地向后人再现着历史,叙述着历史,时刻准备向进行探寻的人们诉说自身所蕴含的历史规律——当然,这又取决于探寻者的诚意、执着、聪慧和学识水平。虽然我们怀有真诚的意愿、十分的努力,由于似乎是先天缺少过

---

① 戈公振:《中国报学史》,中国新闻出版社1985年版,第258页。

人的聪慧,所以在学识水平上自感不能尽如人意。但尽管如此,我们在研读选录本卷新闻法制史料的过程中还是略有所得一二。此得不敢私有,以求教于同行方家。

所得其一:中国古代新闻法制的起源要早于奴隶主王朝的形成。

20世纪80年代出版的《中国大百科全书·法学卷》认为,中国的封建奴隶主社会大概成形于禹和其子启的夏朝时期,时间大致在公元前22世纪末至前21世纪初。在这以前大致是原始共产主义社会,部落首领之变更是采取禅让制。而因为夏帝禹改变了传统的禅让制而直接传给了儿子启,标志着部落首领家族世袭制的封建奴隶主社会正式开始,维护封建奴隶主特权的法律也随之出现。在进入21世纪以后,法史学界提出了"中国法律起源于原始社会末期,即黄帝至尧舜时代";而且在国家与法律(产生时间的先后)关系上,不是先有国家,后有法律;也不是国家和法律同时出现;而是先产生法律,后出现国家的观点。认为大致在黄帝尧舜时期以前是一个无私有制、无阶级、无法律的原始社会;而黄帝尧舜时期则属私有制出现、阶级矛盾难以调和,法律产生的原始社会末期。又根据《商君书·更法》中"伏羲神农教而不诛,黄帝尧舜诛而不怒"[①]和《商君书·画策》中"故黄帝作君臣上下之义、父子兄弟之礼、夫妇妃匹之合;内行刀锯,外用甲兵"[②]等记载认定"黄帝时期是中国古代法律起源的初期"。[③] 在此基础上,我们认为中国古代法律起源于黄帝时期,基本成形于尧舜时期,到约公元前21世纪夏禹改变部落首领禅让的传统,将首领的地位传给其子夏启,标志着中国历史上第一个奴隶主王朝夏朝的诞生时,已经发展成为"家族世袭的继承制度确立,较完备的国家机构出现"的稳定的奴隶主王朝国家形态了。

经过对现存远古文献的研读和思考分析,我们认为中国古代新闻法制的起源要早于中国历史上第一个奴隶主王朝夏朝,具体时间大致可以确定在五帝中的第一位即首黄帝之后的颛顼时期。《国语·楚语下》载:"及少昊之衰也,九黎乱德,民神杂糅,不可方物。夫人作享,家为巫史,无有要质。民匮于祀,而不知其福。烝享无度,民神同位。民渎齐盟,无有威严。神狎民则,不蠲其为。嘉生不降,无物以享。祸灾荐臻,莫尽其气。颛顼受之,乃命南正重司天以属神,命火正黎司地以属民,使复旧常,

---

[①] 商鞅:《商君书·更法》卷四。
[②] 商鞅:《商君书·画策》第十八。
[③] 李交发、唐自斌主编:《中国法制史》,湖南大学出版社、湖南人民出版社2001年版,第4页。

无相侵渎,是谓绝地天通。"①这段文字中向我们展现了两个景象:一个是"少昊之衰"时的乱象。当时社会上出现了"九黎乱德,民神杂糅","烝享无度,民神同位","民渎齐盟,无有威严"等乱象,原因是由于"家为巫史,无有要质","祸灾存臻,莫尽其气"。即少昊治下的属民出现了道德伦丧、人神混杂,以神之代言人自居的部落首领威权受到奴隶蔑视、藐视甚至威胁的政治乱象。另一个景象则是颛顼治下"使复旧常"的治象。颛顼采取了"命南正重司天以属神","命火正黎司地以属民"的措施,"绝地天通"(断绝"民""神"相通渠道),使"民神"不再"杂糅",神民"无相侵渎",很快实现"使复旧常"的目标。颛顼"命南正重司天以属神"、"命火正黎司地以属民"的目的,就是要遏止"神闻"创造和传播的泛滥,通过明确官员职责(南正重司天,火正黎司地)和官员职责界限的界定(司天以属神,司地以属民),规定只有具备"要质"的部落首领才能以神之代言人出现,从而恢复理想或传说中的神和生活中的神(即部落首领)的"威严"。从颛顼"命南正重司天以属神,命火正黎司地以属民,使复旧常,无相侵渎"的命令之词中,可以感受到古代最原始新闻法制因子已经在当时的社会生活中发挥着功能——遏制当时社会生活中"神闻"创造和传播的泛滥,达到"绝地天通"理想境界,正是当时制定颁发施行以维护新(神)闻传播秩序为目的的新闻法制目的、功能和目标的具体反映。由此我们认为,早在夏朝之前的颛顼时代,中国古代新闻法制就开始起源了——因为从上述记载中已经可以明显地感受到新闻法制因子虽然模糊但确已存在的身影。

所得其二:中国新闻法制的发展历程体现了中国法制发展的一般规律。

黄帝之后的颛顼,一方面"命南正重司天以属神,命火正黎司地以属民","绝地天通",使神民"无相侵渎",社会政治秩序"使复旧常";另一方面又"命皋陶为士",制定实施了"昏、墨、贼、杀"等法律,标志着中国古代新闻法制从此前的"起源"状态进入了"萌芽"阶段。先是经历了尧、舜时期,又经历了夏、商两朝以及周朝的前期(即西周时期),作为专门性法制的中国古代新闻法制和整体的中国古代法制一样,基本上都处于发展中的习惯法状态,直至春秋时期各诸侯国陆续公布成文法以及出现包括了具有新闻法制属性专门条文的综合性成文法,中国古代新闻法制才逐渐步入了以制定并公布成文法律或成文的新闻法制条文为主要标志的成文法阶段。尔后又经历了从综合法到专门

---

① 左丘明撰,韦昭注:《国语·楚语下》卷十八。

法,再从专门法到专题法的不同发展形式,才最后发展成为中国近代法制产生前的成熟的中国古代法制。

在进入成文法阶段以后,中国新闻法制和整体的中国法制一样继续向前发展。综观中国新闻法制发展的普遍规律,大致可以用如下几句短语进行概括:

第一句话是"从空白到产生"。主要体现为起源、萌芽阶段中的在有关史料中蕴含新闻法制因子状态。世间本来没有新闻法制,只是研究者从当时的文献记载的社会生活情景中探寻出某些现象中蕴含了新闻法制的动因和功能,从而认为新闻法制开始起源。这种情形不管是新闻法制还是一般意义上的法制,大致都需要经历这么一个认识的过程,而且随着新的文献史料的出现,关于起源或萌芽的时间起点也可能有所变化。

第二句话是"从模糊到清晰"。主要着眼于对新闻法制产生的认识过程。无论是新闻传播活动或行为,还是新闻法制,在刚开始出现的时候其本质特征都是不很鲜明的。从某种意义上讲,最早的新闻传播者的新闻传播行为或者是新闻法制行为,很可能都是无意识的,是为了适应当时客观存在但人们还没有从意识上感受到的社会需要的自然行为,所以在主观意识上可能是模糊的,是不自觉的的行为。而随着新闻行为及其规范需求的重复出现,使得人们开始从无意识逐步地成为有意识,即从原来的"不经意"之间发展到"必须如此"的状态,表现出必须通过行政和法制的手段对新闻行为进行规范才能实现统治者意图的清晰认识,形成认识上的历史必然。

第三句话是"从综合到专门"。所谓"综合"是特指综合性的国家法制,如唐朝的《唐律疏议》、宋朝的《宋刑统》和《庆元条法事类》、明朝的《大明律》以及清朝的《大清律例》等等;而"专门"则是指与新闻活动相关的专门性法令或专门性的法令条文。在新闻法制的发展历程中,一般的规律是先在综合性的律令法规中出现与规范新闻传播行为的相关条文,如《唐律疏议》中已经包含有非常系统严密的规范驿传系统运行的规定。当时在皇城京都刻印的邸报如果要传播到京外地区,则必须要借助驿传系统的运作,所以《唐律疏议》中关于规范驿传系统运行的法令法规可以认为是与新闻活动相关的专门的法令条文。这种情况在宋朝的《宋刑统》和《庆元条法事类》、明朝的《大明律》和清朝的《大清律例》等综合性法典中都普遍存在。

第四句话是"从专门到专题"。所谓"专门"是指在信息传播、文献出版、文献传播、著作权等全部或部分涵盖了新闻采编、平面媒体出版、新闻消息传播以及新闻产品权利保护等专门性的领域及其专门的法令法规,而"专题"则是特指以整体的"新闻"或特定新闻媒体类型或新闻活动的特点环节为专门的主题。在新闻法制的发展历程中,则是指在出现了与新闻传播直接相关的专门法的基础上,再细分出旨在专门规范新闻活动或新闻活动的某一环节(方面)的专题性法令法规,或者是出现综合规范新闻活动所有方面因素即以"新闻"为完整主题的专门法令法规。前者如从《出版法》到《报纸条例》,从《保密法》到《出版物保密规定》,再到《新闻保密规定》等等;后者如从《宪法》到《新闻法》,再从《新闻法》到《记者法》,又从《记者法》到《新闻从业人员自律准则》等等。

所得其三:社会发展阶段的进步必然导致新闻法制发展的进步。

按照一般的人类社会发展阶段划分,中华民族经历的社会阶段也和世界上许多民族一样,大致已经经历或正在经历原始社会、奴隶制社会、封建制社会、资本主义制度社会、社会主义制度社会。按照马克思创立的共产主义学说,人类社会最后将进入共产大同社会。由于中国特殊的政治经济文化背景以及自19世纪中叶开始的西方列强对古老中华帝国的侵略瓜分和政治经济文化渗透,使得中国社会在发展进程中没有能够进入资本主义制度社会,而是在封建专制社会的基础上被迫掺入进了具有鲜明殖民地色彩的西方资本主义因素,形成了一个独特的社会阶段——半殖民地半封建社会,在这种社会状态下,孙中山领导的辛亥革命虽然推翻了清朝皇帝,但没有能从根本上改变中国社会的半殖民地半封建的性质,外侵日甚,内战不断,最后在中国共产党领导下的以工农联盟为基础,团结各民主党派和全国人民共同奋斗的民族独立和民族解放运动取得了决定性的胜利,成立了中国共产党领导的以工农联盟为基础的人民民主专政国家,使得社会主义中国客观上跨越了资本主义制度社会的发展阶段,从半殖民地半封建社会直接进入了社会主义的初级阶段。本卷所收录文献史料的时间跨度,经历了历史的中国从原始社会到奴隶制社会、又从奴隶制社会到封建制社会,再从封建制社会到半殖民地半封建社会,最后又从半殖民地半封建社会进入社会主义社会的几次社会性质变化的飞跃性转折,而仅仅从所收录的文献史料内容所记载的信息中,我们都可以深深地体会到社会发展阶段的进步必然导致新闻法制发展的进步,或者说,中国从古代新闻法制到近代新闻法制发展的每一个进步,都清晰地打上了社会发展阶段进步的烙印,体现了人类社会法制进步和发展的历史跨越。

第一个跨越是从原始社会时期的没有法律到奴隶制社会的习惯法。如前所说,在原始社会末期开始了中国法制的起源,这是法制发展的第一个阶段——习惯法的起源。当时的法律只是存在于那些自原始社会末期形成的由原始部落首领借助特权占有部落成员剩余财产后形成的早期奴隶主脑袋里的惯例,譬如奴隶是奴隶主的当然财产,奴隶理所应当为奴隶主无偿地劳动,奴隶主可以决定奴隶的生死予夺;奴隶不得冒犯奴隶主的权威,奴隶必须无条件地服从奴隶主,奴隶对奴隶主的压迫不得有丝毫反抗,倘若有奴隶违反了上述惯例,奴隶主就可以任意的处罚奴隶。为什么原因要处罚奴隶,为什么处罚这个奴隶而不处罚那个奴隶,根据什么原则或标准处罚奴隶,可以用什么方式处罚奴隶等等,这一切都是奴隶主说了算。法律在奴隶主的嘴上,奴隶主说出来的就是法,奴隶主的意志就是法,奴隶主的嘴巴就是法律的诞生地,这就是奴隶制社会的法律。在习惯法阶段比较典型的新闻法制事件是盘庚关于迁殷一事对所属奴隶主的一次训话。王若曰:"汝不和吉言于百姓,惟汝自生毒。乃败祸奸宄,以自灾于厥身。乃既先恶于民,乃奉其恫,汝悔身何及?相时憸民,犹胥顾于箴言。其发有逸口,矧予制乃短长之命。……凡尔众其惟致告:自今至于后日,各恭尔事,齐乃位,度乃口。罚及尔身,弗可悔。"①可知盘庚可以处罚任何敢于违抗他命令的奴隶主,更不要说是奴隶了。尽管习惯法是残酷的和不公正的,但比起原始社会的没有法律而言毕竟是一个进步,因为这是人类社会法制发展历程中的一个必然阶段。

第二个跨越是从奴隶制社会的习惯法到封建制社会的成文法。随着畜力和铁制农具在农产品生产中的应用和普及,奴隶制社会末期的东周时期开始出现封建地主的雏形。他们通过逐步解放奴隶使之成为享有一定人身自由和权力的封建农民,并且在农民把绝大部分生产所得作为地租交给地主的前提下允许他们拥有极少的可以自由支配的私有财产。这毫无疑义是一个有利于社会生产力发展和生产关系革命的进步。因为封建农民在封建制度社会里享有了一定程度的人身自由和权力,所以地主就不能再像奴隶主那样随心所欲地任意处罚农民。在这种情况下就出现了封建地主阶级把体现自己意志的国家的法律公布于众的现象,在中国法制发展史上就出现了成文法。在正式公布成文法之前,还有一个"习惯法成文化"阶段,即新兴地主阶级用文字记录习惯法但不对外公布,而仅作为内部掌握的办案依据。法学界认为公布成文法最早的是《左传》记载的"郑人(子产)铸刑书"②(公元前 536 年),而《左传》的另一记载宋平公"使乐遄庀

---

① 《尚书·盘庚上》第九。
② 《左传·昭公六年》。

刑器"①（公元前564年），却事实上还早于郑人子产铸刑书。尔后就正式进入成文法阶段了。中国古代新闻法制也随之进入成文法阶段，主要标志有李悝《法经·杂律》篇所载"议国法令者诛，籍其家，及其妻氏"。司马迁《史记》载："秦民初言令不便者，有来言令便者。卫鞅曰：'此皆乱化之民也，尽迁之于边域'。其后，民莫敢议令"②等，而秦始皇公布的《焚书令》《以古非今偶语诗书令》以及《挟书律》等等，则是中国古代新闻法制史上第一批已有具体法律名称的成文法。这一阶段历经汉、唐、宋、元、明各朝和清朝前期及中叶，一直到中国社会进入半殖民地半封建社会之前。

第三个跨越是从封建制社会的古代成文新闻法制法到半殖民地半封建社会的近代成文新闻法制。中国古代的新闻法制成文法自秦始皇公布实施《焚书令》《以古非今偶语诗书令》和《挟书律》等专门法令后一直在封建专制政体的轨道上缓慢地发展。只不过战国时期各封建地主君主国大多信奉法家，孔孟之道的市场不大。汉武帝刘彻嗣位后于西汉建元元年采纳董仲舒议："凡非五经之书及孔丘之著，皆予禁绝，不准流传"，"自是罢黜百家，独尊儒家"③成了另一种思想专制。自西汉以后，尽管不同的封建朝代对于社会的主导思想流派有所变化或侧重，但主流还是孔孟为代表的"儒家学派"，一直延续到1842年鸦片战争之前。鸦片战争一役，中国首次被外人的洋枪洋炮打败，赔偿巨额军费，被迫割让香港，海关关税等国家经济命脉受制于外人，由此进入半殖民地半封建社会。此后的中华帝国就一直被魔鬼缠身而噩梦不断，到辛丑年间八国联军攻进北京，大肆抢劫火烧圆明园时，清王朝已经病入膏肓无药可救了。伴随着西方帝国主义的政治经济和军事侵略，西方资产阶级共和政体国家的一些思想和做法也慢慢传进中国，这就是所谓的"西风东渐"。一些进步的中国人一直在思考使中国强大起来免遭外人欺负的途径，于是就产生了"洋务运动""戊戌变法"和后来的"仿行宪政"运动。这些努力在新闻法制领域的反映就是近代新闻法律的出现。近代新闻法制与传统的古代新闻法制相比较，除了内容方面增加了西方资产阶级共和政体中的民主、人权、平等字样外，在形式上也有明显的进步，当然这种进步也经历了一个过程。我们认为，1908年3月14日由清廷宪政编查馆提请皇帝御览后批准公布施行的《大清报律》已经是一部成

---

① 《公传·襄公九年》。
② 司马迁：《史记·商君列传》。
③ 柏杨：《中国历史年表》，海南出版社2006年版，第220页。

熟完善的近代新闻法律。但在此之前1906年7月颁布的《大清印刷物件专律》、1906年10月16日由清廷京师巡警总厅"奉巡警部命令订立的"《报章应守规则》以及1907年8月由朝廷"旨饬交宪政编查馆核定颁行"的《报馆暂行条规》等过渡性法令法规中清楚地反映了中国古代新闻法制的近代化嬗变的过程。其中在形式上最典型的进步是《报章应守规则》共有九条,每一条都是以"一"开始,整篇法规"一""一"到底;而《大清报律》则已经是"章""条""款"层次分明,每条以"第"开头,"第"后以"数"表示特定条文在正文中的位置和次序,"数"后以"条"了结,以区别于"章"和"款",布局合理,格式规范,达到了成熟的近代新闻法制的水平。

第四个跨越是从半殖民地半封建社会的近代新闻法制到社会主义初级阶段的当代新闻法制。从1842年鸦片战争失败后中国进入半殖民地半封建社会,到由中国共产党领导的以工农联盟为基础的人民民主专政的社会主义共和政体的中华人民共和国的诞生,期间经过了一百多年时间。其中前70年时间尚在清朝,后30年时间则进入由孙中山领导创建的资产阶级共和政体性质的中华民国时期。尽管辛亥革命迫使清朝皇帝宣布"逊位"而承认了共和,但孙中山在创立中华民国伊始就宣布承认帝国主义各国在中国已经取得的特权,延续帝国主义各国与清政府签订的所有不平等条约,保护各国列强通过武力在中国已经攫取的各种利益,所以尽管政体实现了共和,但中国仍然是半殖民地半封建社会。由孙中山创立的中华民国南京临时政府定都南京实际上不到100天——1912年元旦中华民国南京临时政府正式宣布成立,同年4月6日参议院在南京举行最后一次会议,随之临时政府各部局机关停止办公——就在袁世凯的软硬兼施下迁到北京。接着就是以北洋军阀势力主导的中华民国北京政府10年,期间发生的轰轰烈烈的大革命运动和北伐战争,为蒋介石登上权力顶峰奠定了基础。蒋介石主政的22年间一直没有安定过,先是共产党领导的红色割据战争及各派军阀混战,然后是日本全面入侵。抗战胜利后,蒋介石在美国人的支持下坚持独裁,国共间终于又爆发了三年内战,直到1949年4月人民解放军占领中华民国首都南京,蒋介石国民党集团溃败到台湾岛。随着中华人民共和国中央人民政府的诞生,中国正式进入了社会主义的初级阶段。中华人民共和国中央政府在成立之初就向全世界宣布不承认此前所有政府与外国签订的不平等额条约和特权,自1842年鸦片战争失败以后第一次昂首站到了和世界各国平等交往的国际舞台上,中国由此进入了一个新纪元。在中华民国时期,无论是袁世凯任临时大总统及总统的民国北京政府,还是此后的冯国璋、段祺瑞、曹锟以及张作霖主持的民国北京政府,或者是蒋介石国民党集团主导的民国南京政府,不但都先后制定颁布实施了一系列的专门新闻法制,而且在众多的相关法令法规中都包含了与新闻活动有关的内容或条款,其目的宗旨都是维护当政者及其集团(如北京政府时期的北洋军阀集团以及南京政府时期的"蒋宋孔陈四大家族"集团)的政治经济利益和特权。这些新闻法制随着民国北京政府和民国南京政府先后被新的政府取代而失去了法律效力,中国的新闻法制随之进入了"当代新闻法制"阶段。与中国近代新闻法制相比较,中国当代新闻法制最集中的特质是公开宣布只有"中华人民共和国人民有思想、言论、出版、集会、结社、通讯、人身、居住、迁徙、宗教信仰及示威游行的自由"(《中国人民政治协商会议共同纲领》第五条),亦即"保护人民的言论出版自由和剥夺反人民的言论出版自由的原则"(《中共中央关于新解放城市中中外报刊通讯社处理办法的决定》),标志着中国当代新闻法制在中国近代新闻法制的基础上实现了新的本质性的跨越,达到了一个全新的境界。

所得其四:外族统治者新闻法制经历从宽容忍让、建立统治到严刑峻法、巩固统治的过程。

在中华帝国发展的历史进程中,曾经经历过赵匡胤创立的宋朝帝国被北方蒙古族的元国统一、朱元璋创立的明朝帝国被北方满族的清国统一的特殊时期。综观这些外族统治者在入主中原之地后的新闻法制发展历程,可以清晰地看出在初期都有一个对某些不是坚决根本的反抗抵制行为采取宽容忍让政策,以便建立新的统治的过渡时期,而当新的统治体制建立、管制运行机制稳定后,统治者对于敌对势力的反抗就不再容忍,而是采取高压手段予以镇压,以达到巩固其统治的目的。

宋朝对朝廷官报进奏院报的管理制度是非常周密的,对违反规定朝报朝廷新闻行为的处罚非常严厉的,而对民间小报的查禁尤其严厉。南宋规定"漏泄朝廷机事"、"誊报议论边机事理要害"、"漏泄边机事务"、"将不合报行事辄擅报行及录与诸处刺探人传报"、"探伺漏泄朝廷机政"、"鼓唱浮言以惑众听"、"伪造诏令"、"公然传写誊录朝廷机事"、"便行传报传闻不实之词"、"撰造无根之语,转播中外"、"私撰小报,唱说事端"、"妄传小报"、"听探传报漏泄朝廷机密事"及"撰造命令、妄传事端"等罪名及惩处措施的目的主要就是为了禁绝民间小报。这种现象到了元朝似乎有所松动。《元史》中的确明文规定"诸但降诏旨条画民间辄刻小本卖于市者,禁之"①。但却说明了在皇帝颁下诏旨、

---
① 《元史·刑法四》卷一百五。

朝廷颁布法律（条画）后，社会上有民间"小本卖于市"；朝廷禁止的仅仅是"民间辄刻"的"小本卖于市"，那些经官府批准刻印的"小本卖于市"则是合法的。可知在元朝不但存在"民间辄刻"的"小本（报）"，而且存在经过官方批准后刻印的"小本"，民间报业应当是比较发展的。元朝立国不足百年，还没有来得及制定更为严厉的新闻法制就被朱元璋领导的农民起义军推翻了。

明朝末期的新闻法制对于泄露朝政新闻的处罚是相当严厉的。明熹宗朱由校在登帝的当年（天启元年，公元1621年）四月甲戌就降下谕旨说："禁抄发军机"，重申严厉禁止在邸报上刊载军事机密方面的文稿（《明史·熹宗本纪》）。明思宗朱由检在登帝的第一年（即崇祯元年，公元1628年）就降下谕旨说："各衙门章奏，未经御览批红，不许报房抄发，泄漏机密"（孙承泽《春明梦余录》）后，又于崇祯三年（公元1630年）正月颁下"禁抄传边报"的谕旨，严厉禁止在邸报上传抄边报文字。由于朝廷严禁，使得"凡涉边事，邸报一律不敢传抄，满城人皆以边事为讳"（《明史·庆烈帝本纪》）。崇祯十年（公元1637年）十一月初八，崇祯皇帝再一次颁下谕旨："凡关系机密者，不许抄传"（文秉《列皇小识》卷六）。规定"一概私揭，不许擅行抄传，违者治罪"等等。明朝皇帝不但颁下圣旨，而且对那些因在邸报上泄漏了国家军机大事的官员，不论职位多高，均予以严惩。崇祯年间的兵部尚书陈新甲，就是因"所遣职方郎马绍愉以（受皇帝密旨与清议和的情况）密语报新甲，（新甲）视之，置几上。其家僮误以为塘报也，付之抄传。于是言路哗然"之事，不但被崇祯皇帝"严旨切责新甲"，而且被"令自陈"，位高一时的兵部尚书陈新甲因此丢了性命。清朝代明以后，接受了明朝降将和变节文人的建议，一方面加强军事进剿，另一方面进行文化安抚。在新闻传播方面也做出一种宽大的姿态。这一阶段的重要媒体是民间的"小报"。清初的北京城里就有以私人行为从事抄报、刷报、传报活动的人和半地下的民间报房，所刊刻的就是"小报"。顺治十五年（公元1659年），直隶山东河南总督张玄锡在给顺治皇帝的遗折中有"前日我们往湖广去时，尔在山东岂不见小报，何为不来迎接？"之语，可见"小报"在当时可公开流传，朝廷也没有限制小报的法规。直到康熙五十三年皇帝颁下"各省提塘，除传递公文本章，并奉旨转抄事件外，其余一应小钞，概行禁止，违者治罪"的谕旨，这才标志着清王朝对小报的态度从宽容转入了禁止的态度。此时清朝在北京立国已经70多年了。雍正四年的"小报新闻杀人案"则是因为皇帝认为"报房竟捏造小钞，刊刻散播，以无为有，甚有关系"，因担心这份"小报"与那些和他作梗的皇兄皇弟有"关系"才"着兵刑二部详悉审讯，务究根源，以戒将来，以惩奸党"。随着清朝统治的虚弱和人民的反抗愈烈,清朝政府残酷残忍残暴的一面表现得越来越突出,记者沈荩因发表新闻被棒毙就是一例。戊戌变法失败后清廷对报馆的一律查封和对康梁等报人的通缉以及对谭嗣同等报人的残酷杀害,既是显露出凶神恶煞的本相,也比较吻合"外族统治者新闻法制经历从宽容忍让、建立统治到严刑峻法、巩固统治过程"的普遍规律。

说一句题外的话,英国人1841年1月26日强行登上香港岛后,在2月1日由义律和伯麦联合发布的《安民告示》时也曾宣布"一切礼教与典仪风俗习惯及私有合法物产权益,概准仍旧自由享用","官厅执政治民,悉依中国法律、风化、习惯办理,但废除拷讯";在义律以个人名义发布的《义律公告》中也宣布"岛上华人居民""依照中国法律习惯办理","而于英国人或他国人民,则适用英国现行法规办理"。① 但在1844年10月港英当局颁布《设立高等法院条例》时就明确宣布"自即日起,一切当日已经生效的的英国法律全部适用于香港",尔后又颁布了《使用英国法律条例》等一系列法令,在较短的时间内构建起了一个将英国法律适用于香港地区的法律体系。而尽管在1887年12月1日由清政府全权大臣奕劻、孙毓汶与葡萄牙政府代表罗沙签订的《中葡和好通商条约》中,葡萄牙人就获得了所谓的"永居管理澳门"的权利,却一直没有在澳门制定公布实施专门的新闻法制,只是在《澳门组织章程》中规定"《葡萄牙共和国宪法》中关于权利、自由及保障的规定适用于澳门",直到1937年1月27日才出现与新闻出版有关的"第27495号命令"。这从某种意义上似乎也暗合了"外族统治者新闻法制经历从宽容忍让、建立统治到严刑峻法、巩固统治过程"的普遍规律。

三

与《中国新闻法制通史·史料卷(下)》所收录的史料文献相比,这一卷所收录的文献史料,无论是在时间跨度或者是在内容的丰富程度,还是在史料类型的多样程度上,都有自己明显的特点。在这些原始的文献史料中,我们仿佛又回到了盘庚面对所属奴隶主训话的场景,身处于在秦宫谋士和文人博士的对策中作为秦国丞相的李斯,为巩固秦朝专制统治而慷慨激昂地建议始皇帝焚书的场景,看到了中国新闻法制发展历程中

---

① 1841年2月1日,义律和伯麦联合发布的《安民告示》,转引自倪延年《中国报刊法制发展史·台港澳卷(上)》,第190页。

的一幕一幕……尽管今人面对的已经是固态、静止和过去的史料,但我们认为,其间所展现的当时新闻法制产生的社会生活场景和内在原因以及新闻法制所发挥的社会功能和实际效果等等,对于今人的新闻传播活动和新闻法制理论和实践研究,却具有无可替代的功效;而其间所蕴含的古人或过去之人的思考结晶,对于我们今人的思考分析乃至从古人死人的成败得失中得到启发,认识新闻事业及新闻法制发展的内在规律,避免在理论与实践问题上的重蹈覆辙可以说具有特殊的作用。

和《中国新闻法制通史·史料卷(下)》一样,本卷内容所涉及的文献史料,数量之多,内容之丰富,形式之多样,背景之复杂,远远超出我们早先的预料,而且所涵盖的时间又远远超过六七十年而长达数千年。这对文献史料的选择收录是一个严峻的挑战,也是对我们的一个艰巨的考验。虽然分卷主编会议多次专门讨论研究,各有关分卷的主编也是竭尽所能,尽可能地收集提供有关文献史料,选编者也是全身心地投入,但实际操作起来还是如履薄冰,很有顾此失彼的担心。根据分卷主编会集体讨论作出的决定,《中国新闻法制通史·史料卷(上)》的内容按照收录文献的产生主体和时间兼及内容主题的原则进行组织。本卷收录的文献史料即据此原则组织成为五个单元(即五编)。它们分别是第一编:中国古代新闻法制史料;第二编:中华民国时期的新闻法制史料;第三编:外国租界当局及汉奸政府的新闻法制史料;第四编:外人占据时期我国台湾、香港和澳门地区的新闻法制史料;第五编:近代新闻法制阶段的红色新闻法制史料。其中每一编的文献史料又根据实际情况分为若干部分。每一部分文献的排列次序则原则上以该部分第一篇文献产生的时间点先后为序。在此专作一说明。

尽管努力想在文献选录方面做得尽量科学、客观、周到、全面一些,真心地想通过自己的努力能够向国家交上一份自己满意的答卷,对得起同行专家的关心帮助。但一方面由于时间比较短暂和工作紧张匆忙,另一方面也是囿于自身学识和学力的积累有限,所以只能暂时把这似乎连自己都不是十分满意的成果贡献出来,至于是否达到预设的目标,就只能请读者诸君给以评论了。

倪延年

于南京龙凤花园腾龙里寒舍海壁斋

二○一一年二月五日

目　　录

前　言 / 倪延年 / 001

第一编　中国古代新闻法制史料
（上古至清末）

第一篇　中国古代新闻法制起源阶段的史料（上古至西周）/ 003

1. 竹书纪年（节摘）/ 003
2. 国语（节摘）/ 003
3. 商子（节摘）/ 005
4. 新语（节摘）/ 006
5. 尚书（节摘）/ 007
6. 夏书（节摘）/ 008
7. 战国策（节摘）/ 009
8. 古今图书集成（节摘）/ 010
9. 礼记（节摘）/ 011
10. 左传（节摘）/ 011

第二篇　中国古代新闻法制萌芽阶段的史料（东周至秦末）/ 013

1. 墨子（节摘）/ 013
2. 晋书（节摘）/ 014
3. 法经（节摘）/ 015

4. 史记(节摘) / 015

5. 韩非子(节摘) / 017

6. 秦律(节摘) / 017

第三篇 中国古代新闻法制发展阶段的史料(汉朝至北宋末) / 020

1. 汉书(节摘) / 020

2. 西汉会要(节摘) / 020

3. 通典(节摘) / 021

4. 旧唐书(节摘) / 023

5. 唐六典(节摘) / 025

6. 唐律疏议(节摘) / 025

7. 唐会要(节摘) / 033

8. 宋史(节摘) / 035

9. 宋会要稿(节摘) / 036

10. 宋会要辑稿(节摘) / 037

11. 宋刑统(节摘) / 041

12. 庆元条法事类(节摘) / 043

13. 续资治通鉴(节摘) / 045

14. 续资治通鉴长编(节摘) / 046

第四篇 中国古代新闻法制成熟阶段的史料(南宋至鸦片战争前) / 047

1. 海陵集(文选) / 047

2. 宋史(节摘) / 048

3. 宋会要辑稿(节摘) / 048

4. 元史(节摘) / 053

5. 古今图书集成(节摘) / 054

6. 明史(节摘) / 055

7. 明会典(节摘) / 056

8. 明清史料(节摘) / 060

9. 万历邸抄(节摘) / 062

10. 历代职官表(节摘) / 062

11. 钦定六部处分则例(节摘) / 064

12. 清会典事例(节摘) / 065

13. 东华录(节摘) / 071

14. 朱批谕旨(节摘) / 072

15. 清实录(节摘) / 074

16. 关于重申须按常规报文的告示(节摘) / 075

第五篇 中国古代新闻法制近代化嬗变阶段的史料(鸦片战争后至中华民国成立前) / 077

1. 大清律例(节摘) / 077

2. 请整顿驻京塘务疏 / 078

3. 资政新篇(节摘) / 080

4. 广东南海、番禹县令关于查禁私自刊刻新闻纸的告示 / 081

5. 奏拟官报《时务报》章程三条 / 082

6. 关于开放报禁的御批 / 084

7. 请定中国报律折 / 085

8. 关于官报经费及制定中国报律的御批 / 086

9. 整顿报纸刍言 / 87

10. 传递新闻电报减收半价章程 / 89

11. 关于缉捕康梁和查禁康党报馆的上谕 / 90

12. 为查禁《天南新报》《清议报》事饬江汉关道札 / 91

13. 严设报律问题(节摘) / 93

14. 为查禁翻印《清议报》事"札饬"所属州县 / 94

15. 严禁《国民报》示 / 96

16. 天津《大公报》被封事件史料五则 / 96

17. 关于查禁悖逆书报之命令(节摘) / 100

18. 清考察政治馆"奉旨议复"御史赵炳麟奏请创设《政治官报》事 / 100

19. 大清印刷物件专律(节摘) / 102
20. 拒约须急设机关日报议(节摘) / 103
21. 南海县自订报律八条 / 104
22. 报章应守规则 / 106
23. 论报律 / 107
24. 自定报律三条 / 108
25. 奏拟定《报馆暂行条规》折 / 109
26. 奏考核《报律》折 / 112
27. 大清报律 / 113
28. 上海租界会审公廨对《民呼日报》被控案之判决书 / 117
29. 关于修订报律的两则史料 / 118
30. 钦定报律 / 120
31. 著作权章程(节摘) / 124
32. 外国旗压倒报律 / 128

第二编　中华民国时期的新闻法制史料
（1912.1—1949.9）

第一篇　民国南京临时政府时期的新闻法制史料 / 131
1. 上海都督陈其美对汪诒年"禀贴"的批示 / 131
2. 为广州报纸刊出"燕塘新军解散"新闻事约请各报编辑人到警察部谈话函 / 131
3. 广州报界全体布告同胞书 / 132
4. 大汉四川军政府报律 / 133
5. 大汉四川军政府严禁殴辱报馆示 / 135
6. 内务部著作物呈请注册暂照前清著作权律分别核办通告文 / 135
7. 内务部规定暂行报律通告各都督电文 / 136
8. 上海报界俱进会关于拒绝《民国暂行报律》的通电 / 136
9. 却还内务部所定报律议 / 137

10. 大总统令内务部取消暂行报律文 / 138
11. 大总统令交通部核办报界公会请减邮电费文 / 139
12. 交通部复大总统核减报界邮电费办法呈 / 139
13. 大中华民国临时约法草案（节摘）/ 139

第二篇　民国北京政府时期的新闻法制史料 / 141

1. 关于取缔报馆、禁销沪报之呈请 / 141
2. 广东都督府告示 / 141
3. 长沙驻军协统关于保护报馆舆论之布告 / 142
4. 上海租界会审公廨对《民权报》被控一案判决书（节摘）/ 142
5. 四川都督府关于保护新闻界之命令（节摘）/ 142
6. 湖北大都督黎元洪关于查封汉口《大江报》布告 / 143
7. 全闽警厅总监彭守松查封《民言报》之告示 / 143
8. 法国驻天津总领事官告示 / 144
9. 参议院关于《民意报》迁出法租界事之咨文（节摘）/ 144
10. 关于参议院咨请澈查《民意报》事件文之咨复 / 145
11. 北京政府陆军部致内务部函 / 146
12. 北京政府京师警察厅总监呈内务部文 / 146
13. 广东警察厅取缔"造谣煽惑之新闻电报论说"之命令 / 147
14. 黄远庸关于组织特种机关检阅报纸之条陈（节摘）/ 148
15. 北洋政府内政部禁止有碍"中日国交"言论之训令 / 148
16. 北洋政府内政部关于不得刊载官方禁载消息之命令 / 149
17. 江苏淞沪警察厅长、统领警备队《关于禁绝乱党机关报》告示 / 149
18. 北洋政府国务院致福建都督孙道仁密电 / 150
19. 福建都督孙道仁复北洋政府国务院密电 / 150
20. 广东警察厅厅长邓瑶光"慎重登载"外交军事新闻之饬令 / 151
21. 报纸条例 / 152
22. 解释报纸应守军事秘密之范围 / 155
23. 杭州警察厅《检查报纸规则》/ 156

24. 出版法 / 156

25. 关于报纸侮辱公署依刑律处断电 / 158

26. 新闻电报章程 / 159

27. 修正报纸条例 / 160

28. 大总统申令废止报纸条例 / 162

29. 内务部电复四川警务处长所请规定取缔报馆权限应毋庸议 / 162

30. 内务部电复四川警务处长报纸法案业经提出国会关于报纸之取缔及保护勿庸另行规定 / 163

31. （新国会）报纸法案 / 163

32. 江苏淞沪警察厅取缔印刷所办法 / 167

33. 淞沪警察厅关于拟定取缔印刷所办法的解释 / 168

34. 内务部咨淞沪护军使上海取缔印刷所办法内有关于先行检阅一层核与现行法律并无根据请转饬警厅依法修正由 / 169

35. 京师警察厅管理印刷营业规则 / 170

36. 京师警察厅拟订管理印刷营业细则 / 171

37. 东省特别区警察总管理处暂行取缔报纸规则 / 172

38. 东省特别区警察总管理处暂行管理报纸营业规则 / 173

39. 北洋政府交通部为取缔开洛广播电台事致上海护军使咨稿 / 174

40. 装用广播无线电接收机暂行规则 / 175

41. 京师警察厅管理新闻营业条例 / 177

42. 审查影剧章程（节录） / 178

43. 京师警察厅修正管理新闻营业条例 / 179

44. 关于党报决议案 / 180

第三篇 民国南京政府初期的新闻法制史料（1927—1937） / 184

1. 上海特别市教育局小报审查条例 / 184

2. 禁止学生购阅淫亵书报令 / 186

3. 指导普通刊物条例（草案） / 186

4. 审查刊物条例（草案） / 187

5. 补助党报条例(草案) / 188

6. 指导党报条例 / 189

7. 设置党报条例 / 191

8. 国民党中央宣传部中央广播无线电台通告 / 191

9. 宣传品审查条例 / 192

10. 省及特别市党部宣传工作实施方案(节摘) / 194

11. 查禁反动刊物令 / 196

12. 出版条例原则 / 196

13. 日报登记办法 / 197

14. 取消电报新闻施行检查令 / 198

15. 供给海外报社新闻电讯办法 / 198

16. 海外党报登记规则 / 199

17. 出版法 / 200

18. 修正指导党报条例 / 205

19. 出版法施行细则 / 206

20. 汉口新闻机关取缔规则 / 209

21. 装设广播无线电收音机登记暂行办法 / 210

22. 取消电报新闻施行检查令 / 211

23. 中国国民党西南各级党部审查出版物暂行条例 / 211

24. 各级党部所辖报社管理规则 / 212

25. 宣传品审查标准 / 213

26. 民营广播无线电台暂行取缔规则 / 214

27. 官署出版品得免登记咨 / 216

28. 新闻纸类呈请登记尚未领到登记证者之刊载方法咨 / 217

29. 取缔各大小报纸刊登淫亵新闻办法 / 218

30. 定期出版物保证办法 / 218

31. 新闻检查标准 / 219

32. 重要都市新闻检查办法 / 220

33. 修正重要都市新闻检查办法 / 221

34. 颁发外籍新闻记者注册证规则 / 222
35. 各书摊报贩登记领证办法 / 223
36. 新闻电讯检查标准 / 224
37. 各报馆及通讯社请领许可证手续 / 224
38. 各报社违反新闻检查办法惩罚规则 / 225
39. 各省市新闻检查所新闻检查规程 / 225
40. 解释法院制裁报社及通讯社编辑人适用法律疑义 / 227
41. 取缔不良小报暂行办法 / 227
42. 法院制裁新闻编辑人适用法律令 / 228
43. 对于常务委员会及组织、宣传、民运指导各委员会工作报告之决议案（节摘）/ 229
44. 新闻不服检查者，军政机关得予以一日至一星期停版处分令 / 230
45. 华侨发行新闻纸杂志声请登记办法 / 230
46. 解释办理新闻纸杂志登记手续发生疑义 / 231
47. 新闻纸社及杂志社图记刊制规程 / 231
48. 解释报社及通讯社不依固定刊期出刊得予行政处分疑义 / 232
49. 新闻电报规则 / 232
50. 修正图书杂志审查办法 / 235
51. 取缔发售业经查禁出版品办法 / 237
52. 检查新闻办法大纲 / 237
53. 无论中外任何新闻纸类如不呈验登记证不予挂号立券令 / 238
54. 确定新闻检查之原则 / 238
55. 对于报馆之健全舆论应予保护令 / 239
56. 报馆对于党政之设施应守秘密者外均得自由刊布令 / 240
57. 西南出版物编审会检查队检查规则 / 240
58. 取缔刊登军事新闻及广告暂行办法 / 241
59. 审查取缔大小日报标准 / 242
60. 防空出版品统制办法 / 243
61. 关于今后党务工作纲领案（节摘）/ 243

62. 关于正当舆论不容妄加干涉令 / 244

63. 未经依法声请登记之新闻纸杂志社应补行声请登记 / 244

64. 新闻纸杂志声请变更登记规程 / 245

65. 请转函行政院通令饬各地公私电台转播中央电台节目文 / 245

66. 指导全国广播电台播送节目办法 / 245

67. 新闻记者随军规则 / 247

68. 关于新闻纸或杂志之发行应依照出版法第七条之规定办理,又新闻纸或杂志不依照出版法第七条及第八条之规定办理者当从严取缔令 / 248

69. 已受取缔之新闻纸及杂志负责人等发行其他新闻纸或杂志之登记案件,应于登记考查表内加具意见 / 248

70. 本党新闻政策 / 249

71. 凡经售之定期刊物未领登记证者应先按期呈送两册到局经审查后方可经售令 / 250

72. 播音节目内容审查标准 / 250

第四篇 民国南京政府中期的新闻法制史料(1938—1945) / 251

1. 修正出版法 / 251

2. 出版法施行细则 / 257

3. 修正新闻检查标准 / 259

4. 检查书店发售违禁出版品办法 / 261

5. 战时广播电台统一宣传办法 / 262

6. 随军记者及摄影人员暂行规则 / 263

7. 修正抗战期间图书杂志审查标准 / 264

8. 战时图书杂志原稿审查办法 / 265

9. 解释出版法疑义四点 / 267

10. 抗战时期报社通讯社声请登记及变更登记暂行办法 / 268

11. 修正华侨发行新闻纸杂志登记办法 / 268

12. 图书杂志查禁解禁暂行办法 / 269

13. 战时新闻检查办法 / 270

14. 修正印刷所承印未送审图书杂志原稿取缔办法 / 270

15. 对外新闻发布统制办法 / 271

16. 调整出版品查禁手续令 / 272

17. 战时新闻违检惩罚办法 / 273

18. 战时图书杂志原稿审查办法（修正）/ 274

19. 《中苏新闻纪录影片交换办法》相关资料 / 276

20. 新闻电报规则 / 276

21. 解释杂志新闻纸刊期之性质如何划分 / 280

22. 战时空军新闻限制事项 / 280

23. 审查处理已出版书刊细则 / 282

24. 统一书刊审查办法 / 283

25. 杂志送审须知 / 283

26. 书店印刷店管理规则 / 285

27. 修正书店印刷店管理规则第十五条条文 / 287

28. 非常时期军办报社通讯社杂志社登记管制暂行办法 / 288

29. 新闻记者法 / 289

30. 非常时期报社通讯社杂志社登记管制暂行办法 / 293

31. 战时新闻违检惩罚办法 / 295

32. 战时新闻禁载标准 / 296

33. 各省市新闻检查规则 / 300

34. 修正图书杂志剧本送审须知 / 301

35. 战时出版品审查办法及禁载标准 / 303

36. 战时书刊审查规则 / 305

37. 战时出版品禁载标准解释事项 / 306

38. 新闻记者法施行细则 / 309

39. 航空新闻取缔办法 / 311

40. 国民军事教育新闻发表标准 / 312

41. 各省市新闻检查所新闻检查违检惩罚暂行办法 / 313

第五篇　民国南京政府末期的新闻法制史料（1946—1949）/ 315

1. 管理收复区报纸、通讯社、杂志、电影、广播事业暂行办法 / 315
2. 广播无线电台设置规则 / 317
3. 中央广播事业指导委员会第二十九次会议关于管制上海广播电台议案的记录 / 321
4. 取缔外人在华设立广播电台决议案 / 322
5. 有关筹组中国广播股份有限公司的文件（节摘）/ 322
6. 报社及杂志社应按期将出版品一份迳寄内政部礼俗司以凭查考 / 323
7. 中宣部之新闻事业已由行政院新闻局接管，原应寄送中宣部之出版品一律改寄行政院新闻局 / 324
8. 新闻纸杂志及书籍用纸节约办法 / 324
9. 管理印刷营业规则 / 325

第三编　外国租界、伪满及汉奸政府的新闻法制史料（1919—1945）

第一篇　外国在华租界当局的新闻法制史料 / 329

1. 印刷附律 / 329
2. 发行印刷出版品定章 / 329
3. 关于私立广播电台章程 / 330
4. 管理无线电话及无线电报章程 / 332

第二篇　伪满洲国的新闻法制史料 / 337

1. 出版法 / 337
2. 满洲国通信社法 / 343
3. 新闻社法 / 346
4. 记者法 / 349
5. 关于外国人记者之件 / 351
6. 关于外国通信社或新闻社之支社及记者之件 / 352

第三篇　伪华北临时政府的新闻法制史料 / 354

　　1. 出版法 / 354

第四篇　伪维新政府的新闻法制史料 / 360

　　1. 出版法 / 360

　　2. 著作权法 / 366

第五篇　汪伪民国政府的新闻法制史料 / 370

　　1. 全国重要都市新闻检查暂行办法 / 370

　　2. 修正电影检查法全文 / 372

　　3. 出版法 / 373

　　4. 出版法施行细则 / 379

　　5. 著作权法 / 382

　　6. 著作权法施行细则（节摘）/ 385

　　7. 封锁上海租界中外文字反动报纸之宣传及邮递暂行办法（草案）/ 387

　　8. 宣传部直属报社管理规则 / 389

　　9. 北京新闻检查所检查规则 / 390

　　10. 新闻检查所新闻检查标准 / 392

　　11. 取缔不良民众读物暂行办法 / 393

　　12. 取缔不良民众读物实施细则 / 395

　　13. 战时文化宣传政策基本纲要 / 396

第四编　外人占据时期香港、澳门和台湾地区的新闻法制史料
（1842—1999）

第一篇　英人据港时期香港地区的新闻法制史料 / 403

　　1. 书籍报刊出版及持有之规范条例 / 403

　　2. 修正报纸出版条例 / 404

3. 印刷业及出版业条例 / 405

4. 诽谤条例 / 408

5. 书刊保存登记条例 / 411

6. 煽乱刊物条例 / 413

7. 禁止煽乱刊物入境规则 / 413

8. 煽乱刊物条例 / 413

9. 淫亵刊物条例 / 415

10. 煽乱刊物（持有）条例 / 415

11. 淫亵展览物条例 / 416

12. 紧急措施条例 / 418

13. 紧急管制规则 / 419

14. 邮政局条例（节摘）/ 420

15. 印刷业及出版业条例 / 420

16. 无线电信规则（节摘）/ 425

17. 煽乱条例 / 428

18. 违禁出版物条例 / 429

19. 传播物控制令 / 431

20. 映画演剧检阅规则 / 431

21. 公安条例（节摘）/ 432

22. 紧急措施（主要）施行规则（节摘）/ 433

23. 煽乱条例 / 439

24. 书刊注册条例 / 440

25. 出版物管制综合条例 / 441

26. 报纸登记及发行规则 / 448

27. 印刷机（领照营业）规则 / 451

28. 新闻通讯社登记规则 / 452

29. 印刷品（管制）规则 / 454

30. 影片检查规则 / 455

31. 诽谤暨妨害名誉（修正）条例 / 457

32. 电视(节目标准)规则 / 461

33. 电视(广告)规则 / 462

34. 公安条例(节摘) / 462

35. 煽乱(修订)法案(节摘) / 463

36. 不良刊物条例 / 463

37. 书刊注册条例 / 469

38. 电影检查(修订)规例 / 471

39. 中英联合声明 / 472

40. 刊物管制综合(修订)条例草案 / 474

41. 公安(修订)条例草案 / 475

42. 本地报刊注册条例 / 475

43. 报刊注册及发行规例 / 480

44. 淫亵及不雅物品管制条例 / 484

第二篇 葡人据澳时期澳门地区的新闻法制史料(1856—1999) / 502

1. 澳门组织章程(节摘) / 502

2. 无线电讯基本法例 / 505

3. 视听广播法 / 520

4. 出版法 / 536

5. 出版登记规章 / 551

6. 新闻司组织规程 / 553

第三篇 日人据台时期台湾地区的新闻法制史料(1895—1945) / 559

1. 有关施行于台湾之法令之法律 / 559

2. 著作权法 / 559

3. 著作权法台湾施行令 / 564

4. 台湾新闻纸条例 / 564

5. 台湾出版规则 / 567

6. 治安警察法(节摘) / 568

7. 新闻纸发行保证金规则 / 570

8. 新闻电报规则 / 570

9. 新闻纸条例揭载禁止事项 / 572

10. 台湾违警例(节摘) / 572

11. 台湾新闻纸令 / 572

12. 台湾新闻纸令施行规则 / 576

13. 台湾总督府州事务分掌规程(节摘) / 577

14. 官房暨各局部事务分掌规程(节摘) / 577

15. 台湾总督府警务局处务规程(节摘) / 578

16. 台湾总督府官房官房事务分掌规程(节摘) / 578

17. 治安维持法 / 579

18. 台湾不稳文书临时取缔令 / 579

19. 国家总动员法(节摘) / 580

20. 新闻纸等登载限制令 / 580

21. 治安维持法(1941年版)(节摘) / 581

22. 新闻事业令 / 582

23. 新闻事业令施行规则 / 585

24. 言论、出版、集会、结社等临时取缔令 / 587

25. 出版事业令 / 589

26. 出版事业令施行规则 / 591

第五编　民国时期的红色新闻法制史料
(1921—1949)

第一篇　中国共产党成立初期的红色新闻法制史料(1921—1927) / 597

1. 中国共产党第一个决议(节摘) / 597

2. 致各区、地方和小组同志信 / 597

3. 各地方分配及推销中央机关报办法 / 601

4. 对于宣传工作之议决案 / 602

5. 各地方分配及推销中央机关报办法 / 604

6. 中共中央通告第十一号 / 606

7. 中共中央通告第二十二号 / 607

8. 中国共产党第三次中央扩大执行委员会议决案 / 607

第二篇　国共十年内战时期的红色新闻法制史料（1927—1937）/ 611

1. 中共中央通告第四号 / 611

2. 中共中央通告第五十五号 / 613

3. 中共中央通知第七十二号 / 614

4. 中共中央党报通讯员条例 / 615

5. 中共中央通知第二〇三号 / 616

6. 中共中央政治局关于党报的决议 / 616

7. 中共中央关于建立全国发行工作决议案 / 618

8. 中共中央关于加强党报领导作用的决议 / 619

9. 中共江苏省委关于党报的决议 / 619

第三篇　抗日战争时期的红色新闻法制史料（1937—1945）/ 622

1. 中共中央关于党报问题给地方党的指示 / 622

2. 中共中央关于建立发行部的通知 / 622

3. 中共中央关于交涉《新华日报》继续单独出版给南方局的指示 / 623

4. 中宣部关于《中国青年》的通知 / 623

5. 中共中央关于调整刊物问题的决定 / 624

6. 中共中央关于出版《解放日报》等问题的通知 / 625

7. 中共中央关于统一各根据地内对外宣传的指示 / 625

8. 中宣部关于电台广播的指示 / 626

9. 中宣部关于各抗日根据地报纸杂志的指示 / 627

10. 中共中央政治局关于给《解放日报》写稿与供给党务广播材料的决议 / 630

11. 中共中央关于加强对晋东南通讯社广播的控制问题给彭德怀同志的指示 / 630

12. 中共中央关于根据地统一对外宣传的第二次指示 / 630

13. 中央书记处关于报纸通讯社工作的指示 / 631

14. 中共中央办公厅关于党务广播问题的通知 / 631

15. 中央书记处办公厅关于收听党务广播条例的通知 / 632

16. 中共中央宣传部为改造党报的通知 / 633

17. 中宣部对各地出版报纸刊物的指示 / 634

18. 中宣部关于《新华日报》《群众》杂志的工作问题致董必武电 / 635

19. 中共中央西北局关于《解放日报》几个问题的通知 / 636

20. 中共中央晋察冀分局关于党报工作的指示 / 638

21. 陕甘宁边区文教大会关于发展群众读报办报与通讯工作的决议 / 640

第四篇 解放战争时期的红色新闻法制史料（1946—1949）/ 642

1. 中共中央关于建立新华社特约记者给各地的通知 / 642

2. 中央宣传部对反客里空运动的指示 / 643

3. 中央关于华北局成立后大党报归属问题给中工委的指示 / 644

4. 中共中央关于宣传工作中请示与报告制度的决定 / 644

5. 中共中央宣传部关于电影工作给东北局宣传部的指示（节摘）/ 645

6. 中共中央关于新解放城市中中外报刊通讯社处理办法的决定 / 646

7. 中共中央对新解放城市的原广播电台及其人员政策的决定 / 649

8. 中共中央关于处理新解放城市报刊、通讯社中的几个具体问题的指示 / 651

9. 中央宣传部关于城市党报方针的指示 / 652

10. 中共中央西北局宣传部关于宣传制度的规定 / 653

11. 西北野战军政治部关于加强新闻通讯工作的指示两则 / 654

12. 新华总社关于登载文字广播的指示两则 / 657

13. 新华总社关于保守军事秘密问题的通报 / 658

14. 新华总社关于严守军事与生产秘密，防止单纯新闻观点的指示 / 659

15. 新华总社关于涉及外交事件的新闻须由中央发布的指示 / 660

16. 中共中央对处理帝国主义通讯社电讯办法的规定 / 661

17. 中共中央关于不要命令旧有报纸一律停刊给平津两市委的指示 / 662

18. 中共中央关于对天津旧有报纸处理办法给天津市委的指示 / 662

19. 中共中央关于对天津《大公报》《新星报》《益世报》三报处理办法复天津市委电 / 663

20. 中共中央关于各地不得擅自向中外记者发表意见的通知 / 664

21. 中共中央关于严防帝国主义分子反动新闻记者刺探政情军情的指示 / 664

22. 中共中央对北平市报纸、杂志、通讯社登记暂行办法的批示 / 664

23. 中共中央关于停止外国通讯社、记者、报纸杂志的活动和出版给平津两市委的指示 / 666

24. 中共中央关于对私营广播电台的处理办法给天津市委的指示 / 666

25. 中共中央关于大城市报纸问题复南京市委电 / 667

26. 中共中央关于未登记报纸施行新闻管制 / 668

27. 中共中央关于解决新闻干部缺乏问题复华中局电 / 669

28. 中共中央关于对旧广播人员政策的补充指示 / 670

29. 中共中央关于私营报刊通讯社等问题的指示 / 670

30. 中宣部、新华总社关于平津新闻工作指示 / 670

31. 中共中央军委、总政治部及新华总社关于野战军各级新华社名称、任务的规定 / 671

32. 中宣部、新华总社转发第三野战军新华总分社关于新解放城市中报道问题的指示 / 672

33. 中宣部关于城市报纸应注意的问题给中原局宣传部的指示 / 673

34. 中宣部关于对私营报纸应采取的态度的指示 / 675

35. 中宣部、中央广播事业管理处关于地方广播稿件审查问题的指示 / 675

36. 中宣部转发华东局关于加强宣传工作中纪律性的指示 / 676

37. 中共中央西北局关于西北新华广播电台工作的指示(节摘) / 679

38. 中共浙江省委关于加强报纸通讯工作实行全党办报的通知 / 679

39. 华北人民政府新闻发布办法 / 680

40. 第三野战军政治部关于接待非党报纸记者及对外发稿问题的决定 / 682

41. 中共中央华东局关于反对宣传中的无组织无纪律现象的通报 / 682

42. 新华总社通报各地选择总社稿件时应注意之点 / 683

43. 新华总社关于改进新闻报道的指示 / 684

44. 新华社西北总分社关于如何报道新解放城市给野战分社的指示 / 687

45. 第三野战军总分社关于新区城市采访的规定 / 688

46. 新华总社关于揭破国民党造谣计划加强城市政策口播的指示 / 688

47. 新华社华中总分社指示目前农村报道应注意的几个问题 / 690

48. 新华总社关于新华社、报社分立的指示 / 692

本卷后记 / 693

第一编

中国古代新闻法制史料

（上古至清末）

第一篇 中国古代新闻法制起源阶段的史料

（上古至西周）

1. 竹书纪年（节摘）

[释题]《竹书纪年》，中国古代的编年体史书，因原本写于竹简而得名。晋咸宁五年（公元279年）在汲郡的战国墓中发现。凡十二篇，叙夏、商、西周、春秋时晋国和战国时魏国史事，至魏襄王二十年（公元前299年）止。

帝舜三年，命皋陶作刑。

——《竹书纪年》

[释义]"帝舜三年"，即公元前2253年；"帝舜"即时为"中国"元首的"虞舜帝姚重华"；"皋陶"原为"黄淮地域部落首领"，后被帝舜委任为"士"；"命皋陶作刑"即"命令皋陶制定刑律"，这条史料表明至迟在公元前2253年，我们的先人就已经开始制定刑律了。

2. 国语（节摘）

（吴）韦昭 注

[释题]《国语》，传为春秋时期左丘明所著之史籍。二十一卷。以记西周末年和春秋时期周鲁等国贵族的言论为主，可与《左传》相参证，有《春秋外传》之称。其中《晋语》最详，《周语》《鲁语》《楚语》次之，《齐语》《郑语》《吴语》《越语》又次之。

（一）

昭王问于观射父，曰："《周书》所谓重、黎实使天地不通者，何也？若无然，民将能登天乎？"对曰："非此之谓也。古者民神不杂，民之精爽不攜贰者，而又能齐肃衷正，其知能上下比义，其圣能光远宣朗，其明能光照之，其聪能听彻之，如是则明神降之，在男曰觋，在女曰巫。是使制神之处位次主，而为之牲器时服，而后使先圣之后之有光烈，而能知山川之号、高祖之主、宗庙之事、昭穆之世、齐敬之勤、礼节之宜、威仪之列、容貌之崇、忠信之质、禋洁之服、而敬恭明神者，以为之祝。使名姓之后，能知四时之生、牺牲之物、玉帛之类、采服之仪、彝器之量、次主之度、屏射之位、坛场之所、上下之神、氏姓之出，而心率旧典者为之宗。于是乎有天、地、神、民、类物官之官，谓之五官。各司其序，不相乱也。民是以能有忠信，神是以能有明德，民神异业，敬而不渎，故神降之嘉生，民以物享，祸灾不至，求用不匮。

"及少昊之衰也，九黎乱德，民神杂糅，不可方物。夫人作享，家为巫史，无有要质。民匮于祀，而不知其福。烝享无度，民神同位。民渎齐盟，无有严威。神狎民则，不蠲其为。嘉生不降，无物以享。灾祸荐臻，莫尽其气。颛顼受之，乃命南正重司天以属神，命火正黎司地以属民，使复旧常，无相侵渎，是谓绝天地通。

"其后，三苗复九黎之德，尧复育重、黎之后，不忘旧者，使复典之。以至于夏、商，故重、黎氏世叙天地，而别其分主者也。其在周，程伯休父其后也，当宣王时，失其官守，而为司马氏。宠神其祖，以取威于民，曰：'重实上天，黎实下地。'遭世之乱，而莫之能御也。不然，夫天地成而不变，何比之有？"子期祀平王，祭以牛俎于王。

——《楚语下》卷十八

[释义] 文中说，到了少昊执政末期，社会上出现了一系列"乱象"，其原因是"家为巫史，无有要质"，致使"民神杂糅"、"民神同位"。颛顼"受之"即接任部落首领后，"命南正重司天以属神，命火正黎司地以属民"，其目的就是遏制当时社会生活中"神闻"创造和传播的泛滥，"使复旧常"，即使"神"和"民"之间"无相侵渎"，重新恢复到以往那种"绝地天通"的正常秩序状态。遏制神闻泛滥，恢复正常秩序，实现"绝天地通"，体现了当时的颛顼制定颁布施行新（神）闻传播法制的目的、功能和目标。从文献记载的事件过程和效果情况，证明颛顼采取的措施达到了预期的目的。

（二）

厉王虐，国人谤王。邵公告曰："民不堪命矣！"王怒。得卫巫，使监谤者。以告，则杀之。国人莫敢言，道路以目。王喜，告邵公曰："吾能弭谤矣，乃不敢言。"邵公曰："是障之也。防民之口，甚于防川。川壅而溃，伤人必多，民亦如之。是故为川者决之使导，为民者宣之使言。故天子听政，使公卿至于列士献诗、瞽献曲、史献书、师箴、瞍赋、矇诵、百工谏、庶人传语、近臣尽规、亲戚补察、瞽史教诲、耆艾修之，而后王斟酌焉，是以事行而不悖。民之有口，犹土之有山川也，财用于是乎出；犹其原隰之有衍沃也，衣食于是乎生。口之宣言也，善败于是乎兴，行善而备败，其所以阜财用、衣食者也。夫民虑之于心而宣之于口，成而行之，胡可壅也？若壅其口，其与能几何？"王不听，于是国人莫敢出言。三年，乃流王于彘。

——《周语·邵公谏厉王弭谤》

[释义] 邵公用"防民之口，甚于防川。川壅而溃，伤人必多，民亦如之"的浅显而真朴的道理向周厉王提出了消除人们不满情绪的办法——让人民充分发表意见，尽可能尊重人民的意见。但周厉王"不听"邵公之善言，致使"国人"对国政大事"莫敢出言"，最后落得一个被国人"流王于彘"的下场。

3. 商子（节摘）

秦　公孙鞅　撰

[释题]《商子》，亦称《商君》或《商君书》。战国时期商鞅及其后学的著作的合编。《汉书·艺文志》著录二十九篇，现存二十四篇。书中叙述商鞅变法主张，提出信赏必罚的法治要求，主张从法律上保护土地私有权，而把统治权力集中于君主一人，以建立中央集权的君主专制国家。此外，对于法的起源、本质、作用等也有论述。

（一）

伏羲、神农教而不诛，黄帝、尧、舜诛而不怒。

——《更法》

［释义］伏羲氏和神农氏对其属民采用教化引导的方式而不是诛杀强迫的方式进行统治；黄帝和舜尧对其属民即使以"诛杀"来惩罚，也是心平气和地把所犯罪行告诉被诛者和众人，使被诛者和其他人都受到教化而不重蹈覆辙。"诛"的前提是要认定其有"罪"，而判定其是否犯罪的标准是法律，没有法律也就无以定罪，不能定罪也就无由"诛杀"，伏羲氏、神农氏能"诛"而"教而不诛"，说明当时已经出现衡量判断犯罪的法律；黄帝、舜尧"不怒"的前提是犯人认罪服"诛"。由此可见，伏羲、神农和黄帝、舜尧时期已经出现了原始的法律，而后来的新闻传播法制则是在综合性法律的基础上，进一步深化、细化以及具体化以后才产生出来的。

（二）

昔者昊英之世，以伐木杀兽，人民少而木兽多。黄帝之世，不麛不卵，官无供备之民，死不得用椁。事不同，皆王者，时异也。神农之世，公耕而食，妇织而衣，刑政不用而治，甲兵不起而王。神农既没，以强胜弱，以众暴寡。故黄帝作为君臣上下之仪，父子兄弟之礼，夫妇妃匹之合，内行刀锯，外用甲兵，故时变也。由此观之，神农非高于黄帝也，然其名尊者，以适于时也。故以战去战，虽战可也；以杀去杀，虽杀可也；以刑去刑，虽重刑可也。

——《画策》第十八

［释义］这条史料论述了中国法律的起源。据史料载，"黄帝"是有熊部落酋长姬轩辕，代神农部落酋长榆罔，公元前2698—公元前2598间为中国元首（共主），尊称"黄帝"。专家认为，黄帝所作的"君臣上下之仪，父子兄弟之礼，夫妇妃匹之合，内行刀锯，外用甲兵"，分别指的是朝廷礼仪、家族规矩、治国法律和外交法令，是中国法律的最早形态，因此认为中国原始状态的法律制度在黄帝时候就已经产生了。

4. 新语（节摘）

（汉）陆贾　撰

［释题］《新语》，汉陆贾撰。陆贾，汉初著名政论家与辞赋家，总结秦汉得失天下的经验教训，著为此书。《汉书》本传称贾著《新语》12篇；《艺文志》著录陆贾27篇，盖兼

其他论述计之。书中大旨以崇"王道",黜"霸道",归本于修身用人,间亦引《老子》论述。

民人食肉饮血,衣皮毛;至于神农,以为行虫走兽,难以养民,乃求可食之物,尝百草之实,察酸苦之味,教人食五谷。天下人民,野居穴处,未有室屋,则与禽兽同域。于是黄帝乃伐木构材,筑作宫室,上栋下宇,以避风雨。民知室居食谷,而未知功力。于是后稷乃列封疆,画畔界,以分土地之所宜;辟土殖谷,以用养民;种桑麻,致丝枲,以蔽形体。当斯之时,四渎未通,洪水为害,禹乃决江疏河,通之四渎,致之于海,大小相引,高下相受,百川顺流,各归其所,然后人民得去高险、处平地。川谷交错,风化未通,九州绝隔,未有舟车之用,以济深致远。于是奚仲乃桡曲为轮,因直为辕,驾马服牛,浮舟杖楫,以代人力;铄金镂木,分苞烧殖,以备器械。于是,民知轻重,好利恶难,避劳就逸。于是皋陶乃立狱制罪,县赏设罚,异是非,明好恶,检奸邪,消伏乱。民知畏法,而无礼义,于是中圣乃设辟雍庠序之教,以正上下之仪,明父子之礼,君臣之义,使强不凌弱,众不暴寡,弃贪鄙之心,兴清洁之行。

——《道基》

[释义] 该条史料也是记载了中国原始法律制度的起源。文中所称"皋陶乃立狱制罪",指的就是"帝舜三年命皋陶作刑"的事。文献中第一次出现了"法"的称谓,而"悬赏设罚。异是非,明好恶,检奸邪,消伏乱"则是论述了法律制度的社会功能,即区分是非,明辨好恶,检举奸细邪恶(以便惩罚),达到消除隐藏的坏人及社会混乱的目的。

5. 尚书(节摘)

孔氏传 孔颖达疏

[释题]《尚书》,亦称《商书》《书》《书经》。是一部由中国上古历史文件和部分追述古代事迹著作的汇编,保存了商周特别是西周初期的一些重要史料,相传为孔子编选而成。西汉初存二十八篇,即《今文尚书》。现在通行的《十三经注疏》本《尚书》是《今文尚书》与伪《古文尚书》的合编。

盘庚迁于殷,民不适有居,率吁众感出矢言,曰:"我王来,既爱宅于兹,重我民,无尽刘。不能胥匡以生,卜稽曰,其如台？先王有服,恪谨天命,兹犹不常宁,不常厥邑,于今五邦。今不承于古,罔知天之断命,矧曰其克从先王之烈。若颠木之有由蘖,天其永我命于兹新邑,绍复先王之大业,厎绥四方。"盘庚敩于民,有乃在位。以常旧服,正法度,曰:"无或敢伏小人之攸箴。"

王命众悉至于庭。王若曰:"格汝众,予告汝训,汝猷黜乃心,无傲从康。古我先王,亦惟图任旧人共政。王播告之修,不匿厥指,王用丕钦,罔有逸言,民用丕变。今汝聒聒,起信险肤,予弗知乃所讼！非予自荒兹德,惟汝含德,不惕予一人。予若观火,予亦拙谋,作乃逸。若网在纲,有条而不紊。若农服田力穑,乃亦有秋。汝克黜乃心,施实德于民,至于婚友,丕乃敢大言,汝有积德！乃不畏戎毒于远迩,惰农自安,不昏作劳,不服田亩,越其罔有黍稷。汝不和吉言于百姓,惟汝自生毒。乃败祸奸宄,以自灾于厥身。乃既先恶于民,乃奉其恫,汝悔身何及！相时憸民,犹胥顾于箴言,其发有逸口,矧予制乃短长之命！汝曷弗告朕而胥动以浮言？恐沉于众,若火之燎于原,不可向迩,其犹可扑灭？则惟汝众自作弗靖,非予有咎！迟任有言曰:'人惟求旧,器非求旧,惟新。'古我先王,暨乃祖乃父。胥及逸勤,予敢动用非罚？世选尔劳,予不掩尔善。兹予大享于先王,尔祖其从与享之。作福作灾,予亦不敢动用非德。予告汝于难,若射之有志。汝无悔老成人,无弱孤有幼,各长于厥居,勉出乃力,听予一人之作猷。无有远迩,用罪伐厥死,用德彰厥善。邦之臧,惟汝众;邦之不臧,惟予一人有佚罚。凡尔众,其惟致告:自今至于后日,各恭尔事,齐乃位,度乃口,罚及尔身,弗可悔！"

——《盘庚》

[释义] 盘庚王关于"汝不和吉言于百姓,惟汝自生毒"和"罚及尔身"的威胁以及关于"恭尔事、齐乃位、度乃口"的规定,实际上就是限制包括大小奴隶主在内的社会成员的言论传播自由。因此,黄瑚先生在其《中国近代新闻法制史论》中认为这是第一个见诸史料的"言禁"法令。

6. 夏书(节摘)

[释题]《夏书》,《尚书》组成部分之一。相传是记载夏代史事之书。今本凡《禹贡》《甘誓》《五子之歌》《胤征》四篇。后两篇为伪《古文尚书》。

《夏书》云:"昏、墨、贼,杀。皋陶之刑也。"

——《左传·昭公十四年》引

[释义] 春秋时晋国人氏叔向解释,"昏"是"己恶而掠美",即自己做了坏事,采用推诿抵赖、指鹿为马等手段逃避罪责,或把别人做的好事说成是自己的"美行"而达到掠取别人美名的目的。这实际上是一个制造虚假新闻、传播虚假新闻,迷惑社会受众、误导社会受众而从中获利("掠美")的完整过程。为了维护正常的社会新闻传播和舆论秩序,皋陶规定"昏……,杀",其中明显蕴涵了中国古代新闻法制的因子,是中国古代新闻法制起源的最早记载。

7. 战国策(节摘)

[释题] 《战国策》,战国时期游说之士的策谋和言论的汇编。初有《国策》《国事》《事语》《短长》《长书》《修书》等名称和本子。西汉刘向编订为三十三篇,并以《战国策》命之。

邹忌修八尺有余,身体昳丽。朝服衣冠窥镜,谓其妻曰:"我孰与城北徐公美?"其妻曰:"君甚美,徐公何能及公也!"城北徐公,齐国之美丽者也。忌不自信,而复问其妾曰:"吾孰与徐公美?"妾曰:"徐公何能及君也!"旦日,客从外来,与坐谈,问之客曰:"吾与徐公孰美?"客曰:"徐公不若君之美也!"明日,徐公来。孰视之,自以为不如;窥镜而自视,又弗如远甚。暮寝而思之,曰:"吾妻之美我者,私我也;妾之美我者,畏我也;客之美我者,欲有求于我也。"于是入朝见威王曰:"臣诚知不如徐公美,臣之妻私臣,臣之妾畏臣,臣之客欲有求于臣,皆以美于徐公。今齐地方千里,百二十城,宫妇左右,莫不私王;朝廷之臣,莫不畏王;四境之内,莫不有求于王。由此观之,王之弊甚矣!"王曰:"善。"乃下令:"群臣吏民,能面刺寡人之过者,受上赏;上书谏寡人者,受中赏;能谤议于市朝,闻寡人之耳者,受下赏。"令初下,群臣进谏,门庭若市。数月之后,时时而间进。期年之后,虽欲言,无可进者。燕、赵、韩、魏闻之,皆朝于齐。此所谓战胜于朝廷。

——卷八

［释义］齐王下令所称"群臣吏民能面刺寡人治过者,受上赏;上书谏寡人者,受中赏;能谤议于市朝,闻寡人之耳者,受下赏",是战国时期齐国关于言论自由方面具有法律效力的命令,已经具有新闻传播法制的明显印记。

8. 古今图书集成（节摘）

［释题］《古今图书集成》,清圣祖康熙年间陈梦雷等原辑、清世宗雍正命蒋廷锡等重辑成的一部类书。全书一万卷,目录四十卷。全书共分为:历象、方舆、明伦、博物、理学、经济等六汇编;每一汇编又分为若干典,如经济汇编即分为:选举、铨衡、食货、礼仪、乐律、戎政、祥刑及考工等八典,全书共分为三十二典。每一典下又分为若干部,全书共分为六千一百零九部。每部先汇考,次总论,有图表、列传、艺文、纪事、杂录、外编等项目。内容繁富,区分详晰,是中国古代大型类书之一。

"周设遗人,掌道路、庐宿之委积,以供宾客会同师役之事。按:《周礼·地官·遗人》:"中士二人,下士四人,府二人,史四人,胥四人,徒四十人。掌邦之委积,以待施惠。乡里之委积,以恤民之艰阨;门关之委积,以养老孤;郊野之委积,以待宾客;野鄙之委积,以待羁旅;县都之委积,以待凶荒。凡宾客、会同、师役,掌其道路之委积。凡国野之道,十里有庐,庐有饮食;三十里有宿,宿有路室,路室有委;五十里有市,市有候馆,候馆有积。凡委积之事,巡而比之,以时颁之。《秋官》野庐氏,下士六人,胥十有二人,徒百有二十人。掌达国道路,至于四畿。比国郊及野之道路,宿息井树;若有宾客,则令守涂地之人聚柝之;有相翔者,则诛之。凡道路之舟车击互者,叙而行之。凡有节者及有爵者至,则为之辟;禁野之横行径逾者。凡国之大事,比修除道路者,掌凡道禁[注"郑锷曰:道必有禁。此则掌其犯禁者,则王国大事肃然,而无哗矣。王昭禹曰:若修闾氏所谓,以兵革趋行者与驰骋于国中者是也。然野庐氏所禁者在野之道,修闾氏所禁者在闾之道"］。邦之大师,则令埽道路,且以几禁行作不时者、不物者。

——《经济汇编·戎政典:驿递部汇考》（一）

［释义］这条史料主要记载了周王朝时期"地官"遗人的有关情况。包括该官位的下属官职设置,各下属官如"委、积"职责等内容。"委、积"官执行公务的时间是一个信

息交流传播频繁、各种社会新闻多出的时段。因此,周王赋予"委、积"官管理其执行公务地区的社会新闻传播活动和社会舆论的职责。"道必有禁",即不准在行道上谈论国家大事。由于有"委、积"官"掌道禁",在国道上来往的人们对王国大事都不敢谈论和议论,也没有人散布不利于周王朝的新闻、消息或言论,"王国大事肃然而无哗矣"。

9. 礼记(节摘)

[释题]《礼记》,亦称《小戴记》或《小戴礼记》。秦汉以前各种礼仪论著的选集。大率为孔子弟子及其再传、三传弟子等所记。有《曲礼》《檀弓》《王制》《月令》《礼运》《学记》《乐记》《中庸》《大学》等四十九篇。相传为西汉戴圣编纂。是研究中国古代社会情况、儒家学说和文物制度的参考书。

成狱辞,史以狱成告于正,正听之;正以狱成告于大司寇,大司寇听之棘木之下;大司寇以狱之成告于王,王命三公参听之;三公以狱之成告于王,王三又(宥),然后制刑。

——《王制》

[释义] 这里记载的是商代对重要案件的审理程序。重要的案件必须经过三级复审程序,即史与正的审理、大司寇复审后报商王、商王请三公参听再审、三公再审后认为无误再报商王,经商王批准后才能执行。

10. 左传(节摘)

[释题]《左传》,亦称《春秋左氏传》或《左氏春秋》。旧传春秋时人左丘明所撰。清朝人氏认为系西汉刘歆改编。近人认为是战国初年人据各国史料编成。内容起于鲁隐公元年(公元前722年),终于鲁悼公四年(公元前464年)。多用事实解释《春秋》,比《春秋》多出十七年,叙事则更至于鲁悼公十四年(公元前454年)为止。该书中保存了大量的古代史料。与《公羊传》《谷梁传》一起被称之为《春秋》"三传"。

崔杼妻棠姜美,庄公通焉。夏五月乙亥,公问崔子,遂从姜氏。侍人贾举止众从者,而入闭门。甲兴,公登台而请,弗许;请盟,勿许;请自刃于庙,弗许。公逾墙,射之,中股;反队,遂弑之。太史书曰:"崔杼弑其君。"崔子杀之。其弟嗣书,而死者二人;其弟又书,乃舍之。南史氏闻太史尽死,执简以往,闻既书矣,乃还。

——《襄公二十五年》

[释义] 为什么太史在史书写下"崔杼弑其君"五个字,引得崔杼连杀三人呢?据载,赵国太史董狐在"赵"之《春秋》上记下"赵盾弑其君"且"以示于朝"后,赵盾去找董狐论理,企图说服或压服董狐改写内容,为自己开脱责任。我们认为,不仅仅是董狐记下"赵盾弑其君"五个字,而是董狐在记下"赵盾弑其君"后还"以示于朝",才使赵盾去找董狐论理。由此可见,董狐的"以示于朝"不仅传播了"赵盾弑其君"这一重大政治新闻,而且收到了明显的传播效果,使赵盾感到巨大的舆论压力,所以才去要求董狐改写"赵盾弑其君"的记载。由此可以推知,崔杼之所以对齐太史记下"崔杼弑其君"一事如此害怕到不惜连杀三人,以达到杀人灭口之目的。其根本原因也应该是害怕齐太史把写下的"崔杼弑其君"也去"示于朝"。虽然几个兄弟都已因此被杀,但齐太史三弟仍然坚持直书"崔杼弑其君",并也将肯定"示于朝",行使舆论监督社会职责。虽然由于齐太史兄弟的拼死抗争,崔杼最后放弃了杀尽齐太史兄弟以灭口的想法。但我们从此知道,早在春秋战国时期,就已经出现了社会统治者用杀戮手段对待手无寸铁新闻记载传播人员的现象了。当然,也有为了坚持新闻真实而不惜牺牲姓名的新闻传播人员,文中的齐太史三兄弟和那个不知名的"南史"就是典范。齐太师和他的两个弟弟可能是有案可稽的因记载和传播新闻最早被杀的新闻从业人员。

第二篇　中国古代新闻法制萌芽阶段的史料

（东周至秦末）

1. 墨子（节摘）

[释题]《墨子》,墨家学派的著作总汇。现存五十三篇。其中《兼爱》《非攻》《天志》《明鬼》《尚贤》《尚同》《非乐》《非命》《节葬》《节用》等篇,代表了墨子的主要思想。《耕柱》以下至《公输》各篇,记述墨子和他的弟子的言行。《经》(上、下),《经说》(上、下)以及《大取》《小取》等六篇,是后期墨家的哲学和科学著作。《备城门》以下十一篇,讲战争防御和制造器械的方法,一般认为较晚出。

周宣王杀其臣杜伯而不辜,杜伯曰:"吾君杀我而不辜,若以死者为无知,则止矣;若死而有知,不出三年,必使吾君知之。"其三年,周宣王合诸侯而田于圃,田车数百乘,从数千人,满野。日中,杜伯乘白马素车,朱衣冠,执朱弓,挟朱矢,追周宣王,射之车上,中心折脊,殪车中,伏弢而死。当是之时,周人从者莫不见,远者莫不闻,著在周之《春秋》。……昔者,燕简公杀其臣子庄子仪而不辜,庄子仪曰:"吾君王杀我而不辜,死人毋知亦已,死人有知,不出三年,必使吾君知之。"期年,燕将驰祖。燕之有祖,当齐之社稷,宋之有桑林,楚之有云梦也,此男女之所属而观也。日中,燕简公方将驰于祖途。庄子仪荷朱杖而击之,殪之车上。当是时,燕人从者莫不见,远者莫不闻,著在燕之《春秋》。……昔者,宋文君鲍之时,有臣曰祏观辜,固尝从事于厉,袾子杖揖出,与言曰:"观辜,是何珪璧之不满度量?酒醴粢盛之不净洁也?牺牲之不全肥?春秋冬夏选失时?岂汝为之与?意鲍为之与?观辜曰:"鲍幼弱,在荷繦之中,鲍何与识焉?官臣观辜特为之。"袾子举揖而槀之,殪之坛上。当是时,宋人从者莫不见,远者莫不闻,著在宋之《春秋》。……昔者,齐庄君之臣有所谓王里国、中里徼者,此二子者,讼三年而狱不断。齐君由谦杀之,恐不辜;犹谦释之,恐失有罪。乃使之人共一羊,盟齐之神社。二子许诺。于是泏洫,撼羊而洒其血。读王里国之辞,既已终矣;读中里徼之辞,未半也,羊起而触之,折其脚,祧神之而槀之,殪之盟所。当是时,齐人从者莫不见,远者莫不闻,著在齐之《春秋》。

——《明鬼 下》

[释义] 从上文可知,春秋时期的诸侯各国的《春秋》可以记载诸如"杜伯之鬼魂射杀周宣王"、"庄子仪之鬼魂荷朱杖击杀燕简公"、"袾子举揖,槀杀观辜"、"羊触中里徼,殪之盟所"等政治和社会新闻,并且"从者莫不见,远者莫不闻",可见当时对新闻消息的记载和传播活动的管理是比较宽松的。

2. 晋书(节摘)

[释题]《晋书》,纪传体晋代史。唐房玄龄等二十一人以臧荣绪本《晋书》为基础、参考唐及唐前诸家《晋书》,于贞观十八年至二十年(公元644—646年)间撰成本书。全书一百三十卷。

秦汉旧律,其文起自魏文侯师李悝。悝撰次诸国法,著《法经》。以为王者之政,莫急于盗贼,故其律始于《盗》《贼》。盗贼须劾捕,故著《网》《捕》二篇。其轻狡、越城、博戏、借假不廉、淫侈逾制,以为《杂律》一篇。又以《具律》具其加减。是故所著六篇而已,然皆罪名之制也。

——《刑法志》

[释义] 魏文侯时期的李悝在编撰法律的过程中首创了"盗贼"篇。因为当时的新闻传播载体主要是语言和书本,所以后世封建统治者常常把规范与惩处社会新闻传播活动有关行为的法律规定列入"盗贼"篇。唐朝《唐律疏议》中的"盗贼"条下就有关于对"造妖书妖言"行为处罚的条款。

3. 法经(节摘)

[释题]《法经》，战国时期魏相李悝编撰的法典。约于周威烈王十九年(公元前407年)编成。全书包括《盗法》《贼法》《囚(网)法》《捕法》《杂法》和《具法》等六篇。该书综合当时各诸侯国法律，是中国第一部比较完整的成文法典。原文已经失传。

《七国考》引《新论》曰："其杂律略曰：夫有一妻二妾，其刑膑；夫有二妻则诛；妻有外夫则宫，曰淫禁。盗符者诛，籍其家；盗玺者诛；议国法令者诛，籍其家，及其妻氏，曰狡禁。越城，一人则诛，自十人以上，夷其乡及族，曰城禁。博戏罚金三币；太子博戏则笞；不止，则特笞；不止，则更立，曰嬉禁。群相居，一日则问，三日、四日、五日则诛，曰徒禁。丞相受金，左右伏诛；犀首以下受金，则诛；金自镒以下，罚不诛也，曰金禁。大夫之家有侯物，自一以上者族。

[释义] 这是明代董说《七国考》中转引东汉桓谭所撰《新论》引用李悝《法经》中的有关文字。据称《法经》中有《杂律》一篇，又称《杂法》。其中"狡禁"规定"盗符者诛，籍其家；盗玺者诛；议国法令者诛，籍其家及其妻氏"，是目前所见到的中国古代新闻法制的最早成文法条款。此在战国初期之魏国也。

4. 史记(节摘)

[释题]《史记》，原名《太史公书》。是中国第一部纪传体通史。西汉司马迁大约在汉武帝太初元年至征和二年(公元前104—前91年)间撰成。全书一百三十篇。记事起于传说的黄帝，迄于汉武帝。首尾共三千年左右，尤详于战国、秦、汉。所创立的以本纪、世家、列传记不同人物和国家、民族，以八书记制度沿革，立十表通史事脉络的修史体例，为后世各史所沿用。对一些历史人物的叙述，语言生动，形象鲜明，被后人誉之为"无韵之离骚，史家之绝唱"，在文学史上也有很高的地位。

(一)

秦民初言令不便者，有来言令便者。卫鞅曰："此皆乱化之民也。"尽迁之于边城。

其后民莫敢议令。

——《商君列传》

[释义] 商鞅变法初期,秦国奴隶主贵族对变法之令众说纷纭。商鞅认为这些人是企图干扰变法的乱民,就下令把这些人全部迁移到边荒地域,实际上就是以高压手段来限制人们议论变法长短的言论自由。由于商鞅采用了将议论变法者迁居边荒地域的惩罚措施,所以再也没有人敢议论变法令了。

(二)

始皇置酒咸阳宫,博士七十人前为寿。仆射周青臣进颂曰:"他时秦地不过千里,赖陛下神灵明圣,平定海内,放逐蛮夷,日月所照,莫不宾服。以诸侯为郡县,人人自安乐,无战争之患,传之万世。自上古不及陛下威德"。始皇悦。博士齐人淳于越进曰:"臣闻殷周之王千余岁,封子弟功臣,自为枝辅。今陛下有海内,而子弟为匹夫,卒有田常、六卿之臣,无辅拂,何以相救哉?事不师古而能长久者,非所闻也。今青臣又面谀,以重陛下之过,非忠臣。"始皇下其议。丞相李斯曰:"五帝不相复,三代不相袭,各以治,非其相反,时变异也。今陛下创大业,建万世之功,故非愚儒所知。且越言乃三代之事,何足法也。异时诸侯并争,厚招游学。今天下已定,法令出一,百姓当家则力农工,士则学习法令辟禁。今诸生不师今而学古,以非当今,惑乱黔首。丞相臣斯昧死言:'古者天下散乱,莫之能一,是以诸侯并作。语皆道古以害今,饰虚言以乱实,人善其所私学,以非上之所建立。今皇帝并有天下,别黑白而定一尊。私学而相与非法教,人闻令下,则各以其学议之,入则心非,出则巷议。夸主以为名,异取以为高,率群下以造谤。如此弗禁,则主势降乎上,党与成乎下。禁之便。臣请:史官非秦纪,皆烧之。非博士官所职,天下敢有藏《诗》《书》、百家语者,悉诣守、尉杂烧之。有敢偶语《诗》《书》者,弃市。以古非今者,族。吏见之不举者,与同罪。令下三十日不烧,黥为城旦。所不去者,医药、卜筮、种树之书。若欲有学法令,以吏为师。"制曰:"可。"

——《秦始皇本纪》

[释义] 这里记载的是一次比较典型的封建君主专制政体下的新闻立法过程。似

乎秦始皇原来并没有禁书的准备,只是众臣在争议是"师古"还是"师今"的问题。博士齐人淳于越认为"事不师古而能长久者,非所闻也。"李斯反驳说是"五帝不相复,三代不相袭,各以治,非其相反,时变异也",并认为造成人们的思想如此混乱的原因是"私学而相与非法教","如此弗禁,则主势降乎上,党与成乎下",秦始皇的江山就坐不稳了。遂请求秦始皇下令"非秦纪,皆烧之","令下三十日不烧,黥为城旦"。秦始皇一个"可"字,就使李斯的请求成为了法律,完成了这一立法过程,从而导致了中国历史上第一场焚书坑儒的惨剧,使中国古代的文化和文化人受到了一次毁灭性的摧残。

5. 韩非子(节摘)

[释题]《韩非子》,战国末期哲学家、法家主要代表人物韩非的文集。系韩非子死后由其后人收集其遗著并加入他人论述韩非学说的文章编成。共五十五篇,二十卷。重要的有《孤愤》《解老》《喻老》《难势》《问田》《定法》《五蠹》《显学》以及《和氏》等篇。

(商鞅)燔《诗》《书》而明法令,塞私门之请而遂公家之劳,禁游宦之民而显耕战之士。

——《和氏》

[释义] 文中记载"燔《诗》《书》"的目的是为了"明法令"。战国时期是一个百家争鸣的时代,各个学派的理论都可以自由地传播,从而形成了思想活跃、百花齐放的社会环境。文中提及的《诗》《书》很明显是儒家学派的代表著作,商鞅通过焚烧《诗》《书》等儒家经典著作来申明变法的法令,实际上是用强力剥夺人们出版著作和传播思想的自由,是为了维护法家学派的权威而采取的文化专制手段,也可以说是后来新闻统制、文化专制的先声。

6. 秦律(节摘)

[释题] 秦律为秦代法律的总称。秦在战国时期经过商鞅的两次变法,已经逐步建立起封建法制,到战国末期已相当完备。秦统一六国以后,又修订、补充了原来的秦律,于公元前217年颁布全国。但战国以来的法律令皆早佚失。1975年12月,我国考古

工作者在湖北云梦城关睡虎地十一号秦墓中出土了大量记载有从秦国到秦朝时期法律令的竹简,主要的有《秦律十八种》《秦律杂抄》《法律答问》和《封诊式》等内容,为我们研究秦法律令提供了第一手资料。

(一)

行命书及书署急者,辄行之;不急者,日觱(毕),勿敢留。留者以律论之。行传书、受书,必书其起及到日月夙莫(暮),以辄相报殹(也)。书有亡者,亟告官。隶臣妾老弱及不可诚仁者勿令。书廷辟有曰报,宜到不来者,追之。

——《行书令》

[**释义**] 这一阶段的早期报刊的萌芽大致属于新闻信阶段,往往和朝廷的公文书一起由官卒送递。这是秦朝为加强对驿传尤其是通过驿传途径传送文书活动的管理而专门制定颁布的法律。规定传送命书即制书及标明"急"字的文书,应立即传递;不急的,应当天送完,不准搁压。搁压的依法论处;传送或收到文书,必须登记发文或收文的月日朝夕,以便及时回覆。文书如有遗失,应立即报告官府。隶臣妾年老体弱及不足信赖的,不要派去送递文书。征召文书上写明"须急到"的,必须迅速送到,到期应送到而没有送到的应加追查。

(二)

御史卒人使者,食粺米半斗,酱驷(四)分升一,采(菜)羹,给之韭葱。其有爵者,自官士大夫以上,爵食之。使者之从者,食糲(粝)米半斗;仆,少半斗。不更以下到谋人,粺米一斗,酱半升,采(菜)羹,刍藁各半石,宦奄如不更。

——《传食令》

[**释义**] 早期的报刊萌芽大致类似于后来的弘同信,往往由邸吏或驿卒通过国道向京师外地区传送。这是秦朝制定实施的一项关于驿传供给饭食的法律规定,可以看成是与报刊萌芽的传送活动管理相关的一项法令。该法令规定御史的卒人在传送文报途

中,每餐可配给稗米半斗,酱四分之一升,有菜羹,并供给韭葱。如系有爵位和官在大夫以上,按其爵级规定供应饭食。出差者的随从,每餐半斗;驾车的仆人,每餐配给粝米三分之一斗。爵位从不更到谋人的,每餐稗米一斗,酱半升,有菜羹,并供应刍稾各半石。宦者的待遇和"不更"相同。

第三篇　中国古代新闻法制发展阶段的史料
（汉朝至北宋末）

1. 汉书（节摘）

[释题]《汉书》，东汉班固在其父班彪继司马迁所撰《史记》而作的《后传》基础上，整理补充撰成。我国第一部纪传体断代史。全书一百篇，分一百二十卷。是研究西汉历史的重要史料性典籍。

典客，秦官掌诸归义蛮夷，有丞。景帝中六年更名为大行令，武帝太初元年更名大鸿胪。属官有行人、译官、别火三令丞及郡邸长丞。武帝太始元年更名行人为大行令，初置别火。

——《汉书·百官公卿表》

[释义]《汉书·百官公卿表》的主要内容是叙述秦汉官制沿革，并排比汉代公卿大臣的升降迁免。从上述记载中我们可以知道"大鸿胪"官名是由"大行令"更名而来的；而"大行令"则是从"典客"更名而来。武帝时"大鸿胪"的属官有行人（大概具体分管文报传送事务）、译官（大概具体分管与蛮夷的交流沟通事务）和"令丞"（大概是具体负责管理郡国在京师之邸事务的）。

2. 西汉会要（节摘）

[释题]《西汉会要》是南宋时人徐天麟所撰，并进于当朝的专记西汉时期典章制度

的史籍。全书七十卷,分为:帝系、礼、乐、舆服、学校、运历、祥异、职官、选举、民政、食货、兵、刑、方域、蕃夷等十五门,共计三百六十七事。

大鸿胪,属官有郡邸长丞。师古曰:"主诸郡之邸在京师者也。按:郡国皆有邸,所以通奏报、待朝宿也。"

——卷六十六《百官表》

[释义] 汉朝的各封国都可以在京师自由设邸,承担承受皇帝指令和受郡国之侯委托向朝廷呈报奏章的任务。宫廷传出的皇帝圣旨以及关于官员升降迁免的消息,则是后世官报和小报的乐此不疲的报道内容。因此可以推想,汉朝时期的郡国之邸在京师者,乃是后世邸报产生之地也。这里记载"大鸿胪"属官有"郡邸长丞"(即专门管理郡国在京师之邸的"长丞"),东汉班固《汉书·百官公卿表》记载"大鸿胪"属官有"令丞",两者的职责应该是相同的。

3. 通典(节摘)

[释题] 《通典》是唐代人氏杜佑历时三十五年(唐大历元年—德宗贞元十七年,公元 766—801 年)撰成的一部典籍,开了中国史籍中"通典"类史籍的先河。全书两百卷。内容主要是记载历代典章制度的沿革,上起传说中的唐虞,下迄唐肃宗、代宗时。全书分为食货、选举、职官、礼、乐、兵刑、州郡、边防等八门,每门又分若干子目,于唐代之典章制度记载尤详。

(一)

秦时,少府遣吏四人在殿中,主发书,谓之尚书。尚犹主也。汉承秦置。及武帝游晏后庭,始用宦者主中书,以司马迁为之。中间遂罢其官以为中书之职。至成帝建始四年,罢中书宦者,又置尚书五人,一人为仆射,四人分为四曹,通掌图书、秘记、章奏之事及封奏,宣示内外而已,其任犹轻。至后汉则为优重,出纳王命,敷奏万机,盖政令之所由宣,选举之所由定,罪赏之所由正。斯乃文昌天府,众务渊薮,内外所折衷,远近所禀仰。李固云:"陛下之有尚书,犹天之有北斗。斗为天喉舌,尚书亦为陛下喉舌。斗斟酌元气，运平四时；尚书出纳王命，赋政四海。"及令左丞，总领纲纪，无所不统。仆射及右丞，分掌廪假钱谷。汉初，尚书虽有曹名，不以为号。及灵帝以侍中梁鹄为选部尚书，于是始见曹名，总谓之尚书台，亦谓之中台。大事八座连名，而有不合，得建异议。

——卷二十二《职官·尚书省》

[释义] 尚书一职，秦代即设，其职责是"主发书"，即决定朝廷对外公布政令有关事宜。而后不断明确"宣示内外"、"出纳王命"、"政令之所由宣"、"出纳王命，赋政四海"，可见都与朝廷政令的发布直接相关，而朝廷的政令以及关于官员任命罢黜的消息则正是朝廷官报的主要内容。尚书在大多数情况下拥有决定朝政信息发布的权力，尚书省则是朝政信息发布的职能机构。

（二）

中书之官旧矣，谓之中书省，自魏晋始焉。梁陈时，凡国之政事，并由中书省。省有中书舍人五人，领主书十人，书吏二百人，分掌二十一局事，各当尚书诸曹，并为上司，总国内机要，而尚书唯听受而已。被委此官，多擅威势。后魏亦谓之西台。……魏晋以来，中书监、令掌赞诏命，记会时事，典作文书。以其地在枢近，多承宠任，是以人固其位，谓之"凤凰池"焉。给事中，……魏代复置，或为加员，或为正员。……梁、陈亦掌献纳、省诸闻奏。……自魏至晋，共平尚书奏事，东晋乃罢之，而以中书职入散骑省，故散骑亦掌表诏焉。……后魏、北齐皆为集书省，掌讽议左右，从容献纳，领诸散骑掌侍、侍郎及谏议大夫、给事中等官，兼以出入王命，位在中书之右，其资叙为第三清。……秦置谏议大夫，掌议论，无常员，多至数十人，……后魏亦曰谏议大夫，北齐有七人，属集书省。

——卷二十一《职官三》

[释义] 中书一职，是在前朝即设置的官职。本条史料表明在中国历史上，自魏晋朝就开始设置"中书"这一官职和官府。尔后记载了中书这一官职"总国内机要"、"掌献纳、省诸闻奏"、"掌表诏"、"掌讽议"以及"出入王命"等与朝政新闻产生、发布有关职责的演变，至于到后魏时期"亦曰谏议大夫"那就更与宫廷新闻有关了。

4. 旧唐书（节摘）

[释题]《旧唐书》，纪传体唐代史。后晋刘昫监修。作者为张昭远、贾纬等人。修于天福五年至开运二年（公元940—945年）。原名《唐书》，因与欧阳修等所撰的《新唐书》区别，故称。本书前半部分全用唐代官修实录、国史旧本，保存了大量的唐代史料。司马光编撰《资治通鉴》时即多据此书。

中书省。中书令二员。中书令之职，掌军国之政令，缉熙帝载，统和天人。入则告之，出则奉之，以厘万邦，以度百揆，盖佐天子而执大政也。凡王言之制有七：一曰册书，二曰制书，三曰慰劳制书，四曰发敕，五曰敕旨，六曰论事敕书，七曰敕牒，皆宣署申覆而施行之。

中书侍郎二员。中书侍郎掌贰令之职。凡邦国之庶务，朝廷之大政，皆参议焉。

中书舍人六员。舍人掌侍奉进奏、参议表章。凡诏旨敕制，及玺书册命，皆按典故起草进画；既下，则署而行之。

起居舍人，掌修记言之史，录天子之制诰德音，如记事之制，以记时政损益。季终，则授之于国史。

通事舍人掌朝见引纳及辞谢者，于殿廷通奏。

门下省。侍中二员。侍中之职，掌出纳章命，缉熙皇极，总典吏职，赞相礼仪，以和万邦，以弼庶务，所谓佐天子而统大政也。凡军国之务，与中书令参而总焉，坐而论之，举而行之，比其大较也。凡下之通上，其制有六：一曰奏抄，二曰奏弹，三曰露布，四曰议，五曰表，六曰状；皆审署申覆而施行焉。

门下侍郎二员。门下侍郎掌贰侍中之职。凡政之弛张，事之予夺，皆参议焉。

给事中四员。给事中掌陪侍左右，分判省事。

左散骑常侍二人。常侍掌侍奉规讽，备顾问应对。

谏议大夫四员。谏议大夫掌侍从赞相，规谏讽谕。凡谏有五：一曰讽谏，二曰顺谏，三曰规谏，四曰致谏，五曰直谏。

起居郎二员。起居郎掌起居注，录天子之言动法度，以修记事之史。

左补阙二员。左拾遗二员。补阙、拾遗之职，掌供奉讽谏，扈从乘舆。凡发令举事，有不便于时，不合于道，大则廷议，小则上封。若贤良之遗滞于下，忠孝之不闻于上，则条其事状而荐言之。

尚书省。尚书省领二十四司。尚书令一员。令总领百官，仪刑端揆。其属有六尚书：一曰吏部，二曰户部，三曰礼部，四曰兵部，五曰刑部，六曰工部。凡庶务，皆会而决之。左右仆射各一员。掌统理六官，纲纪庶务，以贰令之职。自不置令，仆射总判省事。御史纠劾不当，兼得弹之。左右丞各一员。左丞掌管辖诸司，纠正省内，勾吏部、户部、礼部十二司，通判都省事。若右丞阙，则并行之。右丞管兵部、刑部、工部十二司。若左丞阙，右丞兼知其事。御史有纠劾不当，兼得弹之。左右司郎中各一员。左司郎中，副左丞所管诸司事，省署钞目，勘稽失，知省内宿直之事。若右司郎中阙，则并行之。左右司员外郎各一员。左右司郎中、员外郎各掌副十有二司之事，以举正稽违，省署符目焉。凡都省掌举诸司之纲纪与百僚之程式，以正邦理，以宣邦教。凡上之所以迨下，其制有六：曰制、敕、册、令、教、符。凡下之所以达上，其制亦有六：曰表、状、笺、启、辞、牒。凡内外百司所受之事，皆印其发日，为之程限。凡尚书省施行制敕，案成则给程以钞之。若急速者，不出其日。若诸州计奏达于京师，量事之大小与多少，以为之节。凡京师诸司，有符、移、关、牒下诸州者，必由都省以遣之。凡文案既成，勾司行朱讫，皆书其上端，记年月日，纳诸库。凡施行公文应印者，监印之官考其事目无差，然后印之，必书于历。每月终纳诸库。凡尚书省官，每日一人宿直。都司报废直簿，转以为次。凡内外百僚，日出而视事，既午而退，有事则直官省之。其务繁，不在比例。凡天下制敕计奏之数，省符宣告之节，率以岁终为断。京师诸司，皆以四月一日纳于都省。其天下诸州，则本司推校，以授勾官。勾官审之，连署封印，附计帐，使纳于都省。常以六月一日，都事集诸司令史对覆。若有隐漏不同，皆附于考课焉。

兵部。兵部尚书一员。侍郎二员。尚书、侍郎之职，掌天下武官选授及地图与甲仗之政令。其属有四：一曰兵部，二曰职方，三曰驾部，四曰库部。

郎中二员。郎中一人掌判账及天下武官之阶品，卫府之名数。

职方郎中一员。员外郎一员。郎中、员外郎之职，掌天下地图及城隍、镇戍、烽堠之数，辨其邦国都鄙之远近，及四夷之归化。

驾部主郎中一员。员外郎一人。郎中，员外郎之职，掌邦国舆辇、车乘、传驿、厩牧、官私马牛杂畜薄籍，辨其出入，司其名数。

——卷四十三《职官二》

[释义] 时到唐朝,封建君主专制的国家政体已经非常完备。社会统治者非常重视通过发布君王旨意和官员任免升降等朝政信息来保证国家机器的正常运转,所以在朝廷中央机构中对朝政信息产生、发布、传播以及管理等职责分工都有相当明确的规定,这是属于国家新闻管理体制建设的相关内容。

5. 唐六典(节摘)

[释题]《唐六典》,记载唐代职官制度的专题性典籍。唐玄宗时官修。参与编撰者有张说、张九龄、韦述、徐坚等人。全书三十卷。因主要内容涵盖唐玄宗亲自划定的理、教、礼、政、刑、事等六个方面,故称为"六典"。本书按照官署机构设立门类,从中央的三师、三公、三省六部、九寺、五监,至府兵十二卫,以至地方三府、督护、州县等,被载无遗。皆述其职司、官佐、品秩,内容多能够反映唐代政治经济实况。

中书省置中书令二员。中书令之职,掌军国之政令,缉熙帝载,统和天人,入则告之,出则奉之,以厘万邦,以度百揆,盖以佐天子而执大政者也。中书侍郎掌贰令之职。凡邦国之庶务,朝廷之大政,皆参议焉。中书舍人,掌侍奉进奏,参议表章。凡诏旨敕制及玺书册命,皆按典故起草进画;既下,则署而行之。起居舍人,掌修记言之史,录天子之制诰德音,如记事之制,以记时政损益。季终,则授之于国史。通事舍人,掌朝见引纳及辞谢者,于殿廷通奏。

——《职官》

[释义] 此条史料记载了唐朝政府中关于"中书省"的官员设置和职责情况,和《旧唐书》中的有关记载完全一致。

6. 唐律疏议(节摘)

[释题]《唐律疏议》,长孙无忌奉命主撰。是对唐代《永徽律》全文进行解释的专书。高宗永徽四年(公元653年)颁行。全书十二篇,三十卷。原名《律疏》,元代以后改称是名。本书照录《永徽律》原文,逐条进行注解。文中大量引用《永徽律》以外的律

典,剖析疑义,解说详明,并对《永徽律》原文规定的不够完备和周密之处,进行了补充。因奉旨撰修,所以该书对《永徽律》条款的释文和《永徽律》的原条款一样具有法律效力。是中国古代杰出的法学著作。

诸阑入宫门,徒二年。

诸于宫殿门无籍及冒承人名而入者,以阑入论。

诸应出宫殿,而门籍已除,辄留不出,及被告劾,已有公文禁止,籍虽未除,不得辄入宫殿。犯者,各以阑入论。

虽非阑入,辄私共宫人言语,若亲为通传书信及衣物者,绞。

——卷八《卫禁》

诸漏泄大事应密者,绞。(大事,谓潜谋讨袭,及收捕谋叛之类。)

[疏]议曰:依《斗讼律》:"知谋反及大逆者,密告随近官司。"其知谋反、大逆、谋叛,皆合密告,或掩袭寇贼。此等是"大事应密",不合人知。辄漏泄者,绞。注云"大事,谓潜谋讨袭者。"讨,谓命将誓师,潜谋征讨;袭,谓不声锺鼓,掩其不备者。既有潜谋讨袭之事,及收捕反、逆之徒,故云"谋叛之类"。

——卷九《职制》

非大事应密者,徒一年半。漏泄于蕃国使者,加一等。仍以初传者为首,传至者为从。即转传大事者,杖八十。非大事,勿论。

[疏]议曰:"非大事应密",谓依《令》:"仰观见风云气色有异,密封奏闻"之类。有漏泄者,是非大事应密,合徒一年半。国家之事,不欲蕃国闻知,若漏泄于蕃国使者,加一等,合徒二年。其大事,纵漏泄于蕃国使,亦不加至斩。漏泄之事,"以初传者为首"。首,谓初漏泄者。"传至者为从",谓传至罪人及蕃使者。其间展转相传大事者,杖八十。"非大事者,勿论",非大事,虽应密,而转传之人并不坐。

——卷九《职制》

诸驿使稽程者,一日杖八十,二日加一等,罪止徒二年。

[疏]议曰:依令:"给驿者,给铜龙传符;无传符处,为纸券。"量事缓急,注驿数于符

契上。据此驿数,以为行程。稽此程者,一日杖八十,二日加一等,罪止徒二年。

——卷十《职制》

若军务要速,加三等。有所废、阙者,违一日,加役流。以故陷败户口、军人、城戍者,绞。

[疏]议曰:"军务要速",谓是征讨、掩袭、报告外境消息,及告贼之类。稽一日,徒一年;十一日,流二千里,是为"加三等"。"有所废、阙者",谓稽迟废阙经略、掩袭、告报之类。"违一日,加役流",称"日"者,须满百刻。为由驿使稽迟,遂陷败户口、军人、卫士、募人、防人一人以上,及诸城戍者,绞。若临军对寇,告报稽期者,自从"乏军兴"之法。

诸驿使无故以书寄人行之,及受寄者,徒一年。若致稽程,以行者为首,驿使为从。即为军事警急而稽留者,以驿使为首,行者为从。(有所废、阙者,从前条。)其非专使之书,而便寄者,勿论。

[疏]议曰:有军务要违,或追征报告,如此之类,遣专使乘驿,赍送文书。"无故",谓非身患及父母丧者,以所赍文书,别寄他人送之及受寄之书者,各徒一年。"若致稽程",谓行不充驿数,计程重于徒一年者,即以受书行者为首,驿使为从。此谓常行驿使而立罪名。即为军事警急,报告征讨、掩袭、救援,及境外消息之类而稽留,罪在驿使,故以驿使为首,行者为从。注云:"有所废、阙者,从前条",谓违一日,加役流;以故陷败户口、军人、城戍者,绞。"其非专使之书",谓非故遣专使,所赍之书因而附之,其使人及受寄人并勿论。

诸文书应遣驿而不遣驿,及不应遣驿而遣驿者,杖一百。若依《式》应须遣使诣阙而不遣者,罪亦如之。

[疏]议曰:依《公式令》:"在京诸司,有事须乘驿,及诸州有急速大事,皆合遣驿。"而所司乃不遣驿,非应遣驿,而所司乃遣驿。若违者,各杖一百。又依《仪制令》:"皇帝践祚,及加元服,皇太后加号,皇后、皇太子立,及赦元日,刺史若京官五品以上在外者,并奉表疏贺,州遣使,余附表。"此即应遣使诣阙,而不遣者,亦合杖一百。故云"罪亦如之"。

诸驿使受书,不依题署,误诣他所者,随所稽留,以行书稽程论减二等。若由题署者误,坐其题署者。

[疏]议曰：文书行下，各有所诣，应封题署者，具注所诣州府。使人乃不依题署，误诣他所，因此稽程者，随所稽留，准上条行书稽留之程减二等，谓违一日，杖六十，二日加一等，罪止徒一年。若有军务要速者，加三等。有所废、阙者，从加役流上减二等，徒二年半。以故有所陷败，亦从绞上减二等，徒三年。"若由题署者误"，谓元题署者误，即罪其题署之人，驿使不坐。

——卷十《职制》

诸增乘驿马者，一匹徒一年，一匹加一等。（应乘驿驴而乘驿马者，减一等。）主司知情，与同罪；不知情者，勿论。（余条"驿司"准此。）

[疏]议曰：依《公式令》："给驿：职事三品以上若王，四匹；四品及国公以上，三匹；五品及爵三品以上，二匹；散官、前官各递减职事官一匹；余官爵及无品人，各一匹。皆数外别给驿子。此外，须将典吏者，临时量给。"此是《令》文本数。数外剩取，是曰"增乘"。一匹徒一年，一匹加一等。"应乘驿驴而乘驿马者"，又准《驾部式》："六品以下前官、散官、卫官、省司差使急速者，给马。使回及余使，并给驴。"即是应乘驴之人而乘马，各减增乘马罪一等。主司知情与同罪者，谓驿马主司知增乘驿马，及知应乘驴而乘马等情者，皆与乘者同罪。不知情者，勿论。余条，驿司准此者，谓"枉道"及"越过""赍私物"之类。

诸乘驿马辄枉道者，一里杖一百，五里加一等，罪止徒二年。越至他所者，各加一等。（谓越过所诣之处。）经驿不换马者，杖八十。（无马者，不坐。）

[疏]议曰：乘驿马者，皆依驿路而向前驿。若不依驿路别行，是为"枉道"。"越至他所者"，注云"谓越过所诣之处"。假如从京使向洛州，无故辄过洛州以东，即计里，加"枉道"一等。"经驿不换马"，至所经之驿，若不换马者，杖八十。因而致死，依《厩牧令》"乘官畜产，非理致死者，备偿"。"无马者，不坐"，谓在驿无马，越过者，无罪，因而致死者，不偿。

诸乘驿马赍私物（谓非随身衣、仗者。）一斤杖六十，十斤加一等，罪止徒一年。驿驴减二等（余条驿驴准此。）

[疏]议曰：乘驿马者，惟得赍随身所须衣、仗。衣，谓衣被之属；仗，谓弓刀之类。除此以外，辄赍行者，一斤杖六十，十斤加一等，罪止徒一年。"驿驴减二等"，谓一斤笞四十，罪止杖九十。"余条驿驴准此"者，谓"稽程""枉道"之类。诸条驿驴得罪，皆准马减二等。

诸密有征讨,而告贼消息者,斩;妻、子流二千里。其非征讨而作间谍,若化外人来为间谍,或传书信与化内人,并受及知情容止者,并绞。

[疏]议曰:或伺贼间隙,密期征讨,乃有奸人,告贼消息者,斩;妻、子流二千里。其非征讨,而作间谍者,间谓往来,谍谓觇候,传通国家消息,以报贼徒;"化外人来为间谍"者,谓声教之外,四夷之人,私入国内,往来觇候者;或传书信与化内人,并受化外书信,知情容止停藏者,并绞。

——卷十六《擅兴》

诸盗官文书印者,徒二年。余印,杖一百。(谓贪利之,而非行用者。余印,谓印物及畜产者。)

[疏]议曰:印者,信也。谓印文书施行,通达上下,所在信受,故曰"官文书印"。盗此印者,徒二年。"余印,杖一百"。余印,谓给诸州封函及畜产之印,在《令》、式,印应官给。但非官文书之印,盗者,皆杖一百。注云:"谓贪利之,而非行用者",皆谓藉以为财,不拟行用。若将行用,即从"伪造"、"伪写","封用规避"之罪科之。

诸盗制书者,徒二年。官文书、杖一百;重害文书,加一等;纸券,又加一等。(亦谓贪利之,无所施用者。重害,谓徒罪以上狱案,及婚姻、良贱、勋赏、黜陟、授官、除免之类。)

[疏]议曰:盗制书,徒二年,敕及奏抄,亦同。敕旨无御画,奏抄即有御画,不可以御画奏抄轻于敕旨,各与盗制书罪同。"官文书",谓在司寻常许行文书,有印无印等。"重害文书,加一等",合徒一年。注云"亦谓贪利之",亦如上条盗印藉为财用,无所施行。"重害,谓徒罪以上狱案及婚姻、良贱、勋赏、黜陟、授官、除免之类"。称"之类"者,谓仓粮财物、行军文薄帐及户籍、手实之属,盗者,各徒一年。若欲动事,盗者,自从增减之律。

即盗应除文案者,依凡盗法。

[疏]议曰:"即盗应除文案者",依《令》:"文案不须常留者,每三年一拣除。"既是年久应除,即非见行文案,故依凡盗之法,计赃科罪。

——卷十九《贼盗》

诸投匿名书告人罪者,流二千里。(谓绝匿姓名,及假人姓名,以避已作者,弃、置、悬之俱是。)

[疏]议曰:有人隐匿已名,或假人姓字,潜投犯状,以告人罪,无问轻重,投告者即得流坐。故注云"谓绝匿姓名,及假人姓名,以避已作者,弃、置、悬之俱是",谓或弃之于街衢、或置之于衙府,或悬之于旌表之类,皆为"投匿"之坐。假人姓名,经官司判入,言告人罪,从"违令"科。非是投匿,所以科"违令"。投匿告祖父母,科绞;告期亲卑幼,减凡人二等;大功,减一等;小功以下,以凡人论。匿名书告他人部曲、奴,依凡人法。是大功相犯,不合减一等、二等,他皆仿此。告缌麻以上亲部曲、奴,即依减法。

得书者,皆即焚之。若将送官司者,徒一年。官司受而为理者,加二等。被告者,不坐。辄上闻者,徒三年。

[疏]议曰:匿名之书,不合检校,得者即须焚之,以绝欺诡之路。得书不焚,以送官府者,合徒一年。官司既不合理,受而为理者,加三等,处徒二年。被告者,假令事实,亦不合坐。若是书不原事,以后别有人论告,还得合罪。辄上闻者,合徒三年。若得告反逆之书,事或不测,理须闻奏,不合烧除。问曰:投匿名书,告人谋反、大逆,或虚或实,捉获所投之人,未知若为科罪? 答曰:隐匿姓字,投书告罪,投书者既合流坐,送官者法处徒刑,用塞诬告之源,以杜奸欺之路。但反逆之徒,衅深夷族,知而不告,即合死刑,得书不可焚之,故许送官闻奏。状既是实,便须上请听裁;告若是虚,理依诬告之法。

——卷二十四《斗讼》

诸诈乘驿马,加役流。驿关等知情,与同罪;不知情,减二等。(关,谓应检、问之处。)有符、券者,不坐。(有符、券者,谓盗得真符、券及伪作,不可觉知者。)

[疏]议曰:邮驿本备军速,其马所拟尤重。但是诈乘,无问马数,及已行远近,即合加役流。给马之驿,及所由之关,知其诈乘之情,亦加役流。"不知情,减二等",谓驿与关司全不勘检,又不知情,合减二等,犹徒二年半。故注云"关,谓应检、问之处"。有符、券者,不坐。注云:"谓盗得真符、券及伪作,不可觉知者",谓伪作符、券及盗得真纸券等,检验不可觉知者,驿及关司并不坐。

其未应乘驿马而辄乘者,徒一年。(辄乘,谓有当乘之理,未得符、券者。)

［疏］议曰："其未应乘驿马"，谓差为驿使，而未得符、券，辄即乘者，徒一年。注云："辄乘，谓有当乘之理，未得符、券者"，谓衔命有实，未得符、券而乘者。驿、关等知情听之，准上文，亦合同罪。不知情者，徒一年，上减二等。

诸伪写官文书印者，流二千里。余印，徒一年。（写，谓仿效而作，亦不录所用。）
［疏］议曰：上文称"伪造皇帝八宝"，以玉为之，故称"造"。此云"伪写官文书印"，印以铜为之，故称"写"。注云"写，谓仿效而作"，谓仿效为之，不限用泥、用蜡等。故云"不录所用"，但作成者，即流千里。"余印，徒一年"，"余印"谓诸州等封函印，及畜产之印，亦不录所用。上文但造宝即坐，不须堪行用；此文虽写印不堪行用，谓不成印文及大小悬别，如此之类，不合流坐，从下条；造未成者，减三等。

即伪写前代官文书印，有所规求，封用者，徒二年。（因之得成官者，从诈假法。）
［疏］议曰：依式"周、隋官，亦听成荫"，或争封邑之类。事缘前代，乃伪写前代之印，心有规求，封用者，徒二年。称"封用"者，或印文书及封文簿，事兼两用，故连云"封用"。注云"因之得成官者，从诈假法"，谓伪写、封用为旧公验，因之成官者，从诈假法。其伪写未成，及成而未封用，依下文"未施行减三等"例，亦减已封用三等。

诸以伪宝、印、符、节，及得亡宝、印、符、节假人，若出卖，及所假若买者封用，各以伪造、写论。
［疏］议曰：以伪造宝、印、符、节，及得亡宝、印、符、节，假与他人，若出卖与他人，及所假所买之人，虽非身自造、写，若将封用，各依伪造、伪写法科之。

即以伪印印文书施行，若假与人，及受假者施行，亦与伪写同。未施行，及伪写印、符、节未成者，各减三等。
［疏］议曰：上文谓伪造、写，及得亡宝、印、符、节，假人及卖买等罪，此文欲论以伪印文书施行，谓以伪印印文书，自将行用。若以伪印文书假与他人，及有受得伪文书行用，并谓已入官司者，其罪各依伪造、写法。"未施行"，谓伪文书未将行用，及伪写印、符、节未成者，各减已施行及已成罪三等。

——卷二十五《诈伪》

诸应给传递，而限外剩取者，笞四十；计庸重者，坐赃论，罪止徒二年。

[疏]议曰："应给传送"，依《厩牧令》："官爵一品，给马八匹；嗣王、郡王及二品以上，给马六匹。"三品以下，各有等差。若过《令》限，数外剩取者，笞四十。"计庸重者，坐赃论"，马庸一日为绢三尺，坐赃一尺笞二十；一匹加一等，三匹一尺笞五十，即是得罪重于笞四十，须从坐赃论计庸，罪止徒二年。

若不应给而取者，加罪二等；强取者，各加一等。主司与给者，各与同罪。

[疏]议曰：上文并据应给而剩取之。"若不应给而取者"，谓本无传送之理而取之，加二等。谓赃轻者，杖六十；赃重者，加坐赃之罪二等，罪止徒三年。"强取者，各加一等"，谓应得传送，而剩强取者，笞五十；赃重者，于坐赃上加一等。不应给传送而强取者，杖七十；赃重者，坐赃上加三等。是"各加一等"。"主司给与者，各与同罪"，称"各"者，强取而主司给与，亦与强者罪同。"

诸不应入驿而入者，笞四十；辄受供给者，杖一百。计赃重者，准盗论。虽应入驿，不合受供给而受者，罪亦如之。

[疏]议曰："不应入驿而入者，笞四十"，《杂令》："私行人，职事五品以上，散官二品以上，爵国公以上，欲投驿止宿者，听之。边远及无村店之处，九品以上，勋官五品以上及爵，遇屯驿止宿，亦听。并不得辄受供给。"谓私行人不应入驿而入者，笞四十。辄受供给，准赃虽少，皆杖一百。计赃得罪重于杖一百者，准盗论。虽应入驿，准令"不合受供给而受"，亦与不应入驿人同罪。强者，各加二等。

——卷二十六《杂律》

诸在市及人众中，故相惊动，令扰乱者，杖八十。以故杀、伤人者，减故杀、伤一等。因失财物者，坐赃论。其误惊杀、伤人者，从过失法。

[疏]议曰：有人在市及众聚之处，"故相惊动"，谓诳言有猛兽之类，令扰乱者，杖八十。若因扰乱之际而失财物，坐赃论。如是众人之物，累并倍论；并倍不加重于一人失财物者，即从重论。因其扰乱而杀、伤人员，"减故杀、伤一等"，惊人致死，减一等，流三千里；折一支(肢)，减一等，徒三年之类。其有误惊，因而杀、伤人者，从"过失"法收赎，铜入被杀、伤之家。

诸私发官文书印封视书者,杖六十;制书,杖八十。若密事,各依漏泄坐减二等。即误发,视者各减二等;不视者不坐。"

[疏]议曰:官司行下文书,多有封印;而有私发印封视书者,杖六十。视制书,杖八十。"若密事,各依漏泄坐减二等",《职制律》:"漏泄大事应密者,绞",减二等,徒三年。"非大事应密,徒一年半",减二等,杖一百。"误发视者,各减二等",谓误发,因视制书,杖六十;官文书,笞四十;大事应密,视者,徒三年上减二等,徒二年;非大事应密,视者,杖一百上减二等,杖八十。"不视者,不坐",谓初虽误发,竟不视书者,无罪。

——卷二十七《杂律》

[释义] 上述史料记载了唐朝刑律中与新闻传播活动有关的规定。从中我们可以看到,到了唐朝,不仅中国封建君主专制的刑律制度已经非常完善,而且其中规范和限制新闻传播的有关法律条款也是相当的细密和具体了。

7. 唐会要(节摘)

[释题]《唐会要》,为宋朝人氏王溥在唐德宗时人苏冕所编高祖至德宗九朝事成《会要》四十卷、宣宗时人杨绍复续修四十卷之基础上,并补收唐末史事后编定成书。全书一百卷,五百一十四目。原书没有总的分类,后人根据内容约略概括为帝系、礼、宫殿、舆服、乐、学校、刑、历象、封建、佛道、官制、食货和四裔等十三类,详细记述了唐代各项制度的沿革变迁,其中许多资料为其他典籍所不载。

大足元年(公元701年)五月六日敕:诸军节度大使,听将家口八人,副大使六人;万人已(以)上镇军大使四人,副使三人;五千人已(以)上大使三人、副使二人,并给传乘。

开元七年(公元719年)六月二十八日敕:专知传驿官,一差定后,年限未终,所由不得辄回改,并别差使,及别报勾当。

其年七月一日敕:诸道按察使家口,往过宜给传递。

十五年(公元727年)四月十日敕:两京都亭驿,应出使人三品已(以)上及清要官,驿马到日,不得淹留,过时不发,余并令就驿进发,左右巡御史专知访察。

贞元十六年（公元728年）七月十九日敕：巡传驿，宜因御史出使，便令校察。至二十五年五月，监察御史郑审，检校两京馆驿，犹未称使。今驿门前十二辰堆，即审创焉。乾元元年三月，度支郎中第五琦，充诸道馆驿使。大历五年九月，杜济除京兆尹，充本府馆驿使。自后京兆常带使，至建中元年停。大历十四年九月，门下省奏：两京请委御史台，各定知驿使、御史一人，往来句当，遂称馆驿使。谨按《六典》及《御史台记》并杂注，即并不言台中有馆驿使。

开元十八年（公元730年）六月十三日敕：如闻比来给传使人，为无传马，还只乘驿，徒押传递，事颇劳烦。自今以后，应乘传者，宜给纸券。

大历十四年（公元779年）九月十七日，门下省奏：准《公式令》，诸给驿马：职事三品及爵三品已（以）上，若王，四匹；四品已（以）上及国公，三品、五品及爵三品已（以）上，二匹；余官爵各一匹。伏望今后并约前件马数给券，其从人，每马一匹，许将一人，从之。其月敕节文：两京宜委御史台，各定知驿御史一人，往来勾当。诸道委节度观察使，各于本道判官中定一人专知，差定讫，具名衔闻奏并牒奏。

贞元二年（公元786年）三月，河南尹充河南水陆运使薛珏奏：当府馆驿，准永泰元年三月，京兆尹兼御史大夫第五琦奏，使人缘路，无故不得于馆驿淹留，纵然有事，经三日已（以）上，即於主人安置，馆存其供限。如有家口相随，及自须于村店安置，不得令馆驿将什物、饭食、草料、就等彼供给。拟者伏以承前格敕，非不丁宁，岁月滋深，因循久弊，今往来使客，多是武臣，逾越条流，广求供给，府县少缺，悔吝坐至，属当凋残，实难济办。况都城大路，耗费倍深，伏乞重降殊恩，申明前敕，绝其侥滥，俾惧章程，庶邮驿获全，职司是守。敕旨：宜付所司，举元敕处分。

贞元二年（公元786年）十二月敕节文：从上都至汴州为大路驿，从上都至荆南为次路驿。知六路驿官，每一周年无败阙，与减一选，仍任累计；次路驿官，二周年无败阙，与减一选；三周年减两选。

贞元八年（公元792年），门下省奏：邮驿条式，应给纸券。除门下外，诸使诸州，不得给往还券,至所诣州府纳之,别给令还。其常参官府外除授,及分司假宁往来,并给券。从之。

元和四年(公元809年)正月敕:准元和三年诸道滥给券道敕文,总一百二十七道已(以)上者,州府长官宜夺一季俸禄;其本州官曹及录事参军,付吏部用阙,去任殿一选。

元和五年(公元810年)正月,考功奏:诸道节度使、观察等使,各选清强判官一人,专知邮驿。如一周年无违犯,与上考;如有违越,书下考者。伏以遵守条章,才为奉职,便于殊考,恐涉太优。今请不违敕文者,书中上考;其违越者,依前书下考,仍请永为常式。敕旨:依奏。

太和八年(公元834年)八月,门下省奏:常参官私事请假,从来准例,并给券牒。今商量,或缘家事乞假,各申私志,须约公费。自今后,应有此色假官,并任私行,门下省不得给公券。如或事出特恩,不在此限。敕旨:依奏。

开成四年(公元839年)二月,门下奏:常参官寒食拜墓。今月七日,延英面奏进止,令准往例给公券者。臣等谨检旧案,承常参官应为私事请假,外州往来,给券牒。伏准太和八年十日敕,厘革应缘私事,并不许给公券。今臣等商量,唯寒食拜墓,著在令式,衔恩乘驿,用表哀荣。虔奉圣旨,重颁新令,其有拜墓不出府界,假内往来者,并不在给券限。敕旨:依奏。

——《唐会要》卷六十一《御史台中·馆驿》。

[释义] 上述所载,大致是唐朝关于驿传制度建设以及日常管理方面的有关规定。唐朝存在原始状态的报纸,已为中外学术界尤其是新闻史学界所公认,而这些原始状态报纸的传播应当是与当时的驿传系统直接相关的。

8. 宋史(节摘)

[释题] 《宋史》,纪传体宋代史。元朝时人脱脱等于元顺帝三年至五年(公元

1343—1345 年)间撰成。全书四百九十六卷。北宋详、南宋略,理宗、度宗以来尤多缺漏,但保存了不少原始资料,为研究宋代历史的基本史料之一。

(神宗)熙宁三年(公元 1070 年),初置枢密院诸房检详文字,以太子中允居吏房。先是,进奏院每五日具定本状,上枢密院,然后传之四方。而邸吏辄先期报下,或矫为家书以入邮置。(刘)奉世乞革定本,去实封,但以通函膳报。从之。神宗称其奉职不苟,加集贤校理、检正中书户房公事。

——《刘奉世传》

(神宗)熙宁四年(公元 1071 年),诏应朝廷擢用才能,赏功罚罪,事可惩劝者,中书(省)检正、枢密院检详官,月以事状录付院,膳报天下。

——《职官志》"进奏院"条

[释义] 这里选的两条史料,第一条是讲的朝廷为了控制朝政机密外泄,在神宗朝就设置了"枢密院诸房检详文字"官职,并且明确由"太子中允"亲自负责此事,可见皇帝对此事的重视程度。因为刘奉世"奉职不苟",所以皇帝委任他担任"集贤校理、检正中书户房公事"一职,也就是负责对中书房所出文字的检查。第二条则是讲的宋朝皇帝抄发进奏院状报的目的和进奏院状报的抄发周期,可见当时的进奏院状报已经是定期抄发(发行)了。

9. 宋会要稿(节摘)

[释题] 宋朝专设"会要所",修撰会要。前后共历十余次,成书二千二百余卷,但从未正式刊行。该书主要据宋朝历朝实录、日历、中央六部和地方诸路监的档案材料编成,内容多为《宋史》各志所未载,尤详职官、食货、选举等部,是研究宋史的重要材料。元军灭宋,稿本自临安北运到元朝大都(今北京)。元修《宋史》各志时,多取材于此书。明修《永乐大典》,也曾将《宋会要》中史事分别采入各韵。该书毁于明中叶。

徽宗宣和四年(公元1122年)八月诏:"诏诸沿边官吏,辄以私书报边事,以违制论。"

——《刑法二》

[释义] 这条史料记载的是北宋末年的皇帝关于禁止以"私书"形式也就是不经过朝廷正常的进奏院状报途径私自对外传播在边境地区发生的与北方少数民族的战事信息,明确规定对这种行为以"违制"罪处罚,可见其处罚的程度是很重的。

10. 宋会要辑稿(节摘)

[释题]《宋会要辑稿》,系由清朝人氏徐松在嘉庆十四年间自明朝所修《永乐大典》中辑出原《宋会要》相关内容构成。当时辑出约五、六百卷,分帝系、后妃、乐、礼等十七门。徐松未及排比整理成书而卒。徐辑本后归吴兴刘承翰嘉业堂。一九三六年北平图书馆(后来的北京图书馆)将一九三一年购得的刘承翰所得之原稿影印,成二百册。一九五七年中华书局缩印为八册三百六十六卷。

太宗雍熙三年(公元986年)五月诏:"开封府进奏官,止依例供申本府报状,诸州不许申发。"

——《职官》二之四四

太宗端拱二年(公元989年)五月,"史馆年(本)当馆旧例,差知书库刘襄抄录报状,供应攒日历。今缘宣命,不能抄录诸州杂报,窃虑有误编修"。

真宗咸平二年(公元999年)六月诏:"进奏院所供报状,每五日一写,上枢密院,定本供报。"

——《职官》二之四五

真宗咸平四年(公元1001年)八月诏:"进奏院每五日一具报,实封上史馆。"

——《职官》一八之七八

真宗大中祥符元年(公元1008年)诏:"进奏院不得非时供报朝廷事,宣令进奏官五人为保,犯者科违制之罪。"

——《职官》二之四五

仁宗乾兴元年(公元1022年)十一月诏:"都进奏院告报诸州府军监,自今所奏文字,凡系实封者,并令依常式封书毕,更用纸摺角重封,准前题字,及两摺角处,并令用印。无印者细书名字。俟到阙,令都进奏院监官,躬亲点检。无拆动即依例进奏,或有损动者,具收接人姓名以闻。"

神宗熙宁四年(公元1071年)五月十八日诏:"自今朝省及都水盐司农寺等处,凡下条贯,并令进奏院摹印,颁降诸路。"

神宗熙宁四年(公元1071年)十一月一日诏:"应朝廷擢用才能,赏功罚罪,事可惩劝者,中书、枢密院各专令检详官一员,每月以事状报送进奏院,遍下诸路。"

神宗熙宁四年(公元1071年)十一月九日,刘奉世言:"旧条:进奏院每五日令进奏官一名,于阁[?]门抄劄报状,申枢密院呈定,录供各处,仍实封一送史馆,一送本院时政记房。"

——《职官》二之四六

仁宗天圣七年(公元1029)六月十一日,殿中侍御史朱谏言:"河北边城,每进奏院报状至,望令本州实封呈诸官员,若事涉机密,不为遍示。"

——《刑法》二之一八

仁宗天圣九年(公元1031年)闰十月十五日诏:"闻诸路进奏官报状之外,别录单状,……自今听人告捉,勘罪决停,告者量与酬赏。"

——《职官》二之一七

仁宗庆历八年(公元1048年)正月十二日,秘阁校书知相州杨孜上言:"(进奏院)积习因循,将灾异之事悉报于天下。奸人赃吏,游手凶徒,喜有所闻,转相煽惑,遂生观望。……欲乞下进奏院,今后唯除改差任臣僚,赏罚功过,乃得通报。自余灾祥之事,不得辄以单状伪题,亲识名衔,以报天下。如违,进奏院官吏并乞科违制之罪。"

——《刑法》二之二九

仁宗皇祐四年(公元1052年)九月十七日诏:"访闻诸州进奏官,日近多撰合事端誊报,煽惑人心,将机密不合报外之事供申。今后,许经开封府陈告。如获,进奏官不侯年满,优与授官出职,余递任职掌。……本犯人特行决配,同保人等第断遣。同保觉察告首捕获,亦与免罪酬奖。监官不举觉,致有败露,当行冲替降官。仍今后只得以枢密院送下报状供申,逐处施行。"

——《刑法》二之三十

神宗熙宁二年(公元1069年)闰十一月二十五日,监察御史里行张勘言:"窃闻近日有奸佞小人,肆毁时政,摇动众情,传惑天下,至有矫撰敕文,印卖都市,乞下开封府,严行根捉造意雕卖之人,行遣。"

——《刑法》二之三二

哲宗绍圣元年(公元1094年)五朋二十三日,三省枢密院言:"近闻奸人多妄说朝廷未施行事,以惑民情。"诏:"令开封府界提点司及诸路监司,常切觉察。其违犯者,并依法情重,录察以闻,当议编配,有荫人不用荫,命官重行黜责。"

——《刑法》二之四〇

哲宗元符元年(公元1098年)五月十五日,尚书省言:"进奏官许传报常程申奏及经尚书省已出文字,其实封文字,或事干机密者,不得传报,如违,并以违制论。"

哲宗元符元年(公元1098年)五月十五日,尚书省言:"……即撰造事端誊报,若交结谤讪惑众者,亦如之,并许人告。"

——《刑法》二之四一

徽宗大观元年(公元1107年)十一月十四日诏:"比来京师传报差除,皆出伪妄。

盖缘小人意不得骋,造言欺众,规欲动摇,以幸回遹。奸不可纵,可令开封府立赏一百贯,许人告捕,仍以违制论。"

——《刑法》二之四七

徽宗大观三年(公元1109年)四月二十二日,臣僚言:"访闻近因上殿论事,而好事之人,因缘传会,造为语言,事出不根,喧播中外,动摇上下,因以胁持言语,显其震怒,并恐奸人间肆为异谋,浸淫成风,为患不细。伏望持降睿旨,令开封府出榜,禁绝施行。"奉诏:仰开封府严行禁止,仍令刑部立法开奏。

——《刑法》二之四九

徽宗大观四年(公元1110年)十月初一日诏:"近传伪昭:'前宰相蔡京,眼不明而强视,耳不聪而强听,公行狡诈,行迹迨谀,内外不仁,上下无检,所以起天下之议。"四夷凶顽,百姓失业,远窜忠良之臣,外擢暗昧之流,不察所为,朕之过也。"今州县有蔡京踪迹,尽皆削除。有朋党之辈,悉皆贬剥,仰内外交武臣僚无隐。奉御笔,内外盛传。'此御笔手诏,浑骇闻听。且奸人乘间辄撰伪诏,撰造事端,鼓惑群心。可立赏钱,内外收捕,并沇流州县等处,仍立知情陈告者,特与免罪。侯获不以赦降原减,当于法外痛与惩治,仍立赏钱五百贯文,召人告捉。"

——《刑法》二之五三

徽宗大观四年(公元1110年)六月诏:"近撰造事端,妄作朝报,累有约束,当定罪赏。仰开封府检举,严切差人缉捕,并进奏官密切觉察。"

——《刑法》二之五四

徽宗宣和元年(公元1119年)六月十四日,臣僚言:"窃见迩来凡朝廷选用人才、除授差遣之类,曾未拟议,而士大夫间好事者,乐于传播,捏造无根之言。欲望明诏有司,严为禁止。"诏:"今后妄有传报差除,以违御笔论,委三省、御史台、开封府觉察,仍令开封府捉事使臣告捉"。

——《刑法》二之七六

徽宗宣和三年(公元1121年)九月二十四日诏:"臣僚章疏不许传报中外,仰开封府常切觉察,仍关报合属去处。内敕黄行下臣僚章疏自合传报,其不系敕黄行下臣僚章疏,辄传报者,以违制论。"

——《刑法》二之七九

徽宗宣和四年(公元1122年)十二月十七日诏:"进奏院朝报,非定本事辄传传报者,令尚书省检会以降指挥,别行措置,约事取旨。"

——《刑法》二之八五

[释义] 上述各条史料,从各个不同方面记载了北宋时期新闻法制的情况。从记载中我们可以大致看出,唐朝对朝政新闻活动管理的法令在宋朝又得到了进一步的发展,宋朝的有些规定比唐朝更加严密细致,这也是新闻法制规律的必然体现。

11. 宋刑统(节摘)

[释题]《宋刑统》,全称为《宋建隆详定刑统》,是宋代主要的综合性法典。由窦仪等人奉敕撰成,宋太祖建隆四年(公元963年)颁行。全书三十卷,内容包括律十二篇五百零二条,令格式敕一百七十七条。篇目、内容大体与《唐律疏议》相同,是中国历史上第一部刊刻印行的也是宋代保存至今唯一完整的封建法典。

[准]周广顺三年(公元953年)九月五日敕节文,今后所有玄象器物、天文图书、谶书、七曜历、《太一雷公式》,私家不得有,及衷私传习,如有者,并须焚毁。其司天监、翰林院人员并不得将前件图书等,于外边令人看览。其诸阴阳卜筮、占冥之书不在禁限。所有每年历日,候朝廷颁行后,方许私雕印传写,所司不得预前流布于外,违者并准法科罪。

——《职制律·禁玄象器物门·诸玄象器物》条

[准]《公式令》,诸写经史群书及撰录旧事,其文有犯国讳者,皆为字不成。诸上书若奏事而误,杖六十;口误,减二等。(口误不失事者勿论。)上尚书省误,笞四十;余文书误,笞三十(误谓脱剩文字及错失者。)即误有害者,各加三等。(有害,谓当言勿原而言

原之,当言千匹而言十匹之类。)若误可行,非上书奏事者,勿论。(可行,谓案省可知,不容有异议,当言甲申而言申由之类。)

——《职制律·误犯宗庙讳门·诸上书若奏事误犯宗庙讳》条

[准]周显德五年(公元958年)七月七日敕条,若有人或因斗争,或是酒醉,辄高声唱反者,决臀杖七十。

——《贼盗律·谋反逆叛门》

[准]唐开元二十八年(公元740年)三月二十一日敕:蠹政之深,左道为甚,所以先王设教,犯者必诛,去其害群,盖非获已。自今以后,辄有托称佛法,因肆祅言,妄谈休咎,专行诳惑,诸如此类,法实难容。宜令所在长官,严加捉搦,仍委御史台及本道采访使纠察。如有此色,推勘得实,必无冤滥者,其头首宜令集众,先决一百,自余徒侣等,各决六十,然后录奏。其所由州县长官及专知官不能觉察者,亦具名闻奏。

[准]唐天成二年(公元924年)六月七日敕文,或僧俗不辨,或男女混居,合党连群,夜聚明散,托宣传于法会,潜恣纵于淫风,若不去除,实为弊恶。此后委所在州、府、县、镇及地界所由巡司,节级严加壁刺,有此色之人,便仰收捉勘寻,据关连党徒,并决重杖处死。

[准]周显德五年(公元958年)七月七日敕条,今后捉获此色人,其头首及徒党中豪强者,并决杀;余者减等科罪。如是情涉不顺者,准前敕处分。其有祅书者,所在焚烧。

——《贼盗律·造祅书祅言门》

[准]唐大中二年(公元848年)九月七日敕:比来多有无良之徒,妄于街衢投置无名文状,及于箭上,并于旗幡上,肆为奸言,欲以惑听。自今以后,如有此色,宜准宝历三年(公元827年)正月十八日敕,令所在地界,便于当处焚毁、雍藏,不要闻奏。

——《斗讼律·投匿名书告人罪门》条

[准]唐开元二年(公元714年)八月六日敕:诈伪制敕及伪写官文书印,并造意与句合头首者,斩。若转将伪印行用,及主典盗,并欺罔用印成伪文书者,绞。并为头首,不

在赦限,仍先决一百;其从,并依律以"伪造,写"论,与"伪写"同,并配长流岭南远恶处。并知情、容止造伪人,仍各先决杖六十。虽会恩免罪,百日见在不首者,并依前科决。其印文古字,人难辩识,纵大小微差,点画欠剩,但堪乱俗即坐。

[准]唐天宝五载(公元746年)十一月九日敕:画印与刻印虽殊,造意与行用无别。论名小异,议罪合同。若稍挂轻条,便成惠恶。其画印宜同刻印例处分,仍永为常式。

——《诈伪律·伪造宝印符节门·盗宝印符节封用》

[准]唐会昌元年(公元841年)六月六日敕节文,自今以后,应有朝官及上封事人进章表论人罪恶,并须证验明白,状中仍言请付御史台案问,不得更云请留中不出。如军国要机,事关密切者,不在此例。推勤后如得事实,必奖奉公,苟涉加诬,当令反坐。

——《斗讼律·犯罪陈告门·告人罪须注明年月》条

[释义] 上述史料从不同侧面反映了宋朝新闻法制较唐朝时期的发展。由于《唐律疏议》所达到的中国封建法治的鼎盛水平,宋朝的刑律只是在唐律的基础上结合宋朝的具体情况进行了一些补充完善,这主要体现在《宋刑统》的"准"中。《宋刑统》是一部法典,所以在条款的语言方面更凝炼,格式也更加规范,既继承了唐朝《永徽律》(即后世所称《唐律疏议》)的好传统,又创造了"准"的形式,把唐开元二年(公元714年)以后及后唐、后晋、后周、宋初颁行的有关刑名的敕、令、格、式选编了一百七十七条(另有"起请"三十二条),附于各卷律疏相关内容之后,在内容上对《唐律疏议》进行了补充。在选入的敕令格式条文前面都冠以"准"字,表示经过皇帝的批准,具有最高的法律效力。

12. 庆元条法事类(节摘)

[释题]《庆元条法事类》,南宋宰相谢深甫奉旨在原《淳熙条法事类》的基础上于宁宗庆元元年至嘉泰二年(公元1195—1202年)间编成并于嘉泰三年(公元1203年)颁行的一部敕令汇编。全书八十卷。南宋时期先后编撰成《淳熙条法事类》(四百二十二卷)和《淳佑条法事类》(四百三十卷),均佚失。只有《庆元条法事类》保存下来一部分。

诸听探传报漏泄朝廷机密事,若差除,流二千五百里。主行人有犯加一等,并配千里。非重害者,徒三年,各不以荫论。即传报实封申奏应密文书,并撰造事端,誊报惑众者,并以违制论。以上事理重者,奏裁,各许人告。于事无害者,杖八十。

诸发运监司、经略安抚、总管、钤辖司人吏漏泄本司公事,杖八十。重害者加二等。(重害,谓机密事告奏勘徒以上罪及措置之类。)即机密事,情理重者,仍奏裁,并许人告。

诸军马粮草数及事干机密应行文书而不实封,或漏泄者,杖一百。军马机密事辄下司者,罪亦如之。

诸办事枢密文书辄下司行遣者,流三千里。

诸军马甲仗,若防堞备城物数辄漏泄者,徒三年。

诸臣庶言事,不应传播而辄漏泄者,杖一百,奏裁。

诸听探仓库见在及纲运钱物名数传报,致他司裁拦占取者,各杖一百,许人告。
——卷八《职制门五·漏泄传报敕令格:职制敕》

诸以国家事宜,若重害文书及干边防报化外者,绞;未通报,减一等,配二千里。以上,并奏裁,许人捕。

诸色人告获听探传报漏泄朝廷机密事,并差除(差除,谓尚未出尚书省枢密院者),每人钱五百贯。系公人仍转一资。告获发运监司、经略安抚、钤辖司人吏,漏泄本司公事者,钱三十贯;重害者五十贯。告获以国家事宜,若重害文书及干边防报化外者,每人钱三百贯,已通报者不以人数,仍转两资。
——卷八《职制门五·漏泄传报敕令格:赏格》

[释义] 上述史料记载的是自淳熙年间到嘉泰年间皇帝关于朝政新闻信息管理方

面的敕令。经过整理以后,在文字的简洁和各式的统一方面,已经具有比较明显的法律条款的特征了。

13. 续资治通鉴(节摘)

[释题]《续资治通鉴》,清朝人毕沅撰。为编年体的宋、辽、金、元史,上与《资治通鉴》相衔接。全书二百二十卷。乾隆末年编成,嘉庆六年(公元1801年)全部刊行。该书取材比较完备,其中北宋部分编辑较精,元代部分较为简略。全书多取旧史原文入录,较以前同类著作已高出甚多。

宋仁宗天圣二年(公元1024年)十月诏:"自今诏书,令刑部摹印颁行。"时判部青州燕肃,言旧制,集书吏分录,字多舛误,四方覆奏,或致稽违,因请镂板宣布。

——卷三六

高宗绍兴三年(公元1133年),秘书少监孙近请命:"……命百司日以朝廷所施行事报秘书省、进奏院,月报亦如之。"

——卷一一二

高宗绍兴二十六年(公元1157年)三月诏:"朕惟偃兵息民,帝王之盛德;讲信修睦,古今之大利;是以断自朕志,决讲和之策。故相秦桧,但能赞朕而已,岂以其存亡而有渝定议耶! 近者无知之辈,遂以为尽出于桧,不知悉由朕衷,乃鼓唱浮言以惑众听,至有伪造诏令,召用旧臣,献章公车,妄议边事,朕实骇之。……如敢妄议,当置重典!"

——卷一三

[释义] 上述三条史料都是关于宋朝新闻传播活动管理的内容。第一条说的是朝廷为了保证皇帝诏书的准确性,将皇帝诏书"镂板宣布",即把诏书内容刻板印刷后向全国宣布。第二条史料讲的是规定朝廷官报进奏院状报每月报一次,也就是每月刻板发行一次。第三条史料是讲的皇帝对"鼓唱浮言,以惑众听"行为的处罚决定,规定"如有妄议,当置重典",大概就是从重处罚的意思吧。

14. 续资治通鉴长编(节摘)

[释题]《续资治通鉴长编》是编年体北宋史。南宋李焘撰。编撰此书历时四十年,宋孝宗淳熙十年(1183年)完成,全书九百八十卷。此书由编者根据北宋朝的日历、实录、正史、会要以及诸家野史、家乘、行状、志铭等辑录而成,保存了大量的史料。原本在宋以后流传甚少,今本系清代编《四库全书》时从《永乐大典》中辑出,计五百二十卷。

神宗熙宁六年(公元1073年)七月,吕惠卿乞:"自今实封文字及干机密者,进奏院并诸司吏使传报者,以违制论。"

——卷二四六

[释义]这条史料记载的是神宗时期的大臣吕惠卿向朝廷请求,对那些把朝廷规定以实封形式专递的朝廷文件和事关朝政机密的内容向进奏院以及其他部门通报的行为人,一律以"违制"罪论处的事。既然已经记入史书,可以认为吕惠卿的这个请求已经被朝廷采纳,因而成为具有法律效力的规定了。

第四篇　中国古代新闻法制成熟阶段的史料

（南宋至鸦片战争前）

1. 海陵集（文选）

[释题]《海陵集》，南宋周麟之的个人文集。周麟之为南宋高宗时期重臣，曾任高宗绍兴年间（公元1131—1162年）中书舍人、吏部尚书。

方陛下颁诏旨，布命令，雷厉风飞之时，不无小人诪张之说，眩惑众听。如前日所谓召用旧臣，浮言胥动，莫知从来。臣尝究其然矣，此皆私得之小报。小报者，出于进奏院，盖邸吏辈为之也。比年事有疑似，中外不知，邸吏必竟以小纸书之，飞报远近，谓之小报。如曰："今日某人被召，某人罢去，某人迁除。"往往以虚为实，以无为有。朝士闻之，则曰："已有小报矣。"州郡间得之，则曰："小报到矣。"他日验之，其说或然或不然。使其然耶，则事涉不密；其不然耶，则何以取信？此于害治，虽若甚微，其实不可不察。臣愚欲望陛下深诏有司，严立赏罚，痛行禁止。使朝廷命令，可得而闻，不可得而测；可得而信，不可得而诈，则国体尊而民听一。

——卷三《论禁小报》

[释义] 本文是目前所知的中国新闻史上第一篇记叙南宋时期小报的文章，也是第一篇直接向皇帝建议"深诏有司、严立赏罚，通行禁止"的文章，因为周麟之身居高位，而且也的确是为社稷着想，所以得到皇帝的赞成也就是顺理成章的事了。

2. 宋史(节摘)

[释题]《宋史》,纪传体宋代史。元朝时人脱脱等于元顺帝三年至五年(公元1343—1345年)间撰成。全书四百九十六卷。北宋详、南宋略,理宗、度宗以来尤多缺漏,但保存了不少原始资料,为研究宋代历史的基本史料之一。

驾部郎中、员外郎,掌舆辇、车马、驿置、厩牧之事。大礼,戒有司具五辂。凡奉使之官赴阙,视其职治给马如格。官文书则量其迟速以附步马急递。……分案六,置吏十有三。建炎三年(南宋初,公元1129年),并太仆寺隶焉。

——卷一六一

高宗绍兴二十六年(公元1156年)二月庚辰,罢进奏院定本朝报。

——卷三十一

[释义] 这里选录的两条史料第一条讲的是宋朝官报的管理运行体制问题。宋有朝报之类的官报,似已无异议。驾部负责将"官文书量其迟速以附步马急递"也十分清楚。只是到了南宋时期又把太仆寺划归驾部管理了,这在官报运作体制上是一个新的调整。而第二条则是讲的是朝廷对官报内容进行控制的问题。宋朝对官报内容经由朝廷命官"定本",即内容审查删改定稿后,才能交由进奏院对四方抄报,这就是当时的"定本"制度。这一制度经历了几次兴废,这里记载的是皇帝所降下的一次关于取消定本制度的事。

3. 宋会要辑稿(节摘)

[释题]《宋会要辑稿》,系由清朝人徐松在嘉庆十四年间自明朝所修《永乐大典》中辑出原《宋会要》相关内容构成。当时辑出约五、六百卷,分帝系、后妃、乐、礼等十七门。徐松未及排比整理成书而卒。徐辑本后归吴兴刘承翰嘉业堂。一九三六年北平图书馆(后来的北京图书馆)将一九三一年购得的刘承翰所得之原稿影印,成二百册。中华书局一九五七年缩印为八册三进六十六卷。

高宗建炎元年(公元1127年)六月三日诏:"进奏院自今年六月一日后,依格合传报诸路州军文字,限三日尽数抄录、传报。"

——《职官》二之四七

高宗建炎三年(公元1129年),中书门下省言:"军兴以来,天下多事,中书别无属官。元丰以前有检正官,后因置左右司,遂不差,致朝廷及应报四方行移稽留,无检举催促。近欲差官两员充中书门下省检正诸房公事。"

高宗建炎四年(公元1130年)十月十三日诏:"今后官员差除降黜及外路合通知事件,令六曹各所随所行事类聚,每五日一次,行下进奏院,徼速传送所属监司。"

——《职官》二之四八

高宗绍兴三年(公元1133年)正月二十八日,大理寺建言:"臣僚章疏,议论边计及事理要害,不许誊报。"

——《职官》二之四八

高宗绍兴四年(公元1134年)十一月六日,高宗皇帝赵构与赵鼎议论国事,监察御史田如鳌在《论机事不密则害成》奏议中称,"朝廷近来未行之事,中外已自宣传。及号令之出,往往悉如众人所料"。赵鼎曰:"前此中书省枢密院置皇城内,如在天上,何由探知。自渡江,屋宇浅隘,人迹错杂,自然不密。"高宗随即颁下诏令:"应漏泄边机事务,并行军法,赏钱一千贯,许人告,仍令尚书省出榜。"

——《刑法》二之一四八

高宗绍兴五年(公元1135年)二月丙辰日诏:"(进奏院)除定本外,擅报及录与诸处刽探人传报者,并重作施行,赏钱二百千,许人告。"

高宗绍兴五年(公元1135年)闰二月十二日诏:"进奏院如将不系合传报行事辄擅报行,及录与诸处刽探人传报者,许人告,赏钱三百贯,犯人并重作施行。进奏官邀阻不即批收抄发,并都簿隐漏名件,并依不应为辞遣受财者从重,仍立赏告捉。"

——《职官》二之四九

高宗绍兴十七年（公元1147年）七月二十日，监进奏院朱柔嘉上言："祖宗旧制，进奏院除承六部取会承发事务供报外，余并不许侵紊。检准大观进奏院令，除刑部许勾唤进奏官承发非次敕降及上下半年颁降条贯……外，即无六部许勾唤供报及直送所司，断遣条法，乞依旧制施行。"

绍兴二十五年（公元1155年）七月六日，朝廷命官知婺州李琛、大理寺直李璟一起被罢官流放。原因是朝臣向皇帝密奏："琛判官之后，减剋军兵请给，几至生变。其弟璟见任大理寺直，专伺朝廷事机密报乃兄"。

——《职官》七之四

高宗绍兴二十六年（公元1156年）二月庚辰，右正言凌哲进言称："国家自祖宗时，置进奏院，若朝廷之号令政事，注拟赏罚之类，皆付之邮传，播告天下。比年以来，用事之臣，乃令本院监官先次具本，纳于时相，谓之定本。动辄旬日，俟许报行，方敢传录。而官吏迎合意旨，多删去紧要事目，止传常程文书，遍下州邑，往往有经历时月，不闻朝廷诏令，切恐民听妄生迷惑，有害治体。望将进奏院定本亟行罢去，以复祖宗之旧，以通上下之情。"

高宗绍兴二十六年（公元1157年）三月，高宗赵构针对社会上流传的谴责秦桧的伪诏发下诏令："朕惟偃兵息民，帝王之盛德；讲信修睦，古今之大利。是以断自朕志、决讲和之策。故相秦桧，但能赞朕而已，岂以其存亡，而有逾定议耶？近者无知之辈，遂以为尽出于桧，不知悉由朕衷，乃鼓唱浮言，以惑众听，至有伪造诏令，召用旧臣，献章公车，妄议边事，朕实骇之。……如有妄议，当置重典"。

高宗绍兴三十一年（公元1162年），给事中黄祖舜关于整顿通进司的条陈曰："通进司条，无故辄入本司者，流三千里；漏泄机密重者，处斩。"

高宗绍兴三十一年（公元1162年），臣僚言："近闻内降诏旨，未经朝廷放行，而外人已相告语，是皆通进司泄漏之过，乞行检查。"

孝宗隆兴元年(公元1163年)四月二十八日,臣僚言:"近日每遇批旨差除,朝殿未退,事已传播。甚者,诸处进奏官将朝廷机事公然传写誊录,欲乞严行禁止。"诏:"令三省检坐条法,出榜晓谕。"

孝宗乾道三年(公元1167年)十月四日,臣僚言:"盱眙军朝报:如系本军利害者,乞用省符下本军施行,其余不系军事常程文字,一切免报。自余极边。乞准此。"

宋孝宗乾道六年(公元1170年),中书门下省进言:"近来进奏官辄于六部等处抄录指挥,又将传闻不实之事便行传报。欲令左右司,将六曹刺报状内合报行事写录定本,呈宰执讫,发赴进奏院,方许报行。"

孝宗乾道九年(公元1173年)三月二十一日,高宗绍兴二十六年(公元1156年),"因臣僚建言,罢去进奏院定本,以复祖宗之旧。至乾道六年,因左右司请将六曹刺报内所批事件,去取选择发付进奏院,方许誊报。向来定本之弊,皆非累朝令格之制,欲望特降指挥,令进奏院一遵祖宗旧制,隶门下后省。令本省录合报事件,付进奏院执行。庶几朝廷命令之出,天下通知,允合公议,故有是命。"诏:"进奏院依旧隶门下后省,合传报事件,令本省录合报事件,付本院报行。余依已降指挥。"

孝宗乾道九年(公元1173年)臣僚言:"国朝置都进奏院,总天下之邮递,隶门下后省。凡朝廷政事施设、号令、赏罚、书诏、章表、辞见、朝谢、差除、拟注等,令播告四方。令通知者,皆有令格条目,具合报事件誊报。"

——《职官》二之五一

孝宗淳熙二年(公元1175年)七月十日诏:"六曹等处人吏,不得与诸路承受规图厚利,探报利害人斥堠转送。如违,坐罪。"

孝宗淳熙十五年(公元1188年)正月二十日诏:"近闻不逞之徒,撰造无根之语,名曰小报。转播中外,骇惑听闻。今后除将进奏院合行关报已施行事外,如有似比之人,当重决配。其所受(小)报官吏,取旨施行,令御史台弹劾,临安府常切觉察禁戢,勿致违戾。"

淳熙十六年(公元1189年)闰五月二十日诏:"今后有私撰小报,唱说事端,许人告首,赏钱三百贯文,犯人编管五百里。"

光宗绍熙四年(公元1193年)十月四日,臣僚言:"比来有司防禁不严,遂有命令未行,差除未定,即时誊播,谓之小报。始自都下,传之四方。甚至凿空撰造,以无为有,流布远近,疑悟群听。且常程小事,传之不实,犹未害也,倘事干国体,或涉边防,妄有流传,为害非细。乞申明有司,严行约束,应妄传小报,许人告首,根究得实,断罪追赏,务在必行。"

——《刑法》二之一二三

光宗绍熙四年(公元1193年)十月,臣僚言:"朝报逐日自有门下后省定本,经由宰执始可报行。近年有所谓小报者,或者朝报未报之事,或是官员陈乞未曾施行之事,先传于外固已不可,至有撰造命令,妄传事端,朝廷之差除、台谏百官之奏章,以无为有,传播于外。……日书一纸,以出局之后,省部、寺、监、知杂司及进奏官,悉皆传授,坐获不赀之利,以先得者为功,一以传十,十以传百,以至遍达于州郡监司。人情喜新而好奇,皆以小报为先,而以朝报为常,真伪亦不复辨也。欲乞在内临安府重立赏榜,捉缉根勘,重作施行。其进奏官令院官以五人为甲,递相为保觉察,不得仍前小报于外,如违,重置典宪。"

——《刑法》二之一二五

[释义] 上述内容涉及到当时朝政新闻传播的多个方面:有关于官权抄报周期规定的;有关于请求增设文字检查官员并得到批准的;有对官报抄报内容限制的;有对官报产生和抄报过程中出现的违规行为予以处罚的;有关于遏制小报现象蔓延的;有再次重申官报定本制度的等等,从不同方面反映了南宋朝廷在限制和规范新闻传播活动方面所作的努力。

4. 元史（节摘）

[释题]《元史》纪传体元代史。明朝人宋濂等于洪武二年至三年（公元1369—1370年）间撰成。全书二百卷。主要根据元朝实录、后妃功臣传以及诸家所撰行状、墓志及《经世大典》等修成，保存了不少史料。

太宗六年（公元1234年），元太宗在达兰达葩之地，大会诸王百官僚，颁条令曰："凡当会不赴而私宴者，斩；诸出入宫禁，各有从者，男女止以十人为限，出入勿得相杂。军中十人置一甲长，听其指挥，专擅者论罪。其甲长以事来宫中，即置权摄一人，甲外一人，二人不得擅自往来，违者罪之。诸公事非当言而言者，拳其耳；再犯，笞；三犯，杖；四犯，论死。诸千户越万户前行者，随以木镞射之。百户、甲长、诸军有犯者，其罪同。不遵此法者，斥罢。"

成宗大德七年（公元1303年），皇帝颁诏令曰："凡为匿名书，辞语重者诛之，轻者配流，首告人赏钞有差，皆籍没其妻子充赏。"

中书令一员，银印，典领百官，会决庶务。太宗以相臣为之，世祖以皇太子兼之。
参政二员，从二品，副宰相以参大政，而其职亚于右、左丞。
参议中书省事，秩正四品。典左右司文牍，为六曹之管辖，军国重事咸预决焉。检校官四员，正七品。掌检校左右司、六部公事程期、文牍稽失之事。管勾一员，正八品。掌出纳四方文移缄縢启拆之事。邮递之程期，曹属之承受，兼主之。
通政院隶兵部。右司辖兵房，兵房下辖边关、站赤、铺马等科。铺马科辖急递铺，每十里或十五里、二十五里设一铺，每铺置铺丁五人。遇有转递文字，当传铺即注名件到铺时刻，及所辖转递人姓名，置簿，令转送人取下铺押字交取时刻还铺……凡铺卒皆腰革带，悬铃，持枪，挟雨衣，赍文书以行。夜则持炬火，道狭则车马者、负荷者，闻铃避诸旁，夜亦以惊虎狼也。

——《百官（一）》卷八十一

诸但降诏旨条画，民间辄刻小本卖于市者，禁之。

——《刑法（四）》卷一百五。

[释义] 由于特定的社会政治文化环境,元朝流传下来的新闻传播法制史料"极少"。这里的第一条史料是元朝尚未定都大都(今北京)时的元太宗孛儿只斤窝阔台在达兰达葩颁布的关于限制人们传播朝政新闻的法令;第二条记载的是元朝定都大都(今北京)后由元朝皇帝(元成宗)孛儿只斤铁木耳颁布的关于惩治匿名书(大致相当于明朝私揭或匿名揭帖行为)的诏令;第三条史料是关于元朝新闻管理体制的记载;第四条是关于朝廷查禁民间报纸的法令规定。除了上述史料外,据方汉奇先生介绍,在《始祖本纪》《英宗本纪》及《刑法志》中还有多处涉及限制、禁止社会新闻消息传播的禁令法律。其中"讹言惑众"有禁,"妄言时政"有禁,"诽谤朝政"有禁,甚至连"诸人臣口传圣旨行事者"也有禁,等等。

5. 古今图书集成(节摘)

[释题]《古今图书集成》,清朝时编成的一部大型类书。原名为《古今图书汇编》。清康熙年间陈梦雷等原辑。清世宗(雍正皇帝)命蒋廷锡等重辑。全书一万卷,目录四十卷。全书内容按照六编、三十二典、六千一百零九部的体例组织。每编分典,典内分部,每部则按先汇考,次总论,有图表、列传、艺文、纪事、杂录、外编的次序组织内容。

元制,驿传各有主者,以典其事。按《续文献通考》:元驿传之制有府寺(通政院兵部脱脱禾孙站官),有符节,有次舍,有供顿。驿传之在汉地者,兵部领之;在北地者,莅以通政院。郡邑之都会,道路之冲要,则设脱脱禾孙之官,以检使客,防奸非。

元成宗在大德六年(公元1302年)十一月,成宗孛儿只斤铁木耳诏:"诸驿使辄枉道者,罪之。"

——《明伦汇编》卷六百六十四《官常典·驿丞部》

[释义] 此处两条史料,一是关于元朝包括朝政新闻在内的朝政信息传播活动管理体制的记载,其中明确记载元朝的新闻传播管理体制和运作机制在不同地区的差别,这也充分表明了元朝社会环境的特殊。另一条史料则是记载了元朝皇帝对包括朝政新闻在内的朝政信息传播过程中驿吏"辄枉道"行为的处罚性警告,至于以什么罪处罚,我们不得而知。

6. 明史（节摘）

[释题] 纪传体明朝断代史。张廷玉等撰。清朝历顺治、康熙、雍正、乾隆四朝才编成并刊印成书。该书创修于顺治二年（公元1645年），未成而罢。康熙十八年（公元1679年）再开史馆修撰，成王鸿绪稿。雍正元年（公元1723年）张廷玉等奉旨在王鸿绪稿的基础上增减续修，至十三年定稿。乾隆四年（公元1739年）刊行。

楷益愤，屡疏纠之，最后复疏言："故事，奏章非发抄，外人无由闻；非奉旨，邸报不许抄传。"

——《何楷传》

熹宗天启元年（公元1621年）四月甲戌谕："禁抄发军机"，重申严禁邸报上刊载军事机密方面的文稿。

——《熹宗本纪》

崇祯三年（公元1630年）正月谕："禁抄传边报"，"凡涉边事，邸报一概不敢传抄，满城人皆以边事为讳"。

——《庆烈帝本纪》

一日，所遣职方郎马绍愉以密语报，新甲视之置几上。其家僮误以为塘报也，付之抄传。于是言路哗然，给事中方士亮首论之。帝愠甚，留疏不下。已，降严旨，切责新甲，令自陈。

——《陈新甲传》卷二五七

[释义] 上述史料产生的时间横跨了明朝的几个时期，分别记载了官报必须"奉旨"才能抄报的惯例、皇帝"禁抄发军机"的圣谕以及在朝廷严禁抄传边报以后产生了不良影响（满城人皆以边事为讳），实际上不谈边事更使人觉得人心惶惶的情况。最后一条史料记载的则是一件因为无意中漏泄朝廷与外族议和的机要消息，导致当事者兵部尚书陈新甲被皇帝"令自陈"的事情，可知朝廷对漏泄朝政消息行为的惩处之严。

7. 明会典（节摘）

[释题]《明会典》，记载明朝典章制度的重要典籍。明朝弘治时官修，嘉靖时续修，万历时重修。万历十五年成书。重修本题申时行等撰，共二百二十八卷。全书以六部为纲，分述各行政机构的职责、事例、冠服、仪礼，并附有插图，内容较《明史》各志为详。

吏、户、礼、兵、刑、工六科。各都给事中一人，（正七品）。左右给事中各一人，（从七品）。给事中，吏科四人，户科八人，礼科六人，兵科十人，刑科八人、工科四人，（并从七品，后增减员数不常）。

六科，掌侍从、规谏、外阙、拾遗、稽察六部百司之事。凡制敕宣行，大事覆奏，小事署而颁之；有失，封还执奏。凡内外所上章疏下，分类抄出，参署付部，驳正其违误。吏科，凡吏部引选，则掌科（即都给事中，以掌本科印，故名，六科同）同至御前请旨。外官领文凭，皆先赴科押字。内外官考察自陈后，则与各科具奏，拾遗纠其不职者。户科，监光禄寺岁入金谷，甲子第十库钱钞杂物，与各位兼莅之，皆三月而代。内外有陈乞田土、隐占侵夺者，纠之。礼科，监订礼部仪制，凡大臣曾经纠劾削夺、有玷士论者记录之，以核赠谥之典。刑科，每岁二月下旬，上前一年南北罪囚之数，岁给（终），类上一岁蔽狱之数，阅十日一上实在囚之数，皆凭法司移报而奏御焉。工科，阅试军器局，同御史巡视节慎库，与各科稽查宝源局。而主德阙违，朝政失得，百官贤佞，各科或单书专达，或公书联署奏闻。（虽分隶六科，其事属重大者，各科皆得通奏。但事属某科，则列某科为首。）

凡日朝，六科轮一人立殿左右，珥笔记旨。凡题奏，日附科籍，五日一送内阁，备编纂。其诸司奉旨处分事目，五日一注销，核稽缓。由官传旨必覆奏，复得旨而后行。乡试充考试官，会试充同考官，殿试充受卷官。册封宗室、诸蕃或告谕外国，充正副使。朝参门籍，六科流掌之。登闻鼓楼，日一人，皆锦衣卫官监莅。受牒，则具题本封上。遇决囚，有投牒讼冤者，则判停刑请旨。凡大事廷议，大臣廷推，大狱廷鞫，六掌科皆预焉。

——《职官一》卷七十

自洪武十三年罢丞相不设，析中书省之政归六部，以尚书任天下事，侍郎贰之。而殿阁大学士只备顾问,帝方自操威柄,学士鲜所参决。其纠劾则责之都察院,章奏则达之通政司,平反则参之大理寺,是亦汉九卿之遗意也。分大都督府为五,而征调隶于兵部。

——《职官一》卷七十

太祖诏:"今我朝罢丞相、设五府、六部、都察院、通政司、大理寺等衙门,分理天下庶务。彼此颉颃,不敢相压,事皆朝廷总之,所以稳当。"

洪武二十八年(公元1395年)太祖敕谕群臣曰:"国家罢丞相,设府部院寺,以分理庶务,立法至为详善。以后嗣君,其毋得设置宰相。臣下有奏请设立者,论以极刑。"

洪武二年(公元1369年)置刻期百户所,选能疾行者二百人,以百户领之。……一百一十二人为一百户所,每百户所设总旗二人,小旗十人。

——《职官》卷七十二

洪武十年,明太祖朱元璋召见首任通政司使曾秉正时谕之曰:"通政司所以出纳王命,为朝廷之喉舌,宣传下情,广朝廷之聪明,于政体关系甚重也。"又曰:"卿其审命令以正百司,达幽隐以通庶务。当执奏者勿忌避,当驳正者勿阿随,当敷陈者毋隐蔽,当引见者毋留难"。十二年拨承敕监给事中、殿廷仪礼司,九关通事使隶焉。

——《职官二》卷七十三

通政使司。通政使一人(正三品)。左右通政各一人,誊黄右通政一人(正四品)。左右参议各一人(正五品)。其属,经历司,经历一人(正七品),知事一人(正八品)"。通政使掌受内外章疏、敷奏、封驳之事。凡四方陈情建言,申诉冤滞,或告不法等事,于底簿内誊写诉告缘由,贲状奏闻。凡天下臣民实封入递,即于公厅启视,节写副本,然后奏闻。即五军、六部、都察院等衙门,有事关机密重大者,其入奏仍用本司印信。凡诸司公文、勘合,辨验允当,编号注写,公文用"日照之记",勘合用"验正之记"关防之。凡在外之题本、奏本,在京之奏本,并受之,于早朝汇而进之,有径自封进者则参驳。午朝则引奏臣民之言事者,有机密则不时入奏。有违误则籍而汇请。凡抄发、照驳诸司公移及勘合、讼牒,勾提件数,给繇人员,月终类聚,岁终通奏。凡议大政、大狱及会推文武大臣,必参预。

——《职官》卷七三

会同馆夫供役三年,转发该管官司,收当民差,另佥解补,不许过役。更易姓名,捏故佥补,违者官吏一体坐罪。若五年以上,不行替役,及近馆无籍军民人等,用强揽当者,俱问,发边卫充军。

万历七年(公元1579年)九月内,节奏圣旨:近来人情险恶,动以私揭害人,报复私怨。今后两京及在外抚按监司衙门,但有投递私揭者,俱不许听理。若挟私忌害,颠倒是非,情重者,即便参奏拿问,比诬告律坐反。钦此。"

——《律例十》卷一六九

凡各县铺长,专一于概管铺分,往来巡视,提调官吏,每月一次亲临各铺刷勘。若失于检举者,通计公文稽留及摩擦破坏封皮,不动原封十件以上,铺长笞四十,提调吏典笞三十,官笞二十。若损坏及沉匿公文,若拆动原封者,与铺兵同罪。提调吏典减一等。官又减一等。州府提调官吏,失于检举者,各递减一等。

凡急递铺铺舍损坏,不为修理;什物不完,铺兵数少,不为补置,及令老弱之人当役者,铺长笞五十,有司提调官吏,各笞四十。

凡各衙门一应公差人员,不许差使铺兵挑送官物及私己行李,违者笞四十。每名计一日追雇工钱十文入官。

凡铺兵递送公文,昼夜须行三百里,稽留三刻笞二十,每三刻加一等,罪止笞五十。其公文到铺,不问角数多少,须要随即递送,不许等待后来文书。违者,铺司笞二十。

凡铺兵递送公文,若摩擦及破坏封皮,不动原封者,一角笞二十,每三角加一等,罪止杖六十。若损坏公文,一角笞四十,每二角加一等,罪止杖八十。若沉匿公文及拆动原封者,一角杖六十,每一角加一等,罪止杖一百。若事干军情机密文书,不拘角数,即杖一百，有所规避者各从重谕。其铺司不告举者，与犯人同罪。若已告举而所在官司不即受理者，各减犯人罪二等。

凡各铺司兵，若有无籍之徒，不容正身应当，用强包揽多取工钱，致将公文稽迟、沉匿等项，问罪，旗军发边卫，民并军丁人等，发附近，俱充军，其问调官、该吏铺长，各治以罪。

凡在外大小各衙门官，但有人递进呈实封公文至御前，而上司官令人于中途急递铺邀截取回者，不拘远近，从本铺铺司铺兵，赴所在官司告举，随即申呈上司，转达该部追究，得实，斩。其铺司铺兵容匿不告举者，各杖一百。若已告举，而所在官司不即受理施行者，罪亦如之。若邀取实封至五军督府、六部、都察院公文者，各减二等。

凡朝廷调遣军马，及报警急军务至边将；若边将及各衙门飞报军情诣朝廷文书，故不遣使给驿者，杖一百，因而失误军机者，斩。若进贺表笺及赈救饥荒、申报灾异、取索军需之类重事，故不遣使给驿者，杖八十。若常事不应给驿而故给驿者，笞四十。

凡出使驰驿违限，常事一日笞二十，每三日加一等，罪止杖六十。军情重事加三等，因而失误军机者，斩。若各驿官故将好马藏匿，推故不即应付以致违限者，对问明白，罪坐驿官。其遇水涨路道，阻碍进行者，不坐。若使使承受官司文书，误不依题写去处，错去他所而违限者，减二等，事干军务者不减。若有公文题写错者，罪坐题写之人，驿使不坐。

各处水马驿、递运所夫役，巡检司弓兵，若有用强包揽，不容正身著役，多取工钱，害人、搅扰衙门者，问罪。旗军调发边卫，民并军丁人等，发附近，俱充军。其官吏通用纵容者，各治以罪。若不曾用强多取工钱者，不在此例。

凡投隐匿姓名文书，告言人罪者，绞。见者，即使烧毁，若将送入官司者，杖八十。官司受而为理者，杖一百。被告言者，不坐。若能连文书捉获解官者，官给银一十两充赏。

凡公事有应起解官物、囚徒、畜产,差人管送而辄稽留,及事有期限而违者,一日笞二十,每三日加一等,罪止笞五十。若起解军需,随征供给而管送违限者,各加二等,罪止杖一百;以致临敌缺乏,失误军机者,斩。若承差人误不依题写去处,错去他所,以致违限者,减二等;事干军务者不减。若由公文题写错者,罪坐题写之人,承差人不坐。

南北直隶山东等处各属马驿,佥到马头、情愿雇募土民以代役者,听;若用强包揽者,问罪。旗军发边卫,民并军丁人等发附近,俱充军。其有光棍交通包揽之徒,将正身姓名,捏写虚约,投托官豪勋戚之家,削去原籍,妄拏正身家属逼勒取财者,所在官司,应提问者提问,应奏人员羁留奏请提问,俱照前例充军。该管官司坐视纵容者,参究治罪。

——《律例八》

[释义] 上述史料的内容几乎涵盖了明朝新闻传播活动的所有方面,有对驿吏的管理,对私揭的禁止,对部门职责的规定以及为管理驿站事务发布的布告。其中最引人注目的是关于官报传递过程进行管理的法律规定,其形式之规范,内容之明确,规定之严密,惩处之严格,的确达到了新的高度。

8. 明清史料（节摘）

[释题]《明清史料》,中华民国时期中央研究院历史语言研究所根据所藏清朝"内阁大库档案"选编印行的明清档案史料专刊。一九三〇年首编问世,至一九四九年共印行了甲、乙、丙、丁四编计四十册。国民党政府内战失败迁台湾后,设在台北的该机构继续选编出版至癸编,到一九七五年完成全部十编百册。至此,明代档案公开出版部分已全部结束。

……业奉有塘马专官分设蒲州、九江。依议其经行地方,责成各道府有司逐程安拨,勒限报部,如再迟悮,一体究治不饶,即行通饬严旨。……昨据河南坐拨官伍学礼塘报,有攻陷临晋、河津、绛州之语。若贼军入晋,该抚按岂不预闻,部设提塘亦岂尚在醉梦间耶？相应再行严饬,如有怠缓因循,提塘官竟听捉回重究。其径行地方道府有司,本部亦得悬白简,以绳其后矣！……凡有河干紧急军情,务须设法确侦,蚤发塘官传报。

如有经行地方漫不设拨,致稽军务者,希将该管职名报(兵)部,以凭指名参宪施行。一牌给蒲州塘官程光伊。为此牌,仰本官遵炤(照)前奉严旨,并本部先令牌内事理,遇有警息,立即飞行递报。倘官报在别报之后,致悮事机,定行加等,究治不贷。

——辛编第十本:《为请旨严敕塘报等事》

[释义] 这则史料记载的是明朝驿传系统管理职能部门兵部向皇帝汇报地方官和部设提塘官对贼军"入晋"的消息不及时撰写塘报上报,并请求皇帝降旨严厉斥责处分这些贻误军情通报的塘官,并请求皇帝给蒲州塘官颁下圣旨金牌,重申"遇有警息,立即飞行递报",并且警告"倘官报在别报之后,致误事机,定行加等,究治不贷",以达到整肃提塘运行纪律的目的和效果。

察去年十一月间,因贼在秦猖獗,眈眈窥渡,晋邻震惊。该本部题为请旨严敕塘报拨马等事,内拟专设侦官探传贼息,仍着该地方道府,逐程安拨飞递等因具题,业奉有塘马专官分设之旨。随经三部于十二月初二日拨发塘官,设在蒲州,……经今三月矣。贼从几时渡河,几处失陷,与夫贼众之多寡,阵将之溃乱种种等情,远在河南坐拨官伍学礼已有报闻,本官并无一报,玩悮军机,莫此为甚,相应提究更换等因到部。看得晋中贼情,讹言相煽,必侦探有灵,庶调度无悮。乃自十二月十九日窥渡以来,河南尚有隔境之报,而蒲州竟杳无音信矣。臣于召对已经面奏讫,今于本月初六日始有一报,则自太原发也,又且抄录蔡抚院之报,并无一字增减,该抚院已有报矣,无庸更赘,则程光伊畏贼远循,虚应故事,诚可恨也,相应提回究惩。……又察得光伊之报,于正月十四日发行,至二月初六日始到,已二十余日矣。山西驿递中断,转送太迟,合行再为申饬施行。经该司案呈前来,理合具题请旨。崇祯十七年二月初七日郎中张正声。

——辛编第十本:《遴换塘报拨马等事》

[释义] 这是明朝崇祯年间兵部郎中张正声向皇帝请求撤换山西塘官的文书。据文中所载,根据皇帝"塘马专官分设"的圣谕,兵部于崇祯十六年十二月初二在蒲州设置了塘官程光伊。但在塘官程光伊到任以后,原来"贼军入晋""不预闻"的情况并没有改变。敌军"十二月十九日窥渡",连"远在河南"的"坐拨官"都"已有报闻"的情况下,蒲州的塘官仍然"并无一报"。更有甚者,竟"抄录蔡抚院之报"来搪塞朝廷,所上报的敌情报

告与蔡抚院早已上报的内容"并无一字增减",为此,兵部提议朝廷定把蒲州塘官程光伊"提回究惩"。

9. 万历邸抄(节摘)

[释题]《万历邸抄》,台湾"国立中央图书馆"按照所收藏的原抄件影印出版的明代史料集。因其内容录于"邸报",故称"邸抄";又因所抄邸报产生于明万历年间,所以书名冠以"万历"。该书内容始于万历元年(公元1573年),止于万历四十五年(万历朝历时不满四十八年)。此书为编年体,抄录人将邸报原件按年头、月份的顺序连缀而成。在少量的报道后面,抄录人以"附录""又录""外史臣云"等形式对原件内容作了一些说明、补充和评论。

诏云:……近来私揭公行,颠倒是非,奸人得志,善类含冤。至有属官,揭害上官,军民诬蔑本管。若有仍行投递者,各衙门不许受理。

有旨:私揭害人,倾陷可恶,着严行禁约。以后但有投揭的,科道官指明参奏,务要根究明白,原系贪酷被论的,查照考察事例重处。

明神宗万历年间,"科臣王元翰请禁发抄,惟在军国之机,而明旨所禁并及未奉谕旨一切章奏。

[释义]此处三条史料,前两条是皇帝关于查禁私揭的诏令,最后一条是关于邸钞内容的规定,即科臣建议原本只是对事关"军国之机"的内容禁止在邸钞上发抄,但皇帝在圣旨却把禁止发钞的内容范围扩大到了"未奉谕旨一切章奏",即凡没有得到皇帝御笔批示同意的奏章都不得在邸报上发抄。

10. 历代职官表(节摘)

[释题]《历代职官表》亦称《钦定历代职官表》,是关于历代职官制度的重要工具书。清乾隆四十五年至四十八年(公元1780—1783年)纪昀等奉敕编撰。全书七十二

卷。该书以清廷所设职官为纲,追溯历代沿革。清代以前取材于各正史《职官志》《通典》《通考》等书,清代取材于《清会典》。表以清官制居首,下列历代职官,互相比照。各表后有"国朝官制"与"历代建置"两项,说明表中各官人数、执掌及沿革。

国朝定制:各省设在京提塘官,隶于兵部,以本省武进士及补侯选守备为之,由督抚遴选送部充补,三年而代。凡疏章邮递至者,提塘官恭送通政司,通政司、副使参议校阅,封送内阁。五日后,以随疏赍到之牒,应致各部院者,授提塘官分投;若有赐于其省之大吏,亦提塘官受而赍致之。谕旨及奏疏下阅者,许提塘官誊录事目,传示四方,谓之邸钞。

清因明制,设内阁以总揽机要。内阁设大学士。满、汉各二人(初制,满员一品,汉员二品。顺治十五年,改与汉同。雍正八年,并定正一品)。协办大学士,满、汉各一人(尚书内特简,正一品)。学士,满州六人,汉四人(初制,满员二品,汉员三品。顺治十五年,并改正五品,兼礼部侍郎者正三品。雍正八年,定从二品。后皆兼礼部侍郎衔)。典籍厅典籍,满、汉、汉军各二人(正七品)。侍读学士,满州四人,蒙、汉各二人(初兼太掌寺卿衔,寻罢。雍正三年,定从四品)。中书(正七品),满州七十人,蒙古十有六人,汉军八人。贴写中书,满州四十人,蒙古六人。大学士掌钧国政,赞诏命,厘宪典,议大礼、大政,裁酌可否入告。协办佐之。学士掌敷奏。侍读学士掌典校。侍读掌勘对。典籍掌出纳文移(内阁为典掌丝纶之地,自大学士以下,皆不置印,惟典籍置之,以钤往来文牒)。中书掌撰拟,编译。分办本章处凡五:曰满本房、汉本房、蒙古本房、满签票处、汉签票处。又敕诰房、稽察房、收发红本副本处、饭银库、俱由大学士委侍读以下官司之。惟批本处额置满州翰林官一人。中书七人。

通政使司,通政使(初制,满员二品,汉员三品。顺治十六年,并定为三品。康熙六年复故,九年仍改定正三品),副使(初制,满员三品,汉员四品。顺治十六年并定为四品。康熙六年复故,九年仍改定正四品),参议(初制,满员四品,汉员五品。顺治十六年并定正五品),俱满汉各一人。其属:经历司经历(正七品),知事(初制四品,后改正七品)。满汉各一人。笔帖式。满州六人,汉军二人。通政使掌受各省题本,校阅送阁,稽核程限,违式劾之。洪疑大狱,偕部院豫议。副使、参议佐之。经历、知事,分掌出纳文移。其兼领者:登闻鼓厅、笔帖式、满州、汉军各一人,掌叙雪冤滞,诬控越诉者论如法。

［释义］因是"职官表",所以这里的三条史料都是关于清朝新闻管理体制的内容。第一条是关于清朝邸报运作程序的记载,第二条是关于清朝新闻传播活动管理机构及的设置和职责,而第三条则是专门介绍了清朝主管国家新闻活动的职能机构"通政使司"官员级别的沿革和职责的记载。

11. 钦定六部处分则例(节摘)

［释题］《钦定六部处分则例》是经过皇帝审定后施行的关于清朝中央政府六部(吏部、户部、礼部、兵部、刑部、工部)人员违规违纪行为处罚的行政法律。清朝前期制定,历朝多有修订。光绪十年(公元1884年)进行修订后重新刊刻印行。

凡题奏请旨事件,于径到部之先,即行钞传者,将该科给事中罚俸六个月(公罪)。

提塘京报人等,有串通书吏,捏造小钞、晚帖,借端讹诈者,责成该管之给事中、巡城御史、坊官及大宛两县,不时访拏。若失去拿究,将该给事中、巡城御史各罚俸一年,五城司坊官及大宛两县各降二级调用(俱公罪)。

凡未经批发之本,即抄写刊刻图利者,该官失于觉察,罚俸一年;该管科道不行查参,罚俸六个月。

各省报房,在京探听事件、捏造言语、录报各处者,系官革职,军官杖一百,流三千里。该管官不行查出者,交于该部,按次数分别议处。

［释义］此处四条史料,都是对清朝政府官员违反朝廷规定而进行朝政新闻消息传播行为的处罚条款。第一条是对提前抄发朝政新闻行为的处罚,其处罚的对象是进奏院的给事中;第二条是对小报行为的处罚,处罚的对象则是"访拏"不力的给事中、巡城御史以及五城司坊官和大宛县的县令;第三条是对"抄写刊刻""未经批发之本"行为的处罚,处罚的对象是"失于觉察"的部门官员以及"不行查参"的该管科道;第四条是对"在京探听事件、捏造言语、录报各处"行为的处罚,处罚的对象则成了各省设在京师的

抄房官员。总之，不管是什么官员，只要违反了朝廷的规定对外抄发朝政新闻，都要受到朝廷的处罚。

12. 清会典事例(节摘)

[释题]《清会典》是记载清朝政典事例之典籍。清朝官修。清康熙时初修，雍正、乾隆、嘉庆、光绪各朝不断增修补撰。光绪朝重修本成书于光绪二十五年，全书包括会典一百卷，事例一千二百二十卷，图二百七十卷。体系仿《明会典》，记载各级行政机构的执掌、事例等，但将"事例"别为一编，分册刊行，亦作《大清会典》。

顺治二年(公元1645年)八月二十六日"上谕"："一应题奏本章，非经奉旨下部，不准擅以揭帖先行发钞。甚有原本无章，径以私揭妄付邮递抄传者，尤宜严禁。"

康熙十一年(公元1672年)复准：提镇有本章并公务例应驰驿者，准用部颁勘合火牌，司驿官验明，方准应付。有私用驿递夫马，并差遣家人兵役私发牌票，索取夫马者，皆降二级调用。副将以下各官，私发牌票，索取马夫者，降二级调用。该官之督抚提镇失察者，降一级留任。如督抚提镇及副将以下各官之家人兵役，并无牌票，倚势索取夫马，本官查出拿就者，免议。驻防将军都统以下各官，私用驿递夫马，及私发牌票者，照此例议处。

(康熙)十六年(公元1677年)议准：驰驿官员将同行之领催差官并从役人等，不行约束，以致殴伤驿递员役；或不系紧差，故将驿马驰毙；或故意越站索取财物者，令州县驿递官员，一面申报上司，一面申报兵部，(核)查情实，将本官革职，其领催差官等，交刑部从重治罪。

康熙五十三年(公元1714年)三月，左都御史揆叙疏云："近闻各省提塘及刷写报文者，除科抄外，将大小事件探听写录，名曰小报，任意捏造，骇人耳目，请严行禁止，庶好事不端之人，有所畏惧。"皇帝御笔朱批："下部议行。从之。"朝廷后"议准"："各省提塘，除传递公文本章并奉旨科钞事件外，其余一应小钞，概行禁止，违旨治罪。"

康熙五十三年议准：各省报房，在京探听事件，任意捏造言语录报，系官革职。该管官不行查出，一次罚俸六月，二次罚俸一年，三次降一级调用。五城监察御史及五城司坊官、大宛二县，不时稽察，倘有前项违禁之徒，从重治罪。该管官不行查出，后经发觉，照例议处。

雍正初年，直隶古北口提督杨鲲奏称："提塘料理本章部文，既有奔走之劳，且每年送看报钞，不无纸墨之费。臣拟于协营中每年各捐一百二十金，共给银四百八十两，资其养赡，便其驱使。"

雍正元年（公元1723年）议复，"凡提塘京报人等，除题奏谕旨外，如有讹造无影之词者，查拿治罪"。

雍正元年议准：在京书吏提塘人等，串通图利，讹造无影小钞，籍端吓诈，交与五城巡城给事中、御史司坊官，顺天府、大宛二县，不时严行访拏。若不行严拏，事发，该巡城给事中、御史各罚俸一年，司坊、两县官员各降二级调用。

雍正三年（公元1725年）五月二十七日谕："朕自临御以来，钦恤刑狱，每遇法司奏谳，必再三复核，惟恐稍有未协。又念律例一书，为用刑之本，其中条例繁多，若不校订画一，有司援引断狱，得以意为轻重，贻误非小。特命纂修馆刻期告竣。今据将所纂全稿进呈，朕逐一详览，其有应行驳正者，已一一批示。但明刑所以弼教，关系甚大，著九卿会同细看，务期斟酌尽善，以副朕慎重刑名之意。"

雍正四年（公元1726年）五月初九日，雍正皇帝就民间报人何遇恩、邵南山所经办的小钞上"刊刻传播"皇帝和王大臣们在圆明园过端午节假新闻一事颁下谕旨称："……报房竟捏造小钞，刊刻传播，以无为有，甚有关系。着兵刑二部详悉审讯，务究根源。"五月十九日，兵刑二部提出了处理意见："捏造小报之何遇恩等依律斩决。"雍正为此又下谕旨："何遇恩、邵南山俱改为应斩，著监侯，秋后处决"。

雍正四年（公元1727年）复准：直省本章遇有霉湿破损，或由本处拜发之时，包封不谨;或有沿途赍送不谨,应分别参处。嗣后提镇有本章,将装本原箱严密封固,于到京之日,令提塘及赍本官役,将装本原箱,由通政使司阅看。或系内里霉湿破损,抑或外面霉湿破损,查验明确。一面揭送内阁,一面咨明兵部行查议处。如内里霉湿破损,将具题官罚俸六月,差役笞四十。外面霉湿破损,系专差者,将专差官罚俸六月,差役笞四十。由驿站递送者,挨查系何驿霉湿破损,将马夫笞四十,司驿官罚俸两月。

雍正四年(公元1726年)五月初九日谕:"初五日仅召在圆明园居住之王大臣等十余人,至勤政殿侧之四宜堂,赐馔食角黍,逾时而散,并未登舟作乐游宴也。……而报房竟捏造小钞,刊刻散播,以无为有,甚有关系。着兵刑二部详悉审讯,务究根源,以戒将来,以惩奸党。"

雍正五年(公元1727年)议准:凡提塘与衙役人等漏泄密封事件,仍照定例分别议处。其虽非密封,但未经御览批发之本,即刊刻图利者,该管官失于觉察,该管利道不行查参,皆照漏泄密封事件分别议处。其已经御览批发之本,应令承办官详细校对,敬谨传钞奉行。如有增减错漏者,将承办校对之员照错误本章例议处。

雍正五年(公元1727年)十一月二十日,山东巡抚塞楞额在疏中称:"伏查台省设立塘拨,递送部文京报,……其工食银两,出自通省各衙门看报各官,按季解贮藩库,提塘赴司请领。……东省各州县,原有阅报银三千余两,尽可雇募,以供递送。臣请将原拨塘兵尽行撤回,以实营伍。……即令提塘召募沿途土著良民承充。其通省阅报银两,亦令解贮藩库,按季支给提塘,为募夫工食之费。"

雍正六年(1728年)议准:"未经御览批发之本章,一概严禁,不许刊刻传播。如报房与书吏彼此勾通,本章一到,即钞录刊刻图利,及捏造讹名,并招摇诈骗情弊,各照例分别治罪。"

雍正六年(公元1728年)二月,"四川巡抚宪德奏:参革按察使程如丝,奉旨正法,于部文未到之前五六日自缢身死,显系提塘先期漏泄,应将各省提塘通行裁革。"

雍正六年(公元1728年)二月,雍正皇帝在川抚宪德关于程如丝自缢身亡而请革提塘的奏章上批下谕旨："提塘管理京报,设立久矣,岂能禁不革不用。但伊等借邮传之名,作奸滋弊,习以为常。如奉旨正法之人,可以预通信息,亦可将奉旨宽宥之人,先期设词吓诈。此等弊端,不可不加防范。应如何定例,俾紧要事件不至先期漏泄,或以官员承充提塘,分别赏罚,定其考成,着九卿确议。"

雍正六年(公元1728年),朝廷"九卿"就川抚宪德所提革除提塘一事"奉旨"认真讨论后,向皇帝提出对提前漏泄案件判决消息行为的惩处建议,即"如将应密事件预通信息,及设词恐吓诈骗,一经发觉,即交刑部治罪,"并"请行令各督抚,于本省武进士及侯补侯选守备人员内拣选,取具该地方官印结,申送咨部顶补,三年无过,准照本班即用。怠惰贻误者,即行斥革。如将应密事件预通信息及设词恐吓诈骗,一经发觉,即交刑部治罪。其出结之该地方官及督抚失察者,分别议处。(皇帝)从之。"

雍正六年(公元1728年)议准:"……嗣后除漏泄密封事件,仍照定例分别议处治罪外,其虽非密封,但未经御览批发之本章,一概严禁,不许刊刻传播。如报房与书吏彼此沟通,本章一到,即钞录刊刻图利,及捏造讹名,并招摇诈骗情弊,各照例分别治罪。该管官吏失于觉察,科道不予纠参,皆照漏泄密封事件例,分别议处。"

雍正七年(公元1729年)二月二十二日,江南安徽巡抚魏廷珍疏云:"臣前开坐京提塘公费粮四百两,是巡抚门中所给,以办公务。此条原系工墨银二千一百八十两,系州县捐给。……今议酌减,照依下江开入耗项中,每年给银一千两。"

雍正九年(公元1731年)议准:文武各员来往公文,有事关军机及紧要刻难迟缓者,一面由马上飞递,一面将飞递原由知会驿道备案,其收受飞递公文之衙门,并沿途转送之各州县驿,亦将何年月收受转送飞递公文之处,知会驿道。该驿道查明,按季汇册呈报督抚。督抚于年终咨部查(核)。其一应寻常事,不准飞递。有违例者,降三级调用。

雍正十二年(公元1734年)议准:"督抚提镇以下各衙门,有咨呈在京各部院公文,于公文别具印单,将角数及何年月日封发之处,一一注明。令提塘随公文投递,各部院查对明白,于原来印单内注明收到日期,发还原衙门,以凭稽考有无抽压遗漏。"

乾隆五年（公元1740年）奏准：各省督抚走差家人，与该省提塘俱相熟识。遇有进献方物，该提塘通知各提塘，遂至妄行开入邸报，各报本省。至于赏赐之物，则督抚家人往往告知提塘，嘱其开载邸报，以示恩荣。不知此皆不应开入邸报之事。嗣后督抚盐政关差所有进献万物，或奉有赏赐，俱不许提塘于邸报内开写。"

乾隆六年（公元1741年）奏准：奉差官役，执有勘合火牌，籍称紧急，不与司驿官验看，骚扰驿递，多需夫、马、车、船者，司驿官毋得钤盖印信。一面将多索骚扰情由，揭报兵部并都察院，据揭参奏。将骚扰驿递者，系官革职，系役杖一百。多索马一匹、车一辆、船一只者，官降三级调用，役杖八十；马二匹、车二辆、船二只者，官降四级调用，役杖九十；马三匹、车三辆、船三只者，官革职，役杖一百止。每马一匹不用者，只准折夫三名，若多索夫一名者，官降一级调用，役杖六十；二名者，官降二级调用，役杖七十；三名以上者，官降三级调用，役杖八十；六名以上者，官降四级调用，役杖九十；九名以上者，官革职，役杖一百。

乾隆十一年（公元1746年）上谕："前有提塘串通军机处写字之人，将军机处事件钞寄该省督抚，朕降旨申饬。"

乾隆十八年谕：前经降旨各省督抚，将传抄伪稿人犯毋论已未发觉俱加恩免究释放。虽未尝区别官民言之，但传抄一事，在愚民无知，固有应得之罪，而首犯既伏厥辜，尚不妨曲为宽宥。若职官既列缙绅，见此大逆不道之词，当无不发指痛恨。且其真伪原属了然，岂有通任籍、阅钞报而不知此伪者？是其罪实不得与愚蒙无识者等，正不可因有此旨，概置勿问也。今据江苏巡抚庄有恭奏山阳县知县韩埔湖南巡抚范时绥奏提塘武进士萧引鹏等，均于得稿之后不据实首禀，辗转传阅，各请革职治罪。并再传谕各省抚原知职官之不与平民等也。韩塘、萧引鹏俱革职，照该抚等所拟治罪，并传谕各省督抚，自奉前旨以后，传钞各犯，除平民免究外，其已经究出列案之文员、交吏部、武员交兵部，仍行照例定拟仁齐归结，不必逐案具题。至于未经发觉者，俱从宽免，交用肆肯包荒至意。

乾隆二十一年（公元1756年）由各大臣议准"各省发递科钞事件，例应责令提塘办理，以杜私钞讹传泄漏之弊。嗣后令各提塘公设报房，其应钞事件，亲赴六科钞录，刷印转发各省。所有在京各衙门钞报,总有公报房钞发。"

乾隆三十八年(公元1773年)议定:"各部院衙门,如有奏准、议复、应行发钞事件,该承办衙门即将原奏钞录,钤盖印信,发交直隶提塘,按日刊刻颁发。……若承办衙门并未发交,该提塘等混行刊刻传布者,一经查出,即将该提塘查参议处。"

乾隆五十四年(公元1789年)谕:前因本月初四日,京中本报迟误,经兵部参奏,交直隶总督逐站挨查,于何处耽延。据刘峨查复,系在密云迤北之沙峪沟穆家峪石匣瑶亭至古北口一带。因山水陡发,耽延十五刻等因。业交在京吏、兵二部,将文武员弁议处。十九日复因本报迟到,亦经兵部参奏议处矣。本报驰递耽误,因山水骤发所致,尚非有心迟误可比。嗣后如有实因山水陡发,迟延三日者,将文武员弁查明议处,以示惩儆。若在一两日以内者,意可免议。所有此两次文武员弁应行议处之处,俱著加恩宽免。

嘉庆五年(公元1800年)十一月十八日谕:"军机处为办理枢务、承写密旨之地,首以严密为要。……近日又觉废驰,军机处台阶上下,窗外廊边,拥挤多人,籍回事画稿为名,探听消息。折稿未达于宫廷,新闻早传于街市,广为谈说,信口批评,实非政体,必应严定章程,以昭法守。此后军机大臣,只准在军机处承写本日所奉上谕,其部院稿案,不准在军机处办理。本管司员,不准至军机处回事。军机章京办事之处,不准闲人窥视。自王、贝勒、贝子、公、文武满汉大臣,俱不准至军机处同军机大臣谈说事体,违者重处不赦。自今日始,每日著都察院科道一人,轮流进内,在隆宗门内北首内务府直房监视,军机大臣散后方准退直。如有前项情弊,即令直班科道参奏,候旨严惩。若科道旷班,或推故早散,亦准军机大臣指名参奏。再,此后有通谕王公大臣之事,俱在乾清门外阶下传述,不准在军机处传旨。此旨通谕中外各衙门,敬谨懔遵,违者不恕。特谕。"

道光十六年(公元1836年)二月初七日,近日外间传阅私钞,多有未经发布之件,如"本日某衙门值日,召见某人","科道某递封奏一件"等等。帝谕曰:"此案探事恶习,本干例禁,朝廷政事,具有体制,其由内阁钞出各件,例得宣示。朕综理庶政,无事不可布告臣民。至事关严密,本非外间得与闻,岂容任意讹传,概行宣播。且刊刻私钞,纤细毕登,不但泄漏滋弊,甚非所以崇政体而昭严肃。"命嗣后看御前大臣饬令奏事处直班章京等,严行查禁,毋许再有讹传私钞,以昭慎密。倘查禁不力,仍蹈前弊,惟该大臣等是问。经此次饬禁后,如再有私行刊刻者,着步军统领衙门严拏究办,毋得视为具文。

咸丰三年(公元1853年)谕:军机大臣面奏,查出刊刻报本,内有(未)经发钞摺件,并将原摺及报本呈览。朝廷政事,具有体制,凡内外臣工,陈奏各件,其内阁钞出者,例得宣示中外,至未经发钞之件,岂容任意传播。前据巡防五城御史凤保等奏都城军备一摺,军机处并未发钞,何以外间遽行刊刻,且字句间多有增减不符之处?其由何人私自供钞,必应严行查究。著内阁查明具奏,并著巡城五城御史明白回奏。

[释义] 上述所录的26条史料,在时间上跨越了清朝的顺治、康熙、雍正、乾隆和嘉庆五代皇帝。就其内容主要可以分为五类,第一类是皇帝直接颁下上谕,对朝政新闻活动发出指令,全国文武官员必须照着做;第二类是皇帝就某一与朝政新闻传播相关的事情发表的意见,如川抚宪德奏称革除提塘,皇帝在其奏折上所写的朱笔御批;第三类是朝廷某一部门向朝廷中枢部门提出有关建议,经过中枢部门官员认真讨论,同意或批准即"议准"该部门所提的建议内容;第四类是朝臣通过向朝廷递呈奏折的方式向皇帝或朝廷职能部门提出建议,朝廷职能部门通过讨论决定即"议定"的事项;最后一类是朝臣给朝廷的奏疏,似乎只是汇报有关情况而没有法律效力。上述五类史料都从不同的角度反映了当时新闻法制的某些侧面。

13. 东华录(节摘)

[释题]《东华录》清朝人氏蒋良骐、王先谦等摘抄《清实录》而成的编年体史料长编。乾隆三十年(公元1765年)清廷重开国史馆,蒋良骐任撰修,就《清实录》及其他文献,摘抄天命、天聪、崇德、顺治、康熙、雍正六朝(五帝)史料,成书三十卷。因当时国史馆在东华门内,故称《东华录》(俗称《六朝东华录》)。光绪朝王先谦续抄乾隆、嘉庆、道光三朝史料二百三十卷,并增补蒋良骐原《东华录》至一百九十五卷,于光绪朝成书,称为《九朝东华录》。后又有潘颐福辑《咸丰朝东华录》,王先谦增补后成书一百卷;王先谦自辑《同治朝东华录》一百卷,合称《十一朝东华录》。后人朱寿朋又辑录光绪朝史料,称《东华续录》,俗称《光绪朝东华录》。

康熙五十三年（公元1714年）三月，左都御史揆叙在奏疏中称，"近闻各省提塘及刷写文报者，除科抄外，将大小事件探听写录，名曰小报，任意捏造，骇人耳目，请严行禁止，庶好事不端之人，有所畏惧"。康熙皇帝御批"下部议行"。

康熙五十三年（公元1714年），康熙皇帝颁下谕旨："各省提塘，除传递公文本章，并奉旨转抄事件外，其余一应小钞，概行禁止，违者治罪。"

［释义］这是两条康熙朝的史料，内容都是关于禁止小报的。只不过产生者有所不同，前者是左都御史揆叙在奏折中向康熙皇帝汇报了各省提塘除抄传官报"科抄"外，还"将大小事件探听写录"形成小报，对外传播，因其内容"任意捏造"，请皇帝"严行禁止"，这一建议被皇帝采纳后"下部议行"。第二条是皇帝直接颁下谕旨明确规定禁止"一应小钞"，并且警告"违者治罪"，可见朝廷对小报查禁之严。

14. 朱批谕旨（节摘）

［释题］《朱批谕旨》，清朝对历朝皇帝朱批谕旨的汇编。朝臣对国事或公事向皇帝或朝廷陈述己见或汇报情况，大多采用向朝廷或皇帝递呈奏折的方式。皇帝如有决定或其他解释性文字，就用专用的朱色笔墨在奏折上写下批示，俗称"朱批"。汇集成书即名之《朱批谕旨》。

乾隆二十六年（公元1761年）五月"戊戌午谕：前据杨廷璋、吴士功会审马龙图私用存营公项银两一案，辄引自首例，减等定拟，悖谬乖张，迥出情理之外。朕即知此案立意，必先出自吴士功，而杨廷璋从而附和。因降旨令伊两人会同明白回奏。今奏到：定案时虽系杨廷璋主稿，而督参抚审，吴士功实为主政，往来商榷，具有原札可核，果不出朕所料。……吴士功着革职，发往巴里坤，自备斧资，效力赎罪。杨廷璋身为总督，随声附和，咎固难辞，但究系为吴士功所卖，尚非发谋可此，着革职，从宽留任八年，无过始准开复。马龙图着拿解来京，交三法司严审定拟，余着三法司核议具奏，并将该督等前后奏摺及批谕、廷寄一并钞发，将朕办理庶政，轻重大小，不容丝毫蒙混，并大臣等公罪、私罪，一切听其自取，亦不能丝毫假借之故，俾中外臣工共知所惩劝。"

乾隆三十一年(公元1766年)三月谕:"据常钧奏:刘藻于三月初三日夜间自刎,伤痕甚重,气息将绝,见在医治调理等语。此事实属大奇。刘藻办理莽匪一案,种种错谬,不可胜举。朕因其本系书生,不娴军旅,所以加恩保全者倍至。始而调补总督,继而降为巡抚,及至审问何琼诏等一案,以失律逃脱之人,反以冒昧轻进定罪,乖舛已极。且官兵忽调忽撤,全无纪律,始降旨革职,留于军营效力,以示惩儆。然所办亦止于此,并未有将伊治罪之意。前后所降谕旨,中外共所闻知,愿不屑以军务大事于伊过为吹求。刘藻自当倍加感激,于杨应琚未到之先,督率将弁益加奋勉,以期军务速竣,方不负朕始终矜全恩意。乃正当进兵得胜之际,竟无端忽尔自戕,实出情理之外。……又据奏:刘藻自刎后,书桌上有纸包一封,面写三月初三日到硃批摺四件,廷寄一件,一并恭缴等语。恐外边无识之徒,疑硃批及廷寄内或有严旨督责勒令自裁之处。今四摺具在,一为请安,其三旨皆随事批谕,而廷寄尚系令其不可存五日京兆之见,一切并须实心经理之谕。则刘藻此举之荒唐可诧,众人当亦不能为之置解也。着将常钧奏摺及代缴硃批摺四件、廷寄一件,概行发钞,与众阅看,并将此通谕中外知之。"

乾隆三十一年(公元1766年)三月癸巳谕:"杨应琚办理缅匪一事,种种捏饰乖张,俱非情理所有,业经明降谕旨宣示矣。今复据奏:因闻缅匪窜入孟艮,拟亲往普洱就近督率堵剿等语,所奏尤属荒谬可笑。杨应琚前此具奏,亲往沿边一带督率将士,亟图克服新街,以为进兵之地。今忽将新街一路委之一副将哈国兴,借称堵御孟艮,前往普洱。试思普洱距永昌尚远,计伊到彼,贼匪又不知窜往何地。且目下已非进兵之时,伊即亲往,又何益于事。明系因新街有贼,惮于前进,故欲退回普洱,希图潜避,颠倒错谬若此,实不解其具何肺肠。此皆杨应琚罪案昭著之处,难以自行掩饰者。所有杨应琚奏到之摺并着钞发,中外知之。"

[释义] 这里三条史料都是皇帝亲自决定在官报上"发钞"特定内容的记载。第一条史料记载皇帝明谕"将该督等前后奏摺及批谕、廷寄,一并钞发",其目的是让全国官员知道"朕办理庶政,轻重大小,不容丝毫蒙混"以整肃官纪。第二条史料是皇帝"着将常钧奏摺及代缴硃批摺四件、廷寄一件,概行发钞,与众阅看,并将此通谕中外知之",目的是证明"刘藻此举荒唐可诧",以消除朝野"朱批及廷寄内或有严旨督责勒令自裁之处"的猜测。第三条史料是公布杨应琚"新街有贼,惮于前进"的罪行,以说明皇帝惩处

杨应琚的理由,同时也有惩戒其他官员的意思。

15. 清实录（节摘）

[释题]《清实录》,又称《清历朝实录》,为清代皇帝实录总称,自太祖至德宗,包括《满州实录》共十二部。其中太祖(努尔哈赤)、太宗(皇太极)、世祖(顺治)三朝实录,雍正时明令改纂,到乾隆初完成。一九三六年据沈阳藏副本影印。

雍正七年(公元1729年)"吏部议复：江南道监察御史姚之骃奏言,向来直省督抚提镇,封上本章,例有揭贴,分递部院科道,但各省具揭,或先期另封投递,而通政司按期收本,不查揭贴之后先,辄发提塘分送。拜疏未上,具揭先行,恐滋弊窦。请饬令各省,凡有揭帖,必随本章同发,封套注明月日,申送通政司。通政司于送本次日,始令提塘分送各衙门,应如所请。从之。"

乾隆十三年(公元1748年)议准："各省提塘钞发本章,必须谨慎。有应密之事,必俟科钞到部十日之后,方许钞发。如有邸报先于部文者,该督抚将提塘参处。"

乾隆二十一年(公元1756年)议准："各省发递科钞事件,例应责令提塘办理,以杜私钞讹传泄漏之弊。嗣后令各提塘公设报房,其应钞事件,亲赴六科抄录,刷印转发各省。所有在京各衙门钞报,总由公报房钞发。"

乾隆三十八年(公元1773年)议定："各部院衙门如有奏准议复应行发钞事件,该承办衙门,即将原奏钞录,钤盖印信,发交直隶提塘,按日刊刻颁发,仍令该提塘将发钞底本及原奏印文,按十日汇报兵部存案。"

嘉庆帝在张师诚关于塘兵递送部文积压延迟情形奏摺上御批说："……各省塘兵之设,以备递送部文,自应沿途迅速齎递,方不致有贻误。……此次定远县塘兵,竟敢将应递江西部文积压至二十六号之多,怠玩已极。此项塘兵,皆由地方官召选承充,且本有稽查之责,今似此积压疲玩,地方官视为无足轻重,并不查明整顿,实为外省恶习。……嗣后着各该督抚,严饬管有塘站之州县,设立章程,实力稽查,遇有递送各省部文,务须按限驰送,毋许稍有延搁,违者即行惩处。倘州县漠不关心,致有贻误,并着该督查明参处,以专责成而肃邮传。将此通谕知之。"

[释义] 这里五条史料的内容大体相仿,都是朝廷职能部门"议复"、"议准"或"议定"有关十一的决定性结论。第一条史料是说的朝廷吏部"议复"皇帝,请皇帝"饬令各省,必随本章同发封套,申送通政司","通政司于送本次日,始令提塘分送各衙门",以保证皇帝督抚的奏折并作出御批后,通政司再根据皇帝的御批对外发钞。这一建议得到皇帝的采纳。第二条更是明确规定"有应密之事,必俟科抄到部十日之后,方许发钞",以保证不漏泄朝廷机密。第三条是"议准"了"令各提塘公设报房"和"所有在京各衙门钞报,总有公报房钞发"。第四条则"议定"了朝廷官报的运作程序和环节,包括了"钞录原奏、钤盖印信,发交直隶提塘";而直隶提塘则须"按日刊刻颁发",同时又令直隶"提塘将发钞底本及原奏印文,按十日汇报兵部存案"。第五条史料记载的是清朝后期提塘系统管理松弛、效率低下,甚至"积压公文"而"地方官视为无足轻重"的现象,以及皇帝为改变这种现象所做的努力:主要是要求"各该督抚严饬管有塘站之州县""设立章程"并"实力稽查",对不"按限驰送""各省部文"者"即行惩处";如果州县漠不关心而"致有贻误",则指令"该督"查明参处。这样做的目的是"专责成而肃邮传"。为了在更大范围内起到"肃邮传"的效果,皇帝明确要求把这条谕旨发到全国,以使文武官员引起重视。

16. 关于重申须按常规报文的告示(节摘)

[释题] 清朝军队在吴三桂等明末降将的协助下很快就进入并定都北京,但以朱明王朝的分封王们先后组建的地方性政权(俗称南明政权)却支撑了十多年。在这一阶段,清朝政府仍然处于战时运行机制状态中。南明政权被消灭以后,清朝政府开始进入正常运行状态。为此,清廷内院发布了政府公文呈报由战时体制转向平时体制的告示。标题为编者所加。

因大清朝开创之始,百务俱举,不得不疏揭、塘报以外,兼收公文呈状。今大小政事稍有头绪,乃外州县不知事体,径以公文申□(原缺一字,似为"报")内院,官生军民多以虚词琐事混投呈状,甚至无知军民冒渎摄政王驾前投递奏揭,甚非体统,已经严禁。今特再行出示申明,以便遵守。凡远近州县,事无大小,必申报道府抚按,决不容再申内院。把门上号官,不许混收取究;外而督抚镇按疏揭、塘报,俱照常规收行。近京各道,凡事俱申报督抚巡按。"

[释义] 这是清朝在全国性大规模战事基本结束后对新闻传播管理体制和运行机制所做的一次调整。该告示明确规定各行省大吏(督抚镇按)向朝廷(皇帝)呈报的"疏揭塘报",必须按照"常规"收行,即奏疏题本上报到内院,塘报则呈报兵部,不能把塘报再直接报内院。塘报不再按战时体制直达内院,必须"照常规收行",先报到兵部,由兵部汇总后再报内院。

第五篇　中国古代新闻法制近代化嬗变阶段的史料
（鸦片战争后至中华民国成立前）

1. 大清律例（节摘）

[释题]《大清律例》是清乾隆五年（公元1740年）在顺治五年（公元1648年）颁行并经过康熙、雍正朝先后增修的清朝第一部成文法《大清律集解附例》基础上，经过"逐条考正、总修而成"后颁行的清朝主要法典。篇目与《大明律》相同，有律文四百三十六条，附例一千四百零九条。

凡造谶纬妖书妖言，及传用惑众者，皆斩。（原注：监候，被惑人不坐。不及众者，流三千里，合依量情分坐。）若（原注：他人造传）私有妖书，隐藏不送官者，杖一百，徒三年。

一、凡妄布邪言，书写张贴，煽惑人心，为首者，斩立决。为从者，皆斩监候。凡有狂妄之徒，因事造言，捏成歌曲，沿街唱和，及以鄙俚亵嫚之词，刊刻传播者，内外各地方官即时察拿，坐以不应重罪。若系妖言惑众，仍照律科断。

一、凡坊肆市卖一应淫词小说，在内交与八旗都统、都察院、顺天府，在外交督抚等，转行所属官弁严禁，务搜板书，尽行销毁。有仍行造作刻印者，系官革职，军官杖一百，流三千里；市卖者，杖一百，徒三年；买看者，杖一百。该官弁不行查出者，交与该部按次数分别议处。仍不准借端出首讹诈。

一、各省抄房，在京探听事件，捏造言语，录报各处者，系官革职，军官杖一百，流三千里，该管官不行查出者，交与该部，按次数分别议处。其在京贵近大臣家人子弟，倘有滥交匪类,前项事发者,将家人子弟并不行约束之家主,并照例议处治罪。

——盗贼类:造妖书妖言条

[释义] 该条法令所指向的"妄布邪言,书写张贴,煽惑人心"、"坊肆市卖一应淫词小说"和"各省抄房,在京探听事件,捏造言语,录报各处"等行为都与社会传播活动直接相关,是当时以及后来一个阶段中对新闻传播活动违规行为进行惩处的基本法律依据。据戈公振先生在《中国报学史》中说,当时清廷当局处理上海"《苏报》案"的主要法律依据就是这一法令。

2. 请整顿驻京塘务疏

清御史　刘庆

[释题] 提塘盛于明朝,到清朝又有所变革。其中一个变革就是把提塘划为京塘和省塘两个系统。京塘直接承担中央政府及各行政部门公文和朝廷官报"四方传布"的任务,同时还兼有"承投该督抚题咨事件"的功能。进入清朝后期,由于封建专制制度的痼疾和八旗子弟们的衰败,清朝统治衰微日渐迅速,官纪松弛,效率低下,使像驻京提塘如此重要的国家枢纽运行系统都弊端百出,败征日显,似乎到了无法挽回的地步。就是在这种大的环境下,作为御史的刘庆出于对朝廷负责,向皇太后、皇上进呈了"请整顿驻京提塘"的疏章。

窃照各省例设驻京提塘,原为承投该督抚题咨事件,并有亲赴六科抄发具题奏复各件之责,向有各省督抚于武进士、举人内拣选咨充,三年更替期满之后,分别营卫守备选用,所以示奖励、慎邮政也。近见各省文件,往往迟延贻误,皆由提塘不能慎重公事之故。其不能慎重公事,皆因期满不即更替,贪恋留办及雇人代请,事无专责之故。臣初任兵部司员,于邮政曾加体察,伏读中枢政考,内载提塘三年,期满不准咨请留办。又例载:各省提塘将届期满十个月以前,兵部行知该督抚拣充补,依限充部;如咨送迟延,将该督抚交部议处;该提塘领文不即赴部,亦照例议处。又,应密事件,不准提塘预通信息各等语,邮政所关定例甚严。

查各省驻京提塘,例定十六缺,今闻仅存十一人,其余五缺,皆雇请他省提塘代办。而此十一缺中,如山东等省又多有期满留办之员。访察阙额所由来,非尽各省督抚不行咨送充补,实缘该提塘等贪领每年报资,不欲交卸。即本省咨送顶补,有人来京,亦必多方勒掯。于例定封库底垫正款外,需索摊派帮项私款,每至数千金之多。而他省提塘,预为已身日后交卸地步,亦从而附和之,勒索保结诸费,种种刁难,以致新咨来京提塘,无力承认。经年累月,不能接充,竟有自行赴部呈请咨回,不愿顶补者。而旧任提塘,又因充补年久,格于例限,不敢恋缺,则每私相授受,雇请他省提塘代理。如山东则代办湖南,直隶则代办云贵,广西则代办陕甘,福建则代办浙江。又有业经病故,而其子孙尚揹留钤记,不愿交出,如四川提塘已于上年出缺,犹雇请江西提塘代办,似此朋充接顶,互相效尤,将来必致尽旷官务,贻误塘务。况预通信息,例有明禁,若以此省代办他省,身非专责,更难免无泄漏密封等弊,相应请旨饬下兵部,严加整顿。

嗣后凡有提塘期满,仍例不准留办;遇有身故者,一面勒令将钤记缴出,派委邻省暂行代理;一面行催本省速行咨送合例之员来京顶补。到京之日,即由兵部严催交替,不得仍前勒索刁难,并请饬部严定处分。至现在阙额诸省,应由该部查明,速行咨催充补,以专责成,庶塘务不致旷废,而邮政可期起色矣。臣愚昧之见,是否妥当?伏乞皇太后、皇上圣鉴!谨奏。

——《同治中兴京外奏议约编》卷七

[释义] 刘庆在该疏中首先引用了朝廷关于驻京提塘管理的有关条规,作为自己立论的法律依据;然后汇报了驻京提塘管理和运行的诸多问题,其中主要的是提塘官员缺额多,而所缺员额的事务只好请他省提塘代办;一些提塘官员期满留办,并且对接任的提塘官员百般刁难;以及有些提塘官员本人病故而其子孙揹留钤记,拒绝向接任者交接等情况,不但致使公务延误,而且"更难免无泄漏密封等弊"。为此他提出了"提塘期满,不准留办";"遇有身故,勒令将钤记缴出";对"仍前勒索刁难""严定处分"以及对"阙额诸省,速行咨催充补"等整顿措施。但皇帝是否恩准,不得而知;即使能够施行,对于已病入膏肓的清朝提塘系统来说,其效果也是不得而知。

3. 资政新篇（节摘）

洪仁玕

[释题]《资政新篇》，太平天国后期领导人洪仁玕著。1859年（清咸丰九年）刻印。本书是太平天国干王洪仁玕根据自己所接受的西方资本主义思想，结合对当时太平天国运动一些实际情况的思考，向天王洪秀全提呈的一份施政建议书，经洪秀全批示后公开发布。全书内容包括用人失察类、风风类、法法类、刑刑类等四个部分。被称为中国近代第一个比较完整的资本主义建设方案。书中所提建议，有些得到洪秀全的批准施行，有些是洪秀全因持保留态度而没有批准，更有些是当时洪秀全就明确表示"此策现不可行"。因为当时太平天国处于紧张的战争环境中，即使是洪秀全批准的施政措施也因不具备施行的条件而没有实施。

所谓以法法之者，其事大关世道人心，如纲常伦纪，教养大典，则宜立法以为准焉。是以下有所趋，庶不陷于僻矣。然其不陷于僻而登于道者，必又教法兼行。如设书信馆以通各省郡县市镇公文，设新闻馆以收民心公议及各省郡县货价低昂、事势常变。上览之得以资治术，士览之得以识变通，商农览之得以通有无。昭法律，别善恶，励廉耻，表忠孝，皆借此以行教也。教行则法著，法著则知恩，于以民相劝戒，才德日生，风俗日厚矣。……

天王洪秀全批曰：钦定此策是也。（笔者注：意即该条建议可以立即施行。）

一、要自大至小，由上而下，权归于一，内外适均而敷于众也。又由众下而达于上位，则上下情通，中无壅塞弄弊者，莫善于准卖新闻篇或暗柜也。

天王洪秀全批曰：钦定此策，杀绝妖魔行未迟。（笔者注：意即这条建议可以考虑，但现在的时机还不成熟，等到太平天国革命取得全面胜利以后再施行也不迟）

一、兴邮亭以通朝廷文书，书信馆以通各色家信，新闻馆以报时事常变、物价低昂。只须实写，勿着一字浮文。倘有沉没书札银信及伪造新闻者，轻者罚，重则罪。邮亭由国而立，余准富民纳饷，禀明而设。或本处刊卖，则每日一篇，远者一礼拜一篇，越省则一月一卷，注明某处某人某月日刊刻，该钱若干，以便远近采买。

天王洪秀全批曰：此策是也。（笔者注：意即该条建议可以立即施行。）

一、兴各省新闻官。其官有职无权，性品诚实不阿者。官职不受众官节制，亦不节制众官，即赏罚亦不准众官褒贬。专收十八省及万方新闻篇有招牌图记者，以资圣鉴，则奸者股栗存诚，忠者清心可表，于是一念之善，一念之恶，难逃人心公议矣。人岂有不善，世岂有不平哉？

天王洪秀全批曰：此策现不可行，恐招妖魔乘机反间。俟杀绝残妖后行未迟也。（笔者注：意即这条建议现在不可以施行，主要是担心施行后妖魔会利用它进行挑拨离间，等到太平天国革命取得彻底胜利以后再施行也不迟。）

——《资政新篇·法法类》

[释义] 洪仁玕在《资政新篇·法法类》中讲了很多方面的内容，这里选摘的主要是关于开放新闻言论的部分。首先他把设新闻馆放在总论部分予以强调，接着介绍了准卖新闻篇具有"上下情通，中无壅塞弄弊"的功能，然后具体介绍了开放新闻篇的实施办法，最后是叙述了对新闻官（记者）的地位和作用问题。对上述建议，天王洪秀全整体上表示赞成，但根据他对当时革命运动形势的分析认识，分别作出了不同批示。

4. 广东南海、番禺县令关于查禁私自刊刻新闻纸的告示

[释题] 鸦片战争以后，外国传教士蜂拥进中国内地，并且拥有了创办报纸、印刷书籍的权力。一些传教士以"传教"为名在中国为非作歹，欺压中国老百姓，从而激起中国人的义愤，当时的广州也有这种情况。为此，光绪九年十一月二十一日（公元1883年12月20日）广州市发生了一起刊刻报纸以揭露传教士不当活动，借以发动中国民众在约定的日期聚集到外国教堂抗议的事件。为平息事件，清廷广东南海县的卢正堂和番禺县的张正堂联合发布了严禁私自刊刻新闻纸的告示。

南海县正堂卢、番禺县正堂张为出示晓谕事：照得中国与西洋各国通商和好有年，允宜受约相安，共享权利。访闻近有不法之徒，伪造谣言，并私自刊刻新闻纸等项，沿街售卖。本月初五、六两日，竟有一、二匪徒意欲聚众至礼拜堂滋扰，借端生事，实属愍不

畏法。除饬差严密查拿外,合行出示晓谕。为此示谕属内军民人等一体遵照。尔等须知,前项情弊,均属有干禁令。现在中外各国和好,本无异心。倘经此次示谕后,尔等仍复有伪造谣言、刊卖新闻纸,及聚众滋扰各节,即以谣言滋事之罪按律惩办,决不姑宽。各宜凛遵毋违。特示。

——原载 1883 年 12 月 30 日香港《循环日报》

[释义] 这是目前所知最早的清廷治下的县级官府发布的禁止人们"私自刊刻新闻纸"布告。该布告中明确记载发布这一布告的直接原因是"有不法之徒伪造谣言,并私自刊刻新闻纸",而且还"沿街售卖"。大概是在新闻纸内容的鼓动下,因而出现了"有一二匪徒欲聚众至礼拜堂滋扰,借生事端"的事情,为了维护社会秩序,清廷南海县和番禺县的"正堂"官方联合发布布告,一方面宣布上述行为"有干禁令",同时又宣布"经此次示谕后,尔等仍复有伪造谣言、刊卖新闻纸,及聚众滋扰各节,即以谣言滋事之罪按律惩办,决不姑宽"以儆戒。由于县政府具有基层政权的属性,因此所发布的布告就具有了强制执行的效力。

5. 奏拟官报《时务报》章程三条

孙家鼐

[释题] 孙家鼐是清咸丰九年进士、状元,曾历任清廷工、礼、吏部尚书和光绪师傅,当时任朝廷学务大臣。1898 年 7 月 17 日,御史宋伯鲁向皇帝上了一件《奏改时务报为官报折》(也有说是康有为以宋伯鲁名义起草上呈),得到皇帝的认可,随即批交"总理大学堂大臣孙家鼐酌核妥议,奏明办理"。本文就是孙家鼐遵旨向皇帝就关于《时务报》改办为官报一事所上的奏折。

臣孙家鼐跪奏,为遵旨议奏事:五月二十九日内阁奉上谕:"御史宋伯鲁奏请将上海《时务报》改为官报一折,著总理大学堂大臣孙家鼐酌核妥议,奏明办理。钦此。"臣窃维明目达聪,唐虞之盛德;采风问俗,三代之隆规。自古圣帝明王,未有不通达下情而可臻上理者也。今之论治者,皆以贫弱为患矣。臣窃谓贫弱之患犹小,壅蔽之患最深。该御史请将《时务报》改为官报,进呈御览,拟请准如所奏。该御史请以梁启超督同向来主笔人等,实力办理。查梁启超奉旨办理译书事物,现在学堂既开,急待译书以供士子讲习。若兼办官报,恐分译书功课。可否以康有为督办官报之处,恭请圣裁。

抑臣更有请者,唐臣魏征对唐太宗曰:"人君兼听则明,偏听则暗。"泰西报馆林立,人人阅报,其报能上达于君主,亦不问可知。今《时务报》改为官报,仅一处官报得以进呈,尚恐见闻不广。现在天津、上海、湖北、广东等处皆有报馆,拟请饬各省督抚饬下各处报馆,凡有报单,均呈送都察院一分,大学堂一分,择其有关时事、无甚背谬者,均一律录呈御览。庶几收兼听之明,无偏听之蔽,如此则皇上虽法官高拱,万里之外如在目前,于用人行政,似有裨益。

臣谨拟章程三条,开列于后:

一、《时务报》虽有可取,而庞杂猥琐之谈,夸诞虚诬之语,实所不免。今既改为官报,宜令主笔者慎加选择,如有颠倒是非,混淆黑白,挟嫌妄议,渎乱宸聪者.一经查出,主笔者不得辞其咎。

二、官书局向有汇报,系遵总理衙门奏定章程,不准议论时政,不准臧否人物,专译外国之事,俾阅者略知各国情形。今新开官报,既得随时进呈,胪陈利蔽,将来官书局报,亦请开除禁忌,仿陈诗之观风,准乡校之议政。惟各处报纸送到,臣仍督饬书局办事人员,详慎选择,不得滥为印送。

三、原奏官报经费一节,臣查官书局印报,例令阅报者出价。惟所售无多,故每月经费不足,由书局贴补。兹新设官报,阅报者自应一体出价,拟请将此项官报随时寄送各省督抚,通行道府州县,均令阅看。每月出价银一两,统十八省一千数百州县,约计每月得价折一千两,常年核算约在两万四千之谱,加以官商士庶阅报出价经费,亦可得巨款。于纸墨刷印工本,自当游刃有余,可无庸另筹经费。惟创设之始,需费必须数千金。若在上海开办,或由上海道代为设法,可令该员自往筹商。

以上遵旨议奏及所筹办法.是否有当,伏乞皇上圣鉴训示。谨奏。

光绪二十四年六月初八(1898年7月26日)呈

[释义] 孙家鼐积极建议皇帝"请准如奏",改《时务报》为官报;因梁启超忙于译书事宜,为此他建议由康有为负责"督办官报";同时建议皇帝"饬各省督抚饬下各处报馆,凡有报单",均由"都察院"和"大学堂""择其有关时事、无甚背谬者","一律录呈御览"。所提"章程"包括了明确官报主笔责任、官报内容的限定和"阅报者应一体出价"的发行

建议,并附带提出了"将来官书局报,亦请开除禁忌"的请求,意在进一步推进言论开放,为变法维新营造舆论氛围。

6. 关于开放报禁的御批

爱新觉罗·载湉

[释题] 爱新觉罗·载湉,即光绪皇帝,谥号德宗,公元1875—1908年在位。清光绪二十四年六月初八(公元1898年7月26日),孙家鼐奉旨呈上了《奏拟官报〈时务报〉章程三条》的奏折,得到皇帝的充分肯定。在接到孙家鼐该件奏折的当天,光绪皇帝就写下这一御批。标题为编者所加。

报馆之设,所以宣国是而通民情,必应亟为倡办。该大臣所拟章程三条,均尚周妥,著照所请,将《时务报》改为官报,派康有为督办其事,所出之报,随时呈进。其天津、上海、湖北、广东等处报馆,凡有报单,均着该督抚咨送都察院及大学堂各一册,择其有关时务者,由大学堂一律呈览。至各报体例,自应以指陈利害、开阔见闻为上,中外时事,均许据实昌言,不必意存忌讳,用副朝廷明目达聪、勤求治理之至意。所筹官报经费,即依议行。钦此。

光绪二十四年六月初八(1898年7月26日)

[释义] 这是在中国新闻法制发展史上具有重要意义的一篇文献。在当时"戊戌变法"处于高潮的社会环境下,标志着由中国政府的最高统治者皇帝以"御批"这一至高无上法律效力的形式,宣布沿袭了数千年的民间报禁的彻底开放,这无疑是一个历史性的进步。在这一御批中,光绪皇帝首先认为报馆具有"宣国是而通民情"的功能,因而提出了"必应亟为倡办"的观点;第二是批准了孙家鼐提出的官报章程三条和由康有为督办官报的建议;第三是采纳了孙家鼐关于"请饬各省督抚饬下各处报馆,凡有报单,均呈送都察院一分,大学堂一分,择其有关时事、无甚背谬者,均一律录呈御览"的建议,明确"天津、上海、湖北、广东等处报馆,凡有报单,均着该督抚咨送都察院及大学堂各一册,择其有关时务者,由大学堂一律呈览";第四是公开宣布开放言禁,即"各报体例,自应以指陈利害、开阔见闻为上,中外时事,均许据实昌言,不必意存忌讳",认为只有这样才能

"用副朝廷明目达聪、勤求治理之至意",也就是批评朝廷和皇帝,不但无罪,而且有功了。真是180度的根本性的转变。

7. 请定中国报律折

康有为

[释题] 这是中国近代资产阶级维新派领袖康有为(1858—1927)给光绪皇帝所上奏折的一件附折。光绪皇帝在光绪二十四年六月初八(公元1898年7月26日)的御批中同意孙家鼐提出的由康有为督办官报的建议,使康有为成为把原由他和汪康年等人合办的民办报纸《时务报》改办为官报《时务官报》的不二人选。光绪二十四年六月二十二日(1898年8月9日),康有为向光绪皇帝进呈《恭谢天恩 条陈办报事宜折》的同时,以附片形式向光绪皇帝进呈了《请定中国报律折》。

再:查孙家鼐原拟章程第一条,有宜令主笔者,慎加选择,如有颠倒是非、混淆黑白,挟嫌妄议,一经查出,主笔者不得辞其咎等语。臣自当慎选主笔,严加督饬,其论说务以昌明大义,忠君爱国,尊主庇民,博采中外,开广闻见为主。至于各西报,皆由原文译出,虽或间有激切之语,似亦不可任意删改,庶敌人之阴谋,可以借鉴,且无失上谕据实直言、破除忌讳之盛意。

惟是当开新守旧并立相轧之时,是非黑白未有定论。臣以疏逖卑微,忧时迫切,昌言变法,久为守旧者所娼嫉,谤议纷纭。荷蒙皇上天恩,曲加保全,自顾何人,无以为报,何敢顾恤人言,改其初度,以负我皇上。然他日或有深文罗织,诬以颠倒混淆之罪,臣岂能当此重咎。臣一身不足惜,徒使敌人阴谋之言不能达于皇上,似非我皇上明目达聪、洞悉敌情之本意也。

臣查西国律例中,皆有报律一门,可否由臣将其书译出,凡报单中所载,如何为合例,如何为不合例,酌采外国通行之法,参以中国情形,定为中国报律,缮写进呈御览,审定后,即遵依办理。并由总理衙门照会各国公使领事,凡洋人在租界内开设报馆者,皆当遵守此律令;各奸商亦不得借洋人之名,任意雌黄议论,于报务及外交,似不无小补。谨附片陈明,伏乞圣鉴。谨奏。

光绪二十四年六月二十二日(1898年8月9日)

［释义］这是在中国新闻法制发展史上第一篇正式提出"制定中国报律"命题的文献。康有为在文中一方面表白了自己将严格遵守孙家鼐拟定皇帝同意的三条章程"慎选主笔,严加督饬",以符合皇帝"据实直言,破除忌讳"的要求;另一方面则明确指出"臣以疏逖卑微,忧时迫切,昌言变法,久为守旧者所媢嫉,谤议纷纭","他日或有深文罗织,诬以颠倒混淆之罪,臣岂能当此重咎",希望皇帝能降旨立法,以为后保;最后是直截了当地提出了具体做法,即由康有为从西国律例中将报律译出,然后"酌采外国通行之法,参以中国情形,定为中国报律",这一建议得到了光绪皇帝赞成。

8. 关于官报经费及制定中国报律的御批

爱新觉罗·载湉

［释题］这是清朝光绪皇帝在对康有为于光绪二十四年六月二十二日(1898年8月9日)所上的《恭谢天恩 条陈办报事宜折》及附片《请定中国报律折》上所做的御批。题目为编者所加。

康有为在《恭谢天恩 条陈办报事宜折》中称,"官报原为开风气而广见闻,只可(依《时务报》例)仍旧每年收报费四元。……且臣亦无由令其阅看。既无补助,又无拨款,办理实难,无从措手","商报可以开闭随时,官报岂可令诏书中废",为此向光绪皇帝提出"京师官书局,每月拨经费一千两,官报局与官书局事同一律,伏乞谕旨饬下两江督臣,按月由洋务局拨交官报局经费一千两,以资办理"的请求。光绪皇帝对康有为的建议御批:"官报局所需经费,照官书局之例,由两江总督按月拨银一千两。另拨开办经费六千两。"

康有为在《请定中国报律折》中关于"臣查西国律例中,皆有报律一门,可否由臣将其书译出,凡报单中所载,如何为合例,如何为不合例,酌采外国通行之法,参以中国情形,定为中国报律,缮写进呈御览,审定后,即遵依办理"的建议,光绪皇帝御批:"泰西律例,专有报律一门,应由康有为详细译出,参以中国情形,定为报律,送交孙家鼐呈览。"

光绪二十四年六月二十二日(1898年8月9日)

［释义］光绪皇帝的上述两条御批,一是对由康有为督办的改《时务报》为官报在经

费上给予了全力支持,这也是他重视通过新闻传播开通民智的具体体现之一。二是宣布正式启动中国报律的制定工作,明确了中国报律的制定程序,即先有康有为把泰西报律"详细译出",然后"参以中国情形,定为报律"。最后是经朝廷大学堂大臣(又称为学务大臣)"呈"(送光绪皇帝)"览",经皇帝"御览"同意后,由皇帝降旨颁行。但因"戊戌变法"很快失败,康有为提出并得到光绪皇帝支持的"制定中国报律"的设想"胎死腹中"。

9. 整顿报纸刍言

上海《申报》

[释题] 光绪二十四年六月二十二日(公元1898年8月9日),康有为以附片形式向光绪皇帝进呈了《请定中国报律折》。就在当天,光绪皇帝就对此作出了"泰西律例,专有报律一门,应由康有为详细译出,参以中国情形,定为报律,送交孙家鼐呈览"的御批。上海申报馆得知这一新闻消息后,专门发表了这篇拥护朝廷制定报律的论说,以配合当时的变法维新运动。

中国之有报纸也,始于香港《遐迩贯珍》,时在道光季年。五口通商之始,事当草创,规模未甚精详。嗣是而上海,而广州,而汉口,而天津,而宁波,而福州,以次开设,或日出一纸焉,或旬印一册焉,或月成一书焉,类别分门,渐臻美善,五十年内,多至数十家,而弊窦亦由此启矣。今者钦奉上谕,开设报馆,简员经理,厘定章程,藉以达民情,开风气,并准各报指陈列弊,昌言无隐,其有关时务者,由大学堂一体呈览。蝼蚁微臣,不禁鼓舞欢欣曰:"有是哉,我皇其真勤求治理,巨细靡遗者哉?"

窃谓报纸起自泰西,渐渐行于中国,其利益固甚溥而弊病亦悉数难终,华人每终身不出门,叩以地球五大洲,辄茫然不知所对,更遑论各国之兵刑、政治、公法约章哉?自报纸行,而海外情形,了如指掌,交涉之事,免受人欺,其利一也。中国官吏之清廉者固多,而贪墨者,亦所时有。苞苴之受,人谁得知。自报纸行,而秉笔直书,毫无讳饰,不特清廉者,益知自励,即性成贪墨者,亦必有所忌惮,不敢恣意妄行,其利二也。殿陛纶音,臣工奏牍,虽有邸钞流布,未能薄海咸知。自报纸行,而一纸风传,万民快睹,举凡有益于国计民生之事,得以朝削牍而暮传观,上下之情,无虞扞隔,其利三也。中国地大物博,各省土产,如煤铁、金银、五谷、木棉、丝茶之类,高如山积,外人或未得周知,坐使僻壤遏陬，货弃于地。自报纸行，而逐加评隲，宣布中西，行商坐贾之流，得以设法贩运，微贵微贱，获利无涯，其四利也。善夫李翰称《通典》一书云：不出户知天下，罕更事知世变，未从政达民情。斯言也，殆为今日之报纸而设，此南皮张制军著《劝学篇》，所以必勖人阅报乎？

至于推究其弊，纯驳不一，信口雌黄，好恶从心，笔锋妄逞，以及采杂委巷不经之语，满纸榛芜；轻薄文人，好谈闺阃，同侪倾轧，诟詈多端，有弊之小焉者也。所可恶者，贿赂潜通，则登诸雪岭，干求不遂，则下之墨池；甚至发人阴私，索人瘢垢，藉端要挟，百计倾排，使人惩之无可惩，辩之无可辩，不得已而赂以重贿，以期掩饰弥缝。其下也者，于青楼曲巷之中，亦复任情敲诈，而当道者，更无论已。此种恶劣文人，嫉之者指为斯文之蟊贼，近数载内，往往有之，亦或巧肆词锋，心存叵测，于朝野上下之弊病，指示不遗，任意将中国底情，和盘托出。而问以病何以药？弊何以除？则又若寒蝉之噤而不鸣，不复略陈一策，惟是蒙头盖面，谓宜效法东西洋。噫！是直欲驱中国四百兆人民，尽变为东西洋黎庶而后已，试问将朝廷置之何地乎？

有心人蒿目时艰，亟思有以挽回之，而苦无良策。及读本月二十二日上谕，饬将泰西报律，详细译出，参以中国情形，定为报律，而后叹皇上之重视报纸，而从此报中利弊，或兴或革，不难日就范围矣。考泰西各国，皆有专门律例，使作报者不能恣意妄为，大旨有心谤毁平人者，执笔人或罚钱或下之于狱；因挟嫌而毁谤者，厥罪尤重。惟无心之矢，可以更正了之。至局中人之索贿，与局外人之行贿，则泰西罕有此事，律中未必详明。鄙意中国既多此种弊端，则务须于定律时，严定罪名，以昭炯戒。若夫妄议国政，煽惑人心，尤为法所难宽，不得仅以罚锾下狱了其事。庶报务日有起色，不致让泰西专美于前乎？跂而望之。

光绪二十四年六月二十八日（公元1898年8月15日）

[释义]《申报》的这篇论说首先表达了对皇帝降下制定报律谕旨的"鼓舞欢欣"之情，接着阐述了"报纸行"给中国带来的"四利"；然后指出了当时报界存在的一些不良风气和做法，认为那些对"朝野上下之弊病，指示不遗，任意将中国底情，和盘托出。而问以病何以药？弊何以除？则又若寒蝉之噤而不鸣，不复略陈一策"的做法是"直欲驱中国四百兆人民，尽变为东西洋黎庶而后已"，最后是认为亟需通过制定报律"使作报者不能恣意妄为""日就范围"。在当时的舆论中是属于赞成朝廷制定报律的一派。

10. 传递新闻电报减收半价章程

清廷电报总局

[释题] 鸦片战争以后，随着西方资本主义国家对中国的政治经济文化侵略的步伐，西方工业革命后出现的一些现代科学技术也随之传入中国。1873年，中国第一条（上海和吴淞之间）陆路有线电报线路和上海至香港的水路电缆相继开通，为新闻报纸通过电报方式传递和接受异地新闻消息提供了便利。但报馆通过电报线路拍发新闻消息所需付费的昂贵，使这一新的新闻消息传递技术难以普及，报馆和报人们一直呼吁降低新闻电报的收费价格以促进报纸的发展。经过十多年的呼吁和争取以及清政府电报事业的发展，作为清朝政府第一个与新闻直接相关的专门性法规《传递新闻电报减收半价章程》就诞生了。

一、光绪二十五年七月初一日，即西历一千八百九十九年八月六号起，中国电局准各日报发递刊登日报之新闻电报。

二、此种新闻电报不得拦阻平常商报，有时或须缓发，或许停发，或许分段续发，总之须俟国家电报、商报及足价新闻电报发完乃能传递。

三、发递此种新闻电报须遵照定章，并万国电报通例办理。

四、华洋报馆所发刊登日报之新闻电报，准照电局电表各减收半价，其余一切电报不得援以为例发给。此种新闻电报字句务须明白，俾司报者一览便知。所有不刊登报章之新闻电报，或报章参用暗码或字句，隐存别意，或密码以及句读费解者，概照平常商报以取全价。

五、报馆或访事人或经理人发寄此种新闻电报，须指明系寄交何处日报馆，该日报馆除刊登报章外，不得以之出售，或分派或布告各总会银市阅报公会，亦不准作为别用。

六、此种新闻电报，只准日报被派出之确实有权访事人发寄，其新闻务须刊登于该报馆报章，或竟不登，则须将不登之实在有理之缘故声明，否则仍当收足报费。

七、电报局随时随地有权可以停收此种新闻电报。

八、市面物价、股价不得作为新闻电报。

九、此种减收半价之新闻电报，除用明白华文英文外，概不准收递。

十、此种减收半价之新闻电报，只准传至中国边界为止。

不久,该章程又增加了三条:

一、日报馆传递新闻电报,如用暗码只照平常商报收取全费,不再加倍,惟密本须交存电局备查。

二、如该访员所发电报,或有影射情弊并未将电报刊登报端,一经本局查出认定,即向该报馆罚洋五百元,并撤销该报馆所领执照,永不再给。

三、省会大都如果该报馆聘有访事两员,准给执照两纸,不得再事请益。

光绪二十五年六月(公元1899年7月)

[释义] 这一章程是对政府降低拍发新闻电报收费的具体规定,包括施行的时间、与商务电报的关系、新闻电报的概念范围、新闻电报交寄者的资格以及使用此种减价新闻电报的传递范围等。这是在近代中国产生的第一个在文献题名中带有"新闻"一词的由朝廷政府部门公布施行的专门性法规。

11. 关于缉捕康梁和查禁康党报馆的上谕

[释题] 百日维新失败后,康有为和梁启超在外国人的帮助下流亡海外。不久后即在日本横滨创办《清议报》等宣传维新和拥帝反后的政论性报刊,产生了很大的影响。为此清廷恼羞成怒,发下上谕缉捕康梁,并再次严令查禁康党报馆。

谕内阁:

前因康有为、梁启超罪大恶极,迭经谕令沿海各省督抚,悬赏购线,严密缉拿,迄今尚未弋获。该逆等狼子野心,仍在沿海一带煽诱华民,并开设报馆,肆行簧鼓,种种悖逆行径,殊堪发指。著南北洋、闽、浙、广东各督抚,再行明白晓谕,不论何项人等,如有能将康有为、梁启超缉获送官,验明实系该逆犯正身,立即赏银十万两。万一该逆等早伏天诛,只须呈验尸身,确实无疑,亦即一体给赏。此项银两,并着先行提存上海道库,一面交犯,即一面验明交银,免致辗转稽延。如不愿领赏,愿得实在官阶及各项升衔,亦必予以破格之赏。至该逆等开设报馆,发卖报章,必在华界,但使购阅无人,该逆等自无所施其伎俩,并着各该督抚逐处严查。如有购阅前项报章者,一体严拿惩办。此外,如尚有该逆等从前所著各逆书,并着严查销毁,以伸国法而靖人心。

清光绪二十五年正月十五日(1900年2月14日)

[释义] 鉴于此前的上谕只是许诺捕获康梁者给赏而没有具体化,似乎影响了上谕的效果。所以这次的上谕就具体化了,规定了"能将康有为、梁启超缉获送官,验明实系该逆犯正身","即赏银十万两";万一康梁自己已经身死,那就"只须呈验尸身,确实无疑","亦即一体给赏";并且明确把这十万两奖银"先行提存上海道库",以保证"免致辗转稽延"。对那些不缺钱而缺官的户主,朝廷也表示"必予以破格之赏"。总之只要能抓到康梁,什么条件都好商量。朝廷对那些开设在租界的反对朝廷报刊虽然无法,但却想出了不让这些报刊在"华界""发卖"的点子,认为只要没有人购阅,那些报刊就"无所施其伎俩"了。为了保证这一点子收到实效,朝廷命令"各该督抚逐处严查","如有购阅前项报章者,一体严拿惩办",最后还忘不了命令各该督抚对康梁以前所著的"逆书""严查销毁"。这么折腾的效果如何呢?十多年以后就见了分晓。

12. 为查禁《天南新报》《清议报》事饬江汉关道札

张之洞

[释题] 戊戌年间的"百日维新"失败,康有为、梁启超等亡命海外,创办报纸以继续其反对慈禧太后、维护光绪皇帝的政治宣传,影响最大的政论性报刊就是在日本横滨创刊的《清议报》。这些政论报刊传入国内后产生了很大的影响。张之洞时任清廷湖广总督,维新运动前期曾积极支持康有为等组织强学会和出版强学会报。百日维新失败后,转为积极鼓吹清廷对维新派人士采取镇压和封杀手段,以表明自己对清廷的忠诚。该文即是张之洞为禁止维新派创办的《天南新报》和《清议报》进入国内传播给设在武汉的江汉关道的指令。

查康梁二逆在南洋造为《天南新报》,在日本造为《清议报》。该逆恃其远在海外,且因洋人不知中国情事,莫能辨其虚实,得以欺蒙洋人,任意诬捏,以掩其凶逆之罪,且谬托忠义之名。其逆报大意专诋朝政,诬谤皇太后,显违皇上硃谕,以有为无,以无为有,肆口狂吠,毫无顾忌,其意不过欲使内地各匪造谣作乱,外洋各国伺便乘机,使我中国不能一日安靖,以遂其凶逆之隐衷而后已。此二报传入,中国各报馆中深明尊亲大义,不为所惑者固不乏人,然亦间有不明事理者,不免以讹传讹,互为采录,甚至托名京城西友来电,而京城各国使馆并无所闻;托名某处访事人来信,而本省并无其事。长江一带会匪素多,因之造为各种揭帖,公然纠众谋逆,实堪发指,亟应遵旨严禁。

以后沿海各省报章,其恪遵谕旨并无悖逆字句者,仍旧准其阅看,如有语涉悖逆者,一体禁止购阅,并禁止代为寄送,严行查拿惩办。并闻华人有拟在汉口续开报馆者,当此讹言繁兴之时,恐不免摭拾上海及外洋各报,传讹惑众,将来开报馆之人,必致自蹈法网。与其拿办于事后,不若预防于事先。如在华界开设者,禁止购阅递送,房屋查封入官。即在洋界开设,冒充洋牌,亦断不准购阅递送,违者一并拿办。除会同抚部院出示晓谕,暨札行布(政司)、按(察使司)两司转饬通省各属一体懔遵严查拿办外,查现在中国与各国均系友邦,共敦和好,华民冒充洋商,本为条约所禁,久经总理衙门咨行照会在案。报馆并非洋商生计,各领事断不肯曲为包庇。且查外国各报馆,虽许其议论本国政事得失,然必须事属确实,语有根据,亦断不准其捏造黑白,颠倒是非。若造言诬蔑,有碍邦交之词,亦干报律。

若如今日沿海报馆,专诋中国朝廷,诬蔑皇太后,悖逆之言,更不容其传播煽乱,致伤友谊而碍非交。况各国洋人,或来各埠通商,或来各省传教,自必愿我中国安稳强盛,地方静谧。若听报馆为匪党传播谣言,扰乱中国,商民、教士自必先受其害,亦非各国商民之利。查各国领事访闻各处有匿名白帖,诬诋洋人,造谣惑众者,一经照会,本部堂无不立即饬令地方官实力严禁查办。

今近在租界之内,倘有传播诬捏之事,悖逆之言,本部堂理应实力禁阻,各国领事定当实力相助,合亟札仰该关道即使遵照,迅速照会各国领事,勿令华人在汉口冒充洋牌,续添报馆,以靖地方而安人心,是为至要!并由该关道知照税务司严行稽查。将来无论何省寄来之报,如有言语悖逆、意在煽乱者,断不准进口销售。并转饬汉阳府夏口厅,如有购阅悖逆报章及递送者,严行查拿惩办。并禁止不准续开报馆,如有将屋租与报馆者,查封入官。懔遵勿违。

清光绪二十六年二月初七日(1900 年 3 月 7 日)

[释义] 该文首先列举了康梁在海外创办的以"专诋朝政,诬谤皇太后"为目的的维新派报纸的巨大影响。接着对沿海各省已有报章的管理提出了明确的要求——"恪遵谕旨并无悖逆字句者,仍旧准其阅看。如有语涉悖逆者,一体禁止购阅,并禁止代为寄送,严行查拿惩办",对新办报馆则采取"与其拿办于事后,不若预防于事先。如在华界开设者,禁止购阅递送,房屋查封入官。即在洋界开设,冒充洋牌,亦断不准购阅递送,

违者一并拿办"的处理方针,要求地方衙门力禁。与此同时还对遏制在租界内出版的反清报刊和禁止外地出版反清报刊邮寄入湖广地区提出了要求,比较全面地反映了清朝地方政府官员遏制反清报刊的主要手段。

13. 严设报律问题（节摘）

天津《大公报》

[释题] 发生在"戊戌"年间的"百日维新"失败后,中国的政治环境又回到了光绪皇帝"降诏""明定国是"宣布维新变法前的死水状态。清廷于1901年宣布预备仿行宪政,舆论界又开始泛起一股波澜,政论性报纸也逐渐恢复。对这一微变,朝野人士态度不一。据传有一道员向朝廷进言,请求朝廷"严设报律,以肃视听,亦所以正人心"。天津《大公报》为此刊载了这篇题名为《严设报律问题》的"论说",意在驳斥和反对道员请求朝廷"严设报律"的议论。

泰西之立国也,一切求国是、开民智、广教泽、精学术,诸要端无不聚全国之精神,联人群以团力,以比较而讲求,必欲无幽不明,无郁不达而后已。由于愈进步,愈发达,遂成今日强富之结果,而雄视于五洲列国中。究其致盛之原因,议院而外,端视报纸,国为保护之,官为提倡之,群为联合之。设者如鸟育子,阅者如蚁附膻,从无隔阂蒙蔽阻扰亏负之虑,而若国、若民、若教、若学因得切磋观善之巨益,遂以宏文明进化之精神。故有文甫脱稿,而议论已流传于五洲中者,又有纸初布宣,而评断已电飞于万里外者。无他,益于国民教学者,深其趋之,若惊有不期然而然者也。

今日之中国何如乎？枢府之举动讳莫如深,督抚之设施秘维恐泄,以颂扬为得体,以指斥为妄攻,以清议为蟊贼,以正论为妖言,是以邸报肇兴,西报未行以前,至今数百年,几为报中之疣赘。无怪国家之衰弱,人民之涣散,教化学术之垂危,几几乎有不绝如线之势也。往事已矣,拳匪变动以来,经外人迫促变法,明导以强国之旨,首在储材,人才之兴,首重教育,于是不得已俯首听命,稍更革一二事,掩耳盗铃,以作微倖万一自强之想,而建所谓学堂焉,开所谓官报焉。兹事既兴,而环球万国国民妇孺咸耽耽焉,汲汲焉,以观其进步,望其发达,俾能成将来文明之结果。然试与求学堂之关系,推报纸之利益,诚无有解其问题者。又试与言报纸何以辅学堂权力之不及,学堂胡为收报纸成全之实效,更无有解其问题者。诚如是也,学堂开如未开,官报办如未办,则不得不重赖疏通引导,公直无偏之私报,乃不谓近日阅某道员时事条陈内而有所谓严设报律者,是诚于欲阻无权、欲攻无学之中,异想天开而发为此绝妙条议,以期售阻挠之术,以图博顽固之快,而亦吾辈有国家思想者不能不发为绝妙问题也。

条议曰严设报律以肃观听,亦所以正人心。夫律者,有罚无赏,所以禁暴乱,止奸慝,君子从而怀刑,愚民望而知惧,由是不肖而进于纯良,纯良而进于贤淑,贤淑而进于完备,此先王设律之目的,而亦环球万国所同也。若以施之于报,报也者,至公至直,无党无私,有是非事理之论,有臧否人物之责,势力之所不可及,权力之所不能加,而亦文明各国之万不欲抑制者。如曰严设报律,其以为天下之大公大直有不合顽固私党之所谓公直者,从而胡思梦想,当定以笞五十、杖一百乎? 如曰以肃观听,其以为天下之大公大直有显暴其顽固丑态者,从而切齿咬牙,必报以枷满月、禁半年乎? 如曰以正人心,其以为天下之大公大直有解其劣性蠢质者,势难忍气吞声,决酬以徒三年、流五载乎? 此题旨,实吾人所急欲问也。

——原载天津《大公报》1902 年 11 月 23 日

［释义］从文中可以看出该论说作者强烈反对道员"条陈"朝廷制定旨在压制民间舆论的"报律"。"论说"首先肯定"报纸"是泰西各国"致盛"的重要"原因",而且西方各"国为保护之,官为提倡之,群为联合之"。其次是指出当时的中国"学堂开如未开,官报办如未办,则不得不重赖疏通引导、公直无偏之私报",而道员竟然向朝廷进呈"时事条陈"建议"严设报律",实在是不合潮流;最后严词驳斥道员关于"严设报律"的观点。认为民间报纸"至公至直,无党无私",而且根据泰西国家的法律,报纸"有是非事理之论,有臧否人物之责,势力之所不可及,权力之所不能加",即使在"文明各国之万不欲抑制者",而道员为了所谓"肃视听"和"正人心"而建议朝廷"严设报律",实在是"胡思梦想"。

14. 为查禁翻印《清议报》事"札饬"所属州县

张之洞

［释题］康梁亡命海外在日本横滨创办的《清议报》,因一场无名大火在出版到 100 期时被迫停刊,时在 1902 年 12 月。但已经先前出版流入国内的《清议报》却仍然很受

欢迎,竟然还衍生出一个专门的设书庄、集股本、翻印《清议报》,四散出售的临时性行业,这对清朝专制统治是一个严重的威胁。为此,时任清廷湖广总督的张之洞在"访闻"到这一情况后,立即发下札令,严令所属衙门尽速查究。

照得近来中国士习嚣陵,人心浮动,皆出康梁逆党播散谣言,刊布逆报,诬谤朝廷,淆乱国是,党邪丑正,乐祸幸灾,专以煽惑天下。年轻无识好事之辈,以及偏远地方不知国势时局之士民,冀皆受其蛊惑,以与国家相抵抗。大逆不道,罪不容诛。此等悖逆报章,稍具人心者,俱应深恶痛绝,屏之不与同中国。地方官职司风化,苟有耳目,岂容坐观漠视,若罔闻知。乃本部堂访闻上、江两县学宫旁设有明达书庄,鸠集股本,翻印《清议》等报,四散出售,足见逆党狡谋不息,蓄心煽乱,其意必欲胥各省士民尽行其邪说,附其逆党,大乱蜂起,中国沦胥而后已。方今和局甫定,海内粗安,民生困穷,匪徒时发,镇抚培养,犹惧不给,岂可再生事端,以致海内骚动,生民同罹荼毒。乃以省城重地,学宫之旁,竟容奸徒刊售逆报,招股续印,流播日多。该地方官形同聋聩,并不严加驱逐,竟尔听其所为,实属昧心溺职,殊堪痛恨骇怪。若不严饬查禁,何以肃法纪而靖人心。此等有关国体民心正俗防乱事件,全在司道大员认真考察,督率防维。江宁省城(笔者注:即今南京)既有此招股发售之书店,各府州县想必不免,亟应通行查禁,设法劝谕阻止。除经札上、江两县迅速即驰往该书庄,立将所有逆书板片纸张尽数起获,呈送本部堂,验明销毁,不准有片纸只字遗留外,一面剀切戒谕地方士民,万不可出资附股,私相传布购阅,致干查究;一面查提该书庄店主到案,查究主持招揽之人,一面饬令具结,以后不再售逆书逆报书籍股票,违者重罚治罪。其官绅有买此等股票者,严应惩儆,以遏乱萌。倘该县等有意徇纵,敷衍含糊,希图朦混了事,定即奏明参革,慎勿自贻伊戚。乃将遵办情况迅即会同禀报外,合行札饬。札到该司即便遵照督饬认真查禁惩办,并通行各属地方官随时察访,官绅商民不准买此等股票,坊肆居民不准售买此种逆报,勿任徇隐干咎,是为至要。

切切特札。

1903 年 3 月

[释义] 如果说上一篇是给江汉海关的专门指示,那么这篇就是向所管辖的各地方官府发的布告性文件了。其动因是张之洞"访闻上、江两县学宫旁设有明达书庄,鸠集

股本,翻印《清议》等报,四散出售",由此推想"江宁省城既有此招股发售之书店,各府州县想必不免"而这样下去"各省士民尽行其邪说,附其逆党,大乱蜂起",就会导致"中国沦胥"。为此他迅速采取五个措施,一是"札上、江两县迅速即驰往该书庄,立将所有逆书板片纸张尽数起获,呈送本部堂,验明销毁,不准有片纸只字遗留";二是"戒谕地方士民,万不可出资附股,私相传布购阅,致干查究";三是"查提该书庄店主到案,饬令具结,以后不再售逆书逆报书籍股票";四是申令"官绅有买此等股票者,严应惩儆";五是对上、江两县官衙予以警诫"倘该县等有意徇纵,敷衍含糊,希图朦混了事,定即奏明参革",足见张之洞对此事的重视、关注和顶真。

15. 严禁《国民报》示

上海县正堂汪为出示谕禁事。

本年八月十七日,奉巡道宪袁札奉南洋商宪魏批本道禀《国民日报》妄登邪说,煽惑人心,拟请一体示禁由,奉批察核所筹尚属妥洽,候分咨沿江各督抚通饬一体示禁,并候咨请外务部转饬总税务司照办,仰即分行所阅一体遵办毋违,仍候抚部院批示缴等因到道。奉此。

除录报苏抚宪并分行外札县遵照一体查禁,并奉抄黏内开,将《国民报》荒廖悖逆情形示知地方商民,不准买看。如有寄卖《国民报》者,提究先行明白晓谕等因。奉此,合行出示谕禁。此示仰阖邑商民人等知悉,自示之后,不准买看《国民日报》。如有寄卖该报者,一经查出,定于提究不贷,其各凛遵毋违。

切切特示。

——原载《申报》(清光绪二十九年九月初八日,1903 年 10 月 27 日)

16. 天津《大公报》被封事件史料五则

[释题] 1905年在全国爆发了一场声势浩大的为维护华人华侨在美国合法利益的反美拒约抗议运动。在这场运动中,由满族著名报人英敛之创办的天津《大公报》站在民族利益的立场上,积极声援支持这一运动,开罪了视洋人为上帝的清朝官员。为此发

生了由天津地方当局查禁《大公报》的事件。此处所录的有关天津《大公报》查封事件的五则史料,记载了这一事件的完整过程。

(一) 天津南段巡警总局等查禁《大公报》的告示

天津南段巡警总局　赵　天津府正堂　凌　天津县正堂　唐
为晓谕事：

照得近来《大公报》所登类多有碍邦交,妨害和平,合行禁阅。以本月十七日为限,仰我津埠士商军民人等,一体遵照,违必究罚不贷。

切切特示。

光绪三十一年七月十六日（1905 年 8 月 16 日）
——原载《大公报》1905 年 8 月 17 日。

(二) 大公报总理英敛之、主笔刘孟扬为《大公报》被官府查禁事特白

《大公报总理主笔启事》

抵制美约一事,倡于上海,各省风应,凡华字报纸,无一无之。弊报当仁岂能独让,故随诸君子后,亦尽国民一分之天职,诚以此举关系中国前途者,既远且大也。今不幸敝报独触当道之怒,严禁士人购阅,不准邮局寄递,为不封之封。窃思本总理、主笔等宏愿无穷,人力已尽,今暂与阅报诸君辞,此即《大公报》停歇之原由也。至几时复甦,日期尚未预定。想海内不乏明达豪杰之士,今遇此摧折芟夷我国民者,非由外人,实为我最有权力之长官也。呜呼！诸君后会有期！

兹特奉布。

大公报　总理英敛之　主笔刘孟扬　特白
——原载《大公报》(光绪三十一年七月十七日,公元 1905 年 8 月 17 日)

(三)《一息尚存　勉尽天职》(论说)

天津《大公报》

诸位知道天津禁阅《大公报》是什么原故？因为《大公报》得罪了天津的官府,故此

遭这个不幸。到底"得罪"这两个字,大有讲究。罪有公罪、私罪之分。私罪是为自己的利益犯的罪,公罪是因为大众犯的罪。诸位想想我们是犯了什么罪呢?我们此次犯的正是公罪。怎么见得是公罪呢?因为我们立意要救在美国受苦的十几万中国人,并且要除去以后中国人往美国去的苦楚。故此连次登载抵制美约的事,绝没有不合理的事情,总是按公道而论,盼望着美约改良。我们中国人原在美国的,合以后往美国的,就不至于再受苦了。没想到天津官府说我们的报有碍邦交,妨害和平,真真令人难懂。巡警总局合府县会衔出告示,不准天津人看我们的报。事到如今,我们还说什么,一赌气子决意停歇不干了。后来又转一想,我们《大公报》担的责任很大。开民智、正风俗、维国政、保国权,全是我们的天职。若是因此一番挫折,就气愤停止,把偌大的责任丢下不管了,未免辜负了四万万同胞。况且禁阅的就是天津一处,我还可以对别处尽尽责任,不是从此就绝了生路的。既然还有一线的生机,我们就趁此再尽一点职份。并且我们报还要更加精彩,更加改良。凡是力之所能尽,我们总要对得住国民。至于究竟成败如何,我们绝不管他。诸葛孔明坚卓不饶的精神,就在"鞠躬尽瘁,死而后已"两句话上,我们《大公报》也要如是。若是实在《大公报》不能生存与世界上了,要教千百年后的人提起来,说当初《大公报》为国民尽力不成而死,我们《大公报》为国民殉了难,也算死得值。如今在一息尚存之时,对诸位说说这个意思,请诸位鉴察。

——原载《大公报》(清光绪三十一年七月十九日,公元1905年8月19日)

(四)《言论自由》(论说)

天津《大公报》

文明国民皆有三大自由:一言论自由,二出版自由,三集会自由。朝廷予国民以此三大自由者,乃得为文明国,否则为野蛮专制。

专制国不准言论自由,不准出版自由,不准集会自由。中国之专制导源于秦始皇,秦始皇以专制御天下,所以有坑书焚儒偶语弃市之虐政,卒之国祚不永,至二世而终。不意继其后者,仍以专制为自私之计,压制之力,愈积愈厚,自由之苗愈削愈亡。直至今日优胜劣败强存弱亡之世界,而我中国犹以专制之政钳抑国民。学界有犯禁之书,而出版不自由。团体有解散之令,而集会不自由。又每出新例,禁阅报纸,则言论亦不自由,是文明国民之三大自由,我国民皆无之。我中国果成为何等国乎?请高明下一断语。

俄罗斯专制之国也。近因新败,国民愤去工罢职,兵叛乱刺,大臣害亲王,纷纷扰扰,举国不宁。此何故,争自由也。俄皇鉴于既无以攘外,又无以安内,专制之政,万难图存,于是批准立宪,与民更始,今后之俄罗斯即将出野蛮而入文明矣。

近世之强国,无一非立宪政体。大国中,专制者惟中与俄。俄今改行宪政矣,而我中国犹以专制之力,阻国民之自由,岂将以野蛮专制独标特色乎?或曰,中国近日派四大臣出洋考求政治,即为将来改行宪之先声,文明国之三大自由,我国民亦必有及身享受之一日,少安勿躁可也。

记者曰:国民即不久有享受三大自由之一日,吾辈报界中人,主持清议,开化民群,盖无一日不发言论者;三大自由中,吾辈当享受其二。而况报纸为维国政、保国权之机关,朝廷既欲改行宪政,尤当急予以自由之权,以为实行宪政之导线。吾于是乎说言论自由,而更延颈企踵,以望实得享受此三大自由。

——原载《大公报》(清光绪三十一年七月二十一日,公元 1905 年 8 月 21 日)

(五)天津南段巡警总局为《大公报》解禁事告示

照得《大公报》前因登载不购美货,有碍邦交,是以禁阅在案。兹据持论尚属正大,奉禁以后,自知过激,近日登载各事颇为和平,今为社会公益起见,恳请开禁等因。本总局查近日《大公报》所载,久无过激情事。除转详奉准外,合即出示晓谕,一体知悉:《大公报》业已解禁,仰照常购阅。

光绪三十一年十月(公元 1905 年 11 月初)

——原载《广东日报》1905 年 11 月 10 日

[**释义**] 上述五则史料记叙了天津《大公报》因积极鼓吹支持反美拒约运动而被天津地方警察当局查禁(禁止发卖和民众购阅报纸),《大公报》总经理英敛之和主笔刘孟扬在报纸被禁阅的第二天为此发表声明以示抗议,第三天又刊发《一息尚存勉尽天职》的社论,以表白该报尽管被天津当局查禁,但将坚持出版以尽报纸"开民智、正风俗、维国政、保国权"的天职;尔后又于第五天发表了《言论自由》的社论,态度坚定,毫不退让。因为报纸在天津以外地区仍能销售,所以天津当局对报纸的禁阅尽管也给报纸造成了一些困难,但报纸一方面得到新闻界同仁和正义读者的支持,另一方面也可以坚持出版。天津当局最后只好自找台阶,宣布对报纸解禁。

17. 关于查禁悖逆书报之命令（节摘）

袁世凯

[释题] 戊戌百日维新由于朝廷拥后势力的强大和维新派缺乏群众基础而很快失败，仅仅持续了106天。维新派政治领袖和骨干力量康有为、梁启超等亡命海外，继续进行鼓吹维新、反对慈禧和拥护光绪皇帝执掌王权的政治宣传。这些报刊传回国内，产生了很大的影响。在维新变法早期曾经参与其中，后来借向慈禧心腹荣禄通报光绪皇帝企图利用阅兵机会夺得兵权消息而官至直隶总督的袁世凯，对此"骇人听闻"，遂于正月十五即农历的元宵节就匆匆向所辖地区各级官府发下查禁悖逆书报的命令。

照得近年编辑之书报日出不穷，渐流庞杂。其足以益人神智者固属不少，而足以坏人心术者亦时有所闻。海外不逞之徒，创为排满邪说，……种种悖谬，骇人听闻。特其逋逃远方，为声教所不及，妄肆议论，蛊惑良民。迨流入内地，贻误青年；若听其流传，则为害风俗人心者，较洪水猛兽尤为惨酷！……凡类似前项悖逆书报，会同巡警局勒令销毁，并出示晓谕严禁。嗣后如再贩运，照原价加罚一百倍，以儆效尤。

——原载《北洋官报》1907年2月27日

[释义] 袁世凯这份命令先从"近年编辑之书报日出不穷，渐流庞杂"开始，继而说到"海外不逞之徒，创为排满邪说"利用报刊进行宣传，流入内地不但"贻误青年"，而且"为害风俗人心"，在袁世凯眼里比洪水猛兽更为可怕。为此祭出三招：一是要巡警局勒令销毁，二是要巡警局出示晓谕严禁，三是对再贩运者加罚一百倍，以使维新报刊在社会上绝迹为目的。

18. 清考察政治馆"奉旨议复"御史赵炳麟奏请创设《政治官报》事

[释题] 1901年1月，因躲避八国联军逃在西安的清廷发布了"整顿政事"、"实行新政"的上谕。1906年9月1日又发布了《宣示预备立宪谕》。1906年12月5日，清廷御史赵炳麟奏请设立印刷官报局，出版官报，"将朝廷立法行政公诸国人"，"使绅民明悉国政为预备立宪基础之意"，清廷将此奏折批转考察政治馆"议复"。考察政治馆的"议复"由清廷政务处呈送皇帝。

政务处折：光绪三十二年十月三十日，御史赵炳麟奏设印刷官报局一片，奉旨"考察政治馆知道，钦此"。查该御史奏称朝廷立法行政，公诸国人，拟请参用东西各国官报体例，设立官报，以仰副七月十三日懿旨，使绅民明悉国政，为预备立宪基础等语。窃惟预备立宪之基础，必先造成国民之资格，必自国民皆能明悉国政始。东西各国，开化较迟，而进化独速。其宪法成立，乃至上下一体，气脉相通，莫不借官报以为行政之机关。是以风动令行，纤悉毕达。或谓英国人民政治智识最富，故其宪法程度最高，该收效于官报非鲜浅也。中国风气甫开，国民教育尚未普及，朝章国典，罕有讲求，向行邸报，大抵例折居多。而私家报纸，又往往摭拾无当，传闻失实，甚或放言高论，荧惑是非。欲开民智，而正人心，自非办理官报不可。前政务处曾经奏明，汇取中外文牍，编纂政要一书，只因各家抄送寥寥，未能编辑。今学部、农工商部暨南北洋、山东、陕西等处已有官报刊行，惟关于一部一省之事。极应兼综条贯，汇集通国政治事宜，由馆派员专办一报，以归纳众流，启发群治。即如该御史所奏，凡一切立法行政之上谕，及内外臣工折件、电奏并咨牍、章程等类，除军机外交秘密不宣外，所有军机处发抄暨各衙随时咨送事件，依类分门，悉心选录。取东西各报敏速之意，先办日报一种。一俟抄送日多，流布浸广，再行查照前次奏案，择其尤要，编辑月报，一体印行，以期周备。通国官民，从此传观研究，俾皆晓然于政令条教之本，无不与民休戚相关。自然智虑开通，共识负担国家之意；忠爱激发，咸有服从法律之心。非特宪法日以修明，而巩固邦基，要不外此，谨奏。

清光绪三十三年三月（公元1907年4月）

光绪三十三年三月初五日奉旨"依议"。

[释义] 清廷考察政治馆在"议复"中首先论述了出版官报与造成国民资格之密切关系，并以英国"人民政治智识最富"、"宪法程度最高"为例说明"民主政治收效于官报非浅鲜"的道理。接着又分析了"邸报"和"私报"的先天不足，得出了"欲开民智而正人心，自非办理官报不可"的结论。最后考察政治馆又分析了当时官报的出版情况，政务处的"政要"一书未能编辑，各部官报又是惟关于"一部一省之事"，而若要"兼综条贯，汇集通国政治事宜"，以"归纳众流，启发群治"，就必须"由馆派员专办一报"。至于如何推进，考察政治馆建议先办"日报一种"，待"流布寝广"后再"编辑月报"。

19. 大清印刷物件专律（节摘）

[释题]《大清印刷物件专律》是清光绪三十二年间（公元1904年）由清廷商部、巡警部和学部共同起草并"会同鉴定"后由朝廷颁布施行的专门法律，具有出版法的基本属性，涵盖了当时的"文书"、"图画"以及"记载物件"等所有出版物。全文包括"大纲"、"印刷人等"、"记载物件等"、"毁谤"、"教唆"和"时限"等六章，共四十一条。每章条数单独计数。

第三章　记载物件等

一、所谓记载物件者，或定期出版，或不定期出版，即新闻丛录等，依本律名目，谓之记载物件。

二、凡印刷或发卖或贩卖或分送各种记载物件，而该记载物件并未遵照本律所载各条向京师印刷注册总局注册者，即以犯法论。凡违犯本条者，即依本律第二章第一条科之。（注：《大清印刷物专律》第二章"印刷人等"第一条规定："凡未经注册之印刷人，不论承印何种文书、图画，均以犯法论。凡违犯本条者，所科罚锾不得过银一百五十元，监禁期不得过五个月，或罚锾监禁两科之。"）

三、凡欲以记载物件出贩发行者，可向出贩发行所在之巡警衙门呈请注册，其呈请注册之呈预备两份，并各详细叙明记载物件之名称，或定期出贩，或不定期出贩，出版发行人之姓名、籍贯及住址，出贩发行所所在，有股可分利人之姓名、籍贯及住址，及各种经理人之姓名、住址。

四、各该巡警衙门收到此种呈请注册之呈后，即查明呈内所叙情形，各种列名人之行状，及所担负之责任。如该巡警衙门以为适当，即并同原呈一份申报于京师印刷注册总局，并以申报总局之日，为该件注册之日。

凡此种呈请注册事件，为巡警衙门所批斥不准者，各该巡警衙门仍当依本律第二章第三条办理。（注：《大清印刷物专律》第二章"印刷人等"第三条规定："凡呈请印刷注册事，为各该巡警衙门所批斥不准者，无论如何情由，各该巡警衙门必须将所以不准注册之情由，详报京师印刷注册总局。"）

凡各该巡警衙门申报此种呈请注册事件于京师印刷注册总局时，即将准注册与不准注册之情由,明白牌示具呈人知之。

五、与本律第二章第四条同。(注:《大清印刷物专律》第二章"印刷人等"第四条规定:"具呈人如以巡警衙门批斥不准之情由为不适当,可于牌示后十二个月以内,迳向京师印刷注册总局递禀上控,或亲身投递,或请代表人投递,或由邮局投递。")

六、凡记载物件之注册费,与本律第二章第五条所载之印刷人等注册费一律(注:《大清印刷物专律》第二章"印刷人等"第五条规定:"呈请注册时,须随呈带缴注册费银十元,该费无论准否,即以五元充巡警衙门办理一切注册事宜之公费,其余五元由巡警衙门随同申报报缴于京师印刷注册总局。凡随呈带缴之注册费,无论准否概不发还。凡因巡警衙门批斥不准注册事,而向京师印刷注册总局递禀上控注册事件者无费。凡当缴之费,即依本律所载之数缴之,律外并不徵收丝毫浮费。")

七、经理记载物件出版之人,须将所出版发行之记载物件,每件备两份,呈送于发行所在之巡警衙门,并同时由邮局禀呈一份于京师印刷注册总局。

凡违犯本条者,即援照本律第二章第九条科之。(注:《大清印刷物专律》第二章"印刷人等"第九条规定:"凡违犯本条者,所科罚锾不得过银五十元,监禁期不得过一个月,或罚锾监禁两科之。")

[释义]《大清印刷物件专律》第三章是专门为规范当时的新闻媒介(即新闻丛录)行为制定的专章,包括了概念的界定、犯法行为的界定、呈请注册手续的办理程序(包括申请程序、官署办理程序以及申请注册被拒绝以后的申述程序)、申请注册的费用以及批准申请注册发行的新闻丛录的样本缴纳等内容,属于综合法中的专门性条款性质。

20. 拒约须急设机关日报议(节摘)

郑贯公

[释题] 在1905年爆发的席卷全国的反美禁约和虐待华工运动的高潮时期,被称为"中国资产阶级革命派最年轻的报刊活动家"郑贯公(1880—1906)站在资产阶级革命派的立场上,撰写并在香港《有所谓报》上发表《拒约须急设机关日报议》一文。该文强调了"机关日报"对反美拒约运动的重要性和必要性,并对如何办好拒约会的机关日报提出了"报律"、"调查"、"翻译"、"讴歌戏本"、"文字浅白"、"门类"、"报费"、"校对"、"告

白"和"图画"等十个方面的建议。此处所摘的是"十议"中的第一"议"。

报律不能不先认定也。

立宪之国,固有公同认可之报律,举凡报社,莫不珍重而恪守之。吾国自来无所谓报律者,只有官场势力而已。今言报律,将从何起? 曰:由吾报社自采其合于文明公理者,定其方针。查报律之大要,最重道德,而道德有公私之分,公德有害,报可声罪以除之也,无论政界、学界、农工商界,及种种社会,皆可评论也。惟个人私德,无关于世者,不能诬捏妄揭也。记者有监督政界及代民鸣不平之特权,惟不能煽乱以坏治安也,又不能造谣以惑人心也,又不能侈谭猥亵以诲淫也,此其要略之大纲也。

今办拒约之报,尤当以最文明之引导,以为一般社会之警钟。历观外强自帝国主义之政术发明,专伺野蛮之暴动,以插其藉端偿欲之足,而施其酷腕,强权世界,公理泯然,此不可不慎之又慎也。矧今日不销美货以为抵制之举,实逼于强权而无可如何之策,上下社会,共表同情,公愤所在,激变最易。若报纸而不以文明善法为鼓舞,诚恐暴动一起,则大局不可收拾,而抵制之前途,必陷于恐怖之悲境,揆诸理固不合,对于势又不宜,故曰:报律不能不先认定也。

——原载 1905 年 8 月香港《有所谓报》

[释义] 从字面意义认识,"报律"一般是指由国家立法机构或经法律授权由政府机关制定颁布施行的社会生活规则,对法律管辖范围内的公民都具有强制执行的效力。但从郑贯公文中所表达的意义认识,他所说的"报律"似乎是指报业同仁的自律准则。如强调"道德有公私之分","惟个人私德,无关于世者,不能诬捏妄揭也";强调"记者有监督政界及代民鸣不平之特权",但又不能"煽乱以坏治安"、"造谣以惑人心"和"侈谭猥亵以诲淫";强调"以最文明之引导,以为一般社会之警钟"等等,实际强调的是报人自律,而非要求国家颁布新闻法制也。

21. 南海县自订报律八条

虞汝钧

[释题] 广东由于地处沿海且毗邻香港,故更早地感受到舆论开放的气息,因而也

是中国近代报业和近代新闻法制的策源地之一。1883年12月广东省会城市广州出现了"私自刊刻的新闻纸"并引起了"聚众至礼拜堂滋扰"的社会事件。清廷南海县和番禺县地方政府于该月20日联合署名发布了"禁止私自刊刻新闻纸的布告"。1905年前后爆发的全国性反对美国禁约和虐待华工运动,在广东与反对地方绅东勾结把持粤汉路权的斗争相呼应,新闻报纸成为当时民意的喉舌和舆论的引导。在地方政府屡屡查封报纸但仍然收效甚微的情况下,中国新闻法制史上第一个具有县级地方政府法规性质的新闻法规就由清廷南海县令虞汝钧在1906年5月正式制定颁行了。

（论说）每家报纸各专一事,以定宗旨,方有独立之性质,如政界、学界、工商界等项,请诸君决议认可,各自承认其界属某报,或二家三家同认一门,而于本门内别其目。

（公件）阁抄、邸钞、本省辖报、牌示、批行事件,以及其他省奏报事件,凡关于要政,而已经宣布者。

（驳议）外埠各报,或传闻异辞,或妄鼓异说,淆惑视听,关系非轻,各报应据真实之见闻、正次之识解,并取而纠正之。

（实事）政界、学界、工商实业界,或改良,或拟办,或污点所在,其已是实行,或可征之实闻者。

（访问）有所闻而未敢信已为实,而无甚关系者。

（传疑）所闻未确,而关系甚大者入之,应系之以说。如所闻之事,为舆情所拂,而亟望其实行者,则赞其成；为舆情所拂,而唯恐其实行者,则冀幸其否,以至公之论断,寓时论之真是非,力戒叫嚣附和,以存报格。

（录报）凡事非本报先行访得,而得之他报者,应注明录某报,以示不事剽窃,而存报格。

（来函）凡来书辞旨,报馆原不任责,但馆中须存投函人姓名,但不宣布,而其人之住址来历,犹应查悉,方为照登。如遇函内指列之事,应受政界之干涉者,可以由报馆指引根求,方为无弊。诚以匿名揭帖,中律西律并予严禁,若报馆不考来历,率予照登,一则报馆适为传布匿名揭帖之人格,于报馆之资格,殊有伤损。

——原载1906年5月30日香港《有所谓报》

[**释义**] 尽管清廷南海县令虞汝钧制定颁布施行的《南海县自订报律八条》自称为

"报律",而且有八条之多,但从内容上分析实际上主要是规定了与报纸内容有关问题的处理原则,而没有规定诸如报纸的创办登记注册等基本问题,也没有对违反这一"报律"的行为制定并宣布处罚措施。因此,正如马光仁先生所指出的那样,虞汝钧制定该"报律"的主要目的是规范报纸活动,强调报纸内容的真实性和"报格",因此在严格意义上将还不是新闻法规,应视为报业的职业道德规范。我们基本赞成这一观点。

22. 报章应守规则

京师巡警总厅

[释题] 尽管清廷于1906年7月颁布施行了《大清印刷物件专律》,但该法是以所有的"印刷物件"即出版品和出版品活动为规范对象,只有其第三章"记载物件等"直接与新闻报刊(该法称之为"新闻丛录")有关,其内容主要是对"记载物件"的定义、范围、注册以及样报样刊备案环节的规定,而对社会生活产生直接影响的新闻报刊内容却"没有具体的规定",因而缺乏实际操作的可能性。与此同时,国内新闻报纸的言论却日趋激烈,使清廷感到如芒刺背。就是在这种情况下,作为应急性质的地方部门规章《报章应守规则》就由清廷京师巡警总厅"奉巡警部命令订立"后公布施行了。

一、不得诋毁宫廷。

二、不得妄议朝政。

三、不得妨害治安。

四、不得败坏风俗。

五、凡关外交、内政之件,如经该管衙门传谕报馆秘书者,该报馆不得揭载。

六、凡关涉词讼之案,于未定案以前,该报馆不得妄下断语,并不得有庇护犯人之语。

七、不得摘发人之隐私,诽谤人之名誉。

八、记载有错误失实,经本人或有关系人声请更正者,即须速为更正。

九、除已开报馆之外,凡欲开设者,皆须来所呈报批准后,再行开设。

光绪三十二年八月二十九日(1906年10月16日)

［释义］和《大清印刷物件专律》相比，这一"规则"似乎更具实用性。它首先规定了对报纸内容的七个方面的限制，即七个"不得"，尤其是"不得诋毁宫廷"和"妄议朝政"位列为首次，可见制定颁行该规则的直接目的是维护"皇权"。其次是规定了报纸对"记载有错误失实"行为必须承担更正的责任，而且明确规定"经本人或有关系人声请更正者，即须速为更正"，不得拖延。最后是规定"凡欲开设者，皆须来所呈报批准后"才能开设，第一次明确规定由官府控制新闻报纸的创办审批权。

23. 论报律

寒　灰

［释题］在国内政界、学界以及新闻业界对是否设立"报律"一事纷纷发表言论之时，由著名的资产阶级革命派报人于右任创办的《神州日报》于光绪三十三年五月初一（公元1907年6月11日）发表了署名"寒灰"的社评《论报律》，清楚地表明了当时资产阶级革命派反对制定"报律"的基本态度。据人考证，"寒灰"为资产阶级革命派报人杨笃生的笔名。

欲观社会之程度，观其欢迎报纸之感情；欲观国家之程度，观其约束报纸之律令。

报纸之为重于社会也，非报纸之为重也，以其为国民自由幸福之邮，而托于自由幸福以为重。社会之嗜自由幸福，有甚于饥渴，则其嗜报纸亦有甚于饥渴，嗜之则诚珍护之矣。珍护之则，诚存立之矣。报纸之为重于国家也，又非仅国民自由幸福之为重也，乃时时为国家三要素之盾，而托于土地、人民、主权以为重。国家以三要素为生命，则亦以报纸为生命之饮食物。欲禽受之以为生活者，非独不可以拒绝之，乃亦不可以窄迫之。夫是故，社会之以挫辱新闻事业为能事者，其自由幸福之多少可知；国家之以窄迫新闻事业为政策者，其土地、人民、主权之位置可知。

吾国之有报律也，其萌芽盖已久矣。一见于民政部乙巳之拟议报律而未颁行，再见于内外城警厅内丙午之揭示报律而未实践。其间则又参之以楚督、粤督约束新闻事业之重重条款。迄今民政部又以议订报律见告，一若新政中重要事件，除振兴警务以外，无如约束报纸者然。然欲用此以为新闻事业之障碍，则吾未见其术之果售也。

今世新闻家为特别一阶级者，为文明各国所承认，其所以承认之者，非新闻纸所自有之势力也,乃社会心理所构造之势力,亦国家生活关系所养成之势力。今人欲破坏心理之公共建筑物者,非愚则狂;欲断绝生活关系之上等滋养物者,非死则病。狂与病,不可以久也。然则报律之效力,其与堕韬解袠之机会,故时时相遇于咫尺之间而不可以终窒也。

——原载 1907 年 6 月 11 日《神州日报》

[释义]清廷官员鼓噪制定报律之目的是为了遏制资产阶级革命派的反清革命言论。实际上正如社评中所说"一见于民政部乙巳之拟议报律而未颁行;再见于内外城警厅内丙午之揭示报律而未实践;其间则又参之以楚督、粤督约束新闻事业之重重条款。迄今民政部又以议订报律见告",可见清政府通过制定新闻法规的手段遏制反清言论的脚步一天也没有停止。作者以"欲观社会之程度,观其欢迎报纸之感情;欲观国家之程度,观其约束报纸之律令"起笔,层层展开,严正斥责了这种"非愚则狂"的倒行逆施,并且充满信心地宣称"狂与病,不可以久也"。

24. 自定报律三条

周 馥

[释题]尽管清廷广东南海县令虞汝钧在1906年5月30日自行制定公布《自订报律八条》,但那只是在南海县有用;也尽管京师巡警总厅奉清廷巡警部令于1906年10月16日制定颁布《报章应守规则》九条,但因是远水难解近渴,还是没能解决两广地区报纸反清言论的实际问题。为此,时任两广总督的周馥就只好自己出马"自订报律"了。

一、禁毁谤国家。如本国臣民,不准毁谤皇太后、皇上及亲王等。即同是外国人,此国臣民亦不准毁谤彼国之君上,一体从同,以明秩叙。至议论政治得失,事关公益者,不在此列。

二、官绅、军民贤否得失,准其议论,但须叙明事迹,不可空言胜谤。其出资登报者,报馆须问明送报稿人姓名、住址及所认识保人,详记簿籍。除照登报纸外,应将原稿留存六个月。如六个月内有人究问,报馆可将原送报稿人姓名、住址及保人告之,听其自向理论。逾六个月无人来问,即将原稿销毁。若无人送稿,系报馆主笔人所为,应准受诬之人请公正人向主笔评论或控官审判。

三、凡激变生乱之语、鄙野秽亵之词,及涉讼未经判定之案,妄加是非毁誉者,皆在所必禁。若涉叛逆不道,有碍治安之事,即由官讯明,拘究封闭。

清光绪三十二年十一月二十四日(公元1907年1月8日)

[释义] 纵观该"自订报律",虽然仅有三条,但内容却实在不少。首先是对新闻报纸内容的限制,明确规定"本国臣民,不准毁谤皇太后、皇上及亲王"和"凡激变生乱之语、鄙野秽亵之词,及涉讼未经判定之案,妄加是非毁誉者,皆在所必禁";其次是宣布有新闻自由。宣称"议论政治得失,事关公益者",不在"禁毁谤国家"之列;"官绅、军民贤否得失,准其议论"。三是规定了新闻自由的底线,即"须叙明事迹,不可空言胜谤"。第四是规定了对新闻报纸违法言论行为的处罚办法,即"若涉叛逆不道,有碍治安之事,即由官讯明,拘究封闭"。第五是宣布建立报馆的原稿留存备查制度,规定报馆对"出资登报者,报馆须问明送报稿人姓名、住址及所认识保人,详记簿籍。除照登报纸外,应将原稿留存六个月。如六个月内有人究问,报馆可将原送报稿人姓名、住址及保人告之,听其自向理论。逾六个月无人来问,即将原稿销毁"。最后是规定了报馆的责任。即"若无人送稿,系报馆主笔人所为,应准受诬之人请公正人向主笔评论或控官审判"。

25. 奏拟定《报馆暂行条规》折

清廷民政部

[释题] 清廷京师巡警总厅"奉巡警部命令订立"后公布施行的《报章应守规则》尽管令"各报一体遵守",但因该"规则"只"规定了禁载内容"而未规定违反禁载规定的处罚办法,缺乏处罚的具体依据而少有可操作性;同时该"规则"由清廷京师巡警总厅公布施行,在京师以外地区缺乏法律效力,所以对遏制上海、广东等沿海地区报刊的反清言论几无效果。为此清廷加快了新闻立法节奏。中国第一个由中央政府主管部门民政部拟定,经皇帝批准后,再有民政部正式颁行,在全国范围内具有法律效力的新闻法规《报馆暂行条规》就正式诞生了。

（光绪三十三年七月）本月十六日，准军机处钞交，御史俾寿奏请饬部速定报律一折，奉旨著民政部速定报律，奏明办理。钦此。原奏内称：东西各国，自政府以至庶民，无不以报馆为重，而其对待报馆之法又最严。今日中国报界，言论既多不实，而各报主笔亦复良莠不齐。若不明定报律，必至莠言乱政，大为风俗人心之害。拟请明降谕旨，饬部速定报律，并仍仿照外国赔偿办法，参酌颁行等语。

查现当风气渐开，京外报馆日见增益，其开通民智、维持公论者固不乏人，而挟私攻讦、藉端诋毁，甚或煽助异议，摇惑人心，如该御史所奏者，亦在所不免。京城为根本重地，报章论说，动系中外瞻听，稽查约束，实不容缓。先于光绪三十一年准商部咨送拟订报律，会商具奏，当经原设巡警部酌为增改，以租界外埠多关交涉，咨送外务部会核在案。嗣以拿办中华报馆主事彭诒孙等一案，臣部以报律关系重要，未易旦夕告成，而报章流弊渐滋，又不可不亟为防闲之计，是以一面酌定约束报馆规则，行令内外城巡警总厅遵照办理。一面复经请旨饬下修律大臣纂订报律，于三十二年九月十八日具奏，奉旨依议。钦此。

钦遵在案。兹复奉旨饬令速定，臣部自应与修律大臣会同详酌，务期妥速拟定，奏请颁行，以资遵守。惟事关法律，往返会商，必求斟酌尽善之规，乃收推行尽利之效，而熟权报馆情形，尤非亟筹办法，无以明示惩儆。兹先就前颁约束规则，重加釐定，以期宽严得中，饬行各厅认真办理，戒恣肆之无忌，责法令之必行，但为权力之所周，当可范围而不越。现查有违犯规条之京报馆，业经封禁，以坚约束。谨将所拟报馆暂行条规十条，缮具清单，恭呈御览。至报律现正会同改订，一俟编纂就绪，即行具奏请旨饬交宪政编查馆核定颁行。谨奏。

第一条　凡开设报馆者，均应向该管巡警官署呈报，俟批准后方准发行，其以前开设之报馆均应一律补报。

第二条　凡报纸不论日报、旬报、月报，均应载明发行人、编辑人、印刷人之姓名及其住址。

第三条　凡左列各项，报纸不得登载：

一、诋毁宫廷事项；

二、淆乱国体事项；

三、妨害治安事项；

四、败坏风俗事项。

第四条　凡关涉外交、军事之件,如经该管衙门传谕报馆应守秘密者,该报馆不得揭载。

第五条　凡遇重要之刑事案件,于该案未定以前,报纸不得妄下断语,并不得作庇护犯人之语。

第六条　凡报纸记载失实,经本人或有关系人署明姓名声请更正者,该报馆应即照登。

第七条　凡违犯本条例规定者,该管官署得酌量情节轻重,分别科发行人、编辑人及印刷人以一月以上、一年以下之监禁,或十元以上、二百元以下之罚金,但印刷人以知情为断,如实不知情者,得免其罚。

第八条　凡遇犯本条规定者,日报得命停报三日至七日,旬月等报得命停报一期至三期,若情节较重时,得命停止发行。

第九条　凡报馆已命停止发行者,该管官署应即知照邮政局及电报局,不为邮递发电,并出示禁止,送报人不得代为分送。

第十条　以上所定系暂行条规,俟报律编成奏准后,应照该律办理。

奉旨:依议。钦此。

光绪三十三年七月二十九日(1907年9月5日)

［释义］本篇文献包括了两个部分,前半部分是清廷民政部为公布该"条规"给皇帝进呈的奏折,主要说明了《报馆暂行条规》产生的渊源、目的和过程。后半部分是所进呈的《报馆暂行条规》。该"条规"尽管只比《报章应守规则》多一个条文,但在十个条文却包括了六个部分的内容:一是对新闻报刊内容的限制性规定;二是关于创办新闻报纸的程序规定,而且明确该"条规"颁布前已创办的新闻报纸也必须补办"呈报"手续;三是规定了新闻报纸对"报纸记载失实"行为的"更正"责任和要求;四是关于新闻报纸违反该条规行为的处罚性规定;五是关于政府对新闻报纸的处罚决定的保障性措施;六是对该"条规"效力的说明。可见该"条规"所含的信息量比此前的《报章应守规则》大大增加,也更像一个专门的新闻法规,因此得到了皇帝的批准实施。

26. 奏考核《报律》折

清廷宪政编查馆

[释题] 这是清廷宪政编查馆在《大清报律》最后定稿公布前给皇帝的奏折，其原因是宪政编查馆觉得民政部所拟"报律"中对违犯第十四条规定（即"报纸不得揭载：诋毁宫廷之语，淆乱政体之语，损害公安之语，败坏风俗之语"）的处罚太轻，而民政部大概坚持其观点。两个部门相持不下，所以宪政编查馆就矛盾上交，给皇帝上了这一奏折，请皇帝决断——这也是清朝对政府公文运行体制和机制的规定之一。

光绪三十三年十二月十五日准民政部咨称：本部会同法部，具奏订拟报律草案，请旨饬下宪政编查馆考核，奏定施行，以资遵守一折。光绪三十三年十二月十三日奉旨：依议，钦此。

钦遵钞录原奏并清单前来。臣等查阅原奏，示谠论之准绳，杜诋諆之隐患，用意至为美善。窃维环球各国，莫不注重报纸。凡政府之命令，议院之裁决，往往经报纸之赞成，始得实行无阻。英且与贵族、牧师、平民列入四大阶级之一，良以报纸之启迪新机、策励社会、俨握文明进行之枢纽也。然利之所在，弊亦随之。激扬清浊，不无代表舆论之功；颠倒是非，实滋淆惑民听之惧。以故各国俱特设专例，为之防闲。如俄罗斯、瑞士、挪威，并明定之于刑法或违警罪中，而俄之钤束为尤烈。中国报界知识甫经萌蘖，际兹豫备立宪之时，固宜广为提倡，以符言论自由之通例，而横言泛滥，如川溃防，亦宜严申厉禁，以正人心，而昭公是。检阅原案四十二条，盖折衷于日本新闻条例，酌加损益，尚属周密。惟第十四条第一款之诋毁宫廷，第二款之淆乱政体，第三款之损害公安，皆侵入刑律范围。现在逆党会匪，窜伏东南洋一带，潜图窃发，方且藉报纸之风行，逞狂言之鼓吹，此等情形久已上烦宸廑。如照原案第二十一条、二十二条之例，仅处二十日至二年之监禁，附加二十元至百元之罚金，殊嫌轻纵。拟仍应分别情节轻重办理。臣等公同商酌，拟请将原案第二十二条改为违第十四条第一款至第三款者，该发行人、编辑人、印刷人科六月以上、二年以下之监禁，附加二十元以上、二百元以下之罚金，其情节较重者，仍照刑律治罪。其余各条亦多详加修补，悉心改正，共厘订四十五条。敬谨缮具清单恭呈御览。如蒙俞允，拟请饬下民政部，通饬各省一体遵行。

谨奏。

光绪三十三年十二月十五日

光绪三十四年二月十二日奉旨:依议。钦此。

[释义] 按照文中所称,民政部原拟"报律"对违犯第十四条规定(即"报纸不得揭载:诋毁宫廷之语,淆乱政体之语,损害公安之语,败坏风俗之语")的处罚是"处二十日至二年之监禁,附加二十元至百元之罚金"。而宪政编查馆认为"第十四条第一款之诋毁宫廷,第二款之淆乱政体,第三款之损害公安,皆侵入刑律范围。现在逆党会匪,窜伏东南洋一带,潜图窃发。方且藉报纸之风行,逞狂言之鼓吹,此等情形久已",认为"二十日至二年之监禁,附加二十元至百元之罚金"的规定"殊嫌轻纵"。坚持认为"应分别情节轻重办理",即对违犯十四条第一、二、三款的行为"该发行人、编辑人、印刷人科六月以上、二年以下之监禁,附加二十元以上、二百元以下之罚金。其情节较重者,仍照刑律治罪",而对报纸揭载"败坏风俗之语"的行为,可以按照民政部的意见"处二十日至二年之监禁,附加二十元至百元之罚金"。皇帝同意了宪政编查馆的建议而否决了民政部的方案,决定公布施行。

27. 大清报律

清廷民政部

[释题] 千呼万唤以后,中国第一个专门的新闻法终于诞生了。究其名称,"清"是当时中国的国号,冠以"大"就成为"大清",则是当时统治者对当朝政府的自称,这在当时似乎是世界共性,如当时的英国也就自称为"大英不列颠王国",这虽然多少有点得意的味道。称之为"报律",是因为当时的新闻报纸的确是当时社会生活中最主要似乎也是唯一的,但也似乎无可厚非的新闻媒体。报纸就是社会的全部新闻媒体,管住了报纸活动,就管住了全社会的新闻活动。在这种社会环境下,把新闻法称之为"报律"也就不足为奇了。

第一条 凡开设报馆发行报纸者,应开具左列各款,于发行二十日以前,呈由该管地方官衙门申报本省督抚,咨民政部存案。

一、名称;

二、体例;

三、发行人、编辑人及印刷人之姓名、履历及住址;

四、发行所及印刷所之名称及地址。

第二条　凡充发行人、编辑人及印刷人者,须具备左列要件:

一、年满二十岁以上之本国人;

二、无精神病者;

三、未经处监禁以上之刑者。

第三条　发行、编辑得以一人兼任,但印刷人不得充发行人或编辑。

第四条　发行人应于呈报时分别附缴保押费如下:每月发行四回以上者,银五百元;每月发行三回以下者,银二百五十元。其专载学术、艺事、章程、图表及物价报告等项之汇报,免缴保押费。其宣讲及白话等报,确系开通民智,由官鉴定,认为毋庸预缴者,亦同。

第五条　第一条所列各款,发行后如有更易,应于二十日以内重行呈报。发行人有更易时,在未经呈报更易以前,以代理人之名义发行。

第六条　每号报纸均应载明发行人、编辑人及印刷人之姓名、住址。

第七条　每日发行之报纸,应于发行前一日晚十二点钟以前;其月报、旬报、星期报等类,均应于发行前一日午十二点钟以前,送由该管巡警官署或地方官署,随时查核,按律办理。

第八条　报纸记载失实,经本人或关系人声请更正,或送登辨误书函,应即于次号照登。如辨误字数过原文二倍以上者,准照该报普通告白例,计字收费。更正及辨误书函,如措词有背法律或未书姓名、住址者,毋庸照登。

第九条　记载失实事项,由他报转抄而来者,如见该报自行更正或登有辨误书函时,应于本报次号照登,不得收费。

第十条　诉讼事件,经审判衙门禁止旁听者,报纸不得揭载。

第十一条　预审事件,于未经公判以前,报纸不得揭载。

第十二条　外交、海陆军事件,凡经该管衙门传谕禁止登载者,报纸不得揭载。

第十三条　凡谕旨章奏,未经阁钞、官报公布者,报纸不得揭载。

第十四条　左列各款,报纸不得揭载:诋毁宫廷之语,淆乱政体之语,损害公安之语,败坏风俗之语。

第十五条　发行人或编辑人,不得受人贿嘱,颠倒是非。发行人或编辑人,亦不得挟嫌诬蔑,损人名誉。

第十六条　凡未照第一条呈报,遽行登报者,该发行人处十元以上、一百元以下之罚金。

第十七条　凡违第二、三条及第五条之第一项与第六、七条者,该发行人处三元以上、三十元以下之罚金。

第十八条　呈报不实者,该发行人处五元以上,五十元以下之罚金。

第十九条　第四条末项所指各报,其记载有出于范围以外者,该编辑人处五元以上、五十元以下之罚金。

第二十条　违第八条第一项及第九条者,该编辑人经被害人呈诉讯实,处三元以上、三十元以下之罚金。

第二十一条　违第十、第十一条者,该编辑人处十元以上、一百元以下之罚金。

第二十二条　违第十二、第十三条及第十四条第四款者,该发行人、编辑人处二十日以上、六月以下之监禁;或二十元以上、二百元以下之罚金。

第二十三条　违第十四条第一、二、三款者,该发行人、编辑人、印刷人处六月以上、二年以下之监禁,附加二十元以上、二百元以下之罚金。其情节较重者,仍照刑律治罪;但印刷人实不知情者,免其处罚。

第二十四条　违第十五条第一项者,该发行人、编辑人经被害人呈诉讯实,照所受贿之数,加十倍处以罚金;仍充其致贿人,与受同罪。

第二十五条　违第十五条第二项者,该发行人、编辑人经被害人呈诉讯实,处二十元以上、二百元以下之罚金。

第二十六条　违第十五条者,除按照前两条处罚外,其被害人得视情节之轻重,由发行人、编辑人赔偿损害。

第二十七条　违第十二、第十三条及第十四条第四款者,得暂禁发行。

第二十八条　暂禁发行者,日报以七日为度。其余各报,每月发行四回以上者,以四期为度;三回以下者,以三期为度。

第二十九条　违第十四条第一、二、三款者,永远禁止发行。

第三十条　违第十二条致酿生事端者,得照上条办理。

第三十一条　呈报后,延不发行或发行后中止逾两月者,如不声明原委,即作为自行停办。

第三十二条　违犯本律所有应科罚金及讼费,逾十日不缴者,得将保押费扣充,不足再行追缴,仍令补足保押费原数。

第三十三条　禁止发行及自行停办者,准将保押费领还,注销存案。

第三十四条　凡于报纸内撰发论说、纪事、填注名号者,不问何人,其责任与编辑人同。

第三十五条　报纸以代理人之名义发行时,即由代理人担其责任。

第三十六条　除第一条第三款及前两条所指各人外,所有报馆出资人及雇用人等,应均无涉。

第三十七条　凡照本律呈报之报纸,由该管衙门知照者,所有邮费、电费,准其照章减收,即予邮送递发。其未经按律呈报接有知照者,邮政局概不递送,轮船、火车亦不为运寄。

第三十八条　凡论说、纪事,确系该报创有者,得注明不许转登字样,他报即不得互相抄袭。

第三十九条　凡报中附刊之作,他日足以成书者,得享有版权之保护。

第四十条　凡在外国发行报纸,犯本律应禁发行各条者,禁止其在中国传布,并由海关查禁入境。如有私行运销者,即入官销毁。

第四十一条　凡违犯本律者,不得用自首减轻、再犯加重、数罪俱发从重之例。

第四十二条　凡违犯本律者,其呈诉告发期限,以六个月为断。

附则

第四十三条　本律自奏准奉旨文到之日起,限两个月,各直省一律通行。

第四十四条　本律施行前发行之报,均应于三个月内遵照补报,并按数补缴保押费。

第四十五条　本律施行以后,所有前订报馆暂行条规,即行作废。

光绪三十四年二月十二日(1908年3月4日)奉旨发行

[释义] 该"报律"已经是一个具有鲜明近代法律色彩和完整法令结构的专门性新闻法律了。"鲜明的近代法律色彩"是指该报律使用了"正文"和"附则"相配合,每一条以"第"开头,在"条"字前以数序表示条文的先后顺序的外观特征。而"完整的法律结构"则是指《大清报律》的内容覆盖到了新闻报纸活动的所有环节,并且对在新闻报纸活动所有环节中可能出现的违反该律规定的行为作出了明确的处罚性规定。这些信息通过该律的公布实施昭示于社会,在某种程度上体现了法律的公开和公平,在中国近代新闻法制建设史上竖起了第一个里程碑。

28. 上海租界会审公廨对《民呼日报》被控案之判决书

[解题] 1909年7月30日,清廷护理陕甘总督毛庆蕃致电上海道指控《民呼日报》馆假甘省旱灾义赈之名,揽收捐款,任意营私,要求立即"札行英(租)界廨员,饬令查明","勒令解清,以重赈款"。8月2日,上海租界当局以"查究赈款"为名传讯《民呼日报》主笔于右任、陈飞卿。当日将两人送至会审公廨拘留,并停止《民呼日报》"外埠邮寄之执照"。8月4日开庭审理该案。皖省铁路公司协理朱云锦到庭控告《民呼日报》诽谤名誉,已故上海道蔡钧之子蔡国桢则到庭控告该报"毁坏故父生前名誉"。会审公廨决定此两案与前案一并审理。经过先后15次研讯,上海租界会审公廨于同年9月8日判决将于右任"逐出租界"(陈飞卿在第一次开庭后即"交保候审")。标题为编者所加。

堂谕:

赈务为救灾要政,报馆为舆论代表,宜如何洁身自爱,一秉至公。于右任系甘赈发起之人,公所账房系《民呼报》所派,岂容推诿。经公堂调查账册,弊混丛生,现虽据悉数呈缴,然非经此审彻查,将公款归其私蚀,律以挪移,百喙难辞。至朱星斋、陈德龙等各控案,报载诸多失实,大乖舆论代表之旨,原告控其损坏名誉,不为无因,叠被控发,至再至三,攻讦甚而讼狱繁,非地方和平之福。

于右任外借公论,内便私图,言是行非,昧良肥己,道听途说,捉影捕风,实非安分之徒,足扰公安之治,本应从重严办,姑念赈款清缴,尚未侵吞,言论萌芽,未宜摧折。查上海各报,时有凭空诋毁是非之事,向来未经公堂惩办。民呼报馆不安本分,叠被控发,念系初犯,姑予从轻议结。于右任已在押一月零七天,毋须再行押办,判逐出租界。陈飞卿系公所发起,且系民呼报馆主笔,应并饬具安分结存案。嗣后如有借开报馆,不安本分,凭空诋毁,叠被控发情事,定当重办,不得仍援民呼之案为例也。

西历一千九百〇九年九月八日

——原载上海《申报》1909年9月9日

29. 关于修订报律的两则史料

[**释题**]《大清报律》由清廷民政部奉旨公布施行后不久,清廷就开始了修订工作。在修订过程中,清廷民政部和军机处与资政院对所拟原稿中第十二条文关于"外交、陆海军事件及其他政治上秘密事件,经该管官署禁止登载者,报纸不得登载"的规定有不同意见。资政院坚持其立场,军机处和民政部也不相让。于是按照资政院章程第十八条的规定,分别向皇帝具奏,听由皇帝裁决。以下即是清廷资政院以及军机处大臣和民政部行政大臣联名为修订报律第十二条事向皇帝进呈的专折。

(一) 奏议决修正报律缮单呈览请旨裁夺折

清廷资政院

窃查资政院章程第十五条内载:前条所列第一至第四各款议案,应由军机大臣或各部行政大臣先期拟订,具奏请旨,于开会时交议等语。宪政编查馆复核民政部酌拟修订报律一案,于本年八月二十三日具奏,请交臣院议决,奏请钦定颁行。旋由军机处遵旨交出宪政编查馆原奏及清单各一件,臣院照章将前项修正报律一案,列入议事日表。初读之际,宪政编查馆暨民政部皆经派员说明该案主旨,当付法典股员会审查。该股员会一再讨论,提出修正案。于再读之时,将原案与修正之案由到会议员逐条会议,并经馆部派员,就该案主旨,屡行发议,反复辩论。嗣于三读之时,即以再读之议决案为议案,多数议员意见相同,当场表决。查此项修正报律,民政部会奏草案原系改订四十一条,另辑附条四条,经宪政编查馆于文义未协之处逐条厘正,定为律文四十条,别为附条五条。现在修正议决,核与民政部原拟草案,意义字句互为增损都凡三十八条又附条四条。查照院章,即由臣院主稿咨请军机大臣及民政部会同具奏。旋准军机大臣咨称:该律第十一条第十二条都有与现行法律抵触,并施行窒碍之处,仍行提出修正案,并声叙原委事由送交复议等因到院。续由臣院开会,将该律修正之处逐条议决。除第十一条与军机大臣修正之处并无异议外,其第十二条军机大臣修正原文为:"外交陆海军事件及其他政务经该管官署禁止登载者,报纸不得登载";而臣院议决此条,将"政务"二字改为"政治上秘密事件",故与原文略有不同。复准军机大臣复称:揆之事理仍未多便,惟有分别具奏等因前来。查院章第十八条载:资政院于军机大臣咨送复议事件,若仍执前议,应由总裁、副总裁及军机大臣分别具奏,各陈所见等语。是此项报律第十二条,既经军机大臣声叙原委事由,咨送复议,臣院第二次复议所见仍复有殊,自应汇入前次议决各条,缮具清单,遵章分别具奏,恭候圣裁。一俟命下,再由民政部通行各省,一体遵照办理。谨奏。

宣统二年十二月二十九日奉旨,已录首册。

(二) 会奏资政院复议报律第十二条施行窒碍照章分别具奏折

清廷军机大臣(官署)

窃臣等于宣统二年八月二十三日议复民政部修正报律案,请旨交资政院议决一折。钦奉谕旨:著依议,钦此。遵将修正报律案及理由书咨送资政院切议,并派员随时到会发议,当经议决,咨请会奏前来。臣等复查该院修正颇多,就中关于第十一条登载损害他人名誉之语,第十二条登载外交、陆海军及政治上秘密事件二条,臣等以为关系人民权利及国家政务者甚大。该院议决案实与现行法律抵触,并有施行窒碍之处,未便遽以为然。当即遵照资政院院章第十七条酌加修订,并将十一条规定为:损害他人名誉之语,报纸不得登载,但专为公益不涉阴私者,不在此限。第十二条规定为:外交、陆海军事件及其他政务,经该管官署禁止登载者,报纸不得登载等语,咨送复议。去后,此据复称:第十一条已照修正条文议决,而第十二条未得赞成,改为:外交、陆海军事件及其他政治上秘密事件,经该管官署禁止登载者,报纸不得登载。咨请会奏前来。臣等查漏泄机密,惩罚宜严。现行刑律载,若漏泄机密重事于人,绞。新刑律分则第五章,于漏泄机务罪,各有专条。如第一百二十九条:凡漏泄中国内治外交应秘密之政务者,处三等至五等有期徒刑各等语。谓之机密重事即不限于外交军事。谓之内政即包括其他政务。此项漏泄机务之罪,按以新刑律法例第二条之规定,虽外国人有犯,均应同一科罚,亦不问其曾否经由该管官署禁止。诚以政务之秘密为国家安危所系,故中外刑律,均严定科条,所以预防机务之漏泄,与外交、军事同一重视,并无轩轾于其间也。至修正报律第十二条所称:外交、陆海军事件及其他政务,悉指通常关系外交、陆海军事件及其他通常政务而言。官署认为必要始得从而禁止其登载。若事涉机密,当然不得登载,本毋庸再由官署禁止。窃以报律虽为单行法律,究不能过侵刑律之范围。若辄以言论之自由,破坏刑律之限制,揆诸立法体例未免多所纷岐。今资政院复议报律修正案第十二条,示外交、军事之秘密认为报纸当然不得登载,而于政务上之秘密仍执前议,似认为当然有登载之自由;违反禁止登载之命令者,又仅处以罚金。是于保持政务机密之意实有未合,即与刑律限制之条互相抵触。若于该院复议施行,恐于国家政务之前途,殊多危险。查资政院章第十八条,资政院于军机大臣或各部行政大臣咨送复议事件,若仍执前议,应由资政院总裁、副总裁及军机大臣、各部行政大臣分别具奏,各陈所见,恭候圣裁等语。臣等为慎重政务,防泄机密起见,谨遵章分别具奏。并将修正报律第十二条原文缮单,恭候钦定。至其余各条,臣等均无异议。一俟命下,即有臣等通行京外一体钦遵。所有资政院复议报律第十二条施行窒碍缘由,谨恭愒具陈。伏乞皇上圣鉴训示。再,此折系由军机处主稿,会同民政部办理,合并声明。谨奏。宣统二年十二月二十九日。奉旨。已录首册。

[释义] 在清廷资政院及由军机处主稿、会同民政部办理的专折中,三个部门各自表述了自己对修订报律第十二条的态度和立场。其中军机处和民政部在专折认为资政院复议报律修正案第十二条"于保持政务机密之意实有未合,即与刑律限制之条互相抵触",坚持请求皇帝同意把"其他政务"也纳入"经该管官署禁止登载者,报纸不得登载"的范围。从后来公布的条文看,皇帝采纳了军机处和民政部的建议而否决了资政院拟定的条文,对新闻报纸的言论收紧了限制的绳索。

30. 钦定报律

清廷民政部

[释题]《大清报律》于光绪三十四年二月十二日(公元 1908 年 3 月 4 日)奉旨发行后,国内外政治环境发生了激烈的变化。已经处于风雨飘摇之间的清政府加紧了对皇权的强化和对新闻舆论的控制,启动了对两年多前公布施行的《大清报律》的修订。修订以后颁布施行的报律由原来的《大清报律》改名为《钦定报律》,凸显了经过皇帝"钦定"的环节,封建专制的色彩更浓烈了。

第一条　凡开设报馆发行报纸者,应由发行人开具下列各款,于发行日前,呈由该管官署申报民政部,或本省督抚咨部存案:

一、名称;

二、体例;

三、发行时期;

四、发行人、编辑人及印刷人之姓名,履历及住址;

五、发行所及印刷所之名称及地址。

第二条　凡本国人民年满二十岁以上、无下列情事者,得充报纸发行人、编辑人、印刷人:

一、精神病者;

二、褫夺公权或现在停止公权者。

第三条　编辑人、印刷人不得以一人兼充。

第四条　发行人应于呈报时,分别附缴保押费如下:

一、每月发行四回以上者,银三百元;

二、每月发行三回以下者,银一百五十元。

在京师省会及商埠以外地方发行者,前项之保押费得酌量情形减少三分之一及至三分之二。

其宣讲白话报,专以开通民智为目的,经官鉴定者,得全免保押费。

若专载学术、艺事、章程、图表及物价报告者,毋庸附缴保押费。

第五条　第一条所列各款,呈报后如有更易,应于二十日内重行呈报。发行人有更易时,在未经呈报更易以前,以假定发行人之名义行之。

第六条　每号报纸,应载明发行人、编辑人及印刷人之姓名及住址。

第七条　每号报纸,应于发行日递送该管官署及本省督抚或民政部各一份存案查。

第八条　报纸登载错误,若本人或关系人请求更正,或将更正辩驳书请求登载者,应即于次回或第三回发行之报纸更正,或将更正书、辩驳书照登。更正或登载更正书、辩驳书字形大小及次序先后,须与记载错误原文相同。更正书、辩驳书字数逾原文二倍者,得计所逾字数,照该报登载告白定例收费。若更正辩驳词意有背法律,或不署姓名及住址者,毋庸登载。

第九条　登载错误事项,由他报抄袭而来者,虽无本人或关系人之请求,若见该报更正,或登载更正书、辩驳书,应即于次回或第三回发行之报纸分别照办,但不得收费。

第十条 下列各款报纸不得登载:

一、冒渎乘舆之语。

二、淆乱政体之语。

三、妨害治安之语。

四、败坏风俗之语。

第十一条 损害他人名誉之语,报纸不得登载。但专为公益不涉阴私者,不在此限。

第十二条 外交、陆海军事件及其他政务,经该管官署禁止登载者,报纸不得登载。

第十三条 诉讼或会议事件,按照法令禁止旁听者,报纸不得登载。

第十四条 在外国发行之报纸,有登载第十条所列各款者,不得在中国发卖或散布。

第十五条 论说译著系该报纸有注明不许转登字样者,他报不得抄袭。

第十六条 不照第一条、第五条第一项呈报,发行报纸者,处该发行人以五十元以下、五元以上之罚金。呈报不实者,处该发行人以一百元以下、十元以上之罚金。

第十七条 不具第二条所定资格,充发行人、编辑人或印刷人者,处该发行人以五十元以下、五元以上之罚金。其编辑人、印刷人诈称者,罚同。

第十八条 违第四条第一项者,以未经呈报论。

第十九条 第四条第四项所指各报,其登载有出于范围以外者,处编辑人以五十元以下、五元以上之罚金。

第二十条 违第六条、第七条者,处该发行人以三十元以下、三元以上之罚金。

第二十一条 违第一条、第八条第一项、第二项或第九条者,处该编辑人以三十元以下、三元以上之罚金。遇有前项情形,若所登载系属私事者,须被害人告诉,乃论其罪。

第二十二条 违第十条登载第一、第二款者,处该发行人、编辑人、印刷人以二年以下、二月以上之监禁,并科二百元以下、二十元以上之罚金。其印刷人实不知情者,免其处罚。

第二十三条 违第十条登载第三、第四款者,处该发行人、编辑人以二百元以下、二十元以上之罚金。

第二十四条 违第十一条者,处该编辑人以二百元以下、二十元以上之罚金。遇有前项情形,须被害人告,诉乃论其罪。本条第一项之罪,若编辑人系受人嘱托者,该嘱托人罚与编辑人同。其有贿赂情事者,得按贿赂之数,各处十倍以下之罚金;如十倍之数不满二百元,仍处二百元以下之罚金,并将贿赂没收。

第二十五条 违第十二条、第十三条者,处该编辑人以二百元以下、二十元以上之罚金。

第二十六条 违第十四条者,处该发卖人、散布人以二百元以下、二十元以上之罚金,并将报纸没收。

第二十七条 违第十五条者,处该编辑人以三十元以下、三元以上之罚金。遇有前项情形,须被害人告诉,乃论其罪。

第二十八条 犯第十六条第一项之罪者,至呈报之日止,该管官署得以命令禁止发行。

第二十九条 犯第十八条之罪者,至缴足保押费之日止,该管官署得以命令禁止发行。

第三十条 犯第二十二条之罪者,审判衙门得以判决永远禁止发行。

第三十一条 犯第二十三条之罪者,审判衙门得按其情节以判决停止发行。前项停止发行,日报以七日为率;其他各报每月发行四回以上者,以四期为率,三回以下者,以三期为率。

第三十二条 呈报后延不发行,或发行后至应行发行之期中止逾二月者,若不声明原由,作为自行停办。

第三十三条 犯本律各条之罪,所有讼费、罚金及应行没收之款,自判决确定之日起,逾十日不缴者,将保押费抵充。不足者,仍行追缴。保押费已被抵充者,该发行人应于接到通知后十日以内,将保押费如数补足。违者至补足之日止,该管官署得以命令禁止发行。

第三十四条 永远禁止发行或自行停办者,得将保押费领还,注销存案。

第三十五条 凡于报纸内撰登论说记事、填注名号者,其责任与编辑人同。

第三十六条 假定发行人之责任与发行人同。

第三十七条 刑律自首减轻、再犯加重、数罪俱发从重之规定,于犯本律各条之罪者,不适用之。

第三十八条 关于本律之公诉期限,以六个月为断。

附条

第一条 本律自颁行文到日起,一律施行。

第二条 关于本律之诉讼,由审判衙门按照法院编制法及其他法会审理。

第三条　本律施行以后,所有光绪三十四年二月十二日颁行之报律即行作废。

第四条　在本律施行以前发行之报纸,所缴保押费数目,与本律规定不符者,应于本律施行后三个月以内,按照本律更正。

宣统二年十二月二十九日(公元1911年1月29日)颁布施行

[释义]　由资政院牵头、军机处和民政部参与修改、经过皇帝最后"圣裁"的《钦定报律》,与原来的《大清报律》相比,尽管在一些条文上有了一些修改,主要的如保押费起点额度的降低,由原来的报纸发行前送审检查改为发行后呈送样报备案,删除了原来的第十三条"凡谕旨章奏,未经阁抄、官报公布者,报纸不得揭载"和第十五条"发行人或编辑人不得受人贿嘱,颠倒是非。发行人或编辑人,亦不得挟嫌诬蔑,损人名誉"等,但基本的立场没有改变,根本上还是为了压制新闻舆论,维护和巩固清朝政府的封建专制统治。

31. 著作权章程(节摘)

[释题]　清廷在宣布预备立宪以后,全面向西方各国学习法律和制度,以求为垂死的封建专制制度注入新的活力。在一片制定新法的呼声中,中国历史上第一个专门的著作权法就产生了。尽管报纸刊载的新闻消息和政论性文字在《著作权章程》中不享有著作权,但同时也刊载文艺作品,而这类文字是享有著作权的,所以把该法律作为新闻法制史料节摘介绍。

第一章　通例

第一条　凡称著作物而专有重制之利益者,曰著作权。称著作物者:文艺、图画、照片、雕刻、模型皆是。

第二条　凡著作物归民政部注册给照。

第三条　凡以著作物呈请注册者,应由著作者备样本两份,呈送民政部。其在外省者,则呈送给该管辖衙门,随时申送民政部。

第四条　著作物经注册给照者,受本律保护。

第二章 权利期限

第一节 权利

第五条 著作权归著作者终身有之。又,著作者身故,得由其承继人继续至三十年。

第六条 数人共同之著作,其著作权归数人共同终身有之。又,死后得由各承继人继续三十年。

......

第二节 年限

第十一条 凡著作权均以注册日起计算年限。

第十二条 编号逐次发行之著作,应从注册后每号每册呈报日起算年限。

......

第三章 呈报义务

......

第十九条 编号逐次发行之著作,或分数次发行之著作,均应于首次呈报时预为声明。于后每次发行仍应呈报。

第四章 权利限制

第一节 权利

第三十条 凡已注册之著作权,遇有侵害时,准有著作权者向该管审判衙门呈诉。

第三十一条 凡著作不能得著作权者如下:
一、法令约章及文书案牍;二、各种善会宣讲之劝诫文;三、各种报纸记载政治及时事上之论说新闻;四、公会之演说。

第三十二条 凡著作视为公共之利益者如下:
一、著作权年限已满者;二、著作者身故后别无继承人者;三、著作久经通行者;四、愿将著作任人翻印者。

第二节 禁例

第三十三条 凡既经呈报注册给照之著作,他人不得翻印仿制,及用各种假冒方法,以侵损其著作权。

第三十四条 接受他人著作者,不得就原著加以割裂、改窜及变匿姓名,或更换名目发行。但经原主允许者,不在此限。

第三十五条 对于他人著作权期限已满之著作,不得加以割裂、改窜及变匿姓名,或更换名目发行。

第三十六条 不得假托他人姓名,发行己之著作;但用别号者,不在此限。

第三十七条 不得将教科书中设问之题,擅作答词发行。

第三十八条 未经发行之著作,非经原主允许,他人不得强取抵债。

第三十九条 下列各项不以假冒论,但须注明原著作之出处:

一、节选众人著作成书,以供普通教科书及参考之用者;二、节录引用他人著作,以供己之著作考证注释者;三、节仿他人图画以为雕刻模型,或仿他人雕刻模型以为图画者。

第三节 罚例

第四十条 凡假冒他人之著作,科以四十元以上、四百元以下之罚金。知情代为出售者,罚与假冒者同。

第四十一条 因假冒而侵损他人之著作权时,除照前条科罚外,应将被损者所失之利益,责令假冒者赔偿。且将印本、刻版及专供假冒使用之器具,没收入官。

第四十二条 违背三十四条及三十六条规定者,科以二十元以上、二百元以下之罚金。

第四十三条 违背三十五条及三十七条之规定,及三十九条第一款、第二款之规定者,科以十元以上、一百元以下之罚金。

第四十四条 凡侵损著作权之案,须被侵损者之呈诉,始行准理。

第四十五条 数人合成之著作,其著作权遇有侵损时不必俟人同意,得以径自呈诉,及请求赔偿一己所失之利益。

第四十六条 侵损著作权之案,不论为民事诉讼或刑事诉讼,原告呈诉时应出具切结存案。承审官据原告所呈情节,可先将涉于假冒之著作暂行停止发行,若审明所控不实,应将禁止发行时所受损失,责命原告赔偿。

第四十七条　侵损著作权之案　如审明并非有心假冒,应将被告所已得之利益偿还原告,免其科罚。

第四十八条　未经呈报注册,而著作末幅假填呈报注册年月日者,科以三十元以上、三百元以下之罚金。

第四十九条　呈报不实者,及重制时加以修正而不呈报立案者,查明后将著作权撤销。

第五十条　凡犯本律第四十条以下各条之罪者,其呈诉告发年限以二年为断。

第五章　附则

第五十一条　本律自颁布文到日起算,满三个月施行。

……

第五十五条　注册应纳公费每件银数如下:

一、注册费银五元。

二、呈请继续费五元。

三、呈请接受费银五元。

四、遗失补领执照费三元。

五、将著作权凭据存案费银一元。

六、到该管官署查阅著作权案件费银五角。

七、到该管官署抄录著作权案件费银五角;过百字者,每百字递加银一角。

八、将著作权凭据案件盖印费五角。

……

清宣统二年(公元 1910 年)颁布施行

[释义] 清廷颁布的《著作权章程》共包括通例、权利期限、呈报义务、权利限制和附则共五章,计五十五条,基本涵盖了与著作权相关的各个方面。其主体是第四章"权利限制",又包括了"权限"、"禁例"和"罚例",共有 27 条之多。在附则之后还附了"著作权呈请注册呈式"、"呈请继续著作权呈式"和"呈请接受著作权立案呈式"等具体格式,以便人民参照使用。

32. 外国旗压倒报律

[释题] 鸦片战争后,中国被迫和西方列强及沙皇俄国、日本等签定了诸多不平等条约。使中国的国家主权、领土完整受到严重的损伤。在如国界也由于领事裁判权旁落外人,致使国家的法律对一些挂外国旗的报刊也无奈。不信,请看这则新闻消息。

前日粤督张鸣歧曾有电致民政部堂官,谓粤埠有报馆数家,显倡革命,屡经传令遵守报律,乃该馆藐抗不服。若欲从严处罚,因该馆系挂外国人旗号,为中国司法权所不能及。此事究应若何办理,应请钧部察核等语。闻民政部接到此电后,随将电文咨送外务部商议办法。嗣接外部回答,谓:该报馆既挂洋旗,则吾国报律不能适用,因吾国领事裁判权尚未收回故也。现在只好电商该外国驻粤领事,请其秉公干涉该馆云。

——原载《申报》(清宣统三年八月十七日,公元 1911 年 10 月 8 日)

[释义] 在中国土地上出版的报刊,只要挂上"洋旗"即打着外国人的旗号,诸如在租借登记或请一个洋人做发行人等等,中国政府的报律就无可奈何了。这正是半殖民地半封建社会的典型特征。

第二编

中华民国时期的新闻法制史料

(1912.1—1949.9)

第一篇　民国南京临时政府时期的新闻法制史料

1. 上海都督陈其美对汪诒年"禀贴"的批示

据禀并粘裁报纸均悉阅。

危言一则,非但无反对之意,且足为各处民军之砭石。此后正当时时由此箴规,庶足以保言论自由,俾为政者得闻其失。《中外报》护(误)会词旨,指为反对,虽有爱国热度之高,究属失于斟酌。当此民族竟存时代,报馆愈多愈好,讵庸自相倾轧,致失报界资格。希汪主笔为大局维持,勿与争较。《中外报》应自知误会,引为失言。以后其各交欢,毋负本都督之厚望焉。

此批。

——原载上海《民立报》1911年12月11日

2. 为广州报纸刊出"燕塘新军解散"新闻事约请各报编辑人到警察部谈话函

报界公会先生鉴:

初十日各报所登"新军逃散"一事,当经本部函请更正。惟都督命令,以事关军政,不容捏造事实,扰乱军心,是以令本部干涉。十二日经本部长邀请各报编辑人,同赴都督府解释其事。当时都督以事关军政,必须根究来历,是以暂留陈听香、陈藻卿两君于军务部。随将造谣之黎耀西一名逮捕,送交都督府,而两君即行释回。

都督对于此事,并非不知报馆有应负之责任,无庸根究访事,但如此办理,盖不欲因文字以与报馆作难,是以通融办理。今各报馆自谓有应负之责任,与访事无干。是以都督又谕本部从新干涉登此新闻之报馆。除《国事报》业已停刊外,其余八家(照后开各编辑人)请为约齐,于十六日上午九点钟到本部面谈为要。

各报编辑人:安雅黎佩诗,羊城谭荔垣,中原郭唯灭,公言冯冕臣,光汉江侠庵,震旦陈援庵,中华谭德鳌,人权陈藻卿。

警察部长　陈景华
1912 年 1 月 15 日

3. 广州报界全体布告同胞书

广州报界全体布告同胞书:

启者,元月初十日各报登载燕塘新军解散事,十一晚既接警察部函,均即更正。十二日下午,陈都督复押留主笔,勒交访员。十五晚陈都督又饬警部从新干涉。只此一事,而陈都督离奇变幻,一若欲得报馆而甘心者。呜呼!陈都督岂欲借报馆以逞威福,欲为数月封八家报馆之张鸣岐第二耶?

夫各报馆登载新军解散事,只谓其功成身退,并无任何诋毁,扰乱军心,若责失察误登,则更正已归消灭,陈都督固不必横加干涉,演此押留主笔,勒交访员怪剧。陈都督曾充记者,专制国亦无勒交访员例,陈都督固未知之耶?

虽战争时代,最忌间谍造谣煽惑,扰乱军心,报馆倘有为满虏机关,应以军法严办。第今登载此事之八家报馆,是否为满虏机关报,公论具在,陈都督岂能以一手掩尽天下人之耳目耶?

夫报馆登载失察,有应更正者,有罪不至于更正者,第罪不至于更正者,则不应嘱其更正,宜直控诉其罪过,予以相当之处罚。今警部既函嘱各报更正,则明明认此事只应更正,不应于更正后复有所干涉。何陈都督竟于更正后复干涉,干涉之不已,而又从新干涉也?

昨警部函嘱各报主笔,到该部面谈。敝同人以既经更正,责任已尽,再无劳奔走之理。至陈都督种种无理干涉,实有所不受。唯恐我同胞误会,有不得不为我同胞告者,盖今日之广东军政府,为广东三千万同胞之军政府,敝同业任监督之责,只知竭力维持,无论何人,有违背共和政体之不规则行为,必起而纠正之。今诘驳陈都督干涉各报之野蛮举动,只属陈都督个人之事,实于军政府无涉。吾粤无陈都督,故尚大有人在也。今陈都督之任诘驳陈都督者,实所以维持军政府而已,愿同胞谅之。吾粤幸甚!大局幸甚!

总商会报 中原报 光汉报 光华报 粤东公报 安雅报 羊城报 震旦报 广东公言报 国民报 人权报 时敏报 华中民报 佗城报 南越报 天连报 七十二行商报

——原载上海《申报》1912年1月23日

4. 大汉四川军政府报律

第一条 凡开设报馆，发行报纸，应开具左列各款，于发行二十日以前，呈由民政部存案。如在各府、厅、州、县发行者，呈由该管地方官，申报民政部存案。

（一）名称；

（二）体例；

（三）发行人、编辑人之姓名、履历、住址；

（四）发行所之名称、地址。

第二条 凡充发行人、编辑人者，须具有左列要件：

（一）年满二十岁以上之本国人；

（二）无精神病者；

（三）未经以私罪处监禁以上之刑者。

第三条 发行、编辑得以一人兼任，但印刷人不得充发行人或编辑人。

第四条 发行人应于呈报时分别附缴保押费如左：每月发行四回以上者，成都、重庆两处银五百元，余处银三百元。每月发行三回以下者，成都、重庆两处银三百元，余处银二百元。凡专载学术、艺事、章程、图表及物价报告等项之汇报，免缴保押费。其宣讲及白话等报，确系开通民智，由官鉴定，认为无庸预缴者亦同。

第五条 第一条所列各款，发行后如有更易，应于二十日以内，重行呈报。发行人有更易时，在未经呈报更易以前，以代理人之名义发行。

第六条 每号报纸应载明发行人、编辑人之姓名、住址。

第七条 报纸记载失实，经本人或关系人声请更正，或送登辨误书函，应急于次号照登。如辨误字数过原文二倍以上者，准照该报普通告白例，计字收费。更正及辨误书函，如措词有悖法律，或未书姓名、住址者，即不必照登。

第八条 记载失实事项，由他报转抄而来者，如见该报自行更正，登有辨误书函时，一应于本报次号照登，不得收费。

第九条　军政机密事件,报纸不得揭载。

第十条　外交重要事件,政府未发表以前,报纸不得揭载。

第十一条　凡政府传谕禁止登载,及其他政府来往公文,未经政府公布者,报纸不得登载。

第十二条　诉讼事件经审判衙门禁止旁听者,报纸不得揭载。

第十三条　预审事件于未公判以前,不得揭载。

第十四条　左列各款报纸不得揭载:

(一)挑激外交恶感之语;

(二)淆乱政体之语;

(三)扰害公安之语;

(四)败坏风俗之语。

第十五条　发行人或编辑人不得受人贿嘱,颠倒是非。发行人或编辑人亦不得挟嫌诬蔑,损人名誉。

第十六条　凡未照第一条呈报,遽行登报者,该发行人处十元以上一百元以下之罚金。

第十七条　凡违第二条、第三条及第五条之第一项与第六条者,该发行人处三元以上、三十元以下之罚金。

第十八条　呈报不实者,该发行人处五元以上、五十元以下之罚金。

第十九条　第四条第二项所指各报,其记载有出于范围以外者,该编辑人处以五元以上、五十元以下之罚金。

第二十条　违第七条第一项及第八条者,该编辑人经被害人呈诉讯实,处三元以上、三十元以下之罚金。

第二十一条　违第十二条、第十三条者,该编辑人处十元以上、一百元以下之罚金。

第二十二条　违第九条、第十条、第十一条者,该发行人、编辑人处二十日以上、六月以下之监禁,或二十元以上、二百元以下之罚金。

第二十三条　违第十四条各款者,该发行人、编辑人处六月以上、二年以下之监禁,附加二十元以上、二百元以下之罚金。其情节较重者,仍照刑律治罪。

第二十四条　违十五条第一项者,该发行人、编辑人经被害人呈诉讯实,照所受贿之数加十倍处以罚金,更究其致贿人与受贿人同罪。

第二十五条　违第十五条第二项者,该发行人、编辑人经被害人呈诉讯实,处二十元以上、二百元以下之罚金。

第二十六条　违第十五条除按照前两条处罚外,其被害人得视情节之轻重,由发行人、编辑人赔偿损害。

第二十七条　违第九条、十条、十一条及第十四条第四项者,得暂禁发行。

第二十八条　暂禁发行者,日报以七日为度。其余各报,每月发行四回以上者,以四期为度;三回以下者,以三期为度。

第二十九条　违第十四条第二款、第三款者,永远禁止发行。

第三十条　违第九条、第十条、第十一条,致酿生事端者,得照上条办理。

第三十一条　呈报后延不发行,或发行中止逾两月者,如不声明原委,即作为自行停办。

第三十二条　违犯本律所有应科罚金及讼费,逾十日不缴者,得将保押费扣充,不足再行追缴,仍令补足保押费原数。

第三十三条　凡于报纸内撰发论说、纪事、填注名号者,不问何人,其责任与编辑人同。

第三十四条　凡投函报馆,必将本人姓名、住址注明,并押盖印章,始得登载。

第三十五条　报纸以代理人之名义发行时,即由代理人担其责任。

第三十六条　本律自公布文到之日始,省城限三日内,各府、厅、州、县限十日内一律实行。

第三十七条　本律施行前已出版之报馆,应于本律公布后十五日内一律补行呈报。

一九一二年一月

5. 大汉四川军政府严禁殴辱报馆示

照得言论自由,本系报馆天职。有时议论失当,或者记载不实。果然报馆无理,惩戒自有报律。轻则勒令更正,重者告官处置。动辄辱骂殴打,殊非文明面目。特此申告军民,切勿违法任意。有理反成无理,严办决不姑息。

一九一二年初

6. 内务部著作物呈请注册暂照前清著作权律分别核办通告文

查著作物注册给照,关系人民私权。本部查前清著作权律,尚无与民国国体抵触之条,自应暂行援照办理。为此刊登公报,有凡著作物拟呈请注册,及曾经呈报未据缴费领照者,应即遵照著作权律分别呈候核办可也。

一九一二月二月二十七日

7. 内务部规定暂行报律通告各都督电文

民国完全统一,前清政府颁发一切法令,非经民国政府声明继续有效者,应失其效力。查满清行用之报律,军兴以来,未经民国政府明白宣示,自无继续之效力,而民国报律又未遽行编定颁发。兹特定暂行报律三章,即希报界各社一律遵守。

(一)新闻杂志已出版及今后出版者,其发行及编辑人姓名,须向本部呈明注册,或就近地方高级官厅呈明,咨部注册。兹定自令到之日起,截至阴历四月初一日止,在此限期内,其已出版之新闻杂志各社,须将本社发行及编辑员姓名呈明注册。其以后出版者,须于发行前呈明注册,否则不准其发行。

(二)流言煽惑,关于共和国体有破坏弊害者,除停止其出版外,其发行人、编辑人并坐以应得之罪。

(三)调查失实,污毁个人名誉者,被污毁人得要求其更正。要求更正而不履行时,经被污毁人提起诉讼,讯明得酌量科罚。

一九一二年三月二日

8. 上海报界俱进会关于拒绝《民国暂行报律》的通电

南京孙大总统鉴:

接内务部电,详定暂行报律三章。今统一政府未立,民选国会未开,内务部擅定报律,侵夺立法之权,且云煽惑关于共和国体,有破坏弊害者,坐以应得之罪。政府丧权失利,报纸监督并非破坏共和。今杀人行劫之律尚未定,而先定报律,是欲袭满清专制之故智,钳制舆论,报界全体万难承认,除通电各埠外,请转饬知照。

上海报界俱进会
《申报》、《新闻报》、《时报》、《民立报》、《时事新报》、
《神州日报》、《天铎报》、《大共和日报》、《民声日报》(代表)
一九一二年三月六日
——原载上海《申报》1912 年 3 月 6 日

9. 却还内务部所定报律议

章炳麟

南京政府已辞职之内务部,于阳历三月四日发行通告,自言"前清政府颁布一切法令,非经民国政府声明继续有效者,应失其效力。查满清行用之报律,军兴已来,未经民国政府明白宜示,自无继续之效力,而民国报律,又未行编定颁布。兹特详定《暂行报律》三章,即希报界各社一体遵守"云云。

案民主国本无报律。观美法诸国,对于杂志新闻,只以条件从事,无所谓报律者。亡清诸吏,自知秕政宏多,遭人指摘,汲汲施行报律,以为壅遏舆论之阶。今民国政府初成,杀人行劫诸事,皆未继续前清法令,声明有效,而独皇皇指定报律,岂欲蹈恶政府之覆辙乎?且立法之权,职在国会,今纵国会未成,未有编定法律者,而暂行格令亦当由参议院定之。内务部所司何事,当所自知。辄敢擅定报律,以侵立法大权。己则违法,何以使人遵守!夫名曰"暂行",则不得称"律"可知。三数吏人,口含天宪,越分侵权,已自陷于重辟。身居其职,曾不知官刑之可凛乎?

读其第二章律,盖实未知法律者。自《唐律》以下,有斩、绞、流、徒、杖、笞六科,今或改为死刑、徒刑、惩役、禁锢、拘留诸等,此名例之大略也。今于刑名尚未制定,贸然言"坐以应得之罪"。所云"应得之罪"者,杖乎?笞乎?禁锢乎?拘留乎?夫云"坐以应得之罪"者,此据律文已定,而后以条教告示申明之,未有无律文而直言"应得之罪"者也。内务部苟知律文体裁,而不质举刑名,是纵猾吏舞文觊法。若不知律文体裁,而以条教告示之言用为法律,无怪他人笑为外行矣。

详案三章之律,其第一章言"自令到之日起,截至阳历四月初一日止,其已出版之新闻杂志各社,须将本社发行及编辑人姓名呈明注册,否则不准其发行"。详前清《报律》未呈报者尚只罚金,今云"不准发行",是较前清专制之法更重。且内务部所管辖者,独言论一端而已耶?集会、信教,皆内务部所应与闻,今于哥老、三点诸会,白莲、八卦诸教,妨众惑民,而未尝迫其呈明,未尝有所取缔,独斤斤于报馆言论界中,自非钳制舆论,何以下此偏枯之令也?

其第二章言"关于共和国体有破坏弊害者,除停止其出版外,其发行人、编辑人并坐以应得之罪"。案共和国体今已确定,报界并无主张君主立宪与偏护宗社党者。本无其事,而忽定此法律禁制,已为不根;所谓破坏弊害者,其词亦漫无界限。"弊害"二字盖剿袭日本人语,施之中土,文义绝不可通(法律只许用本国文义,不得用他国文义)。今详问内务部:是否昌言时弊,指斥政府,评论《约法》,即为弊害共和国体?不然,破坏共和国体者惟是主张君主,弊害共和国体者当复云何?若果如前所说,内务部详定此条,直以《约法》为已成之宪,以政府为无上之尊。岂自处卫巫之地,为诸公监谤乎?

其第三章言"调查失实,污毁个人名誉者,被污毁人得要求其更正;要求更正而不履行时,经被污毁人提起诉讼,得酌量科罚"。案个人名誉亦全无界限之词。有法律之罪者,有道德之罪者,刑律既定,而有诬人以法律之罪,乃为污毁个人名誉,若污毁人以道德之罪,即非此例。例如欺诈取财,监守自盗,此法律之罪也;贪财鄙吝,此道德之罪也。以贿求官,此法律之罪也;争权干禄,此道德之罪也。诬人以法律之罪,略同诬告,故法律得而惩之;诬人以道德之罪,只寻常评议之罪,尚不得与骂人同例。二者有罪无罪,名实自殊。今刑律尚未制定,突云不得毁人名誉。"名誉"云者,以何者为标准耶?苟无标准,若有人颜色白皙者,而称为面貌丑黑,亦得为毁人名誉矣。种种不合,应将通告却还,所定《报律》绝不承认。当知报界中人非不愿遵守绳墨,惟内务部既无作法造律之权,而所定者,又有偏党模糊之失。若贸然遵守斯令,是对于官吏则许其侵权,而对于自身则任人陵践,虽欲委曲迁就,势有不能。除电告孙总统外,特公布驳议,以明内务部无知妄作之罪。

一九一二年三月七日
——原载上海《申报》1912 年 3 月 7 日

10. 大总统令内务部取消暂行报律文

昨据上海报界俱进会及各报馆电称:接内务部电,详定暂行报律三章,报界全体万难承认,请转饬部知照等语。

案言论自由,各国宪法所重。善从恶改,古人以为常师,自非专制淫威,从无过事摧抑者。该部所布暂行报律,虽出补偏救弊之苦心,实昧先后缓急之要序,使议者疑满清钳制舆论之恶政复见于今,甚无谓也。

又,民国一切法律,皆当由参议院议决宣布,乃为有效。该部所布暂行报律,既未经参议院议决,自无法律之效力,不得以"暂行"二字,谓可从权办理。

寻三章条文,或为出版法所必载,或为国宪所应稽,无取特立报律,反形裂缺。民国此后应否设置报律,及如何订立之处,当俟国民议会决议,勿遽哑哑可也。

除电复上海各报外,合行令仰该部知照。

此令。

一九一二年三月九日

11. 大总统令交通部核办报界公会请减邮电费文

兹据上海日报公会呈称军兴以后种种困难情形,请减轻邮电费以维报界等情前来。查报纸代表舆论,监督社会,厥功甚巨。此次民国开创,南北统一,尤赖报界同心协力,竭诚赞助。兹据呈称军兴以后困难情形,均属实况,若不设法维持,势将相继歇业。合将原呈发交通部,仰即酌核办理可也。

此令。

一九一二年三月

12. 交通部复大总统核减报界邮电费办法呈

……查邮电费重,报价因之增加,直接为报纸发达之障碍,间接为开通社会之阻力。……惟民国各省报馆林立,每年关于报界之邮电费其数颇巨,若悉照该公会所请求如数减少,则邮局、电局所受损失太多。报界困难情形固宜体恤,而邮电营业前途亦不可不预为维持,以防竭蹶。兹经本部邮电两司共同会议,嗣后凡关于报界之电费,悉照现时通行价目减轻四分之一,邮费减轻二分之一。庶商困得以稍苏,而邮电两政亦不至大受影响。

一九一二年三月

13. 大中华民国临时约法草案(节摘)

(民国南京临时政府参议院讨论通过)

第二章 人民权利义务

第四条 大中华国人民,无种族、阶级、宗教之区别,一律平等。

第五条 大中华国人民,除法律特定外,有一切言论著作、即行集会、结社、信仰之自由。

第六条 大中华国人民,非依法律,不受侵犯其产业及本身之自由权。

第七条　大中华国人民,非依法律,不得侵入其住所及家宅。

第八条　大中华国人民,依法律范围内,得居住及转移之自由。

第九条　大中华国人民,有书信秘密之自由。

第十条　大中华国人民,非依法律,不受逮捕、监禁、审问、处罚。

第十一条　大中华国人民,依法律规定资格,得有本国一切之选举及被选举权。

第十二条　大中华国人民,依法律得请愿于国会及行政各署。

第十三条　大中华国人民,依法律得诉讼于司法各署。

第十四条　大中华国人民,依法律应受教育,服海陆兵役及纳租税。

(下略)

一九一二年三月十一日

第二篇　民国北京政府时期的新闻法制史料

1. 关于取缔报馆、禁销沪报之呈请

（北京）同志联合会

此次乱事之兴，首恃报纸鼓吹之力。今北方诸报，其宗旨纯正者固多，而附和共和，以淆乱人心者，亦复不少。若南方诸报，则无不謰张为幻，变乱是非。加之匪党奸徒，遍地皆是，到处煽惑，乱机伏生。如前月任丘、大城之蠢动，近日栾城一带之骚乱，以及奉天、开封等处潜图起事，皆报纸与奸徒鼓吹煽惑之所致也。闻南方各埠，凡尊重朝廷，主张君主之报纸不准销售，偶有为反对共和之说者，或加禁锢，或处极刑。而京师重地，对于鼓吹邪说之报纸及扰害治安者，皆谓之社会犯而非国事犯。民部对于社会之蠹，听其簧鼓，是谓放弃职守。国璋等迭次开会讨论，众论佥同，皆以取缔报馆，禁销沪报及清除内奸为入手实行之策。为此合词呈请，伏乞总理转饬邮传部，于火车轮船抵埠，严加稽查。凡南方造言构乱各报，一律禁止行销。即悖谬之函电等件，亦应一律取缔。其京津报馆，如有违报律，煽惑人心者，分饬民政部，直隶总督府查明封禁……至外国租界报馆及旅店居留之奸匪，亦饬请外（交）部与各国公使交涉，必须守我范围。如此则议论衷于一是，秩序赖以保全。人心既专，大局自定。……

一九一二年一月十三日

——原载北京《帝国大同报》1912年1月20日

2. 广东都督府告示

照得月前王和顺在省叛乱，当经本都督调兵清剿，幸赖将士用命，刻日戡平，不致糜烂地方大局。乃《佗城独立报》发行人陈听香，竟敢依附叛军，于乱潮甫平之时，伪造揭

帖,连日刊登该报,希图摇惑众军,扰乱大局,实属罪不容诛。本都督为大局计,当饬警厅勒令该报停版,并将陈听香严拿惩办。讵料该犯自知罪恶贯盈,先行逃避,正在密缉访拿。适据警察厅将该犯缉获,当经地方检事局及法务局讯明,自应按律惩办。查该犯依附叛军,妨害军政,按照现行军律第十条"造谣惑众扰乱军心者,处死刑",应将陈听香一名,押往枪毙,以申法纪,而维治安。合行宣告,仰军民人等,一体遵照,切切特示。

——原载上海《申报》1912 年 4 月 16 日

3. 长沙驻军协统关于保护报馆舆论之布告【注】

报馆为舆论机关,有闻必录,即或传闻失实,亦只有更正之条。如其事出有因,更不容遇事苛责。倘或因报端指摘,即至该报社任意滋闹者,即属摧残舆论,妨害公理。本协有维持秩序之责,如有以上情事,准该社随时报告本协,当以军法从事。

——原载上海《申报》1912 年 4 月 30 日

【注】长沙《湘汉新闻》以刊出湖南民政司次长左学谦购买差缺消息,受到有关方面威胁。故投诉驻军独立第一协协统王隆中请求保护。王应请即在该报社门口张贴了该布告。

4. 上海租界会审公廨对《民权报》被控一案判决书(节摘)

(上略)

共和国言论虽属自由,惟值此过渡时代,国基未固,建设方新,尤贵保卫公安,维持大局。苟政府措置失当,亦宜善言规导,使之服从舆论。该报措辞过激,捕房以鼓吹杀人具控到案。迭经讯明,应依照中华民国新刑律第二百十七条妨害秩序罪,减五等处断,着罚洋三十元。

此判。

一九一二年六月十三日

——原载上海《申报》1912 年 6 月 14 日

5. 四川都督府关于保护新闻界之命令(节摘)

自都督府以至各行政官厅,特设报界招待所,各给新闻记者券,每日明定钟点,俾各界记者,持券入所摄记。除机要文件,应严守秘密,不得辄行登揭外,其余一切,皆许抄登。凡行政官厅,不得任意逮捕主笔,封锁报馆,用示特别优待。

此后各报馆如有不实、不正之论,只能令其据实更正,或交报界联合会,以公法自处,登报宣布,不得动辄封闭逮捕,以致摧残舆论,为国民之不幸。

——原载《四川都督府公报》1912年7月20日

6. 湖北大都督黎元洪关于查封汉口《大江报》布告

国家要素,在尊重夫主权;共和人民,要服从夫法律。无政府何以安国,无法律何以治民。当此建设之秋,岂容破坏之事。查《大江报》出版以来,专取无政府主义,为图谋不轨之机关。擅造谣言,摇惑人心,废婚姻之制度,灭父子之大伦,无国家,无家族,无宗教,无男女。近乃益肆猖狂,毫无忌惮,至有除去政府,取消法律之邪说,实属大逆不道,悖谬已极。我中华礼仪之邦,岂可沦于禽兽之俗?此等妖人,诚民国所共弃,世界所不容。等诸非种,朱虚侯在所必锄;例以国人,少正卯是宜务去。本府为扶持人伦,保护治安起见,著军警即行查封。该报馆主笔何海鸣、凌大同等,现尚在逃,应请一律严缉,就地正法,以惩悖逆,而维法纪。

——原载上海《申报》1912年8月15日

7. 全闽警厅总监彭守松查封《民言报》之告示

全闽警察总监彭示:

照得报馆代表言论,本可开通民智,匡济政府所不逮。现在民国成立,政体变更,一般人民未必尽知底蕴,全赖报馆诱掖启导。凡全国统一之计划,庶政进行之方针,经济筹措之手续,亦借报纸抱定主义,发舒议论,鼓吹实行,以期利国利民,方为不负天职。

兹查《民言报》即《群报》之余孽,其编辑人多半无识之徒,毫无法政思想,至于法律范围之外,误解言论之自由,显犯刑章而不顾及。自出版以来,未闻提及国计民生之大事,动则诋毁政府,颠倒是非,指摘事实,公然侮辱官长。推其居心,无非散布流言,损害官长信用,必欲离间吾闽三千万之同胞,达其煽惑内乱,糜烂地方之目的而后快意。按此等行为,无一不构成民国刑律第三百二十一条及五百五十九条、三百六十条等罪状。似此年轻好事,并无学识之人,宗旨不正,措词乖张,名虽报馆,实与匿名揭帖无异。巧借名义,鱼目混珠,信口雌黄,殊与风俗人心大有关系。不特为政府所不容,即各报馆名誉亦为所累。

现在宗社党反对政府，到处煽动，此幼稚报馆，毫无国家观念，难保非受其运动，藉以混乱是非。本总监抱革命宗旨，呼号奔走闽、粤、蜀之间十有余年。当汉满构衅伊始，本总监召集同志共谋国是。彼全体保妻子之辈，多年不敢参加，及至光复告成，人人竞争权力，要求位置。本总监以建设方始，人浮于事，总应因地择人，不能人尽有事。此辈所求不遂，捏造无稽之言，任意诬蔑，滥登报中，言之深堪愤懑。

现民国虽已成立，国际潮流日急，基本未尝巩固，功罪尚不敢自知，何暇计及求全之毁。业败垂成，本总监非有司马昭之心，不可无伊尹之志。不得已，权行专制手段，期达共和目的，应即先将该报馆标封，以示惩儆。此后各报登载，须据事直书，不得以捕风捉影之词，任意滥登。其关于内政外交之事，尤须以最确之议论，为最良之解决，庶政府有所借鉴，逐渐进行。倘再造谣兴谤，黑白混淆，本总监定当逮捕送厅，按律究办，绝不宽贷。为此仰各报馆一体知悉。

一九一二年八月二十五日

8. 法国驻天津总领事官告示

大法国驻津总领事官甘为谕知事：

照得本总领事，于西本月念九号（公历本月29日），接奉本国驻京公署电，准北京总统府以十二、十三、十四等日天津法界《民意报》，言论激烈，应请设法饬令迁出租界等因。准此，合行电知，转饬该报遵照办理等因。奉此，除札知本界巡警官查照办理外，为此仰该《民意报》馆即将报馆家具从速一律迁出界外，勿稍延宕。切切特谕。

右谕《民意报》馆。

一九一二年八月三十日

——原载上海《申报》1912年9月8日

9. 参议院关于《民意报》迁出法租界事之咨文（节摘）

（前略）

报章为舆论代表。言论自由，载在约法。行政机关，自应依法保护，何得任意摧残。此次《民意报》事件，如果仅以"言论激烈"四字封禁报馆，已属不合，乃复藉托外人，禁止发行，强扶出界，尤属违法招侮。据临时约法十九条第十款，因咨政府澈查究办，以专重约法而保障人民权利。经公众表决，相应缮录该代表等原请愿书，咨请大总统查照,希即迅饬澈查究办。

一九一二年九月三十日

——原载上海《申报》1912 年 10 月 25 日

10. 关于参议院咨请澈查《民意报》事件文之咨复

据国务院呈称:

查天津《民意报》近数月以来,措辞立论,屡犯刑律。其八月十九日、二十四日论说题目为《讨袁、黎两大民贼》,文中"袁贼"、"袁逆"语凡数见。又八月二十三日论说,诋大总统为"桀纣",为"操莽",为"狼子",为"溯(犬旁)犬",甚至有"食其肉,寝其皮"等语。大总统外则代表全国,内则代表政府,国民之所以尊重大总统,即所以尊重民国。乃该报竟斥之为贼,詈之以人世极不堪之语,在大总统固不介意,其如民国何?现在国基未固,若任报纸混淆是非,荧惑视听,内则妨碍公务,扰乱治安,外则侮辱国家,招人轻侮。近日讹言四起,政府与人民事多误会,情每隔阂,外人疑虑,啧有烦言,承认稽迟,借款留难,内忧外患,纷至沓来,未尝非该报措辞乖谬,立言不当,有以致之也。

又八月十九日该报论说有"呜呼!民国!非速立大决心,人怀死志,全国奋起,与此残害民国之民贼相周旋"等语。又有八月二十日论说有"率天下爱共和爱自由之士,与民贼拼命"等语。是教唆人民群起暴动,起而颠覆政府矣。其他似此之语,不一而足,而即就以上所举各节论之,已构成妨害公务罪,妨害秩序罪,政府为维持治安计,本拟即日具文照会法使,饬法领事勒令其即日迁出租界,然后绳以法律,以示惩警。而总统府洋随员曼德已先期往见法使,告以此意,法使即令法领事勒令该报迁出租界。

迁出以后,政府本欲将该报罪状一一胪列,遣员向该管检察厅告发,旋念报已停刊,可免追究,告发之意乃寝。此案原委大略如此。非不知人民自由,载在约法,特自由须在法律范围以内,政府固不敢稍事蹂躏,以侵人权,亦何敢任其恣肆。报纸诚能劝善规过,指陈得失,政府必引为借鉴,敬拜嘉言。该报则横肆诋诬,干乱法纪,按诸刑律,确有罪名可坐,实不仅言论激烈而已。法领事勒令迁出,实属咎由自取。政府未向司法衙门告发,已属格外从宽,尚何摧残之有?至谓政府"藉托外人,禁止发行,强扶出界"一节,尤属非是。……

闻该报馆在天津租界外继续出版,如再敢违反法律,不顾大局,政府必依国法办理,不稍假借。来咨所称"违法"之处,并未指明系何官吏,即无约法第十九条第十款所称事件不同,无凭澈查究办,除行直隶都督饬属严密检查,随时按律办理外,应请大总统咨复参议院查照等因,相应咨复贵院查照。

——原载上海《申报》1912年10月25日

11. 北京政府陆军部致内务部函

近日京外报纸,多方刺探外交军事秘密事件,漏泄登载,实于国家政务大有妨碍。昨由府秘书厅奉谕,函请贵部饬知各报馆,对于外交军事秘密事件,一律不许登载,违者按律严惩在案。惟秘密军情,一经漏泄,即碍进行,虽严惩报馆于事后,实已无从补救,诚不如先事预防,免生枝节。应请贵部转知各报馆,嗣后凡登载军事,均应先行具稿到本部检阅签字后,方准登载,否则一概认为禁止事件,不准滥登。盖军事消息,本部闻之最详,知之最确,其于可否宣布各情,尤有斟酌之责,固不尽以事之虚实为衡。譬如库伦事件,各报日言征伐,日言调兵,适足启敌国警备之资。又各报捏称专电,妄言某处兵变,使民心惶惑不定,妄毁军人名誉,实不啻激之使变。科以军法,无可稍宽,徵之报律,亦难藉护。本部若骤与为难,似乎不教而诛,逼人太甚。然究不能听其谬谬悠悠,以无稽之词,祸天下后世。今与诸报约:自二年三月二十一日起,由总务厅派员于每日午后一点至三点,接待各新闻记者,实行检阅签字办法。倘有故违,本部立即饬员究办,自有相当之对待。本部实心任事,一秉大公,但求国家前途有益,绝不畏摧残舆论之谩言,亦绝不以党见纷争为顾忌。报界诸君子既负代表舆论之责,必多明通谙达之材,委曲苦衷,当蒙深谅也。除电致各省都督转饬各路高级军事官署一体遵办外,请先行饬知本京各报馆,并转饬各省民政长查照办理。……

一九一三年三月二十日

——原载上海《申报》1913年3月28日

12. 北京政府京师警察厅总监呈内务部文

……查《国风报》等对于宋案,妄加揣测,奉令告诫,业经录令函知各该报馆遵照在案。此次秘书厅原函,不仅止宋案而言,自应按照现行报律,认真检查。遇有违犯情事,即行按律办理。惟现在各报馆于报纸之外,时发号外传单,累牍连篇,肆意诋毁。如前日《民立报》附送断送民国大借款政策,即以传单刊发,《中国报》乃转相登载。查报律对于号外传单并无规定,似应设法取缔,以维言论而保公安。拟由厅函知各报馆,嗣后关于营业之传单暨议院纪事录外，无论何项号外，或传单，均应送厅检查。其事机紧迫不及送厅检查者，则就近送该管区警察署检查。检查许可后，立时加盖检字戳记发还，方可刊布。倘不送检查，遽而发布者，其号外、传单一律没收，并将发行人依律办理。所有遵令严切取缔妄论各报馆办法，理合呈复检核。是否有当？仍候指令施行。

谨呈

内务总长

京师警察厅总监　王治馨

一九一三年五月六日

——原载北京《国民公报》1913 年 5 月 10 日

13. 广东警察厅取缔"造谣煽惑之新闻电报论说"之命令

广东警察厅令报界公会云：

现奉都督来函，近日各报对于南北事情，类多造谣生事，而尤以特电为尤甚。如本日《南越报》"电报"栏载陕西、山西、直隶、奉天、山东、河南、甘肃各都督等通电，力诋黄兴及赣粤两督不爱国家，甘为戎首。本府并未接此通电，定系该报造谣。又昨日"今日粤事"栏载孙中山之北行有待征集对外之意见，及胡都督责备两院议员三则，均无其事。又《南越报》、《国华报》"本日特电"载，粤东护军使陈炯明电陈弭乱之策，及分任某为特任镇抚使办法，当以电话询陈军长，亦云未有其事。又《国华报》昨日"本省要闻"载梁士诒面面俱到之电文。又粤省财政人员联翩北上，本府日来并未接有梁士诒此项电报，亦未派财政人员北上。似该报造谣生事，实欲煽内乱遂其破坏之心，不知该两报编辑意具何果，是否必欲酿成乱端，滋扰商场而后快。又如各报"本日特电"载，粤都督电保汪精卫为国史馆协修官，袁总统已准等语，亦无此事。应饬令更正，并谕以后关于无根据之电报、新闻不得登载，以免混淆是非等因。查近日有等报馆，其记载与言论俨然有南北业已分裂、不日宣战之景象。查南北同是一家，何来恶感，其对于宋案、借款两事或有不以为然者，亦为政见之不同。共和时代言论自由，应得有研究，而罔知大体之报馆，动辄持此以为反抗中央，肆其排击，实足制成南北恶感，破坏大局而有余。今奉都督函令，如此近在咫尺，尚且造谣，何况其他。即如本日《南越》、《人权》、《华国》、《民治》等各报载有胡都督电禀辞职消息，当即询问并无其事。以上种种谣言，殊属妨害治安，扰乱人心。

本厅长为顾全大局计,不能不严加取缔。嗣后如再有此等造谣煽惑之新闻、电报、论说等等,则本厅惟有予以停版之处分,请为慎重出言论可也。除分令《南越报》、《国华报》、《人权报》、《民治报》查照更正外,合令该公会转饬各报,如有登载以上情事,并即更正为要。

此令。

——原载上海《申报》1913 年 5 月 29 日

14. 黄远庸关于组织特种机关检阅报纸之条陈(节摘)【注】

叛党仍袭故智,专用虚声伪报,摇惑听闻。各地方之不附逆徒者,无形依附,最为危险。今日最要关键,在沟通信息,壮大声势。

谨呈办法如左:

一、报纸论调,近日关系最重,而反对党报纸,尤足供我参考。今日号称独立地方之报纸,所记人物、事实,均足为侦缉材料。某意宜令警察厅组织特殊机关,专司二事:① 检阅反对报纸,专从法律干涉;② 搜集反对报纸所记人事,择要编辑为侦探材料。

二、今日宜特组织一新闻通信机关,整齐一切论调及纪事,此种有种种作用在内。

(下略)

一九一三年七月

录自中国第二历史档案馆藏北洋政府档案,1001(2)/842

【注】黄远庸即近代著名记者黄远生。

15. 北洋政府内政部禁止有碍"中日国交"言论之训令

(第 578 号)

令:京师警察厅、各省警察厅、各省民政长

民国建设以来,各友邦热诚赞助,自各国政府以及各国国民均属上下一心,以保持东亚和平为宗旨,当亦我国民所咸知。而新闻记者发抒正当言论,尤必洞悉世界大势,注意于国际间相互之感情,故无待政府之长虑而却顾也。此次湖口暴徒倡乱,政府依法用兵,所有救国救民之苦心,友邦早已共谅。日本与我为同州、同文、同种之国,休戚相关,更为密切,对于我国内乱,绝无丝毫冀幸于其间,实政府所敢深信。乃查京外报界,间有以道路传闻之词,竟谓东南乱事与日本人有如何之关系,并谓商界现已决意为抵制日本之计等语。在各该新闻记者以激于一时爱国之热心,出言罔知所择,政府亦深信其无他。惟此等言论,并无事实可指,即与邦交有碍。万一国际感情竟为捕风捉影之谈所误,究于两国国民何利,念之宁不兢兢。为此,合仰京外警察厅、民政长转饬该管警厅,迅行布告报界、商界,须知中日国交素睦,嗣后不得再发如前项激烈言论,以免政府交邻别生障碍。

此令。

一九一三年七月二十六日

——原载北京《民权报》1913 年 7 月 28 日

16. 北洋政府内政部关于不得刊载官方禁载消息之命令

查报纸言论,应以法律为范围,不得逾越范围,昌言无忌。前经本部申明约法、报律、刑律各项条文,布告登载二年六月二十日公报在案。近因浔乱事起,谣诼因之繁兴。查报纸采(录)新闻,宜如何主持公论,维护大局。数日以来查阅各报所载专电、访稿,记载正确者实居多数,而间不免有无稽之言。现在时事方艰,民生重困,休养生息,犹虑弗遑。倘以虚造不实之言论,扰害公共之安宁,当亦顾大局、维人道者所不忍为。本部为整齐言论,维持地方起见,舆论固当尊重,法权犹应保持。为此训令该厅转饬各报馆,除关于外交、陆海军事件及其他政务,曾经该管官署禁止登载者,不得登载外,其余各项专电、访稿,仍须以国家为重,一律慎重登载。倘有不顾大局,不问是非,漫无检查,任意登载,或谣造事实,耸人听闻,则是有意妨害秩序,有碍治安,法律具在,断难宽容。该厅有地面之责,应即随时认真查察,遵照法律,从严取缔,至要。

切切此令。

一九一三年七月二十七日

——原载上海《申报》1913 年 7 月 29 日

17. 江苏淞沪警察厅长、统领警备队《关于禁绝乱党机关报》告示

案奉江苏都督民政长兼会办江苏军务行署通令,内开:

照得新闻纸为舆论机关,自非宗旨纯正,言论平允,不足以代表人民心理,导引政治进步。乃有《民权》《民立》《民强》各报,专为乱党鼓吹异说,破坏民国,捏造事实,颠倒是非,信口开河(渠),肆无忌惮,亟应从速禁售,以免淆乱人心。为此训令该厅长遵照:凡《民权》《民立》《民强》暨乱党各种机关报纸,均即禁止售卖,并布告人民,一体知悉,切速勿违,此令。等因,奉此。合亟布告周知。仰各卖报人遵照。嗣后,凡《民权》《民立》《民强》暨乱党各种机关报纸,均即禁止售卖。凡我人民,亦应一体勿再购阅上开各项报纸,以免淆乱人心,是为至要。

切切勿违,特此布告。

一九一三年八月四日

——原载上海《申报》1913 年 8 月 5 日

18. 北洋政府国务院致福建都督孙道仁密电

国务院午密皓电开:

访闻《福建民报》《群报》《共和报》本属乱党机关报,平日议论荒谬,纯取无政府主义。自湖口倡乱,三报即极力鼓吹,日日捏登匪徒获胜假电,并于七月八日号外广布传单,举众集会,肆力运动,促成十九日独立,确系有意煽乱。希由贵都督将各该报馆即日封禁,并将主笔苏郁文、黄光弼、陈群等严拿,务获惩办,以肃国纪。

一九一三年八月十九日

——原载上海《申报》1913 年 8 月 29 日

19. 福建都督孙道仁复北洋政府国务院密电

奉国务院皓电,饬将《福建民报》《群报》《共和报》封禁,严拿主笔苏郁文、黄光弼、陈群,惩办并严拿著匪林斯琛、郑祖荫、黄展云、刘通等,一并惩办,并乱党机关部及国民党查封等因,当经一面函知前代民政长,一面密派孙旅长葆榕率带兵弁,会同巡警,同时分往封禁查拿。其郑祖荫、刘通二名,现在本府供差,并饬司法科长沈珂,密传看管。顷据孙旅长报告,分遣兵警于是夜一点半钟,将该三报馆一律封禁,并拿获黄展云、陈群二名,又于《共和报》馆内拿获祝茂邺一名。查获林斯琛、黄光弼二名,早赴香港,现时均不在闽。苏郁文系《群报》主笔,两日前曾作数次狂言,畏罪潜逃涫头、连江一带,已会同水警前往该处访拏,尚未回报。……黄、陈既已就获,应交检察厅按律惩办。郑祖荫、刘通二名,光复前本系桥南社人员,自光复后,入政界供差,尚无劣迹。上月许崇智胁迫独立,未见该两员鼓动。郑祖荫于上年护闽社一案,事前曾向道仁密告,足见尚知轻重。且此次既已自行投案,又据科长沈珂联名力保,可否即交该科长严加审看,暂缓严处。刘通尚未到案,俟到案再行查讯核办。苏郁文系《群报》主笔,其论说荒谬,目无政府,较《民报》、《共和报》尤甚。据称逃往涓头、连江一带,距省匪遥,仍应严缉,务获究办。林斯琛、黄光弼、彭应祥早已他往,应仍随时侦探。如敢潜回,立即拿获具报。至祝茂邨一名,系原电无名之人,既在《共和报》馆拿获,是否主笔,有无与乱党交通情事,似一并发交检察厅讯明,分别办理。所有奉电缉拿缘由,是否有当,合行电请示遵。

一九一三年八月二十日

——原载上海《申报》1913 年 9 月 13 日

20. 广东警察厅厅长邓瑶光"慎重登载"外交军事新闻之饬令

广东省城警察厅饬文云:现奉广东巡按使公署饬第 2145 号开:"案查列国战事发生,我国因同为友邦,严守中立,所有关于外交、军事各项,迭饬该厅转饬各报馆慎重登载在案。乃日前《南越》、《华国》等报对于列国宣战一节,迭次著为论说、时评,妄生揣测,不特有伤睦谊,抑且摇惑人心,市虎杯蛇,混淆视听,实于弭患保安之道大有妨碍。查本省弭患保安办法第八条,严禁报馆,不许登载有关外交、军事之重要文件,及造谣生事之访稿,业经呈奉大总统核准照办,通饬遵照。仰即传知各报馆,一体遵行。如再故违,即由该厅将登载之报馆勒令停版,以符省令,而靖人心。此饬。"等因,奉此。查日前《南越》、《华国》等报,对于列国宣战一节,著为论说、时评,妄生揣测,迭奉饬行,严为查禁,均经转饬遵照,各在案。兹奉前因,除通饬外,合饬各该报馆一体遵照。

此饬。

邓瑶光

一九一三年九月

——原载上海《申报》1913 年 9 月 16 日

21. 报纸条例

（民国北京政府教令第四十三号公布施行）

第一条 用机械或印版及其他化学材料印刷之文字图画，以一定名称继续发行者，均为报纸。

第二条 报纸分下列六种：

一、日刊；

二、不定期刊；

三、周刊；

四、旬刊；

五、月刊；

六、年刊。

第三条 发行报纸，应由发行人开具下列各款，呈请该管警察官署认可：

一、名称；

二、体例；

三、发行期间；

四、发行人、编辑人、印刷人之姓名、年龄、籍贯、履历、住址；

五、发行所、印刷所之名称、地址。

警察官署认可后，给予执照，并将发行人原呈及认可理由，呈报本管长官，汇呈内务部备案。

第四条 本国人民年满三十岁以上，无左列情事之一者，得充报纸发行人、编辑人、印刷人：

一、国内无住所或居所者；

二、精神病者；

三、褫夺公权尚未复权者；

四、海、陆军军人；

五、行政司法官吏；

六、学校学生。

第五条 编辑人、印刷人不得以一任兼充。

第六条　发行人应于警察官署认可后,报纸发行二十日前,依左列各款规定,分别缴纳保押费:

一、日刊者,三百五十元;

二、不定期刊者,三百元;

三、周刊者,二百五十元;

四、旬刊者,二百元;

五、月刊者,一百五十元;

六、年刊者,一百元。

在京师及其他都会商埠地方发行者,加倍缴纳保押费。

专载学术、艺事、统计、官文书、物价、报告之报纸,得免缴保押费。

保押费于禁止发行或自行停版后还付之。

第七条　第三条所列各款,于呈请警察官署认可后,有变更时,应于十日内另行呈请认可。

第八条　每号报纸,应载明发行人、编辑人、印刷人之姓名、住址。

第九条　每号报纸,应于发行日递送该管警察官署存查。

第十条　左例各款,报纸不得登载:

一、淆乱政体者;

二、妨害治安者;

三、败坏风俗者;

四、外交、军事之秘密及其他政务经该管官署禁止登载者;

五、预审未经公判之案件及诉讼之禁止旁听者;

六、国会及其他官署会议,按照法令禁止旁听者;

七、煽动、曲庇、赞赏、救护犯罪人、刑事被告人,或陷害刑事被告人者;

八、攻讦个人阴私,损害其名誉者。

第十一条　在外国发行之报纸,有登载第十条第一款至第三款之事件者,不得在国内发卖或散布。

第十二条　报纸登载错误,经本人或关系人开具姓名、住址、事由,请求更正,或将更正辩明书请求登载者,应于次回或第三回发行之报纸照登。登载更正或更正辩明书,其字形大小、次序先后,须与错误原文相同。更正辩明书逾原文二倍者,得计所逾字数,照该报告白定例收费。更正辩明书,有违背法令者,不得登载。

第十三条　登载错误事项,由他报抄袭而来者,虽无本人或关系人之请求,若经原报更正或登载更正辩明书后,应于次回或第三回发行之报纸分别登载;但不得收费。

第十四条　论说、译著系一种报纸之所创有,注明不许转载者,他报不得抄袭。

第十五条　不照第三条、第七条之规定呈请认可发行报纸者,科发行人二百元以下、二十元以上之罚金;至呈报之日止,停止其发行。呈报不实者,科发行人二百元以下、二十元以上之罚金;至呈报更正之日止,停止其发行。

第十六条　不具第四条第一项之资格,或有第四条第一项各款情事之一,充发行人、编辑人、印刷人者,科发行人以一百元以下、十元以上之罚金。其编辑人、印刷人诈称者同。

第十七条　不照第六条规定缴纳保押费发行报纸者,科发行人以一百元以下、十元以上之罚金;至缴足保押费之日止,停止其发行。

第十八条　第六条第三须所指各报,其登载事件,有出于范围外者,科编辑人以五十元以下、五元以上之罚金。

第十九条　违第八条、第九条之规定者,科发行人以五十元以下、五元以上之罚金。

第二十条　发行人于呈请认可领取执照后,逾二个月不发行报纸,或发行后中止逾二个月而不声明理由者,取销其认可,并注销执照。

第二十一条　第十五条至第十九条之罚金及停止发行之处分,由该管警察官署判定执行之。罚金处分,自该管警察官署判定之日起;逾十日不缴纳者,将保押费抵充,不足者仍行补缴。保押费已被抵充罚金者,该发行人应于接到该管官署命令后,十日以内补缴或补足保押费。违者至补缴或补足之日止,该管警察官署得以命令停止发行。

第二十二条　登载第十条第一款之事件者,禁止其发行,没收其报纸及营业器具,处发行人、编辑人、印刷人以四等或五等有期徒刑;但印刷人实不知情者,免其处罚。

第二十三条　登载第十条第二款至第七款之事件者,停止其发行,科发行人编辑人以五等有期徒刑。前项停止发行,日刊者,停止十日以上一月以下;不定期刊、周刊、旬刊、月刊者,停止二次以上十次以下;年刊者,停止一次。

第二十四条　登载第十条第八款之事件,经被害人告诉者,科编辑人二百元以下、二十元以上之罚金。前项之登载,若编辑人系受人嘱托者,科嘱托人以编辑人同等之罚金。前项之嘱托,有贿赂情事者,按照贿赂之数,各科十倍以下之罚金,并没收其贿赂。

前项贿赂十倍之数,不满二百元者,仍各科二百元以下之罚金。

第二十五条　违第十一条之规定,发卖或散布外国报纸者,科发卖人或散布人以二百元以下、二十元以上之罚金,并没收其报纸。

第二十六条　违第十二条第一项、第二项或第十三条之规定,经被告人告诉者,科编辑人以五十元以下、五元以上之罚金。

第二十七条　违第十四条之规定,抄袭他报之论说、译著,经被害人告诉者,科编辑人以五十元以下、五元以上之罚金。

第二十八条　第二十二条至第二十七条之处罚,由司法官署审判执行之。

第二十九条　报纸内撰登论说、记事、填注名号者,其责任与编辑人同。

第三十条　本条例施行前所发行之报纸,应按照本条例第三条之规定,补行呈请该管警察官署认可,并按照第六条之规定,补缴保押费。

第三十一条　本条例施行前所发行之报纸,其发行人有本条例第四条情事之一者,由该管警察官署禁止其发行。编辑人、印刷人有本条例第四条情事之一者,由发行人另行聘雇,另请该管警察官署认可。违反前项规定者,至另行聘雇呈请认可之日止,由该管警察官署禁止其发行。

第三十二条　应受本条例各条之处罚者,不适用刑律自首减轻、再犯加重、数罪俱发之规定。

第三十三条　关于本条例之公诉期限,以六个月为断。

第三十四条　本条例所定属于警察官署权限之事项,其未设警察官署地方,以县知事处理之。

第三十五条　本条例自公布日施行。

一九一四年四月二日

22. 解释报纸应守军事秘密之范围

（陆军部）

报纸条例第十条所称军事之秘密,报纸不得登载者,其范围如左:

一、战时军队编制、驻扎地及出发之时间;

二、战时后方勤务之计划;

三、整旅计划及准备;

四、要塞地域内之兵备及关于防御之营造物；

五、关于国防及作战之计划；

六、关于战斗进行之状况；

七、战时军械、军需之运输及存储地点；

八、关于军事之外交事件尚在交涉中者；

九、关于军队中异常之变动；

十、关于裁并及征调军队之计划；

十一、关于军械之购置及制造；

十二、军官、军佐关于军事上之任免，或调遣未经宣布者；

十三、其他军事该管官署禁止登载者。

一九一四年六月二十日

23. 杭州警察厅《检查报纸规则》

一、本规则各报馆均应遵守之；

二、报纸未经检查，不得擅自印刷；

三、各报馆每日下午九时应将次日出版之新闻排就，印一样报，送交本厅检查处检查；

四、检查员如认为不应登载之新闻，应于题上加盖禁止登载戳记；

五、报纸如有不应登载之新闻经检查剔去者，报馆记者应将补稿送厅复查，如报馆不愿补登，不在此限；

六、检查员检查报纸，应于每条新闻上盖一戳记。

一九一四年十一月八日
——原载上海《申报》1914 年 11 月 10 日

24. 出版法

（法律第十八号公布施行）

第一条　用机械或印版及其他化学材料印刷之文书图画出售或散布者，均为出版。

第二条　出版之关系人如左：

一、著作人；

二、发行人；

三、印刷人；

著作人以著作者及有著作权者为限。

发行人以贩卖文书图画为营业者为限，但著作人及著作权承继人得兼充之。

印刷人以代表印刷所者为限。

第三条 出版之文书图画，应将左列各款记载之：

一、著作人之姓名、籍贯；

二、发行人之姓名、住址及发行之年月日；

三、印刷人之姓名、住址及印刷之年月日，其印刷所有名称者，并其名称。

第四条 出版之文书图画，应于发行或散布前，禀报该管警察官署，并将出版物以一份送该官署，以一份经由该官署送内务部备案。

官署或国家他种机关及地方自治团体机关之出版，应送内务部备案。但其出版关于职权内之记载或报告者，不在此限。

第五条 前条之禀报，应由发行人及著作人联名行之，但非卖品得由著作人或发行人一人行之。其不受著作权保护之文书图画，得由发行人申明理由行之。

第六条 以学校、公司、局所、寺院、会所之名义出版者，应用该学校等名称禀报。

第七条 以无主之著作发行者，应预将原由登载官报，俟一年内无人承认，方许禀报。

第八条 编号逐次发行或分数次发行之出版物，应于每次发行时禀报。

第九条 已经备案之出版，于再版时如有修改增减或添加注释、插入图画者，应依第四条之规定重行禀报备案。

第十条 凡信束、报告、会章、校规、族谱、公启、讲义、契券、凭照、号单、广告、照片等类之出版，不适用第三条、第四条之规定，但遇有违反第十一条、第十二条之规定时，仍依本法处理之。其仿刻照印古书籍金石，载在四库书目，或经教育部审定者，适用前项之规定。

第十一条 文书图画有左列各款情事之一者，不得出版：

一、淆乱政体者；

二、妨害治安者；

三、败坏风俗者；

四、煽动曲庇犯罪人、刑事被告人或陷害刑事被告人者；

五、轻罪、重罪之预审案件未经公判者；

六、诉讼或会议事件之禁止旁听者；

七、揭载军事、外交及其他官署机密之文书图画者。但得该官署许可时，不在此限。

八、攻评他人阴私，损害其名誉者。

第十二条　在外国发行之文书图画，违犯前条各款者，不得在国内出售或散布。

第十三条　依第十一条禁止出版之文书图画，及依第十二条禁止出售或散布之文书图画，有出版或出售散布者，该管警察官署认为必要时，得没收其印本及其印版。

第十四条　违反第三条、第四条、第八条、第九条之规定者，处发行人以五十元以下、五元以上之罚金。

第十五条　违反第十一条第一款，第二款者，除没收其印本或印版外，处著作人、发行人、印刷人以五等有期徒刑或拘役。

第十六条　违反第十一条第三款至第七款者，除没收其印本或印版外，处著作人、发行人以一百五十元以下、十五元以上之罚金。

第十七条　违反第十一条第八款经被害人告诉时，依刑律处断。

第十八条　违反第十二条者，依第十五条、第十六条、第十七条处罚。

第十九条　依第十三条、第十五条应没收之印本或印版，依其体裁可为分别时，得分割其一部分没收之。

第二十条　应受本法之处罚者，不适用刑律累犯罪、俱发罪暨自首之规定。

第二十一条　关于本法之公诉期间，自发行之日起，以一年为限。

第二十二条　本法所定属于警察官署权限之事项，其未设警察官署地方以县知事处理之。

第二十三条　本法自公布日施行。

一九一四年十二月四日

25. 关于报纸侮辱公署依刑律处断电

（大理院）

黑龙江高等审判厅鉴：

篠电悉。

未经公判案件，当然包括侦察中而言。侮辱公署，该条例既无特别明文，应依刑律处断。

大理院　东印。

附来电

大理院均鉴:"报纸条例"第十条第五款未经公判之案件;在检察厅侦察(原文)处分中案件,是否包括在内?又报馆登载侮辱公署事实,是否准照"报纸条例"第二十三条由发行人、编辑人同负责任?请解释示遵。黑龙江高等审检厅篆印。

一九一四年十月一日

26. 新闻电报章程

第一条　电报局由电线传递刊登报纸之新闻消息,准作为新闻电报,减价纳费。

第二条　凡新闻报馆、期刊报馆或新闻经理处之访员,欲发寄新闻电报,须开列下记各项,禀请交通部,或请由就近之电报局转详交通部核办:

甲　收报之新闻报馆、期刊报馆或新闻经理处名称,暨该报馆发行地点、新闻经理处所在地方之名称;

乙　收报者住址、电码;

丙　投送之局名;

丁　禀请人及访员姓名、住址。

前项禀请经交通部核准后,发给执照,每张应纳照费银二元。

第三条　访员所发之新闻电报交与电报局时,须将执照缴验。

第四条　新闻电报若用署名者,须用执照上注明之访员姓名。

第五条　国内往来新闻电报,只准用华文或英文明语。其与外国来往者,可用各国电报所准用之文字明语。

若执照上载有收报者名称、住址之简短字样,或挂号之字,则其电信中得适用之。

第六条　国内往来新闻电报,华文明语每字收银元三分;英文明语每字收银元六分。国外往来新闻电报,照国外新闻电报价目办理。

第七条　新闻电报内不得载含有私事性质之文句,并不得夹杂藉可收取银钱之广告或消息。

第八条　新闻电报内所载银钱兑换价目及市价,无论有无说明字样,一律照新闻减价收费。发电局对于电文所载银钱兑换价目连缀之数目字,如有可疑之处,应查询是否确实,由发电人据实证明。

第九条　新闻电报费如由收电者缴付,应依下列各项办理:

甲　国内电报应预付存款于投送之电报局,此项存款,须足敷半月报费之数,由该局核定之。按半月结算清楚后,应速缴存款。如有短欠,其新闻电报即行停送。

乙　发往各国之电报,须先由禀请人与各该国电报局商妥后,方可核办。至各国发来电报,缴付存款办法与前项同。

第十条　新闻报馆、期刊报馆及新闻经理处接收减价新闻电报,或须经投送之电报局核准者,应俟该局核准后方能照办。如投送之电局认为必要时,得向收电人索取证据,如:新闻报馆、期刊报馆或新闻经理处总理或主人声明遵守章程之笔据是。

第十一条　减价新闻电报,以发给执照内注明之新闻报馆、期刊报馆或新闻经理处为限。若寄与他人或他报馆、他经理处者,均不能以新闻电报论。

但新闻电报可分寄同一城邑之各新闻报馆、期刊报馆及新闻经理处。除原报照章收费外,其余钞送之报,照钞送通常电报之钞费一律收取。

第十二条　凡减价之新闻电报,须俟已收之官报、商报及全费新闻电报发毕后拍发。至投送之次序,与通常电报相等。

第十三条　凡新闻电报不按第五、第七、第八各条内所规定办理者,应照通常电价收费。又新闻电报不载入新闻报纸而作他用者,亦须照通常电价收费。其例如下:

甲　电报经报馆或新闻经理接收后,不登入报纸者(如不能说明理由),或报馆于未登报之前,先传布各处如总会、客寓、兑换所等处者;

乙　凡报馆接到之电报,未登该报馆之报纸之前,先售予他报馆刊登者;

丙　凡寄与新闻经理处之电报,不登入新闻纸者(如不能说明理由),或于未登之前,先传与他人者。

如查有以上三节情事,其应找之报费,向收电人收取。

第十四条　经交通部认可准发新闻电报之新闻报馆、新闻经理处及其访员,如有违背本章程及其他不合情事,一经查出,得由交通部酌夺情形,将所发执照追销。

第十五条　本章程未尽事宜,随时由交通部修正之。

第十六条　本章程自民国四年二月八日施行。

一九一五年二月五日

27. 修正报纸条例

第三条第一项中,"呈请"二字修正为"禀请"二字。

第二项中"原呈"二字修正为"原禀"二字。"呈报"二字修正为"详报"二字。"汇呈"二字修正为"汇报"二字。

第七条中"呈请"二字均修正为"禀请"二字。

第十条第四款修正如下：

四、外交、军事之秘密。

第四款之后增加第五款如下：

五、各项政务经该管官署禁止登载者。

第五款修正为第六款。

第六款修正为第七款。

第七款修正为第八款。

第八款修正为第九款。其中"个人"二字修正为"他人"二字。

第十五条第一项中"呈请"二字修正为"禀请"二字。第一项、第二项中"呈报"二字均修正为"禀报"二字。

第二十条中"呈请"二字修正为"禀请"二字。

第二十一条删。

第二十二条修正为第二十一条。增加第二项如下：

警察官署因维持治安之必要，对于前项之报纸，得停止其发行。

第二十三条修正为第二十二条。其第一项中"第七款"三字修正为"第八款"三字。

增加第三项如下：

警察官署因维持治安之必要，对于第一项之报纸，得先命其停止发行。

第二十四条修正为第二十三条。其第一项中"第八款"三字，修正为"第九款"三字。

第二十五条修正为第二十四条。

第二十六条修正为第二十五条。

第二十七条修正为第二十六条。

第二十八条删。

第二十九条修正为第二十七条。其中填注名号之下、"者"字之上，增加"及译著或转载"六字。

第三十条修正为第二十八条。其中"呈请"二字修正为"禀请"二字。

第三十一条修正为第二十九条。其第二项、第三项中"呈请"二字均修正为"禀请"

二字。

增加第三十条如下：

第三十条　违犯本条例者，依违令罚法第三条之规定，第二十一条第一项、第二十二条第一项之处罚，由法院审判。其他各条之处罚，由该管警察官署即决，并执行之。

罚金处分，自该管警察官署即决之日起，逾十日不缴纳者，将保押费抵充，不足者仍行补缴。

保押费已被抵充罚金者，该发行人应于接到该管官署命令后十日以内补缴，或补足保押费。违者至补缴或补足之日止，该管警察官署得以命令停止发行。

第三十二条修正为第三十一条。

第三十三条修正为第三十二条。

第三十四条修正为第三十三条。

第三十五条修正为第三十四条。

一九一五年七月十日

28. 大总统申令废止报纸条例

报纸条例应即废止。此令。

大总统印
中华民国五年七月十六日
国务总理　段祺瑞
内务总长　许世英
一九一六年七月十七日

29. 内务部电复四川警务处长所请规定取缔报馆权限应毋庸议

四川警务处雷处长：

巧电悉。

查约法第二章第六条第四项：人民有言论之自由；第十五条：本章所载人民之权利，有认为增进公益，维持治安，得依法律限制之。是报纸条例，现在虽经废止，报章言论，如有犯罪事实，暂行刑律当然有支配一般人民之效力，自应由当事者依照法定程序，提起诉讼，应如何制裁，亦应候法庭判决，权限本自分明，所请明白规定之处应毋庸议，合行电覆,希即查照。

内务部　印
一九一七年四月二十一日

录自中国第二历史档案馆藏北洋政府档案,1001(2)/842

30. 内务部电复四川警务处长
报纸法案业经提出国会关于报纸之取缔及保护勿庸另行规定

四川警务处雷处长:

巧电悉。

查报纸法案业经提出国会,关于报纸之取缔及保护自可勿庸另行规定,合行电覆查照。

内务部　径印
1917年4月24—25日

录自中国第二历史档案馆藏北洋政府档案,1001(2)/842

31.(新国会)报纸法案[注]

(《申报》)按:法制局起草之报纸法案,自通过各议后前日已咨交新国会取决。原案所具理由业详昨报,兹录条文于下,以视袁政府之报纸条例相差固无几也。

第一条　用机械或印版、化学材料及其他方法印刷之文字图画,以一定名称继续发行者均为报纸。

第二条　报纸之种类如左:

① 日刊;
② 周刊;
③ 旬刊;
④ 月刊;
⑤ 季刊;
⑥ 年刊。

第三条　发行报纸应由发行人开具左列各款,呈请该管警察官署核准:名称,体例,发行时间,发行人、编辑人、印刷人之姓名、年龄、籍贯、履历、住址,发行所、印刷所之名称、地址。

警察官署核准后给予执照,并将发行人原呈及核准理由呈报本管长官,汇呈内务部备案。官署刊行之公报不适用前二项之规定。

第四条　中华民国人民年满二十五岁以上,无左列情事之一者得充报纸发行人、编辑人、印刷人:

① 国内无住所或居所者;

② 精神病者

③ 褫夺公权尚未复权者;

④ 现役海陆军等人;

⑤ 现任行政司法官吏;

⑥ 在校学生。

第五条　编辑人、印刷人不得一人兼充。

第六条　第三条所列各款经警察官署核准,复如有变更时,应另行呈请核准。

第七条　每号报纸应载明发行人、编辑人、印刷人之姓名、住址。

第八条　每号报纸应于发行时检具全份,递送该管警察官署备查。

第九条　左列各款事件,报纸不得登载:

① 淆乱国宪者;

② 泄漏外交军事秘密者;

③ 妨害公安者;

④ 败坏风俗者;

⑤ 国会会议事件按照法令禁止旁听者;

⑥ 预审未经公判之案件及审判之禁止旁听者;

⑦ 行政事件经该管官署预行指定范围临时禁止登载者;

⑧ 煽动、曲庇、赞赏、救护犯罪人、刑事被告人或陷害刑事被告人者;

⑨ 记载他人之私事而损害其名誉者。

第十条　外国报纸有登载前条第一款至第八款之事件者,不得在国内发卖或散布。

第十一条　报纸登载错误,经本人或关系人开具姓名、住址、事由请求更正,或将更正辩明书请求登载者,如系日报,应于接到事件后次日或第三日发行之报纸照登;如系周刊、旬刊、月刊、季刊及年刊之报纸,应于接到事件后次日或第三日于该地通行之日报照登。

日刊之报纸登载更正或更正辩明书其字形、大小须与错误登载之原文相同;更正或更正辩明书逾原文三倍者,得计其所逾字数,照该报告白定例折半收费,更正或更正辩明书有第九条所列各款事件之一者,不得登载。

第十二条　登载错误事件系抄袭他报,若经原报更正或登载更正辩明书后,虽无本人或关系人之请求,亦于发行之报纸登载之,但不得收费。

第十三条　违反第三条、第五条之规定发行报纸者,处发行人以二百元以下、二十元以上之罚金,并停止其发行至呈报之日为止。

第十四条　呈报不实者,处发行人二百元以下、二十元以上之罚金,并停止发行至呈报更正之日为止。

第十五条　违反第四条之规定,在发行人者处以一百元以下、十元以上之罚金;在编辑人或印刷人者处发行人、编辑人或印刷人以一百元以下、十元以上之罚金。依前项规定处罚者,并停止其报纸之发行至另行聘雇呈请核准之日为止。

第十六条　违反第七条第八项之规定者,处发行人以五十元以下、五元以上之罚金。

第十七条　发行人于呈请核准领取执照后,逾二个月不发行报纸或发行中止逾二个月,并不声明理由者,取消其核准并将执照注销。

第十八条　第十四条至第十六条之罚金及停止发行之处分,由该管警察官署判定执行。

第十九条　登载第九条第一款至第二款之事件者,禁止其发行,没收其报纸及营业器具,处发行人、编辑人、印刷人以四等或五等有期徒刑,但印刷人实不知情者免其处罚。

第二十条　登载第九条第三款至第八款之事件者,停止其发行,处发行人、编辑人以五等有期徒刑或拘役,或三百元以下、三十元以上之罚金前款停止发行,日刊者停止一月以下、十日以上,周刊、旬刊、月刊者停止十次以下、二次以上,季刊、年刊者停止一次。

第二十一条　登载第九条第九款之事件,经被害人告诉者,处编辑人以拘役或二百元以下、二十元以上之罚金。前项之登载者,若编辑人系受人嘱托者,其嘱托人之处罚与编辑人同；前项之嘱有贿赂情事者，各处五等有期徒刑或掏役，或三百元以下罚金，并没收其贿赂。

第二十二条　违反第十条之规定发卖或散布外国报纸者，处发行人或散布人以二百元以下、二十元以上之罚金，并没收其报纸。

第二十三条　违反第十一条第四项之规定者，处编辑人、发行人以二百元以下、二十元以上之罚金。

第二十四条　违反第十一条第一项、第二项或第十二条之规定，经被害人告诉者，处编辑人以五十元以下、五元以上之罚金。

第二十五条　违反第十三条之规定，抄袭他报之论说译著，经被害人告诉者，处编辑人以五十元以下、五元以上之罚金。

第二十六条　第十九条至第二十五条之处罚由司法官署审判执行之。

第二十七条　报纸登载第九条第一款至第八款事件之一者，警察官署认为有重大之危害时，得以警察厅令其停止其发行。警察官署须于前项处分后十二小时以内报告检察厅，检察厅于批复前项报告三日内认为无庸提起公诉时，须通知警察官署解除停止发行之处分。警察官署认为无停止发行之必要时亦同。

第二十八条　报纸内撰登论说记事填注名姓者，及更正或更正辨明书之请求登载者，其责任与编辑人同。

第二十九条　本法施行前所发行之报纸，应依本法第三条之规定，补行呈请该管警察官署核准。

第三十条　因违反本法之规定处罚者，不适用刑律自首减轻、再犯加重、数罪并发之规定。

第三十一条　关于本法之公诉期限，以六个月为限。

第三十二条　本法所定属于警察官署权限之事项，其未设警察官署地方由县知事处理之。

第三十三条　本法之公布日施行。

一九一八年十月

——原载上海《申报》一九一八年十月二十六日

【注】该《报纸法案》内容经《申报》向社会透露后，遭致新闻界、报刊界及社会其他各界的一致反对。因恐激怒民怨，北洋政府只好搁置此法案的立法程序，后未出台。

32. 江苏淞沪警察厅取缔印刷所办法

第一条　本办法所称印刷所，凡用机械或印版及其他化学材料印刷中外文字图书，或以书庄刻字店而兼营印刷事业者皆是。

第二条　开设印刷所者，应由主任人开具左列各款，呈报本厅，俟认可给予执照，然后方得营业：

（一）名称；

（二）地点及门牌；

（三）资本；

（四）机械及印版种类；

（五）房屋间数；

（六）主任人之姓名、年龄、籍贯、履历、住址。

第三条　在本办法施行前开设之印刷所应适用上条之规定，补行呈请，本厅认可给予执照。

第四条　第二条所列各款，于呈经本厅认可给予执照后，如有变更应，随时呈请本厅认可。

第五条　印刷品上应载明该印刷所之名称及地点、门牌，并印刷之年月日。但名片、信柬等类及代各官厅承印之印刷品不在此限。

第六条　印刷品应于印刷时先行印刷一份，呈送本厅，俟经本厅认可后方得继续印刷，并补送三份来厅，以备存转。但仿印古书籍、图画、金石，载在四库书目或经教育部审定，及名片、信柬等类及代各官厅承印之印刷品不在此限。

第七条　上述所称印刷品，于呈送本厅时，经本厅认为确有妨碍，应知照该印刷所停止印刷，并将印版拆销。如依其体裁可为分别时，得分割其一部分停止拆销之。

第八条　已经本厅认可之印刷品，于重行印刷时，如有修改增减或添加注释，插入图画者，应依第六条第七条之规定办理。

第九条　左列各款不得印刷：

（一）淆乱政体者；

（二）损碍邦交者；

（三）煽惑人心者；

（四）妨害治安者；

（五）败坏风俗者；

（六）外交军事之秘密者；

（七）攻讦他人隐私者；

（八）按照其他法令禁止宣布者。

第十条　各印刷所本厅及该管警署之官长得随时自由入内查视之。

第十一条　违反第二条、第三条、第四条之规定者，科该印刷所主任人五十元以下五元以上之罚金，并暂令停业至补行呈经本厅认可发给执照之日，再行照旧营业。

第十二条　违反第五条之规定者，科该印刷所主任人二十元以下二元以上之罚金，并勒令于印刷品上将名称各项补裁之。

第十三条　违反第六条、第八条之规定者，科该印刷主任人三十元以下三元以上之罚金，并暂令停止印刷至补行呈经本厅认可之日，再行印刷。

第十四条　违反第九条之规定者，科该印刷所主任人一百元以下十元以上之罚金，并没收其印版及印刷品，或吊销执照，勒令停闭。如情节较重，并得解送司法官厅依法究办。

第十五条　本办法如有未尽之处，得随时增减修改，由本厅呈请本管长官核准布告施行之。

第十六条　本办法以呈奉本管长官核准由厅布告之日施行。

一九一九年七月

录自中国第二历史档案馆藏北洋政府档案，1001(2)/821

33. 淞沪警察厅关于拟定取缔印刷所办法的解释

（快邮代电）

北京内务部警政司长王鉴巧代电敬悉，查本厅取缔印刷所办法，系前奉卢护军使训令，以沪上自风潮发生以来，即有种种煽惑人心之传单印刷物四处散发，以致风潮日益蔓延，影响治安，殊非浅鲜，自应严行取缔，以遏乱萌。但欲取缔此项印刷物，非从取缔各种印刷所不可，令即迅拟取缔办法，呈候酌核饬遵等因，厅长因查警察法令仅有出版法，并无取缔印刷所专章，且出版法系指已经出版之文书图画而言，责重在著作人，而取缔印刷所既系根本之取缔，是在出版以前，责重在印刷人，性质稍有不同,故参酌出版法,体察本地情形,酌拟取缔办法十六条,呈送请示。奉卢护军使核准,指令切实施行,遵即布告周至,并呈报省长在案。乃出布告多日,至今各印刷所尚未遵行,并闻有开会反对,电请取消办法之说。伏查近来民气嚣张,每遇事散布各种印刷物,无非意在鼓煽,究系何人所发,则漫无稽考。警厅为维持地方治安计,不能不从取缔各种印刷所著手,况此事系遵奉护军使训令办理,期在必行,如果该印刷所因办法果有滞碍之处,不妨提出理由,呈请官厅核订,若任其抗拒不行,殊于官厅信用有碍,兹将取缔办法十六条并护军使训指各令原文照录附呈,即祈鉴核示遵。

一九一九年八月二十三日

录自中国第二历史档案馆藏北洋政府档案,1001(2)/821

34. 内务部咨淞沪护军使上海取缔印刷所办法内有关于先行检阅一层核与现行法律并无根据请转饬警厅依法修正由

……

据上海书业公所等电称,淞沪警厅取缔印刷所办法十六条,与部颁出版法尤多违背,万难遵守,乞迅电该厅废止,以安商业等情,旋据该书业公所等复呈同前情,并据淞沪警察厅将办法十六条抄送到部,本部查行政官厅,因维持公共之安宁秩序,及预防人民之危害行使职权时,应以现行法律为唯一之根据。近日风潮迭起,往往逾越常轨,影响地方,警察以负有保卫地方之责,依法取缔,各方面尚不免于误会,啧有烦言,是行政官厅,处理关于治安事件,行使职权,尤必以严守法律为范围。淞沪警察厅此次取缔印刷所办法,本系为营业警察中之一种取缔规则,在法律上,地方警察厅亦许有发布单行警察章程之权,果使与现行法律不相抵触,纵有反抗,依法亦可强制执行,惟按照所送条文,详加审核,第六条第一项,印刷品先送厅认可,方得继续印刷一节,实有不能不加以审慎者。就事实言之,从前报律,即系采用此种主义,嗣以种种困难,甚至报纸犯罪,法院以官厅检查在先,转使官吏代为负责,故于修正报律时,即将此种主义删除。现在书业公所等亦呈称淞沪区域,每日出版之文书图画未能偻指,若一一非认可后不能继续印刷,则延误何堪设想等语,是此种办法,在事实上诚确有窒碍难行之点。再就法律方面言之,凡关于印刷物之取缔,均系防制禁限于出版以后,并未规定检阅于印刷之前,是此种办法,在法律上亦无根据。故本部以为第六条第一项,仍应依照出版法第四条第一项,改为印刷后呈送备案,诚以印刷后,既有出版法第十一条各款之限制,又有没收处罚之明文，倘属切实奉行，自可弭患无形，无□其发卖散布，即有时认为有妨害公安之行为，非入其场所不能制止时，原条文第十条另有随时入内查视之规定，该管官厅，权衡办理，亦不患无临时救济之法。本部意见如此，相应抄录书业公所等原电原呈，咨请贵护军使查照饬厅，并希见覆。

此咨淞沪护军使

附抄件

兼署内务总长

一九一九年九月五日

——录自中国第二历史档案馆藏北洋政府档案，1001(2)/821

35. 京师警察厅管理印刷营业规则

第一条 凡以机械或印板及其他化学材料印刷中外文书图画为营业者，依本规则管理之。

第二条 凡为印刷营业者，无论专业兼业，均应先行呈报，得该管警察官厅许可，给予执照后，方准营业。本规则施行前已为印刷营业者，应依前项之规定，补行呈请给照。

第三条 已受警察官厅许可之印刷营业，关于其呈报之情状有变更时，应随时另行呈请许可。

第四条 印刷营业者，于承受委托印刷物时，应随时开具印刷物目录，呈送该管警察官厅。

警察官厅接到前项目录后，如认为有违反出版法第十一条禁止出版之情形时，得调取其印刷物或原稿检查之。检查后，如确有违反出版法第十一条禁止出版之印刷物，应禁止其印刷。

第五条 违反本规则第二条、第三条之规定者，科该印刷所经理人五十元以下、五元以上之罚金；至补行呈经该管警察官厅许可之日止，得停止其营业。前项之规定，呈报不实者，亦同。

第六条 违反本规则第四条之规定者，准用出版法第十四条、第十五条、第十六条、第十七条办理。

第七条 关于本规则之施行细则，由各该地方警察官厅定之。

第八条　本规则自公布日施行。

一九一九年十月二十五日

——录自中国第二历史档案馆藏北洋政府档案，1001(2)/821

36. 京师警察厅拟订管理印刷营业细则

（列字第548号）

第一条　凡为印刷营业者，无论专业兼业，均应遵照此次部定管理印刷营业规则及本细则规定开具条款，呈报警察厅核准给照，方许营业。

第二条　呈报时应依照左列各款：

——经理人之姓名、籍贯、年龄、住址（此项经理人即指为印刷营业者之铺主）

——印刷所之地点

——中外文字之类别

——机器之大小种类

——资本之数目

——印刷工人之数目

——营业之日期

第三条　凡在此次部定管理印刷营业规则施行以前为印刷营业者，仍应遵照本细则第二条各款补行呈报，听候给照。

第四条　凡经给照为印刷营业者，承受委托各种印刷物，应在未付印以前将其目录暨文字类别、字数、纸数并委托人之姓名分别开送于警察厅，经核准盖戳发还后方许印行（目录应送二份，一份存案，一份发还）。

第五条　凡委托人送到各种印刷物，该经理人应预详审其内容，遇有目录与内容不符，即应随时将情形呈报。其不先呈报，尽将目录开送者，虽经厅核准付印，查明后该经理人仍应负完全责任。

第六条　凡开送各印刷物目录，经厅审核有须详查其内容细目者，得直接调取其原稿或派员往该所调查其原稿，该经理人即应将原稿呈出候查。

第七条　凡承受委托之各种印刷物，依内务部另文之解释，规定左列各款免其开送目录：

（甲）依出版法第十条规定不在呈报之列者；

（乙）已经内务部注册给照之著作物；

（丙）已依出版法呈报备案之出版物；

（丁）官署及议会商会所用之印刷物。

第八条　凡各种印刷物，由该印刷所开送目录，经厅审核认为违反出版法第十一条之各款规定，禁其出版者，该印刷物原稿仍应送厅存案。

第九条　凡经厅核准之各种印刷物付印时，均应将该印刷所名称载列纸尾，并将原印刷物呈送一份存案。

第十条　京内各学校自行设立之印刷部，除讲义、校规等物不适用出版法第十条，毋庸呈报外，其印刷他项物件，在管理印刷营业规则应行审查之范围以内者，均应遵照前列第四、五、六、七、八、九各条办理。

第十一条　凡为印刷营业者，除遵照此次部定管理营业规则各条暨本细则前列各条办理外，仍适用本厅原定禀报营业规则各条之规定。

第十二条　本细则自公布日施行。

一九一九年十一月十六日

——录自中国第二历史档案馆藏北洋政府档案，1001(2)/821

37. 东省特别区警察总管理处暂行取缔报纸规则

第一条　此项规则，无论中外人民，凡在东省特别区域界内开设报馆印发报纸者，均应一律遵守。

第二条　开设报馆，须由创办人开具左列各款，呈请本处核准，方能出版：

一、报纸之名；

二、报馆地址；

三、发行时期；

四、主笔人、发行人、编辑人、印刷人之姓名、年龄、籍贯、履历、住址。

第三条　有左列情事之一者，不准充报纸主笔及发行、编辑、印刷人：

一、界内无居住权者；

二、有精神病者；

三、褫夺公权尚未开复者；

四、现役海陆军人；

五、现充行政司法官吏。

第四条　左列各款不得登载：

一、淆乱政体之论说；

二、妨害国交及地方治安之论说；

三、伤风败俗之论说；

四、外交、军事应守秘密事项；

五、攻讦及损害他人名誉事项。

第五条　如有登载失实，本人或关系人开具姓名、住址、事由，请求更正或将更正辩明书请求登载者，应于次日或第三日发行之报纸内照登。

第六条　凡登载更正辩明书，其字型大小、次序先后须与失实原文相同，不许参加私见，代为涂改，如更正辩明书有违背法令情事，不准登载。

第七条　登载错误事项，如他报抄袭而来者，虽无本人或关系人之请求，倘经原报更正者，应亦一律更正。

第八条　凡有论说译著，虽系他报所创，若已注明不许传载者，自应不得抄登。

第九条　如违犯本规则所列各项，即将该报主笔及编辑人按照情节轻重分别处罚。惟违犯第四条所列各款者，得停止其出版。

第十条　本规则自公布之日施行

一九二一年

——录自中国第二历史档案馆藏北洋政府档案，1001(2)/843

38. 东省特别区警察总管理处暂行管理报纸营业规则

第一条　用机器或印版及其他化学材料印刷之文字图书，以一定名称继续发行者均为报纸。

第二条　发行报纸，应由经理人开具左列各款，呈请本处核准给予执照后方准出版：

一、名称；

二、体例；

三、发行时期；

四、经理人、编辑、主任人、发行人、印刷人之姓名、年龄、籍贯、履历、住址；

五、发行所、印刷所之名称、地址。

本处核准后,并将该报经理人原呈及核准理由呈报内务部备案。

本规则施行前已开设之报馆,应依第一项之规定补行呈请给照。

第三条　已受本处核准之报馆,关于其呈报之情状有变更时,应随时另行呈请核准。

第四条　有左列情事之一者,不准充报馆经理人、编辑、主任人、发行人、印刷人:

一、界内无居住权者;

二、精神病者;

三、褫夺公权尚未复权者;

四、现役海陆军军人;

五、现充行政司法官吏。

第五条　出版法第十一条所列各类情事,均不得登载。

第六条　报纸登载错误,经本人或关系人开具姓名、住址、事由、请求更正或将更正辩明书请求登载者,应于次日或第三日发行之报纸照登。更正辩明书有违背法令者,不得登载。

第七条　登载错误事项,由他报抄袭而来者,虽无本人或关系人之请求,若经原报更正或登载更正辩明书后,应于次日或第三日发行之报纸分别登载。

第八条　违反本规则第二条、第三条之规定者,准用出版法第十四条,处经理人以五十元以下五元以上之罚金。

第九条　违反出版法第十一条之规定者,准用出版法第十五条、第十六条、第十七条办理。

第十条　本规则无论中外人民,凡在东省特别区域界内开设报馆发行报纸者,均应一律遵守。

第十一条　本规则自呈准内务部核准后施行。

一九二一年

——录自中国第二历史档案馆藏北洋政府档案,1001(2)/843

39. 北洋政府交通部为取缔开洛广播电台事致上海护军使咨稿

交通部为咨行事。

据上海《申报》十四日新闻栏内登载,该报馆联同开洛公司经营广播无线电话,并销售无线电接收机,风闻沪地人民装设颇广。此项情事,查显系违反《电信条例》之规定,损害主权,妨碍电政,关系殊为重大。际兹国内秩序未宁,倘有一二宵小容于其间,煽惑扰乱,为害实非浅鲜。该商民人等,对于《电信条例》之规定容有未知,致违禁例,应请转饬所属广为晓谕,迅予禁止,以维电政,以保主权,以消隐患。再者,本部为谋中外人民幸福起见,对于广播无线电话正在积极筹备,厘订规则,不日公布,该商民人等尽可静候政府办法,何得先事嚣张,致干例禁。上述一节,并希先为晓谕,至所有如何设法禁止之处,应请贵使酌量办理见复。

此咨
沪护军使

中华民国十三年五月(一九二四年五月)

40. 装用广播无线电接收机暂行规则

(交通部颁行)

第一条 依照电信条例第三条之规定,凡装用广播无线电接收机 Receiver 者,须先呈请交通部核准发给执照。

第二条 接收机装用地点只限于通都大邑及繁盛市镇,惟军事边防、海防及政府或地方官厅示禁之区域不得装设。

第三条 凡装用接收机 Receiver 者,应先具请愿书并依照左列二项之规定附具证书,呈请交通部核给执照。

甲、凡中国人民装用接收机 Receiver 者,应由其同乡委任以上职官一人或六等以上殷实商号一家出具证书,以证明其请愿书内所列各项均属实在。

乙、凡华侨、外人装用接收机 Receiver 者,请愿书内所列各项应由其本国公使、或领事、或同国籍之殷实商号二家为之证明。

第四条 凡法定机关暨曾经注册之华洋公司、会社装用接收机 Receiver 者,应由其领袖人出具请愿书送部核准发给执照。

第五条 凡年在二十岁以下欲装用接收机 Receiver 者,应由其父或保护人按照第三条之规定代请执照,本人不得自行请求。

第六条 凡持有执照人,对于本规则规定各项暨本部所译布之国际无线电信通例,及所颁布与本规则有关系之条例,应负遵守之责。

第七条　接收机只准供接收音乐、新闻与气象时刻、汇兑之报告以及演说、试验之用,不得借以牟利,并不得将所受任何电信私自泄露。

第八条　凡机器曾经交通部查验钉有部颁号牌者方准制用,倘无号牌或系假冒,一经查出立予根究。

第九条　遇交通部派员查验机器时,应将执照同时缴验,不得拒绝。

第十条　执照不得私让他人,并不得擅自涂改。

第十一条　凡在本规则公布以前装用之机器,无论其曾否立案,一律限公布两个月内按照本规则之规定呈报交通部核给执照,并补钉号牌号票。其收费办法按照取缔无线电机器进口规则第六条办理。如逾期不报,一经查出即没收其机器。

第十二条　装用机器每付每年应照下列之规定预缴执照费及印花税费。

甲、接收机不用真空管 Vacuum tubes 者,每年应缴纳执照费银元四元,印花税费四分。

乙、接收机用真空管 Vacuum tubes 者,每年应缴纳执照费银元六元,印花税费四分。

第十三条　执照只有效期间以一年为限,期满前两个月须纳费换领新执照,如有遗失或毁损时,得声叙理由呈请交通部补给,但须缴纳原照费五分之一及印花税费四分。

第十四条　接收机之装设于政府广播电台规定射程 Rango(射程由该台另行分布)以内者,于执照费外并须缴纳广播费,其收费办法由该台临时通知之。

第十五条　接收机须装成一起,其增音器 Amplifier,不得越过三层 Three steps。

第十六条　天线之装置须照下列之规定:

甲、天线高度不得过二十公尺;

乙、天空横线长度不得过三十公尺;

丙、天空横线不得过两根;

丁、接收机与天线调合其最大波长 Wavelength 不得过二千公尺。

但有特别情形不能按照上列之限制曾呈由交通部核准者不在例此。

第十七条　真空管接收机 Vacuum tubes Receiver 用反应 Reaction 以接收无减幅式电波 Undamped Waves 时,不得使天线间发生甚强之波动 Oscillations,以免扰及邻近之接收机。

第十八条　接收机 Receiver 装定后,如须移往他处时,应先将其迁移地址呈请交通部核准备案。

第十九条　持有执照人因装置或使用接收机 Receiver 与其他个人或团体发生纠葛时,应由其自行处理。

第二十条　政府于维持公安及免除危险之必要时,得暂行收管其接收机 Receiver,但事后的凭照退还之,其执照有效期间的照收管时日延长之。

第二十一条　装用接收机 Receiver 者,如经交通部查有违背本规则之规定时,应处五元以上、二百元以下之罚金或没收其机器。

第二十二条　本规则得由交通部随时修正之。

第二十三条　本规则自公布日施行。

一九二四年八月

41. 京师警察厅管理新闻营业条例

第一条　凡在京师地面经营新闻营业者,遵照本规则办理。

第二条　新闻分列三种:

（一）报纸。凡日刊,周刊,不定期刊等,内容专载新闻者属之。

（二）杂志。无论定期刊、不定期刊,内容系研究学术性质者属之。

（三）通信社。

第三条　发行报纸、杂志,须由经理人依照下列各款呈报于警察厅:

（一）名称;

（二）体例;

（三）发行日期;

（四）经理人、编辑人、发行人、印刷人之姓名、籍贯、履历、住址;

（五）发行所之地址;

（六）印刷所之名称、地址;

（七）资本数目;

第四条　办理通信社,须由经理人依下列各款呈报:

（一）名称;

（二）经理人、编辑人、发行人、印刷人之姓名、籍贯、履历、住址;

（三）社址地点;

（四）资本数目。

第五条　学校学生不得充报纸、通信社经理人、编辑人、发行人、印刷人。

第六条　发行报纸、杂志或办理通信社者，均须于呈报时，取具五等捐以上铺保两家，以资负责。

第七条　报纸、杂志之发行所，通信社之社址房屋，均须商得房主允可，出具同意切结，存厅备案。

第八条　发行报纸、杂志或办理通信社，于呈报后，须俟官厅查明核准，发给执照，方得开始营业。在未经核准领照以前，不得擅自出版，或刊发稿件。前项执照，应按资本总额千分之五缴纳照费。

第九条　凡核准之报纸、杂志、通信社，登载新闻言论，须遵照出版法第十一条办理。

第十条　凡核准之报纸、杂志、通信社，内容如有变更，或迁移发行所暨社址时，仍须照本规则第一、五、六、七等条，另文呈报。

第十一条　在国外或京外发行之报纸、杂志、通信社，如在京设立分发行所或分社时，应遵照本规则办理。

第十二条　本规则自公布日施行。

一九二五年四月一日

42. 审查影剧章程（节录）

第一条　凡编演影剧，不论该剧片系在本国制造或外国输入者，均须经本会审定后方准映演。

第二条　凡编演影剧，有合于左列各款之一者，经本会审查合格得褒奖之：

一、其事实情形深合劝惩本旨者；

二、有益于各种科学之研究者；

三、于教育上确有补益者；

四、扮演人于前列三项确能发挥编者之旨趣者。

关于影剧之褒奖办法由本会会议定之。

第三条　审查结果认为有左列各项之一者，应禁止之：

一、迹近煽惑，有妨治安者；

二、迹涉淫亵，有伤风化者；

三、凶暴悖乱，足以影响人心风俗者；

四、外国影片中之近于侮辱中国及中国影片中之有碍邦交者。

第四条　审查结果，认为有左列各项三一者，得令其剪截或修改之：

一、情节乖谬，不合事理者；

二、形容过当，易起反感者；

三、意在劝惩，而反近诱惑者；

四、大体尚佳，间有疵累者。

第五条　凡经本会审查之影剧，应于本会丛刊或教育公报中随时公布之。

第六条　关于审查影剧之手续，准依本会戏剧股办事细则办理。

第七条　本章程自呈请教育部核准之日施行。

一九二六年二月

43. 京师警察厅修正管理新闻营业条例

第一条　凡在京师地面经营新闻事业，须遵照本规则办理。

第二条　新闻分下列三种：

（一）报纸（凡日刊、周刊、旬刊、不定期刊等，内容专登载新闻者属之）。

（二）杂志（无论定期刊、不定期刊，内容系研究学术性质者属之）。

（三）通信社。

第三条　发行报纸、杂志，须由经理人依照下列各款呈报于警察厅，以凭发给执照：

（一）名称；

（二）体例；

（三）发行时期；

（四）经理人、编辑人、发行人、印刷人之姓名、籍贯、履历、住址；

（五）发行所之地址；

（六）印刷所之名称、地址；

（七）资本数目。

第四条　办理通信社，须由经理人依下列各款呈报：

（一）名称；

（二）经理人、编辑人、印刷人之姓名、籍贯、履历、住址；

（三）社址地点；

（四）资本数目。

第五条　营新闻业者，须于呈报时取具妥实铺保，以资负责。

第六条　报纸、杂志之发行所，通信社之社址房屋，均须商得房主许可。

第七条　发行报纸、杂志或办理通信社，于呈报后，须俟官厅查明核准发给执照，方得开始营业。前项执照，应按资本总额千分之五缴纳照费。

第八条　凡核准之报纸、杂志、通信社，内容如有变更，或迁移发行所暨社址时，仍应报厅备案。

第九条　在国外或京外发行之报纸、杂志、通信社，或在京设立分发行所或分社时，应遵照本规则办理。

第十条　本规则自公布之日施行。

一九二六年二月

——原载《申报》1926 年 2 月 18 日

44. 关于党报决议案

（国民党第二次全国代表大会通过）

中国国民党第二次全国代表大会所视为最重要之点，就是宣传本党的革命原理——整个的三民主义——以期三民主义随国民革命的成功，完全实现。三民主义之中，只实现其一、二，而不能全部实现时，国民革命依然不能谓之成功。不过本大会深知民权和民生两主义必待民族主义确实完成并且稳固的建立起来，才能实现。这是我总理的遗念，本大会所矢志接受的。

第二次大会闭幕以后，第三次大会开会以前的时期，本党应当鼓动并且集合所有的革命力量，在最短期间，促成民族主义的实现。这是本党最切要的工作，本党党报所应首先致力的。

民族主义的意义，第一次代表大会指出，是在使中国脱离次殖民地的境域，进而和世界上其他民族同立于平等的地位。总理谓次殖民地就是受多数帝国主义统治的民族，所以次殖民地的情况较统治于一个帝国主义下的殖民地更为厉害。总理又说，民族主义是在使中国统一，并且受统治于五权宪法的中央政府。

第二次代表大会要求本党党报时时指示民众民族主义之中有两种要点：第一是脱

离帝国主义的压迫而独立;第二是依据五权宪法实现国内统一的政府,想实现国内统一的政府,必须先打倒帝国主义。

本党机关报应指出,在中国未脱离次殖民地境域以前,想着依据本党的五权宪法或其他法律实现统一,都是带有危险性的梦想。过去本党之失败,都可引为鉴证。

本党党报更应指出,在不平等条约束缚之下,欲求经济的进步以迎合中国的要求,乃是不可能的。全国商港经济的发展愈见显著,外国资本家统治全国财政的势力也愈见坚固,结果中国内地愈趋于穷困,本国的产业及银行事业逐渐变为外国经济的附庸。这是本党党报时时要注意指示的。本党党员之服务于各级学校,从事于社会经济的调查,并且对于第一次代表大会关于民族主义的解释完全同意的,应当参加党报的编辑工作,竭尽他们的知识和发表能力,去证明本党对产业发展的主张是正确的,毫无疑义的。

党报更应依系统的计划指示给学生、工人、农人、商人,不平等条约废除后,他们怎样可以满足自己的要求。农民群众得到福利后,本国货物的销场定要扩大,本国货物销场的扩大,引起劳力需要的增加。结果工资增加,生活状况改善。农工阶级的经济的改善,知识阶级——教师、工程师、经理的服役范围也因之扩大。在这时期,商业自然有长足的进步。本党党报应指出种种的改善和进步,必须要不平等条约废除,海关管理权收回,中国统一后,才能得到。所以全国的学生、工人、农人、商人一定要参加中国国民党所领导的国民革命运动。

救亡的方策,充满了中国。然而在这些方案里边,凡未包括废除不平等条约、收回租界及海关管理权的,本党党报应当指明这是危险的宣传、中国统一和解放上的障碍物。关于这一点,是党员特别要坚持的态度。党报的评论必须是建设的,不应一味是破坏的;容易为群众所了解的,而非专为少数人所阅览的。

第二次代表大会更训令党报宣传以下口号及政策:

(一)广东为中国国民革命运动的根据地。

(二)广东因在忠于总理遗训及第一次代表大会指导的国民党的统治之下,在行政上、军事上、财政上、经济上都得到了莫大的进步。广东人民对于国民党的主义及行为渐有深刻的信仰。

(三)凡反对国民政府,或设法倾覆国民政府的政权,破坏国民政府的名誉,或另外结合小组织谋不利于国民政府的,通是反革命者或有意无意的帮助反革命者。

(四)国民党在广东正从事于统一全国政治的任务。国民党在广东的成功,将促成国民革命的实现。所有足以妨害广东的成功的障碍,一定要不顾情面,不怕危险的去扫除他。

(五)必须个个党员视国民革命的利益不但重于自身的利益,党员的家族亲属或其他团体的利益,也不能和国民革命的利益相比拟。

(六)国民党不是一个互助的团体,乃是为中国的自由统一而奋斗的革命党。凡不能从事国民革命的工作,或忘记了伟大的责任,就是违反了总理和国民的希望。在国民党中,决不容这种事实存在的。

(七)本党的纪律是打倒帝国主义和军阀、统一中国的武器,凡违反本党纪律的就如同临阵脱逃的兵卒一样。

(八)口头革命,不服从上级机关的指挥,或既受命令而不能执行的,都是违反纪律的行为。其发表革命的言论,多做些革命的工作,方能促成国民革命。

(九)本党党员,因牺牲自身,惠爱同族,对少数分子施以严厉的手段,也是不能免的。四万万同胞,不能依和平的手段来统一,暴力也是需要的。暴力的意义,就是组织和纪律。党员个人是本党所统制的分子,党员个人的利益是包括在党的利益中间的。所以党员的利益,应当为本党的利益而牺牲。

(十)唯有组织良好、纪律森严的国民党,才能于扑灭国内外敌人后,建立国民政府。先总理为中国奋斗,为革命牺牲,四十年间如一日,我辈后死者应当引为榜样。

(十一)本党只要问党员能致力于废除不平等条约运动否?能努力作打倒军阀否?能努力建立国民政府以统一全国否? 如能,他就是一个国民党党员。

本党党报对于国内事件多未披露解释,确是一个大错。党员的训练和党中领袖的养成,不能从抽象的原理中得来,必须利用现存的事实,向党员讲明,并分析其政治的意义,才能使党员增加革命的经验,鼓励革命的勇气。本党以时事为研究的对象,不断的为全国民众奋斗。本党党报就是全体党员的导师。党报解释时事,应当指出起因和对于国民革命的影响。例如苦力为帝国主义者所殴辱一事,意义非常伟大,本党党报应即在党报重要栏内将他发表,并且就此阐明国民革命的必要。工厂矿穴里工人的苦况,应当与以详细的描写。工人的生活困苦,原因是在中国产业的落后,所以产业的落后是因为不平等条约的束缚。军阀常假借为国为民而战的口号,耸动群众的视听,本党党报应当指出事实,攻击他们言行的矛盾。中国报纸书籍中遇有传播帝国主义的文明,宣扬他们对中国的口头亲善时,本党党报都得加以抨击,不可轻轻放过机会。本党党报不只要指出帝国主义者政治的、经济的侵略,更应指出文化的侵略足以破坏国民革命的思想,分裂知识分子的队伍,麻醉一般革命民众的心理。本党党报应特别防止这种危险。关于此点,党报应当宣传以下的口号:

(一)中国的自由统一,要靠中国环境内所产生的思想,尤其是群众在要求生存的条件下所产生的知识,才能实现。帝国主义的学术是不能救中国的。

(二)学术思想、学术研究,除非是为民众要求社会经济的解放及为民众要求生存,都是毫无价值的糟粕。

(三)知识分子的口号,应当是"到群众里去"。中国的解放,唯独在群众中才能找到。

(四)凡是脱离群众的份子,在社会上就失掉了根据,他的一切活动统无效力。

(五)帝国主义者耗费千百万来传播耶稣教,这是他们破坏我们的民族主义的一个很厉害的工具。

以上各点,本党党报应特别宣扬,并指示知识分子应努力介绍民族主义于全国民众,万勿甘作传播帝国主义文明的工具。

第二次代表大会十分重视党报的工作,故训令中央执行委员会和各省执行委员会在日报上、周刊上坚持本党的宣传政策,不容游疑。日报和周刊的编辑员,由中央执行委员会及各省执行委员会任命,并且监督他们的言论。中央和各省委员会对于党的政策既负全责,故得斟酌情形,撤换编辑员或取销各该宣传机关。

中央党部设立调查员,供给报告及论说材料于本党各党报。中央执行委员会的宣传部,应依本党对于某项时事问题的决议,按期通告于本党各机关报。

一九二六年一月十六日

第三篇　民国南京政府初期的新闻法制史料

（1927—1937）

1. 上海特别市教育局小报审查条例

（上海市政府核准施行）

第一条　凡在本市发行或销行之小报，均由本局随时审查。

第二条　凡出版小报，须详开报馆地址及发行人、编辑人姓名，来本局备案。地址及发行人、编辑人有更改时，亦须呈报本局。

第三条　凡出版小报，报面须标明小报馆确实地址及发行人、编辑人姓名，以凭查核。

第四条　凡出版小报，每期均须呈送本局备查。

第五条　凡出版小报有合于下列各款之一，经本局审查合格者，准其发行销行，并褒奖之：

（一）宣传中国国民党党义，导引民众努力国民革命者。

（二）研究生活问题及风俗习惯，寓有领导民众除旧革新之旨趣者。

（三）传布知识或学术，有益于全社会或某一社会者。

（四）发挥文学美术，予民众或某一部分人以精神上之愉快者。

第六条　关于小报之褒奖办法规定如下：

（一）由本局与以"上海特别市教育局审查合格特准发行"字样刊印报端。

（二）由本局与以"上海特别市教育局认为优良特准发行"字样刊印报端。

（三）由本局呈请市政府传谕嘉奖。

（四）由本局呈请市政府通令各机关、各地方，广为推销。

（五）由本局呈请市政府与以补助费或奖金。

第七条　审查结果认为有下列各项之一者，禁止其发行或销行。并得惩戒发行人或编辑人：

（一）违反党义，煽惑舆论者。

（二）诡辞诲盗，有妨治安者。

（三）迹涉淫亵，足以诱惑青年者。

（四）摘人隐私，毁人名誉，专事嘲讪谩骂者。

（五）专载妄诞，以淆惑观听者。

（六）专事投机，意在敲诈者。

（七）文辞隐晦，实含上述六项恶意之一者。

第八条　关于小报之惩戒办法规定如下：

（一）由本局呈明市政府令公安局或请租界临时法院限期停刊，或禁止发行或销行。

（二）由本局呈明市政府设法封禁报馆；其情节较重者，并拘办发行人或编辑人。

第九条　审查结果认为有下列各项之一者，得由本局直接通函警告，劝其改良：

（一）大体尚佳，间有失当者。

（二）主张腐旧，违反时代精神者。

（三）记载失实，迹近谤毁他人者。

（四）意在劝惩，而反迹近淆惑者。

第十条　审查结果，认为旨在营业并无流弊者，本局得任其自由发行。

第十一条　审查小报事宜，由本局第三科组织小报审查委员会主任之。

第十二条　审查委员会须将审查意见报告第三科科长，其认为尚须复审，得指定其他委员复审之。审查结果，开会公同议决。

第十三条　凡经本局审查之小报，应简单加以评语，于本局半月刊或市政公报随时公布之。

第十四条　本条例得由本局务会议随时修改，呈请市长核准施行。

第十五条　本条例自呈请市长核准施行。

一九二七年十月三十一日

2. 禁止学生购阅淫亵书报令

（大学院通饬）

案准内政部第一八七号咨开：查出版自由，为党纲所特许；维持风化，亦为行政之大端。迩来各埠新出书报杂志，宗旨纯正者，固属甚多，而诲淫败俗之出品，亦复充斥市面。据调查所得，上海一隅，此项淫亵小报杂志，已达百种以上。其各种诲淫书册、歌曲等小本，更到处皆是。无知青年，私行购阅，堕落日甚，流毒无穷。查刑法内关于散布贩卖或制造陈列猥亵之文字、图画及其他物品者，均有处罚之规定，亟应依法取缔。除分行外，相应函请贵院查酌通令各学校对于诱惑青年之淫书、淫报、猥亵杂志，禁止学生购阅，以收杜渐防微之效，请烦查核办理等由。准此，查淫猥书报，流毒社会，在青年学子尤为易受诱惑，诚如内政部所言，亟应通饬各学校一律禁止各学生购阅，以端趋向，而肃学风。此令。

一九二八年六月

3. 指导普通刊物条例（草案）

（国民党中央常务会议通过）

第一条　凡不属于党部、党员及与党有关系的一切刊物之指导，均适用本条例。

第二条　中央宣传部备有各项刊物调查表随时调查，发行刊物机关于接到后，须按格式照实填写，随时呈报统计。

第三条　各刊物须按期寄送全份于中央及所在地最高党部宣传部以备审查。

第四条　各刊物立论取材须绝对以不违反本党之主义、政策为最高原则。

第五条　中央及所在地最高级党部宣传部审查后认为有更正之处，各刊物须绝对服从。

第六条　各级党部及政府如有送往发表之文件，各刊物须尽量登载，不得无故拒绝。

第七条　各刊物绝对不得泄露本党机密事项。

第八条　各刊物绝对不得攻击或批评本党主义。

第九条　各刊物绝对不得攻击本党政策，但得作善意之批评。

第十条　各刊物不得转载反对本党之言论及查禁之文件。

第十一条　各刊物如有违背本条例者,得由本党按情节轻重分别警告、停刊若干日或查禁、惩办负责人员。

第十二条　本条例由中央常务委员会通过公布施行。

一九二八年六月

4. 审查刊物条例(草案)

（国民党中央第144次常会决议通过）

第一条　本条例所称刊物指左列各项:

1. 图画。
2. 书籍。
3. 杂志及小册子。
4. 报章及通讯社稿。
5. 散页的印刷品(如传单等)。
6. 其他一切宣传刊物。

第二条　各刊物由中央执行委员会宣传部审查,分别处理。

第三条　离中央较远而刊物过多之处,得由中央宣传部委托当地省党部或特别市党部宣传部,代行审查处理,随时呈报中央宣传部。

第四条　未受中央宣传部委托代行之各级党部,仍负有审查所在地各刊物之责,随时以其审查结果报告中央宣传部。

各地政府认为关系重大不及呈报中央者,得先扣留察勘再呈中央处理之。

第五条　各印刷所于本条例公布后印刷各项刊物,须将印刷所名称、地址印在各刊物后,其抗不遵办者以秘密出版论。

第六条　各发行所、各书局于本条例公布后,一星期内将该所局现有刊物之名称、种数及刊布年月、编辑所及编撰人姓名、印刷所及其经理、发行所及其经理、及编辑所、印刷所、发行所之地址,造具清册,送中央宣传部备案,离中央较远之处得自文到达起计算。

第七条　各发行所、各书局刊物未经中央宣传部备案者,应随时检齐二份送呈中央宣传部审查。

第八条　中央宣传部或其他所委托之省党部或特别市党部宣传部,审查刊物以本党主义、党纲、政纲为标准。

第九条 审查结果之处理方法分七等如次：

1. 嘉奖提倡于本党主义、党纲、政策有真认识而有益于本党之发展者；

2. 核准存案合于本党主义党纲、政策者；

3. 不理或缓办无关宏旨者；

4. 训斥或修正于本党主义党纲、政策稍有出入而无大害者。

5. 查禁或没收反宣传或秘密出版者；

6. 查封屡次发售反宣传刊物或秘密出版者；

7. 拿办有意为反宣传之负责人员。

第十条 各发行所、各书局刊物不送审查，一经查明加重处分。

第十一条 各发行所、各书局刊物经审查后令饬修正，抗不遵办者加重处分。

第十二条 各发行所、各书局刊物经审定后如变更内容，须呈请复审。

第十三条 各发行所、各书局刊物经审定后，因政策关系，中央宣传部得令饬修改之。

第十四条 中央宣传部于必要时得秘密派员常驻必要地域，秘密审查驻在地刊物，随时呈报中央宣传部处理。

第十五条 各刊物审查细则另定之。

第十六条 本条例由中央宣传部部长请准中央常务委员会修改之。

第十七条 本条例由中央常务委员会议决公布施行。

一九二八年六月九日

5. 补助党报条例（草案）

（国民党中央144次常会议决通过）

第一条 凡党员所主办之日报或期刊，请求本党中央或各级党部补助经费时，适用本条例。

第二条 党员所主办之日报或期刊，须备左列各条方得请求补助：

一、言论及记载随时受党之指导者；

二、不利于党之一切文字图画等件，概不为之登载者；

三、能尽量宣传本党主义政策、政纲者；

四、完全遵守党定言论方针及宣传策略者；

五、党之宣传文字等件，能尽量并迅速刊载者；

六、出版时间在□年以上者；

七、发行份数在□份以上者；

八、证明能继续出版□年者。

第三条 补助经费数额依左列标准决定之

一、日报或期刊之所在地

二、日报或期刊之内容及效力

第四条 受本党补助之日报或期刊，须将左列各项呈报中央宣传部及其受补助之党部宣传部备案：

一、该报或期刊之负责编辑人、经理人、发行人姓名、略历、住址。

二、该报或期刊之经费收入情形。

三、该报或期刊之所在地及详细通讯处。

四、该报或期刊之发行年月日。

第五条 本条例由中央常务会核准施行

一九二八年六月九日

6. 指导党报条例

（国民党第二届中央第 148 次常务会议通过，第三届中央第 81 次常务会议重订）

第一条 为指导本党舆论统一宣传起见，制定本条例。

第二条 本条例所指导之党报为下列两种：

（一）各级党部宣传部主办，经呈由中央宣传部核准者；

（二）党员主办，经呈由中央宣传部核准者。

第三条 各级党部宣传部直辖之党报，其负责人员及总编辑，由其主管党部宣传部委派之。

第四条 直辖于中央之各党报，由中央宣传部直接指导之，其他各级党部宣传部之各党报，得由各该宣传部秉承中央意旨指导之。

第五条 各项党报均须履行日报登记手续。

第六条 各党报经中央宣传部核准后，无须向当地行政机关履行立案手续，得由其主管党部通知当地行政机关备案。

第七条　各党报应按期呈送刊物全份于中央宣传部及其主管党部宣传部审查,如认为有应须纠正之处,须绝对服从。

第八条　各级党部宣传部主办之党报,得酌将刊物逐期赠送当地区党部及区分部各一份。

第九条　各党报登载新闻,如有失检,影响私人或法人名誉时,当事人可举证事实,声请更正。倘拒不更正,得呈请其主管党部宣传部核办,或向法院提起控诉。

第十条　各级党部宣传部对所属党报,除将所定宣传纲要及方略尽先发给外,并应随时指示宣传要旨,以为立论取材标准。

第十一条　各党报应根据中央宣传部所颁宣传要点及时事问题,每周著刊社论。

第十二条　各党报除记载真实新闻外,须尽量宣传本党及政府所有政治设施、法律制度、建设计划等。

第十三条　各党报须尽量阐扬本党主义及政策,并辟除或纠正一切反动谬误的主义或政论。

第十四条　各党报副刊须尽量刊载科学、文艺、社会、教育、经济、建设及各种宣传文字。

第十五条　各党报应遵守下列之纪律:

(一)以本党主义、政纲、政策为最高原则;

(二)绝对服从上级党部之命令,并不得为私人所利用;

(三)对各级党部及政府送往发表之主要文件,须尽先发表,不得迟延或拒绝;

(四)对本党及政府应守秘密之事项,不得随意发表。

第十六条　各党报如有违背前条之规定,各级宣传部得按其情节轻重,分别议处。其办法如下:

(一)警告;

(二)撤换负责人或改组;

(三)停刊;

(四)惩办负责人。

第十七条　各党报如有违背第十五条之规定,除依第十六条之办法处分外,其主管宣传部须负连带责任。

第十八条 各党报须按月将工作报告呈送主管宣传部审核,其工作报告书程式另定之。

第十九条 本条例如有未尽事宜,得由中央宣传部呈请中央执行委员会修正之。

第二十条 本条例由中央执行委员会议决施行。

一九二八年六月二十一日

7. 设置党报条例

（国民党中央常务会议通过）

第一条 为发扬本党主义,使民众了解政策、政纲及领导舆论起见,中央及各级宣传部得设置日报、杂志,或酌量津贴本党党员所主办之日报、杂志。

第二条 凡中央及各级宣传部直辖之日报、杂志,其主管人员及总编辑由中央或所属之党部委派之。

第三条 凡各级宣传部直辖之日报、杂志及受本党津贴之日报、杂志社,组织大纲、工作计划及职员名册,均须送呈所属党部审核,并转呈中央宣传部备案。

第四条 凡各级宣传部直辖之日报、杂志及本党津贴之日报、杂志,须按月呈报工作报告及预算决算案于所属党部,依次转呈中央宣传部。

第五条 各级宣传部设置日报以一种为限,但杂志得依环境之需要酌量办理。

第六条 凡请求各级党部津贴之日报、杂志,须按中央颁布之补助党报办法办理。

第七条 凡中央及各级宣传部直辖之日报、杂志及受本党津贴之日报、杂志,其言论内容均须遵照中央颁布之指导党报条例。

第八条 本条例如有未尽事宜,由中央宣传部随时呈请中央执行委员会修正之。

第九条 本条例由中央执行委员会议决施行。

一九二八年十一月

8. 国民党中央宣传部中央广播无线电台通告

第一号

本电台建筑在首都丁家桥中国国民党中央执行委员会内,准予八月一日第五次中央执委全体会议开幕时开始播音。

嗣后所有中央一切重要决议、宣传大纲以及通令通告等,统由本电台传播。

除全国各省、各特别市党部由中央陆续各拨收音机一具，以资应用外，各地政军机关如有需要收音机者，可呈明地点，备价领用，特此公告。

（附白：本电台波长为自二百五十公尺至三百五十公尺）

9. 宣传品审查条例

（国民党第二届中央执委会第一九〇次常务会议通过）

第一条 本条例依中央宣传部组织条例第六条第二项之规定订定之。

第二条 审查各种宣传品之范围如下：

一、各级党部之宣传品；

二、各级宣传机关关于党政之宣传品；

三、党内外之报纸及通讯稿；

四、有关党政宣传之定期刊物；

五、有关党政之书籍；

六、有关党政宣传之各种戏曲、电影；

七、其他有关党政之一切传单、标语、公文函件、通电等宣传品。

第三条 审查之宣传品，其征集之手续如下：

一、各级党部及党员印行之宣传品及与有关宣传之刊物，均须一律呈送中央宣传部审查。

二、凡不属本党而与党政有关之各种宣传品，除由中央宣传部调查征集外，其关系重大者，各级党部须随时查察征集，呈送中央宣传部审查。

第四条 各种宣传品之审查标准如下：

一、总理遗教；

二、本党主义；

三、本党政纲、政策；

四、本党决议案；

五、本党现行法令。

六、其他一切经中央认可之党务政治记载。

第五条 凡含有下列性质之宣传品为反动宣传品：

一、宣传共产主义及阶级斗争者；

二、宣传国家主义、无政府主义及其他主义，而攻击本党主义、政纲、政策及决议案者；

三、反对或违背本党主义、政纲、政策及决议案者；

四、挑拨离间分化本党者；

五、妄造谣言以淆乱视听者。

第六条　凡含有下列性质之宣传品为谬误宣传品：

一、曲解本党主义、政纲、政策及决议案者；

二、误解本党主义政纲、政策及决议案者；

三、记载失实，足以影响视听者。

第七条　各种宣传品经审查后之处理法如下：

一、对于本党主义、政纲、政策、决议案及一切党政事实，能正确认识而有所阐发贡献者，得嘉奖提倡之；

二、谬误者纠正或训斥之；

三、反动者查禁、查封或究办之。

第八条　各发行所、各书局、各杂志社所出宣传品，经审查后令饬修正或停止出版发行而抗不遵办者，加重其处分。

第九条　各级党部宣传机关及党员所印发之宣传品，经审查后如变更内容，须呈请覆审。

第十条　各省、各特别市党部宣传部应负审查其所属区域内一切宣传品之责，并将审查意见检附原件呈报中央宣传部核办。

第十一条　各级党部如在所属区域内发现反动刊物，认为重要者，得咨请所在各地各级政府先行扣留察勘，再呈请中央宣传部处理之。

第十二条　反动刊物之查禁印售，反动宣传机关之查封，及其负责人之究办，由中央国民政府令主管机关执行之。

第十三条　政府审查机关遇有与党政宣传有关之出版物及艺术品，须将原件送请中央宣传部审查；其不能分送者，应请中央宣传部派员审查之。

第十四条　本条例如有未尽事宜，由中央宣传部长提请中央执行委员会修改之。

第十五条　本条例由中央执行委员会议决公布施行。

一九二九年一月十日

10. 省及特别市党部宣传工作实施方案（节摘）

（第二届中央执委会第一九二次常务会议通过）

（一）本方案系根据中央宣传方略制成。

（二）本方案之目的，在使本党之宣传工作，在纵的方面增加紧密联络之程度，在横的方面增加实际指导的程度，而以实现本党主义为最终目的。

（三）省及特别市党部关于宣传工作，除应遵照本方案外，并须参照当地情形，指导所属机关施以最有效率的宣传。

（甲）关于指导事项：

（一）指导之范围：

A. 直辖党部直辖机关。

B. 民众团体。

C. 出版机关。

D. 文化机关：

1. 教育机关；

2. 社会文化事业团体；

3. 娱乐场所。

C. 对于出版机关：

a. 新闻社、通讯社　省及特别市党部对于所属区域内之新闻社、通讯社之指导，应注意下列各项：

（a）各省、市之新闻社及通讯社，均须向所在地之省党部、特别市党部或县、市党部备案。

（b）新闻社及通讯社所出之报纸或稿件，须按期检送全份至所在地党部。

（c）各特别市或县、市之新闻社、通讯社所出报纸或通讯稿，如有下列情事，所在地之省党部或特别市党部得分别予以相当之处置：

a）宣传反动主义；

b）登载违反本党之言论及消息；

c）记载袒护反动派之言论；

d）泄漏党的秘密；

e) 曲解或误解本党主义、政纲、政策及议决案；

f) 拒绝登载党部正式公布之消息；

g) 制造挑拨离间、分化本党之言词；

h) 制造不利本党之谣言；

i) 登载已经查禁之文字。

b. 各种刊物　省及特别市党部对于所属区域由出版机关发行之刊物，应注意下列各项：

(a) 省及特别市党部所属区域出版机关发行之刊物，须按期检送全份至所在地之省党部或特别市党部审查。

(b) 各省及特别市党部区域内所出之刊物，如有下列情事，省及特别市党部得分别予以相当处置。

a) 宣传反动主义；

b) 立论违反党义；

c) 泄漏党的秘密；

d) 转载反对本党之言论；

e) 发表袒护反动派之言论；

f) 曲解或误解本党主义、政纲、政策及议决案；

g) 制造挑拨离间、分化本党之言词；

h) 拒绝党部送登公布之正式文件；

i) 登载已经查禁之文字。

C. 处置出版机关办法　省及特别市党部对于出版机关之处置，应分积极的、消极的两种办法。

(a) 积极的

a) 奖励　凡省及特别市区域内之出版机关所出之新闻及通讯稿或刊物，对于本党主义能努力宣传者，省及特别市党部得予以物质的或名誉的奖励。

b) 提倡　凡省及特别市区域内之出版机关所出之新闻及通讯稿件或刊物，省及特别市党部得因事实上之便利，指导其种种宣传方法以示提倡。

(b) 消极的

a) 纠正　如报纸或刊物对于党的记载或言论有错误处，确系出于无意者，省及特别市党部应予以纠正。

b）解释　报纸或刊物有误解或怀疑党的记载或文字，省及特别市党部须予以正确的解释。

c）警告　报纸新闻稿或刊物有违反本党记载或言论者，省或特别市党部须予以警告。

d）查禁　省或特别市党部如发现所属区域内有反动派主持之新闻或刊物，须呈请中央予以查禁。如遇紧急情形，得咨当地政府予以查禁，但须呈请中央覆核。

一九二九年一月二十四日

11. 查禁反动刊物令

（国府训令直辖各机关）

为令遵事，据本府文官处签呈称：准中央执行委员会秘书处函开，据中央宣传部呈称：查各地发现反动刊物，虽迭经属部呈请钧会转饬查禁，冀绝流行，而近据各地报告，仍不免有反动分子潜伏，妄鼓邪说，淆惑视听情事，若不严予纠正，为害滋巨。拟请钧会通令各省、各特别市、各特别党部转饬所属党部，并函国民政府转饬各地政、军、警机关通饬所属，嗣后遇有反动刊物搜获，应即检送一份或数份来部，以便审核，而予纠正；实为公便等情。经奉常务委员批准照办，等因。除由会令行各省、市及各特别党部查照办理外，相应据情录批，函请查照转陈办理为荷等由。准此，理合签请鉴核等情。据此，自应照办，除函覆暨分令外，合亟令仰遵照办理，并转饬所属一体遵照办理。

此令。

一九二九年六月四日

12. 出版条例原则

（中央政治会议修正通过，中央第 31 次常会备案）

一、为保障出版自由，防止不正当出版品之流行，应制定出版条例。

二、凡用机械印版或化学材料印制之新闻纸类、书籍、图画、影片及其他文书出售或散布者，均认为出版品。

三、构成出版品之关系人如下：

1. 编著人；

2. 印制人；

3. 发行人。

四、一切出版品之登记审查，由国民政府所属之主管机关办理，其登记审查条例另订之。

五、凡出版品有下列情事之一者，不得登记，应撤销之：

1. 宣传反动思想者；

2. 违反国家法令者；

3. 败坏善良风俗者；

4. 妨害治安者。

六、出版品之处置办法如下：

1. 纠正；

2. 警告；

3. 查禁或拘罚。

一九二九年八月二十三日

13. 日报登记办法

（国民党第三届中央执委会第三十三次常务会议通过，第三十七次常务会议修正）

一、在出版法未颁布以前，各种日报均须遵照本办法办理登记。

二、日报之登记机关，为各省党部宣传部、各特别市党部宣传部。登记之最后审核，由中央宣传部办理之。

三、中央直辖及受中央津贴之各项日报，其登记事宜，由中央宣传部办理之。但须通知所在地之高级党部。

四、凡非直辖或中央津贴之报纸，请求在中央宣传部登记，经许可后得免在地方党部登记。但仍通知所在地之高级党部，并受其指导监督。

五、凡登记手续办理完毕之日报，由各省党部宣传部、各特别市党部宣传部给予收据，经中央宣传部审核决定后，发给日报登记证。

六、凡请求登记之日报，其主办人须至当地办理登记机关履行下列之登记手续：

1. 须填缴志愿书；

2. 呈缴最近一个月所出版之刊物；

3. 填写登记考查表；

4. 答覆登记员之询问。

七、日报经登记合格后，如发见有反动之言论，经当地党部之检举，上级党部宣传部之审查确实，中央宣传之核准者，得撤销其登记资格，禁止出版。

八、凡登记不合格或不履行登记之日报，得由当地高级党部呈准中央宣传部，禁止出版。

九、各地报纸之登记期间，由中央宣传部按各地情形定之。

十、日报登记手续发见错误者，须重新登记。但若隐匿实情，冒领登记证者，经发见后，其登记即作为无效。

十一、日报之登记，概不收取费用。

十二、本办法如有未尽事宜，由中央宣传部随时决定之。

十三、本办法由中央常会议决施行。

一九二九年九月五日

14. 取消电报新闻施行检查令

（国民政府令直辖军政各机关）

为令遵事，案奉中央执行委员会函开，查过去对于新闻纸出版前之检查事宜，以各地主持机关既不统一，执行手续复欠妥善，收效甚鲜，甚且引起纠纷，新闻界尤以为苦。查关于新闻纸之管理与审核，中央前已颁有审查刊物条例，现又制定日报登记办法。此项出版前之检查，除有特殊情形外，自以停止为宜。兹经本会第三十三次常会决议，凡新闻纸之一切检查事宜，除经中央认为有特殊情形之地点及一定时期外，一律废止。除通令各级党部遵照外，相应录案函达，即希查照，通饬所属军政机关一体遵照为荷。等因。奉此，自应遵办。除分令外，合行令仰该遵照办理，并转饬所属一体遵照。

此令。

一九二九年九月十四日

15. 供给海外报社新闻电讯办法

本部为使海外各报馆可得国内之真实消息，而不致为反动派报纸及反动分子之谰言所惑起见,特拟就供给新闻电讯办法三项:1. 采用密码政府电;2. 每日电讯以百字为原则,可随时伸缩之;3. 电费由收电人担任,其付款办法由收电人向当地电报局交涉办理。并已呈请中央先行垫拨拍发新闻电讯电费存款一月,一俟批准,即行举办。并先将《中央日报》之重要新闻,每日剪寄海外各报。此项办法可使海外各报馆特约拍发专电记者及特约通电员之别有作用造谣惑众者,无所施其伎俩。

一九二九年十月

16. 海外党报登记规则

第一条　中央为指导及统一海外宣传,特举行海外党报登记。

第二条　海外之报纸有下列情形者,应照本规则登记:

(1) 由本党中央或海外各级党部所主持者;

(2) 由本党党员所主持者;

(3) 受本党津贴者。

第三条　凡请求党报登记之报纸须恪守下列纪律:

(1) 以本党主义及政纲政策为最高原则尽量阐扬;

(2) 须服从中央暨所属区内高级党部之监督指导;

(3) 对于党部宣传品应尽先发表;

(4) 对于反动宣传应严加纠正驳斥。

第四条　办理海外党报登记之机关,为该属区内之总支部或直属支部,由该部审查后转呈中央宣传部核定之。

第五条　凡请求党报登记之报纸,其负责人须至办理登记机关履行下列之登记手续:

(1) 填具志愿书;

(2) 呈缴最近一月之报纸;

(3) 填写登记考查表。

第六条　凡登记手续办理完毕之党报,经中央宣传部审查核准后,发给党报登记证,认可其为本党党报。

第七条　凡经登记合格之党报,如有反动言行,经当地党部之检举,上级党部之审查,经中央之核准者,得撤销其登记证,严重惩办。

第八条　党报登记有错误者须重新登记。但若隐匿实情，冒领登记证者，一经发觉，其登记证即为无效。

第九条　党报之登记概不收取费用。

第十条　本规则如有未尽事宜，由中央宣传部随时决定之。

第十一条　本规则由中央宣传部公布施行。

一九二九年十一月

17. 出版法

第一章　总则

第一条　本法称出版品者，谓用机械或化学之方法所印制，而供出售或散布之文书图画。

第二条　出版品分下列三种：

一、新闻纸　指用一定名称，每日或隔六日以下之期间继续发行者而言。

二、杂志　指用一定名称，每星期或隔三月以下之期间继续发行者而言。

三、书籍及其他出版品　凡前二款以外之一切出版品属之。新闻纸或杂志之号外或增刊，视为新闻纸或杂志。

第三条　本法称发行人者，谓主管发售或散布出版品之人。

第四条　本法称著作人者，谓著述或制作文书图画之人。笔记他人之演述登载于出版品，或令人登载之者，其笔记人视为著作人。但演述人对于其登载特予承诺者，应同负著作人之责任。

关于著作物之编纂，其编纂人视为著作人。但原著作人对其编纂特予承诺者，应同负著作人之责任。

关于著作物之翻译，其翻译人视为著作人。

关于用学校、公司、会所或其他团体名义著作之出版品，其学校、公司、会所或其他团体之代表人，视为著作人。

第五条　本法称编辑人者，谓掌管编辑新闻纸或杂志之人。

第六条　出版品由官署发行者，应以二份送中央党部宣传部及内政部。

第二章　新闻纸及杂志

第七条　为新闻纸或杂志之发行者，应于首次发行期十五日前，以书面陈明下列各款事项，呈由发行所所在地所属省政府或隶属于行政院之市政府，转内政部声请登记：

一、新闻纸或杂志之名称；

二、有无关于党义党务或政治事项之登载；

三、刊期；

四、首次发行之年月日；

五、发行所及印刷所之名称及所在地；

六、发行人及编辑人之姓名、年龄及住所，其各版之编辑人互异者，并各该版编辑人之姓名、年龄及住所。

新闻纸或杂志在本法施行前已开始发行者，应于本法施行后二个月内，声请为前项之登记。

新闻纸或杂志有关于党义或党务事项之登载者，并应经由省党部或等于省党部之党部向中央党部宣传部声请登记。

第八条　前条所定应声请登记之事项有变更者，应于变更后七日内，为变更登记之声请。

第九条　前二条登记不收费用。

第十条　下列各款之人，不得为新闻纸或杂志之发行人或编辑人：

一、在国内无住所者；

二、禁治产者；

三、被处徒刑或一月以上之拘役在执行中者；

四、褫夺公权尚未复权者。

第十一条　新闻纸或杂志废止发行者，原发行人应按照登记时之程序，声请注销登记。

新闻纸逾所定刊期已满二个月，杂志逾所定刊期已满四个月，尚未发行者，视为发行之废止。

第十二条　新闻纸或杂志应记载发行人及编辑人之姓名、发行年月日、发行所印刷所之名称及所在地。

第十三条　新闻纸或杂志之发行人,应于发行时以二份寄送内政部。一份寄送发行所所在地所属省政府或市政府,一份寄送发行所所在地之检察署。

新闻纸或杂志有关于党义、党务事项之登载者,并应以一份寄送省党部或等于省党部之党部,一份寄送中央党部宣传部。

第十四条　新闻纸或杂志登载之事项,本人或直接关系人请求更正或登载辩驳书者,在日刊之新闻纸,应于接到请求后三日内依照更正,或登载辩驳书之全部。在其他新闻纸或杂志,应于加到请求后第二次发行前为之。但其更正或辩驳之内容,显违法令,或未记明请求人之姓名、住所,或自原登载之日起,逾六个月而始行请求者,不在此限。

更正或辩驳书之登载,其地位及字之大小,应与原文所登载者相当。

第三章　书籍及其他出版品

第十五条　为书籍或其他出版品之发行者应于发行时以二份寄内政部。改订增删原有之出版品而为发行者亦同。

前项出版品,其内容涉及党义或党务者,并应以一份寄送中央党部宣传部。

第十六条　书籍或其他出版品,应于其末幅记载发行人之姓名、住所、发行年月日、发行所及印刷所之名称及所在地。

第十七条　通知书、章程、营业报告书、目录、传单、广告、戏单、秩序单、各种表格、证书、证券及照片,不用前二条之规定。

第十八条　有关政治之传单或标语,非经该管警察机关许可,不得印刷或发行。

第四章　出版品登载事项之限制

第十九条　出版品不得为下列各款之记载:

一、意图破坏中国国民党或三民主义者;

二、意图颠覆国民政府或损害中华民国利益者;

三、意图破坏公共秩序者;

四、妨害善良风俗者。

第二十条　出版品不得登载禁止公开诉讼事件之辩论。

第二十一条　战时或遇有变乱及其他特殊必要时,得依国民政府命令之所定,禁止或限制出版品关于军事或外交事项之登载。

第五章　行政处分

第二十二条　不为第七条或第八条之声请登记,或就应登记之事项为不实之陈述而发行新闻纸或杂志者,省政府或市政府得于其为合法之声请登记前,停止该新闻纸或杂志之发行。

第二十三条　内政部认出版品载有第十九条各款所列事项之一,或违背第二十一条所定禁止或限制之事项者,得指明该事项,禁止出版品之出售及散布,并得于必要时扣押之。

依前项规定扣押之出版品,如经发行人之请求,得于除去该事项后返还之。

第一项所定,其情节轻微者,得由内政部予以纠正或警告。

第二十四条　国外发行之新闻纸或杂志,受前条第一项处分者,内政部得禁止其进口。

依前项规定禁止进口之新闻纸或杂志,省政府或市政府得于其进口时扣押之。

第二十五条　违背第四十一条第一项之禁止而发行新闻纸或杂志者,省政府或市政府得扣押之。

第二十六条　扣押书籍或其他出版品时,如认为必要者,得并扣押其底版。依前项规定扣押之底版,准用第二十三条第二项之规定。

第六章　罚则

第二十七条　不为第七条或第八条之声请登记而发行新闻纸或杂志者,处二百元以下之罚金。

第二十八条　第十条各款所列之人发行或编辑新闻纸或杂志者,处二百元以下之罚金。

第二十九条　发行人违反第十一条第一项之规定者,处百元以下之罚金。

第三十条　出版品无第十二条或第十六条所定之记载,或记载不实者,处发行人二百元以下之罚金。

第三十一条　发行人违反第十三条之规定,不寄送新闻纸或杂志者,处百元以下之罚金。

第三十二条　编辑人违反第十四条之规定者,处二百元以下之罚金。

第三十三条　发行人违反第十五条之规定,不寄送书籍或其他出版品者,处百元以下之罚金。

第三十四条　印刷人或发行人违反第十八条之规定者,处百元以下之罚金。

第三十五条　违反第十九条之规定者,处发行人、编辑人、著作人及印刷人一年以下有期徒刑、拘役或一千元以下之罚金。但其他法律规定有较重之处罚者,依其规定。

第三十六条　违背第二十一条所定之禁止或限制者,处发行人、编辑人、著作人及印刷人一年以下有期徒刑、拘役或一千元以下之罚金。

第三十七条　出版品为新闻纸或杂志时,著作人受第三十五条之处罚者,以对于其事项之登载署名负责者为限,受第三十六条之处罚之著作人亦同。

第三十八条　违背第二十二条所定之停止发行命令,发行新闻纸或杂志者,处二百元以下之罚金。

第三十九条　发行人违背第二十三条所定之禁止者,处一年以下有期徒刑、拘役或千元以下之罚金。其知情而出售或散布该项出版品者,处六月以下有期徒刑、拘役或五百元以下之罚金。

违背第二十四条第一项所定之禁止,及知情而输入、出售或散布该项出版品者,准用前项规定分别处罚。

第四十条　妨害第二十三条第一项、第二十四条第二项、第二十五条或第二十六条所定扣押处分之执行者,处六月以下有期徒刑、拘役或五百元以下之罚金。

第四十一条　因新闻纸或杂志所载事项,依第三十五条所定之处罚而其情节重大者,得禁止其新闻纸或杂志之发行。发行人违背前项所定之禁止者,处一年以下有期徒刑、拘役或千元以下之罚金。其知情而出售或散布该项新闻纸、杂志者,处六月以下有期徒刑、拘役或五百元以下之罚金。

第四十二条　本法所定各罪,不适用刑法累犯及并合论罪之规定。

第四十三条　本法所定各罪之起诉权,逾一年而不行使者,因时效而消失。第三十五条、第三十六条之罪,其起诉权之时效期限,自发行日起算。

附则

第四十四条 本法自公布日施行。

一九三〇年三月十七日

18. 修正指导党报条例

（国民党中央第八十一次常务会议通过）

第一条 为指导本党舆论、统一宣传起见，制定本条例。

第二条 本条例所指导之党报为下列两种：

（一）各级党部宣传部主办，经呈由中央宣传部核准者；

（二）党员主办，经呈由中央宣传部核准者。

第三条 各级党部宣传部直辖之党报，其负责人员及总编辑，由其主管党部宣传部委派之。

第四条 直辖于中央之各党报，由中央宣传部直接指导之。其他各级党部宣传部之各党报，得由各该宣传部秉承中央意旨指导之。

第五条 各党报均须履行日报登记手续。

第六条 各党报经中央宣传部核准后，无须向当地行政机关履行立案手续，得由其主管党部通知当地行政机关备案。

第七条 各党报应按期呈送刊物全份于中央宣传部及其主管党部宣传部审查，如认为有应须纠正之处，须绝对服从。

第八条 各级党部宣传部主办之党报，得酌将刊物逐期赠送当地区党部及区分部各一份。

第九条 各党报登载新闻，如有失检，影响私人或法人名誉时，当事人可举证事实，声请更正。倘拒不更正，得呈请其主管党部宣传部核办，或向法院提起控诉。

第十条 各级党部宣传部对所属党报，除将所定宣传纲要及方略尽先发给外，并应随时指示宣传要旨，以为立论取材标准。

第十一条 各党报应根据中央宣传部所颁宣传要点及时事问题，每周著刊社论。

第十二条 各党报除记载真实新闻外，须尽量宣传本党及政府所有政治设施、法律制度、建设计划等。

第十三条　各党报须尽量阐扬本党主义及政策,并摒除或纠正一切反动的谬误的主义或政论。

第十四条　各党报副刊须尽量刊载科学、文艺、社会、教育、经济、建设及各种宣传文字。

第十五条　各党报应遵守下列之纪律:

(一)以本党主义、政纲、政策为最高原则;

(二)绝对服从上级党部之命令,并不得为私人所利用;

(三)对各级党部及政府送往发表之主要文件,须尽先发表,不得迟延或拒绝;

(四)对本党及政府应守秘密之事项,不得随意发表。

第十六条　各党报如有违背前条之规定,各级宣传部得按其情节轻重,分别议处。其办法如下:

(一)警告;

(二)撤换负责人或改组;

(三)停刊;

(四)惩办负责人。

第十七条　各党报如有违背第十五条之规定,除依第十六条之办法处分外,其主管宣传部须负连带责任。

第十八条　各党报须按月将工作报告呈送主管宣传部审核,其工作报告书程式另定之。

第十九条　本条例如有未尽事宜,得由中央宣传部呈请中央执行委员会修正之。

第二十条　本条例由中央执行委员会议决施行。

一九三〇年三月二十四日

19. 出版法施行细则

第一条　内政部与中央党部宣传部,为依据出版法办理出版品之登记及审查,特定本施行细则。

第二条　下列性质之文书、图画,均属有关党义党务事项之出版品,适用出版法第七条、第十三条及第十五条之规定:

一、引用或阐发中国国民党党义者;

二、记载有关中国国民党党义、党务、或党史者；

三、所载未直接涉及中国国民党党务、党史，但与中国国民党党义、党务、党史有理论上或实际上之关系者；

四、涉及中国国民党主义或政纲、政策之实际推行者。

第三条　新闻纸或杂志发行人，依照出版法第七条之规定，声请登记时，应照规定格式填具声请书及各项登记表，呈由发行所所在地之省政府或隶属于行政院之市政府，向内政部声请登记。声请登记之新闻纸或杂志，并应依照同条第三项办理者，其发行人并应另具声请书及登记表各一份，呈由该省省党部或特别市党部向中央党部宣传部声请登记。

第四条　各省政府或隶属于行政院之市政府，对于依照出版法第七条规定之声请事项，应于接到声请登记文件后五日内，拟具初审意见，转向内政部声请登记。

声请登记之新闻纸或杂志，并依照同条第三项之规定办理者，省党部或特别市党部与省政府或隶属于行政院之市政府，应先会同拟具初审意见，于接到声请登记文件七日内，分别转向中央党部宣传部及内政部声请登记。

第五条　各省政府或隶属于行政院之市政府与各省党部或特别市党部，对于依照出版法第七条第三项规定之声请事项，如审核时双方意见未能一致，应各将所拟意见及理由与根据，分呈内政部及中央党部宣传部。

第六条　内政部对于依照出版法第七条规定之声请事项，自行审核之。

声请登记之新闻纸或杂志，并应依照同条第三项之规定办理者，应送中央党部宣传部并案审核之。

第七条　中央党部宣传部对于依照出版法第七条第三项规定之声请事项审核完竣后，除自行批覆外，并将审核意见连同内政部所送并案审核之同项案件，送还内政部办理之。

第八条　内政部对于依照出版法第七条规定之声请事项，于核准后填发登记证。

声请登记之新闻纸或杂志，并应依照出版法第七条第三项之规定办理者，其登记证由中央党部宣传部及内政部分别填制，中央党部宣传部填制之登记证，送由内政部合并发给之。

第九条　登记证如有遗失或损坏时，其发行人除应登报声明作废外，并呈请原发机关补发之。

第十条　书籍之著作人或发行人,应以稿本呈送内政部声请许可出版,此项声请须以书面陈明下款事项:

一、名称及内容概要;

二、稿本页数及其附件;

三、著作人或发行人姓名、住所。

书籍之有关党义、党务者,应以稿本依前项手续迳向中央宣传部声请之。

第十一条　未经许可出版而擅行出版之书籍,概行扣押,其内容有违反出版法第十九条或第二十一条之规定者,照出版法第三十五条或第三十六条处罚。

第十二条　凡经许可出版之书籍,于发行时仍应依照出版法第十五条及第十六条之规定办理之。

第十三条　凡经许可出版之书籍,如有所增补或修正,其著作人或发行人应向原许可机关陈明,经核准后方得印行,

第十四条　有关党义、党务出版品审核之标准,除依照出版法第四章各条规定者外,并适用中央关于出版品之各项决议。

第十五条　内政部依照出版法第二十三条之规定对于有关党义、党务之出版品,执行警告、禁止、扣押或退还等行政处分之前,应送经中央党部宣传部审核。

第十六条　有关党义、党务出版品之应纠正者,由中央党部宣传部直接或转饬所属办理之。

第十七条　凡应经内政部纠正之书籍,应于修正后以二份寄送中央党部宣传部,一份寄送内政部备查。

第十八条　凡经许可出版之书籍,如出版后与核准之原稿不符,内政部得予以扣押或禁止之处分。

第十九条　新闻纸或杂志之发行人,不以新闻纸或杂志寄送于出版法第十三条所规定之任何一机关者,应以违反该条论,准用出版法第三十一条之规定处罚之。

第二十条　书籍或其他出版品之发行人,不以书籍或其他出版品寄送于出版法第十五条所规定之任何一机关者,应以违反该条之规定论,准用出版法第三十三条之规定处罚之。

第二十一条　有关党义、党务之出版品,其所载事项,如违反中央关于出版品之各项决议时,准用出版法第三十四条及第二十五条规定之处分,分别处罚之,

第二十二条　出版品由各级党部发行者,准用出版法第六条之规定,以二份送中央党部宣传部及内政部。

第二十三条　有关政治之传单或标语,由各级党部或官署发行者,得免除出版法第十八条规定之手续。

第二十四条　本细则如有未尽事宜,由内政部与中央党部宣传部会同修正之。

第二十五条　本细则自公布日施行。

一九三〇年五月

20. 汉口新闻机关取缔规则

第一条　本规则根据《汉口特别市新闻机关立案暂行规则》第十条之规定订定之。

第二条　凡本市报馆通讯社及其他办理新闻事业之机关(以下均简称新闻机关),除党报外,均须遵照本规则受本局之监督。

第三条　凡本市新闻机关,如有下列情事之一者,本局得按其情节轻重,分别予以取缔:

(1) 违反本党主义者;

(2) 有反动言论者;

(3) 无端败坏私人道德,经人报告者;

(4) 登载扰乱治安或妨害风化文字者;

(5) 有敲诈欺骗行为者;

(6) 不能按期出版者;

(7) 有其他腐化恶化情事者。

第四条　取缔办法下列各项:

(1) 纠正;

(2) 解释;

(3) 警告,本局函请市党部宣传部办理;

(4) 停刊;

(5) 查封;

(6) 惩办负责人,本局函请市党部宣传部同意后,会同公安局办理,并呈报市府备案。

第五条 凡已经社会局备案或立案之新闻机关,须将每期出版物呈送本局备核。

第六条 凡未经本局核准之新闻机关,不得出版。

第七条 本规则如有未尽事宜,得由本局随时提请市政会议议决修改之。

第八条 本规定自市府核准公布之日施行。

一九三〇年六月

21. 装设广播无线电收音机登记暂行办法[注]

（交通部核准公布）

第一条 凡为收听无线电新闻、演讲、商情、音乐等项而装设广播无线电收音机者,应遵照本暂行办法之规定,请求登记。

第二条 凡欲装设广播无线电收音机者,无论其系购置或自行配制零件而成者,均应向交通部或交通部国际电信局或交通部所指定之登记处登记,填具装用广播无线电收音机登记申请书,领取登记后,方准使用。该项登记手续暂不收费。

第三条 凡购置及自行配制零件而成之广播无线电收音机,须适合下列二项之规定：

一、内部装置不能任意变更作为发报和发话用者。

二、不得发生强烈之振荡者。

第四条 装户领取登记证后,如遇登记机关认为有疑问时,得令其将机件呈验或派员前往视察,不得拦阻。

第五条 装户住址迁移或机器程式率更时,应再具新旧二处装机地点或新旧机器程式,连同前领登记证向原登记机关申请更正。所有更正手续亦暂不收费。

第六条 广播无线电收音机登记证一概不准顶替或租借。

第七条 凡以前已领有交通部所属机关广播无线电收音机登记证者,仍一律继续有效。

第八条 装户如自其收音机接得任何无线电信,除广播无线电外,皆应保守秘密。

第九条 装户所用天线不可接近电报电话电灯或其他电力用之线路,其引入室内之天线并须装置避雷器,并应有防杜危险之预备。

第十条 装户如欲停止收听广播无线电时,应即将机器及天线拆卸。一面申请原登记机关注销登记,并缴还登记证。将来倘欲重装使用或移转他人时,均应按新户例重行登记。

第十一条　凡装户所装之广播无线电收音机，其机器程式及波长范围暂均不加限制。

第十二条　凡未遵照本办法声请登记领得登记证私自装设广播无线电收音机者，一经查出，除没收其全副机器外，并酌量情形处以 10 元以上 100 元以下之罚金。

第十三条　广播无线电收音机正式章程公布后，本暂行办法即行废止。

第十四条　本暂行办法如有未尽事宜得随时修正之。

第十五条　本办法自通告之日起施行。

一九三〇年七月一日

【注】本暂行办法一九三一年四月十日修正，一九三四年明令废止第十二条。

22. 取消电报新闻施行检查令

（国民政府令）

查言论自由为全国人民应有之权利。现在统一政府成立，亟应扶植民权，保障舆论，以副颙望，而示大公。所有对于电报及新闻照片施行检查之事应即一律取消，着由行政院通饬各主管机关一体切实遵行，是为至要。

此令。

一九三二年一月八日

23. 中国国民党西南各级党部审查出版物暂行条例

（西南执行部第三十七次常会议决通过）

一、西南各级党部，为杜绝反动宣传，得依本条例之规定，审查在西南出版或在西南销流之一切刊物。本条例所称反动刊物，凡犯出版法第十九条第一款至第四款之一者，均属之。

二、为审查缜密及迅遭杜绝反动刊物起见，凡省以上之党部或与省同级之党部，均得联同地方机关组设一出版物审查会。

三、出版物审查会组织规程，得斟酌地方情形，惟须呈报西南执行部核准备案。

四、各县、市党部，如发现反动刊物，应呈报各该省市之审查会或上级党部，商于当地政府查禁之。

五、一切团体或个人之出版物，于出版时或寄到销售地时，须由出版人或代售人送缴一份于当地之出版物审查会，俟审查许可后，方得发售。

六、出版物审查会如认为有反动性质之出版物，除呈报当地最高党部外，并应先行咨请当地政府禁止发售及散布，并得于必要时扣押之。

七、凡各地印务店不得承印反动刊物。凡遇有关于政治之书籍、传单或标语托印，如无当地党部或政府机关盖印负责，又未经出版物审查会审查许可者，须即将原稿送缴当地之出版物审查会请求审查。

八、凡违背本条例之规定，私自出版或销售散布或印刷反动刊物者，由出版审查会呈报当地最高党部转咨当地政府，按其情节轻重，予以警告、封禁或依照出版法规定之罚则处罚之。

九、本暂行条例自公布日施行。

一九三二年九月十九日

24. 各级党部所辖报社管理规则

（国民党四届中央第四十次中常会通过）

第一条　各省、市党部所辖报社，除受各该省、市党部管理监督外，中央宣传委员会得直接指导之。

各省、市党部所辖报社，除受各该省、市党部管理监督外，其主管省党部得直接指导之。

属于中央或属于省之特别党部所辖报社之管理指导，应比照前项规定办理。

第二条　各报社经费，以各该社之营业收入充之。不足时，由主管党部酌给津贴。

第三条　各报社设社长一人，综理全社事务。任用手续如下：

各省、市党部所辖报社社长为专任为原则，由各该省、市党部遴选，报请主管省党部任用，并转报中央宣传委员会备案。

第四条　各报社社长之下，分经理、编辑两部各设主任一人，分理各该部事务，由社长呈请主管党部任用之。社长须兼顾一部主任。

第五条　各报社经理、编辑两部，视事务之繁简，各设职员若干人，分掌采访、编辑、印刷、发行、广告等事宜，由社长任用，呈报主管党部备案。

第六条　各报社应逐渐采用会计独立制。会计人员由主管党部委派，受社长之指导,办理会计事宜。

第七条　各报社每年度开始,应由社长拟具营业损益预算书、营业计划书、各职工名册各二份(县、市三份),呈报主管党部存查,并以一份转送中央宣传委员会备核。

第八条　各报社每月应由社长造具营业状况报告表(甲、乙两种)、编辑工作报告表、资产负债表及营业损益表各二份(县、市三份),于次月十五日前呈报主管党部存查。并以一份转报中央宣传委员会备案。

第九条　各报社应以最速之方法,按期将所出之报纸,寄送中央宣传委员会及其主管党部各一份备核。

第十条　各报社除服从中央宣传委员会及主管党部之一切指导外,并须遵守出版法关于报纸之规定事项。

第十一条　本规则由中央常会核准施行。如有未尽事宜,由中央宣传委员会修正,报告中央常会备案。

一九三二年九月二十九日

25. 宣传品审查标准

(国民党第四届中央执委会第二十二次常务会议通过,

第四十八次常务会议修正通过)

一、适当的宣传:

(一)阐扬总理遗教者;

(二)阐扬本党主义者;

(三)阐扬本党政纲、政策者;

(四)阐扬本党决议案者;

(五)阐扬本党现行法令者;

(六)阐扬一切经中央决定之党务,政治策略者。

二、谬误的宣传:

(一)曲解本党主义政纲、政策及决议者;

(二)误解本党主义政纲、政策及决议者;

(三)思想怪僻或提倡迷信,足以影响社会者;

(四)记载失实,足以淆惑视听者;

（五）对法律认可之宗教，非从事学理探讨，徒事诋毁者。

三、反动的宣传：

（一）为其他国家宣传危害中华民国者；

（二）宣传共产主义及鼓动阶级斗争者；

（三）宣传无政府主义、国家主义及其他主义而有危害党国之言论者；

（四）对本党主义、政纲、政策及决议恶意诋毁者；

（五）对本党及政府之设施恶意诋毁者；

（六）挑拨离间分化本党，危害统一者；

（七）诬蔑中央，妄造谣言，淆乱人心者；

（八）挑拨离间及分化国族间各部分者。

一九三二年五月三十一日

26. 民营广播无线电台暂行取缔规则

（交通部公布）

第一条 凡用无线电话发射广播言语及音乐者，称为广播无线电台（以后简称广播电台），其装设及使用均须依照本规则之规定。

第二条 凡中华民国之公民，完全华商之公司，经在国民政府立案之学校团体或其他合法之组织，得在中国境内设立广播电台，但须呈由交通部领得许可证后始得装置；其非完全华商之公司及非完全华人国籍之团体，须经在国民政府注册领有注册证书者始得请领许可证，在中国境内设立广播电台。

第三条 凡请领广播电台许可证时，须将下列各项由负责代表人详细填呈：

一、公司或团体之名称、组织、地址及主管人之姓名；

二、设立广播电台之目的；

三、广播电台之名称、组织及概算；

四、无线电话发射机之电力地址及详细工程计划（附图说）；

五、播音室之地点。

第四条 请领上项许可证时应缴纳证书费，每张10元，印花税1元。

第五条 许可证之有效期间为6个月，过期作废。其有因特别事故致电台未能在期内设立完竣者，得于期满前1个月申述理由，呈请交通部展期3个月，但以一次为限。

第六条　广播电台架设完竣其工程机件及一切设备须经交通部派员查验,认为合格后发给广播电台执照,同时应将许可证缴销。

第七条　请领上项执照时应缴纳执照费,每张 50 元,印花税 1 元,并随缴保证金 200 元或殷实铺保 1 000 元,此项保证金如未经扣除罚金或扣除而尚有剩余时,得于取消电台时或执照期满时发还之。

第八条　执照在正式规则颁布后仍须请领新照。

第九条　执照如有遗失或其内所载事项有所变更,应随时呈报交通部,并于一星期内补叙理由,呈请交通部补发或更换。

第十条　补请执照或更换执照仍应依照第七条之规定缴纳执照费及印花费,其由交通部令饬更换者不在此例。

第十一条　广播电台之执照不得移转顶替或租让。

第十二条　广播电台之呼号须由交通部指定之。

第十三条　广播电台所用之周率须由交通部指定并须随时测验调整,使上下相差不得逾指定数量 2%。

第十四条　天线上之谐波电力当力谋减少,以免干扰其他电台。如谐波电力过火,交通部得随时令其改良或饬其停止播音。

第十五条　广播电台在播音时间每隔 30 分钟须将呼号及所用周率作简单之报告。

第十六条　凡执照内所注以及第十、第十一条规定各项如遇必要时交通部得随时令其更改。

第十七条　广播电台之业务以下列为限:

一、公益演讲;

二、新闻报告(必要时交通部得制止之);

三、音乐歌曲及其他节目;

四、商业报告(不得逾每日广播时间 2/10)。

第十八条　交通部得将政府机关之政令消息布告以及宣传品之与民众有关者发交广播电台播送,其重要者并得令其提前播送。

第十九条　遇有船舶电台或航空电台遇险呼救时,广播电台或亲自闻得或经交通部所属之海岸电台或陆地电台之通知,应立即停止播音以避干扰而利救险电报之传递。必俟救险电报之传递确已终止或能确定不致发生干扰时始得继续照原节目播音。

第二十条 凡广播电台未领有交通部之广播电台执照及领有执照而已被取消或已遗失未经呈请补发者,均不得播音。

第二十一条 交通部得随时派员检查广播电台之文件执照及各项有关系之簿籍图表或视察其工作,届时各广播电台不得托故拒绝。

第二十二条 广播电台不得触犯下列之任何一项:

一、扰乱和妨害国有海陆空及公众通信电台之业务;

二、不服从交通部所派检察员之指导与监督;

三、播送不真确之消息或新闻;

四、与任何一电台叫通有类如通报情事;

五、传递私人消息;

六、播送危害治安或有伤风化之一切言论、消息、歌曲、文词;

七、扰乱其他广播电台之播音。

第二十三条 国际无线电公约及其附则之规定有关广播电台而与本规则不相抵触者,均适用之。

第二十四条 国民政府交通部颁布之各种无线电法规及命令暨暂行各种无线电章程与广播电台有关而与本规则不相抵触者,均适用之。

第二十五条 凡违犯本规则之任何一条者,交通部得按其情节之轻重予以下列之处罚:

一、停止播音;

二、取消执照;

三、没收机件及处以50元以上2 000元以下之罚金。

第二十六条 广播电台如有违犯本规则之规定应由该主管人员负完全责任。

第二十七条 本规则有未尽事宜由交通部随时修正公布之。

第二十八条 本规则自公布之日施行。

一九三二年十一月二十四日

27. 官署出版品得免登记咨

(内政部咨各省、市政府)

为咨行事,案查前准河北省政府第九○八号咨,以官署出版品及外人发行新闻纸、杂志应声请登记,出版法内均无明文规定,嘱查核解释,并见覆等由。准此,当以事涉法令疑义,经函请中央宣传委员会查照解释,并以警字第一五〇二号咨覆在案。兹准中央宣传委员会第三一二八号函覆内开,查河北省政府咨请解释官署出版品及外人发行新闻纸、杂志登记办法一案,除外人发行新闻纸、杂志另案办理外,关于出版法第六条及同法施行细则第二十二条之规定,经解释如下:

（一）凡根据国府组织法,省、市、县组织法及军队编制法组织成立之机关,谓之官署。以官署名义发行之出版品,谓之官署发行。依照出版法第六条得免于登记。凡各官署之附属机关,其在各级行政机关组织法无明文规定设置,经由该所属主管机关正式具文证明其系属该管正式机关后,其发行之出版品,亦得依法免于登记。但新闻纸无论是否官署出资设立,均须登记。

（二）凡以各级党部名义发行之出版品,依照出版法施行细则第二十二条,得免于登记。惟各级党部设立之报社,概须依照中央四届第四十次常会通过之各级党部所辖报社管理规则第十条之规定,办理登记手续,不得用党部名义发行。除通饬各级党部查照外,函覆查照等由到部。除分行外,相应咨请查照,并转饬知照为荷。此咨。

一九三二年十一月二十五日

28. 新闻纸类呈请登记尚未领到登记证者之刊载方法咨

（内政部咨各省、市政府）

为咨行事,案准江苏省政府第一七三九号咨,以新闻纸类已经发行或筹备发刊,依法呈请登记尚未领到登记证者,其刊载登记证字号应如何办理？请查核见覆等由。准此,查新闻纸类已经依法声请登记,因程序辗转,稽延时日,未能立即领到登记证者,自无从刊载字号。若依照出版法第二十二条、第二十七条之规定办理,遽行处罚,实欠允当。嗣后遇有上述情形,应准各该报社于该出版品名称之上下或左右,刊明本社已遵于某月某日呈请登记字样,以示区别。各该执行机关查明属实,应视与刊载登记证字号相同,庶免办理困难,而利政令推行。除函覆并分行外,相应咨请贵省、市政府查照,转饬办理为荷。此咨。

一九三二年十二月二日

29. 取缔各大小报纸刊登淫亵新闻办法

（国民党西南执行部第四十九次常会通过）

一、凡有妨害风化之新闻，涉及刑法第二百四十条至二百五十条所规定之妨害风化罪者，其关于淫亵事实之部份，一律不得刊登。

二、其他新闻中有涉及男女淫亵之事者，一律删除，不得登载。

三、小品文及小说不得作淫亵之描写。

四、如有违反上列各条之一者，得通用刑法第二百五十一条，处以一千元以下之罚金。

五、各通讯社有发出违反第一或第二条之规定之稿件，得依第四条为同等之处罚。

六、凡违反第一条至第三条之规定者，经本会发觉及审查认定后，得呈请西南执行部行知公安局，转送司法机关依法究办。

一九三二年十二月

30. 定期出版物保证办法

（国民党西南执行部第五十二次常会议决通过）

一、本会为防范反动言论之发现起见，除订有审查及发给许可证办法外，特订定定期出版物保证办法。

二、定期出版物分下列三种：

1. 新闻日报：指用一定名称，每日继续发行者而言。

2. 小报：指用一定名称，每隔一日以上、七日以下之期间继续发行者而言。

3. 杂志：指用一定名称，每隔一星期以上之期间继续发行者而言。

三、凡定期出版物须具有下列保证之一，并须经由本会核发许可证后，方准发行。

甲、现金保证；

乙、商店保证。

四、现金保证分下列三项。

1. 新闻日报，一千元；

2. 小报，一千元；

3. 杂志，二百元至一千元。

五、保证商店须填具保证书，保证书式样由本会制发之。

六、凡定期出版物违反出版法第十九条所规定各款之一者，除依照出版法第三十五条办理外，得将其保证金没收。如系用商店保证者，得照本办法第四条规定，分别令该商店缴纳与保证金同等数量之罚金。

七、凡定期出版物停止出版时，应即将许可证撤销。并得请还保证金或保证书。

八、凡各级党部及行政机关出版之定期出版物，得免予保证。

九、凡各教育机关及立案之民众团体之定期出版物，得由该机关及主管人员或该团体及负责人备文，向本会声明负责保证，经本会核发许可证后，方准发行。

十、本办法经西南执行部核准后施行。

一九三三年一月十六日

31. 新闻检查标准[注]

（国民党第四届中央执委会第五十四次常务会议通过）

一、关于军事新闻应扣留或删改者：

1. 关于我国高级军事机关、要塞、堡垒、军港、军舰、军营、仓库、飞行场港、兵工厂、造船厂、测量局及其他国防上建筑物之组织及设备情形与其应秘密之地点。

2. 关于国军预定实施之军事计划及一切部署。

3. 关于国军之兵力、兵种、番号与其行动、驻扎及军用图之输送、起卸地点或筹备情形。

4. 关于高级指挥官之行踪及其秘密之军事谈话。

5. 关于各级军事机关有关军事秘密之会议与记录。

6. 关于敌我军情与事实不符之记载。

7. 关于新式武器及军事工业之发明。

8. 其他不利于我方之军事新闻。

二、关于外交新闻之应扣留或删改者：

1. 凡对我国外交有不利影响之消息，尚未证实或已证实不确者。

2. 凡外交事件正在秘密进行中，其消息或文件尚未经外交部正式或非正式公布者。

3. 凡外交谈话未经外交部正式或非正式公布者。

三、关于地方治安新闻之应扣留或删改者：

1. 摇动人心，引起暴动，足以酿成地方人民生命财产之重大损失者。

2. 故作危言，影响金融，足以引起地方人民日常生活之极度不安者。

3. 对于中央负责领袖，加以无事实根据之恶意新闻及侮辱以损害政府信用者。

四、关于社会风化新闻之应扣留或删改者：

1. 关于淫盗之记载特别描写，以煽扬猥亵、凶恶之影响者。

2. 其他有妨善良风俗者。

附注

一、各新闻检查所检查新闻，除遵照以上规定外，并须依照出版法及宣传图审查标准第二项、第三项之规定。

二、各新闻检查所检查新闻，仍须随时遵照中央宣传委员会颁布注意之要点。

三、各报社刊布新闻，须以中央通讯社消息为标准。

一九三三年一月十九日

【注】1933 年 10 月 5 日第九十一次常务会议修正通过。

32. 重要都市新闻检查办法

（国民党第四届中央执委会第五十四次常务会议通过）

一、各重要都市遇有检查新闻必要时，经中央执行委员会常务会议核准，得设立新闻检查所，受中央宣传委员会之指导，主持各该地新闻检查事宜。

二、首都新闻检查所，由中央宣传委员会、军事委员会、内政部、首都警察厅、南京警备司令部、南京市党部及市政府派员会同组织之。新闻团体得派代表一人参加。其他各地新闻检查所，应由当地高级党部、高级政府（或指派公安机关）及高级军事机关域指派警备机关）会同派员组织之。必要时，得由当地新闻团体派员参加。

三、新闻检查所设立主任一人，主持所务。必要时，得设副主任一人襄助之。正副主任由各参加之机关，就所派人员中会同推定，呈报中央宣传委员会备案。设检查员若干人，由各参加机关所派人员充任之。如有设置事务员必要时，得商准各参加机关调充或雇用之。

四、新闻检查所除雇员得酌给津贴外,所有职员,概不给薪。公杂费由各参加机关分摊之。

五、新闻检查限于军事、外交、交通、地方治安及与有关之各项消息。

六、凡外交及与外交有关之各项消息,由党务机关所派人员检查之;凡军事及与军事有关之各项消息,一由军事机关(或警备机关)所派人员检查之。凡地方治安及与政治有关之各项消息,由政府机关(或公安机关)所派人员检查之。

七、各地新闻检查所检查新闻。须依据中央执行委员会常务会议核准之新闻检查标准决定扣发。遇有疑问,得由主任照前项规定随时请示当地主管机关或中央宣传委员会决定之。

八、各地新闻检查所检查新闻手续,应由各该所于不妨碍新闻机关工作进行之原则上自行订定,分呈各参加机关备案,并呈报中央宣传委员会。

九、各地新闻机关如有违犯各该检查所之各项规定或命令者,由各该所报告当地政府机关依照出版法处分之。

十、各地新闻检查所,于每月月终除应向参加机关报告工作外,并应填具工作报告表,呈报中央宣传委员会。工作报告表另定之。

十一、本办法不适用于戒严时期。

十二、本办法由中央执行委员会核准施行。

一九三三年一月十九日

33. 修正重要都市新闻检查办法[注]

(国民党第四届中央执委会第五十四次常委会通过)

一、各重要都市如南京、上海、北平、天津、汉口,遇有检查新闻必要时,经中央执行委员会常务会议核准,得设立新闻检查所,受中央宣传委员会之指导,办理各该地新闻检查事宜。

二、首都新闻检查所,由中央宣传委员会会同军事委员会及行政院派员组织之,新闻团体得派代表一人参加。其他各地新闻检查所,应由中央宣传委员会(或当地高级党部)会同当地高级政府及高级军事机关派员组织之,当地新闻团体得派代表一人参加。

三、新闻检查所设主任一人,副主任一人或二人,主持所务;由各参加机关派充之。设检查员若干人,担任检查工作;由主任选定曾在大学或专门学校毕业而有新闻学识者,呈准中央宣传委员会任用,或由各参加机关调充之。设事务员若干人担任事务,由检查所雇用之。

四、新闻检查所经费由各参加机关分摊之。

五、新闻检查所检查新闻,限于军事、外交、地方治安及与有关之各项消息。

六、新闻检查所检查新闻,须依据中央执行委员会常务会议核准之新闻检查标准决定扣发。遇有疑问时,得由主任随时请示主管机关或中央宣传委员会决定之。

七、新闻检查所检查新闻手续,应由各该所于不妨碍各报社、通讯社工作进行之原则上自行订定,分呈各参加机关,并呈报中央宣传委员会备案。

八、新闻检查所各项条例及办事细则,均须呈报中央宣传委员会备案。

九、各报社、通讯社,如有违犯各该检查所之各项规定或命令者,应由各该所报告当地政府机关依照出版法处分之。

十、各地新闻检查所,于每月月终除应向各参加机关报告工作外,并应填具工作报告表,呈报中央宣传委员会。工作报告表另定之。

十一、本办法不适用于戒严时期。

十二、本办法由中央执行委员会核准施行。

一九三三年一月十九日

【注】1933年9月21日国民党第四届中央执委会第八十九次常务会议修正通过。

34. 颁发外籍新闻记者注册证规则[注]

(外交部公布)

第一条 凡外籍新闻记者如欲在中国境内执行记者职务,应呈请本部情报司发给注册证。

第二条 请领注册证者,应先填具请领注册证事项表,附贴本人最近二寸相片一张,并缴该国领事馆所发之身份证明书。

第三条 请领注册证者,每证应随缴注册手续费国币二元。

第四条　本部情报司对于请求发给注册证者,如查有违反我国出版法令行为或对我国有恶意宣传之行为时,应予拒绝。其已领之注册证,应予取消。

第五条　注册证有效时期,自发给之日起以两年为限,期满应重新请领。

第六条　领有注册证者,得迳向交通部请领新闻电报凭照。

第七条　本规则对于非外籍而系代表外国新闻报社之记者,除第二条关于身份证明之规定外,亦一律适用之。

第八条　本规则如有未尽事宜,得随时修改之。

第九条　本规则自公布之日起施行。

一九三三年三月十六日

【注】民国二十二年九月八日修正,于第二条末增加一款:"代表一个以上之新闻报社之记者,应分别请领注册证。但每一注册证得适用于事项表内所填明之该报社任何收报地点。"

35. 各书摊报贩登记领证办法

（国民党西南执行部制发）

一、凡本市书摊及报贩营业者,须亲到本会登记。经本会核发营业许可证后,方准贩卖各种图书、杂志、大小报纸等刊物。

二、各书摊及报贩营业者,到本会登记时,须填具登记表,附呈最近本人二寸半身相片二张。登记表之格式由本会制发之。

三、登记、领证概不收费。

四、本会所发给营业许可证,其属于书摊者须悬挂于书摊,其属于报贩者须随身携带。

五、各书摊报贩领证后,如有贩售反动及淫亵刊物时,本会除将其营业许可证没收,永远禁止营业外,并得将其拘送主管机关,依法究办。

六、本办法自公布后施行。

一九三三年三月二十一日

36. 新闻电讯检查标准

（国民党西南执行部第六十三次常会通过）

一、关于军事新闻电讯应扣留者：

1. 关于军事机关、要塞、堡垒、军营、仓库、飞行场港、兵工厂、船厂、测量局及其他国防、省防上建筑物之组织及设备情形；

2. 关于军事预定实施之军事计划及一切部署；

3. 关于军队之兵力、番号与其行动，及军用品之输送、起卸地点或筹备情形；

4. 关于军事长官之行踪及其秘密之军事谈话；

5. 关于各级军事机关有关军事秘密之会议与记录；

6. 关于敌我军情与事实不符之记载；

7. 其他不利于我方之军事新闻。

二、关于外交、政治新闻电讯之应扣留者：

1. 关于一切政治消息认为不确者；

2. 关于一切政治消息或言论认为足以引起社会或其他之不良影响者；

3. 凡对我国外交有不利影响之消息尚未证实或已证实不确者；

4. 凡外交事件正在秘密进行中，其消息或文件尚未经正式或非正式发表者；

5. 凡政治、外交谈话未经正式或非正式发表者。

三、关于地方治安新闻电讯之应扣留者：

1. 含有煽乱性质，足以引起危险之行为或足以酿成地方人民生命财产之重大损失者；

2. 关于金融消息认为足以引起社会之不安者；

3. 关于妨害善良风俗之消息及记载或描写者。

一九三三年四月十日

37. 各报馆及通讯社请领许可证手续

（西南出版物审查会）

一、各报馆及通讯社请领许可证者，须先来会领取下列书表：
甲、声请书；乙、职员一览表；丙、经费概况表；丁、保证书。

二、向本会领取各种书表后，须分别据实填报，呈送本会查核。

三、保证书分现金保证与商店保证两种。填具现金保证书者，须附缴保证金（通讯社二百元，报馆五千元）。填具商店保证书者，得免缴现金保证；但该商店之营业执照，须有与保证金额相当之数量。

四、各种书表及保证俟本会核实后，即可领许可证。

一九三三年六月十九日
国民党西南执行部第七十三次常会核准备案

38. 各报社违反新闻检查办法惩罚规则

（国民党西南执行部第七十六次常会修正公布）

第一条 各报社不将新闻稿件（包括新闻、电闻、社评、社论及一切小品文字）按时送所检查而迳行登载者，悉依本规则惩罚之。

第二条 各报社不将新闻稿件送所检查而迳行登载者，得依下列规定惩罚之：

一、初次违反者，用书面警告；

二、经警告仍不遵送检查者，得呈准勒令停版三天至七天；

三、经上项之处分后，仍不遵送检查者，得呈准勒令永远停版，并封闭其报社。

第三条 新闻稿件经本所扣检仍复登载者，得按所检扣新闻情节之轻重，分别予以警告、停版或依照出版法、刑法所规定之处分。

第四条 本规则如有未尽事宜，得随时呈准西南执行部修订之。

第五条 本规则自呈请西南执行部核准日施行。

一九三三年七月十日

39. 各省市新闻检查所新闻检查规程

（国民党军事委员会）

一、各省、市新闻检查所检查新闻手续，除有特殊情形依据各省、市新闻检查暂行办法第八条之规定自行拟订呈核外，一般办法得适用本规程。

二、各省、市新闻检查所检查新闻之范围，依照修正新闻检查标准及宣传品审查标准之规定办理之。

三、各省、市新闻检查所检查新闻之标准，除依照前条办理外，并遵照中央检查新闻处及各该省、市主管军政机关临时指示办理。

四、各省、市新闻检查所接收检查时间,每日自上午十一时至翌晨三时止。必要时得酌量提前或延长之。

五、凡在各省、市印行之日报、晚报、小报、通讯社稿及其增刊、特刊、号外等,于发行前均须将全部新闻一次或分次送各该新闻检查所检查。其送检手续分别规定如次:

1. 各通讯社须以二份通讯稿送所检查。其重要消息须于付印前将原稿送所检查。

2. 各日、晚报社,除采用业经检查之本埠通讯社稿及电报检查所已检查之外埠电讯毋庸送检外,其自行采访之新闻及所得外埠电讯、通讯等,未经电报检查所检阅者,均须将原稿或以小样二份送所检查。

3. 非日刊之小报,须以小样二份送所检查。

六、外埠各报驻各省、市记者所发消息,除采用业经检查之本埠通讯社稿外,其自行采访之重要消息,应将原稿送各该新闻检查所检查之。

七、各地新闻经各该所检查后,除准予刊载者逐条加盖检查讫章发还外,其不妥者,照下列办法分别处理之:

1. 一部分不妥者予以删改,并加盖删改章发还之。

2. 全部不妥者,予以免登,并加盖免登章发还之。其送检原稿免登者,留所存查。

3. 与检查标准不违背,但未至发表时期者,予以缓登,并加盖缓登章发还之。其送检原稿缓登者,留所存查;缓登消息至发表时期由所发还原稿,或通知各报社发表之。

八、通讯社稿经所检查予以删改、免登或缓登后,除由各该所即晚印成检查通知书,分发各报及外埠各报驻各该省、市记者外,各该通讯社须照删除。另行通知各当地报社及外埠各报记者。

九、凡经检查发还之新闻稿件或小样,各报社、通讯社须保存十日,以备查考。

十、凡在各省、市印行之日报、晚报、小报及通讯社稿,出版后须以二份尽先送各该所审查。

十一、本规程如有未尽事宜,得呈请中央检查新闻处修正之。

十二、本规程呈由军事委员会核准施行。

一九三三年九月

40. 解释法院制裁报社及通讯社编辑人适用法律疑义

（内政部咨各省政府）

查报社及通讯社系根据出版法之规定手续声请登记而成立。故新闻纸之编辑人，非因个人行动有违犯普通民刑法之规定，以及违犯出版法第十九条之限制，依照同法第三十五条之规定，得依其他较重之法律规定处罚外，其余凡有违反出版法之处，各级法院自应依照出版法之规定处置，不得引用其他法律以为制裁。

一九三三年九月三十日

41. 取缔不良小报暂行办法[注]

（国民党第四届中央执委会第九十二次常务会议通过）

一、全国党政机关在出版法未经修正以前，所有小报呈请登记之案件一律缓办。

二、全国党政机关，对于业经登记之小报，如发现有言论荒谬，叙述秽亵，记载失当，及无确实之基金或经常费足以维持其事业之进行者，应一面依法定手续，注销其登记，一面向法院检举，依法严予处分，并通知当地警政机关停止其发行发售。

三、全国党政机关，如发觉小报之编辑人及发行人有敲诈行为时，得向法院检举，依法严予处分。

四、各地新闻检查所，对于小报应特别注意检查。如有不送检查，或将业经检扣之消息仍予刊载者，应一面报请当地主管机关停止其发行，一面通知当地邮检所加以查扣。

五、各地邮电检查所，对于不良之小报应随时严予查扣，并报告主管机关。

六、本办法自决定之日施行。

一九三三年十月十二日

【注】国民政府1933年10月30日训令行政院。

42. 法院制裁新闻编辑人适用法律令

(司法院训令最高法院)

为令行事,案奉国民政府本年九月十四日训令(第四四一号)开:

据本府文官处签呈称,准中央执行委员会秘书处秘字第一四二九八号函开:案奉常务委员交下汉口特别市党务整理委员会,呈为转请解释法院制裁新闻纸编辑人或发行人是否适用普通民法抑适用出版法,祈核示等情一案,并经解释。查报社及通讯社系根据出版法之规定手续声请登记而成立。故新闻纸之编辑人,非因个人行动有违犯普通民、刑法之规定,以及违反出版法第十九条之限制,依照同法第三十五条之规定,得依其他较重之法律规定处罚外,其余凡有违反出版法之处,各级法院自应依照出版法之规定处置,不得引用其他法律以为制裁等因。除由会令知外,相应抄同原呈函达,即希查照转陈,令饬司法院通饬各级法院遵照办理。并令行政院转令内政部知照等由,理合签呈鉴核等情。据此,自应照办。除分令行政院转饬司法行政部转行各级法院遵照,并饬内政部知照外,合行抄发附件,令仰该院转饬最高法院遵照等因。因本院以此案尚有应行声明之处,当经呈请国民政府转行中央执行委员会核示。去后兹准国民政府文官处第三八五号公函开:准中央执行委员会秘书处秘字第一五八四九号函开,准函转司法院呈覆各节。查出版法第十四条所载请求更正或登载辩驳书之规定,虽未明白规定范围,绎其原意,当系指轻微失实之记载,一经更正或登载辩驳书,便可使社会人士了然真相,不致发生误会者而言。并非对于当事人之告诉加以限制,更非谓故意侵害他人私权或妨害他人名誉信用,经当事人请求更正或登载辩驳书,即不得向法院提起诉讼,经签奉常务委员批照覆,并将全案通函各省市党部知照。除分函各省、市党部外,函覆查照等由。经即转陈,奉主席谕,查案转知等因函行到院。准此,除函由司法行政部通饬所属法院一体知照外,合行抄发汉口市党部原呈一件,令仰该法院知照。

此令。

一九三三年十一月三日

附抄件

呈为转请解释法院制裁新闻纸编辑人或发行人,是否适用普通民刑法抑适用出版法？仰祈鉴核示遵事。案据汉口明报编辑人陶俊三等呈称：为呈请事，窃新闻机关根据出版法而成立。新闻纸登载之事项，出版法第四章第十九条至二十一条亦明白限制。但上述条文以外之合法记载，其当事人认为失实时，若不履行同法第二章第十四条之手续请求更正或辩驳，而迳向法院告诉，新闻纸之编辑人遇此种事件时，是否应舍出版法而就普通民刑法之裁判，前此并无明文规定。此应请转呈中央予以解释者一。各法院遇上述诉讼时究应采用出版法之条文抑采用普通民刑法之条文以审判之，亦无明文规定。此应请转呈中央予以解释者二。窃后法优于前法，特别法优于普通法。出版法既经明白限制新闻纸之记载，复规定行政处分及罚则两章，关于新闻纸之一切记载是否违法及违法后之处罚，自应以出版法为依归，惟未蒙明令解释。法院方面每专以普通民法刑法为准绳，而置出版法于不顾，致新闻纸之编辑人发刊新闻有动辄得咎、无所适从之困难，似此理合具文呈请钧会鉴核。准予转呈中央明令解释，并咨行国民政府司法部转饬武汉各法院知照，实为法便等情。据此，窃查自出版法公布施行以来，新闻纸、杂志主管机关对新闻纸、杂志编辑人或发行人如有处分之处，一切以出版法为依归。惟法院对于出版法置若罔闻。对于新闻记者之裁制，每依普通民刑法办理。影响所及，纠纷迭起，该陶俊三等所呈各节，不无理由。特为转呈，敬祈解释，实为公便。

谨呈。

43. 对于常务委员会及组织、宣传、民运指导各委员会工作报告之决议案（节摘）

（国民党第四届中央执行委员会第四次全体会议通过）

……

属于宣传委员会者：该会于电影事业之倡导，抗日剿匪之宣传，均能努力，深堪嘉许。今后关于新闻方面，应集中经费于少数报纸，培成有力量之言论重心；对于文艺方针及社会新闻政策，尤宜有整个计划及实施办法，随时对下级党部为切实之指导，并据此对全国之新闻界及出版界作有效之统制。

……

一九三四年一月二十四日

44. 新闻不服检查者，军政机关得予以一日至一星期停版处分令

（国民政府训令行政院军事委员会）

为令遵事，案准中央政治会议函开：

据行政院函称，查有少数报纸，不遵首都新闻检查所之删扣，将不实消息任意登载，至奉行删扣之报纸疑为待遇不公，设词攻击该所，于检查工作不无阻碍。

兹经本院第一四七次会议决议，如新闻有不服检查者，得予以停版三日至一星期之处分，函请鉴核等由。经本会议第三九五次会议决议，在检查期间，如新闻有不服检查者，军政机关得予以一日至一星期停版之处分及其他必要之处分。相应录案函达，即希查照，分别饬遵等由。准此，自应照办，除函覆并分令军事委员会、行政院外，合行令仰该院会遵照，并转饬所属一体遵照。

此令。

一九三四年二月二十一日

45. 华侨发行新闻纸杂志声请登记办法

（内政部、侨务委员会会同公布）

第一条　华侨发行新闻纸、杂志，均得依照本办法声请登记。

第二条　华侨为新闻纸或杂志之发行者，应于发行时，填具声请书及声请登记表，呈由所在国之中国使馆或领事馆，会同中国国民党该区总支部或直属支部加具登记考查表，送请侨务委员会声请登记。

所在国无中国使馆或领事馆及总支部或直属支部者，得迳呈侨务委员会声请登记。

华侨在本办法施行前已发行之新闻纸或杂志，应于本办法施行后，依照前项程序为登记之声请。

第三条　侨务委员会于依第二条所定之声请，送由中央宣传委员会审核后，会同内政部填发登记证。

前项登记证不收费用（华侨新闻纸登记）。

第四条　华侨发行之新闻纸或杂志，于声请登记之事项有变更者应于变更时，依照登记程序呈报备案。

前项所定变更登记之事项，如系变更该新闻纸或杂志之名称或负责发行人者，并应

检同原领登记证声请换发登记证。

第五条　华侨发行之新闻纸或杂志,其发行人就应登记之事项为虚伪之陈述者,得撤销其登记。

第六条　华侨发行之新闻纸或杂志,不得为非法言论或妨害国交事项之记载。

违反前项规定者,除撤销其登记外,并得依照出版法第二十四条禁止该新闻纸或杂志之入口。

第七条　华侨发行之新闻纸或杂志,应由发行人于每次发行时按照下列机关及份数分别寄送:

一、内政部二份;

二、侨务委员会二份;

三、中央宣传委员会二份。

第八条　登记声请书登记表及考查表格式另订之。(略)

第九条　本办法自公布之日施行。

一九三四年三月一日

46. 解释办理新闻纸杂志登记手续发生疑义

(内政部咨各省、市政府)

一、有人在镇江发行甲种周刊声请登记,正在审查中。又据声请在江都发行乙种周刊,负责与主编同为一人,而在两地发行各个刊物。虽可不予限制,但须依法分别声请登记。

二、发行地点在甲县,而负责与主编人均住在乙县,其行查机关自应由发行所所在地县政府办理之。

一九三四年三月二十二日

47. 新闻纸社及杂志社图记刊制规程

(国民党第四届中央执委会第三次常务会议通过,行政院公布)

第一条　新闻纸社及杂志社图记,须依照本规程刊制。

第二条　新闻纸社及杂志社图记,其文为各该社名称之全文。如某某社图记。

第三条　新闻纸社及杂志社图记,以公尺长五分六厘、宽三分八厘之长方木质制成。新闻纸社及杂志社，如有分社者，其分社之图记，以公尺长五分二厘、宽三分四厘之长方木质制成。

第四条 新闻纸社及杂志社图记，由各该社于核准登记后，依本规程自行刊制。

第五条 新闻纸社及杂志社启用图记时，须将模型及启用日期，呈报当地党、政机关，转向中央宣传委员会及内政部备案。

一九三四年三月三十一日

48. 解释报社及通讯社不依固定刊期出刊得予行政处分疑义

（国民党中央宣传委员会函）

此项行政处分系停止其发行。惟停止期间前无明文规定，兹特规定日刊予以停止三日；隔日刊、三日刊、五日刊、周刊……等均予以停止三期之处分。

一九三四年五月十七日

49. 新闻电报规则

（交通部修正公布）

第一条 新闻报馆、期刊报馆或通讯社之新闻记者，得发寄新闻电报。其一切办法悉依本规则之规定。

第二条 新闻记者发寄新闻电报，须经交通部核准，并发给新闻电报凭照，方可照发。请领凭照时，应填具声请书，并附缴凭照费国币二元，印花税费国币一元，呈请交通部核办。

前项空白声请书，得由声请人向交通部或各地电报局或无线电台免费索取。

第三条 外籍新闻记者，以及代表外国新闻机关之本国新闻记者，请领凭照时，应先向外交部领取注册证书，连同前条声请书，一并呈送交通部核办。

第四条 国内新闻电报，如须由收报人付费者，应将声请书送交收报新闻机关所在地之电报局或无线电台。由该局台依本规则第二十条之规定，向收报新闻机关取具存款或保证金后，将声请书转呈交通部核办。但收报新闻机关，如已在当地局、台缴付相当数额之存款或保证金者，得将声请书迳呈交通部核办。

第五条 发寄国外之新闻电报，由收报人付费者，应由收报新闻机关先与当地电报机关商妥后,由该电报机关通知交通部核发凭照。

第六条 每一凭照内所填之发报地名,除随同旅行团体或军队出发之新闻记者经证明属实得填列十处外,概以五处为限。其收报新闻机关地点,除依第十八条之规定外,以一处为限。

第七条 发寄新闻电报时,应将凭照缴验,并于电底下端签名或盖章。

其签名或盖章,应与凭照上所填之新闻记者姓名相同。

第八条 新闻电报以发寄凭照内所填之新闻机关为限。若寄与个人或其他新闻机关者,均不得以新闻电报论。

第九条. 国内新闻电报,分寻常新闻电报及加急新闻电报两种。国际新闻电报,分寻常新闻电报、加急新闻电报、迟缓新闻电报三种。迟缓新闻电报,以与北美洲各处往来者为限。

第十条 新闻电报之传递依下列次序:

一、加急新闻电报与加急电报同。

二、寻常新闻电报与寻常电报同。

三、迟缓新闻电报与迟缓电报同。

第十一条 寻常及迟缓新闻电报,依特定之寻常及迟缓新闻电报价目收费。加急新闻电报依寻常电报价目收费。

第十二条 新闻电报应于收报新闻机关名称、住址之前,加注下列纳费业务标识:

一、寻常新闻电报,加注 Press(新闻)字样,作一字计费。

二、加急新闻电报加注 D Press(加急新闻)字样,作二字计费。

三、迟缓新闻电报加注 Lc Press(迟缓新闻)字样作二字计费。

第十三条 新闻记者须有二张以上凭照,而照内所填之收报新闻机关系在同一他方者,得发寄分送。新闻电报加注纳费业务标识 TMX(分送若干份)字样,其抄费依分送寻常电报办法加收之。

第十四条 新闻电报除第十二条及第十三条规定之标识外,不得加注其他纳费业务标识。

第十五条 新闻电报应用明语书写。国内往来者,以中文、英文及罗马字拼音之日文为跟。与国外往来者,以下列之一种为限:

一、中文。

二、英文。

三、法文。

四、收报局、台所在国指定之准用文字。

五、收报新闻机关发刊之文字。

国内罗马字拼音之日文明语新闻电报，以南京、上海、北平、天津、济南、青岛、汉口等处往来者为限。

第十六条　新闻电报之电文，以关于政治、商业等之消息欲刊登新闻纸或期刊者为限，不得含有私事性质，或类似广告之文字。

关于刊登该电之注语，得书于电文之前后，均用括弧括入；此项注语字数，不得逾电文计费字数百分之五，且至多不得逾十字。注语及括弧一律照章计费。

第十七条　汇兑价目及市价，以及运动消息，无论有无说明字样，均准列入新闻电报之内。发报局、台对于所载代表汇兑价目等之数目字，如有可疑之处，得查询是否确实，由发报人据实证明。

第十八条　通信社之新闻记者，其所发之国内新闻电报，得请求由中途接转该电之局、台抄送当地新闻机关。此项中途抄送之电报，应于收报人姓名、住址栏内加注"送某处某新闻机关"。其式如下：（略）

中途抄送之新闻电报，除照章收费外，应加收中途抄送费。依电文字数，中文每字收银一分，英文及日文每字收银二分。

第十九条　前条规定之中途抄送办法，须先经交通部核准。遇必要时，得随时停止之。

第二十条　国内新闻电报以及国外发来之新闻电报，由收据人付费者，应由收据新闻机关预付存款于当地局、台。此项存款须足敷半月报废之用。其数由该局、台核定。每十日清结一次，并续缴存款。如有短欠，其新闻电报即行停送，并呈报交通部转知发报局、台，对于该电停止收发。

前项收报新闻机关，如愿遵照交通部规定之记账发电保证办法预存保证金，毋庸预付存款。

第二十一条　投送新闻电报之电台认为必要时，得向收报新闻机关负责人员索取遵守规则之字据。

第二十二条　寻常加急或迟缓新闻电报，违背本规则第十五条及第十六条之规定者，应将纳费标识内之Press（新闻）字样删去，依寻常加急或迟缓电报价目收费。

新闻电报不载入新闻纸或期刊而别作下列之用者亦同：

一、报馆接收新闻电报后，不自行发刊而未能说明充足理由者；或于发刊之前先将电报传述私人或机关如总会、交易所、客寓等处者。

二、报馆收到之新闻电报出售或分送于其他报馆，刊登在本报之先者。

三、通讯社收到之新闻电报未经新闻纸刊登而未能说明充足理由者，或在未刊登之前先将电报传达第三人者。

如查有上列各款情节之一者，其应补之报费，概向收报人收取。

第二十三条　新闻机关或其新闻记者，如有违反本规则之行为，交通部得暂停其发电或吊销其新闻电报凭照。

第二十四条　新闻电报凭照不得转让于他人。

第二十五条　新闻电报凭照有效期间如下：

一、凡在上半年填发者，自填发之日起算至次年年底期满。

二、凡在下半年填发者，自填发之日起算至第三年六月底期满。

第二十六条　凭照期满时，如愿继续发寄新闻电报，应于期满前两个月内，呈请交通部换给新照。并附缴凭照费国币二元，印花税费国币一元。

第二十七条　交通部制定公布之关于电报之各项规章与本规则不相抵触者，均适用之。

第二十八条　本规则自公布日施行。

一九三四年五月二十一日

50. 修正图书杂志审查办法

第一条　本办法依据中央宣传委员会图书杂志审查委员会组织规程第五条及出版法施行细则之规定订定之。

第二条　凡在中华民国国境内之书局、社团或著作人新出版之图书杂志应于付印前依据本办法，将稿本呈送中央宣传委员会图书杂志审查委员会（以下简称本会），申请

审查。前项审查事宜,遵照中央执行委员会第一一五次常务会议决议:

一、审查之范围为文艺及社会科学;

二、先在上海试办。

第三条　图书杂志稿奉送审时,申请人应开具下列各事项:

甲、书刊名称;

乙、稿本页数及其附件;

丙、申请人姓名、住址;

丁、编著人姓名、住址。

第四条　凡送审查之图书杂志,本会概予以迅速审查之便利。

第五条　凡合于下列情形之一者,得呈请本会转呈中央宣传委员会核准发给免审证。其请求免审之申请书另定之。

一、当地党政机关出版之图书、杂志;

二、凡出版一年以上,平日思想正确,绝无违背中央颁布宣传品审查标准及出版法之杂志。

前项准予免审之图书杂志,如发现内容有不妥时,除撤销免审证外,并依法予以处分。

第六条　凡未经准予免审之图书,杂志,不将稿本申请审查者,应依照出版法施行细则第十一条之规定予以处分。

第七条　申请审查之图书、杂志稿本,其内容如有认为不妥之处,得发还原申请人,令饬依照审查意见删改,如全部文字有犯宣传品审查标准第三项之情形,及违背出版法第四章第十九条之限制者,本会得将原件扣呈中央宣传委员会核办。

第八条　经本会审查核准之图书、杂志稿件,由本会发给审查证。

第九条　凡经取得审查证或免审证之图书、杂志稿件,于出版时应将审查证或免审证号数,刊印封面底页,以资识别。

第十条　本会对于认为应行处分之书刊、稿件,应呈请中央宣传委员会查核办理。

第十一条　图书、杂志出版后,除应依照出版法第十三条及第十五条之规定,每种送内政部二份外,并应送本会三份,以便核对转存。

图书杂志出版后,如发现与审查稿本不符时,由本会呈请中央宣传委员会转内政部予以处分。

第十二条　经本会审查核准之图书、杂志,由本会列表呈送中央宣传委员会,转函内政部备查。

第十三条　本办法如有未尽事宜,得由本会呈请中央宣传委员会修正之。

第十四条　本办法由中央宣传委员会公布施行。

一九三四年六月一日

51. 取缔发售业经查禁出版品办法

（内政部公布）

第一条　凡取缔发售业经中央通行查禁之出版品,应依本办法行之。

第二条　各地主管行政机关,如据报告或发觉有前项出版品发售时,应即警告该发售处所禁止其发售。

第三条　该发售处所接得前项警告后,如仍发售该项出版品,应由当地主管行政机关转行警察机关从速依法扣押其出版品。

第四条　曾受前条处分之发售处所,再发售同前出版品,应由当地主管行政机关,转行警察依法拘罚该发售处所之负责人。

第五条　执行警告,须以书面行之。

第六条　执行检查、扣押或拘罚,须出示证明文件。否则该发售人得扭送警察机关,依法处理。

第七条　本办法自呈准公布之日施行。

一九三四年七月十七日

52. 检查新闻办法大纲

（国民党第四届中央执委会第一百三十三次常务会议核准备案）

一、于中央执行委员会之下设中央检查新闻处,掌理全国各大都市新闻检查事宜。其暂行组织大纲及经费概算另定之。

二、电报检查与新闻检查有密切关系。为求工作便利计,中央检查新闻处对各地电报检查机关应取密切之联络。

三、全国报纸之审查,仍由中央宣传委员会办理。为取得密切联络起见,中央检查新闻处对各地新闻检查所有所指示,应随时抄送中宣会参考。中宣会对新闻机关有所指示,及每日审查报纸发现有违背检查标准或指示时,亦应随时抄送,或就原报圈送中央检查处参考。

四、所有关于各地报社违犯检查办法之处分及纠正，由中央检查处处理之。其不属于检查范围者，仍由中宣会处理之。

五、中央检查新闻处得向有关机关调用职员。各员一经调用，即应专任该处所指定之工作。考绩时，亦以该处之工作成绩为标准。其生活费，仍由原机关支给之。

一九三四年八月九日

53. 无论中外任何新闻纸类如不呈验登记证不予挂号立券令

（交通部令）

案准内政部咨开：关于外人在中国境内发行之新闻纸类，依法向我国政府机关声请登记者，尚系少数，殊属藐玩我国法令。本部爰于本月十七日下午召集各关系机关开会商讨。当经决议，由本部咨请贵部转饬邮政总局，以后对于无论中外任何新闻纸类，如不呈验内政部发给之登记证，即不予以挂号立券，享受优益寄递之特权。并请贵部于邮政章程内，酌加新闻纸类呈请挂号立券须呈验内政部发给之登记证之条文，以资依据等语，记录在案。相应检同会议记录一份，咨请查照办理，并希见覆等由。并检送会议记录前来。除咨覆并于该局呈送修改邮政章程案内酌加条文外，合行抄发会议记录，令仰该总局遵照办理。此令。

一九三四年十月二十五日

54. 确定新闻检查之原则

（国民党中央第一百五十五次常会议决通过）

查五中全会交下关于天津《大公报》、上海日报工会等，电陈对于检查新闻等意见三项，请采择施行一案，前经中央第一五一次常会议决交行政院军事委员会核办在案，嗣据报告已议定办法，通令遵照，中央为确定原则，俾资准据起见，复经国民党中央第一五五次常会议决：凡对于党政设施有事实之依据，而为善意之言论者，除涉及军事或外交秘密或妨害党国大计者外，均得自由刊布之，但不得宣传与三民主义不相容之主义。

一九三五年一月三十一日

55. 对于报馆之健全舆论应予保护令

(军事委员会、行政院会同令饬各省政府)

案查二十三年十二月第五次中央执行委员会全体会议开会时,曾有天津、上海各报馆联名电请:(一)检查新闻应一律遵照中央所颁布标准,审慎执行;(二)对于新闻机关或记者之处分,不宜诉诸非常手段;(三)前此新闻机关或记者,无论在中央或地方,受停闭拘禁其他处分者,但使不以武力或暴动为背景,请一律开复等情一案,经中央常会决议交本院、本委员会核办。兹查修正新闻检查标准及修正重要都市新闻检查办法并检查新闻办法大纲,业经中央先后制定通行遵照。关于设置新闻检查所程序及检查新闻标准,上述办法及标准中业已详为规定。该报馆等所请关于(一)检查新闻应二律遵照中央颁布标准,审慎执行;(二)对于新闻机关或记者之处分,不宜诉诸非常手段两项,自属正当。关于(三)前此新闻机关或记者,无论在中央或地方,受停闭拘禁其他处分者,但使不以武力或暴动为背景,请一律开复一项,查检查新闻除遵照修正新闻检查标准各条所规定外,并须依出版法及宣传品审查标准第二项、第三项之规定。修正新闻检查标准附注第一项已经明白规定。又依照出版法第三十六、三十七、三十九、四十、四十一各条新闻纸有违背出版法情事者,得禁止其发行,并得处发行人、编辑人等一年以下有期徒刑、拘役。是前此新闻机关或记者,在中央或地方所受停闭禁拘或其他处分,自难不论情由,一律开复。如被处分者认为该项处分有不当或违法之处,自亦可分别提起上诉或诉愿,并不患无救济之途。原电关于此项主张,自应无庸置议。惟保护言论自由,政府递经申令各机关对于各种言论机关之检查及取缔,自应一律依照法令办理,今后尤宜益加勉励,务期贯彻中央扶植舆论之方针。夫言论自由,原为法律范围内之自由,并非漫无限制。国内言论机关,深明大义、守法自爱者固属多数,而不健全不成熟者亦尚有所闻。或则泄露国家军事、外交之秘密。或则明知全系谣言,而故意散布,期遂挑拨离间、摇乱人心之私图。或则挟嫌报怨,利用报馆地位,肆意毁损他人名誉。因此种种遂致触犯法纪或引起被害方面之报复。政府对于公正优良之报馆,固应竭力奖掖,而于动机不正、罔知法纪者,亦不得不执法以绳。乃昧于事理者,不究内容,动辄以摧残舆论等名词加诸检查机关,以冀耸人听闻。以此而言自由,其结果恐报馆有自由而人民无保障,少数人快私意,而多数人蒙祸殃。小之则减少舆论之价值,大之则损害国家之利益。流弊所及,胡可胜言。为此申令各机关嗣后一面应保护健全之舆论,不得滥用职权。

对于检查取缔事项,务应恪遵法令,毋稍逾越。一面对于各地言论机关,亦须剀切晓谕,务使其各自约束并厉守新闻道德,勿滥用报馆力量,以妨害国家及他人之利益。庶全国新闻事业,可期入于正轨,宏舆论之效力,树法治之根基,胥于是赖焉。除分令外,合行令仰遵照,并转饬各属一体遵照。

此令。

一九三五年二月一日

56. 报馆对于党政之设施应守秘密者外均得自由刊布令

(国民政府训令直辖各机关)

为令遵事,案奉中央执行委员会本年一月三十一日敬字第四四号公函开:查本会第五次全体会议交下关于天津《大公报》及上海日报工会等电陈对于检查新闻等意见三项,请采择施行一案,前经本会第一五一次常会议决,交行政院、军事委员会核办;并据报告已议有办法通令遵照。兹为确立原则俾资准据起见,复经本会第一五五次常会决议如下,凡对于党政之设施,有事实之根据,而为善意之言论者,除涉及军事或外交秘密或妨害党国大计外,均得自由刊布之。但不得宣传与三民主义不相容之主义。上除分行外。特此函达查照,通饬知照,等因。自应照办,除函覆并分行外,合行令仰遵照,并转饬所属一体遵照。

此令。

一九三五年二月十一日

57. 西南出版物编审会检查队检查规则

(中国国民党中央执行委员会西南执行部颁发)

1. 本规则依据西南出版物编审会检查队规程第五条订定之。
2. 检查员负责检查广州市区内一切出版物,每星期最少出外工作及报告一次。
3. 检查员除执行指定工作外,应随时注意各书店等新到之各种出版物。
4. 检查员出外执行职务时,须携带西南执行部颁发之检查证。
5. 检查员得随时出示检查证,向各书店、报馆、印务店或书摊报贩检查。并得就所在地借阅各种印刷品或出版物,如须携回审查时,须签名填回借阅据。
6. 检查员执行职务时,如发现有反动或妨害善良风俗嫌疑之出版物,须即向贩售人查明现存数量,并饬具结封存(结式由检查员携备),并须索取样本,携回呈报。

7. 检查员检查所得或借阅之出版物，须即日呈报。

8. 检查员呈报时，须填报告表，连同结式或借阅据存根送队长及总干事审核盖章，报告表格式另定之。

9. 检查员执行职务时，如遇有拒绝检查之情事，得会警执行，并须即行呈报。

10. 本规则如有未尽事宜，得由西南出版物编审会理事会议随时修正之。

11. 本规则由西南出版物编审会呈请西南执行部核准施行。

一九三五年三月十五日

58. 取缔刊登军事新闻及广告暂行办法

（军事委员会委员长行营公布）

一、为保守军事秘密起见，无论军事机关、学校、部队等凡欲刊登军事新闻或广告者，悉应遵照本办法施行。

二、凡军事新闻及与军事直接或间接有关之广告等，非经军委会委员长核准不得擅登。关于空军及属于防御工程之事项，尤应严密注意。

三、除空军各事项外，凡下列各项认为与军事秘密无关者，各得由各主管长官负责登载之：

1. 招商承办普通图书；

2. 招商承办不满一千件以上之员生士兵等被服；

3. 招商承办不满一千元以上之军用品；

4. 招商承办普通用具；

5. 通告更换证章、符号及声明遗失、作废等项。

四、凡经核准刊登之广告或军事新闻，由军委会或行营知照中央检查新闻处或就地新闻检查所准予登载。

五、各军事机关、学校、部队登载广告时，应将广告原文及核准之证明文件，一并送交就地新闻检查所审核相符，始准登载。

六、本办法自核准后施行。

一九三五年三月二十日

59. 审查取缔大小日报标准[注]

(国民党西南执行部第170次常会修正通过)

据西南出版物编审会呈称:查关于审查各种出版物,业经本会分别根据出版法原则订有规章,先后呈请钧部核准公布施行有案。惟近查在市面出版或销售之大小日报中,仍有少数玩忽功令等情,殊属可恨。兹为严整出版精神起见,谨集以前关于审查取缔大小日报规章及命令,重行修定标准,呈请察核,俯赐分别函令有关机关,根据规定,严厉执行,以肃风纪,而正人心,实为公便等情。计呈修订审查取缔大小日报标准一份。据此,业经本部第一七零次常务会议议决"照办"等议记录在案。除分行外,相应将原呈修订审查取缔大小日报标准抄录函达。即希查照,转饬所属遵照办理为荷。

附:修订审查取缔大小日报标准

凡大小日报内所载一切文字,如有违反下列之一者,应将其全部删扣之:

甲、违反中国国民党主义、政策、政纲,或有违反之嫌疑者;

乙、损害中华民国之利益,或含有损害之意义者;

丙、属于军事秘密消息者;

丁、妨害善良风俗,诋毁固有美德者;

戊、诲淫诲盗之事实,或有诲淫诲盗之嫌疑者;

已、一切属于奸匪案件之记述;

庚、属于自杀案件之记述;

辛、属于肉欲或含有肉欲意味之记述或图画、影片;

壬、属于荒诞神怪之记述或图画、影片;

癸、有妨害公共秩序之一切纪述。

附记

一、凡在当地出版之大小日报,应于出版前将全部稿件(包含论著、电讯、要闻、社会新闻、小品文字、小说、丛谈、杂俎、卫生问答、常识问答、法律问答、专载、副刊、图画、影片及一切刊在报内者),送交当地审查日报机关,依照本标准办理之;

二、凡违反上列各项之一者,得用出版法之规定分别处分之。

一九三五年五月二十七日

【注】国民党西南执行部5月28日函西南政务委员会转饬各机关。

60. 防空出版品统制办法

（军事委员会训令颁发）

第一条　为节省国家经费，统一防空宣传，集中防空人材，免除各地印刷品之重复及防止防空出版品滥发起见，特定本办法实施之。

第二条　凡用机械印刷或用化学材料所印制之防空刊物、书籍、图画、影片及其他有关于防空宣传品出售或散布者，均认为防空出版品。

第三条　一切防空出版品，均由防空委员会编著印行。至防空专门著作，亦须送呈防空委员会审查后，方准出版。

第四条　凡有关于防空之论著或译述，均得寄交防空委员会出版。稿件揭载后，即当酬给稿费。至投稿手续，即依照防空委员会防空杂志征稿简章规定办法。

第五条　全国各机关、团体及书局，对防空委员会所编著之各种出版品，均负有宣传及推销之责任，至推销手续另定之。

第六条　凡违反本办法之规定者，得以军令查禁或处罚之。

第七条　本办法自公布日施行。

一九三五年九月

61. 关于今后党务工作纲领案（节摘）

（国民党第五届中央执行委员会第一次全体会议通过）

……

（二）关于宣传者

……

乙、海外宣传

……

四、海外党部所办之报纸，应将国内有系统之新闻材料尽量充实，并应注意侨胞乡土消息之供给，同时搜集有关国际贸易及一切商业上之记载，以应侨胞之需要。

今后为顺利推行海外宣传工作起见，须于海外各重要区域斟酌设立报馆（避免党报名义），以树立海外中心宣传之机关。对于海外侨胞所创立之报纸及其他宣传团体，应一致取密切之联络，并扶助其发展，必要时并须派员前往协助其工作之进行。

丙、国际宣传

……

依据上述二点,今后对于国际宣传,即须专设机关,负责进行。在中央方面应创立国际宣传处,隶属于中央宣传部,统筹国际宣传事项;在各国方面,应分设宣传机关,附属于当地之使领馆,以收彼此策应之效。

一九三五年十二月七日

62. 关于正当舆论不容妄加干涉令

（国民政府训令直辖各机关）

为令饬事,案奉中央执行委员会二十四年十二月七日敬字第八四二号函开:"查保障人民言论自由,迭经本会决议通行有案。凡属正当舆论,自不容妄加干涉。乃近查各地方机关,仍有于法令范围以外,任意扣留报纸,干涉舆论情事,殊有未合。兹经本会第五届第一次全体会议议决,应请政府通令全国切实保障正当舆论,以崇法治,而重民意。相应函达查照办理。"等因,奉此,自应照办。除函覆并分行外,合行令仰遵照,并转饬所属一体遵照。对于正当舆论,务切实保障为要。

此令。

一九三五年十二月十日

63. 未经依法声请登记之新闻纸杂志社应补行声请登记

（内政部咨各省市政府）

案准中央宣传部二十五年二月五日诚字第四七九号公函内开:查各省、市新闻纸社,其已依法声请登记者固属多数,而延未履行者,亦复不少。核与出版法第七条之规定实有未合。相应函请查照,转咨各省、市政府转饬各未经声请登记之新闻纸社,从速履行声请登记手续,等由。准此,查发行新闻纸、杂志,应由发行人于首次发行期十五日前,呈由该管省政府或市政府转请登记,经于出版法第七条明白规定,并通行办理在案。兹准前由,亟应重行通饬。嗣后发行新闻纸、杂志应依法定声请期间声请登记。其现已发行,尚未声请登记者,统限于文到十日内补行声请登记。倘有仍旧玩忽,违反规定情事,应即依法处理,以维法令。除函复并分行外,相应咨请查照办理,并将办理情形见覆为荷。

一九三六年二月十日

64. 新闻纸杂志声请变更登记规程

（内政部咨各省、市政府）

查各省、市新闻纸、杂志，关于声请变更登记，每多忽略。有声请变更登记仅附登记表一纸，并不叙明系变更何种事项者；有登记事项久经变更，而延不声请变更登记者。似此手续既有未合，按诸法定声请期限，尤属违反。亟应通饬此项发行人，遇有登记事项发生变更，务须遵照法定期限声请变更登记。否则即予依法处罚。各地方主管机关核转此项案件，对于申请变更事项，并应详叙报部，以便核办，而资查考。除分行外，相应咨请查照办理，并转饬遵照为荷。

一九三六年三月三十日

65. 请转函行政院通令饬各地公私电台转播中央电台节目文

（国民党中央执行委员会秘书处）

案查前奉中央第四届六十三次常会决议："凡国府交通部所辖之各广播电台均应转播中央广播电台播发之中央纪念周及重要新闻两项节目，其时间由本处规定之。"历经分别施行在案。兹为平时提高社会常识，或非常时宣传中央意志，齐一民众观念起见。拟请转函行政院通令饬各省市府广播电台及在交通部登记各地民营广播电台自四月二十日起，每日于二十时起至二十一时零五分止（即下午八时至九时零五分止，星期日除外）一律须转播本处节目："现为（一）简明新闻（二）时事述评（三）名人演讲（四）学术演讲（五）话剧（六）音乐"。如无转播设备者应于此节时间，暂行停播以免纷歧，俾声教遐被，听感一新，是否可行？理合呈请鉴核，准予函知令转，实为公便！

谨呈

中央执行委员会

一九三六年四月

66. 指导全国广播电台播送节目办法[注]

（交通部令公布）

一、编排节目

1. 各广播电台应将播音节目种类及播送时间，预编节目时间表，遵照交通部之规定,送请中央执行委员会广播事业指导委员会审查后核准施行。嗣后如须更改,亦应报准实行。

2. 各广播电台逐日播送每种节目之标题(如演讲某事,奏唱某歌某曲)及担任人员姓名,应先编排节目内容预报表,送至中央执行委员会广播事业指导委员会审阅,如有更改之必要者,得通知改正之。

3. 各广播电台预定节目,如不得已临时变更,增加或停缺,应不逾每日节目 1/5 限度。

4. 各广播电台播音节目时间内应照交通部之规定,转播中央广播电台播音。其暂无转播设备者,得报明停播。

5. 凡遇中央广播电台有特别重要节目,经中央执行委员会广播事业指导委员会认为有转播之必要时,得随时通知办理之(但至多每日一节目为限)。

二、节目内容

1. 播音节目之成分,关于教育演讲及新闻报告方面,公营广播电台应占多数,民营广播电台亦不得少于 20%,但以转播中央广播事业管理处所属各电台之节目为限,其娱乐及广告节目至多不得超过 80%。

2. 各广播电台除娱乐节目外,对于教育演讲及新闻报告节目应以国语播送为原则,暂时兼用当地方言者,应另加教授国语节目。

3. 各广播电台不得播送有干禁例或偏激之言论、海淫海盗迷信荒诞之故事及歌曲唱词。

三、播送时间

1. 各广播电台播送节目之时间,应以规定各区标准时间为标准。此项标准时间,应与中央广播电台每日播音校对之。

2. 在同一市县以内已有 100 瓦特广播电台 5 座以上者,该地未满 100 瓦特之广播电台,其播送节目之时间应有限制,由交通部随时规定饬知不得逾越。

四、附则

1. 各广播电台不遵守本办法者,由交通部按其情节轻重警告或取缔之。

2. 本办法自公布之日施行。

一九三六年十月二十八日

【注】1936 年 12 月 16 日交通部"邮字第六五七六号令"修正公布施行。

67. 新闻记者随军规则

第一条　得派随军记者之报馆限于下之二种：

一、在革命方面之著名正当华人报馆；

二、同情于革命之著名正当外人报馆。

三、在敌地之报馆不得派遣随军记者。

第二条　派遣随军记者之报馆，应由其馆主或总经理或编辑先行具函申请本部核准。

第三条　每报馆派遣随军记者只许一人。

第四条　随军记者一切事务统由本部参谋处管理。

第五条　随军记者由本部发给特定符号以资识别。

第六条　随军记者之宿舍由本部副官处指定，或自行觅定，报告本部参副二处。

第七条　随军记者关于采集新闻之行动，须受本部参谋处之指导。

第八条　军事新闻之可以发表者，由本部参谋处交付随军记者。随军记者自得之新闻材料，亦应先请该处审查。

第九条　随军记者所发之新闻函电，应先交本部参谋处审查盖戳。电局及邮局检查员对于军事新闻之函电，须凭此项审查戳记方予发出。

第十条　随军记者摄取军事照片时，应先请各部队长官许可。普通照片不在此限。

第十一条　随军记者倘欲随附各部队时，应向本部参谋处及该部队接洽。各部队对于随军记者须指派专员，按照本规则所定办法。

第十二条　随军记者应遵守一般纪律，尤不得妨害军事行动。

第十三条　随军记者倘有不遵纪律或私泄军情者，按其情节轻重分别撤惩。

第十四条　随军记者之食宿、旅行等事，倘遇无法自办之时，得商由所附部队为之照料。

第十五条　本规则如有未尽或应改事宜得随时增修之。

一九三七年

68. 关于新闻纸或杂志之发行应依照出版法第七条之规定办理，又新闻纸或杂志不依照出版法第七条及第八条之规定办理者当从严取缔令

（上海市社会局令上海书业同业公会）

案奉　市府第五四四九号密令内开：

"案准　内政部警第七八三一号密咨开：案准中央宣传部二十五年十二月二十二日齐字第六九五号密函，查近来反动刊物每有发现，为正本清源计，除由本部分令严密查扣外，并拟：（一）新闻或杂志之发行，应饬依照出版法第七条之规定办理。在未领到登记证前发行者，应于出版品名称之上下或左右刊明本社已遵于某月某日呈请登记字样，以资识别，而便审核。（二）凡新闻纸或杂志不依照出版法第七条及第八条之规定办理者，应转行各省市政府依照出版法第二十二条之规定办理，藉以防杜反动刊物之印发，请查照办理，等由。准此，查原函第一项规定，早经本部通行办理有案。只以阅时既久，新闻纸或杂志之发行者，多有未经遵办，致正当刊物与反动刊物不易识别，审核时极感困难。至第二项规定，原属省市政府应有之职权，值此国家多难之秋，对于未经声请登记之新闻纸类，自应依法从严取缔，以重法令，而杜流弊。准函前由，除分行并函覆外，相应咨请查照办理见覆为荷。"等由。准此，除分令暨咨覆外，合行令仰该局查照办理具报。此令。"等因。奉此，除分行外，合亟令行该公会迅即转饬各会员一体知照，嗣后发行新闻纸或杂志，如不遵照上项规定办理，本局当依法从严取缔。仰即遵照毋违。

此令。

　　　　　　　　　　　　　　　　　　局长　潘公展

一九三七年一月十八日

69. 已受取缔之新闻纸及杂志负责人等发行其他新闻纸或杂志之登记案件，应于登记考查表内加具意见

（内政部咨各省、市政府）

案准中央宣传部二十六年一月二十日诚字第四四八二号函开，准浙江省党部来文内开：

案据海盐县执行委员会呈，以新闻纸或杂志因言论荒谬，妨碍社会，经省政府明令

取缔停刊后,此新闻纸或杂志之发行人、编辑及记者,可否另行出面声请发行别种名称之新闻纸或杂志,出版法虽未明定,但如果不予限制,遽准登记,则不仅反动宣传无从遏止,抑且影响于社会治安,拟请核示等情。据此,事关解释法令,本会未敢擅专,理合备文呈请鉴核示循,实为德便等由。

准此,查新闻纸或杂志虽受停刊处分,其发行人或编辑及记者,如无出版法第十条所列各款情事,自可再请发行其他新闻纸或杂志。其出版品如仍有不妥之处,可随时依法予以处分,毋庸限制。惟转送是项登记案件,应于登记考查表内加具意见。

除函覆外,函达查照等由到部,除分行外,相应咨请查照,饬属遵照为荷。

一九三七年一月三十日

70. 本党新闻政策

（中国国民党五届三中全会通过）

一、全国报业以奉行总理遗教,建立三民主义之文化为其最高理想,一切纪述作品以及对社会之服务,均须以三民主义为准绳。

二、全国报业应注意对于国民之教化,促向左列之目标迈进：

（一）发扬民族精神,厉行对外国策,以完成民族之独立；

（二）增进国民智识,充实政治能力,以实现民权之使用；

（三）改良奢侈风俗,努力经济建设,以促进民生之发展。

三、帝国主义凭藉不平等条约,在我国散播之恶意宣传,全国报业应基于国家立场,联合树立新闻之国防以制止之。

四、国族利益高于一切,全国报业言论之方针,业务之进行,绝对不得妨障国族的利益。

五、关于报业人才,应积极培植服务报业之人员,并须施行登记,予以法律之保障。

六、对全国之报业应施行有效之统制,分别给予切实之扶助,或严厉之取缔,并于必要时收归国家经营之。

一九三七年二月二十九日

71. 凡经售之定期刊物未领登记证者
应先按期呈送两册到局经审查后方可经售令

（上海市社会局令上海市书业同业公会）

案查最近本市各种反动刊物，又复陆续出版，既不遵照出版法之规定，履行登记手续，复于封面上伪书已呈请登记等字样，意图□蔽视听，殊属非是。合亟令饬该公会迅即转饬各会员知照，嗣复凡经售之定期刊物，如尚未领到登记证者，应先行按期呈送两册到局，经审查核准后，方可经售。仰即遵照办理为要。

此令。

局长　潘公展

中华民国二十六年二月八日

72. 播音节目内容审查标准

（交通部令公布施行）

各广播电台节目，其演说、歌曲、唱词、广告等，如有下列各项情形之一者，应予修正或全部禁止：

一、违反本党主义者；

二、危害本国安全者；

三、妨害社会治安者；

四、违反善良风俗者；

五、侮辱他人或先哲者；

六、宣传迷信者；

七、词句猥亵者；

八、违禁物品或违禁出版品之广告；

九、危害身心之药物或场所之广告；

十、其他违背政府法令者。

一九三七年四月十二日

第四篇　民国南京政府中期的新闻法制史料

（1938—1945）

1. 修正出版法

（国民政府修正公布）

第一章　总则

第一条　本法称出版品者，谓用机械印版或化学之方法所印制，而供出售或散布之文书、图画。

第二条　出版品分下列三种：

一、新闻纸：指用一定名称，其刊期每日或隔六日以下之期间继续发行者而言。

二、杂志：指用一定名称，其刊期每星期或隔三月以下之期间继续发行者而言。但其内容以登载时事为主要者，仍视为新闻纸。

三、书籍及其他出版品，凡前二款以外之一切出版品属之。新闻纸或杂志之号外或增刊、副刊等，视为新闻纸或杂志。

第三条　本法称发行人者，谓主办出版品之人。

第四条　本法称著作人者，谓著作文书、图画之人。笔记他人之演述登载于出版品，或令人登载之者，其笔记之人视为著作人。但演述人予以承诺者，应同负著作人之责任。关于著作物之编纂，其编纂人视为著作人。但原著人予以承诺者，应同负著作人之责任。

关于著作物之翻译，其翻译人视为著作人。

关于专用学校、公司、会所或其他团体名义著作之出版品，其学校、公司、会所或其他团体之代表人视为著作人。

新闻纸所登载广告、启事,以委托登载人为著作人。如委托登载人不明或无负民事责任之能力者,以发行人为著作人。

第五条　本法称编辑人者,谓掌管编辑新闻纸或杂志之人。

第六条　本法称印刷者,谓主管印刷事业之人。

第七条　本法称地方主管官署者,在省为县政府或市政府;在直隶于行政院之市为社会局。

第八条　出版品于发行时,应由发行人分别呈缴左列机关各一份:

一、内政部;

二、中央宣传部;

三、地方主管官署;

四、国立图书馆及立法院图书馆。

改订增删原有之出版品,而为发行者亦同。党政机关之出版品,应依前二项规定,分别寄送。

第二章　新闻纸及杂志

第九条　为新闻纸或杂志之发行者,应由发行人于首次发行前填具登记声请书,呈由发行所所在地之地方主管官署于十五日内转呈省政府或直隶于行政院之市政府核准后,始得发行。省政府或直隶于行政院之市政府接到前项登记声请书后,除特别情形外,应于二十八日内核定之,并转请内政部发给登记证。内政部于发给登记证后,应将登记声请书抄送中央宣传部登记。

声请书应载明之事项如左:

一、新闻纸或杂志之名称;

二、社务组织;

三、资本数目及经济状况;

四、刊期,发行新闻纸者并应载明其版数;

五、发行所及印刷所之名称及所在地;

六、发行人及编辑人之姓名、年龄、经历及住所。

第十条　第九条所定应声请登记之事项有变更者,其发行人应于变更后七日内,按照登记时之程序,声请变更登记。

前项变更登记之声请,如系变更新闻纸或杂志之名称或发行人者,应附缴原领登记证,按照第九条之规定重行登记。

第十一条　第九条及第十条之登记,不收费用。

第十二条　新闻纸中专以发行通讯稿为业者,地方主管官署于必要时得派员检查其社务组织及发行状况。

第十三条　有左列情形之一者,不得为新闻纸或杂志之发行人或编辑人:

一、国内无住所者;

二、禁治产者;

三、被处徒刑或一月以上之拘役在执行中者;

四、褫夺公权者。

第十四条　有左列情形之一者,得禁止其为新闻纸或杂志之发行人或编辑人:

一、因违反第二十一条之规定受刑事处分者;

二、因贪污或诈欺行为受刑事处分者。

第十五条　新闻纸或杂志废止发行者,原发行人应按照登记时之程序声请注销登记。新闻纸逾所定刊期已满三个月,杂志逾所定刊期已满六个月,尚未发行者,视为废止发行。

第十六条　新闻纸或杂志应记载发行人之姓名、登记证号数、发行年月日,发行所、印刷所之名称及所在地。

第十七条　新闻纸或杂志登载之事项,本人或直接关系人请求更正或登载辩驳书者,在日刊之新闻纸应于接到请求后三日内更正或登载辩驳书。在其他新闻纸或杂志应于接到请求后第二次发行前为之。但其更正或辩驳之内容显违法令或未记明请求人之姓名、住所,或自原登载之日起逾六个月而始行请求者,不在此限。更正或辩驳书之登载,其地位应与原文所登载者相当。

第三章　书籍及其他出版品

第十八条　书籍或其他出版品,应于其末幅记载著作人、发行人之姓名、住所,发行年月日,发行所、印刷所之名称及所在地。

第十九条　通知书、章程、营业报告书、目录、传单、广告、戏单、秩序单、各种表格证书、证券及照片,不适用第八条之规定。

第二十条　有关政治之传单或标语,非经地方主管官署许可,不得印刷发行。

第四章　出版品登载事项之限制

第二十一条　出版品不得为左列各款言论或宣传之记载：

一、意图破坏中国国民党或违反三民主义者；

二、意图颠覆国民政府或损害中华民国利益者；

三、意图破坏公共秩序者。

第二十二条　出版品不得为妨害善良风俗之记载。

第二十三条　出版品不得登载禁止公开诉讼事件之辩论。

第二十四条　战时或遇有变乱及其他特殊必要时,得依国民政府命令之所定,禁止或限制出版品关于政治、军事、外交或地方治安事项之登载。

第二十五条　以广告、启事等方式登载于出版品者,应受前四条所规定之限制。

第五章　行政处分

第二十六条　不为第九条之声请登记,或就应登记之事项为不实之陈述而发行新闻纸或杂志者,得停止该新闻纸或杂志之发行。

不为第十条之声请变更登记而发行新闻纸或杂志者,得于其为合法之声请登记前,停止该新闻纸或杂志之发行。

第二十七条　前条所定之处分,其出版品在县政府或市政府所在地发行者,应同时由该县政府或市政府呈请省政府核准；在省政府或直隶于行政院之市政府所在地发行者,应同时由该省政府或市政府咨请内政部核准,方得执行。省政府核准执行者,应咨报内政部备案。

第二十八条　内政部认为出版品载有第二十一条所列事项之一,或违背第二十四条所定禁止或限制之事项者,得指明该事项,禁止出版品之出售及散布,并得于必要时扣押之。

依前项规定扣押之出版品,如经发行人之请求,得于删除该事项之记载,或禁令解除时返还之。

第一项所定,其情节轻微者,得由地方主管官署,呈准该管省政府或市政府予以警告,并由该省政府或市政府转报内政部。

第二十九条　地方主管官署查有前条第一项之出版品,如认为必要时,得暂行禁止该出版品之出售散布,或暂行扣押。同时呈由省政府或直隶于行政院之市政府,转报内政部核办。

第三十条　前条所定处分,其出版品如为新闻纸或杂志,在县政府或市政府所在地发行者,应由该县政府或市政府呈请省政府核办;在省政府或直隶于行政院之市政府所在地发行者,应由该省政府或市政府咨请内政部核办。

第三十一条　国外发行之出版品,有应受第二十八条第一项或第三十四条第一项处分之情形者,内政部得禁止其进口。

依前项规定禁止进口之出版品,省政府或市政府得于其进口时扣押之。

第三十二条　因新闻纸或杂志所载事项,依第二十八条第一项所定之处分,而其情节重大者,内政部得定期或永久停止其新闻纸或杂志之发行。

违背前项禁止而发行之新闻纸或杂志,地方主管官署应扣押之。

第三十三条　扣押书籍或其他出版品,于必要时,得并扣押其底版。

依前项规定扣押之底版,准用第二十八条第二项之规定。

第三十四条　出版品之记载,除有触犯刑法规定应依法办理外,其有违反第二十二条之规定,情形较为重大者,内政部或地方主管官署呈经内政部核准,得禁止其出售、散布,并得于必要时扣押之。

前项出版品,如为新闻纸或杂志,并得定期停止其发行。

第三十五条　发行人违反第八条第一项或第二项之规定,不呈缴出版品者,处三十元以下罚锾。

第三十六条　发行人不为第九条或第十条之声请登记,而发行新闻纸或杂志者,处一百元以下罚锾。

第三十七条　第十三条各款所列之人,或因第十四条各款情形之一而受禁止之人,发行或编辑新闻纸或杂志者,处一百元以下罚锾。

第三十八条　发行人违反第十五条第一项之规定者,处二十元以下罚锾。

第三十九条　出版品不为第十六条或第十八条所定之记载,或记载不实者,处发行人一百元以下罚锾。

第四十条　编辑人违反第十七条之规定者,处一百元以下罚锾。

第四十一条　新闻纸因受本章所定之行政处分,向处分机关之上级官署诉愿时,该官署应于接受诉愿后十日内予以决定。

第三章　罚则

第四十二条　发行人或印刷人违反第二十条之规定者,处一百元以下罚金。

第四十三条　违反第二十一条之规定者,处发行人、编辑人、著作人及印刷人一年以下有期徒刑、拘役或一千元以下罚金。但其他法律规定有较重之处罚者,依其规定。

第四十四条　违反第二十二条或第二十三条之规定者,处编辑人或著作人拘役或三百元以下罚金。

第四十五条　违背第二十四条所定之禁止或限制者,处发行人、编辑人、著作人及印刷人一年以下有期徒刑、拘役或一千元以下罚金。

第四十六条　出版品新闻纸或杂志时,著作人受第四十三条处罚者,以对于其事项之登载具名负责者为限。受第四十五条处罚之著作人亦同。

第四十七条　违背第二十六条所定之禁止发行命令发行新闻纸或杂志者,处二百元以下罚金。

第四十八条　妨害第二十九条所定扣押处分之执行者,处二百元以下罚金。

第四十九条　发行人违背第二十八条第一项所定之禁止者,处一年以下有期徒刑、拘役或一千元以下罚金。其知情而出售或散布该项出版品者,处六月以下有期徒刑、拘役或五百元以下罚金。

违背第三十一条第一项所定之禁止,及知情而输入、出售或散布该项出版品者,准用前项规定分别处罚。

第五十条　妨害第二十八条第二项、第三十一条第二项、第三十二条第二项、第三十三条所定扣押处分之执行者,处六个月以下有期徒刑、拘役或五百元以下罚金。

第五十一条　发行人违背第三十二条第一项之禁止者,处一年以下有期徒刑、拘役或一千元以下罚金,其知情而出售或散布该项新闻纸或杂志者,处六个月以下有期徒刑、拘役或五百元以下罚金。

第五十二条　本法所定各罚之追诉权,逾一年而不行使者,因时效而消灭。第四十三条、第四十五条之情形,其追诉权之时效期间,自发行日起算。

第四章　附则

第五十三条　本法施行细则由内政部定之。

第五十四条　本法自公布日施行。

一九三七年七月八日

2. 出版法施行细则

（内政部修正公布）

第一条　本细则依出版法第五十三条之规定订定之。

第二条　出版法及本细则，关于地方主管官署之规定，于特区行政公署或设治局准用之。

第三条　出版品审核标准，除依出版法第四章各条规定者外，并适用中央关于出版品之各项决议。

第四条　出版法第二条第一项第二款所称视为新闻纸者，以通常登载时事新闻地位在全部篇幅三分之二以上为标准。

依前项标准计算时，应将登载之广告除去。

第五条　同一新闻纸或杂志，另在他地出版发行者，视为独立之新闻纸或杂志。

第六条　出版法第九条第二项第三款所定登记声请书，应载明之资本数目，如系刊行新闻纸者，得依照下列规定定其额数：

一、在人口百万以上之省政府或市政府所在地刊行报纸者，一万元以上；刊行通讯稿者，三千元以上。

二、在人口未满百万之省政府或市政府所在地刊行报纸者，六千元以上；刊行通讯稿者，一千元以上。

三、在特区行政公署县政府或设治局所在地刊行报纸者，一千元以上；刊行通讯稿者，二百元以上。但该地向无报社或通讯社之设立而创刊报纸者，得减低至五百元以上，创刊通讯稿者，得减低至一百元以上。

新闻纸在前项第一款至第三款所定区域以外之地方刊行者，其资本额数，得由省市政府或特区行政公署酌定，分别咨呈内政部查核备案。

第七条　出版法修正施行前已登记之新闻纸，应于出版法修正施行后六个月内，依照前条规定,补行资本额数登记之声请。

不依前项规定限期,补行资本额数登记之声请者,得依出版法第二十六条之规定,停止该新闻纸之发行。

第八条　出版法第九条第二项第六款所定登记声请书应载明之经历,如为新闻纸之发行人时,以具有下列资格之一者为合格:

一、在教育部认可之国内外大学或专科学校毕业,得有证书者;

二、在教育部认可之高级中学毕业,并服务新闻事业三年以上,有证明书者;

三、在新闻事业之主管机关服务三年以上,有证明文件者;

四、服务新闻事业五年以上,有相当证明者。

第九条　新闻纸或杂志发行人,依出版法第九条声请登记时,应照规定格式,填具登记声请书四份为之。

第十条　地方主管官署,于依出版法第九条第一项呈转新闻纸或杂志之登记声请时,应送当地同级党部审查同意后,于登记声请书内加具意见,以一份存查,三份呈送省政府或直隶于行政院之市政府。

第十一条　省政府或直隶于行政院之市政府,于依出版法第九条第二项核定新闻纸或杂志之登记声请时,应送当地同级党部审查同意后,除不予核转登记者得迳行饬知并咨报内政部外,其准予核转登记者,于登记声请书内加具意见,以一份存查,二份咨送内政部。

第十二条　内政部接到前条登记文件,应送中央宣传部审查同意后,发给登记证。

第十三条　前四条规定,于新闻纸或杂志变更登记或注销登记时准用之。

第十四条　新闻纸或杂志因转让发行而声请变更登记者,应由前发行人与新发行人共同具名声请之。

第十五条　地方主管官署于已核准登记之新闻纸或杂志,应将登记声请书抄送该管警察机关;其变更登记或注销登记时亦同。

第十六条　地方主管官署于依出版法第十二条检查通讯社之社务组织及发行状况时,应将检查结果呈报省政府或直隶于行政院之市政府,转报内政部,并由内政部函达中央宣传部。

第十七条　新闻纸或杂志依出版法第十六条应记载之登记证号数,在声请核准后,未领到登记证前,应记载声请核准之年月日。不为前项所定之记载,或记载不实者,准用出版法第三十九条之规定处罚之。

第十八条　登记证因遗失或损坏时,其发行人应即登报声明作废,并检同所登声明报纸,呈请地方主管官署转请补发之。违反前项规定者,准用出版法第三十八条之规定处罚之。

第十九条　出版法第八条第一项第四款所称国立图书馆,以国立中央图书馆及国立北平图书馆为限。

第二十条　发行人依出版法第八条第一项或第二项呈缴出版品时,应制备出版品呈缴簿,盖用县政机关或呈缴机关之递寄或收受戳记,以备查考。

第二十一条　中央宣传部如发现出版品有应受出版法处分之情形,得函请内政部办理之。

第二十二条　出版法第二十六条所定陈述不实之停止处分,地方主管官署或省市政府,于依出版法第二十七条规定程序办理前,应令该发行人呈覆,并派员查明之。

第二十三条　地方主管官署,依出版法第二十八条第三项得予警告之出版品,以新闻纸及杂志为限。

前项警告,应以书面行之。

第二十四条　新闻纸及杂志因事暂行停刊时,其发行人应呈报地方主管官署,转报内政部,并由内政部函达中央宣传部。前项停刊日数,每年积计,在新闻纸不得逾三个月,在杂志不得逾六个月,违者得注销其登记。

发行人违反第一项规定者,准用出版法第三十八条之规定处罚之。

第二十五条　有关政治之传单或标语,由党政机关发行者,得免除出版法第二十条规定之手续。

第二十六条　出版法及本细则所规定之声请书、登记证等格式,另订之。

第二十七条　本细则如有未尽事宜,得由内政部修正之。

第二十八条　本细则自出版法施行之日施行。

一九三七年七月二十八日

3. 修正新闻检查标准

（国民党第五届中央执委会第50次常会修正）

一、关于军事新闻应扣留或删改者:

（一）关于我国高级军事机关、要塞、堡垒、军港、军舰、军营，仓库、飞行场港、兵工厂、造船厂、测量局及其他国防上建筑物之组织及设备情形与其应秘密之地点；

（二）关于国军预定实施之军事计划及一切部署；

（三）关于国军之兵力、兵种、番号与其行动驻扎及军用品之输送、起卸地点或筹备情形；

（四）关于军事高级指挥官及党、政重要负责人有关军事秘密之行动；

（五）各机关关于军事，外交、政治之报告、会议文件、谈话，其性质足资敌人利用者；

（六）关于战时受伤、被杀或被俘长官之姓名及士兵之实额；

（七）关于战时敌人扰乱后方之详细情形；

（八）关于敌我军情与事实不符之记载；

（九）关于新式武器及军事工业之发明；

（十）其他不利于我方之军事新闻。

二、关于外交新闻之应扣留或删改者：

（一）凡对我国外交有不利影响之消息，尚未证实或已证实不确者；

（二）凡外交事件正在秘密进行中，其消息或文件尚未经外交部正式或非正式公布者；

（三）凡外交谈话未经外交部正式或非正式公布者。

三、关于地方治安新闻之应扣留或删改者：

（一）摇动人心，引起暴动，足以酿成地方人民生命财产之重大损失者；

（二）故作危言，影响金融，足以引起地方人民日常生活之极度不安者；

（三）对于中央负责领袖加以无事实根据之恶意新闻及侮辱，以损害政府信用者。

四、关于社会风化新闻之应扣留或删改者：

（一）关于淫盗之记载特别描写，以煽扬猥亵、凶恶之影响者；

（二）其他有妨害善良风俗者。

附注

（一）各新闻检查所检查新闻，除遵照以上规定外，并须依照出版法及宣传品审查标准第二项、第三项之规定。

（二）各新闻检查所检查新闻，仍须随时遵照中央宣传部颁布注意之要点。

（三）各报社刊布新闻，须以中央通讯社消息为标准。

一九三七年八月五日

4. 检查书店发售违禁出版品办法

（国民党第五届中央常委会第五十次会议通过）

一、各省、市党部或省、市政府，在中央宣传部或内政部指导之下，得随时派员检查各该地书店书摊（以下简称书店）。

二、凡经中央通行查禁之出版品，由各省、市政府印制禁售出版品一览表，每周分发各书店一次，通知不得发行或出售。在本办法未施行前之查禁出版品，补行通知。

三、各书店接得前项禁售出版品一览表或临时通知后，如仍发行或出售违禁出版品者，由当地党部会同当地政府予以取缔，其经过分别报告中央宣传部及内政部备案。

四、取缔办法如左：

甲、警告并扣押该项禁售出版品，有底版者并予扣押；

乙、拘罚发行人或主管发售出版品之店主或经理。

五、凡发行或出售经中央查禁并经通知禁售之出版品者，得按本办法第四条甲项办理。

六、凡曾受本办法第四条甲项处分一次，复经发觉发行或出售同前之违禁出版品者，得按照本办法第四条乙项之规定办理。

七、各项取缔办法之执行，概由当地主管行政机关依法办理。

八、检查书店时，如遇有发行或出售未经中央通行查禁而有反动嫌疑或有其他不妥意识之出版品者，应出价购买，迅送中央宣传部或内政部核办。

九、凡发行或出售未经中央通行查禁而确有显著反动言论之出版品者，得令暂停发售，必要时亦得暂行扣押，并检取样本，迅送中央宣传部或内政部核办。

十、凡党政机关派人检查或执行取缔时，须出示证明文件，以昭郑重，否则各该书店负责人得扭送警察机关，依法处理。

十一、本办法由中央核准后施行。

一九三七年八月十二日

5. 战时广播电台统一宣传办法

（上海市各界抗敌后援会宣传委员会拟订）

第一条 在非常时期为统一步骤、集中力量起见，所有广播电台播送第二条所列各类节目，并遵照本办法之规定。

第二条 在战时各广播电台应一律以下列各项为播音主要节目：

1. 时事报告（取材申、新、时事、大公、时事午刊、新闻夜、大公晚、申晚）；

2. 劝募救国公债；

3. 劝募慰劳物品及其他征集事项；

4. 各类战事指导；

5. 外国语言演讲及时事杂评；

6. 抗战歌曲演唱；

7. 名人演讲；

8. 游艺劝募或宣传。

第三条 前条第一项节目可由各电台自由播送，惟须以受新闻检查所检查之报纸为根据，不得超越其范围或增减其意思。

第四条 第二条第二类节目由本会拟定宣传稿件送各电台播送，每三日更换一次。

第五条 第二条第三类节目由本会依照慰劳委员会所需之物品或其他征集物项函知，本会再通告各电台播送之。

第六条 第二条第四类至第八类概由本会特派人员播送，各台可以转播。其日程由本会另定之。

第七条 各团体各私人欲借各电台播送第二条各类节目，除第四及第七类不涉及后援与劝募者外，概须说明原因、理由与必要，函请本会核准通知各电台后，方得播送，但不得移动本会已定之播音程序。

第八条 本办法由本会与广播业同业公会会同议定，实行以后如须修改，须经双方同意行之。

一九三七年九月八日

6. 随军记者及摄影人员暂行规则

（行政院令颁）

第一章　总则

第一条　新闻记者及摄影人员欲随军工作，须由报馆或通讯社填具姓名、履历，并附二寸半身照片三份，呈由中央宣传部审查合格，转请军事委员会发给随军证。

第二条　凡经军事委员会派遣之随军记者或摄影人员，不受第一条之限制，但须由该记者呈报中央宣传部备查。

第三条　远离军事委员会地域，如临时发生战事，当地记者或摄影人员欲随军工作，得由各该地军事当局酌发临时随军证，并须将此项随军记者及摄影人员姓名、履历及有关事项呈报军事委员会备案。

第二章　随军记者及摄影人员之纪律

第四条　随军记者及摄影人员须严守纪律，服从军令，并受战地军事长官之监督、指挥。非经军事委员会或战区司令长官署核准之时机或地区，不得前往采访。

第五条　各地军事长官对于违背纪律之随军记者及摄影人员，得按情节之轻重依法惩处，并须将办理经过呈报军事委员会备案。

第三章　新闻与影片之检查

第六条　随军记者及摄影人员采访之新闻与拍取之照片，须受检查。

第七条　随军记者及摄影人员进入或离去战区时，其所携物品须受检查。

第四章　待遇

第八条　各地军事当局对于在最前线之随军记者及摄影人员，得给予军粮。

第九条　各地军事当局对于随军记者及摄影人员工作上及输送情报上所需要之便利，得予以协助。

第十条　各运输机关如有随军记者及摄影人员请求附乘军用车船时，得予以免费。

第五章 外籍随军记者及摄影人员

第十一条 外籍记者及摄影人员(敌国国籍除外),如欲取得随军地位时,须先经各该国使领馆或军事代表之正式介绍,再由外交部核准,并须依照第一条之规定办理。

第十二条 凡经核准之外籍随军记者及摄影人员,须遵守本规则各项之规定。

第六章 附则

第十三条 本规则如有未尽事宜,由军事委员会修正之。

第十四条 本规则自公布之日施行。

一九三七年十二月十三日

7. 修正抗战期间图书杂志审查标准

(国民党第五届中央执委会第八十六次常务会议通过)

(甲)谬误言论:

一、曲解、误解、割裂本党主义及历来宣言、政纲、政策与决议案者。

二、记载革命史迹,叙述中央设施诸多失实,足以淆惑听闻者。

三、立言态度完全以派系私利为立场,足以妨碍民族利益高于一切之前提者。

四、其鼓吹之主张,不合抗战要求,足以阻碍抗战情绪,影响抗战前途者。

五、故作悲观消极论调,或夸大敌人,足以削灭抗战必胜之信念者。

六、妨害善良风俗及其他之颓废言论,足以懈怠抗敌情绪,贻社会不良影响者。

七、言论偏激狭隘,足以引起友邦反感,妨碍国防外交者。

(乙)反动言论:

一、恶意诋毁及违反三民主义与中央历来宣言、政纲、政策者。

二、恶意抨击本党,诋毁政府,诬蔑领袖与中央一切现行设施者。

三、披露军事、外交秘密消息,关系国防计划,而未经许可发表者。

四、为敌人及傀儡伪组织或汉奸宣传者。

五、鼓吹偏激思想,强调阶级对立,足以破坏集中力量抗战建国之神圣使命者。

六、鼓吹在中国境内实现国民政府以外之任何伪组织,国民革命军以外之任何伪匪军,及其他一切割裂整个国家民族之反动行为者。

七、挑拨中央与地方感情,或离间党政军民各方面之关系,以逞其破坏全国统一之阴谋者。

八、妄造谣言,颠倒事实,足以动摇人心,淆乱视听者。

一九三八年七月二十一日

8. 战时图书杂志原稿审查办法【注】

（国民党第五届中央常委会第八十六次会议通过）

一、在抗战期间,中央为适应战时需要,齐一国民思想起见,特组织中央图书杂志审查委员会(以下简称中央审查机关),采取原稿审查办法,处理一切关于图书杂志之审查事宜。

二、中央审查机关,由中央执行委员会宣传部、军事委员会政治部及行政院内政部、教育部及中央社会部共同组织之,为全国最高之图书杂志审查机关,其组织大纲另定之。

三、中央审查机关对于图书杂志之审查意见,如有不同时,应以中央宣传部代表之意见为主。

四、为便利各地图书杂志之迅速出版起见,各大都市(或省会)之党、政、军、警机关,得在中央审查机关指导之下,成立地方图书杂志审查委员会(以下简称地方审查机关),办理各该地方之图书杂志审查事宜。如当地书店及出版机关不多者,不得成立。各地方审查机关之组织通则另定之。

五、各地方审查机关审查各种图书杂志时,如发现重大谬误,应予停止印行,或内容复杂,不能自行决定者,应检同原稿并签注意见,呈请中央审查机关核准后,方可执行。至于应修改或删削之书刊,得由地方审查机关自行处理,惟须迅即呈报中央审查机关备案。

六、各地书店及出版机关印行图书杂志,除自然科学、应用科学之无关国防者,及大中小学与民众学校教科书之应送教育部审查者外,均须一律呈送所在地审查机关审查许可后,方准发行。如所在地无地方审查机关,得迳呈中央审查机关办理。至纯粹学术著述,不涉及时局问题及政治社会思想者,得不送审原稿,但出版时,须先送审查机关审核后,方准发行。

七、本党及各军政机关之公报,得免除原稿审查手续。但出版后,须检二份送中央审查机关备查。

八、各地书店及出版机关呈送图书杂志请求审查时,须检送原稿一份或清样二份径呈地方审查机关审查。审毕后,如内容无不合之处者,即以原稿或清样加盖"审讫"图章,发还送审者。

九、送审之图书杂志原稿,其言论完全谬误者,停止印行。一部份谬误者,应遵照指示之点修改或删削后方准出版。

十、凡经审查机关审核之图书杂志,于出版时,应先检送二份,由各该审查机关覆核后方准发行。

十一、凡未经审查机关许可出版之图书杂志,除六、七两条已规定者外,或审查机关不准发行,不遵照指示修改删削而擅自出版者,一律予以查禁处分。其言论反动者,并得依照修正出版法处罚其编辑人、印刷人与发行人。

十二、送审之图书杂志,其态度纯正,内容优良,有益于抗战者,得分别予以奖励,其奖励办法另定之。

十三、审查机关许可出版之图书杂志,一律发给审查证。各图书杂志于出版时,应将审查证号码用五号铅字排列底封面上角,以备查考。其有并无审查证而冒印者,应依照第十一条之规定加重处罚。

十四、图书杂志之审查时间,图书在十万字以内者,不得过五日;十万字以上者,不得过十日。杂志季刊不得过五日;半月刊及月刊,不得过二日;三日刊、周刊及旬刊,不得过一日。如有内容谬误,应呈请核示者,不在此限。

十五、中央审查机关如认为地方审查机关处理不当者,得随时饬令改正。

十六、送审之书店或出版机关,如认为各地方审查机关处理失当时,得申述理由,请求覆审,并可要求转呈中央审查机关核办。

十七、图书杂志之审查标准,依照《修正抗战期间图书杂志审查标准》办理。

十八、在本办法未施行前所出版之图书杂志,仍采取事后审查办法,依照《检查书店发售违禁出版品办法》及《图书杂志查禁解禁暂行办法》办理。

十九、本办法如有未尽事宜,得由宣传部、社会部、政治部、内政部及教育部会商后修正之。

二十、本办法由宣传部、社会部、政治部、内政部及教育部会商决定,呈请中央执行委员会常务委员会通过后施行,并分别呈请军事委员会及行政院备案。

一九三八年七月二十一日

【注】1938年12月22日国民党第五届中央常委会第一〇六次会议修正。

9. 解释出版法疑义四点

（内政部咨各省政府）

案准中央宣传部二十七年九月八日函开："准浙江省党部电开，查自出版法修正公布施行以来，本省各地出版者声请登记事项，均已遵照办理。兹发生疑义数点谨请解释。

一、关于解释旧出版法之法令与新出版法并无抵触者，在未有新解释前是否仍得适用。

二、官署发行含有商业性之出版品，是否得不履行登记手续，抑另有限制。

三、新出版法第八条，出版社对省、县党部无必须呈缴出版品之规定，于审查方面易生耳目不周之弊，出版者往往藉此逃避审查。为便利计，省、县党部得以命令责令按期呈缴。

四、登记声请书规定呈缴四份，省、县党部均无留存，于稽考出版社组织内容易生隔膜，是否得令多备一二份。以上各点均于办理实际上有感觉困难之处，理合电请鉴核示覆，俾资遵循。等由。准此，查出版品最高主管官署为贵部，关于出版法之解释，自应由贵部办理。

兹将本部意见四点：

（一）关于解释旧出版法之法令与新出版法并无抵触者，在未有新解释前似可仍得适用。

（二）新闻纸无论是否官署出资设立，均须登记，曾经解释有案。至官署发行纯粹含商业性（指内容）之出版品，似可不履行登记。

（三）关于图书杂志之审查，本部正在与贵部及教育、政治、社会各部会商，组织审查委员会办理中，地方亦将同时组织。此后各出版社自当向审委会呈送出版品，各省、县党部暂可毋庸饬令呈缴。惟新闻纸不在该项组织范围以内。而省党部、县党部为一省一县最高党务机关，对于其所属新闻，自应有审核之必要，似可以命令责其按期送审。

（四）新出版法施行细则第十条及第十一条规定，"地方主管官署及省、市政府，对于新闻纸杂志之登记声请，应送同级党部审查同意。省、县党部为备稽考起见，即可于审查同意时择要抄存，似可毋庸令其多备，以供参考。请查照解释转咨各省、市政府，并希见后,以凭通函各省、市党部查照",等由。准此查照,此案中央宣传部所拟解释意见四点均属允当,除分行查照并函复外,相应咨请查照。(下略)

一九三八年九月二十二日

10. 抗战时期报社通讯社声请登记及变更登记暂行办法

(国民党第五届中央常委会第94次会议通过)

一、凡声请登记之报社或通讯社,非领有内政部发给之登记证,不得发行。

二、内政部对于报社或通讯社之声请登记案件,得斟酌当地实际情形,暂缓办理。

三、凡报社或通讯社之迁地出版者,非经内政部发有新登记证,不得发行。

四、各地经核准登记之报社及通讯社,其设备低劣、内容简陋者,由地方政府会商当地党部依法严加考核,转报内政部切实取缔。

一九三八年九月二十二日

11. 修正华侨发行新闻纸杂志登记办法

(国民党第五届中执委会第102次常务会议修正公布)

第一条 华侨发行新闻纸、杂志,均须依照本办法登记之。

第二条 华侨为新闻纸或杂志之发行者,应于发行时,填具声请书及声请登记表,呈由所在国之中国使馆或领事馆,会同中国国民党该区总支部或直属支部加具登记考查表,送请侨务委员会声请登记。

所在国无中国使馆或领事馆者,得呈由该区总支部或直属支部加具登记考查表,送请中央海外部转送侨务委员会声请登记。

所在国无中国使馆或领事馆及总支部或直属支部者,得迳呈侨务委员会声请登记。

华侨在本办法施行前已发行之新闻纸或杂志,应于本办法施行后,依照前项程序为登记之声请。

第三条 侨务委员会于依第二条所定之声请,送由中央海外部审核后,会同内政部填发登记证,前项登记证不收费用。

第四条 华侨发行之新闻纸或杂志,于声明登记之事项有变更者,应于变更时,依照登记程序呈报备案。

前项所定变更登记之事项,如系变更该新闻纸或杂志之名称或负责发行人者,并应检同原领登记证申请换发登记证。

第五条　华侨发行之新闻纸或杂志,其发行人就应登记之事项,为虚伪之陈述者,得撤销其登记。

第六条　华侨发行之新闻纸或杂志,不得为非法言论或妨害邦交事项之记载,

违反前项规定者,除撤销其登记外,并得依照出版法第二十四条禁止该新闻纸或杂志之入口。

第七条　华侨发行之新闻纸或杂志,应由发行人于每次发行时,按照下列机关及份数分别寄送：

一、中央海外部,二份。

二、内政部,二份。

三、侨务委员会,二份。

第八条　登记声请登记表及登记考查表格式另定之。

第九条　本办法自公布之日施行。

一九三八年十一月二十四日

12. 图书杂志查禁解禁暂行办法

(国民党第五届中央常务委员会第120次会议修正)

一、各地图书杂志审查委员会(以下简称各地审委会)发现有反动嫌疑之书籍,应详加审查,将不妥之处,加以标识,检附原书,拟具审查意见转请中央图书杂志审查委员会(以下简称中央审委会)核办。如认为有紧急处分之必要时,得由当地审委会请当地政府予以暂行扣押之处分。

二、各地审委会发现有反动嫌疑之杂志,除以未经依法声请登记,得由该会依出版法第二十六条之规定,请当地政府予以停止发行处分,并呈报中央审委会备案外,应详加审查,并将不妥之处,加以标识,检附原刊,拟具审查意见转请中央审委会核办。如认为有紧急处分之必要时,得由当地审委会请当地政府予以暂行扣押之处分。

三、中央审委会通令查禁之书籍,如其发行人将不妥之处切实删改,得检同修正本二份,分别向当地审委会及中央审委会呈请解禁。当地审委会接到此项呈请,应即拟具初审意见转请中央审委会核办。其查禁本应由发行人悉数呈解当地审委会销毁,并具立永不再版切结。

四、中央审委会通令查禁之杂志,如能证明其查禁之原因已经消灭,得由其发行人向当地审委会及中央审委会申述理由,呈请解禁。当地审委会接到此项呈请,应即拟具初审意见,转请中央审委会核办。

一九三九年五月四日

13. 战时新闻检查办法[注]

（军事委员会拟定,6月1日行政院训令通行）

一、遵照委员长蒋手令:将现有军事委员会新闻检查机构改组,设立战时新闻检查局,集中管理战时全国新闻检查事宜。

二、为期新闻检查业务在战时推行顺利计,战时新闻检查局隶属于军事委员会;至组织训练及技术上之责任,由中央宣传部负之。

三、战时新闻检查局局长,由中央宣传部、军事委员会派员分任之。

四、战时新闻检查局之经费,以原有中央检查新闻经费为基础;其不敷之数,由军事委员会核发之。

五、各地新闻检查所人事与经费,由战时新闻检查局统筹办理,并应注意提高检查员之素质。

六、新闻检查应依据中央核定之"新闻检查标准"、"战时新闻禁载标准"及中央宣传部与战时新闻检查局临时之指示办理。至于两项标准之运用与内容应如何更使具体化,由战时新闻检查局与各关系机关商办之。

七、战时新闻检查局之职员以调用为原则,必要时得遴选适当人才专任之。

一九三九年五月二十六日

【注】该办法于1939年6月1日由国民政府行政院训令通行。

14. 修正印刷所承印未送审图书杂志原稿取缔办法

（国民党五届中央第119次会议通过）

一、为取缔各地印刷所承印未送审图书、杂志原稿起见,订定本办法处理之。

二、各地印刷所对于未取有中央或地方图书杂志审查委员会审查证之图书之杂志,或原稿及清样未盖有当地审查机关签盖之"审讫"图记者,不得印刷。但下列图书杂志,不在此限。

（一）自然科学及应用科学之无关国防者。

（二）大、中、小学与民众学校教科书，其应送教育部审定者。

（三）纯粹学术著述，其内容不涉时事问题及政治、社会思想者。

（四）中国国民党各级党部、各级军政机关之公报及具有公报之性质者。

三、各地印刷所如违反前条规定时，分别予以处分。其办法如下：

（一）警告。

（二）没收承印该项图书，杂志印刷费之一部或全部。

（三）除没收全部印刷费外，再处罚该印刷所五十元以上、三百元以下之罚锾。

四、凡印刷所经发觉违反本办法第二条规定者，依前条第一款之规定办理。

五、凡曾受警告而又违反本办法第二条规定者，依第三条第二款之规定办理。

六、凡曾受没收印刷费处分而又违反本办法第二条规定者，得依第三条第三款之规定办理。

七、各地图书杂志审查委员会依法决定处分后，送当地市、县政府或警察局执行。

八、各地图书杂志审查委员会得随时派员检查各印刷所。但检查人员执行职务时，须出示证明文件。

九、检查人员如发觉有违反规定之印刷物，得出具收据，取回样品一二份。并得于必要时，由该印刷所主管人员出具确曾承印该项图书、杂志之证明文件。

十、各地图书杂志审查委员会处分违反规定案件情形时，须呈报中央图书杂志审查委员会审核。

十一、本办法未定事项，依其他有关之法令办理之。

一九三九年四月二十日

15. 对外新闻发布统制办法

（中国国民党中央执行委员会训令第 14114 号公布施行）

一、除中央各院、部、会主管及特别指派之人员外，无论任何机关团体人员，非因职务或业务上之必要，应尽量避免与外人接触。遇有接触之必要时，亦不得告知任何政治消息，或表示政治意见。

二、各中央政治机关对外发表消息及一切文告，应送由外交部情报司或中央宣传部国际宣传处代为发表。

三、中央各院、部、会得指定一、二人专负接待一般外宾发言人之责,但其谈论范围,应先得该主管长官之指示。

一九三九年十月十四日

16. 调整出版品查禁手续令

(国民政府训令行政院军事委员会)

为令饬事,据本府文官处签呈称:

案准国防最高委员会秘书厅二十八年十月十六日国议字第四六五三号公函开,准行政院本年十月七日吕字第一二二六五号公函开,前据内政部本年八月二十九日渝警字二八七七号呈称:查本部关于著作物注册审查,向系依照著作权法及其有关法令之规定办理。其内容涉及本党主义、政纲、政策之宣传者,并随时与中央宣传部为审查上之联络,以期周密。自抗战军兴,时移势易。中央管理宣传政策,宽严容有转变。因而在某一时期认为可准注册,而在某一时期又须予以查禁,前后处分歧异,本部处理颇感困难。又各军事政训机关,往往不明出版取缔程序,对于依法核准注册及放行之著作物,辄有迳行查扣,引起纠纷情事。本部据情转行纠正,亦感应付为难。除本部审查著作物,已参照《战时图书杂志原稿审查办法》与中央宣传部及中央图书杂志审查委员会之审查工作相辅而行,密切联系外,关于此类注册查禁歧异案件之处理,似应确立法令根据,并统一事权,以杜纷扰。否则既经注册而又查禁之著作物,其著作权所有人如不服查禁处分,依法提起诉愿,本部在法令上殊无根据可予驳回。查出版法第二十四条规定,战时或遇有变乱及其他特殊必要时,得依国民政府命令之所定,禁止或限制出版品关于政治、军事、外交或地方治安事项之登载。值此抗战时期,军事胜利高于一切,著作物之经核准注册者其权益虽为法所保障,而如基于抗战要求之观点加以禁止或限制,要为战时应有之措置,拟请钧院转请国防最高委员会核定。凡已核准注册之著作物,在抗战期间,如认为有应受出版法第二十四条所定之禁止或限制者,得由中央图书杂志审查委员会转请中央宣传部商由本部予以禁止或限制,并得撤销其注册。并请通行军事政训机关,嗣复关于出版取缔,应依法定程序转送中央图书杂志审查委员会审查,转请中央宣传部核转本部办理,不得迳予查扣,庶办理有所依据,事权得资统一。是否有当,理合呈请钧院鉴核施行,仍候指令祗遵等情。

据此,案关调整出版品查禁手续,经函准中央宣传部及军事委员会同意,除指令准予照办,并分别函覆外,相应函请转陈备案等由。经陈奉国防最高委员会第十七次常务会议决议,准予备案。除函中央执行委员会秘书处转陈饬遵外,相应函达,请烦查照转陈饬遵等由。准此,理合签呈鉴核等情。据此,应即照办,除饬处函覆并令行军事委员会通行饬照、行政院转饬知照外,合行令仰该院转饬知照会通行饬遵。

此令。

一九三九年十月二十四日

17. 战时新闻违检惩罚办法

（军事委员会指令核准施行）

第一条　军事委员会战时新闻检查局（以下简称本局）所属各省、市新闻检查所检查新闻,如遇有违检情事时,除出版法另有规定者外,悉依本办法规定办理之。

第二条　各报社、通信社违检惩罚办法,分下列五种：

一、忠告；

二、警告；

三、严重警告；

四、定期停刊；

五、永久停刊。

第三条　有下列情形之一者均属违检：

一、各报社、通信社稿件未经检查先行发表者。

二、各报社、通信社稿件不遵照删改刊载者。

三、各报社、通讯社对缓登稿件,未俟本局或新闻检查所通知即行披露；或免登之稿件仍行披露者。

四、各报社对删、免稿件之地位,不设法补足,于稿件文字内故留空白,或另作标记,易致猜疑者。

第四条　各新闻检查所,如发现各报社、通讯社违检情事,应按其情节之轻重,分别予以第二条所规定之各项惩罚。

第五条　定期停刊之时期,以一日至一月为限,视其情节之轻重而为日数之规定。

第六条　各新闻检查所执行第二条所规定之各项惩罚时,除迳予忠告及警告处分外,其余严重警告、定期停刊及永久停刊等处分,均呈报本局核定后执行之。

第七条　各报社、通讯社因违检须受惩罚者,如认为必要时,各新闻检查所未执行惩罚前,得施行紧急处分,扣押其违检部分之报纸或通讯稿。

前项紧急处分,各新闻检查所如事实上不及向本局请示时,得先迳予执行,补行呈报。

第八条　各报社或通讯社,如有披露特种重要机密稿件,因而引起国家重大问题者,其惩罚不限于适用于本办法。

各报社或通讯社遇有违检情事,如其他法律规定较重之处罚者,得依其规定处罚之。

第九条　本办法呈奉军事委员会核准施行,并报请中央宣传部转呈中央常会备案。

一九三九年十二月

18. 战时图书杂志原稿审查办法(修正)

一、国民政府行政院为适应战时需要起见,特组织中央图书杂志审查委员会(以下简称中央审查委员会),采取原稿审查办法,处理一切关于图书杂志之审查事宜,其组织条例另定之。

二、各省、市政府应成立各省、市图书杂志审查处(以下简称各省市审查处),隶属于中央审查委员会,办理各该省、市之图书杂志审查事宜。各省文化发达之县、市政府,于必要时得在各省、市审查处指导之下,酌设各县、市图书杂志审查分处,其组织通则另定之。

三、各省、市审查处之处长,应由中央审查委员会会议通过任用。

四、图书杂志审查标准,依照修正抗战期间图书杂志审查标准办理。

五、各地书店及出版机关印行图书、杂志,除自然科学、应用科学之无关国防者及各种教科书应送教育部审查者外,均须一律送请所在地审查机关许可后,方准发行。如所在地无审查机关,得迳请中央或邻近地方之审查机关办理。纯粹学术著述不涉及时事问题及政治、经济、社会思想者,得不审原稿,但出版时须先送审查机关审核后,方准发行。

六、各级党政军机关之公报,得免除原稿审查手续,但出版后,须检二份送中央审查委员会备查。

七、各地书店及出版机关之图书杂志送请审查时,须将原稿一份或清样二份,迳送各该省、市、县审查机关审查。如无不合者,即以原稿或清样加盖审讫图章发还。

八、图书杂志之审查时间:图书在十万字以内者,不得过五日;十万字以上者,不得过十日。杂志季刊不得过五日;半月刊及月刊不得过两日;三日刊、周刊及旬刊不得过一日。如其内容谬误,应呈请核示者,不在此限。

九、审查机关许可出版之图书杂志,一律发给审查证。各图书、杂志于出版时,应将审查证号码用五号铅字排列底封面上角,以备查考。其并无审查证号码而冒印者,应依照第十二条之规定加重处罚。

十、凡经审查机关审核之图书、杂志,于出版时,应先检送二份,由各该审查机关覆核。

十一、送审之图书、杂志原稿,其言论根本谬误者,停止印行;一部份谬误者,应遵照指示之点删改。

十二、凡未经审查机关许可出版之图书、杂志,除五、六两条已规定者外,凡审查机关不准发行,及不遵照指示删改而擅自出版者,一律予以查禁处分。其言论反动者,并得依法处罚其编辑人、印刷人与发行人。

十三、送审之图书杂志,其思想纯正,内容优良,有益抗战建国者,得分别予以奖励,其奖励办法另定之。

十四、各省、市、县审查机关审查各种图书、杂志时,如发现重大谬误,应予停止印行;或内容复杂不能自行决定者,检同原稿,并附注意见,呈请中央审查委员会核准后,方可执行。至于应删改之书刊,得由各省、市、县审查机关自行处理。惟须按月将处理情形详细呈报中央审查委员会备案。

十五、中央审查委员会如认为各省、市、县审查机关处理不当时,得随时饬令改正。

十六、省、市、县审查机关审查之图书、杂志原稿,以当地及邻近地方书店与出版机关之送审者为限。凡由外埠运入者,须印有中央或其他省、市、县审查机关之审查证号码,方准发售。其有在本办法未施行前出版之图书、杂志,须经审查许可后始得发售。

十七、在本办法未施行前,及未设审查机关地方出版之图书、杂志,除前条已有规定者外,仍应依照《检查书店发售违禁出版品办法》及《修正图书杂志查禁解禁暂行办法》办理。此外关于印刷、发行方面,并得依照《战时书店及印刷所督导办法》及《印刷所承印未送审图书杂志原稿取缔办法》办理。

十八、送审之书店或出版机关,如认为各省、市、县审查机关处理失当时,得申述理由请求覆审,并可迳呈中央审查委员会核办。

十九、本办法自公布日施行。

一九四一年九月六日

19.《中苏新闻纪录影片交换办法》相关史料

上次苏联所派来华摄影师,在各战区工作时,即与中央电影摄影场商得技术上之合作办法,并于返国时交换所摄得材料数万尺,制成影片,甚得彼方重视,现该国全国粮食出口协会,奉命与该场商洽经常交换影片办法,其重要之点为:

(一) 双方以等量影片作友谊之交换,为期一年;

(二) 双方对原有影片,内容不得更改;

(三) 双方交换之片,事先须由对方审定;

(四) 交换地点为重庆;

(五) 双方得随时要求撤换所交换之影片;

(六) 双方如有违约行为,得不经司法手续,由一方正式通知,即将原约撤废。

一九四〇年十月

20. 新闻电报规则

(财政部公布施行)

第一条 新闻报馆、期刊报馆、通信社(以下简称新闻机关)或广播无线电台之新闻记者,得发寄新闻电报。其一切办法悉依本规则之规定。

第二条 新闻记者发寄新闻电报,须经交通部电政司(以下简称电政司)核准,发给新闻电报凭照(以下简称凭照),方可照发。请领凭照时,应填具声请书,并照本规则第六条之规定,将应缴之凭照费及印花税费连同记者最近二寸半照片二张,送请电政司核办。

第三条 外籍新闻记者以及代表外国新闻机关之中国国籍新闻记者请领凭照时,应先向外交部领取注册证书,连同前条所载之声请书等,一并送请电政司核办。

第四条 国内新闻电报如须由收报人付费者,得将声请书等送交收报机关所在地之电报局(以下简称电局),由该局依本规则第二十条之规定,向收报新闻机关取具存款或保证金后,再将声请书转呈电政司核办。但收报机关如已在当地当局缴付存款或保证金者,得将声请书连同缴付存款或保证金之证件迳送电政司核办。其未附证件者,应侯电政司令饬当地当局接洽缴付后,再行核发凭照。

第五条　发往国外之新闻电报由收报人付费者,应由收报机关先与所在国之电报机关洽妥后,由该电报机关通知电政司,其未经通知者,须俟电政司向有关各国电报机关洽妥后,再行核发凭照。

第六条　每一凭照内所填之发报地名,如系发报人付费者,不加限制。如系收报人付费者,除随同旅行团体或军队之记者,应有证明文件经电政司审查属实者,得填列一省或二省通行之凭照外,概以五处为限。其收报新闻机关除依本规则十八条之规定外,以一处为限。

前项凭照应纳费如下:

一、发报人付费新闻凭照,每张国币十元,印花税费二元。

二、收报人付费新闻,其发报地名以五处为限者,凭照费每张国币十元,印花税费二元。

三、收报人付费新闻凭照,其发报地名以一省或二省通用者,凭照费每张国币二十元,印花税费二元。

第七条　新闻记者交由电局或其收发处发寄新闻电报时,应将凭照缴验,并于电底下端签名或盖章。其签名或盖章应与凭照上所填之新闻记者姓名相同。如未将凭照缴验或签名、盖章查有不符时,电局或其在当地所设之电报收发处,得拒收其他电报。

第八条　新闻电报以发往凭照内注明之新闻机关或广播无线电台为限。不得用该机关或电台内任何个人名义,或发与报馆驻在他埠之办事处或代理处接转。

第九条　国内新闻电报分寻常新闻电报及加急新闻电报二种。国际新闻电报分寻常新闻电报、加急新闻电报,迟缓新闻电报以与北美洲各处往来者为限。

第十条　新闻电报之传递依下列次序:

一、加急新闻电报与加急电报同。

二、寻常新闻电报与寻常电报同。

三、迟缓新闻电报与迟缓电报同。

第十一条　寻常及新闻电报系依特定之寻常及迟缓新闻电报价目收费。加急新闻电报照寻常全价电报价目收费。

第十二条　新闻电报应于收报机关名称、住址之前,加注下列纳费业务标识:

一、寻常新闻电报加注 Press(新闻)字样,作一字计费。

二、加急新闻电报加注 D Press(加急新闻电报)字样,作二字计费。

三、迟缓新闻电报加注 Leps(迟缓新闻)字样,作一字计费。

第十三条　新闻记者领有二张以上凭照而照内所填之收报机关系在一地方者,得发寄分送新闻电报,加注纳费业务标识 TMX(分送若干份)字样。其抄费依分送寻常电报办法加收之。

第十四条　新闻电报除本规则第十二条及十三条规定之标识外,不得加注其它纳费业务标识。

第十五条　新闻电报应用明语书写,国内往来者以中文、英文为限。与国外往来者,以下列之一种为限:

一、中文;

二、英文;

三、法文;

四、收报电信机关所在国指定准用之文字;

五、收报新闻机关发刊之文字。

第十六条　新闻电报之电文,以关于政治、商业等之消息欲刊登新闻纸,期刊或广播者为限,不得含有私事性质或类似广告之文字。关于刊登或广播该电之注语,得书于电文之前后,均用括弧括入。此项注语字数,不得逾电文计费字数百分之五,且至多不得逾十字。注语及括弧一律照章计费。

第十七条　汇兑价目表、运动消息及气象观测报告或其预报,无论有无说明字样,均准列入新闻电报之内。发报局如对于所载数目字是否确系代表汇兑价目等,认为有可疑之处,得加以查询,发报人应据实证明。

前项气象观测之报告或预报,以经电政司特别核准注明于凭照者为限。

第十八条　通讯社之新闻记者,其所发之国内新闻电报得请求由中途接转该电之电报局抄送当地新闻机关。此项中途抄送之电报,应于收报人住址栏内加注"送某处某新闻机关"其式如下:(略)

中途抄送之新闻电报,除照章收费外,应加收中途抄送费。依电文字数,中文每字收国币二分,英文每字收国币四分。

第十九条　前条规定之中途抄送办法,须先经电政司核准,遇必要时得随时停止之。

第二十条　国内新闻电报以及国外发来之新闻电报由收报人付费者,应由收报机关预付足敷一月报费之存款,其数由当地电局核定,每月清结一次,并续交存款。如有短欠,经通知后逾五日仍未将存款补足者,其新闻电报即行停送,并呈报电政司转知发报局,对于该新闻机关之新闻电报,停止收发。前项收报新闻机关,如愿遵照交通部规定之记帐发电保证办法预存保证金者,毋庸预付存款。

第二十一条　投送新闻电报之电局认为必要时,得向收报新闻机关负责人员索取遵守规则之字样。

第二十二条　寻常加急或迟缓新闻电报违背本规则第十五条及第十六条之规定者,应将纳费标识 Press 一字删去,或将 D Press 二字改为 D 一字,或将 Leps 改为 Ic 依寻常加急或迟缓电报价目收费。新闻电报不载入新闻纸、期刊或广播而别作下列任何一项之用者亦同。

一、报馆或广播无线电台接收新闻电报后,不自行发刊或广播而未能说明充足理由者,或于发刊或广播之前,先将电报传达私人或机关如总会、交易所、客寓等处者。

二、报馆或广播无线电台收到之新闻电报,在未刊登或广播以前出售、分送或传达于其他报馆或广播无线电台者。但新闻电报得出售分送或传达其它报馆或广播无线电台,以供同时刊登或广播之用。

三、通讯社收到之新闻电报,未经新闻纸刊登或广播而未能说明充足理由者;或在未刊登或广播之前先将电报传达第三人者。

如查有上列情形之一者,其应补之报费概向收报人收取。

第二十三条　新闻机关、广播无线电台或其新闻记者,如有违反本规则之行为,电政司得暂停其发电或吊销其凭照。

第二十四条　凭照不得转让他人。

第二十五条　凭照有效期间如下:

一、凡在上半年填发者,自填发之日起算至次年年底期满;

二、凡在下半年填发者,自填发之日起算至第三年六月底期满。

第二十六条　凭照一经期满,立即失效。如愿继续发寄新闻电报,至迟在期满之日前二个月内,以书面向电政司请求发给新照;并依照本规则第六条之规定,附缴凭照费、印花税费及记者最近二寸半身照片二张。至原领凭照,应于期满后一个月内送呈电政司或交由当地当局转呈注销。

第二十七条　交通部制定公布之关于电报各项规章,与本规则不相抵触者,均适用之。

第二十八条　本规则自公布日施行。

一九四一年十月三日

21. 解释杂志新闻纸刊期之性质如何划分

(内政部函中央图书杂志审查委员会)

查新闻纸与杂志之划分,依出版法第二条规定,每日或隔六日以下之期间继续发行者为新闻纸,每星期或隔三月以下之期间继续发行者为杂志。但杂志内容如系合于同条第一项第二款规定,"其内容以登载时事为主要者",及同法施行细则第四条规定"通常登载时事新闻地位在全部篇幅三分之二以上"之情形者,仍应视为新闻纸,适用新闻纸法令之规定。此因法令对于新闻纸限制较严。

为防止利用杂志形式发表新闻内容之流弊,故有上述特别规定。于采取刊期区分新闻纸与杂志形式之外,并依内容确定杂志中视为新闻纸之标准。法文既仅对杂志有视为新闻纸之特别规定,自难从而解释有适用于新闻纸视为杂志之可能。江西省图书杂志审查处所称:刊期在一星期以下,而内容又与出版法施行细则第四条规定不符之刊物,应否视为杂志一节,除刊期为一星期,合于原呈所称情形者仍属杂志外;其六日以下定期发行之新闻纸,依法尚难视为杂志。惟原稿审查与新闻检查本有殊途同归之功效。关于六日以下定期发行之新闻纸,如发现具有杂志内容,不属新闻范围,此为审检业务分配之事实问题,似可由贵会与新闻检查机关洽商,按照原稿审查法令办理,以杜取巧。

一九四二年

22. 战时空军新闻限制事项

(航空委员会防空总监部)

禁止公布者:

一、航委会及作战部队之组织系统。

二、部队番号及驻地。

三、各机种之性能。

四、空军出发地点及时间。

五、空军部队长官。

六、空军兵器之式样及口径。

七、空军飞机器材之补充及来源。

八、飞机数量及机种。

九、空袭后,我方关于飞机棚厂、人员、器材、油弹损失之情况,及有关军事上之损失。

十、空军移动之地点及根据地状况。

十一、人员伤亡消息。

十二、站、场、工厂地点。

十三、我空军与友邦之关系。

十四、敌机所投弹种、弹药。

十五、敌空军俘虏之姓名及其口供。

十六、我方所得敌方之机密消息及其企图。

十七、战斗详报。

十八、新机到达地点、日期、机数及来处。

十九、防空部队之番号及高射兵器之种类等。

可以公布者:

一、空袭后,我方非军事上之损失,如民房、医院、学校之被炸及人民之死伤(但不可详明地点、名称及确实状况)。

二、击落敌机之数量。

三、敌机之种类及机数。

四、我机出动轰炸后所得之成果。

五、我优待俘虏之情况。

六、空袭概况。

战时空军新闻限制事项附则

一、凡未经战时空军新闻限制事项(以下简称本限制事项)规定者,不得擅自公布。

二、凡空军新闻,专由航空委员会(以下简称本会)交由中央通讯社发布;其他空军机关或报社、通讯社等,不得擅自发布,以免纷歧。

三、凡专载空军消息之书报杂志,未经本会检查许可,不得刊行。

四、凡机关团体私人之广告,均不得违反本限制事项。

五、凡有关空军之图画、照片、影片等。未经本会检查许可者,不得公布。

六、凡违反本限制事项者,按情节轻重,由各主管机关依军机防护法及战时新闻违检惩罚办法议处。

七、凡奉准公布者,不在此限。

八、自本限制事项及附则呈准施行之日起,前颁空军新闻限制事项即予废止。

九、本限制事项,如有未尽事宜,得呈请修改之。

十、本限制事项及附则,呈奉军事委员会核准施行。

一九四二年二月二十八日

23. 审查处理已出版书刊细则

(中央图书杂志审查委员会第15次会议通过)

第一条 本细则依据战时图书杂志原稿审查办法第十六、七两条订定之。

第二条 凡在民国二十六年七月以后,二十九年九月六日以前,或未设原稿审查机关地点出版之书刊,除战时图书杂志原稿审查办法第五、六两条另有规定者外,均应由发行人或总经售人向当地审查机关申请许可后,方得在当地发售。

上项申请许可手续,得由当地书业同业公会代办。

第三条 凡在民国二十六年七月以前初版发行之书刊,如其内容不触犯修正抗战期间图书杂志审查标准而未经审查机关检举或取缔者,得免办申请许可手续;

第四条 各地审查机关许可发售之书刊,不论其由书店送请审查或审查机关提审者,均应注明各该书刊名称及其版数、期数、编号,列入许可发售书刊一览表,每周分发当地各书店一次,并令饬将各该书刊之许可证号码,加印于底封面左上角。

第五条 各省市图书杂志审查处印发之许可发售书刊一览表,应按期呈报中央图书杂志审查委员会,并应互送其他省市审查处。

第六条 已出版书刊,如经审查发现内容有触犯审查标准者,应通知书店暂停发售,转呈中央图书杂志审查委员会核办。

第七条 审查已出版书刊,其处理办法如下:

甲、内容无不合者,编号列入许可发售书刊一览表;

乙、内容与审查标准略有触犯者,饬令修改,在未修改前停止发售;

丙、内容触犯审查标准者,通令查禁。

第八条 已出版书刊显系故不送审原稿者,应依《战时图书杂志原稿审查办法》第十二条之规定,予以取缔。

第九条 凡经许可发售之书刊,再版时仍应作原稿送审。

第十条 本细则由中央图书杂志审查委员会会议通过,并呈行政院备案后施行。

一九四二年三月七日

24. 统一书刊审查办法

一、各种图书、杂志,除法令另有规定外,应集中于各省图书杂志审查处审查。其查禁处分,依法由中央图书杂志审查委员会决定,各有关机关认为应予查禁之书刊,均转由中央图书杂志审查委员会办理。

二、查禁书刊应以中央图书杂志审查委员会查禁表为依据。其未经查禁有案,而认为不妥之书刊,应送由中央图书杂志审查委员会审查处理。

三、检查书店或公共书刊阅览场所,在设有图书杂志审查机关地方,应由审查机关执行,必要时得由军警及其他有关机关协助进行。

四、在未设图书杂志审查机关之各县,其检查工作由县政府办理,必要时得由当地军警及其他有关机关协助进行。其认为不妥之书刊,得暂行封存,并检提样本送由邻近地方之图书杂志审查机关,或层转中央图书杂志审查委员会处理。

五、检扣之书刊,应由检查机关出具收据,交由原书店或阅览场所之负责人执存。执行检查人并应持有证明身份之证件。

一九四二年四月二十三日

25. 杂志送审须知

一、各地杂志送审时,应由编辑人或发行人将全部稿件详细填报目录表,以备查考。该表内容应包括:

(一)刊名;

(二)卷期数;

(三)题名;

(四)页数;

（五）著作者；

（六）编辑人或发行人；

（七）备考等栏。

并应由编辑人或发行人签名盖章（该表格式可向各地审查机关索取，翻印备用）。

二、送审之杂志，如三日刊、五日刊、周刊、旬刊等，因事实上必须分批送审原稿者，每批均须附送一目录表，最后送审时依照表报格式填报总目录表，并在上面注明"稿已送齐，请发审查证"等字样。

三、送审之杂志，必须将每篇原稿加以整理，用钉书机或别针、回文针或其他方法钉好，以免脱落页数，而便审查，并应在每页或至少在每篇首页上加盖社章，以资识别，而免混淆。

四、各杂志送审原稿或清样，务须字体清楚，其模糊不清或字体过细不易辨认者，应另行誊写，以便审查，而期迅速。

五、业经审查之原稿，出版时不得更动，尤不应将未经审查之稿件排入。每期内容应与各该期送审时所填送之目录绝对相符，以便核对。

六、原稿经审查后，如有指示意见，务须遵照详细修改或删削、免登。其审查意见内容注明再行送核字样者，并应经覆核后，方可付印。

七、各杂志免登稿件，不能在出版时仍保留题名，并不能在编辑后记或编辑者言内加以任何解释与说明。其被删改之处，不能注明上略、中略、下略等字样，或其他任何足以表示已被删改之符号。

八、各杂志封面图画暨文内插图，及编辑后记、编辑者言，以及其他补白稿件，均须一律送审；其恭录国父遗教或总裁言论以为补白者，可免予送审。

九、各杂志务须按期送审，不得脱漏，如有发行合刊延期出版，或因其他意外事件致不能出版者，均应事先陈报各该地审查机关，以备查考。其迁移社址或移别地出版及更动编辑与发行人时，亦应通知各该地审查机关。

十、各杂志务须将某某省（市）图书杂志审查处某字第某号审查证等字样，用五号字排列于底封面左上角，不得遗漏或排印于他处。

十一、每期颁发之审查证号码，只可在本期刊载，不得沿用于下期。

十二、各杂志出版后，应迅即检送二册到原审查机关，以备覆核。

十三、新创刊杂志之其创刊号送审原稿时，应派人员向各该地审查机关缴验登记证或其他足以证明已办理登记手续之文件。

一九四二年四月二十三日

26. 书店印刷店管理规则

（行政院公布）

第一条　书店、印刷店之管理，除法令别有规定外，依本规则之规定。

第二条　本规则所称书店，指经营图书杂志及其他出版品发行或代售之商店；所称印刷店，指经营印刷业之商店。

第三条　本规则所称地方主管官署，在县、市为县、市政府；在直隶于行政院之市，为社会局或警察局。

第四条　凡开设书店或印刷店者，须开具下列事项声请地方主管官署核准发给许可执照后，始得开业：

一、书店或印刷店之名称及地址；

二、店主或经理之姓名、年龄、籍贯、经历及住址；

三、店员及其他使用人之姓名、年龄、籍贯及住址；

四、资本金额；

五、业务范围；

六、营业组织。

在本规则施行前已开该书店及印刷店者，应于本规则施行后三个月内，依照前项规定补请核发许可执照。

第五条　地方主管官署接到前条之声请，于审查合格后，填发许可执照，并按季汇报省政府及同级党部，或直隶于行政院之市政府及同级党部，转报中央宣传部、内政部、经济部、教育部及中央图书杂志审查委员会备查。

前项审查，在设有图书杂志审查处或分处地方，应会商该审查处或分处办理之。

第六条　书店、印刷店应依其营业组织为公司登记或商业登记；其所设印刷部分，并应为工厂登记。

第七条　书店、印刷店应依法组织同业公会或加入商会。

前项同业公会对于会员有不遵守本规则者应加劝告。劝告无效，向地方主管官署检举之。

第八条　书店、印刷店有下列情形之一时,应向地方主管官署呈请核准。

一、变更名称或地址者;

二、变更店主或经理者;

三、所设工厂停业或歇业者;

四、变更业务范围者。

因前项第一款或第二款所定事项之变更而呈请核准者,应附缴原执照,换领新照。

第九条　书店有下列情形之一时,应向地方主管官署呈报备案。

一、变更店员或其他使用人者;

二、变更资本金额者。

第十条　书店、印刷店有第八条、第九条各款之一,经核准备案者,地方主管官署应依第五条之规定,按季分报备查。

第十一条　书店发行或代售之图书、杂志及其他出版品,应按月造具目录二份,分送地方主管官署及当地图书杂志审查处或分处,并由地方主管官署按季汇编目录,呈送省政府及同级党部,或直隶于行政院之市政府及同级党部,汇送中央宣传部、内政部,教育部及中央图书杂志审查委员会。

印刷店承受印刷之图书、杂志及其他出版品,应按月造具目录二份,分送地方主管官署、同级党部及当地图书杂志审查处或分处。

第十二条　书店不得发行或代售曾经法令所禁止之图书、杂志或其他出版品。

第十三条　印刷店对于依法令应经审查之图书、杂志或其他出版品原稿,在未经证明审查前不得印刷,其就原版改印或翻印者亦同。

第十四条　书店、印刷店不得为集会、结社之所,但董事会等业务会议,不在此限。

第十五条　书店、印刷店于必要时得由地方主管官署或当地图书杂志审查处或分处派员检查其发售或印刷状况,但检查人员执行职务时,须出示证明文件。

检查人员如发现该书店或印刷店有发售或印刷违禁图书、杂志或其他出版品时,应遂予没收。其未经法令禁止而认为内容不妥或不符法令规定者,应给予收据,取回样本。该项发售或承印品得暂行封存,并饬该书店或印刷店具结证明。

第十六条　违反第四条之规定而开设书店或印刷店者,予以停业处分。

第十七条　书店发行经教育部审定之中、小学教科书,在未呈经主管官署转呈教育部核准前,不得任意涨价,并应继续供应需要。

第十八条　书店或印刷店违反第六条、第七条第一项、第八条、第九条、第十一条、第十七条之规定者,处以有期间之停业,并勒令遵办。

第十九条　书店违反第十二条之规定者,予以警告,并扣押该项存本及底版。

曾受前项处分而仍发售违禁之图书、杂志或其他出版品者,依出版法第四十九条办理,并得撤销许可执照。

第二十条　印刷店违反第十三条之规定者,予以警告,并扣押该项承印品及底版。

曾受前项之处分而仍印刷未经审查之图书、杂志或其他出版品者,除扣押该项承印品及底版外,并得科罚其印刷费之一部或全部;其情节重大者,并得撤销其许可执照。

印刷店违反出版法规定之限制或禁止者,依其规定办理。

第二十一条　书店或印刷店违反第十四条、第十五条之规定者,予以警告;其情节重大者,依法罚办。

第二十二条　各该业同业公会违反第七条第二项之规定者,予以商业同业公会法第四十四条之处分;在印刷业,呈由经济部依法处罚之。

第二十三条　本规则规定之停业及撤销许可执照处分,由地方主管官署执行;其属于出版法罚则规定事项,应依法移送法院审判执行。

本规则之警告、扣押、没收处分,由当地之省、市图书杂志审查处或县、市分处核定后,转请地方主管官署执行。

当地图书杂志审查处或分处,如发见书店或印刷店有本规则第十六条至二十一条规定情事,应受停业或撤销许可执照之处分时,得呈经中央图书杂志审查委员会核定后,转请地方主管官署分别依法办理之。

第二十四条　前条各款之执行及办理结果,应由各该官署依第五条之规定,分报备查。

第二十五条　本规则自公布日施行。

一九四二年五月五日

27. 修正书店印刷店管理规则第十五条条文

第十五条　书店、印刷店于必要时得由地方主管官署或当地图书杂志审查处或分处派员检查其发售或印刷状况,但检查人员执行职务时,须出示证明文件。

检查人员如发现该书店或印刷店有发售或印刷违禁图书、杂志或其他出版品时,应先行封存；其未经法令禁止而认为内容不妥或不符法令规定者，应给予收据，取回样本，呈候核办。前项封存书籍物品种类及数量，应由书店或印刷店具结证明。

一九四三年

28. 非常时期军办报社通讯社杂志社登记管制暂行办法

（国民党第五届中央常务委员会第 224 次会议备案）

第一条　本办法依非常时期报社、通讯社、杂志社登记管制暂行办法第十五条之规定订定之。

第二条　凡军办报社、通讯社、杂志社之声请登记者，应由发行人填具声请登记书三份（发行人如有二人以上时，应互推一人具名为之），呈由军事委员会政治部，核转内政部，会同中央宣传部核发登记证。

第三条　军办报社、通讯社、杂志社填具登记声请书时，应先由配属之军事机关、部队或学校之政治部加盖印信；无政治部者，得由其主管机关加盖印信，再行呈报，否则军事委员会政治部不予核转。

第四条　已成立之军办报社、通讯社、杂志社未经登记者，应于本办法公布后六个月内补办登记手续，并检附已出版之刊物，连同登记声请书，呈由军事委员会政治部核转。逾期不登记者，军事委员会政治部得令其停止发行。

第五条　已登记之军办报社、通讯社、杂志社，其名称、发行人或发行刊期如有变更时，应由发行人于变更后七日内，按照登记程序办理变更登记手续。

前项声请变更名称或发行人者，应附缴原领登记证。

第六条　军办报社、通讯社、杂志社声请登记或变更登记时，应由发行人照抄登记声请书二份，送发行所在地之县（市）政府，以一份存查，一份转送省政府。

第七条　军办报社、通讯社、杂志社之名称，如与他社名称完全相同者，军事委员会政治部审核时，得按声请先后，令其更改名称，或以字号区别之。

第八条　军办报社、通讯社、杂志社经核准登记后，其出版刊物内容与声请登记时所填之发行旨趣不符者，军事委员会政治部得令其停止发行，并追缴登记证，函送内政部注销其登记。

第九条　已登记之军办报社、通讯社、杂志社，如逾期六个月尚未出刊，或已出刊而中途停办逾期六个月者，应由军事委员会政治部追缴登记证，函送内政部注销其登记。

第十条 已注销登记之军办报社、通讯社、杂志社,如欲复刊时,应重办登记手续,始得复刊。

第十一条 军办报社、通讯社、杂志社经核准登记者,应按期检送出版刊物三份,迳寄军事委员会政治部及中央宣传部、内政部备查。

第十二条 已登记领证之军办报社、通讯社、杂志社,应于其出版刊物名称下,载明发行人姓名、登记证字号、发行年月日、发行所及印刷所之名称与所在地。

第十三条 军办报社、通讯社、杂志社所出版之刊物,应依照战时图书杂志原稿审查办法或战时新闻检查办法之规定,送当地审检机关审查或检查。当地无审检机关者,送由所配属之政治部审查。无政治部者,送主管机关审查。

第十四条 军办报社、通讯社、杂志社,每六个月应将社务组织及发行状况等事项,报请军事委员会政治部备查,并得于必要时派员抽查之。

第十五条 本办法自公布之日施行。

一九四三年四月五日

29. 新闻记者法[注]

(国民政府公布)

第一条 本法所称新闻记者,谓在日报社或通讯社担任发行人、撰述、编辑、采访或主办发行及广告之人。

第二条 依本法声请核准领有新闻记者证书者,得在日报社或通讯社执行新闻记者之职务。

第三条 具有下例各款资格之一者,得申请给予新闻记者证书:

一、在教育部认可之国内外大学或独立学院之新闻学系或新闻专科学校毕业,得有证书者;

二、除前款外,在教育部认可之国内外大学、独立学院或专门学校,修习文学、教育、社会、政治、经济或法律各学科毕业,得有证书者;

三、曾在公立或经立案之大学、独立学院、专门学校任前二款各学科教授一年以上者;

四、在教育部认可之高级中学或旧制中学毕业,并曾执行新闻记者职务二年以上,有证明文件者;

五、曾执行新闻记者职务三年以上，有证明文件者。

第四条　有下列情形之一者，不得给予新闻记者证书；其已领有新闻记者证明书者，撤销其证书：

一、背叛中华民国，证据确实者；

二、因违反出版法第二十一条之规定，或因贪污或欺诈行为被处徒刑者；

三、禁治产者；

四、褫夺公权者；

五、受新闻记者公会之会员除名处分者；

六、国内无住所者。

第五条　声请给予新闻记者证书者，应于声请书载明下列各款事项，向内政部为之。

一、姓名、性别、年龄、籍贯、现在住址及永久通讯处；

二、学历、经历；

三、曾执行新闻记者职务者，其所服务报社或通讯社之名称、地址，及开始执行职务之年月与其服务期间。

第六条　本法施行前，在日报社或通讯社执行新闻记者职务者，应于本法施行后三个月内，声请给予证书。在其声请未被驳回前，得照常执行职务。

第七条　新闻记者应加入其执行职务地之新闻记者公会或联合公会。其地无公会者，应加入其邻近市、县之新闻记者公会。

第八条　市、县新闻记者公会，以在该管区域内执行职务之新闻记者十五人以上之发起组织之。其不满十五人者，应联合二个以上之县或市共同发起组织之。

第九条　省新闻记者公会，得由该省内县、市公会或其联合公会五个以上之发起，及全体过半数之同意组织之。其县、市公会及其联合公会不满五单位者，得联合二个以上省共同组织。

第十条　全国新闻记者公会联合会，得由省或其联合公会或院辖市公会十二个以上之发起，及全体过半数之同意组织之。

第十一条　在同一区域内，同级之新闻记者公会以一个为限。

新闻记者公会之会员，以领有证书而现执行职务之新闻记者为限。

第十二条　新闻记者公会之任务如下：

一、关于新闻学术及新闻事业之研究与发展事项；

二、关于三民主义之阐发与国策之推进事项；

三、关于宣扬政令与协助政府之宣传事项；

四、关于社会文化之促进与地方风习之改良事项；

五、关于新闻记者品德之砥砺与风纪之整饬事项；

六、关于新闻记者共同利益之维护、增进事项。

第十三条　新闻记者公会之主管官署为各级社会行政机关。其目的、事业并受有关机关之指挥、监督。

第十四条　新闻记者公会设理事、监事，其名额如下：

一、县、市公会或其联合公会，理事三人至九人，监事一人至三人。

二、省公会或其联合公会或院辖市公会，理事九人至十七人，监事三人至五人。

三、全国公会联合会，理事十一人至二十一人，监事五人至九人。

前项各款理事，监事之任期，不得逾期三年。连选得连任一次。

第十五条　市、县新闻记者公会或其联合公会，每年开会员大会一次。省以上之新闻记者公会每年开会员代表大会一次。必要时得因理事会之决议，或经全体会员三分之一以上之请求，召开临时大会。

第十六条　新闻记者公会得向会员征收入会金及常年会费。

有必要时，并得经主管官署之核准，筹集事业用费。新闻记者公会每年度终，应将财产状况报告主管官署，并刊布之。

第十七条　新闻记者公会应订立章程，连同会员名册及职员简明履历册各一份，呈请主管官署立案。

第十八条　市、县新闻记者公会或其联合公会之章程，应载明下列各款事项：

一、名称、区域及会所所在地；

二、宗旨、组织任务或事业；

三、会员之入会及出会；

四、理监事名额、权限、任期及其选任、解任；

五、会员大会及理事会、监事会会议之规定；

六、会员应遵守之公约；

七、经费及会计；

八、章程之修改。

省以上新闻记者公会之章程,除准用前项规定外,并应记载会员代表产生之方法。

第十九条　新闻记者公会会员大会,或会员代表大会或理事会、监事会之决议有违反法令者,得由主管官署撤销之。

第二十条　新闻记者于职务上或风纪上有重大之不正行为,得由所属公会全体会员三分之二以上之出席,出席会员四分之三以上之同意,于会员大会议决将其除名。

第二十一条　新闻记者于法律认许之范围内,得自由发表其言论。

第二十二条　新闻记者不得有违反国策、不利于国家或民族之言论。

第二十三条　新闻记者不得利用职务为诈欺或恐吓之行为。

第二十四条　新闻记者于其职务解除前,不得兼任官吏。

第二十五条　新闻记者应于开始执行职务后十日内,将证书及所加入之新闻记者公会会员证,缴由服务之日报社或通讯社报请市、县政府查验后,转请登记。其变更所服务之日报社或通讯社,或解除职务后而复执行者亦同。

第二十六条　新闻记者执行职务,于受有查验证书之命令时,非有正当理由不得拒绝。

第二十七条　未经领有证书而执行新闻记者职务者,除停止其职务外,处二百元以下罚锾。但第六条所定情形不在此限。

第二十八条　新闻记者违反第二十二条至第二十四条之规定者,撤销其证书。

第二十九条　新闻记者违反第二十五条之规定者,处五十元以下罚锾。

第三十条　本法施行细则,由内政部会同社会部定之。

第三十一条　本法施行日期以命令定之。

一九四三年二月十五日

【注】本法于民国三十二年(1943年)二月十五日在重庆公布后,复于同年九月二十七日修正第十四条为"第十四条 新闻记者公会设理事、监事,其名额如下:一、县、市公会或其联合公会,理事三人至九人,监事一人至三人。二、省公会或其联合公会或院辖市公会,理事九人至十七人,监事三人至五人。三、全国公会联合会,理事十五人至二十七人,监事五人至九人。前项各款理事监事之任期,不得逾三年。连选得连任一次。"。因一部分新闻界人士表示异议,于民国三十四年(1945年)六月二十三日府令暂缓施行,直至同年七月一日起命令施行。

30. 非常时期报社通讯社杂志社登记管制暂行办法

（行政院公布施行）

第一条 凡报社、通讯社、杂志社之声请登记，或迁地出版声请变更登记者，非经内政部会同中央宣传部核准，由内政部发给登记证后不得发行。

违反前项规定者，由地方主管官署或当地新闻检查机关、图书杂志审查机关通知地方主管官署，会同同级党部，依法严加取缔，并分别转报内政部及中央宣传部。

第二条 地方主管官署于依法核转报社、通讯社、杂志社之登记，或变更登记声请时，应于十日内会同同级党部加具考查意见，转呈省政府或直隶于行政院之市政府。省政府或直隶于行政院之市政府，接到前项核转登记，或变更登记之声请时，应于十五日内会同同级党部加具覆核意见，并加盖印信，转送内政部。其声请者系报社或杂志社时，并得由省政府或直隶于行政院之市政府，送交当地新闻检查机关或图书杂志审查机关签注意见，仍依覆核限期及程序办理之。

内政部接到第二项登记文件，应会同中央宣传部审查，并与中央图书杂志审查委员会、军事委员会战时新闻检查局取得密切之联系。

第三条 报社、通讯社、杂志社之资本，暂以下列规定定其额数，并得由地方主管官署于考查时令其呈验证件：

一、在人口百万以上之省政府或市政府所在地，刊行报纸者五万元以上，刊行通讯稿者一万五千元以上，刊行杂志者二万元以上。

二、在人口未满百万之省政府或市政府所在地，刊行报纸者三万元以上，刊行通讯稿者五千元以上，刊行杂志者一万元以上。

三、在县政府或设治局所在地，刊行报纸者五千元以上，刊行通讯稿者一千元以上，刊行杂志者二千元以上。

第四条 报社、通讯社、杂志社之名称，如与已登记之他社名称完全相同，或怪异不经，及不适合时地者，得令更改其名称。

第五条 报社、通讯社之设立按分布规定调整之：

一、在人口五十万以上之省政府或市政府所在地，及其近郊地区，以报社五家、通讯社三家为原则，逾额得限制增设。

二、在人口未满五十万之省政府或市政府所在地，及其近郊地区，以报社三家、通讯社二家为原则，逾额得限制增设。

三、在前二款以外之重要城市，以报社二家、通讯社一家为原则，逾额得限制增设。

四、在县政府或设治局所在地，以有报社一家为原则。

第六条　杂志社得由中央宣传部、内政部参酌前条关于报社之规定，调整其分布。

第七条　杂志社经核准登记后，其出版内容与声请登记时所填之发行旨趣不符者，内政部得于中央宣传部审定后停止其发行，并注销登记。

第八条　报纸、通讯稿、杂志之内容如不合于抗战建国之需要，并足贻社会以不良之影响者，内政部得于中央宣传部审定后停止其发行，并注销登记。

中央图书杂志审查委员会或军事委员会战时新闻检查局，如遇有前条或本条所定情形，除依审检法规办理外，得报请中央宣传部审定，转函内政部办理之。

第九条　内政部于必要时，得会同中央宣传部指定一区域内之报社全部或一部，发行联合版，或限制其篇幅。

第十条　本办法施行前，已设立之报社、通讯社、杂志社，应由各省、市政府于本办法施行二个月内，督饬地方主管官署，会同同级党部举行登记证总查验。凡未领登记证者，一律停止发行，并分别转报内政部及中央宣传部备案。

本办法施行前已核准登记发给登记证之报社、通讯社、杂志社，其停刊已逾《修正出版法》第十五条规定之限期或情形不明者，应由各省、市政府于本办法施行后二个月内，督饬地方主管官署会同同级党部查明，分别转报内政部及中央宣传部，注销其登记。

依第二项规定因情形不明，应予注销登记之报社、通讯社、杂志社，内政部得委托省政府公告之。

第十一条　报社、通讯社、杂志社之呈缴样本，应切实遵照《修正出版法施行细则》第二十条之规定，制备呈缴簿，如呈缴样本未经收到而不能提出呈缴簿证明确已呈缴，或呈缴间断日数，报社、通讯社已逾三个月，杂志社已逾六个月者，以停刊逾期论。内政部得会商中央宣传部，注销其登记。

前项呈缴间断日数每年积计，在报社、通讯社不得逾三个月，杂志社不得逾六个月，违者注销其登记。

第十二条　报社、通讯社未送新闻稿检查，杂志社未送原稿审查，或每年积计送检送审间断日数已逾前条规定之限期者，当地新闻检查机关或图书杂志审查机关，应报由军事委员会战时新闻检查局或中央图书杂志审查委员会，转函内政部查明，注销其登记,并由内政部函达中央宣传部。

第十三条 报社、通讯社、杂志社之迳由内政部或中央宣传部转函内政部注销其登记者,内政部应分别通知军事委员会战时新闻检查局或中央图书杂志审查委员会。

第十四条 凡未持有内政部发给登记证之报社、通讯社、杂志社,或已经内政部注销其登记者,各地新闻检查机关或图书杂志审查机关,除不予接受检查或审查外,应通知地方主管机关取缔,并转报备案。

第十五条 军事机关、部队、学校主办之报社、通讯社、杂志社,其登记办法另定之。

第十六条 本办法自公布日施行。

一九四三年四月十五日

31. 战时新闻违检惩罚办法[注]

(修正后军事委员会办(四二)政字第 44266 号指令核准施行)

第一条 军事委员会战时新闻检查局(以下简称本局)所属各省市新闻检查处室检查新闻,如遇有违检情事时,除《防护军机法》、《违反国家总动员惩罚办法》及《出版法》另有规定者外,悉依本办法之规定办理之。

第二条 各报社、通讯社之违检惩罚办法,分下列六项:

一、警告;

二、严重警告;

三、没收报纸、通讯稿或其底版;

四、勒令更换编辑人员;

五、定期停刊;

六、永久停刊。

第三条 有下列情形之一者,均属违检:

一、各报社、通讯社稿件,未经检查先行发表者;

二、各报社、通讯社稿件,不遵删改刊登者;

三、各报社、通讯社对缓登稿件,不待本局或新闻检查处室通知,即行披露,或对免登之稿件仍行披露者;

四、各报社对删免稿件之地位,不设法补足,于稿件之文字内,故留空白,或另标记,易致猜疑者;

第四条　各报社、通讯社如有违检情事,应按其情节之轻重,分别予以第二条所规定之各项惩罚。

第五条　各报社、通讯社及同一或类似违检情事之再犯,应合并情节,加重处分。

第六条　定期停刊之时期,以一日至一月为限,视其情节之轻重而为日数之规定。

第七条　各新闻检查处室执行第二条所规定之各项惩罚时,除一、二、三三项得先自执行补行呈报外,其余均应呈请本局核定后,并通知当地军警机关协助执行之。

第八条　各报社、通讯社如有披露特种重要机密稿件,因而引起国家重大问题者,其惩罚不限于适用本办法。各报社、通讯社遇有违检情事,如其他法律规定有较重之处罚时,得依其规定处罚之。

第九条　本办法呈奉军事委员会核准施行,并报请中央宣传部转呈中央常会备案。

一九四三年十月四日

【注】1943年11月29日国民党第五届中央常务委员会第243次会议备案。

32. 战时新闻禁载标准

（修正后奉军事委员会办四二政字第44266号指令核准施行）

甲　总则

下列各项,禁止发表文字、图画、照片或广播:

一、危害民国,破坏统一,诋毁领袖者;

二、违背或曲解三民主义及本党政纲、政策者;

三、违背抗战建国纲领,或国家总动员法令者;

四、恶意抨击政府施政方针及现行法律者;

五、凡可资敌利用损害国家民族之利益者;

六、挑拨离间中央与地方之感情,或分化国族间各部分之关系者。

乙　军事禁载事项

下列各项,除军事委员会核准公布或报告者外,禁止发表文字、图画、照片或广播:

七、陆海空军及地方团队组织、编制、装备及机关名称、部队番号、驻地。

八、陆海空军之动员计划、战斗序列,与动员令下达时日,部队集结日期、地点。

九、陆海空军兵种(包括舰种、机种)、兵额(包括兵舰吨数)、兵器制式,作战配备。

十、陆海空军高级官长或指挥官之行动。

十一、陆海空军军需品实况及制造、购置、运输、补给状况。

十二、要塞、堡垒、军港、军舰、军营、仓库、飞机场港、兵工厂、造船厂、测量局及其他军事建筑物,或封锁及防御工事之所在地点及设备情况。

十三、军事机关及有关国防事业机关之设置、日期及地点。

十四、军事教育训练实施上之计划、纲领、时间、地点以及有关人财物之实数。

十五、陆海空军在战役中重大损失及补充情形。

十六、陆海空军伤亡及被俘长官及士兵实额。

十七、陆海空军防御工事、交通线及情报网被敌破坏之情形。

十八、敌军之部队番号、兵力及编制。

十九、敌机空袭之详情(包括敌机所投弹种、弹量)及我方所受军事上之损失。

二十、我方所得之机密情报及敌军之企图。

二十一、俘虏含有秘密性之重要口供。

二十二、关于兵役与军事工役之计划及有碍其实施者。

二十三、我军在敌后方之组织训练及一切活动情形。

二十四、足以资敌利用之兵要地理及战区与后方联络之交通状况。

二十五、我、敌两军战术上优点及弱点之批判。

二十六、各种会战战果之统计数字。

二十七、军事机关所聘用之外籍军事人员之国籍、姓名、任务、人数及其行动。

二十八、军事演习校阅与各种有关军事集训之日期、地点及参加之部队。

二十九、军事机关部队之政治工作计划含有机密性者。

三十、有损军誉及有碍军民合作者。

三十一、违反战时空军新闻限制者。

丙　党政禁载事项

下列各项除主管机关核准发表者外,禁止发表文字、图画、照片或广播:

三十二、党政重要负责人员之更调。

三十三、重要党政机关之设置或移动情形及其地点。

三十四、战地党政殉职人员或被敌伪逮捕人员之姓名。

三十五、地方匪患未经剿灭,足以动摇人心者。

三十六、敌寇对沦陷区之设施及其结果,但足以暴露其罪恶者,不在此限。

丁　外交禁载事项

下列各项除主管机关核准发表者外,禁止发表文字、图画、照片或广播:

三十七、凡对外交涉、谈判、声明及缔约等事项。

三十八、中外使节之交换及任免之消息。

三十九、我国与友邦相互颁赠勋章之消息。

四十、足以影响友邦之信誉及妨碍我国与友邦之睦谊者,或妨碍同盟国间之团结者。

戊　财政经济禁载事项

下列各项除主管机关核准发表者外,禁止发表文字、图画、照片或广播:

四十一、下列各项措施尚未公布者:

子、税率、税则之变更;

丑、币制之改革;

寅、专卖政策之实施;

卯、公债之筹募;

辰、汇兑之管理;

巳、金融市场之管理;

午、金融法币及有价证券之输送;

未、内外债务之处理;

申、其他有关财政金融法令规章之变更事项。

四十二、国家岁出、岁入之预算、决算数字及其有关之统计数字。

四十三、国外贷款接洽情形、协定内容、贷款数量及其用途。

四十四、对外签定之商务协定、贸易协定或特约。

四十五、国防工业之工矿厂址、设备、仓库及其生产情形。

四十六、军用资源之估计及其购买、输送之状况。

四十七、友邦向我输入之物资种类、数量及其输入路线。

四十八、重要外销物资之产量及其输出路线。

四十九、沦陷区物资之抢购及其种类与运输路线。

五十、重要经济建设计划及物价管制之实施消息。

五十一、粮食之征实、征购、征借、运输、储藏、军公民粮之配拨,及各地粮价暴涨与粮荒之严重情形。

五十二、食盐、棉花、纱布及其他重要物资之征集与供应状况。

己　交通运输禁载事项

下列各项,除主管机关核准发表者外,禁止发表文字、图画、照片或广播:

五十三、国防交通建设及国际交通路线之计划与设施。

五十四、运输工具暨器材、燃料之储备数量及停置地点。

五十五、军用物品及重要物资之装卸地点及其运输日程。

五十六、水陆交通路线之运输能力及其重要基地之设备详情。

五十七、制造、修理运输及通讯工具之重要厂址及其设备情形。

五十八、电话、电讯、广播电台之设置情形及其重要机件之设置地点。

庚　社会禁载事项

下列各项禁止发表文字、图画、照片或广播:

五十九、强调或暗示阶级对立,或煽动劳资纠纷者。

六十、战地、战区内我方策动之民众组织情形。

六十一、鼓动学校风潮之记载。

六十二、足以动摇人心,妨害抗建信念及治安秩序者。

六十三、提倡迷信,足以影响社会者。

六十四、诋毁国家法令所认可之宗教者。

六十五、诲淫诲盗,有伤善良风俗者。

六十六、刑法上妨碍他人名誉及信用之记载。

一九四三年十月四日

33. 各省市新闻检查规则

（军事委员会办制渝字第 6048 号令准施行）

一、各省、市新闻检查处、室检查新闻手续，除有特殊情形由各处室自行拟订呈核外，一般办法适用本规则。

二、各省、市新闻检查处、室检扣新闻，依照战时新闻禁载标准之规定办理之。

三、各省、市新闻检查处、室检扣新闻之标准，除依照前条办理外，得参酌各该省、市主管军政机关之意见办理之。

四、各省、市新闻检查处、室检查新闻时间，每日自上午十一时至翌晨三时止，必要时得酌量提前或延长之。

五、凡在各省、市发行之日报、晚报、小报、通讯社稿，及增刊、特刊、号外等，于发行前均须将全部稿件包含广告、启事，一次或分次送各该检查处、室检查，其送检手续分别规定如次：

甲、各通讯社，须将原稿送检后始得付印。

乙、各日报、晚报社除采用业经检查之本埠通讯社稿外，其自行采访之新闻及所得外埠电讯、通讯等，均须将原稿或小样二份送检。

丙、非日刊之小型报纸，须以小样二份送检。

六、外埠各报驻各地记者所发电讯，除采用业经检查之稿件外，其自行采访所得之任何消息，均应将原稿送当地检查处、室检查之。

七、各种稿件经检查后，除准予刊载者逐条加盖检查讫图章发还外，以下列办法分别处理之：

甲、部分不妥者，予以删改，并加盖删改章发还之。

乙、全部不妥者予以免登，并加盖免登章发还小样一份，如系原稿送检则留存各该处、室报局审核。

丙、与检查标准不违背，但尚未至发表时期者，予以缓登，并加盖缓登章后发还小样一份。如系原稿送检，则留存各该处、室备查或请示，俟至发表时期，再发还原稿，或通知报社、通讯社发表之。

八、凡经检查之原稿或小样，各报社、通讯社须保存十日，以备查考。

九、各报社或通讯社稿出版后，须尽先以二份送各该处、室审查。

十、本规则如有未尽事宜,得由战时新闻检查局随时修正之。

一九四三年十二月二十四日

34. 修正图书杂志剧本送审须知

甲 送审范围

一、凡以论述军事、政治、外交为目的之杂志,应按期送审原稿。前项应送原稿审查之杂志,由各省、市审查处视其内容性质分别核定,通知各杂志社遵照。

二、一般图书及经审查机关核定自行负责审查之杂志,遇有论述军事、政治、外交之单篇文字时,仍应将该项单篇文字之原稿送审。

三、图书杂志之发行人或著作人于自行审查发生疑义时,仍得将该项有疑义之原稿送请审查。

四、电影剧本暨出版之戏剧剧本,均应送审原稿,迳向本会戏剧电影审查所申请办理。

五、凡演出之戏剧剧本,其送审手续另定之。

六、图书、杂志无论曾经原稿送审与否,均应于出版后检送二份,请所在地审查机关为事后审查或覆核。

七、由国外运入之书刊,及由未设立审查机关地方出版运销之书刊,应于发售前送请审查,其送审事宜得由发行人之代表人或书刊之经售人办理之。

乙 原稿送审手续

一、送审原稿,须由著作人、主编人或发行人填具当地审查机关规定之申请表,每种(或每期)一份,连同原稿送请审查(著作人自费印行书刊者应注明自费印行字样)。

二、在未设审查机关之地方,得送邻近地区之审查机关审查,其手续与前项同。

三、规定应以原稿送审之杂志,应送该期全部稿件。其他杂志如有论述军事、政治、外交单篇文字或有疑义而不能决定之处,得送该单篇文字之原稿或其有疑义之篇声请审查。

四、图书原稿如有疑义不能决定时,应指明篇名章节或起讫页数,并酌加说明,连同图书全稿送请审查。

五、送审原稿应装订成册,送足全部,不得有缺少页数或字迹模糊无法认解等情形,其有不得不分批送审者,须先说明理由,请求许可。

六、送审译文原稿,须附送原本,以备审查机关必要时之校阅。

七、原稿送达审查处后,所领收据应妥为保存,以备将来凭据领回原稿。

八、审查机关发还原稿时,"收审回执"所开之处理办法,送审人应切实遵照办理。此项回执作代替公文之用,其号码不得刊载于书刊。

九、经审查机关指示删改后再送覆核之原稿送审,于遵照删改后必须再行送审,并应另填申请表注明遵删情形。

十、出版剧本单行本,应将原稿迳送本会戏剧电影审查所审查,不必由当地审查处承转。

十一、凡经本会审查核准付印之剧本,出版时应刊印"中央图书杂志审查委员会审定"字样于底封面之左上角。

十二、各级学校教科书及各种地图,应将原稿迳送主管机关审定,不由当地审查处代转(教科书送教育部审定,地图送内政部审定)。

十三、军事、兵役及医药、卫生等著述,如自愿送审原稿者,可送审查机关代转各主管机关审查。

十四、图书、杂志、剧本原稿之审查时间,规定如下:图书及剧本在十万字以内者,五日;十万字以上者,十日。季刊,五日。月刊、半月刊,三日。旬刊、周刊、三日刊,一日。但内容复杂,须层呈核示或有特殊情形者,不在此限。

丙 印成书刊送审手续

一、送审印就之图书、杂志,印刷人应于出版后交书前一日呈送一份,发行人应于发行前四日呈送二份(周刊、旬刊之印就本得于发行前二日呈送),均以取得当地或邻近地方审查机关之收据为凭。在未设审查机关地点出版之书刊,其经原稿审查照核定稿印行者,其呈送期限得于取得邮局寄还证件后起算。

二、著作人自费印行书刊者视同发行人,仍应于出版后发行前四日呈送印就书刊二份。

三、发行人自设印刷所者,得免送印刷人应送之样本一份。

四、审查机关审查印就书刊,认为内容有少数触犯限制事项或禁载标准者,送审人应切实遵照指示删改后发行,或再版时改正。

五、审查机关审查印就书刊,认为内容多有触犯限制事项或禁载标准者,送审人应遵照指示暂缓发行,再候本会核办。

六、印就书刊如不按照规定时间送请当地审查机关审查或核对者,一概不得发行。

丁 著作人及发行人必须注意

一、《出版法》及其《施行细则》。

二、《非常时期报社通讯社杂志社登记管理暂行办法》。

三、《书店印刷店管理规则》。

戊 本送审须知如有未尽事宜,依照《战时出版品审查办法》及《禁载标准》、《战时书刊审查规则》及其《施行细则》之有关规定办理之。

一九四四年

35. 战时出版品审查办法及禁载标准

(国防最高委员会第138次常务委员会通过)

第一条 国民政府为防护国防机密、维持社会秩序起见,对于战时出版品实施审查,并订定禁载标准十二项,以为实施审查之依据。

第二条 本办法所称之战时出版品为下列各项:

一、新闻报纸;

二、图书;

三、杂志;

四、电影片;

五、戏剧剧本。

第三条 审查方式采用事前审查与事后审查两种,前者为原稿审查,后者为印成品审查。

第四条 凡在国内出版之新闻报纸,应依照本办法第十条所规定之禁载标准,施行事前审查。

第五条 凡在国内放映之外国电影片或国产电影片,及在国内出版戏剧剧本,一律施行事前审查。

第六条　凡图书及不以论述军事、政治、外交为目的之杂志，由著作人或发行人自行审查。

第七条　著作人或发行人于自行审查时，如有疑义，得自动将原稿送请审查机关审查之。经审查放行之件，著作人或发行人不负法律上之责任。

第八条　凡未自动送审或自动送审而不遵检之出版品，如有违反现行法令时，著作人或发行人应负法律上之责任。

第九条　凡未经事前审查之出版品，应由著作人或发行人将印成之出版品送审查机关为事后之审查。

第十条　战时出版品之审查，除依据修正出版法第四章之规定外，其有下列各项情形之一者，应行禁止刊载。

（一）违背我国立国之最高原则者；

（二）危害国家利益，破坏公共秩序者；

（三）泄露国际间未至发表时期之会议谈判、缔约及其他有关外交之机密者；

（四）妨碍我国与友邦之睦谊，或同盟国间之团结者；

（五）泄露军国之编制、番号、装备、驻防地点、调动、补充、整训情形及作战计划者；

（六）泄露兵工厂、军需工业与重要国防工业场、厂之地点、设备、制造、生产量、供应及运输状况者；

（七）泄露飞机场、要塞、测量局、重要电台、军营、仓库、军训机关及防御工事所在地及内容者；

（八）泄露战役及与作战有关之机密事项者；

（九）泄露敌后我党、政、军、教工作人员之姓名及活动情形者；

（十）有碍粮政、役政与军事工役之推行者；

（十一）泄露战时财政经济情况，足资敌人利用，影响战役者；

（十二）泄露未经主管机关发表之各种会议、演习、校阅、集训之日期、地点及参加人员者。

第十一条　前条各项禁载标准，得由中央审查机关意见适应情势变迁，随时规定解释事项，呈准公告施行。凡在施行日期以前者，不受新解释之拘束。

第十二条　对于解释事项，送审人与审查机关意见如有不同时，得呈请上级机关裁定后，再定检放。

第十三条　中央及各地方审查机关之组织另定之。

第十四条　本办法自公布之日施行。

一九四四年六月二十日

36. 战时书刊审查规则

（国防最高委员会第 138 次常务委员会通过）

第一条　战时书刊之审查，除法令另有规定外，以本规则之规定。

第二条　本规则所称战时书刊，包括图书、杂志及戏剧、电影之剧本。

第三条　战时书刊之审查，由中央图书杂志审查委员会（以下简称中央审查委员会）及其所属各省、市图书杂志审查处（以下简称审查处）依本规则之规定办理之。中央图书杂志审查委员会之组织条例另定之。

第四条　战时书刊之审查，除依据《修正出版法》第四章所规定之限制登载事项外，应依照国民政府公布之《战时出版品审查办法及禁载标准》办理。

第五条　前条所称禁载标准之解释，由中央审查委员会随时通知各种书刊之发行人。

第六条　凡图书、杂志、戏剧、电影内容确实优良者，中央审查委员会得分别予以奖励，其办法另订之。

第七条　发行人或著作人印行图书、杂志，除各种教科书应依法迳送教育部审定，各种地图应依法迳送内政部审定外，其余概应送请所在地审查处审查。发行人或著作人印行戏剧、电影之剧本及摄制、发行电影片，概应迳呈中央审查委员会审查。

第八条　战时书刊之审查程序分为两类如下：

一、原稿送审。凡以论述军事、政治及外交为目的之杂志暨单篇文字，均应在出版前一律以原稿送所在地审查处审查。其未送审者不得印行。凡剧本及电影片未经呈送中央审查委员会审查核准者，不得印行、上演或公映。

二、自愿送审。凡图书暨不以论述军事、政治及外交为目的之杂志，得不以原稿送审。由发行人、著作人依据战时出版品审查办法及禁载标准，自行负责审查。但如发行人、著作人自愿先以原稿送所在地审查处审查者，审查处仍应接受审查。

第九条　凡图书、杂志及剧本，不论为原稿送审或自愿送审，其发行人、印刷人及著作人均应于印就后发行前四日，一律以两份呈送所在地审查处，其未呈送者一概不得发行。前项图书、杂志及剧本，如已先将原稿送审者，发行人、印刷人或者著作人于呈送书刊时，应并送业经审查之原稿，以便审查处核对。

第十条　凡以原稿送审之图书、杂志，其原稿如有抵触禁载标准之处，审查处得指示删改修正后出版，必要时并得禁止印行。凡剧本及电影片，如有抵触禁载标准者，中央审查委员会得指示删改修正后出版发行，必要时并得禁止印行、上演或公映。

第十一条　凡以原稿送审之书刊，依审查机关之决定而发行者，中央审查委员会不再课发行人、著作人以责任。但如发现违背审查机关之决定者，得依法取缔之。

第十二条　依本规则第八条第二款之规定，得不以原稿送审之书刊出版后，如发现其内容抵触禁载标准者，中央审查委员会得禁止其发行；并应视情节轻重分别课发行人、著作人以责任。必要时审查处并得依出版法先行扣押该项书刊。

第十三条　凡由未设审查处地方或国外运入之书刊，均应由发行人依本规则第七条至第九条之规定呈送审查。其未依法送审者，取缔之。

第十四条　凡经取缔之书刊，如其发行人或者著作人已将不妥之处删改，或取缔原因已经消灭时，得撤消其取缔之处分。

第十五条　凡战时书刊之发行人或著作人，如认为审查处处理失当时，得申述理由，请求覆审，并得迳呈中央审查委员会核办。

中央审查委员会对所属各省、市审查处之决定，于必要时，得变更或撤消之。

第十六条　本规则施行细则另定之。

第十七条　本规则自公布之日施行。

一九四四年六月二十日

37. 战时出版品禁载标准解释事项

一、违背我国立国之最高原则者。本项解释：

（一）挑拨离间国内各民族之团结者；

（二）鼓吹侵略主义者；

（三）鼓吹法西斯主义或阶级独裁理论者；

（四）鼓吹私人垄断政策者；

（五）鼓吹阶级斗争者。

二、危害国家利益，破坏公共秩序者。本项解释：

（一）侮辱国家元首者；

（二）响应敌人与汉奸谬论者；

（三）恶意抨击政府既定政策与现行法令者；

（四）挑拨党政军民感情者；

（五）对地方治安、粮荒、劳资纠纷或其他骚动作不符事实之报导或挑拨煽惑之言论者。

三、泄露国际间未至发表时期之会议谈判、缔约及其他有关外交之机密者。

本项解释：

（一）国际会议内容有关国家军事及外交机密者；

（二）对外交涉、谈判、声明及缔约等事项未经政府发表者；

（三）中外重要使节之任免更调，未到发表时期者。

四、妨碍我国与友邦之睦谊，或同盟国间之团结者。本项解释：

（一）侮辱友邦元首者；

（二）诋毁友邦立国精神及既定国策者；

（三）侮蔑盟军作战努力者；

（四）伤害在华盟友之信誉者；

（五）离间盟军与我军之情感者。

五、泄露国军之编制、番号、装备、驻防地点、调动、补充、整训情形及作战计划者。本项解释：

（一）泄露陆、海、空军（包括出国部队及在华盟军）之编制、装备、部队番号，驻防或作战地点。部队集中与调动之日期、地点者；

（二）泄露我方秘密军事计划及作战计划者；

（三）泄露敌军作战计划及秘密军事计划之内容与来源者；

（四）泄露我军事最高当局、前线各军、师、旅长及盟军高级官长之行踪者；

（五）泄露我方聘用之外籍高级军事人员之国籍、人数、任务、行动等者；

（六）泄露敌、我军所用武器之性能者；

（七）泄露敌军之部队番号及兵力者；

（八）泄露我方军队之补充，整训之地点及情形者。

六、泄露兵工厂，军需工业与重要国防工业场、厂之地点、设备、制造、生产量，供应及运输状况者。本项解释：

（一）泄露兵工厂之地点、设备、产量、工作人数，供应与运输情形者；

（二）综合记载军需工业与重要国营工业（以煤、钢铁、酒精为限）场、厂之地点与设备者；

（三）泄露上述场、厂生产数量、储存、堆栈、运输路线及供应之详细情形者；（四）泄露公路、铁路之工程设备、运输功能及沿途详细地形者。

七、泄露飞机场要塞、测量局、重要电台、军营、仓库、军训机关及防御工事所在地及内容者。本项解释：

（一）泄露飞机场、测量局、电台、军器与燃料仓库、高射兵器与炮位、险要艰巨之防御工程之地点及设备情形者；

（二）泄露大规模军训机关之地点、时间及人、财、物之实数者。

八、泄露战役及与作战有关之机密事项者。本项解释：

（一）泄露战役中我军伤亡及被俘数额者；

（二）泄露未经证实被俘伤亡官长之姓名者；

（三）泄露被敌机轰炸之街道名称、机关名称及军事设施（飞机场、仓库、技术工物等）之损失情形者；

（四）俘虏含有秘密性之口供；

（五）各种会战战果之统计数字；

（六）我、敌两军战术上优点与弱点之批判；

（七）地方匪患尚未剿灭，足以动摇人心者。

九、泄露敌后我党、政、军、教工作人员之姓名及活动情形者。本项解释：

（一）泄露敌后我方党、政、军、教人员之姓名、住址及联系地点者；

（二）描写各地敌后我方策动之内幕，易使工作人员不利者；

（三）泄露伪军准备反正部队尚未正式归来者。

十、有碍粮政、役政与军事工役之推行者。本项解释：

（一）对征粮负担、征兵数额及壮丁与抗属生活痛苦情形为不确实之报导，足以影响役政推行及军队士气者；

（二）传播反战文字者；

（三）离间军民合作者。

十一、泄露战时财政经济情况,足资敌人利用,影响抗战者。本项解释:

（一）未经政府公布之国家岁出岁入之预算、决算详细数字者;

（二）法币发行额及国家银行存款、放款之数字;

（三）沦陷区重要物资抢购之数量、种类及输入路线;

（四）米、糖、油、盐等主要储藏地点,军用物质之产量与供应;

（五）未经实施完成之经济、交通等建设之计划;

（六）关于侈谈国防之拟议。

十二、泄露未经主管机关发表之各种会议、演习、校阅、集训之日期、地点及参加人员者。

一九四四年

38. 新闻记者法施行细则[注]

（社会部、内政部会令公布）

第一条　本细则依本法第三十条之规定订定之。

第二条　本法第一条所称日报社或通讯社,以包括出版法第二条第一项第一款及第二款但书规定之新闻纸社为准。

第三条　本法第三条第四款及第五款所称执行新闻记者职务,以所服务之报社或通讯社,经依法登记者为限。

第四条　本法第四条第一款所称背叛中华民国证据确实者,以经法院判决确定,或国民政府通缉及中国国民党中央执行委员会开除党籍者为准。

本法第四条第五款所称受新闻记者公会之会员除名处分者,以经内政部审查核准执行者为准。

第五条　本法第十三条所称新闻记者公会之主管官署,在当地未成立社会行政机关者,由办理社会行政机关主管之市、县新闻记者联合公会及省新闻记者联合公会之主管官署,为各该公会会所所在地之社会行政机关。

第六条　依本法第五条声请给予新闻记者证书时,应备具声请书,附缴证书费一百元,印花税费二元,二寸半身相片二张,审查合格后给予证书。如证书遗失或毁损时,得于登报声明作废后,检同原登声明报纸,附缴证书费一百元,印花税费二元,二寸半身相片一张,声请内政部补发。

前项声请书及证书格式,由内政部定之。

第七条 内政部对于审查合格给予证书之新闻记者,应汇抄名册及证书号码,分送中央宣传部及社会部。属于外国新闻记者,并应分送外交部,其补发或撤销证书时亦同。

第八条 外国新闻记者在中国境内执行新闻记者职务时,得先向外交部请领外国新闻记者注册证后,暂时执行职务。惟仍应于六个月内,依照规定声请发给证书及加入新闻记者公会。

第九条 新闻记者以加入所服务报社或通讯社所在地之新闻记者公会或联合公会为原则。其兼为二个以上之报社或通讯社服务,而所在地管辖各异者,于其执行职务地之期间较长者加入之。

新闻记者如不在所服务之报社或通讯社所在地,而在执行职务地有六个月以上之期间时,应加入或移入执行职务地之新闻记者公会或联合公会。

第十条 新闻记者公会应冠以省或市或县地名。联合公会应冠以所联合之地名。

县、市新闻记者联合公会,以在同省内联合为限。

第十一条 省、市、县新闻记者公会会所,应设于各该省、市、县政府所在地。其联合公会会所,应设于会员较多之省、市、县政府所在地。全国新闻记者联合公会会所,应设于国民政府所在地。

第十二条 依本法第九条及第十条之规定,组织省以上之新闻记者公会时,其发起及同意,均以各该公会理事会之通过为准。

第十三条 新闻记者公会得设候补理事、候补监事。其名额不得逾理事、监事名额二分之一。但仅设监事一人者,仍得设候补监事一人。

第十四条 本法施行前核准组织之新闻记者公会,如与本法不合者,应自本法施行后六个月内依法改组。

第十五条 社会行政机关于核准新闻记者公会立案时,应照抄该公会会员名册及职员简明履历册,分送内政部及中央宣传部。

第十六条 新闻记者公会依本法第二十条之规定,议决会员除名时,应附具事实及理由,检同证据,呈请所在地之主管官署,报经内政部审查核准后,始得执行。

第十七条 本法第二十八条所定撤销证书之处分,如系违反同法第二十二条或第二十三条之规定者,应经法院判决确定后,始得执行。

第十八条　新闻记者因违反本法第二十四条之规定撤销证书者,非俟撤销证书之原因消灭后,不得重行声请给予新闻记者证书。

第十九条　内政部撤销新闻记者证书时,应转知该管地方主管官署,并注销被撤销人所服务报社或通讯社之职务登记。

第二十条　本法第二十七条、第二十九条规定之停止及罚锾处分,由市、县政府执行,并转报内政部。

第二十一条　本细则自本法施行之日施行。

一九四四年八日十九日

【注】本细则于民国三十三(1944年)八月十九日公布后,于民国三十四年(1945年)五月二十八日修正第六条条文。

39. 航空新闻取缔办法

(航空委员会通知施行)

第一条　本会为保守空军秘密起见,特暂订航空新闻取缔办法(以下简称本法)。

第二条　新闻不得登载下列事项:

(一)关于空军之作战计划、动员、调动与平时驻地事项。

(二)关于空军之人事事项:

(1)空军人员之任免事项、行动与姓名录等;

(2)部队之编制;

(3)机关之组织;

(4)空军之制服、徽章及人事法规;

(5)空军伤亡补充及一切人事统计等。

(三)关于空军教育事项:

(1)学校与部队之教育计划;

(2)学校与部队之教育情形;

(3)学校毕业与分发事项;

(4)留学员生之派遣;

(5)航空学校之招考。

(四)关于空军之设备事项:

（1）学校、机关之地点与设备；

（2）航空场站之地点与设备；

（3）棚库之地点与设备；

（4）防空与警戒设备；

（5）交通通信之设备。

（五）空军之经费事项。

（六）关于空军之实力事项。

（七）关于空事之建设计划及建筑事项。

（八）关于飞机之制造与修理事项。

（九）订立合同事项。

（十）关于飞机失事事项。

第三条　如遇有关航空之特异事项，经截留后，送本会查核。

第四条　各地新闻纸如有登载本办法范围内之航空消息，得按中央取缔新闻办法惩罚之。

第五条　本办法如有未尽事宜，得随时通知增减修改之。

第六条　本办法自通知日开始施行。

40. 国民军事教育新闻发表标准[注]

（训练总监部、内政部、教育部会订施行）

第一条　国民军事教育，系指有关社会民众军训、学校学生军训及保安团队训练之消息。

第二条　新闻发表，系指以演讲、电台播音、摄制影片、刊载报纸刊物及其他方法，将新闻内容宣传于众而言。

第三条　凡属国民军事教育范围内之法制计划现状及组织统计等新闻，无论何人不得利用任何方法发表、宣传、转载、传述。

第四条　凡国民军训负责或关系人员，欲发表国民军事教育新闻时，须先得所属主管长官之允许。

第五条　凡专以讨论阐扬国民军事教育理论为目的，而不涉及我国国民军训现有事实者，不予禁止。

第六条 关于演讲、播音、电影及刊物之检查取缔，由中央及各省、市国民军训负责机关随时通知主管机关办理。

第七条 关于新闻通讯及报纸之检查取缔，由中央检查新闻处及各地新闻检查所执行。

第八条 本标准由训练总监部、内政部，教育部会订施行。

【注】该标准后来进行了修订。第一条修订成为"国民军事教育新闻，系指有关社会民众军训、学校学生军训及裁团改警有关训练之消息而言"。第三条修订成为"凡属国民军事教育范围内之法制计划现状及组织统计等新闻，无论何人不得利用任何方法发表、宣传、转载、传述。但检阅、会操、运动、典礼等新闻，与上述各项无妨碍者，不在此限"。

41. 各省市新闻检查所新闻检查违检惩罚暂行办法

（军事委员会核准施行）

第一条 各省、市新闻检查所新闻检查，如遇有违检情事时，除出版法另有处理规定外，悉依本办法之规定办理之。

第二条 各报社、通讯社违检、一般惩罚法分下列四种：

一、忠告；

二、警告；

三、有期停刊；

四、无期停刊。

第三条 有下列情形之一者均属违检：

一、各报社、通讯社不依照规定送检，或未经检查先行发表，因而发现违背新闻检查标准之规定者；

二、各报社不遵照删改稿件刊载者；

三、各报社对缓登或免登之消息仍行披露者；

四、各报社、通讯社或外埠各报驻当地记者，私将缓登、免登消息泄露外间查有实据者；

五、各报社对删免消息，不设法补足，故于新闻文字内留空白数行或数字，易致猜疑者。

第四条 犯第三条第一、二、三、四各项者，按情节轻重分别予以第二条所规定之各项处分。

第五条 犯第三条第五项一次者，予以忠告。

第六条 凡违检经忠告三次以上者，予以警告处分。警告至两次以上者，予以有期停刊处分。有期停刊至二次以上者，予以无期停刊处分。

第七条 有期停刊时期以一日至一月为限。此项处分执行，得视其情节轻重为日数之规定。

第八条 各新闻检查所如发现报社或通讯社有违检情事时，除情节较轻者得由各新闻检查所迳予忠告处分外，其情节较重者，应呈报中央检查新闻处及当地主管军政机关依法处分之。

第九条 各报社或通讯社如有泄露特种重要机密，因引起国家重大问题者，以危害国家论罪，不适用本惩罚法。

第十条 本办法呈奉军事委员会核准施行。

第五篇　民国南京政府末期的新闻法制史料

（1946—1949）

1. 管理收复区报纸、通讯社、杂志、电影、广播事业暂行办法

（国民党中常会通过，行政院颁布施行）

甲　敌伪报纸、通讯社、杂志及电影、广播事业之处置

一、敌伪机关或私人经营之报纸、通讯社、杂志及电影制片、广播事业，一律查封，其财产由宣传部会同当地政府接收管理。但其中原属未附逆之私人及非敌国人民财产而由敌伪占用，经查明确实，并经中央核准后，得予发还。

二、附逆报纸、通讯社、杂志及电影事业之处置：

（一）凡自国军撤退后（其在收复区各地利用外商名义掩护经营者则在太平洋战争发生后），继续在沦陷区公开出版或摄制者，概作附逆论。

（二）附逆之报纸、通讯社、杂志、电影事业，先由宣传部通知当地政府查封，听候处置。

（三）敌伪及附逆之报纸、通讯社、图书、杂志等印刷品，凡其内容含有敌伪宣传之毒素，违反抗战利益者，经宣传部审查后，应由地方政府予以销毁。

三、中央宣传部为便利推进宣传计，前项没收查封之敌伪或附逆报纸、通讯社、杂志、电影制片、广播等事业所有之印刷机器、房屋建筑、工作用具及其他财产，经中央核准后，得会同当地政府启封利用。

乙　报纸、通讯社复员办法

一、宣传部、政治部、各级党部、政府原在收复区各地沦陷前所办之报纸、通讯社，应在原地迅即恢复出版，以利宣传。

二、各地沦陷前之商办报纸、通讯社，照下列优先程序，经政府核准后得在原地恢复出版。

（一）原在该地发行之报纸、通讯社，于该地沦陷后随政府内移，继续出版，致力抗战宣传者。

（二）原在该地发行之报纸、通讯社，因地方沦陷以致遭受牺牲，无力迁地出版，但其发行人及主持人仍保持忠贞，或至内地服务抗战工作有案可稽，由原发行人申请复业者。

三、凡自收复区因战争内移继续出版之报纸、通讯社，应以各返原地、恢复出版为原则，非经政府特许，不得迁地出版。

四、各级地方政府或军、师政治部，请求在收复区办理报纸、通讯社时，应依法声请登记后始得出版。

五、新请设立之报纸、通讯社，依照非常时期报纸、通讯社管理办法予以限制。

六、收复区报纸、通讯社，自政府正式接收日起，应一律重新登记，非经政府核准不得先行出版。

七、经政府核准出版之报纸、通讯社，在一年之内不得作变更登记之请求。

八、杂志之登记由政府斟酌各地情形办理。

丙　新闻检查及电影检查之处理

一、收复区出版之报纸及通讯社稿，在地方尚未完全平定以前，应由当地政府施行检查。

二、各地新闻检查工作，应受宣传部之指导，并由宣传部派员协助地方政府办理。

三、电影检查办法另定之。

一九四五年九月二十七日

2. 广播无线电台设置规则

（交通部公布施行）

第一条　本规则以电信条例第五条之规定制定之。

第二条　本规则所称之广播无线电台（以后称广播电台）系指用无线电传播语言音乐歌曲等供一般公众收听之电台而言。此项广播电台之设置运用均应照本规则之规定办理。

第三条　广播电台除国营者分为下列两类：

1. 公营广播电台。凡中华民国政府机关所办广播电台，除交通部所办者系属国营电台外，其余均称为公营广播电台。

2. 民营广播电台。凡中华民国公民或正式立案完全华人组织设置之公司、厂商、学校、团体所设广播电台，均称为民营广播电台。

第四条　凡外籍机关人民非完全华人组织设置之公司、厂商、学校、团体一律不准在中国境内设立广播电台。

前项公司、厂商、学校、团体之职员虽全系华人而其行政权系由外籍机关或人民掌握，或其行政权虽操于华人而其资产之一部属于外籍机关或人民者亦同。

第五条　本规则各条所称广播电台，于文内叙明公营或民营者外，均系包括公营民营两类电台而言。

第六条　凡欲设置广播电台均应先行填具声请书登记表（由交通部印制空白书表发给填用），并将下列各项叙明送请交通部审核经核准发给许可证后方可架设：

1. 声请人姓名住址经历（如系公司厂商学校团体应将名称地址组织情形，立案机关及负责人姓名、住址、经历叙明）；

2. 设立广播电台之目的；

3. 广播电台名称组织概算及其经费来源；

4. 发射机电力地址制造厂家及详细工程计划（应附详细线路图）；

5. 播音室地点。

第七条　广播电台许可证之有效期间为核发之日起，满六个月为止，声请人必须于期间内将电台建设完成。其因特别事故未能在期内设成者，得于期满前申述理由附缴原许可证，声请交通部展期三个月，但以一次为限。

第八条 广播电台建设完成,应即声请交通部派员查验核发执照,俟查验合格发给执照后方准播音,其原领之许可证并应于核发执照后缴销。

第九条 广播电台如须试验播音应以夜间零时至六时为限,并应先行报请交通部查核。

第十条 广播电台执照之有效期间为自核发之日起满一年为止,如拟于期满后继续设置运用,应于期满前一个月内声请交通部换发新执照,此项新执照之有效期间为自旧照失效之日起满一年为止。

第十一条 在本规则公布前设立之广播电台,无论以前已否领有交通部许可证或暂用执照,均应按照本规则之规定补请执照,凡公营广播电台应在本规则公布三个月以内将声请手续办竣,逾期即不得继续播音;民营广播电台应即停止播音,俟请准发给执照后方得恢复。

第十二条 广播电台许可证或执照如有遗失,应即登报声明作废,并报请交通部补发。

第十三条 广播电台许可证或执照内所载事项如拟予变更,应先行声请交通部核准,换发新证照。

第十四条 凡依照前二条规定补发之许可证执照,其有效期间应仍以原许可证或执照之期间为准。

第十五条 凡声请核发换发补发广播电台许可证,应付缴证书费二万元,印花税费二千元,声请核发换发补发广播电台执照,应附缴执照费四万元,印花税费二千元。

第十六条 广播电台许可证执照均不得移转租让。

第十七条 凡公营广播电台如系地方政府所设者,应以供所辖区域内公众收听为标的,其电力以一百瓦特至五千瓦特为限;民营广播电台应以供所在市县内公众收听为标的,其电力以五十瓦特至五百瓦特为限,此限地方政府所设及民营电台波长均限用中波(五五○千周至一五六六千周)。

第十八条 广播电台之分布,每省不得超过十座并以散布各市县为原则,特别市除上海市不得超过十五座,南京市不得超过十座外,其余每市不得超过三分之二,其他各省市不得超过半数。综上各项数目,交通部仍得随时酌量减少核准之。

第十九条 民营广播电台经国家委托经常广播传布政教所需要之节目者,其电台台数电力瓦数及使用周率范围得由交通部呈报行政院特准,不受前两条内关于民营电台规定之限制,但仍须照章逐台声请交通部核准或指定之。

第二十条　广播电台周率由交通部于核发许可证时指定,其呼号由交通部于核发执照时指定之。

第二十一条　广播电台之周率应力求稳定,所用周率如系中波应随时测验调整,使与指定周率上下相差不逾〇.〇二千周。

第二十二条　广播电台必须用晶体控制振荡器。

第二十三条　广播电台播音节目应以下列各项为限:

1. 教育及公益演讲;

2. 新闻报告;(以上两项之每日播音时间公营电台应占多数,民营电台亦不得少于全日播音时间百分之二十。)

3. 音乐歌曲及其他娱乐节目;

4. 商业报告。(民营电台播送以上两项节目至多不得超过每日播音时间百分之八十,公营电台应不予播送商业广告)。

第二十四条　广播电台除经交通部核定有特种使命者外,其播音语言应以中国语言为主。

第二十五条　广播电台在播音时间内至多每隔三十分钟必须将台名呼号及所用周率报告一次。

第二十六条　广播电台不得播送不真确之消息或违反政府法令、危害治安、有伤风化之一切言论、消息、歌曲、文词。

第二十七条　交通部得将政府机关政令消息以及其他有益民众之节目发交广播电台播送,或派员前往自行播送,或规定转播另一广播电台之节目,各广播电台均应照办,不得托故拒绝。

第二十八条　关于广播电台播音节目,交通部得在不与本规则抵触之范围内另订详细章则管理之。

第二十九条　广播电台未经领有交通部执照,或已领执照而已被取消,或已遗失未经请准补发者,均不得播音。

第三十条　广播电台之周率呼号及其他一切事项经交通部规定或核准后,非经声请核准,不得变更。

第三十一条　广播电台不得扰乱或妨害任何合法电台之电讯,并不得扰乱或妨害其他广播电台之播音。

第三十二条　交通部得随时派员携带证明文件至各广播电台检查机件及簿籍图表并其他有关事项，各广播电台不得托故拒绝。

第三十三条　交通部或其所派人员对广播电台一切事项有所指示改善，广播电台应尽速照办。

第三十四条　通有船舶电台、航空电台、遇险呼救而所用周率与广播电台周率相近时，广播电台或亲自闻得，或经交通部所属海岸电台或陆地电台之通知，应即停止播音，以避干扰，而利救险，电报之传递必俟救险电报之传递确已终止时，始得继续播音。

第三十五条　广播电台技术及播音人员，交通部得令其登记。

第三十六条　广播电台不得向任何电台或收讯机传递不属广播性质之语言电码或数目字，如有违背，应分别按发递电话电报应纳之费三倍赔偿交通部电信机关损失。

第三十七条　广播电台如因故欲停止播音若干时日，应先行报请交通部查核。如停止播音逾两个月者，交通部得吊销其执照。

第三十八条　各广播电台如拟停办，应先报告交通部查核并将执照缴销，其机件天线等均应拆卸。

第三十九条　广播电台停办后，其机件存放地点应报告交通部查核，非经核准不得移动或出售转让。

第四十条　广播电台违反本规则任何一条时，除电信条例及统制电信器材法规另有规定者，应照各该规定办理外，其他事项由交通部按情节轻重予以下列处分：

1. 警告；
2. 停止播音（自一日至一个月）；
3. 吊销执照限令撤销电台。

第四十一条　凡违反第三十六条之规定者，除赔偿交通部电信机关损失外，应仍按前条之规定处罚。

第四十二条　广播电台如有违反规章之处，应由该台主管人员负完全责任，交通部除对于广播电台按照第四十条之规定予以处分外，并得通知设台人对电台主管人予以记过罚薪或撤职处分。

第四十三条　国际无线电规则及交通部颁布之各项法规内有关于广播电台而与本规则不相抵触之各项规定均适用之。

第四十四条　本规则自公布之日施行。

一九四六年二月十四日

3. 中央广播事业指导委员会第二十九次会议 关于管制上海广播电台议案的记录

（国民党中央广播事业指导委员会第二十九次会议）

案由：关于管制上海广播电台案

说明：奉主席电示：据报，上海现有二三十家广播电台，任意造谣生事，流弊极大，应由中央广播事业管理处会同交通部拟具管制办法，以杜流弊。嘱即迅速办理具报。等因。遵经转交中央广播事业管理处拟具管制办法，并准交通部函送整理上海市广播电台情形及审查广播节目办法先后到会。除将原件附印外，并为集思广益，敬提请核议。

附抄中央广播事业管理处函及附件

一九四六年六月二十八日

又：交通部函及附件

抄中央广播事业管理处笺函　京书(35)字第 007 号

案准贵会转交国民政府主席蒋辰陷府交京代电开：据报，上海现有二三十家广播电台，任意造谣生事，流弊极大，应由中央广播事业管理处会同交通部拟具管制办法，以杜流弊。希即迅速办理具报。等因。遵经参照实际情形拟具管制办法草案，相应随函送请查照酌夺为荷。此致

中央广播事业指导委员会

六月二十五日

附：管制办法草案一份

广播电台管制办法

（中央广播事业指导委员会第二十九次会议修正通过）

一、由交通部限制上海民营广播电台数目，绝对不得超过二十座，余由淞沪警备司令部执行封闭。

二、由交通部指定十个周率（在七百千周以上）分配以上二十台轮流使用。

三、根据中央广播事业指导委员会第四次会议决议统制全国广播电台办法,由指委会派员切实执行。

4. 取缔外人在华设立广播电台决议案[注]

一、凡外人在沪设立之广播电台,根据《广播电台设置规则》第四条之规定同时一律取缔(美国军用电台不在此限)。

二、《广播电台设置规则》由交通部饬令上海电信局摘要拟具新闻稿发布,发布时须中英文稿各一份以便促使外人注意。

三、除合格广播电台由交通部上海电信局登报公告外,其余不合格广播电台(包括苏联呼声、美人设立之东方与大美及法人设立之国泰等电台在内)由上海电信局规定撤除期限,一并登报公告(不列举台名)并同时个别通知。

四、由交通部将核准及应撤两类电台,开列名单通知国防部。

五、登报及通知手续完备后,至期仍未撤销者即由当地治安部门及电监科执行取缔。

六、经审查合格,并已核准之华人电台,如发现有以外人为背景之可疑时,应由中央广播事业管理处就周率节目方面予以限制,否则即予取缔。

一九四六年九月

【注】1946 年 9 月 7 日商讨外人在华设立广播电台取缔办法会议通过,其后略有修改。

5. 有关筹组中国广播股份有限公司的文件(节摘)

国民党交通部邮电司　　民国三十六年四月一日收文

为筹组中国广播股份有限公司请备案并乞指示祗遵由

京筹(三六)字第贰号

窃查筹组中国广播公司,迭经磋商审查,决议有案。

遵经依法循序进行,拟先成立中国广播股份有限公司筹备处,业另申请经济部登记发照。兹抄录原申请书,连同行政院与公司所签合约抄本一份(附播音规则一份),中国广播股份有限公司章程一份,随文赍送,仰祈鉴核备案。

......

附播音规则一份

中国广播股份有限公司董事长　陈果夫
中华民国卅六年三月二十八日

中国广播股份有限公司播音规则

一、凡广播者不得有违反国父遗教之言论及涵义。

二、凡广播者不得揭发他人之荫私及扰乱社会秩序有伤善良风俗之言论。

三、凡广播者应于约定广播前一小时预送原稿或来电台灌音。

四、凡广播话剧、对白、相声者,应于广播前一日预送剧本等件。

五、凡广播者如违反《出版法》第廿一条第二款之规定及违背本则第一、二各条之规定时,本公司得立即停止其播音。其有违背三、四各条之规定者,本公司得变更其原定节目。

6. 报社及杂志社应按期将出版品一份迳寄内政部礼俗司以凭查考

（上海市社会局化(36)字第22205号通知）

事由,为奉令通知各报社、通讯社应将出版品按期寄送内政部礼俗司等由仰转饬送办由案奉上海市政府沪新三六字第一七七九一号训令内开:"案准内政部礼字第一五四七号公函开:查出版品于发行时,应由发行人分呈本部一份,为出版法第八条所明定。目前各地出版之新闻纸及杂志,其能按期呈送本部者虽属不少,但未能遵照上开规定办理者为数亦多。本部为明了全国各地新闻纸及杂志之出版情形起见,相应函请查照,饬属通知当地报社及杂志社,依照出版法之规定,按期将出版品一份迳寄本部礼俗司,以凭查考,并希见复等由。准此,合行令仰该局转饬各报社及杂志社,依法按期将出版品迳寄该部礼俗司查考。"等因。奉此,合行通知该会,仰即转行所属会员,除将出版品按期寄送本局外,另检一份,迳寄内政部礼俗司为要。

右通知上海市书业同业公会

局长　吴开先
一九四七年七月二十六日

7. 中宣部之新闻事业已由行政院新闻局接管，原应寄送中宣部之出版品一律改寄行政院新闻局

（上海市社会局化(36)第 23486 号通知）

事由，为奉令转饬各新闻纸及杂志社将出版品改寄行政院新闻局等因仰转饬知照由。

案奉上海市政府沪新三六字第一九三一九号训令内开："案准内政部三六安四字第一一四七〇号代电开：'准行政院新闻局函，以中央宣传部之新闻事业，现已由该局接管，各地新闻纸、杂志急需参阅。请咨各省、市政府转饬所属各报社、通讯社、杂志社将现行出版法第八条第二款所规定，原应寄送中宣部之出版品，一律改寄南京新街口国货大楼行政院新闻局等由。除分行外，相应电请查照，转饬遵办，并希见复为荷。'等由。准此，合行令仰转饬遵办。"等因。奉此，合行通知，仰即转饬各杂志社遵照为要。

右通知书商业同业公会

一九四七年八月七日

8. 新闻纸杂志及书籍用纸节约办法

（行政院临时会议通过）

第一条 各地报纸关于新闻及广告之编排，应力求节约篇幅。原在一张以上者，均应于本办法公布后自动缩减为一张；其原在二张以上，不得超过二张。

第二条 各地杂志篇幅应依照下述规定：

一、周刊，每期以十六页为度。

二、半月刊，每期以三十二页为度。

三、月刊以上，以六十四页为度。

前项页数均以单面计算。封皮可另加四页。

第三条 新闻纸、杂志及书籍应尽量采用国产纸张。

第四条 内政部得根据事实需要，酌量调剂各地新闻纸、杂志之数量，期于节约之中并收均衡文化发展之实效。

第五条 无充分资金、固定地址之新闻纸、杂志，并应严格限制其登记。

一九四七年九月五日

9. 管理印刷营业规则

（南京特别市市政府公安局）

第一条　凡在本市以机械或印板及其他化学材料印刷中外文书图画为营业者,均依照本规则之规定管理之。

第二条　凡为前条营业者,无论专业或兼业,均应先行呈请该管区署转呈公安局核准给照,方得开业,其在本规则施行前已为印刷营业者亦同。

请领前项执照时,应缴纳执照费银一元。

第三条　请领前项开张执照时,须详载下列事项：

一、印刷所牌号及所在地；

二、店主及经理人或合伙者之姓名、年龄、籍贯、住址；

三、资本总额；

四、伙友及雇工之人数。

第四条　已经公安局许可之印刷营业,状况如有变更时,应随时呈报该管区署转呈公安局查核。

第五条　违反本规则第二、第三、第四各条之规定者,除责令补正外,并科以五元以上、十五元以下之罚金,其呈报不实亦同。

第六条　凡印刷营业者,于承受委托印刷刊物时,应随时开具印刷物之目录,呈送该管区署转呈公安局审核。

该管区署接到前项目录后,如认为有违反本党主义、抵触政令或妨害治安及揭载军事、外交未经公布之秘密与其他攻讦曲庇者,得调取其印刷物或原稿呈送公安局,审查属实,应禁止其印刷,并得勒令停止营业或追究之。

第七条　凡印刷营业者,如遇公安局调取印刷物或原稿时,不得故意迟延及毁灭、隐匿、抽换、减少之。

第八条　凡印刷营业者,对于承受印刷之刊物,如果确认无第六条规定之情形时,得先行印刷。每三日将各项目录汇开总目,加盖本铺戳记,呈由该管区署转呈公安局审核,并应将委托印刷人之姓名、住址登簿备查。

第九条　如承印族谱、讲义、奖券、凭照、号单、照片以及请帖、贺笺、讣闻、哀启、名片等物,不适用本规则之规定。

第十条　违反本规则第六条至第八条之规定者,按其情节轻重,得照违警罚法处罚或送法院分别办理。

第十一条　本规则如有未尽事宜,得呈准市政府修正之。

第十二条　本规则自呈奉市政府核准备案施行。

第三编

外国租界、伪满及汉奸政府的新闻法制史料

(1919—1945)

第一篇　外国在华租界当局的新闻法制史料

1. 印刷附律[注]

（上海公共租界工部局）

无论何人，凡印刷（包括一切机械的复制而言）刊布或使人印刷刊布新闻纸、小册子、通告、传单、小书、招贴或其他纸类，载有公共新闻、消息、事情或关于此类之批评、言论，而不于未印、未布以前，先行注册（外人向本国领事注册，否则向工部局注册），将其姓名、日常居处、营业地点报明，或故意妄报遗漏致注册之各端，令人迷惑者；

无论何人，印刷何种纸类，意欲刊布、传散，而不于此项纸类之封面（指单印一面之纸而言），或于首页末页登载社论之一页（指不止一页者而言），用清晰可睹之字，载明其姓名与住居、营业处所者；

无论何人，刊布、传散或助人刊布、传散此项纸类，而上面未载印刷人之姓名、住居、营业地点，如以上所言者，应处以不过三百元之罚金，或不过三个月之监禁，或受其他科罚，照该人所受治之法律而定之。

此议决定后，当呈报领事团，请为核准施行。

一九一九年六月二十六日

【注】这一附律，工部局拟插入洋泾浜章程第三十五条。名曰"第三十五条甲"，因受到强烈反对而未果。

2. 发行印刷出版品定章

（上海法租界总领事署第五号训令）

照得一千八百六十六年四月十四号组织法租界公董局按照第十三条定章议决如下：

一、凡欲在法租界开设华文报馆或华文杂志印刷品等，应由法总领事许可。

二、凡请求许可时,应指明出版宗旨,负责经理人姓名,并将组织公司章程存案。

三、倘得准许,应将出版品先送至法捕房及法总领事署各一份,而后始可发行。

四、如捕房查出发行出版品有碍及治安及风化者,即将负责经理及编辑人送堂讯究;或有必要,印刷人受同一处分。

五、凡违犯以上第一条者,捕房随时可将该房屋封闭,并将违章送究。

六、本定章于公布日施行。

七、法总巡受委监察施行定章。

一九一九年六月二十日
法总领事 韦谕

3. 关于私立广播电台章程[注]

（上海法租界）

第一条 各无线电播音台,概受下列特殊规定的管理。

凡分类营业章程内不与本章程各部分相抵触的规定,各无线电播音台概应遵行。

第二条 凡无线电台用电波传播言语或音乐者,概称为无线电播音台。

第三条 凡遵照分类营业章程第四条的规定,申请设立无线电播音台者,应预先向法驻沪总领事提出书面申请。该申请应具有下列文件:

申请书内容:

开设无线电台的个人姓名或公司名称;

设置播音处或发音处的确切地点;

打算采用电台的天线上的功率(以瓦特计)及波长;

播音的目的、性质和时间。

并附上:

1. 播音讲台的全部技术图样;

2. 比例为二百分之一的台址图样;

开办电台主人,应保证服从本局的现行与将行的一切章程。

如该台经领事署核准后,则该申请书应移交本局【注:指上海法租界公董局】,按照分类营业丙种的程序审查。

第四条 本局将规定该台的波长并应严格遵照执行。

播音周波的宽度,应与技术的进步相符,以免与用相近周波的电台发生扰乱。

第五条 所播的电波,应在现代技术的可能范围内,与经核准的周波相等。该台所有非必要的辐射,应须避免。

第六条 严禁各无线电台有:
1. 宣传政治或广播足以扰乱公共治安的新闻;
2. 传播违背道德的节目;
3. 播送私人消息或信函;
4. 扰乱他台的声波。

第七条 凡有变动无线电播音的目的或性质者,概应立即呈报本局核准。

第八条 各台除应领丙种营业执照外,并应领取照会。

照会的发给,并不作为保证排除因他台同时播音而发生的互相干扰。

第九条 照会有效期一年,从当年一月一日至十二月三十一日为止,非经本局的核准,不得私自转让。

照会费额,参阅本局捐税照会费额一览表。

第十条 如有下列情形,则应撤销准许,吊销照会,不予赔偿:
1. 如台主违犯本章程或分类营业章程者;
2. 如台主不遵守该台设置上或应用上的特殊规定者;
3. 如台主利用该台作为非经许可的用途者;
4. 如台主扰乱公家的高周波或低周波的无线电报或无线电话的进行者。

第十一条 凡违反本章程者,应按照分类营业章程的规定处罚。

附:照会费额表

私立无线电播音台照会费额,定为每半年十元至七十五元,按如下费率表计算:

1~100 瓦特	每半年 10 元
101~250 瓦特	17.50 元
251~500 瓦特	25.00 元
501~1 000 瓦特	50.00 元
1 001~1 500 瓦特	75.00 元

一九三三年六月十日

【注】该份文献由马光仁先生录自上海法租界公董局档案。此处转录于马光仁《中国近代新闻法制史》第398—399页,改正了个别地方的笔误,并略去了"与原文核对无误。驻沪法总领事主事(签字)1933.6.10于上海。副领事丁·库瓦法尔(签名)代总领事"等文字。

4. 管理无线电话及无线电报章程[注]

（上海法租界）

第一章 总则

第一条 凡在法租界内设立无线电台者，无论其目的为营业或非营业、为实验或非实验、其磁电波为按调式或非按调式，该台主或其经营人，该应预先得到：

一、法国总领事之许可证；

二、营业执照。

法国总领事具有一切主权，以驳回各台经营之请求或取消前经核准之许可证。

凡欲在法租界设立或经营无线电话台或无线电报台者，并应遵守分类营业章程之规定。

第二章 领事许可证

第二条 凡欲设立或经营无线电话或无线电报广播台者，在请领法国总领事许可证时，应向公董局督办提出书面申请。该申请应在公董局分类营业处所特制之程式纸上缮就之。（该程式纸任凭公众索取，其代价参阅税则表。）在申请书内应附有双份文件如次：

一、一切有效之官方文件如次：

甲、如该台为个人所经营者，则用以证明该人之身份：姓名、籍贯、出生日期及国籍；

乙、如该台为公司所经营者，则用以证明该公司之身份：名称、国籍、以及该公司之负责经理或管理人之身份：姓名、籍贯、出生日期及国籍。

二、广播台之确实地址；

三、电机处之确实地址；

四、天线之功率（以瓦特计）；

五、拟用之波长；

六、广播之目的、性质及时间；

七、全部广播机之技术图一张；

八、二百分之一之台址地图一张；

九、服从总领事命令公布之现行或将行之一切公董局及警务处章程各规定之志愿书。

第三条　公董局督办于收到申请书及其附件后随发回证，并自收到之日起八日内将全案卷宗咨送无线电监督审查，同时将该申请书副本咨送警务处总监。

第四条　无线电监督应自上条期间届满之日起十五日内，将该申请书连同书面报告咨还公董局督办。

公董局督办及警务处总监分别向法国总领事提出报告请核。

第五条　法国总领事决定后，即用书面通知申请人，对于是项决定，不得声明不服。

第三章　营业执照

第六条　公董局财务处于奉悉法国总领事许可并查明已依税则表规定纳税后，发给营业执照联单。

第七条　营业执照系专归台主本人收执。如为公司组织者，则该执照应用该公司之负责经理或管理人名义发给。如该公司之经理或管理人更动时，则新经理或新管理人应即请领新执照。

第八条　执照每半年发给一次。有效期上半年为一月一日至六月三十日；下半年为七月一日至十二月三十一日。换发执照之请求，应于每半年最后十五日间提出之。

第九条　执照上应记明领照者之姓名、国籍及住址。如系公司领照者，则应记明该公司之名称、国籍。执照上并应记明所征收之税额，由公董局财务处长署名。

第十条　执照之发给，不能保证排除因他台同时播音而发生之障碍。

第四章　经营人之义务

第十一条　无线电监督所指定之波长，各新设电台应严格遵守之。

第十二条　播音时所有电周波之宽度，应与技术之进步相适应，以免与采用相近电周波之电台发生足以扰乱之音雾。

第十三条　所发之电波应与现代技术所许可之周波尽量适合，其一切非必要之辐射应避免之。

第十四条　领照人应证明担任管机人员确有任事才具，无线电监督得采取一切有效方法以验明其能力。

第五章　播音台特则

第十五条　称播音台者，谓无线电台实施播音以供一般公众收听之电台。

第十六条　各播音台不得：

一、做政治宣传或散布足以扰乱公共秩序之新闻；

二、广播含有政治性质，或足以煽惑听众从事战争、叛乱、或违犯足以引起战争、叛乱之行为之一切戏剧、歌唱、新闻等；

三、传播未经证实之新闻或消息；

四、广播不道德或违反善良风俗之戏剧、歌唱、新闻等等；

五、转播私人通讯。

第十七条　凡经营播音台者，应于每星期五下午五时以前，向警务处政治部提呈下周之详细广播节目。如对于该节目有所更动时，应至少于二十四小时以前报告该政治部。

第六章　私人实验电台特则

第十八条　称私人实验电台者，谓个人对于无线电技术具有兴趣，其目的仅为自用，并无营业利益而设之电台。

第十九条　电台关系人应在国际协约所规定之电周波宽度范围内实施播音。其规定如下：

基　罗　周　波	波　长　公　尺
七〇〇〇——七三〇〇	四二·八六——四一·一〇
一四〇〇〇——一四四〇〇	二一·四三——二〇·八三
二八〇〇〇——三〇〇〇〇	一〇·七一——一〇
五六〇〇〇——六〇〇〇〇	五·三五七——五

第二十条　各地私立实验电台之交换通讯，如有关系之地方当局反对时，应禁止之。

第二十一条 上条所指之交换通讯经许可时,则其互播应用显明语言并限于实验及私人谈话之通讯。是项通讯应属于不关紧要而无须使用公用电报者为限。私人实验电台转达第三者之通讯,则绝对禁止之。

第二十二条 私人实验电台得用之最高工率,其规定为:

电报 二百瓦特(A1 及 A2 式)。

电话 一百五十瓦特(A3 式)。

第二十三条 一九三二年十二月九日马德里国际无线电交通协定所规定之一切条例,对于设在法租界内之各私立实验无线电台均适用之。

第二十四条 各电台于播音时应在相隔短时间内传布其呼号,如未备有呼号时,则传布该台之名称。

第七章 监察

第二十五条 法国总领事及总领事授权之法租界公董局及警务处有权监察各无线电台,检查其节目并验明其机件之技术上之保持方法。

第二十六条 听音检查应由法警务处执行之。

第二十七条 公董局及警务处所派监察各电台之人员,得随时自由进入电台及其附属各房屋。

第八章 罚则

第二十八条 凡违犯本章程规定者,应处以二百元以上、五千元以下之罚款,同时得按分类营业章程第十五条及十六两条之规定处罚之,并得向该管法院诉究之。

第二十九条 法国总领事于下列情形,得以决定取消营业执照:

1. 如经营无线电台者违犯本章程或分类营业章程时;
2. 如不遵守对于设置及使用该台所规定之特殊条件时;
3. 如利用该台作为许可以外用途时;

丁、如利用无线电波或电音或高周波或低周波之无线电报或电话,以至公用事业之运用发生任何障碍时。

第九章 过渡办法

第三十条 在本章程未施行前已在法租界设立之无线电台主人或其经营人,应自一九三八年七月一日起,遵照上述各规定办理。

第十章 旧章

第三十一条 法国总领事署一九三三年六月十日第一三二号署令、一九三四年十月二十三日第二七〇号署令、一九三八年一月十八日第一九号署令所公布之关于无线电播音台各旧章,除按本章程第三十条之规定外,一律废止。但关于分类营业章程所有规定,仍属有效。

第三十二条 本令仰由公董局督办及警务处总监各就其职务范围,妥为执行之。

一九三八年五月十六日

【注】 该份文献由马光仁先生录自上海法租界公董局档案。此处转录于马光仁《中国近代新闻法制史》第406—410页,略去了"代总领事P. AUGE 一千九百三十八年五月十六日"等文字。

第二篇　伪满洲国的新闻法制史料

1. 出版法

（教令第一百三号公布施行）

第一章　通则

第一条　本法所称出版物，指以出售散布之目的，用机械或化学方法所复制之文书、图画而言。

第二条　出版物分为下列三种：

一、新闻纸：用一定名称，于七日以内之期间，定期或不定期继续发行者。

二、杂志：用一定名称，于四月以内之期间，定期或不定期继续发行，而非前款之新闻纸类者。

三、普通出版物：非前二款新闻纸及杂志类者。与新闻纸或杂志用同一名称临时发行之出版物，视为该新闻纸或杂志。

同一名称之新闻纸或杂志，于他处地方发行时，各视为别种之新闻纸或杂志。

第三条　出版关系人分为下列四种：

一、发行人。管理出版物之出售、散布者。

二、著作人。著述或制作文书、图画者。

三、编辑人。管理新闻纸或杂志之编辑者。

四、印刷人。管理出版物之印刷者。

出版关系人不得兼充。

笔记他人之演述登载于出版物，或使人登载者，其笔记人视为著作人。若演述人关于其登载特与允许者,演述人亦负著作人之责任。

关于著作物之编纂,其编纂人视为著作人。原著作人关于其编纂特与允许者,原著作人亦负著作人之责任。

关于著作物之翻译,其翻译人视为著作人。

关于学校、公司、协会及其他团体为出版关系人之出版物,必须各定其代表人。

第四条　出版物不得揭载下列事项:

一、不法变革国家组织大纲或危害国家存立之基础事项;

二、关于外交或军事之机密事项;

三、恐有波及国交上重大影响之事项;

四、煽动曲庇犯罪,或赏恤陷害刑事被告人或犯人之事项;

五、不公开之诉讼辩论;

六、恐有惑乱民心、扰乱财界之事项;

七、由检查官或执行警察职务人员所禁止之事项;

八、其他淆乱安宁秩序或败坏风俗之事项。

第五条　出版物对于官公署或依法令组织之议会所未公示之文书及不公开会议之议事,非受各该管公署之准许,不得揭载。

第六条　民政部大臣、军政部大臣或外交部大臣关于外交、军事或财政上认为有障碍,或于治安维持上认为有必要之事项,得将该事项特别指明,禁止或限制揭载于新闻纸及杂志。

第七条　对于官署发行之出版物,不适用本法。但与发行同时,应送装订本二部于民政部大臣。

第八条　本法关于编辑人责任之规定,对于下列各类人员准用之。

一、临时编辑人;

二、编辑人之外实际编辑者;

三、对于揭载事项署名人;

四、关于正误或辩驳请求揭载者;

本法关于发行人责任之规定,对于临时发行人准用之。

第二章　新闻纸及杂志

第九条　发行新闻纸或杂志者,应开具下列事项,由发行人及编辑人连署。并附履历书,呈请民政部大臣准许。

第一类乃至第五类事项变更时亦同。

一、名称；

二、揭载事项之种类；

三、关于时事事项有无揭载；

四、发行之时期；

五、发行所及印刷所之名称及所在地；

六、发行人、编辑人及印刷人之原籍、住所、姓名及生年月日。

揭载关于时事事项之新闻纸或杂志之印刷所,不得设于本法施行地域外。因天灾及其他不得已之事由,拟变更发行所或印刷所时,应开具其事由,呈报民政部大臣备案。

第十条　变更新闻纸或杂志之发行人时,其欲为新发行人者,应开具履历书,与发行人连署,呈请民政部大臣准许。

新闻纸或杂志之发行人死亡时,欲为新发行人者,应于该事由发生后二十日以内,开具履历书,呈请民政部大臣准许。

在未经前项准许前,得先定临时发行人,限于事由发生后二月以内,继续发行其新闻纸及杂志,并应由临时发行人将其情事即速呈报民政部大臣备案。

第十一条　变更新闻纸或杂志之编辑人时,发行人应开具欲为新编辑人者之履历书,呈请民政部大臣准许。新闻纸或杂志之编辑人死亡时,发行人应新定编辑人,开具其履历书,于事由发生后十日以内呈请民政部大臣准许。

在未经前项准许前,得先定临时编辑人,限于事由发生后二月以内,继续发行其新闻纸或杂志,并应由发行人即速呈报民政部大臣备案。

第十二条　发行新闻纸或杂志业经准许者,自核准日起逾二月尚未发行时,得撤销其准许。

第十三条　新闻纸或杂志废止发行者,应由原发行人即速呈报民政部大臣备案。

新闻纸逾所定刊期已满二月,或杂志逾所定刊期已满四月尚未发行时,即视为发行之废止。

废止发行时,准许即失其效力。

第十四条　新闻纸或杂志拟休止或延期发行者,发行人应定其期间,呈报民政部大臣备案。

第十五条　新闻纸或杂志之发行人，应将从事其事务人员之原籍、住所、姓名、生年月日、从事年月日及担任事务，自从事之时日起，十日以内，呈报民政部大臣备案。其呈报事项有变动时亦同。

第十六条　新闻纸或杂志应记载发行人、编辑人及印刷人之姓名，发行所及印刷所之名称、所在地及其发行年月日。

第十七条　新闻纸或杂志发行人，新闻纸应于每发行时，在出售或散布之前，杂志应于发行三日前，各以二份呈送民政部警务司，并以一份呈送该管警察官署及地方检察厅备案。

第十八条　新闻纸或杂志所揭载事项有错误，由关于其事项之本人或直接关系人请求正误或正误书或辩驳书之揭载者，日刊新闻纸接受其请求后三日以内，应为其正误、或刊登正误书或辩驳书全文；其他新闻纸或杂志，应于接受请求后次回发行时办理。但其正误或辩驳之内容，显与本法及其他法令相违背，或请求人姓名、住所未经记明，或自揭载日起逾六月而始行请求者，不在此限。

正误或辩驳刊登地位及文字大小，应与原文相当。正误或正误书或辩驳书之字数超过原文之二倍者，对于其超过字数，得向请求刊登人请求与以新闻纸或杂志所定普通广告费同一之代价。

第十九条　原系由公报或其他新闻纸或杂志所抄录之事项，而该公报或新闻纸或杂志已为正误或刊登正误书或辩驳书者，虽无本人或直接关系人请求，应于该公报、新闻纸或杂志入手后，依照前条之例正误或刊登正误书或辩驳书，但不得请求付费。

第二十条　在外国或本法施行地域外发行之新闻纸或杂志，以本法施行区域内出售、散布之目的，拟输入或移入者，其代售人应开具下列事项呈报民政部大臣备案。但无代售人者，应由发行人办其手续。其呈报事项有变更时亦同。

一、名称；

二、发行所之名称及所在地；

三、发行人及编辑人之住所及姓名；

四、关于时事事项有无揭载；

五、发行之时期；

六、输入或移入开始之年月日；

七、输入或移入之经过路线及出售散布之区域；

八、代售人之住所、姓名、生年月日及职业；

九、代售处之名称及所在地。

第二十一条　依前条之规定,输入或移入之新闻纸或杂志之发行人,每次出售散布前,输入者则向其输入地,移入者则向其发行所就近之警察官署及地方检察厅,分别各呈送一份,并呈送二份于民政部警务司备案。

第三章　普通出版物

第二十二条　发行普通出版物者,发行人应除到达所需日数外,自发行之日起三日以前,以装订本二部呈送民政部警务司,并应与著作人连署,呈报民政部大臣备案。其改订增补时亦同。

第二十三条　普通出版物应于其末尾记入发行人、著作人及印刷人之住所、姓名,及发行所、印刷所之名称、所在地,并发行及印刷之年月日。

第二十四条　书信、章程、营业报告书、目录、传单、广告、戏单、秩序单、各种表格、证书、证券及照片,不适用前二条之规定。

第二十五条　印行有关系政治之传单或标语者,应由发行人连同原稿呈请该管警察官署准许。

第四章　对于出版物之行政处分

第二十六条　民政部大臣认为本法第四条至第六条所载禁止或限制之事项揭载于出版物者,得禁止其出售、散布。并认为有必要时,得扣押之。对于新闻纸或杂志并得停止其发行或撤销发行之准许。民政部大臣于扣押出版物,有必要时得扣押其原版。

第二十七条　民政部大臣认为在外国或本法施行地域外发行之出版物,有揭载第四条至第六条禁止或限制事项者,得禁止其出售、散布。倘认为再继续揭载其事项者,得禁止其输入或移入,有必要时并得扣押之。

第二十八条　有下列各款之一者,该管警察官署长应扣押该出版物：

一、业经禁止出售、散布之出版物,以出售、散布之目的再行印刷者；

二、业经禁止输入或移入之出版物,输入或移入者；

三、未经准许而发行新闻纸或杂志者；

四、发行停止期间内发行新闻纸或杂志者；

第二十九条　依本法所扣押之出版物或原版,六月以上未经解除其扣押者,得由执行扣押之官署处分之。

第三十条　新闻纸或杂志之发行人,违反本法受罚至二次以上者,民政部大臣得停止其新闻纸或杂志之发行,或撤销发行之准许。

第五章　罚　则

第三十一条　违反第三条第二项或第五项者,处百元以上罚金。

第三十二条　揭载第四条第一款至第八款事项于出版物者时,处发行人、编辑人及著作人一年以下有期徒刑,或三百元以下罚金。

第三十三条　印刷第四条第一款事项者,处印刷人六月以下有期徒刑。

第三十四条　违反第五条之规定者,处发行人、编辑人及著作人六月以下有期徒刑或二百元以下罚金。

第三十五条　违反第六条之规定之禁止或限制时,处发行人及编辑人一年以下有期徒刑或三百元以下罚金。

第三十六条　有下列各款之一者,处发行人二百元以下罚金:

一、违反第九条、第十条、第十一条之规定发行新闻纸或杂志者;

二、不依照第二十二条规定呈报,或为虚伪之呈报发行普通出版物者。

第三十七条　违反第十三条第一项、第十四条或第十五条之规定者,处发行人五十元以下罚金。

第三十八条　有下列各款之一者,处发行人百元以下罚金:

一、违反第十六条、第十七条、第二十一条或第二十三条之规定者;

二、违反第二十二条之规定,不呈送装订本者。

第三十九条　违反第十八条第一项、第二项或第十九条者,处编辑人五十元以下罚金。

第四十条　违反第二十条之规定,输入或移入新闻纸或杂志者,处百元以下罚金。

第四十一条　违反第二十五条之规定者,处发行人百元以下罚金。

第四十二条　违反第二十六条或第三十条规定之处分发行出版物者,处发行人一年以下有期徒刑或三百元以下罚金。

第四十三条　有下列各款之一者,处一年以下有期徒刑:

一、违反第二十七条规定之处分出售、散布或输入、移入出版物者；

二、依第二十六条及第二十七条之规定，业经禁止出售、散布或输入、移入之出版物，知情出售、散布或输入、移入者。

附则

第四十四条　本法自大同元年十一月一日施行。

第四十五条　本法施行以前，现已发行新闻纸或杂志或输入或移入者，自本法施行之日起二月以内，应遵本法程序办理。

伪大同元年（1932年）十月二十四日公布

伪康德元年（1934年）三月修正

2. 满洲国通信社法

（敕令第一百九十七号公布施行）

第一条　政府为统制确立依电信、电话或其他通信方法蒐集及供给信报之事业，以资渗透国政，并发扬国威，特令设立满洲国通信社。

第二条　满洲国通信社为法人。满洲国通信社之资本总额定为二百八十万元，其中二百五十五万元由国府出资。

第三条　满洲国通信社对于出资者交付出资证书。出资者之责任以其承受之出资金额为限度。

第四条　满洲国通信社之本社置于新京特别市。满洲国通信社得经国务总理大臣之认可设置支社。

第五条　满洲国通信社经营左列事业：一汇集国内外信报；二对于国内新闻社及放送局供给国内外信报；三对于国外通信社及新闻社供给国内外信报。满洲国通信社得经国务总理大臣之认可经营前项附带之业务。

第六条　对于国内外新闻社或国外通信社供给信报之事业，非满洲国通信社不得为之。

第七条　满洲国通信社置理事长并理事四人以内及监事二人以内。理事长、理事及监事由国务总理大臣任命之。理事长及理事之任期为三年，监事之任期为二年。理事长代表满洲国通信社负有按照满洲国通信社之使命统筹运营其业务之实务。理事长有事故时，依定款之所定，由理事中之一人执行其业务。理事辅佐理事长掌理满洲国通信社之业务。监事监查满洲国通信社之业务。

第八条　满洲国通信社迄达于其资本二分之一止，须公积每事业年度之剩余金十分之一以上以为准备金。此项之准备金除充填补资本之缺损者外，非经国务总理大臣之认可不得使用之。

第九条　满洲国通信社由每事业年度之剩余金扣除前条规定之公积金，尚有残余时，得配当于出资者。

第十条　国务总理大臣关于满洲国通信社之业务得为监督上或公益上必要之命令。

第十一条　满洲国通信社须依国务总理大臣之命将以其指定之事项为内容之信报供给或不供给其指定之弘报机关。

第十二条　理事长及从事常务之理事非经国务总理大臣之许可，不得从事于他项业务。

第十三条　满洲国通信社非经国务总理大臣之认可，不得处分其重要财产。

第十四条　满洲国通信社应于每事业年度拟定事业计划提出于国务总理大臣，受其认可，拟变更时亦同。

第十五条　满洲国通信社应于每事业年度终了后二月以内作成财产目录、贷借对照表、损益计算书及事业报告书，并添附监事之意见书，提出于国务总理大臣受其承认。

第十六条　满洲国通信社应于前条规定之期间内作成剩余金处分案提出于国务总理大臣受其认可。

第十七条　满洲国通信社定款之变更或剩余金之处分，非经国务总理大臣之认可不发生其效力。

第十八条　国务总理大臣认为有必要时无论何时得令满洲国通信社报告其业务或财产之状况，或派所属官吏检查其金库、账簿或其他各种文书物件。

第十九条　国务总理大臣认为满洲国通信社之理事长、理事或监事之行为有违反法令、定款，或依本法之命令或有害公益时，得解任之。

第二十条　民法第三十三条至第三十五条、第四十九条至第五十二条第一项、第五十五条第二项、第六十条前段及第六十一条之规定对于满洲国通信社准用之。

第二十一条　关于满洲国通信社之登记准用法人登记法之规定。

第二十二条　违反第六条之规定者，处一年以下之徒刑或三千元以下之罚金。

第二十三条　满洲国通信社合于左列各款之一时，理事长及理事处一千元以下之过料：一、应受国务总理大臣之认可而不受其认可时；二、不从国务总理大臣之命令时；三、不为国务总理大臣所命之报告或为虚伪之报告或妨碍检查时；四、怠为本法所定之登记时。

附则

第二十四条　本法自公布日施行。

第二十五条　国务总理大臣任命设立委员会，令其处理关于满洲国通信社设立之一切事务。

第二十六条　设立委员应作成定款受国务总理大臣之认可。前项之定款应记载左列事项，由设立委员署名。

一、目的；

二、名称；

三、本社之所在地；

四、资本金额及缴纳方法；

五、出资者及其应出资之金额；

六、关于业务之执行事项。

第二十七条　经前条之认可时，设立委员应登记左列事项：

一、目的；

二、名称；

三、本社；

四、资本金额；

五、出资者及其应出资之金额；

六、理事长、理事及监事之姓名及住所。

第二十八条　满洲国通信社因为前条之登记而成立。

第二十九条　满洲国通信社成立时，设立委员应速将其事务移交于理事长。

第三十条　本法施行之际，现存之株式会社满洲国通信社于依本法之满洲国通信社之成立同时解散，其权利业务不为清算而移转于依本法之满洲国通信社。

于前项情形已解散之株式会社满洲国通信社之株主系依本法成立之满洲国通信社

之出资者时,各该株主因株式会社满洲国通信社之解散应受分配之残余财产之评价额,视为对于依本法成立之满洲国通信社作为出资而缴纳者。

前项残余财产之评价,令由国务总理大臣任命之评价委员为之。

3. 新闻社法

(敕令第一百九十八号公布施行)

第一条 新闻社以发行新闻纸关于时事及其他事项为公正之报道及恳切之解说,而资国政之渗透,并文化之向上为目的。

第二条 新闻社之资本依政府或民间之出资。

第三条 新闻社对于出资者交付出资证书。出资者之责任以其承受之出资金额为限度。

第四条 新闻社得经国务总理大臣之认可设置支社。

第五条 新闻社以发行新闻纸为主要业务。新闻社得经国务总理大臣之认可经营前项附带之业务。

第六条 非依本法成立之新闻社不得发行新闻纸。

第七条 新闻社置理事长并理事及若干人。理事长由国务总理大臣任命之,理事依理事长推荐由国务总理大臣任命之。监事由国务总理大臣任命之。理事长及理事之任期为三年,监事之任期为二年。理事长代表新闻社负有按照新闻社之使命统辖运营其业务之实务。理事辅佐理事长掌理新闻社之业务。监事监查新闻社之业务。

第八条 新闻社由政府令设立之。于前项情形,国务总理大臣任命设立委员令其处理关于新闻社设立之一切事务。

第九条 设立委员应作成定款受国务总理大臣之认可。

第十条 定款应记载左列事项,由设立委员署名。一、目的;二、名称;三、本社之所在地;四、发行新闻纸名及其发行地;五、资本金额及缴纳方法;六、出资者及其应出资之金额。

第十一条 设立委员经定款之认可时,应于三星期以内,于本社之所在地为设立登记。前项之登记应登记左列事项:一、目的;二、名称;三、本社;四、发行新闻纸名及其发行地;五、资本金额;六、出资者及其应出资之金额;七、理事长、理事及监事之姓名及住所。设立委员为新闻社设立之登记时,应速将其事务移交于新闻社之理事长。

第十二条　新闻社迄达于其资本二分之一止,须公积每事业年度之剩余金十分之一以上以为准备金。前项之准备金除充填补资本之缺损者外,非经国务总理大臣之认可不得使用之。

第十三条　新闻社由每事业年度之剩余金扣除前条规定之公积金,尚有残余时,得配当于出资者。

第十四条　新闻社得为合并。于前项情形,应以合并契约定其合并之条件及其他关于合并所必要之事项,受国务总理大臣之认可。

第十五条　国务总理大臣认为公益上有必要时,对于新闻社得命合并。依前项之规定命合并时,合并之条件及其他关于合并所必要之事项,令由国务总理大臣任命之合并委员决定之。

第十六条　第八条至第十条之规定对于因合并而设立之新闻社准用之。

第十七条　新闻社为合并时,应自受定款之认可或定款变更之认可之日起于三星期以内,于其本社之所在地,对于合并后存续之新闻社,为变更之登记;对于因合并而消灭之新闻社,为解散之登记;对于因合并而设立之新闻社,为设立之登记。因合并而设立新闻社时,前项解散之登记及设立之登记应由设立委员为之。

第十八条　新闻社之合并。因合并后存续之新闻社或因合并所设立之新闻社于其本社之所在地为前条之登记,而生其效力。

第十九条　合并后存续之新闻社或因合并所设立之新闻社于合并发生效力时,承继因合并而消灭之新闻社之权利义务。

第二十条　国务总理大臣认为公益上有必要时,对于新闻社得令解散。

第二十一条　新闻社因左列事由而解散:

一、存立时期之满了或其他定款所定解散事由之发生;

二、解散之命令;

三、合并。

第二十二条　新闻社解散时,由国务总理大臣任命其清算人。对于清算人准用关于理事长及理事之规定。

第二十三条　新闻社解散后,有残余财产时,其财产按已缴出资额之比例归属于出资者。

第二十四条　国务总理大臣对于新闻社得为监督上或公益上所必要之命令。

第二十五条　新闻社须依国务总理大臣之命将其指定之事项揭载或不揭载于新闻纸。

第二十六条　理事长及从事常务之理事非经国务总理大臣之许可,不得从事于他项业务。

第二十七条　新闻社非经国务总理大臣之认可,不得处分其重要财产。

第二十八条　新闻社应于每事业年度拟定事业计划提出于国务总理大臣,受其认可,拟变更时亦同。

第二十九条　新闻社应于每事业年度终了后二月以内作成财产目录、贷借对照表、损益计算书及事业报告书,并添附监事之意见书,提出于国务总理大臣受其承认。

第三十条　新闻社应于前条规定之期间内,作成剩余金处分案,提出于国务总理大臣受其认可。

第三十一条　新闻社定款之变更或剩余金之处分非经国务总理大臣之认可,不发生其效力。

第三十二条　国务总理大臣认为有必要时,无论何时得令新闻社报告其业务或财产之状况或派所属官吏检查其金库、账簿或其他各种文书物件。

第三十三条　国务总理大臣认为新闻社之理事长、理事或监事之行为有违反法令、定款或依本法之命令或有害公益时得解任之。

第三十四条　民法第三十二条至第三十五条、第四十九条至第五十二条、第五十五条第二项、第六十条前段、第六十一条、第七十八条、第八十二条及第八十四条至第九十一条之规定对于新闻社准用之。

第三十五条　关于新闻社之登记准用法人登记法之规定。

第三十六条　违反第六条之规定者,处一年以下之徒刑或三千元以下之罚金。

第三十七条　新闻社合于左列各款之一时,理事长及理事或清算人处一千元以下之过料:

一、应受国务总理大臣之认可而不受其认可时;

二、不从国务总理大臣之命令时;

三、不为国务总理大臣所命之报告或为虚伪之报告或妨碍检查时;

四、怠为本法所定之登记时。

清算人合于左列各款之一时,亦与前项同:

一、怠为在第三十四条规定准用之民法第八十二条所定之登记时；

二、怠为在第三十四条规定准用之民法第八十五条或第九十条所定之公告或为不正之公告时。

附则

第三十八条　本法自公布日施行。

第三十九条　本法施行之际，现存之株式会社之新闻社由国务总理大臣指定者于依本法之新闻社由国务总理大臣指定者之成立同时解散，其权利业务不为清算而移转于依本法之新闻社。于前项情形已解散之株式会社之新闻社之株主系依本法成立之新闻社之出资者时，各该株主因株式会社之新闻社之解散应受分配之残余财产之评价额，视为对于依本法成立之新闻社作为出资而缴纳者。前项残余财产之评价，令由国务总理大臣任命之评价委员为之。

第四十条　本法施行之际，现存之株式会社之新闻社由国务总理大臣指定者于依本法之新闻社由国务总理大臣指定者至其解散止，不拘第六条之规定，仍得照旧发行新闻纸。

第四十一条　本法施行之际，现存之株式会社之新闻社系前项规定以外者，自本法施行之日起，以一年为限，不拘第六条之规定，仍得照旧发行新闻纸。

4. 记者法

（敕令第一百九十九号公布施行）

第一条　本法以明确记者对国家之使命，察其资质之向上为目的。

第二条　本法所称记者，系指于满洲国通信社或新闻社勤务依文章、通信或图画从业于信报或新闻纸内容之作成者而言。

第三条　记者应体建国精神，依公正之判断，遂行其职责。

第四条　记者不问职务之内外，应保持其品位，以诚实廉直为旨。

第五条　记者关于公共上有利害关系之事项，除以公益之目的所为者外，不得无故泄露其职务上得知之秘密。

第六条　帝国人民及格于记者考试者有获记者之资格，但帝国人民经国务总理大臣之认定者有不经记者考试而为记者之资格。关于前项之记者考试及认定事项由国务总理大臣定之。

第七条　左列者无为记者之资格：

一、禁治产人或准禁治产人；

二、被除禁锢以上之刑者。

第八条　为记者须于记者登录簿受其登录。前项之登录依声请由国务总理大臣行之。

第九条　于左列情形国务总理大臣应取消记者登录簿之登录：

一、记者丧失国籍时；

二、记者致合于第七条各款之一时；

三、记者依惩戒处分被褫夺其资格时；

四、有取消登录之声请时；

五、记者死亡时；

六、记者所属之新闻社解散时。

第十条　关于登录事项，除本法另有规定者外，由国务总理大臣定之。

第十一条　国务总理大臣对于满洲国通讯社或新闻社之理事长得为关于其所属记者之监督、教育、福祉及给予所必要之命令。

第十二条　记者违反第三条至第五条之规定时，经记者惩戒委员会之议决惩戒之。前项之记者惩戒委员会以左列各款所载者组织之：

一、总务厅弘报处长；

二、满洲国通信社理事长；

三、新闻社理事长中由国务总理大臣任命者二人；

四、记者中由国务总理大臣任命者三人。

第十三条　记者之惩戒为左列四种：

一、谴责；

二、减俸；

三、停止职务；

四、褫夺资格。

前项第一款至第三款之惩戒由记者所属之满洲国通讯社或新闻社之理事长行之；第四款之惩戒由国务总理大臣行之。

关于惩戒之手续事项由国务总理大臣定之。

第十四条　非依第八条或敕令第二百号关于外国人记者之件第一条之规定受登录者,不得使用满洲国通信社或新闻社之记者之名称。

第十五条　违反前条之规定者,处一千元以下之罚金。

附则

第十六条　本法自公布日施行。

第十七条　帝国人民于本法施行之际,现从事于记者之业务者,应于本法施行后二月以内,具左列事项,经其所属之满洲国通信社或新闻社之主宰者呈报于国务总理大臣。

一、姓名、本籍、住所及生年月日；

二、经历。

国务总理大臣对于为前项之呈报者中认为适当者,应认定记者之资格,而于记者登录簿登录之。已受前项之登录者,于本法之适用上视为依第八条之规定受登录者。

帝国人民于本法施行之际,现从事于记者之业务者,不拘第六条至第八条之规定至康德八年十二月三十一日止得从事于其业务。

5. 关于外国人记者之件

（敕令第二百号公布施行）

第一条　无帝国之国籍者,拟于满洲国通信社或新闻社勤务而执行记者法第二条规定之业务时,须依国务总理大臣之所定,受其认可,而于外国人记者登录簿受其登录。

第二条　国务总理大臣认为有必要时,得取消前条之认可及登录。

第三条　记者法第七条、第八条第二项及第九条第二款、第四款至第六款之规定对于外国人记者准用之。

附则

第四条　本法自公布日施行。

第五条　无帝国之国籍而于本法施行之际,现于满洲国通信社或新闻社勤务从事于记者法第二条规定之业务者,应于本法施行后二月以内,具左列事项,经其所属之满洲国通信社或新闻社之主宰者呈报于国务总理大臣。

一、姓名、本籍、住所及生年月日；

二、经历。

国务总理大臣应将为前项之呈报者中认为适当者,登录于外国人记者登录簿。已受前项之登录者,于本法之适用上视为依第一条之规定受认可而被登录者。

6. 关于外国通信社或新闻社之支社及记者之件

（敕令第二百零一号公布）

第一条　本法所称外国通信社或新闻社系指以执行满洲国通信社法第五条或新闻社法第五条规定之业务同一或类似之业务为目的,且于外国有本社者而言;所称外国通信社或新闻社之支社系指由外国通信社或新闻社之本社所派遣常置之记者或营业从事员之活动本据而言;所称外国通信社或新闻社之记者系指于外国通信社或新闻社勤务从事于记者法第二条规定之业务同一或类似之业务者而言。

第二条　外国通信社或新闻社拟于帝国内设置支社时,应具本社之名称及所在地、支社之名称及所在地,并支社主宰者之姓名及住所,受国务总理大臣之认可。

第三条　外国通信社或新闻社于帝国内设置二以上支社时,应定帝国内之代表者,呈报于国务总理大臣。

第四条　国务总理大臣对于依第二条规定所设置之外国通信社或新闻社之支社主宰者或前条之代表者,得为监督上或公益上所必要之命令。

第五条　国务总理大臣认为外国通信社或新闻社之支社主宰者或第三条之代表者之行为有违反法令,或依本法之命令或有害公益时,得取消第二条之认可。

第六条　外国通信社或新闻社之记者于帝国内执行其业务时,除第九条规定者外,须依国务总理大臣之所定受其认可,而于外国通信社记者登录簿或外国新闻社记者登录簿受其登录。

第七条　国务总理大臣认为有必要时,得取消前条之认可及登录。

第八条　记者法第七条、第八条第二项及第九条第二款、第四款至第六款之规定对于外国通信社或新闻社之记者准用之。

第九条　外国通信社或新闻社之记者拟暂时于帝国内滞在而执行其业务时,应先具其所属之通信社或新闻社之名称、姓名及住所并滞在期间呈报于国务总理大臣。

第十条　非依第六条之规定受登录者,关于其业务不得使用外国通信社或新闻社之记者之名称。但依前条之规定,为呈报时,不在此限。

第十一条　未受第二条之认可而设置外国通信社或新闻社之支社时,其支社之主宰者处一年以下之徒刑或三千元以下之罚金。

第十二条　违反第十条之规定者,处一千元以下之罚金。

第十三条　违反第十条之规定者,处五百元以下之过料。

附则

第十四条　本法自公布日施行。

第十五条　对于本法施行之际,现于帝国内存在之外国通信社或新闻社之支社,应于本法施行后二月以内,由其主宰者具左列事项,受国务总理大臣之认可。

一、本社之名称及所在地；

二、支社之名称及所在地；

三、主宰者之姓名及住所。

第十六条　本法施行之际,现于帝国内从事于外国通信社或新闻社之记者之业务者,应于本法施行后二月以内,具左列事项,经其所属之通信社或新闻社之支社主宰者呈报于国务总理大臣。

一、所属通信社或新闻社之支社之名称及所在地；

二、姓名、本籍、住所及生年月日；

三、经历。

国务总理大臣应将为前项之呈报者中认为适当者,登录于外国通信社记者登录簿或外国新闻社记者登录簿。已受前项之登录者,于本法之适用上视为依第六条之规定受认可而被登录者。

第十七条　本法施行之际,现于帝国内存在之外国通讯社或新闻社之支社,不拘第二条之规定至康德八年十二月三十一日止得存续之。

本法施行之际,现于帝国内从事于外国通讯社或新闻社之记者之业务者,不拘第六条之规定至康德八年十二月三十一日止得从事于其业务。

第三篇　伪华北临时政府的新闻法制史料

1. 出　版　法

（临时第九五号公布，同日施行）

第一章　总则

第一条　凡以机械、化学或其他任何方法所印制，而供出售或散布之文书、图画，均为出版品。

以出售或散布之目的而以机器收音复制之音片，视为出版品。

第二条　出版品分下列三种：

一、新闻纸：指用一定名称，其刊期每日或隔六日以下之期间继续发行者。

二、杂志：指用一定名称，其刊期每星期或隔三月以下之期间继续发行者；但其内容以登载时事为主者，仍视为新闻纸。

三、书籍及其他出版品：凡前二款以外之一切出版品均属之。

新闻纸或杂志之号外或增刊、副刊等，视为新闻纸或杂志。

第三条　主办出版品之人为发行人。

第四条　著作文书、图画之人为著作人。

笔记他人之演述登载于出版品，或令人登载之者，其笔记人视为著作人。但演述人予以承诺者，应同负著作人之责任。

编纂著作物之人视为著作人。但原著人予以承诺者，应同负著作人之责任。

翻译著作物之人视为著作人。

以学校、公司、会所或其他团体名义著作之出版品，其学校、公司、会所或其他团体之代表人视为著作人。

新闻纸登载之广告、启事，以委托登载人为著作人。如委托登载人不明，或无负民事责任之能力者，以发行人为著作人。

以机器收音、复制音片之收音人,视为著作人。但发音人应同负著作人之责任。

第五条　掌管编辑新闻纸或杂志之人为编辑人。

第六条　代表印刷所之人为印刷人。

第七条　本法称地方主管官署者,在省为县公署,在特别市为警察局。

第八条　出版品于发行时,应由发行人分别呈缴下列机关各一份。改订增删原有之出版品而为发行者亦同。

一、行政部;

二、教育部;

三、省公署或特别市公署;

四、地方主管官署;

五、法部图书室;

六、国立图书馆。

出版品由官署发行者,应依前项规定分别寄送。

第二章　新闻纸及杂志

第九条　为新闻纸或杂志之发行者,应由发行人于首次发行前,填具登记声明书,呈由发行所在地之地方主管官署,于十五日内转呈省公署或特别市公署核准后,始得发行。

省公署或特别市公署,接到前项登记声请书后,除特别情形外,应于四周内核定之,并转请行政部发给登记证。

登记声请书应载明之事项如下:

一、新闻纸或杂志之名称。

二、社务组织。

三、资本数目及经济状况。

四、刊期。发行新闻纸者,并应载明其版数。

五、发行所及印刷所之名称及所在地。

六、发行人及编辑人之姓名、年龄、经历及住所;其各版之编辑人互与者,并各该版编辑人之姓名、年龄及住所。

新闻纸或杂志在本法施行前已开始发行者,应于本法施行后二个月内,声请为前项之登记。

第十条　前条所定应声请登记之事项有变更者,其发行人应于变更后七日内,按照登记时之程序,声请变更登记。

前项变更登记之声请,如系变更新闻纸或杂志之名称或发行人者,应附缴原领登记证,按照前条之规定重行登记。

第十一条　前二条登记,不收费用。

第十二条　新闻纸中专以发行通讯稿为业者,地方主管官署于必要时,得派员检查其社务组织及发行状况。

第十三条　具有下列情形之一者,不得为新闻纸或杂志之发行人或编辑人:

一、国内无住所者。

二、现役军人。

三、未成年人、禁治产人。

四、被处徒刑或一月以上之拘役在执行中者。

五、褫夺公权者。

第十四条　具有下列情形之一者,得禁止其为新闻纸或杂志之发行人或编辑人:

一、因违反第二十一条之规定受刑事处分者。

二、因诈欺背信或重利行为受刑事处分者。

第十五条　新闻纸或杂志废止发行者,原发行人应按照登记时之程序,声请注销登记。

新闻纸逾所定刊期已满二个月,杂志逾所定刊期已满四个月,尚未发行者,视为废止发行。

第十六条　新闻纸或杂志应记载发行人之姓名、登记证号数、发行年月日、发行所、印刷所之名称及所在地。

第十七条　新闻纸或杂志登载之事项,本人或直接关系人请求更正或登载辩明书者,在日刊之新闻纸,应于接到请求后三日内依照更正,或登载辩明书之全部;在其他新闻纸或杂志,应于接到请求后第二次发行前为之。但其更正或辩明书之内容显违法令,或未记明请求人之姓名住所,或自原登载之日起逾六个月而始行请求者,不在此限。

更正或辩明书之登载,其地位及字之大小应与原文记载者相当。

第三章　书籍及其他出版品

第十八条　书籍或其他出版品,应于其末幅或前幅,记载著作人、发行人之姓名、住所、发行年月日、发行所、印刷所之名称及所在地。

第十九条　通知书、章程、营业报告书、目录、传单、广告、戏单、秩序单、各种表格、证书、证券及照片,不适用第八条之规定。

第二十条　有关政治之传单或标语,非经地方主管官署许可,不得印刷发行。

第四章　出版品登载事项之限制

第二十一条　出版品不得为下列事项之登载：

一、意图颠覆政府或损害中华民国利益者。

二、意图煽惑他人而宣传共产主义者。

三、因蔑视国家之制度或政府之行为，明知其事实系属虚诬或附会，而竟公然主张之或揭载之者。

四、意图破坏公共秩序者。

五、诋毁外国元首或驻在本国之他国外交官者。

第二十二条　出版品不得为妨害善良风俗之记载。

第二十三条　出版品不得登载禁止公开诉讼事件之辩论。

第二十四条　出版品不得有妨害他人名誉及信用之记载。

第二十五条　战时或遇有事变及其他特殊必要时，得依政府命令禁止或限制出版品关于政治、军事、外交、财政或地方治安事项之记载。

第二十六条　以广告、启事等方式登载于出版品者，应受前五条规定之限制。

第五章　行政处分

第二十七条　不为第九条之声请登记，或就应登记之事项为不实之陈述而发行新闻纸或杂志者，得停止该新闻纸或杂志之发行。不为第十条之声请变更登记，而发行新闻纸或杂志者，得于其为合法之声请登记前，停止该新闻纸或杂志之发行。

第二十八条　前条所定之处分，其出版品在县公署或省辖市公署所在地发行者，由该县公署或市公署执行，并呈请省公署备案。在省公署或特别市公署所在地发行者，由该省公署或市公署执行，并呈请行政部备案。

第二十九条　行政部认为出版品载有第二十一条所列事项之一，或违背第二十五条所禁止或限制之事项者，得指明该事项，禁止出版品之出售及散布，并得于必要时扣押之。

依前项规定扣押之出版品，如经发行人之请求，得于删除该事项之记载或禁令解除时返还之。第一项所定，其情节轻微者，得由地方主管官署，呈准该管省公署或特别市公署予以警告，并由该省公署或特别市公署转报行政部。

第三十条　地方主管官署有前条第一次之出版品，如认为必要时，得暂行禁止该出版品之出售散布，或暂行扣押，同时呈由省公署或特别市公署转报行政部核办。

第三十一条　前条所定处分，其出版品如为新闻或杂志，在县公署或市公署所在地发行者，应由该县公署或市公署呈请省公署核办；在省公署或特别市公署所在地发行者,应由该省公署或市公署转报行政部核办。

第三十二条 国外发行之出版品,有应受第二十九条第一项处分之情形者,行政部得禁止其进口。

依前项规定禁止进出口之出版品,省公署或特别市公署得于其进口时扣押之。

第三十三条 因新闻纸或杂志所载事项,依第二十九条第一项所定之处分,而其情节重大者,内政部得定期或永久停止其新闻纸或杂志之发行。

违背前项禁止而发行之新闻纸或杂志,地方主管官署应扣押之。

第三十四条 扣押书籍或其他出版品,于必要时,得并扣押其底版。

依前项规定扣押之底版,准用第二十九条第二项之规定。

第三十五条 出版品之记载,除有触犯刑法规定应依法办理外,其有违犯第二十三条之规定,情形较重大者,行政部或地方主管官署呈经行政部核准,得禁止其出售散布,并得于必要时扣押之。

前项出版品如为新闻纸或杂志,并得定期停止其发行。

第三十六条 发行人违犯第八条第一项之规定,不呈缴出版品者,处三十元以下之罚锾。

第三十七条 发行人不为第九条或第十条之声请登记,而发行新闻纸或杂志者,处一百元以下之罚锾。

第三十八条 第十三条所列各款之人,或因第十四条各款情形之一而受禁止之人,发行或编辑新闻纸或杂志者,处一百元以下之罚锾。

第三十九条 发行人违犯第十五条第一项之规定者,处二十元以下之罚锾。

第四十条 出版品不为第十六条或第十八条所定之记载,或记载不实者,处发行人一百元以下之罚锾。

第四十一条 编辑人违犯第十七条之规定者,处一百元以下之罚锾。

第四十二条 新闻纸因受本章所定之行政处分,向处分机关之上级官署诉愿者,该官署于接受诉愿后,如无特别情形,当于十日内予以决定。

第六章 罚则

第四十三条 发行人或印刷人违犯第二十条之规定者,处一百元以下罚金。

第四十四条 违犯第二十一条之规定者,处发行人、编辑人、著作人及印刷人一年以下有期徒刑、拘役或一千元以下之罚金。但其他法律规定有较重之处罚者,依其规定。

第四十五条 违犯第二十二条或第二十三条之规定者,处编辑人或著作人拘役或二百元以下之罚金。

第四十六条 违犯第二十四条,经被害人告诉时,依刑法处断。

第四十七条 违犯第二十五条所定之禁止或限制者,处发行人、编辑人、著作人及印刷人一年以下有期徒刑、拘役或一千元以下罚金。

第四十八条 出版品为新闻纸或杂志时,著作人受第四十四条处罚者,以对于其事项之登载具名负责者为限。受第四十七条处罚之著作人亦同。

第四十九条 违犯第二十七条所定之停止发行命令发行新闻纸或杂志者,处二百元以下罚金。

第五十条 妨害第三十条所定扣押处分之执行者,处二百元以下罚金。

第五十一条 发行人违犯第二十九条第一项所定之禁止者,处一年以下有期徒刑、拘役或一千元以下之罚金。其知情而出售或散布该项出版品者,处六月以下有期徒刑、拘役或五百元以下罚金。

违犯第三十二条第一项所定之禁止及知情而输入出售或散布该项出版品者,准用前项规定,分别处罚。

第五十二条 妨害第二十九条第一项、第三十二条第二项、第三十三条第二项、第三十四条所定扣押处分之执行者,处六个月以下有期徒刑、拘役或五百元以下罚金。

第五十三条 发行人违犯第三十二条第一项之禁止者,处一年以下有期徒刑或一千元以下之罚金。

第五十四条 本法所定各罪不适用刑法累犯、数罪并发及自首之规定。

第五十五条 本法所定各罪之追诉权一年逾一年而不行使者,因时效而消灭。第四十四条、第四十七条之罪,其追诉权之时效期限自发行日起算。

第七章 附 则

第五十六条 本法施行细则由行政部定之。

第五十七条 本法自公布日施行。

一九三八年七月十五日

第四篇　伪维新政府的新闻法制史料

1. 出版法

（第 18 次立法会议通过）

第一章　总则

第一条　本法称出版品者，谓用机械印版或化学之方法所印制，而供出售或散布之文书、图画及音片。

第二条　出版品分下列三种：

一、新闻纸　以一定名称，其刊期每日或隔六日以下之期间继续发行者。

二、杂志　以一定名称，其刊期每星期或隔三月以下之期间继续发行者。但其内容以登载时事为主要者，视为新闻纸。

三、书籍及其他出版品　凡前二款以外一切出版品属之。新闻或杂志之号外或增刊、副刊，仍视为新闻纸或杂志。

第三条　本法称发行人者，谓主办出版品之人。

第四条　本法称著作人者，谓著述或制作文书、图画、音片之人。笔记他人之演述登载于出版品，或令人登载之者，其笔记人视为著作人。但演述人予以承诺者，应同负著作人之责任。

关于著作物之编纂，其编纂人视为著作人。但原著作人予以承诺者，应同负著作人之责任。

关于著作物之翻译，其翻译人视为著作人。

以学校、公司、会所或其他团体名义著作之出版品，其学校、公司、会所或其团体之代表人视为著作人。

新闻纸所登广告、启事等,以委托人为著作人。如委托人不明或无责任能力者,以发行人为著作人。

第五条　本法称编辑人者,谓掌管编辑新闻纸或杂志之人。

第六条　本法称印刷人者,谓主管印刷事业之人。

第七条　本法称地方主管官署者,为各该地方之市、县政府。

第八条　出版品于发行时,应由发行人分别呈缴下列机关各一份:

(一)内政部。

(二)行政院宣传局。

(三)地方主管官署。

(四)立法院图书馆。

(五)国立图书馆。

改订增删原有之出版品而为发行者亦同。

出版品由官署发行者,应依前二项规定分别寄送。

第二章　新闻纸及杂志

第九条　为新闻纸或杂志之发行者,应由发行人于首次发行前,填具登记声请书声请。发行所所在地之地方主管官署须十五日内审核登记事项后,仍照程序呈转内政部核准,始得发行。内政部接到前项登记声请书后,应于一月内核定之,并发给登记证。登记声请书应载明下列事项:

一、新闻纸或杂志之名称;

二、社务组织;

三、资本数目及经济状况;

四、发行所暨印刷所之名称及其所在地;

五、刊期及编辑之大纲;

六、发行人及编辑人之姓名、年龄、性别、经历及住所。

新闻纸或杂志在本法施行前已开始发行者,应于本法施行后二个月内声请为前项之登记。

第十条　前条所定登记之事项有变更者,发行人应于变更后七日内为变更登记之声请。发行人有变更者,应缴还原登记证,按照前条程序重行登记。

第十一条　前二条登记不收费用。

第十二条　新闻纸中专以发行通讯稿为业者。地方主管官署于必要时,得派员检查其社务组织及发行状况。

第十三条　下列各款之人,不得为新闻纸或杂志之发行人、编辑人:

一、在国内无住所者。

二、未成年人或禁治产者。

三、现役军人。

四、被处徒刑,或一月以上拘役,在执行中者。

五、褫夺公权尚未复权者。

第十四条　有下列情形之一者,得禁止其为新闻纸或杂志之发行人或编辑人:

一、违反第二十二条之规定受刑事处分者。

二、因贪污或诈欺行为受刑事处分者。

第十五条　新闻纸或杂志废止发行者,原发行人应按照登记时之程序声请注销登记。

新闻纸逾所定刊期已满二个月,杂志逾所定刊期已满四个月,尚未发行者,视为发行之废止。

第十六条　新闻纸或杂志应记载发行人及编辑人之姓名、登记证号数、发行年月日、发行所、印刷所之名称及所在地。

第十七条　新闻纸或杂志之发行人,应于发行时日起,按期依照本法第八条之规定,寄送各机关及当地之警察机关。

第十八条　新闻纸或杂志登载之事项,本人或直接关系人请求更正或登载辩驳书者,在日刊之新闻纸,应于接到请求后,三日内依照更正或登载辩驳书之全部;在其他新闻纸或杂志,应于接到请求后第二次发行前为之。但其更正或辩驳之内容显违法令,或未记明请求人之姓名、住所,或自原登载之日起逾六个月而始行请求者,不在此限。

更正或辩驳书之登载,其地位及字之大小应与原文所登载者相当。

第三章　书籍及其他出版品

第十九条　书籍或其他出版品,应于其末幅记载著作人,发行人之姓名、住所、发行年月日、发行所及印刷所之名称及所在地。

第二十条　通知书、章程、营业报告书、目录、传单、广告、戏单、秩序单、各种表格、证书、证券、照片及音片，不适用前条及第八条之规定。

第二十一条　有关政治之传单或标语，非经地方主管官署许可，不得印刷或发行。

第四章　出版品登载事项之限制

第二十二条　出版品不得有下列各款之记载：

一、意图颠覆政府或损害中华民国利益者。

二、意图煽惑人心而宣传共产或相类似之主义者。

三、蔑视国家之制度，污辱政府之行为，暨明知其事实虚伪或附会而公然主张或揭载之者。

四、意图破坏公共秩序者。

五、诋毁外国元首或驻在本国之他国外交官长者。

第二十三条　出版品不得为妨害善良风俗之记载。

第二十四条　出版品不得登载禁止公开诉讼事件之辩论。出版品于未经宣判之案件，不得对于法院之审理为暗示或为胜负之推测。

第二十五条　战时或遇有变乱及其他特殊必要时，得依政府之命令，禁止或限制出版品关于政治、军事、外交或地方治安事项之登载。

第二十六条　以广告、启事等之方式登载于出版品者，应受前四条限制。

第五章　行　政　处　分

第二十七条　不为第九条之声请登记，或就应登记之事项为不实之陈述而发行新闻纸或杂志者，得停止该新闻纸或杂志之发行。

不为第十条之声请变更登记而发行新闻纸或杂志者，得于其为合法之声请登记前，停止该新闻纸或杂志之发行。

第二十八条　前条所定之处分，其出版品在县或普通市政府所在地发行者，由该县、市政府执行，并呈请省政府核转内政部备案。在特别市政府所在地发行者，由该市政府执行，并呈请内政部备案。

第二十九条　内政部认□出版品载有第二十二条各款所列事项之一或违背第二十

五条所定禁止或限制之事项者,得指明该事项,禁止出版品之出售及散布,并得于必要时扣押之。

依前项规定扣押之出版品,如经发行人之请求,得于除去该事项后或禁令解除后返还之。

第一项所定,其情节轻微者,得由内政部予以纠正或警告。

第三十条　地方主管官署查有前条第一项之出版品,如认为必要时,得暂行禁止该出版品之出售、散布,或暂行扣押,同时依照程序呈转内政部核办。

第三十一条　国外发行之出版品,有应受第二十九条第一项或第三十四条第一项处分者,内政部得禁止其进口;或于其进口时命令当地机关扣押之。

第三十二条　因新闻纸或杂志所载事项,依第二十九条第一项所定之处分,而其情节重大者,内政部得定期或永久停止其发行。违背前项禁止而发行之新闻纸或杂志,地方主管官署应扣押之。

第三十三条　扣押书籍或其他出版品,如认为必要时,得并扣押其底版。依前项规定扣押之底版,准用第二十九条第二项之规定。

第三十四条　出版品之记载,除有触犯刑法规定应依法办理外,其有违反第二十三条之规定情形较重大者,地方主管官署经由内政部核准,得禁止其出售、散布,并得于必要时扣押之。

前项出版品如为新闻纸或杂志,并得定期停止其发行。

第三十五条　新闻纸因受本章之行政处分而诉愿者,除有不可抗力之事由外,应于十日内决定之。

第六章　罚　则

第三十六条　发行人违反第八条第一项或第二项之规定暨第十七条之规定者,处一百元以下之罚金。

第三十七条　发行人不为第九条或第十条之声请登记而发行新闻纸或杂志者,处二百元以下之罚金。

第三十八条　第十三条所列各款之人,或因第十四条各款情形之一而受禁止之人,发行或编辑新闻纸或杂志者,处二百元以下之罚金。

第三十九条　发行人违反第十五条第一项之规定者,处一百元以下之罚金。

第四十条　出版品不为第十六条或第十九条所定之记载或记载不实者，处发行人二百元以下之罚金。

第四十一条　编辑人违反第十八条之规定者，处二百元以下之罚金。

第四十二条　发行人或印刷人违反第二十一条之规定者，处一百元以下之罚金。

第四十三条　违反第二十二条之规定者，处发行人、编辑人、著作人及印刷人一年以下有期徒刑、拘役或一千元以下之罚金。

第四十四条　违反第二十三条或第二十四条之规定者，处编辑人及著作人拘役或三百元以下之罚金。

第四十五条　违反第二十五条之禁止或限制者，处发行人、编辑人、著作人及印刷人一年以下有期徒刑、拘役或一千元以下之罚金。

第四十六条　出版品为新闻纸或杂志时，著作人受第四十三条之处罚者，以对其事项之登载具名负责者为限。受第四十五条处罚之著作人亦同。

第四十七条　违背第二十七条、第三十四条第二项所定之停止发行命令发行新闻纸或杂志者，处二百元以下之罚金。

第四十八条　妨害第三十条、第三十四条第一项所定禁止或扣押处分之执行者，处二百元以下之罚金。

第四十九条　发行人违反第二十九条第一项所定之禁止者，处一年以下有期徒刑、拘役或一千元以下之罚金。其知情而出售或散布该项出版品者，处六个月以下有期徒刑、拘役或五百元以下之罚金。违背第三十一条所定之禁止及知情而输入出售或散布该项出版品者，准用前项规定分别处罚。

第五十条　妨害第二十九条第一项、第三十一条、第三十二条第二项、第三十三条第一项所定扣押处分之执行者，处六个月以下有期徒刑、拘役或一千元以下之罚金。

第五十一条　发行人违背第三十二条第一项之禁止者，处一年以下有期徒刑、拘役或一千元以下之罚金。其知情而出售或散布该项新闻纸或杂志者，处六个月以下有期徒刑、拘役或五百元以下之罚金。

第五十二条　本章所定罚则如刑法别有规定者，从其规定。

第七章　附则

第五十三条　本法施行细则由内政部定之。

第五十四条　本法自公布日施行。

一九三八年九月三日

2. 著作权法

（第 18 次立法会议通过）

第一章　总则

第一条　就下列著作物依本法注册，专有重制之利益者，为有著作权：

一、书籍、论著及说部。

二、乐谱、歌词、剧本。

三、图画、字帖。

四、照片、雕刻模型。

五、其他关于文艺、学术或美术之著作物。

就乐谱、歌词、剧本有著作权者，并得专有公开演奏或排演之权。

第二条　著作物之注册，由维新政府内政部掌管之。

内政部对于依法令应受教育部审查之教科图书，于未经教育审查前，不予注册。

第三条　著作权得转让于他人。

第二章　著作权之所属及限制

第四条　著作权归著作人终身享有之。并得于著作人亡故后，由承继人继续享有三十年。但别有规定者，不在此限。

第五条　著作物系由数人合作者，其著作权归各著作人共同终身享有之。著作人中有亡故者，由其承继人继续享有其权利。

前项承继人得继续享有其权利，迄于著作人中最后亡故者之亡故后三十年。

第六条　著作物于著作人亡故后始发行者，其著作权之年限为三十年。

第七条　著作物系用官署、学校、公司、会所或其他法人或团体名义者，其著作权之年限亦为三十年。

第八条　不著姓名或用假设名号之著作物，其著作权之年限为三十年。

前项年限未满，改用真实姓名者，适用第四条之规定。

第九条　照片得由著作人享有著作权十年。但受他人报酬而著作者，不在此限。

刊入文艺、学术著作物中之照片，如系特为该著作物而著作者，其著作权归该著作物之著作人享有之。

前项照片著作权，在该文艺、学术著作物之著作权未消灭前继续存在。

第十条　从一种文字著作以他种文字翻译成书者，得享有著作权二十年。但不得禁止他人就原著另译。其译文无甚差别者，不在此限。

第十一条　著作权之年限，自最初发行之日起算。

第十二条　著作物系编号逐次发行或分数次发行者，应于首次呈请注册时声明之。嗣后每次仍应践行呈报之程序。

前项后段所定呈报程序，限于定期刊物，内政部得准其省略之。

第十三条　著作物系编号逐次发行者，其著作权之年限，自每号最初发行之日起算。

著作物系分数次发行者，其著作权之年限，自其最后部分发行之日起算。但该著作物虽未完成，其应行继续之部份已逾三年尚未发行者，以已发行之末一部份视为最后之部份。

前项规定，于第一次注册时预行声明继续发行之期限者，不适用之。

第十四条　著作权人亡故后，若无承继人，其著作权视为消灭。

第十五条　著作权之移转及承继，非经注册，不得对抗第三人。

第十六条　著作物系由数人合作，而有少数人或一人不愿发行者，如性质上可以分割，应将其所作部份除外而发行之。其不能分割者，应由余人酬以相当之利益，其著作权则归余人所有。但该少数人或一人不愿列名于著作物者，听之。

第十七条　出资聘人所成之著作物，其著作权归出资人享有之。但当事人间有特约者从其特约。

第十八条　讲义演述虽经他人笔述，或由官署学校印刷，其著作权仍归讲演人享有之。但别有约定或经讲演人之允许者，不在此限。

第十九条　就他人之著作阐发心理或以与原著作物不同之技术制成美术品者，得视为著作人，享有著作权。

第二十条　下列著作物不得享有著作权：

一、法令、约章及文书、案牍。

二、各种劝诫及宣传文字。

三、公开演说而非纯属学术性质者。

第二十一条 揭载于报纸、杂志之事项，得注明不许转载。其未经注明不许转载者，转载人须注明其原载之报纸或杂志。

第二十二条 内政部于著作物呈请注册时，发现其有显然破坏国际和平或违背法律规定者，得拒绝注册。

第三章 著作权之侵害

第二十三条 著作权经注册后，其权利人得对于他人之翻印、仿制或以其他方法侵害其利益者，提起诉讼。

第二十四条 接受或承继他人之著作权者，不得将原著物改窜、割裂、变匿姓名或更换名目发行之。但得原著作人同意或受有遗嘱者，不在此限。

第二十五条 著作权年限已满之著作物，视为公共之物。但不问何人不得将原著改窜、割裂、变匿姓名或更换名目发行之。

第二十六条 冒用他人姓名发行自己之著作物者，以侵害他人著作权论。

第二十七条 未发行著作物之原本及其著作权，不得因债务之执行而受强制处分。但已经本人允诺者，不在此限。

第二十八条 下列各款情形经注明原著作之出处者，不以侵害他人著作权论：

一、节选众人著作成书，以供普通教科书及参考之用者。

二、节录引用他人著作以供自己著作之参证注释者。

第二十九条 著作权之侵害，经著作人提起诉讼时，除依本法处罚外，被侵害人所受之损失应由侵害人赔偿。

第三十条 著作物系由数人合作者，著作权受侵害时，得不俟余人之同意提起诉讼，请求赔偿其所受之损失。

第三十一条 因著作权之侵害提起民事或刑事诉讼时，得由原告或告诉人请求法院，将涉于假冒之著作物暂行停止其发行。于前项处分后，经法院审明并非假冒，其判决确定者，被告因停止发行所受之损失，应由原告或告诉人赔偿之。

第三十二条 著作权之侵害，若法院审明并非故意假冒者，得免处罚。但须将被告所已得之利益偿还原告。

第四章 罚则

第三十三条 翻印、仿制及以其他方法侵害他人之著作权者,处五百元以下、五十元以上之罚金。其知情代为发售者同。

第三十四条 违反第二十四条之规定者,处四百元以下、四十元以上之罚金。

第三十五条 违反第二十五条之规定者,处三百元以下、三十元以上之罚金。

第三十六条 注册时呈报不实者,处二百元以下、二十元以上之罚金,并得注销其注册。

第三十七条 未经注册之著作物,于其末幅假填某年月日业经注册之字样者,处四百元以下、四十元以上的罚金。

第三十八条 依本章处罚之著作物,没收之。

第三十九条 第三十三条、第三十四条之罪,须告诉乃论。但犯第三十四条之罪而原著作人亡故者,不在此限。

第四十条 本章所定罚则如刑法别有规定者,从其规定。

第五章 附则

第四十一条 本法施行细则由内政部规定之。

第四十二条 本法自公布日施行。

一九三八年九月三日

第五篇　汪伪民国政府的新闻法制史料

1. 全国重要都市新闻检查暂行办法

（行政院会议通过）

第一条　宣传部为防止破坏和平、反共建国国策之一切反动宣传起见，制定重要都市新闻检查暂行办法。

第二条　宣传部认为有实施新闻检查之必要时，得派员设立首都暨各地新闻检查所，主持各该地新闻检查事宜。

第三条　各新闻检查所设主任一人，主持所务；必要时得增设副主任一人襄助之。主任、副主任由宣传部委派。各所于主任、副主任之下，设检查员若干人，由主任呈请宣传部委派之。各所于必要时，得呈准宣传部酌用事务员、雇员各若干人。

第四条　各检查所遇必要时，得商请当地行政、军警机关，派员会同检查。

第五条　凡新闻纸及通讯社所刊布之一切稿件，除宣传部认为不必检查者可免检查外，均得施行检查。

第六条　各报社、通讯社于发行前，均须将全部新闻、言论、图片、广告等稿件，一次或分次送当地新闻检查所检查。其送检手续如下：

一、各通讯社须备具所发行之稿件两份送所检查；其重要消息，须于付印前将原稿送所检查。

二、各报社须备具其采用之稿件小样两份，送所检查；其重要言论及消息，须于付排前将原稿送所检查。

第七条　各检查所接受检查时间：每日自上午十一时至翌晨三时止，必要时得酌量提前或延长之。

第八条　凡各稿一经检查,除准许刊载者逐条加盖检讫图章发还外,其不妥者,照下列办法分别处理之:

一、一部分不妥者,予以删改,并加盖删改图章发还之;

二、全部不妥者,不准刊载,并加盖免登图章发还之。其送检之原稿,免登者留所存查。

三、虽稿件内容尚无不合,但未至发表时期者,予以缓登,并加盖缓登图章发还之。其送检原稿,缓登者,留所存查。至可发表时,由所发还原稿,或通知各报社发表之。

第九条　凡经检查发还之稿件,各报社、通讯社须保存一个月,以备查考。

第十条　各报社须于新闻出版后,各通讯社须于稿件刊印后,即以三份尽先送各该地检查所备查。

第十一条　凡含有下列性质之新闻及稿件,应一律予以删扣:

一、关于违反和平反共建国国策,破坏三民主义或其他有反动形迹者;

二、关于挑拨离间,企图倾覆政府,危害民国者;

三、关于造谣惑众,希图扰乱地方,破坏金融者;

四、关于损害中华民国利益者;

五、关于破坏邦交者;

六、关于泄漏政治、军事、外交应守秘密者;

七、关于妨害善良风俗者;

八、关于破坏公共安宁秩序者;

九、关于诉讼事件依法尚未公开及不许登载者;

十、其他经宣传部通令禁止发表者。

第十二条　各报社、通讯社如有下列情形之一者,应按情节轻重分别予以处分:

一、不依照规定将稿件送检查,或未经将稿件送检查而先行发表者;

二、不遵照删改稿件刊登者;

三、对于应缓登或免登之消息仍行披露或私自泄漏,查有实据者;

四、其他违反各该当地检查所之规定或命令者。

上列各项之新闻及稿件,其承印之印刷所亦应予以处分。

第十三条　违反前条规定之报社、通讯社及印刷所,其处分分为下列四种:

一、警告;

二、禁止当日发行；

三、有期停刊或停业；

四、无期停刊或停业，或并封闭馆所及没收机器生财。

第十四条　前条规定四种处分，得按照情节轻重迳予执行。但凡经警告处分两次以上者，得予以有期停刊；经处分有期停刊至两次以上者，得予以无期停刊处分。

第十五条　有期停刊或停业时期以一日至一月为限，执行时得视其情节轻重为日数之规定。

第十六条　警告处分及禁止当日发行，得由各地检查所迳予决定。其有期停刊或停业及无期停刊或停业处分，应呈请宣传部核定。

第十七条　各报社、通讯社、印刷所受有期停刊或停业，或无期停刊或停业之处分时，宣传部认为情节重大者，得并将其负责人移送法院依法诉究。

第十八条　各报社、通讯社如有泄漏特别重要机密，或触犯第十一条所列各项规定，因而引起国家重大事件者，应照危害民国论罪。

第十九条　检查人员对于检查时被删扣之任何新闻稿件内容，均应绝对严守秘密。

第廿条　本办法如有未尽事宜，得由宣传部呈准行政院修正之。

第廿一条　本办法呈奉行政院核准施行。

一九四〇年十月一日

2. 修正电影检查法全文

（府文训字第 187 号修正公布）

第一条　凡电影片，无论本国制或外国制，非依本法检查核准后，不得映演。

第二条　电影片有左列情形之一者不得核准：

一、有损中华民族之尊严者。

二、违反三民主义及现行国策者。

三、妨害善良风俗或公共秩序者。

第三条　电影检查由宣传部电影检查委员会办理之。

第四条　凡本国制或外国制之电影片，应由持有人于影片发行或映演前，备具声请书及详细说明书各二份，连同本片，向宣传部电影检查委员会声请检查。

第五条　声请书应记载左列各事项

一、电影片名称及节目如系外国制者,应将原名及译名一并记载。

二、卷数幕数及尺数。

三、影片价格。

四、制作之年月及地点。

五、制作人及主要表演人之姓名、住址、略历。

六、声请人之姓名、住址、略历。

第六条　电影检查委员会检查电影片,认为无第二条所规定之情形者,应即发给准演执照。

第七条　电影片准演执照以三年为有效期间,期满后应另声请检查,前项期间内准演执照如有损毁或遗失时,得声请补给。

第八条　有准演执照之电影片,于映演时应由映演人将执照向当地警察主管机关呈验,不得收费。

前项电影片于映演时,如发现有轶出原核准之范围者,当地警察主管机关除即予禁止映演外,并呈请电影检查委员会撤销其准演执照。

第九条　有准演执照之电影片,如变更名称及节目时,应依本法重行声请检查。

第十条　电影检查委员会得派员携带检查证至映演电影片之场所检查。

前项人员得要求映演人呈验影片底本及准演执照。

第十一条　违反本法之规定者,得处声请人或映演人以三百元以下之罚金。

第十二条　电影检查委员会检查影片得收检查费,其收费办法由电影检查委员会另行拟定,呈由宣传部核呈行政院通过施行。

第十三条　本法施行细则由宣传部呈准行政院定之。

第十四条　本法自公布日施行。

民国二十九年十一月廿五日

3. 出版法

（修正公布）

第一章　总则

第一条　本法称出版品者,谓用机械印版或化学之方法所印制,而供出售或散布之文书、图画。

第二条　出版品分下列三种：

一、新闻纸　指用一定名称，其刊期每日或隔六日以下之期间继续发行者而言。

二、杂志　指用一定名称，其刊期每星期或隔二月以下之期间继续发行者而言。但其内容以登载时事为主要者，仍视为新闻纸。

三、书籍及其他出版品　凡前二款以外之一切出版品属之。

四、新闻纸或杂志之号外或增刊、副刊等，视为新闻纸或杂志。

第三条　本法称发行人者，谓主办出版品之人。

第四条　本法称著作人者，谓著作文书、图画之人。笔记他人之演述，登载于出版品或令人登载之者，其笔记之人视为著作人。

但演述人予以承诺者，应同负著作人之责任。关于著作物之编纂，其编纂人视为著作人。但原著人予以承诺者，应同负著作人之责任。

关于著作物之翻译，其翻译人视为著作人。关于专用学校、公司、会所或其他团体名义著作之出版品，其学校、公司、会所或其他团体之代表人，视为著作人。

新闻纸所登载广告、启事，以委托登载人为著作人。如委托登载人不明，或无负民事责任之能力者，以发行人为著作人。

第五条　本法称编辑人者，谓掌管编辑新闻纸或杂志之人。

第六条　本法称印刷人者，谓主管印刷事业之人。

第七条　本法称地方主管官署者，为各地警察机关。

第八条　出版品于发行时，应由发行人分别呈缴下列机关各一份：

一、宣传部。

二、警政部。

三、地方主管官署。

四、国立图书馆及立法院图书馆。

改订增删原有之出版品而为发行者亦同。党政机关之出版品，应依前二项规定，分别寄送。

第二章　新闻纸及杂志

第九条　为新闻纸或杂志之发行者，应由发行人于发行前填具登记声请书，呈由发行所所在地之地方主管官署，于十五日内呈转省政府或行政院直辖市政府审查。省政府或行政院直辖市政府，于接到前项登记声请书后，应于十五日内，连同审查意见，转请宣传部核定，发给登记证。宣传部于发给登记证后，应将核准登记经过咨达警政部。登记声请书应载明下列事项：

一、新闻纸或杂志之名称；

二、刊载稿件之种类及性质；

三、社务组织；

四、资本数目、来源及经济状况；

五、刊期，发行新闻纸者，并载明其版数；

六、发行所及印刷所之名称及所在地；

七、发行人、编辑人、印刷人之姓名、年龄、经历及住所。

第十条　第九条所定应声请登记之事项有变更者，其发行人应于变更后十日内，按照登记时之程序，声请变更登记。

前项变更登记之声请，如系变更新闻纸或杂志之名称或发行人者，应附缴原领登记证，按照第九条之规定重行登记。

第十一条　第九条及第十条之登记，不收费用。

第十二条　新闻纸中专以发行通讯稿为业者，地方主管官署于必要时，得派员检查其社务组织及发行状况。

第十三条　有下列情形之一者，不得为新闻纸或杂志之发行人或编辑人。

一、国内无住所者。

二、禁治产者。

三、被处徒刑，或一月以上之拘役，在执行中者。

四、褫夺公权尚未复权者。

第十四条　有下列情形之一者，得禁止其为新闻纸或杂志之发行人或编辑人：

一、因违反第二十一条之规定受刑事处分者。

二、因贪污或诈欺行为受刑事处分者。

第十五条　新闻纸或杂志废止发行者，原发行人应按照登记时之程序，声请注销登记。新闻纸逾所定刊期已满三个月，杂志逾所定刊期已满六个月，尚未发行者，视为废止发行。

第十六条　新闻纸或杂志应记载发行人之姓名、登记证号数、发行年月日、发行所、印刷所之名称及所在地。

第十七条　新闻纸或杂志登载之事项，本人或直接关系人请求更正或登载辩驳书者，在日刊之新闻纸，应于接到请求后，三日内更正或登载辩驳书；在其他新闻纸或杂志，应于接到请求后第二次发行前为之。但其更正或辩驳之内容，显违法令，或未记明请求人之姓名、住所，或自原登载之日起逾六个月而始行请求者，不在此限。更正或辩驳书之登载，其地位应与原文所登载者相当。

第三章　书籍及其他出版品

第十八条　书籍或其他出版品，应于其末幅记载著作人、发行人之姓名、住所、发行年月日、发行所、印刷所之名称及其所在地。

前项书籍或其他出版品，应向警政部登记。

第十九条　通知书、章程、营业报告书、目录、传单、广告、戏单、秩序单、各种表格、证书、证券及照片，不适用第八条之规定。

第二十条　有关政治之传单或标语，非经地方主管官署许可，不得印刷发行。

第四章　出版品登载事项之限制

第二十一条　出版品不得为下列各款言论或宣传之记载：

一、意图破坏三民主义或违反国策者。

二、意图颠覆国民政府或损害中华民国利益者。

三、意图破坏公共秩序者。

四、经宣传部命令禁止登载者。

第二十二条　出版品不得为妨害善良风俗之记载。

第二十三条　出版品不得登载禁止公开诉讼事件之辩论。

第二十四条　战时或有变乱及其他特殊必要时，得依国民政府命令之所定，禁止或限制出版品关于政治，军事，外交或地方治安事项之登载。

第二十五条　以广告、启事等方式登载于出版品者，应受前四条所规定之限制。

第五章　行　政　处　分

第二十六条　未经核准登记之新闻纸、杂志不得发行。印刷人并不得承印。就应登记之事项为不实之陈述而发行新闻纸或杂志者,经发觉后,得停止该新闻纸或杂志之发行。

不为第十条之声请变更登记而发行新闻纸或杂志者,得于其为合法之声请登记前,停止该新闻纸或杂志之发行。

第二十七条　前条所定处分,其出版品在县政府或市政府所在地发行者,应呈转省政府核准。在省政府或行政院直辖市政府所在地发行者,应呈请宣传部核准,方得执行。省政府核准执行者,应咨报宣传部备案。

第二十八条　出版品载有第二十一条所列事项之一或违背第二十四条所定禁止或限制之事项者,得禁止出版品之出售及散布,并得于必要时扣押之。

依前项之规定扣押之出版品,如经发行人之请求,得于删除该事项之记载或禁令解除时退还之。

第一项所定,其情节轻微者,得由地方主管官署呈准该省政府或市政府予以警告,并由该省政府或市政府转报宣传部及警政部。

第二十九条　地方主管官署,查有前条第一项之新闻纸、杂志或书籍及其他出版品,如认为必要时,得暂时禁止出版品之出售、散布,或暂行扣押,同时呈由省政府或行政院直辖市政府,分别转报宣传部或警政部核办。

第三十条　前条所定处分,其出版品如为新闻纸或杂志,在县政府或市政府所在地发行者,应呈转省政府核办;在省政府或行政院直辖市政府所在地发行者,应呈转宣传部核办。

第三十一条　国外发行之出版品,有应受第二十八条第一项或第三十四条第一项处分之情形者,宣传部得禁止其进口。

依前项规定禁止进口之出版品,省政府或市政府得于其进口时扣押之。

第三十二条　因新闻纸或杂志所载事项,依第二十八条第一项所定之处分,而其情节重大者,宣传部得定期或永久停止其新闻纸或杂志之发行。

违背前项禁止而发行之新闻纸或杂志,地方主管官署应扣押之。

第三十三条　扣押书籍或其他出版品,于必要时并得扣押其底版。

依前项规定之底版,准用第二十八条第二项之规定。

第三十四条　出版品之记载,有违反第二十二条之规定,情形较为重大者,警政部或地方主管官署呈经警政部核准,得禁止其出售、散布;并得于必要时扣押之。

前项出版品,如为新闻纸或杂志,宣传部或地方主管官署呈转宣传部核准,得禁止其出售、散布,并得定期停止其发行。

第三十五条　发行人违反第八条第一项或第二项之规定,不呈缴出版品者,处十元以下罚款。

第三十六条　发行人不为第九条或第十条之声请登记而发行新闻纸或杂志者,处三十元以下罚款。

第三十七条　第十三条各款所列之人,或因第十四条各款情形之一而受禁止之人发行、编辑新闻纸或杂志者,处三十元以下罚款。

第三十八条　发行人违反第十五条第一项之规定者,处二十元以下罚款。

第三十九条　出版品不为第十六条或第十八条所定之记载或记载不实者,处发行人三十元以下罚款。

第四十条　编辑人违反第十七条之规定者,处三十元以下罚款。

第四十一条　新闻纸因受本章所定之行政处分,向处分机关之上级官署诉愿时,该官署应于接受诉愿后十日内予以决定。

第六章　罚则

第四十二条　发行人或印刷人违反第二十条之规定者,处一百元以下罚金。

第四十三条　违反第二十一条之规定者,处发行人、编辑人、著作人及印刷人一年以下有期徒刑、拘役或一千元以下罚金。

第四十四条　违反第二十二条或第二十三条之规定者,处编辑人或著作人拘役或三百元以下罚金。

第四十五条　违反第二十四条所定之禁止或限制者,处发行人、编辑人、著作人及印刷人一年以下有期徒刑、拘役或一千元以下罚金。

第四十六条　出版品为新闻纸或杂志时,著作人受第四十三条处罚者,以对其事项之登载具名负责者为限。受第四十五条处罚之著作人亦同。

第四十七条　违反第二十六条第一项之规定,处发行人、编辑人及印刷人二百元以下之罚金。违反第二十六条第二项或第三项所定之停止发行命令发行新闻纸或杂志者,处发行人、编辑人、印刷人一百元以下之罚金。

第四十八条　妨害第二十九条所定扣押处分之执行者,处二百元以下罚金。

第四十九条　发行人违背第二十八条第一项所定之禁止者,处一年以下有期徒刑、拘役或一千元以下罚金。其知情而出售或散布该项出版品者,处六月以下有期徒刑、拘役或五百元以下罚金。

违背第三十一条第一项所定之禁止及知情而输入出售或散布该项出版品者,准用前项规定分别处罚。

第五十条　妨害第二十八条第一项、第三十一条第二项、第三十二条第二项、第三十三条所定扣押处分之执行者,处六月以下有期徒刑、拘役或五百元以下罚金。

第五十一条　发行人违背第三十二条第一项之禁止者,处一年以下有期徒刑、拘役或一千元以下罚金。其知情而出售或散布该项新闻纸或杂志者,处六月以下有期徒刑、拘役或五百元以下罚金。

第五十二条　本法所定各罪之追诉权,逾一年而不行使者,因时效而消灭。第四十三条、第四十五条之情形,其追诉权之时效期间,自发行日起算。

第五十三条　本法所定各罪,不适用刑法案犯及数罪并罚之规定。其数罪并发者,从一重处断。

第七章　附　则

第五十四条　本法施行细则由宣传部、警政部会同定之。

第五十五条　本法自公布日施行。

一九四一年一月二十四日

4. 出版法施行细则

（宣传部、警政部会同修正公布）

第一条　本细则依出版法第五十四条之规定订定之。

第二条　出版法及本细则,关于地方主管官署之规定,于特区行政公署或设治局准用之。

第三条　出版品审核标准,除依出版法第四章各条规定者外,并适用行政院会议关于出版品各项决议。

第四条　出版法第二条第一项第二款所称认为新闻纸者,以通常登载时事新闻地位在全部篇幅三分之二以上为标准。

依前项标准计算时,应将登载之广告除去。

第五条 同一新闻纸或杂志,另在他地出版发行者,视为独立之新闻纸或杂志。

第六条 出版法第九条第二项第三款所定登记声请书,应载明之资本数目,如系刊行新闻纸者,得依照下列规定额数:

一、在人口百万以上省政府或市政府所在地刊行报纸者,一万元以上;刊行通讯稿者,三千元以上。

二、在人口未满百万之省政府或市政府所在地刊行报纸者,六千元以上;刊行通讯稿者,一千元以上。

三、在特区行政公署、县政府或设治局所在地刊行报纸者,一千元以上;刊行通讯稿者,二百元以上。但该地向无报社或通讯社之设立,而创刊报纸者,得减低至五百元以上;创刊通讯稿者,得减低至一百元以上。

新闻纸在前项第一款至第三款所定区域以外之地方刊行者,其资本额数得由省、市政府或特区行政公署酌定,分别咨呈宣传部查核备案。

第七条 出版法修正施行前已登记未登记之新闻纸、杂志,应于出版法修正施行后两个月内,依照出版法及本细则之规定,重新或补行登记。

不依前项规定期限重新或补行登记者,得依出版法第二十六条之规定,停止该新闻纸或杂志之发行。

第八条 出版法第九条第二项第六款所定登记声请书应载明之经历,如为新闻纸之发行人时,以具有下列资格之一者为合格:

一、在教育部认可之国内外大学或专科学校毕业,得有证明书者。

二、在教育部认可之高级中学毕业,并服务新闻事业三年以上,有证明书者。

三、在新闻事业之主管机关服务三年以上,有证明文件者。

四、服务新闻事业五年以上,有相当证明文件者。

第九条 新闻纸或杂志之发行人,依出版法第九条声请登记时,应照规定格式填具登记声请书四份,并附缴本人最近二寸半身照片二张为之。

第十条 地方主管官署,于依出版法第九条第一项呈转新闻纸或杂志之登记声请时,应于审查意见表内,加具意见,以一份存查,三份呈送省政府或行政院直辖之市政府。

第十一条 省政府或行政院直辖之市政府,于依出版法第九条第二项审查新闻纸或杂志之登记声请后,除不予核转登记者迳行饬知并咨报宣传部外,其准予核转登记者,于登记声请书内加具意见,一份存查,二份咨送宣传部。

第十二条　前三条规定于新闻纸或杂志变更登记或注销登记时准用之。

第十三条　新闻纸或杂志因转让发行而声请变更登记者,应由前发行人与新发行人共同具名声请之。

第十四条　地方主管官署,于依出版法第十二条检查通讯社之社务组织及发行状况时,应将检查结果呈报省政府或行政院直辖之市政府,转报宣传部,并由宣传部函达警政部。

第十五条　登记证因故遗失或损坏时,其发行人应即登报声明作废,并检同所登声明报纸,呈请地方主管官署转请补发之。

违反前项规定者,准用出版法第三十八条之规定处罚之。

第十六条　出版法第八条第一项第四款所称国立图书馆,以国立中央图书馆及国立北平图书馆为限。

第十七条　发行人依出版法第八条第一项或第二项呈缴出版品时,应备出版品呈缴簿,盖用邮政机关或呈缴机关之递寄或收受戳记,以备查考。

第十八条　宣传部如发现新闻纸或杂志有应受出版法处分之情形,于执行处分时,应函知警政部备查,并得咨请协助办理之。

第十九条　出版法第二十六条第二项所定陈述不实之停止处分,地方主管官署或省、市政府于依出版法第二十七条所定程序办理前,应令该发行人呈覆,并派员查明之。

第二十条　地方主管官署依出版法第二十八条第三项得予警告之出版品,以新闻纸及杂志为限。

前项警告应以书面行之。

第二十一条　新闻纸及杂志因事暂行停刊时,其发行人应呈报地方主管官署转报宣传部,并由宣传部函达警政部。

前项停刊日数,每年积计。在新闻纸不得逾三个月,在杂志不得逾六个月,违者得注销其登记。

发行人违反第一项规定者,准用出版法第三十八条之规定处罚之。

第二十二条　有关政治之传单或标语经宣传部核准者,得免除出版法第二十条规定之手续。

第二十三条　出版法及本细则所规定之声请书登记证等格式另订之。

第二十四条　本细则如有未尽事宜,由宣传部、警政部会同修正之。

第二十五条　本细则自出版法施行之日施行。

一九四一年一月二十五日

5. 著作权法

（府文训字第180号修正公布）

第一章　总则

第一条　就左列著作物依本法注册,专有重制之利益者,为有著作权：

一、书籍、论著及说部；

二、乐谱、剧本；

三、图画、字帖；

四、照片、雕刻模型；

五、其他关于文艺、学术或美术之著作物。

就乐谱、剧本有著作权者,并得专有公开演奏或排演之权。

第二条　著作物之注册,由国民政府警政部掌管之。警政部对于依法令应受教育部审查之教科图书,于未经教育部审查前,不予注册。

第三条　著作权得转让于他人。

第二章　著作权之所属及限制

第四条　著作权归著作人终身有之。并得于著作人亡故后,由继承人继续享有三十年。但别有规定者,不在此限。

第五条　著作物系由数人合作者,其著作权归各著作人共同终身有之。著作人中有亡故者,由其继承人继续享有其应有之权利。

前项继承人得继续享有其权利,迄于著作人中最后亡故者之亡故后三十年。

第六条　著作物于著作人亡故后始发行者,其著作权之年限为三十年。

第七条　著作物系用官署、学校、公司、会所或其他法人或团体名义者,其著作权之年限亦为三十年。

第八条　不著姓名或用假设名号之著作物,其著作权之年限为三十年。前项年限未满,而改用真实姓名者适用第四条之规定。

第九条　照片得由著作人享有著作权十年。但受他人报酬而著作者,不在此限。刊入文艺、学术著作物中之照片,如系特为该著作物而著作者,其著作权归该著作物之著作人享有之。

前项照片著作权,在该文艺、学术著作物之著作权未消灭前继续存在。

第十条　从一种文字著作以他种文字翻译成书者,得享有著作权二十年。但不得禁止他人就原著另译。其译文无甚差别者,不在此限。

第十一条　著作权之年限,自最初发行之日起算。

第十二条　著作物系编号逐次发行或分数次发行者,应于首次呈请注册时声明之。嗣后每次发行,仍应履行呈报之程序。

前项后段所定呈报程序,限于定期刊物得由警政部准其省略之。

第十三条　著作物系编号逐次发行者,其著作权之年限,自每号最初发行之日起算。

著作物系分数次发行者,其著作权之年限自其最后部分最初发行之日起算;但该著作物虽未完成,其应行继续之部分已逾三年而尚未发行者,以已发行之末一部分视为最后之部分。

前项规定,于第一次注册时预行声明继续发行之期限者,不适用之。

第十四条　著作权人亡故后,若无继承人,其著作权视为消灭。

第十五条　著作权之移转及继承,非经注册,不得对抗第三人。

第十六条　著作物系由数人合作,而有少数人或一人不愿发行者,如性质上可以分割,应将其所作部分除外而发行之;其不能分割者,应由余人酬以相当之利益,其著作权则归余人所有。但该少数人或一人不愿列名于著作者,听之。

第十七条　出资聘人所成之著作物,其著作权归出资人有之。但当事人间有特约者,从其特约。

第十八条　讲义、演述虽经他人笔述,或由官署、学校印刷,其著作权仍归讲演人有之。但别有约定或经讲演人之允许者,不在此限。

第十九条　就他人之著作阐发新理或以与原著作物不同之技术制成美术品者,得视为著作人,享有著作权。

第二十条　左列著作物不得享有著作权：

一、法令、约章及文书、案牍。

二、各种劝诫及宣传文字。

三、公开演说而非纯属学术性质者。

第二十一条　揭载于报纸、杂志之事项，得注明不许转载。其未经注明不许转载者，转载人须注明其原载之报纸或杂志。

第二十二条　警政部于著作物呈请注册时，发现其有左列情事之一者，得拒绝注册：

一、显违三民主义及现行国策；

二、其他经法律规定禁止发行者。

第三章　著作权之侵害

第二十三条　著作权经注册后，其权利人得对于他人之翻印、仿制或以其他方法侵害利益提起诉讼。

第二十四条　接受或继承他人之著作权者，不得将原著改窜、割裂、变匿姓名或更换名目发行之。但得原著作人同意或受有遗嘱者，不在此限。

第二十五条　著作权年限已满之著作物，视为公共之物。但不问何人不得将其改窜、割裂、变匿姓名或更换名目发行之。

第二十六条　冒用他人姓名发行自己之著作物者，以侵害他人著作权论。

第二十七条　未发行著作物之原本及其著作权，不得因债务之执行而受强制处分。但已经本人允诺者，不在此限。

第二十八条　左列各款情形经注明原著作之出处者，不得以侵害他人著作权论：

一、节选众人著作成书，以供普通教科书及参考之用者。

二、节录引用他人著作以供自己著作之参证注释者。

第二十九条　著作权之侵害，经著作权人提起诉讼时，除依本法处罚外，被害人所受之损失应由侵害人赔偿。

第三十条　著作物系由数人合作者，其著作权受侵害时，得不俟余人之同意提起诉讼，请求赔偿其所受之损失。

第三十一条　因著作权之侵害提起民事或刑事诉讼时，得由原告或告诉人请求法院,将涉于假冒之著作物暂行停止其发行。

于有前项处分后,经法院审明并非假冒,其判决确定者,被告因停止发行所受之损失,应由原告或告诉人赔偿之。

第三十二条 著作权之侵害,若由法院审明并非故意假冒,得免处罚;但须将被告所已得之利益偿还原告。

第四章 罚则

第三十三条 翻印、仿制及以其他方法侵害他人著作权者,处五百元以下、五十元以上之罚金。其知情代为出售者亦同。

第三十四条 违反第二十四条之规定者,处四百元以下、四十元以上之罚金。

第三十五条 违反第二十五条之规定者,处三百元以下、三十元以上之罚金。

第三十六条 注册时呈报不实者,处二百元以下、二十元以上之罚金,并得注销其注册。

第三十七条 未经注册之著作物,假填某年月日业经注册字样者,处四百元以下、四十元以上之罚金。

第三十八条 依本章处罚之著作物,没收之。

第三十九条 第三十三条、第三十四条之罪,须告诉乃论。但犯第三十四条之罪而原著作人已亡故者不在此限。

第五章 附则

第四十条 本法自公布日施行。

一九四〇年十一月十三日

6. 著作权法施行细则(节摘)

(府文训字第 194 号修正公布)

第一条 凡著作物有左列各款情事之一者,不得依本法呈请注册。

一、未经注册而已通行二十年以上者

二、著作人自愿任人翻印防制者

……

第二条　依本法以著作物呈请注册者,应备样本六份,依后列著作物呈请注册程式,具呈呈送警政部。其在各省、各院辖市或特别区者,得经由各该区域内警察机关,转呈警政部。本法第一条第四款、第五款之著作物不能具备样本者,得以著作物详细说明书或图画代替之,因接收或承继著作权呈请注册者,毋庸备具样本。

第三条　著作物系用官署、学校、公司、会所或其法人或团体名义者,呈请注册时应记明该法人或团体之名称,其事务所所在地及代表人之姓名、住址。

第四条　依本法第八条第二项规定改用真实姓名者,应依照后列著作物改正姓名呈请注册程式呈报。

第五条　本法第十二条第一项情形,应依后列著作物逐次或分次发行呈请注册程式具呈声明。

第六条　因接收或承继注册权呈请注册者,应依后列接受著作权呈请注册程式或承继著作权呈请注册程式具呈为之。

第七条　著作物之注册由警政部将应登记之各事项登记著作物注册簿上为之,著作物注册后,应由警政部发给执照并刊登政府公报公告之。

第八条　欲发行无主之著作物者,应开明事由,呈由警政部于政府公报公告之。自前项最后公告之日满一年无人声明异议者,准其发行。

第九条　凡已注册之著作物,应于其末幅标明某年月日经警政部注册字样,并注明执照号数。

第十条　本法施行前已发行之著作物,自最初发行之日起未满二十年者,仍得以本法呈请注册。

第十一条　本法施行前已注册之著作物,限于在本法施行后一年内补行注册者,其原有之注册仍不失其效力,补行注册应纳公费,按照本细则第十三条规定减轻二分之一。

第十二条　本细则第七条第一项之注册簿,不问何人均得请求准其查阅或抄录之。

第十三条　呈请注册及请求查阅或抄录注册簿等项公费每件定额如左:

一、著作物注册费,该著作物每部定价之五倍,有二种以上之定价者以其最高者为准。

二、承继或接受著作权注册费与第一款同。

三、执照遗失补领费一元。

四、查阅注册簿费五角。

五、抄录注册簿费,每百字五角,未满百字者以百字计算。

第十四条 外国人有专供中国人应用之著作物时,得依本法呈请注册。

前项外国人以其本国承认中国人民得在该国享有著作权者为限,依本条第一项注册之著作物自注册之日起享有著作权十年。

第十五条 本细则自公布日施行

一九四〇年十二月七日

7. 封锁上海租界中外文字反动报纸之宣传及邮递暂行办法（草案）

第一条 上海为国际都市租界,情况特殊。国民政府为封锁庇隐租界、鼻息洋人之中外文字反动报纸作荒谬宣传,利用邮运以达成和平反共建国国策起见,制定封锁上海租界中外文字反动报纸之宣传及邮递暂行办法。

第二条 上海租界中外文字反动报纸之宣传及邮递封锁事宜,应由警政、宣传两部并会沪市最高行政机关及军事机关合组封锁委员会共同办理。

第三条 报纸除业经警政、宣传两部登记核准发行者可不受邮递封锁外,其余之反动报纸及与反动报纸有关之新闻通讯稿、刊物、杂志邮电以及各种包裹文件等,概须封锁、禁止邮递,不许片纸只字逾越租界一步。

第四条 前条规定应受封锁之反动报纸,不论何种文字与任何国籍之发行人,均在封锁之列。

第五条 应受封锁之反动报纸,如经政府最高机关之证明,须作参考资料并经警政、宣传两部认可者,由检查员负责查明属实后得免封锁并许邮递。

第六条 具有左列性质之反动报纸应一律封锁,禁止邮递：

一、关于违反和平反共建国国策之中外文字反动报纸。

二、关于挑拨离间、动摇外交、企图倾覆政府、危害民国之中外文字反动报纸。

三、关于播送谣诼、淆惑听闻,希图扰乱治安、破坏社会善良秩序之中外文字反动报纸。

四、关于散布流言、操纵经济,阴谋破坏金融、动摇国本之中外文字反动报纸。

五、关于泄露军事、政治、外交上应守之秘密,图谋使政府遭受严重后果之中外文字反动报纸。

六、未经警政、宣传两部核准发行之中外文字报纸,及经警政、宣传两部规定不许发行之中外文字反动报纸。

第七条 凡与中外文字反动报纸有关之电讯或新闻稿,对其拍发或邮递均应封锁并扣留之。

第八条 凡与中外文字反动报纸直接、间接发生关系之私人函电,如发觉可疑时得予封锁并扣留之。

第九条 凡查无六七八等条情节,认为确系普通商业之合法报纸,应于检查完毕后立即发还本人或照常邮递之。

第十条 际兹时值非常,租界环境特殊,封锁委员会对封锁上海租界中外文字反动报纸之宣传及邮运工作艰巨,其封锁办法在性质方面应分积极、消极,在形式方面应分秘密、公开,庶乎德威互济、表里为用,而达成严密封锁之目的。

第十一条 积极性之秘密封锁办法如左:

一、在沪租界暨市府辖境内,凡与我和平有关之报馆杂志或通讯社等,应积极扩展充实宣传内容,增加宣传经费,以争取读者之同情,使反动报纸销路日减,自行停闭。

二、组织新闻情报网,调查反动报纸之政治背景、经费来源、负责人与编译采访者之姓名、学历、政治关系、性情嗜好、以及该报每日销数、内部组织等事项。

三、秘密派员参加中外文字反动报纸之报馆内从事工作,密为监视,取得信用后并进行和平理论之宣传。

四、调查反动报纸负责人与干员之亲友关系,以和平正义与私谊感情,不惜苦口婆心谆谆劝勉,予以感化,使其悔悟已往荒谬宣传类多违心之论,而自动来归为我和平文化阵营努力。

第十二条 消极性之公开封锁办法如左:

一、以政府外交手续与上海租界当局交涉,使其明令中外文字反动报纸一律予以停刊。

二、对中外文字反动之报纸,应先将和平理论不厌求详再三劝告,如仍执迷不悟,自应予以严重警告、或施以非常手段迫其觉悟。

三、对租界四周之每个出口处,应由封锁委员会经常派员驻守,对出自租界之人民以及其携带之行李包裹等,应严密检查之。

四、租界邮局内应嘱托邮电检查员,便中注意每日邮寄之报纸内是否有反动报纸夹杂其间,以防秘密邮递。

五、对毗连租界之水陆航空等交通场所,应经常派员驻守检查之。

第十三条　封锁委员会经检查扣留之中外文字反动报纸,应立即焚毁,以免传播,并应将扣毁经过呈报主管机关检查。

第十四条　封锁委员会所委派各检查员于规定工作时间内,应在指定之区域或场所经常驻守执行检查工作,不得擅离职守,自取罪责。

第十五条　封锁委员会设委员七人到九人,由委员人选中公推主任委员一人、副主任委员二人。该会委员应由警政、宣传两部及沪市最高行政机关、军事机关共同派员联合组织之。至所属之检查员或办事员由委员会议决委派之。

第十六条　封锁委员会所需经费应另表预算专案,呈请核发或由各关系机关酌量分担之。

第十七条　本办法通用于上海特殊时期内,一俟中外文字反动报纸全部停闭后即告废止。

第十八条　本办法自公布之日施行。

8. 宣传部直属报社管理规则

（行政院公布）

宣传部为谋报业经营之合理化,直属报社之健全发展,以期国民文化生活之向上,而确立现代独立国家所必具之计划新闻制度,特订立直属报社管理规则。

第一条　凡宣传部直属报社悉依本规则管理之。

第二条　直属报社应遵守中央报业经理处组织章程及其实施细则。

第三条　直属报社之负责人及总编辑由本部委派之。

第四条　直属报社于每年度开始须造具职员名册、工友名册各二份,呈送本部备查,职工有增减调动时并须随时呈报。

第五条　直属报社职员除通讯员外,非经本部许可不得兼任社外职务。

第六条　直属报社各项办事规则须呈报本部备案。

第七条　直属报社于每年度开始应造具编辑计划书、营业计划书、营业损益预算书各二份,于每年度开始前十五日呈部核定。

第八条　直属报社于每年度终须造具各月份营业状况比照表、资产负债比照表及财产目录各二份,于次年度二月末日以前呈部查核。

第九条　直属报社于每月月终须造具营业状况报告表及编辑工作报告表各二份,于次月二十日以前呈部备核。

第十条　直属报社须按日将出版之报纸五份,以最迅速之方法迳寄本部审查,每月底应加寄合订本一册。

第十一条　直属报社应根据本部所颁宣传方针,逐日撰著社论发刊。

第十二条　直属报社在新闻编辑上应以中央电讯社稿件为主体。

第十三条　直属报社除记载真实新闻外,应尽量刊载政府之政治设施、法律制度及建设计划,并纠正一切反动及谬误之言论。

第十四条　直属报社除应遵守出版法外,并应遵守下列之规律:

一、以三民主义及国民政府之和平反共建国政纲为最高原则。

二、绝对服从政府命令,不得为私人所利用。

三、对于本部发交之文字须即行刊载,不得迟延或遗漏。

四、对政府应守秘密等事项不得随意泄漏。

第十五条　直属报社如有违背前条之规定,除依出版法处分外,本部得对其负责人或编辑人,斟酌情节轻重分别议处。办法如左:

一、警告。

二、撤职。

三、查办。

第十六条　本规则如有未尽事宜得由本部修改之。

第十七条　本规则自公布日施行。

一九四一年六月五日

9. 北京新闻检查所检查规则

第一条　为维持公安、肃正言论,制定北京新闻检查所检查规则以检查之。

第二条　本所检查新闻,暂以本市国人经营之日报、晚报、期报及通讯社为限。但必要时承上级机关命令,亦得对外籍人士经营者,施以同样之检查。

第三条　凡市内各报及通讯社,以主管机关许可发行后,应于出版前三日由负责人持同证明文件,到本所接洽,验明无误方许出版,并即开始检查。

第四条　各报除广告版外，凡通称为新闻之各版，皆应出版前全部送检，但必要时广告版亦施行检查。

第五条　各报新闻版，皆应以全部校定之大样或小样，作一次或分数次送检。各通讯社皆应以全部编定之新闻稿一次送检。如有遗漏，即由该报社或通讯社负违检之责。

第六条　各报或通讯社送检之件，均应为同样之两份。一份检讫发还，一份留所备查，并须按照本所检查后指示之方法办理，否则以违检论。

第七条　本所对于送检之件，依据检查标准，决定可否刊登。指示处置办法分为四项：

（一）准发；

（二）准改发（删登或改登）；

（三）缓登；

（四）免登（即扣留）；

逐一钤盖各项印记及用红笔标出，以资识别与证明。

第八条　凡缓登之件在未解放，与免登同样不许登载。但至可以发表时期，随时由本所通知解禁。

第九条　各报或通讯社送检查之件，经检讫发还后，除完全准发外，其有一部分删扣者，应依据发还之一份，照样修正，方得发印。

第十条　本所删扣之件，各报除绝对遵照办理外，并应将删扣之地位设法填补满足，不得故意留空与其他足使阅者怀疑之形迹，否则以违检论。

第十一条　本所删扣各通讯社稿件，除令各该社遵照修正外，为免除遗漏起见，并印发通知书，列举删扣内容，每夜送交各报参考。如通知发出后，临时须补行删扣者，随时以电话通知各报，亦须遵照办理。

第十二条　各报如于本所通知未列之事件发生疑义时，可随时以电话向本所询问，本所当尽量解答。

第十三条　本所每日执行检查时间，系依据事实之需要规定。各报社及通讯社均应在此时间内送检，不得凌越迟误，但遇有修改之必要时，本所得随时通知改定之。

第十四条　本所检查所费时间，依数量多寡、问题轻重，每次由十分钟到三十分钟为率，但须辗转请示及查询来源者不在此限。

第十五条　各报或通讯社违检之处分,依情节轻重分为下列四项:

(一) 警告;

(二) 勒令停刊若干日;

(三) 勒令永久停刊;

(四) 其他涉及刑事之处分。

第十六条　上项违检处分(一)(二)两项,由本所直接以书面行之;(三)(四)两项则呈上级机关命令执行。

第十七条　凡曾经接受警告者满三次后,如仍有违检情事,应受当然停刊之处分。

第十八条　本所为谋检务之周密,得随时随事制定标准,以书面或电话通知各报社、通讯社遵办。

第十九条　本所对各报社、通讯社,随时派员调查其内容,必要时并得制成表格送交各该社填写,均应切实遵办。

第二十条　本市各报社,应各以当日出版之报纸两份,送所检查。

第二十一条　本规则未尽事宜,得随时增订或修改之。

第二十二条　本规则自公布之日施行。

10. 新闻检查所新闻检查标准

一、关于军事新闻及照片禁止披露事项

(1) 关于高级军事机关、要塞、堡垒、军港、军营、仓库、飞行场、测量局及其他有关军事建筑物之组织及设备情形。

(2) 关于军队预定实施之军事计划。

(3) 关于军队之兵力、番号与其行动及军用品之输送、起卸地点或筹备情形。

(4) 关于高级军事长官之行踪及其秘密之军事谈话。

(5) 关于各级军事机关有关军事秘密之会议事项。

(6) 军队驻在地域之治安维持上有不利之记载。

(7) 其他不利于我方之军事新闻。

二、关于军事新闻应予纠正事项

(1) 关于敌我军情与事实不符之记载。

(2) 部队名称不得披露,师旅兵团联大中小队等字样,只以各部队长官名字代之。

（3）飞机之种类及其名称，不得分别披露，如侦察战斗轰炸等字样。

三、关于外事新闻禁止披露事项

（1）足以影响东亚和平之消息。

（2）对外事件正在进行中，其消息或文件尚未经正式公布者。

四、政闻及地方治安新闻禁止披露事项

（1）摇惑人心、易惹暴动，足以酿成地方人民生命财产之重大损失者。

（2）故作危言影响金融，足以引起地方人民日常生活之极度不安者。

（3）对于政府或地方负责主要人，加以无事实根据之恶意的宣传侮辱，以损害信用者。

（4）对于诲淫诲盗、有伤风化，足以败坏善良风俗之记载。

（5）地方上发生有关治安之案件，非经正式公布，无论其是否正在侦查中或全案业已破获者，一律禁止披露。

五、其他应行注意纠正事项

（1）对于友邦君主、皇族、尊族以及其他军政长官之尊严有冒渎情形及不敬之记载。

（2）排日抗日侮日以及类似讽刺文字及照片。

（3）侮辱回教及其教徒之记载。

（4）各报要闻、社会及其他各版之标题，字句如有不妥，应加以适当之修改。

（5）关于登载友邦人士之姓名，必须附加以官称，或于姓名下加一某氏字，以示睦邻之意。

（6）已破获之案件，对于功绩之人员，只可刊登姓，不得披露名号。

（7）各新闻纸如有违犯上项标准所列各情事，得衡其情节之轻重，陈明依法处之。

（8）关于稿件之检扣或删改，遇有疑问，得随时请示决定之。

（9）本标准如有未尽事宜随时修正之。

（10）本标准呈准北京特别市公署核准施行。

11. 取缔不良民众读物暂行办法

（教育部公布）

第一条　本部为纠正民众思想起见，特订定本办法。

第二条　全国各书局、印刷所、店铺、摊贩有发售或出租不良民众读物者，均依本办法取缔之。

第三条　本办法所指民众读物之种类，暂分下列五种：

（一）小说；

（二）刊物（定期或不定期）；

（三）唱本；

（四）连环图画；

（五）花纸。

第四条　凡民众读物有下列事项之一者，均得取缔之。

一、违反国策者；

二、诲淫诲盗者；

三、荒谬怪诞者；

四、提倡迷信者（违反科学）；

五、印刷模糊者；

六、字画谬误者。

第五条　各省市、县、区主管教育行政机关，对于所属辖境内之各书局、印刷所、店铺、摊贩发售或出租民众读物，有审查检查之权。

第六条　各省、市、县、区主管教育行政机关，对于取缔不良民众读物，应与当地警务机关协同办理之。

第七条　各书局、印刷所、店铺、摊贩，均有接受审查检查之义务，不得有推诿拒绝或隐匿情事，违者重予处罚。

第八条　审查或检查时，发现不良民众读物，得禁止其发售或出租之。违犯上项命令者，科以法律上应得之处罚。

第九条　本办法实施细则另订之。

第十条　本办法自呈院核准后公布施行。

一九四二年

12. 取缔不良民众读物实施细则

（教育部公布）

第一条　本细则依据本部取缔不良民众读物暂行办法第九条之规定订定之。

第二条　取缔不良读物暂行办法之实施步骤如下：

一、登记；

二、审查；

三、检查。

第三条　登记之程序如下：

甲、自取缔办法公布之后半个月内，由各地主管教育行政机关召集书业公会暨摊贩代表举行谈话，说明取缔之意义及办法，并分发登记表。

乙、谈话后一个月内，限各书局、印刷所、店、铺、摊贩将现有（办法公布以前）发售或出租之民众读物，填就登记表，并检同读物各一种，送当地主管教育行政机关。

丙、各地主管教育子女行政机关收到登记表及读物后，应给予收据。

丁、登记限期届满，各地主管教育行政机关即将收到之民众读物分类编目，着手审查。

第四条　审查之程序如下：

甲、各地主管教育行政机关，或组织审查委员会，或指定负责人员，在规定审查期限内，依据部颁办法详细审查。

乙、凡经审查之民众读物，合格者，即在封面加盖"○○教育机关○年○月审查合格"之图章，并编列字号。不合格者，加盖"审查不合格"之图章，以便检查。

丙、审查完竣，即将合格及不合格者列一总目，印发各书局、印刷所、店、铺、摊贩。合格者准予发售（或出租）。不合格者停止发售及出租。并将总目公布，及分发各教育机关查考之。

丁、审查限期届满一个月内，各地主管教育行政机关，应将办理情形、审查结果逐级呈报备案。

第五条　检查之程序如下：

一、检查期限：

甲、定期检查。日期由各地主管教育行政机关自定。惟每月至少举行两次。

乙、不定期检查。随时举行。惟每月至少举行一次。

二、举行步骤：

甲、定期检查。由各地主管教育行政机关会同警务机关派员分赴各书局、店、铺、印刷所、摊贩举行检查。

乙、不定期检查。由各地主管教育行政机关随时派员密查。

三、处理办法：

甲、检查时，如发现仍有继续发售或出租不良民众读物者，第一次没收；第二次，得交当地警务机关处罚；第三次，不准营业。

乙、检查时，如发现有冒刊"审查合格"字样之不良民众读物者，第一次除没收外，并送当地警务机关依法处罚；第二次不准营业。

丙、检查时，如发现有藏匿不良民众读物，暗中仍行发售或出租者，依照上项办法办理。

丁、检查员每次检查后，应将检查情形填表，呈报主管人员查核。

第六条　登记、审查、检查等工作，各地主管教育行政机关应指定所属社教机关工作人员协同办理。

第七条　凡各书局、印刷所、店、铺、摊贩在登记期限以后出版或新添之民众读物，应随时填表，检同读物送请当地主管教育行政机关审查；不得先行发售或出租，违者得依照出版法第四十九条之规定办理。

第八条　各学校应随时检查学生读物，如发现不良民众读物，应即予以劝戒、警告或没收，并通知其家长。

第九条　本细则自公布之日起施行。

一九四二年

13. 战时文化宣传政策基本纲要

（训令第二八六号公布）

第一　方针

国民政府战时文化宣传政策之基本方针，在动员文化宣传之总力，担负大东亚战争中文化战、思想战之任务,与友邦日本及东亚各国尽其至善至大之协力,期一面促进大东亚战争之完遂,一面力谋中国文化之重建与发展,及东亚文化之融合与创造,进而贡献于新秩序之世界文化。

为贯彻上述基本方针,首须激扬举国一致之战时意识,根据国情,适应战时需要,从事于体制之创立,力量之集中,思想之清厘,观念之肃整,与科学技术之发展。

第二　要领

一、认定大东亚战争之完遂为一切东亚理想实现之前提,国家集团主义为东亚新秩序建设之准则,中国文化为东亚文化之一环,应把握中日文化之实体,发扬东亚文化,巩固东亚轴心,完遂战争之使命。

要目

(一)国父遗教、三民主义及其重点大亚洲主义,为兴复中华保卫东亚之最高指导原理,领袖言论为国父遗教之阐扬与发展,应普遍此认识,并纠正国际共产主义及其他曲解误解之不正确观念。

(二)中国与日本为生死与共,中日在东亚为共存共荣,其间共同之命运有不容逆转之自然关系,应普遍此认识,并纠正英美及渝共挑拨中伤之不正确观念。

(三)东亚联盟四大纲要,政治独立,经济提携,军事同盟,文化沟通,为团结东亚民族,保障东亚和平之纯正理念,应普遍此认识,并纠正英美及其他企图破坏者所散播之不正确观念。

(四)中国对英美宣战,与友邦日本合力完遂大东亚战争,无论在军事上、经济上均具有必胜之把握,应使国民彻底认识国府参战与友邦协力之意义,并策励国民总力参战之精神与努力。

二、清算英美侵略主义之罪恶,扫除英美个人自由主义之毒素思想,消灭依赖英、美之卑劣心理,提高国民打倒英美侵略主义之敌忾情绪。

要目

(一)揭发英美宰割世界,分割东亚,侵略中国,侵略印度,侵略南洋,侵略菲律宾之史实,激发国民之反英美思想。

(二)实现共存主义,排除侵略主义。

(三)发扬道义精神,排除功利思想。

(四)实现全体主义,排除个人自由主义。

（五）实现民主集权主义，打倒虚伪的民主政治。

三、防止国际共产主义之扰乱，扫除阶级斗争之毒素思想，发扬中国固有之民族伦理观念。

要目

（一）揭发共产主义扰乱社会、煽动战争之阴谋。

（二）提倡协力精神，排除煽动阶级斗争及挑战人类仇恨之好乱心理。

（三）提倡建设性与诱导式之文化，铲除破坏性与暴露式之文化。

四、养成勤劳的、积极的、向上的、自肃的人生观，革除享乐的、颓废的、虚无的、放任的末流习气，以实践的责任心，协力战时体制之完成，增强国家战斗之总力。

要目

（一）人生以服务为目的，过去一切争夺贪图之不良风气，应予以匡导。

（二）勤劳为增进民力充实国力之本源，过去一切享受苟安之不良习惯，应予以匡导。

（三）个人不能离国家民族而独存，过去一切放任清谈旁观漠视之不良态度，应予以匡导。

（四）奸淫邪盗伦常变故为社会罪恶，过去藉词渲染迎合听闻之记述，不啻助长社会罪恶，于国家元气损害至大，应予以匡导。

（五）负责任，重实行，勇猛精进，刻苦耐劳，为战时国民行动之不二准则，国家总力之发挥，国民生活之改善，悉系于此，应予以倡导。

五、统合国家民族共同意志，发挥全体之创造能力，复兴固有文化，吸收外来文化，并纠正盲目复古，盲目崇外排外之错误思想，以强化中国文化之基干。

要目

（一）建立全体主义文化，纠正自由主义之错误观念。

（二）确立文化事业之公的性格，排除私有与纯营利之观念。

（三）不忘本，不泥古。

（四）以创造的进步的文化，代替占有的自满的文化。

六、普及科学教育，掖助科学研究，改进科学技术，奖励科学发明。

要目

（一）以发展中国家实业协力东亚共荣圈建设之成功，并蕲致中国为其中强力之重要构成份子为目标,掖助科学研究,改进科学技术,奖励科学发明。

（二）以确立科学技术总力为方针,在国家统一计划之下,集中并培养科学人才,动员并增进技术能力。

（三）扫除玄虚妄诞之观念,普及科学知识,提倡科学精神,特别注重青年之科学教育与技术训练。

七、集中文化人才,团结文化力量,调整文化事业,确立文化宣传总力体制。

要目

（一）所有文化方面之人力、物力及各种事业机构,均应为合理之调整与编配,统合于全国唯一的综合组织之下,以共同的努力,谋计划的发展。

（二）以此机构为政府与人民之共同组织,一方面协助政府推行国策,一方面统一民意,沟通民情,革除过去政府与人民对立之错误观念。

（三）以此机构统合各种文化事业,及其从业者,规定其应有之职责,予以合法之权益及保障,革除过去组织散漫、意见分歧、利害冲突之积弊。

（四）认定此机构及其所统属之事业为国家公有事业,非个人营利之结合。

第三　实施

一、充实强化现有关于出版、新闻、著述、广播、电影、戏剧、美术、音乐各部门之机构,其有未足以担负事业推进之健全机构者,分别组成协会,采统一主义。俟各协会组织完备之后,组织统一性单一性之总会（假定名称为中国文化总会）,将各种协会隶属于总会之下,以谋文化宣传体制之整备。

二、调整充实强化现有各种检查机构,务求机构简素,事权统一,责任分明,联系紧密,由有关各机关派出检查人员,会同实施图书、新闻、杂志、电影、戏剧、唱片、歌曲、广播等有关文化宣传作品之严格审查及检查,采积极指导方针,不仅在消极方面删除违反国策之文字,尤应在积极方面指导符合国策之思想。

三、实施各国在华出版物之登记与检查,严厉取缔敌性新闻电讯,以谋宣传力量之统一。

四、强化中央电讯社,使能执行其对内对外唯一全国性质新闻电讯机关之各项特权。

五、强化中国广播事业建设协会,严厉取缔敌性广播,并谋对外宣传之积极与强化。

六、强化电影事业,对制作、发行及戏院三方面之经营,速谋统筹办法之实施,以收调节集中之效。

七、整理报纸,除重要地点外,采一地一报政策,在重要地点有设立一报以上之必要者,亦应分别确立其特质,各遂其发展。

八、整理杂志,除地方性质外,其属于全国性质者,采一事一刊政策。培养及指导现有之中央导报,使成为全国公务人员必读之刊物,加深公务人员对政策施策及时局动向之认识。

九、调整强化印刷事业,以便利用出版事业之推进。

十、强化制纸事业,以供应出版事业之需要。

十一、筹集文化基金、科学奖励金,扶助文化事业之发展及科学智识之普及与深造。

一九四三年六月十日

第四编

外人占据时期香港、澳门和台湾地区的新闻法制史料

(1842—1999)

第一篇　英人据港时期香港地区的新闻法制史料

1. 书籍报刊出版及持有之规范条例

本条例将于1844年4月1日起施行。所有含有公共新闻或针对公共新闻发表评论的印刷类期刊均须遵照以下规定，否则不予出版。

第1条　以上任何期刊的印刷商和出版商须至警察总署签署一式两份的声明（I.B.B.）："我是×××期刊的印刷商（或出版商或者印刷出版商），此期刊在香港境内印刷（或出版或印刷出版）。"声明的最后一栏空白处须真实准确地填写印刷或出版的有关事项。

第2条　印刷或出版地点变更时，须随时签署新的声明。

第3条　一旦签署声明的印刷商或出版商离开香港，该期刊常驻香港印刷商或出版商须重新签署新声明。

第4条　任何印刷或出版发行上述期刊却未遵守规定者将被定罪，判罚不超过3 000元的罚款和不超过2年的徒刑。

第5条　以上两份声明均须由警察总长签字盖章以示凭证。其中，一份声明须寄存至警察总署以作记录；另一份声明须递交至司法部高等法院以作记录。至此，声明生效。此后，只须支付一英磅就可以向有关管理人员索取声明进行查看；或支付二英磅向有关管理人员索取声明的复印件。

第6条　无论是刑事还是民事诉讼案，以上生效声明的副本均可作为有效的法律证据。只要与声明所述期刊名称一致，则任一期的印刷商或出版商均可依此被提起诉讼。

第7条　任何签署以上声明但之后停止印刷或出版发行声明中所提及期刊者须至

警察总署签署一式两份的声明(I. A. B.)："我已终止×××期刊的印刷商(或出版商或印刷出版商)的身份。"上述声明须由警察总长签字盖章以示凭证,并与之前的声明材料(I. B. B.)放至一处。任何人只须支付一英磅就可以向有关管理人员索取声明进行查看;或支付二英磅向有关管理人员索取声明的复印件。

第8条 在所有案件审理中,此前的声明(I. B. B.)副本可做有效的法律证据。但是,一旦(I. A. B.)声明生效,则这两份声明的副本无法作为有效的法律证据。

第9条 此条例通过之日起,任何在香港地区内印刷出版的书刊和报纸均须在最后位置打印印刷商和出版商的名称以及印刷和出版的地点。凡是违反规定者将被处以3 000元以下的罚款和2年以内的刑期。

第10条 自1884年4月1日起,香港境内任何未签署以上声明者不得进行书刊报纸的出版,违者将处以3 000元以下的罚款和2年以内的徒刑。

第11条 若证实声明中有虚假内容,则声明签署者将被处以3 000元以下的罚款和2年以内的徒刑。

2. 修正报纸出版条例

该条例由立法会提议并由香港总督制定并颁布,具体内容如下所述:

第1条 自1861年1月1日起,任何人印刷、出版、发行报纸,均须事先在高等法院登记处签署法律文书并提供两位具备相关资格的担保人,并且申请人及其担保人均须缴纳250元,以支付此后可能因印刷、发行产生的诽谤而获罪判处的罚款,以及由此产生的各项诉讼审理费用。今后,印刷商、出版商须赔偿因报纸诽谤而产生的损失以及用于弥补损失产生的费用。在未签署法律文书且无担保人的情况下,任何印刷、出版、发行报纸者将被罚20元以及负担由此产生的一切诉讼审理费用。

第2条 针对公诉情况,将由检察总长提起诉讼;针对追究诽谤造成伤害的情况,将由事件原告提起诉讼。

第3条 任一诉讼案中,上述担保人均应全额或部分支付赔偿金额;假使担保人业已破产或资不抵债或不再持香港居民身份,则该担保人所担保对象不得印刷、出版、发行报纸直至找到符合条件的新的担保人并且签署新的法律文书;上述担保对象如若不执行新的法律契约,且仍然进行印刷、出版、发行报纸的犯罪行为,则将针对每次犯罪行为收缴20元的罚款以及由此产生的一切诉讼审理费用。

第 4 条　意图退出担保协议的担保人,可提前 20 天以书面形式告知最高法院登记处以及其担保对象——印刷商或出版商。此种情况下,自通知届满时始,担保人将不再对之前的法律契约负有法律责任,但以下情形除外:罚款未清;损害或费用未偿还;涉及担保报纸的诽谤行为;通知有效期届满之前,仍对之前的法律契约负有法律责任。

第 5 条　在此,任何违法行为都将得到法律追究。犯罪者的所有货物将被征收、扣押和出售;若其扣押物品不足以赔偿,则将受到不超过 3 个月的监禁。

第 6 条　所有在本条例规范下签署的法律文书应在 10 日内送交辅政司安全保管。

3. 印刷业及出版业条例

该条例由立法会提议并由香港总督制定并颁布,具体内容如下所述:

第 I 部分　基本概念

第 1 条　该条例简称为《印刷业及出版业条例》。

第 2 条　特此,废除 1844 年条例中的第 2 条与 1860 年条例的第 6 条。但须注意:这两则条例的废除不应影响到此前与之相关案例的实施。

第 3 条　条例中有关语词的解释——

"登记官"特指香港高等法院的司法常务官或任一副司法常务官。

"报纸"是指任何包含公共新闻、情报、事件,或就此而发的评论、言论等内容,以盈利为目的,且在香港境内定期出版发行,或其出版发行间隔不超过 26 天的报纸。也可指那些只刊登广告或以广告为主要内容,每周或更短周期或间隔不超过 26 天出版发行的报纸。

"书籍"指书卷或小册子中的任一卷或任一部分,也可指印刷品、乐谱、地图、海图或平面图的任一单页。这些书包含文学、科学、美学或音乐作曲等内容,且在香港境内印刷或出版发行。

"东主"(所有权人)既指报纸的唯一所有人,但在报纸所有权分散的情况下,也指报纸的合作者或报纸股权所有者。

"住所"指其居住或进行商业活动的街道、广场或处所,及房屋门牌号或商号。

"报刊登记证"指依据条例中声明的要求而交予司法常务官保管的报刊,以及由司法常务官填写且有声明人签名的表格的副本。

第Ⅱ部分 印刷商、出版商和所有者

第 4 条 自此条例实施起七日内,除符合以下规定者,任何报刊不得在香港境内印刷或出版。

(1) 任一报纸的印刷商和出版商须至登记处,依据附表 1 的格式签署声明。

(2) 一旦印刷或出版地点变更,需签署新的声明。

(3) 无论上述签署声明者永久或暂时离开香港地区,都需要居住本地的印刷商或出版商重新签署声明。

第 5 条 任何印刷、出版发行报纸者均须符合第 4 条款的规定。若有违背者或明知故犯者,将依法处以不超过 1 000 元和 6 个月以下的刑期。

第 6 条 依据第 4 条款签署声明者,在此之后,若其终止作为所述报刊之印刷商或出版商的身份,则须至登记处,依据附表 2 的格式签署声明。

第 7 条 若是发生报纸所有权人的变更,或是某一方终止其作为所有权人的身份或是加入新的所有权人,则自报纸所有权发生变更起的 21 日内,该报印刷商或出版商应至登记处,依据附表 3 的格式签署声明。

第 8 条 若在上述的 21 日内,未签署新的声明,则该报的所有印刷商和出版商将依法处以每人不超过 150 元的罚款。

第 9 条 无论是退出还是加入而导致报纸所有权发生变更者均须至登记处,依据附表 7 的格式签署声明。

第 10 条 由于隐私问题、离开香港地区、所持股份微小或其他特殊情况,在声明中若填写报刊所有的持有人则会造成一定的不便。因此依据总督意见,在签署声明时,由报刊印刷商或出版发行商选取部分代表性的报刊持有人的做法是合法的。

第 11 条 以上关于报纸所有人的规定不适用于合资公司属下的报纸。此类报纸所有人的规定应依照合资公司有关条例。

第 12 条 任何以盈利为目的而印刷、出版发行报刊或书籍的人均应仔细留存每期报刊或书籍的复印件(至少一份),清晰打印或书写印刷者的姓名和住址或是印刷商的姓名和住址,并且将其保留 6 个月,依据警务处长要求,交付查阅。任何无视或忽视此条款者,将依法处以不超过 100 元的罚款。

第 13 条 任何意欲公开出版发行报刊书籍者,须在报刊首页的一侧或是在页数超过 1 页的报刊书籍的首页或末页,打印自己的姓名、常住地或办公地点。任何出版发行或是协助出版发行者未达成以上规定,则针对其出版发行的每一份报刊或书籍,处以不超过 25 元的罚款。

第 14 条　任何人印刷、出版、发行报纸,均须事先在最高法院登记处签署法律文书并提供两位具备相关资格的担保人,并且申请人及其担保人均须缴纳 1 200 元,以支付此后可能因印刷、发行产生的诽谤而获罪判处的罚款以及由此产生的各项诉讼审理费用。今后,印刷商、出版商须赔偿因报纸诽谤而产生的损失以及用于弥补损失产生的费用。在未签署法律文书且无担保人的情况下,任何印刷、出版、发行报纸者将被罚 100 元以及负担由此产生的一切诉讼审理费用。

第 15 条　针对公诉情况,将由检察总长提起诉讼;针对追究诽谤造成伤害的情况,将由事件原告提起诉讼。

第 16 条　任一诉讼案中,上述担保人均应全额或部分支付赔偿金额;假使担保人业已破产或资不抵债或不再持香港居民身份,则该担保人所担保对象不得印刷、出版、发行报纸直至找到符合条件的新的担保人并且签署新的法律文书;上述担保对象如若不执行新的法律契约,且仍然进行印刷、出版、发行报纸的犯罪行为,则将针对每次犯罪行为收缴 100 元的罚款以及由此产生的一切诉讼审理费用。

第 17 条　意图退出担保协议的担保人,可提前 20 天以书面形式告知最高法院登记处以及其担保对象——印刷商或出版商。此种情况下,自通知届满时始,担保人将不再对之前的法律契约负有法律责任,但以下情形除外:罚款未清;损害或费用未偿还;涉及担保报纸的诽谤行为;通知有效期届满之前,仍对之前的法律契约负有法律责任。在未签署新的法律文书和未找到新的担保人之前,不得印刷、出版发行报纸,违者将处以不超过 100 元的罚款以及承担由此而产生一切诉讼费用。

第 18 条　所有在本条例规范下签署的法律文书须交由登记处安全保管。

第Ⅲ部分　印刷业

第 19 条　自此条例实施起七日内,除已依据附表 4 的格式签署声明者,任何人不得在香港境内持有印刷设备。任何违背以上规定者将依法处以不超过 1 000 元的罚款或不超过 6 个月的徒刑。

第Ⅳ部分　概论

第 20 条　在高等法院办公时间内,任何人只需支付 1 元的费用就可查阅登记的报刊或书目,或可支付 2 元向有关管理人员索取登记报刊或书目中的某一条目的复印件。

第 21 条　无论是民事诉讼还是刑事诉讼案,任一盖有高等法院印章的条目复印件均可作为有效的法律证据。

第 22 条　任何蓄意做出虚假声明或隐瞒个别内容而导致声明产生误解,或报纸所有人未根据条例中第 4 和第 7 条款规定,导致其姓名、职务名称、办公场所或住址错误而引起误解产生,均将依法处以不超过 500 元的罚款。

第 23 条　本条例不适用于以下情况:任何以雕版刻印或活字印刷的方式打印出来的姓名、姓名住址、工作职务,或是以上方式打印出来的文章、包含房产出售和物品拍卖等广告内容的纸张,或是任何其他普通类的商业通知或广告。

第 24 条　依据香港简易司法程序规定,统一由警察总署根据条例规定做出处罚要求。

第 25 条　只有兼具以下两个条件方可就条例规定而征收的罚款提起诉讼:(1) 处罚实施的 6 个月内不得就此提起诉讼;(2) 经由司法部长许可且以其名义提出诉讼。

第 26 条　本条例自总督宣布之日起施行。

(附表略)

4. 诽谤条例

1887 年第 5 号法例

该条例由立法会提议并由香港总督制定并颁布,具体内容如下所述:

第 1 条　本例定名为诽谤条例。

第 2 条　本条例取代 1854 年第 3 号法例有关的维多利亚女皇第 96 章法案①,但此种替代并不会影响任何合法行为。

第 3 条　凡遇到任何诽谤诉讼事件,被诉人(在该案审讯前适当时间先以书面通知

---

① 该法案即为《诽谤法案》(The Law Respecting Defamatory Words and Libel),参见《香港政府宪报》1854 年 12 月 4 日,第 201—202 页。

原诉人述明愿意)得依法向法庭提出证据以求减少损失赔偿费,证明在该案提起诉讼前已经就诽谤行为向原诉人道歉,或在该案提起诉讼之后,应有机会向原诉人提出道歉。

第4条　凡因在任何报纸或其他期刊刊载文字发生诽谤诉讼事件,被告人得提出辩护,指明所载诽谤文字确非出于恶意及故意疏忽之所为,并应在提起诉讼之前或在提起诉讼后最短时间内,在该报刊上刊登道歉文字,如该报为一周以外之定期刊物,亦经提出向原诉人指定任何报纸以刊载此项道歉文字,关于前项辩词,原诉人不予接纳亦得提出抗议。但被诉人提出前项辩词,须同时缴交赔偿名誉保证金于法庭,如递呈前项辩词而不缴交此项保证金,法庭得视为无效,原诉人亦得认为无效。

第5条　任何做出以下犯罪行为者:出版或威胁出版、直接或间接威胁印刷或出版来妨害他人名誉;或直接或间接通过不印刷或出版某事向他人敲诈钱物,或引诱他人以获取利益、信任,将依法处以不超过3年的刑期,依据情况,或附加劳役。在此处,对于传递威胁性信件的人的处理不应与现有法律或条例冲突。

第6条　任何人恶意刊行妨害名誉之诽谤名字,明知其为虚假者,应受不超过两年之徒刑,兼科罚金之处分,罚金由法庭裁定之。

第7条　任何人以恶意刊行妨害名誉之诽谤文字,应受不超过一年之徒刑,兼科罚金,由法庭裁定之。

第8条　凡告诉妨害名誉之诽谤事件,被告人在提讯时如为下述诉状,则于该关系事件叙述事实是否真确,得并加审问之,但不得藉作辩词图卸责任,除非该事件关涉公众利益应予刊发者不在此例。被告提出该关系事件之真确事实为佐证以资辩护者,须于呈递辩词时并为声明,许其提出真确事实之表证,并表证该事件乃关系公众利益应予刊布者,复证明其为关系公众利益应予刊布之特殊事实,然关于此项辩诉,原告得任便提出抗议,否认全部事实。如提出前项辩诉后认定被告成立罪状,法庭执行宣判,得审查被告罪状是否有因此项辩词而加重或减轻,暨所提出之佐证或反证各情事,以定刑罚之轻重而加以判决。但妨碍名誉案与该事件之事实真确与否,如无前项辩诉提出事实表证者不得审问及之。又前项辩诉外被告得并否认犯罪,但并规定本例于否认犯罪之任何辩词不得有剥夺或妨碍,凡被告否认诽谤或伤害他人名誉之所为者,得提出任何辩词,不加限制。

第9条　凡告诉刊发妨碍名誉文字之事件,被告否认犯罪,然审讯结果,证据确鉴,但系出于他人之行为而由被告所命者,被告得提出证据证明此段诽谤文字非彼所授意或许可或知情刊讦,抑亦非出于被告方面怠忽所为而致者。

第 10 条　妨碍名誉事件之属于私诉者,如判决被告胜诉,得向原告索偿因该诉讼事件及因提出表证该事件关系事实之一切讼费,如原告胜诉亦得向被告索偿之。原告或被告索偿之讼费,须经承审法庭适当人员评定之。

第 11 条　无论何人或为其服务之人,因刊载本港立法会任何报告,或由该会授意刊发,致被控告,不论为民刑诉讼或以任何方法提起诉讼,该被告人先期 24 小时通知原告人述明原意,依法得在承审法庭或向按察司缴验总督手令或该立法会当时主席或该会书记官之证明书,表证所刊报告系由该会受命发表者,被告人应并同时递呈誓书于法庭,经法庭察核后,应即饬令停止诉讼,该关系事件之一切程序词状均应一律下令撤销之。

第 12 条　凡因刊载前项报告而提起民刑诉讼,被告人得在审讯中向法庭提示此项报告,并递呈誓书证明与报告原文相符,法庭审核无误,应即饬令停止诉讼,该关系事件之一切程序词状应下令一律撤销之。

第 13 条　凡有摘要或摘录印发前项报告因而发生民刑诉讼者,如属民事诉讼,得提出任何反证为辩护理由,如属刑事诉讼得就该报告为辩护理由,并须表证此项摘要或择录乃为正确及无恶意之刊载,尚陪审员表示同意,得审断被告无罪。

第 14 条　报纸刊载平允及正确报告而属于公开之会议(非公开会议不许记者列席者除外),或依据任何法例组织之团体或董事会等会议,或承和该团体或董事会命举行之委员会会议,或遵照英庭命令或英国宪法或条例组织之委员会或立法会分组委员之委员会议,或太平绅士委员会议,凡属此项会议报告,经由政府机关或警务处长嘱为刊布俾众周知者,均有特许刊载权利,惟此项报告,证明具有恶意宣传性者不在此例,但本条之规定,无赋予刊载任何侮辱或淫亵事件之权。又本条规定给与保障权,如因载报告,其文字或措辞有与原文抵触或曲解,嘱令更正,亦不照办,致被提起诉讼证明属实者,被告人不得籍本条保障而为有效之辩护证据。本条并又规定,不得认为或用以限制任何现行法例关于保障非公共事业及非关公益事件之报告刊载权。

第 15 条　报纸刊载妨害名誉文字案,如未先经按察司在内庭研讯下令准予起诉者,不得对该报东主、出版人、编辑人、或任何负责刊行人提起刑事诉讼

第 16 条　本例之规定不适用于私人名誉案而由总检察官执行职权递状告发者,或高等法院登记官奉院令执行告发者。

第17条　裁判司鞫讯报纸东主、出版人、编辑人、或负责刊行报纸人,妨碍他人名誉案,经被告表证此项关系事件为真确事实,该报告之刊载乃无恶意之所为,抑亦属于公共利益,且依据本例或其他条例规定被告人可以籍作辩护提出证据者,如裁判司表示同意,并有充分证据推测,陪审员将必断定罪状不能成立者,得将该诉讼案撤销之。

第18条　虽然根据1875年第16号法例规定之简易法院的司法管辖权,当报纸东主、出版人、编辑人或其他任何负责报刊之人被控诽谤,认定被告人成立罪状,然以情节较轻当可适用本条规定处罚者,得采用简易程序审理之,先做成书面控诉原由,向被告宣读,问以"是否愿意由陪审员审断或者愿意受简易程序审判",如被告情愿受简易程序审判,裁判司得执行判决,科以不超过250元之罚金。

5. 书刊保存登记条例

1888年2月15日制订10号法例规定书刊注册暨维护
本港印刷书籍条例,是年4月2日公布施行。

鉴于保存及登记印刷书刊的副本只是一时权宜之计,在此参照行政局意见,香港总督颁布以下条例:

第1条　本条例所述"书刊",包括任意语言的书卷或小册子中的任一卷或任一部分;也可指独立印刷的乐谱、地图、海图或平面图的任一单页。但是,仅以价格单、销售目录、年度报告、贸易通告或广告为内容的刊物除外。

第2条　本条例生效之日起,任何在香港境内印刷的刊物及其附带的地图、版画等其他印刷品均须严格依照其原版模式复印三份。不论其附带的地图、版画或其他印刷物与第一版是否一致,也不论第一版刊物的出版是在条例生效之前还是之后,一旦书刊之后的版本发生变更,则需再次复印三份。以上复印版本须在刊物出版之日起的一个月内送交至总督处。参照行政局意见,总督将不时藉由政府宪报刊登通知书来进行指导。

为保证印刷人员达到条例的规定,出版商或任何雇佣印刷人员者需在一个月期限内向其提供所有需要复印的地图、版画等其他印刷品。

第3条　一旦接受以上指定刊物的副本,长官将出具收据。

第4条　所收副本之一将送交至国务大臣;副本二参照行政局意见,根据总督命令,做一般或特别处理;在对所登记书刊的特殊事项建立备忘录之后,副本三将存至公共图书馆或由总督决定处理意见。

第5条　参照行政局意见,总督任命出版一本登记所有书刊备忘录的书,名称是《书刊目录》。备忘录须包含以下内容：

(1) 书刊名称及扉页内容(若有需要,翻译成英语)

(2) 书刊所用语言

(3) 作者名称、译者名称、编辑名称

(4) 主题

(5) 印刷及出版地点

(6) 印刷商姓名及公司名称;出版商姓名及公司名称

(7) 出版日期

(8) 书页

(9) 规格

(10) 版数(第一版、第二版还是其他版)

(11) 该版本的副本数目

(12) 印刷或是平版印刷

(13) 销售价格

(14) 版权所有人的姓名及住址

一旦书刊送达,就要登记注册此书刊的备忘录。

第6条　每季度登记在书刊目录册中的备忘录都将于下季度初始发布在政府宪报上。所有发布的备忘录的副本将送交至国务大臣处。

第7条　任何忽视递交书刊或是其以后版本的副本的印刷商将依法处以不超过25元的罚款。

第8条　任何未及时将所需复印的地图、版画等印刷物提供给印刷商的人而导致违背条例规定者将依法处以不超过25元的罚款。

第9条　因违反条例而征收的罚款将由法官通过简易诉讼来追偿。

第10条　参照行政局意见,总督有权制定、修改、废除条例中的有关规定。条例中规定的废除、修改或添加等内容将会在政府宪报中公布。

第11条　参照行政局意见,通过政府公报通告的形式,总督可将某种类别的书刊排除于部分或全部条款的规定范围。

第12条　本条例自总督公布之日起施行。

6. 煽乱刊物条例

1907年第15号法例

鉴于中国境内纷争发展的趋势以及香港与中国大陆在地理上的接近性,在香港境内禁止此类引起纷争刊物的发行是合宜的。

参照立法会的意见以及许可,由香港总督颁布以下条例:

第1条　本条例可被称为1907年《煽乱刊物条例》。

第2条　任何在香港境内印刷、出版、销售或是散发的,含有可能引发中国社会混乱或是唆使他人犯罪内容的印刷或手写的报纸、书刊或其他出版物者,将依法被判有罪。依据罪行,可处以不超过2年监禁带劳役或500元的罚款;或处以不超过2年的刑期不带劳役或500元的罚款。

第3条　惟高等法院可以定罪。

7. 禁止煽乱刊物入境规则

根据1900年《邮政局条例》殖民地大臣制订《邮政规则(煽乱刊物)》。

第1条　禁止任何刊物通过任何通讯手段由邮政局输入香港。

第2条　邮务总监可以对正在邮递的任何有关煽乱刊物实施扣留和回收。

8. 煽乱刊物条例

参照立法会的意见以及许可,由香港总督颁布以下条例:

第1条　本条例可被称为1914年《煽乱刊物条例》。

在本条例中——

"书籍"(book)包括任意语言的书卷或小册子中的任一卷或任一部分;也可指独立印刷或独立平版印刷的乐谱、地图、海图或平面图的任一单页。

"文件"(document)包括油画、绘图、照片或其他可视图像。

"报纸"(newspaper)指含有公共新闻或新闻评论的定期性的刊物。

"煽乱物品"(seditious matter)指任何出现在报纸、书籍或其他文件中的单词、符号或其他可视图像。以上内容可能通过推论、建议、暗指、比喻等手法直接或间接地包含某种倾向性：

（1）煽动谋杀或其他违反1913年《易爆物品条例》的犯罪或暴力行为。

（2）引诱陆军或海军军官、士兵或海兵背弃对于国王陛下的忠诚或责任。

（3）引起对于国王陛下、大英政府、香港政府、大英殖民地、英属印度以及以上所有地区的司法行政部门的蔑视或仇恨；或是引起对国王陛下或以上各级政府的不满。

（4）骚扰、恐吓他人并诱使其非法递送财物或是有价值的抵押品。

（5）鼓励或煽动他人妨碍执法或妨碍社会治安的维持。

（6）威胁伤害公职人员或任何与公职人员有密切关系的人，诱使公职人员行使、避免、延迟与其职能相关的行为。

第3条 总督会同行政局一旦发现任何含有煽动性内容的报纸、书籍或其他文件，将通过《政府宪报》宣布：没收以上报纸、书籍和文件，今后一旦发现此类报纸、书籍和文件，将由警务人员没收。警察总长将令状授权警长以上级别的警务人员可以搜查任何疑似藏有以上内容报纸、书籍或文件的地方。

第4条 任何在香港境内印刷、出版、销售、散发或是展示明令没收的报纸、书籍、文件或是以上刊物的部分内容的人，依据本条例，被判有罪，依法处以不超过500元的罚款以及不超过2年的刑期。

第5条 由总督会同行政局授权的出入境管理局的督察或其他官员可扣押任何经由水路或陆路进入香港境内的，疑似含有煽动性内容的报纸、书籍或文件的包裹。一旦发现包裹确实含有煽动性内容的报刊、书籍、文件，则将依据总督会同行政局的指导进行处理。

第6条 邮政司或其他官员由其授权的官员可扣押任何通过邮政传递，疑似含有煽动性内容的报纸、书籍或文件的物品。一旦发现此物品确实含有煽动性内容的报刊、书籍、文件，则将依据总督会同行政局的指导进行处理。

除非得到总督的亲笔授权或是与此有关的法律授权，邮政局的员工不得打开此类邮寄的物品。

第7条 （1）任何拥有依据条款3而被下令没收的财产的股权者，均可在命令下达的2个月内向高等法院提起诉讼，驳回没收的命令。

（2）如果以上报纸、书籍、文件经查证确实不含有煽动性内容，则高等法院将撤销没收的命令。

第 8 条　在依据本条例而作出的没收命令执行后,没收声明将成为诉讼程序中的确证,且只有高等法院可依据上一条款的"驳回"申请,对此提出质疑。除本条例规定法律程序,此外不论是民事还刑事均不得就此提起诉讼。

9. 淫亵刊物条例

1914 年第 15 号法例

参照立法会的意见以及许可,由香港总督颁布以下条例:

第 1 条　本条例称为 1914 年《淫亵刊物条例》。

第 2 条　若在香港境内的任一房屋、商店、其他处所或船舶(不包括战舰)内,发现藏有淫亵或不雅书籍、文章、文字、印刷品、图画、油画、塑像或其他图像,且以销售、散播、展览、放贷为目的,则地方治安官将授权警官进入以上地点,进行搜查,扣留在以上地点发现的淫亵或不雅书籍、文章、文字、印刷品、图画、油画、塑像或其他图像,并将以上缴获物品交至警务处长。

第 3 条　如有必要,警官可以做出以下行为:

(1) 强行打开房屋、商店等处所的外门或内门。

(2) 强行进入船舶及其各个部分。

(3) 搜查完房屋、商店、处所、船艇之后,可拘留在以上地点发现的人。

第 4 条　当缴获的书籍、文章、文字、印刷品、图画、油画、塑像或其他图像送交至务处长之后,警务处长或其他长官可传唤房屋、商店、处所的占有人,或船艇的许可证持有人或船长出庭申辩。若上述占有人或其他声称为以上物品所有人的人不能在传单所规定的时间和地点出庭;或出庭之后,警务处长认定缴获物品含有淫亵或不雅的内容且以销售、散播、展览、放贷为目的,则警务处长将依法没收以上物品(除有必要保留作证据以外),并在 7 日届满之日销毁。若在 7 日之内,向警务处长申请陈述、签署案件或得到许可,要求法官全体会议进行复审,那么在此期间,以上物品不得销毁,须进行扣押。

10. 煽乱刊物(持有)条例

1915 年第 6 号法例

参照立法会的意见以及许可,由香港总督颁布以下条例:

第 1 条　本条例可被称为《煽乱刊物(持有)条例》,需连同 1914 年《煽乱刊物条例》

解读并成为其一部分。

第2条 不具备法律授权,且蓄意持有含有以下财物者,将被判有罪,依法处以不超过500元的罚款和不超过2年的徒刑:

(1) 任意含有煽乱内容的报纸、书籍或文件;或

(2) 报纸、书籍或文件中的部分内容涉及煽动性内容;或

(3) 依据1914年《煽乱刊物条例》的相关规定,由总督会同行政局宣布处以没收的报纸、书籍和文件;或是无论其是否含有煽乱性内容,只要是摘录以上报纸、书籍和文件的部分。

第3条 依据以上条款,在起诉过程之中,须由被告举证,证明对于所持报纸、书籍、文件或其摘录部分含有煽乱性内容的不知情;证明对于所持报纸、书籍、文件已被依法宣布没收的不知情;证明所持报纸、书籍、文件等财物是由法律授权的。

第4条 一旦有足够理由怀疑某建筑、船舶(不包括战舰和与战舰同等地位的船舰)、处所藏有以下物品:

(1) 任何含有煽乱内容的报纸、书籍或文件;或

(2) 报纸、书籍或文件中的部分内容涉及煽动性内容;或

(3) 依据1914年《煽乱刊物条例》的相关规定,由总督会同行政局宣布处以没收的报纸、书籍和文件;或是无论其是否含有煽动性内容,只要是摘录以上报纸、书籍和文件的部分。

则由警察总长授权,指示警官对其进行搜查:

(1) 如有必要,可强制性进入以上建筑、船舶、处所,搜查扣留所有查获的报纸、书籍、文件或其摘录部分。

(2) 逮捕藏有以上报纸、书籍、文件或其摘录部分的人。

第5条 1914年《煽乱刊物条例》中的第3条,自第五行的词语"发现"(found)起,后面文字全部撤销。

11. 淫亵展览物条例

1918年第3号禁止淫亵物之展览刊发及广告条例,是年5月31日公布施行,1949年21号条例修正在案。

第1条 本例定名为淫亵展览物条例。

第 2 条　无论何人不得为营利或受酬庸,在公众或其临近地方,将具有淫亵、叛乱或冲动性之书写或印刷事物、图画、像刻或其他物品或展览品公开展览。

第 3 条　无论何人不得将具有淫亵、叛乱或冲动性之事物刊于新闻纸或以此项或他项方法散布于公众。

第 4 条　凡关于梅毒、淋疾、神经萎靡或其他由于或关于性交所至之身体或神经萎靡病等广告,为实施本例规定,应视为属于具有淫亵性之事物。但正当医药报纸、医学书籍或其他医药出版物刊登之广告,一适用本条之规定。

第 5 条　凡违反本例之规定者,应受简易诉讼程序审判,科 250 元罚金或易处 3 个月有期徒刑。①

第 6 条　(1)太平绅士据任何人之宣誓证明,有相当理由怀疑为具有淫亵、叛乱或冲动性之书写或印刷事物、图画、像刻或其他物品收藏于任何楼宇或船舶(非军舰或具有军舰资格之船舶)时,该太平绅士得签发查抄票,授权警察人员,着令于必要时招致助手,在白天或黑夜前往各该楼宇、船舶或其他地方,必要时得并强制入内或破毁门户入内,查抄此项书写或印刷物、图画、像刻或其他物品而由各该警察人员或其助手认为具有淫亵、叛乱或冲动性者。

(2)凡经警察人员或其助手认定此项具有淫亵、叛乱或冲动性之书写或印刷图画确刊在任何新闻纸、书籍、杂志或小册者,各该警察人员及其助手依法得将此项新闻纸、书籍、杂志或小册全部抄没之。

第 7 条　(1)凡奉行第六条规定所发查抄票抄没之书写或印刷事物、图画、像刻或其他物品,应即解送裁判司按律究治之。

(2)裁判司对于确认属于淫亵、叛乱或有冲动性之书写或印刷事物、图画、像刻或其他物品,依法得下令没收之。

(3)裁判司如确认具有淫亵、叛乱或冲动性之书写或印刷事物、图画、像刻或其他物品确系刊在任何新闻纸、书籍、杂志或小册,经依本例规定下令没收者,此项没收命令,得并包括将各该新闻纸、书籍、杂志或小册全部没收之。

(4)依本条规定下令没收之物品,得由裁判司指示方式处置之。

---

① 《香港法律汇编》误为"科 5 000 元罚金或易处 6 个月有期徒刑"。参见马沅编译:《香港法律汇编》(第三卷),华侨日报有限公司,1953 年版,第 115 页。

(5) 裁判司如认定此项具有淫亵、叛乱或冲动性之书写或印刷事物、图画、像刻或其他物品系附粘或髹饰于任何屋宇者,裁判司依法得下令该屋主或住户拆移或涂抹之,了逾限不遵令办理者,裁判司依法得下手令,授权警察人员,饬令于必要时招致助手进入该屋,必要时并得强制入内或破毁门户入内,将此项书写或印刷事物、图画、像刻或其他物品拆移或涂抹之。

12. 紧急措施条例

1922年第5号授权总督在政务会遇紧急或有危害公安时制立管制规则条例,是年2月28日公布施行,1949年第8号及40号各条例修正在案。

第1条　本例定名为紧急措施条例。

第2条　(1)总督在政务会议如认定发生紧急状态或危害公安事件时,得制立认为适于维护公共利益之任何规则。

(2)在不妨害本条(1)项一般规定之下,各该规则得规定下列事宜——(A)所有出版物、文字、地图、图则、照片、通讯及通讯工具之检查、统制及镇压事宜。(B)逮捕、羁押、放逐及递解事宜。(C)本港海港、港口与领海及船只行动等管制事宜。(D)海、陆、空运输及客货转运等管制事宜。(E)贸易、进出口、出产及制造事宜。(F)财产之拨用、统制、没收及处置及其应用事宜。(G)法规之修正,任何法规暂停施行,及修改或不予修改而适用任何法规事宜。(H)授权人屋及搜查事宜。(I)授权规则规定人员或机关颁布命令,制立规程及发布通告、执照、许可证、证书或其他文件,以实施规则之规定等事宜。(J)对于发给执照、许可证、证书可其他文件以实施规则规定而在规则内明定应征费用事宜。(K)代表总督对任何财产或事业之征用或管制事宜。(L)工作及服务人员之征募事宜。(M)对受规则影响人员之补偿及报酬之裁定及给付事宜。(N)对于犯规则规定罪行或犯本港现行法律规定之人加以拘捕、审讯及治罪事宜。上述规则得并备载总督认为必要及便于实施规则之临时或补充之规定。

(3)依本规则制立之规则,应继续生效,直至总督在政务会下令废除为止。

(4)遵照各该规则规定颁发之规则,无论系与任何法规发生抵触,仍应发生效力,其与各该规则、命令或规程有抵触之法规,无论曾否依本条(2)项规定予以修正、更改或暂缓执行,在各该规则、命令或堆积赓续有效期内,其抵触部分应暂不生效。

(5)所有文据认为系由总督或其他主管机关或人员依本例或本例施行规则规定制

发,并由或代表总督或其他主管机关或各该人员签署者,应予采纳作为证据,如无相反之证明,应视为系由总督或各该其他主管机关或人员所制发者。

第3条 (1)在不妨害第2条规定所授权力之下,凡依本例规定制立之规则,得规定任何罪行(不论各该罪行为违反此项规则或违反本港适用法律规定之罪行者)应受惩治之刑罚或核准刑罚(包括死刑在内),并得规定对于与此种罪行有关之物品予以没收充公,处置及扣留之,而对于依各该规则或其他法规规定所发牌照、执照、许可证、通行证或证件,依总督在政务会认为必要或便利以实施任何规则、法律、甚或公共利益者,得予以撤销或取消之。

(2)凡违反本例施行规则之规定者,如各该规则未有明定其他刑罚或治罪,应受简易程序审判,处2年徒刑及5 000元罚金之处分。

(3)无论本条(1)项有若何之规定,本例施行规则如有下列两款之一规定——(甲)违反各该施行规则之规定应处死刑者,(乙)在制立各该施行规则之前,依现行法律规定非处死刑罪行而应处死刑或使用相同之文字者。凡有上述之规定,须呈由立法会核准通过,并以决议案列明时日开始实施之。

第4条 兹为释疑起见,特宣布第2条(1)项内"得制立认为适于维护公共利益之任何规则"字样,应视为包括第2条(2)项(G)款规定制立规则之权在内,并又宣布第2条(4)项之规定,应视为概括于原例之内。

13. 紧急管制规则

本条例由总督会同行政局根据1922年第5号法令第2条关闭紧急措施条例规定制定,于1925年6月25日施行。

第1条 任何人不得印刷、出版、散布任何没有向华民政务司提交并获得批准通过的、包含中文的报纸、标语牌或小册子(真正的贸易广告除外)。

第2条 不论是个人还是作为普通市民,任何人不得亲自或在其控制下引进、出版、印刷、复制、张贴或分发任何倾向于劝说或诱导任何人或多人的报纸、招贴、小册子、书写、计算或图案。

(1)在贸易、经营、职业或就业过程中,不要处理、交易、工作或雇用任何人。

(2)严禁做任何可能导致破坏社会安宁的计算或行为。

(3)严禁干预法律或干预对法律和秩序的维护管理。

第3条　未经华民政务司批准,任何人不得引进或自办以中文形式出版的涉及时事的报纸、标语牌或小册子(贸易广告除外)。

第4条　在关于印刷和出版任何报纸的合适法规或进一步的命令下达之前,总督会同行政局有权延长此法令的执行期限。

14. 邮政局条例(节摘)

1926年第7号修正有关邮政局法律条例,是年7月1日公布施行,1940年22号、1941年第9号及1948年52号各条例修正在案。

第32条　(1)无论何人不得为下列物品之邮递,附邮或邮寄——(A)任何邮件而载有任何事物,足以危害邮务人员或足以玷污或损害其他邮件者。……(F)淫秽、不道德、猥亵、犯法或毁谤文字、图画或其他事物。(G)任何事物在本港或收件地所属国(以成国邮会会员国为限)禁止进口或销流者。(H)符合煽乱出版物意义规定之煽乱刊物。……

(2)凡依本例规定所订规则禁止某种邮件附载之物品,无论何人不得邮递、附邮或邮寄之。

(3)禁止邮寄之物品,应禁止邮运进口。

(4)(略)

(5)凡邮局接收由港外附来邮件而载有任何物品系依本例规定禁止邮寄者,裁判司酌定相当时间,预先通知收件人,依法得下令将各该物品没收充公,此项物品既经没收,须依总督指示处置之。

15. 印刷业及出版业条例

第25号法例

本条例旨在规范报纸的印刷及印刷机的使用和持有。

参照立法会的意见以及许可,由香港总督颁布以下条例:

第1条　本条例可称为1927年印刷业及出版业条例。

第2条　在本条例中,

(a)地址(address),就个人情况而言,是指其住所或通常的办公地点;就公司而言,是指其公司总部所在地。

(b) 编辑（editor），在有多位编辑的情况下，指报纸的总编及任何行使总编权利或职能的人。

(c) 报纸（newspaper），指在香港境内印刷或出版的，发行间隔不超过1个月的，以公共新闻或新闻评论为主要内容的期刊。

(d) 人（person），除被判入狱者之外，包括法人团体和公司。

(e) 印刷文本（printed document），包括全部或部分由机器印制生产的，附有文字、图画或符号的纸张、织物或其他类似的材质。

(f) 印刷机（printing press），指用以复制纸张、织物或类似材料上面的文字、图画或符号的机器和设备，或明显具有以上用途的机器和设备。仅以复制平面图纸或印制纺织品图样的机器设备或单纯翻印照片的照相设备除外。

(g) 东主（proprietor），包括借贷人（出租者）。

(h) 注册官（registrar），指由总督任命，行使报纸司法常务官或副司法常务官职责的官员。

第3条　（1）总督会同行政局依法有权制定法规管理报纸及其东主、印刷商、出版商和编辑的注册登记，印刷设备的持有和使用以及有关费用的规定。

（2）在《政府宪报》公布制定规定后，本条例中的所有规定均须提交至司法委员会讨论。若在第一次会议中通过决议表明，条例中的相关条例须废止或修改，则应秉持无偏见原则，自决议公布之日起，实行条例规定的废止或修改。

第4条　（1）所有报纸都需注册登记。

（2）条款3中涉及的人员须向注册官提交附表1，并详细填写有关事项且需证明填写内容的准确无误。

（3）由报纸的东主、印刷商、出版商或总编提交附表1并做出证明。

（4）若所填事项出现任何变化或发现不准确的地方，条款3中涉及的人员须在7日之内提交替补事项并证明此内容的准确无误。

（5）若编辑离开香港或是实际上地停止实行总编的职能，则可将总编身份的改变可视为上述事项的变化之一。

（6）若由公司提交事项，则须由该公司的董事、经理、秘书或其他高级职员提供证明；若由企业提交事项，则由企业的出资人开具证明。

（7）若提交的事项或替补事项是不正确的，则证明人须证明：(a)他相信所提交的事项是正确的;(b)他未能发现错误。

(8) 在达成本条款要求前,任何人不得(继续)印刷、出版报纸或行使该报总编的职能。

(9) 依据条例规定提交的报纸有关事项将由注册官保管。

(10) 支付1元可搜索检阅注册登记的报纸;每次支付2元可索取注册登记报纸的部分摘录内容。

(11) 在报纸注册登记或替补材料提交之后,注册官须将以上材料复印件按照有关事项上说明的地址,邮寄给事项中提及的人员。

(12) 在任何起诉报纸东主、印刷商、出版商或编辑的案件中,申诉人或原告依法有权将注册报纸中的某一条目或某段摘录作为:(a)报纸所述事件真实的证据或(b)证据证明已向注册官提交报纸注册的有关事项并已得到相关证明的事实。

第5条 (1)警察司依法有权批给持有印刷设备的执照。

(2) 如果执照申请被拒,申请人可在14日内向总督会同行政局提交不服起诉书。在审议此起诉书以及警察司有关此事的书面回复之后,总督会同行政局依法有权通过或撤销起诉。若是通过起诉申请,则总督会同行政局有必要下达指示以保证起诉生效。

(3) 总督会同行政局依法有权要求取消任何印刷机的执照。在意向通知书正式送达执照持有人之前,不得执行取消命令。每份意向通知书都须阐明取消执照的原因,执照持有人可在收到通知书起的14日内或在本条例所规定的时间内向两局秘书送交书面声明,反驳撤销执照的理由。在以上期限届满之日,总督会同行政局可考虑并决定是否同意警察司的命令。一旦撤销执照的命令生效,须将撤销通知书送交至执照持有人并由其将执照归还至警察司。至此,除有合法授权或合法的借口,任何人不得持有印刷设备。

(4) 如果执照持有人是个人,则以上撤销通知书直接送达至此人;如果执照持有人是公司,则可将以上撤销通知书送达至该公司的某一高级职员;或可将通知书交给得到住在另有牌照的房产中的成年人;如果以上途径不可实现,则可将通知书张贴在房屋外面。

(5) 在无执照的情况下,任何人不得使用或持有印刷设备。

(6) 警务人员或税务人员依法有权收缴、移除和扣留未得到执照的印刷设备。

(7) 警务处长依法有权以通知书的形式命令没收无牌照的印刷设备及其他明显具有印刷用途的设备。

(8) 依据警察司指示,处理没收的印刷设备。

（9）因在其房产内持有无牌照印刷设备而遭起诉的房产居住人，除能证明其持有牌照，否则一律假定该起诉成立。

（10）本条款所述的执照须按照附表2的格式填写。

第6条 （1）每一份文件都需以英文或中文清晰地打印出来，附以打印文件者的名称和地址并在前面缀以"由……打印"或"打印者"等文字。

（2）如果文件页数较多，打印者姓名和地址须出现在一页纸上，或是首页上方或是尾页下方。

（3）如果文件是书册的形式，则打印者姓名和地址须出现在尾页底部。

（4）若是报纸的话，则印刷商的姓名和地址须出现在报纸首页或尾页的同一位置。

（5）这一部分要求不适用于以商业、专业、社交为目的，且不含有煽动性或政治性内容的文件。以社团、会所或其他组织为目的的文件不属于上述的社交目的。

（6）在香港境外印刷的文件不适用此条款。

（7）任何人不得印刷、出版或协助散播未达到本条例要求的文件。

（8）除有合法授权或理由外，任何人不得持有未达到本条例要求的文件。

（9）在本条例起诉案中，任何违反本条例要求的文件本证实为某人所有或是为某人控制，或是某人被证实拥有打开藏有此类文件贮存装置的钥匙，除非能反证，否则视为拥有文件。

（10）在本条例起诉案中，任何被证实拥有或掌控有与本条例冲突文件名相同的文件的人；或任何被证实拥有或掌控能够证明他人拥有与条例冲突的文件证据的人，除非能够反证，否则一律视其拥有违反条例规定的报纸。

（11）在起诉中，除非能反证，否则一律假定以印刷者身份出现在报纸上的人为实际的印刷者。

第7条 （1）任何印刷书籍、报纸或其他文件的人，须在印刷之后的六个月内，保存以上刊物副本。

（2）印刷者须将其雇主的姓名及地址打印或书写在副本上。

（3）如果此人为中国人，则需将书写或打印此人的汉字姓名。

（4）依据警务人员的需要，印刷商须生产此类副本。

（5）由印刷商负责提供印刷日期的证据。

第8条 （1）一旦出现违背条例的违法行为，则地方保安官依法有权授令警务人员进入房屋或登陆船舶并进行搜查。

（2）接受上述授权令的警务人员有权进入以下地方或登陆船舶并进行搜查和没收：(a)已经出现违法行为；(b)可能会出现违法行为；(c)含有能够证明违法行为发生的证据。

（3）警务处长依法有权以通知书的形式命令没收与违法行为相关的物品。

（4）依据警务司指示，处理没收的印刷设备。

第9条　在不损害他人责任的原则下，报纸的东主、印刷商、出版商或是编辑将因其发行的报纸含有违法内容而承担刑事责任；或是印刷者将因其印刷的文件含有违法内容而承担刑事责任。若是被告能够排除合理怀疑，证明以上问题刊物是在其不知情、未授权或是未得其许可的情况下印刷的，以及证明上述违法问题的产生与自身的不小心或不谨慎无关，则被告无需承担责任。

第10条　在不偏袒其他服务方式的原则下，无论在民事诉讼还是刑事诉讼程序中，针对报纸所有人、印刷商、出版商或是编辑须的诉讼文件须按期送交或邮寄至报社，或交予报社的成年工作人员。

第11条　每份在香港境内印刷报纸的印刷商或出版商须在报纸出版发行的当日或是第二日（节假日除外），将报纸或其新版本的副本交至注册所。在副本上，须写明印刷商或出版商的姓名及住址并附上其亲笔签名。签名应以署名者惯常书写方式签写。若是授权他人签名，则此授权须事先通知司法常务官。此外，报纸印刷商或出版商须于每月期间向注册所申求报纸的一般价格。在刑事或民事诉讼程序中，如果以上报纸副本需用作证据，则在申请方缴付申请费用之后，由司法常务官在法庭上提交相关报纸副本；或申请方能担保安全返还，则司法常务官可将上述报纸副本交予申请方。以上报纸副本均应用于指证相关报纸的所有人、印刷商、出版商或编辑。除非上述人等能够证明他们对于报纸的印刷、出版或编辑并非他们所为或能够证明他们对此并不知晓或并不知情，否则一律视为该报的所有人、印刷商、出版商或编辑，并承担相应的责任。司法常务官保存报纸副本的期限不应超过6个月。

第12条　在遵循第9条款的原则下，任何违反本条例规定者将以简易程序定罪，判以不超过1000元的罚款和不超过6个月的刑期。

第13条　废除1886年的《印刷业及出版业条例》。

第14条　本条例自1928年1月1日起实施。

（附表略）

16. 无线电信规则（节摘）

依106章电信条例（1936年18号）之规定，制立无线电信规则，1936年10月1日公布施行，1936年第461号、785号、786号、895号及896号，1937年第763号及924号，1938年第814号，1946年第596号，1948年甲第5号、甲第200号及甲第208号，1949年甲第3号及甲第271号，暨1951年甲第75号各公布修正在案。

第1条 本规则称——

"有线广播"指以无线电话消息及节目或其他事物作有线广播或转播图使一般公众收听者。

"有线广播事务"指经营以无线电话消息及节目或其他事物作有线广播或转播图使一般公众收听之事务。

"有线广播站"指办理有线广播事务之电信站。

"电话广播事务"指以无线电话播送之通信事务而特别意图使一般大众收听者。

"电视广播事务"指固定装设或移动播放电视专供一般大众收看之电视广播事务。

"电视广播站"指办理电视广播事务之站。

（其他略）

第2条 邮务司（以下称发照主管官）依法得核发下开执照及证明书——（甲）固定海岸、航空、船舶及飞机电信站。（乙）业余及私营实验通讯站执照。（丙）广播接收执照。（丁）贩商执照。（戊）接线生及监视员经验证明书。（己）无线电广播站执照。（庚）限制收接及发出无线电通信站执照。（辛）无线电报学校执照。（壬）实验电信站执照。（癸）私营无线电业务执照。

第3条 发照主管官依本规则规定所发经验执照及证明书，即为香港政府依电信协定及依协定制立而随时适用于本港之规则规定意义执照或证明书。

第4条 无论何人不得在业务上兜售、贩卖或持有在本港用作或企图用作无线电信之设备、机械、工具、物资或其他仪器，但其人持有现行贩商执照或领照拍卖人或持有发照主管官所发贩售特许豁免证或许可证者不在此限。

第5条 发照主管官依法得对领照拍卖人或发照主管官认为适合条件之人给予特许豁免证或贩卖许可证。

第6条 所有领照拍卖人或领有上述特许豁免证可许可证之人须依法遵守证上所

列条件办理。

第7条　依本规则规定所发执照、证明书、特许豁免证及许可证,系有全权决定而核发之者。

第8条　执照、特许豁免证及许可证得随时由发照主管官酌定,给予通告而将之吊销,不必予以补偿及不必退回一部分已缴费用。

第9条　证明书持有人一方面如有违反有关国际电信规则之规定或对各该规则有不检行为时,发照主管官有全权决定,在证明书背书签注或则将证明书撤销之。

第10条　无线电广播站执照,实验电信站执照或私营无线电通信执照之不合格及征费,应由发照主管官个别决定之。其他执照表格及证明书表格应照下文所列表格,由发照主管官酌量加以下属者为之。在不妨害上述规定之下,发照主管官得将现行有效执照或证明书作必要之修改,使能符合上述电信协定及依协定所制立规则之规定。

第11条　所有执照不因本规则之规定而终止其有效期间,并不得明示为较短之期间而于发给年份12月31日满期,但——(甲)船舶电信室执照、飞机电信室执照及业余电信站执照在缴纳换领新照费用及遵照条件办理后,应即继续生效。(乙)收听广播执照,由发照日起,有效期一年。(丙)无线广播执照,有效期照执照内所列办理。

第12条　除须遵照撤销或其他合法裁定办理外,证明书应生效直至上述电信协定及依协定制立之规则定认为需予撤销或其他合法决定时为止。

第13条　执照证明书如有遗失,各该领照或持有人须迅速以局面报告发照主管官。

第14条　凡遇遗失执照或证明书,发照主管官有全权决定,依法得对遗失之执照或证明书补发副本。凡对遗失执照或证明书补发副本之后,原已遗失之执照或证明书视为取消或撤销。

第15条　(1)申领下开执照者,于发照时须将下列执照费向发照主管官缴纳——

执照名称　征费　换领执照缴费日期

固定、海岸、航空、实验、无线电广播或私营商业电信站随时由发照主管官决定征费。

船舶电信室	25元	每年一月一日
飞机电信室	25元	同上
无线电贩商	250元	同上

无线电电信学校	100元	同上
限制收发无线电电信站	600元	同上
无线电广播收音机	20元	发照日起一周年
业余电信站	依发照主管官核许电力而定	
电力10瓦特者	20元	同上
电力25瓦特	30元	同上
电力25瓦特以上者	40元	同上

(2)业余电信站并应纳不回旋费计——(甲)10瓦特电力者10元。(乙)10瓦特以上者20元。

(3)业余电信站由10瓦特改为较高电力者加纳10元。

(4)业余电信站上项费用与年费分别征收,至改高电力费应在年费项下按月减除之。

(5)申请执照副本或更改执照所载事项(除更改地址外)征费一元。

(6)电信接线生或监视员合格证书考试费规定如次——(甲)一等证明书30元。(乙)二等证明书20元。(丙)航空无线电接线生背书签注10元。(丁)二等(远东地区)证明书10元。(戊)特等证明书10元。(己)普通通话证明书5元。(庚)监视员证明书5元。

(7)证明书另发副本征费,由发照主管官定之。

第16条 (略)

第17条 (略)

第18条 所有持照人及证明书持有人,遇发照主管官要求缴验或缴销或缴交其现行或其他执照或证明书时,须迅即向发照主管官缴出之。

第19条 (略)

第20条 凡在本港领海之英籍或其他国籍船舶而非属于战舰性质者,其在船上装设之无线电报仪器不得工作或使用。但——(甲)当船舶在本海领海内正在航行——即未抛锚或紧系——如航行上有所需要时,其仪器得以最低电力使用而与最接近海岸电信站通信,如与最接近之电信站不可能通信时,则与较远之电信站或于必要时与其他船舶电信室通信。(乙)当船舶已在本港领海内下锚或紧系而在特别情形之下如关于生命或船舶安全起见,得使用其食品与最接近之岸上电信站通信,如不可能,则与较远岸上电信站,必要时与其他船舶电信室通信。(丙)无线电广播收音室得随时使用,但应采取正当预防措施,以免妨害其他电信站。(丁)当船舶已在本港领海内下锚或紧系后,得依邮务司局面许可并遵照邮务司以局面规定关于电信站应遵条件、时间、波长或其他情事而使用其仪器作为实验检查,但不得妨害海陆空军、政府、商业、移动站或其他领照电信站之工作。(戊)凡在特殊情况下而领有邮务司局面许可并遵照邮务司以书面所规定之条件办理者,得使用仪器通信。

第21条 (略)

第22条 本规则定名为无线电信规则。

(格式表略)

17. 煽乱条例

参照立法会的意见以及许可,由香港总督颁布以下条例:

第1条 本条例称为1938年《煽乱条例》。

第2条 本条例中:

出版物(publications),包括一切手写或印刷或本质上类似于手写或印刷的物品。这类物品包含可视的图像或通过其自身形式、造型或其他方式提供文字或观点。以上所述物品的复制品也属出版物。

煽乱出版物(seditious publications),指有煽乱意图的出版物。

煽乱文字(seditious words),指有煽乱意图的文字。

进口(import),指进入或被带入香港境内。

第3条——(1)"煽乱意图"(seditious intention)是指:(i)引起对于国王陛下、其继任者或是香港殖民政府的仇恨、蔑视或不满。(ii)激发国王臣民或是殖民地人民,企图通过非法手段以实现变化。(iii)引起对于殖民司法行政部门的仇恨、蔑视或不满。(iv)引发国王臣民或殖民地人民内部的不满或离叛。(v)引发殖民地不同阶层人民之间的恶意、敌意。(vi)引诱军队成员背弃对于国王陛下的忠诚或责任。

但是,以下内容不属于煽动意图:(a)表明陛下实施的措施中有被误导或失误的地方。(b)以补救为目的,指出殖民政府或宪法中的不足与失误。(c)说服大英帝国的臣民或是殖民地人民通过合法的方式达成事物的变革。(d)以消除为目的,指出(可能)造成殖民地人民之间恶意或敌意产生的问题。

任何出现在(a)至(d)限制性条款中的行为,若是能够或是可能导致(i)至(iv)所述意图的发生,则一概视为违法行为。

(2) 为决定其人之行为、言辞或出版文字是否有煽乱意图,应就该人当时之行为及环境情形决定之。

第 4 条 (1) 任何人凡(a)实施、企图实施、准备实施、串谋他人实施带有煽动意图的行为;(b)说出煽动性言语;(c)印刷、出版、出售、散发或复制煽动性刊物;(d)有意地引进煽动性刊物,将被视为犯罪。首次违法将处以 2 年刑期或(且)不超过 1 000 元的罚款。再犯者将处以 3 年刑期。以上煽动性刊物将没收。

(2) 任何持有煽动性刊物且无合法理由者,视为犯罪。首次违法将处以 1 年刑期或(且)不超过 500 元的罚款。再犯者将处以 2 年刑期。以上煽动性刊物将没收。

第 5 条 (1) 在犯罪行为实施之后的六个月内,方可提起就此诉讼。

(2) 只有得到总检察长的书面许可,方可就条款 4 中所述犯罪行为提起诉讼。

第 6 条 在无目击者佐证证言的情况下,不得就此定罪。

第 7 条 如果地方法官有足够理由相信某一行为确实或是可能将会违背本条例规定,则他可授予警务人员搜查手令。凭此手令,警务人员可进入或强制进入手令中所述的地点,对房屋及在房屋中发现的人员进行搜查。可没收在此房屋中发现的,且警务人员有足够理由质疑其违反条例规定的任何物品。

第 7 条 至此,1914 年的《煽乱出版物条例》废止。

18. 违禁出版物条例

1938 年第 14 号法例

本条例旨在禁止输入不良刊物。

参照立法会的意见以及许可,由香港总督颁布以下条例:

第 8 条 本条例称为 1938 年《违禁出版物条例》。

第 9 条 本条例中,

出版物(publication),包括一切手写或印刷或本质上类似于手写或印刷的物品。这类物品包含可视的图像或能够通过其自身形式、造型或其他方式提供文字或观点。以上所述物品的复制品也属出版物。

定期刊物(periodical publication),包括定期出版的刊物或部分出版间隔不定期的刊物。

违禁刊物(prohibited publication),是指依据条款3而被禁止输入香港境内的出版物或定期刊物。

进口(import),指进入或被带入香港境内。

第3条 如果总督认为出版物的输入会违反公共利益,则总督具有绝对酌情权,依枢密院令禁止此类出版物的输入。针对定期刊物,可依据上述禁止令或制定新的命令禁止此类刊物的输入。

第4条 (1)任何进口、出版、销售、散发或复制违禁刊物或其摘录内容者,将被判有罪。首犯者将被处以2年的刑期和(或)不超过1000元的罚款。再犯者将处以3年的刑期。上述违禁刊物或其摘录部分都将没收。

(2)任何持有禁止类刊物或其摘录部分且无合法理由者,视为犯罪。首次违法将处以1年的刑期或(且)不超过500元的罚款。再犯者将处以2年刑期。以上违禁刊物或其摘录部分将没收。

第5条 (1)依据条款3,在枢密院令颁布期间,任何1)持有违禁刊物或其摘录者;2)在不知情或在禁止令颁布之前,应他人请求接受违禁刊物或其摘录者,须在明了刊物内容之后,立即将其送交至最近的警察局。若不履行上述责任,则视为犯罪,判以1年刑期和(或)不超过500美元的罚款。上述违禁刊物或其摘录部分将没收。

(2)依据第5条款中第1小节规定,将以上送交违禁刊物或其摘录部分至警务人员者或因没将以上刊物送交至警务人员而被判刑者,将不会以输入违禁刊物或藏有违禁刊物罪名定罪。

第6条 (1)邮政大臣、进出口司司长、警务处处长或其他由以上官员授权的人员均可依法有权扣留、打开、检验任何疑似含有违禁刊物的包裹和物品。在检查期间,可扣留任何有违反条款4和5规定的嫌疑人。

(2)若在以上包裹或物品中发现违禁刊物,则由检查此包裹物品的官员将其扣押。包裹物品的相关人将立即逮捕且将因违反本条例而遭到起诉。

第7条 如果地方法官有足够理由相信某一行为确实或是可能将会违背本条例规定,则他可授予警务人员搜查手令。凭此手令,警务人员可进入或强制进入手令中所述的地点,对房屋及在房屋中发现的人员进行搜查。警务人员可没收在此房屋中发现的,且有足够理由质疑其违反条例规定的任何物品。

19. 传播物控制令

第 1 条　在 1940 年 1 月 18 日之后，下列物品除用邮政传递外，任何人一律不得运出或运入香港：

(1) 报纸、杂志、书籍、手抄或打印文字，上述各项之一部分或碎件。

(2) 地图、图书、略图、图画、图片及用过之摄影底片，已冲或未冲之菲林风景画、素描画；

(3) 邮票及印花；

(4) 英政府任何机关或外交及海陆空军当局所用，或制造及所有各项印本、印章或印花；

(5) 书信及备忘录；

(6) 用文字或符号作通讯之物件，但有下列情形之者，不在禁止之列：

(a) 凡事前已获检查官或其他代表核准投递或运带，而能遵守核准条件者；

(b) 凡在传递途中抵某埠或运离某埠，曾自动交与检查员，或其授权人检验，经其核准继续运寄，而能遵守核准条件者；

(c) 凡由港政府授权代表携带者；

(d) 凡轮船或航空公司及商店送交其船长或机械师之文件，而系下列情形者：(i) 文内单纯提及货运及关于业务事项者；(ii) 先经检查员批准然后发出者；(iii) 依照检查处指示，封包加盖印信，并照指定时间地点存放者。

第 2 条　1939 年政府公报上刊登的第 705 号通知撤销。

第 3 条　本令可称为《传播物控制令》

20. 映画演剧检阅规则

第 1 条　香港占领地总督部管区内将行上映之映画及将上演之演剧，均须预先受香港占领地总督部之检阅。

第 2 条　将行检阅之条件，须具备左记事项，并附一本二部，向香港占领地总督部报道部呈请，以待总督之许可。

映画实施之日时，由报道部长通知具呈人，具呈人接到通知后，可依时亲自到检阅场所立会，或派人代理立会。

(1) 具呈人之本籍、住所、姓名。

(2) 映画题名、种别、卷数、制作地点、制作日期。

(3) 监督、主演之姓名。

第 3 条　映画演剧之内容，若抵触左记事项，得禁止映演或削除其中之一部。

(1) 对皇军有不敬之处者。

(2) 对国策有加诽谤、批评之处，或被认为有妨害国策之处者。

(3) 对帝国军队并军人之威信的毁损之处者。

(4) 被认为于军政施行，国土防卫，并防谍工作有害之处者。

(5) 有毁损盟邦国家名誉之虞者。

(6) 有益于敌国及敌性国家，使观众对敌国生欣慕之心，或助其欣慕之会者。

(7) 被认为紊乱社会安宁秩序，或于风教上有害者。

(8) 被认为有其他不可映演之理由者。

第 4 条　检阅结果，认定抵触规则禁止映演或削除一部之时，即不再作异议之申请，映画得施以没收。

第 5 条　报道部长对于已认定可以映演之物，发给许可证。

第 6 条　已通过检阅之物，日后发现有必要时，仍得禁止削除一部或没收之。

第 7 条　演剧检阅不收检阅费。映画检阅每一卷（1 000 英尺以内）收检费军票一元。但公益上认为必要时，得免除检阅费。

本规则自昭和 17 年 6 月 5 日起施行。

21. 公安条例（节摘）

1948 年 59 号制订维持公共秩序与安全条例，是年 10 月 29 日公布施行，1951 年第 2 号及 43 号各条修正在案。

第 7 条　裁判司根据报告认定为有下列事情之一时——（甲）认定任何人匿迹本港，并有理由相信其隐匿系有犯罪意图者。（乙）认定任何人在港不能满意解说其行动者。（丙）认定任何人以语言或文字在港内或港外地方散布或企图散布或教唆散布任何煽乱文字，即 217 章煽乱条例第 4 条规定处罚之出版物者；（丁）认定任何人干犯、行将或企图干犯任何犯罪行为而此种行为系足以妨害法律之执行或法律与秩序之维护者。裁判司得按下文规定，着令其人表证因何不应具结并觅具保人，担保在两年以下期间内品行良好。

22. 紧急措施(主要)施行规则(节摘)

12月28日政务会署理书记官布告,总督在政务会执行1922年第5号紧急管制条例(1949年第8号紧急管制修正条例暨同年40号紧急管制第二号修正条例修正在案)第2条所授权,制立下开施行规则:

第二章 出版物及通讯之检查与管制

第5条 (1)总督得委任邮包及电报检查员一名及适宜人数之助理及副检查员若干名。本规则称"检查员"包括所委任助理检查员在内。(2)总督得以手令授权邮政司管理有线与无线电局人员将所有传送或送发邮包及电报扣交检查员。(3)检查员或其授权人员得将本港收发或经由本港之各种邮包或电报开拆或检查或永久或于必要期间内予以扣留候查。(4)凡无合法权力在本港任何地方或本港领海内之船只或飞机传递任何电报而未经检查员先行通过准予送递者,以犯本规则之罪论。

第6条 (1)主管官得颁发命令作一般或特别性禁止刊发其认为系属或足以妨害公共利益之出版物。

(2)无论何人出版刊物而有违反依本规则规定所颁命令者,暨该刊物之所有人,编辑及操作印刷与绘制该出版物之人,概以犯本规则之罪论。

第7条 (1)主管官得颁发命令禁止其一切刊物或某种或某一性质而认定系属或足以妨害公共之刊物输运进出口、印刷或出版。上述禁止应视为并用于此种刊物之誊本或其一部分。

(2)凡受本条规则第一项,颁发命令所影响之刊物如为定期刊物,则上述命令应视为并适用于该刊物以后所发行者,惟以前发行者不适用之,但该令或续后另颁命令规定一并适用者则不在此限。

(3)凡违反本条规则所颁命令者,暨此种违例刊物之所有人、编辑、持有人、管有人及在屋藏有此刊物之人(法庭认为有可原者除外)邮寄送发或收受各该刊物之人,概以犯本规则之罪论。

第8条 主管官赋有权力对下列物品予以扣留、拆封、检查及饬人办理之,计开:(甲)所有邮包及电报。(乙)所有印刷物或缮书品及一切包裹事物应受邮务或关税当局检验而内载印刷缮书物者,主管官并得将所有认定属于或足以妨害公共利益之邮包,电报,印刷或缮书物停止送递或毁弃之,主管及其普通或特别商定授权代理之人赋有一切需要执行上述步骤之权力。

第9条 (1)邮政司普通或特别授权代表或代办之人员,得着令寄发邮包之人于投邮时启包候验,验后当场包封后邮递之。

(2)违反上述办法者,以犯本规则之罪论,邮务员并得拒绝收寄。

(3)邮政司或其普通或特别授权代表或代办人员,如认定收受该邮包若递寄则有危害生命财产之虞者,得饬令拒绝收寄之。

第10条 (1)总督或总督依本条第三项规定授予权力以执行本规则规定职务之人,得颁发命令,列明种类,规定任何包裹不得自本港邮递至港外任何地方或将本港接收之邮包转在港地分发之,惟是遵照上述命令办理者不在此限,尤其是,在不妨害本则上文所规定之下,上述命令对于任何一种邮包,得饬令除遵照上述权力或该令内列人员授予之权力或许可证指定之条件办理外,不得将该种邮包递寄或分发之。

(2)总督或总督依本条第三项规定授予权力以执行本规则规定职务之人,得颁发命令规定除该令特准许免或遵照该令内载条件办理者外,不得将任何文件、书图、照片或记录情报之其他物品除邮递之外,由本港寄往或携往港外地方或由港外运带来港,而上述命令,在不妨害本规则上文各条之下——(甲)得对上述一切物品或其一种一类为之。(乙)对于适用此项规定之一切或何物品及可能载有此种物品之包裹,得饬令遵照上述权力或该令内列人员授予之权力或许可证指定之条件办理外,不得照上所述寄发或携带,或付交他人寄发或携带之。

(3)总督得酌定若何范围或限制,授权指定之人或某等人员执行本条一二两项规定之一切或任何权力。

(4)无论何人不得藏有违反本规则所颁令禁止寄发或携带之物品。

(5)凡违反本规则者,以犯本规则之罪论。

第11条 (1)无论何人过有行将离港或抵港(本条对于此人以下称为"旅客"),必要时,得由受权人员着令——(甲)声明有无携带依规则第10条(2)项所颁现行有效命令规定之物品。(乙)缴验上述物品,并由上述受权人员或奉代理之人向旅客实施检查,受权人员如有相当理由怀疑旅客身上藏有此种物品者,得予以搜查并抄没之。但女客须由女性加以检搜。

(2)行将离港或抵港旅客如乘车或其他交通工具或船舶或飞机者,受权人员或奉命代理之人得进入该车或他种交通工具、船只或飞机,以执行第(1)项赋予之权力,并得对该车,他种工具、船只或飞机一并加以检查,以视有无藏上述物品。

(3)凡在本港任何地方发现有任何人物,体察情形,有理由推断其人曾经或意欲与旅客通讯者,则第(1)项之规定对于基人得适用之,一切适用于旅客者。

第12条 (1)凡遇依规则第10条(2)项之规定,颁发现行命令时,受权人员或奉令代理之人,得将由港付寄出外或由港外付来本港之物品加以搜查,以便查明有无此等适用上述命令之物品付寄或携带往来,如有相当理由怀疑系属适用上述命令之物品,得予以没收之。

(2)受权人员或奉令代理之人得进入任何车辆,他种交通工具或登任何船只或飞机以执行本条第(1)项关于此等物品赋有之权力。

第13条 (1)总督得颁发命令,令内得并列明若干特许豁免者,饬令任何新闻报纸除由某东主向主管官另领取特许证外,不得印刷或刊行。

(2)主管官不必说明理由有全权决定发给或拒绝发给上述许可证,并得附带条件,及随时予以停止或撤销,或变更或删去之条件另订新条件。

(3)无论何人违反本规则或许可证所附带条件者暨该有关报纸之东主与编辑,得以犯规定之罪论。

第14条 (1)主管者得以书面令行新闻报纸刊发官式通讯内载向民众通告之任何事情,遇有此种需要时,各该编辑、印刷人及出版人在职责上必须刊发之,或——(甲)照原文刊登。(乙)依原文摘载一切主要事实。

(2)凡有违反本条规则规定之所为者,该新闻报纸每一编辑,印刷及出版人均以获本规则规定之罪论。

第15条 (1)总督得颁发命令,饬令所有任何通告、招贴、广告、公告、小册子或其他相同文件备载令内所开列之事物者(不论其方式为论文,叙述事实或其他),除向先行领取许可证外,不得在本港印刷或刊行。但本条规则对于依规则第13条领有现行有效之许可证或特许之新闻所载任何情事均不适用之。

(2)凡违反本规则者,以犯本规则规定之罪论。

第16条 (1)主管官得颁发命令,着令任何出版物之东主、编辑、印刷人、出版人、或印务馆或印刷业之东主或经理人,或任何事物之著作人或准备印刷或出版人在印刷或刊行前,先将此等行将印刷或出版物送呈主管官核办。

（2）上述命令得普遍或特别对某一种或某一类论题为之，如为定期或非定期刊物，得对某一期或指定期间内所有刊行者为之。

（3）凡违反本规则所颁命令者，以犯本规则规定之罪论。

第17条　（1）刊物之印刷人或出版人如未领有主管官之书面许可，不得——（甲）印刷或刊载任何文字，以说明或足以令人想像其送检稿件曾奉主管令将内文更改或增减者。（乙）以任何方法印刷或刊载送检稿件，显示曾奉主管官令将内文更改或增删者。（丙）印刷或刊载任何文字说明此一情事曾经禁止刊出者。

（2）凡违反本规则者及该刊物之东主，出版人与编辑，均以犯本规则规定之罪论。

第18条　在不妨害本规则其他规定之下，主管官得将所有违法出版物抄没及扣留之。

第19条　（1）在不妨害本规则其他规定之下，主管官得以命令——（甲）饬将印刷或用以印刷任何违法出版物之印刷机或其他配件用具等没收充公。（乙）在令内列明限期禁止——（子）任何人使用上述印刷机配件用具，（丑）上述印刷机配件用具之主人使用之或其他拟用之印刷配件用具等。

（2）凡违反本条（1）项（乙）款所颁命令者，以犯本规则规定之罪论。

第20条　主管官如有相当理由怀疑任何房屋用作印刷或刊行违反本章或依本规章定颁发命令之事物，或用以印刷或刊行属于或可能或足以妨害公共利益，或任何房屋内藏印刷机配件或用具依规则第19条之规定应予没收者，得以局面颁发命令，着令受权人员进入该屋加以搜查，各该人员或奉令代行人员得随时进入该处，必要时施用武力强制进入，搜查该屋加以地方内所有在场或正在离场之人、牲畜、车辆或其他事物（但遇妇女则仅由女性施行检查），并将任何违法出版物，载有妨害公共利益之刊物，怀疑曾经用以印刷此种刊物之印刷机配件用具，及依规则第19条规定应予没收充公之印刷机配件用具等查抄及扣留之，但依上项规定抄没之印刷机配件用具（除第19条规定应受没收处分者外）如未经主管官饬令办理，不得予以没收之。

第21条　（1）总督得颁发命令，并得在令内规定若干特许豁免者，饬令无论何人除向主管官或令内列明之人领有书面许可证之外，不得持有或管理下开事物——（甲）令内列明之各种机件而属于传递无线电机件式样者或总督认为备作此项用途者。（乙）令内列明之各种物品经总督认定可能成为一部分或便利用于令内裂之机件者。但遇有此等诉讼事件，被诉人被控持有或管理此种物品，得提出辩护，以证明此种物品并非或为上述机件之一部,亦非有用作机件一部分之意图。

(2) 依第(1)项规定颁发之命令,对于政府公务人员在职务上之行为,不予以若何限制,而对于1938年18号电信交通条例规定领有有效执照之机件准予使用机件传递通讯或其物品系属于此种机件之一部者亦不适用之。凡因持有或管理上述物品至受第(2)项规定被控于案者,得提出辩护,以证明其持有或管理此种物品,只系在领有上述有效执照时所持有或管理者。

(3) 凡因违反第(1)项规定被控于案者,得提出辩护,证明在犯规之日曾(首次)申领此必需许可证而未获批复者。

(4) 主管官得以命令,规定在若干情形下禁止使用甚或取缔使用无线电传递机,凡有对本项规定所颁命令而有违犯所为者(在不妨碍向任何其他人等提起控诉之下),则此种无线电机所在地之房屋居住人,或该机设在船只或飞机上者,则该船船长飞行师,一律以犯本规则规定之罪论。但依本项之规定对使用无线电机以外之人控以违反命令时,被告人得提出辩护,证明系未经其许可而为他人所使用,彼本人并曾尽力防止有违反命令之所谓。

(5) 授权人员对于任何船只或飞机,如认为必要获取该船只或飞机遵守依上述第(4)项所颁命令,得采取若何步骤及使用武力,以资实施之,如业已有此项违令行为,则进行有效控诉。

(6) 总督在政务会或总督本人有全权决定拒绝依1936年电信交通条例之规定发给执照及随时予以撤销之。

第22条 无论何人不得明知故犯——(甲)任令侵扰无线电报或电话通讯之收发。(乙)任令侵扰或阻挠上述以外之电报或电话通讯,但本条之规定者于英国军人或授权人员在职务上之行为或许可或饬令办理之行为不适用之。

第23条 (1) 除下文规定者外,无论何人不得发出任何讯号,该讯号照情形观察是有下列两项之显示者,如(甲)各海外船只或飞行中飞机上之人接收者,(乙)有妨害公共利益者。但上项之规定,对于英国军人或警官在职务上所发记号,在海空上航行之船只或飞机(非为敌人服务或妨害公共利益之船机)仅为救生或协助航行所发讯号者,或由主管官或其代表许可所发记号,均不受任何限制。

(2) 无论何人因讯号而成立犯罪行为,照其情形系为妨害公共利益者,以犯本规则之罪论,应受公诉,科一万元罚金及十四年徒刑之处分。

(3) 总督若有适当理由相信系属必要或便利,以防止发出任何讯号至妨害公共利益者,得在政府公报分布命令,禁止或限制在任何地区之上放发一般气球(不论是否为联络者)或纸鸢,或在令内列明任何种类之气球或纸鸢。

(4) 总督有适当理由相信系为便利公共利益起见,得——(甲)饬令禁止任何人,或(乙)在政府公报发布命令禁止令内所列地区之一切等并列明例外之人——持有或管理指定之机件或某种机件而出总督认为可以传达讯号,而此种讯号业已或可能供应敌人以助力或妨害公共利益或准备采作此项用途者。但依本规定所颁命令,不得限制英国军人因职务上所有任何此种行为者。

(5) 主管官若有适当理由相信任何处所存有可以传达讯号之机件,曾经或可能,有意或无意的足以供给敌人助力,或足以妨害公共利益者,其本人或授权人员得进入该处,着令采取必要步骤,阻止此项机件之使用,必要时,得自行采取上述步骤。本条规则所称"处所"为实施本规则规定,应包括车辆在内。

第24条 (1) 除须遵照本规则规定办理者外,无论何人如未向主管官或其代表申请许可,不得明知故犯藏有或明知故犯邮递下开事物甚或寄发至港内或港外任何地方——(甲)秘密传递,收受或纪录情报之通报。(乙)为秘密传递,收受或纪录情报而制作何事物。(丙)秘密传递收受或纪录情报之文件或其他物品。

(2) 凡有本条(2)项(甲)款所列通报者,如由主管或其代表着令缴出时,须向该主管或其指定之人呈缴之。

(3) 凡持违反本条规则规定,为秘密传递,收受或纪录情报而作之事物,如由主管官着令缴出时,须向该主管官或其指定之人呈缴之。

(4) 本条(2)及(3)项之规定,对于违反第(1)项之规定者仍不得视为可以避免控诉。

(5) 凡犯本条(1)项罪行者,以犯本规则之罪论——(甲)提出简易诉讼,应受五千元罚金及二年徒刑之处分。(乙)提起公诉,应受一万元罚金及拾四年徒刑之处分。

(6) 本条称"秘密传递,收受或纪录情报之通报"包括密码暗藏在内,但本条(1)项之规定,不通用于(甲)藏有(子)主管官核准使用之密码或暗号,(丑)用上述密码暗号传递或纪录情报之文件,明白说明系此种密码或暗号者。(乙)依照主管官或其代表指定之条件而使用本项(甲)款规定之密码或暗号者。又本条例(1)项之规定,对于英国公务人员或警官因执行职务所有任何行为,不得予以若何禁止之。

第 25 条　无论何人标贴或散发招纸、传单或其他文件内载煽动、暴乱或诱使他人不遵守法律、合法命令或足以引致违反治安等文字者，以犯本规则之罪论。

第 26 条　主管官得颁发命令禁止印刷、发售、刊发或派送任何文书而认为系载有煽乱或诱使他人不遵守法律、法令，或足以引致违反治安或促成人民在种族或阶级间之恶感或敌对等文字者。

第 27 条　(1) 凡以言语或文字或在新闻报纸、定期刊物、书籍、传单或其他印刷品散布虚伪报告或制作虚伪叙述足令民众惊讶者，以犯本规则之罪论。

(2) 依本规则提起诉讼，被告人不得以不干该报告或陈述系属虚伪理由提出辩护，除非其人并能提供证据，证明彼曾采取一切适当步骤，以证明此报告或陈述系属真确者则不在此例。

第 28 条　法庭得时常颁发命令禁止发表该庭审理或待审案件证人之姓名、住址或相片，或任何证供或其他事物足以表现各该证人之谁属者，无论如何有违反上述命令之所为，以犯本规则之罪论。

23. 煽乱条例

1938 年 13 号，改善防止煽乱罪之规定及治罪条例，是年 9 月 2 日公布施行，1938 年 28 号及 1950 年 22 号各条例修正在案。

第 1 条　本例定名为煽乱条例。

第 2 条　本例称——

"运输进口"包括携带或使人携带进入本港。

"出版物"包括一切缮书或印刷品，暨不论是琐与书写或印刷品类似性质而其形式或以其他可能之文字意义含有显明之说明，及各该出版物之抄本与翻印本。

"煽乱刊物"指有煽乱意图之出版物。

"煽乱文字"指有煽乱意图之文字。

第 3 条　(1) 煽乱意图指有下列意图之一者——(甲) 对英王、王嗣或继承人或本港政府或英国领土政府或依法律组设之英保护国政府引致嫉恨、藐视或激动恶感者。(乙) 激动本港英国人民或居民企图非法手段改变本港依法律组设之其他事物者。(丙) 对本港司法引致嫉恨、藐视或激动恶感者。(丁) 对本港英国人民或居民激发不满或恶感者。(戊) 促成本港民众不同阶级间之恶感或敌对者。但言行或刊物仅有下列意图者,不作煽乱论——(子)发表意见指出英王在施政中受有欺蒙或错误者。(丑)指出本港政府或依法组设之机构或立法、行政或司法机关有错误或缺点,冀图加以改善者。(寅)劝告英国人民或本港居民以合法意图获致本港依法组织情事之改善者。(卯)指出正在或助长本港居民各不同阶级间之恶感及敌对情事而冀图予以革除者。

(2) 为决定其人之行为、言辞或出版文字是否有煽乱意图,应就该人当时之行为及环境情形决定之。

第4条 (1) 凡有下列情事之一者,以犯罪论,初犯应受5 000元罚金及二年有期徒刑,再犯受三年有期徒刑之处分,各该煽乱出版物应予没收之——(甲)做作或企图做作或准备做作或共同他人做作有煽乱意图之行为者。(乙)发表煽乱言词者。(丙)印刷、出版、售卖、招售、分发或翻印煽乱刊物者。(丁)运输煽乱刊物进口者,但其人并无理由相信系属煽乱者不在此限。

(2) 凡无合法宥恕而持有煽乱出版物者,以犯罪论,初犯应受2 000元罚金及一年有期徒刑,再犯受二年有期徒刑之处分,煽乱刊物应予没收之。

第5条 (1) 依第4条规定提起控诉,除在犯罪后六个月内提出之外不得为之。

(2) 依第四条规定对任何人提出控诉如未经总检察官局面许可不得为之。

第6条 控诉任何人犯第4条规定之罪,如仅有一证人指攻其罪状者,不得予以治罪处分。

第7条 裁判司按据经过宣誓报告,满意认定有适当理由相信有人干犯或将将犯本例规定之罪者,得签发搜查票,授权警官进入票内列明之屋宇或地方,必要时得召人协助,及于需要时,强制进入及搜查各该屋宇或地方及在内之一切人等,而该警官有相当理由怀疑有犯本例规定罪行之证物时,得并查抄之。

24. 书刊注册条例

1888年10号规定书籍注册暨维护本港印刷书籍条例,

是年4月2日公布施行,1950年22号及24号各条修正在案。

第1条 本例定名为书籍注册条例。

第2条 本例称"书籍",包括任何文字之每一册书籍或其部分或分段及小册子,暨铅印或石印每页乐谱、地图、图表或平面图,但不包括纯粹属于价目表、货物目录、年报、商业通讯或商业广告等印刷品。

第 3 条　（1）在本港印刷之书籍,应将每一种之三本,连同附属所有地图、印刷品或其他雕版之精印本,及其第二次版或续本,连同其增加或修正,不论为字母排印或用地图、版画或雕版刊印者,于各该书籍印妥出版后一个月内,免费或任何需索要求呈送本例第 5 条所指人员审查,该员应即给回收据,上述书籍之送审,不论承印人与出版人之间对上项情事有任何协定者。

（2）出版人或雇佣承印人之其他人等,须于上述一个月届满前,将有关之地图、版画或雕版之精印本送交承印人,藉使其得以遵行上述送审之必要条件。

第 4 条　送审之三本书籍,其中一本应转送伦敦英国博物馆印刷物管理人,另一本依总督普通或特别命令处置,其余一本于完成登记有关该书内容各详细事项之后送公共图书馆陈列或依总督之决定处置之。

第 5 条　（1）华民政务司或总督委任人员须设置登记册一本,称为"本港印刷书籍目录",对于所有依第 3 条规定送审之书籍,须将备忘录一份在登记册上登记之。

（2）上述备忘录在每一书籍送审后,须迅速作成之,并尽可能登记下列事项——(A)书籍名称及其目录,如非英文本,应译成英文。(B)该书所用文字。(C)该书或其一部之作者、译者或编者姓名。(D)主题。(E)印刷地点及出版地点。(F)承印人或印商及出版人或出版商姓名。(G)出版日期。(H)全书页数。(I)尺寸大小。(J)第一次、第二次或其他版次。(K)该书册数。(L)该书出版方式。(M)该书公开出售价格。(N)全部或一部版权所有人姓名住址。

第 6 条　上项送审书籍之内容备忘录,须于每季末之后,尽速在政府公报刊布之,并将该备忘录四份送伦敦联邦新闻处图书馆,两份送伦敦殖民部图书馆,两份送伦敦英国博物馆印刷管理人。

第 7 条　承印人及出版人或雇佣承印之人,有因玩忽而不遵行本例规定者,应受简易诉讼程序科 500 元罚金之处分。

第 8 条　总督在政务会依法得制立规程,以有效实施本例规定之主旨,并得在政府公报刊发通告,免除任何种类书籍遵行本例之规定。

25. 出版物管制综合条例

1951 年 15 号对新闻纸及其他印刷品之印刷、出版、发售、发行、输入、统制、登记与领照营业等有关法律之修正及补充暨印刷机与新闻通讯社之管制条例,是年 5 月 17 日公布施行。

第1条　本条例定名为1951年出版物管制综合条例。

第2条　本条例称——

"地址"如为个人，指其本人之住址或其通常营业地址，如为法团，指该法团在本港之总事务所。

"违反"包括不遵守在内。

"编辑"如有编辑一人以上者，指总编辑，并包括代理总编辑或行使总编辑职权之人。

"进口"指由陆海空携带或输运来港。

"本港报纸"指在本港印刷之新闻报纸。

"报纸"或"新闻纸"指刊载新闻、情报、时事、报告或有关此等新闻情报或时事或其他关系公共利益之论说或评论，刊印发售或免费送阅定期或无定期之出版物，并包括其带进在内。

"小册"指一页或多页或分篇揭露某项时事或论题或政治撰述而非装订成册之印刷品。

"定期刊物"包括所有定期或分期分号刊发之出版物在内，不论为定时或无定时出版者。

"人"除关于受徒刑处分者外，包括法人使用方法店号在内。

"印刷品"包括所有纸、布或其他相同物质而附有文字、图书或符号，其全部或一部分采用或外表似系用机构复印法制成者，并包括钉装成帙之印刷品在内。

"印刷机"包括用以或拟用作印刷新闻纸、书籍或小册子，或以营利或报酬而印刷或重印任何印刷物品之机器及配件。

"东主"包括承租人在内。

"出版物"包括所有缮书或印刷品之刊物，暨不论是否与印刷品同性质而载有显明表记或因其式样或任何方法足以想象其中文字或意思之印刷品，及此种物品之印制本及复本在内。

"登记官"指由总督委任之新闻纸登记官，并包括总督所委新闻纸代登记官在内。

第3条　凡印发出版物，其内载文字或图画足以或意图劝诱任何人不论为个人或一般人或某阶级或社会分子为下开情事之一者，以犯本例规定之罪论——（甲）作犯罪行为者。(乙)成为下列会社或政党会员而赞助或代为招募会员,如——(1)符合1949年会社条例意义规定之非法会社。(2)依附港外组织之政党、政治团体或组织而经总督在政务会按据任何法规宣饬为妨害本港治安或影响防止犯罪措施或本港境内之公共秩序或安全之维持者。

第4条 (1)法庭或裁判司按据总检察官之申请,对于本港报纸、其印刷人、出版人或编辑曾因该报刊印任何情事至干犯本例第3及第6条规定罪行或本例附表第一号所列罪行,或有妨害本港治安或属于影响本港公共秩序、安全、卫生或道义性质之维持等其他罪行,判定成立罪状在案者,依法得着令该报停版,其期间不逾六个月。

(2)裁判司准据总检察官之申请,对于本港报纸之印刷人、出版人或编辑因上述罪行被诉案件尚待判决之前,依法得饬令该出版物或报纸——(甲)暂行停刊。(乙)对此次被诉候审案件罪行有关或相同论题而各该报纸仍予刊发者,即属违法,此等论题应在令内列明之。

(3)裁判司依本条(2)项规定颁发命令后,其有下列情事之一者,即以犯本例规定之罪论——(甲)违反命令者。(乙)印刷、售卖、兜售划发行因本项规定而构成其罪行之出版物者。(丙)在上述命令有效期内搬移任何房屋之事物,而此等事物系由警务长依本条(4)项规定奉行停版令应予查抄者。

(4)警务处长或处长以手令授权之警官奉行饬令新闻纸停版所颁之命令,须将该报所有机器、字粒、用具、纸张、印刷原料、书写材料、书籍簿册、文件、书据及事物查抄扣留,为实施上项情事起见,兹特授权处长或警官——(甲)破毁上述房屋之内外门户。(乙)强制进入各该房屋。(丙)强制破除任何人物障碍。

(5)警务处长或处长以手令授权之警官对于依本条(4)项规定饬令查抄之事物,依法得在该令生效期内酌量移往本港任何地方存储。警务处长因此代支一切费用,在交回此等查抄财产事物之前,应予偿还,如在停版令满期后一个月尚未偿还上项费用或其一部时,警务处长得将查抄财产事物一部分变卖,售价所得,优先偿还上项费用,如有剩余,发还有享受权之人收领。

(6)无论本条(5)项有若何之规定,法庭或裁判司除颁发勒令停版外,得并颁发没收充公令,此一办法裁判司系依第12条(3)项规定授权办理。于此,该第12条(4)项之规定应代替本条(5)项之规定办理。

第5条 (1)总督在政务会认定某一出版物或某一种或某种性质出版物输入本港

即足以或至妨害本港治安,影响防范刑事罪行或维持本港公共秩序、安全、卫生或道义者,得颁发命令,禁止其进口。

(2)禁止输运进口之出版物如系定期刊物,除原令已撤销外,应对其在禁令以后刊行者实施禁运进口,其在禁令以前刊行者不受禁令限制,但在原令或续颁命令内明示规定之者不在此例。

(3)出版物禁运进口后,其有在本港售卖、兜售、发行或持有此种出版物或其节录本者,以犯本例规定之罪论。但有下列情事之人不得以犯罪论——(甲)如为定期刊物,其人系售货、发行或持有过去未经禁止入口之期刊者。(乙)如为某一种或某种性质出版物,其人向法庭或裁判司满意证明不知晓或无理由相信系此一种或此一性质之出版物者。(丙)其持有此等出版物为时不久,至未能迅速缴交就近警署者。

第6条 (1)凡在港报纸上恶意刊发足以惊耸民众视听或扰乱公共秩序之虚伪新闻者,以犯本例规定之罪论。上述罪行,如未经总检察官局面许可不得提起公诉。

(2)为实施本条之规定,所称恶意,应视为并无确切证据,以证明被告人在此刊发此等新闻之前未尝采取适当步骤以校核其真实性者。

第7条 (1)所有本港报纸,须遵照本例第16条制立之施行规划规定登记,违反本项规定者,即构成本例规定之罪行。在不妨害本条(7)项规定之下,所有新闻纸如未经总督在政务会许可,除由申请登记人或其代表向登记官缴具港币一万元保证金外,不予登记。总督在政务会对于上述许可,得酌量附带条件,俾资遵守。至对于上述保证金,其在登记官保管期内,应计利息,按照政府对缴交主计官之各项保证金所给利息计算之。

(2)该关系新闻纸之东主、印刷人、出版人或编辑如依本例规定或因该报刊载任何情情至被科罚金者,应将所缴保证金作为扣缴之用,又如因该报刊载任何情事至发生诽谤名誉案被判赔偿损害费与诉讼费用等,并应将所缴保证金扣偿之。

(3)登记官于必要时,得饬令将该保证金一部或若干部分拨充此项罚金,损害费或讼费之用。

(4)依本条(3)项规定由保证金项下拨缴上述费用之后,登记官得权宜决定,暂停该关系纸之登记,直至再行遵缴保证金额,相等于饬令扣抵之数为止,而在该新闻纸暂停登记期内,以未办理登记论。

(5)本港报纸东主得随时通知登记官卖主终止该报之登记,登记官接此通知后,得撤销其登记,自撤销日起,该新闻之登记即告终止。

(6)登记官于撤销登记后六个月届满或决定提前办理后,得饬令将新闻纸原缴或所余保证金发还有权受此款之人。

(7)声请登记人应缴一万元保证金,如欲代以保单,由该声请人照数签立保单连同呈由登记官核定之充足担保人二人,对于该关系新闻纸之东主、印刷人、出版人或编辑如依本例之规定或因该报刊载任何情事至被罚款及因该报刊载任何情事至发生诽谤名誉案而被判赔偿费与讼费等,保证遵判缴罚,登记官依法应准予接纳,以代替保证金。

(8)登记官既接纳保单以代替本条(1)项规定之保证金,仍得权宜决定,要求缴具保证金,并得在未遵缴以前暂行停止该有关新闻纸之登记,在其暂停登记期内,该新闻纸以未办理登记论。一经缴具此项保证金,原立保单之责任,即告解除。

第8条 (1)设置印刷机,必须领取执照。领取及发给执照之人,执照格式及应遵一般条件,包括应纳费用与吊销或撤回等,均须遵照第16条规定随时制立之施行规则办理。

(2)除领有及遵照上述执照办理之外,保有印刷机者,即以犯本例规定之罪论。

(3)警官或税务人员对于任何人之设置、使用或持有之印刷机而有违反本条或依第16条制立规则之规定者,依法得查抄、迁移或扣留之。

(4)裁判司按据认为适当之通报,依法得下令将上述查抄印刷机与该机应用之字粒及其他事物没收充公。

(5)上述没收之印刷机及事物,应依警务处长指定之方法处置之。

(6)凡对任何房屋住户依本条规定提起诉讼,控以在所住房屋保有印刷机而违反本条之规定者,除有相反证明及在不妨害他人应负责任之下,应视为保有此印刷机者。

(7)凡在指定房屋设置印刷机经核发执照在案者,警官依法得在一切适当时间内进入该处,索阅执照并检查该屋,以便查明是否已遵照所列条件办理。故意拒绝缴验执照者,以犯本例规定之罪论。

第9条 凡依本例或施行规则规定必要具报各详细事项及因遵守条件办理报告事项而不正确者,其签字证明为正确之人,即以犯本例规定之罪论,但其人提供证据,证明下列两项之一者不在此例——(甲)相信所具详细报告系属正确者。(乙)详加考查亦未能发见其不正确者。

第10条 凡对本港报纸之东主、印刷人、出版人或编辑提起诉讼,原告或起诉人依法得将该新闻纸登记册之记载中签证节录本缴案作证,作为——(甲)各该记载中节录本所载情事之正确证据。(乙)各该记载或节录本所载各详细事项原由具报人签署呈报,即为其人签署具报之证据。

第 11 条 (1)凡因任何印刷品不遵行本例或施行规则规定条件而依本例规定提起诉讼之事件,如证明其人犯有保有、管理或处理下开情事之所为者,即视之为持有此种印刷品——(甲)装载此种印刷品之事物。(乙)装载此种印刷品箱筐之锁钥。(丙)任何所有权文件而关于装载此种印刷品之事物者。(丁)任何文件可以用作证明任何人保有装载此种印刷品事物之证据者。

(2)凡提起诉讼事件,对于任何印刷品上列名为印刷人者,如无相反之证明,应视其人为各该文件之实际印刷人。

第 12 条 (1)太平绅士对于认定任何地方、船只或飞机有违反本例或施行规则之情事者,依法得签发搜查饬令警官进入各该地方、船只或飞机实施搜查。

(2)上述搜查标为有效授权之一切警官进入各该地方、船只或飞机执行搜查,暨查抄任何事物,而认为有违反本例或施行规则之情事或认为属于或装载此项违反情事之证据者。

(3)裁判司按所视为适当之通报,依法得下令将干犯本例或施行规则规定罪行之任何事物没收充公。

(4)上述没收之事物,须依警务处长指定方法处置之。

(5)登记官或登记官以手令委派之人员,依法得在适当时间进入发行或发售新闻纸之房屋处所,并将该处任何新闻纸检查、查阅及检取一份,以备应用。

(6)邮政司、工商业管理处处长、警务处长或上述各上官授权之人,依法得将受有第5条禁止运输进口出版物嫌疑包裹或物品或装载此种禁止进口出版物之包裹扣留或拆验之。

(7)不论是否奉行搜查票而依法进入任何房屋或地方之警官暨依本条(6)项规定受权开拆包裹之人员,对于认为违犯本例或施行规则规定罪行或认为属于或载有此项犯罪证据之任何事物,得查抄、搬移或扣留之。

第 13 条 在不妨害他人应负责任之下,本港报纸东主、印刷人、出版人或编辑对于在该报刊载任何违法情事,须负刑事责任,其他印刷品之印刷人对于各该印刷件刊载任何违法情事亦须受刑事责任。但被告人如能提供证据,确切证明刊印此有关情事非出于本人所命或他许可或知情，亦非由于其本人之疏忽或失检所致者则不在此例。

第14条 在不妨害采用他法送达之下，所有民刑诉讼令状发致本港报纸东主、印刷人、出版人或编辑，如递交该报登记事务所地址之成年人，或按址挂号邮递之，至于一切情事，即视为依法送达。

第15条 本港报纸之印刷或出版人，须将每次出版之新闻纸及第二次版或其更订版或模印新闻纸各一份，于出版之日或非休假之翌日呈交或着令送达登记官署，并由印刷人照平日签字手法，亲笔签署名字及住址，或委托及授权他人代签，其委托及授权，须由该印刷人或出版人签具局面通知书，通告登记官。任何人需要将上述签署新闻纸对民刑事诉讼提供作证者，登记官徇据要求，须将此份报纸缴呈法庭，所需费用，由提请当事人负担之。如有相当保证，担保交回者，亦得交超级份报纸送交该提请当事人，上述缴呈之报纸，对于一切民刑事诉讼因有关该报纸或所刊载之任何情事，及关于与上述呈缴报纸同名称、意义或效用之其他新闻纸及所刊载之任何情事者，得采作证据，以攻击各该新闻纸之东主、印刷人、出版人或编辑。

而上述呈缴之报纸，其东主、印刷人、出版人或编辑，对此同名称、意义或效用之新闻纸，无论其中虽有若干差异，应视为系属同一东主、印刷人、出版人或编辑，但各该东主、印刷人、出版人或编辑如能证明上项新闻纸非由本人印刷、出版或编撰，或全不知情或未参与者则不在此例。登记官对于所缴呈之新闻纸，不须保存逾六个月以外。

第16条 （1）总督在政务会得制立施行规则，厘订及规定下列事项——（甲）本港报纸（包括新闻通讯社）暨其东主、印刷人、出版人及编辑等登记事宜。（乙）对新闻纸、定期刊物、印刷品暨其印刷、出版、发行及发售等管制（不论以领取执照或他项办法管制）事宜。（丙）明定机关首长对报社记者举办登记，发给执照或通过或其他办法以证明身份事宜。（戊）对本例或施行规则全部或任何一项规定特许免予遵照办事事宜。（己）征费及保证金事宜。（庚）增订或改易附表第地速与所载表格事宜。（辛）依本例所规定应以施行规则规定之任何情事，而此等规则并规定如有违反此项规则，即应构成犯罪，并规定犯罪者应受简易程序审判科1 000元罚金及六个月徒刑之处分事宜。

（2）在不妨害前条一般规定之下，此等规则得并规定所有依各该规则举办之登记、执照、通过证或其他特许权等吊销或取消事宜。

（3）附表第二号所载规则，应视为系依本条(1)项规定所制立者，并应继续生效，直至依(1)项规定另订规则予以废除或修正时为止。

第 17 条　（1）凡犯本例规定之罪者——（甲）受简易程序审判定罪科 2 000 元罚金及一年有期徒刑之处分。（乙）提起公诉定罪者受 10 000 元罚金及三年有期徒刑之处分。

（2）本港报纸印刷人或出版人关于将新闻纸一份呈交登记官署而有违反第 15 条规定之情事者，应受简易程序审判科 1 000 元罚金之处分。

第 18 条　本例应处总督在政府公报发表公告之日起施行。

第 19 条　下列条例兹宣布废除——

（甲）1927 年 25 号《印刷业及出版业条例》。

（乙）1938 年 14 号《禁止出版物条例》。

（丙）1907 年 15 号《禁止扰乱中国治安出版物条例》[①]。

附表第一号（依条例第 4 条规定之罪行）

叛逆或叛乱重刑罪。1938 年 13 号《煽乱条例》第 4 条规定罪行。

刑事诽谤罪，藐视法庭罪。1918 年第 3 号《淫亵展览物条例》规定犯罪行为。

26. 报纸登记及发行规则

第 1 条　本规则定名为 1951 年报纸登记及发行规则。

第 2 条　所有本港报纸，不论曾否依 1927 年 25 号印刷及出版业条例第四条之规定登记者，均须遵照本规则规定办理登记。

第 3 条　为实施登记起见，规则第 4 条所列之一人须依本规则附表第一号表式向登记官造报各详细事项及登记官全权决定所需要关于新闻纸东主、印刷人、出版人或编辑之其他详细事项（包括其签名式样与相片在内），并须签证该报告及其本人资历之准确性。

第 4 条　所列各详细事项之报告，须由各该新闻纸东主、印刷人、出版人或编辑造报及签证之。

第 5 条　所规定各详细报告遇有变更或发现不准确时，规则第 4 条所列人等须于七日内另造报告，并须证明其另造报告与各该人等资历之准确性。但其中之一人既经

[①] 1907 年第 15 号法例实为《煽乱出版物条例》（The Seditious Publishing Ordinance），见《香港政府宪报》1907 年 10 月 11 日，第 1288 页。

遵照本条规则规定办理,则本条规定对其他人应负另行报告之义务即告解除。

第6条　编辑离港他去或实际停止执行其编辑职务时,应视该编辑之身份业已变更。

第7条　由公司造具详细报告者,上项证明应由该公司董事、经理、司理或其他负责人办理之,如由店号报告者,则由该店合伙股东办理之。

第8条　无论何人对于本港报纸,除该报业已遵照本规则规定办理者外,不得印刷、出版或充任编辑或继续印刷、出版或担任编辑职务,但增刊新闻一张或多张经登记官认定成为登记新闻纸之另一刊版而未作为另一新闻纸办理登记者,仍不得视为有违背本条规则之所为。

第9条　凡遵照本规则规定造具之详细报告,应视之为纸登记册或本港报纸登记册,由登记官保管之。

第10条　无论何人每次遵章纳费5元,得查阅本港报纸登记册。纳费10元,得请求其节录本,由登记官签证之。

第11条　本港报纸既经登记或另报变更事项后,登记官须将各该详细报告誊本一份按照报告内列人保地址,分别挂号邮递与各该报告列名之人。

第12条　依本规则第2条规定办理登记者,征费100元,除外,在登记有效期内除第一年外,每年再征费100元。上述再征费用,得于登记满周年而欲维持其登记之日缴交之。依规则第五条规定之另造变更报告,每次征费10元。

第13条　定期出版物如因停刊或他项原因经登记官认定停止出版者,得将新闻纸依本规则规定办理之登记撤销。

第14条　(1)除向登记官领取执照营业之发行人外,不得发行任何新闻纸。但对于零售新闻纸于公众者,不得仅因有本条之规定而需要领取此执照。前述执照须依本规则附表第二号表格办理,每年征收执照费一百元。

(2)登记官对于有下列情形之一之发行人,得拒绝发给或吊销其执照——(甲)发行经由法庭勒令停止出版之新闻纸者。(乙)认为对公众安全利益或公共秩序所必需或便利者。

第15条　除新闻纸或平常成为新闻纸一部分文件以外之印刷品,如未经登记官许可,不得随同或夹附于新闻纸发行之。

第16条　依本规则第14条规定领有营业执照之新闻纸改造人在责任上须将输运

进口而归其发行之新闻纸及其第二次版或有更改或加模印者各一份,加签发行人姓名地址于发行之日或非休假日之翌日送交登记官存档。

第17条　(1)登记官对于本港报纸之东主、印刷人、出版人或编辑因现时或曾经与法庭或裁判司勒令停止出版之新闻纸发生同样业务关系而此项命令现仍生效者,得拒绝或撤销其登记。凡遇撤销登记,所缴登记费不予发还。

(2)登记官对于所提变更详细事项报告,其变更乃欲将曾于法庭或裁判司勒令停止出版新闻纸有关时期内在该报担任同样职务之东主、印刷人、出版人或编辑作为替代,而此项命令现仍有效者,得拒绝为上述变更之登记。

(3)登记官拒绝变更详细事项报告之登记,除总督在政务会予以驳回外,在上述拒绝日起三十日届满或总督在政务会准予延展期间之后,对于一切人等,应视为最后之决定。又在上述期限届满前,除登记官满意认定该新闻纸确系由所具详细事项报告内列名之东主、印刷人、出版人或编辑实际所有、印刷、出版或编辑外,该新闻纸之登记,得予撤销之。

第18条　不服登记官依本规则第13、14及17条规定所为裁定者,得向总督在政务会提起上诉,总督在政务会对于上项裁定,得予以撤销、修正或变更之。任何人对于本条规定给予之上诉权,不得在登记官将所为裁定以局面通知其人满七日之后行使之。

第19条　总督得着令辅政司特许任何新闻纸免遵本规则全部或任何一项之规定办理。

第20条　新闻通讯社发出之新闻公报经登记官满意认定此种公报只系在本港送发与依本规则规定登记之本港报纸,而其发送乃受如此限制者,为实施本规则之规定,不得视之为新闻纸,并特许免受本规则之限制。登记官对于是否有上述之满意认定,应以书面宣布之。

第21条　凡违反规则第2条、8条、14条(1)、15条或16条之规定者,以犯罪论,应受简易程序审判科1000元罚金及六个月徒刑之处分。但违反第16条规定者,应只受罚锾处分。

附表

第一号表格——新闻纸具报详细事项登记格式表(略)。

第二号表格——发行新闻纸执照格式表(略)。

27. 印刷机（领照营业）规则

第1条　本规则定名为1951年印刷机（领照营业）规则。

第2条　警务处长依法得权宜决定发给执照，准任何人在指定地方保有印刷机，或特许任何人对于特许证所列之印刷机免遵条例条8条(1)及(2)项之规定办理。

第3条　依本规则规定所发执照，须依本规则附表所载第一或第二号表式并由警务处长酌量加以更改者办理之。

第4条　保有印刷机以资售卖或租赁之执照（本规则称为一等及依附表一号表式之执照），每年或不满一年征费100元。至依第8条规定发给之其他执照（本规则称为二等及依附表二号表式之执照），每年或未满一年征费40元。

第5条　凡系一等执照，领照人须造具最新纪录册一件，备载其保有印刷机及零件之一切买卖交易事项，连同买客与租赁人之姓名住址，及每一印刷机或零件由执照所列地点运出送往与附寄目的地等。上述纪录册及领照人所有印刷机及零件存仓库单须徇据警务处长或其专任办理此项所委派之警官所请求而缴验之。

第6条　凡领有一等执照之印刷机或零件，除先经警务处长许可者外，不得由执照所列地点移运出外，但属于正当售卖或出赁，经依规则第5条规定予以全部纪录者不在此限。

第7条　凡领有二等执照之印刷机或零件，除先经警务处长许可者外，不得由执照所列地点移运出外。

第8条　凡拒绝发给执照，申请人得自拒绝发给日起十四日内向总督在政务会提起上诉，总督在政务会对于此项上述事件及警务处长所呈答辩书加以审查后，依法得批准或驳回上述，若批准上诉，得予以必要指令，以凭办理。

第9条　总督在政务会依法得下令取消任何印刷机执照。前项集合如未依规则第10条规定将考虑下令取消执照之拟议先行对领照人送达通告，不得颁发之。上述期限届满后，总督在政务会依法得进行考虑，决定应否准予颁发上项命令。取消执照令，须依本条规定方法送达领照人，即视为业已通知该领照人，并对于一切情事发生效力。取消执照令送达之后，领照人须立即将该执照缴交警务处长。任何人如无合法权力或宥恕，不得持有业已取消之印刷机执照。

第10条　规则第九条所称通告之送达，如领照人为个人，则递交其人亲自接收，如为法团,则递交其在职人员亲自接收或留交该领照营业处之一成年人收,无法执行送达时,则在该领照营业处门外标贴之。

第 11 条　凡违反本规则第 6 或 7 条之规定者,以犯罪论,应受简易程序审判科 1 000 元罚金及两个月徒刑之处分。

第 12 条　总督在政务会依 1927 年 25 号印刷业及出版业条例第 3 条规定制立之规则,备载香港规则 1937 年编纂本第三卷第 1002 至 1003 页者,兹宣告废除。

(附表略)

28. 新闻通讯社登记规则

第 1 条　本规则定名为 1951 年新闻通讯社登记规则。

第 2 条　本规则对于新闻通讯社,其所发新闻稿公报经登记官依 1951 年报纸登记及发行规则第 20 条规定宣布满意认定此项公报只系在本港发行交与依该规则规定登记之本港报纸者,应适用之。

第 3 条　所有新闻通讯社,须遵照本规则规定办理登记。

第 4 条　为实施登记起见,规则第 5 条所列之一人,须依本规则附表内载表式向登记官造报各详细事项及登记官债权决定所需关于新闻通讯社东主与经理人及该新闻通讯社所公报之印刷人、出版人或编辑之其他详细事项(包括其签名式样与相片在内),并股友签证各该报告及其本人资历之准确性。

第 5 条　所列各详细事项之报告,须由各该新闻通讯社之东主或经理人具报及签字证明之。

第 6 条　所列各详细报告遇有变更或发现不准确时,规则第 5 条所列之人等,须于七日内另造报告,并须证明其准确与各该人之资历,但其中之一人既经遵照本例规定办理,则本例规定对其他之人应负另行报告之义务即告解除。

第 7 条　编辑离港他去或实际停止执行其编辑职务时,应视该编辑之身份业已变更。

第 8 条　由公司造具详细报告者,上项证明,须由该公司董事、经理、司理或其他负责人员办理之,如由店号报告者,应由该让合夥股东办理之。

第 9 条　无论何人对新闻通讯社,除该通讯社业已遵照本规则规定办理者外,不得印刷、出版或充任其编辑或继续印刷、出版或担任编辑职务。

第 10 条　凡遵照本规则规定造具之详细报告,应视之为新闻通讯社登记册,由登记官保管之。

第 11 条　无论何人每次遵章纳费一元,得查阅新闻通讯社登记册,纳费二元,得请求节录本,由登记官签证之。

第 12 条　新闻通讯社既经登记或另报变更事项后,登记官须将各该报告誊本一份按照报告内列人名地址,分别挂号邮寄与各该报告列名之人。

第 13 条　新闻通讯社如未向登记官缴纳保证金 1 000 元及遵缴登记费 100 元者,不得登记,但遵缴保证金及登记费之新闻通讯社在适用本规则时期内,应特许免遵条例第 7 条之规定。但条例第 7 条(2)、(3)、(4)、(5)及(6)项之规定,对于所缴 1 000 元保证金,应照同样方法适用之,一若各该项条文业已辑入本例之内者。新闻通讯社于登记满周年而欲继续维持其登记者,须另缴费 100 元。

第 14 条　新闻通讯社经登记官认定已停止送发新闻稿公报者,应撤销其登记,其登记期间尚未届满而逾一年之六个月以上者,应将该期所缴登记费一半退还之。

第 15 条　(1)登记官对于新闻通讯社之东主、印刷人、出版人或编辑现时或曾经与法庭或裁判司勒令停止出版之新闻纸发生同样业务关系而此项命令现仍生效者,得拒绝或撤销其登记,凡遇撤销登记,所缴登记费不予发还。

(2)登记官对变更详细事项报告,而此项变更乃欲将曾于法庭或裁判司勒令停止出版新闻纸有关时期内在该报担任同样职务之东主、印刷人、出版人或编辑作为替代,而前项命令现仍生效者,得拒绝办理上述变更之登记。

(3)登记官拒绝变更详细事项报告之登记,除总督在政务会予以驳回外,在上述拒绝日起三十日届满或总督在政务会准予延展期间之后,对于一切人等,应视为最后决定,又在上述期限届满前,除登记官满意认定该新闻通讯社确系由所具详细事项报告内列之东主、印刷人、出版人或编辑实际所、印刷、出版或编辑者外,该新闻通讯社之登记得予撤销之。

第 16 条　不服登记官依本规则第 14 及 15 条规定所作裁定者,得向总督在政务会提起上诉,总督在政务会对于上项裁定,得予以撤销、修正或变更之。任何人对于本条给予之上诉权,不得在登记官将所为裁定以书面通知其人满七日之后行使之。

第 17 条　本规则对于 1951 年报纸登记及发行规则规定办理之新闻通讯社,其已终止特许准免遵照办理者,不得适用之。但所缴登记费不予发还。

第 18 条　凡违反本规则第 2、4 或 8 条之规定者,以犯罪论,应受简易程序审判科

1 000元罚金及两个月徒刑之处分。

附表——表格——新闻通讯社登记格式表(略)

29. 印刷品(管制)规则

第1条　本规则定名为1951年印刷品(管制)规则。

第2条　所有印刷品须用中英文显明字体刊印印刷人之姓名地址,并以中英文刊明"承印人"或"印刷人"字样。

第3条　印刷品而以多页钉装成帙或合为一张者,则印刷人之姓名地址须刊在第一页之前或底页之背或底页之下端。

第4条　印刷品而为书籍或小册子者,则印刷人之姓名地址须刊在底页之下端。

第5条　如为新闻纸,则印刷人之姓名地址应刊在前页或后页,若在新闻纸某一地位刊印印刷人姓名地址,虽非钉装成册之新闻纸,亦属有效。

第6条　本规则不适用于——(甲)纯粹及单独为正当及通常商业、职业或社交所用之印刷品,但以不刊载任何政治情事者为限。为实施本项之规定,凡为社会、会所、工团或其他团体所用之印刷品,不得视为属于社交用者。(乙)在港外印刷之印刷品。

第7条　无论何人对于不遵照本规则规定办理之印刷品,不得印刷或出版或以任何方法协助发行之。

第8条　无论何人对于不遵照本规则规定办理之印刷品,如无合法权力或宥恕,不得持有之。

第9条　无论何人印刷书籍、新闻纸或其他印刷品,须于印成后将誊本一份保存至六个月期间。

第10条　上述保存本须缮书或刊印该印刷雇主之姓名与地址。

第11条　其人姓名系属于中国字者,须缮书或印刷中国文字。

第12条　印刷人徇据警官之要求,须将该保存本缴验之。

第13条　证明印刷时日之责任,应由印刷人负之。

第14条　凡违反本规则第2、7、8、9、10、11或12条之规定者,以犯罪论,应受简易程序审判科1 000元罚金及两个月徒刑之处分。

第15条　总督得饬令辅政司以手令特许豁免任何印刷文件遵照本规则全部或任何一项之规定。

附注——第15条之增订,为徇据联合国请求特许联合国在本港印刷之文件而未刻有承印人名号者免遵上述规则之规定。

30. 影片检查规则

1953年11月24日政务会议书记官布告,总督在政务会执行第172章公共游乐场条例第7条所授权制立下开1953影片检查规则。

第1条 本规则定名为1953年影片检查规则。

第2条 总督在政府公报刊发布告委任影片检查员,暨于必要时修改及增加检查员人选组织。该会秘书由总督委任,未有此项任命时,由政府新闻处长任之。

第3条 所有拟在本港开映之影片,须依检查会秘书指定时日地点先期试映,以便检查,责任与费用由画片所有人负责,秘书应委派检查员一人或多人(下称检查员)执行检查职务。

第4条 试映检查画片时,除检查员外无论何人不得莅场,但放映员及经检查员特许到场有正当任务或为技术上理由者不在此限。

第5条 (一)检查员于检阅画片后或以认为充分之其他证据,得——(甲)拒绝通过试映画片。(乙)试映核准,不用更改或剪割。(丙)核准试映,但须修改或割除,于修改或割除后并须或不必再度试映以资检查。(丁)核准试映,不必修改或割除,但须遵照所定条例办理。

(二)检查员按据要求并在提出请求后四日内将所为裁定之简短理由通知受害人。

第6条 检查员认为必要修改或剪割,于通知画片所有人或租片人后,得自行为之或由所有人或租片人行之。但发还所有人或租片人修改或剪割之画片,须准备在48小时内再受检查,并将割出之部分画片,送交检查员在全片留港期内予以保管。但又规定,检查员剪割画片,除获得同意或在规则第10条规定上诉限期届满或驳回上诉之后不得为之。

第7条 (一)兹特授权检查员及检查会秘书索取法定声明书一件,说明各该声明书所列画片,其情节、标的、长度及其他概与放映或受检试映之画片相符而为各画片之副本者。

(二)凡依本条规定造具法定声明书而有某项重要之虚伪或不正确者,应受1 000元罚金及6个月徒刑之处分。

第8条 所有放映或拟放映画片用作应告宣传之招贴、图画及内容文字须送检查员审查,复制品暨检查员需要各该情报并须送检。

第9条 (一)兹特授权检查会秘书采用一项检查标记,并得权宜决定于必要时将该标记更改之,此项标记即为各该画片、招贴或图画依本规则规定送检及批准之表面证据。

(二)凡对画片或用作画片广告宣传之招贴或图画揭示上述标记或足以使人误会为此项标记而未有检查员授权为之,应受1 000元罚金及6个月有期徒刑之处分。

第10条 (一)画片、招贴或图画所有人或租片人不服检查员依本规则规定所为裁定者,须于上述裁定后28日向检查员提出通知书,列举上述理由后,有权向复议局提起上诉,该局由华民政务司、教育司、警务处长暨总督随时举委之人组织之。

(二)复议局有局员三人出席,即足法定人数。

(三)复议局以华民政务司为当然主席,但会议时华民政务司缺席,应由出席局员另选其他局员一人任主席。主席有多投一标之权。

(四)复议局有检查员依本规则规定之一切权力,其所为裁定一经公布则对于复议事件,即为代替检查员原来所裁定者。

第11条 (一)各阶级人员有以道德、宗教、教育或其他理由认定在放映中或宣传放映之画片不应放映或赓续放映者,得以局面通报辅政司,列举其反对理由,要求由规则第10条规定之复议局审议之。各该画片以前未有经过上诉及未经该局裁判者,辅政司认为适宜时(包括一项条件着令申请人缴纳或保证支付检查试映费),得饬令该片送交复议局审议之。辅政司得并酌量饬令该片不得放映或中止放映,直至复议后为止。复议局举行审议,赋有检查员依本规则规定之一切权力,其所为裁定,一经公布,则对于该复议事件,即为代替检查员之原来裁定。

(二)凡违反本条(一)规定所颁不准放映或不得继续放映命令者,应受1 000元罚金及6个月有期徒刑之处分。

第12条 复议局有绝对权撤销依本规则规定之核准。

第13条 (一)附表所列事项应征费用,须向检查会秘书缴纳之。

(二)复议局得指令将该局审议应征费用全部或局部免除之。

第14条 法律汇编第三卷第172章公共娱乐场所规则第199至200页内载第172至176条(经1952年甲87号修正在案)连同标题"第六篇 影片、广告以及电影院之取缔"字样宣告撤销。

附表 费用(略)

31. 诽谤暨妨害名誉(修正)条例

1961年33号修正22章诽谤暨妨害名誉条例,是年8月4日公布施行。

第1条　本例定名为1961年诽谤暨妨害名誉(修正)条例。

第2条　第21章诽谤暨妨害名誉(下称原例)第2条废除易为下文——

第2条(诠释)　本例除内文另有表示者外,所称——

"广播"或"放送"指经由港内广播电台,作为播放节目一部分而用符合第106章电信条例意义规定之方式予以发表,以供大众收听者,又凡以电信播出之语言,同时依照电信条例规定所发执照用电报予以传送者,亦应适用本例之规定,一若此项电报传送系为符合上文规定广播之定义;

"广播台"指由政府经营之广播电台,或由总督在政务会或邮政司依电信条例规定所发有效执照(不论用任何文字方式者),准予使用其广播台作广播事业,以供大众娱乐;

"告诉"包括公诉。

"国际法庭"指国际司法庭及处理国际纠纷之其他司法庭或仲裁庭;

"立法机构"对于英联邦各地而系隶属中央或地方立法机关者,指二者中之一;

"报纸"指刊载公众新闻或新闻评论或主要部分刊印广告而在本港印刷出售及刊行,无论为定期或在不超过36日期内分号出版之报纸;

"东主"包括承租人在内;

"立法会报告"包括该委员会之报告、文件、表决或其他议事程序在内;

"文字"包括图书、形象、动态与表示意旨之其他方法在内。

第3条　原例第四条"公众报纸"句,"公众"二字删除。

第4条　原例第五条"免除苦役"字样删除。

第5条　原例第六条"免除苦役"字样删除。

第6条　原例第12条"印发"之后加入"广播"字样。

第7条　原例第13条"报纸刊登"字样之后加入"广播"字样。

第8条　原例第14条废除,易为下文——

第14条(报纸有刊载特权)

(1)除仍须根据本条规定办理之外,报纸刊载或广播台播放附表所列报告或其他情事,如非出于恶意报导,应赋有特许权利。

(2)凡因刊发附表第二篇所列报告或情事发生诽谤民事诉讼,在该案审讯中,如能证明原告曾经要求被告就其原有报导刊发过适当文字或记述作为解释或更正,而被告经予拒绝或以玩忽不遵照办理或虽遵办而非出于正确或适当者,在体察所有此等情形之后,被告不得藉本条之规定作为辩护根据。

(3)凡法律禁止刊布之情事或与大众无关之情事或将之刊出亦非关系公共利益者,此项报导,不得以有本条之规定藉作保障。

第9条 原例第17条废除,易为下文——

第17条(原告获偿损失证据) 凡因诽谤或诋毁名誉发生诉讼,被告得提示证据,指明原告对于发表此项认为诽谤或诋毁名誉之同样文字,经获有损失补偿,或另案追偿损失,或曾收受或愿意收受赔偿费,而请求宽办准免赔偿。

第10条 原例第19条(2)项之后,增入下文第三项——

(3)本条之规定,对于诋毁事件、毁谤名誉、诋毁货品或其他恶意谎言等事件,均适用之,一如诽谤事件所适用者办理,并予引用之。

第21条 原例第21条之后,增入第22条至29条——

第22条(广播语言) 为实施法律上对诽谤与诋毁情事起见,其播放之语言,应用发刊永久文字方式论。

第23条(影响职位职业或业务声誉之诋毁) 凡因文字上足以侮辱原告当时充任职业任务或经营商业或业务之声誉而发生诋毁诉讼之事件,无论是否说及原告所任职位及职业任务或所营商业或业务,均不必或证明所受特别损害之程度。

第24条(毁谤名誉) (1)凡因毁谤名誉,诋毁货品或其他恶意谎言而发生诉讼之事件,如属于下列情形者,不必指证所受特别损害程度——(甲)其据以起诉之文字,系足以令原告受钱银上之损失,并以永久方式文字出之者;(乙)对于原告当时之职位职业任务商业或业务,系足以使原告受钱银上之损失者。(2)第22条之规定,对于实施本条有关诽谤与诋毁之情事适用之。

第25条(无毁谤意图)

(1)凡发表文字而被指毁谤他人者,如自承无知误犯,得依本条之规定向其人提出更正拟议,遇有此项情事时——(甲)受害当事人如加以接纳,其更正亦已履行,则该当事人不得因此段文字之发表而向其人提起或进行诽谤或诋毁名誉之诉讼(但对共同负责发表之其他人等另行控诉不生若何妨害);(乙)上述建议未获受害当事人接纳时,除本条另有规定之外,其人因发表有关文字至被控诽谤或诋毁名誉之罪者,得提出辩护,证明其本人无知误犯,至损害原告,并在获得通知后,经即迅速作出更正拟议,此项建议并未撤回等事实。

(2)依本条规定提出更正之建议,必须明示系为遵行本条之规定办理,并须附带誓书一份,列明建议人根据之事实,显示其对受害当事人所发表之文字系出于无知误犯;又凡依本条(1)项(乙)款规定提出辩护,对于誓书所表事实以外之证供,不得采纳作为证据。

(3)依本条规定提出更正之建议,应含有下列意义——(甲)无论如何,要发表或连同原文发表适当改正文字,并向受害当事人作充分道歉;(乙)建议人如曾将载有此等文字之文件或纪录本散发或知情散发时,应尽可能采取适当步骤,即行通知收受各该文件或纪录本之人,指明此项毁谤文字。

(4)依本条规定提出更正建议经受害当事人接纳时——(甲)关于履行步骤,双方如未达成协议,应由高等法庭裁定之,高等法庭所为决定即为最后裁定;(乙)关于受害当事人起诉建议人或依上文(甲)款规定申请裁定之诉讼费用,法庭有下令处决权,包括判令该建议人补偿受害当事人所支消费之诉讼费及一切费用,如未有进行上述诉讼程序者,法庭徇据受害当事人之请求,得按照此项诉讼程序所应支付者,判令补偿。

(5)为实施本条之规定,凡由某一人(下称刊发人)发表有关另一人之文字,如能及只许能满意证明有下列情形者,方可作无知误犯论,例如——(甲)刊发人原无发表关系该人文字之意图,而在文字上,根据此等情况亦并不知系专指其人而言者;(乙)就文字表面上而言,并无诋毁之词,而刊发人在此情况之下,亦并不知有毁谤其人者,而刊发人发表此段文字,已尽可能,谨慎将事;至本条所指刊发人,包括该刊发人之服务人员或代理人在内。

(6)本条(1)项之规定,对于任何人发表文字而其本人并非原著作人者不适用之,但其人能证明著作人并非出于恶意为之者则不在此限。

第26条(正当理由) 凡因一段文字,分别对原告有两项或多项指摘而发生诽谤或诋毁告誉之诉讼,不得仅因其未能证明每一项指摘之真实性而丧失其正当辩护理由,但于体察其余指摘具有真实性之后认定此项未能证明真实之文字非严重损害原告声誉者为准。

第27条（公允评论） 凡因一段文字,部分指出事实又一部分为表示意见而发生诽谤或诋毁名誉之诉讼,不得仅因其未能证明每一项指摘之真实性而丧失其公允评论之辩护根据,但于体察文字上所指事实与引证之后认定其所表示之意系出于公允者为准。

第28条（选举发表言论特权之限制） 市政局进行选举,候选人或其代表发表妨害他人名誉之言人,不得以此项言论关系选举问题为理由而视为其发表言论特权,无论发表此项言论之人是否享有选举表决权资格。

第29条（协议赔偿） 凡因发表任何情事而承允赔偿任何人对诽谤事件负民事诉讼责任者,此项协议,不得视为不合法,但其人在发表当时,明知此项情事系有害他人名誉,如发生讼事,亦不相信有良好辩护理由者则不在此例。

第30条 原例新增下列附表

附表 依第14条规定报纸有刊载特权之记述事项

第一篇——不须解释或更正特许记述事项:

(1)本港以外英联邦各地立法机构公开会议之平允及正确报告。

(2)香港政府或联合王国政府为会员国之国际机构公开会议或者香港政府或者联合王国派遣代表出席之国际会议平允及正确报告。

(3)国际法庭公开审理事件之平允及正确报告。

(4)港外英联邦各地行使司法管辖权法庭或港外地方军法审庭依海陆空军军事法规定审理事件之平允及正确报告。

(5)港外英联邦各地政府或立法机构委派团体或人员举行公开调查会议之平允及正确报告。

(6)遵照法例规定公开任人检查之登记册或依本港法律规定公开任人查阅之其他文献之平允及准确誊本或撮录。

(7)本港境内法庭法官或法院人员发布或准令刊发之而行或广告。

第二篇——受解释或更正限制特许记述事项:

(8)下列社会或小组委员会或管理团体所为判断或裁定之平允及正确报告,而此项判定或裁定系关于该地某一会员或根据契约管理该会之人者,例如——(甲)在本港组设之会社,目的在于增进或鼓励艺术科学宗教学术等之训练或利益,根据该社组织章程,授权管制或裁决该社之利益有关事务或活动或受此项管制或裁决之人之行为者;(乙)在本港组设之会社,目的在于增进或保障贸易商业工业职业或经营此等事业之人之利益,暨根据该社组织章程,授权管制或裁决有关此等事业之事务或各该人员之行为者;(丙)在本港组设之会社,目的在于增进或保障娱乐运动游戏等之利益或邀请民众入会参加表演或训练,暨根据该社组织章程授权管制或裁决关于参加此等娱乐运动之人之行为者。

(9)在本港举行公开会议之平允及正确报告,即如真实与合法召开讨论合法事项之会议及为增进或讨论有关公众之事务,无论其为公民大会或限制出席者。

(10)下列团体在本港召开会议或座谈会之公允及正确报告——(甲)依法例规定组织之团体局会或主管机构或各该机关委派之小组委员会;(乙)除法庭之外行使司法权力按察司或太平绅士;(丙)依特权状、宪法或法例或由英廷总督或政府机关首长委派担任调查事务之委员会、裁判庭、理事会或人员;(丁)依法例规定或组织成立执行职权之其他裁判庭会局委员会或团体。

(11)依法例宪法或谕旨组设、登记或证明之公司或会社召开大会会议之平允及正确报告,而此等公司会社并非符合第32章公司条例意义规定之私立公司。

(12)由政府机关或警务处长或各个代表所发通告或一其他情事俾众周知之平允及正确报告誊本或撮要本。

32. 电视(节目标准)规则

1964年12月22日政务会议书记官布告,总督在政务会执行1964年32号电视条例第27条授权制立下开规则。

第1条 本规则定名为电视(节目标准)规则。

第2条 本规则订定一切准则,对于电视台领牌人播映之一切资料适用之。

第3条 (一)领牌人播映节目必须对下列两项编配一切适当比例率——(甲)全部为英国或英联邦原制之资料;(乙)全部为香港原制之资料。

(二)上述比例应由电视主管官随时予以合理编配而指定之。

第4条 领牌人播映节目,对于可能有下列情形之资料,不得广播之——(甲)违反良善风气或属于猥亵者;(乙)使人误会或耸人听闻者;(丙)鼓励或唆使犯罪或扰乱社会秩序或不服从命令者;(丁)蔑视法律或社会体制及宗教者;(戊)为任何外国政党利益服务者。

第5条 领牌人播映国际及本港新闻,必须作如下广播——(甲)公正的;(乙)准确的;(丙)经由新闻处供应或批准的。

第6条 无论本规则有若此规定,电视主管官在适当时间及适当情形之下得准许领牌人播映——(甲)具有艺术或文学价值之真正作品;(乙)提倡道德或有益社会之节目。

33. 电视(广告)规则

1964年12月22日政务会议书记官布告,总督在政务会执行1964年32号电视条例第27条授权制立下开规则。

第1条 本规则定名为1964年电视(广告)规则。

第2条 广告宣传资料,以明显属于广告性质为准,并于播映时加以特别说明。

第3条 (一)属于有潜在意识之广告,不得播映之。(二)为实施本条之规定,所称"潜在意识广告"指广告资料之播映时间,不中心使人领会此项资料之形象意识者。

第4条 (一)凡主办任何一项节目,领牌人对于节目内容,必须负责。(二)领牌人不得任容他人主办新闻或宗教节目。(三)领牌人除获得电视主管官许可之外,不准教育节目。(四)领牌人订立合约主办节目,对于不符合总督在内政务会议或电视主管官司所定标准之节目,必须确保约内应有拒绝接受之权利,或应有改进改订之权益。

第5条 (一)除放映杂辑节目之外,所映广告资料只限在一项节目开始或终结或自然中歇时播出。(二)广告或某组广告之播出,不得超过电视主管官随时指定时间之外。(三)广告或某组广告与下次广告或某组广告播映之时间,不得照电视主管官随时指定之时间缩小之。(四)广告资料不得插入新闻宗教或教育电视主管官指定其他节目内播出,而广告与此项节目开始至终结之时间,不得少过主管官所指定者。

第6条 医药广告如未经医务卫生总监书面批准,不得播映之。

第7条 属于宗教或有政治性或关于工业纠纷之广告,不得播映之。

34. 公安条例(节摘)

1967年64号制立法例综合与修订关于维持治安、管制社团、会议、场所地方、船只、飞机、非法集会、暴动及其有关情事条例,是年11月17日公布施行。

第1条 本条例定名为1967年公安条例。

第27条 无论何人如无合法饶恕而有左列情事之一所为者,即以犯罪论,如(1)

提起公诉,应受五年徒刑处分;(2)循简易程序起诉,应受 5 000 元罚金及两年徒刑处分——

(甲)做出任何情事或发表言论或以一种动作方式表现或行使或派发刊物而足以或可能使他人恐惧会发生任何事端者,即如——(1)对其人本人或家属;(2)对其人本人或家属之财产、事业或利益;(3)对其人本人或家属所住房屋或地方;(4)对其人本人或家属所经营之业务。

(乙)做出任何情事或发表言论或表露一种态度而足以或可能强迫或诱使他人去做其在法律上不应做之事,或示意别人去做此等情事者。

(丙)做出任何情事或发表言论或表露一种态度而足以或可能强迫或诱使他人不作其在法律上应做之事,或示意别人不作此等情事。

(其他略)

35. 煽乱(修订)法案(节摘)

第 1 条　查紧急措施(总纲)规例第 25 条规定,凡张贴或派发任何报纸、传单或其他文件煽动他人行使暴力或怂恿他人违抗法律或任何法令足以妨害治安者均属违法。兹因该违例事项之性质与煽动一词在习惯法下之定义极为相似,故本法案特将煽乱条例修订,以便将上述规例第 25 条所载之违例事项一并包括在煽乱条例之范围内。

第 2 条　法案条 2 条旨在将原有条例第 3 条所载"煽动性意图"一词之定义所包括之范围扩大,以便包括煽动他人行使暴力或怂恿他人违抗法律或任何法令之意图在内。

第 3 条　法案第 3 条旨在将原有条例第 4 条第 1 款(丙)节修订,以便规定凡将煽乱性刊物陈列者亦属于违法。

第 4 条　法案第 4 条在原有条例内加插新订之第 8 条。该新条款授权警务人员及公务人员将煽乱性刊物移去或去除。如该刊物并非从公众场所中可见者,则必须先行获得该楼宇占用之人同意或持有裁判司所发给之手令方可入屋将之移去。

第 5 条　因此,紧急措施(总纲)规则第 25 条现予以撤销。

36. 不良刊物条例

本条例旨在取缔对青少年有害或内容亵渎、淫亵、令人厌恶或反感之刊物。

第 1 条　本条例定名为不良刊物条例。

第 2 条 (1) 在本条例内,除按照上下文另具意义者外,下列各词应解释如下——

"书刊物品"指——

(a) 任何物件,其内容包括有或载有可供阅读或观看或二者兼有之事物、任何录音及任何有图书之影片及其他记载物;或

(b) 任何物件,不论拟单独或作为整套中之一部分,用于复制或制造(a)段所指之任何物件者;

"协助人员"指协助获授权人员根据第六条第(4)款之规定执行令状之任何警务人员或任何缉私队队员;

"获授权人员"指任何获发给令状之警务人员或缉私队队员;

"影片"包括动画影片、幻灯片及透明画片;

"青少年"指十六岁以下之人士;

"令状"指根据第 6 条第(1)欧之规定而签发之令状。

(2) 就本条例而言,任何人士如有下列行为者,即作出版书刊物品论——

(a) 将书刊物品分发、传阅或出售与大众或部份人士;

(b) 将书刊物品借与或赠与大众或部份人士;

(c) 将书刊物品向大众或部份人士展示或提供以作出售或出借之用;或

(d) 如属包括有或载有可供观看之事物之书刊物品或录音,将该书刊物品向大众或部份人士或为该等人士展示、播放或放映。

(3) 就本条例而言,任何人士,如所拥有、藏有或经管之任何书刊物品,系作下开用途,即视为拥有作出版用之书刊物品论

(a) 拟作出版用者;或

(b) 拟用于制造或复制作出版用之任何书刊物品者。

(4) 就本条例而言,为图利而出版,包括用代价方式或用其他任何方式出版而获得利益。

第 3 条 (1) 就本条例而言,"不良书刊物品"指下列任何书刊物品:

(a) 包括有或载有猥亵、淫亵、令人厌恶或反感之事物者,或

(b) 根据第(3)款之规定而视为不良者。

(2) 就第(1)款(a)段而言,凡载于任何书刊物品之广告,如叙述因性交而引起或与性交有关之病症如梅毒、淋病、神经衰弱。或其他疾病者,即视为猥亵性质之事物论(但

载于真正医学报章、医学书籍或其他医学刊物者,则属例外)。

(3) 任何书刊物品,如拟供青少年阅读或观看,或由于其表达方法或其形式或其他方面而可能被青少年阅读或观看,不论其是否亦拟供或可能被成年人阅读或观看,且包括有或载有以图画叙述之故事,不论是否附有文字说明而所叙述之故事系有下列情形者,则该书刊物品即视为不良书刊物品论——

(a) 描述犯罪行为之方法,足以——

(i) 引起同情或颂扬罪犯;

(ii) 使人蔑视负责执法及维持治安之部队及机构;

(iii) 诱发或鼓励他人模仿罪犯行为;

(b) 描述——

(i) 过度暴力或残酷行为;或

(ii) 施刑或其他肉体上之痛苦;

(c) 描述令人厌恶或恐怖或可使人坠落之行为;

(d) 描述诱奸、强奸或性变态行为;或

(e) 描述犯罪、暴力、残酷、令人厌恶或恐怖之行为或其他事物,而其描述方法,以故事整体而言可导致青少年堕落者。

(4) 为免产生疑虑起见,第(3)款之规定对在报章登载而报导真实事件之真正书刊物品,均不适用。

第4条 (1) 任何人士,均不得——

(a) 无论是否为图利而出版不良书刊物品;

(b) 拥有不良书刊物品以出版图利;或

(c) 输入不良书刊物品以出版图利,不论其是否知晓该书刊物品系属不良者。

(2) 凡违犯第(1)款之规定者,均属违法,一经定罪,可被判罚款十万元及监禁三年。

(3) 任何人士,如能证明某一书刊物品乃有关科学、文学、艺术或学术,或其他大众所关怀之事物而对公众有利因而值得将其出版者,则不会被判犯有本条所规定之罪名或根据第9条被颁发命令将该书刊物品充公。

(4) 本款兹声明,凡有关某一书刊物品乃文学、艺术、科学或其他方面之价值,可由专家予以鉴定,该专家之意见,得在根据本条例进行之诉讼案中获接纳为证据,以确定或否定上述理由。

第5条 （1）凡被控犯有第4条第（1）款（b）段所指罪名者，如在诉讼中证明有两份或两份以上相同之不良书刊物品系属该被告人所有、或为其藏有或经管者，除非该人能提出相反之证明，否则即作为拥有该等书刊物品以出版图利。

（2）凡被控犯有第4条第（1）款（c）段所指罪名者，如在诉讼中证明该被告人曾输入——

（a）为复印不良书刊物品而制造之电版或摄影软片；

（b）两份或两份以上相同之其他种类不良书刊物品者；

除非该被告人能提出相反之证明，否则即作为曾输入该等书刊物品以出版图利。

第6条 （1）裁判司如根据任何人在宣誓后提出之告发，认为有适当理由怀疑在任何楼宇或场所内或在船只、飞机或车辆上——

（a）有已经或正在或即将违犯第4条所指罪名之不良书刊物品；或

（b）有足为违犯该罪名之证据或包含此项证据之任何物件，

则可颁发令状，授权任何警务人员或缉私队队员进入该楼宇或场所，或船只、飞机或车辆，搜查并检取、带走及扣留该书刊物品。

（2）获授权人员在日夜任何时间，均可——

（a）进入及搜查该令状所指定之楼宇或地方；或

（b）截停、登上及搜查该令状所指定之船只、飞机靠车辆，

（3）获授权人员——

（a）如有理由怀疑任何书刊物品已经或正在或即将违犯第4条所指罪名时，可将该物品检去；或

（b）如有理由怀疑有任何物件足为违犯该罪名之证据或包含此项证据时，可将之检去。

（4）获授权人员可要求任何警务人员或缉私队队员协助执行本条所授予之权力。

（5）在不妨碍其他条例之任何规定下，缉私队队员除佣有本条所规定之权力外——

（a）如有理由怀疑任何书刊物品已经或正在或即将违犯第4条第（1）款（c）段所指罪名时，可将该物品检去；及

（b）如有理由怀疑有任何物件足为违犯该罪名之证据或包含此项证据时，可将之

检去。

（6）在本条内——"飞机"一词不包括军用飞机；"船只"一词不包括战舰或具有战舰地位之船只。

第7条　任何获授权人员或协助人员，均得采取下列行动

（a）使用合理需要之武力，以进入第6条授权其进入搜查之任何楼宇或场所；

（b）使用合理需要之武力，以截停、登上及搜查该条授权其截停、登上及搜有之任何船只、飞机或车辆；

（c）使用合理需要之武力，将妨碍其执行第6条所赋权力之任何人士或物件驱逐或移去；

（d）在其获授权进入搜查之任何楼宇或场所内，船只、飞机或车辆上，将其发现之任何人士扣留，直至搜查完毕为止：

（e）阻止任何人士接近、登上或离开其获授权进入搜查之船只、飞机或车辆，直至搜查完毕为止。

第8条　任何人士，如有下列行为者，即属违法，一经裁决，可被判罚款一万元及监禁六个月——

（a）妨碍获授权人员或协助人员执行本条例所赋予之任何权力；

（b）不遵从获授权人员或协助人员于执行令状时所作出或提出之合理规定、指示或要求。

第9条　（1）任何不良书刊物品，如已经或正在违犯第4条所指罪名时，均须充公。

（2）下列任何器具或物体，虽非第（1）款规定须予充公之不良书刊物品，亦可予以充公——

（a）用以投射或放映任何此类书刊物品之机器或仪器；

（b）用以印制任何此类书刊物品之机器、电版、工具、用具、摄影软片或材料；或

（c）用以封造或复制任何此类书刊物品之物件。

（3）获授权人员根据令状所检去之任何书刊物品或的件，均须送交裁判司依法处理。

（4）裁判司如认为根据令状或其他规定所检取而送交处理之书刊物品或物体，乃属——

(a) 第(1)款所指之书刊物品者,须饬令将其充公;

(b) 第(2)款(a)、(b)或(c)段所规定可予充公之物件者,可饬令将其充公。

(5) 纵使无人因上述书刊物品或物件而被定罪,裁判司亦可根据第(4)款之规定,饬令将该书刊物品或物件充公。

(6) 凡根据第(4)款饬令充公之书刊物品或物件,均须依照裁判司之指示处理。

(7) 除第(8)、第(9)及第(10)款另有规定外,裁判司于根据第(4)款颁发命令将任何书刊物品或物件充公之前,须向下开人士发出传票,着令该等人士,于该传票指定之日期,出庭提出反对将法书刊物品或物件充公之理由——

(a) 如书刊物品或物件系在楼宇或摊档捡取者,则发给该楼宇住用人或该摊档档主;

(b) 如书刊物品或物件系在船只、飞机或车辆上捡取者,则发给有关之船主、机主或车主;

(c) 所捡取之书刊物品或物件之物主。

(8) 除第(7)款所指之人士外,任何其他人士,若为该被检取书刊物品或物件之作者或制造商,或为该书刊物品或物件于被检取前可能经手之人士,或对所检取之书刊物品或物件拥有权益者,均可于传票指定之日期出庭,向裁判司提出反对将该书刊物品或物件充公之理由。

(9) 若裁判司认为第(7)款所指之任何人士,由于任何原因不能寻获或予以确定,则可免发传票予该人士。

(10) 若根据第(7)款所发之任何传票,由于任何原因未能送达,而裁判司又认为已尽一切可能力量派送传票予所指定之人士者,则即使该传票从未送达,且传票所指定之人士亦未获得机会提出理由反对将该书刊物品或物件充公,裁判司仍可根据第(4)款之规定,颁发命令将该书刊物品或物件充公。

(11) 任何书刊物品,加仅因其部份内容不良而成为不良书刊物品者,除非裁判司认为有特别理由须另作指示外,否则有关该书刊物品之没收命令均适用于该物品之全部。

第10条 (1) 裁判司如认为任何楼宇或其他建筑物贴有或系上任何不良书刊物品,可饬令该楼宇或建筑物之业主将该不良书刊物品清除或擦去。

(2) 如裁判司根据第(1)款规定内某人颁发命令,而该人未能在命令所指定之时间内或在合理时间内(如该命令并无指定时间者)遵照办理,则裁判司得颁发令状,授权任何警务人员,在所需之协助下,进入或于必要时闯入或强行进入该楼宇或场所,以清除或擦去该等不良书刊物品。

(3) 执行第(2)款所指命令之警务人员,其权力与执行根据第六条所发令状之警务人员完全相同。

(4) 任何人士,如不遵守裁判司根据第(1)款对其所发之清除命令者,则警务处处长可自裁判司申请颁发命令,要求该人缴付警务人员因执行第(2)款的指命令而引致之任何合理费用。

(5) 裁判司依条例第69条之规定,于必要时作所需之变更后,适用于裁判司根据第(4)款所发之命令,一如该命令系根据该第69条之规定而颁发者。

37. 书刊注册条例

本条例旨在对首次在香港印刷、刊制或出版书刊之注册及保存,加以规定。

第1条 简称

本条例定名为书刊注册条例。

第2条 释义

在本条例内,除按照上下文另具意义者外,下开各词应解释如下——

"书刊"包括——

(a) 每一册书,或一册书之部分或分册;

(b) 一切杂志、期刊、年报或其他同类之定期刊物;及

(c) 独立印刷或制作之所有小册子、乐谱、地图、图表或图则;

但不包括附表所列之书刊。

"新书刊"指下列书刊——

(a) 于本条例开始实施后——

(i) 首次在香港印刷或制作者;或

(ii) 首次在香港出版者,不论其最初在何处印刷或制作;或

(b) 于本条例开始实施后将在香港以外地方印刷、制作或出版之书刊首次在香港复影成复影本者;

"出版人"指——

(a) 书刊之香港出版人或其香港代理人(香港出版之书刊);

(b) 出版人之香港代理人或,如无代理人,主要负责印刷或制作书刊者(在香港印刷或制作但非在香港出版之书刊);

(c) 出版人之香港代理人或,如无代理人,主要负责影印书刊者(书刊影印本)。

"司"指文康广播司。

第3条 新书刊送交文康市政司

(1) 新书刊之出版人应于书刊在香港出版、印刷、制作或以其他方式印制后1个月内,将五本以最佳纸张印刷或制作之版本,连同附属该书刊、装订完好之所有地图、图片或其他版画,免费送交文康市政司。

(2) 书刊出版人将书刊送交文康市政司后,应于文康市政司指定之期限内,将文康市政司规定有关该书刊之资料,以书面送交文康市政司,俾其按照第5条规定登记该书刊。

(3) 凡违反第(1)或第(2)款规定者,即属犯法,一经定罪,可处罚款2 000元。

第4条 新书刊之注册及处理

文康市政司接获根据第3条规定送交之新书刊后,应——

(a) 按照第5条规定登记该书刊之详情;及

(b) 将1本送与——

(i) 伦敦英国图书馆委员会;及

(ii) 香港大会堂图书馆或文康市政司批准之其他图书馆;及

(c) 将剩余各本给予文康市政司所选定之任何公共文化或教育机构,或酌情以其他方法处理之。

第5条 于香港出版印刷或制作书刊之注册

(1) 文康市政司应设置一注册簿,以登记根据第3条规定所送交之新书刊。

(2) 注册簿之格式及所登记每一书刊之详情由文康市政司酌定之。

第6条 附表之修改

总督得于宪报公布命令,修改附表。

附表[第2及第6条]

毋须注册之书刊

1. 每星期出版不少于四次之报章。

2. 非供一般市民阅读之书刊。

3. 纯粹属于价目表、销售目录、商业通讯或商业广告之刊物。

38. 电影检查（修订）规例

规例第2条在原规例内加入一项释义条。

规例第3条取代原有规例现行第2及第3条，并规定设立电影检查监督及撤销现时电影检查委员会秘书一职。该条并取代原有规例现行第3条及对新设之电影检查监督之权力，加以规定。

规例第4条修订原有规例第4条，以便加入较确切之"放影员"一词作限制较宽之规定，以便在检查某一部电影时可采纳外界意见。

规例第5条(甲)款在原有规例第5条内加入新订条款，以便规定：电影检查员如鉴于本港当时情况，认为某部送检影片仅系暂时不适宜公映时，有权暂时拒绝通过该部影片。规例第5条(丙)款并加入新订条(二丙)款，以便规定：电影检查员之决定通知书，须存于公映地点，以备查阅。

规例第5条(戊)款、第8条(乙)款、第10条(乙)款及第12条修订现行规例内关于罚则之条文，以便将根据本条例及规例所判处之最高罚则，划一为罚款一万元及监禁六个月（根据条例第6条(二)款判处者除外）。

规例第7条加入新订第6甲第6乙条。第6甲条规定：影片发行商须负责确保影片副本在送往公映地点时，必须与原本相同。如有不同者，则属违法。第6乙条授权电影检查监督在怀疑所有通过之影片与放映或行将放映之影片有差别时，可饬令将影片或副本送回，并规定对该等影片加以复检，及授权电影检查员撤回批准并规定不遵守该条文之罚则。

规例第8条(丙)款修订原有规例第7条，以便加入新修订条款。该新条款授权电影检查监督饬令将已批准之影片副本一部，暂存该监督处。

规例第11条(甲)款加入新订规例第10条，规定电影检查复审委员会之成员由四名增至七名，并由电影检查监督担任主席。规例第11条(乙)款规定法定人数由三名增至四名。

规例第13条将减免电影检查收费之权力扩大。

39. 中英联合声明

全称《中华人民共和国政府和大不列颠及北爱尔兰联合王国政府关于香港问题的联合声明》

中华人民共和国政府和大不列颠及北爱尔兰联合王国政府满意地回顾了近年来两国政府和两国人民之间的友好关系,一致认为通过协商妥善地解决历史上遗留下来的香港问题,有助于维持香港的繁荣与稳定,并有助于两国关系在新的基础上进一步巩固和发展,为此,经过两国政府代表团的会谈,同意声明如下:

一、中华人民共和国政府声明:收回香港地区(包括香港岛、九龙和"新界",以下称香港)是全中国人民的共同愿望,中华人民共和国政府决定于1997年7月1日对香港恢复行使主权。

二、联合王国政府声明:联合王国政府于1997年7月1日将香港交还给中华人民共和国。

三、中华人民共和国政府声明,中华人民共和国对香港的基本方针政策如下:

(一)为了维护国家的统一和领土完整,并考虑到香港的历史和现实情况,中华人民共和国决定在对香港恢复行使主权时,根据中华人民共和国宪法第31条的规定,设立香港特别行政区。

(二)香港特别行政区直辖于中华人民共和国中央人民政府,除外交和国防事务属中央人民政府管理外,香港特别行政区享有高度的自治权。

(三)香港特别行政区享有行政管理权、立法权、独立的司法权和终审权,现行的法律基本不变。

(四)香港特别行政区政府由当地人组成。行政长官在当地通过选举或协商产生,由中央人民政府任命。主要官员由香港特别行政区行政长官提名,报中央人民政府任命。原在香港各政府部门任职的中外籍公务、警务人员可以留用。香港特别行政区各政府部门可以聘请英籍人士或其它外籍人士担任顾问或某些公职。

(五)香港的现行社会、经济制度不变,生活方式不变。香港特别行政区依法保障人身、言论、出版、集会、结社、旅行、迁徙、通信、罢工、选择职业和学术研究以及宗教信仰等各项权利和自由。私人财产、企业所有权、合法继承权以及外来投资均受法律保护。

(六)香港特别行政区将保持自由港和独立关税地区的地位。

（七）香港特别行政区将保持国际金融中心的地位，继续开放外汇、黄金、证券、期货等市场，资金进出自由。港币继续流通，自由兑换。

（八）香港特别行政区将保持财政独立。中央人民政府不向香港特别行政区征税。

（九）香港特别行政区可同联合王国和其它国家建立互利的经济关系。联合王国和其它国家在香港的经济利益将得到照顾。

（十）香港特别行政区可以"中国香港"的名义单独地同各国、各地区及有关国际组织保持和发展经济、文化关系，并签订有关协议。香港特别行政区政府可自行签发出入香港的旅行证件。

（十一）香港特别行政区的社会治安由香港特别行政区政府负责维持。

（十二）关于中华人民共和国对香港的上述基本方针政策和本联合声明附件一对上述基本方针政策的具体说明，中华人民共和国全国人民代表大会将以中华人民共和国香港特别行政区基本法规定之，并在50年内不变。

四、中华人民共和国政府和联合王国政府声明：自本联合声明生效之日起至1997年6月30日止的过渡时期内，联合王国政府负责香港的行政管理，以维护和保持香港的经济繁荣和社会稳定；对此，中华人民共和国政府将给予合作。

五、中华人民共和国政府和联合王国政府声明：为求本联合声明得以有效执行，并保证1997年政权的顺利交接，在本联合声明生效时成立中英联合联络小组，联合联络小组将根据本联合声明附件二的规定建立和履行职责。

六、中华人民共和国政府和联合王国政府声明：关于香港土地契约和其它有关事项，将根据本联合声明附件三的规定处理。

七、中华人民共和国政府和联合王国政府同意，上述各项声明和本联合声明的附件均将付诸实施。

八、本联合声明须经批准，并自互换批准书之日起生效。批准书应于1985年6月30日前在北京互换。本联合声明及其附件具有同等约束力。

1984年12月19日在北京签订，共两份，每份都用中文和英文写成，两种文本具有同等效力。

中华人民共和国政府	大不列颠及北爱尔兰
代　　　　　表	联合王国政府代表
赵紫阳（签字）	玛格丽特·撒切尔（签字）

40. 刊物管制综合(修订)条例草案

第 1 条　本条例草案目的在于删除 1951 年制定的原有条例内关于管制和查禁本地报刊的条文,因为导致该项立法的情况今日已不复存在。至于原有条例内关于本地报刊和通讯社注册事宜的规定,则经修改后予以保留。

第 2 条　草案第 2 条以新标题取代原有条例的详细标题,而草案第 3 条则以另一简略标题取代原有条例的简略标题;凡此皆旨在强调条例的重点已由对本地报刊的管制和查禁改为侧重注册事宜。

第 3 条　草案第 4 条修订原有条例内若干定义及删除一些多余的定义。"报刊"一词的定义,现在受一新附表所规限,从而免却若干刊物(例如:销售价目表和公司报告等)纳入"报刊"定义范围内,否则这些刊物亦必须注册。

第 4 条　草案第 5 条撤销原有条例第 3、4、5 及第 6 条。原有条例第 3 条规定:凡印行或发表具有若干我的刊物(例如:劝诱任何人成为本港以外成立的政党学员等),是犯法行为。条例第四条是关于查禁报刊和勒令其停刊等事宜。条例第 5 条规定,当局倘认为任何刊物足以妨害本港治安,得禁止其进口。条例第 6 条涉及恶意发布虚假新闻(例如:虚假炸弹事件)。为处理这问题,公安条例(香港法例第 245 章)现已加订类似条文。

第 5 条　草案第 6 条撤销及取代关于本地报刊注册事宜的原有条例第 7 条。至于有关按金方面的规定,现予以删除。

第 6 条　草案第 7 条撤销原有条例第 8、9 和第 10 条条文。原有条例第 8 条规定:注册主任可拒绝为本地报刊注册或决定中止本地报刊的注册。条例第九条条文是关于注册主任可拒绝为通讯社注册或决定路上其注册。至于原有条例第 10 条则是与查封印刷机的权力有关。

第 7 条　草案第 8、11、12、14 和第 15 条分别对原有条例第 12、15、16、18 和 19 条作出因应修订。

第 8 条　草案第 9 条删除原有条例第 13 条第 1 款条文,因有关管制和查禁的条文已予删除。原有条例第 12 条第 2 款(有关对承印人的推定)现予保留,并予列为新第 13 条。

第 9 条　草案第 10 条撤销原有条例第 14 条条文。原有条文是关于搜查、查封和没收的规定。

第 10 条　草案第 13 条以第 17 条和第 17A 条取代原有冗长而繁复的第 17 条条文

（后者规定须把一报刊若干份呈交注册主任备案，以及其他有关证据事宜）。

第 11 条　草案第 16 条修订原有条例第 20 条，从而把罚款由原先在 1951 年厘订的罚款额二千元调增为五千元；并且把原先在该年所厘定的另一罚额一万元调增为一万五千元。

第 12 条　草案第 17 条增订第 21 条条文，使总督会同行政局有权修订新附表。

第 13 条　草案第 18 条以新附表取代原有附表（后者因有关管制和查禁条文已予删除，而至成为不再适用）。新附表列明不纳入"报刊"定义范围的若干刊物。

第 14 条　草案第 19 条对吸烟（公众卫生）条例（即香港法例第 371 章）作出因应修订。

第 15 条　根据 1987 年报刊注册及发行（修订）规例和 1987 年通讯社通讯社（注册）（修订）规例所调增的收费，将使政府收入略有增加。除此之外，本条例草案对政府开支和人手需求方面都没有影响。

41. 公安（修订）条例草案

第 1 条　本条例草案是继 1986 年刊物管制综合（修订）条例草案而制定的，因为后者撤销若干与管制及查禁报刊有关的条文。

第 2 条　刊物管制综合条例（香港法例第 268 章）第 6 条将予撤销，该条条文是与报导可能引起舆论恐慌或扰乱公安的虚假消息有关。这条条文附列在公安条例（香港法例第 245 章）内将更为合适，因此，本草案第 2 条以修订方式重新制订香港法例第 268 章第 6 条条文，并把它列为原有条例新订的第 27 条条文。

第 3 条　本草案第 2 条亦藉此机会以新订的第 28 条条文取代原有条例中现有的第 30 条（该现有条文在 1972 年实施，内容涉及处理炸弹虚报问题，虽则该条文并非特别为这目的而制定）。该新订条文是以英国 1977 年刑事法第 51 条为蓝本，并且特别针对炸弹虚报问题而制定。

第 4 条　本草案对政府开支和人手需求方面都没有影响。

42. 本地报刊注册条例

香港法例第 268 章

第 1 条　简称

本条例定名为本地报刊注册条例。(由1987年第15号第3条修订)

第2条　释义

在本条例中,除文意另有所指外——

"公共机构"(public body)的涵义与《防止贿赂条例》(第201章)中该词的涵义相同;(由1988年第51号第2条增补)

"本地报刊"(local newspaper)指在香港印刷或制作的报刊;(由1987年第15号第4条代替)

"地址"(address)就个人而言,指该人的住址或通常营业地点;就任何法团而言,则指该法团在香港的总办事处;(由1987年第15号第4条修订)

"印刷文件"(printed document)包括所有载有文字、图片或符号的纸张、布块或其他类似物料,而该等文字、图片或符号是或看似是全部或部分由任何机械、电动或其他复印程序在香港制作的,亦包括汇集该等纸张、布块或其他物料的装订本或其他固定装本,但并不包括——

(a) 任何只拟作及只用作一般真正商业、专业、社交或行政用途的文件;或

(b) 任何公共机构所发出或使用的任何其他文件;(由1987年第15号第4条代替。由1988年第51号第2条修订)

"东主"(proprietor)包括承租人;

"报刊"(newspaper)指公众可得到的任何报章或其他刊物及其增刊,而该报章或其他刊物及其增刊——

(a) 是载有新闻、消息、事件,或载有任何与该等新闻、消息或事件有关或与公众所关注的任何其他事宜有关的按语、论述或评论的;及

(b) 是为销售或免费分发而印刷或制作,并以定期(不论是每半年、每季、每月、每两周、每周、每日出版一次或按其他刊期出版)或分辑或分期的方式每相隔不超过6个月出版一次的;及

(c) 内容并非仅限于附表所指明的任何一个或多个项目;(由1987年第15号第4条代替)

"注册主任"(Registrar)指由总督委任为报刊注册主任的人员,并包括任何由总督委任为副报刊注册主任的人;

"违反"(contravene)包括没有遵从;

"编辑"(editor)在如编辑人数超过一名时,指总编辑,并包括任何以总编辑身分行事或执行总编辑的任何通常职能的人。

第3条(由1987年第15号第5条废除)

第4条(由1987年第15号第5条废除)

第5条(由1987年第15号第5条废除)

第6条(由1987年第15号第5条废除)

第7条 本地报刊之注册

(1) 所有本地报刊均须按照根据第18条订立的规例注册。

(1A)本地报刊根据第(1)款注册时,所用名称不得与另一本地报刊所已注册的名称相同。(由1988年第51号第3条增补)

(2) 任何本地报刊的东主可在任何时间向注册主任发出通知,表示他意欲终止该本地报刊的注册;注册主任一经接获该通知便须取消该本地报刊的注册,而该本地报刊的注册在取消注册当日即告终止。(由1987年第15号第6条代替)

第8条(由1987年第15号第7条废除)

第9条(由1987年第15号第7条废除)

第10条(由1987年第15号第7条废除)

第11条 提供不正确资料系不法行为

凡本条例或根据本条例订立的规例规定须提供任何详情而遵从该规定提供的任何详情并不正确,则核证该项详情为正确的人须当作已犯本条例所订的罪行,除非他证明——

(a) 他相信所提供的详情属于正确;及

(b) 即使他尽了合理的努力亦不能发现所提供的详情并不正确。

第12条 本地报刊注册纪录册的核证摘录可被接纳为证据

针对任何本地报刊的东主、承印人、出版人或编辑的任何法律程序中,申诉人或原告人可提交注册主任按照根据第18条订立的规例而备存的本地报刊注册纪录册所载的任何记项,或提交取自该注册纪录册的任何核证摘录,作为——(由1987年第15号第8条修订)

(a) 证明该记项或摘录所陈述事宜属于真确的证据;或

(b) 证明该记项或摘录所示的详情是由看来是提供并核证该等详情的填报人所提

供并核证的证据。

第 13 条　有关承印人的推定

在任何法律程序中,除非相反证明成立,否则凡以承印人名义见于任何本地报刊或其他文件的人,均须推定事实上为该本地报刊或其他文件的承印人。(由 1987 年第 15 号第 9 条代替)

第 14 条(由 1987 年第 15 号第 10 条废除)

第 15 条　东主、承印人、出版人及编辑之转承责任

就任何罪行而对任何本地报刊的东主、承印人、出版人或编辑或任何其他文件的承印人作出审讯时,如出版该本地报刊的某期所载的事宜或该文件所载的事宜是构成该罪行的一项要素,被控人即须被推定曾出版该期或该份文件(视属何情况而定)所载的全部事宜,除非他证明该次出版并未得到他的授权或同意,或他并不知情,以及该次出版并非因他本人不小心或不谨慎所导致。(由 1955 年第 57 号第 3 条代替。由 1987 年第 15 号第 11 条修订)

第 16 条　法律程序文件的送达

在不损害任何其他送达方法的原则下,任何致予本地报刊的东主、承印人、出版人或编辑的民事或刑事法律程序文件,如已留交在该本地报刊办事处的注册地址的成年人,或已以挂号邮递方式送往该地址,则就所有目的而言均须当作已妥为送达。

(由 1987 年第 15 号第 12 条修订)

第 17 条　须将本地报刊交付注册主任

(1) 每份本地报刊的出版人或承印人(如无出版人),须于该份本地报刊出版当日或翌日(假期除外),将该份本地报刊及其已出版的所有第二或其他不同版次或印次各一份,交付或安排交付注册主任。

(2) 根据第(1)款交付注册主任的每份本地报刊,须载有该报刊的承印人或出版人的签署、全名及地址,或载有该承印人或出版人为该目的而委任并授权的其他人的签署、全名及地址,而该人的获委任及授权是已呈报注册主任的。

(3) 注册主任须保持管有根据第(1)款交付他的每份本地报刊为期不少于 6 个月,之后可将其毁灭或另行处置。

(由 1987 年第 15 号第 13 条代替)

第17A条　适用于民事或刑事法律程序的证据

(1) 凡有人要求将一份根据第17(1)条交付注册主任的本地报刊,在任何民事或刑事法律程序中提交作为证据,注册主任须安排将该份本地报刊提交法院,费用由申请人负担,或在取得交还该份本地报刊的合理保证后,将该份本地报刊交付申请人。

(2) 根据第(1)款提交或交付的一份本地报刊,须为该份本地报刊所载任何事宜或事物的充分证据。

(3) 根据第(1)款提交或交付的一份本地报刊的每名东主、承印人、出版人或编辑,均须分别当作为所有在名称、内容或外观上与该份提交或交付的本地报刊相同的本地报刊(轻微差异可予不理)的东主、承印人、出版人或编辑,但如该东主、承印人、出版人或编辑证明该等本地报刊并非他所印刷、出版或编辑,亦非在他知情或同意之下印刷、出版或编辑,则属例外。

(由1987年第15号第13条增补)

第18条　规例

总督会同政务会可就以下事项订立规例——

(a) 本地报刊、通讯社及其东主、承印人、出版人及编辑的注册,以及为此目的而备存注册纪录册;(由1987年第15号第14条代替)

(b) 按照规例所订明的条件将牌照发给报刊发行人;

(c) 禁止由并非报刊持牌发行人的人发行报刊;

(d) 规管发行不属于报刊整体部分,但随同报刊或夹附于报刊的文件;

(e) 报刊发行人向注册主任提供在香港以外地方印刷或制作的报刊一份;

(f) (由1987年第15号第14条废除)

(g) 关于注册或牌照发出所须提供的详情、就所需详情的任何更改而须作出的通知,以及批准或拒准任何该等更改生效所须采取的方式及须附加的条件;

(h) 确定任何本地报刊或其他印刷文件的承印人的身分及印刷或出版时间的方式,特别是关于承印人名称及地址须印于本地报刊及其他印刷文件上的规定;

(i) 禁止编辑、印刷、出版、管有及发行不符合依据本条订立的规例的规定的本地报刊及其他印刷文件;

(j) 须由承印人保留本地报刊及其他印刷文件、须在该等保留本上注明的详情及向订明的人提交保留本；

(k)（由1987年第15号第14条废除）

(l) 批准豁免受本条例或根据本条例订立的任何规例的全部或任何条文规限；

(m) 费用；

(n) 表格；

(o) 本条例规定须由规例订定的任何事项。

（由1955年第57号第4条代替。由1987年第15号第14条修订）

第19条 停止出版等

如任何本地报刊停刊或通讯社停发新闻通报连续为期不少于6个月，该本地报刊或通讯社根据任何当其时有效的规例所作的注册须当作已经失效。

（由1955年第57号第5条增补 由1987年第15号第15条修订）

第20条 罚则

(1) 任何人犯本条例所订的罪行——

(a) 一经循简易程序定罪，可处罚款5 000元及监禁1年；及

(b) 一经循公诉程序定罪，可处罚款15 000元及监禁3年。

(2) 一份本地报刊的每名承印人或出版人，如违反第17条关于将该份本地报刊交付注册主任办事处的条文，一经循简易程序定罪，可处罚款1 000元。

（由1987年第15号第16条修订）

第21条 附表之修订

附注：

总督会政务会可藉在宪报刊登公告，修订附表。

（由1987年第15号第17条增补）

（附表略）

43. 报刊注册及发行规例

赋权条文（第268章第18条）

[1951年7月1日]（本为1951年第15号附表2第Ⅰ部）

第1条 引称

本规例可引称为《报刊注册及发行规例》。

第 2 条　报刊的注册

所有本地报刊均须按照本规例注册。

第 3 条　须向注册主任提供的详情

为达成注册,第 4 条所指明的其中一人须向注册主任提供附表表格 1 所指明的详情,并须核证该等详情及他本人的描述均属正确。

(1988 年第 95 号法律公告;1995 年第 172 号法律公告)

第 4 条　须由东主等核证的详情

指明的详情须由本地报刊东主、承印人、出版人或编辑提供并核证。

(1988 年第 95 号法律公告)

第 5 条　如详情有所更改或发现不确须提供替代详情并予核证

如任何指明的详情有所更改或发现不确,第 4 条所指明的人须于 7 天内向注册主任提供附表表格 3 所指明的替代详情,注明根据第 3 条提供的详情有何更改,并须核证该等替代详情及他们的描述均属正确:(1988 年第 95 号法律公告)

但如该等人士中的一人遵从本条的规定,则就所如此提供的替代详情而言,由本条施加于任何其他人的义务须当作已经解除。

第 6 条　编辑身分的改变

如编辑不在香港或实质上停止行使编辑的职能,他的编辑身分须当作已有所更改。

(1988 年第 95 号法律公告)

第 7 条　公司或商号须如何提交核证书

有关详情如由公司提供,核证书须由公司的董事、经理、秘书或其他高级人员提交,如是由商号提供的,核证书则须由商号的合伙人提交。

第 8 条　除非遵从规例否则禁止印刷及出版

除非本规例内关于本地报刊的全部规定已获遵从,否则任何人不得印刷或出版或继续印刷或出版任何本地报刊,亦不得充任或继续充任任何本地报刊的编辑;

但如注册主任认为某新闻单张或某些新闻单张构成根据本规例注册的本地报刊的较后版次,则即使未有将该新闻单张或该等新闻单张作为独立的本地报刊注册,亦非违反本条。

(1988 年第 95 号法律公告)

第 9 条　报刊注册纪录册

按照本规例的条文提供的详情须由注册主任备存,作为本地报刊注册纪录册。

(1988年第95号法律公告)

第10条 查阅及摘录本地报刊注册纪录册资料的费用(1997年6月30日)

任何人在缴付每次查阅费28元后,即可查阅任何本地报刊注册纪录册,而在缴付每份摘录费115元后,则可要求注册主任核证任何该等注册纪录册的一份摘录。

(1988年第95号法律公告;1993年第55号法律公告;1994年第215号法律公告)

第11条 详情副本

注册主任须——

(a) 在有人根据第3条向他提供附表表格1所指明的详情而将某本地报刊注册后;及

(b) 在有人根据第5条向他提供附表表格3所指明的替代详情后,将表格1或表格3(视属何情况而定)的副本以邮递方式送交表格内指明的每一人。

(1988年第95号法律公告)

第12条 注册费等(1997年6月30日)

(1) 根据第2条进行注册须缴付费用785元。

(2) 注册有效期间,除首年外,每年须缴付年费785元,并须于注册的完成日期的周年缴付。

(3) 根据第5条提供替代详情,每次须缴付费用83元。

(1988年第95号法律公告;1993年第55号法律公告;1994年第215号法律公告)

第13条 发行人须领有牌照(1997年6月30日)

(1) 除第(3)款另有规定外,报刊只可由获注册主任发给牌照的报刊发行人发行经销。

(2) 牌照须采用附表表格2的格式,每年或不足一年的牌照费均为785元,有效期至有关年度的12月31日止。(1993年第55号法律公告;1994年第215号法律公告)

(3) 向公众零售报刊不会因本条而规定须领有牌照。

(1988年第95号法律公告)

第14条 (由1995年第172号法律公告废除)

第15条 在香港以外地方印刷或制作的报刊须提交注册主任

(1) 根据第13条领有牌照的报刊发行人须在发行当日或翌日(假期除外),将每份由其本人发行,但在香港以外地方印刷或制作的报刊及该份如此发行的报刊的所有第二或其他不同版次或印次各一份,提交注册主任。

(2)根据第(1)款提交注册主任的每份报刊,须载有报刊发行人的签署、全名及地址。

(3)注册主任须保持管有根据第(1)款向他提交的每份报刊为期不少于6个月,之后可将其毁灭或另行处置。

(1988年第95号法律公告)

第16条 (由1988年第95号法律公告废除)

第17条 豁免(1997年6月30日)

(1)注册主任可豁免任何本地报刊受本规例的全部或任何条文规限。

(2)任何根据第(1)款寻求豁免本地报刊受规限的人,如因注册主任根据该款所作的决定而感到受屈,可藉呈请书的方式向总督提出上诉,而总督则——

(a)可为考虑该宗上诉而视该呈请书为完整;及

(b)可维持、更改或推翻该决定,或以他认为合适的其他决定代替该决定,或作出他认为合适的其他命令。

(3)在将注册主任的决定以书面向某人作出通知之时起计的7天届满后,该人即不得行使第(2)款所订定的上诉权利。

(1988年第95号法律公告)

第18条 发送给注册报刊的新闻通报并不当作为报刊

由通讯社发出的新闻通报,如获注册主任信纳只在香港发送给根据本规例注册的本地报刊,则就本规例而言,在发送对象仍仅限于上述报刊期间,不得当作为本地报刊,并须获豁免受本规例规限。注册主任须以书面签署宣布他是否已信纳情况一如上述。

(1988年第95号法律公告)

第19条 罪行及罚则

任何人违反第2、3、4、5、8、13(1)、14或15条,即属犯罪,一经循简易程序定罪,可处罚款1 000元及监禁6个月,但违反第15条则只可处罚款1 000元。

(1954年A27号政府公告;1988年第95号法律公告)

(附表略)

44. 淫亵及不雅物品管制条例

本条例旨在管制内容属于或含有淫亵或不雅资料(包括暴力、腐化或可厌的资料)的物品,设立审裁处以裁定物品是否淫亵或不雅,或裁定公开展示的事物是否不雅,以及将物品评定为属淫亵、不雅或非淫亵亦非不雅的类别,并为附带事宜订定条文。

第Ⅰ部 导言

第1条 简称

本条例可引称为《淫亵及不雅物品管制条例》。(1987年制定)

第2条 释义

(1) 在本条例内,除按照上下文另具意义者外,下开各词应解释如下——

"审裁员"指根据第5条获委为审裁员小组成员之审裁员;

"申请"指根据第13条而提出之申请,而"申请人"亦应依此解释;

"物品"指任何物件,其内容包括有或载有可供阅读或观看或两者兼有之资料,任何录音,及任何影片、录影带、磁碟、或一幅或多幅图画之其他纪录;

"协助人员"指根据第34(2)条协助获授权人员执行手令的警务人员或香港海关人员;

"获授权人员"指根据第34条之规定发出之令状而获授权之任何人;

"评定类别"指审裁处根据第Ⅲ部规定而评定之类别,包括暂定类别,而"经评定"一词亦应依此解释;

"督察"指根据第36B(1)条授权的公职人员;(由1995年第73号第二条增补)

"正式聆讯"指审裁处根据第15条规定而举行之正式聆讯;

"暂定类别"指审裁处根据第14条规定而暂时评定之类别;

"青少年"指年龄未满18岁之人士;

"审裁员小组"指根据第5条规定而设立之审裁员小组;

"主审裁判司"指根据第7条规定而获委任为主审之裁判司;

"经历司"指最高法院经历司;

"审裁处"指根据第6条规定而设立之色情物品审裁处;

"令状"指根据第34条第(1)款规定而发出之令状。

(2) 就本条例而言——

(a) 一件物件如因其属于色情而不宜向任何人发行者,是谓之色情;及

(b) 一件物件如因其属于不雅而不宜向青少年发行者,是谓之不雅。

(3) 就第(2)款而言,"淫亵"及"不雅"包括暴力、腐化及可厌。

(4) 除第24(1E)及(1F)条外,就本条例而言,任何人有以下行为,不论是否为了牟利,均属将物品发布——(由1995年第73号第二条修订)

(a) 将物品派发、传阅、出售、出租、交给或出借予公众人士或部分公众人士;

(b) 就以下物品来说——

(i) 内容属于或含有供观看资料的物品;或

(ii) 性质是录音或是录有一幅或多幅图像的影片、录影带、纪录碟或其他纪录的物品,将该等物品向公众人士或部分公众人士或为公众人士或部分公众人士出示、播放或放映。

(5) 就第(4)款而言——

(a) "物品"包括任何物件,不论单独或作为整套中之一部分,拟用于制造或复制一件物品;及

(b) "人"及"公众"分别包括控制或管理任何会所或称为会所之人,及该会所之会员。

(6) 为执行本条例之规定,在裁定任何公开展示之事物是否属于不雅时——

(a) 该事物任何未有展示之部分,应不予理会;及

(b) 得考虑将一件物件与另一件物件并列所会产生之效果。

(7) 任何事物如在下列地方展示或可从下列地方看到,就本条例而言,即作公开展示论——

(a) 任何公共街道、码头、或公园;及

(b) 任何公众人士可进入或准许进入之地方(不论须否缴费),但公众人士可凭缴费进入之地方,而该项缴费乃包括支付观看不雅事物之用者则除外。

第3条 本条例不适用于某些影片及广告资料

本条例不适用于以下事物——

(a) 与《电影检查条例》(第392章)第2条所指的上映有关的、在该条例第2(1)条中所指的影片,而该影片——

(i) 具备根据该条例第 9 条发出且属有效的豁免证明书,或根据该条例第 13 条发出且属有效的核准证明书;或

(ii) 除该条例第 32(2A)条另有规定外,已根据第 32(3)条所指的经撤销规例第 5 条获准上映;

(aa)根据《电影检查条例》(第 392 章)第 15A 条获准作该条例第 2 条所指的发布的录影带或雷射碟;(由 1993 年第 63 号第 22 条增补)

(ab)具备根据《电影检查条例》(第 392 章)第 15B 条发出的证明书的包装物;(由 1993 年第 63 号第 22 条增补)

(ac)(i)根据《电影检查条例》(第 392 章)第 15K(5)条获发证明书的宣传资料;或

(ii)电影检查监督根据该条例第 15K(5)(b)条已拒绝核准的宣传资料;(由 1995 年第 74 号第 30 条增补)

(b) 除《电影检查条例》(第 392 章)第 32(2A)条另有规定外,该条例第 32(1)条所提述的、已根据该条例第 32(3)条所指的经撤销规例第 8 条获准发布或上映的事物;或

(c)《广播条例》(第 562 章)第 2(1)条所指并获准根据该条例提供的材料。

(1987 年制定。由 1988 年第 25 号第 33(4)条代替。由 1993 年第 63 号第 22 条修订)

第 4 条 评定类别及订定条件之生效日期

就本条例而言——

(a) 在经历司根据第 19 条第(2)款发出有关评定类别公告之前,任何物品或事物之评定类别不得视为已生效;及

(b) 在经历司根据第 19 条第(2)款发出有关订定条件公告之前,该等条件不得视为已根据第 8 条第(2)款(c)段而订定。

第Ⅱ部 色情物品审裁处

第 5 条 审裁员小组

(1) 为执行本条例之规定,应设立审裁员小组。

(2) 审裁员小组由首席按察司不时以书面委任之合资格人士组成。

(3) 为执行第(2)款之规定,凡经首席按察司认为符合下列规定之人士,均有资格获委为审裁员小组成员——

(a) 通常在香港居住,并且最少已有 7 年;及

(b) 精通英国文字或中国文字。

(4) 根据第(2)款获委之人,须在委任书所列明之期间内出任审裁员小组成员,任期不得超过3年,并有资格再获委任。

(5) 审裁员小组成员可以书面通知首席按察司,辞去职务。

(6) 任何审裁员,倘——

(a) 不再通常在香港居住;

(b) 因犯罪而被裁定罪名成立;

(c) 宣布破产;或

(d) 经首席按察司认为疏忽职守或不能执行职务,首席按察司可发出书面通知,将其名字从审裁员小组名单中删除。

(7) 首席按察司须就下列事项在宪报发出公告——

(a) 根据第(2)款委出任何审裁员;及

(b) 根据第(6)款删除任何审裁员名字。

第6条 色情物品审裁处之委出

(1) 经历司可不时委出为执行本条例所需之审裁处数目。

(2) 根据本条委出之审裁处名为色情物品审裁处。

第7条 审裁处成员

(1) 审裁处由经历司委任之下开人士所组成——

(a) 1名主审裁判司;及

(b) 2名或多名从审裁员小组委出之审裁员。

(2) 除第(3)款另有规定外,倘审裁处成员意见不一致,则审裁处之决定以其中多数人之决定取决;如双方人数相等,则以主审裁判司之决定取决。

(3) 在审裁处进行之诉讼中出现之任何法律论点,须由主审裁判司裁决;主审裁判司并须以书面述明理由。

第8条 裁判权

(1) 对于法庭或裁判司根据第Ⅴ部交来之任何物品或公开展示事物,审裁处可裁定——

(a) 该物品是否色情或不雅物品;

(b) 该事物是否属于不雅;或

(c) 第 28 条内有关发行物品或公开展示事物之辩护理由是否证明成立。

(2) 对于根据第 13 条呈交之任何物品——

(a) 审裁处如认为该物品不能充分加以描述,以便根据第 19 条发出评定类别公告者,可拒绝该项评定申请;

(b) 审裁处——

(i) 如认为该物品既非色情,亦非不雅,可评定为第Ⅰ类物品;

(ii) 如认为该物品为不雅物品,可评定为第Ⅱ类物品;

(iii) 如认为该物品为色情物品,可评定为第Ⅲ类物品;

(c) 倘一件物品被评定为第Ⅱ类物品,审裁处于作出该项评定时,可订定有关发行该物品之条件。

(3) 为执行第(1)款(c)段之规定,专家对第 28 条所列辩护理由之意见,可在审裁处之任何诉讼中获得接纳,以确定或否定该项理由。

第 9 条　豁免权

下列人士——

(a) 审裁处成员;及

(b) 出席审裁处聆讯的证人、诉讼的一方、代表或其他人士,在审裁处进行的法律程序中,或在审裁处行使职能时,享有的特权及豁免权,与他在法庭上会享有的相同。

第 10 条　审裁处之裁判指引

(1) 在裁定物品是否属于色情或不雅,或任何公开展示事物是否属于不雅及在评定物品类别时,审裁处须考虑下列事项——

(a) 社会上明理之人通常接受之道德礼教标准,在此方面可考虑下列事项——

(i) 如属物品,可考虑电影检查监督查监督根据《电影检查规例》(第 172 章附属立法)批准或拒绝批准电影上映之决定;及

(ii) 如属公开展示事物,则可考虑电影检查主任根据电影检查规例第 8 条批准或拒绝批准刊登任何广告之海报、图片、人像或文字之决定;

(b) 该物品或事物整体上所产生之显著效果;

(c) 如属物品,该物品发行、拟发行或可能发行之对象、其阶层或其年龄组别;

(d) 如属公开展示事物,该事物之公开展示或将会公开展示之地点及可能观看该事物之人士,其阶层或其年龄组别;及

(e) 该物品或事物是否具有正当之目的,或其内容是否只用作掩饰,使其任何部分获得接受。

(2) 专家对审裁处根据第(1)款须考虑或可考虑事项之意见,可在审裁处之任何诉讼中获得接纳,以确定或否定该事项。

第 11 条　权力

审裁处——

(a) 根据第Ⅴ部行使裁判权时拥有裁判司《裁判司条例》(第 227 章)赋予裁判司之权力;为达成此项目的,凡该条例内有提及裁判司之处,应视作包括审裁处在内;

(b) 根据第Ⅲ部行使裁判权时,在不违反该部及第Ⅷ部规定之范围内,可决定其本身之进行程序,并特别可——

(i) 接受及考虑以口头作供、书面陈述、文件或其他方式提供之资料,即使该等资料在民事或刑事诉讼中不获接纳为证据;

(ii) 由主审裁判司签署通知书,饬令任何人出席审裁处之聆讯,作供及交出文件;

(iii) 主持宣誓及确定声明;

(iv) 于出席审裁处聆讯之人宣誓或作出确定声明或其他声明后,向其查问,并饬令其回答审裁处提出或获审裁处同意而提出之所有问题;

(v) 决定如何接受第(i)节所述资料之方法;及

(vi) 决定审裁处如何观看、检视或审阅物品之方法。

(c) 可进行——

(i) 与本条所赋权力附带有关之所有事项;或

(ii) 根据本条例执行职务时按理须办之事项。

第 12 条　与审裁处有关之罪项

任何人——

(a) 拒绝或不遵守审裁处之合法命令、规定或指示;或

(b) 扰乱或以其他方法干扰审裁处之诉讼,即属违法,可处罚款 10 000 元及监禁 6 个月。

第Ⅲ部　审裁处评定物品之类别

第 13 条　向审裁处呈交物品

(1) 任何物品之作者、印刷人、制造商、出版人、进口商、批发商或版权所有人或委任设计、生产或出版任何物品之人士,可用规定之申请表格,将该物品呈交经历司以便由审裁处评定类别。

(2) 律政司及任何于该方面获布政司授权之公职人员可用规定之申请表格,将任何物品呈交经历司以便由审裁处评定类别。

第 14 条　暂定类别

(1) 除第 17(2) 条另有规定外,凡有根据第 13 条呈交的物品,审裁处——

(a) 须以非公开形式,在申请人或其他人不在场之情况下,加以考虑,并须于呈交日期起计 5 天内暂时评定其类别;或

(b) 倘在符合第(2)款规定之情况下,于(a)段所述期限届满时,仍未暂时评定其类别,则须考虑该项申请,一如其为根据第 15 条要求正式聆讯一样。

(2) 主审裁判司可在第(1)款(a)段所述期限内将该段期限延长,以不超过 5 天为限,并须将该延长期限事通知申请人。

(3) 除依照第 7 条第(3)款之规定办理外,审裁处毋须就任何暂定类别述明理由,但可就呈交之物品给予申请人指导。

第 15 条　正式聆讯之规定

(1) 倘审裁处已暂时评定任何物品之类别,则根据第 13 条呈交或本应有权呈交该物品之人士可——

(a)于该项暂定类别生效 5 天内;及(b)以规定表格通知经历司,要求审裁处举行正式聆讯复检该暂定类别。

(2) 在正式聆讯中——

(a) 呈交成为正式聆记坟题之物品之人士及根据第 13 条第(1)款有权呈交该物品之人士、律政司及其等代表,均可出席陈词;及

(b) 任何裁判司或审裁员均可以审裁处成员身分出席,即使其本人乃作出该暂定类别之审裁处成员之一。

(3) 经历司须于举行正式聆讯最少 5 天前,在香港每日出版及普遍流通之中英文报章各 1 份,刊登有关举行正式聆讯之公告 1 次,但本款并无规定经历司须发出正式聆讯押后举行之公告。

(4) 倘公告按照第(3)款之规定于不同日期刊登于该款所述之报章上,则该项公告

应视作于最后刊登之日期发出。

(5)倘无人根据第(1)款要求举行正式聆讯复检任何暂定类别,该暂定类别应视作审裁处所评定之类别。

第16条　正式聆讯须公开举行

(1)除遵照第(2)及第(3)款规定办理外,正式聆讯须公开举行。

(2)倘审裁处认为为维护公众道德,在举行正式聆讯时应禁止所有人或任何人在场,则主审裁判司可发出指示,禁止该等人士在场;但主审裁判司不得行使本款所赋予之权力,以禁止根据第13条呈交或有权呈交物品之人士或其代表,或真正任职报章、杂志、电台或电视台之记者在场。

(3)审裁处无论是否根据第(2)款发出指示,均可颁发命令,禁止将有关审裁处聆讯时所提出之全部或部分证供之报导或描述在电台或电视播放或将之公布。

第17条　重新考虑物品之评定类别

(1)除第(2)款另有规定外,审裁处可主动或应根据第13条呈交或有权呈交物品之人之请求,重新考虑物品之评定类别,并可更改或确定该评定类别。

(2)根据第13条呈交之任何物品,如在呈交前3年内业经评定其类别,则审裁处可拒绝予以重新考虑。

(3)本部适用于任何有关重新考虑评定类别之提议或请求,一如该项提议或请求为根据第15条提出举行正式聆讯之要求。

第18条　出版人等须发出评定类别通知

(1)任何物品经评定为第Ⅰ或第Ⅱ类物品后,其印刷人、制造商、出版人、批发商及进口商于该评定类别生效后向任何人发行2份以上时,须按规定方式,将该物品之评定类别及根据第8条第(2)款(c)段订定之条件通知该人。

(2)任何人违反第(1)款之规定,即属违法,可处罚款200 000元及监禁12个月。

第19条　经历司须发出公告

(1)经历司须按照第(2)款发出——

(a)任何暂定类别之公告;

(b)以下任何评定类别之公告——

(i)在正式聆讯中评定之类别;

(ii)根据第15条第(5)款视作审裁处所评定之类别;或

(ⅲ) 根据第 17 条重新考虑后评定之类别;及

(c) 根据第 8 条第(2)款(c)段订定条件之公告。

(2) 根据第(1)款发出之公告,须在香港每日出版及普遍流通之中英文报章各 1 份刊登 1 次。

(3) 倘公告按照第(2)款之规定,于不同日期刊登于该款所述之报章上,则该公告应视作于最后刊登之日期发出。

(4) 经历司须按照其认为适当之形式,备存登记册以登记根据本条发出之公告。

第 20 条　经历司须设置储存库

(1) 经历司须按其认为适当之形式设置储存库,用以储存根据第 13 条呈交评定类别之物品。

(2) 除获得审裁处同意外,根据第 13 条呈交评定类别之物品,须由评定之日期起存于储存库内 5 年,其后可按照经历司之指示予以处置。

第Ⅳ部　罪项

第 21 条　禁止发行色情物品

(1) 除第(2)款另有规定外,任何人——

(a) 发行;

(b) 藏有以备发行;或

(c) 进口以备发行,任何色情物品,不论其知否为色情物品,均属违法,可处罚款 1 000 000 元及监禁 3 年。

(2) 下开各点可作为对控罪之辩护理由——

(a) 就第(1)款所指之控罪而言,被告如能证明于被指称犯该罪项时,控罪所指之物品经评定属第Ⅲ类;但倘有证据证明其曾犯本部所指之任何其他罪项,则可因此而被定罪,一如其被控犯该等罪项者;

(b) 就第(1)款所指之控罪而言,被告如能证明于被指称犯该罪项时,控罪所指之物品已评定或其后经评定属第Ⅰ或第Ⅱ类物品;

(c) 就第(1)款(b)段或(c)段所指之控罪而言,被告如能证明于被指称犯该罪项时,控罪所指之物品——

(ⅰ) 由其藏有或进口,目的乃在根据第 13 条将其副本或晒印本 1 份送交经历司;或

(ii) 由根据《电视条例》(第 52 章)第 8 条领有广播牌照者所藏有或进口,目的乃在根据该条例第 32 条送交电影检查委员会;

(d) 就第(1)款(b)段所指之控罪而言,被告如能证明于被指称犯该罪项时——

(i) 被告并无适当机会查验控罪所指之物品;及

(ii) 被告有充分理由相信该物品并非属于色情物品;及

(e) 就第(1)款(c)段所指之控罪而言,被告如能证明于被指称犯该罪项时,有充分理由相信控罪所指之物品并非属于色情物品。

第 22 条　禁止向青少年发行不雅物品

(1) 除第(2)款另有规定外,无论何人,如向青少年发行不雅物品,不论其知否该物品为不雅或其对象是否为青少年,均属违法,可处罚款 200 000 元及监禁 12 个月。

(2) 就本条所指之控罪而言,如能证明以下情形者,可作为对控罪之辩护理由——

(a) 控罪所指之物品,于被指称犯该罪项时已评定,或其后经评定,属第 Ⅰ 类物品;

(b) 于被指称犯该罪项时,被告人曾查阅声称为有关青少年之身份证或护照,并有充分理由相信该人并非为青少年;或

(c) 该不雅物品乃按照审裁处根据第 8 条第(2)款(c)段订定之发行条件而发行者。

第 23 条　禁止展示不雅事物

(1) 凡公开展示任何不雅事物,或促成或容许该项展示者,不论其知否为不雅事物,均属违法,可处罚款 200 000 元及监禁 12 个月。

(2) 本条不适用于下列事物——

(a) 属于根据《电视条例》(第 52 章)领有广播牌照公司电视广播之一部分;或

(b) 属于真正美术馆或博物馆展览品之一部分,而只于美术馆或博物馆内方可看到者。

第 24 条　限制发行不雅物品

(1) 无论何人,不得发行不雅物品,除非在该物品或包封该物品之封皮上,清楚明显展示下列警告——

"警告:本物品内容可能令人反感;不可将本物品派发、传阅、出售、出租、交给或出借予年龄未满 18 岁的人士或将本物品向该等人士出示、播放或放映。"

(2) 除第(3)款另有规定外,无论何人,如触犯第(1)款规定者,不论其知否有关物

品为不雅物品,均属违法,可处罚款 200 000 元及监禁 12 个月。

（3）就本条所指之控罪而言,如能证明控罪所指之物品,于被指称犯该罪项时已评定或其后经评定属第Ⅰ类者,可以此作为辩护理由。

第 25 条　有关暂定类别之罪项

倘某一物品仅暂时评定为第Ⅲ类物品,无论何人,如发行该物品,则不论其知否是项评定,均属违法,可处罚款 1 000 000 元及监禁 3 年。

第 26 条　禁止发行第Ⅲ类物品

无论何人,如——

（a）发行；

（b）藏有以备发行；

（c）进口以备发行,任何经审裁处评定(暂定类别除外)属第Ⅲ类物品者,不论其知否是项评定,均属违法,可处罚款 1 000 000 元及监禁 3 年。

第 27 条　限制发行第Ⅱ类物品

任何评定属第Ⅱ类之物品,如审裁处根据第 8 条第(2)款(c)段订定条件,均论何人,如不依照该等条件而发行该物品,不论其知否该物品经评定属该类别或该等条件经已订定,均属违法,可处罚款 200 000 元及监禁 12 个月。

第 28 条　以公益为辩护理由

就本部所指有关发行物品或公开展示事物之控罪而言,如审裁处认为该项发行或展示乃有利于科学、文学、文艺或学术,或大众关注之任何其他事宜,而目的在于促进公益者,可以此作为辩护理由。

第Ⅴ部　审裁处之裁定

第 29 条　审裁处具专有裁判权

（1）审裁处具专有审裁权,以裁定——

（a）任何物品是否属色情或不雅；

（b）任何公开展示之事物是否属不雅；或

（c）根据第 28 条就物品发行或公开展示任何事物所提出之辩护理由是否证明成立。

（2）除第(3)款另有规定外,在任何在法院或裁判官席前进行的民事或刑事法律程序中,如为本条例的施行出现关于第(1)款所述事项的问题,有关法院或裁判官须将该问题转交审裁处;而该项民事或刑事法律程序的各方或其代表可在有关该问题的审裁处聆讯中出席并作陈述;如法律程序各方之中并无公职人员,则律政司司长或其代表亦可在该聆讯中出席并作陈述。

(3) 在法庭或裁判司聆讯之任何民事或刑事诉讼中,如被告承认有关物品属色情或不雅、或公开展示之任何事物为不雅者,法庭或裁判司得予以接纳,并对被告作出裁决,而第(1)及(2)款则不适用。

第Ⅵ部 上诉

第30条 上诉

(1) 于审裁处进行诉讼之任何一方当事人,可在审裁处判决后14天内,向经历司发出上诉通知书,开列上诉之理由,根据法律观点就该项判决向最高法院原讼庭提出上诉。

(2) 如有根据第(1)款发出上诉通知者,经历司应编定聆讯日期,而所定日期不得迟于该通知发出后28天;但如经历司认为实际上无法于该期限内订定日期聆讯者,则可编定较后日期,但不得迟于该通知发出后56天。

第31条 聆讯上诉程序

凡根据第30条提出之任何上诉——

(a) 最高法院原讼庭可维持审裁处之判决,或指令审裁处按照其就法律观点所作之裁决重审或再开庭聆讯;

(b) 最高法院原讼庭之职权应由首席按察司或首席按察司不时委任之1名法官执行;及

(c) 最高法院原讼庭可在讼费方面发出其认为适当之命令。

第Ⅶ部 执行

第32条 发行方面之推定

就本条例而言,无论何人——

(a) 如藏有拟用于制造或复制作发行用途之物品,即应视作藏有该物品作发行用途;及

(b) 如藏有同一物品超过两份,除非能提出反证,否则应推定为藏有该等物品作发行用途。

第 33 条　评定类别之证据

(1) 凡据称由经历司签署之文件,证明——

(a) 物品业经评定(不论何时)属第Ⅰ、第Ⅱ、或第Ⅲ类物品;

(b) 第 19 条第(2)款所规定有关该物品之公告已按照该文件中所列之方法及日期发布,在任何聆讯程序中毋须再加证明,而可接纳为呈堂证据。除非证明该文件并非由经历司签署,否则该文件应作为确实证据,内载事实无可争议。

(2) 凡据称由主审裁判司签署之文件,载述审裁处之判决或裁定者,在任何聆讯中毋须再加证明,而可接纳为呈堂证据。除非证明该文件并非由主审裁判司签署,否则该文件应作为确实证据,内载事实无可争议。

第 34 条　根据令状搜查及检取之权力

(1) 裁判司如根据任何人经宣誓后所作之告发,认为有充分理由怀疑在任何楼宇或场所内或在船只、飞机或车辆上——

(a) 有任何物品与经已或正在或即将犯第 21 或 26 条所指罪行有关;或

(b) 有犯该罪行之证据或包含此项罪证之任何物件,则可颁发令状,授权任何警务人员或海关人员进入该楼宇、场所、船只、飞机或车辆,搜查、检取、移去及扣押该等物品或物件。

(2) 获授权人员——

(a) 如属警务人员,可要求任何海关人员;或

(b) 如属海关人员,可要求任何警务人员,协助其执行本条所授予之权力。

(3) 获授权人员或协助人员于日夜任何时间均可——

(a) 进入及搜查令状所指定之任何楼宇或场所;或

(b) 截停、登上及搜查令状所指定之任何船只、飞机或车辆。

(4) 获授权人员或协助人员——

(a) 如有适当理由怀疑任何物品与经已或正在或即将犯第 21 或 26 条所指罪行有关,可将之检取、移去或扣押;

(b) 如有适当理由怀疑任何物件有犯该罪行之证据或包含此项罪证时,可将之检取、移去或扣押。

(5) 在本条内——

"飞机"一词不包括军用飞机；

"船只"一词不包括战舰或具有战舰地位之船只。

第 35 条　持有令状人员之附带权力

获授权人员或协助人员，可就其根据令状获授之权力——

(a) 使用合理而必需之武力，进入其获授权进入及搜查之任何楼宇或场所；

(b) 使用合理而必需之武力，截停、登上或搜查其获授权截停、登上及搜查之任何船只、飞机或车辆；

(c) 使用合理而必需之武力，驱逐或移去妨碍其执行此等权力之人或物；

(d) 在其获授权进入及搜查之任何楼宇或场所，船只、飞机或车辆，将发现在场之任何人扣留，直至搜查完毕为止；及

(e) 阻止任何人接近、登上或离开其获授权进入及搜查之船只，飞机或车辆，直至搜查完毕为止。

第 36 条　海关人员检取物品之权力

海关人员除拥有第 34 条所规定之权力——

(a) 如有适当理由怀疑任何物品与经已或正在或即将犯第 21 条第(1)款(c)段或第 26 条(c)段所指罪行有关，可将之检去、移去及扣留；及

(b) 如有适当理由怀疑任何物件属犯该罪行之证据或含有犯该罪行之证据，可将之检去、移去及扣留。

第 37 条　所扣留之物品须呈交裁判司

凡根据第 34 或 36 条扣留之物品或物件而可根据第 39 条没收者，在扣留之后必须尽快呈交裁判司，以便按照本部之规定处置；但本条并不适用于根据第Ⅳ部之规定而提出控罪所指之任何物品。

第 38 条　妨碍执法之行为

任何人如——

(a) 妨碍获授权人员或协助人员行使本条例所赋予之权力；或

(b) 不遵照获授权人员或协助人员于执行令状时所作出或提出之合理规定、指示或要求办理，即属违法，可处罚款 50 000 元及监禁 6 个月。

第 39 条　可予以没收之物品

(1) 任何物品如属——

(a) 色情物品；或

(b) 并非只暂评定为第Ⅲ类物品者,均可予以没收。

(2) 除第(3)款另有规定外,凡——

(a) 用以投射或放映第(1)款所述任何物品之机器或仪器；或

(b) 用以复制第(1)款所述任何物品之机器、电版、工具、用具、摄影软片或材料,均可予以没收。

(3) 倘根据第13条第(1)款呈交之物品经评定为第Ⅲ类物品,则第(2)(b)段所述各物只有在用以印刷、制造或复制该物品或该物品之复本作为呈交之用者始毋须按本条予以没收。

第40条　没收令

(1) 除第(2)款另有规定外,并在符合第41条的规定下,凡裁判官接获没收令申请——

(a) 如待他处理的物品根据第39(1)条可予没收,须命令予以没收；

(b) 如待他处理的物件根据第39(2)条可予没收,可命令予以没收。

(c) 如待他处理的物品根据第39(2A)条可予没收,可命令予以没收。（由1995年第73号第17条增补）

(2) 如就发布物品而根据第21(2)(b)、(c)、(d)或(e)、22(2)、23(2)、24(3)、27A(2)或28条(视属何情况而定)提出的免责辩护理由证明成立,则不得根据第(1)款发出没收令。（由1995年第73号第17条修订）

(3) 纵使无人因某物品或物件被定罪,亦可根据第(1)款发出命令,以没收该物品或物件。

(4) 根据第(1)款被命令没收的物品或物件,须依照裁判官指示的方式予以处置。

(1987年制定)

第41条　没收程序

(1) 除第(3)及第(4)款另有规定外,裁判司于根据第40条颁发命令将任何物品或物件没收之前,须向——

(a) 检取物品或物件所在楼宇之占用人或所在摊档之拥有人；

(b) 检取物品或物件所在船只、飞机或车辆之拥有人；

(c) 所检取物品或物件之拥有人,发出传票,着令其于该传票之指定日期,出庭提出反对将该物品或物件没收之理由。

(2) 除第(1)款所述之人士外,其他人若为被检取物品之作者或制造商,或为物品被检取前可能经手之人,或对所检取之物品或物件拥有权益之人,均可于传票指定之日期,出庭向裁判司提出反对将该物品或物件没收之理由。

(3) 若裁判司认为第(1)款所列明之任何人士,基于任何理由不能寻获或不能确定,可免发传票予该人。

(4) 若根据第(1)款所发出之传票,基于任何理由未能送达,而裁判司认为已采取一切适当方法派送传票予传票所指定之人士,则即使该传票未能送达,而传票所指定之人士亦未获给予机会提出反对将该物品或物件没收之理由,裁判司仍可根据第40条颁发没收令。

(5) 除裁判司认为有特别理由须另作指示外,没收任何物品之命令应适用于该物品之全部。

(6) 在本条内,"拥有人"一词——

(a) 就摊档而言,包括该摊档之任何占用人;

(b) 就船只而言,包括该船只之任何租用人及船长;

(c) 就飞机而言,包括该飞机之任何操作人员;及

(d) 就车辆而言,包括该车辆之驾驶人。

第42条 清除不雅事物程序

(1) 除第(2)款另有规定外,并在符合第43条的规定下,裁判官接获公职人员的申请后,如信纳任何建筑物或其他构筑物上有公开展示的不雅事物,可命令该建筑物或构筑物的拥有人移去或抹除该不雅事物。

(2) 如就任何事物的公开展示而根据第28条提出的免责辩护理由证明成立,则裁判官不得根据第(1)款发出命令。

(3) 如接获根据第(1)款所发命令的人,没有于命令中指明的时间内遵从该命令,或如该命令没有指明时间,则该人没有于合理时间内遵从该命令,裁判官可发出手令,授权警务人员在任何必需的协助下,进入有关处所或地点,并于必要时破门或强行进入该处所或地点,以执行该命令。

(4) 警务人员根据第(3)款执行命令时,具有警务人员根据第34条执行手令时具

有的一切权力。

(5) 警务处处长可向裁判官申请发出命令,下令根据第(1)款发出的命令所针对而又不遵从该命令的人,须缴付警务人员因根据第(3)款执行该命令而合理招致的开支,而裁判官可根据《裁判官条例》(第 227 章)第 69 条发出缴付该等开支的命令,即使其款额超过该条所述款额亦然。

第 43 条　与清除有关的程序

(1) 裁判官根据第 42 条发出命令移去或抹除不雅事物之前,除非信纳基于任何理由不能寻获该条所述建筑物或其他构筑物的拥有人或不能确定其身分,否则须向该人发出传票,传召其于传票上指明的日期出庭,提出不应发出命令移去或抹除该不雅事物的因由。

(2) 除第(1)款所述的人外,其他人士如属第 42 条所述不雅事物的拥有人或制造商,亦可在传票上指明的日期出庭,向裁判官提出不应发出命令移去或抹除该不雅事物的因由。

(3) 第 41(4)及(6)条适用于根据第 42 条发出的移去或抹除不雅事物的命令,一如适用于根据第 40 条发出的没收令一样。

第 44 条　终审法院首席法官可订立规则

附注:

具追溯力的适应化修订——见 1998 年第 25 号第 2 条

第Ⅷ部　规则、规例及司法常务官的权力

终审法院首席法官可订立有关惯例及程序的规则,以应用于根据本条例而在审裁处或裁判官席前进行或在法院进行的法律程序,以及根据本条例提出的上诉,尤其可订立规则以订定——(由 1998 年第 25 号第 2 条修订)

(a) 根据本条例提出申请的方式;

(b) 法庭或裁判官将问题转交审裁处的事宜;

(c) 审裁处所作评定类别或所作裁定的记录方法;

(d) 文件的送达;

(e) 上诉或在审裁处进行的法律程序中所用文件的格式;

(f) 在审裁处的出庭发言权;

(g）就在审裁处进行的法律程序或根据第 30 条提出的上诉而发出通知的事宜；及

(h）审裁处法律程序中讼费的判给、评定及追讨。

（1987 年制定）

第 45 条　司法常务官的权力

司法常务官可——

(a）就审裁处事务的分配及处理作出指示；

(b）决定审裁处所订立或发出文件的格式；及

(c）准许他认为适当的人士或某类人士，在缴付订明的费用后查看——

(i）司法常务官根据第 19(4)条备存的公告登记册；及

(ii）司法常务官根据第 20 条备存的物品储存库。

第 46 条　规例

附注：

具追溯力的适应化修订——见 1999 年第 55 号第 3 条

行政长官会同行政会议可订立规例，订定——（由 1999 年第 55 号第 3 条修订）

(a）各项费用；

(b）根据第 18 条发出通知的方式；

(c）赋权予审裁处或司法常务官，将订明的费用免除；及

(d）向审裁委员付给酬金及津贴。

第Ⅸ部　（已失时效而略去）

第 47 条　（已失时效而略去）

第 48 条　（已失时效而略去）

第二篇　葡人据澳时期澳门地区的新闻法制史料

（1856—1999）

1. 澳门组织章程（节摘）

第二章　本身管理机关

第一节　总则

第四条　澳门地区的本身管理机关为总督及立法会,会同总督运作的尚有咨询会。

第五条　立法职能由立法会及总督行使。

第六条　执行职能由总督行使,并由各政务司辅助。

第二节　总督

第十一条

一、除第三条所指的一般代表资格外,总督的权限为:

a) 在对内关系上代表当地,但对于特定行为,法律得规定由其它实体代表;

b) 颁布法律,签署法令,并命令公布之;

c) 订定当地内部安全政策,确保其执行,并订立负责执行有关政策的实体之组织、运作及纪律;

d) 公共秩序在澳门地区任何地方受严重威胁或骚乱影响时,在听取咨询会意见后,采取必要及适当措施迅速恢复秩序;当有需要临时限制或临时中止宪法的权利,自由及保障时,应先咨询立法会,且尽可能立即通知共和国总统;

e) 提请宪法法院审议立法会发出的任何规定有否违宪或违法;

f) 向共和国议会提出修改或取代本章程的建议,并对共和国议会修改其建议发表意见;

g) 行使法律赋予的其它权力。

二、未经总督颁布而公布的法律或未经总督签署而公布的法令，在法律上均不存在。

第十三条

一、总督之立法权限以法令行使，其立法范围包括所有未保留予共和国主权机关或立法会的事宜，但不得违反第三十一条之规定。

二、当立法会赋予总督立法许可或于解散后，其立法权限亦属于总督。

三、总督具专属权限充实共和国主权机关的纲要法，以及核准执行机关的架构和运作之法规。

第十四条

一、立法许可的法律应订明许可之标的、意义、范围及期限，而期限得被延长。

二、立法许可不得使用超过一次，但可局部使用。

第十五条　一、除行使第十三条第三款所指权限而获准制定的法令外，其它法令在公布后的首五次立法会会议内，经六名议员请求，得置于立法会的追认程序。

二、如拒绝追认时，该法令应自立法会的决议在《政府公报》公布之日起失效；但如不同意追认是基于该法令与宪法规则、本章程规则、或与共和国主权机关发出且系当地不得违反之规定有抵触时，则应遵守第四十条第三款之规定。

三、该法令经修改后得被追认，如出现此情况时，在有关法律公布前，法令仍然有效，但经立法会三分之二在职议员议决中止实施该法令时，则不在此限。

第三节　立法会

第二分节　权限

第三十条

一、立法会权限为：

a) 监视在当地对宪法规则、本章程规则及法律的遵守，并提请宪法法院审议总督发出的任何规定有否违宪或违法；

b) 向共和国议会提出修改或取代本章程之建议，且应就总督为同一目的提出的建议而作有关被听取的意见，并对共和国议会修改其建议发表意见；

c) 对于未保留予共和国主权机关或总督的一切事宜制订法律，但不得违反第三十一条之规定；

d) 授予总督立法许可；

e) 为着第十五条规定的拒绝追认或修改之效力，审议总督的法令，但总督行使其专属权限而颁布的法令则不在此限；

f) 订定当地社会、经济、财政及行政政策总方针；

g) 截至每年十二月十五日，核准行政当局按照总督为着翌年而作的建议，征收收入与支付公共开支，且在有关许可的法规内，订定编制与执行预算应遵守的原则和标准；

h) 核准总督按照法律规定借入和借出款项、进行其它信用活动，以及在第六十三条所指情况下作出保证；

i) 对第三条第三款及第十一条第一款 d 项所指情况提出意见；

j) 审查和确认议员资格、选出主席团、编制内部规程、以及订定对其本身的管制；

l) 对给予大赦及普遍性赦免的共和国主权机关所制定的法律是否适用于澳门地区，以意见书表明立场；

m) 主动或应共和国议会、共和国政府或总督请求，对与当地有关的一切事宜提出大体上的意见。

二、立法会尚有权限：

a) 审议总督、政务司及行政当局的行为；

b) 省览当地每一经济年度的帐目，该等帐目应附同有权限审议的实体倘能编成之报告书，连同其它必需的参考数据，截至下年度十二月三十一日为止一并送阅；

c) 表决对施政方针的弹劾动议，该项动议应详细列明理由，并立即将之通知共和国总统及总督；

d) 行使法律赋予的其它权力。

第三十一条

一、对下列事宜之立法，为立法会之专属权限：

a) 立法会的选举制度，尤其是关于被选要件、选民登记、选举资格、间接选举所代表的社会利益的界定、选举程序及选举日期等；

b)《议员章程》。

二、立法会对下列事宜有专属立法权限，但将许可授予总督时除外：

a) 羁押、住所搜索、私人通讯保密、相对不定期刑及保安处分等制度，以及有关前提；

b）属总督权限的批给之一般制度；

c）税务制度的要素，订定每种税项的课征对象与税率，以及给予税务豁免的条件；

d）当地行政区划；

e）地方行政法律制度的大纲，包括地方财政在内；

f）当地中央行政机关与地方行政机关之关系的法律制度，以及地方行政机关得被总督解散的情况；

g）当地公共行政制度纲要；

h）设立公职新职级或职称，修改订定该等职级的表，并订出编制人员薪俸、工资及其它报酬的方式。

三、对下列事宜之立法，为立法会与总督之竞合权限：

a）人的身分及能力；

b）权利、自由及保障，但抵触上款 a 项之规定者除外；

c）对犯罪、刑罚及有关前提，以及刑事诉讼程序之订定，但抵触上款 a 项之规定者除外；

d）违反纪律之处罚、轻微违反之处罚、违反行政上秩序之行为之处罚，以及有关程序等之一般制度；

e）公用使用及公用征收之一般制度；

f）租赁之一般制度；

g）货币体系及度量衡标准；

h）公共团体、被管理者的保障，以及行政当局的民事责任；

i）公共企业通则的大纲；

j）澳门司法体系的纲要；

l）自然、生态平衡及文化财产的保护系统；

m）社会保障系统及卫生系统。

2. 无线电讯基本法例

（1983 年 3 月 12 日，第 18/83/M 号法令）

一、在澳门之法律中，一九六四年二月廿二日第一六二〇号立法条例是对使用无线电讯的基本法律文件。由当时起,从无颁布任何补充或修订该立法条例的法例。

二、无线电所出现的科技发展,使行政当局及企业方面具有若干设备和观念,而在其有关实用而言,对社会经济发展担当重要的角色。

三、因此,有必要进行整体的立法革新,而系一方面要能顾及本地区的独特条件,另一方面要能按新设备及其使用所容许的新服务,以推动及促进当地的无线电结构的发展。

四、本法令是本地区无线电讯的基本法例,当全面地确定若干观念时例如:无线电讯的管理及监护;政府的许可;被禁止的无线电讯;无线电讯设备的认可及商业化;无线电的干扰;无线电的维护等,以及当规定必须公布各补充及独特规则时,本法令系为达成该等目标而设立。但以明确、和谐及有规律的方式,保障其实施引致的变动。

基上所述;

经听取谘询会的意见后;

护理总督合行使 2 月 17 日第 1/76 号基本法颁布之澳门组织章程第 13 条一款赋予之权,规定如下,并在澳门地区具有法律效力:

第 1 章　概则

第 1 条　(范围)

澳门地区的或受当地法律管制的船只或航空的无线电讯法律制度,即本法令及其补充法例所载者。

第 2 条　(定义)

在本法令及其补充法例订定下列定义:

无线电讯:所有透过无线电波所作的符号、讯号、文字、形象、声音或任何其他性质的资料的传送、发射或接收;

无线电讯服务:透过无线电波所作的电讯服务;

无线电波:无人造导线透过空中传播少于三千个千兆赫频率的电磁波;

无线电讯章程:附属国际无线电讯协定及由国际无线电讯联盟总秘书处所公布的无线电讯章程;

政府的许可:准许一无线电讯站或网的设立及使用的行政行为;

无线电讯站:由一无线电讯发射设备、接收设备、或发射/接收设备及有连系的天线系统所构成的组合,但倘在特别情况由现行或将来生效的规则订定其构成者除外;

无线电讯操作者：透过无线电工具作通讯或资料的输送或传播的机构或公共或私人的人士；

无线电讯发射或接收设备：所有为发射或接收无线电讯而设计的电磁振荡发生器或接收器；

无线电讯网：由多个无线电讯站所构成的组合，而在给予个人或多人的许可范围内能互相通讯者，且无论其为个人或共同名义之给予亦然；

无线电传播站：无线电传播服务站；

无线电传播服务：无线电讯的服务，其发射系为大众直接收者。此项服务可包括音波发射、电视发射或其他发射种类；

认可：经透过试验方法证实符合法定最低限度的技术条件后，认可某些无线电讯设备，以便发给准照及投入工作；

无线电干扰：对一无线电讯系统的接收，因一种发射、放射或感应而引致其不欲接收的能量的后果。此种后果系透过一项资料传送质素的衰落、变质或消失而显示者，倘不欲有的能量不存在时，传送资料便可获得；

无线电的维护：给予无线电讯中心的保护，而系尽量消除影响无线电传播的障碍或干扰，并确保其毗连区域或视觉互相连系的特别波道消除障碍。

第2章 无线电讯的管理及监护

第3条 （管理的制度）

无线电讯属公共利益，系按照行政当局或其他具有公权的多人的直接管理制度下而活动者。但保留行政当局透过批给以及发给准照制度的间接管理可能性。

第4条 （受监护的活动）

一、无线电讯的管理、一般行政及政策的一切活动，受总督的监护。

二、上款所指监护透过邮电司执行，邮电司之职责如下：

无线电频谱的管理；

在无线电方面的调协、监护及计划协助政府；

代表该方面。

三、在无线电频谱管理方面，邮电司之职权如下：

频率的使用登记；

使用条件的订定及稽查；

无线电设备的稽查,但有关保安部队者除外；

无线电干扰的控制及稽查；

倘需要时执行处分。

四、在无线电讯操作者的监护与调协方面,邮电司的职权如下：

在无线电讯操作机构的监护方面,作为政府的顾问,但经受委甚至得行使监护权；

对该方面的总政策以及组织与整体计划提出建议；

制定该方面的法律及管制草案；

对由公用无线电讯操作机构建议的法律及管制法例,进行分析及发表意见；

与其他有关机构合作,进行器材及设备的标准化及认可事宜；

稽查公用无线电讯操作机构所提供的服务质素与费用；

稽查公用无线电讯操作机构对有关其活动的法律及管制规则的履行。

五、在无线电讯的代表方面,邮电司的职权如下：

向其他人士直接代表与该方面活动有关的公共利益,但不妨碍操作企业的本身职权；

与同类或类似国际性组织、其他国家及人士的关系方面,代表该方面的公共利益,而系以参加葡国代表团或代表葡国代表团进行者。

第5条 （对操作者的监护）

一、所有无线电讯服务操作者包括声音及电视无线电播送,受总督的监护。

二、上款所指监护系按照上条四款之规定,透过邮电司执行。

第3章 政府的准许及其发给与撤消的一般条件

第6条 （政府的准许）

一、在澳门地区的或受其法律管制的船只或航空上,未经政府事前准许,任何人不得持有无线电讯发射、接收或发射/接收设备,或设立或使用无线电讯站或网,但第七条所指情况除外。

二、一款所指的准许,不妨碍对其他人士给予类似的准许,以及不免除其持有人遵守现行或将来生效的所有法律或管制规定。

三、为本法令之效力起见,从户外天线的存在,即便推断有无线电讯站或无线电设备的使用。

第7条 （政府准许的豁免）

一、下列无线电讯设备豁免第六条所指之政府准许：

将来以政府批示所定等级所包括之低功率及短射程者；

声音及电视无线电传播服务的接收器。

二、为满足保安及公共秩序的大众需要，保安部队及司法司所用的无线电讯设备，亦予豁免准许。

第8条　（其他无线电讯设备的采用）

一、在计划的服务需要上，采用其他无线电讯设备可获满足时，对无线电讯网的设立及使用之政府准许，得不予发给。

二、设备及其经营的费用，对证明该采用的不可能性，并不成为主要理由。

第9条　（政府准许的持有）

一、为无线电讯设备之设立及使用的政府准许，得给予个人或多人或两者的组合。

二、为无线电讯网之设立的政府准许，得给予个人或多人，而无论其为个人或共同使用。

在共同使用时，各个人或多人的流动站，透过共同的陆上站，确保其通讯。

三、获得一及二款所指任何一项准许者，如违犯本法令之规定以及为实施本法令所需之其他法例时，须负全责。对其本身或第三者所受之任何性质的损失，无论其为所属之站的安全或缺点或与该站有关之原因所造成，获得准许者亦须负全责

第10条　（所赋权利之局限）

一、为无线电讯站或网的设立及使用而给予公共或私人的政府准许，并不给予其持有人占用公有地方的权利；但属第四九条所指情况除外。

二、公用无线电讯人士倘为满足其需求而设置所需之无线电讯设备时，有关无线电讯站或网的设立及使用的政府准许持有人，因而会随时被迫终止其活动。

三、为无线电讯站或网的设立及使用，而给予公共或私人作私人用途的政府准许，并不容许其持有人代第三者或为其取得利益而进行发射或接收无线电讯。

第11条　（政府准许的暂停或撤消）

一、为无线电讯站或网的设立及使用的政府准许，得随时将之暂停或撤消，尤其当持有人：

不遵守达成给予准许的条件；

倘拒绝进行为消除其无线电讯站所产生的干扰的预料措施；

在规定期限内不清缴应有税项；

反对专责稽查人员进行检查设备。

二、凡有特别情况出现时，上述准许亦得暂停或撤消。

三、政府准许的暂停或撤消，并不引致任何赔偿或发还倘已清付的有关该年度的税款，但倘构成暂停或撤消之原因，并非属承批者之责任则除外；在此情况，发还相当于未届期之部分。

第 12 条 （无偿的更改）

倘因公共利益或满足国际章程的理由，规定无线电讯站或网的设立及使用的政府准许持有人，须对其设备作技术上更改时，持有人无权索取为应付该更改所引致负担的任何赔偿。

第 13 条 （站的设备准照）

一、所有发射、接收或发射/接收设备，无论其为单独的或系无线电讯网，须申领有关政府准许范围内证明其合法使用的准照。

二、上款所指准照，应时刻附于有关无线电讯设备，并当专责稽查人员要求时出示。

三、倘遗失或损毁时，有关持有人应向监督无线电讯部门申领更换，并指出遗失或损毁之情况。

四、准照影印本，按一般法律规定系属有效。

第 14 条 （技术负责人）

一、凡无线电讯站或网的复什程度要求时，无线电讯站或网的设立及使用的政府准许，得受须指出一名技术负责人，负责设备的安装与平常工作的限制。

二、监督无线电讯部门，得要求上述技术负责人出示证明其能力的证明文件，并保留不接纳该等文件，以及进行无线电讯考试之权。

三、一款所指技术员应有资格，以及该等考试科目，将由总督以批示订定之。

第 15 条 （准照的不可转移）

一、无线电讯站准照不得转移。

二、倘放弃、效满或撤消时，应在三十天内将准照交给或以挂号邮件寄交监督无线电讯部门。

三、所有并非持有人而拥有之准照，概属无效。但第二二条一款所指情况及期限内者除外。

四、期满准照之交回，并不豁免其持有人将第三二条一及四款所指声明的寄出。

第 16 条 （准照的有效）

无线电讯设备的准照，效期为五年并可续期，而系附同证明清付有关使用税之证明文件者方予生效。

第 17 条 （管制）

有关申领政府准许的条件、持有人的责任、以及无线电讯站及网的设立及使用条件的管制，于适当时以训令订定之。

第 4 章 站的经营之一般条件

第 18 条 （被禁止的无线电讯）

在澳门地区的或受其法律管制的船上或航空器上，任何人不得：

发射或试图发射与法律的遵守、国家安全、公共秩序、良好风气相违的无线电讯，或有辱外国或其有关当局者；

发射或试图发射虚假或欺骗的警报、紧急、危险或求救讯号；

接收或试图接收不应接收的无线电讯。倘无意收得该等无线电讯时，不得将之重播、传送予第三者、作任何用途甚至其存在亦不得透露。

第 19 条 （外国船只或航空的无线电讯）

一、在澳门地区的外国船只上或航空上所设无线电讯站，倘可能使用公共服务时，不得与不同网的站连络，但透过公共服务进行者除外。

二、上款之规定不适用于：危险、警报、紧急、安全的讯号，以及求救讯号与通讯及其答覆。

三、在有适当理由时，得准许海上及航空上的流动服务无线电讯，作公共或私人的私人用途。

第 20 条 （特别或紧急情况的业务经营）

一、倘在情况需要下，总督得于认为适宜期内，全部或局部禁止无线电讯发射、接收或发射/接受设备的持有或使用，其物主或持有人对此系无权索取任何赔偿者。

二、总督亦得著令将设备加封，或将之存放于指定地点。

三、在紧急或有关灾难情况，总督得徵用及控制任何无线电讯设备。

徵用系透过保安部队进行者。

第21条 （公共通讯）

一、无线电的公共通讯，无论属发射或接收，倘使用者足具现行法律及管制规定所要求之条件，在未经总督同意前，不得拒绝或搁置。

二、公共通讯的发射或接收，应系同等情况及无任何优先区别者。

三、有关灾难及安全的通讯则除外，此等通讯及所有与国际无线电讯协定有关系的各章程所指其他通讯，应有优先。

第22条 （过渡性的业务经营）

一、凡因公司丧失能力、破产或放弃，或因法院对前获准使用设备或网设备的人执行裁定，而该网又不能在不影响所从事的活动下停止工作时，保有无线电讯单独设备或无线电讯网的合法化，得由未经获准持有或使用者临时凭已存在的政府准许，维持设备的工作；但情况的调整须在六十天期内由有关人士申请，以及在过渡期间须遵守已存在的政府准许的条件。

二、倘六十天期限告满，仍未申请调整情况时，该等设备应由合法持有人将之拆除、加封或出售，并将所采措施通知监督无线电讯部门；又倘不采取上述措施，将执行第四六条所指之处分。

第23条 （无线电操作者）

一、按照国际章程规定，某些站的操作，只可由有适当资格的无线电操作者进行。

二、有关考试、操作者的等级及证明书，于适当时以训令订定之。

第5章 无线电讯设备认可的一般条件

第24条 （设备的认可）

按照第7条二款之规定，保安部队及司法司所用的无线电讯设备，毋须认可。

第25条 （认可的申请）

一、无线电讯发射、接收或发射/接收设备的输入者、出售者或其他偶然性持有者，在未输入或为出售的陈列之前，应向监督无线电讯部门申请认可。

二、监督无线电讯部门得认可输入的无线电讯发射、接收或发射/接收设备，而无须事先进行试验；但该等设备须由证明具有技术资格的行政当局或人士予以认可，及须符合国际无线电讯联盟章程所指条件。

第26条 （认可证明书）

一、对每一种类核准的无线电讯发射、接收或发射/接收设备发出认可证明书。

二、倘随后发现出售之同一种类的无线电讯设备不符合要求的技术条件，或不符核准之类型时，得撤消认可证明书。

第27条 （认可设备的认别）

无线电讯发射、接收或发射/接收设备的输入或出售者，应在所有设备上标示持久的认可编号。

第28条 （管制）

有关认可程序的规则，在适当时以训令订定之。

第6章 无线电讯设备的商业化

第29条 （无线电讯设备的可转移及临时持有）

一、按照第6条及本条二及三款之规定，禁止将无线电讯发射、接收或发射/接收设备出售、出租、借出及赠予不出示持有该等设备准许之人士。

二、对可能成为第六条所指准许之持有人，有适当理由时，得发给试用及临时持有准照，有关期限不得超过三十天。

三、二款所指试用的准许，给予持有人进行各不同牌子及种类之已核准无线电讯设备试用权，以及在规定期内将之持有。

第30条 （无线电讯设备持有的准许）

一、无线电发射、接收或发射/接收设备的输入或出售者，得透过书面申请，向监督无线电讯部门申领无线电讯设备持有准照。该等设备毋须取得第六条一款所指之政府准许。

二、除向可能购买者作工作示范外，禁止作任何其他用途。可能购买者应具备第二九条二款所指的临时准照。

三、已由11月3日第48/86/M法令第127条a项废止。

第31条 （无线电讯设备的进出登记）

一、无线电讯发射、接收或发射/接收设备的输入或出售者，当有设备进出时，须采用向监督无线电讯部门购买之簿册填报输入、复输入及销售登记。

二、在输入及复输入登记内，应载明供应或送回设备之个人或多人名称、地址、日期、牌子、种类及编号。

三、在销售登记内应载明交易之日期及性质，进行交易之个人或多人名称及地址、牌子、类型及编号，以及载明按照第六条或二九条二款之规定所发准许之日期及编号。

四、该等登记保存期为一年。

第32条 （无线电讯设备转让声明书）

一、无线电讯发射、接收或发射/接收设备之输入或出售者，以及所有出售、出租、借出或赠予该等设备，即使为偶然性，应作声明指出：

进行之日期及性质；

进行活动之个人或多人名称及地址；

在需要准许的情况时，载明第六条或第二九条二款所指之日期及编号；

设备之牌子、种类及编号。

在需要认可情况时，载明设备之认可编号。

二、声明人应确保所提供之资料的确实性，为此得要求进行活动之个人或多人出示证明文件。

三、一款所指之输入或出售者，应将每月进行之活动作出声明，于下月份首十天内将之送交监督无线电讯部门。

四、一款B项所指之人士，应在进行活动之日随后十天内递交声明书。

第7章　征税制度

第33条 （经营税项）

一、准照持有人须缴付经营税，以作应付稽查无线电讯站及其发射负担之用。

二、无线电讯站的经营税系按年计算者，并在一月份内或有关缴付凭单送达后三十天内上期征收。

三、无线电讯站倘每年之一月一日已在工作时，按整年征税。

四、有关年中投入服务之无线电讯站的税，只按随后月数与每年十二个月之比例征收——不足一个月作一个月计算。

第34条 （各项税收）

一、每线电讯个别站或网设立及使用之申请，于递交时须缴付一项税款，以作应付案卷研究负担之用。

二、同时，所有有关准照之行政服务，而系涉及续期、更改或尚因遗失或失效之换领者，亦须缴付税项。

第35条 （临时准照税项）

倘准照属临时性即其有效期不超过三十天者，应缴税项为有关经营税六分之一，并于准许批给前缴付。

第 36 条 （税项的减免）

一、对于被视为弱能之个人设备准照持有人，得在缴付第三三条及三四条所指税项时，按照政府批示给予全部或局部之减免。

二、此项减免，须凭证明书或由有关当局确认之副本而核准；该等文件须指明持有人之长期性残废或无工作能力百分率程度，以及持有人之经济状况，以作决定。

第 37 条 （不使用及税项之缴付）

一、个别无线电讯设备或无线电讯网设备的不使用，在有关准照以挂号邮件寄回，或交回监督无线电讯部门之日，即视为不使用论。

二、倘有疑问时，以邮戳作根据

三、所有设备，其准照最迟在每年十二月三十一日止仍未交回时，即被视为下年度一月一日仍然工作论，并按第三三条三款之规定，须缴付该年度之全部税项。

第 38 条 （税项的订定）

已由 12 月 31 日第 85/90/M 法令第 2 条废止。

第 8 章 无线电干扰

第 39 条 （投诉）

一、对影响无线电讯以及声音及电视无线电传播的接收之无线电干扰的投诉，应送交监督无线电讯部门。

二、该部门分析投诉理由、进行所需调查，并按所得结果，著令采取适当措施，以便按照可援引的管制以减轻或消除该等干扰。

第 40 条 （干扰者的责任）

当电器、无线电或其他设备或其部分，干扰其他发射的无线电接收，而超出特别法律所订维护限度时，该等设备的使用人，须在监督无线电讯部门规定期内，进行所需的修理及更改，以便减轻或消除该等干扰，有关费用自负。

第 41 条 （工作的减少或暂停）

倘在短期内无线电干扰不能有效地消除或减轻时，产生干扰的设备物主或保有人，将被监督无线电讯部门通传警告、须遵守操作时间；或倘所受影响的服务系长期性，以及干扰致使该服务不能进行时，甚至暂停其操作。

第 42 条 （管制）

有关无线电接收的维护规则,尤其所有可能产生无线电干扰的仪器所应具之技术特徵,在适当时以训令订定之。

第9章 无线电的稽查

第43条 (稽查人员)

遵守本法令及其补充法例规定之稽查,属监督无线电讯部门稽查人员,以及具有公权的机构尤其司法司、治安警察及水警稽查队人员之职权。

第44条 (自由进入设备场所)

一、凡专责之稽查人员,在执行其任务拟查察电器或无线电设备时,有关物主或持有人应容许彼等自由进入设备所在地方。

二、无线电讯设备的输入或出售者,须负同一义务。

第45条 (试验及文件)

当专责之稽查人员要求时,电器设备之物主,或第六条、二九条及三○条所指无线电讯准照持有人,应容许对其设备进行试验,以及将法定应出示之文件交出审阅。

第46条 (设备的扣留)

一、设备的扣留倘应进行时,由监督无线电讯部门主管,以书面为之;但倘执行以下各款之规定者则除外。

二、当稽查人员直接发现违例实足将设备进行临时或确定扣留时,应进行该扣留,并在最短时间将该项扣留呈报监督无线电讯部门主管作书面证实。

三、当执行扣留须进入民居而遭居民反对时,应向刑事起诉法官申请有关命令。

四、有关区域的警方,应对为进行扣留所提请求给予所需之合作。

五、扣留案卷须缮具所需副本,以便各参予该行动之人士获得证明该行动所需之文件;副本其中之一交与设备持有人。

六、应拨归政府所有之被扣留设备,得按最适宜本地区的利益,由监督无线电讯部门将之利用或公开拍卖。

第10章 无线电的维护

第47条 (特别的维护)

为著从事公用的无线电、发射及/或接收中心所设服务的维护及效能起见,与视觉上互相连结的中心或频道毗连的区域,得受无线电特别的维护。

第48条 (徵用)

为确保第四七条所指的维护,而需进行征用,被视为公用性质。

第49条 (天线的装置)

一、土地或楼宇业主,不得拒绝在其物业上横跨或在外部装置天线及有关导线;但在有适当理由及获监督无线电讯部门的核准情况除外。

二、为装置天线得利用街道、广场、公路及公有道路,但须获工务运输司的准许。

三、上款所指准许,系在关系人申请下,由监督无线电讯部门作出适当报告后给予者。

四、一款所指的土地或楼宇业主,连同政府,经常有权进行认为适宜的修理、建筑、重建或扩建工程,即使该等工程需将天线、其支承或导线移开或迁离,亦毋须赔偿天线物主或使用人无论由于移开或迁离所致的损失或可能有的经营利益;但最少须于十五天前以书面通知上述人士,不过,具有更充份理由时则除外。

第50条 (法定)

无线电维护的订定、更改或撤消之研究,以及有关管制法例的制定,属监督无线电讯部门之权。

第11章 违例及处分

第51条 (不获准许的站)

违犯本法令第6条之规定,罚款一千至一万元,以及临时扣留站的设备,成为下列的处理对象:

倘缴付罚款及发给准照予该站时,设备发还;

倘缴付罚款而不发给准照时,设备亦发还,但按设备有或无容许发给准照的特征,将之加封或拆除后发还;

倘不缴付罚款,则执行第五三条之规定。

第52条 (过期缴付)

一、倘在法定期内未缴付税款时,处以相当于所欠税款六分之一罚款。

二、倘所欠税款及罚款不在法定期内清缴时,执行第五三条之规定。

第53条 (公帑催征)

一、倘所欠罚款或罚款及税,由送达日一个月内仍不清缴时,该等款项由公帑催征处进行强制征收。为此,有关案卷具有执行之效力。

二、有关上款所指欠款,本地区对无线电讯设备享有特别动产之优先债权。

三、一款所指期限告满后,监督无线电讯部门将无线电讯设备扣留,并将之连同有关案卷送交公帑催征处办理。

第 54 条 (临时扣留)

一、不遵守法定手续时,得将无线电讯设备扣留,直至该等手续已遵守为止。

二、一款所指手续的补正,倘在三十天期内未作申请时,或不能继续进行而责任属于关系人者,有关设备拨归政府所有。

第 55 条 (违例)

本法令所载违例的定义如下:

一、"轻微"违例——不遵守下列各条款之规定:

第 13 条二及三款;

第 15 条二款;

第 27 条。

二、"严重"违例——不遵守下列各条款之规定:

第 10 条三款;

第 25 条;

第 29 条一款;

第 30 条二款;

第 31 条;

第 32 条;

第 44 条。

三、"非常严重"违例——不遵守下列各条款之规定:

第 18 条;

第 19 条一款;

第 30 条一款。

第 56 条 (处罚)

一、对第 55 条所指违例,处罚如下:

(a)"轻微"违例:

书面告诫;

罚款二百五十至二千五百元。

（b）"严重"违例：

暂停准照一至三个月，并将设备加封；

罚款五百至五千元。

（c）"非常严重"违例：

吊销准照；

确定扣留设备；

罚款一千至一万元。

二、凡未经本法令指明之任何其他违例，按其严重性处以罚款二百五十至二千五百元。

三、上述处分得共同或个别执行。

第 57 条　（执行罚款之权）

第 56 条　所指之处罚，由监督无线电讯部门主管以批示执行。

第 58 条　（再犯）

一、再犯处以相当于最高至最低之间平常罚款额之双倍。

二、凡由最后一次处罚起计，一年内作同一违例则视为再犯。

第 59 条　（刑事性质违例）

一、对本法令及其补充法例的违犯，倘内容含有刑事性质者，除本法令及补充法例所定处罚外，其案卷将送交有关部门。

二、为上款之效力起见，将遵守十月四日第四九二/七三号法令第八章——有关刑事维护——之规定。

第 60 条　（上诉）

对监督无线电讯部门在遵守本法令及其补充法例所执行的处罚，得在十五天内向总督上诉。

第 12 章　最后条文

第 61 条　（现有准照的有效）

一、目前服务中的无线电讯站或网的准照继续有效，且该等站或网的设备毋须进行认可。

二、上述准照持有人，在适当时由监督无线电讯部门通知应具的条件，以便全部遵守本法令及其补充法例的规定。

第 62 条 （监督无线电讯部门）

按照 9 月 26 日第 27－A/79/M 号法令第 1 条之规定，对本地区无线电讯的监督，继续属邮电司之权。

第 63 条 （法例的撤消）

撤消抵触本法令之所有有关无线电讯法例，尤其 1964 年 2 月 22 日第 1620 号立法条例。

第 64 条 （生效）

一、本法令于公布之日起 30 天后生效。

二、第 5 及 6 章之规定，于 1984 年 1 月 1 日生效。

第 65 条 （疑问）

本法令实施时出现的疑问，以及未载明事宜，将于听取监督无线电讯部门之意见后，由总督以批示决定之。

于 1983 年 3 月 8 日签署

着颁行

护理总督　斐迪鎏

3. 视听广播法

法律　第 8/89/M 号

第一章　概则

第一条　（范围）本法律订定视听广播业之法律制度。

第二条　（使用之依据及频段）

一、从事视听广播业机构之节目，系透过无线电频谱——频率之使用而传播者。

二、无线电频谱系属本地区公权范围。

三、为批给或发给广播站准照起见，下列频段视为配给予视听广播业务者：

a. 电视：——分米波（超短波）：

IV 频段，二十一至三十四线路，四七〇至五八二兆赫

V 频段，三十五至六十线路，五八二于七九〇兆赫

b. 广播：

——百米波（中波），调幅：

五二六·五与一六〇六·五兆赫之间频道

八十七至一〇八兆赫之间频道

四、在不妨碍上数款规定情况下，视、听广播得透过由同轴或光纤所组成之转送网为之，其设立及经营条件，将由法令予以管制。

五、总督得配给广播事务已拥有或因科技发展被列入国际频率配给表之其他频率之频道。

第三条 （广播业之宗旨）

一、广播业之宗旨为：

a. 尊重现有道德文化价值，为培养市民作出贡献；

b. 为市民资讯作出贡献，确保市民无障碍及无歧视的资讯及被资讯权；

c. 为促进社会及文化进步以及市民对政治、公民及社会的关注作出贡献。

二、为遵从该等宗旨，广播业尤其应：

a. 确保资讯的公正性、多样性、严谨性及客观，以便对公共权力维持其独立性；

b. 透过一项均衡节目表，为公众资讯、娱乐、教育及文化的推动作出贡献，并顾及年龄、职业、兴趣、及籍贯等所要求之广泛性；

c. 有利于澳门居民更佳互相认识及接近；

d. 协助推广为一般观众或文化界人士又或社会专业人士而制作的教育性或培训性节目；

e. 为居民的公民及政治的教养及参与作出解释的贡献，透过节目内的评论、批评及讨论，鼓励意见比较，达致有责任感的、明确的判断。

第二章 广播委员会

第四条 （职权）

一、设立广播委员会，该会具有一切必需职权，确保：

a. 广播专营公司及经营者独立于政治和经济权力之外；

b. 言论及思想之多元性及自由；

c. 资讯正确和客观性；

d. 节目的质素；

e. 维护权利,尊重法律责任。

二、广播委员会为一独立机构,行政方面附属新闻司。

第五条 （职能）委员会有下列职能：

a. 主动或经总督、立法会主席或三名立法议员要求,对所有与其职权有关的问题发表意见;

b. 注视广播专营公司及经营者在新闻、节目及广告方面的活动;

c. 对节目是否符合现行道德文化标准发表意见;

d. 审议任何认为其个人权利受损的市民的投诉;

e. 在专营公司或经营者违反第三条规定时,进行审议并发表公开的判断;

f. 以咨询性质对关于其职权范围的问题的立法主动表示意见;

g. 提交属其职权范围内的提案,作出建议;

h. 每年编制本地区电视及电台广播情况的报告;

i. 就发展有质素的电视及电台所需的工作提出建议并开展工作。

第六条 （组成）

一、广播委员会由总督委任的七名成员组成：

a. 三名在被公认有声望的人士中委出;

b. 两名广播专营公司及经营者代表;

c. 两名记者,在听取新闻界意见后委出。

二、广播委员会成员任期为三年,且任职至接替者就职为止。

第七条 （无责任）

广播委员会成员在执行职务时所作出的意见,不负民事、刑事和纪律上的责任。

第八条 （空缺）

一、在任期内出现的空缺,将采用最初委任的同一程序填补。

二、填补空缺的委员会成员,将完成出缺者的任期。

第九条 （运作）

委员会应在召开第一次平常会议时,通过其章程,并将之刊载于政府公报。

第十条 （公布）

委员会可决定透过广播专营公司或经营者公布该会在第五条d及e项职能范围内所作之意见或判断。

第十一条 （财政负担及行政辅助）

一、委员会的运作所引致的财政负担，将由本地区总预算册的专门款项承担。

二、新闻司将对委员会运作提供行政辅助。

第三章　事业的进入

第一节　电视广播

第十二条 （电视广播）

电视广播为一项公共服务，系透过批给合同行使之。

第十三条 （批与）

一、批给系以竞投方式为之，但当有充分及适当依据之理由时，得以直接洽谈方式为之。

二、虽已作出竞投，批给得因公共利益的理由，可透过说明理由的批示不作出批与。

三、批给合约及其有关修改必须在政府公报刊登。

第十四条 （承批公司）

一、电视广播事业得批与主办事处设于澳门，从事所承批事业及在信誉技术水平及财政能力上均有保证的任何一个以公司形式组成的法人。

二、承批合约得批准承批公司单独或与其他机构合作从事与主要业务有关的其他补充业务，主要为：

　a. 录制、出售及出租录音带及录影带；

　b. 出版及出售与电视广播及宣传其活动有关的刊物；

　c. 洽商节目的赞助；

　d. 出租制作场所与外间的制作公司。

三、在例外情况下，承批公司可为公权或公用的集体。

第十五条 （期限）

一、批给应有确定期限。

二、期限系按所推行之活动计划以及为使承批公司偿还所投资资本所需之时间订定者。

第十六条 （分批给）

分批给乃不被准许的。

第十七条 （批给人之权利）

批给人有权：

a. 根据法律及有关批给合约条件，对承批公司及其推行之业务作出经常监察；

b. 核准承批公司所递交之活动计划及程序；

c. 核准承批公司按有关合约规定获准收取之费用；

d. 允许修订第二十一条所指之章程；

e. 允许承批公司权利或股份的转让；

f. 核准批给的顶让；

g. 着令施行罚则；

h. 决定批给之赎回及接管；

i. 行使法律或批给合约所预料的其他权利。

第十八条 （承批公司之权利）

批给合约得赋予承批公司为经营业务显著所需必备之能力、权力及优惠，尤其是：

a. 人员及车辆之自由通达及通往公共地方权，但须适当表明身份，以及每当工作性质要求时，透过有关当局之预先许可方得；

b. 为其无线电中心及制作场所/广播室与发射塔之间，以及发射站与有需要转送站之间所订出赫射束之地役权予以保障；

c. 订定流动或固定，或为达致在本地区内及与外界联系目的所需之任何其他无线电通讯系统赫射束之权。

第十九条 （承批公司之责任）

一、承批公司须：

a. 订定跨年度活动计划，其内指出有关目的及所推行之策略；

b. 订定年度活动程序，其内须反映出跨年计划之每年执行进度；

c. 在遵守国际电讯联盟机构适用之规定及邮电司发出之技术规则或指示情况下，为业务经营动用必须之人力、技术及财政资源，以良好执行所批给之业务，并进行必须之工作，以妥善保存批给所含有之设施及设备；

d. 确保业务经营之延续性；

e. 关注视听广播范围所出现的技术发展，倘获得批准使用更先进之科学系统后，将之纳入以技术为基础之无线电通讯网内；

f. 维持在经营被批给业务上以本地区为居所之必须人员为其服务；

g. 向监察机构提供为其执行职务所必需之资料及解释，并向其提供必需之工具，以令其实质行使法律所赋予之职权；

h. 遵守其他法律或由承批合约所要求之义务。

二、在健在情况下，不论以任何名义将专营公司的权利或股份转让，均须预先取得批给人的核准。

第二十条 （公司章程的修改）

一、承批公司未经取得批给人之预先及明确许可，不得进行任何下列行为：

a. 更改公司宗旨；

b. 减低公司资本额；

c. 公司的分拆、合并或解散。

二、承批公司应采取必需措施，以便在每一公司年度末其本身资本额最低限度能等同在有关承批合约所订定之不动产净值之最低百分率。

第二十一条 （折旧及重置）

批给合约可准许采用与税务法例所定者有别的折旧或重置率，此等折旧或重置率在订定可课征对象时将被考虑。

第二十二条 （最低投资）

承批公司须作出必需之投资，以确保在良好技术条件下能完全涵盖批给合约所订定之本地区各区域。在有关合约内，应订定所作出投资之金额及其全面执行之计划以及时间表。

第二十三条 （补偿）

一、在不妨碍合约上所订出初步需求之可能期间情况下，并鉴于被批给活动之性质，对批给须作出一项补偿。

二、在批给合约内，得订定与现金缴付不同之补偿方式，尤其是由批给人使用播放时间为然。

第二十四条 （顶让）

批给之顶让系容许者，但须由批给人有充分理由之许可方得为之。

第二十五条 （处分）

承批人不履行法定的或合约订定的义务时，批给人得处以罚款或进行接管或撤销批给。

第二十六条 （接管）

一、倘发生或即将发生非因严重事故所引致且未经批准的活动中止，或发现承批公司的组织或运作或在设施或设备的一般情况内，出现严重混乱或弊端，批给人得接管该项批给同时暂行代替承批公司。

二、在上款所预料情况，批给人应采取必需措施以保证服务的即时被接管，而为着经营正常化所引致的维修或一切费用，则由承批公司承担。

三、倘引致接管的理由消除后，在认为适当时，批给人应通知承批公司恢复批给的经营。

第二十七条 （撤销）

一、倘承批公司违反批给合约所引致的基本义务，批给得被撤销。

二、下列情况主要构成批给人单方面撤销批给合约的理由：

a. 放弃经营或无故中止经营；

b. 物资或节目质素明显不足，因而不能履行批给所订定的正常目标；

c. 进行临时性或永久性的事先未经批给人批准的全部或局部转让所经营的事业；

d. 不缴交应付补偿。

三、倘发生纯属有罪而可以矫正的疏忽，在一般情况下，不超过九十天期限内，在承批公司未被透过双挂号信通知全部遵守合约义务时，不得作出撤销声明。

四、批给的撤销，将导致为着经营批给的全部财产拨归本地区，承批公司无权索取任何赔偿。

第二十八条 （作废）

一、除在撤销情况下，批给的作废是由批给人和承批公司达成协议，赎回或因批给所给予的期限告满而出现。

二、批给的作废在政府公报刊登。

第二十九条 （合约有规定的赎回）

一、通常批给人在合约期限告满前，透过向承批公司支付补偿后，将该项经营收回管理，就是批给的赎回。

二、批给人得行使该权利的最短期限、补偿数目的计算办法，应载明于有关批给合约内。

三、因上款所预料赎回而引起的补偿,主要应根据距离批给告满的时间和承批公司所作投资计算。

第三十条 (单方赎回)

一、批给得因公共利益理由由批给人单方赎回。

二、倘出现单方赎回情况,承批公司除上条三款规定的补偿外,尚有权收取一项按照批给合约所定办法计算的公平赔偿,倘合约无此规定时,则交由仲裁决定。

第三十一条 (拨归)

一、批给作废后,按照有关合约内条文的规定,所有属于承批公司的财产和权利,拨归批给人。

二、拨归得为无偿或有偿。

三、属于承批公司的财产,应在无任何责任或负担下,交与批给人。

第二节 电台广播

第三十二条 (电台广播)

电台广播事业受发牌制度管制,在获发给牌照后,方得经营。

第三十三条 (发给牌照)

一、为经营电台广播事业而发出的牌照,事前须进行竞投,但有重大理由及适当解释而作直接洽谈的情况则除外。

二、虽已进行竞投,但得因公共利益的理由,可拒绝发牌。

三、牌照由总督以批示方式批给,并在政府公报刊登。

第三十四条 (持牌人)

一、电台广播事业得由任何主办事处设在澳门及能够在声誉、技术水平及财力方面提供保证的法人从事。

二、不论以任何名义将广播经营公司的权利或股份在健在之人士间转让,均须预先取得总督的核准。

第三十五条 (案卷)

一、新闻司负责编排关于准照发给的案卷。

二、参予申请牌照需附同下列资料:

a. 申请说明书;

b. 需证实该计划在经济和财政上的可行性；

c. 详细说明拟准备经营的事业,特别是广播时间表和节目编排表；

d. 有关设施的计划,包括设备、发射站和制作场所；

e. 申请人的公司章程。

三、邮电司负责对牌照的发给预先作出意见。

第三十六条 （效期）

一、牌照时效为五年,经有关持有人申请,得以同等期限续期。

二、续期申请不需附同上条所指资料,除非改动原有申请则除外。

第三十七条 （修改）

当有关的修改引致已取得牌照所载的权利及义务有所变更时,由总督透过加签方式批准为之。

第三十八条 （转让）

一、牌照连同所核准频道类别的发播台,得在其发出或续期三年后,以有偿或无偿方式转让。

二、转让需经总督事先批准。

第三十九条 （收费）

一、牌照的发给、转让以及有关因遗失、损毁而申请的修改、续期及代替,须缴交由总督事先以训令订定的费用。

二、上款所指的收费,成为本地区的收入。

第四十条 （中止）

一、倘有关持有人不遵守本法律或其他法定规则或规章所引致的义务,牌照得被中止。

二、中止为期最多六十天,由总督以批示订定之。

第四十一条 （取消）

如发生下列情况,牌照即被取消;

a. 不遵守被科的中止处分者；

b. 在三年期内被科以三次中止处分者；

c. 严重违反本法律或适用法例和规章所引致的义务者。

第三节 一般规定

第四十二条 （税务制度）

按照现行法例规定，广播机构须缴付以经营利润为课征对象之税项。

第四十三条 （广播设备）

一、视听广播和电台广播设备的安装和操作，须遵守本地区现行法定的广播规则及章程，并应向邮电司申请。

二、行政、经营和技术性质的广播费用，以及按照上款所指法例施行的罚款均成为邮电司的收入。

第四十四条 （同时经营的业务）

拟同时经营视听广播事业的机构，系受本章第一节规定的管制。

第四十五条 （无效之交易）

健在者不论以任何名义将公司权利或股份转让，倘不符本法律规定时，则该转让无效。

第四十六条 （补充法例）

为着良好执行本章所需的规章，将由总督透过法例核准之。

第四章　业务的经营

第一节　资讯、节目及广告

第四十七条 （资讯及节目安排之自由）

一、思想表达及资讯权，系在无任何检查、阻碍或歧视情况下行使者，尤其在有关尊重个人自由、公民对其道德良好名誉及声誉之权利等方面为然。

二、广播业务在节目安排方面，在本法律范围系以独立及自主形式进行，任何公共或私人机构不得对其作出阻碍或强迫。

第四十八条 （资讯）

广播机构在广播资讯时，应遵守不偏及真确价值观，自我约束虚假的或未经证实的消息之播放，或将之作新闻性质处理而可能歪曲事实或引致公众错误认识。

第四十九条 （新闻报道）

一、广播机构应定时报道与居民有关的消息。

二、新闻报导应由法律批准执业的新闻从业员为之。

第五十条 （新闻从业员）

在广播机构服务之新闻从业员,系受管制有关业务法例的约束。

第五十一条 (强制性之发布)

广播机构必须将由澳门总督发送之颂辞及官方消息以适当之突出及急切性免费及完整发布。

第五十二条 (被禁止之节目)

凡下列情况均禁止传播:

a. 违反公民权利、自由及基本保障者;

b. 煽动犯罪或提倡排除异己、暴力或怨愤者;

c. 法律订为淫亵或不雅者;

d. 煽动对社会、民族或宗教少数群体采取专制或攻击行为者。

第五十三条 (节目之辨别)

一、所播放之节目,应加入有关名称及其负责人姓名之指示以及有关艺术及技术资料。

二、当指示欠缺上款所指资料时,节目负责人对播放及遗漏负责。

第五十四条 (节目之登记)

一、广播机构应组织节目登记,并于每月将之送交新闻司。

二、上款所指的登记,应载明编撰人、出版人及制作人之认别资料以及有关艺术及技术资料。

三、所有节目应予录制,并保留三十天。

四、在表示有意行使答覆权或法律追究的情况下,有关节目应保存至完满答覆或有关追究经最后裁决后为止。

第五十五条 (广告)

一、广播机构所播放之广告内容应为适当的、可辨别的及真确的。

二、所有广告应透过确定之指示指明,以及所有赞助或具宣传性质之节目,应在其开始及完毕时加入该性质之明确指示。

三、广告之播放,不得超出每台每日播放时间百分之二十。

第五十六条 (被禁止之广告)

一、凡透过取巧潜意识或掩饰方式引致公众产生错误意念,或在不理解所传播信息性质下而受影响之广告传播,系被禁止者。

二、下列性质之广告均被禁止：

a. 具有隐瞒、间接或蓄意性质者；

b. 倘系以接收者之恐惧、无知或迷信为基础者；

c. 可能对消费者引致损害者；

d. 具有以放债业务为宗旨者；

e. 可能对暴力及不合法或罪行活动有利或有鼓吹性者；

f. 以蔑视方式使用国家或宗教徽志者；

g. 使用含有色情内容或淫亵性物品者；

h. 可能引致对宣传之物品或服务质素有错误意念者；

i. 鼓励危险地使用所宣传的物品；及

j. 处理或使用产品时倘须特别小心以避免意外，但广告上未有提及。

第五十七条 （有条件限制之广告）

一、酒精类饮品、烟草及幸运博彩之广告，系有条件限制者。

二、酒精类饮品或烟草广告，不得：

a. 利用未成年人参与及鼓励饮用；

b. 鼓励过分饮用；

c. 蔑视非消费者；

d. 提出饮用效力具有任何形式之成果。

三、酒精类饮品之广告，不得与驾驶车辆之行为有连系。

四、幸运博彩之广告，不得以赌博作为广告信息的主要目标，但倘属官方机构赞助之赌博不在此限。

第五十八条 （管制规则）

一、在批给合约及经营牌照内，应订定广告播放应遵守之规则，尤其在管制每小时之广告时间及播放有条件限制之广告方式为然。

二、电视广播批给合约应有为维护公众特别是儿童及青少年健康所需的关于烟草方面的限制条款，并应明确规定批给人有权随时禁播任何形式的烟草广告。

第二节 广播权

第五十九条 （广播权）

一、凡参加共和国主权机构选举之候选人、政治党派、选举联盟及联会，有权使用广播机构进行选举宣传。

二、参加立法会、咨询会或市议会选举之公民协会及参选委员会,有权使用广播机构介绍其候选人及宣传有关政纲。

第六十条 (使用之计划)

一、共和国主权机构选举广播时间之订定及分配,由总督以批示管制之。

二、立法会、咨询会及市议会选举使用广播时间之计划,由地区选举委员会经听取广播机构及候选人或参选人名单代表意见后订定之。

第三节 答覆权

第六十一条 (答覆权)

一、任何人士包括个人或集体,倘认为播放可构成或含有直接攻击或者所指出之事实不真实或错误而可能影响其名誉及声誉时,得行使答覆权。

二、行使答覆权,并不妨碍倘有之民事或刑事责任之追究,且不因有关广播自动及即时更正而受损。

第六十二条 (预先措施)

一、答覆权之持有人或其合法代表,为行使之效力起见,得要求在四十八小时内观看及听取播放记录,并要求对其内容是否指其本人或对内容之正确理解及其意义作出全面澄清。

二、经观看或听取上款所提记录及经取得所要求之解释后,选择简单更正方式或行使答覆权系适宜者。更正之播放系按照向其提出之形式及条件下作出。

三、接纳上款所预料之更正,答覆权则丧失。

第六十三条 (答覆权之行使)

一、答覆权之行使,应由其持有人,有关法定代表或甚至彼等之继承人在引致发生事端播放日之续后二十天内为之。

二、上款所指期限,因采取上条所指的任何预先措施而中止。

三、为上款效力起见,凡利益有实质或直接损害者,方被视为答覆权持有人。

四、答覆权应透过致广播机构并以任何适当方法证实提出之要求行使之,其内客观指出攻击性、不真实性或错误之事实,并指出欲得到之答覆内容。

五、答覆的内容,应受与所引起行使该权之广播的直接及所引起作用关系的约束,其文本不得超出一百五十个字或二百个中文字,亦不能含有不礼貌的措辞。

六、关于答覆的内容,只能向作出答覆者追究责任。

第六十四条 (关于答覆传播之决定)

关于答覆传播之决定,应在接获提出要求之函件日起计四十八小时内作出决定。并应在续后二十四小时内将有关决定知会当事人。

第六十五条 (经司法程序行使观看或听取的权利)

一、若第六十二条所指的观看及听取的要求不在该条所订的期限内获得满足,则拥有要求答覆权者或其代表人得向法院申请通传广播经营人,着令其在四十八小时内满足该项要求。

二、在上款所指情况下,法官应着令经营人在二十四小时内解释因何不满足原来之要求。

三、若拒绝之理由被判定不充分,即使属于疏忽亦受第七十九条一款所指之罚款处分。

四、法官应在二十四小时内作出决定。

五、对法官之决定不设上诉。

第六十六条 (对答覆权的司法执行)

一、倘对答覆的要求被拒绝或无作出通知,拥有答覆权的人士得按下条的规定向法院申请向广播机构发出传令,以便作出该广播。

二、法官应在二十四小时的期限内作出决定。

三、对法官的决定不设上诉。

第六十七条 (答覆的广播)

一、答覆的广播系在当事人收到通知或法院的传令后起计七十二小时内作出。

二、在广播时,应指明下令广播的机构或人士。

三、答覆或更正系由广播机构的一名广播员宣读,而其形式应与引起该答覆的广播形式相同。

四、除了表达当事人身份或更正该答覆可能存在的不实事宜而须作出的评论外,在广播答覆的前后均不作出任何评论。否则将引致新的答覆或更正。

五、答覆的广播是免费的,且应在引致该答覆的节目中为之。倘不能如此进行时,则在相同时间内一次过、不中断及不加播其他评论下为之。

第五章 处分制度

第六十八条 （民事责任）

除按照广播权的规定而播放的节目外对于预先录制的节目而造成的损害，广播机构以及第五十三条所指的负责人共同负起民事责任。

第六十九条 （刑事责任）

一、透过广播而作出有刑事性质的违犯，系受刑法之规定及本章所载之特别条例所管制。

二、作出上款所指的罪行系由下列人士负起责任：

a. 节目的编导或监制又或其制作者，以及编排节目的负责人或其署任人；

b. 倘广播未得负责编排节目的人士批准时，则由决定广播的人士负起。

三、倘负责编排节目的人士并不直接作出违犯，且可提出证明其不知道出现违例的节目时，则不须负起刑事责任。

四、在直接广播的情况下除了直接违例者外，应该及可以阻止该违例而并无作出该阻止之人士亦应负起责任。

第七十条 （非法经营广播业务）

一、非法经营广播业务，将引致封闭发射站及有关设施，其负责人并须受下列处分：

a. 当发射系以分米波发出者，至二年之监禁及澳门币三十万至六十万元之罚款（电视广播）；

b. 当发射系以百米波发出者，至一年之监禁及澳门币拾五万至三十万元之罚款（电台广播：调幅）；

c. 当发射系以米波发出者，至六个月之监禁及澳门币七万五千元至十五万元之罚款（电台广播：调频）。

二、因上款效力而被封闭之设施内所存有之财产，将宣告归由本地区所有，但不损害善意之第三者的权益。

第七十一条 （已遂）

随着有关节目之播放，被视为已作出对公共当局诽谤、侮辱及恐吓罪项，或煽动群众犯罪。

第七十二条 （对公共当局之攻击或恐吓）

对公共当局之诽谤、侮辱或恐吓，当透过广播工具作出时，被视为系在其面前作出者。

第七十三条 （主要之处分）

因作出本法律所预料罪行之适用处分，将为一般刑事法例所订定者，在其最高限额再加三分一，但在该法例内已明文订定因透过视听广播作出违反之事实有特别加重时，该情况将适用于处分。

第七十四条 （以罚款代刑）

当违反者在以往未受过因触犯本法律所预料罪行而判决时，监禁之刑罚得以罚款代替。

第七十五条 （事实真相之证明）

一、倘属诽谤时，容许对被指控事实提出真相证明。

二、倘属侮辱时，有关证据经受害人或其法定代表申请，由文字或图片之作者将作为攻击依据之事实具体化后方可接纳。

三、但当遇有下列情况时，事实真相之证据不予接纳：

a. 当对象为共和国总统或本地区总督；

b. 当属外国首长时，有相互礼待之待遇；

c. 当所指事实涉及受害人私人或家庭生活又及有关指出并非实现合理的公共利益者。

四、倘作者不出具所指事实可接纳之证据时，被视为诬告。

第七十六条 （处分的豁免）

下列人士豁免受处分：

a. 对被控事实提出证据且被接纳者；

b. 在判决前向法院解释被控的诽谤或诬告罪，且获受害人或其持有控告权之代表人接纳者。

第七十七条 （加重不服从罪）

节目负责人或其署任人不遵守法庭的决定按六十五条规定办法，允许观看及听取有关的节目或按第六十六条规定办法播出答覆，将构成加重不服从罪。

第七十八条 （特别处分）

倘广播机构在传播节目时构成第七十一条所指的任何罪行,罚款澳门币三万至十五万元。

第七十九条 (触犯)

一、倘触犯本法律的规定,但未有特别列明其他较严重的罚则时,罚款澳门币三万至三十万元。

二、罚款的执行属总督职权。

三、缴付罚款并不豁免广播机构可能因作出的违反而构成的民事责任。

四、罚款成为本地区的收入。

第八十条 (再犯)

一、对上款所提及的违犯作出再犯,将处以分级的罚款,其最低额和最高额相当于上条所定款额的双倍。

二、由最近一次处罚起计一年期内作出违犯,被视为再犯。

第八十一条 (播放权的中止)

一、播放权持有人倘触犯本法律第五十二条之规定,视乎违犯的严重性处以由法院订定的期限中止该权的行使,但不妨碍倘有的其他罚则。

二、上款所预料的处分,经适当修改后,将适用于刑事简易案。

第八十二条 (共同责任)

一、违犯本法例的人员罚款的支付,播放有关违例广播之机构负共同责任。

二、经支付上款所指罚款的广播机构,有权向违犯人员索回实在所支付的款项。

4. 出版法

第7/90/M号法律,1990年8月6日公布施行

出版界是体现思想表达自由的最佳工具,亦为所有现代社会的一项基本权利。

在澳门出版界有数世纪的传统,已成为本地区及其多元化文化的财产,尤其在近年来,由于拥有逾二十份刊物的出版界之积极表现,令其更受重视。

本法律将信息活动人员与成为其服务对象的市民两者利益融合,这样,一个自由、有意识和信息流通的社会之价值观方能实现。

希望取代了被撤销的旧法例之本法律,其不偏倚和公正能成为信息权原动力的一个恒久典范。

为补充本法律,一方面须使足以体现所选方案的出版委员会能真正运作,另一方面则须订定新闻工作者整体的权利和义务。对于该机构,我们有信心在其第一年运作时,关系人能豁然地参予其工作,使其能履行被赋予的职责。我们亦深信,就新闻工作者通则方面,有关专业人士及代表其之社团,将会积极参予制订能反映该界别人士水平的规例。

为此,已考虑本地区总督的提案,并已遵守《澳门组织章程》第四十八条第二款a项所载的程序。

立法会根据二月十七日第1/76号宪法性法律通过的《澳门组织章程》第三十一条第一款b及c项的规定,命令制订在澳门地区具法律效力的条文如下:

第一章　出版自由和信息权

第一条（适用范围）

本法律规范出版自由和信息权的行使,以及报刊、编印和新闻通讯等企业的活动。

第二条（基本概念）

为着本法律的目的,下列词汇的概念为:

a) 出版品——用作公开散布的文本或图像之印刷复制品,以下称为"刊物",但不包括官方印件以及社会和商务关系上常用的印件;

b) 定期刊物——以同一名称及定期连续出版或发行、且存续期不定的刊物;

c) 不定期刊物——存续期不定的刊物,仅出版或发行一次,或分若干册或卷但有划一和预先订定的内容;

d) 报刊企业——所营主要事业为出版定期刊物的企业;

e) 编印企业——所营主要事业为出版不定期刊物的企业;

f) 新闻通讯企业——所营主要事业为以所收集和散布的新闻、评论及图像,供公开发布的企业;

g) 官方文告——对于一些情况总督作出的信息,该等情况的性质系有需要作出实时和全面的官方信息者,尤以紧急情况、危害公共安全或公共卫生的情况为然;

h) 广告——直接或间接向公众推广物品、服务或倡导性活动而发表的文本或图像,即使不依照拥有刊物所有权的企业规定的广告价目表亦然。

第三条（信息权）

一、信息权包括报导权、采访权和接收信息权。

二、信息权体现思想表达自由,包括:

a）接近信息来源的自由;

b）职业保密的保障;

c）新闻工作者独立性的保障;

d）发表和散布的自由;

e）企业的自由。

第四条（出版自由）

一、出版界思想表达自由的行使,不受任何形式的检查、许可、存放、担保或预先承认资格等限制。

二、讨论和批评是自由的,尤其对政治、社会和宗教的学说、法律以及本地区本身管理机关和公共行政当局的行为、其人员的行为等而言。

三、对出版自由的限制,只能援引本法律和一般法的规定,以保障人们身心完整性,其审议和适用只能由法院负责。

第五条（接近信息来源的自由）

一、新闻工作者有权接近信息来源,该等信息包括来自管理机关、公共行政当局、公共资本企业、或本地区或其机关占多数出资额的公私合资企业、经营公有产业的企业、经营公共工程或公共服务的承批企业者。

二、在下列情况接近信息来源的权利即行中止：

a）在司法保密中的程序;

b）有权限的实体视为国家机密的事实和文件;

c）法律规定为机密的事实和文件;

d）涉及保护私人生活和家庭生活私隐的事实和文件。

三、在未有指明信息来源时,推定信息由著作人取得;如文书或图像无署名时,刊物的社长被视为著作人。

第六条（职业保密的保障）

一、承认新闻工作者有权对有关的信息来源保密,行使此权利时,不受任何直接或间接的处分。

二、刊物的社长和出版人,以及报刊、编印和新闻通讯等企业不须透露其信息来源。

三、当明显涉及犯罪集团或匪徒集团的刑事事实时,经法院命令,职业保密的保障方得中止。

第七条(新闻工作者独立性的保障)

根据本法律和新闻工作者通则的规定,新闻工作者执行职务时,享有独立性的保障。

第八条(发表和散布的自由)

任何人不得以任何借口或理由扣押不违反现行法律的任何刊物,或以其它方式妨碍其排版、印制、发行和自由流通。

第九条(企业的自由)

一、报刊、编印和新闻通讯等企业,得根据法律规定自由设立。

二、上款所指企业应在澳门设有实际领导机关,其所有权必须只属于居住在本地区、或法人住所在木地区的自然人或法人。

三、报刊、编印和新闻通讯等企业,不得从事与其所营主要事业无关或非附属性的活动。

四、法人住所在外地的报刊、编印和新闻通讯等企业,须在本地区设有通讯员、分社或常设代表处,方得从事活动。

第二章　刊物的组织和出版登记

第十条(刊物的组织)

一、定期刊物必须最少有一名居住在本地区的负责人,担任社长职务。

二、完全享有民事权利和政治权利的人士,方得成为定期刊物的负责人。

第十一条(刊物的代表)

担任社长职务的负责人,在法院内外代表刊物。

第十二条(出版旨趣)

刊物应具有订明其方针和目的的出版旨趣,且应在创刊号内刊登。

第十三条(竞争的自由)

一、刊物的公开发售价、广告价目表和商业利润等,由企业自由订定。

二、如定期刊物更改公开发售价,应在最少五天前通知新闻司。

第十四条（必须载明的事项）

一、定期刊物应在第一版载明名称、其负责人姓名、日期和单价。

二、定期刊物尚应载明拥有所有权的企业的名称、法人住所所在地、以及印刷场所的认别数据和地点。

三、不定期刊物应载明著作人、出版人、印刷场所的认别资料和地点、出版量及印制日期等。

第十五条（出版登记）

一、在新闻司设立出版登记，其内应载明：

a）定期刊物之登记，包括负责人认别数据、刊物名称和刊期；

b）拥有报刊、编印或新闻通讯等企业所有权的实体之登记，其中应指出有关商业名称或公司名称、常设伤所、公司机关的组成和公司资本的分配；

c）法人住所在本地区以外的社会传播机关的通讯员和其它形式的代表之登记，其中应指明其本人和任职的信息机关所有认别数据。

二、未进行上款所指的登记，上款 b 和 c 项所指实体不得开展活动。

三、如经登记的资料嗣后有变更，应在发生之日起十五天内通知新闻司。

第十六条（法定的存档）

一、定期刊物的社长和不定期刊物的出版人，必须在刊物出版后五天内，命令送交或邮寄予下列实体各两份刊物：

a）新闻司；

b）澳门国立图书馆；

c）澳门的共和国检察长公署。

二、寄送上款所指刊物时免付邮费。

第十七条（广告）

一、任何人不得将任何文书或图像形式的广告强加在刊物内。

二、所有文书或图像形式的广告，如不能令人实时辨别其为广告时，应在其上端以显见字样标出"广告"一词或明确的简写，如仍不明显时，应列明广告客户名称。

第十八条（官方文告和必须刊登的信息）

一、周刊或刊期少于一周的定期刊物，不得拒绝刊登总督透过新闻司发出的官方文告，并应在接获后在刊物续后两期的任一期内为之。

二、根据诉讼法律规定由法院命令或根据法律规定要求刊登的信息、通告或公告，不论是否与透过出版作出的违法行为有关，均应刊登。

第三章 答辩、否认、更正权和澄清权

第十九条（答辩权）

一、如任何自然人或法人认为刊登在定期刊物的文书或图像直接冒犯或含有直接冒犯的内容，又或提及不真实或错误的情事，可能影响其名声或声誉，因而受到损害时，得行使答辩、否认或更正权。

二、答辩、否认或更正权与有关情事而引致的民事或刑事程序彼此无关，且不因自发改正有关文书或图像而受影响。

第二十条（签辩权的行使）

一、答辩、否认或更正权得由权利人、其代理人、或权利人的任何继承人行使，对于周刊或刊期少于一周的定期刊物，该等权利在文书或图像刊登日起或知悉事实之日起十天内行使；对于超逾上述刊期的定期刊物，则在文书或图像刊登日起或知悉事实之日起三十天内行使之。

二、答辩、否认或更正权的行使，应向刊物负责人提出请求为之，该请求应经任何适当方法证明已提出，在其内应客观地指明冒犯、不真实或错误的情事，并指出要求作出的答辩、否认或更正的内容。

三、具有正当性行使答辩、否认或更正权的人士，其签名应先经公证认证，但如权利人亲自将要求书交予刊物法人住所时，则不在此限。

四、答辩内容的责任只能要求由其作者负起。

第二十一条（对刊登答辩的决定）

一、社长得根据下列任一理由拒绝刊登答辩、否认或更正：

a）没有冒犯、不真实或错误的情事；

b）与引起答辩、否认或更正的文书或图像无直接关系或不产生作用的关系；

c）答辩、否认或更正内含有不礼貌的、又或涉及民事或刑事责任的字句。

二、如无拒绝理由时，属日刊者应在接获答辩、否认或更正后，在刊物续后两期的任一期内刊登之，若是其它情况，则在续后一期刊登。

第二十二条（答辩的刊登）

一、刊登答辩、否认或更正是免费的,刊出时应与引起事端的原文书或图像所处版面、显见程度一样,且仅刊登一次,及不得加插内容或断续刊出。

二、如引起事端的文书或图像不超逾一百五十个词或二百个中文字,答辩、否认或更正不能超逾此数,但若原文书或图像已超逾此限度时,则答辩、否认或更正应与原尺寸相等。

三、如答辩、否认或更正超逾上款所指限制时,超出部份以广告方式刊登,费用得预先要求支付。

四、社长得在答辩上附上简短而不突出的注释,目的专为指出任何不准确事宜、理解错误或其中载有的新内容,此注释亦可引起新的答辩、否认或更正。

五、刊登答辩、否认或更正时,应附带提及令其刊登的实体。

第二十三条(答辩权的司法实行)

一、如定期刊物在第二十一条第二款所定期间不刊登答辩、否认或更正时,关系人得向法院声请,使法院命令通知其社长刊登之,属日刊者应在两天内刊登,若是其它情况,则在通知后续后一期内刊登。

二、声请应附同一份答辩所指的刊物。

三、在第一款所指情况下,法官应命令听取定期刊物社长在两天内作出其最初不满足请求的解释。

四、只有书证方被采纳,而所有文件均应附同最初作出的声请和上款所指的解释。

五、在提出解释后、或提出期间告满后,卷宗应送交检察院,以便其在两天内进行检阅。

六、法官应在两天内作出裁判。

七、当裁判认为拒绝系无依据时,应科第四十一条第一款g项所指的罚款。

八、对法官关于第一款所指事宜的裁判不得上诉,但对所科的罚款得按一般规定提起抗告。

九、上数款的规定经必需的配合后,适用于与第二十二条第一款所定者不同的刊登答辩方式。

十、如社长不遵守法院裁判,不刊登或以他种方式刊登时,应受第三十条所指的处罚。

第二十四条(澄清权)

一、在定期刊物内有引喻、暗示或隐晦语句,可对某人造成诽谤或侮辱时,认为被针对者得向法院声请通知社长及如已知悉的著作人,使其明确地以书面声明该等引喻、暗示或隐晦语句是否针对该人士,并使其对此予以澄清。

二、声明和澄清应在定期刊物内的同样版面、以同等显见程度刊登,属日刊者应在续后两期的任一期刊登,若是其它情况,则在通知后续后一期刊登。

三、由发表日起五天内,被通知者应将第一款所指声明和澄清的副本附入有关卷宗内。

四、在听取声请人所述后,法官对于被通知者是否已经以被信纳的方式给付声请的声明和澄清,应作出裁判。

五、如被通知者明确澄清和声明该等引喻、暗示或语句与声请人无关,亦无任何侮辱或诽谤的意图时,声请人不得提起有关民事和刑事诉讼。

六、如被通知者不作出有关声明或澄清、又或刊登方式被认为不可信纳或与第一、二款规定不同时,法官应命令公布声明和澄清,且科处第四十一条h项所指的处罚。

七、不遵守上款所指命令,将使著作人受第三十条所指处罚,但不影响法官根据情况的严重性而将刊物停刊不超过三个月,处罚且与该情事引致的其它司法程序彼此无关。

八、第一款所赋权能的行使,不影响民事或刑事程序。

第四章 出版委员会

第二十五条(职责)

设立出版委员会,其职责为保障:

a) 出版的独立性,特别是处于政治和经济力量以外;

b) 出版多元化和思想表达的自由;

c) 公众的信息权。

第二十六条(权限)

出版委员会的权限为:

a) 主动或应总督、立法会主席或三名议员要求,对其职责范围内的事宜发表意见;

b) 审议由新闻工作者、刊物社长、出版人或所有人,又或任何人士就违反本法律的行为而提出的投诉;

c) 审议认为其权利受损者提出的投诉;

d) 以咨询性质对与其职责有关的规范案发表意见;

e) 在其职责范围内提出建议和劝告;

f) 对委员会应发表意见的事宜,要求报刊、编印或新闻通讯等企业的社长或所有人予以澄清;

g) 议决是否设立调查委员会,以便调查与其职责和权限有关的事实;

h) 每年制定关于本地区出版状况的报告书；

i) 对职业道德和职业保密的遵守事宜发表意见。

第二十七条（不承担责任性）

出版委员会成员执行职务时作出的表决和意见，不负民事、刑事和纪律责任。

第五章　不法行为引致的责任

第二十八条（责任的形式）

一、透过出版品作出的刑事违法行为，受刑事一般法例和本法律的规定所规范。

二、透过出版媒介作出不法行为而产生的损害赔偿请求权，受本法律的规定所规范，并以民法一般规定作补充，但不影响相关的刑事责任。

第二十九条（滥用出版自由罪）

透过出版品发表或出版文书或图像，损害刑法保护的利益之行为，为滥用出版自由罪。

第三十条（加重违令罪）

违犯本法律第二十三条第十款、第二十四条第七款和第三十八条第二、三款的规定，以及出版已被法院命令停刊的定期刊物，均为加重违令罪。

第三十一条（对公共当局的冒犯或威胁）

透过出版品对公共当局作出侮辱、诽谤或威胁，概视为当场对公共当局作出。

第三十二条（正犯）

一、透过定期刊物犯滥用出版自由罪，应负罪责者顺次如下：

a) 文书或图像的著作人，但未经其同意被复制时则由促使复制者负责；以及刊物社长或其代替人，但其如能证明对文书或图像的发表不知情，又或不能阻止发表时，则不在此限；

b) 如文书或图像无署名，或著作人不能负起责任时，应由刊物社长或其代替人负起责任，但根据上项所指情况得免除时则不在此限；

c) 如文书或图像无署名，而社长或其代替人不知情或不能阻止发表时，则由负责刊登者负起责任。

二、对于不定期刊物，负刑事责任者为文书或图像的著作人和出版人，但如未经其同意被复制时则为促使复制者。

三、为着刑事责任效力，刊物社长或其代替人将被推定为无署名文书或图像的著作人，但如根据第一款所指方式免责时，则不在此限。

第三十三条（主刑）

科处于滥用出版自由罪的刑罚,为刑事一般法例的法定刑加重其最高度的三分之一,但如该法例对透过出品作出的违法行为有特别加重刑罚的规定时,则应科处该等刑罚。

第三十四条(以罚金代替监禁)

如违法者从未因滥用出版自由罪而被判有罪,得以罚金代替监禁。

第三十五条(事件真实性的证明)

一、在诽谤案中,被责难事件真实性的证明是可被采纳的。

二、在侮辱案中,必须经被害人或其代理人声请,方采纳文书或图像著作人因造成冒犯事件而提出的证明。

三、在下列情况不采纳事件真实性的证明:

a) 被针对者为共和国总统或总督;

b) 被针对者为外国元首,而有对等待遇协定者;

c) 被责难事件如涉及被害人私人或家庭生活,且该项责难并非为谋求正当的公共利益时。

四、如冒犯行为人不为被责难事件提出可被采纳的证明时,应作为诋毁者而被处罚两年以下监禁,但绝不得少于三个月和以其它刑罚代之,并应缴付相应罚金;此外,法官应将损害赔偿定为一万元,被诋毁者毋需提出任何受损害的证据,如被诋毁者要求更高的赔偿金额时,法院得另定金额,但绝不得低于上述数目。

第三十六条(不罚)

下列者为不罚情况:

a) 对被责难事件能提出可被采纳的证明;

b) 在宣示判决前,就被控的诽谤或侮辱罪向法院解释,而被害人或代表其告诉权的人士认为满意并接受时。

第三十七条(从刑)

对于滥用出版自由罪,法院在有罪判决内得处下列从刑:

a) 将有罪裁判公布;

b) 良好行为的担保;

c) 暂时禁止业务或职务。

第三十八条(将有罪裁判公布)

一、法院得在有罪裁判内命令于指定期间内免费在有关定期刊物上将判决公布。

二、上款所指公布是以摘要方式作出,内容包括经证明的事实、被害人和被判罪者的身份、所科处的处罚以及所定的损害赔偿。

三、如刊物已停刊，有罪裁判应在本地区发行较广的一份定期刊物上刊登，费用由承担责任者支付。

四、如经被害人在判决确定前提出声请，在公布有罪裁判时得略去其姓名。

第三十九条（良好行为的担保）

一、判决得决定违法者给付良好行为的担保供法院处分，为期六个月至两年，金额不低于五千元和不高于二万五千元。

二、违法者如在所定期间内违犯本法律所指的任何罪行，该项担保将被宣告为本地区所有。

第四十条（暂时禁止业务或职务）

一、刊物在四年内因散布文书或图像被判滥用出版自由罪五次，得被：

a）如属日刊，停刊最长至一个月；

b）如属周刊，停刊最长至三个月；

c）如属月刊或刊期逾一个月者，停刊最长至一年；

d）如刊期介于两者之间，停刊期最长至根据上数项所定期间按比例算出者。

二、刊物社长在五年内第五次被判滥用出版自由罪时，应被禁止从事新闻工作一年至五年。

第四十一条（违反秩序行为）

一、如无特别规定较重的其它处罚，违反本法律所定的行为将根据下列各项规定处罚之：

a）违反第九条第二和三款规定的行为，对刊物所有人科六千五百元至一万六千元的罚款；

b）违反第十条规定的行为，对刊物所有人科三千元至八千元的罚款；

c）违反第十二条规定的行为，对刊物社长或出版人科四千元至一万元的罚款；

d）违反第十四条和第十五条规定的行为，对刊物社长或出版人科三千元至八千元的罚款；

e）违反第十六条第一款规定的行为，对刊物社长或出版人科八百至三千元的罚款；

f）违反第十七条第二款和第十八条规定的行为，对刊物社长或出版人科一千五百元至五千元的罚款；

g）违反第二十一条第二款和第二十二条第一款规定的行为，对刊物社长科三千元至八千元的罚款；

h）违反第二十四条第六款规定的行为，对刊物社长和文书或图像的著作人各科二千五百元至五千元的罚款。

二、罚款的缴付并不免除违法者因违法行为所可能引致的民事责任。

三、罚款成为本地区的收入。

第四十二条（连带责任）

一、对违反本法律者所科的罚款或损害赔偿的支付，拥有用作违法行为的刊物所有权之企业，应负连带责任。

二、支付上款所指罚款或损害赔偿的企业，对违法者有已实际支付款项的求偿权。

三、上款的规定适用于不当设立的公司和无法律人格的社团。

第六章 司法诉讼程序

第四十三条（审判权和管辖权）

一、第五章所指刑罚必须由具有一般审判权的普通法院科处。

二、如被害人或刊物所有人的住所在本法区，或刊物在本地区出版或发布时，澳门法院具有审判滥用出版自由罪的管辖权。

第四十四条（诉讼程序的方式）

一、对滥用出版自由罪的刑事诉讼，应根据刑事诉讼法的规定和轻刑诉讼程序的补充法例、连同下数条所载的特别规定实行。

二、在不抵触上款规定情况下，如当事人声明不舍弃上诉，或请求损害赔偿的金额超逾中级法院的法定上诉利益限额时，经作出起诉批示或同类批示后，应适用控告诉讼程序。

三、声明保留上诉权能，应在为该目的而作出通知后五天内，以书录或声请书为之。

第四十五条（检举）

如属告诉乃论之罪，检举时应以引证所有重要事实的、有充份依据的请求书为之，并应附同刊有有关文书或图像的印件，被害人亦得声请任何证据方法。

第四十六条（初步侦查）

一、不论滥用出版自由罪的情况和严重性，概以初步侦查方式调查，但不影响预审法官所有涉及可能羁押嫌犯和实行其它审判行为的权限。

二、初步侦查应在三十天内终结，但得以具充份依据的批示，延长相等期间。

三、在初步侦查期间，得使用电话进行有关措施的通知，但如不致拖延侦查的进行，亦得使用刑事诉讼法例所定的其它方法；刑事诉讼法第八十五条所指的征用，应立即以书面确定之。

四、当有充份依据怀疑嫌犯规避受领通知,或已通知但不到场时,应命令强押其到场;到场命令的执行只能根据刑事诉讼法第三百零四条的规定方得延迟,此时立即记录嫌犯的声明,而嫌犯则免赴监狱。

五、在初步侦查期间,不允许发出法院对本国机关嘱托书或对外国机关嘱托书,但为讯问居住在本法区以外的嫌犯则不在此限,而履行嘱托的期间不得超逾三十天,逾期则诉讼程序如常进行。

第四十七条(审判的声请)

一、初步侦查终结或上条第二款所指期间告满后,如卷宗有足够迹象显示存在着可处罚的事实时,检察院应在五天内提出起诉和声请审判。

二、具有正当性以辅助人身份参予的人士,得在通知被害人后五天内声请审判。

三、在提出控诉期间内,被害人得对嫌犯、刊物社长和所有人请求损害赔偿。

四、应通知被请求损害赔偿者,使其可在五天内提出答辩,如不答辩时,将不会产生民事诉讼法第四百八十四和七百八十四条所指效力。

五、损害赔偿的请求和答辩应以分条缕述方式连同所有证据一并提交。

六、因损害赔偿的请求而应缴付的司法税,应定为相应于同等利益值的民事诉讼内应缴者的六分一与二分一之间,且作为犯罪司法税论。

七、预付金毋需缴付。

八、经接收起诉、且存在损害赔偿的请求,而该项请求不逾越中级法院的法定上诉利益限额时,应命令作出第四十四条第三款所指的通知。

第四十八条(事件真实性的证明)

嫌犯得在法律不禁止的情况下,遵守刑事诉讼法第五百九十条和续后各条的规定,声请提出被责难事件真实性的证明。

第四十九条(听证)

一、在通知被告时,应明确说明其到场受审的义务,但如其居住在法区以外,和法院免其出席时则不在此限。

二、审判只能因玻被告、不可免除的证人或声明人缺席而押后一次。

三、因被告缺席而押后听证时,应以刑事诉讼法第五百六十六条第一段所指警告通知被告。

第五十条(上诉)

一、如当事人根据第四十四条第二款规定未舍弃上诉、请求损害赔偿的金额逾越中级法院的法定上诉利益限额、或被告被判处监禁时,得对有罪或无罪的终局裁判提起上诉。

二、接收或不接收上诉，和进行办事处行为的期间为四十八小时，如批示未另定期间时，实行通知的期间为三天。

三、对不理会主要无效的争辩之批示而提起的抗告，应立即分别上呈。

四、仅首个立即及在本身卷宗内上呈的上诉方予上呈，其余上诉应保留之。

第五十一条（法院的扣押）

一、仅法院得命令扣押载有被视为冒犯的文书或图像的刊物，并得定出适当处分阻止其散布，以作为准备行为或有关诉讼程序的附随事项。

二、法院得应检察院或被害人的声请，命令暂时扣押载有被视为冒犯的文书或图像的刊物，或当认为有关散布可引起无法补救或难以补救的损害时，得采取必需的方法阻止刊物散布。

三、上数款所指的扣押或方法，取决于有充份依据的要求，其显示存在着刑事不法行为和无法补救或难以补救损害的可能性。

四、如法官认为必须进行迹象证据的收集时，应予进行之，以决定批准或拒绝所要求的方法。

五、上款所指的证据毋需以书面作出。

六、如本条所指措施的声请人恶意作出有关行为，对于由此造成的损害应按一般规定负起民事责任。

七、对有关附随事项的裁判之上诉，仅具有移审的效力。

第五十二条（违例）

关于第四十一条所指的违反秩序行为的诉讼程序，应遵守刑事诉讼法就违例诉讼程序的规定为之，但本法律另有规定者不在此限。

第五十三条（诉讼的快捷性）

一、滥用出版自由罪的诉讼具紧急性，毋需经辩论预审。

二、期间应减至一般法所定者之半，但不应少于四十八小时。

三、刑事诉讼法第五十五至五十八条、第六十条均不适用，但违例诉讼程序则除外。

四、如在审判阶段有需要询问证人、或录取居住在本法区以外的被害人或其它人士的声明时，为此目的应发出法院对本国机关嘱托书或对外国机关嘱托书、公函或电报，以便在指定审判期日前听取之；不论在任何情况下，履行该等嘱托书、公函或电报的期间不得超逾三十天，但如该等嘱托书在审判听证终结前发还，则仍将被考虑之。

五、如有声请上款所指任何一项措施的情况，指定审判期日的批示即视为无效。

六、第四款所指期间届满后，应指定审判期日，而诉讼程序即如常进行。

第五十四条（司法税）

一、因辅助人的设定而应缴付的司法税，和规限上诉受理的司法税，得在有关声请书被接获后四十八小时内，亲往诉讼程序科缴付。

二、受领上款所指款项的公务员，应在四十八小时内在卷宗内注释，并将款项存放。

三、不行使第一款所指权能的声请人或上诉人，应等待诉讼程序科根据诉讼费用法例的规定而发出的凭单。

第七章　最后及过渡规定

第五十五条（过渡诉讼程序规定）

一、对于自本法律生效日仍待决的诉讼程序，第四十四条第三款所指的通知实时进行。

二、如作出第四十四条第三款所指的声明，卷宗应立即被送予检阅。

三、保留根据刑事诉讼法第五十五至五十八条、第六十条所命令的附合。

第五十六条（新闻工作者通则）

总督在听取有关界别的专业人士及如有的有关社团之意见后，应在本法律生效日起一百八十天内公布新闻工作者通则。

第五十七条（出版登记的执行规章）

第十五条所指的出版登记，应由本法律生效日起六十天内公布的训令规范之。

第五十八条（官方补助）

一、本法律生效日起九十天内，总督应透过公布的批示，订定补助定期刊物的适当处分。

二、上款所指处分的目的，是为加强信息权的独立性，特别是处于政治和经济力量以外。

第五十九条（已设立的企业）

已设立的报刊、编印和新闻通讯等企业，应在本法律生效日起九十天内履行本法律规定的要求。

第六十条（出版委员会的组成和运作）

一、出版委员会的组成和运作，应在下款所指期间届满前由法律订定并公布土。

二、第四章第二十五至二十七条应于本法律开始生效一年后生效。

第六十一条（撤销）

撤销下列法规：

a) 一九三七年一月二十七日第二七四九五号命令；

b) 一九四六年三月九日第三三〇一五号法令；

c) 一九六六年二月五日第四六八三三号法令：

d) 一九六九年七月五日第四九〇六四号命令。

一九九〇年六月十九日通过

立法会主席 宋玉生

一九九〇年七月七日颁布

着颁行

总督 文礼治

5. 出版登记规章

（第 11/91/M 号训令，1991 年 1 月 28 日颁行）

第一章 总则

一、出版登记由新闻司以专有的载体办理。

二、登记申请书以及其后要求更改登记之申请，应以双挂号信寄给新闻司司长。

三、登记是免费的，应于收到登记申请书三十日内办妥，如于上述日期六十日后，申请人未获通知有任何阻碍原因，则视为已办妥登记。

四、已登记的事实嗣后有变更，应于发生之日起十五日内通知新闻司。

五、如已办妥登记，申请人将接获通知，并告知登记号码，如不获准登记或吊销登记，亦获通知此等决定。

第二章 定期刊物

六、定期刊物的登记应由被任命的有关负责人代表所有权实体提出申请，如属自然人，由业权人提出。

七、申请书应载明：

a) 刊物名称；

b) 刊期；

c) 办事处地址；

d) 所有权实体；

e) 被任命负责人及倘有的代替人姓名。

八、如申请书未列全上款所指任何一项，如刊物名称可能与其它已登记刊物或已申请登记刊物在词义上或书法上引起混淆，则不准予登记。

九、倘有下列情况，登记将被吊销：

a) 刊物登记后，如属日刊，在一百八十日期限内仍未出版，如属其它刊物，在一年期限内仍未出版；

b) 刊物出版中断的时间与上述期限相同。

第三章 所有权实体

十、报刊、编印及新闻通讯企业所有权实体的登记应由其法定代表人申请，申请书应载明：

a) 所有权实体的姓名或名称；

b) 其办事处地址和常设场所；

c) 公司机关的组成；

d) 公司资本的分配。

十一、如除主要业务外，还从事其它有关的或辅助的业务，申请书中应一并申报。

十二、如申请登记的企业为法人或公司，申请书还应附有有关的成立契约复印本。

十三、如申请书不载明第十及十一款所指的任何一项，以及未呈交十二款所指文件，将不准予登记。

十四、如定期报刊企业名下的所有刊物出现第九款所指的情况，其登记将被吊销。

第四章 通讯员

十五、法人住所在本地区以外的社会传播机构的通讯员及其它形式的代表之登记，应由通讯员或代表人本身提出申请，申请书应载明：

a) 姓名、地址、国籍、职业及从事的活动；

b) 列举其本人任职的雇主，定期刊物或企业名称，如属第一种情况，须由雇主签发证明文件，指明所从事的活动。

十六、如申请书未载明上款所指的任何一项及缺乏 b)项所指的证明文件,将不准予登记。

十七、申请应于每年的一月三十一日前续期并附同十五款 b 项所指的新证明文件,否则登记可被吊销。

第五章 上诉

十八、关系人可在接到通知后三十天期限内,以申请书提出有关的根据,对作出不予登记或引致吊销登记的决定向总督提出上诉。

十九、对总督的决定,可根据一般的法律规定提出司法上诉。

第六章 最后规定

二十、八月六日第 7/90/M 号法律第一五条二款所指的实体的活动,若在本规章生效日前还未展开,须根据本规章第十和第十五款的规定进行登记,然后才能展开。

二十一、第十款所指的实体,若在本规章生效日前已展开活动及第六款所指的刊物业已出版,须在其生效日起三十天内遵守本规章的规定。

二十二、第十五款所指的通讯员和其它代表,若在本规章生效日前已开展活动,须在一九九一年一月三十一日前遵守该款的规定。

二十三、将成立的企业可以申请保留名称,若在三十天期限内不出示正式成立企业的证据以进行名称的登记,此保留将失效。

二十四、上款所指期限,经有根据的要求,只可一次过延长三十天。

6. 新闻司组织规程

第 24/94/M 号法令

新闻司系由前新闻旅游处以及新闻旅游司逐步自立而形成,其现行结构透过 1988 年 3 月 28 日核准之第 20/88/M 号法令而得以落实。

基于不同领域及对象需求独立之指引及行动之考虑,该自立之经验尤其应予以肯定。近年,澳门在文字出版市场之发展有明显增长,而新闻通讯社与分别以两种语言进行广播之公共电台及电视台之设立及巩固,对本地区亦带来好处。现时该等工具已具条件在信息事宜方面满足本地区多方面之选择。

鉴于该新形势以及与过渡期工作及进展有关之政治目标之要求,行政当局需要与本地及外地之舆论保持密切对话;为此,采纳一个较具弹性之结构,对现时各部门进行合理重整,以便在传播界之不同领域有效提供协调及给予协助。

此乃本法规之意义所在,故本法规就新闻司之构思及新结构订定规范性修改,使之更能符合澳门政治行政过渡进程之需要。

基于此;

经听取咨询会意见后;

总督根据《澳门组织章程》第13条第一款之规定,命令制定在澳门地区具有法律效力之条文如下:

第一章 性质及职责

第一条(性质)

新闻司(葡文缩写为GCS)为一个从事社会传播方面之协调及研究,以及在该领域内对政府及行政当局予以技术辅助之机关。

第二条(职责)

新闻司之职责为:

a) 协助向舆论作出解释,确保执行官方信息方面之社会传播活动;

b) 在其职责范围内或在与行政当局之其它部门及公营企业合作下,促进与本地区生活息息相关之事实及一切有助了解本地区实况之事实之传播;

c) 在协调政府及行政当局部门与社会传播媒介及其从业员之关系上,给予前者技术辅助;

d) 如被请求时,得就与本地区利益有关之社会传播事宜发表意见;

e) 协助社会传播媒介及其从业员行使其职能;

f) 促进与社会传播领域之机构订立合作议定书及确保与其联系;

g) 促进及协助进行有关提高社会传播专业人士质素之活动;

h) 运用本身资源或与行政当局之其它部门或公营企业合作,进行构思、计划及执行集体利益之活动,以唤起舆论及促使其关注;

i) 研究及制定关于协助社会传播媒介之政策性活动之纲领,并确保其执行与监察;

j）确保对文字及视听之社会传播媒介之数据进行搜集、系统分析及处理，并确保将上述数据散布；

l）在其工作上长期保持与葡萄牙之信息交换；

m）确保新闻司之编印活动；

n）促进在其活动过程中所产生之文件之选择性散布；

o）对本地区报刊企业及编印企业，以及出版媒介、新闻通讯社、广播企业、电视企业及影片制作企业等之通讯员、从业员、分社代表或代表人作出登记；

p）对本地区一切定期刊物作出登记；

q）发证明文件予社会传播媒介及其从业员。

第二章 机关及组织附属单位

第三条（结构）

一、新闻司属司级机关，由一名司长领导及一名副司长辅助。

二、新闻司为执行其职责，设有下列附属单位：

a）新闻厅；

b）研究暨刊物处；

c）行政暨财政组。

三、新闻厅下设：

a）辅助社会传播处；

b）档案暨文件处。

第四条（司长之权限）

司长之权限为：

a）领导及代表新闻司；

b）制定新闻司之活动计划及有关预算，并将之呈交上级审议；

c）采取或建议有利于改善各部门效率之措施，以协调其工作；

d）行使法律所赋予，或获授予，又或获转授予之职能；

e）担任新闻司所出版之定期刊物社长之职务；

f）发证明文件予社会传播媒介及其从业员。

第五条（副司长之权限）

副司长之权限为：

a）辅助司长；

b）在司长不在或因故不能视事时代任之；

c）行使其它获授予或获转授予之权限。

第六条（新闻厅）

一、新闻厅为一个从事信息辅助、文件之处理及辅助等工作之附属单位，其权限尤其为：

a）确保政府及行政当局部门之一切新闻通讯活动或官方信息性活动，以及统筹搜集、处理及散布该等活动之数据；

b）维持在新闻备忘录方面对政府及行政当局部门之服务；

c）对官方或其它与本地区利益有关之行为提供编写稿件及摄影方面之协助；

d）协调为担任其工作所需之信息性数据收发之技术工具之使用及确保其运作，以及确保分配予本厅设备之管理，并为其使用订定规则；

e）确保对来自社会传播媒介之信息之搜集、编列及处理，以供政府及行政当局部门使用；

f）确保新闻司与社会传播媒介之联系，尤其在提供信息服务方面，以及在新闻工作者执行职务时予以协助；

g）对政府、行政当局部门及其它合资格使用者制作适当之辅助文件；

h）对在社会传播方面之信息性文件、书目数据、图像目录数据、视听数据、照片及辅助数据，以及对在与本地区利益有关之政治、经济、社会及文化活动方面之辅助数据??手研究、搜集、制作、处理及存盘；

i）设置一所信息性数据胶卷存放室并确保视听社会传播媒介所发送之新闻报导、其它信息性或言论性节目之整个录制工作；

j）确保新闻司信息系统之管理与发展；

l）就报刊企业、编印企业及定期刊物等之登记，以及就发证明文件予社会传播媒介及其从业员之事宜发表意见。

二、新闻厅设有辅助社会传播处，以行使上款b至d项之权限。

三、新闻厅尚设有档案暨文件处，以行使第一款g至i项之权限。

第七条（研究暨刊物处）

研究暨刊物处为一个在信息政策之制定、研究工作之计划及进行以及出版等方面

提供技术辅助之附属单位,其权限尤其为:

a) 计划及协助倡导性集体利益之活动,以唤起舆论及促使其关注;

b) 对一切与社会各部门政策之订定、计划及跟进有关之事宜进行研究;

c) 如被请求时,就有关社会传播方面之立法提议发表意见;

d) 建议及安排在新闻司范围内之培训活动,尤其透过课程、研讨会、座谈会及会议等方式进行;

e) 促进为与公共及私人实体制定议定书而进行之接触,并对该等活动作技术辅助,以达到在社会传播领域内科学信息及技术信息之交流及合作之目的;

f) 促进对舆论倾向之定期研究;

g) 与行政当局其它部门合作,进行构思及执行有关公共利益或旨在推广本地区之社会、经济及文化实况之活动及运动;

h) 计划、协调及执行新闻司之编印活动及排版活动,并在其职责范围内与行政当局其它部门保持特定合作;

i) 制定本司出版物及其它官方刊物之分发计划并保持上述出版物及刊物之分发数据库之最新数据,该等刊物系用作宣传本地区之社会、经济及文化之实况。

第八条（行政暨财政组）

行政暨财政组系一个直属新闻司司长之工具性辅助附属单位,其权限尤其为:

a) 对新闻司提供一切行政及财政性质之辅助;

b) 对报刊企业、编印企业及定期刊物作出登记;

c) 根据《出版法》之规定,确保因定期及不定期刊物之法定存盘所引致之工作之完成及责任之履行;

d) 确保新闻司之一般文书处理;

e) 确保关于新闻司人员之个人档案及文件等之组织,并保持该等档案及文件之最新数据;

f) 准备新闻司之预算提案及确保在执行预算上所带来之工作之完成;

g) 定期制定有关财政状况之文件,尤其透过月电子表格进行;

h) 确保总务及纪录之工作之执行;

i) 负责设施与通讯网络之保存及安全,以及车队之保养。

第三章 人员

第九条（人员制度）

新闻司之人员制度为澳门公共行政工作人员之一般法所规定者。

第十条（人员编制）

新闻司之人员编制载于本法规之附表内。

第四章 最后及过渡规定

第十一条（人员之转入）

一、现于新闻司担任领导职务之人士以同样之名称转入本法规附表所订定之职位。

二、除以定期委任之方式获任用之主管级人员外，新闻司编制人员按现有职务上之法律状况转入本法规附表所载编制内之职位。

三、上款所规定之转入系根据总督以批示核准之人名名单为之，而转入除须在审计法院注录并公布于《政府公报》外，无需办理任何手续。

四、为一切效力，以上各款所指之人员以往提供之服务时间计人转入后之官职之服务时间。

五、编制外提供服务之人员保持原职务上之法律状况，直至有关合同届满为止。

第十二条（财政负担）

执行本法规所产生之负担，应以一九九四年度给予新闻司之拨款承担。

第十三条（废止）

废止下列法规：

a) 3月28日第20/88/M号法令；

b) 2月19日第54/90/M号训令；

c) 11月12日第64/90/M号法令。

第十四条（开始生效）

本法规于公布翌日开始生效。

1994年5月4日核准

命令公布

总督 韦奇立

第三篇　日人据台时期台湾地区的新闻法制史料
（1895—1945）

1. 有关施行于台湾之法令之法律

1896年（明治29年）3月31日法律第63号

第一条　台湾总督在其管辖区域内，得发布具有法律的效力之命令。

第二条　前条之命令，应由台湾总督府评议会之议决，经拓殖大臣奏请敕裁。台湾总督府评议会之组织，以敕令定之。

第三条　在临时紧急时，台湾总督得不经前条第一项之手续，即时发布第一条之命令。

第四条　依前条所发布之命令，发布后须立即奏请敕裁，且向台湾总督府评议会报告。如不得敕裁者，总督须即时公布该命令今后无效。

第五条　现行法律或将来应颁布之法律，如其全部或一部有施行于台湾之必要者，以敕令定之。

第六条　此法自施行之日起，经满三年失效。

2. 著作权法

1899年（明治32年）3月3日法律第39号

第一章　作者之权利

第1条　属于文书、演述、图画、雕刻、模型、写真及其它文艺学术或美术范围之著作物，著作者专有复制该著作物之权利。

文艺学术之著作物著作权，包含翻译权，各种脚本及乐谱之著作权，包含兴行权。

第2条　著作权可让渡。

第 3 条 发行或上演之作品之著作权,从作者在世期间一直延续到其去世后 30 年。

数人合著作品之著作权可延续到最后去世者死后 30 年。

第 4 条 著作者死后发行或兴行之著作物著作权,自发行或兴行之时起,继续 30 年间。

第 5 条 无名或变名之著作物著作权,自发行或兴行之时起,继续 30 年间,但于其期间内,著作者如已请实名之登录,则从第 3 条之规定。

第 6 条 官署、公衙、学校、社寺、协会、会社及其它团体,以著作名义,发行或兴行之著作物著作权,自发行与兴行后,继续 30 年间。

第 7 条 如无相续人,该著作权,即行消灭。

一、著作权者于原著作发行后,10 年内如不发行该翻译物,该翻译物,该翻译权,即行消灭。

二、著作权者如与前项期间,发行欲请保护之国语翻译物,该国语翻译权,即不消灭。

第 8 条 按册号发行之著作物,前四条之期间,即以每册、每号发行之时起算。先发行一部分,渐次完成全部之著作物,前四条之期间,自其最终部分发行之时起算,但经过三年,如仍不发行继续之部分,则以其已发之部分,为最终部分。

第 9 条 在前 6 条之情况下,著作权之年限之计算应从作者去世之年,或作品发行或上演之年之翌年起算。

第 10 条 著作权者于原著作发行后,10 年内如不发行该翻译物,该翻译物,该翻译权,即行消灭。

第 11 条 左(下)列者不得为著作权之目的物:

一、法律、命令及官公文书;

二、记载于新闻纸及定期刊行物之杂志、政事上论说,或所载时事;

三、公开裁判所、议会并政谈、集会中之演述。

第 12 条 佚名或改名作品之发行者或上演者可保全属于著作权所有者之权利,但著作权所有者接受实名注册时,则不在此限。

第 13 条 数人合着之著作物著作权,各著作者共有之。

如各著作者分担之部分不清,著作者中有拒其发行或兴行者,其它之著作者,可赔偿之，而取其所分担之部分为己有，但有反对之契约者，不在此例。

如各著作者分担之部分不清，著作者中有拒其发行与兴行者，其它之著作者，得分离自己之部分，为单独著作发行与兴行，但有反对之契约者，不在此例。

在本条第二项之时，不得反拒其发行与兴行之著作者之意，载其姓名于该著作物。

第 14 条　以适法编辑多数之著作物者，编辑人即视为著作者，就该编辑物全部，有著作权，但各部之著作权，则属于该著作者。

第 15 条　有著作权者，可请登录著作权。

已发行或兴行之著作物之著作权者，非请登录对伪作者，不得提起民事诉讼。

著作权之让渡或质入，非请登录，不得以此对抗第三者。

无名或变名著作物之著作者，可请登录实名。

第 16 条　登录行政厅行之。

关于登录之规定，以命令定之。

第 17 条　尚未发行或兴行之著作物之原本，及其著作权，不得因债权者而差押之。但经著作者承诺者，不在此例。

第 18 条　承继著作权者，如无著作者之同意，不得变更著作者之姓名、称号，或改其题号，或改窜其著作物。

第 19 条　在原作品添加训点、旁训、句读、评论、注解、附录、图画或作其他修正增减，或对原作进行改编时，不会产生新的著作权，但可视为新作品者则不在此限。

第 20 条　载于新闻纸及定期刊行物之记事，除小说外，著作权者，如未特行申明，不许转载，可注明所自出转载之。

第 21 条　适法之翻译者，可视为著作者，享有本法之保护。

翻译权已消灭之著作物，前项之翻译者，不得禁他人翻译原著作物。

第 22 条　以与原作相异之技术合法仿制美术作品者，可视为作者并受到本法之保护。

第 23 条　写真著作权可延长 10 年。

前项之期间，以该著作物初发行之翌年起算，如不发行，则由制作种版之翌年起算。依写真术复制美术上之著作物，享有本法之保护，其期间与原著作物之著作权同，但当事者如有契约，则从该契约之制限。

第 24 条　文艺学术之著作物中插入之写真，如特为该著作物著作权，或使其著作者,该著作权,属于文艺学术之著作物之著作者,与该著作权同一之期间内继续之。

第 25 条　因他人嘱托而著作之写真肖像之著作权,属于该嘱托人。

第 26 条　与照片相关之规定同样适用于用以与照相技术类似之方法所作之作品。

第 27 条　不知著作权者为谁之著作物,未发行或上演者,可依命令所定,发行或上演之。

第 28 条　外国人之著作权,除条约有特别规定外,适用本法之规定。但著作权之保护如条约中无特别之规定,惟首在帝国发行该著作物者,享有本法之保护。

第二章　盗版

第 29 条　侵害著作权者,视为伪作者,除本法所规定者外,依民法第三编第五章规程,负赔偿因此而生之损害之责。

第 30 条　以左(下)列之法,复制已发行之著作物,不得视为伪作:

一、无发行之意,且非以器械的及化学的方法复制者;

二、于正常范围内,节录引用于自己之著作物中者;

三、以编辑普通教育上之修身书及读本为目的,于正常范围内,拔萃搜辑者;

四、将文艺学术等著作物之文句,插入自己著作之脚本,及用之乐谱者;

五、为说明文艺学术之著作物,插入美术上之著作物,及为说明美术上之著作物,插入文艺学术之著作物者;

六、作图画于雕刻物、模型及作雕刻物、模型于图画者。

载本条之时,须载明出处。

第 31 条　以在帝国发卖颁布为目的,而输入伪作物者,即视为伪作者。

第 32 条　发行为练习用著作之问题解答书者,即视为伪作者。

第 33 条　有善意且无过失,作伪作物以图利,因之害及他人者,于利益所在之程度,负担追还之义务。

第 34 条　数人合著之著作物之著作权,对伪作物,即未得其它著作权者之同意,亦可独行控告,请求赔偿对自己一部分之前条之损害,或视自己所持之部分,请求追还利益。

第 35 条　对伪作提起之民事诉讼,以已将姓名载在发行之著作物之著作者,推定为著作者;

无名或变名之著作物，以已将姓名载在该著作物之发行者，推定为发行者；

兴行未发行之脚本及乐谱，即以兴行时以著作者署名者，推定为著作者；

著作如不署其姓名，即以兴行者为著作者。

第 36 条　因伪作而有民事之出（诉）讼，或刑事之起诉时，裁判所可依原告或告诉人之申请，使立保证，或不立保证，假差止疑为伪作物之发卖颁布，或差押之；或差止其行兴。在前项之时，如判决为非伪作物，因差押或差止而生之损害之赔偿，由申请者负担。

第三章　惩罚条例

第 37 条　盗版者及贩卖或散布盗版之知情者，处以 50 元以上 500 元以下罚金。

第 38 条　违反第第 18 条之规定者，处以 30 元以上 300 元以下罚金。

第 39 条　违反第 20 条及第 30 条第 2 项之规定，翻印仿制作品时未明示出处者，及违反第 13 条第 4 项之规定者，处以 10 元以上 100 元以下罚金。

第 40 条　附上非作者之人之姓名称号发行作品者，处以 30 元以上 500 元以下罚金。

第 41 条　对著作权失效之作品进行窜改损害作者之意，或改变其名称，或隐匿作者之姓名称号，或诈称为他人所作并发行者，处以 20 元以上 200 元以下罚金。

第 42 条　接受虚假之注册者处以 80 元以上 100 元以下罚金。

第 43 条　盗版物及专门用以制作盗版物之器械器具若为盗版者、印刷人、贩卖者及散布者所有，则予以没收。

第 44 条　本章规定之罪责须待被害者起诉后论罪，但在第 38 条之情况下，作者去世之时，以及第 40 条乃至第 42 条之情况则不在此限。

第 45 条　与此条例相关之公诉之时效为两年。

附则

第 46 条　本法施行之日期由敕令决定。

明治二十六年法律第 16 号版权法、明治二十年敕令第 78 号剧本乐谱条例、明治二十年敕令第 79 号照片版权条例自本法施行之日起废止。

第 47 条　本法施行前著作权未失效之作品自本法施行之日起受到本法之保护。

第48号　本法施行前被认定非盗版物之仿制品,已仿制之物或正着手仿制之物可继续仿制并贩卖散布。

前项中供仿制之用之器械器具仍现存时,本法施行后五年内仍可用于仿制。

第49号　本法施行前,已翻译或正着手翻译之作品若在当时被认定非盗版物,则可继续翻译完成并贩卖散布。但其翻译物须于本法施行后七年之内发行。

前项之翻译物在发行后五年内仍可翻印仿制。

第50条　本法施行前已经上演或正着手上演,并在当时被认定非盗版物者,于本法施行后五年内仍可上演。

第51条　第48条乃至第50条之情况下,若未按命令履行手续,则不得贩卖散布或上演其仿制品。

第52条　本法不适用于建筑物。

3. 著作权法台湾施行令

1899年(明治32年)6月21日敕令第301号

《著作权法》自明治32年7月15日在台湾施行。

4. 台湾新闻纸条例

1900年(明治33年)1月24日律令第3号

第1条　新闻纸发行人应该将以下事项登载,经由管辖地方官厅,向台湾总督府提出许可申请。

一、刊号的种类和发行的时间;

二、发行所以及发行人的住所姓名年龄。

取得了许可之后,前项登记的事项发生异动或者变更之时,或根据前项其申请时应获得许可,但是关系到姓名住所变更的时候,在获得许可之前,可以获得以虚假发行所或者虚假发行人的名义取得许可。

公权剥夺或者公权停止中,如果是未成年者或者在本岛中无住所者不得成为发行人。

第2条　自发行时间起超过五十天以上的,台湾总督府有权利取消其发行许可。

第3条　发行人应向管辖地方官厅缴纳一千元作为保证金。保证金的相关规定由台湾总督决定。

第4条　发行的每份新闻纸上都应记载发行人的姓名以及其发行地点。

不论是以何人名义发行,在新闻纸申请书上署名者应与发行人共同承担责任。

第5条　每份新闻纸发行前均要上交台湾总督府两份新闻纸,地方官厅和管辖地方法院监察局各一份。

第6条　新闻纸中不得记载以下事项:

一、提交公审前,关于重罪轻罪的预审事项和禁止旁听的诉讼事宜;

二、有关救护或者赏恤刑事被告人及犯罪人的事项以及曲庇犯罪行为的事项;

三、未获得刊载许可的公开官方交书和上书建白请愿书以及官厅的议事;

四、禁止旁听的公会议事;

五、外务大臣陆军大臣或者海军大臣禁止记载的外交或者军事相关事宜。

第7条　台湾总督特别发布的命令、外交或者军事其他禁止的机密事宜不得记载。

第8条　刊登的事项发生错误时,本人或者相关人请求取消或者更正,或请求刊登取消书正误书时,应该在次回或者第三回满足其请求,但是取消书正误书的字数如果超过原文的两倍,超过的字数可以按该报社的普通广告费标准进行收费。

从官报或者其他新闻纸上转载的事项若是发生错误时,官报或者其他新闻纸上登载了取消或者更正事宜,该社也应迅速登载取消或者更正。

取消或者更正书应该和原文同样字号,刊登在同样版面的最上端。

第9条　对触犯以下各条的报社,台湾总督府仍然有权利禁止中断其发行,或者取消其发行许可。

一、刊登亵渎皇室尊严,更迭政体,紊乱朝纲的有关内容。

二、触犯第六条和第七条的禁止令。

第10条　报纸登载的事项若是认同妨碍治安破坏风俗等事宜,台湾总督府可以以文书或者口传的形式给发行人以警告,若发行人不知悔正,有权利下令禁止其发行,或者取消其发行许可。

即使交纳了保证金的发行单位也同样对待。

第11条　一个人或者一个报社发行数份报纸者,若其中一份报纸被禁止发行,其他报纸仍可照常发行。

第12条　在台湾以外的帝国领土或者其他国家发行的报纸若是刊登了第六、

七、九条,第一号第十条第一项禁止的相关内容,台湾总督府有权禁止其发行,查封其报社。

第13条　报纸中刊载的事项中有关诽谤或者起诉事宜时,外法院认可其行为不包含私人意图仅为公共利益,并非对当事人恶意损害时,可以发行。若其证明可确立时,可免除其诽谤罪。法院接受其损害赔偿诉讼时,情况同上。

第14条　审判决定之日起一周之内,将诉讼费用和罚金没有全部交纳时,将以保证金充缴。

前项的情况下,发行人应在其受到通知的一周内全部交纳所有金额。

第15条　违反第一条第四条第一项第五条第八条者将处以十元以上二百元一下罚款。

第16条　依据第十条不接受警告不加悔改,刊载妨碍治安破坏风俗事项者,触犯第六条第七条禁令者,触犯第十二条禁令者,处以一个月以上六个月以下的监禁,或者处以二十元以上三百元以下的罚金。

第17条　刊载亵渎皇室尊严更迭政体或者紊乱朝纲的事项者除以三个月以上三年以下的监禁,同时处以五十元以上五百元以下罚款。

第18条　触犯此条例者也适用于刑法中的自首减轻再犯加重数罪并发等条款。

第19条　此条例的公诉时效为六个月。

第20条　定期发行的杂志通讯一类,除了刊载学术技艺统计官令以及物价报告等相关事项外,需依据此条例一并执行。

附则

第21条　此条例发布之日起施行以及第二十条所述杂志通讯类其他报纸。

第22条　过去发行的报纸以及杂志通讯类的发行人自此条例发行之日起一个月内完成规定的手续。

第23条　有关学术技艺统计官令和物价报告等通信杂志类以及刊登在报纸上的文书图画以及定期发刊的文书图画的出版暂时依据台湾总督的相关规定。

有关外国领事厅登记簿誊本的效力事宜经由台湾总督府评议会讨论通过并公布。

明治33年1月25日

台湾总督男爵儿玉源太郎

5. 台湾出版规则

1900年(明治33年)2月21日台湾总督府府令第19条

第1条 不论以何种方法印刷之文书、图书而发售或分布者谓之出版。

除依照台湾新闻纸条例外,在本岛出版文书、图书者,均应依照本规则行之。

第2条 文书图书之出版人,应先检送出版物二份,经由当地之主管当局转报。

前项之禀报,最迟应于发售或颁布之日起三日内,到达于所管辖之地方政府。

第3条 在政府出版文书图书时,应于发售或颁布前检送该项出版物二份于台湾总督府。

第4条 凡学校、公司或协会等出版文书图书时,应指定一人为代表而呈报之,而当局则视其代表人为出版人。

第5条 文书图书之出版人,应将其姓名、住所及印刷人之姓名、住所、或印刷及发售、分布之年月,均记载于是项文书图书之末页。

第6条 书信、通信报告、公司规则、私塾章程、通知单、游艺会之节目表,各证书之类别及照相等,不在前四条之限。

第7条 文书图书有一定体裁形式,而依次顺号出版者,得特许其省略第二条之禀报。但各期出版之期间在六个月以上者不在此限。

第8条 经初版之文书图书,再版时毋须另行出版之禀报。但有改正,增减或加以修补时不在此限。

第9条 有记载左列之事项,其文书图书不得出版:

一、关于未经公判前之重罪轻罪预审之事项,及禁止旁听诉讼之事项。

二、救护或赏恤及曲庇刑事被告人或犯人之事项。

三、禁止旁听之公会事项。

第10条 依照左列之事项,若非获得当地政府之许可者不得出版:

一、非公开之政府文书图书及政府之议事。

二、关于外交及军事之秘密文书图书。

第11条 触犯左列事项之一者,禁止其文书图书之发售颁布,并扣押其刻版及印本:

一、将所有冒渎皇室之尊严,变更下体,或紊乱国宪者。

二、妨害秩序之安宁,或败坏风俗者。

三、违背第九条及第十条者。

第12条 在本岛外之日本领土内或外国出版之文书图书,如有触犯前条各项者,可禁止其在本岛发售颁布并扣押其印本。

第13条 如前2条有必要时,地方长官得提停止其发售颁布,并暂时扣押其刻版印本。

第14条 出版者未经禀报及缴纳印刷本而擅自发售及颁布文书图书时,处以5元以上200元以下之罚金。

第15条 违背第5条者,处以2元以上30元以下之罚金。

第16条 违背第9条、第10条者,处以11日以上1年以下之轻禁锢;或10元以上200元以下之罚金。

以上自第11条至第13条所规定禁止,发售颁布之文书图书,如擅行发售分布者,其处罚与上项目。

第17条 将有冒渎皇室之尊严,变坏政体或紊乱国宪之文书图书出版人,处以一月以上一年以下之轻禁锢,或10元以上100元以下之罚金。

第18条 妨害秩序安宁或败坏风俗之文书图书出版人,处以11日以上6月以下之轻禁锢,或10元以上100元以下之罚金。

第19条 印刷文书图书虽未直接发售颁布,而其目的在发售颁布者,均应依照此项规约。

第20条 本规则自公布之日施行。

6. 治安警察法(节摘)

1900年(明治33年)3月9日法律第36号颁布,1923年台湾延长适用

第一条 政事相关结社之为主干者(在支社则由支社之主干者)须在结社组织之日起三日内,将社名、社则、事务所及其主干者之姓名呈报其事务所所在地管辖警察署,其呈报事项有变更时亦同。

第二条 关于政事,会同公众将开集会者,须定发起人,发起人除掉到的时间,须在开会三小时前(本岛为六小时前),将集会之场所、年、月、日、时呈报会场所在地之管辖警察署,自呈报时刻过三小时不开会或中断逾三小时以上者,所呈报无效。

以法令组织议会之议员为选举之准备，限于将行选举权者及有被选举权者所会同之集会，自投票之日起前五十天呈报，而不受本条第二项之限制。

第三条　与公事有关之集会或结社，虽不关于政事，但为了保持安宁秩序，有呈报必要时得以命令依第一条或第二条之规定。

第四条　于屋外会同公众或多众将运动时，由发起人在十二小时以前，将会同场所、年、月、日、时及其通过线路呈报管辖警察官署，但祭葬讲社学生生徒之体育运动及其他惯例所许者不在此限。

第五条　如下所揭者不得加入政事上之结社：

一、现役及召集中预备之陆海军人

二、警察官

三、神官神职僧侣其他诸宗教师

四、官公私立学校之教员学生生徒

五、女子

六、未成年者

七、公权剥夺及停止中者

未成年者不得在公众会同政谈集会或为发起人。

公权剥夺及停止中者不得公众会同政谈集会之发起人。

第六条　非日本臣民者，不得加入政事上之结社或公众会同政谈集会之发起人。

第七条　结社以法令所组织议会之议员，对其发言表决于议会外，不得设使负责任之规定。

第八条　为保持安宁秩序，于必要时，屋外之集会或多众之运动或群集，警察官得以制限禁止或解散，又得解散屋内之集会。

结社该党前项时，内务大臣得禁止之，于此等时违法处分权利有被伤害者，得出诉讼于行政裁判所（注：台湾没有行政裁判制度，故项不适用）。

第九条　在集会重罪轻罪之预审相关事项，未付公判以前不得讲谈议论，或禁止旁听诉讼相关事项亦不得讲谈议论。

于集会不得煽动或曲庇犯罪，不得为赏恤或救护犯罪人或刑事被告人及陷害刑事被告人之讲谈议论。

第十条　在集会讲谈议论违背前条之规定，其他紊乱安宁秩序及认有害风俗之虞时,警察官得中止其人之讲谈议论。

第十一条 结社及于多众运动,警察官有所查问时,于主干者会长发起人或警察官认为主要社员及主要会同者要答之。

警察官署派遣着制服之警察官吏临监关于政事公众会同集会、其集会虽不关政事,认有妨害安宁秩序之虞者亦同,此等时于发起人或警察官认为主要会同者,须依警察官吏要求设席供与。

第十二条 于集会或群众运动之时,故意喧扰或涉及狂暴者,其时警察官得制止之,不听其命使由现场退去。

7. 新闻纸发行保证金规则

1900年(明治33年)2月3日台湾总督府令第9号

第1条 台湾新闻纸条例第3条第1项之保证金可以以时价为准之公债券代替现金使用。

第2条 欲以现金缴纳保证金者,须将现金附带第1号公文格式之缴纳书,同申请书一起递交地方官厅。

第3条 以公债券代替现金者,须将带息票之公债券附带第2号公文格式之缴纳书,按前项之手续办理。

第4条 台湾新闻纸条例第14条第1项之情况下,须将代替现金使用之公债券公开拍卖,并自获得之价款中扣除其保证金。

第5条 请求退还保证金时,须将按照第3号公文格式之申请书递交地方官厅。

第6条 接受退还保证金之申请时,须直接递交收据。接受公债券利息到期之息票时亦同。

(附表略)

8. 新闻电报规则

1902年(明治35年)4月22日台湾总督府令第30号

第1条 由报社或由其新闻通讯者发给报社,内容为准备在报纸上登载之事项之电报,依照此规则称为新闻电报。在台湾岛内可发送或收取新闻电报。

第2条 新闻电报收费如下:

和文片假名十五字以内十钱

增加五字以内，每字多付三钱

第 3 条　新闻电报中除以数字或片假名表示之商标或商号除外，只限于用普通语言书写。

第 4 条　新闻电报不得为加急、退信费预纳、照校、收信告知及同文电报，且不得在传送投递上做特殊之指定。

第 5 条　以新闻电报之形式发出之电报，若被相关电信官署认定为非新闻电报者，须拒绝对此进行处理。

第 6 条　欲发送新闻电报者，须预先将登载新闻电报之报社名及其所在地名递交发送此电报之电信官署。

收取新闻电报之报社须预先将发信人之报社名、所在地名及新闻通讯者之姓名、地址递交投递此电报之电信官署。

第 7 条　收取新闻电报者，须将电报中之事项在下期或第三期报纸中登载。

第 8 条　收取新闻电报者，须向投递此电报之电信官署递交一份登载其电报事项之报纸。

第 9 条　以新闻电报之形式发送非新闻电报之通信者，若被发现，须将该电报视为普通电报，并向发信人追加征收作为普通电报时须缴纳之金额之两倍差额。

收取新闻电报者若无正当理由，未在下期或第三期中登载该电报内容者，须将该电报视作普通电报，并向收信人追加征收作为普通电报时须缴纳之金额之两倍差额。依照事实状况，可在六个月内拒绝为其处理新闻电报。

第 10 条　若新闻电报因通信繁忙被认定为妨碍一般电报之传送时，可停止处理。

第 11 条　新闻电报除此规则所规定之事项以外，一律按一般只规定进行处理。

附则

第 12 条　此规则于明治 35 年 5 月 1 日起施行。

1907 年（明治 40 年）总督府令 14 号，大正 15 年 3 月 9 日废止，见大正 15 年总督府令 13 号

9. 新闻纸条例揭载禁止事项

1904年（明治37年）1月5日台湾总督府令第1号

台湾总督府令第一号（官报 一月十五号）

根据台湾报纸条例第七条，暂时将禁止报纸及杂志刊登有关军队、舰队和舰队军队的进退以及有关军机战略的事项。但是，如果能事先得到台湾总督的许可，则不在此禁止范围内。

本条例自发布之日起施行。

明治三十七年一月五日
台湾总督男爵儿玉源太郎

10. 台湾违警例（节摘）

1908年（明治41年）10月1日台湾总督府令第59号

第31条　禁止以报纸杂志或其它手段制作夸大事实的广告并以此获取不正当的利益。

第32条　禁止未经申请许可而分发报纸杂志或其它出版物；禁止未经申请许可而制作广告并以此获取报酬。

11. 台湾新闻纸令

1917年（大正6年）12月8日台湾总督府律令第2号

第1条　本令所称为新闻纸，系指用一定之名称，订有期间，或在六个月内不定发行者，及定期外临时发行，且使用与本来名称相同者。同一名称的新闻纸发行于其它地方时，得视为另一新闻纸的发行。

第2条　拟发行新闻纸者，应具备下列事项，呈请台湾总督许可：

一、名称。

二、揭载事项的种类。

三、定期发行者，注明其发行日期。不定期发行者，注明其旨趣。

四、发行所与印刷所。

五、创刊号发行之年月日。

六、发行人之姓名、出生年月日及住地。

欲变更第一至第五项,应先取得台湾总督之许可,但在天灾或其它不可抗拒的情况下,因而必须变更其发行所或印刷所时,得于其获准前,先行禀报台湾总督,设定其临时发行所或印刷所。

第3条 变更发行人时,应由旧发行人及新发行人联署,报请总督府许可。发行人死亡或依照第四条的规定时,新发行人应于七日内报请台湾总督府许可。但于获准前之期间内,得将临时发行人先行呈报台湾总督而发行。

第4条 如有下列各项之一者,不得为发行人:

一、在本省无住址者。

二、现役的陆海军军人,或在召集中者。

三、未成年者、禁治产者或准禁治产者。

四、受处分之禁锢之刑而刑期未满者,或正被嫌疑中者。

五、受处分以禁锢之刑者,依照本令而撤销其许可者,曾被禁止居留于本岛内者等,或由台湾总督认为不适当而遭通知者。

第5条 新闻纸之第一发行时期,或由发行休止日算起,在百日之间不发行者,视为发行业已废止。三次发行之期间统计超过百日者,则在三次发行期间均未发行者亦同。

第6条 一、发行人应于新闻纸发行前,缴纳千元于该管辖州厅作为保证金。

二、保证金得以台湾总督府指定之有价证券抵充之。

三、保证金发生缺额时,应于接通知之日起,七日内补充之。

第7条 对于保证金之权利义务,在变更发行人时,新发行人得继承之。

第8条 保证金若非在废止发行或发行许可被取消时,不得请求退还,或转让其债权。但适用于台湾国税征集规则,以及准用此规则之命令或对于名誉损害赔偿判决之执行时,不在此限。

第9条 发行人应于新闻纸上揭载发行人之姓名及发行所。

第10条 发行人应在每次新闻纸发行前,呈其新闻纸二份于台湾总督府,以及其所辖州厅和地方法院检查局各一份。

第11条 下列事项不得揭载于新闻纸上:

一、亵渎皇室之尊严、改变政体,或紊乱国宪之事项。

二、预审中之报告事件内容,及经检察官禁止之有关搜查中或预审中之被告事件,并禁止公开之有关诉讼之辩论事项。

三、煽动或庇护犯罪,及赏恤、救护或陷害罪犯与刑事被告从之事项。

四、不得公开之官文书、呈文、意见书或请愿书,及未经许可之有关政府之议事事项。

五、禁止公开之公会之议事。

第 12 条　台湾总督府得禁止揭载有关外交、军事及其它秘密事项。

第 13 条　新闻纸所揭载之事项有错误,而由其本人或有关人员请求更正揭载,或更正书或辩驳书时,应于接到其请求后,于最近或下次发行新闻纸上揭载其全文,惟其揭载违反法令,或请求人不明示其姓名及住址时,不在此限。

前项之更正书或辩驳书之字数超过原文二倍时,发行人得请求对此超过字数,收取普通广告同等方款项。

由公报或其它新闻纸转载或抄录之事项,嗣后如该公报或新闻纸有揭载其更正、更正书或辩驳书时,虽未经本人或关系人员之请求,应得于其公报或新闻纸后,依第一项之规定揭载其更正、更正书或辩驳书。

更正、更正书或辩驳书,应用与原文同号字体,而揭于同一栏之首部。

第 14 条　新闻纸之揭载有违反第 11 条之规定,或第 12 条所规定之禁止事项时,台湾总督即禁止其发售。

新闻纸揭载事项有扰乱秩序安宁,及被视为有害风俗时,台湾总督得禁止其发售,或告戒其发行人。

虽依第一项之规定被禁止,或依第二项之规定而受告戒,尚揭载同一宗旨之事项时,台湾总督得取消其许可,或指定期间停止其发行。违反第 6 条之规定而发行新闻纸时,与第 1 项及第 3 项之处分相同。

第 15 条　关于前条第一项及第二项所规定之禁止事项,准用于在本岛发行之新闻纸。

依照前项规定被禁止时,台湾总督得禁止其新闻纸之转入或进口及发售。

第 16 条　台湾总督对在本岛外发行,而以本岛发售为目的之新闻纸,得通令认可之。

台湾总督如认为有取缔之必要时,虽依前项规定,已通令认可之新闻纸,若非有第 17 条之规定所许可之经售人之代销,得禁止其转入或进口。

第17条　经售人应具下列事项,呈请台湾总督批准之:

一、代销之新闻纸,应依照第2条第一、二、三、五、六各项所揭载之事项。

二、经售人之姓名、出版年月日、职业及住址。

三、代销处所。

四、与发行人之契约条项。

前列各项事项有变更时,应尽速呈报台湾总督。在本岛无住所者,不得为经售人。

第18条　经售人依照本令受罚时,或被认为有其它不合法时,台湾总督得取消其许可。

第19条　经售人应将其代销之新闻纸,于每次发售前,缴纳二份于台湾总督府,各一份于其所辖县市政及地方法院检查局。

第20条　新闻纸有违反下列各项之一时,台湾总督府提扣押之一。

一、违反第2条第一项、第二项或第三条之规定而发行时。

二、依第14条、第15条或第16条第二项之规定而受处分时。

第21条　新闻纸适遇第14条第一项或第二项之规定,在取缔上视为很紧急时,台湾总督得于发行前扣押之。

第22条　依照前二条之规定被扣押之新闻纸,于一年内未得解除其扣押时,台湾总督得处分之。

第23条　关于新闻纸所揭载事项,有对名誉罪提报公诉时,除涉及私事外,在法院视为非出恶意而专为公益时,被告人得提出事实证明,经证明确实者,不追究其行为。对于有关公诉之损失赔偿之诉讼,可免其义务。

第24条　发行人或从事编辑之人员,违反本令致遭罚款,或遭违警罚款及遭受刑事诉讼费用时,自决定日起十日内,其无缴纳时,检察官得以保证金充抵之。

第25条　揭载第11条第一项之事项,或有煽动违反匪徒罚令之罪时,对其发行人及从事编辑人员,处以三年以下之禁锢及千元以下之罚款。

第26条　违反第12条所规定之禁止事项时,对其发行人及从事编辑人员,处以二年以下之禁锢或五百元以下之罚款。

第27条　揭载第11条第二项至第五项之事项,或依第十四条第二项之规定而受告戒,倘再揭载同一意义之事项时,对其发行人及从事编辑人员,处以六个月以下之禁锢,或五百元以下之罚款。

新闻纸违反第 15 条之规定而被禁止或停止转入或进口时,对于转入人或进口人之处罚与前项相同。

第 28 条　违反第 2 条第一项、第二项、第 3 条或第 6 条之规定而发行新闻纸之人,处以三百元下之罚款。

第 29 条　虽非新闻纸之发行人、转入人或进口人,明知而发售揭载有第十四条至第十六条所规定之禁止事项之新闻纸时,处以三百元下之罚款。

第 30 条　违反第 2 条第三项、第 9 条、第 10 条、第 13 条第一项、第三项、第四项之规定时,对其发行人,如违反第 17 条第二项或第 19 条之规定时,对其经售人各处以二百元以下之罚金或违警罚款。

第 31 条　本令对于编辑人员之罚则,准用于其签名在揭载于新闻纸之事项。

第 32 条　关于发行人或发行所之规定,准用于其签名在所揭载于新闻纸之事项。

第 33 条　新闻纸而专记载学术、技艺、统计、法令、广告或物价报告诸类发行者,得免依照本令。

附则:本令之施行日期,由台湾总督府定之。废止《台湾纸条例》。经依照从前之规定而许可之新闻纸,得视为依照本令受许可者。非依本令之文书、图书之出版,得暂时依照过去之规定。

12. 台湾新闻纸令施行规则

1917 年(大正 6 年)12 月 18 日总督府令第 70 号

第 1 条　依照《台湾新闻令》第 6 条第二项,可充作保证金之有价证券如下:

一、国债证券

二、勤业证券

三、日本兴业银行证券

前项第二及第三项证券之价格依照时价。

附息票之有价证券须连带其息票一起支付。

前项之息票利息到期时,可依照所有者之请求将其退还。

第 2 条　于台湾新闻纸令第 24 条之情况下,可将充作保证金制有价证券公开拍卖,并从获得之价款中扣除其保证金。

第 3 条　为表示自己所要代理之报纸,代理人须在报纸封面上容易看见之处盖上一定之印记。

前项所使用之印章,须事先向台湾总督府缴纳其印迹并得到许可。

第4条　前条第二项之印章不得为其他目的、或在代理处以外之其他地方使用。

第5条　代理人不再代理时,须在三日内向所辖厅提交其申请。若代理人去世或行踪不明时,则依照户口规则,由有申请义务者办理前项之手续。

第6条　第3条中无盖章之报纸视为与代理人所代理之报纸无关,但若认定事实相反时,则不在此限。

第7条　违反第3条、第4条、第5条者,处以低额罚款。

附则

本令自台湾新闻纸令施行之日施行。

明治33年2月府令第9号新闻纸发行保证金相关规定废止。

13. 台湾总督府州事务分掌规程（节摘）

1920年（大正9年）8月台湾总督府训令第144号

第十一条　警备部设置高等警察课、警备课、保安课、卫生课及理藩课。

第十二条　高等警察课掌理下记事务：

一、集会、结社、新闻纸、杂志及其它出版物相关事项。

二、保安规则执行相关事项。

三、劳动问题相关事项。

四、危险思想及其它机密取缔管制相关事项。

五、外国人取缔管理相关事项。

六、其它高等警察相关事项。

14. 官房暨各局部事务分掌规程（节摘）

1920年（大正9年）台湾总督府训令第160号

第三十七条　保安课掌管下列事务：

一、集会、结社、言论相关事项。

二、报章杂志、出版品及著作品相关事项。

三至五(略)

六、危险思想及其它机密之管制相关事项。

七至十三(略)

15. 台湾总督府警务局处务规程(节摘)

1924年(大正13年)1月29日

第三条　保安课高等挂、特别高等挂、图书挂分掌事项

高等挂

一、一般民情相关事项。

二、宗教取缔相关事项。

三、保安规则执行相关事项。

四、外国人保护取缔相关事项。

五、其他挂主管事项。

特别高等挂

一、危险思想及其他机密取缔事项。

二、劳动运动取缔相关事项。

三、农民运动取缔相关事项。

四、其他社会运动及政治运动取缔相关事项。

五、朝鲜人相关事项。

图书挂

一、新闻纸、杂志及其他出版物及著作相关事项。、

二、活动写真检阅相关事项。

三、御纹章、御肖像、勋章、褒章及记章取缔事项。

16. 台湾总督府官房官房事务分掌规程(节摘)

1924年(大正13年)12月25日总督府训令第102号

第二十七条　保安课主管以下事务：

一、关于取缔思想运动、政治运动以及社会运动之事项。

二、关于取缔新闻纸及其它出版物之事项。

三、关于活动写真检阅之事项。

四、关于御纹章、御肖像、勋章、褒章及记章取缔之事项。

五、关于外国人取缔之事项。

六、其它关于高等警察之事项。

七、关于执行台湾保安规则之事项。

17. 治安维持法

1925年(大正14年)4月12日法律第46号

5月12日敕令第175号《治安维持法在朝鲜、台湾及桦太施行令》

第一条 以变更国体或否认私有财产制度为目的、组织结社或知情加入者,处以十年以下惩役或禁锢。

前项之未遂罪亦须受罚。

第二条 以前条第一项目的,就其目的事项实行相关,有所协议者,处以六年以下惩役或禁锢。

第三条 以第一条第一项目的,煽动其目的事项实行者,处以七年以下惩役或禁锢。

第四条 以第一条第一项目的,煽动骚扰暴行其他加害生命身体或财产者,处以十年以下惩役或禁锢。

第五条 志在犯第一条第一项各罪,向人要求金品其他财产上利益或约束者,处以五年以下惩役或禁锢,知情受供与或要求约束者同之。

第六条 犯前五条之罪而自首者,得减轻其刑或免除之。

第七条 本法不论何人,虽在施行区域外犯罪者亦适用之。

18. 台湾不稳文书临时取缔令

1936年(昭和11年)8月7日台湾总督府律令第1号

第1条 以乱军秩、搅乱财界及其他惑人心为上的,而记载妨害治安事项的文书图书,没有记载其发行责任者的氏名及住所。或为虚伪之记载,又未依出版法新闻纸法为纳本,其出版者,发售颁布者处以三年以下的惩役或禁锢。

第2条 揭载前条事项之文书图书其发行责任者之氏名及住所没有记载或国虚伪

之记载又未依出版法、新闻纸法为纳本,其出版者、颁布者处二年以下的惩役或禁锢。

第3条 前二条之未遂罪罚之,但在印刷者印本交接前自首者免除其刑。

第4条 被认为该当于第1条或第2条之文书图书虽已为真实之记载又为成规之纳本,只要地方长官认为有禁止颁布之必要时,得扣押其印本及刻版。

颁布依前项规定禁止颁布之文书图书者处三百元以下之罚金。

19. 国家总动员法(节摘)

1938年(昭和13年)4月13日法律第55号

第1条 国家总动员是国家在战时之际,为了最有效发挥人力及物力的统治运用,以达成国防的目的。

第16条 战时政府为实现国家总动员,在必要时可以根据敕令,决定有关企业的开设、托办、共同经营、让渡、废止、停止以及法人的合并、解散、初衷改变。

第20条 政府在战时,因国家动员所需要,得依令对报纸及其它出版物之记载,予以限制或禁止。

第44条 从事总动员业务者,得知有关业务遂行,泄漏或窃用有关该当官司厅指定之总动员业务之官司厅机密时,处以两年以下的惩役或两千元以下的罚金。

在职公务员,在职务上得知该当官厅有关总动员业务,而泄漏或窃用官司厅机密时,延迟五年以下的惩役。

20. 新闻纸等登载限制令

1941年(昭和16年)1月10日敕令第37号

第1条 以《国家总动员法》第20条第一项所规定为基础,限制或禁止新闻纸或其他出版物揭载,以同第二项规定为基础,依本会所规定,禁止、扣押新闻纸或其他出版物贩卖及颁布,以及扣押其原版。

第2条 禁止新闻纸或其他出版物揭载左列各项之一:

一、依《国家总动员法》第44条规定,该官厅指定系动员等条有关官厅之机密。

二、依《军事机密保护法》规定之军事上秘密。

三、依《军用资源秘密保护法》之规定军用资源秘密。

第3条 内阁总理大臣对该当于左列事项之一,必须以通告限制或禁止新闻纸或其他出版物揭载：

一、有产生有关外交重大障碍之事项。

二、须对外国保密之事项。

三、担忧产生对执行财政经济政策重大障碍之事项。

四、其他对于国策遂行有产生重大障碍之事项。

第4条　对前二条限制或禁止有所违反的新闻纸或其他出版物，总理大臣得执行禁止贩卖、颁布、扣押及其原版之扣押。

第5条　本令中内阁总理大臣，适用于朝鲜、台湾、桦太、及南洋群岛所在的各朝鲜总督、台湾总督、桦太厅长官及南洋厅。

21. 治安维持法（1941年版）（节摘）

1941年（昭和16年）3月8日法律第54号

第一章　罪责

第一条　以变更国目的，组织结社者，或担任结社负责人其他领导者职务者，处以死刑、无期徒刑或七年以上之惩役；知情加入结社者，或为达到结社目的有所行动者，处三年以上有期惩役。

第二条　支援前条为目的，组织结社者，或担任结社负责人其他领导者职务者，处死刑、无期徒刑或五年以上惩役；知情加入结社者，或为达到结社目的有所行动者，处二年以上有期惩役。

第三条　以准备第一条的结社组织为目的，组织结社者，或担任结社负责人其他领导者职务者，处死刑、无期徒刑或五年以上惩役；知情加入结社者，或为达到结社目的有所行动者，处二年以上有期惩役。

第四条　以前三条为目的，组成集团者，或领导集团者，处无期或三年以上惩役；以前三条上的参加集团者，或关于集团执行前三条目的的举动者，处一年以上有期惩役。

第五条　以第一条乃至第三条为目的，协议其实行相关的事者，或煽动其事项的实行者，处以一年以上十年以下惩役。

第六条　以第一条乃至第三条为目的，煽动骚扰暴行其他加害生命身体或财产者，处以二年以上有期惩役。

第七条 以否定国体或流传亵渎皇室尊严事项为目的,组织结社者,或担任结社负责人其他领导人职务者,处无期徒刑或四年以上惩役;知情加入结社者,或为达到结社目的有所行动者,处一年以上有期惩役。

第八条 以前条目的,组成集团或领导集团者,处无期徒刑或三年以上惩役;以前条目的,参加集团者或关于集团执行前三条上的的举动者,处一年以上有期惩役。

第九条 以犯前八条之罪为目的,而供以金品其他财产上的利益或和提议的人约束者,处十年以下惩役,知情而受者或要求约束者同之。

第十条 否认私有财产制度为目的,组织结社者或知情加入者,或为达到结社目的有所行动者,处以十年以下有期徒刑或监禁。

第十一条 以前条目的,协议其实行相关的事者,或煽动其事项的实行者,处以七年以下有期徒刑或监禁。

第十二条 以第十条上的,煽动骚扰暴行其他加害生命身体或财产者,处以十年以下有期徒刑或监禁。

第十三条 志在犯前三条各罪,而供以金品其他财产上的利益或和提议的人约束者,处五年以下有期徒刑或监禁,知情而受者或要求约束者同之。

第十四条 第一条乃至第四条、第七条、第八条及第十条之未遂罪亦须受罚。

第十五条 获本章之罪责而自首者,得减轻其刑或免除之。

第十六条 本章的规定不论何人,虽在施行区域外犯罪亦适用之。

22. 新闻事业令

1941年(昭和16年)12月31日敕令第1107号

第1条 关于基于国家总动员法(包括昭和13年敕令第317号)第16条三项规定之新闻事业其开始、委托、共同经营、让渡、废止和停止之命令以及关于进行新闻事业之法人其目的变更、合并、解散之命令、关于以统一管理基于同法第18条规定之新闻事业为目的设立团体之命令及关于该团体必要事项和基于同法同法第18条三项规定的新闻事业其让渡、经营新闻事业会社其合并、租税的减轻皆依据本法之规定。

第2条 本法令中的新闻事业指的是以发行登载有关时事事项的报纸为目的的事业。

第3条 欲开始经营新闻业者须取得主务大臣许可。其新闻事业的委托、共同经营、让渡、废止和停止亦须取得主务大臣许可。

经营新闻事业之法人其目的变更、合并及解散之决议得不到主务大臣认可时无效。

有关第一项之许可及前项之认可的必要事项须依令制定。

第4条 主务大臣为整顿新闻业,在必要之时可以依令命令新闻业主对其事业进行让渡、让受或公司合并。

前项场合下的让渡和合并其条件由当事人协商。协议不成或不能协议的由主务大臣裁定。

前项协议若无主务大臣认可则无效。

第5条 符合以下各项之一之新闻业主,主务大臣可以命令其废止或停止其业务:

一、不遵循前条第一项规定之命令及同条第二项规定之裁定;

二、违法依据第六条规定之团体规章及统一管理章程;

三、该新闻业的运营对国策的实行产生或有可能产生重大阻碍。

前项之处理应当在事先予以警告后进行。

第6条 主务大臣可以依令命令符合第8条之规定者设立以谋求新闻业综合统一管理运营和有助于国策立案实行为目的的团体。

第7条 前条规定之团体为达目的经营以下事业:

一、有关报纸编辑及新闻业运营的统一管理指导;

二、有关新闻业整顿的指导补助;

三、有关新闻共同贩卖及新闻业之共同经营机关的指导补助;

四、新闻记者登陆以及新闻从业人员之厚生设施、养成训练的实施;

五、对新闻资料和其他资料发放的调整;

六、关于新闻业发展的必要调查研究;

七、为达到本团体目的的其他必要事业。

第8条 如下所述的具备第六条之规定的团体会员资格的人员,由主务大臣进行指定。

一、新闻业主;

二、以向新闻业主提供报道事项为目的的事业以及与新闻业有关的事业之业主。

第9条 重要产业团体令第8条第二项及第九条至第36条之规定除去有关统管会会员团体组织者的部分以外,准用于第六条规定的团体。但阁令为命令。

关于基于规定之团体，其必要事项依令制定。

第10条 基于第4条第一项规定之命令接受登记如下事项的，其登记税税额如下。若依据登记税法计算出的登记税税额少于如下税额的视为按照算出税额。

一、因合并成立公司

以来源于金钱出资的缴纳股票金和金钱为目的的股票以外之出资价格的千分之五加上以来源于金钱以外的财产为目的的股票之外之出资价格的千分之一的合计额。

二、因合并其公司资本的增加

以来源于金钱出资的增资缴纳股票金额和金钱为目的的股票以外之出资价格的千分之五加上以来源于金钱以外财产出资的增资缴纳股票金额和金钱以外财产为目的的股票以外之出资价格的千分之一的合计额。

三、新闻业让受时关于不动产的权利的取得

不动产价格的千分之三。

第11条 本法令中的主务大臣在内地为内阁总理大臣和内务大臣，在朝鲜、台湾、桦太和南洋群岛分别为朝鲜总督、台湾总督、桦太厅长和南洋厅长。

第12条 朝鲜和南洋群岛不适用第5条第一项第二号和第6号一级第十条之规定，在台湾和桦太不适用第5条第一项第二号和第6号及第9条之规定

附则

本法自公布之日起施行。但在朝鲜、台湾、桦太和南洋群岛为自昭和16年12月25日起施行

（参照）

昭和13年4月1日公布的法律第55号国家总动员法抄录

第16条之三 政府于战时有国家总动员之必要之时，可以依据敕令之规定，下达事业开始、委托、共同经营、让渡、废止或停止以及法人的目的变更、合并及解散之命令。

第18条 政府于战时有国家总动员之必要之时，可以依据敕令之规定，命令同种或异种之事业业主及其团体设立以统管该事业或经营统管为目的的团体或公司。

依据前行之命令设立的团体为法人。

依据第一项之规定被令进行设立人员不服从命令之时，政府可以对规章编写和设立给予必要处分。

第一项之团体成立时，政府可以依据敕令之规定将拥有该团体构成人员资格者列为其团体构成人员。

政府可以对有关第一项团体其构成人员之事业的统管规章的设定、变更和废止予以认可，可以命令统管规章的设定和变更，可以命令其构成人员和具备构成人员资格的人遵守团体的统管规章。

有关第一项之团体或公司的必要事项依据敕令之规定。

第18条之三　依据第16条二之规定的设备和权力的让渡或出资、依据第16条三之规定的事业让渡或法人合并以及依据第十八条第一项或第三项之规定设立的团体或公司依据敕令之规定，可以在有关课税标准的计算上设立特例或减免租税。

23. 新闻事业令施行规则

1941年（昭和16年）12月20日阁令、内务省令第1号

12月31日台湾总督府令267号

第1条　依据新闻纸事业令（以下简称令）第2条的规定，报纸出版活动是指以追踪报道实事热点为内容，每月至少出版发行十期报纸为目的的活动。

第2条　依据令第三条第一项的规定，具备创办报纸出版业的须为法人，且其法人代表、董事会，以及其他行使法人权力的负责人必须符合以下条件（由台湾总督指定者不在此限制范围之内）。

一、日本成年国民；

二、未从事报纸出版业以外的其他营利性事业；

三、禁治产者或准禁治产者不可（禁治产者即精神失常而无力亲自管理财产的人、无能力者）；

四、受到监禁以上的刑罚，刑满后再度受罚且再度受罚后距今不满两年者不可；

五、在报纸出版方面受到罚金处罚且处罚至今不满两年者不可。

第3条　依据令第3条第一项的规定，申请创办报纸出版事业的机构须将注明以下事项的许可申请表以及一份副本经由该事业主要事务所所在地的州知事或厅长向台湾总督提出。

一、报纸名称；

二、报刊内容的种类；

三、发行的日期；

四、主要发行地区及面向的读者群类别；

五、首刊发行的预定日期；

六、报纸出版单位及印刷单位；

七、出版发行人及编辑姓名；

八、报刊及其它资料的今后一年的预计用纸量。

此外，申请表中还必须附有该法人机构的章程、捐赠活动清单、职员名册、股东名册、创业计划书以及收支预算书。

第4条　依据令第3条第一项的规定，申请报纸出版业的委托、合办或者转让者，须在申请表中另附双方达成协议的合同书滕本，依本规则前一条第一项例示，向台湾总督提出。

第5条　依据令第3条第一项的规定，申请报纸出版业的终止或中止者，须在申请表中注明终止或中止报纸出版的原因、时间以及中止时长，依本规则第3条第一项例示，向台湾总督提出。

第6条　依据令第3条第二项的规定，申请法人目的变更、合并或解散者，除决议书外还须填写许可申请表，依本规则第3条第一项例示，向台湾总督提出

第7条　依据令第4条第一项的规定，台湾总督在下达报纸出版事业转让或继承的命令时，须将注明以下事项的命令书送达至该主办单位负责人处。

一、转让的当事人名称或姓名及地址；

二、应当转让或继承事务的范围；

三、转让或继承的期限；

四、其它须认可事项。

第8条　依据令第4条第一项的规定，台湾总督在下达出版单位合并的命令时，须将注明以下事项的命令书送达至该主办单位负责人处。

一、合并的当事人名称或姓名及地址；

二、合并的方式；

三、合并的期限；

四、其它须认可事项。

第9条　依据令第4条第一项的规定，得到事业转让或继承、或是公司合并的命令

并已就此达成相关协议时,须将具有当事人联合署名的认可申请表及副本一份、以及该协议书的誊、本两份一起交由州知事或厅长向台湾总督提出。

第 10 条 依据令第 4 条第二项的规定,申请审批裁定者,须在申请表之外另附一份将对方员工人数加一的副本,经由州知事或厅长向台湾总督提出。

台湾总督在受理申请表时,须将副本移交至申请方的对方,并责其于规定时间内提出异议。

若规定时间内无异议,则台湾总督可仅依据申请表做出审批裁定

台湾总督做出裁定后,须将注明裁定理由的裁定书下达至当事人处。

附则

本令自公布之日起施行。

24. 言论、出版、集会、结社等临时取缔令

1941 年(昭和 16 年)12 月 19 日法律第 97 号

1942 年(昭和 17 年)1 月 21 日施行于台湾

第 1 条 本法以是正战时之言论、出版、集会、结社等之取缔和维持秩序安定为目的。

第 2 条 组织政事方面的结社应当依令由发起人取得行政官厅之许可。

第 3 条 召开有关政事之集会时应当依令有发起人取得行政官厅之许可。但以制衡组织的议会其议员候选人为目的的集会和为选举活动的集会以及会同公众的集会需要依令由发起人向行政官厅提交申请。

第 4 条 有关公事之结社和集会即便与政事无关,在必要之时仍可以令其遵循前两条之规定。

第 5 条 在户外会同公众及进行群众运动的应当依令由其发起人取得行政官厅的许可。依令进行的不在此限。

第 6 条 第 2 条之规定不适用于依令组织的议会其议员为议事准备而相互团结之情况。第三条之规定不适用于其会同到一起之情况。

第 7 条 发行依据报纸法出版的出版物者应当依令取得行政官厅的许可。

第 8 条 行政官厅有必要之时可以取消依据第 2 条至第 5 条或前条规定之许可,

可以命令禁止依据第3条、第4条之规定提出申请的集会。

第9条 对于被禁止开始贩卖和传播的出版物,行政官厅在有必要时可以停止该题号出版物以后的发行,并且可以停止有关同一人或同一出版社的其他出版物之发行。

第10条 对于违反第7条或前条之规定的停止命令以贩卖或传播为目的印刷的出版物,行政官厅可以予以扣押。

第11条 违反第2条之规定(包括基于第四条之规定的命令)者处以一年以下有期徒刑或监禁和1 000元以下罚金。

第12条 违反第3条(包括基于第4条之规定的命令)及第5条之规定者处以6个月以下徒刑或监禁和500元以下罚金。

第13条 违反第7条之规定者处以一年以下有期徒刑或监禁和1 000元以下罚金。

第14条 发行依据第9条之规定停止发行的出版物者处以6个与以下徒刑或监禁和500元以下罚金。

第15条 妨碍依据第10条之规定执行扣押处分者处以6个月以下徒刑或监禁和500元以下罚金。

第16条 刑法合并罪之规定不适用于前三条之罪行。

第17条 传播有关时局之流言蜚语者处以2年以下有期徒刑或监禁和2 000元以下罚金。

第18条 传播有关时局的扰乱人心之事项者处以1年以下有期徒刑或监禁和1 000元以下罚金。

附则

本法施行日期依照敕令之规定。

本法施行时存在的有关政事之结社(不包括符合第6条前半段规定之结社)以及第四条命令施行之时存在的有关该命令的与公事有关之结社,其存续应当依令由其领导人取得行政官厅的许可。

第8条规定准用于违反前项规定之许可者。第11条之规定准用于违反同项之规定者。

在本法施行起三日以内,依据第3条及第5条之规定需要得到许可和进行申请的集会和群众运动仍按之前示例举行。

本法施行之时发行经由明文规定之手续且依据报纸法规定之出版物者视为取得了第七条规定之许可。

25. 出版事业令

1943年(昭和18年)2月24日敕令第82号

第1条 国家总动员法(包括昭和13年颁布的敕令第317号所规定的情况)第16条的三项规定中涉及出版事业的创办、转让、废止、中止的相关命令以及经营出版业的公司合并的相关命令与本法第18条中所规定的设立以管理出版事物为目的的团体的相关命令以及关于该团体的其它必要事项的命令等新闻事业令中未涉及包含的情况都将依据本令进行解释。

第2条 本令中所述出版事业是指以出版物(在命令中指定的物品除外)的发行为目的而进行的事业。

第3条 欲创办出版业者须在命令规定许可的范围内经营且必须取得主管大臣或地方长官(在东京则为警视总监)的同意认可。

第4条 主管大臣认为对出版业的发展是必要的,则有权在命令规定许可的范围内向出版业主下达出版事业的转让、继承或是合并的命令。

此时,若转让或合并双方就条件方面未达成协议或无法达成协议,则由主管大臣进行裁决。

未得到主管大臣认可的协议不具有法律效力。

第5条 凡符合以下各项情况中一项者,主管大臣有权命令该出版业主废止或中止其事业

一、未服从上一条第一项规定中所做命令、上一条第二项规定中所做裁决者。

二、违反第六条规定中所述团体的章程或管理规章制度者;

三、该出版事业在运行过程中存在或涉嫌存在妨害国家政策施行的行为;

针对上述行为进行警告后再施行处分。

第6条 主管大臣有权在命令规定许可的范围内对符合第8条规定者进行出版业综合管理运营的审查考量,以及下达设立以立法、施行与出版相关的政策法规为目的的团体的任命。

第 7 条 上一条中所述团体为达成立法、施行与出版相关的政策法规这一目标而进行的事业如下所示

一、出版计划以及其它与出版事业运营相关的管理领导工作；

二、与出版事业的前期准备相关的促进完成工作；

三、对出版物用纸或其它资料的配发进行统筹调整的工作；

四、出版物配发部门的管理领导工作；

五、对出版从业者进行保健及培训的措施；

六、与出版业发展紧密相关的调查研究工作；

七、为达成本团体目标不可或缺的其他工作措施。

第 8 条 具有成为第 6 条所述团体成员的资格者须符合以下条件的主管大臣的指定者

一、出版业主；

二、与出版业相关的其他事业主；

三、拥有符合第二项条件者的团体组织。

第 9 条 重要产业团体令第 8 条第二项、第 9 条至第 36 条的规定适用于第六条规定中所述团体（与拥有管理会成员的团体组织者相关的部分除外），但阁令视同命令。

本令未做规定的与第 6 条中所述团体相关的必要事项依命令的相关规定解释施行。

第 10 条 主管大臣依据国家总动员法第 31 条的规定在命令规定许可的范围内可以成为与出版事业的继承、委托、共同经营、废止以及中止等活动的相关者，督促相关出版业对必要事项进行报告。

第 11 条 本令中所述主管大臣在本国内即指内阁总理大臣及内务大臣。但在适用于第 4 条、第 5 条、及第 9 条规定的重要产业团体令的第 24 条（章程变更的部分除外）、第 27 条、第 33 条（章程变更的部分除外）以及第 34 条第一项（与财政结算相关的部分除外）中，主管大臣以发行教科书为主要目的，内阁总理大臣、内务大臣以及文部大臣则负责出版业的相关事宜。

第 12 条 朝鲜、台湾、库页岛及南洋群岛不适用于第 5 条第一项第二号以及第 6 条至第 9 条的规定；库页岛、南洋群岛不适用于第 3 条中关于地方长官的规定。

本令中所述主管大臣在朝鲜、台湾、库页岛及南洋群岛分别为朝鲜总督、台湾总督、

库页岛厅长官及南洋厅长官

本令中所述地方长官在朝鲜为道知事、在台湾为州知事或厅长。

附则

本令自公布之日起施行,但朝鲜、台湾、库页岛及南洋群岛自昭和18年3月1日起施行。

26. 出版事业令施行规则

1943年(昭和18年)2月18日阁令、内务省令、文部省令第1号

第1条　不在出版事业令(以下简称令)第2条的规定中所指的出版物如下所示:

一、在报纸出版管理令施行规则第1条中所述的报纸;

二、出版法第9条中所述的出版物。

第2条　依据令第3条的规定,欲创办出版事业者(团体的情况下即其代表者)必须具备以下资格,但主管大臣指定者不在此限制范围之内。

一、日本成年国民;

二、禁治产者或准禁治产者不可(禁治产者即精神失常而无力亲自管理财产的人、无能力者);

三、受到监禁以上的刑罚,刑满后再度受罚且再度受罚后距今不满两年者不可;

四、在报纸出版方面受到罚金处罚且处罚至今不满两年者不可。

第3条　令第三条中所述欲创办出版业者包括非出版业主却受到出版业主的委托将进行共同经营或转让者以及并非属于出版业者的公司却因合并而将承接其出版事业者。

第4条　凡符合以下各项情况中一项的出版业则必须至该事业主要事务所所在地的地方长官(在东京将警视总监以下之为统通称为地方长官)申请创办令第三条规定中所述的创办出版事业的许可。

一、包括发行报纸规定中所述出版物事业的出版业;

二、今后一年预计所需出版物用纸量在500磅以上的出版业。

第5条　依据令第3条的规定,欲申请创办出版事业者须提交注有以下事项的申请表:

一、欲发行的刊物是定期刊物或是其它类别刊物;定期刊物的每期刊名不同时,须

注明每期刊名、出版发行人及编辑的姓名；

二、事业开始的日期；

三、今后三个月的出版计划、定期刊物刊登内容的种类、有无与时事热点相关内容、发行日期、主要发行区域以及读者群类别；

四、出版发行单位及印刷单位；

五、存在第三条规定所述情况时说明其理由；

六、出版物今后一年的预计用纸量。

凡符合第4条其中一项者即须将注有上述内容的申请表以及副本三份经由地方长官提出。

提交上述申请表及副本者若为团体，则须另附团体章程、捐赠行为清单、职员名册、股东名册或其它以之为标准的文件、创业计划书以及收支预算书；若为个人，则须另附个人简历。

第6条　非出版业主却通过继承而承接了出版事业者被视为符合第3条的规定，但不具备第2条规定的资格者不在此限制范围之内。

因继承而承接了出版事业者须将记录此继承经过的报告书以及证明所述属实的证明书于自己知道继承事实之日起两月以内向地方长官提出，但继承人为令第六条规定中所述团体成员时不在此限制范围之内。

第7条　因公司合并承接了出版事业，或是受到委托、共同经营或转让经营出版事业时，须由合并后的公司、受托者、共同经营着或转让获得者将记录有此继承经过的报告书以及证明所述属实的证明书于承接事实发生之日起一月以内向地方长官提出，但若符合以下各项情况中一项者即不在此限值范围之。

一、因令第4条规定中的命令而产生的公司合并、事务转让或继承；

二、合并后的公司、受托者、共同经营者或转让获得者为令第六条规定中所述团体的成；

三、该出版事业必须依据令第3条的规定获得许可。

第8条　出版业主欲废止或中止其出版业的全部或部分事务时，须出具理由及废止时间 或中止时长，将其原委报告于地方长官，但凡符合以下各项情况中一项者即不在此限制范围之内。

一、因令第5条规定中的命令而产生的事业废止或中止；

二、出版业主为令第 6 条规定中所述团体的成员.

第 9 条　主管大臣依据令第四条第一项的规定做出出版事业的转让或继承的命令时,须将注明以下事项的命令书下达至该事业业主处。

一、转让当事者的名称或姓名、住所;

二、应该转地址继承的事业范围;

三、转让或继承的期限;

四、其它必须认可的事项。

第 10 条　主管大臣依据令第 4 条第一项的规定做出出版事的合并的命令时,须将注明以下事项的命令书送达至该事业业主处。

一、合并当事者的名称及住所;

二、合并的地址;

三、合并的期限;

四、其它须认可的事项。

第 11 条　依据令第 4 条第一项的规定,得到事业转让或继承、或是公司合并的命令,并已就此达成相关协议时,须将具有当事人联合署名的认可申请表及副本三份、该协议书的滕本四份一起交由地方长官向主管大臣提出。

第 12 条　依据令第 4 条第二项的规定,申请审批裁定者,须在申请表之外另附一份将对方员工人数加一的副本,经由地方长官向主管大臣提出。

主管大臣在受理申请表时,须将副本移交至申请方的对方,并责其于规定时间内提出异议。

若规定时间内无异议,则主管大臣可仅依据申请表做出审批裁定

主管大臣做出裁定后,须将注明裁定理由的裁定书送达至当事人处。

第 13 条　设立令第 6 条规定中所述团体的命令依据告示施行

在施行此命令时,主管大臣须从候选人中任命设立委员会,并发布告示将其名称或姓名公布于众告示公布之后设立委员会应立即召集人员创立召开总会

第 14 条　重要产业团体令施行规则第 2 条至第 16 条以及第 31 条的规定适用于令第 6 条规定所述的团体。

第 15 条　在令第 9 条中重要产业团体令第 16 条第三项的适用证明文件按照第一号样式抄录,该重要产业团体令第 31 条第二项的适用证明文件按照第二号样式抄录。

第五编

民国时期的红色新闻法制史料

(1921—1949)

第一篇　中国共产党成立初期的红色新闻法制史料

（1921—1927）

1. 中国共产党第一个决议（节摘）【注】

（上略）

二、宣传

一切书籍、日报、标语和传单的出版工作，均应受中央执行委员会或临时中央执行委员会的监督。

各个地方组织均有权出版地方通报、日报、周刊、传单和通告。

不论中央或地方出版的一切出版物，其出版工作均应受党员的领导。

任何出版物，无论是中央的或地方的，都不得刊登违背党的原则、政策和决议的文章。

（下略）

一九二一年

【注】此文译自共产国际中共代表团档案俄文稿。

2. 致各区、地方和小组同志信

——颁发教育宣传委员会组织法

C.P.及S.Y.两中局兹组织教育宣传委员会，其组织法已印附寄。各区或地方应按该组织法，推定负责者一人为该会委员。又，其中原定之北京图书馆暂不设置。通讯部于原有七股外加设调查股。

附：教育宣传委员会组织法

钟　英 LeO【注】

一九二三年十月十五日【注】

教育宣传委员会组织法

一、教育宣传委员由 C.P. 及 S.Y. 两中央协定委派委员组织之；其政治上的指导直隶于 C.P. 中央，并对之负责；至于组织上工作上之分配，概依两中央之协定议决而定，自当服从此等议决而于指定期间执行每次所分配之工作。

二、教育宣传委员会之职任，在于研究并实行团体以内之政治上的主义上的教育工作以及团体以外之宣传鼓动。

三、教育宣传委员会暂时可分为下列诸部：

1. 编辑部

2. 函授部

3. 通讯部（Information Bureau）

4. 印行部

5. 图书馆

四、编辑部中包括八种出版品：

1.《新青年》季刊——学理的马克思主义的研究宣传机关（C.P.）。

2.《前锋》月刊——中国及世界的政治经济的研究宣传机关（C.P.）。

3.《向导》周刊——国内外时事的批评宣传机关（C.P.）。

4.《党报》（不定期刊）——党内问题讨略及发表正式的议决案报告等之机关（C.F.）。

5.《青年工人》月刊——青年工人运动的机关（S.Y.）。

6.《中国青年》周刊——一般青年运动的机关（S.Y.）。

7.《团镌》（不定期刊）——团内问题及发表正式文件（议决案及报告）之机关（S.Y.）。

以上每一种刊物均有一专门负责之人。

8. 小册子——尤其是为工人农民之通俗刊物为最要紧。

编辑部设二主任，一管 C.P. 刊物材料之分配，一管 S.Y. 刊物材料之分配。

五、函授部暂设下列诸门功课：

1. 经济学及社会进化史；

2. 社会学及唯物史观；

3. 社会思想及运动史,社会问题;

4. 国际政治及帝国主义;

函授办法即以各门之讲义或书籍定每月分印若干寄与各地地方组织,分发于同志或非同志之间(收回印刷纸张之成本);各地阅者之疑问由函授部主任分发各门编讲义者答复。

(注一)此事开办第一步,当由印行部预算每千张讲义成本若干邮费平均若干,先定一价额(第一步之先尚当先问主撰者每月有多少字);第二步,由两中央根据于此预算价格,征求各地方同志之愿领讲义在一定期间报名;第三步即可开始发行。

六、通讯部之职任在于编译一切与运动及主义有关之文件及材料,——此等材料由编辑部两主任分配或由两中央直接交下。通讯部大约可分下列几股:

1. 英文股

2. 俄文股

3. 法文股

4. 德文股

5. 日文股

6. 杂志股

7. 报纸股

8. 调查股

通讯部设主任一人。各股译员每月所翻译之材料目录及其来源用处等项,都须报告主任以备查核统计。

七、印行部之职任在于经理印刷并发行刊物及讲义以至于党中团中其他出版品。对于刊物之分配于党或团内者当于印出后第一批发出。此种内部发行办法首先当有各地方组织之确定人数,按此人数发出后即向两中央收回书价(由中央再于津贴地方费中扣去)。至于函授讲义则按各地方预定者发出,或可虚设一《社会科学函授社》登广告招生(非同志亦可)。发行其他出版物亦以周刊敏捷为第一要义。印行部设主任一人。

八、图书馆供给同志研究主义及现实政治经济之用。凡所购书籍皆备两份,一份置北京(缓办),一份置上海。党、团及各工会之刊物至少须存四份于图书馆。以前之自己的刊物亦至少当收齐两份。国内北部同志借阅者向北京图书馆,在南部者——上海。

两图书馆各设主任一人。书目当编送各同志;同志借书当定期还书(若第一次借书过六星期不还者,第二次阅书期间即减至三星期;若第二次仍不按期还书即完全取消借书权)。书籍之保存主任员负全责,非有实不得已之原因,若书籍有遗失,主任者负赔偿之责。

九、各地方委员会中当选定一人负教育宣传工作之责,其工作之指导权除属于地方委员会外,同时直接属于教育宣传委员会。此等负地方上教育宣传专责之地方委员亦为教育宣传委员会之一员。各地方平时大会除讨论两中央一切命令(政治及非政治的)之外,尚须讨论教育宣传委员会定期刊物之政治题目,其材料即以《向导》及《前锋》为根据,得自由添加其他题目。此外,各种劳工运动刊物亦与《向导》《前锋》相等,须由地方教育宣传委员整理其中材料随时提出大会讨论。讨论此等题目之经过及结论,每月当另作一报告呈送教育宣传委员会。

十、各地方至少当组织读书会性质的马克思研究会(表面上可取任何名目)。同时可以吸收非同志。此等读书会由地方教育宣传委员组织之。读书会根本材料可用函授部之讲义。地方教育宣传委员之报告除上条所述外,必须包含关于此类读书会之成绩,其内容暂可略定如下:

(一)一月内开会讨论次数。(二)会员多少(比上月之增减数目)?(三)开讨论会到者多少人?(四)会员中同志与非同志数目之对比,及两方人数比上月之增减。(五)到讨论会之同志与非同志数目之对比及两方人数比上月之增减。(六)一月中读书会各会员所读何书?(七)此月内所读完之书有几种?(八)所讨论者为何种问题争点在何处?(九)若所讨论之问题有关于函授部讲义则是否有因此而对函授部发出公共疑问?何种疑问?是否在本地方读书会中此等问题即已解决?如何解决?大凡此等读书会之讨论必预先有一至二人预备"报告",此等主要报告人之意见大体如何,反对者意见又如何,其结果如何?(此等读书会之组织,最好每人认定函授部某几种讲义以为根据,再自由参考他书,则每月或每两星期开讨论会,必能有人预备主要报告,报告题目可在一星期前通知各会员)。

十一、各同志自由发表之文章、书籍(杂志)凡稍有政治性质者,必须送两本与教育宣传委员会存图书馆。

十二、教育宣传委员会每月至少开会一次,审查各部成绩并讨论进行方法。

编辑部当报告出版成绩——某种刊物已出几期,此月中所注重之问题何在,何故注重于此数问题。

函授部当报告函授讲义内容之大概并所答复之问题之性质数目（造统计表）。

通讯部报告一月中所编译之材料及文件——此等材料之用处，编译是否按期交到，如不能按期则何故（造统计表）？

印行部报告分布刊物之成绩，出卖品刊物之销数及收入（造统计表）。

图书馆报告新购书籍数目，所收到之赠送书报（本团本党尤为重要），借书人数，所借书之种类、册数、还书数目（是否愆期），（造统计表）。

十三、教育宣传委员会开会，至少须有下列负责办事人员或其代表人之出席：两中央各一人，五部主任各一人，但编辑部二人。教育宣传委员会当于此八人中选一书记，其常会由书记召集，一切会务文件概归书记负责保管整理。

教育宣传委员会之临时会得由任何一中央或经两部主任之要求由书记召集之。

十四、于可能时经两中央之许可，教育宣传委员会得召集全国各地方教育宣传职员会议即扩大的教育宣传委员会。

一九二三年十月【注】

【注】钟英即中央。年代是根据本年十一月第一次中央执行委员会《教育宣传问题议决案》判定的。时间是根据主件判定的。

3. 各地方分配及推销中央机关报办法

凡属本党党员，不但有购阅本党中央机关报之义务，并有努力向党外推销之义务；中局兹议定分配及推销中央各机关报办法，望各地方执行委员会责成各组组长执行之。此事关系党内教育党外宣传均极重要，希望同志们努力实行，切勿玩忽！

一、《党报》　凡正式党员均赠阅一份，阅后须否收回存诸地委，可由地委依各号报秘密程度斟酌行之。

二、《向导》　无论正式候补党员均赠阅一份，由地委向区或中央领交各组长发给。每份必须担任推销五份以上，缴纳报费有二法；（1）先缴报费由地委发给收据（此项收据由中央印发各地委应用），中央收到报费及收据存根，即照存根所开地址姓名按期发给；（2）报费统由地委完全负责，每月在中央寄给地方经费内扣算。地委汇齐各组推销数目后，即并决定缴费方法呈报中央。

三、《新青年》　每组赠阅一份，每组担任推销三份以上，缴费照《向导》办法二。

四、《中国工人》每组赠阅一份。

钟　英

一九二四年九月二十五日【注】

【注】按中央档案油印稿刊印。年代是根据本文内容判定的。

4. 对于宣传工作之议决案
——中国共产党第四次全国大会议决案

（一）

第四次大会认为共产国际关于宣传工作议决案，本党有尽可能地使之实施的必要，其中尤以党中左的右的乖离倾向之指示与宣传马克思列宁主义和各国党之布尔塞维克化之必要，更值得我们特别注意，应使之成为党中教育工作的理论的根据。

中国近几年的民族革命运动受影响于我们党的宣传工作实巨。固然，大会一方面承认因为我们党的宣传工作之努力，在全民族革命运动中，我们党的机关报《向导》竟得立在舆论的指导地位，我们许多同志亦得立在行动的指导地位；但同时大会亦承认因为党的幼稚，党的教育宣传还未切实，致使党的理论基础常常动摇不定，尤其对于民族革命理论的解释和鼓吹，《向导》《新青年》《前锋》以及《党报》中的文章，在第三次大会后竟因三次大会关于国民运动决议文的稍欠明了，同时复为防止党中左稚病起见，过于推重了资产阶级的力量，忘了自己阶级的宣传，结果遂发生了右的乖离错误。同时左倾的幼稚观念也遂因右倾的扩大而存在。中间虽经一九二四年扩大中央会议之纠正，但实际上在党内在党外毕竟没有做多少宣传与解释的工夫，故一般同志对民族革命策略上的认识，常常表现其非左倾即右倾的机会主义的色彩。这种倾向都是殖民地运动中所最难免的一偏之见，极需要我们努力与以纠正。

今后本党宣传工作的主要目标，必须根据大会关于中国民族革命运动的新审定，努力宣传民族革命运动与世界革命运动之关联和无产阶级在其中的真实力量及其特性——世界性与阶级性，以端正党的理论方向。没有革命的理论，即没有革命的运动。有了健全的革命理论，然后党的宣传工作方得依此范畴融通各部，使党员行动方有所准绳。

（二）

大会审核过去党的宣传工作有下列三要点可以批评：

一、党中政治教育做得极少，在《党报》上我们几乎很难找到教育党员关于党的政策的讨论文字，在小组会中很少有政治报告。因此，遂影响到我们党员在国民党机关报上常常有批评本党或更有不满意或误解本党政策的奇怪议论发生——这是在《新建设》《新民国》《评论之评论》《觉悟》和《平民》上可以常常看到的。

二、本党过去在职工运动中常因太偏重机关式的组织工作，竟使党的宣传和阶级教育未得输入工人群众，以致基础不固，完全经不得摧残。如"二七"工潮后京汉路的工人组织全体瓦解，各处工会运动中我们党的基础极其微小，是可以证明的。即在安源，我们工友党员固不在少数，但无产阶级的文化在群众中的实施是在最近数月才进行。

三、我们在群众中的政治宣传，常常不能深入。尤其在知识分子中，我们党员常以只能得其同情的错误观念，很少注意于共产主义理论的宣传和引导，致使无产阶级的文化在他们中间尚很少发生影响。其实，殖民地运动中的知识分子是很值得我们注意的，是可造就之革命战士。

（三）

根据上述的缺陷，大会认为党的宣传工作有重新整顿的必要，尽特具体地规定下列诸办法：

一、为使宣传工作做得完美而有系统起见，中央应有一强固的宣传部负责进行各事，并指导各地方宣传部与之发生密切且有系统的关系。中央宣传部下应有一真能负责做事的编译委员会。

二、《向导》是本党政策之指导机关，今后内容关于政策的解释当力求详细，文字当力求浅显。

三、在我们党的力量上说，现时尚不能发行许多定期刊物，故集中我们力量办《新青年》月刊，使其根据马克思列宁主义的见地运用到理论和实际方面，作成有系统的多方面问题的解释，以扩大我们宣传范围，实为我们目前急要之图。

四、《中国工人》应成为我们党在职工运动中简单明了地解释理论策略描写各地工农状况的唯一机关，并须兼顾各地方的普遍要求。

五、《党报》是我们现时秘密组织用以教育党员的最重要机关。今后当多登载党内关于政策和各种运动非公开的讨论文件。

六、中央编译委员会应努力于党内党外小册子之编译,尤其是关于列宁主义,国际政策、政治经济状况以及工人常识的材料之编辑。

七、各党员对外发表之一切政治言论,尤其是在国民党中发表之一切政治言论,完全应受党的各级执行机关之指挥和检查。

八、党的支部是我们党的基本教育机关,我们应在每次会议注意于政治报告和党的策略之解释,以及内外宣传遇有困难的报告和讨论。并且在有些支部,宣读并讲解《党报》《向导》都有必要。

九、党中教育机关除支部具其一部分作用,另外于可能时,更有设立党校有系统地教育党员,或各校临时讲演讨论会,增进党员相互间对于主义的深切认识之必要。而党的中央机关亦宜注意到统一的材料之供给。

十、在职工运动中的宣传工作,我们应切实了解其客观所具有的条件,如不识字,识字不多,不善听纯粹理论的议论,注意目前切身的实际问题,然后筹划的方案方不至难于施行。如工人补习学校,星期日补习学校,经常的或临时的讲演会,皆可视各地之需要择宜设办,但最重要的是从实际问题中灌输简明的理论知识和浅近的小册子之编辑。在重要工业区于可能时并应发行定期刊物。

十一、在知识界中以马克思列宁主义的见地传布无产阶级的文化是很重要的一件工作。中央于此,应指导各地于可能范围内设立马克思列宁主义研究会或其他临时的讲演讨论会,以扩大共产主义运动。

十二、各地方不应忽略了利用每个群众集会,实行我们广大的宣传和鼓动工作。在这种工作中,传单、小册子的内容,讲演人的口号均宜十分切合群众本身实际要求。

一九二五年二月

5. 各地方分配及推销中央机关报办法

凡属本党党员,不但有购阅本党中央机关报之义务,并有努力向党外推销之义务,前届中局曾经规定分配及推销中央各机关报办法,令各地委责成各组长办理。但各地对于此项办理,很少切实执行。兹为以后分配及推销便利起见,再规定下列办法,此事关系党内教育、党外宣传均极重要,务望各地委责成各支部书记切实执行,切勿玩忽,至要至要!

(一)《向导》从一百零五期起,每支部仍赠送一份,寄交地委分配。每支部书记必使各党员定阅并担任推销,至少每人须购阅一份(如有不能购阅情形须经支部会议许可之),缴纳报费办法有三:(1)先缴报费于地委,再由地委将报费及定阅人地址汇寄中央,中央收到此项报费及地址,即按期照发;(2)由地委将各支部购阅及推销数目报告中央,中央即按照各地所开数目按期发给,报费(照代派办法计四折或对折者)统由地委完全负责,每月在中央寄给地方经费内扣算;(3)由各地委介绍直接向上海书店定阅(定阅单上写明某地委介绍字样以便稽查)。

(二)《向导》以后每期在未印刷以前,即先打出几份用信封寄交重要区域。

(三)C. Y.【注】各支部,以后每期《向导》,每期《中国工人》,各赠送一份,寄交 C. Y. 地委分配。C. Y. 中央应令各地 C. Y. 同志尽量定阅并推销 C. P. 中央各机关报,尤其在未有 C. P. 组织地方的 C. Y. 应努力为 C. P. 推销各种刊物,并代其介绍书局或学校贩卖部为代派,借资宣传。

(四)《新青年》《中国工人》仍照旧办理,每支部赠阅一份(《中国工人》,对工人同志可酌量赠阅)。每支部应负责推销三份以上,报费缴纳照第一条第 2 或第 3 项办法。

(五)《党报》,凡正式、候补党员,均赠阅一份,阅后是否收回存储地委,可由地委依各号报秘密程度斟酌行之。

(六)为推销《向导》起见,中局已拟印一种颜色广告,不日可寄各地,各地接到此项广告时,应责成 C. P.、C. Y. 同志分送当地书铺、书摊,及前往各学校阅书报室张贴,至要!

(七)兹将中央拟寄各地刊物数目开列于左:

《向导》　《党报》

《新青年》　《中国工人》

此项数目或多或少各地接信后速复。其余临时刊物,由中央按其性质分别寄送。

中央组织部 T. S. Chen

一九二五年三月六日【注】

【注】C. Y. 系 The Communist Youth League of China 的缩写即中国共产主义青年团。年代是根据本文内容判定的。

6. 中共中央通告第十一号

（中央常委决议）

兹决定出版中央机关报，定名布尔塞维克。

（一）布尔塞维克报当为建立中国无产阶级的革命的思想之机关，当为反对资产阶级思想及一切反动妥协思想之战斗机关。布尔塞维克报并且要是中国革命新道路的指针——反对帝国主义军阀豪绅资产阶级的革命斗争的领导者，他应当做工农群众革命行动的前锋。

（二）中央常委暂决定秋白、亦农、仲夏、若飞、超麟为编辑委员会，秋白为主任。

（三）编辑委员会在中央常委指导监督之下。

（四）中央各委员都有参加编辑工作投稿布尔塞维克之义务。

（五）南、北、长江各局及各省委必须定期寄通讯（地方政治工农通讯）于布尔塞维克。

（六）布尔塞维克先分下列各栏：（各栏虽不必每期具备，但是收集投稿可以下列各栏为标准。）

一、社论。

二、国内政治。

三、外交问题。

四、国际状况。

五、职工运动。

六、农民运动。

七、国民党。

八、中国革命问题。

九、党内问题。

十、理论问题。

十一、经济与财政。

十二、方铁。

十三、妇女问题。

十四、青年问题。

十五、地方通讯。

十六、读者之声。

（七）布尔塞维克暂定为周刊。

（八）布尔塞维克之发行，由交通处负责传递。各省委务使每一支部都能按期收到阅读。各支部的同志郡应负责推销，介绍读者，收集读者之声的稿子。

（九）每一省委当指定当地若干学生同志特别责成他们推销到党外去。

（十）每一省委应于月底报告所销份数，并说明下月能销的数目。

一九二五年十月二十二日

7. 中共中央通告第二十二号
（关于出版分配的）

在现在反动势力严重压迫之下，同时在目下广大的工农群众革命高涨之中，我们党最重要的工作，就是一方坚决的去领导广大工农群众作英勇的斗争，但是一方尤应努力的作普遍和深入的盛大宣传工作，使一切工农民众明白了解国民党和一切反动势力之反革命行动，同时显示我们党对政治的立场，和一切斗争的意义。所以我们在这反动势力统治下的环境里，惟有扩大我们的宣传，才能获得广大群众来参加伟大的斗争。如其不然，我们在群众斗争中在政治生命上，都不离发生很坏的影响，尤其在一班彷徨歧路的革命群众，假使我们没有指示他们一条出路，更易有意无意的走入反动的道路上去。所以我们为整顿和扩大我们的宣传、为获得广大的群众起见，各省委都应有一严密的关于出版分配的组织，现在提出下列两点，请立即执行。

（一）（原文缺）

（二）各省委的出版分配股，应与中央的出版科发生直接的关系，对于中央的刊物收发均须有系统的发行的刊物，如须收刊费的必须向购买者切实收取刊费，否则，即在该省叠党费项下扣除。

以上两点，务须立予执行。其余关于发行的技术，以及如何能使刊物之深入群众等，则均由分配股尽可能的设法，总使刊物不致在宣传意义上失去作用为要。

中　央
一九二五年十二月十三日

8. 中国共产党第三次中央扩大执行委员会议决案
（关于宣传部工作议决案）

扩大会议看了中央宣传部报告之后，认为今后宣传工作应当赶紧整顿，宜即采取下列的具体办法。

一、出版物问题

（甲）中央政治机关报——《向导》，应当更加加增鼓动的性质，使能反映中国革命民众的日常斗争而与以指导，不可太重于分析的论述。再则，一、应再多加宣传各地工农运动的意义；二、各地政治通信都须整顿，务使每一地方重大事件都不空放过。

（乙）中央理论机关报——《新青年》，务须按月出版，适应革命的思想斗争之急需——因此，党内理论力量既然很少，必须把他们暂时集中于《新青年》（如《向导》上过于偏重理论分析的论文，北京《政治生活》上的历史的理论的文章，都可以登载于《新青年》）。再则《新青年》上须设法增加中国经济的研究及工农运动之历史的理论的论述。《新青年》上还应增加 C. Y. 问题的讨论和研究，使它成为 C. P. 及 C. Y. 中央的共同出版物。

（丙）中央通俗的机关报——《劳农》（或《工农》），亟须添设，先办月刊，以后设法改为周刊。这一机关报应当给工农群众读者以关政治的指导，须能搜集全国工农状况及其政治经济斗争的消息，登载各地方的工农通信。这种机关报的目的是使工农群众能明了全国革命斗争的状况及意义，并充分表现实际的工农生活及其斗争。

（丁）《党报》——还须改良整顿，使能集合中央各部及各地之党内生活和工作经验，以为训练同志之材料及指导。

（戊）为使中央各出版物能有定期的审查，为使我们所主持的工会、农民协会、妇女团体、青年团体的机关报能与党有密切的关系并能适当的运用策略，为使中央对于各地方的各种出版物能有周到的指导起见，必须设立一编辑委员会，由《向导》《新青年》《劳农》《党报》《中国青年》（C. Y.）、《中国工人》（全国总工会机关报）、《中国妇女》（妇女联合会机关报）等之主任编辑组织之，这委员会至少每月开会一次，报告中央及各地党的、工会的……机关报状况，加以审查。

二、部务问题

中央宣传部，在今年四月底以前，简直并未执行部务，现在应以现时所有力量积极整顿起来，务须实行下列的最小限度的工作。

（甲）设立消息课——将现有中外报纸杂志，每星期及每月编成言论及消息汇录，交给中央各部各机关报编辑处。

（乙）设立图书馆——将重要的中西书籍分类按期编成目录，并收集中央及各地一切刊物（党的、工会、农民协会、学生会、妇女会的及其他机关报，以及北京、广州、汉口、上海之有力的重要的刊物与书籍）。这等图书目录办到相当时间并应分寄我们各级机关,规定借书办法。

（丙）日常部务——（一）随时根据中央局决议之宣传动员及时局解释,拟定政局宣传大纲;（二）时常发出关于各地宣传部部务的通告;（三）与各地宣传部通信,答复他们的报告和信件;（四）依据编辑委员会决议,每月对于各地一切刊物,加以总的批评（当然仍须随时写信指导各地地方的刊物）;（五）最近期间先调查各地思想言论界得一大概后,以后每月须调查一次:我们实行了几次全国的"宣传动员",各界各派对于我们这种宣传的态度如何,对于各地地方的"宣传动员"亦是如此;（六）最近期间先调查一次各地经常的教育工作（支部中之理论及党务训练工作）之情形和方法及特别的教育工作（训练班等类的工作）之状况;以后每月须审查一次这种工作的成绩。

中央宣传部应将全国的 A、鼓动,B、宣传,C、调查,D、中央地方各种刊物的期数及其对于重要事件的论解,E、编译成绩诸项,做一书面报告于中央局。

三、编译工作问题

中央宣传部急应开始编译工作——

（甲）理论的译著,应先定一最小限度的计划,大致应当编译可以继续共产主义 ABC 的书籍。

（乙）党校的教本及普遍的党员教育的大纲:

(a)《革命常识》——中国革命中最重要问题的通俗的解释。

(b)《党务常识》——党的、工会的、学生的、妇女的……各种工作的组织宣传等方法原理之解释和论述（如支部之意义及党团之运用等）。

(c)初级党校（训练班）教授方法（实际的课目表及参考材料汇录）。

（丙）鼓动的小册子——解释第五次时局主张的极通俗的各种小册子。

（丁）各种纪念日宣传大纲汇录（如列宁、李、卢、"二七"、"三八"、"三一八"、"五一"、"五四"、"五五"、"五七"、"五卅",济难日、少年日、巴黎公社、十月革命、双十纪念、非基周、反帝周、职工追悼周、孙中山廖仲恺纪念等）,并附参考材料。

四、地方报告问题

每月各区委及地委必须按期报告,并具备下列各项（如某项无工作,亦须说明理由,报告准备开始这种工作的计划）:

（甲）每月鼓动成绩（中央性质的和地方性质的宣传动员之结果及其传单——我们的、反对派的——虽然应当随时迅速零寄,但每月应作一总合的报告和结论）。

（乙）每月宣传成绩（俱乐部研究会等理论宣传工作——广州已经可以有,其他地方则至少应利用中央理论刊物为材料,使同志在党外吸引非同志对于我们的理论注意,使他们用通信和我们讨论,地方刊物上应注意与当地各派辩论。此等工作成绩均须每月报告)。

(丙)每月总合报告地方所出各种刊物期数及当时的中心口号。——地方政治刊物应当根本上注重当地的政治鼓动和地方问题(各地党的、工会的、学生会的、妇女的……各种刊物,应按期快邮递寄中央宣传部——其相应分寄职工运动委员会、妇女部、C.Y.……者,与宣传部无关,不可以为已寄数份,便不专函寄送宣传部)。

(丁)每月报告思想舆论的调查。

(戊)每月教育成绩(支部中每月一次理论上的讨论,以试验同志在主义上了解的结果;时局讨论上每月总论党员群众对于政治的了解程度;纪律上每月总论同志间的意见或组织问题中所发现的原则上的某种倾向)。

(己)每月党校成绩(如办理各种训练班及教材、办法、成效等)。

(庚)每月总合报告中央各种刊物在当地的影响(各地同志或非同志对于中央刊物的批评或思想政策上指导的需要)。

(辛)每月总合报告当地同志对中央刊物(《向导》《新青年》《劳农》上的)政治的、理论的、工农的通信共有几篇及其目录(不论是谁做的,各地宣传部都应当报告)。

五、工农通信问题

我们的党要能知道审查群众的情绪而予以指导,必须在宣传工作上亟实行工农通信的决议。组织工农通信员的方法,大约可以有四种:

(甲)宣传部在工人中挑选能够写普通信的人,使他们随意写自己的生活情形、工作条件以及家庭状况,说出自己的感想和对于政治问题的认识等等;

(乙)宣传部挑送几个学生同志派到工人区或农村中去,笔录工人农民的谈话;

(丙)宣传部委托工委农委在群众工农区域的负责人,请他们用种种方法找这种工农通信;

(丁)罢工抗租抗税等事件起来之后,宣传部特别派人到工农区域去,或委托工委农委负责人,用上述方法去找群众对于当时事件的意见感想及通信。各地宣传部应时时注意编制工农通信的问题单子,使工人农民通信员能按照这些问题签复。

一九二六年九月

第二篇　国共十年内战时期的红色新闻法制史料

（1927—1937）

1. 中共中央通告第四号

（关于宣传鼓动工作）【注】

各级党部：

政治宣传和鼓动，乃是党调动群众领导群众兼以训练党员之必需的条件。此种工作，本党向来就没有加以适当的注意，自从第五次大会以后，中央宣传和鼓动更陷于停顿的状态，近来武汉政变，全国反动，全党的宣传和鼓动尤其减少，几乎等于零；到处只见反革命派攻击和污蔑本党的宣传和鼓动，而不看见本党的答复，更加谈不上党的主义和政策的宣传和鼓动了。这当然是本党很重大的损失之一。客观环境的恶劣固是致此损失之一个原因，但本党自中央至各级党部之忽视宣传和鼓动的工作，尤其应该担负责任，这样的忽视若不急起纠正，则将陷党于更大的损失，尤其在目前全国一切反动的势力——从张作霖代表的势力到汪精卫代表的势力——由实际上和理论上联合向本党猛烈的进攻的时候。八月七日中央紧急会议已经确定了党的新政策，为加紧党的政治宣传和鼓动起见，并为整理全国宣传和鼓动的工作成为一贯的系统起见，中央宣传部特决定下列的宣传鼓动的工作大纲并通过各级党部切实依照严密执行；

（一）对内的刊物：

一、中央常务委员会主编《中央通讯》，解释党的政策，批评党的错误，登载党员对于党内问题讨论的材料等；

二、省委常务委员会应时出版《省委通讯》，其性质如《中央通讯》，尤须注意于本省党务问题；

三、省委以下各级党部,如较大的市委或县委等,亦须出版此种对内刊物。

(二)对外的刊物:

一、中央机关报《向导》重新恢复出版,篇幅减少一半,各期每周出版一期,其性质偏重政治的分析,其他关于理论的文字,即从前容纳于《新青年》者,将来印小册子出版;

二、省委的鼓动的机关报,每个省委须筹备一种,其规模略如从前上海之《市民日报》,即大张报纸之四分之一,内容偏重本地的政治的鼓动,最好是每日出版一次(上海、汉口、广州、天津、长沙必须是日报,其他各省委或临委如力量不及,可出二日刊或三日刊)。

三、省委以下各级党部亦应在能力所及之内,筹备此种鼓动性的机关报。

(三)对内的刊物都用油印出版,《向导》及理论的小册子用铅印,各地鼓动的机关报最好是铅印,不能则用石印,再不能则油印亦可(只要能够出版)。

(四)党的出版物之分配和传播,各级党部应该认明是党的重要工作之一,各级党部应该使中央及自己对外的出版物深入普遍于广大的群众,对内的出版物,中央的须使各区委或县委至少有一份,省委以下的则各支部都必须有一份。

(五)各地对内对外的一切出版物以及宣言告民众书传单各种重要民众团体左派国民党等的宣言等,必须各寄中央宣传部每种至少三份。各省委及或临委宣传部每月至少须对中央宣传部报告一次,报告中须说及各种宣传品散布的方法发生的影响等。

(六)《向导》在秘密中印刷份数不能过多,因此上海、天津、广州须设法翻印,以便分配到就近的区域(天津——发散北方局各省,广州——南方局,上海——江浙皖)。再中央通讯系油印,须由各省委翻印。

(七)中央通告第十二号中所说的党内问题之讨论,各级党部须切实执行,并须引起许多同志做关于此种讨论的文章,投稿于《中央通讯》。

(八)各支部必须研究党的出版物。

(九)各地必须注意日常的口头文字宣传,应在当地组织宣传队,指示以许多具体方法,每日分配他们按照党所决定的宣传口号,到工人群众及一般民众中去宣传,每组须考核其成绩。

吴世荣【注】

一九二七年八二十一日

【注】本文按"中央通讯"第三期刊印。"吴世荣"即中央。

2. 中共中央通告第五十五号

（关于创办灰色刊物）

各地党部：

目前宣传鼓动工作十分重要。在一般情形说，北京已经打下，新军阀内部的冲突渐由酝酿而趋于实现，国民党四分五裂，不但发生各派的组织，并且形成了各派的思想，在此混乱冲突状况之下，正是党的深入扩大我们宣传工作的机会。在特殊情形说，对小资产阶级的宣传，尤其是目前一件重要的工作，我们自去年武汉反动以来，在理论上虽然未曾说要抛弃小资产阶级，但在实际工作上我们忽视小资产阶级的工作是事实。近日的事实证明我们以前对于小资产阶级之忽视是错误的。因为"五三"济南事变以来，我们明显看见小资产阶级一般的讨厌国民党，一般的不满意现状，一般的要求改造现状，可惜我们不能在组织上和思想上领导他们，所以此次反日运动虽影响很大，但我们党在这次运动中表现的力量则很弱。现在北京打下，所谓"统一"已经"完成"，所谓"军政时期"已经"终了"，此时国民党所发的种种"支票"，如"裁兵""裁撤苛捐杂税""恢复民众运动""国民会议"等都须"兑现"，但实际上，"现款"是兑不出的，于是从前相信这些"支票"的小资产阶级甚至一部份店员工人，这时都要感觉失望而离开国民党。最近反国民党及国民政府之刊物如雨后春笋一般的出世就是明证。我们此时若不加紧我们对小资产阶级的宣传工作，则将来将发生更险恶的效果。

为此之故，中央决定，各地党部须出版一种或以上的灰色刊物，以执行我们的宣传鼓动工作，尤其是关于小资产阶级的宣传鼓动的工作。此种刊物，江苏省委已开始刊行，广东及顺直二省须立刻办，其它各地斟酌情形办理。

这种灰色刊物的具体内容自然按各地实际情形而定，由各地党部自己讨论施行，但中央能贡献一些原则：

（一）这种刊物是灰色的，因此不能登载党的文件或论文中露出与党有组织关联的话，而应作为第三种人的口气，既非国民党也非共产党。

（二）这种刊物说话的态度，不是拿党的口气的，也不是完全按照党的政策及口号的，她的使命只在如何使小资产阶级脱离国民党的影响而投到我们方面来或力守中立。说的方法常是根据实际的事实，证明国民党的统治实在与北洋军阀相同，甚至更反动，这是消极方面的。

（三）积极方面，我们应该表示，只有工农兵的苏维埃革命，才是小资产阶级的出路——但注意，不过暗示如此并非彰明较著的鼓吹工农兵苏维埃革命。

但是我们必须明了，在反帝宣传中应有我党主张的独立宣传工作，尤其在目前小资产阶级一方面痛恨国民党反对卖国，同时又找不到一条正确出路的时候，更需有我党主张的独立宣传，以取得这些群众欢迎党的同情与倾向，因此各级党部在进行反帝宣传工作中须注意时常用党的名义发表党的主张（如单独的告工人、农民、兵士、小商人、学生、国民党员等传单宣言），设法广泛的推销党的刊物，尤其是中央出版的《布报》，如果《布报》不能多量的收到时，亦必需设法摘要翻印，在京津、上海、武汉、郑州或开封、广州、长沙、南昌或九江，济南或青岛用党或工会名义组织——赤色刊物。

以上的原则自然还不够，但中央只能指示这原则，其他须等各地自己根据客观情形去决定。各地接到此通知后，务须讨论切实办法出来，尤其是广东和顺直立刻实行，执行的结果，务须报告中央，并将党的刊物寄上几份以备审查和保存之用。

中　央

一九二八年六月三十日

3. 中共中央通知第七十二号

（中央党报通信员条例）【注】

各省委：

过去中央党报有一个很大的缺点，就是他不能反映全国的政治局势及群众斗争的情形，与各地下级党部的实际生活相隔太远。根本原因在于中央党报没有建立各省及各重要区域之切实的通信员。中央虽然一再督促，但各省委总不能注意这一工作，拖延至今，几乎使中央党报绝对的不能得着各地的任何帮助，这个现象是非常严重的。各省委应当明确的认识，若没有各地方的帮助，则中央党报绝不能真实的反映着全国的实际政治生活，必然减少中央党报的指导作用。同时，也只有在中央党报上普遍的载着各地群众的实际经过及策略，才能传达全国革命的情绪，搜集全国群众斗争的经验，而能以实际鼓舞各地的革命群众。因此，兹再向各省委正式的提出，并规定下列各条，望各省委切实的注意：

1. 各省至少必有一个中央党报通信员，由省委指定当地同志充任。若有离省距离太远的重要产业区域，或武装斗争区域，则省委必须负责在那里同样建立中央党报通信员。

2. 省委的责任,不仅在于指定通信员的责任人,而更必须负责督促通信员的工作,并加以工作上的指导。

3. 中央党报通信员每半年作一总的政治形势与群众斗争的通信,每月作一次经常的通信,在发生重要事变及严重斗争的时候,必须随时做通信。

4. 通信员不仅报告政治形势及群众斗争的事实,并必需尽量的搜集当地各种政治策略问题的观点,争论,等等,以供给中央党报的参考。

5. 通信员之通信,最好经过当地省委或宣传部的审查。最好能加以修改,若时间不足可加以附评。但无论如何,此项通信必须立刻发出,不得迟误。

6. 省委一定要注意通信员的人选,不得以不能负责的同志敷衍,到期没有通信,责任由省委负担。

这一简单的中央党报通信员的条例,自一九三〇年一月一号开始实行。各省委接到这个通知以后,必须决定具体的办法,指定通信员负责人,迅速报告负责人。

一九二九年十二月二十五日【注】

【注】本文按中央档案打字稿刊印。原件无时间,此时间是文件戳记上填写的时间。

4. 中共中央党报通讯员条例

(中共中央党报委员会订)

一、中共各省党部委员会必须负责在本省之担负党务工作同志中,至少设立中央党报通讯员一人。若在本省有其他重要产业工人区,或苏维埃区,则在其他各区中,同样必须设立通讯员至少一人。

二、省委指定通讯员之后,必须报告中央党报委员会,不仅报告姓名,并必须报告其现在所担任之他项工作。在通讯员调换工作或因其他原因不能执行职务的时候,省委必须很快地建立新的中央党报通讯员。

三、各省通讯员在开始执行职务的时候,第一次必须将各该省之整个政治经济及群众斗争状况,做一系统的通讯,以后每三个月必要再有一次。至于各地个别的重要政治事变及群众斗争,须临时通讯,每月至少有一次。

四、各省通讯员寄给中央党报委员会的稿件,最好先经各该地党部审查。但若因其他同志工作过于忙碌不能迅速审查的时候,则必须很快的将稿件寄来,不能堆压迟误。同时在传达的技术上,省委必须帮助通讯员,将稿件很快的寄交中央党报委员会。

五、通讯员的工作非常重要,各通讯员必须努力执行。同时,省委会必须负经常督促与指导的责任。

一九三〇年五月十日

5. 中共中央通知第二〇三号
——改用党报方式加强党对实际工作的指导【注】

中央为更加紧更切实的对实际工作中的指导,为更加强对党报在党的领导,中央以后对于指导的方式,决定改变过去发表极长的分析政治的通告的方式,而以党报的社论为代表中央政治局在政治上的分析与策略的指导,一切重要工作的具体指示,决以政治局的决议案来指导各级党部。各级党部必须切实而普遍的发到所有支部中去讨论执行,全体同志应根据党报的分析与指导来讨论工作,且必须纠正过去依赖和等待通告的指导之习惯。

各省委过去通告的方式,自然同样的要在这一决定下来改变。

中　央

一九三一年一二十一日【注】

【注】本文按《党的建设》第五期刊印。原件无时间,此是刊物出版的时间。

6. 中共中央政治局关于党报的决议【注】

一　在立三路线之下,党报形成一个单纯的对外的宣传品,失却其对党的工作及群众工作的领导作用。过去党报对于各种工作未曾给与指示,没有整顿各种斗争的经验,没有发展党内的讨论(自然站在国际与党的路线上的讨论),同时,文章偏于理论问题和策略问题,而不能带有最大限度的具体性,来指示实际工作尤其是关于党的组织问题党的建设问题,差不多完全没有注意到。

二　因为党报没有起领导的指示的作用,所以党员群众认为党报乃是"空谈理论"的刊物,或者是对外的宣传品,没有认识党报应有的作用,同时,直接参加实际工作的同志没有把自己的经验,整顿起来,以供献党报,来教育全党,结果,党报的工作完全落到党报的编辑身上(这些编辑又脱离群众工作)使党报不能回答一切实际工作中的问题,使理论问题的文章不能很好的连系到实际工作。

三　以后党报必须成为党的工作及群众工作的领导者,成为扩大党在群众中影响的有力的工具,成为群众的组织者,党报不仅要解说中国革命的理论问题策略问题,解说党目前的中心口号,同时要极可能的多收集关于实际工作的文章,特别是关于党的组织任务的文章,论文要带有指示文件的性质,要带极高限度的具体性,应当给与实际工作中的同志以具体的建议。同时,各级党部应当解说党报的作用,使同志来正确的认识党报,来实际的帮助党报。写文章帮助发行。

四　中央机关报是全国的最高的党的刊物,每个机关报的性质如下:

红旗日报　　中央机关报

实　话　　　中央经济政治机关报

布　报【注】　中央理论机关报

党的建设　　中央关于组织问题机关报

五　成立中央党报委员会,负责中央党报一切领导

各机关报设主笔一人,四主笔成立一中央党报编辑处

六　各省委应根据这个决议讨论地方党报的具体工作计划,执行党报工作中的转变。

七　建立中央党报的通信网,指定各地同志负责通信,写文章督促发行,及建立工农通讯员及读报班。由党报委员会起草详细计划。

八　因为印刷及发行的困难,现在应该减少刊物的数目,集中力量改善几个中心刊物,使这几个刊物的内容、印刷、发行能尽量的改善。

九　中央各机关报编委应当根据这个决议定出各报具体计划。

十　为建立党的及其他革命刊物的全国完备发行网,应当在中央,省委区委成立发行部(或科)管理整个发行网的工作。中央及各级党部应当经过党团,建立工会,青年团互济会及其他团体的自下而上的发行系统。党中央发行部负领导,监督并统计全国的发行工作。中央党报的印刷事宜由中央发行部管理。决定由现在中央组织部下的发行科起草建立全国发行网的计划,并由常委发一关于发行工作的通知,由各地党部去执行。

一九三一年一月二十七日

【注】本文按中央档案油印稿刊印。"布报"即中央机关报《布尔塞维克》。

7. 中共中央关于建立全国发行工作决议案[注]

（一）中央审查了全国发行工作状况以后，认为目前全国发行工作做得非常散漫。中央党报和各种书籍小册及其他宣传品的发行，没有统一的计划，并且多散布在上层机关，很少传布到下层组织中去，更少散布到群众中去。党的发行工作在许多地方几乎完全脱离群众，这种现象主要的是脱离群众工作的立三路线在过去党内的领导与各级党部对于发行工作不可容许的忽视所造成的结果。

（二）中央常委认为最近成立的中央出版部所指出全国发行工作的缺点和建立全国发行网的计划是正确的，责成出版部按照这种计划去切实执行：

1. 在全国各种重要中心区域建立完成发行路线，使中央各种出版物能按期依照计划中规定的数目送达各处，各处出版物能按期送交中央及彼此互相交换。

2. 建立对苏区发行工作，供给以党的和非党的各种重要书籍刊物。

3. 建立巡视制度，经由中央巡视员或出版部自派的巡视员调查某一省区的发行工作，纠正其错误，并指示其发行工作的布置方针。

具体发行计划由出版部每月制定，由中央常委批准执行。

（三）中央常委特别唤起各省委及一切地方党部的注意，必须立即成立发行部或发行员。自省委直到群众建立整个发行网，发行网的组织如下：

1. 省委发行以四人或四人以上组织之，一人专管与省委关系，其余对区委发行。各项出版物由中央发行部交到省委发行部后，须立即发行到各区区委发行部或发行员。

2. 区委发行部或发行员将省委发来刊物分发到支部的发行员。支部发行给各同志，每个党员须担负发行责任。将党的刊物发行给非党员群众。

3. 工会等群众组织中的发行由支部分派给各该组织中的党团去执行。须经过党团的建议，使每个下级群众组织亦担负发行工作，发行给所组织的群众。

4. 为督促和检查这一发行工作的实行在检查工作与报告工作中，发行工作须成为各级党部必不可缺的一项。在检查时实行按级负责制。省委不发行给区委是省委的责任，区委不发行给支部是区委的责任，以此类推。

5. 各级党部及各党员须将对各种刊物的发行数量作切实的统计递送上级，以及中央出版部作成全国的统计。绝对禁止将刊物不发给群众，堆积室内或焚烧的行为。凡被发现有这种行为者，以对于发行工作怠工看待。

6. 提倡各级党部及各党员关于发行工作的革命竞赛。

中　央

一九三一年三月五日

【注】本文按《党的建设》第五期刊印。

8. 中共中央关于加强党报领导作用的决议[注]

一、各级党部负责同志，必须经常的负责给党报担任文章，发表他对于各种问题的意见，他在实际工作中所遇到困难与所得到的经验。各级党部负责同志必须彻底了解，给党报担任做文章，实是他的实际工作中的有机一部分，与最重要政治任务之一。

二、各级党部必须立刻担负起给中央日报建立通讯网的责任。各省委各区委各支部须指定某一同志负责担任通讯网的建立，在各工厂，各矿山，各企业，各学校以至各乡村中训练出工农通讯员（党员或非党员）并组织他们。

三、各级党部负通讯责任的同志必须经常搜集并编撰各种通讯交给各自的省委，由省委直转中央日报社。在通讯网没有建立以前，省委通讯员，必须于每星期内供给中央二篇关于工农斗争的通讯稿子。

四、出版红旗日报的各省委，尤其应该迅速执行此决议。为中央日报通讯与通讯网的建立，就应该是各省红旗报的编辑部负责同志。

五、苏区通讯网建立的责任，在目前拥护苏维埃的运动中，尤其有特别重大的意义。中央责成各苏区的中央局立刻开始这一工作。

六、应特别指出那些在纸上空谈提高党报的领导作用，而实际上对党报毫不帮助的党部或负责同志。实际上同空喊反对立三路线拥护国际路线，而实际上不能在实际工作中执行此路线的实际工作中的机会主义者，没有任何的区别。中央以后在审查各级党部工作的中间，必须合乎此决议的执行程度为重要标准之一。

中　央

一九三一年三月五日

【注】本文按中央档案复写稿刊印。

9. 中共江苏省委关于党报的决议

省委讨论了中央政治局关于党报的决议以后，完全同意这一决议，并规定转变党报工作的具体办法如下：

（1）为充实中央机关报的内容，使中央机关报真能反映全党的意识，成为全党思想上工作上的领导者，省委必须发动全省同志尤其是负工作责任的同志，多注意党报的工作，积极向党报投稿（尤其是关于各种争论问题的意见，竭立纠正立三路线时代理论与实际分开，负工作责任的同志不写文章的恶倾向，各级党部必须将写文章一事列入会议的议事日程，各区委每礼拜至少要有一篇文章交省委。

（2）在另一方面，省委必须竭力纠正立三路线时代一般同志尤其是区委工作同志，不阅读党报的坏习惯，规定阅读党报是每个同志对党起码应负的责任，并应在支部中，群众中，发展读报小组的组织，以扩大党的政治影响，发展党的组织工作，各支部应经常的检阅这一工作的进行。

（3）《群众日报》为中共中央与江苏省委的机关报，江苏省委对于群众日报无论在政治上或工作上更应多负责任，群众日报的社论和本埠的斗争消息，更应该努力改善，使之真能成为下级党部实际工作的指示。

（4）《群众日报》的内容，还应该力求改善，尤其是关于下列数项：

A 苏联社会主义建设的发展和苏联工农群众的生活状况。

B 应利用苏区的一切材料，多登载各地的苏维埃运动和苏区的政治经济状况，工农生活等等，发展广大工农群众起来进行拥护苏维埃政权，拥护红军的运动。

C 文字应该更通俗化。

D 在印刷的技术上亦应注意改善，篇幅扩大后，每日须有一篇社论和一篇简短的论文，尤其要注意批评国民党以及一切反动派的文章。

（5）《红旗日报》的采访员是《群众日报》本埠消息最主要的来源，上海各级党部必须努力发展工农通信员的运动，这不但能使采访部的工作能够很好的建立起来，充实本埠新闻的内容，而且是使党报深入群众在群众中树立党报领导作用的重要工具。

A《群众日报》的采访员在各区、各区区委应视为各区工作人员之一，应竭力纠正过去立三路线时代视采访员为简单的新闻记者的错误观念。

B 区委与采访员必须发生密切的工作关系，区委应尽量设法使之了解全区的工作状况和区委在每个工人斗争中的策略，经过采访员反映到党报去。

C 上海的工农通信员在最近三个月内至少须发展到二百人，各区人数分配如下：

一　沪东——四十五人

二　沪西——四十五人

三　沪中——二十人

四　闸北——三十人

五　法南——二十五人

六　吴淞——五人

七　浦东——五人

(各区具体执行的办法,由各区区委与采访员共同计划进行。)

D 外县县委必须指定同志经常向《群众日报》作通信。

(6)发行工作在目前必须很快的整理起来,在这里必须坚决纠正过去立三路线时代轻视发行工作的错误。规定发行党报与党内其他刊物是每个同志应负的责任,在支部内必须经常的检查这一工作,建立全江苏特别是全上海的发行网是目前江苏发行工作第一等重要的任务。发行部必需在最短时间,使每个党员都执行阅读党报,发行党报的工作。关于群众订户的发展,各级党部更须有计划的进行(详细计划由发行部另定)。

(7)各级党部得到这一决议后,应立即讨论和规定对党报工作具体转变的办法。

一九三一年三月八日

第三篇　抗日战争时期的红色新闻法制史料

(1937—1945)

1. 中共中央关于党报问题给地方党的指示

由于过去党处在长期秘密工作之下,不能发行全国性党报,因此对于党的各项政策只能靠秘密的油印刊物传达,这样就养成同志们不了解党报的作用。在今天新的条件之下,党已建立全国性的党报和杂志,因此必须纠正过去那种观念,使每个同志应当重视党报,读党报,讨论党报上的重要论文。党报正是反映党的一切政策,今后地方党部必须根据党报、杂志上重要负责同志的论文当作是党的政策和党的工作方针来研究。在党报上下列几种论文:(一)《新华日报》上的社论;(二)《新华日报》《解放》《群众》上中央政治局负责同志的文章,必须在支部及各级委员会上讨论和研究。

各地方党部应当尽一切力量来帮助《新华日报》,以达到加强报纸与群众的联系。(一)每个支部应有一份《新华日报》,每个同志应尽可能定一份《新华日报》,并帮助推销和发行;(二)帮助建立通讯工作;(三)帮助建立读者会。各地方党部应把这通知给每个支部每个党员知道,并讨论具体执行的办法。

一九三八年四月二日

2. 中共中央关于建立发行部的通知

为了适当的散发、分配与推销党的各种出版物,统一对于各种发行机关的领导,打破各地顽固分子对于本党出版物的查禁与封锁,研究各种发行工作的经验,中央特决定:

(一)从中央起至县委止一律设立发行部,必要时区委亦应设立发行部,支部委员会设发行干事,地委以上发行部除部长及必要的干事外,得依工作的需要,设立巡视员若干人。

(二)发行部下有必要时可成立发行委员会,吸收各种发行机关的负责同志参加,以发行部长为主任,经常讨论发行工作中的各种问题。

(三)各级党委应动员一批有发行工作经验的同志担任发行工作,并注意于培养此类发行工作的干部,不宜轻易调动他们的工作,以求得专门化与熟练。

(四)发行部应与在本党领导下的各种交通机关的负责同志取得密切联系,后者在接到发行部交来的出版物后,应尽量保证党的刊物的迅速传递。

(五)各级发行部应依照各种不同的环境,建立公开的、半公开的或秘密的发行网。

(六)各级发行部直接受同级党委之领导,但上级发行部应经常给下级发行部以工作上的指示,检查其工作,下级则应经常给上级做工作报告。

一九三九年三月二十二日

3. 中共中央关于交涉《新华日报》继续单独出版给南方局的指示[注]

A. 国民党以各报联合出版办法,取消《新华日报》的出版,对我们党的政治宣传和政治影响,是一个大的打击。你们未征求中央书记处意见,即同意停版,实属政治上一大疏忽。现提议你们公开向国民党说明《新华日报》是代表共产党的言论机关,与其他报纸不同,坚持《新华日报》继续单独出版的权利。

B. 《新华日报》暂未恢复出版期内,望你们努力,充实和扩大群众的内容,不仅将过去新华专论一类的论文登载,且须有系统的刊载我党及八路军新四军各边区情形的通讯和消息,同时,尽量翻印和发行《新中华报》(从本期起,我们寄《新中华报》纸版给你们)。

C. 请将交涉《新华日报》继续单独出版情形,随时电告我们。

中央书记处
一九三九年五月十七日

【注】本文按中央档案电报手抄稿刊印。

4. 中宣部关于《中国青年》的通知[注]

(一)《中国青年》是党所领导的青年刊物,最近它的编辑方针改变了,主要的成为青年干部在理论、策略、工作、和文化生活各方面的学习刊物。又因为党的中级干部的最大多数也是青年,又因为党也没有其他更适当的中级学习刊物,所以《中国青年》也就是党的一般中级干部的学习刊物。

(二)为使《中国青年》能够完成它的二重任务,必须继续提高它的编辑质量,加强和扩大它的推销发行。希望大家多向它投寄帮助中级干部各方面学习的适当稿件,希望一般中级干部多注意阅读它,并经常向它提出关于学习上的问题和关于它的内容上的意见。

(三)《中国青年》的地方版和各个地方的青年刊物,也应该尽可能的以帮助各个地方的青年群众、青年学生、小学教师和一般下级干部的学习为中心。青年组织的基本责任在教育,因此青年刊物的基本责任也就在成为帮助干部教育和国民教育的武器。

一九四〇年十月二十二日

【注】本文按《共产党人》铅印稿刊印。

5. 中共中央关于调整刊物问题的决定【注】

(一)由于目前技术条件的限制,与某些书籍小册子的急于出刊,决定《中国青年》《中国妇女》《中国工人》自四月起暂时停刊,以四个月为期。在停刊期内,关于这些方面的指导性的文章,分别登载在《解放》与《共产党人》上面。

(二)扩大《解放》编委。决定由下列诸同志组织之:洛甫、博古、亮平、伯达、杨松、一民、乔木、蒋南翔,仍由洛甫负总责,亮平为编辑主任。

(三)扩大《共产党人》编委。决定由下列诸同志组织之:洛甫、邓发、罗迈、李富春、王首道、冯文彬、孟庆树、方强、陈正人。由洛甫同志负总责,罗迈为编辑主任。

(四)中国文艺亦停刊四个月。在停刊期内,将关于文艺理论与文艺创作的文章,登载在《中国文化》上面,约占一半篇幅。《中国文化》编委由下列同志组织之:艾思奇、周扬、丁玲、张仲实、范文澜、肖三。由艾思奇负总责。

(五)责成中央出版发行部将各停刊杂志省出的字数,用在书籍及教科书的印刷上;并准备条件,在四月后仍能使停刊杂志复刊。

(六)责成各停刊杂志的负责同志向有关同志进行暂时停刊的解释工作。

一九四一年三月二十六日

【注】本文按中央档案复写稿刊印。

6. 中共中央关于出版《解放日报》等问题的通知[注]

五月十六日起，将延安《新中华报》《今日新闻》合并，出版《解放日报》。新华通讯社事业，亦加改进，统归一个委员会管理。一切党的政策，将经过《解放日报》与新华社向全国宣达。《解放日报》的社论，将由中央同志及重要干部执笔。各地应注意接收延安的广播，重要文章除报纸刊物上转载外，应作为党内学校内机关部队内的讨论与教育材料，并推广收报机，使各地都能接收，以广宣传，是为至要。

一九四一年五月十五日

【注】本文按中央档案电报手稿刊印。

7. 中共中央关于统一各根据地内对外宣传的指示

中共在全国以至全世界所占的重要地位，中共每一负责同志和领导机关之一言一动在全国以至全世界所发生的巨大影响，政治形势之紧张，敌人谋我之尖锐，党派斗争之激烈，都要求我党统一对外宣传及采取慎重处事的态度。从近几月中各根据地的广播与战报看来，我党的对外宣传是不适合于这个要求的。特别应引起我们注意的，是许多违反党的政策与中央指示的言论之公开广播（如另立中央政府的主张，马日事变的估计，陈团起义的发表，仇货充斥的自白等），与各地对外宣传工作中独立无政府状态的存在。这种全世界任何国家政党所没有的极端严重的现象，如不迅速纠正，对党对革命必有很大危害。因此中央决定：

（甲）一切对外宣传均应服从党的政策与中央决定，各中央局、中央分局、省委、区党委负责同志的公开发言，尤应严格遵守此原则。各军事领袖不得军委许可不准公开发表有关全国性的意见。凡牵涉到全国性意义的重要政治事变，任何中央局、中央分局、省委、区党委负责同志及任何军事首长，在中央未指示前，不得公开发言，以保障全党意见与步调的一致。

（乙）一切对外宣传工作的领导，应统一于宣传部。宣传部应负责立即停止在这方面的无监督无政府的现象，中央局、中央分局、省委、区党委应经常检查这一工作，并加强其领导。

（丙）各地方报纸下的通讯社，应成为对外宣传的重要机关。广播台及起广播台作用的战报台，应划归通讯社，并设立广播委员会专门负责广播材料的审查编辑，并由宣传部指定一政治上坚强的同志领导之,并经常检查其工作。

(丁)各地应经常接收延安新华社的广播,没有收音机的应不惜代价设立之,各地报纸的通讯社,应有专门同志负责接收与编辑的工作,应同延安新华社直接发生通讯关系,并一律改为新华社某地分社。关于电台广播内容与广播办法等,应受延安新华社之直接领导。

(戊)各地报纸应经常发表新华社广播,其他根据地的广播的登载与否,应根据本决定第二项来审查处理,无选择的登载是不允许的。

中央书记处
一九四一年五月二十五日

8. 中宣部关于电台广播的指示

电台广播是各抗日根据地目前对外宣传最有力的武器,为加强这一工作,除必须立即执行中央五月二十五日的指示外,望即实行下列各点:

(一)广播内容应以当地战争及政治、军事、经济、文化教育等各方面的具体活动为中心,并以具体事实来宣传根据地的意义与作用。

(二)广播材料应力求短小精彩,生动具体,切忌长篇大论,令人生厌的空谈。

(三)广播均应采用短小的电讯形式,每节平常以三百至五百字为适当,至多不得超过一千字,当地负责同志的讲演与论文,如有特别重要意义的,应摘要广播,至多亦不得超过一千字。

(四)每节电讯应一次广播完结,不得拖延时日,至多不得超过两天广播的时间。

附:中宣部关于电台广播问题给北方局彭左罗电

北方局彭左罗:

据新华社广播委员会称:

(甲)华北电台每日就广播的新闻电讯有下列缺点:

(一)电讯的大部分为华北《新华日报》社论,每次均照全文广播,占去了广播时间字数的大部份。

(二)每逢纪念节日华北电台所播送的大部份系首先在纪念会上的讲演全文,又占去了广播时间的大部份。

(三)为我们及各方所需要的关于根据地民主设施及经济建设等情形华北电台很

少反映。

（四）八路军战报华北电台系采用集中拍发的结果亦因电报太长不能全文收到，而且时间亦耽搁太久，变成旧消息。

（乙）现在我们所收到的国内消息太少，因中央社所广播的并不多，且因受汉奸电台之扰乱，有许多译不出，故以后华北电台应注意：

（一）集中力量用短篇电讯方式，多广播地方新闻，而且应为华北电台广播主要内容，《新华日报》社论不要广播，纪念日多播出当地活动情形，首长演说如需广播，亦须摘要发出，以不超过千字为度。

（二）八路军战况应采用中央社方式，按逐条电讯广播，使新闻不失时效，收听容易。

（三）禁止长篇论文讲演与通讯，因按现在的情形，电台电力太小，较短的电讯收到容易，且少错误，长篇大论的均难收齐，收齐了也并不清，同时又妨碍了短篇电讯的发出。例如近数日来，华北电台广播了一篇七千余字的长文，每天发一二千字，现在我们仍未收齐，故不知是专论抑为社论，而自二十三日起，华北电台又再重发一次，但按现在情形，即使再重发一次，亦不易把全文收到，可是因此至少有十天华北电台便不能广播更多的地方新闻和八路军及华北（特别是晋南）的战况了。等语，望转告《新华日报》及各有关同志加以改正为要。

中央宣传部

一九四一年五月二十五日

9. 中宣部关于各抗日根据地报纸杂志的指示

（一）近年来，各抗日根据地尤其是华北，报纸、杂志在种类上和数量上有很大的发展，大都起了一定范围中和一定程度上的作用。但大多数报纸杂志，显示出分工不明，彼此重复，数量多而质量差，形式铺张而内容贫乏的严重弱点。编辑、出版、发行的制度也尚不完善。今后各根据地党的领导机关，尤其是宣传部门，须依据此指示努力改进党的和党直接领导下的报纸杂志的工作。

（二）为了提高质量及合理的使用人力物力，各根据地的报纸杂志，一般的应集中力量办好下列几种：

1. 中央局、中央分局和地域上有独立性的区党委（如晋西北），可办一种政治报纸

（三日刊、隔日刊或日刊），作为党及党所领导的军、政、民的共同言论机关。它的读者对象不是文化水平很低的广大群众和普通党员，而主要是区级以上的干部、小学教员与一般知识分子，它的任务在于及时的报导时局的动向，具体的解释党、政、军、民各方面的政策，具体的反映当地的各种情况与实际工作，尤其是每个时期的中心工作，并指导之。

2. 上列机关可办一种政治杂志（月刊），其读者对象与上相同。它的任务是：论述国内外重大的时事政治问题，系统的深入的解释党、政、军、民的各种政策，反映当地各种情况，总结工作经验，宣传马列主义，用马列主义解释中国历史与现状，并指导干部的学习。

3. 上述机关可出版一种党内刊物（月刊），其读者对象为区级以上的党的干部。它的任务是在不妨碍党的秘密工作的原则下，着重于党的建设、党的教育、党的政策之党内的传达和解释，及各种实际工作之党内的检讨等。

4. 上列机关可出版一种在党指导下的综合的文化文艺性质的杂志，作为各种学术研究与文艺活动的理论的和实践的指导刊物，及文艺作家发表作品的园地。

5. 各边区可以出版一种作为社会教育工具的通俗报纸（如晋西北的《大众报》，及陕甘宁的《群众报》），其读者对象是广大的群众和普通党员，它担负着政治的、社会的、科学的和大众文化的有计划的启蒙任务。作为群众鼓动的画报可以附属在这种通俗小报之内。

上述五种，第一种及第五种是必须办的，其次是举办第三种，第二第四两种须依人力物力来决定，不要勉强凑数。

6. 大的地委和专区，有必要时，也可以出版通俗性的地方小报，作为当地问题的鼓动机关。

7. 某些地委或县委出版的支部小报，应作为有计划的党员教育的补助教材，而纠正无计划的凑篇幅的现象。

（三）一切报纸杂志，必须依据自己的性质与任务，力求质量的提高。为此，在内容上必须注意：

1. 掌握党中央的政策与党的原则，为它们的贯彻而进行各方面的斗争，防止任何违反政策与原则的言论。

2. 反映现实，反映当地社会情况与工作情况，反映大众呼声，依此来进行自己的宣传鼓动工作，极力纠正那种主观的、表面的、教条的、公式主义的、无的放矢的和空谈的缺点。

3. 善于使用批评的武器，表扬各种工作中的成绩；揭发其错误。但在表扬与揭发时，都必须是实事求是的老实态度，纠正那种夸大、铺张、虚伪、掩饰的恶劣作风。

4. 力求内容充实，具有多方面性，改正空虚、单调的毛病。

（四）各种报纸杂志，在技术上，一般的应力求文字的生动简明，编排的活泼明显，标题的明确有力，印刷的明洁精良等应有改善。

（五）建立和健全编辑、通讯、出版、发行的组织及工作：

1. 每种报纸杂志都须建立编辑委员会，挑选政治上得力的干部来负责，政治报纸还须设立由党、政、军、民各方面代表参加的社论委员会，以统一各种报纸杂志的社论。同级党委的宣传部负责人应直接负领导之责。

2. 政治报纸须设立健全的通讯社和无线电收发报机关，特别注意延安新华社的广播。一切报纸必须有自己普通的通讯网，足够的通讯员和特约记者，由通讯社管理之。

3. 中央局、中央分局及独立工作的区党委，须争取有铅印厂，其它区党委和地委亦必须争取有石印厂。

4. 建立发行网及同读者有联系的发行工作，废止非党内刊物的赠送制度，克服发行工作中与读者脱离及迟缓、不经常的现象。

5. 建立党外读者会和党内的读报制度。

（六）无论在编辑、通讯、出版发行方面，都须有足够的有专门修养的干部，党的组织必须努力搜集这类干部，并有计划的培养这类干部。在高级党校中可设立新闻班来训练这类干部。

（七）报纸杂志的领导，应统一于党的宣传部。宣传部应经常的检查和讨论该项工作。下级的报纸杂志应送上级宣传部审查。党的委员会及主要负责人应定期的直接检查宣传部此项工作并加强其领导。

（八）在抗日民主原则下应允许其他党派或非党人士出版报纸杂志。党应经过当地政府给以监督并经过自己的党员给以良好的影响。

一九四一年七月四日

10. 中共中央政治局关于给《解放日报》写稿与供给党务广播材料的决议【注】

同意毛主席指出今后《解放日报》应从社论、专论、新闻及广播等方面贯彻党的路线与党的政策,文字须坚决废除党八股。并决定由中央各部委(中央同志在内)及西北局每月供给广播新闻消息一件,写社论或专论一篇。

同时中央各部委局及西北局每月供给党务广播材料一篇(以一千五百字为适宜),交书记处办公厅。

一九四二年一月二十四日

【注】本文按中央档案复写稿刊印。

11. 中共中央关于加强对晋东南通讯社广播的控制问题给彭德怀同志的指示【注】

彭德怀同志:

晋东南新华社关于电请阎锡山移驻我区及袁晓轩问题的广播,我们认为不妥当,因前一个电报使阎锡山难堪,后一电报则会挑起国民党宣布袁系自首。请今后加强对晋东南通讯社的控制,执行中央去年电令,除各根据地地方战况及地方情况报导外,凡带有关系全国、全党、全八路军性质的文件电文必须事先征求中央同意,否则一律不准任意广播。

中央书记处
一九四二年四月一日

【注】本文按中央档案电报手抄稿刊印。

12. 中共中央关于根据地统一对外宣传的第二次指示【注】

去年中央曾电令各地党政军负责同志对带有全国、全党、全八路军、全新四军性质的文件、电文、讲演,必须事先征得中央同意,否则一律不准任意发表与广播。近来仍有个别地方未遵照此电令,有碍政治步调的齐一,望各地负责同志对通讯社及报纸严加约束。

一九四二年四月一日

【注】本文按中央档案复写稿刊印。

13. 中央书记处关于报纸通讯社工作的指示

各中央局、各分局：

最近一时期内各地宣传曾发生若干不适合目前党的政策的事件，例如新华社太行分社，发表参政会通电主张召集国是会议，山东分社发表东北军一一五师反对国民党人员的通电，苏北分社发表反对国民党的新闻，晋西北分社发表某友军致新军五周年纪念贺电（足以影响友军之地位），均是和我党目前政策不适合的。查各地中央局、中央分局对当地通讯社工作及报纸工作注意甚少，对宣传人员及宣传工作缺乏指导，尚不认识通讯社及报纸是革命政策与革命工作的宣传者组织者这种伟大的作用，尚不懂得领导人员的很多工作应该通过报纸去做。西北中央局已经发表了一个关于报纸工作的决定，各地亦应仿此办理，改正过去不讨论新闻政策及社论方针的习惯，抓紧对通讯社及报纸的领导，务使各通讯社及报纸的宣传完全符合于党的政策，务使我们的宣传增强党性，拿《解放日报》所发表的关于如何使报纸增强党性的许多文件去教育我们的宣传人员，克服宣传人员中闹独立性的错误倾向。

一九四二年十月二十八日

【注】本文按中央档案原件刊印。

14. 中共中央办公厅关于党务广播问题的通知

根据过去一年来党务广播的检查及各地反映，证明党务广播对全国工作的帮助是很大的。在某种意义上说，党务广播比办一个党内刊物的作用还大。因为在目前情况下，中央对全国党的领导、最迅速而有效的方式，除公开广播之外，就要靠机要电讯和党务广播。"党务广播是为帮助各地了解党的动向，掌握党的政策，交换各地工作经验，推广党内教育而设立的"，可是我们过去的工作还做得不好，曾因特别原因停止党播三个月，在九月间恢复党播后，又因忙于整风学习和参加边区高干会，党播稿件缺乏，以致五个月中只播了二十五个文件，党播工作的数量质量都比以前差了。这里一方面由于我们主观的努力不够，另方面中央各部委除党务研究室、总政及某些部门能供给稿件外，还有许多部门没有执行过去政治局"各部委每月至少须供给一篇党务广播稿件"的决定，这说明各部委还未严重注意利用党务广播去加强对全国工作的领导。最近恩来同志要求建立对重庆及南方党的专门广播(要求每日专对重庆播送新闻及宣传教育材料)。除公开广播材料由新华社负责(由博古同志负责)外,党内材料由办公厅负责,为此,根据中央决定要求中央各部委(中宣部、中组部、中统部、工、青、妇各委)除切实执行过去中央政治局会议决定,每月至少须供给一篇稿件外,对下列几个材料来源较多的部分,应多负责供给稿件,特分配如下:

(一)党务研究室——由王若飞同志负责,每周一篇(每篇一千五百字左右),主要内容为党在各个时期的各种政策的经验总结或参考材料。

(二)参谋部——由叶剑英同志负责,每周一篇,主要内容为反蚕食斗争、军事经验、精兵简政、军队建设、民兵建设等。

(三)总政治部——由舒同同志负责,每两周一篇,主要内容为军队各种政治工作的经验教训等。

(四)情报部——由肖立同志负责,每二周一篇,主要内容为敌伪动态、友党、友军动态、敌占区情况等。(从书报简讯中可以编辑一些材料)。

(五)西北局——由贾托夫同志负责,每周一次。主要内容为边区党的各种政策和工作的总结,如经济建设、教育工作、民主政治、群众运动等。

党务广播稿件内容要力求具体精彩,文字力求生动简明。凡非正式文件,经本人研究整理后写成的稿件,由办公厅酌给稿费。

中央书记处办公厅
一九四二年二月十七日

15. 中央书记处办公厅关于收听党务广播条例的通知【注】

(一)中央党务广播是为着帮助各地了解政治动向,掌握党的政策、交换各地工作经验,推广党内教育而设立的。

(二)根据过去四个月来,党播工作的经验,证明党务广播比办一个党内刊物的作用还要大(因刊物常常失掉时间性,而且不易送到)。因此决定今后更要推广和改进党播工作,扩大接收党播的范围,发挥党播工作的应有效能。

兹特重新规定收听党务广播条例如下:

甲、收报规定:

(三)各中央局、中央分局、区党委、军队各战略单位等,已往接收党务广播者,仍须照旧收听外,凡属困难送达的单独行动部队(如单独行动或驻地较远之旅团)及各区党委、地委,而设有电台者,均可接收。如电台工作太忙无法接收者,最好能专设收报机,按时收听。

(四)每次播送,仍按过去规定,一般只重发一次,即早晨拍发一次,晚间重复一次,各地须按时收听(如播送时间、呼号、波长、密码改变时另有通知)。

(五)除没有补助台之各大战略单位,因特别重大原因而未收听者,可酌量情形补发外,其余一律不补发,其他各台如因故未能收到者,可向邻近收听党播之电台索取。

乙、使用办法:

(六)各地收到党播文件时,须选择其与党政军民学各部门工作有关者,立即抄发各部门,一般的可作为党的内部文件或材料在党内刊物上发表。没有党内刊物的地方,可单独印发,供给县委、区委及营级党的干部阅读。【注】

(七)无论在党内刊物上发表或单独印发时,均须加以编辑整理,并修改文字。

(八)大后方与敌后方,只能口头传达,以免妨碍当地秘密工作。

丙、回报制度:

(九)对党播工作意见及各地收到的处理情形,限每月底由各该地区党委以上,军队各师及独立支队以上的负责同志向直属回报一次。

(十)收到情形,限每半月,由各该机要科负责向中机回报一次。

此条例凡不能到达之地区,由各直属上级转发。

一九四二年三月十八日

【注】此处规定的阅读范围,于1942年4月15日,由中央书记处办公厅发出通知修正:"关于党务广播条例中(乙)项六条中规定之发至区级党的干部阅读,现估计区级干部一般看不懂此项文件,而且环境变动容易遗失,故现改为发至县级党的干部为止。望转知所属。"本文根据中央档案原件刊发。

16. 中共中央宣传部为改造党报的通知

(甲)报纸是党的宣传鼓动工作最有力的工具,每天与数十万的群众联系并影响他们,因此,把报纸办好,是党的一个中心工作,各地方党部应当对自己的报纸加以极大注意,尤应根据毛泽东同志整顿三风的号召,来检查和改造报纸。

(乙)报纸的主要任务就是要宣传党的政策,贯彻党的政策,反映党的工作,反映群众生活,要这样做,才是名符其实的党报,如果报纸只是或者以极大篇幅为国内外通讯社登载消息,那末这样的报纸是党性不强,不过为别人的通讯社充当义务的宣传员而已,这样的报纸是不能完成党的任务的。如果各地党报犯有这样毛病,就须立即加以改正。

（丙）要使各地的党报成为真正的党报,就必须加强编辑部的工作,各地高级党的领导机关,必须亲自注意报纸的编辑工作,要使党报编辑部与党的领导机关的政治生活联成一气,要把党的政策,党的工作,抗日战争,当地群众运动和生活,经常在党报上反映,并须登在显著的重要的地位,要有与党的生活与群众生活密切相联系的通讯员或特约撰稿员,要规定党政军民各方面的负责人经常为党报撰稿。

（丁）党报要成为战斗性的党报,就要有适当的正确的自我批评,表扬工作中的优点,批评工作中的错误,经过报纸来指导各方面的工作。在党报上可以允许各种不同的观点的论争,可以容许一切非党人士站在善意的立场上对我们各方面工作的批评或建议的言论发表。另一方面,要有对于敌人的思想的批判。

（戊）各地党报的文字,应力求通俗简洁,不仅使一般干部容易看懂,而且使稍有文化的群众也可以看。通俗简洁的标准,就是要使那些识字不多而稍有政治知识的人们听了别人读报后,也能够懂得其意思。

一九四二年三月十六日

17. 中宣部对各地出版报纸刊物的指示[注]

各中央局、中央分局及各有关区党委：

敌后环境,日趋严重,扫荡频繁,物质困难,在报纸宣传工作上,亦有适应环境,贯彻党的精兵简政政策。为此有下列提议：

（一）每一战略根据地可以出版一种四开的二日刊或三日刊,刊载国内外重要新闻及本地区新闻,将重点放在后者,以增强对于本地区工作之指导推动作用。日刊及同时数个报纸之存在,徒耗人力、物力,在目前环境内是不适合的。

（二）报纸发行以各该地区之不受敌人封锁阻隔的基本地区为主,使用大批人力财力,去组织通过封锁线的发行网是不必要的,对所属地区之指导及新闻报道除给新华总社广播,各地区对于自己根据地范围内,可有本地新闻,社论等等广播,但亦应力求精简。

（三）新华分社与当地日报社在组织上可以合一，分社即以报社之材料择要供给总社，分社应以收听总社广播为主。环境较好的地区或可兼收中央社消息，遍收各国广播的办法是浪费的。

（四）关于报社通讯社，党委应加强领导，切实掌握西北局通过之关于《解放日报》决定，可作各根据地的一般原则。

（五）对敌伪宣传应以传单，不定期印刷物为主，不必办专门的定期刊，杂志应尽量减少，书籍应以供给中级干部教育用者为主。

（六）对于报纸工作人员之物质待遇应较优厚，注意其保健工作。

中央宣传部
一九四二年十二月十日

【注】本文按中央档案手抄稿刊印。

18. 中宣部关于《新华日报》《群众》杂志的工作问题致董必武电

董老：

对《新华日报》有如下意见，请考虑：

（一）《新华》在险恶环境下想出许多方法奋斗，并保有今天的销路，是有成绩的。但既是党报，则环境若何困难，总不要违背党的方针。七、八、九月，党对反共高潮严厉反击，而《新华》却大捧林森、宋子文、苏州反省院长，一县一机与所谓两年实行宪政，这是失掉立场的。即在平日，对蒋介石、国民党亦不应人云亦云，经常头条大题，使国共在群众中无所区别。对反革命私货，尤须提高警觉，如捧反省院文章，即须研究来源责任，使编辑部养成清醒严肃态度。

（二）在大后方思想斗争的中心任务不是党的自我批评，而是反对大资产阶级反动派。为此在政治上应着重宣传德日及附庸国家法西斯的反动，苏联与欧美人民及进步人士反法西斯的斗争与言论（除塔斯社稿外还可自编新闻，对路透、合众则须有择别）。宣传边区、华北、华中的战争与生产，宣传孙中山的进步方面，现在《新华》《群众》对这些可能办法的重视是不够的。在思想上应宣传唯物论、唯物史观（不是其名词，而是其精神）与为群众服务的人生观。应根据毛泽东同志新民主主义论、改造学习、整顿三风、文艺座谈会讲话等文件精神，联系世界、中国的现实与青年立身处世问题，写成有系统的亲切通俗通得过审查的文章和小册子，来战胜蒋介石、陈立夫、冯友兰、朱光潜、加内基、马尔腾辈的乌烟瘴气。现在《新华》《群众》未认真研究宣传毛泽东同志思想,而发表许多自作聪明错误百出的东西,如×××《论民族形式》、×××《论生命力》、×××《论深刻》等,是应该纠正的。民族形式就是人民的形式,与革命内容不可分,大后方很多人正利用民族口号鼓吹儒家与其他复古独裁思想,故党的报刊与作家对此更须慎重,不可牵强附和。

(三)我们的报纸必须是群众性的,这是我们与资产阶级、小资产阶级的原则区别。现在《新华》统治阶级新闻与知识分子议论太多,应有一个大转变,多登反映群众生活各种侧面的东西,多登能适应群众各种日常需要的东西,多登群众自己写的各种东西(但要力避与他们通信),这些材料应力求通得过审查,并尽可能逐渐增加其分量,使人民觉得这究竟是自己的报纸。《联共党史》第五章《真理报》经验虽不能硬搬,但应学习其方向。

(四)以上意见请先在领导同志中研究,如同意则请据此作详细检查与具体改革计划,然后在全体工作人员中展开讨论。

中央宣传部

一九四三年十一月二十二日

19. 中共中央西北局关于《解放日报》几个问题的通知

去年九月西北局发布"关于《解放日报》工作问题的决定",明确地规定"各级党委要把帮助与利用《解放日报》的工作,当作自己经常的重要业务之一"。自从这个决定发布以来,各地党委对于党报工作已有很大的注意与进步,特别自组织部长会议和高干会议以后,各地党委许多负责同志,为党报写文章,供给各种材料,帮助各地通讯员工作,为党报提供意见等等。这些对于《解放日报》内容的充实,对于解释和宣传西北局的政策,及其在各地执行的情况,均有了显著的成绩:这不仅改善了党报的内容,而且也使它对于党的工作,更加起了推动和组织的作用(如最近的生产运动),这是半年来我们在党报工作方面的收获。但是必须指出,各地党委对于《解放日报》的帮助和利用,还是不够的,还没有真正达到把它"当作自己经常业务之一",还缺乏有系统的利用党报来指导自己地区的工作,还缺乏经常的把自己地区的工作方针和动态,及时的在《解放日报》上反映,使《解放日报》对于边区工作,更能起"集体的宣传鼓动者和集体组织者"的作用。因此,半年以来,《解放日报》关于边区工作方面的内容,虽有显著的进步,可是它还存在着不少弱点，其中最主要的，就是对于各地情况的报道，还嫌不够具体和深刻，多未能做到对于一项工作坚持的有系统的报道，往往是有头无尾的。如对于各种政策的执行，各种运动和工作的进程，开始如何计划和布置，进行中有些什么困难，怎样克服困难，有些什么典型例子，犯过一些什么错误，有些什么可取的经验，足供大家借鉴等等，都还反映得不够。要补正这一弱点，不是仅仅《解放日报》工作同志的努力所能奏效，而必须依靠边区全党同志，特别是各级党委的负责同志的力量，才能进一步的贯彻去年九月西北局"关于《解放日报》工作问题的决定"。为此特决定下列各项具体办法，希各地党委切实执行：

（一）各级党委负责同志，应当经常向《解放日报》投稿。不但要学会写文章，把工作中可以公开发表的经历和经验，写成专文，在报上发表，而且要学会写电讯，写消息，这就是利用党报来指导工作的一个重要办法。在最近曾在报上发表文章的各地负责同志中间，有好几位过去对于写作是缺乏信心的，可是在为党报写了几次文章以后，他们的信心大大提高，而对写作发生了兴趣，可见为党报写稿，不仅对于工作有好处，而且对于自己的写作能力的提高与养成习惯，也有好处。以后地委及县委委员凡有相当写作能力的，均应每两月至三月为党报写专文一篇，通讯一篇，每半年由《解放日报》社将各级党委负责同志为党报写作的成绩，汇交西北局，以为考核之依据。

（二）地委应加强对《解放日报》通讯处的指导。过去有些通讯处（如在绥德的），一方面与报社相离颇远，检查为难，另方面在当地自成系统，对党的组织闹独立性。以后此种现象必须纠正。以后除了通讯处的一般业务指导和人员调动仍归《解放日报》社负责外，地委应负责指导通讯处在分区的具体采访计划，检查它的日常工作，指导通讯处人员的党的生活，并负责解决通讯处的物质供给；同时审查他们向《解放日报》发出的每一重要稿件，并在这些稿件上签字，但应防止怕批评与暴露自己缺点的现象。通讯处通讯员所搜集的材料，如与地方负责同志意见不合，亦可将地方负责同志不同意见附注寄交西北局及《解放日报》社以备查考。目前各通讯处人员有补充之必要，各分区应选派一党性强，熟悉地方情况及具有相当写作能力的同志，来领导或加入通讯处工作。各地委须于四月三十日以前决定人选，报告西北局，经西北局批准和《解放日报》同意后，即可开始工作。

（三）各级党委应负责整顿各地通讯员。《解放日报》现在各地的通讯员，良莠不齐，未经审查，这是党报的一个严重漏洞。为了补正这一漏洞，和保证消息及通讯之正确性,各地通讯员应由地委及县委严密审查。通讯员的条件:凡政治上没有问题(可以是党员或非党员),有起码写作能力,热心于党报工作者,即可合格,而政治面目不清楚,品质恶劣者,必须予以清洗,代之以适当的人选。各级党委应当负责指导和帮助《解放日报》的通讯处和记者,建立及扩大通讯网,达到每区有一个通讯员。尚无通讯员之各区,应即物色适当人员充任。此项整顿通讯员的工作,须于两个月以内完毕。各地委和县委应于五月三十日前,将整顿通讯员的经过汇报,并造具通讯员名册交西北局及《解放日报》社。

(四)各级宣传部应将通讯员的组织和教育工作,作为自己的重要业务之一,并应定期检查通讯员工作,向西北局及《解放日报》社汇报。

(五)各级党委应当检查半年来执行西北局"关于《解放日报》工作的决定"的程度,并将检查结果在五月三十日以前汇报西北局。

中共中央西北局
一九四三年三月二十日

20. 中共中央晋察冀分局关于党报工作的指示

各级党委应下达此指示之精神于全党全军。

一、一九四四年分局宣传工作的方针与任务也就是党报的方针与任务,应在党报工作人员及通讯员中进行深入的教育,求得贯通了解,在党报工作中贯彻执行。

二、党给予党报的任务是艰巨的,绝不是少数报社工作人员及通讯员所能完成,也不应只是交给他们去完成。必须实行列宁斯大林和毛泽东同志一再教导我们的"全党办报"的方针,把党报办好是全党的业务。全党在执行每一工作任务时,都必须把党报当作一个不可缺少的武器,充分利用党报指导工作,总结和交流经验,反映与指导群众斗争。而帮助党报克服困难,为党报写文章写通讯,扩大发行网,组织读报,向党报提出改进意见,更是每个党员的光荣义务。全党对此应有统一的正确认识;坚决克服地下党的狭隘作风与对党报不负责任背后乱批评的自由主义现象。

三、为了使通讯工作与全党办报的方针相适应,应在现有基础上整理通讯组织,加强与改善对通讯员的思想领导与组织领导以及写作技术的提高,有重点地耐心培养工农通讯员,并使知识分子通讯员工农化,以提高通讯员质量,加强党报对实际工作的指导作用。除责成分局宣传部在三月底召集通讯会议解决这些问题与进一步加强对通讯

工作的领导(如恢复对通讯员的覆信制度,在日报上发表系统性的指导文字等)外,分局决定:

(1) 北岳区各县、各分区由党政军民负责同志(如县长、抗联主任等)组织一中心小组,小组长由党委书记或常委担任,每月至少向日报作系统报导一次。属于全县全分区综合性的或某种工作的总结性的报道,必须经民主讨论集体创作。中心小组应起核心作用,经过通讯干事及行政系统帮助推动其他通讯员。

(2) 边区级各系统对日报的报道由军区司令部、政治部、边府及抗联党团负责。各机关学校工作生活的报导,由各该总支组织通讯小组负责。

(3) 冀中、冀热边、平北,以分区为单位建立中心小组,办法同北岳区,虽因交通困难暂时不能规定报道时间,但绝不应放松此项工作,冀中尤应责成来边区报告工作人员注意抽时间给党报写作。冀东长时期未作向党报报道的工作是一大缺点,应努力克服,必要时应以电报报道。

(4) 为了保证党报刊出稿件的正确性与真实性,未经分局宣传部审查的重要稿件报社不登(包括报社直接派出的记者和各方面直接寄往报社之重要稿件在内)。各级党委党团应认真负责审查通讯稿件,凡未经党委或行政负责人(如县长、抗联主任)签字盖章的稿件,分局宣传部将一律退回。审查重点各级虽有不同,但都应注意其正确性(如是否违反党的政策?是否暴露秘密?是否确实值得在党报表扬?)及真实性(如是否夸大?民兵战果是否多报?这一点县级应负主要责任)。

(5) 子弟兵战报按军区规定发表(军区一科内设通讯股),民兵战报由边区人民武装部规定发表办法。一般通讯员只写个别战例,而且战果特别是缴获数字必须真实。

(6) 北岳区各级党委宣传部应将通讯工作作一总结,于三月十五号以前送分局宣传部。

(7) 为鼓励写稿,将稿费提高:新闻每条五角至三元,文章通讯千字三元。

四、关于日报、子弟兵、群众报的性质与任务,分局宣传部在一九四四年宣传工作方针与任务的指示中已经确定。这里只指出日报是分局的机关报,虽规定其读者对象主要是区级以上干部,但它是向全边区人民讲话的,除应在各重要集市及大道上建立阅报栏,抗联应加强对读报小组的领导外,全体干部必须负责将其内容传达给全体人民。

除加强以上三种报纸外,因鉴于边区目前缺乏通俗读物而干部又迫切需要时事、政治、经济、生产、文化的知识及发表各种论战文字的刊物,又鉴于过去各种刊物的力量分散,不能坚持出版,决定集中力量出版一周刊,其性质是政治、经济、文化、文艺的综合刊物,对象主要是区级以上干部,其内容应力求通俗充实,切合读者需要,与边区实际斗争密切结合。

五、为了统一出版,加强印刷能力,使之更加合理化,分局决定最近召开一次出版会议,解决目前出版中的各种问题。

六、为加强对党报的领导,分局除加强党报委员会的工作外,将给日报负责同志及工作人员更多的接近各种实际斗争的机会(如参加一定的党内外的会议,阅读一定的党内文件,参加某些考察团等),并号召党报工作者贯彻整风精神,力求接近边区的各种实际斗争,改造思想,改造文风,力求编辑及印刷技术的改善,以求得党报内容充实,文风正派,发挥更大的作用,完成党给予的光荣任务。

一九四四年二月三日

21. 陕甘宁边区文教大会关于发展群众读报办报与通讯工作的决议

(边区文教大会通过,边区二届二次参议会批准)

随着边区经济文化的发展,报纸在群众中的作用已日益加强,最近一年来,全边区有一万多群众加入读报组,各分区许多村镇都已办起为群众所欢迎的黑板报,工农通讯员已发展到一千人以上。这些活动,已经证明是发扬民主、帮助领导、改进工作和学习文化的极有力的武器。凡是有好的读报组和黑板报的地方,那里对政府政策法令和上级号召就容易贯彻,生产卫生教育各项工作就容易开展,而且可以少开多少会;凡是有好的通讯组织的地方,那里工作的情况和经验就容易了解,而且干部在政治和文化上就能得到迅速的进步。因此,更大量的发展这些活动,并使这些活动真正健全充实起来,向各地已经发现的模范看齐,是今年边区群众文化工作的重要任务之一。为此,特决定:

1. 各地尚未进行读报的识字组、变工队、合作社、妇纺组等,在可能的条件下,均应组织读报;各地区乡干部、小学教师,工作人员及一切文化工作者,均应积极组织这个工作,在工作中应该注意防止形式主义;应该细心研究群众的兴趣所在,以便引起群众参加读报的热情;应该使读报工作与群众的生产、卫生、识字、娱乐及各种日常问题的解决相联系,并应注意培养群众中的积极份子,以便使读报组成为能够持久的团结群众推动工作的核心。

2. 在各个市镇或人口较集中、识字者较多的村庄，创办真正起作用的大众黑板报，并使之真正成为当地群众有威信的善于表扬而慎于批评的舆论机关，成为推动乡村生产、卫生、识字、娱乐、传播新闻与改革旧习的武器，为了更能发扬群众的积极性，在可能条件下，各地黑板报应由群众主办，政府则尽量予以帮助指导（而不是粗鲁的或官样文章的干涉）。暂时尚不能办到这一步的，亦应吸收当地群众中的公正积极分子组织编委会，经常收集群众意见，以求不断的改进，直至完全交由群众接办。

3. 以区为单位，普遍的组织工农通讯学习组。这个工作主要是以区级干部及本区内热心的乡级干部与小学教员为基础。在适当条件时亦可吸收群众中的积极份子参加。区乡干部应把工农通讯工作与自己的业务研究、工作报告、文化学习及读报工作结合起来，把参加工农通讯工作当作各人的业务之一。

4. 上述各项工作的开展，都要求我们的报纸能够增加份数和加速发行。因此纸厂及其主管部门应从各方面努力增加报纸的产量，以便各种报纸能够按照需要与可能增加份数，并以分区及县为单位，统一筹划调剂，保证每个读报组、通讯组与黑板报编委会、都有它所需要的报纸，在发行方面，政府主管部门应努力加强边区各地通讯站的效率，各县均应建立负责的发行登记制度，并负责规定县区乡报纸的运送办法，以便加强由县到区乡的发行速度。

一九四四年十一月十六日

第四篇 解放战争时期的红色新闻法制史料

（1946—1949）

1. 中共中央关于建立新华社特约记者给各地的通知【注】

各中央局、分局并转各区党委（省委）：

各地反映执行政策及各种工作态度，大抵经过内部电报，书面报告及新华社电讯三种形式，但此三者或过于简略，或报道零碎，或因交通条件，往往失去时效。因此，中央对各地当前工作难以做到迅速有系统的了解。为补救这种缺点，特向各地建议如下：

（一）在各中央局分局以及区党委（省委）的调查研究室中，指定适当干部（一人至二人）兼任新华社特约记者或特约撰稿人，其任务是按月较有系统的并具体的反映当地群众运动、土地问题、生产建设、财政经济、民兵优抗、政权建设、干部思想等情况和经验。

（二）每人每月至少供给不拘论文通讯或综合报导等形式之稿件一篇，每稿最好只讲一件工作或一个问题，数字以一千至二千五百为适宜，由新华社新闻台拍发，其不便公开发表只供内部参考者，可酌用新闻密码拍发（绝对秘密者如发行货币及军队数字等，则仍须经内部密电发来）。

（三）各地新华社均有组织推动特约记者或特约撰稿人写稿之责。除另由新华总社电知各分社外，并望你们经常督促这一工作，并将办理情形电告。

一九四六年十月四日

【注】本文根据中央档案原件排印。

2. 中央宣传部对反客里空运动的指示【注】

晋绥分局、东北局、新华总社并告各中央局、中央工委及新华总分社：

甲、由晋绥发动的反客里空运动，是土改中的一个重要收获。中央已号召应将此种自我批评的精神应用到各种工作中去，使我们的各种工作，都能有带有根本性质的某种改变，以适合于改变了的土地政策，彻底消灭封建与半封建制度。

乙、晋绥日报申巧至马发表的关于客里空的检查（即新华总社业务通知第十七号），表示更深一步的检讨，实质上是对于晋绥在前一阶段（抗日时期）的土地工作的检讨。此种检讨必会在各地同样发生。

丙、检讨土地工作历史（因而也是检讨新闻工作及其他工作的历史）时，请注意：

一、我党土地政策，抗日时期与现在不同。抗日时期是减租减息，削弱地主阶级，即对地主阶级又团结又斗争，这在当时是对的。现在是彻底消灭封建，这在现在是唯一正确的政策。

二、在抗日时期各地执行削弱地主阶级的政策时，有不少地方不少时候是做得正确的，有若干地方若干时候则曾犯错误，其性质主要是右倾，即对地主只团结不斗争，不站在农民方面，发动农民群众削弱地主阶级。此种右倾错误，与曾经清算过的对国民党对大地主大资产阶级只团结不斗争的投降主义错误是同一性质和互相联系的。在清算对国民党对大地主大资产阶级的投降主义时，也曾附带的反对了对于地主阶级的右倾错误，但没有来得及把它专门提出加以清算。然而，对地主阶级的右倾错误，对于解放区内的党，是极端重要的问题，因为它影响到一切工作，并且对党的组织本身起着腐化作用。

三、现在检讨土地工作历史时，应将成绩与错误加以区别，同时应将下列二者加以区别，一种是在抗日时期即是错误的（对地主只团结不斗争，向地主投降），一种是在抗日时期曾是正确的，但现在应该改变的。

四、必须区别这是一方面，必须深刻进行自我批评，以便彻底改变不适合于团结全体农民消灭封建半封建制度的一套，建立适合于此种政策的一套，这是更重要的一方面。

一九四七年十一月九日

【注】本文根据中央档案原件排印。

3. 中央关于华北局成立后大党报归属问题给中工委的指示[注]

华北局成立后,大党报应如延安《解放日报》那样是同时代表中央和华北局的报纸由中央负责。集中新华社(范长江,廖承志两部分)《人民日报》《晋察冀日报》在一起有充分条件办一个较好的报纸,其名称似宜恢复"解放日报"。大党校大军校亦是同时担负为华北又为全国训练干部的责任,但中央现在尚无充分把握担负供给经费和管理事务的能力,似由中央会同华北局规定方针及计划交华北局办理为适宜。以上意见请交会议讨论。

中央

一九四八年三月七日

【注】本文根据中央档案原件排印。

4. 中共中央关于宣传工作中请示与报告制度的决定

为了严格统一党的宣传,在宣传部门中消灭或多或少存在着的无政府状态或无纪律状态,特规定宣传工作中的请示与报告制度如下,望各级党委并召集宣传部门的同志予以讨论和执行。

(一)各地党报必须执行毛主席所指示的由各地党的负责人看大样制度,每天或每期党报的大样须交党委负责人或党委所指定的专人作一次负责的审查,然后付印。这种审查党报的负责同志,必须是完全懂得党的原则和党的政策的或者是严格注意和用心研究党的原则和政策的同志。

(二)各地党报的社论及编者对于新闻的政治性和政策性的按语与对于读者政治性和政策性的问题的答复,必须由党委的一个或几个负责人阅正批准后,才能发表。凡该级党委所不能负责答复的问题,应请示上级党委或新华总社,而不应轻率答复。

(三)凡各级党委及其负责人,对于带有全国性或全党性的问题的言论,例如对解放区人民提出政策性的口号,对解放区土地政策、整党政策、城市政策、政权政策提出主张,对于涉及外交事项的声明,对于号召敌军或敌区人民的传单布告等等,凡其内容有不同于中央现行政策和指示者,均应事前将意见和理由报告中央批准,否则,不得发表。其内容虽同于中央现行政策和指示,但其性质特别重要者,亦应事前向中央请示。其属于地方性局部性的言论,在由县委、市委起直至中央局分局止的各级党委之间,亦应执行上述同样的原则,即凡新的和特别重要的宣传,均应向上级党委请示。各级党委各负责人在上级政策指示范围内的言论,虽不必次次向上级请示,亦应尽可能取得同级其他负责人的同意,以求统一宣传,集体负责。

(四)凡各地新华社稿件,交新华总社向全国广播者,新华总社(现已与中央会合由中央直接指导)有斟酌情况予以必要的增删或修改之权。因此,凡要求新华总社向全国广播全文的重要言论,在新华总社广播以前,不得先在地方发表。

(五)凡各地用党及党的负责同志名义所出版的书籍杂志,在出版前,应分别种类送交党的有关部门审查。例如普通出版物,由相当的党委宣传部审查;重要的政治性出版物,由相当的党委或上级党委审查;凡关于全国性、全党性问题的著作,其内容不同于中央已经公布的主张,或虽无不同于中央主张之处,而其性质特别重要者,均应送由中央审查或取得中央同意出版。凡中央负责同志未经正式公布的著作,未经中央同意,各地不得擅自出版。中央负责同志已正式公布的著作,各地在编辑或翻译时,亦须事前将该著作目录,报告中央批准。并请作者重新加以校阅或修改。

(六)各级党校和高级干部学校(如大学)中的政治性教材,应由其所属党委审查。

(七)各中央局,分局宣传部,除每两个月应向中央宣传部作一次政策性的报告外,并应从本年七月份起,每半年作一次系统的情况报告,报告中应简述:

(1)党的与非党的报纸种类、发行数、编辑、记者、通讯员的数目。

(2)党的与非党的书籍、杂志出版发行状况,书店工作状况与经济状况。

(3)党的与非党的学校数目与状况,教员与学生的约数。

(4)广播播送与收听情况,如广播电台和收音机的数目分布与作用等。

(5)文艺活动情况与城乡群众中的宣传情况,如戏剧、墙报、夜校等活动的动向。

(6)主要宣传干部姓名和情况。

这些材料华北、山东、晋绥用陆上交通送来,其他解放区经新华社电台发来。

(八)除报纸和报纸合订本继续送中央外,各地出版的书籍、杂志、教材和重要的传单布告,均应经常送中央宣传部两份。

一九四八年六月五日

5. 中共中央宣传部关于电影工作给东北局宣传部的指示(节摘)【注】

东北局宣传部并袁牧之:

东影工作计划收到,对于明年工作计划,我们一般同意,望努力实现之。

（一）电影剧本审查方针，现在我们的电影事业还在初创时期，如果严格的程度超过我们事业所允许的水平，是有害的，其结果将是窒息新的电影事业的生长，因而反倒帮助了旧的有害的影片取得市场。我们审查电影剧本的标准，在政治上只要是反帝、反封建、反官僚资本的，而不是反苏、反共、反人民民主的就可以。还有一些对政治无大关系的影片，只要在宣传上无害处，有艺术上的价值，就可以。……至于根本不合理的批评，则应加以拒绝与驳斥，方能保护新事物的生长。这是一方面。另一方面，为了保持一定水平，勿使粗制滥造，你们采取谨慎的方针是对的必要的，同时必须组织正确的批评，向群众学习，对于工作人员，特别是编导和演员，要组织他们学习马列主义的基本知识，使他们具有马列主义的基本观点，并须使他们了解政治和党的政策，然后他们才能创造具深刻和广大群众影响的作品，并避免政治上和基本观点上的错误。因为阶级社会中的电影宣传，是一种阶级斗争的工具，而不是什么别的东西，如果没有马列主义观点和政策观点，他们就很难创造好的作品，并很难避免基本上的错误，就不能做党的好的宣传工作者。必须用很大的力量，实际地去组织这种学习，并给予切实的帮助。关于电影剧本的审查，必须建立制度，请东北局宣传部组织一个三数人的小委员会负责，指定一个为主任，作为审查电影剧本的最高机关，凡是电影剧本经过它的准许后，即可摄制，以免议论纷纭，莫衷一是，同时责有攸归，便于集中群众意见，检查和改进工作。此委员会人选，请东北局宣传部提出，经中央批准。

（二）电影剧本故事的范围（略）

（三）请即考虑成立"新华影片公司"，对全国解放区的电影院供给影片，取得承担苏联影片在解放区放演的专利权，并准备在关内设立分公司。

（四）关于东北华北两个电影厂统一的问题，当与华北商量后再告。

（五）幻灯机及片，望继续制造，准备供应关内各军。

（六）略

一九四八年十月二十六日

【注】本文根据中央档案原件排印。

6. 中共中央关于新解放城市中中外报刊通讯社处理办法的决定

我军现已解放许多大中城市，以后还要解放许多大中城市，这些城市中存在着大量的对城市人民生活有重大影响的报纸、刊物与通讯社，其中并有少数对国际宣传极有影响并与外交有关系的外国通讯社,外国人办的报纸、刊物,以及外国报纸刊物与通讯社派驻中国的记者。这些新闻宣传工具,绝大部份是反动派所掌握的,少数是中间性的,只有极少数是进步的。在许多城市中则根本没有进步的和中间性的报纸刊物。报纸刊物与通讯社是一定的阶级、党派与社会团体进行阶级斗争的一种工具,不是生产事业,故对于私营报纸、刊物与通讯社,一般地不能采取对私营工商业同样的政策。除对极少数真正鼓励群众革命热情的进步报纸刊物,应扶助其复刊发行以外,对其他私营的报纸、刊物与通讯社,均不容采取鼓励政策。而且因为中国所谓私营的新闻宣传事业,绝大部份有反动的政治背景,对这些所谓私营报纸刊物与通讯社,如采取毫无限制的放任政策,也会使某些反动的政治势力容易获得公开地合法地联系与影响群众的阵地,则对人民极为不利。但旧有报刊中既有少数中间性的和进步性的,如不分青红皂白,轻率地一律取消,亦于人民不利,无限制地放任的政策和一律取消的政策,这两种政策均不符合于我党保护人民的言论,出版自由,和剥夺反人民的言论出版自由的原则。至于旧有的编辑,与记者则有不同情形,他们中的大部份,一方面,也受官僚资产阶级的压迫与剥削,故应当争取,也可能争取他们,但是在另一方面,又因为他们受了长期的反动政治教育与长期从事于程度不等的反动宣传工作,或有浓厚的糊涂思想,故在被我党所接收的新闻宣传机关中,对旧有人员不能采取一律留用的政策,而应当采取慎重的甄别留用,和有步骤地使用的政策。由于这是一个严重而复杂的问题,我们必须采取既严肃又慎重的态度,方能处理适当。为此中央特作如下之决定:

(一)对新解放城市中旧有报纸,刊物及通讯社之处理办法,规定如下:

(甲)凡属于国民党反动政府及其地方政府系统下的各机关、各反动党派(如国民党各个反动派系,青年党、民社党等)及反动军队的各组织所出版及发行的报纸,刊物与通讯社,连同其一切设备与资财,应一律予以接收,并不得再以原名复刊或发稿。

(乙)凡属于反对美帝国主义,反对国民党反动派政府的民主党派及人民团体所办之报纸,刊物与通讯社,应予以保护,并令其依法向人民政府登记。如其间发生重要问题,应请示中央处理。

(丙)凡私人经营或以私人名义与社会团体名义经营之报纸,刊物及通讯社,应分为下列三类处理:

(子)有明显而确实的反动政治背景又曾进行系统的反动宣传,反对共产党,人民解放军与人民政府,拥护国民党反动统治者(例如上海《申报》、《新闻报》天津及北平《益世报》等)应予没收,其反动政治背景一时无法弄清者,则应经过调查及法庭判决加以处理。

(丑)在相当长时期内,一贯保持进步态度,反对国民党反动统治,同情人民解放战争者,应予以保护,并令其向民主政府依法登记。

(寅)中间性的报纸,刊物与通讯社(既不赞成国民党反动统治,也不拥护人民解放战争者),不得没收,亦不禁止其依靠自己力量继续出版,在出版时应令其登记。

(二)凡属第一条甲项应予接收之反动报纸,刊物与通讯社,在我军入城,由军事管理委员会或市政府审查确实后,直接接收之,接收后之处理,应按其地位与规模之大小,分别报请中央或中央局决定。

(三)凡属第一条丙项应予没收之反动报纸、刊物与通讯社,由军事管理委员会或市政府审查取得确实证据后,正式决议没收之,证据尚不充足或有疑问者,则提交法庭加以调查审讯后判决之,军管会及市政府在作出上述决议前,须向上级请示,并取得上级批准,如属全国性的报纸、通讯社,并须请示中央批准。

(四)对于允许出版发行之报纸,刊物与通讯社须执行下列各项规定:

(甲)新解放城市中所有继续出版与新创刊之一切报纸、刊物与通讯社(包括共产党与人民政府之报纸、刊物、通讯社在内),应一律向当地政府登记,其在本决定达到前,已行出版者,亦须补行登记,一切报纸,刊物与通讯社在申请登记时,应一律报告其政治背景,经费来源,负责人姓名及其经营规模发行数目人员状况等,如系旧有报纸、刊物、通讯社,并须缴呈其过去一年来之出版物,听候审查,请求登记之旧有报纸、刊物、通讯社,除进步者外应视其过去政治态度之反动程度(例如积极反苏反共,反人民民主,反人民解放战争)与中立程度(例如不自动反共,并对整个国民党反动派表示不满)分别予以停刊、登记复刊、或有条件的登记复刊(如指名撤换某些反动有据之编辑记者等)。

(乙)凡经政府登记许可出版之报纸,刊物与通讯社,民主政府对于他们实行事后审查制度,并向所有报纸、刊物、通讯社宣布下列各项命令:

(1)不得有违反人民政府法令之行动;

(2)不得进行反对人民解放战争,反对土地改革,反对人民民主制度的宣传;

(3)不得进行反对世界人民民主运动的宣传;

(4)不得泄漏国家机密与军事机密。

(丙)各地党委对党外人员和团体发行之报纸、刊物与通讯社,应主动地设法提高其政治水平,加强对它们的政治领导与思想领导,而办好我们自己的党报,巩固其在广大人民群众中的绝对优势地位,并运用批评的武器,对各种错误思想和言论,进行恰当的思想斗争,则是推动党外报纸、刊物进步的最重要的方法,经过私人关系派遣进步分子到党外报纸、刊物中去工作,也是方法之一,但对党外报纸、刊物与通讯社除开上述登记,事后审查及各项命令外,不得采取不适当的行政办法,去实现这种领导。

(五)对于旧有新闻工作人员的态度:

(甲)对于已经登记许可之旧有报纸、刊物、通讯社的新闻工作人员,除已指名撤换的反动分子外,一般采取争取,团结与改造的方针,应以我们党员及进步分子为领导组织新闻团体,进行学习,改进工作与生活等方式,加强对他们的领导。

(乙)已被接收,没收及停刊之报纸、刊物,通讯社,对其工作人员之处理分别如下:

(1)反动者不用,其中特务分子应按一般特务分子处理。

(2)明显的进步分子与确有学识的中间分子留用,一般地应先任用于次要工作和内勤工作,根据进步程度,逐步提升。

(3)一般的编辑与记者其比较容易改造者,应经过短期教育后分别留用,然亦不应轻易使其担任编辑与记者工作,其思想顽固,生活腐化,不易改造者,应听其或助其转业。

(4)技术人员(例如出版、经理、广播、电务等方面的技术人员)则按对待一般技术人员的方针办理。

(六)对外国通讯社,外国记者,外国人出版的报纸、刊物的处理办法如下:

(甲)外国通讯社非经中央许可不得在解放区发稿,并一律不得私设收发报台。

(乙)外国记者停留解放区继续其记者业务者,应根据外交手续向人民民主政府请求许可,并不得私设收发报台,其发出之稿件,应受中央所指定之机关检查。

(丙)外国人非经中央许可,不得在解放区,出版报纸与刊物,原已出版者亦须报告中央处理。

一九四八年十一月八日

7. 中共中央对新解放城市的原广播电台及其人员政策的决定

各中央局、前委:

随着人民解放军的胜利,对所有新解放城市中的广播电台及原有广播人员之政策,特作如下决定：

（一）所有敌方政府军队及党部管理之电台，必须全部接收。凡属广播台机件动力及物资，一律不许拆卸搬迁，作其他通讯器材，或其他目的使用，并务须争取于入城后迅速开始播音，首先播送我入城法令、布告、城市政策等，并转播陕北广播电台节目（陕北台现有四个波长：第一、40 M，7 500 千周；第二、31.97 M，9 380 千周；第三、49.2 M，6 096 千周；第四、为机动波长，对外不公开，专供各地转播用，如遇敌台干扰即临时改变波长，现在之波长为 47.09 M，6 370 千周。第一到第三个波长固定不变，如陕北转播困难，即转播东北广播电台节目，其波长为 42 M，7 100 千周），随即根据毛主席著作及中央历来的文件，编辑一些通俗的适合新区群众的教育材料进行广播，从思想上、政策上答复群众中的各种问题，因此，对新解放区城市之工作队中，必须配备若干广播编辑与广播员，准备入城后即开始工作。

（二）当地广播台之详细情况，输出电力短波或中长波若干，发射器、动力状态，原有人员之历史与能力，本城在民间共有若干架收音机（短波若干、中长波若干）加以调查，并立即报告我们。

（三）城市秩序建立，业已开始播送城市法令，和转播陕北或东北台节目之外，尚有力量与可能建立对本城地方广播节目时，可将其地方广播节目计划及编辑部组织等向我们报告后，即可开始播音。但一个基罗以上的短波广播台，建立地方节目时，须将节目计划、广播员历史、编辑部组织、审稿办法等事先向我们请示，经过批准后方得设立。

（四）对原有广播从业员分成三种处理：

甲、旧广播员一般不用，其历史不明者令其转业，历史上经调查确无甚问题，而表现比较进步者可经训练后个别使用，或送来新华总社处理和训练。

乙、旧编辑人员，一般亦不能任用，因为敌人的广播台，是对我作空中斗争的重要武器，其编辑人员大多数是经敌人选择，故必须加以警戒，其中倘有历史清白，确属进步分子，则可分别录用，在录用时，亦只能让其作技术工作，主要编辑部门，必须掌握在自己手中。

丙、旧技术人员，即分别加以甄别后录用，如经查明确非顽固特务分子，则可与之订立合同，令其保证技术上一切问题由其负全部责任，成绩良好者有奖，怠工而发生故障者处罚，故意破坏者，处以应得之罪，电力间技术调备人员等我们最缺乏，应了解其历史并尽可能争取其为我服务，此等技术人员中顽固反动者不多，进步革命者亦不多，大多为对政治认识模糊,兴趣不高,充满不正确之技术观点,故必须将这些人与顽固特务区别开来,将对我畏惧和不信任的分子与坚决反对我之反革命分子区别开来,将普遍的保证饭碗的国民党员与特务分子区别开来,对这类技术人员不加区别而一律排拒是错误的,同时对录用之技术人员,一方面须严肃督促其在技术上负责,另一方面须加强对他们的政治教育,并热情地争取他们。

丁、旧艺术人员,或其他靠广播台售卖节目为生之人物,如音乐队员、说书、鼓词、教英文、俄文讲座之广播讲师等,可分别了解其情况后,照常录用或雇请之。

戊、旧事务人员,倘其历史清楚,而对广播台之业务有帮助者录用,其余遣散。

(五)大城市中还有少数民营广播台,因其直接联系群众且可能为敌人作通讯联络之用,故在我之军管期间,应一律归军管委员会统一管理,并令其分别具报资本来源、政治背景、经理、广播员、编辑员历史等,听候处理。

(六)对民营广播电台之处理,分别规定如下:

甲、其背景是国民党,或其某一派系所经营,查明有据,专门进行反共、反苏、反人民之宣传者,没收之。

乙、纯粹系私人营业性质,靠商业广告及音乐娱乐以维持者,则在军管会管理之下,暂时准其继续营业,但必须:

一、转播新华台节目。

二、不得有反对人民解放军及人民政府之任何宣传。

三、广播节目须经军管会之审查。

丙、由外国资本及外国人经营之广播台一律令其停止广播。

丁、私人经营之短波广播台,亦一律令其停止广播。

(七)新中国之广播事业,应归国家经营,禁止私人经营,在确定国营时,对某些私人经营之广播台及其器材,可由国家付给适当之代价购买之。

一九四八年十一月二十日

8. 中共中央关于处理新解放城市报刊、通讯社中的几个具体问题的指示

中原局并告各局、各兵团:

马电所询各点答复如下:

(一)对民营报刊通讯社在军事管制时期,也实行事后审查,在将来有某种必要时,

可能实行事前的军事新闻检查及外国记者通讯稿的事前检查,但现在不必作一般规定,也不要去接受事前审查的要求。

(二)党与政府报刊通讯社的经济来源,除销售与广告收入外,可注明由党与政府补助。新华社将来由总社向中央政府统一登记,但目前中央政府尚未成立,各总分社分支社可分别向相当地方政府登记。将来通讯社应属于国家,其经费应由政府供给,目前各总分社分支社可报为由总社供给。

(三)人民政府是各级民主政府的正式名称,如华北人民政府等,民主政府是泛称,在正式公布文件中用法应统一,在某些地方混用亦无妨。

一九四八年十一月二十六日

9. 中央宣传部关于城市党报方针的指示

甲、在城市办理党报,提出数点请加注意:

(一)虽然,报纸读者是县、区干部、知识分子及工商业者,报纸要为他们服务,但我们的报,主要地是为工人和农民服务。这就是说,我们主要地是代表工人农民(同时也代表工商业者与知识分子),向工商业者与知识分子说话;我们的消息,主要地是反映党的政策和战争、生产、支前、工农兵生活等,同时也有关于工商业与学校等的消息;我们要以报纸来教育读者,工农兵是最可贵的,知识分子要为工农兵服务,要懂得工农兵的生活。这里要反对两种倾向,一种倾向是忘记了我们主要是代表工农兵的,另一种倾向是拒绝为工商业者与知识分子服务,与他们格格不入。

(二)报纸的主要消息,应来自农村和工厂,其次来自市场、学校等其他地方。必须在重要产业中(例如盐湖、铁路)、工厂及农村中,组织通讯网、黑板报、墙报等,作为党报的基础,必须深入了解那里的动态和问题,多写那里的情况和问题,并加以解答。同时,也要在市场、学校等中有通讯员、墙报等组织,报道那里的消息,并经过报纸的论文等给以指导。这类消息与指导,要使工人、农民也能懂得市场与学校的情形,并且知道那里的某种问题对自己有什么重要性,为什么应该是这样或那样处理。也就是说,要教育工人农民(和我们的干部)如何做国家政权的领导者。这样的原则,与资产阶级报纸的原则,是不同的。

(三)副刊在城市是很重要的,必须办。但副刊的原则,应是深入浅苗地对读者作教育工作。不管是论文、小说、随感、常识介绍、批评、群众意见与答复等,从新民主主义的政治观点上来看,总要是有益的,至少是无害的。在作品的形式上、笔调上,迎合读者的兴味是可以的,但勿在原则上去迎合坏的倾向。即是说,必须宣传马克思主义的观点。

乙、我们在城市办报的经验还不多,望将经验与问题电告。

一九四八年八月十五日

10. 中共中央西北局宣传部关于宣传制度的规定

为执行中央已微电示,严格统一党的宣传,消灭宣传部门中或多或少存在着的无政府状态或无纪律状态,特规定如下制度:

一、各分区党报,每期稿件须经地委宣传部长作负责的审阅;其中有关政治性和政策性的重要社论或稿件,须经地委书记或地委几个负责同志的阅正,然后付印。凡对读者政治性或政策性的询问,不能轻率答覆,重要者应请示上级(部队报纸及各县党报,其审阅制度仿此。各城镇或大道村庄的黑板报,亦须由县委统一规定适当的审稿制度)。

二、各级党政负责干部向党员或群众作重要报告或发表带政治性和政策性的文章时,须事先经过各该党委的讨论修正,求得统一宣传,集体负责。其中如有与中央或西北局现行政策,指示相抵触者,须事先将意见报告西北局批准,否则不得发表或在党内外传达。

三、过去中央和西北局发布的宣传标语口号,各地在书写时,须根据不同地区(老区、新区、非巩固区等)和当时当地实际情况(如一定时期内党的中心工作任务,群众要求等)加以慎重选择,地委宣传部应经常指导和检查,禁止任意乱写。凡地委拟定地方性的标语口号,发布前应经西北局审阅。县委不单独拟定地方性标语。临时性标语须经县委审查。

四、凡向蒋区人民或敌军散发之标语、传单、布告等,除中央或西北局直接制定者外,均须事先经过地委会议讨论审阅通过。带政治性或政策性的新口号须经西北局批准。

五、各分区凡翻印属于党内性质的上级的指示、文件、上级党政负责人的报告或编辑中央或西北局负责同志的言论文章时,均须事先报告西北局批准。

六、分区党校、中学自编之临时政治教材,须经地委审查,完小自编之临时政治教材,须经县委审查。

七、各地向西新社发稿时,重要稿件须经有关部门负责人或地委负责人的审查(如系批评性的稿件,负责人有意见时,可将不同意见连同原稿一并寄来,不得扣压此种稿件)。

八、各地书店、图书馆、民教馆的书籍、杂志、报纸,凡系蒋管区出版者,须经地委或县委宣传部门的审查,始得出售或陈列。

九、各地委宣传部每两月应向西北局宣传部作一次政策性的报告(中心要反映宣教工作中主要情况和问题),每半年作一次系统的情况报告(包括报纸、杂志的发行数目,编辑、记者、通讯员数目;书店出版、发行的状况和经济状况,党与非党学校的数目和状况,教育干部和学生的数目和状况,文艺活动的状况与城乡群众中的宣传情况,如戏剧、黑板报、夜校、图书馆、民教馆等活动的情况,宣传干部的姓名和情况等)。

十、各地出版之报纸、书籍、杂志、教材(包括中学完小的临时政治教材),和重要布告应经常送西北局宣传部两份。

一九四八年七月

11. 西北野战军政治部关于加强新闻通讯工作的指示两则

（一）

部队中的新闻通讯工作是部队政治工作的重要部份,它可对内经常交流部队经验,对外则可及时的宣扬英雄事迹,传播胜利消息,从而鼓舞战士的作战勇气,增强部队的建设工作,以指导战争发展。一年来,我军此一工作虽取得某些成绩,但由于战争的残酷。通讯工作人员变动以及各级领导尚未能十分重视等,致使通讯组织未能即时普遍建立,已有组织亦未能发挥充分作用。目前为了适应我军大反攻胜利形势,奠定今后部队新闻通讯工作基础,培养部队新闻干部,加强今后军事报道起见,特作如下指示,望各级军政首长负责领导,并亲自撰稿,以推动部队新闻通讯工作开展:

(一)新华社西北总分社前线分社(简称新华社前线分社)为野战军政治部一个部门,负责本军对外报道之责任。新华社前线分社依据新华社西北总分社及野战军政治部一定时期宣传方针,具体布置新闻通讯工作,有计划有组织负责进行各种报道。

(二)为了加强这一工作,各纵队各旅政治部宣传科各设通讯干事一人(如无专人时,可指定适宜通讯工作者兼任),在宣传科直接领导下专门负责组织推动各该部队新闻工作,其人选一般的应选择政治坚强具有相当写作能力之同志担任,其具体任务为:(1)发展通讯员,组织新闻通讯稿件,供给野政出版之《工作通讯》、各部队报纸及新华社前线分社;(2)处理(包括登记、补充、编写)通讯员全部来稿,并进行对通讯员之教育;(3)接受新华社前线分社有关通讯工作之指导,进行特定之采访;(4)负责向通讯员转达新华社前线分社所发有关军事报道之业务通报;(5)搜集和反映部队对报纸及通讯社之意见。

(三)上述通讯工作者之任务,应在各部队首长之直接指导与督促下进行工作,并应给予通讯干事进行工作之方便,如参加有关会议和阅读有关文件等。但通讯干事须严格遵守会议之各项决定及保守军事秘密。其通讯员中政治较强和写作能力较高者,新华社前线分社可请示部队首长聘为新华社前线分社之特约通讯员。

(四)其所采访撰写之一切稿件,必经团以上首长审阅签字,或政治机关审阅盖章后发出,为求传递迅速起见,不必各级审查。不论分社记者、通讯员所写之稿件,凡适宜于部队报纸采用者,须先经部队报纸采用,但须尽速处理转送新华社前线分社,不得拖延压积,遇有特殊及紧要稿件时,则可派专人送递,以便及时向外报导(关于利用纵队电台发报问题,待决定后再行通知)。

(五)各级部队报纸或刊物同样应向新华社前线分社供给新闻通讯稿件,并应列为工作任务之一。

上述各项望各部政治机关,立即讨论执行,并速将建立通讯干事名单报告野政。

一九四八年一月一日

(二)

根据七月下旬记者会议的检讨,半年来新华社前线分社的工作,已获得了新的发展。这表现在通讯工作的开展和稿件采用量的增加;及在春季攻势中,比较迅速的有计划的报道了宜川、泾渭两大战役;和党的政策在新解放区和新解放城市执行的情形。从而及时反映了我军在新式整军后,战术,技术和政治觉悟的提高(相当全面的反映了泾渭作战中各方面的情况,而且一般的注意了政策观念——新华社总社注)取得这些战绩的原因,首先是由于各部队加强了部队报纸通讯工作的领导,及各部队宣教部门给予前线记者工作上指导和帮助,以及记者同志的艰苦努力所获得的。因而改变了过去对外报道中几乎只有记者写稿,记者和部队工作脱节的现象。

目前前线记者的稿件,不仅及时的对外报道,而且供给了部队报纸的采用,对部队起了不少的教育作用,并把在部队中发现的大小问题,及时的向部队领导同志反映,成为领导者的耳目。这些成绩必须发扬广大起来。

我们认为:半年来通讯采访工作还存在着许多缺点:在对外报道的数量和质量上,落后于丰富生动的现实斗争,赶不上战争形势的发展;没有充分的利用部队出版的报纸刊物(据不完全统计,全军团、旅、纵队出版的报纸有五十余种);没有很好的组织写稿,以及某些部队对于新闻通讯工作的重视不够;某些部队未能注意及时的转递稿件,造成新闻通讯工作的不能广泛开展,和对外报道的适应时宜。而在报道的内容和质量上,对于军事胜利、部队建设、执行政策三方面,有些经验未能做到有计划的介绍,有些范例未能有计划的报道,特别是对于我军实行三大民主(军事、政治、经济)和三查三评运动的整军经验,未能有系统的对外介绍,而报道执行政策的稿件,也仅占极小的比重。

产生这些缺点原因,是由于一些新闻工作者的理论水平不高,政治思想不强,新闻业务不熟练等所致。因此今后要提高报道的质量,必须要努力提高新闻工作者的政治理论水平,加强业务学习及对他们的领导。

今后为了加强全军的对外报道工作,和部队的通讯工作,特就下列几个问题提出意见,望各部政治机关讨论执行,并报告本部。

一、各纵队政治部成立新华社前线支社,由纵政宣传部(科)长兼任社长,接受前线分社的业务领导,领导本纵的新闻通讯工作,经常向前线分社发稿,有计划的进行对外报导,支社下设编辑一人,记者数人(做到至少每旅一个记者),其人员除前线分社派出者外,由各部选调适当干部充任。编辑一人留驻支社负责与记者、通讯员连系,并进行必要的采访工作。记者、编辑生活供给,统一归纵队政治部领发,由纵队造册向野勤报销(前线分社记者生活供给自九月份起亦由纵队造册领发)。

二、前线分社为了加强对支社、记者、特约通讯员的工作领导,业务学习,此间决定出版定期的新闻业务刊物,指导报道要点,交换经验,提高工作。分社并加强编辑工作,充分利用部队报刊,有计划的综合对外报道。

三、各部队要更加注意对外报道,并注意稿件质量的提高,尽量的给记者以工作的各种方便,并予了解情况、阅读文件、参加必要会议的方便。记者也要努力学习,提高自己,深入部队,反映战士们的创造和斗争;但在方法上则应与部队领导同志,经常保持联系,以便了解情况,掌握线索,进入深入的采访,同时应协助开展部队通讯工作,组织和帮助通讯员写稿。

四、关于稿件之传递与审查手续,应认真执行野政今年一月通工指示中的规定:即记者、特约通讯员采访撰写之一切稿件,必经团以上首长审阅签字或政治机关审阅盖章后发出,为求传递迅速起见,不必各级审查。但必须指出:各部队报刊要采用记者、特约通讯员之稿件时,务须做到尽速处理(抄写或摘录),不得积压,及时的转送上来。

一九四八年八月十五日

12. 新华总社关于登载文字广播的指示两则

（一）

各分社：

（一）总社文字广播,以后将长期地每日增加八小时,虽然总社每天实际广播在稿件较少时可以作不了这样长的时间,但各地均须准备每天抄收一万字至二万字,将来甚至还会增加,望各地均须增加报务员。

（二）总社文字广播,因各地各种要求不一致,不能同样适应于一切报纸,在每天一万字至二万字的电讯中,一部份是可以普遍各级大小报纸的,一部份只宜于登中央局一级的大报,必须在缩编或通俗化后才能登载小的地方报或通俗报,一部份只宜于登杂志,登专门性质的报纸,登副刊发单行本或印传单(如对敌宣传品)。此点除规定等级符号及作专门说明外,望各地报纸注意选(一字不明),既不要漏登重要稿件,又不要使报纸篇幅满载一般群众所不能看懂或不必要看的文件。虽然新区群众在开始时对我们重要政策性的文件,普遍重视,我们应当将这些文件经过报纸供给他们。但第一这并不能适用于任何文件,第二这种现象也不能持久不变。联共党八次代表大会关于报纸决议第一条,曾经严肃指摘:"省的党报和政府报有时只照样翻印中央机关报发出的文件,而不是以简单明了的语言叙述其中最重要之处。发表若各机关的指令、决议全文,而不从这些材料中精编成地方生活的社会问题,作他们内容。"(该决议曾载一九四二年四月《解放日报》"怎样办党报"中,不日广播)此点应引以为戒。

（三）为了供给华野部队和地方性小报以适当的新闻稿件,总社已于十二月一日开始于每日上午播发一种三千字上下的小广播。(以前发的参考消息仍继续,但不称为小广播)与供野战军收听的口播记录新闻,相辅而行,但各地方性小报和部队报纸,仍应自己负责作必要的讨论改写,以适应其特殊的需要。

一九四八年一月三日

(二)

各总分社、各分社并转各报社:

(一)总社中文文字广播稿件分了甲、乙两种,以区别他的重要和次要,这是根据稿件的内容质量和全国一般的需要衡定,但各地报纸所处的环境和条件不同(如有新区和老区,城市和农村。篇幅大和篇幅小、地方报和部队报、中央局党报和区党委或地委党报等的区别),读者的政治水平和实际要求也有差异,因此在选择稿件时,应该主要根据当时当地的实际情况和须要出发,而不必为总社所分的等级所束缚。总社所规定的甲、乙类别,只可作为一种选择稿件时的参考,有些稿件虽系甲类,但不是有全国的政治重要性和紧急性的稿件,在某些地方甚至因为情况悬殊,立即发表还会引起反作用者,可以不登或稍缓再登,有些稿件虽系乙种,但切合当地的实际需要,很有教育意义与指导意义者,则仍应采用。而且可以把它刊于显著地位,也有些一般性的新闻文稿,因受某种实际情况或条件限制,不能全文刊载,还可加以删节或改写,但经删节或改写发表的稿件就不要用新华社名义,而可以用本报讯字样。或在本报讯的讯头之下写明是根据新华社消息,以表明这稿件是经报社自己改写的,但是上述所有这些权宜办法,只是适应于一种特殊必要,不应予以滥用;故无论对于不用,缓用,删改均必须采取慎重态度,由报社主要负责人决定,至于中央发表的政治性政策性文件,除非事前经过中央特许,则一切较大的报纸均必须全文刊载,而不允许不用,缓用和删节。

(二)对于总社的中文文字广播稿,各总分社和各分社应经常收集所在地报纸编辑和读者的意见,反映给总社知道,以便我们的广播不断的有所改进。

一九四八年一月三日

13. 新华总社关于保守军事秘密问题的通报

各总分社各前线分社:

东北总分社为着配合宣传劳动大会,最近发来《介绍刘伯承工厂》《劳动旗织甄荣典》等稿件,其中有的暴露了我们的军事工业所在地;有的暴露了军火供应的范围及军火取给的来路,有的暴露了某一战略还对另一战略区的械弹供应情况;有的暴露了工厂的大概规模和组织系统；有的暴露了我们缺乏什么，依靠什么，有的暴露了我们能制造什么，甚至产量多少；有的暴露敌人可用什么进行破坏等等。所有这些，对于敌人来说，是不容易获得的情报；对于一般读者来说，则并非不可少的常识，非知道不可。东北总分社将这些东西公开写在新闻里面，并用明码发出，虽然经总社将原稿扣下，但发出时可能早已为敌人抄去，足见没有注意到这会暴露军事秘密和某些生产秘密，这是从单纯的新闻观点出发，而忘记了军事要求与保守国家机密的需要。我们不要以为，现在有些地区比较巩固了，不怕敌人进攻了，就可以随便多说。我们必须知道，即令是取得了全国政权以后，我们仍有许多国家机密不应对外泄露。任何时候，都不应让敌人清楚我们的家底甚至我们的钥匙，并且也没有必要将革命利益要求保守的秘密，随便告知无关的任何人。这是须注意并随时警惕的。

今后关于军事报导，必须防止单纯新闻观点。我们新闻工作者必须时刻记着：新闻报导必须服从于整个革命战争需要。凡是足以泄漏我们的秘密，或引起敌人的警觉，或便利敌人得出教训与采取对策者，不论是属于军工建设，或属于战略意图（如每次战役），或属于部队的番号、组织与装备（如某一单位配备那些武器多少等等），或属于战术创造、战斗教练（如攻城、破堡、越壕堑、平鹿寨等等），或属于战斗技术的发明与现有水平的消息，均应在避免之列。在不暴露秘密，不致资敌的原则下，通过我们的新闻报导，交流一般经验与介绍英模这是可以的，但仍须用密码发来。

上述各点，希望你们就有关稿件加以研讨，并将结果与今后意见告诉我们。你们如发现我处广播稿件中有欠妥处希望随时告诉我们，以共同改进工作。

一九四八年八月三日

14. 新华总社关于严守军事与生产秘密、防止单纯新闻观点的指示

（一）

七八月份一个时期东北曾发给总社一些生产稿件，其中暴露了我们军事工业的所在地，工厂规模和组织，某战略区械弹供应情况，军火取给来路，产品供应范围，甚至依靠什么，缺乏什么，能造什么，敌人可用什么破坏，出产多少等等，所有这些都是对一般读者并非不可少的知识，对敌人则是不易获得的情报。上述稿件虽经总社扣下未播，但总社指出：发来时早已可能为敌人抄去。这会防碍军事秘密和某些生产秘密，是单纯新闻观点。不要以为现在有些地区比较巩固就可以随便多说，须知即使是取得了全国政

权以后,还是有很多国家机密不能对外揭露,无论什么时候都不能让敌人洞悉我们的家底,甚至是我们的钥匙,而且也没有必要将革命利益要求保守的秘密随便告知无关的任何人,对此须提高注意和警惕,对今后军事报道,总社提出:必须服从与服务于整个战争需要,凡是以泄密或引起敌人警觉或便利敌人得出教训采取对策者不论是属于战略意图、军工建设、组织装备、部队番号、战斗教练、战术创造、战斗技术的发明与现有水平,皆应在避免之列,在不致资敌不妨碍秘密的原则下进行英模的介绍和一般经验的交流是可以的,但关于这种消息还须用密码发给总社。

一九四八年八月

总分社要求各分社接到总社此电后能作一检查,并将结果与今后意见告知,对总社转播稿如发现有欠妥处,也要求能随时电告以便转达总社改进。

总分社一九四八年八月二十二日电

(二)

各分社:

各地近对工商业发展尤其是工业建设方面,开始有报道是好的,但报道内容不宜过分具体,以免将我们生产力和盘托出。须知我们在革命战争中,我们经济力量之真实情况,如工业之具体分布状况,工厂之所在地,设备如何,生产力若干等等,不能随便暴露,以免供给敌人经济情报或蒙受损失(如轰炸等)。但这不是说我们的工业建设就不能报道了,相反的,我们应该大力报道,祇是在内容方面,应该注意几点:

(一)报道生产力的发展和提高,不要用具体的数目字说明(尤其是军事工业),祇报道比以前增加了百分之若干。

(二)地名、厂名不要具体写上,祇写什么业别、如纺织、铁工、榨油等。同时在报道业别时,也不要过分详细,如化学即概括一切,不必具体指出熬硝、制磺等。

(三)工商业政策的报道,及在公私兼顾劳资两利下,民主政府扶助,工人热烈提高生产,以及资本家获得发展情况,应加强报道,从多方面组织稿件,且可多作典型报道。

一九四八年八月

15. 新华总社关于涉及外交事件的新闻须由中央发布的指示

十一月三十日电悉。

解总中原分会代表赵政一,私自允许并发言欢迎联合国儿童急赈基金委员会美籍代表司崇德筹办汴郑儿童福利事业,是完全错误的。你们令汴郑在中央广播前不得发表这个新闻是正确的。此后涉及外交的同类新闻,均必须由中央发表。但在纯地方性的并与中央既定政策相符合的范围内,地方报纸在必要时可以自己发一些简单消息。赵发言事,除由中央另电批评外,望利用此机会,在各地特别是城市宣传工作人员中,进行纪律教育与对外国人政策的教育,告诉他们不要因为某些外国人为了达到政治目的而在嘴上讲了几句好话,就当作他们一定是好人。

一九四八年十二月二十六日

16. 中共中央对处理帝国主义通讯社电讯办法的规定

帝国主义国家的通讯社,是帝国主义进行反动宣传的最重要的武器之一,这些通讯社的电讯,在我人民政权下,决不能听其传布。过去各地对于此类电讯处理办法,没有统一的规定,而现在在我军新解放的各大都市中此类电讯,又一向传播颇广。因此,特规定处理办法如下:

一、各地所有私营报社及通讯社,一律不得擅自设立收报台抄收各外国通讯社电讯。除新华总社外,只有各中央局、分局和各野战军司令部得令新华分社抄收各外国通讯社的电讯,其他各级党、政、军机关均不得抄收。如确有抄收必要者,须经所属中央局、分局、前委审查批准后,方得抄收。

二、各地所有公私报纸、刊物,一律不得登载各帝国主义国家通讯社(如合众社、美联社、美新闻处、路透社、英新闻处、法新社、协同社等)的电讯,一切国际新闻,均须根据新华总社广播稿发表。

三、各地新华分社或党报报社,可以将新华总社广播的新闻参考资料,或自行抄收的外国通讯社电讯,印成专页,发给党的高级干部及其他在工作上必须阅读的人员,并可发给与我党合作的高级党外人士及必须阅读的工作人员,以作参考之用。发行名单,由各中央局、野战军司令部或大都市的军事管制委员会审查决定之。

四、各地于执行上述措施时,应向党内、外阐明,所有帝国主义国家通讯社是帝国主义进行侵略的工具,美国合众社、美联社、美新闻处、英国的路透社、英新闻处、法国的法新社、日本的协同社等等,一向敌视中国人民的解放事业,为各帝国主义国家的侵略势力及国民党反动势力张目,因此决不能容许它们的电讯在解放区公开自由发表。对它们必须施以严格的管制,这是中国人民利益所完全必需的。我们这样做,必然会引起一部分自由资产阶级和一部分资产阶级知识分子的不满,他们会指摘我们新华总社所发的国际新闻太少、太慢不合他们的口味等。自然,我们的新华总社应当努力使我们所发的国际新闻更多些,更快些,更好些。但是,为着弄清楚某一事件的真相,为着取得必要的时间来对某一事件加以比较和充分的研究,以便我们的报道确实对中国人民有益,而不是冒昧地做了帝国主义的义务宣传起见,我们的国际新闻发得少些、发得慢些,是完全必要的,是符合中国人民的利益的。反之,如果我们只追求数量,追求时间,结果必然使中国人民的利益受到损害。而且我们的主要读者,即广大的劳动人民,并不需要知道帝国主义国家通讯社所宣传的一切,特别是这些通讯社所惯有的那些造谣、污蔑、诽谤。

一九四九年一月十八日

17. 中共中央关于不要命令旧有报纸一律停刊给平津两市委的指示

天津市委并林彪、罗荣桓、聂荣臻、华北局、北平市委:

一月十四日电悉。(一)对旧有报刊处置,一般不必采取颁布命令方式,因此种方式过于呆板,措词难于确切,容易为人所乘。故以分别办理逐次发表新闻并先将稿件电告新华总社审核为宜。(二)对天津市各报纸及广播电台处理方法已见另电。凡在中央电中尚未涉及之报纸刊物通讯社,你们有所决定,必须事先请示中央及总前委,得指示后方得行动。(三)你们命令一切报纸一律停刊的方法不合中央去年十一月八日的指示。该指示第一条说明应按报纸性质属于进步、中间、反动等类采取分别对待办法,即令某一城市在事实上只有反动报纸,我们的方法亦不应是不宣布理由而命令一切原有报纸一律停刊,此点望你们注意。(四)天津、北平为全国观瞻所系,凡带政策性的决定,除中央已有具体规定者外,你们必须事先请示,并将具体情况及你们的意见随时电告中央及总前委、华北局,至要。

一九四九年一月十八日

18. 中共中央关于对天津旧有报纸处理办法给天津市委的指示

天津市委并林彪、罗荣桓、聂荣臻、华北局、彭真、叶剑英:

一月十六日电悉。

你们对于天津这样重要的城市,在采取任何为中央所未曾规定的政策步骤前,不向中央请示是错误而危险的,即在执行中央既定政策时亦应随时报告情况计划,取得中央具体指示。中央并未规定一切报纸一律停刊,因先停刊后登记是使自己陷于被动的办法,不如采取一面听其续出(不是用法律允许其续出)一面令其登记的办法,我们可居于主动地位,从容审慎处理。现你们既已宣布各报一律停刊,并已将《益世报》没收(按中央去年十一月二十六日指示虽于第一条举例中说到平津《益世报》应没收,但在第三条说明必须审查取得确实证据然后正式决议没收之,在作此决议前须得上级或中央之批准),当然不必改变。现对各报应取如下步骤:

一、对《新星报》应搜集其确系国民党李宗仁机关报的证据宣告没收,如有疑点再向中央请示。

二、对《大公报》可告以因系全国性报纸已请平津前线司令部转向中央请示,尚未得复,同时经过其内部人员设法使其资财不致逃匿,以待杨刚等前来由该报内部解决,实行革命,然后重新登记,以便利用原有资财班底改名发刊。

三、对《益世报》虽已没收,亦须搜集罪证,以备宣布理由。

四、其他报纸情形和你们对策望告。

五、鉴于天津经验望北平市委现在即拟出对各报社计划报告中央审查。

一九四九年一月十九日

19. 中共中央关于对天津《大公报》《新星报》《益世报》三报处理办法复天津市委电

总前委、天津市委并华北局、北平市委:

黄克诚、黄敬子马电悉。

同意你们对停刊各报除已可确定封闭者外,即以秩序恢复为理由先令出版待审查后再发许可证办法。但《大公报》不要让它先出版,可即以接收其中官僚资本股份名义找该报经理公开谈判改组,指出该报过去对蒋一贯小骂大帮忙,如不改组不能出版,以便和徐盈、杨刚等里应外合。《新星报》反共反新政协反苏言论甚露骨,以不许其复刊为妥。对《益世报》望先调查其内部情况,既已接收现在不忙改变。此三报反动言论已摘出一部交汉夫带上供你们参考。

一九四九年一月二十三日

20. 中共中央关于各地不得擅自向中外记者发表意见的通知

据华中工委报称，华中某分区地委一级同志，不向上级请示，擅自回答从广州来的一个外国记者及从上海来的一个中国杂志社记者很多带侦察性和挑拨性的问题。他们似乎完全不知道事先要请示这样一件事，或者虽然知道但不愿请示，以致被敌人钻了空子。这件事证明你们反对下级事先不请示的无纪律状态的斗争，并未开展和深入，你们必须以此事为例证通令所属，引为鉴戒，并给予该地委一级的负责同志以适当的处分。以后各地对于从国民党区来的一切情况不明的中外记者，必须拒绝接谈任何问题。对于确系革命的或同情的记者，是否接谈，亦须请示上级决定，任何下级人员不得擅自表示态度。

一九四九年一月二十六日

21. 中共中央关于严防帝国主义分子反动新闻记者刺探政情军情的指示

（上略）

务请你们通令全党全军，使每个干部，每个党员，每个战士，每个同情我们的民主分子，都知道严防帝国主义分子及反动的新闻记者刺探政情、军情。凡属党员及战士未奉命令，未获上级批准，一律不得和上述帝国主义分子及反动新闻记者接近和交谈，尤其在大城市及接近前线的地方必须做到，这一点。凡有违背此项纪律者，必须给予批评，重者给予处分，并用以教育全党，一经发现此类泄漏政情军情的事件，必须立即报告中央，是为至要。

一九四九年二月十日

22. 中共中央对北平市报纸、杂志、通讯社登记暂行办法的批示

北平市委并总前委、华北局、天津市委并告各中央局、分局、各前委：

二月十日发来报纸、刊物、通讯社登记暂行办法草案中，以反共反人民反土地改革等项列为正式法律上的罪名，不甚适当。其他各项亦有应增减者。现将此件修改如下，望以军管会名义公布执行。

一九四九年二月十八日

附：北平市报纸、杂志、通讯社登记暂行办法

一、为保障人民的言论出版自由，剥夺反革命分子的言论出版自由，所有本市已出

版或将出版之报纸和杂志,及已营业或将营业之通讯社,均须依照本办法向本会(北平市军管会。下同)申请登记。

二、凡报纸、杂志和通讯社,于申请登记时,应详细而真实地报告下列各项并填写申请书。

甲、报纸,杂志或通讯社的名称;

乙、负责人的姓名、住所、过去和现在的职业、过去和现在的政治主张、政治经历及其与各党派和团体的关系;

丙、社务组织;

丁、主要编辑与经理人的姓名、住所、过去和现在的职业、过去和现在的政治主张、政治经历及其与各党派和团体的关系;

戊、刊期(日刊或周刊月刊等)每期字数,发行的数量与范围;

己、经济来源与经济状况、重要股东的情况;

庚、兼营事业;

辛、印刷所及发行所的名称和所在地。

三、已出版或已营业的报纸、杂志和通讯社,于申请登记时,应呈缴过去一年内的全部出版物(通讯社为通讯稿)一份。出版不及一年者呈缴全部出版物一份。

四、申请登记的报纸、杂志和通讯社,经本会许可登记后,由本会发给临时登记证。尚未创刊或营业的报纸、杂志和通讯社,须于取得临时登记证后,始得创刊或营业。未获本会允许登记的报纸、杂志和通讯社不得在本市出版或营业。已出版或已营业之报纸、杂志和通讯社,获得本会允许登记后,得在本市继续出版或营业,未获本会允许登记者,不得继续出版或营业。

五、所有在本市出版或营业的报纸,杂志和通讯社,均须遵守下列各项:

甲、不得有违反本会及人民政府法令的行动;

乙、不得进行反对人民民主事业的宣传;

丙、不得泄漏国家机密与军事机密;

丁、不得进行捏造谣言与蓄意诽谤的宣传。

六、凡报纸、杂志和通讯社,违反本办法第二条各项规定,而有重要隐瞒或报告不真实企图骗取登记者,一经发觉并证实届,除不许其登记,或撤销其登记外,当视其情节之轻重,予以处分。

七、凡报纸、杂志和通讯社,有违反本办法第五条各项规定者,当视其情节之轻重分别予以警告,定期停刊或停刊的处分。其有涉及刑事范围内之行为者,当由法庭予以审判。

八、本会所发之临时登记证,不得出让或转借。在申请登记书中所填各项有变更时,应向本会报告。

九、本办法仅适用于中国人所出版或经营的报纸,杂志和通讯社。

23. 中共中央关于停止外国通讯社、记者、报纸杂志的活动和出版给平津两市委的指示

北平市委、天津市委、总前委、华北局:

一、对平津各外国通讯社、外国记者和外国人所办的报纸,现在即可由两市军管会明令停止活动和出版。命令内容大概如下:

"由于目前军事时期的情况,所有外国通讯社及外国记者均不得在本市进行活动,所有外侨均不得在本市主办报纸或杂志。为此,本会特通告现在北平(天津)的各外国通讯社、新闻社、新闻处的组织及人员,自即日起停止对本市及外埠发行新闻稿的活动(天津加:各外侨所主办的报纸自即日停止出版发行);各外国通讯社及外国报纸、杂志的记者,自即日起停止采访新闻及拍发新闻电报的活动。望即照遵毋违。"

二、北平的穆萨、基昂两人,因各人民团体已要求驱逐出境,我应接受此项要求,由军管会通知他们出境,以便把他们区别于一般未作诽谤宣传的外国记者。虽然现在津沪尚未通航,事实上只能把他们由北平驱逐到天津,仍是有意义的。

通知书内容大略如下:"穆萨、基昂二君:你们对于北平人民的诽谤性报道,已激怒了北平的人民,北平的人民团体纷纷要求本会命令你们离境。本会认为他们的要求是合理的,决定予以执行。望你们在接到本通知书以后四十八小时内,离开北平。"

一九四九年二月二十日

24. 中共中央关于对私营广播电台的处理办法给天津市委的指示

天津市委并告华北局,北平市委:

二月十八日关于天津私营广播电台处理办法电已悉。

一、同意你们所拟处理意见,七个台,接管四个,准许私人继续经营三个。但对私

人经营之广播台,须执行下列各项:

甲、必须向市人民政府(或天津广播事业管理处)登记,报告其资本来源、波长、播送节目、工作人员及播音员之籍贯履历等。经审查批准后,方得营业。并只许用中波广播。

乙、私营广播台,必须向市人民政府领取执照,其执照每半年更换一次。即每届半年缴销旧执照而领取新执照。

丙、私营广播台,必须转播陕北新华广播电台由十九时三十分到二十时之新闻节目,并转播天津新华广播电台之天津本市新闻节目。私营广播电台不得有其自行编撰之新闻节目。

丁、私营广播台除播送音乐唱片及聘请艺人演播等外,并可以播送纯属商业性质之广告,但不得有任何其他性质的广告(如寻人、函件等)。凡市人民政府禁止之音乐或唱片,私营广播台均不得播送。

戊、在军管期间,私营广播台之一切播送,军管委员会或市政府得派军事代表到场监督。

己、私营广播台倘利用其广播台设备作任何市人民政府批准节目范围以外之活动时,当视其情节之轻重处分之。

二、现在中央宣传部之下新增设中央广播事业管理处,管理全国各新华广播电台及私营广播电台。望在天津即设一广播事业管理处,与天津新华广播电台合署办公。倘目前无此能力,可暂由天津市人民政府指定专人负责,管理私营广播台工作,俟天津市广播事业管理处成立后,再将工作移交给他们。

一九四九年二月二十八日

25. 中共中央关于大城市报纸问题复南京市委电

南京市委并华东局、粟裕、张震(转谭震林)并告中原局:

一、辰微(五月五日)电悉。所提三项办法均可同意。但中央丑巧(二月十八日)给北平市委并各中央局、各前委电曾详细规定报纸、杂志、通讯社登记暂行办法,该项办法较你们所订的办法更为明确妥当,你们此次似并未查考中央丑巧(二月十八日)电,且据新华社南京八日电,南京军管会于五日即来电之日根据辰微(五月五日)电内容发出布告,不知何故,请查复。

二、大城市中,除党报外视情况需要再办一两家或若干家非党进步的报纸,以联系更广泛的社会阶层,根据平津经验是有利的(这些非党报纸既有党员在内工作当然更好),但报纸种数亦不宜过多,以免纸张和人力和销路和各报分工发生困难,通讯社原则上应归国营,除新华社外无须鼓励成立其他的通讯社。

一九四九年五月九日

26. 中共中央关于未登记报纸施行新闻管制

给华中局、华东局、西北局的指示

谭政、陶铸二十七日电悉。同意你们对未登记私营报纸施行新闻管制的一至五项办法,但第六七两项不必作为管制命令宣布;如果这些报纸肆意造谣,尽可视情节轻重或更正,或驳斥,或禁售,或查封。惟第七项可在你们召集各报人员的会议中当作建议提出。此外,你们即可按中央二月十八日给各中央局各前委电,颁布报纸、杂志、通讯社登记暂行办法,令各报开始登记。

一九四九年六月三日

附:谭政、陶铸同志关于武汉市对私营报纸的管制办法

中央:

武汉解放后,继续出版之私营报纸,除《大刚报》《武汉时报》两家大报外,尚有小报多种,通讯社亦有数家(私人的),继续发稿。此等报纸,通讯社真相如何,尚在调查中。我们宣教干部刚到齐,对急需接管之报社正分别进行接管,但对私人经营之报社处理办法与态度,则尚未作出正式表示。在此期间,这些报社乱发消息,影响极坏。如《民联报》二十五日上午即根据此间电讯局收听台湾与广州通话,先后发出我军解放上海号外。某某报于一星期前曾发出长沙解放、张轸起义、唐生智起义等无稽消息。任意解释党的政策,与无头无尾的摘录党的政策文告等。我们除已通知他们每日送数份报纸,并送解放前一年内之合订本备审外,拟于日内召集各报社负责人座谈,宣布如下新闻管制,通知各报社遵行。是否有当,请即示复。

(一)禁用中央社及帝国主义国家通讯社电讯。

(二)希望他们采用新华社消息,但既经采用,即须全文登载,不得增删改写。

(三)军事消息,必须采用新华社消息。

(四)本市军管会所属各机关部队与政府一切有关政策公开消息,统由武汉新华社发布。

（五）凡属中央及中共领袖之政策性文件著作，欢迎转载，但不得断章取义，窜改标题。

（六）有关中内共及解放军政府之法令政策，各报社无解释权。

（七）各报社发布之社会消息，必须严守新民主主义中国之新闻一般原则，实事求是，崇尚真实，向人民负责。

谭 政 陶 铸
一九四九年五月二十七日

27. 中共中央关于解决新闻干部缺乏问题复华中局电

华中局并告华东局、西北局：

五月十八日电悉。

新闻干部现在全国各地均感不敷，华北与东北现在很难再行抽调，且华中除已由东北、中原各抽调一个班子外，平、津两地亦各已抽调一个班子，加上其他骨干，力量已不太弱。为解决目前的新闻干部问题计，请你们考虑：

（一）华中局与武汉市委不必办两个报，只在华中机关报增设半张的本埠版由市委编辑或只负责领导审查，甚至暂时不另出半张而只辟一版。或市委只办晚报销于本埠，均无不可。在其他地方省委、市委同在一处的均可仿此办理，不要勉强出两种报，结果不仅浪费人力、物力，内容大部重复，且造成彼此间在编辑上和营业上不应有的竞争（如在北平所已发生者）。

（二）对于各城市原有报纸中的进步分子及有能力经验而力求进步的分子应放手利用，但勿轻易放在负责地位，而应在工作中予以教育及考察，然后逐步量才提拔。对随军南下及各城市招收的纯洁的有编写能力的知识青年，亦应同样任用，非此不能解决新闻干部不足的困难。

（三）凡已有报纸的地方，新华社的工作目前主要应放在编辑方面，其采访主要应依靠报社的采访。新华社的机要工作应力求缩小，其向上级发稿通报应力求用明码。凡在电报火车邮政畅通的地方应逐步地有准备地利用电讯局、邮政局，以缩小电台人员。目前需要的电务机要人员亦需从短期训练班来解决，电务方面并可利用一部分旧人员。

一九四九年六月四日

28. 中共中央关于对旧广播人员政策的补充指示

过去曾经规定旧广播员一般不用，现查旧广播员，仅作普通技术性的播音工作，政治上反动的不多，而有些在播音技术上则很熟练，我们亦无法大批代替。故旧广播员经甄别除政治上确属反动不用外，其余仍可在我们的负责管理教育下留用，这对我们没有坏处。

一九四九年九月

29. 中共中央关于私营报刊通讯社等问题的指示

一、在军事管制时期，对私营报刊通讯社，也实行事后审查，将来有某种必要时，可能实行事前的军事新闻检查，及外国记者通讯稿的事前检查，但现在不必作一般规定，也不要去接受事前审查的要求。

二、人民政府是各级民主政府的正式名称，如华北人民政府等。民主政府是泛称，在正式公布文件中用法应统一，在某些地方混用亦无妨。

三、党与政府报刊通讯社经济来源，除销售与广告收入外，可说明由党与政府补助，新华社将来由总社向中央政府统一登记，但目前中央政府尚未成立，原总分社、支社可分别向相当地方政府登记，将来通讯社应属于国家，其经费应由政府供给，目前各总分社分支社可报为由总社供给。

一九四九年

30. 中宣部、新华总社关于平津新闻工作指示

华北总分社并转华北局、北平分社并转北平市委、天津分社并转天津市委：

一、北平、天津两市，除党报外并将有若干非党的私营的报纸出版，这些非党的私营的报纸要订购和发表新华社的稿件，我们应即准备逐日（每日必须发两次或三次）供给他们以新华总社所广播的一切国内外新闻和其他稿件。因此平、津两分社应即与党报分开，成立单独的机构，其目前任务除向总社发稿外，应负责抄收总社每日广播，印成电讯稿，同时分发给党报、私营的报社，并应抄收总社的英文广播，印发给外国侨民定户与外国报纸。总社所发的有关宣传方针与新闻写作的业务指示，现在已经正式准予出版的，非党的私营的报社向我索取时，在取得市委宣传部与总社同意后，亦可同样发给。

例如即将出版的天津《进步日报》，即应发给他们以总社的各项指示。他们对于总社有何询问要求和意见，分社亦应负责代转，因为新华社是要代表国家在宣传方面与各国人民直接发生关系，而不仅仅与党报发生关系，它对于指导宣传的一般政策方针，是应当公开告诉全国一切合法报纸的。党在宣传工作中，如有某些必须对党外保持秘密的东西可经党的宣传部而不经通讯社来通知。

二、平、津两分社担任向总社发稿的工作，必须加强，使之真正符合于党内外、国内外的迫切需要。两分社由哪几位同志负责担任此项工作及如何担任此项工作望告。

三、在条件许可时，平、津分社尚应在市领导下向本市各报社供给本市新闻稿，但此项工作因限于人力缺，可延缓。

四、《天津日报》的机构、人事、社址、出版发行状况望告。

五、北平、天津两分社的行政均由华北总分社管理，但工作业务应向总社及华北总分社同时报告，总社必要时得直接予以指导。

一九四九年一月二十六日

31. 中共中央军委、总政治部及新华总社关于野战军各级新华社名称、任务的规定

一、鉴于各野战军新闻业务发展的需要，特别是南征后各野战军在广阔的新区分散作战的需要，现有各野战军新华分社应即扩充为野战军总分社，称为新华社第×野战军总分社，直接与总社联络。各兵团设分社，称某某兵团分社，军设支社。

二、在野战军集中作战时，或各军担任独立任务时，为求报道迅速，军支社可直接与野战军总分社联络，同时与兵团分社联络，必要时，经总分社决定并可与工作有关的其他兵团分社或其他野战军总分社联络，联络时间及方法由野战军总分社规定之。

三、各兵团分社除与野战军总分社联络外，应准备在必要时经总社或总分社通知同时与总社直接联络，兵团分社的稿件同时发总社及总分社，以便总社迅速地发表消息。但在此情况下，各兵团分社业务仍归野战军总分社领导，其所发稿件先经野战军总分社审定者，应于稿末注明。华北兵团无野战军组织，其兵团分社应与总社及华北总分社同时联络。

四、各野战军总分社应与有关的地方总分社保持必要的联络，在报道工作上密切配合，互相主动合作，但如此种联络因野战军远移已不必要继续时，则可停止联络。在

野战总分社新建立期间,因基础薄弱,各地方总分社有责任在工作上及人力物力上予以帮助。

五、野战军总分社与兵团分社、军支社进入新区后,在地方分社未建立前,应同时负责地方的报道工作,并帮助建立地方通讯工作,在地方分社建立后,亦应在工作上互相帮助。

一九四九年三月五日

32. 中宣部、新华总社转发第三野战军新华总分社关于新解放城市中报道问题的指示

我处记者在江阴、常州采访中,发现有下列情况:即当敌已逃跑,我未进入或刚进入时,有些城市,出现了许多带政治性的组织(如学生自治会、应变会,或自称系我军游击队,或我党及青年团地下组织,或自称系某民主党派的地下组织),进行许多政治性活动(如护厂、护校、维持秩序、张贴标语壁报、出版油印或铅印报纸、自行确定货币比值与物价,有的甚至企图自行接管敌方机关等等),这种新旧交替时期所出现的情况,比江北许多新解放城市要来得复杂,而且今后在沪、杭等地,可能表现得更复杂。因此,我们在进行报道时,必须善于分析,区别真伪,判断是非,作各种不同的处理,以免鱼目混珠,替人家作义务宣传或上反革命的当。

(一)确系我党(或青年团或我军游击队)所领导的组织与活动,或确系革命的工人、学生及其他人民与可靠的民主的党派、团体、人物所组织的革命活动(如护厂、护校,欢迎我军,拥护我党主张,帮助打击敌人,维持治安,恢复生产等),应作有力的迅速的报道,这是江南人民革命情绪的集中表现,是我军进入江南后政治上的重大胜利,但其中也有某些过左行动,及脱离现实的表现,则不应无选择的加以宣扬。

(二)普通市民,纯粹维持治安性质的组织及其活动(指商会、消防队等),可以报道,因为这是有利于我们保护城市与接管城市的。但其中主持分子,大部是上层人物,主要是为了保护自己的财产,故在报道中,不必宣传他的组织和人物(中宣部与新华总社按:这种组织和人物,可以作有选择的有分寸的宣传),在分寸上不要夸大其作用,不要超过对于革命人民、革命活动的宣传。

(三)在一、二两项中,也可能有个别坏分子或投机分子,但不是主要的。在他们的活动中,也可能有不妥处(指乱提不适当的甚至错误的口号),但往往是由于幼稚,或对

我党现行政策不了解所致,我们在报道中,应加以很好的选择,必要时并可在当地报纸上,作适当的解释批判。

(四)确系反革命分子,或其他坏分子,假借名目,趁火打劫的组织及其活动,决不给它宣传,并在确实查明,并经军管会明令解散取缔时,在本地报纸上予以揭露,并将情况报告总社、总分社。

(五)我们的记者,必须提高嗅觉,冷静判断情况,一般说,我们进入江南新区城市后,确实感到江南人民(特别是工人、学生)的革命情绪甚高,其政治觉悟也来得快。许多城市中都看到人民自己写的标语,听到许多动人的故事,这最容易刺激官感,引起冲动,以致草率报道,易于出乱子犯错误。因此。必须冷静,必须善于通过现象,研究本质,善于向工人和学生群众,调查情况(不要先看中了几个领头的分子),善于向地方党,政机关调查情况,对于某些确难一时弄清的情况,应作有保留的报道(例如对于一时难以查明为公营或私营或官僚资本的工厂、企业,就只报道它的复工与工人活动,暂不说明它是公营或私营,在一般情况下,可多报道事实,少报道人物。多报道活动,少报道组织)。当然也应注意不要怕犯错误,不敢报道,使若干可靠的民主党派、团体、人物,误会我们有意在宣传上封锁他们。

(六)对城市报道,必须万分慎重,一切均须经过军管会或政治机关首长审阅批准后,才得发稿。

(七)宁、锡、苏有无类似情况,请有关的分社、支社电告。此意见经野政审查批准,请各分社考虑后,转告各支社、各特派记者;并在编辑记者中传达,并请总社及华总给以指示。

一九四九年五月八日

33. 中宣部关于城市报纸应注意的问题给中原局宣传部的指示

关于城市报纸,除同意来电所述各项外,并请注意:

(一)城市建设的宣传方针,除宣传工人阶级的作用和领导地位外,必须注意努力宣传中共二中全会的整个路线,而不是只取其片断。为了防止这种片面性,应当教育干部,时常记住"公私兼顾、劳资两利、城乡互助、内外交流"的所谓"四面八方"政策。民族资产阶级在我们的宣传中,不应占主要地位,但亦不应毫无地位。民族资产阶级的错误,应予批评,其对国民经济有利的行动,亦应作适当的而不是夸大的无保留的宣传。

对于这个问题,在纠正了某些右倾偏向以后,最近一时期许多地方,在实际工作中和宣传工作中,又多少表现一种"左"倾,应当进行两条战线的斗争,反对"左"右偏向。

（二）报纸初办时,陆续选登一些至今仍有广泛宣传必要的旧文件（如"将革命进行到底",毛、朱四月二十一日进军命令及国内和平协定最后修正案,人民解放军约法八章及一九四七年"二七"社论等）是可以的、应该的;但不应登得太多,一则很多文件已失时效,二则经验证明,读者不易迅速接受。

一九四九年五月十六日

附:中原局宣传部来电（节要）

甲、报纸方面:

报纸的读者对象,确定主要是群众。首先是工人和其他劳动人民,其次是知识分子与其他阶层人民,兼顾干部。是直接对群众讲话,而不是通过干部教育群众。报纸的宣传方针和重心:

一、根据二中全会精神,宣传党的工作重心的转变,宣传城市建设的方针,宣传工人阶级的作用和领导地位,宣传我们的各种城市政策,特别是经济政策、工运政策、文教知识分子政策、对敌伪人员的政策等。

二、宣传马列主义和毛泽东思想。

三、宣传形势和解放战争的胜利,说明战争性质,指出前途。肃清"正统观念",宣传苏联和国际人民力量,揭露美、英帝国主义为纸老虎。

四、宣传军管会、市委、市府的各种措施和工作。初期则着重宣传接管和恢复工作,着重宣传工人在保护城市与恢复生产中的作用,并配合揭露敌人之破坏罪行。准备在初期根据上述方针,有系统地转载一些有关政策和形势的重要文件。

在宣传方法上:

一、武汉人民初次与我党公开见面,对我缺乏了解。故许多问题,要从头讲起,多做启蒙工作,点滴灌输。内容上力求系统,多加解释。文字上和报面力求通俗活泼,形式上的多样性。

二、多用对比方法。

三、更加注意时间性。

四、加强与群众联系,开展工人通讯工作,加强社会服务工作。

乙、通讯社方面:

（一）干部（略）

（二）第一个月内之报道要点：

一、一切革命秩序之建立与群众之反应。

二、白匪崇禧破坏武汉罪行，及工人（特别是铁路工人）、学生护厂护校的斗争。

三、各公私工业恢复生产，与工人积极性之具体表现。

四、如何进行接收与管理，如何克服诸如粮食、燃料缺乏等各种困难，如何安定秩序，藉以证明我们不仅能打天下，而且能治天下。

（下略）

34. 中宣部关于对私营报纸应采取的态度的指示

浙江新华分社及浙江日报社二十七日电对新华总社并华东总分社所询两事答复如下：

1. 新华社对未登记报纸应予发稿，并可酌收稿费，此事有利无害，与将来是否允其出版无关。

2. 对于好的私营报纸，应采取团结教育态度，其带原则性的错误和失实的报道，可以由有关方面函请更正，必要时亦可在我们的报纸上予以适当的批评。对于坏的私营报纸应予揭露，其反动有据情节重大者，应由军管会查封。

一九四九年五月三十日

35. 中宣部、中央广播事业管理处关于地方广播稿件审查问题的指示

西北局宣传部、一野前委并告西安广播电台并各中央局、中央分局、宣传部，告各广播电台：

此次华北兵团入陕，因敌尚滞留陕境，本应暂守秘密，不宜即对外宣布。但西北广播电台已多次宣布了这个消息，各地报纸亦多根据该台记录新闻予以发表。又二中全会决议，中央并未对外宣布过，仅由新华社发过一次会议的消息，但西北电台亦广播了向党外人士传达二中全会决议的新闻。这一类情形，在其他电台也曾发生过。各广播电台广播地方新闻，尤其记录新闻，对于迅速传播重要消息是有成绩的，应当坚持。但第一，必须经中央局、分局或市委负责审查（因字数很少，审查并不困难，西北电台记录新闻均经西北局宣传部审查，此事值得各地效法）；第二，其中特别重要的问题，影响及

于全国者,必须事先向中央宣传部或新华总社请示,或待总社与北平新华台广播后再发,因地方广播与地方报纸不同,地方报纸的影响,一般是地方性的,地方广播的影响,则不受地方限制。现各地对广播电台管理情形,我们不甚清楚,望各地凡有地方新闻节目的广播电台接此电后,即将各地党委审查记录新闻情形及经验教训电告本部及本处为要。

一九四九年六月九日

36. 中宣部转发华东局关于加强宣传工作中纪律性的指示

华中局、西北局及各中央局、各前委、各宣传部、各政治部、各报社、各新华分社:

华东局五月二十日关于加强宣传工作中纪律性的指示,很好,特发给你们作为宣传工作部门中的教育材料。望注意检查纠正和防正你们所属组织中与此指示所述相类似的各种无纪律现象。

中宣部
一九四九年六月九日

附:华东局关于加强宣传工作中纪律性的指示

各分社并报总社:

自中央指示克服无纪律无政府状态,及中宣部指示纠正宣传工作中右的偏向以来,我们在宣传工作上,已开始注意到加强纪律性的问题,并在宣传对象上,着重对工人阶级及其他劳动群众与知识分子的宣传。但由于种种原因,我军南渡进入新区以后,宣传工作上的无纪律无政府状态,与游击主义习气的残余,仍不断发现。个别新解放城市因领导不集中,这种情形就更为严重,主要表现有以下几种:

(一)在新闻采访及发稿问题上,对伪装民主的反动报纸新闻缺乏必要的政治警惕,个别记者甚至失掉立场,不但接受宴请,并给他们发稿,随便发言(有的在党外报纸上公布)。在口头宣传上,无原则地谈论解放区土改整党中的偏向,工商业政策上的偏向,以迎合资产阶级的心理。不从政策的正确性与基本成绩上解释党的政策,以致引起一部分人对我党政策的怀疑不安。有些新解放战士或杂务人员,缺乏充分阶级教育、传统教育,胡乱解答问题,如群众问:"八路军、新四军不好,你们为什么这样好?"竟答以:"我们不是八路军、新四军,我们是解放军。"对于"你们为什么不抽烟"的问题,则答以"抽烟要杀头"等。这种解答都将给人们以一种很坏的印象。

（二）在讲演、报告、座谈、讲话等活动方面，常常表现出狭隘、粗率、主观、急躁与盛气凌人的气概。例如：在南京对学校员生称"伪机关""伪人员"，引起参加过反饥饿、反内战的员生不满；对学土木工程员生宣布其"过去为反动派造房子，今后应为人民造房子"也都引起他们的反感。这与约法八章第一条的精神不相符合。又如：谈话必用训话方式，开会事先不准备，不遵守时间，使工人、学生、市民久等；讲话必由内外形势直到眼前一切琐事。这都是亟需纠正的。

（三）乱写标语口号，乱绘图画，乱报道的无纪律现象，随处可以看到。例如：丹阳县城写贴着"打倒美帝国主义"（不策略），"坚持反帝、反封建、反官僚的斗争"（反官僚笼统）。"实行土地改革，铲除土豪劣绅"，"打倒反动的资本家"等标语。高邮、宝应在四月二十五日，均出上海解放的捷报（新华社并未公布）。有的刚到新区，民心未定，就写"人民要翻身，参加解放军"的标语。丹阳正则中学挂着一幅题为"为解放战争流血牺牲是光荣的"的画，画一个解放军卧倒地上，背插一把刺刀满地流血（这不是表现光荣，而是以战争残酷来恐吓人民）。苏州河南大学写："讨还血债"、"开仓济贫"、"清算豪门"等标语。常州电影院曾映出"清算豪门"、"劫富济贫"标语。无锡公布关于币制问题的布告，引起市场混乱。二十三军一个侦察营，在嘉兴擅自利用长途电话向上海市民乱讲，暴露军事行动。某地驻军，向未经许可登记的私营报纸记者发表议论及解答问题。产生上述种种偏向及无纪律、无政府状态的原因，主要是由于党内、部队内政策与纪律教育不够普遍深入，组织约束也不够严格。华东局、总前委四月关于写标语口号的电令，尚未普遍传达，特别新解放区的地方党、游击部队，没有很好进行各种政策教育与纪律教育，很多地方仍然抄袭过去分散隐蔽时的老一套工作方法、方式。

为避免上述各种无纪律现象继续发生，保证党的政策的正确执行，特规定下列几条宣传工作中的纪律，以便统一遵行：

一、新解放城市的政策宣传，以毛主席、朱总司令所发入城布告的内容（约法八章）为标准。形势宣传，以毛主席、朱总司令四月二十一日进军命令与新华社有关社论为标准。各种标语口号文告，应遵照中央或华东局的严格规定，各部并各地不得自创标语口号文告，如有必须，应呈请中央或华东局审核批准，方可施行。

二、非新华总社发布的新闻，不得用作宣传内容（包括军事消息，时事分析等）。

三、新解放城市的警备部队及党委，对当地下级党委、游击队及党所领导的团体，应采取有效方法,帮助他们进行政策与纪律教育,并严格纠正乱写标语口号的游击习气。除进行积极教育外,还应进行必要的纪律约束。对于民主党派及群众中自发的错误标语口号,应给予耐心解释使其迅速改正。对于反动分子破坏我党政策与政治影响的宣传活动,应及时查究,并即在群众中予以坚决揭露。

四、禁止部队在街上或建筑物上涂写内部用的标语口号,必要时用纸或布在室内挂上,但不得粘贴,离开时应收起。

五、借给人民看的书画,以公开出版物为限,不得将党内、部队内书报外传。

六、不得将党内指示的内容(如接管城市工作指示),作为对外的宣传资料,或以对老区农村用的宣传内容(如参军真光荣),用作对新区城市的宣传内容。

七、各机关部队入城后,发现反动的、过时的错误的标语,应随时洗刷,不得采取自由主义态度。

八、各机关部队可按第十条规定及宣传要点,多作口头宣传,禁止在城市随处写标语、画漫画。

九、进城市后,各机关的报纸通讯员所写的稿子,应经该机关领导人审查后,送党报(《解放日报》)审查发表,不得将工作经验、工作动态、会议消息文告等,直送私营的、非党的报刊随意发表。

十、团以下一般指战员进行口头宣传的内容,主要是宣传战争胜利、我军优良传统等,并需有领导、有组织的进行。每个伙食单位成立临时宣传组,经过训练后,担任驻地口头宣传工作,反对闭口不谈的倾向,但对有关政策性的、专门性的(如货币问题等)问题,应向上级反映,由团以上领导机关宣传解答。

十一、新收复城市的广播电台,应按中央指示原则处理,如须向外广播时,其所用名称及广播词内容,须经前委或区党委以上的党委机关审查批准,不得擅自发表广播。

十二、对当地记者访问认为有必要答复者,只能由当地最高军政机关首长及其指定的代表统一置答,其内容不得与党的原则抵触。有关外交问题及全国性的重大问题,均须事前请示中央及华东局,不得任意发表言论。对未经军管会或民主政府核准备案的报社记者,不应承认其记者的合法地位,更不得随便表示态度。

一九四九年五月二十日

37. 中共中央西北局关于西北新华广播电台工作的指示(节摘)

西北新华广播电台业已筹设,针对西北各地(西安、兰州、宁夏、西宁等地为主)及西北敌军(胡、马为主)广播、以加强对外宣传,争取早日解放全西北。这是宣传我党的政策、争取西北国民党统治区广大群众与瓦解敌军及向我边区内地迅速传播党的政策、时事的有力武器,各地应充分利用此现代化的宣传武器。为此:

(一)各地委、工委的城工部、宣传部与分政敌工科、宣传科,应迅即讨论怎样利用这一广播电台帮助本身工作的开展,作出计划,报告西宣部。

(二)各地委、工委与分区政治部,对西北新华广播电台,应负供给稿件与及时反映情况的责任,关中、黄龙、西府等地委与东府工委,负责供给对西安、宝鸡、南郑等方面广播稿件及反映这些地区的情况,甘肃工委、陇东地委负责供给对兰州、天水、平凉、西宁等方面的稿件及反映这些地区的情况;三边地委供给对宁夏方面的稿件与情况;榆林工委供给对北线的稿件与情况;甘肃工委、陇东地委、榆林工委、伊东工委等,应同时注意给对回、蒙、藏等少数民族广播的稿件。上述稿件应报道各该地区的情况和针对其特点进行宣传,并须经地委或工委书记审阅后交新华支社电发或邮寄西北总分社,稿首注明"口播"字样。此外,各地应将敌区群众与敌军收听情况及听众的要求、意见,有计划的收集及时告诉西北分社。

(三)西北新华广播电台,有一部份节目系对边区内部广播的,望注意收听。

(四)各地委,工委,分区政治部应运用各种方法,负责给西北总分社代为收集敌方的报纸、杂志,作为参考。所需费用,可按月开单由该总分社负责支付。

一九四九年六月

38. 中共浙江省委关于加强报纸通讯工作实行全党办报的通知

一、为加强浙江日报的通讯工作,建立浙江日报与省委,军管会及市委所属各部门的密切联系,保证党报对于党的工作及人民生活正确的与及时的指导,特决定由省委,军管会及市委(府)各部、处、局,各地委宣传部,各依实际需要,指定一至三人担任浙江日报的通讯员。其中应有一人是科以上的干部,担任特约通讯员。特约通讯员与通讯员的条件,应尽量作到是能写作、能掌握政策并自愿担任此项任务的同志,各地委各部、处、局负责同志,应保证督促与指导这项工作。各部特约通讯员与通讯员人选,均须于六月十五日以前报告省委并通知浙江日报社。一切有关本部门的报道，均须经各地委各部门负责同志审核签发，保证情况真实与原则正确。为了保证此项工作的切实执行，省委特指定下列各同志负责将特约通讯员与通讯员名单确定，并召集他们布置工作，建立经常领导。

各地委由书记指定人负责。

各部负责人名单（略）

二、对于浙江日报派赴各部门采访的记者，各部门应按其记者证上所规定的政治条件，予以政策上与工作上的指示与帮助。所有记者的报道，能否发表，何时发表，是否真实，是否正确，均由各部负责同志指示记者转告报社处理。记者应当尊重与听取各部门同志的指导与意见。如有分歧，应报告报社，不得自行决定。记者所发稿件应得该部门主管人员之同意。

三、浙江日报所举办的"社会服务栏"，目前已收到来信询问我党政策及其他有关职业，学习，作风等许多问题。估计这些询问今后还会多起来。这是我党联系城市群众，了解人民思想情绪的重要办法之一。为此，省委特决定除由报社按时向省委汇报来信状况并及时报告请示重大问题外，其中有关各部门业务的政策及问题，需要在报上公开答覆进行普遍教育或作个别答覆者，应责成报社抄送各有关部门负责作书面解答，交由报社发表或转寄。这些解答，应经各部门负责人审阅，其中带有政策性或重要者应送省委批准。各部门认为不需要答覆者可通知报社。

四、此通知应在干部中作一次普遍传达及动员。

一九四九年六月四日

39. 华北人民政府新闻发布办法

一、根据本府组织规程第二十条及本府办事通则第十二条之规定：本府秘书厅掌管关于本府对外宣传报道事项，各部门属于对外通讯报道事宜应统一交由秘书厅经主席核准后发布之，特制订本办法，并于本府秘书厅设新闻发布室主管其事。

二、本府秘书厅新闻发布室之具体职掌如下：

1. 关于本府法令对外发布事项。

2. 关于本府对外报道通讯文稿之撰拟、组织写作及审查呈该处理事项。

3. 关于对通讯社、报社及记者联络与介绍事项。

4. 关于各部门报道组之组织指导事项。

5. 关于报纸所载本府新闻之检查事项。

6. 关于各部门工作日志之收集事项。

三、本府各部门为统一掌管本部门之新闻报道及与记者联络工作，得于本部门秘书室（或办公室）专设报道秘书一人，并就本部门及所属机关工作人员中指定若干人兼为报道员，成立本部门之报道组，以报道秘书为组长，在业务上兼受秘书厅新闻发布宣之指导。

四、本府各部门报道秘书及报道组之具体职掌如下：

1. 关于本部门对外报道通讯文稿之撰拟、组织写作及审查呈核处理事项。

2. 关于对记者联络与介绍事项。

3. 关于本部门工作日志送交事项。

五、凡属本府办事通则规定由主席核行事项之对外宣传报道，均由秘书厅新闻发布室承主席之命发布之。

六、凡属本府办事通则规定可由本府各主管部门名义行文事项之对外宣传报道，得由各部门报道组承各部门负责人之命核转。

七、本府各部门应负责解答报社关于读者询问事项，其属于一般法令的解释，经部门负责人审阅后发出之，其属于重大的或新的问题解答，应经秘书厅新闻发布室呈主席核阅后发出之。

八、本府一切工作人员其以个人名义对外发表有关本府施政工作之通讯、论文等稿件，均应由主管部门负责人审阅并经报道组登记转秘书厅新闻发布室核发之。

九、凡通讯社、报社派往本府各部门采访之记者，统一由秘书厅新闻发布室发给采访证件履行介绍手续。

十、凡通讯社报社记者自行采访本府各部门之新闻性质稿件，应交由各该部门报道秘书或部门负责人核签，其未经各该部门报道秘书或部门负责人之核签而径行发布者，文责概由各该报社、通讯社负之。

十一、凡属本府法令之发布，各通讯社、报社发表时，对法令内容不得删改，其属于通讯报道稿件及个人论文写作等不在此限。

十二、凡本府发布之新闻稿件，得采用本府公文稿纸按公文处理规程送核签发。

十三、本府各部门之简要工作日志，应由各该部门报道组负责按日送交新闻发布室。

十四、本府各部门报道组应于每月终向新闻发布室汇交简要工作月报。

十五、本办法经主席核准后行;如有未尽事宜,得由新闻发布室呈主席核准后修改之。

一九四九年六月二十九日

40. 第三野战军政治部关于接待非党报纸记者及对外发稿问题的决定

各兵团、军政,并报华东局,并报中宣部、总政及新华总社,

一、我军进入京、沪、杭各大城市后,常有非党报纸的记者要求到部队里来采访,个别同志随便接见他们,自由发表意见,这是一种无政府、无纪律的现象。为保守军事秘密与党的统一集中,今后对于这些记者须婉辞谢绝,原则上不让他们到部队里去,并不向他们直接发布任何有关部队的新闻。但对非党报纸个别记者到部队来采访某一特定的问题,并持有华东局及野政之介绍信者,可指定一定的负责同志予以接待;但谈话内容须先经同级党委研究,必要时可写成书面材料交他。

二、部队对外发布新闻,仍一律由部队新华社统一负责,除有关全军性、全国性的重大新闻,仍按级发给总社,由总社统一广播全国外,其纯粹属于地方性的部队新闻(如驻地军民关系,一般警备任务动态等),可分别由野战总分社、兵团分社、军支社经同级党委或政治机关审查后,发当地党报刊载。至于此项新闻是否向当地非党报纸发布,分由当地之地方新华社请示地方党委决定,并办理之。部队新华社,一律不直接向非党报纸发稿。

三、部队新华社对当地党报发稿之权限,属于同驻地最高一级的新华社。如在上海,发稿权属于野战总分社,兵团分社及军支社均不能直接向解放日报发稿。如在南京及杭州,则发稿权属于七、八兵团分社,各军支社亦不能直接向新华日报或浙江日报发稿,只有军支社单独驻在一地时,才可直接向当地党报发稿。

四、部队干部一般均不向非党的报纸投稿,如确有必要时,须将原稿送野政审查批准,然后再用作者个人名义发出。

一九四九年七月三日

41. 中共中央华东局关于反对宣传中的无组织无纪律现象的通报

最近我们从直属各机关部门中不断发现无组织无纪律的许多严重现象,亟须引起

各地普遍注意，九月十五日《解放日报》载有上海文管会高教处李正文同志欢送一批赴东北教授的谈话涉及苏联在东北撤走机器二事，并谓李本人以丰富的实例，证明旅大问题及从前苏联在东北撤走机器等表示了尊重中国人民真正的利益与真诚的友谊，并在报上公开发表，这是很不妥当的，不仅是这种带国际性的重大问题个人无自由发表意见的权利，而且所说内容与苏联政府历次向友谊公开解释者不同，对于美帝国主义及国民党反动残余势力的反苏反共将是一个有力的藉口，这是不应有的错误。又上海文艺处最近发动对电影的检查登记与带群众性的各种批评主观性急地限制美国片子，规定若干机械检查办法，未请示市委书记在报上发表，造成一种紧张情绪，使电影界感到不安。上述带原则性政治性的问题均未事前向华东局及市委请示而擅自主张与任意行动，这是一种不能容许的无组织无纪律的严重现象，此外上海市公安局负责同志亦未曾向上海市委请示，而擅自讲限制商人在解放区行动的条例，与华东军区的规定抵触，财办某些高级干部迄今仍有未经事先请示而擅自自己自由发表与党政策不相符合的有关财政政策性的谈话，上述类似现象如果检查起来定然还有很多，我们正在严予纠正，各地亦必须同样注意，深入检查。目前我党在群众中享有无限高度的威信，我党干部的一言一语，一举一动均在群众中有很大影响，因此必须严格执行报告请示制度。今后对一切有关政策的条例法令及在报纸正式公布之谈话等，均须事先交党委审查批准始得对外发表，必须继续开展和贯彻党内反对无纪律无政府现象的斗争，并彻底克服党内无政府无纪律现象。

一九四九年十月

42. 新华总社通报各地选择总社稿件时应注意之点

（一）总社中文文字广播稿件分作甲乙两类，以区别他的重要和次要。这是根据稿件的内容质量和全国一般的需要衡定。但各地报纸所处的环境条件不同（如有新区和老区，城市和农村，篇幅大和篇幅小，地方报和部队报，中央局党报和区党委或地委党报等区别），读者的政治水平和实际要求也有差异，因此在选择稿件时应该主要根据当地的实际情况和需要出发，而不必为总社所分的等级所束缚。总社所标记的甲乙类别，只可作为一种选择稿件时的参考。有些稿件虽系甲类，但不是有全国的政治重要性和紧急性的稿件，在某些地方甚至因为情况悬殊立即发表还会引起反作用者，可以不登或稍缓再登。有些稿件虽然作乙类，但切合当地实际的需要，很有教育意义或指导意义者，则仍应该采用,而且可以把他刊于显著地位。也有些一般性的新闻文稿,因为受某种实际情况或条件限制,不能全文刊载,还可加以节删或改写。但经节删或改写发表的稿件,就不要用新华社名义,而可以用本报讯字样或在本报讯的报头之下,写明是根据新华社消息,以标明这稿件是经报社自己改写的。

但是上述所有这些权宜办法,只是适应于一种特殊必要,不应予以滥用。故无论对于不用、缓用、删改,均必须采取慎重态度,由报社主要负责人决定。至于中央发表的政治性政策性文件,除非事前经过中央特许,则一切较大的报纸均必须全文刊载,而不允许不用,缓用和删节。

(二)对于总社的中文文字广播稿,各总分社,应经常地收集所在地报纸编辑和读者的意见,及时反映给总社知道,以便我们的广播不断地有所改进。

一九四九年二月三日

43. 新华总社关于改进新闻报道的指示

最近各地来稿都有若干进步,其中比较显著的是:一般稿件都能注意提供事实材料,空头议论减少,对于工人生活和工矿建设的报道比过去增多,在军事新闻宣传方面逐渐宽广,某些分社有时能够供给具有较深刻指导作用的新闻。但另一方面,许多稿件文字较长而内容较琐碎,而新鲜的,生动的,有条理的新闻则太少,总社每日平均常有半数稿件无法采用。这是一种很大的人力物力的浪费。这说明新闻质量极需提高。因此,我们特对各地新闻报道,提出下列意见。

(一)各地在向总社发稿时,应有全局的、全面的观点。必须从全国范围报纸读者的需要。和实际斗争的需要来有计划地采写和选择稿件,而不要仅仅根据当地或本部队或记者的主观愿望。举例说:在东北报道一条新闻,就要设想陕北和郑州的读者,以及其他各地的读者,亦是否能够看懂?是否有必要看这条新闻?看了这条新闻后会引起何种兴趣和感想?这些问题的考虑是新闻报道者决定是否向总社发,即向全国人民中的读者报道这条新闻,以及如何报道这条新闻的根据,如果不考虑到这些问题就向总社报道,那就是一种盲目的或主观的报道,这种报道是目前新闻工作中一个基本缺点。新闻报道必须尊重当地或本部队领导机关的意见,并一定要把握当时当地的具体情况和事变发展,但首先要适应总社向全国广播的性质和能力。今天总社广播的供给对象,是全国广大地区的报纸和广播台,其中包括许多新解放的城市和农村的报纸和广播台,这些地方的读者和听众,对于其他地方的而不是本地的太过细小太过琐碎的事情,是不感兴趣的和不能了解的,而且也没有必要去了解的。因此,纯粹局部性的、地域性的事件,估计对于全国读者和实际斗争没有意义或很少作用的,可以不发或少发,或经过改编压缩,并联系其他事件的新闻附带其报道,决不能把地方报或部队报上的新闻都原封原样地发来。这里应该了解到地方报和中央机关通讯社,应该有的分工。比如,有些地方性的会议的新闻,因为与当地人民群众生活有联系,为当地读者深感兴趣者,在当地报纸就有天天连续发表的必要,但对总社则只需发一二次,有的甚至根本不必发,因为其他地方的读者没有必要去知道这次会议的详情。有些部队或民间的英勇和模范事迹,如果不是带有普遍性的典型,没有向全国宣传的价值者,只要在当地或部队报纸表扬报道,则不必发给总社。有些工作计划,总结或经验或者总社过去已经一再介绍过了,在全国说来并不是新发明,或者本身并不成熟缺乏普遍意义,或者其中只有个别经验是新发现的,就应该根本不发,或只摘发其中新的东西,或只证明其他地方的经验。这样,我们有些稿件就可大大地精简,新闻质量就会提高,宣传效果也会要好得多。

(二)发给总社的新闻应该有明确的目的性,预设想到它的效果和作用。除了若干简要的,全国读者都应知道的重大事件的消息报道(例如我解放军某日占领某个城市)而外,更多的稿件——尤其是长稿——需要说明一定的问题,最好进而做到解决一定的问题。在报道一件新闻的时候,要说明这件事物产生的时间、地点、社会背景、诸般客观和主观的条件,历史发展的曲折过程,它和其他事物或其他方面的关系,本身有何特色,在全局中占着怎样的地位和起着怎样的作用,估计将向什么方向发展等等。这样的新闻才能真正反映事物,有血有肉,吸引读者的注意和兴趣。但目前我们许多新闻往往不能如此,往往采取了一种形而上学的报道方法,在一个所谓"导语"的大帽子下,把许多孤立的、零碎的、互不相关的现象和数字,勉强拼凑在一起,对于这些现象或数字的介绍,往往不与全盘事物或运动发生联系,也没有一个变化发展的过程,于是许多新闻的报道,新区的和老区的没有差别,大城市的和小城市的很少出入,今年春节的慰问解放军和优待军属的情形和往年的相仿佛,这个战役部队的政治工作、后勤工作、卫生工作、支援前线工作和那个战役的一样,所不同的,只是换了几个地名、人名和数目字。这样,有许多新闻就没有特色,不能给人明晰的概念和具体的形象,不能说明和解决一定的问题。新闻的价值不在乎多,不在乎长,不在乎罗列许多零碎的、表面的现象和事例,而在于能反映事物和运动的一般状况,对于社会的实际斗争起一定的教育和指导作用。过分烦琐的现象罗列不但不能达到这个目的,反而使许多读者在一看到所谓"导语"(许多导语也常常是重复的)以后就不愿再读下去。我们要时刻关心自己的作品对于读者和革命斗争的关系,在写作新闻时,应该首先将搜集到的材料和实际斗争连系着进行分析研究,使思想上有明确的目的,然后采取个别事物和一般情况相结合,互相类比,举一反三的方法进行报道。

(三)必须扩大报道范围,并依据事物的发展进行有始有终的连续的报道,使我们的新闻内容更加丰富。目前我们的新闻报道面积比较狭窄,而且一件事情往往只有一个开端,没有变化发展过程及其结果。在解放了许多城市以后报道重心逐渐转向城市,这是应该的。但农村人民的生活和实际运动仍应继续介绍,特别是许多城市的解放对于农村和农民起了一些甚么影响,应该有所反映。许多地方一个多月前发表了农业生产计划和贷款数字,就应继续报道他的执行情形和结果,不要和往年那样只有春天的布置和动员,没有秋天的收获和总结。城市新闻的报道,不要只局限于发布入城命令,接管机关企业,恢复工商业,在入城当时热闹一两个月。诸如何系统的摧毁国民党反动统治,人民如何组织起来,并如何建立人民民主统治,如何兴办与城市人民生活有关的市政建设和公益事业,如何由消费城市转变为生产城市,如何逐渐的改造学校教育,如何密切城乡关系,使城市为市民,农民为解放战争服务;我们干部在入城后思想上、生活上、作风上有何问题并如何解决的,都应进行连续的报道,使能反映出城市的复杂情况和问题,城市中新和旧的斗争,半殖民地城市向新民主主义城市的脱胎换骨的变化过程,以及新的人民的城市成长发展的经过。无论城市和农村都应扩大报道范围,对于较大事件和运动的报道,都应有始有终,并且要善于把及时的、连续的报道和定期的综合的报道结合着进行。现在党内规定有综合报告制度,五万人口以上的城市又有定期的专门报告,各总分社、分社、支社要善于利用这种报告的材料,来发现新闻线索,帮助自己分析研究问题,并进行有系统的报道。

此外,报道应该及时和简短,也是根本问题之一。与上述三项有密切关系,已于另电谈及,希结合着一同研究。

为了改进我们的工作,各总分社、分社、支社应该对于自己的新闻报道,每两个月作一次总结。在总结中应特别研究对总社的发稿工作,内中包括这个月已经报道哪些新闻,还有哪些应该报道而没有报道?已经报道的新闻中,哪些有价值,哪些没有价值或很少价值?哪些总社已经采用?哪些没有广播,不采用对不对,原因何在?已经广播的新闻中,哪些有了修改,修改得好不好,原因何在?根据这两个月自己发稿和总社采用情形,以后应如何做法才能适应总社的要求?这样的总结不必太长,每次只要抓住一个或几个关节问题,写千字左右即可。这个总结,以后每双月十日以前发来总社,以便分社工作既能不断地改进,总社也可依据分社的总结来检查和改进本身工作,并更正确的进行业务指导。

一九四九年二月二十二日

44. 新华社西北总分社关于如何报道新解放城市给野战分社的指示

鉴于春季攻势中业已解放若干城市,并将继续解放若干城市,而报道新解放城市的第一篇通讯《宁静的蒲城》中,又有若干缺点,我们除将该文修改发表外,特向你们提出以下几点意见:

一、一个城市的解放,是当地人民翻天覆地的大事,应当把他们欢迎共产党与人民解放军及庆祝解放的热烈情绪,充分的反映出来,不要写得平平静静,好像这一革命事变与他们自己无关痛痒似的。

二、应当着重报道工人、职员、学生、中下层市民和郊区农民。城市刚一解放,首先出头露面的,往往是一些能说会道的上层分子,对此应有批判。为了争取蒋管区的民族资产阶级与开明士绅及其他上层分子,适当地进行有关这一方面的报道是必要的,可根据总社"加强城市政策口播"的指示,写成口播稿,专供对蒋管区口播之用。"不要给人一种印象,似乎商人、大商人、大工厂主和士绅们站在欢迎我们的最前列,这种事即会有,也只是暂时的现象。"对那些向我们说好话的"上层人士",应加以分析,不要听到这些人的几句好话,就忘记去分析这些人的本质,不恰当的报道他们如何对我们"好",即不合乎事实(因对我们最好的不是他们,而是工、农、学生等广大群众)。我们反而替这些人作了义务宣传,好像他们对革命的态度本来就还好。

三、报道接收,应着重在宣传我党我军的力量和政策,宣传我们的建设观点和管理城市的方法,不要宣传敌伪人员如何诚心诚意的等待着接收,即使发生这样的事情,也是我党我军正确执行政策的影响,就应当把这种影响写出来,而不应写成敌伪人员本来就是好的,以免给人一种错觉,好象革命阶级的胜利,不是用武力从敌人手里夺来的,而是由敌人和平移交过来的。

四、报道金融,首先要明确的确定伪金圆券为不合法,唯一合法的货币是新币与农币,然后再来报道如何以新币(或农币)收兑伪币,活跃金融市场。不要简单地宣传"定比价""兑换"等等,以免使人觉得,伪币还是合法的,它和新币的关系好像是朋友而不是敌人。

五、对于"人民""群众""各阶层"等词汇的使用,要有阶级分析的观点,不要含糊其词,好像那些反人民的人也成了人民似的。关于此点,望根据总社"不要乱用群众二字"的指示办理。

六、入城之后,应首先抓住几件主要的具体动态,如军管会的工作,建立革命秩序等,分别写成简明扼要的新闻,迅速发出,然后进一步搜集材料,写作通讯。如记者随军前进,写不出这样的通讯来,那就留待以后再说,可能时,则将线索交给地方记者,不要一下就忙着写通讯,而又时间仓促,材料不够,结果写些浮光掠影的东西,费力而不起作用。关于此点,望根据总社"加强新闻报道的时间观点"的指示办理。

一九四九年三月二日

45. 第三野战军总分社关于新区城市采访的规定

记者进入新解放城市进行采访活动,必须自觉地严格遵守下列各项规定:

一、模范地遵守城市政策和纪律。

二、以记者身份进行采访时,要说明是某某分社(或支社)记者(或见习记者),不得笼统称为"新华社记者",并禁用名片,而由军以上政治机关或军管会发给证明文件。

三、不得以记者名义对外发表谈话,或随便回答对方所提出的政治性、政策性问题。

四、一切稿件,均须经军管会或军以上(及单独活动之师)政治机关首长审阅。与对方谈话,必须遵守政治机关所规定的宣传内容,并通知对方不得以任何方式发表。

五、必须按原组织系统发稿,非经批准,不得向任何其他方面发稿。

六、不得接受任何方面的招待和馈赠。

以上规定,经野政批准,望即在全军记者中深入传达教育执行。

一九四九年五月三日

46. 新华总社关于揭破国民党造谣计划加强城市政策口播的指示

由于我军近来一连串的巨大胜利,以及我党城市政策的成功,国民党区许多公务人员、知识分子、自由资产阶级分子等向往我党我军。但其中若干人则因误信国民党最近有计划的广泛的所制造的谣言,对我发生疑虑与恐惧,如说我用农民作济南农民银行行长排斥知识分子,旧人员中每人所有的西装不能过四套,大衣不能过一件;凡曾任简任官以上者,须一律受三年苦役;中央政治学校学生则须一律处十二年徒刑等。这些谣言的目的,在动员人力、物力南迁。现京沪一带逃风甚炽,为了击破敌人谣言,争取京沪及其他国民党统治城市中各阶层人士对我更多了解,稳定他们的情绪,以阻止人力、物力的南迁,请你们即分别根据沈阳、济南、开封、郑州、徐州等地材料,组织下列对外口播宣传稿件:

(一)我军入城时与入城后各项安定秩序措施,我军与社会各界合作共同反对国民党特务破坏国家与人民财产的各项经验。

(二)我对旧有军政机关公务人员的处理情形,其中包括高级中级及一般公务人员,特别应组织国民党之国家银行、交通机关、邮政局、电信局、财政局、卫生局、军医院、兵站、仓库等人员的材料,应叙述他们的家庭生命和私人财产的安全情况;他们对于共产党解放军和民主政府认识变化的过程;他们移交武器、资财、仓库、文件、档案、机关的经过。他们之中凡能服务于国家社会的工作人员,只要自己愿意,就可以在民主政府中得到工作等。

(三)我对于一般国民党党员与三青团团员的处理情形,应叙述只要他们向解放军及民主政府交出武器、电台、文件、证件,向民主政府登记,宣布脱离反革命组织,遵守民主政府法令,则他们的家庭、个人生命与私人财产均可获得安全;其中过去有罪人员在解放军入城前,如能采取有效办法为人民立功(阻止敌人撤退时破坏城市,或在我军攻城时里应外合)还可以将功赎罪。

(四)对于知识分子,特别是对于教授、教员、学生、工程师、科学家、律师、医生等的处理情形,应叙述我们保护与团结知识分子、爱护青年学生、迅速恢复学校与各种经济文化事业,照顾知识分子的生活,任用原有各种技术人员与专门家,尊重他们的正确意见,以及共产党解放军和民主政府的工作人员之勤俭朴实、认真负责等事实。

(五)对于私人工商业的处理情形,应叙述我们保护私人工商业、扶助有益于国计民生的私人工业,解放后的城市有利于发展生产。我军入城后,对于伪法币与伪金元券的处理办法等等。上述这些方面的稿件,因系针对现在国民党有计划的造谣,专门对国民党区(特别是京沪平津)的公务人员、知识分子、自由资产阶级等讲话,故材料选择,解释问题的方法，用词用语均应与对老解放区的宣传有所不同。一方面，所有这些稿件都要合乎实际，不能夸大，应多讲详细事实，少讲大道理；另一方面，解释问题时则要合乎国民党区上述这些听众的经验与认识水平。对若干在老解放区已成常识的问题（如"北海币""供给制"等），均须有必要的解释。这类稿件最好组织比较典型的人来自述，在有广播台地方，能选择适当人物亲自广播更好。广播时预先通知陕北台转播，但广播稿应由你处加以审查，一般可用访问记和记者报道等方式。稿件望于半个月内开始发来，以便陆续由陕北、东北、华东与邯郸四个台广播。

一九四九年六月

47. 新华社华中总分社指示目前农村报道应注意的几个问题

各分社、记者、并报总社：

（一）七月十日电已告目前农村报道方针（该方针已经总社批准），除河南分社已作具体布置并报总分社外，其他各分社至今未将执行情形报来。

（二）目前农村工作报道，可着重下面几个问题：

（甲）支援前线：最近各地来稿中，一般感觉战争气氛不浓，而目前华中南线我军正胜利进军，此种军事的胜利，对城市和乡村的建设，对各阶层人民的鼓舞很大。各地支前机构已逐渐建立，各种支前工作（如征粮，修复交通，协助军运，慰劳部队等）亦已逐步展开。因此，宣传战争，宣传支援前线，宣传军民一体，前后方一体，以彻底歼灭国民党残余武装力量，乃是目前报道工作中的首要任务。凡有野战分社的地区，地方分社应与之密切配合分工工作。目前四野总分社与华中总分社每日均有联系，证明对工作有不少帮助。

（乙）剿匪反霸：宣传土顽的罪恶。土匪、特务、恶霸、旧保甲，反动会门如何互相勾结残害人民，我们如何根据各地不同土匪活动的情况与特点，组织和布置力量，如何把剿匪与反霸等联系起来，有系统地报道社会秩序的安定与逐渐夺取农村政权阵地确立人民的统治，报道群众武装，如民兵等的建设和剿匪活动，政治攻势与军事清剿密切结合，如何正确执行剿匪政策及有何偏向等。要在宣传工作中贯彻使剿匪反霸运动变成真正群众性的运动。

（丙）群众运动：河南群运重点县应配备强有力的记者连续地报道群运的发展和深入报道运动中的经验与问题，其他各新解放地区应根据本地特点通过报道反匪反霸及合理负担斗争（如湖北部分地区已开始的查田运动）如何发动群众，务使我们的报道能反映出我党新区政策在农村中执行的情形，及新区广大农民群众觉悟程度和组织程度的提高。

（丁）防汛救灾：各地正值暑汛期，且暑汛之后还有一次秋汛，报道时务必将江河水情况及灾情交代清楚。同时要报道各地党政机关如何领导人民防汛救灾及其效果（七月初经总社广播的河南黄汛区西华县人民重建家园的报道可供参考研究）。

（戊）生产及财经：着重报道城乡物资交流，城乡互助，如农村工业原料品（包括粮食及其他副业）之生产情况，城市工业品之推销农村，农村供销合作社之建立，贸易工作之发展，农村拒用银元运动及人民币如何占领农村市场等。

（己）干部思想作风与干部学习：主要报道各级领导机关与干部如何执行政策，有何偏差，干部工作方法与作风，干部思想情况等，表扬典型的正确执行政策，密切联系群众的范例，提倡干部不但下乡而且上山，提倡保持密切联系群众，吃苦耐劳，实事求是的优良作风。批评违犯政策，脱离群众的官僚主义作风。揭发典型的贪污享乐腐化思想，目前要着重批评那种以各种藉口不愿下乡，下了乡又不愿上山吃苦的享乐观点。此种揭发，应选择典型并与各地党委随时交换意见，并接受其领导。报道干部的学习，包括理论，政策和业务，文化等方面的学习，经此学习如何提高和改进了工作。

（三）各分社应根据本身力量配备记者加强农村的报道（自然不能放松城市报道），并在工作团（或组）及各有关工作部门和重点地区（如党政领导机关的研究室，重点县区），聘请真正起作用的通讯员，除一般部署力量外，分、支社最好能就其所在地附近亲自掌握一个分区，县或重点区的报道，以研究问题取得经验。对于农村的编辑，记者要特别组织他们学习农村工作政策及了解农村工作情况，使他们认识到农村报道的重要，克服某些干部怕吃苦不愿下乡或轻视农村工作的不正确思想，老解放区来的新闻工作者，虽然农村采访工作较熟悉，但对于新区农村政策，新区社会情况和人民生活是陌生的（甚至连群众的语言都不熟悉）必须好好学习。对于新参加工作的人员，此点更属重要。记者在农村采访时要善于掌握"上下贯彻"（即领导和群众的贯通和结合）与"点面结合"的方法。能深入又能浅出，要建立经常的工作总结和检查与情况汇报制度，编辑记者都必须加强积累材料和研究工作，以提高写作质量，并随时积累新区农村采写经验。编辑工作要善于利用材料和报纸，并在不妨碍编辑工作范围内多与外界接触，了解实际工作情况。

（四）各分社对总分社应建立经常的报告制度，随时供给情况，按月作工作报告（此点总社、总分社早有明文规定，但目前除河南分社外，湖北、江西、陕南三分社均未认真执行，应予检讨）。分社对支社和记者的重要工作指示，应同时发总分社，以便了解和研究。为保证稿件的供给，特规定自八月份起，各分社应向总分社每日发稿数量如下：河南、湖北各四千字，江西二千字，湖南、陕南各一千字，以后视情况再增减。但不要因此而追求数量，上述数字最低要保证有三分之一能播发总社，三分之二能发长江日报。

（五）上述指示希结合七月十日电一并讨论执行，并报告我们，有何意见亦望速告。

一九四九年七月二十四日

48. 新华总社关于新华社、报社分立的指示

一、新华社与报社原则上应分别组织，因工作任务各有不同，合在一起往往顾此失彼，今后通讯社将成为国家政府机构的一部份（但领导实际不变），报纸一般为党报，更不宜完全合在一起。

二、社、报分立后，可经过设立宣传工作委员会或政府新闻事业机构等形式，以及人的关系，实现政治上的统一领导，行政上应分别隶属。

三、社、报分立后，如何分工并互相配合，因尚无足够经验，暂时不作统一规定。一般说，新华社的工作任务，对当地报纸来说是发布政府公告性的及地方范围内重大事件的新闻，印发抄收新华社电讯，对总社来说，是编采当地动态性的重要新闻和某一地区（或城市和工厂）某一时期或某一问题的综合性的报道；这一工作除依靠当地报纸发表的材料，报纸通讯员来稿和党政机关资料外，可能时还应配备少数较为得力的记者进行综合性的采访。

四、华北总分社与人民日报尚未分开，现华北总分社实为人民日报的通讯部，但北平市则已成立独立的分社，该分社之任务，除按市委与总社指示采访发布少数重要的政策性新闻（一般新闻仍由本市各报自行采访）外，并负责交换各报社所采访的其他重要新闻，使各报能同时刊出，以利各报与通讯社之分工合作，避免包办或无政府式的竞争。在同时有几家报纸存在的大城市中，此种办法经数月经验证明是有必要的。

一九四九年八月九日

本 卷 后 记

根据课题设计,本研究项目的成果除了发表系列专题论文外,主体成果将包括四卷正文,即古代卷(远古到中华民国成立前)、近代卷(中华民国成立后至中华人民共和国成立前)、当代卷(1949年10月1日中华人民共和国中央人民政府在北京正式宣告成立到中华人民共和国成立60周年前的2009年9月)和台港澳卷(古代至公元2009年);年表索引卷和史料卷。其中史料卷(上)主要收录远古至中华人民共和国成立前的中国新闻法制史料,史料卷(下)主要收录中华人民共和国成立后的新闻法制史料。按照课题组各成员任务的分工,负责研究和撰写古代卷、近代卷、当代卷和港澳台卷的课题组成员,还同时负责与本卷内容相对应部分新闻法制史料的收集,由倪延年同志负责选编。史料卷(上)所收录的新闻法制史料文献,就是由撰写古代卷的倪延年同志、撰写近代卷的王继先同志和撰写港澳台卷的张晓锋同志分别收集并提供,然后由倪延年同志选编成册。考虑到古代部分的史料在使用的语言文字上与现代汉语有较大差异,所以由倪延年同志对收录的古代新闻法制史料文献增加了"释题"和"释义"等注释性文字。

由于该卷收录的新闻法制史料的时间跨度达数千年之久,期间又经历了跌宕起伏的历史变革,所涉及的新闻法制史料也可以说是难以枚举。为此,课题组成员约定在收集史料和选注汇编过程中努力遵循以下几条原则:

一、前宽后紧的原则。纵观中国古代新闻法制的发展历程,大致经历了起源、萌芽、发展、成熟和完善的不同阶段。毋庸讳言,在中国新闻法制的起源、萌芽以及发展阶段,流传存世的有关史料是比较少见的,这也几乎是所有事物的共同普遍规律。对此,我们对古代尤其是中国新闻法制起源、萌芽以及发展阶段的史料,采取了"挖掘史料,微言大义"的方法,在收集史料的过程中,尽量求宽求全求细,叙述时力求在"微言"中阐发

"大义"以勾勒出中国新闻法制发展的大致轮廓。这一做法,在正文书写时如此,在史料收集选用上也大致如此。而到了史料比较丰富的中国古代新闻法制的成熟和完善阶段,由于史料的众多和本卷篇幅的限制,所以无论从主观和客观上,我们都采取了比较严格的选择标准,选择收录有代表性的史料为基本原则以保持全书和本卷各部分篇幅上的大致平衡。

二、选择收录的原则。在中国古代新闻法制进入了成熟和完善阶段以后,有关史料迅速增加。尤其是"西风东渐",西方资产阶级的国家和法学理论传入并和中国的传统法制理论和实践融合,中国新闻法制中出现了中国传统的新闻法制和中国近代的新闻法制既有联系、又有不同的两个系列。在这两个系列中,中国近代新闻法制的孕育、萌芽和诞生又经历了一个不很短的阶段,并且表现出先民间、后官府的发展特征,与之有关的史料无论在数量和专门性上都达到了一个新水平。为了保持各部分的相对平衡,我们采取了选择收录的方法,原则上只收录与中国新闻法制直接相关的史料。至于那些包含了新闻法制思想或内容因子的史料,则因为数量和专门性的原因,就只好在选择中忍痛割爱了。

三、尊重历史的原则。这是特指对那些因外敌入侵或强占我国固有领土后所建立或扶持的傀儡政府制定颁布施行的那些新闻法制史料的处理原则。在中华民族历史上,我国的香港、澳门和台湾地区都先后经历了先被外敌以武力强行割占,而后根据有关国际条约或中国与有关国家的双边条约先后回归祖国的经历。在从20世纪30年代开始的日本全面入侵中国、中华民族奋起反抗的那场历时14年的民族战争中,一些汉奸在日本人的指使扶持下先后成立过诸如"伪满洲国"、"中华民国临时政府"(俗称伪"华北临时政府")、"中华民国维新政府"(俗称"维新政府")以及"中华民国国民政府"(俗称"汪伪政府")等昙花一现的汉奸政府,还有一些西方列强国家根据不平等条约在中国设立的"国中之国"外国租界当局。上述诸如港英当局、台日当局、澳葡当局和各式各样名目的汉奸政府以及外国租界当局都以各种方式制定公布过一些管理新闻传播活动的法律法令,这是历史的客观的存在。为了保持历史存在的连续性,我们从上述内容的文献中选择性地收录了一些具有代表性的文献,以体现对历史存在的尊重。

四、灵活处理的原则。这是特指对台湾被日本人割据时期新闻法制史料的处理原则。如上所说,在日本人通过《马关条约》武力占据台湾地区期间,为了维护和巩固在台湾的殖民统治,制定和施行了名目繁多的旨在对台湾地区新闻活动进行限制、控制和统制的新闻法制。因为这一阶段的台湾地区从国际法的意义上已经是日本拥有主权的海外殖民地,所以日本人在台湾地区制定施行的新闻法制从法理上应该是属于日本新闻法制的范畴,而非中国新闻法制的范畴。但因一是台湾自古以来就是中国的领土,自秦朝以来就一直由中国政府管治;二是尽管根据1895年的《马关条约》台湾被日本强行割据,但根据1943年11月的《开罗宣言》、1945年7月的《波茨坦公告》和1945年9月日本向同盟国递交的《无条件投降书》,台湾地区在二次世界大战结束后已经"归还中国",回到了祖国的怀抱。三是台湾被日本人强行占据的时间只有短短的50年,而50年在自秦朝以来的2400多年中,仅占2.08%,这几乎可以忽略不计。根据上述情况,我们实事求是而又灵活地处理了台湾地区这一阶段的新闻法制史料,即从中选择少数文献以反映这一阶段台湾地区新闻法制的历史存在,以求保持台湾地区新闻法制发展历史的延续性和连贯性。

在本卷史料的收集选编以及本书有关各卷正文的研究和撰写过程中,我们查阅和利用了所有可以查阅和利用的其他学者专家的研究成果。在中国新闻事业通史方面有方汉奇先生主编的《中国新闻事业通史》和《中国新闻事业编年史》、曾虚白先生的《中国新闻史》、丁淦林先生主编的《中国新闻事业史》、吴廷俊先生的《中国新闻史新修》、黄瑚等先生的《简明中国新闻事业史》、叶再生先生的《中国近代现代出版通史》等等;专门新闻事业史方面如戈公振先生的《中国报学史》、方汉奇先生的《中国近代报刊史》、史和先生的《中国近代报刊名录》、赵振祥先生的《唐前新闻传播史论》、黄卓明的《中国古代报纸探源》、李彬先生的《唐代文明与新闻传播》、朱传誉先生的《宋代新闻史》、尹韵公先生的《中国明代新闻传播史》、曾虚白先生的《中国新闻史》、李瞻先生的《中国新闻史》、陈扬明等先生的《台湾新闻事业史》、王天滨先生的《台湾报业史》、《台湾新闻传播史》等等;在新闻法制史方面诸如黄瑚先生的《中国近代新闻法制史论》、马光仁先生的《中国近代新闻法制史》、倪延年先生的《中国报刊法制发展史》(古代卷、现代卷、史料卷)和《中国报刊法制发展史》(台港澳卷上、下册)、刘哲民先生的《近现代出版新闻法规汇编》、赵玉明先生的《中国现代广播史料选编》、蒲坚先生的《中国古代法制丛钞》、王培英先生的《中国宪法文献通编》(修订版)、中国第二历史档案馆编的《中华民国史档案资料汇编》以及中共中央宣传部办公厅、中央档案馆编研部编的《中国共产党宣传工作文献选编》等等。除此以外,还有李世凯、怀效锋、曾宪义、李交发与唐自斌、李玉福等先生主编的中国法制史专著(教材)等,都在史料和观点等诸多方面提供了十分重要的基础和借鉴。尤其是负责近代卷内容研究和撰稿的王继先同志，在地处南京的中国第二历史档案馆的有关专家同行的大力支持和配合下，从该馆收藏的丰富档案馆藏文献中，寻找摘录出大量的南京国民政府以及伪满政府、汪伪政府新闻法制的第一手原始材料；负责台港澳卷内容研究和撰稿的张晓锋同志系统查阅了港英当局及日据时期殖民当局出版的英文《香港政府宪报》和日文文献，获得了不少第一手原始文献。这些第一次与世人见面的档案文献不光在正文的撰写中发挥了极其重要的作用，而且也是该卷史料重要特色。

  本课题的研究，得到了南京师范大学各级领导尤其是新闻与传播学院方晓红院长、顾理平书记及其他领导的关心支持，特别是得到了"中国新闻法制通史研究"项目顾问委员会主任委员方汉奇先生，副主任委员赵玉明先生和丁淦林先生，顾问委员会委员程曼丽教授、方晓红教授、方延明教授、黄瑚教授、顾理平教授、李彬教授、罗以澄教授、尹韵公研究员和张昆教授的悉心指导，谨此表示诚挚的谢意和崇高的敬意。由于客观条件的限制和主观努力的欠缺，本卷史料的收集提供者和选择编排者尽管进了较大的努力，但仍然深知无论在史料文献收集的全面性、选择的精当性、注释的正确性以及编排的科学性等等方面，还不可避免地存在诸多的不足和缺憾，恳请各位专家学者和业内同行批评指正。

倪延年

二○一一年三月二十日

于南京龙凤花园寒舍海壁斋

国 家 出 版 基 金 资 助 项 目
国 家 哲 学 社 会 科 学 基 金 项 目 重 点 项 目
"中 国 新 闻 法 制 通 史 研 究" 项 目 最 终 成 果

GENERAL HISTORY OF
CHINESE JOURNALISM
LEGAL SYSTEM

中国新闻法制通史

第五卷
史料卷
（下）

倪延年 选编

总 主 编　倪延年

分卷主编　（按姓氏笔画为序）

　　　　　王桂平　王继先　李　歌

　　　　　张晓锋　倪延年　薛传会

南京师范大学出版社

前　言

这是作为国家哲学社会科学基金 2007 年度重点项目"中国新闻法制发展史研究"的最终研究成果八卷本《中国新闻法制通史》系列著作有机组成部分之一的《中国新闻法制通史：史料卷（下）》。主要收录的是自 1949 年 10 月 1 日中华人民共和国成立以后中国大陆地区产生的新闻法制史料和中国台湾地区、香港地区和澳门地区在从外国殖民者的统治下回归祖国以后所产生的新闻法制史料。其目的是既便于读者对照阅读本书正文的有关部分内容，也为了给其他研究者在本课题组已有工作成果的基础上进行更加深入的研究提供部分文献史料的方便。新闻法制史料选编和其它文献的选编的共同点是都必须从众多的文献史料中选择与本课题最贴切的文献予以汇编，尽管所选择的对象即历史的文献是固态的，但选择文献的标准却毫无疑问地反映了选编者的倾向性，选择文献的结果也毫无疑问地体现着选编者的学识和学术水平和能力；而不同点则主要在于作为《中国新闻法制通史》配套著作所选编的文献史料又必须在最大限度上与"新闻法制"这一特定学术专题要求相吻合，而中国社会历史发展的不同社会阶段中，以"新闻"和"法制"以及"新闻法制"为主题或内容的法制，尽管总体上呈现出态势上不断发展、数量上不断增加、质量上不断提高的趋势，但不同的历史阶段又是情况各异。这些都对本卷新闻法制史料的选编工作提出了非常严肃的要求。

一

因为本卷是以收录中国大陆地区自公元 1949 年 10 月 1 日中华人民共和国成立以后；中国台湾地区自 1945 年 10 月 25 日日本在第二次世界大战中被打败而宣布无

条件投降,当时的中国政府宣布台湾重新回到中国版图以后;中国香港地区自1997年7月1日回归祖国,中国政府正式恢复行使主权以后;中国澳门地区自公元1999年12月20日回归祖国,中国政府正式恢复行使主权以后产生的新闻法制史料为内容的文献选编。在这60年间,在中国大陆、台湾、香港和澳门地区为规范新闻消息的收集、整理、传播活动而产生有关文献至今没有一个准确的篇数、字数统计,不说是汗牛充栋,至少不是可以用一两卷的篇幅就可以容纳的。为此,本书决定以"较狭义"的"法制"作为概念范围,并把"法制"这一概念的外延从严限定在由国家立法机关通过规定的立法程序制定颁布实施的"国家法律"和由中央政府部门根据中央政府的授权按照一定的程序制定颁布实施的"部门规章",即把这一阶段产生的与规范新闻消息的采访、编辑和传播活动相关的国家法律和中央政府部门规章作为本卷文献史料的收录主体——具体文献形式包括"宪法""法(律)""法令""条例""规定""办法""决定"以及"决议"。而对特定历史时期如中国大陆在自20世纪50年代到20世纪70年代的那个特殊时期,因极"左"思潮泛滥,个人崇拜盛行,使国家法制(并不仅仅是新闻法制)受到极其严重的损害,致使国家法制建设和实施实际上处于停止状态。对在这一阶段中以"指示""决议"乃至"通知"等形式问世并在一定意义上实际发挥了新闻法制功能的那些文献,我们本着从实际出发的精神,按照"有法律不收规章"、"有规章不收其他"和"没有法制兼收其他"原则予以"节摘"收录,以尽量保持中国新闻法制发展历程的连续性。

  由于自第二次世界大战以来世界范围迅速高涨的民族解放和自由民主时代潮流的迅速高涨和新闻活动领域新技术、新设备的迅速发展和普及和中华人民共和国成立60年(台湾回归祖国64年)以来这一阶段新闻法制的迅速发展,尤其是在公元1978年底开始的这场使中国大地发生了翻天覆地变化的"改革开放"潮流中中国民主法制建设的迅速推进,中国新闻事业的内涵迅速丰富,中国新闻事业的空间时间范围不断延伸,使中国新闻法制的内容范围得到史无前例的拓宽。从我们所收集到的与新闻活动有关的文献史料内容看,真可以说是内容丰富,范围广泛:既有对新闻采访活动的规范性限制,也有所传播内容性质的限定;既有对广播电视设备设施保护的法制,也有对到电视和无线电频道管理的法制;既有对报纸期刊的出版管理的法制,也有对报纸期刊内容进行审读的法制;既有对新闻媒体所传播的新闻内容进行管理的法制,也有对新闻媒体所刊登的各类广告予以管理的法制;既有设置政府管理机构的规章,也有规定政府机构职责职能或职能调整的法制;既有政府以立法形式规范新闻人员的文献史料,也有到行业团体自行制定自律规章来约束同行的文献史料;既有对大陆新闻人员的管理法规,也有对外国新闻记者以及台湾、香港和澳门新闻人员的管理规定从对传统报纸期刊的管理到对互联网新闻传播的管理;既有对无线电广播内容进行规范的法制,也有对无线电台设置进行管理的法制;既有对新闻人员入行门槛的管理规章,也有新闻专业人员入行以后的职称以及专业资格的规定等等。鉴于上述情况和本卷篇幅的限制,本书所选录的文献史料立足于围绕"新闻"这个中心,即从众多文献史料中选择收录那些直接与新闻内容的采访、编辑和传播相关的文献史料。按照这个原则,凡不是新闻内容的采访(收集)、编辑(整理)和传播(发布)的法制和规章就不再是本卷收录的对象。这样就把与新闻传播活动无直接明显关系且数量巨大的诸如无线电频道、新闻电影摄制、电视台站设置、电视频道点播、广告发布等方面的法制史料文献不再作为本卷的主要收录对象。采取了对与"新闻"主题吻合的史料文献全文收录,与"新闻"主题相关的史料文献"节摘"收录,至于与"新闻"主题不直接相关的史料文献,就只好忍痛割爱了。

二

从学术研究的本义上认识,新闻法制史的研究是以对新闻法制史料的研究为起点的,新闻法制的发展规律必须是在深入研究了现存的新闻法制史料以后才有可能总结概括出来。因而,特定历史阶段产生并流传下来的新闻法制史料,不仅为我们后人研究当时发生的历史事实提供了原始的记录,而且本身就蕴含着新闻法制伴随着社会的进步和民主的发展不断发展的内在规律。下面结合本卷史料的研读选编谈几点肤浅的认识。

(一)新闻法制对象不断拓宽

综观本卷所选录的新闻法制文献史料可以看出这样一个普遍规律,即新闻法制所规范的对象范围不断拓宽。中华人民共和国成立初期,新中国的新闻法制也处于起步阶段。当时新闻法制规范的对象主要就是新闻通讯社和新闻报刊。这一阶段产生的诸如《中共中央关于改新华社为统一集中的国家通讯社的指示》和《中央人民政府政务院关于中央人民政府所属各机关在〈人民日报〉上发表公告及公告性的文件的办法》以及《全国报纸杂志登记暂行办法草案》等就是具体的表现。1950年4月10日由时任中央人民政府新闻总署署长胡乔木签发的《关于建立广播收音网的决定》则标志着新中国的新闻法制开始覆盖到无线电新闻广播这个新的新闻传播媒体对象。而1955年9月12日由国务院颁布实施的《关于地方人民广播电台管理办法的规定》则是这一阶段为数不多的由国务院颁布实施的正式规范的行政法规。

由于众所周知的原因,由新闻通讯社发布新闻、新闻报刊刊载新闻和无线电广播播送新闻的基本格局维持了近三十年,新闻法制的规范对象也就主要是这三个方面。自20世纪80年代起,社会主义中国进入了改革开放的历史新时期,国家的各项事业包括新闻事业都得到了迅速长足的发展。其中一个显著的标志就是无线和有线电视的迅速兴起和普及。为了适应规范电视新闻传播活动的需要,在这一阶段除了继续完善新闻报刊、无线电广播电台和新闻通讯社的管理法规外,又出现了以规范有线和无线电视新闻传播行为的法令法规,1992年2月19日由广播电影电视部公布实施的《关于有线电视台、站电视节目管理的规定》、1994年2月3日由广播电影电视部制定发布实施的《有线电视管理规定》和以"中华人民共和国国务院令"形式于1997年8月11日颁布实施的《广播电视管理条例》等法令规章,标志着中国的新闻法制规范对象由原来的新闻报刊和新闻通讯社先是拓展到了无线电广播,现在又拓展到了有线和无线电视领域。

人类社会进入20世纪90年代以后,由于计算机国际互联网技术的广泛应用,使得计算机互联网也迅速成为超越以往任何新闻媒介影响和功效的新闻传播工具,网络使用者数量的剧烈增加和互联网传播新闻的迅速及时广泛性,一方面为新闻的迅速及时传播提供了技术条件,另一方面也对国家政府的管理提出了新的要求。主观和客观的需要都迫切要求政府迅速加强对规范互联网新闻传播活动的法制建设。在这种情况下,由信息产业部和国务院新闻办公室于2000年11月17日发布实施的《互联网从事登载新闻业务管理暂行规定》、由中国新闻出版总署、中国信息产业部以"令"的形式于2002年6月27日发布实施的《互联网出版管理暂行规定》和由国务院新闻办公室、信息产业部以"令"的形式于2005年9月25日发布实施的《互联网新闻信息服务管理规定》等部门规章的颁布施行,就正式标志着新中国新闻法制的规范对象从原来的新闻报刊、新闻通讯社、无线电广播、有线和无线电视,又进一步拓展到了21世纪才广泛被使用的计算机互联网新闻媒体。

要特别说明的一点是,新闻法制随着新的新闻媒体不断出现的脚步,其规范的对象也不断向新的新闻媒体拓展的这一发展过程及其特点,不但在中国大陆地区的新闻法制发展过程中得到了清晰的展示,同时在中国台湾地区、香港地区和澳门地区的新闻法制发展历程中也看得非常清晰。只不过由于海峡两岸长期的交流隔绝,在有些语言用词上台湾地区的专业词汇和大陆地区的普通话词汇有所不同,如中国大陆地区的新闻法制中把互联网称之为"网络",而台湾地区的新闻法制中则称之为"网路","播放"称之为"放送"等等。

从上述的叙述中我们可以非常清晰地看出,社会主义中国的新闻法制建设,尽管在前进的过程中也经历了不少甚至是很大的曲折,但总的趋势上看仍然保持了与社会进步同步前进的品质。随着社会生活中新的新闻传播媒体的出现,新闻法制建设的步伐也随之前进,新的新闻传播媒体也就迅速成为新产生的新闻法制的规范对象,从而适应社会生活对新闻传播活动规范管理的实际需求。

(二)新闻法制体系不断完善

翻开本卷所收录的中华人民共和国建国60年间产生的新闻法制文献史料,我们可以清晰地看出,在中华人民共和国建立以来的60年间,中国的新闻法制体系走过了不断完善的历程,目前已经建立起了一个能够基本适应规范社会新闻传播活动实际需要的新闻法制体系,并且已经达到了相当完善的水平。

在中华人民共和国建立前后,由于当时的特殊和客观情况所决定,主要是由中国共产党中央委员会及其有关职能部门代行政府职权和职能。在新中国中央政府成立之前,中共中央曾经下发了实际上具有新闻法制功能的一系列"决定""规定"或"指示""批示"及"通知"等,如1948年11月8日下发执行的《中共中央关于新解放城市中中外报刊通讯社处理办法的决定》、1949年1月18日下发执行的《中共中央关于处理帝国主义通讯社电讯办法的规定》、1949年2月10日下发的《中共中央关于严防帝国主义分子反动记者刺探政情军情的指示》、1949年2月18日下发的《中共中央对北平市报纸、杂志、通讯社登记暂行办法的批示》以及1949年1月26日下发的《中共中央关于各地不得擅自向中外记者发表意见的通知》等等。毫无疑问,这些实际上具有新闻法制功能的文件在当时的破坏旧的新闻传播秩序,建立新的新闻传播秩序方面发挥了十分重要的作用。

对于"以党代政"的问题及其不足,新中国的领导人是非常清楚的。为此在中央人民政府成立以后刚刚两个月,中共中央就于1949年12月5日下达了《关于中央政府成立后党的宣传部门工作问题的指示》,明确表示"在中央政府未成立以前,党的中央宣传部不得不实际上暂时代替中央政府的文教机关,管理国家的文化教育工作。……现在,中央政府已经成立,管理全国文化教育事务的中央人民政府政务院文化教育委员会及其所属之各部、院、署亦已先后成立。……全国的文化教育的行政工作,此后均应经由中央政府文教部门来管理。"1949年12月9日,中华人民共和国新闻法制发展史上第一个由中央人民政府制定的行政法规《中央人民政府政务院关于统一发布中央人民政府及其所属各机关中央新闻的暂行办法》由政务院颁布实施。紧接着又颁布了《中央人民政府政务院关于中央人民政府所属各机关在〈人民日报〉上发表公告和公告性的文件的办法》。1950年,中央人民政府公安部、新闻总署、邮电部和新闻总署、新闻总署和出版总署、广播事业局、新闻通讯社等中央政府所属机构,根据中央政府的授权和职责范围,先后制定发布了《关于发布公安新闻办法的规定》《关于邮电局发行报纸暂行办法》《关于建立广播收音网的决定》《关于统一新华通讯社组织和工作的决定》《关于改进报纸工作的决定》等等部门规章级次的行政法规。1952年8月16日,政务院公布了《管理书刊出版业印刷业发行业暂行条例》和《期刊登记暂行办法》等行政法规性文件。第一届全国人大常委会第23次会议于1955年11月8日通过后于1956年2月公布施行《关于处理违法的图书杂志的决定》,是中华人民共和国新闻法制建设史上第一个由全国人民代表大会常务委员会作为最高立法机构制定颁布施行的专门性法律,标志着经过7—8年的努力,新生的人民中国已经初步建立起了一个由全国人民代表大会及其常委会、中央人民政府政务院和中央人民政府所属职能机构(如新闻总署、出版总署、公安部、广播事业局)等按照规定的立法程序,制定公布实施新闻法制的新闻法制体系。

由于众所周知的原因,自20世纪50年代中后期开始,中国的社会政治生态逐渐出现了极"左"的倾向,直至发展成为"十年浩劫"期间的彻底的"无法无天"状态。中共十一届三中全会以后,国家迅速转上了以经济建设为重心的正确轨道,社会主义的民主法制得到迅速恢复,新闻法制的建设也进入了一个历史上最好的时期,得到了长足的发展,初步形成了一个比较完善的新闻法制体系:

1. 从新闻法制的法律法令阶位层面认识:在国家立法层面有全国人民代表大会及其常务委员会,其颁布的具有法律效力的文件如《中华人民共和国宪法》、1980年9月10日第五届全国人民代表大会第三次会议公布的宣布取消原第四十五条中"有运用'大鸣、大放、大辩沦、大字报'的权利"的《关于修改〈中华人民共和国宪法〉第四十五条的决议》以及《中华人民共和国著作权法》等专门性法律;在司法解释层面则有最高人民法院和最高人民检察院对与新闻传播活动直接相关事宜作出的同样具有法律效力的文件,如:最高人民法院于1998年12月17日发布《关于审理非法出版物刑事案件具体应用法律若干问题的解释》等等;在行政法规层面有中华人民共和国国务院,其制定颁布的具有行政法规效力的文件如1981年3月9日发布的《关于管理外国新闻机构常驻记者的暂行规定》和《出版管理条例》等;在部门规章层面有中央人民政府所属的职能部门(与新闻活动直接相关的如广播电影电视部、新闻出版署、国务院新闻办公室、工业与信息化部等),所制定发布的具有部门规章效力的文件如:广播电影电视部1997年9月23日发布《卫星传输广播电视节目管理办法》;新闻出版署1995年3月20日发布的《报纸质量管理标准》(试行)、以及由国务院新闻办公室、信息产业部以"令"的形式于2005年9月25日发布《互联网新闻信息服务管理规定》等等,形成了一个完整的新闻法制体系。

2. 从新闻法制的制定主体角度认识:由全国性立法机关全国人大及其常委会制定颁布的国家宪法、由中央政府国务院制定颁布的行政法规以及由中央政府所属机构如新闻出版署、广播电影电视部以及信息产业部等中央政府职能部门制定公布的部门规章都属于全国性的法令法规;而由各省级区域(省、自治区、直辖市和特别行政区)的立法机构在宪法规定的职责范围或根据国务院的授权,为规范本地区的新闻传播活动制定发布对全国性法令法规具有补充功能的地方性新闻法规,这主要是各省级区域(省、自治区、直辖市)的人民代表大会及其常委会和特别行政区的立法会根据中央授权制定颁布实施的地方性新闻法规,如上海市人民政府于1989年7月

1日以"上海市人民政府第9号令"的形式发布的《上海市图书报刊市场管理规定》和上海市第九届人民代表大会常务委员会第二十五次会议于1991年3月14日通过后颁布实施的《上海市图书报刊市场管理条例》等等,其他省、自治区和直辖市以及特别行政区政府也都根据宪法规定和国务院的授权制定过有关具有先民地方特点的新闻法制地方性法规。除此以外还有由国务院所属机构根据授权和实际需要制定公布实施的行业性法令法规,如中央人民政府公安部与1950年就制定发布了《关于发布公安新闻办法的规定》,司法部于1999年7月6日制定公布的《司法行政系统新闻单位采编案件的规定》以及国家海关制定公布施行的《中华人民共和国海关进出境印刷品及音像制品监管办法》等等,都属于行业性的专门法规性文件。要特别说明的是除了行业性法令法规外,还有一类是属于行业自律性的准则性文件,虽然不具有法律效力,但在该领域的从业人员中却具有特殊的约束力,如1997年1月26日由中国新闻记者协会公布的《中国新闻工作者职业道德准则》《中国广播电视播音员主持人自律公约》等等。

3. 从法令法规与新闻传播活动的相关性密切程度来认识,宪法当然是至高无上阶位的法律,所有的其他法律都是在宪法精神下制定颁布的,也都必须维护宪法的权威和尊严。在宪法之下,则是那些规范包括新闻传播活动在内的其他有关社会行为的综合性法律法规,如由全国人民代表大会及其常委会制定颁布实施的《中华人民共和国著作权法》《中华人民共和国刑法》《中华人民共和国国家安全法》以及由国务院制定颁布实施的综合性行政法规如《出版管理条例》和《出版物印刷管理条例》等等,这些法令法规的共同特点是其内容的某些条款与新闻传播活动相关,市政府部门规范新闻传播活动的法律依据的一部分。与综合性法令法规相对应的是专门性法令法规,即那些专门为规范新闻传播活动制定颁布实施的法令法规,这些专门性的法令法规大多是由专门承担规范新闻传播活动职责的政府机构拟定,然后通过一定的立法程序产生法律效力后公布实施的,诸如新闻出版署于1995年1月10日公布实施的《报社记者站管理办法》和《新闻记者证管理办法》;1995年3月20日公布实施的《报纸质量管理标准》(试行)、1995年9月10日公布实施的《互联网新闻信息管理规定》以及1995年9月30日公布实施的《报纸出版管理规定》等等。比专门性法令法规更为专深的是专题性法令法规,这是专为规范新闻传播活动的某一个环节而制定公布实施的法令法规,同样是大多由专门性管理机构制定公布实施,如新闻出版总署2009年2月9日公布的《报纸期刊审读暂行办法》等等。对某一新闻媒体或新闻传播活动,则已经出现了从不同的角度和层面予以规范的法令法规,我们不妨称之为专一性法令法规。如对新闻报纸及其新闻传播活动的管理,就不但有新闻报纸申请登记的管理办法,有新闻采编方面的专门要求,有编辑方面的规定或标准,有新闻内容的禁载范围,有在新闻报纸上发布广告的的规定,有新闻报纸出版方面的规定或条例,有新闻报纸发行方面的规定或条例,还有新闻记者的自律准则等等,从不同方面对新闻报纸及其新闻传播活动予以规范。

（三）新闻法制内容不断科学

回顾中华人民共和国建国60年间与新闻报纸直接相关的法令法规的建立、完善历程,我们可以清晰地看出新中国新闻法制不断完善的历程:从中华人民共和国建立到70年代末的30年间,新闻法制不但主要内容都是以规范新闻报纸及其新闻传播活动的有关法令法规,并且某一法令法规一旦公布实施就很少修订——这从一个侧面反映了当时社会生活变化的缓慢。这种情况在进入20世纪90年代后就发生了明显的改变:一个新闻法规公布实施了一段时间以后,立法机构会根据变化了的情况对原有法令法规进行修订,从而不断提高新闻法制内容的科学性;或者根据变化了的社会生活需要,制定更为完善的新闻法令法规,同时宣布废止原有的已经不适应现实需要的某些法令法规。我们从本卷收录文献史料中,可以非常清晰地看出不少新闻法令法规都经过一次甚至数次的修订,或者是由于社会生活环境的变化产生了新的新闻法令法规后由立法机关宣布废止原来同一主题或功能的法令法规。如国家广播电影电视总局于2001年12月26日制定发布了《境外卫星电视频道落地审批管理暂行办法》以后,于2003年12月4日公布了经修订以后的《境外卫星电视频道落地管理暂行办法》,然后又于2004年6月18日公布了修订以后的《境外卫星电视频道落地管理办法》,经过这样三次修订完善,这一新闻法规的规定内容应当说是更加适用和科学了。

这一类梳理和废止失效法令法规的工作,所有政府部门都按照一定的周期或根据形势需要适时进行,从而提高法令法规内容的适用性和科学性,新闻出版署、广播电影电视部、文化部、信息化工业部以及海关等当然也不例外。如新闻出版署于2005年9月30日公布实施的《报纸出版管理规定》，就是在新闻出版署1990年12月25日公布实施的《报纸管理暂行规定》基础上修订充实完善的结果，这可以从2005版《报纸出版管理规定》关于"本规定施行后，新闻出版署《报纸管理暂行规定》同时废止"的条款中得到证明。仅仅从两者的文本布局比较，1990年版《报纸管理暂行规定》共分8章计54条，即总则(含9条)、报纸的审批(含7条)、报纸的登记(含6条)、报纸的出版(含11条)、报纸的变更(含10条)、报社的经营(含5条)、处罚(含3条)和附则(含3条)。而2005版《报纸出版管理规定》虽然只有6章但却包含了69条，即总则(含7条)、报纸创办与报纸出版单位设立(含16条)、报纸的出版(含22条)、监督管理(含12条)、法律责任(含9条)和附则(含3条)。从上述简单的列举对比中我们可以看出，首先是2005年版《报纸出版管理规定》合并了1990年版中的"报纸的审批"和"报纸的登记"为一章，同时增加了3个条文；其次是2005年版《报纸出版管理规定》虽然保留了1990年版《报纸管理暂行规定》中"报纸的出版"这章，但条文数却从原来的11条增加到了22条；再则是2005年版《报纸出版管理规定》取消了1990年版《报纸管理暂行规定》中的"报纸的变更""报社的经营"以及"处罚"等3章共18条，而增加了"监督管理""法律责任"两章共15条；最后是虽然两者的"附则"都是3条，但2005年版《报纸出版管理规定》在"附则"中明文规定"以非新闻性内容为主或者出版周期超过一周，持有国内统一连续出版物号的其他散页连续出版物，也适用本规定"，这就比1990年版《报纸管理暂行规定》的覆盖范围更大，也更具有实际操作性。我们认为2005年版《报纸出版管理规定》无论在规范对象的涵盖面还是在内容条文的覆盖面上，都比1990年版的《报纸管理暂行规定》更为科学和适用。要说明的是，对已经公布实施了一个阶段的新闻法令法规根据变化了的情况进行修订甚至重订，以使新闻法制能够不断适应变化了的社会生活需要，在台湾地区、香港地区和澳门地区的新闻法制中也是比较普遍的，这也正是新闻法制发展史中的一个共性。

(四) 新闻对外交往不断开放

中国共产党人领导中国人民建立的中华人民共和国，自建国伊始就制定了对那些与我们友好相处的世界各国开放、与世界各国人民友好交往的基本国策。建国以后仍然允许外国人编印的外文报纸在遵守国家法律的前提下继续在上海等地出版,就向世界传递了强烈的开放交流讯号。国内但是建国次年就发生了朝鲜战争,美国就派第七舰队进驻了台湾海峡,盘踞在台湾的蒋介石国民党政府又叫嚣要反攻大陆,比较恶劣的国际国内环境使得社会主义中国对世界各国开放、中国人民与世界各人民友好交往的愿望难以成为现实。在这种情况下,除了当时社会主义阵营国家以外,社会主义中国及其新闻工作者与世界的交往、交流就受到了严重的限制,社会主义中国实际上处于被封锁的状态中。反映在新闻法制建设方面就显得特别的稀少,在中国社会科学院新闻研究所编的《中国共产党新闻工作文件汇编》中仅见1949年1月18日的《中共中央对处理帝国主义通讯社电讯办法的规定》和1949年2月20日的《中共中央关于停止外国通讯社、记者、报纸、杂志活动和出版给平津两市委的指示》。这种情况似乎一直延续到20世纪中叶以后。

中共十一届三中全会以后,中国不但进入了以经济建设为重心的历史新时期,同时也进入了改革开放的新阶段。为了适应国家对外开放的实际需要,中华人民共和国国务院于1981年3月9日制定发布了《中华人民共和国国务院关于管理外国新闻机构常驻记者的暂行规定》,这是目前所见在改革开放以后出现的第一个由国务院制定颁布的旨在规范外国新闻机构常驻记者在中国境内的新闻传播活动的行政法规。1990年1月19日,国务院又颁布实施了《外国记者和外国常驻新闻机构管理条例》,并同时宣布废止《中华人民共和国国务院关于管理外国新闻机构常驻记者的暂行规定》,标志着这一旨在规范外国新闻机构常驻记者在中国境内的新闻传播活动的行政法规迈上了一个新的水平台阶。2006年11月11日,国务院以"中华人民共和国国务院令"的形式颁布实施《北京奥运会及其筹备期间外国记者在华采访规定》,明确规定"外国记者在华采访,只需征得被采访单位和个人的同意","外国记者可以通过外事服务单位聘用中国公民协助采访报道工作",向世界展示出社会主义中国"开放办奥运"的崭新姿态。奥运会以后的2008年10月17日,国务院又以"中华人民共和国国务院令"的形式颁布实施了《中华人民共和国外国常驻新闻机构和外国记者采访条例》,把奥运会及其筹备期间外国记者在华采访"需征得被采访单位和个人的同意"(而不必再像以往有关规定那样须事先向外事机关申请)等规定以常态行政法规的形式固化下来,向世人展示了社会主义中国一如既往执行改革开放政策的基本态度。除此以外,在与新闻传播活动具有密切关系的进口书刊资料、卫星地面接收外国卫星传送电视节目、个人携带和邮寄印刷品及音像制品、外国通讯社及其所属信息机构在中国境内发布经济信息等方面也先后制定公布实施了专门性的法令法规,展示了社会主义中国向世界全方位开放的崭新形象。与此相对应的是,关于国际交流和卫星电视等方面的内容,在台湾、香港和澳门地区的新闻法制中也伴随着时代潮流的进步和科学技术的发展不断完善,成为新闻法制内容的重要组成部分之一。

（五）两岸新闻交流日益密切

中国大陆和台湾、香港、澳门同属一个中国,各地区人民同祖同宗,亲情乡情血浓于水。由于历史的原因,台湾、香港和澳门地区,都曾经遭受外国殖民者的统治。第二次世界大战结束后的1945年10月25日,当时的中国政府在台北正式接受日本驻台湾军队投降后,宣布台湾从此回归中国的版图。由于20世纪40年代末期的那场国共内战硝烟未尽,所以自1949年后海峡两岸一直处于战争状态。在各自"视对方为敌"情况下,两岸新闻业界和学界根本没有交往的可能和条件,所以在20世纪80年代之前,大陆的新闻法制中明显地缺少这方面的内容,这种情况直到20世纪80年代才开始逐渐发生变化。其起点是中国全国人大常委会委员长叶剑英在1979年元旦发表的《对台湾同胞书》中宣布大陆和台湾争取"和平统一"的基本方针;不久蒋经国主导下的台湾当局也逐步调整其两岸政策,开放台湾同胞回大陆探亲,这才为两岸新闻界的交流提供了可能。

1987年9月,台湾《自立晚报》记者李永得、徐璐以探亲名义由日本转赴大陆采访,成为两岸隔绝38年后第一批进入大陆采访的台湾地区媒体记者,拉开了两岸新闻业界交流的序幕。同年10月15日台湾当局宣布自11月2日始开放民间赴大陆探亲。同日就有20位台湾各报社的记者联名向"立法院"请愿,要求促请"行政院"废除《大众传播事业派遣从业人员出国审核办法》。同年10月27日至11月13日,台湾地区环球新闻社副总编辑皮介行和《台湾时报》副总编辑张自强先后以探亲名义赴大陆探亲并采访,产生了很大的影响。在这种情况下,为了适应这种变化了的新形势,规范管理台湾地区新闻记者在大陆的新闻采访和传播活动,中共中央外宣办、中共中央对台办、国务院台办于1989年7月14日制定公布实施了《关于台湾记者来大陆采访管理办法》,尔后国务院对台办又于 9 月 15 日下发了《关于台湾记者来大陆采访注意事项》,这是祖国大陆新闻法制中出现的第一批旨在规范台湾地区记者在大陆采访行为的专门性行政法规。随着时间的推移和两岸新闻界交流的日益密切,大陆有关部门又先后制定公布实施了一系列的旨在规范台湾地区新闻记者在大陆新闻采访活动的行政法规,主要的如:1990 年 8 月 23 日由中共中央宣传部等公布实施的《关于台湾记者来祖国大陆采访的规定》;2002 年 12 月 2 日由新闻出版署公布实施的《关于台湾记者来祖国大陆采访的规定》;2006 年 12 月 27 日由国务院台湾事务办公室制定公布实施的《北京奥运会及其筹备期间台湾记者在祖国大陆采访规定》;2008 年 11 月 1 日由新闻出版署公布实施的《台湾记者在祖国大陆采访办法》等等。与此相对应的是,台湾地区的新闻法制中,关于两岸新闻交流的内容自 20 世纪 90 年代开始也逐渐增多,这也从另一个方面表明了两岸新闻传播业界和学界的交流不断发展和密切的历史事实。我们相信,随着两岸新闻业界和新闻学界交流的不断深入和深化,关于两岸新闻交流方面的新闻法制建设也会更加成熟完善。

三

研究历史必须从研究史料入手,研究新闻法制史应当从研读新闻法制史料开始,因为死的史料出自于活的社会生活,蕴含着新闻法制甚至更多方面或不同角度的规律性。只有从研读原始的文献史料开始,才能加深理解在特定的社会环境下产生特定新闻法制的必然性和客观性。在反复阅读和比较并选编本卷文献史料的过程中,我们才更加深刻地理解和体会到上述道理。

本卷所收录的文献史料,时间从公元 1945 年 10 月至 2009 年 10 月,时间跨度长达六十多年;就社会政治生态而言,既包括已经实行了 60 年社会主义制度的祖国大陆地区,也包括了虽然已经成为中华人民共和国特别行政区但仍然实行资本主义制度的香港和澳门地区,还包括了虽然早在 20 世纪 40 年代中期就已经回到祖国怀抱,但由于 20 世纪 40 年代末的那场国共内战以及外国势力的干涉,目前仍然在国民党主导的台湾地方当局政府管治下(期间经历了 8 年的民进党执政时期)而没有和祖国大陆统一的台湾地区。不但是大陆、台湾、香港和澳门各个地区的新闻法制各有各的特点,就是祖国大陆地区的新闻法制,在不同的历史阶段也表现出不同的特点。根据分卷主编会集体讨论作出的决定,《中国新闻法制通史:史料卷(下)》的内容按照收录文献的产生主体和时间兼及内容主题的原则进行组织。本卷收录的文献史料即据此原则组织成为两个单元(即两编)。它们分别是第一编:中华人民共和国建国以来的新闻法制史料;第二编:台湾、香港和澳门地区回归祖国后的新闻法制史料。其中每一编的文献史料又根据实际情况分为若干部分。每一部分文献的排列次序则原则上以该部分第一篇文献产生的时间点先后为序。在此专作一说明。

一方面由于时间比较短暂和工作紧张匆忙,另一方面也是囿于自身学识和学力的积累有限,所以尽管努力想在文献选录方面做得尽量科学客观一些,真心地想通过我们的努力对得起国家的资助和同行专家的关心帮助,但是否达到预设的目标,就只能请读者诸君给以评论了。

倪延年
于南京龙凤花园腾龙里寒舍海壁斋
二〇一一年二月五日

目　　录

前　言 / 倪延年 / 001

第一编　中华人民共和国成立以来的新闻法制史料
（1949.10—2009.9）

第一篇　新民主主义革命最后阶段的新闻法制史料（1949年10月—1952年12月）/ 003

1. 中国人民政治协商会议共同纲领（节摘）/ 003
2. 关于中央人民政府成立以后宣传工作中应注意事项给新华社各总分社和各地党报的指示（节摘）/ 006
3. 关于稿件必须经有关方面审阅始得发表的指示（节摘）/ 006
4. 关于克服新闻工作系统中无政府无纪律现象，坚持请示报告制度的指示（节摘）/ 007
5. 关于发布军事新闻的指示（节摘）/ 007
6. 关于中央政府成立后党的宣传部门工作问题的指示（节摘）/ 008
7. 关于统一发布中央人民政府及其所属各机关重要新闻的暂行办法 / 009
8. 关于中央人民政府所属各机关在《人民日报》上发表公告及公告性文件的办法 / 010
9. 全国报纸杂志登记暂行办法（草案）/ 011
10. 关于报纸采用新华社电讯的规定 / 012
11. 关于规定各地人民台分级管理办法的通令 / 012
12. 关于邮电局发行报纸暂行办法 / 013

13. 关于改新华社为统一集中的国家通讯社的决定(节摘) / 017
14. 关于在报纸刊物上展开批评和自我批评的决定 / 018
15. 关于改进报纸工作的决定 / 020
16. 关于人民广播电台订定广播节目时间的规定 / 021
17. 关于发布公安新闻办法的规定 / 022
18. 中共中央东北局宣传部关于加强广播电台工作的决定 / 022
19. 新闻与公开出版物保密条例(修正草案) / 024
20. 保守国家机密暂行条例 / 026
21. 关于加强报纸工作中马克思列宁主义和毛泽东思想宣传的决定 / 029
22. 关于整理党内外报刊的决定 / 033
23. 西南区组织报刊发行站暂行办法 / 034
24. 管理书刊出版业印刷业发行业暂行条例 / 036
25. 期刊登记暂行办法 / 037
26. 关于国际时事宣传的决定 / 038
27. 关于加强报纸、期刊出版发行工作的规定 / 039

第二篇 社会主义新闻法制初创时期的新闻法制史料(1953年1月—1956年12月) / 041

1. 新闻纸统一分配调拨办法 / 041
2. 关于同级党报不得批评同级党委问题给广西省委宣传部的复示(节摘) / 044
3. 关于地方报纸等候紧急新闻时间的通知(节摘) / 044
4. 关于新华社记者采写内部参考资料的规定 / 045
5. 关于《人民日报》记者和特派记者的规定 / 047
6. 关于引用毛主席或中央其他负责同志言论应注意事项的规定(节摘) / 047
7. 关于中央人民政府任免国家机关工作人员新闻发布办法的规定 / 048
8. 关于调整全国报刊的补充规定(节摘) / 050
9. 关于各地报社春节及纪念日休刊办法的统一规定 / 051
10. 关于在报刊上发表国民经济数字应遵守原则的通知(节摘) / 051
11. 关于改进报纸工作的决议 / 052

12. 关于统一和加强国营、地方国营、公私合营报社、杂志社、
    出版社企业管理的规定(节摘) / 059
13. 中华人民共和国宪法(节摘) / 061
14. 关于在报刊出版物上保守国家工业建设秘密的指示(节摘) / 063
15. 管理书刊租赁业暂行办法 / 066
16. 关于地方人民广播电台管理办法的规定 / 067
17. 关于处理违法的图书杂志的决定 / 068
18. 关于报纸和期刊的创办、停办或改刊的办理手续的几项规定 / 068
19. 关于广播事业体制问题的初步意见(节摘) / 070

第三篇 社会主义新闻法制曲折发展时期的新闻法制史料(1957年1月—1978年12月) / 071

1. 进出口印刷品管理试行办法(节摘) / 071
2. 关于改进革命群众组织的报刊宣传的意见 / 072
3. 关于加强上海报刊工作的决定 / 073
4. 中华人民共和国宪法(节摘) / 074
5. 中华人民共和国宪法(节摘) / 076

第四篇 社会主义新闻法制恢复重建时期的新闻法制史料(1979年1月—1997年9月) / 078

1. 关于征集图书、杂志、报纸样本的办法 / 078
2. 中华人民共和国刑法(节摘) / 079
3. 关于修改《中华人民共和国宪法》第四十五条的决议 / 082
4. 关于管理外国新闻机构常驻记者的暂行规定 / 083
5. 中华人民共和国宪法(节摘) / 084
6. 图书、期刊版权保护试行条例实施细则(节摘) / 085
7. 中华人民共和国民法通则(节摘) / 086
8. 期刊管理暂行规定 / 087
9. 《期刊管理暂行规定》行政处罚实施办法 / 093
10. 关于认定淫秽及色情出版物的暂行规定 / 096

11. 关于港澳记者来内地采访的管理办法 / 097
12. 外国记者和外国常驻新闻机构管理条例 / 098
13. 内部报刊管理原则 / 102
14. 中华人民共和国著作权法(节摘) / 103
15. 报纸管理暂行规定 / 111
16. 关于惩治走私、制作、贩卖、传播淫秽物品的犯罪分子的决定 / 119
17. 中华人民共和国未成年人保护法(节摘) / 121
18. 关于有线电视台、站电视节目管理的暂行规定 / 122
19. 报社记者站管理暂行办法 / 124
20. 新闻出版保密规定 / 128
21. 民政部新闻发布工作办法 / 130
22. 关于出版单位的主办单位和主管单位职责的暂行规定 / 131
23. 在京举办新闻发布会登记暂行办法 / 134
24. 中国新闻工作者职业道德准则 / 135
25. 有线电视管理规定(节摘) / 138
26. 煤炭工业部新闻工作暂行规定 / 141
27. 中华人民共和国广告法(节摘) / 144
28. 报纸质量管理标准(试行) / 144
29. 社会科学期刊质量管理标准(试行) / 146
30. 关于报刊社社长、总编辑(主编)任职条件的暂行规定 / 148
31. 关于报纸增出地方广告专版的规定(试行) / 149
32. 中华人民共和国戒严法(节摘) / 150
33. 外国通讯社及其所属信息机构在中国境内发布经济信息的管理办法 / 151
34. 广播电台、电视台设立审批管理办法 / 154
35. 关于加强新闻管理工作的暂行规定 / 157
36. 出版管理条例 / 158
37. 关于禁止有偿新闻的若干规定(节摘) / 167
38. 中国新闻工作者职业道德准则 / 168
39. 印刷业管理条例 / 170
40. 广播电视管理条例 / 176

41. 出版物印刷管理规定 / 184

第五篇 社会主义新闻法制发展新阶段的新闻法制史料(1997年9月—2009年9月) / 190

1. 卫星传输广播电视节目管理办法 / 190
2. 关于加强证券期货信息传播管理的若干规定 / 193
3. 司法行政系统新闻单位采编案件的规定(试行) / 195
4. 报刊刊载虚假、失实报道处理办法 / 196
5. 民政部新闻宣传工作管理规定 / 198
6. 出版物市场管理暂行规定 / 201
7. 网上播出前端的设立审批管理暂行办法 / 208
8. 互联网站从事登载新闻业务管理暂行规定 / 210
9. 印刷业管理条例(2001) / 213
10. 中华人民共和国著作权法(节摘) / 223
11. 出版管理条例(2001) / 233
12. 广播电视播出机构工作人员违反宣传纪律处分处理暂行规定 / 245
13. 互联网出版管理暂行规定 / 249
14. 出版物市场管理规定(2003) / 253
15. 广播电视广告播放管理暂行办法 / 264
16. 广播电视编辑记者、播音员主持人资格管理暂行规定 / 267
17. 出版物市场管理规定(2004) / 271
18. 境外卫星电视频道落地管理办法 / 282
19. 广播电视站审批管理暂行规定 / 285
20. 广播电视节目传送业务管理办法 / 286
21. 广播电台电视台审批管理办法 / 291
22. 中国广播电视编辑记者职业道德准则 / 296
23. 中国广播电视播音员主持人职业道德准则 / 299
24. 订户订购进口出版物管理办法 / 302
25. 报社记者站管理办法 / 304
26. 新闻记者证管理办法 / 309

27. 互联网著作权行政保护办法 / 313
28. 中国广播电视播音员主持人自律公约 / 315
29. 互联网新闻信息服务管理规定 / 318
30. 期刊出版管理规定 / 325
31. 报纸出版管理规定 / 336
32. 信息网络传播权保护条例 / 347
33. 外国通讯社在中国境内发布新闻信息管理办法 / 353
34. 北京奥运会及其筹备期间外国记者在华采访规定 / 356
35. 北京奥运会及其筹备期间台湾记者在祖国大陆采访规定 / 357
36. 北京奥运会及其筹备期间港澳记者在内地采访办法 / 358
37. 进出境印刷品及音像制品监管办法 / 359
38. 外国常驻新闻机构和外国记者采访条例 / 363
39. 台湾记者在祖国大陆采访办法 / 366
40. 电子出版物出版管理规定(节摘) / 367
41. 香港澳门记者在内地采访办法 / 377
42. 报纸期刊审读暂行办法 / 378
43. 报刊记者站管理办法 / 381
44. 新闻记者证管理办法 / 387
45. 广播电视广告播出管理办法 / 394

第二编 回归祖国后香港、澳门和台湾地区的新闻法制史料
(1945.10—2009.9)

第一篇 回归祖国后香港地区的新闻法制史料(1997—2009) / 403
1. 中华人民共和国香港特别行政区基本法(节摘) / 403
2. 本地报刊注册条例 / 408
3. 书刊注册条例 / 414
4. 淫亵及不雅物品管制条例 / 416
5. 香港人权法案条例(节摘) / 440
6. 香港特别行政区立法会议事规则(节摘) / 442

7. 广播条例 / 443

8. 电讯条例 / 481

9. 电讯（传送者牌照）规例 / 525

第二篇　回归祖国后澳门地区的新闻法制史料（1999—2009）/ 538

1. 中华人民共和国澳门特别行政区基本法（节摘）/ 538

2. 行政长官批示（第145/2002号）/ 539

3. 行政长官批示（第76/2001号）/ 544

4. 行政长官批示（第210/2000号）/ 544

第三篇　回归祖国后台湾地区的新闻法制史料（1945—2009）/ 547

1. 管理收复区报纸通讯社杂志电影广播事业暂行办法 / 547

2. 中央宣传部接管台湾文化宣传事业计划纲要 / 548

3. 台湾省行政长官公署宣传委员会组织规程 / 549

4. 查禁书籍办法 / 550

5. 新闻纸杂志日文版废止日期未便再予延期 / 551

6. 废止新闻纸日文版未便展期 / 551

7. 本省新闻纸杂志附刊日文版应自本年10月25日起一律撤除 / 552

8. 广播无线电台设置规则 / 552

9. 各地报纸缩减篇幅暂行办法 / 556

10. 绥靖期内新闻杂志书报均应检查后方准发行 / 557

11. 动员戡乱完成宪政实施纲要（节摘）/ 557

12. 台湾省新闻处组织规程（节摘）/ 557

13. 国家总动员法（节摘）/ 558

14. 妨害国家总动员惩罚暂行条例（节摘）/ 558

15. 戡乱时期危害国家紧急治罪条例（节摘）/ 558

16. 新闻纸杂志及书籍用纸节约办法 / 559

17. 各县市处理新闻工作暂行办法 / 559

18. 戒严法（修正，节摘）/ 560

19. 电影检查法（修正）/ 560

20. 动员戡乱时期军事新闻发布办法 / 562

21. 戡乱时期邮电抽查条例 / 563

22. 台湾省无线电台管制办法 / 564

23. 台湾省无线电器材管制办法 / 566

24. 台湾省政府台湾省警备总司令部布告全省戒严 / 567

25. 台湾省戒严期间新闻杂志图书管理办法 / 568

26. 惩治叛乱条例（节摘） / 569

27. 查缉私设电台 / 570

28. 台湾省戒严期间无线电台管制办法 / 570

29. 台湾省戒严期间无线电发射器材管制办法 / 572

30. 台湾省戒严期间新闻杂志图书管制办法 / 574

31. 台湾省书报杂志摊贩管理办法 / 575

32. 新闻纸社派遣新闻记者出国申请办法 / 576

33. 检查取缔违禁书报杂志影剧歌曲实施办法 / 577

34. 新闻纸杂志换领登记证须知 / 578

35. 妨害军机治罪条例（节摘） / 579

36. 台湾省戒严期间广播无线电收音机管制办法 / 579

37. 从严审核新闻纸杂志登记案 / 581

38. 台湾广播无线电收音机收费暂行规则 / 581

39. 管制匪报书刊入口办法 / 582

40. 台湾省各县市违禁书刊检查小组组织及检查工作补充规定 / 584

41. 台湾省戒严期间无线电台管制办法（修正） / 585

42. 修正出版法 / 587

43. 修正出版法施行细则 / 593

44. 广播收音机登记规则 / 597

45. 台湾省戒严期间新闻纸杂志图书管制办法（修正本） / 599

46. 战时出版品禁止或限制登载事项 / 600

47. 战时新闻用纸节约办法 / 600

48. 修正出版法 / 601

49. 电视广播电台设置暂行规则 / 607

50. 电视广播接收机登记规则 / 610

51. 广播无线电台设置及管理规则 / 611
52. 广播无线电台节目规范 / 616
53. 广播收音机及电视接收机登记规则 / 621
54. 广播及电视无线电台设置及管理规则 / 622
55. 动员时期无线电收音机及电视接收机管制办法 / 626
56. 台湾省各县市文化工作处理事项 / 628
57. 战时新闻用纸节约办法 / 629
58. 国内电报规则(节摘) / 630
59. 台湾省新闻工作会报办法 / 631
60. 台湾地区戒严时期出版物管制办法 / 632
61. 广播收音机及电视接收机登记规则(节摘) / 633
62. 奖励检举违法出版品原则 / 634
63. 妨害军机治罪条例(修正,节摘) / 635
64. 动员时期电信监察实施办法(节摘) / 635
65. 取缔匪伪物品办法 / 639
66. 加强杂志管理执行要点 / 640
67. 广播电视法 / 641
68. 邮政规则(节摘) / 648
69. 动员戡乱时期国家安全法(节摘) / 649
70. 废止台湾地区戒严时期出版物管制办法、管制匪报书刊办法等法令 / 650
71. 台湾地区自七十六年七月十五日零时起解严 / 650
72. 卫星广播电视法 / 650
73. 卫星广播电视法施行细则 / 661
74. 公共电视法 / 664
75. 有线广播电视法 / 673
76. 有线广播电视法施行细则 / 691
77. 广播电视法(修正,节摘) / 696
78. 通讯传播基本法 / 699
79. 通讯传播委员会组织法 / 700

本卷后记 / 707

第一编

中华人民共和国成立以来的新闻法制史料

(1949.10—2009.9)

第一篇　新民主主义革命最后阶段的新闻法制史料

（1949年10月—1952年12月）

1. 中国人民政治协商会议共同纲领（节摘）

（中国人民政治协商会议1949年9月29日第一届全体会议通过）

序　言

中国人民解放战争和人民革命的伟大胜利，已使帝国主义、封建主义和官僚资本主义在中国的统治时代宣告结束。中国人民由被压迫的地位变成为新社会新国家的主人，而以人民民主专政的共和国代替那封建买办法西斯专政的国民党反动统治。中国人民民主专政是中国工人阶级、农民阶级、小资产阶级、民族资产阶级及其他爱国民主分子的人民民主统一战线的政权，而以工农联盟为基础，以工人阶级为领导。由中国共产党、各民主党派、各人民团体、各地区、人民解放军、各少数民族、国外华侨及其他爱国民主分子的代表们所组成的中国人民政治协商会议，就是人民民主统一战线的组织形式。中国人民政治协商会议代表全国人民的意志，宣告中华人民共和国的成立，组织人民自己的中央政府。中国人民政治协商会议一致同意以新民主主义即人民民主主义为中华人民共和国建国的政治基础，并制定以下的共同纲领，凡参加人民政治协商会议的各单位、各级人民政府和全国人民均应共同遵守。

第一章　总　纲

第一条　中华人民共和国为新民主主义即人民民主主义的国家，实行工人阶级领导的、以工农联盟为基础的、团结各民主阶级和国内各民族的人民民主专政,反对帝国主义、封建主义和官僚资本主义,为中国的独立、民主、和平、统一和富强而奋斗。

第二条　中华人民共和国中央人民政府必须负责将人民解放进行到底,解放中国全部领土,完成统一中国的事业。

第三条　中华人民共和国必须取消帝国主义国家在中国的一切特权,没收官僚资本归人民的国家所有,有步骤地将封建半封建的土地所有制改变为农民的土地所有制,保护国家的公共财产和合作社的财产,保护工人、农民、小资产阶级和民族资产阶级的经济利益及其私有财产,发展新民主主义的人民经济,稳步地变农业国为工业国。

第四条　中华人民共和国人民依法有选举权和被选举权。

第五条　中华人民共和国人民有思想、言论、集会、结社、通讯、人身、居住、迁徙、宗教信仰及示威游行的自由权。

第六条　中华人民共和国废除束缚妇女的封建制度。妇女在政治的、经济的、文化教育的、社会的生活各方面,均有与男子平等的权利。实行男女婚姻自由。

第七条　中华人民共和国必须镇压一切反革命活动,严厉惩罚一切勾结帝国主义、背叛祖国、反对人民民主事业的国民党反革命战争罪犯和其他怙恶不悛的反革命首要分子。对于一般的反动分子、封建地主、官僚资本家,在解除其武装、消灭其特殊势力后,仍须依法在必要时期内剥夺他们的政治权利,但同时给以生活出路,并强迫他们在劳动中改造自己,成为新人,假如他们继续进行反革命活动,必须予以严厉的制裁。

第八条　中华人民共和国国民均有保卫祖国、遵守法律、遵守劳动纪律、爱护公共财产、应征公役兵役和缴纳赋税的义务。

第九条　中华人民共和国境内各民族,均有平等的权利和义务。

第十条　中华人民共和国的武装力量,即人民解放军、人民公安部队和人民警察,是属于人民的武力。其任务为保卫中国的独立和领土主权的完整,保卫中国人民的革命成果和一切合法权益。中华人民共和国中央人民政府应努力巩固和加强人民武装力量,使其能够有效的执行自己的任务。

第十一条　中华人民共和国联合世界上一切爱好和平、自由的国家和人民。首先是联合苏联、各人民民主国家和各被压迫民族,站在国际和平民主阵营方面,共同反对帝国主义侵略,以保障世界的持久和平。

……

第五章　文化教育政策

第四十一条　中华人民共和国的文化教育为新民主主义的,即民族的、科学的、大众的文化教育。人民政府的文化教育工作,应以提高人民文化水平、培养国家建设人才、肃清封建的、买办的、法西斯主义的思想、发展为人民服务的思想为主要任务。

第四十二条　提倡爱祖国、爱人民、爱劳动、爱科学、爱护公共财物为中华人民共和国全体国民的公德。

第四十三条　努力发展自然科学,以服务于工业农业和国防的建设。奖励科学的发现和发明,普及科学知识。

第四十四条　提倡用科学的历史观点,研究和解释历史、经济、政治、文化及国际事务。奖励优秀的社会科学著作。

第四十五条　提倡文学艺术为人民服务,启发人民的政治觉悟,鼓励人民的劳动热情。奖励优秀的文学艺术作品。发展人民的戏剧电影事业。

第四十六条　中华人民共和国的教育方法为理论与实际一致。人民政府应有计划有步骤地改革旧的教育制度、教育内容和教学法。

第四十七条　有计划有步骤地实行普及教育,加强中等教育和高等教育,注重技术教育,加强劳动者的业余教育和在职干部教育,给青年知识分子和旧知识分子以革命的政治教育,以应革命工作和国家建设工作的广泛需要。

第四十八条　提倡国民体育。推广卫生医药事业,并注意保护母亲、婴儿和儿童的健康。

第四十九条　保护报道真实新闻的自由。禁止利用新闻以进行诽谤,破坏国家人民的利益和煽动世界战争。发展人民广播事业。发展人民出版事业,并注重出版有益于人民的通俗书报。

第六章　民族政策

第五十条　中华人民共和国境内各民族一律平等,实行团结互助,反对帝国主义和各民族内部的人民公敌,使中华人民共和国成为各民族友爱合作的大家庭。反对大民族主义和狭隘民族主义,禁止民族间的歧视、压迫和分裂各民族团结的行为。

第五十一条　各少数民族聚居的地区,应实行民族的区域自治,按照民族聚居的人口多少和区域大少,分别建立各种民族自治机关。凡各民族杂居的地方及民族自治区内,各民族在当地政权机关中均应有相当名额的代表。

第五十二条　中华人民共和国境内各少数民族,均有按照统一的国家军事制度,参加人民解放军及组织地方人民公安部队的权利。

第五十三条　各少数民族均有发展其语言文学、保持或改革其风俗习惯及宗教信仰的自由。人民政府应帮助少数民族的人民大众发展其政治、经济、文化、教育的建设事业。

……

2. 关于中央人民政府成立以后宣传工作中应注意事项给新华社各总分社和各地党报的指示(节摘)

(中共中央宣传部、新华总社1949年10月30日发布)

在中央人民政府成立后,凡属政府职权范围的事,应经由政府讨论决定,由政府明令颁布实施。其属于全国范围者应由中央政府颁布,其属于地方范围者由地方政府颁布。不要再如过去那样有时以中国共产党名义向人民发布行政性质的决定、决议或通知。……根据同样的道理,今后各地中国共产党党报的社论、论文和新闻按语,也要注意不再用行政命令的态度和口气,而应该用号召、建议和商讨的态度和口气。报纸用行政命令的态度和口气,不仅现在是错误的,就是过去也是不对的。

3. 关于稿件必须经有关方面审阅始得发表的指示(节摘)

(新闻总署1949年11月11日发布)

……有些新闻文稿事前未经有关的机关团体负责人和新闻本身的当事人审查,致在公布以后要求更正,这种不交事先审查的办法是很不妥当的,容易发生事实上和政治上的错误,并使机关团体和社会人士对我们的报纸和通讯社及记者不信任。因此今后无论记者、通讯员、采写新闻均应首先交由各该新闻的机关、团体负责人,和各该新闻本事的当事人审查(包括各党派和无党派的组织和人士在内),要求他们考核事实是否准确,政治上、政策上有无问题,新闻本身可否发表,最好由他们签字同意,然后送往编辑部。这种审查是必不可少的。应该定为新闻稿件的必经手续和采访记者的纪律责任。编辑部在处理稿件的时候,首先就应检查这些审查手续已否完成。如有特殊原因无法交给当事人审查者(例如采写敌方情况或俘虏官兵谈话的新闻),也应经过有关机关的负责人考核。

4. 关于克服新闻工作系统中无政府无纪律现象,坚持请示报告制度的指示(节摘)

(中共中央宣传部1949年11月20日发布)

……这些都是带有全国性问题的稿件,而且关系重大,均应先交中央审查决定处理办法,但上述新闻工作系统中的许多党员却自作主张,自由行动,类此情形,在其他地方亦均有发生。这证明在新闻工作系统中,忽视请示制度,违反宣传纪律的现象,近又日益严重,应该引起极大的警惕。须知请示审查制度是保障党和国家的宣传统一,防止政治上、政策上发生错误的重要步骤,破坏这种制度,会使我们在政治上遭受损失,是绝对不能允许的无政府无纪律状态。

5. 关于发布军事新闻的指示(节摘)

(中共中央宣传部1949年11月22日发布)

……

(一)凡重要战报、军事评论、部队首长谈话、作战经过和战绩总结公报,必须发交新华总社,转请中央审核,由新华总社统一公布。在新华总社未广播前,不得在当地报纸和广播电台发表。……

(二)对于军事行动,不应在事先做预测性的报道,也不应在动作开始时即行公布,而应于战役完全结束或告一段落时,将已经成为确定事实的胜利,发交新华总社披露。

(三)中央宣传部、新闻总署和新华总社有关政治性、政策性和宣传工作原则的通知、答复,往往经由新华社电台系统发出,各地新华社总分社、分社在收到时,必须抄送党委和有关部门阅看,以免遗误。

6. 关于中央政府成立后党的宣传部门工作问题的指示(节摘)

(中共中央1949年12月5日发布)

……

现在,中央政府已经成立,管理全国文化教育事务的中央人民政府政务院文化教育委员会及其所属之各部、院、署,亦已先后成立。原本部所属之新华通讯社已改为国家通讯社,广播事业管理处已改为广播事业局,均隶属于新闻总署。本部所属之电影管理局,已改为电影局,隶属于文化部。在出版总署下成立了出版局,原本部所属之出版委员会及其地方组织,应即取消,新华书店改为国家书店,受出版总署的领导。除了上述组织已改属政府以外,全国的文化教育的行政工作,此后均应经由中央政府文教部门来管理。各地区有关文化教育行政的工作,此后均应经由各地政府及军管会之文教机关(其组织办法最近即将由政务院通过)向中央政府文化教育委员会或适当部门报告和请示。所以需要这样做,目的在于使中央政府文化教育委员会及其所属各部门,在党(通过政府党组)的领导和党外民主人士的参与下,负起管理全国文化教育行政的任务,以便党的中央宣传部和各级宣传部能够摆脱行政事务,集中注意于党内外的思想斗争,党的宣传鼓动工作的领导和党的文化教育政策的制定,而这些方面的工作,中央宣传部和各级宣传部长期间作得非常薄弱,是必须坚决加强的。

至于文化教育方面之重大问题,各地区仍须依照一九四八年一月七日中央关于建立报告制度的指示,一九四八年三月二十五日中央关于建立报告制度的补充指示,一九四八年六月五日中央关于宣传工作中请示与报告制度的决定,以及一九四八年九月中央政治局通过的关于各中央局、分局、军区、军委分委及前委会向央央请示报告制度的决议等文件的规定,经过党的系统,向中央报告和请示。

7. 关于统一发布中央人民政府及其所属各机关重要新闻的暂行办法

（政务院1949年12月9日发布）

一、为了保障关于中央人民政府及其所属各机关的新闻的正确性和负责性，实行统一发布新闻的办法。

二、凡须经过中央人民政府委员会、政务院、人民革命军事委员会、最高人民法院和最高人民检察署通过或同意的一切公告（如文告、法律、法令、决议、命令、训令、通令、计划、方针、外交条约、外交文书、判决、起诉书等），以及须经上述机构负责首长同意后发布的一切公告性新闻（如关于政府会议、政府重要措施、政令解释、工作总结、外交事件、重要案件等的新闻），均由国家通讯社即新华通讯社统一发布。

三、中央人民政府所属各院、委、部、会、署、行首长，均应负责以有关新闻稿件供给新华通讯社，或将应发布之新闻材料通知新华通讯社。

四、中央人民政府所属各院、委、部、会、署、行均应设置一个专任或兼任的新闻秘书在各该机关首长领导之下，负责协助各该机关首长执行有关新闻的发布工作。各机关新闻秘书应与新华通讯社保持经常联系。

五、凡属下列范围者，除有特殊规定者外，各报社、广播台、杂志社、画报社记者得向中央人民政府所属各机关进行采访：

（1）关于中央人民政府及所属各机关已公布的政策、计划、决议、法令等执行情形。

（2）关于中央人民政府各院、委、部、会、署、行及其所属各业务机关（如工厂、贸易公司、铁路局、学校、广播台、电影厂、监狱等）的工作情况和工作中的问题。

（3）关于中央人民政府各院、委、部、会、署、行及其所属业务机关工作人员的日常工作、学习和生活情况。

六、下列各项，不得作为新闻发表：

（1）属于国防、军事和公安机密者。

（2）属于外交机密者。

（3）属于财经机密者。

（4）属于国家其他机密者。

七、对于外国记者发布中央人民政府及其所属各机关的新闻一事，由新闻总署国际新闻局统一办理。各政府机关不得自由对外国记者发布新闻。

8. 关于中央人民政府所属各机关在《人民日报》上发表公告及公告性文件的办法

（中央人民政府政务院 1950 年发布）

本院于一九四九年十二月九日颁布了关于统一发布中央人民政府及其所属各机关重要新闻的暂行办法,该办法规定:一切公告及公告性的新闻,均由新华通讯社统一发布。现为进一步加强新闻发表的效果及其准确性,特指定:凡属中央人民政府及其所属各机关的一切公告及公告性新闻,均应交由新华通讯社发布,并由《人民日报》负责刊载;如各种报刊所发表的文字有出入时,应以新华通讯社发布、《人民日报》刊载的文字为准。其办法如下:

一、关于法令者:

1. 凡公告全国人民周知的重要法令,经政务院核定交新华通讯社发布后,《人民日报》应按其内容和重要性分别在各版发表;如有必要按一定日期刊出者,由政务院秘书厅注明。

2. 次要的法令如因《人民日报》篇幅拥挤得增刊发表;其中如有注明限期者必须如期刊出;未注明限期者,从接到稿件之日起,必须在一周之内刊出。

3. 仅与一部分人或一部分地区有关的法令,而无普遍周知之意义者,除由政务院指定新华通讯社通知有关地方的报纸全文发表外,得由《人民日报》在增刊发表或摘要发表。

二、关于报告者:

1. 凡政务院指定要《人民日报》发表的重要报告,《人民日报》应依其内容性质和重要性分别在各版刊载,或增刊刊载。其有限期者,应如期发表。

2. 一般的工作总结报告等,得由《人民日报》摘要写成新闻或改为论文等形式发表;但因发布机关的工作需要而提出要求时,亦得由《人民日报》在增刊上全文发表。

三、关于任命名单者:

1. 凡中央人民政府委员会会议通过的任命名单（连同履历）,《人民日报》应于一周内增刊全部发表。

2. 政务院政务会议通过的任命名单,一般的不在《人民日报》上发表;其重要者,经政务院批注,《人民日报》应照批注日期在新闻版或增刊上发表。

9. 全国报纸杂志登记暂行办法（草案）

（中央人民政府政务院1950年制订）

（一）为发展新民主主义的新闻出版事业，保障人民的言论出版自由，特根据中国人民政治协商会议共同纲领第四十九条精神制订本办法。

（二）凡出版报纸杂志均须依照本办法向当地新闻出版行政机构申请登记，由当地新闻出版行政机构拟具初审意见，转呈新闻总署核定，并发给登记证后，始准出版发行。（各地已出版报纸杂志，亦须依照本条补行申请登记）

（三）报纸杂志申请登记时，均应按照新闻总署规定之报纸杂志登记申请书（样式附后）详细填写，不得隐瞒虚报，如有重要隐瞒及报告不真实，企图骗取登记者，一经发觉证实，除不许或撤销其登记外，当视其情节轻重，予以处分。

（四）各报社所领之登记证，不得出让或转借，如有损坏或遗失者应立即登报声明作废，并连同刊登之广告，按登记时程序，申请备案及补发。

（五）凡申请书中所填各项有变更时，应于变更后十日内按照登记时程序，申请变更登记。

（六）凡报纸拟自动终刊者，应于终刊前按照登记时程序申请注销登记，因故暂时停刊者，应于停刊之次日通知所属新闻出版行政机构，复刊时亦应事前通知所属新闻出版行政机构。

（七）已核准登记之报纸杂志，应于每日每期报端及显著地位，载明登记证号字号，创刊日期及出版地址。

（八）已核准登记之报纸杂志，均须按日（期）寄送新闻总署及当地新闻出版行政机构若干份，以备审阅。

（九）各报社杂志人员之行动，及其报纸言论之记载，须遵守下列各项：

（甲）须遵守共同纲领，拥护人民民主事业。

（乙）须遵守各级人民政府的政策法令。

（丙）须保守国家的国防、外交、财政、公安等有关机密事项。

（丁）须报道真实新闻，并禁止利用新闻以进行诽谤，破坏国家人民的利益，和煽动世界战争的言论与记载。

（十）凡报纸杂志违反本办法各项规定者，得由各级新闻出版行政机构，视其情节轻重,分别予以警告、教育、定期停刊或终刊的处分,其有涉及刑事范围内之行为者,当由人民法庭依法处理。

(十一)为执行本办法,必要时,新闻总署及各级新闻出版行政机构得制订具体执行细则。

(十二)本办法自公布之日施行。

10.关于报纸采用新华社电讯的规定

(中央人民政府新闻总署1950年1月12日发布)

据新华社上海分社一九四九年十二月二十七日函称:某些报纸在采用新华社稿件时,有加以节删并仍用新华社名义发表事情,这种作法妨碍通讯社的政治信誉,应予纠正。兹规定全国各报刊采用新华通讯社电讯稿的办法如下:

一、各报对新华通讯社电讯得按照情况斟酌取舍,但采用时一律不得增改。

二、各报(特别是通俗报和小型报)因篇幅限制和读者需要不同,对新华社电讯中之普通新闻稿,可以节删,或改写为更通俗的文字,但节删后,不应再用新华社电讯名义,而应改用"本报讯",并加"据新华社×日电讯"字样。如因节删或改写而发生错误,应由节删或改写之报刊自行负责,并须更正。

三、一般大报对新华社所发表的各种有特别重要性的稿件,如政府公告,外交文书,社论和重大的政治外交新闻等,不得节删。通俗报和小型报对于最重要的公告亦不得节删,但可附加通俗解释。对其他文件,在必须改写时,可以改写,但改写后即不得用原有文告,或新华社电讯名义。

11.关于规定各地人民台分级管理办法的通令

(中央广播事业局1950年1月24日发布)

本局为便于按级领导各地人民广播电台,规定分区管理办法如下:

一、各大行政区人民政府或军政委员会所在地之人民广播电台(例如东北区之沈阳人民广播电台)负责管辖大行政区内各人民广播电台。

二、华北五省,京、津两市及唐山等人民广播电台由本局直接管理。

三、各大行政区人民政府或军政委员会所在地之人民广播电台及其所辖各人民广播电台互相间之各项指示及报告,应同时抄送本局一份检查。

兹检发各区人民广播电台一览表一份,仰即告知,此令。

12. 关于邮电局发行报纸暂行办法

（中央人民政府邮电部 新闻总署1950年2月发布）

第一条　为了贯彻邮发方针,有组织有计划的充分供给为人民所需要的各种报纸,特制定本办法。

第二条　邮电局发行的报纸应具备如下条件：

一、在中央人民政府新闻总署及各级新闻管理机关或人民解放军军事管制委员会核准登记发行。

二、经出版地邮电（政）管理局核准登记认为新闻纸类。

第三条　邮电局与报社应签订发行合同,明确分工,规定相互间的权利与义务,并得分别按下列规定签订之：

一、全国性报纸发行合同,由邮电部签订。

二、大行政区域性报纸合同,由大行政区邮电管理局签订。

三、省域性地方性报纸合同,由省邮电管理局或其指定之邮电局签订。

四、华北区及其他有特殊性之发行合同,另行处理。

第四条　全国各地邮电局应将报纸发行工作作为主要业务之一,各级邮电局应自上而下的充实发行机构,推行奖励办法,教育员工使其重视发行工作,努力作到普遍、迅速、准确、起作用。

第五条　报纸交由邮局发行时,该报社原有发行工作人员一般应全部（或一部）调归邮电局领导,列入邮电局编制。具体办法,由双方在合同上协定之。

第六条　为扩大发行队伍,除充分发挥现有私营代销业、报童、报贩的积极性外,各级邮电局应根据工作需要,有领导的发展私人发行力量（包括代销处、报童、报贩等）并本统筹兼顾团结改造的方针,加强对他们的组织领导,组织管理办法另定之。

邮电局对私营代销业及报童、报贩的批销折扣,应视其批销数量分区统一订立,目前一般的规定,最高为百分之二十五,最低为百分之二十,情况特殊者,得个别另订之。

第七条　为了组织社会力量开展发行工作，各地应组织定期的发行会议，由当地新闻出版行政机构、书店、邮局、报社及其他宣教部门（包括机关与群众团体）参加，其任务为：

一、组织城乡发行力量。

二、协助邮局完成计划发行。

三、推广宣传。

四、密切各方联系，交换情况，处理共同关系问题。

（组织条例另定之）

第八条　兹将各种报纸主要发行范围作一般规定：

一、全国性报纸：全国各大中城市、县城、铁路、航空、公路、交通要道之市、镇及国外。

二、大行政区域性报纸：本行政区以内的市、县、区。并争取发行至各中心小学，及本行政区以外的各大城市。

三、省城性报纸：本省内的市、县、区、行政村（乡）及各小学校。

四、专区性及农民报纸：发至本区内各自然村。

五、中央直辖市报纸：各该市区及全国各大城市。

六、中央级全国性的报纸：在其出版地大行政区发行范围与大行政区域性报纸在本区发行范围同。

第九条　报社依据编辑方针确定具体的发行方针（明确发行地区和对象），邮电局按既定方针具体实施，并按邮电部及新闻总署规定，定期向报社作发行统计表报（统计读者对象、发行地区），反映报纸增减原因、读者意见。

第十条　报纸发行计划，由报社、邮电局依据发行方针，当地情况共同编制，作为双方在一定时间内努力争取之目标。

第十一条　邮电局、报社应密切联系，双方均应严格执行发行合约。凡有关发行工作之重要会议，应互邀参加，互作报告，有关发行之文件资料，应互送副本，以便双方及时了解发行情况，解决问题。

报社对邮电局发行工作有会同检查及提出建议之权利。亦有积极协助邮电局搞好发行工作的义务。

第十二条　邮电局及报社应相互保证出版及发行时间的经常与准确，并按具体情况以联系合同协定之。一般规定：报社出报时间去外埠的应使报纸能赶上当天头班火车,本市的应赶上邮局头班投递,如赶不上头次班时得延至下次投递。邮电局投递时间,在大城市应于报纸到局后三小时内送完。在乡村,华北、华东、中南应逐日到区,东北、西北、西南根据具体情况另定。邮局发行之报纸,报社应按期刊载上一期发报时间,报社及邮电局任何一方如有重大延误时,应将延误原因在报纸上刊布。

第十三条　邮电局及报社应积极开展报纸发行的宣传工作：

一、报社应经常注意收集并刊载有关发行工作的表扬、批评及经验介绍等文章,邮电局得随时提供资料。

二、邮电局应从发行费中暂定抽取百分之五作为宣传推广费用,其支用办法另定之。

三、有关邮电局发行各该报的及联合的广告、通知等,报社应优先免费刊登。其地位、次数等具体办法由邮报双方协商,在合约上规定之。

四、贴报工作应适当发展,报纸由报社供给,由邮电局张贴。新创刊的报纸为便于读者试阅起见。报社均得酌量划出一定数量的报纸赠送读者,上述报纸邮局得免收发行费。

贴报牌本市由报社负责造置,外埠由邮局负责造置。

第十四条　报纸零售工作应积极开展,其办法由各地邮电局、报社根据当地具体情况规定之。

第十五条　邮电局应从发行费中抽出若干作为员工奖励金,奖励办法由邮电部统一规定之。

第十六条　邮电局发行报纸采取企业经营方针。发行费包括：邮运费、批销折扣、员工薪资、推广宣传费、奖金、捐税、汇费、办公费、折旧费、保险费、劳保福利等。

上项发行费由邮报双方按当地具体情况协商决定,在合约上订明,邮局于解缴报款时坐扣。已经邮电局发行之报纸,手续费一般维持原状。其有个别不合理者,由邮电局和报社双方协议调整之。

第十七条　报费结算,原则上应贯彻预收预缴制,即邮电局预收之报款,全部预缴报社,但要照顾到邮运及调拨款项之日程。私人代销处代销及零售之价款,邮电局应尽速集中拨解报社,以利资金的周转。结算报费的日期,每月解缴次数,每次解缴百分比,按照具体情况于发行合约内明确规定之。邮电局发行之报纸报费照报纸每月实际出版期数计算,报纸休刊之日不计。全国法定假日由新闻总署统一规定并公告,如报纸照常出版者,邮电局不负追缴报费之责任。但如在假日前两个月报社通知照常出版者,应向读者收费。

第十八条 邮电局预收读者报费,应预缴报社,如遇报价增减邮电局仍按原订期数发报,不向读者补收或退还差额。已交到报社之预收报款,其调整部分之损失由报社负担。如邮电局预收读者报费不向报社预缴,其损失由邮局负担。

第十九条 报社因政治原因(如成份优待,读报小组等)或邮局因业务原因(如长期订户、集订集送订户等)所给读者的优待,应以精神或实物(如图书刊物等)奖励为主,概不采取折扣优待方式。

第二十一条 邮电局发行之报社,应就邮报双方所得,按照税局规定,各自完纳捐税(因需与税务总署商洽,尚未作决定)。

第二十二条 报社发出与发行业务有关之印刷品,随报附送,由邮电局代发,而又不向读者收取任何费用者,一概免收邮资。

第二十三条 报纸按国内普通邮件寄递者不另收费。但读者指定按航空、挂号、快递交寄者,照章纳费。寄往国外之报刊,照国际邮件资费收取邮资。

第二十四条 邮电局发行之报刊,其所负担补偿负责,与一般邮件相同,如因不可抗力(天灾、水灾、火灾、匪灾、交通工具失事、战争损失等)而致丢失者,不负补偿负责,但应将丢失原因公告或通知订户。

第二十五条 报社按期比照邮电局实际发行总数量,加印一定数量,交给邮局作为报纸发出后补偿破烂缺损之用,具体数字由双方在合同上规定之。

第二十六条 读者对邮电局发行工作有提出意见、批评及建议之权利。其意见书免纳邮费(信封左上角得注明"邮政事务")。

第二十七条 邮电局内部办理报纸发行的手续制度应在方便读者及照顾企业经营的原则下由邮电局自行制定之。

第二十八条 邮电局报社关系处理办法,概依本办法的规定。各地区在本办法公布之前制定的办法,如有与本办法抵触者,失去效力。但双方已订之发行合同尚未满期者,可经双方协商逐步修正之。

第二十九条 凡本办法未规定者,得由邮电局与报社双方协议签订发行合同规定之。

第三十条　本办法由邮电部及新闻总署会衔公布之。修正时同。

第三十一条　本办法自公布之日起施行。

13. 关于改新华社为统一集中的国家通讯社的决定(节摘)

(中共中央1950年3月发布)

使新华社成为统一的集中的国家通讯社的条件，现已成熟。……为此目的，中央特作如下各项决定：

(一) 新华社的各总分社、分社和支社的工作人员，现在属于地方者，应完全集中于总社，受总社的指挥和调动，各地不得抽回；在新华社干部原来太弱，工作完全附属于报社的地方，各地在实行统一时应予以加强，俾能负责报道该地重要新闻。

(二) 现在战争已大部结束，部队新华社组织的需要已经较前减少，在没有战争任务的部队中，新华社的组织即可与新华社的地方组织合并；如有必要，可派个别记者驻在部队，或由部队指定适当工作人员作为新华社的特派员。在尚有战争任务的部队，新华社组织仍可保留，但其工作应受总社指挥，其人员应受总社的必要调动。部队不应调动新华社组织的工作人员作其他工作。

(三) 新华社的总分社、分社和支社，一概不在本地发表消息与评论。某些有多家报纸存在的大城市需要统一发一些本地消息者，可由市新闻出版局以市新闻处名义发布。一般省、市的地方新闻，则由地方主要报纸负责发布。新华社各级组织的工作任务，就是向总社发稿、印发总社的稿件及接收总社指定的其他任务。

(四) 新华社地方组织的经费，一律由总社供给。现在仍需保留的部队新华社组织的经费暂维现状。

(五) 各地方的和各部队的领导人，应予新华社的总分社、分社、支社和记者以政治上的领导，并帮助他们进行工作，使他们能及时地与正确地向全国发出该地的消息，以便使中央及国内外人民能及时地了解该地所发生的事件和整个工作情况。这是一个重要的政治任务。各级党委应使新华社各级组织的负责人及记者以了解本地情况、取得党政资料及参加必要会议的便利。地方的和部队的领导人，应定期地接见他们与他们谈话，并审核他们所发出的重要新闻稿，以保证对他们的领导不因这一改变而有所减弱。

14. 关于在报纸刊物上展开批评和自我批评的决定

（中共中央1950年4月19日发布）

（一）吸引人民群众在报纸刊物上公开地批评我们工作中的缺点和错误，并教育党员、特别是党的干部在报纸刊物上作关于这些缺点和错误的自我批评，在今天更加突出地重要起来了。因为今天大陆上的战争已经结束，我们的党已经领导着全国的政权，我们工作中的缺点和错误很容易危害广大人民的利益，而由于政权领导者的地位，领导者威信的提高，就容易产生骄傲情绪，在党内党外拒绝批评，压制批评。由于这些新的情况的产生，如果我们对于我们党的人民政府的及所有经济机关和群众团体的缺点和错误，不能公开地及时地在全党和广大人民中展开批评与自我批评，我们就要被严重的官僚主义所毒害，不能完成新中国的建设任务。由于这样的原因，中共中央特决定：在一切公开的场合，在人民群众中，特别在报纸刊物上展开对于我们工作中一切错误和缺点的批评与自我批评。

（二）为了公开地并且在报纸刊物上正确地展开批评和自我批评，应当在党内和人民中进行两方面的教育。第一，要教育党员特别是干部认识：在报纸刊物上进行批评和自我批评，是为了巩固党与人民群众的联系、保障党和国家的民主化、加速社会进步的必要方法。使得人民群众能够自由地在报纸刊物上发表他们对于党和人民政府的批评和建议，纵然这些批评和建议并非完全成熟与完全正确，而他们也不会因此受到打击与嘲笑，乃是提高人民群众的觉悟性和积极性，吸引人民群众踊跃参加国家建设事业的严重步骤。因此党的各级领导机关和干部必须对于反映群众意见的批评采取热烈欢迎和坚决保护的革命态度，而反对对群众批评置之不理、限制发表和对批评者实行打击、报复与嘲笑的官僚主义态度。这在今天是主要的方面。第二，要同时教育报纸刊物的编辑人员、记者、通讯员和人民群众去区别正确的批评和破坏性的批评。我们所提倡的批评，乃是人民群众（首先是工人农民）以促进和巩固国家建设事业为目的的、有原则性有建设性的、与人为善的批评，而不是为着反对人民民主制度和共同纲领、为着破坏纪律和领导、为着打击人民群众前进的信心和热情，造成悲观失望情绪和散漫分裂状态的那种破坏性的批评。报纸刊物的编辑人员、记者、通讯员和读报组，应当欢迎和领导正确的批评而反对破坏性的批评。对于这种破坏性的批评，特别是反革命分子破坏人民民主专政的言论，则是应该而且必须加以拒绝的。

（三）为了保障在报纸刊物上的批评和自我批评得以顺利而有效地进行，中共中央特规定下列各项办法，望各级党委与党报工作者切实地加以执行：

甲、凡在报纸刊物上公布的批评，都由报纸刊物的记者和编辑负独立的责任。过去在许多地方曾经实行一种办法，就是把批评党和政府的组织与人员的稿件送给被批评的组织和人员阅看，在征得他们的同意后，才加以发表。这种办法，在战争期间调查不便的条件下，曾经避免了许多不完全符合实际的和不周到的批评，但是在现时的条件下继续采取这种办法却是害多利少的，不对的。在今后，报纸刊物的人员对于自己不能决定真伪的批评仍然可以而且应当征求有关部门的意见，但是只要报纸刊物确认这种批评在基本上是正确的，即令并未征求或并未征得被批评者的同意，仍然应当负责加以发表。

乙、对于工农通讯员的稿件，同样适用上述办法。工农通讯员的工作，除由报纸领导外，并应由所属生产单位的党的组织加以协助。工农通讯员的活动状况，应列为检查报纸工作和各生产单位党的工作的项目之一。任何人不得滥用权力压制工农通讯员在报纸刊物上的批评，或加以报复。

丙、读者来信中的有益的批评，凡报纸刊物能判断其为真实者，应当加以发表。投书者应将真实姓名住址告知报社，但报社得依投书者的要求代守秘密。

丁、批评在报纸刊物上发表后，如完全属实，被批评者应即在同一报纸刊物上声明接受并公布改正错误的结果。如有部分失实，被批评者应即在同一报纸刊物上作出实事求是的更正，而接受批评的正确部分。如被批评者拒绝表示态度，或对批评者加以打击，即应由党的纪律检查委员会予以处理。上述情事触犯行政纪律和法律的部分，应由国家监察机关司法机关予以处理。

（四）规定列宁《论我们报纸底性质》，斯大林《论自我批评》《反对把自我批评口号庸俗化》，毛泽东同志《论自我批评》，和《俄共（布）第八次代表大会关于党的和苏维埃的报刊的决议》作为各级党委和党报党刊在讨论和执行本决定时的学习资料。

（五）本决定适用于党所领导的报纸和刊物，但党外报纸和刊物在同样精神上采取同样正确的态度批评党的组织和人员时，党也应当按照同样的办法给予应有的合作和支持。

15. 关于改进报纸工作的决定

（新闻总署1950年5月1日发布）

（一）适应全国逐步转入以生产建设为中心任务的情况，全国报纸应当用首要的篇幅来报道人民生产劳动的状况，宣传生产工作和经济财政管理工作中成功的经验和错误的教训，讨论解决这些工作中所遇到的各项困难的办法。报纸的新闻、通讯、评论、信箱、专门性的或一般性的副刊，都应当尽可能地服从于这个任务。在进行土地改革工作的地方，关于土地改革的报道和讨论也应当占据首要的地位。

地方的报纸应当有力求适应本地人民群众的需要。除了最重要的国内外大事，一般电讯在省级或省级以下地方报纸上可以采取摘要和加以通俗解释的方法。

无论是中央的、大行政区的或省以下的报纸，都应当减少关于会议、机关活动、负责人员的不重要的言论行动，没有广泛重要性的文告文电的篇幅。对于重要的会议和文告应当力求用适当的新闻通信和评论加以生动而通俗的解释，以便为人民群众所了解。

（二）为了加强报纸在国家建设事业中的作用，报纸的编辑、采访、评论人员必须通晓社会科学的基本知识，通晓国家和地方建设事业的政策、情况和问题，养成调查研究实事求是的作风，并力求与人民群众、机关和干部保持亲密的联系。应当改革报社的组织形式和工作方法，改变现有的妨碍联系实际的编辑采访通讯联络等项工作各自为政的状态，建立编辑部门统一集中的领导，并应按照社会生活的不同方面（例如公私营工商业与工人问题、农业与农民问题、军事与军队、思想文化与教育出版等）实行适当的分组，以便各组的编辑采访人员可以获得关于各该方面的专门知识，并将编辑采访的工作联合在一起。

（三）报纸应当把建立和领导通讯员网和读报组的工作当作重要的政治任务。报纸的通讯员网应当以人民群众中的积极分子为主体，除工人农民中的积极分子外，也要吸收政府机关中的积极的工作人员和进步的知识分子参加。报纸编辑部应当经常地用通讯和开会等方法去指导和鼓励通讯员的工作，帮助他们学习写出重要的、公正的和迅速的报道，并写出群众中的和他们自己的对于政府工作、生产建设事业和其他社会生活的意见。

读报组应当是报纸内容的经常的和有组织的学习者和宣传者。读报组同时应当向报纸报告地方情况和群众意见。报纸为了鼓励读报组的活动，应当在订阅条件或其他方面给以适当的优待。

（四）报纸对于政府机关及其工作人员、经济组织及其工作人员的工作中的缺点和错误,应负批评的责任。这种批评应当是积极的,富于建设性的,实事求是的,和与人为善的。报纸所发表的批评应当要求被批评者作适当的声明,以便向人民群众报告批评的结果。

报纸应当用很大的注意来发表和答复读者的来信,特别是关于政府工作、经济建设事业和其他社会生活的批评、建议和询问的信件。这些信件中最重要的可以编入新闻版,其他的可以编入副刊,作为一般报纸副刊的主要内容。

16. 关于人民广播电台订定广播节目时间的规定

（中央广播事业局1950年5月11日发布）

人民广播电台的节目表是具体表现我们一定时间工作的日程表,也是我们联系群众的环节之一。节目表的订得完整,切合群众需要与切合实际,就十分重要。因此节目的增设与改变或取消,时间安排的恰当与否,将会直接影响我们的工作,影响我们联系群众的密切程度。为此特制定：

一、各省市人民台如改订节目时间,应先得各该区之批准（同时寄送本台两份）。名区台及本局直属台改订节目时间,应先得本局批准,然后公布实行。

二、在报请改订节目时间时,应将改订节目时间的原因,增设或取消某一节目的理由,时间的安排,如何保证节目的实行等,详加说明。

三、各台除排定一定时期之固定节目表之外,应努力做到能将一周（至少3天）节目的具体内容事先排定在当地报纸上公布,按照播发。

四、各台节目单上,均应将波长周率,开始实行日期,开始曲结束曲及全天播音时间详细说明。

五、国歌已确定为中央人民台之开始曲,各区、省、市人民台之开始及结束曲,应选用其他歌曲。在同一区域之各台,开始曲最好不用同一歌曲,以免听众混淆不清。

17. 关于发布公安新闻办法的规定

（公安部 1950 年 7 月发布）

最近某些报纸公布破获特务案件，未经负责同志审阅，亦未经上级批准。为了避免漏洞，有效地打击敌人，关于公安新闻的发布，特作如下规定：

（一）发布新闻要有明确的目的性。不是所有的案件均可发布，也不是凡发布的案件都须发布全部内容，要选择已经全部结案并无其他牵涉的可资教育群众的案件，慎重地考虑发布的内容与时间。这样既可收教育群众之效，又不致暴露秘密。

（二）凡涉及民主党派中反动份子，帝国主义的间谍（前者涉及统一战线问题，后涉及国际关系并与整个国际形势发展有关），以及其他带全国性的政治案件必须报告中央公安部，经批准后始能发布。

（三）凡大行政区发布政治案件，内容有涉及其他行政区者，亦应报经中央公安部批准。

（四）凡大行政区以内涉及所属省市之间有关的政治案件，应由大行政区公安部审查批准。

（五）中央各直属省、市发布有涉及其他省市或大行政区者，应报经中央公安部批准。

（六）各地所有发布的案件，均应事先由当地公安部负责同志审查，其重要者，应经同级党委审查批准，除须报经中央批准者依上规定外，其属自行审查发布的重大案件，均应报中央公安部备案。

18. 中共中央东北局宣传部关于加强广播电台工作的决定

（经中共中央东北局批准，1950 年 8 月 20 日发布）

从 1948 年冬沈阳解放后，我东北各地的人民广播事业，已有了很大的发展，各地人民广播台在进行群众宣传鼓励工作及动员人民参加东北经济文化建设等方面均做了不少工作，但各级党委宣传部门对于这个广泛地经常地直接地联系群众进行宣传鼓动工作的重要武器，尚有认识不足与重视不够的地方，今春广播电台移交政府文教部门管理后，有些党委宣传部门对广播电台工作的关心更减弱了，全国新闻工作会议后此种情形仍未完全转变,致使广播工作难于改进,工作中的某些缺点甚至错误未被及时的发现或改正,工作中的某些实际困难未能得到适当的解决,新闻总署关于设置收音员的决定在某些应当设置的地方,亦未见具体实行。为克服上述这些缺点、错误,加强党对广播事业的领导和改进广播电台的工作,特作如下规定:

一、各地人民广播电台,在行政上统受各地政府文教厅(局)直接管理后,当地党委宣传部门不应由此放弃或减弱在政治上对电台工作的领导,而应设法加强这种领导,如关于各个时期群众宣传方针、政策、主要内容及广播工作计划等,均应及时予以指示或审查;总编室或编辑室的工作情况,在职学习及工作中所遇到的困难等等,均应经常有人了解并帮助其解决必需解决的问题。

二、党委宣传部应经常注意通知电台台长或主编,参加或列席当地党报委员会。党政各部门所召开的某些重要会议,亦应当按工作需要吸收电台负责干部参加或向他们作专门的传达。关于广播稿件,应根据本部1949年7月15日《关于统一管理广播宣传及各种广播讲座的决定》实行各种严格的审查制度。同时电台负责人应主动地与党、政、群各部门取得密切的联系,并经常搜集听众的意见,以便随时了解情况,掌握中心工作,提高编辑部的工作。

三、在电台机构不健全、干部缺少的地区,党委宣传部门应商同当地党委组织部,政府民政部,参照新闻总署关于电台人员的编制草案,适当地补充电台的干部。对于电台主要人员的调动(包括台长、副台长、总编辑、主要技术人员等)在一般情况下均应事先经本部同意后方得实行。

四、在目前各省市电台编辑部机构极不健全,干部能力又较弱的情况下,除由当地党委宣传部门加强领导外,当地党报的编辑部应注意协助电台编辑部门的工作,并取得工作上的联系与配合。

五、广播电台的经费,人员供给和宣传费均应根据实际需要与节约的原则作出预算,经适当的手续审核后,在各省市所属地区者由省市财政部门发给,东北人民广播电台所需要的经费则由东北人民政府财政部批发,过去个别地区在经费问题上,曾发生互相推诿与拖延不管的态度是应当纠正的。各台的服务部应在不亏本的范围内,廉价的为群众修理收音机,不应把它看作一般生产营利的部门。

19. 新闻与公开出版物保密条例（修正草案）

（中共中央东北局 1950 年 11 月 15 日发布）

一、保密主要范围：

（1）有关军事方面不应发表事项：

1. 部队作战意图、驻地、兵力、兵种、战术、具体行动方向、团以上番号等；

2. 未经新华总社统一公布的战报、战役经过，以及临时发生的任何带全国性的事件；

3. 军工、军需生产情况，包括工厂地区、工厂名称、生产内容品种、工人人数、生产数字等；

4. 与军工生产有关的化学、有色金属、稀有金属等生产情况；

5. 与国防有关的发明创造；

6. 军事修建，包括机场、工事、桥梁（其具体方位、长短宽狭、载重力、工程技术等）；

7. 与其他尚未破获案件有关的肃特案件；

8. 不属以上各项而有关军事秘密事项。

（2）有关外交方面不应发表事项：

1. 未经新华总社公布过的一切外交事件（如建立邦交、设立领事馆、政府与外国外交人员来往等），与外侨事件以及外宾活动；

2. 违反中央规定与未经新华总社公布过的外交策略性质文字；

3. 公开活动的国际性社团中，某些不愿公开的国际友人的姓名、身份、像片、言论等；

4. 未经其本人同意及其上级批准可公开发表的苏联专家言论、文章、工作意见等；

5. 有关国际兄弟党的秘密的文字；

6. 未经公布过的有关中苏关系的各种事项。

（3）有关政经方面不应发表事项：

1. 有关暴露国家实力的绝对数字；

（1）全区性的工业生产计划、生产能力、生产总值、重要设备等；

（2）主要的重工业部门（如鞍钢、小丰满等）生产情况；

（3）重要部门（尤其是主要设备）修建情况；

(4) 战略资源；

(5) 全区性财政收支情况；

(6) 全区性运输能力（车头、车皮等）；

(7) 银行库存、收付总额及货币发行计划、数字。

2. 对外贸易情况以及可能影响对外贸易的主要物资供销情况；

3. 战略物资购买及储备情况；

4. 有利于奸商投机捣把的商情与物价、贸易计划；

5. 黄金生产、储存及流通情况；

6. 国营贸易额及贸易计划之绝对数字。

(4) 有关党的保密事项。

(5) 国家各种措施之未决定，或虽经决定但不宜公布决定而尚未公布之事项。

党政军脱离生产人数与内部的编制、组织机构。

(6) 当地党委与政府认为应保密事项。

二、为保守秘密，《东北日报》、新华总分社、东北人民广播电台、东北新华书店编辑部及各公开发售的期刊编辑部应严格执行下列审稿制度：

(1) 有关军事保密稿件，重大者须送东北局或经由东北局送中央审阅，一般的须经军区参谋长审阅；

(2) 有关反特保密稿件，重大者须送东北局经由东北局送中央，一般的须经东北公安部长审阅；

(3) 有关外交稿件一律送东北局或东北人民政府党的最高负责同志，或其受托者审阅，并送中央审阅后，始能发布；

(4) 有关政府政策法令保密稿件应经东北人民政府正副秘书长审阅，重大问题，应请主席审阅；

(5) 有关工业、财政、金融、贸易等保密稿件，应经财经方面的主要负责同志审阅；

(6) 不属上述范围的一切有关宣传策略性质稿件，应经东北局宣传部长审阅；

(7) 第一项保密范围虽未规定，但编辑部认为有关国家秘密之稿件，亦不得发表，重要者应请示宣传部长或新华社总社决定；

(8) 送审稿件，审阅人必须亲自于稿上签字，写明同意发表或不同意发表，并应尽速退回报社，以免影响稿件时间性；

(9) 经审阅同意发表稿件,编辑部不得任意加以删改,发生错误时应由审稿人负全责,但编辑部认为不妥时仍可提出意见,重新请示,或转请东北局负责同志最后审阅,特别重要稿件虽经审阅,付印时最好再请示一次,或将清样送审稿人重看一遍;

(10) 送审上述稿件,应注意保密工作(包括拍电报、派通讯员、收发等);

(11) 各省市报纸审稿属于全国范围者应送新华总社审发,属于东北范围者,送东北新华总分社审发,属于本省本市者,送各主管机关负责人审查;

(12) 其他公开出版物有关保密之稿件的审查,均由各该出版机关之主要负责人审查。

上述负责审阅稿件的同志,于必要时均应请示东北局书记始作决定。

三、编辑部工作人员应注意下列保密事项:

(1) 报社分派与主要领导部门经常联系人员,应由报社提请东北局批准之。

(2) 一般编辑记者向各部门索取或借阅机密材料、文件、数字时,应有报社负责人介绍信,该项材料取回后,应即交与总编室保管或退还原机关,个人不得私自保存。

(3) 总编室应健全保管及阅读机密材料制度。

(4) 编辑工作人员均应严守国家机密,不是自己应知的事不问,对别人不应知道的事不说,对自己所携带之材料、文件、会议记录等均妥慎保管,以防泄露或遗失。

四、为保障东北国防秘密,凡东北出版的报纸及有关东北实际工作刊物均应停止向关内和国外作公开发行。关内各地机关团体学校或个人之需要订阅此项报纸刊物者,应由各有关机关团体负责人出具证明信正式函件证明或介绍,必要时并须经东北人民政府新闻出版局批准。无机关团体学校负责人证明或介绍的订户概不接受。

五、如有违反上列规定,不保守国家机密或有泄露国家秘密行为者应分别情况轻重,按政务院规定予以处分。

20. 保守国家机密暂行条例

(中央人民政府政务院 1951 年 6 月 8 日发布)

第一条 为严格保守中华人民共和国的国家机密,防止国内外间谍分子、反革命分子和破坏分子侦察、偷窃或盗卖国家机密,防止各种人员泄露或遗失国家机密,特制定本条例。

第二条 国家机密包括下列基本范围：

一、一切国防及军事的计划和建设措施；

二、一切武装部队的编制、番号、实力、装备、驻防、调动、部署及后勤兵工建设等机密事项；

三、外交机密事项；

四、公安机密事项；

五、国家财政计划，国家概算、预算、决算及各种财务机密事项；

六、国家金融计划，贸易计划，海关计划及金融、贸易、海关事务之机密事项；

七、铁路、交通、邮政、电信之机密事项；

八、国家和各种经济建设计划及经济建设事业之机密事项；

九、资源调查，地质勘察，气象测报，地理测绘等机密事项；

十、科学发明发现，文化教育及卫生医药之机密事项；

十一、立法、司法、检察和监察事务之机密事项；

十二、民族事务和华侨事务之机密事项；

十三、内务和人事之机密事项；

十四、档案、密码、印信及一切有关国家机密的文件、电报、函件、资料、统计、数字、图表、书刊等；

十五、一切有关国家机密的机构、编制、仓库、场所等；

十六、一切未经决定或虽经决定尚未公布的国家事务；

十七、其他一切应该保守秘密的国家事务。

第三条 国家机密的各种具体事项和范围，属于政务方面者，由中央人民政府政务院规定颁布；属于国防和军事方面者，由中央人民政府人民革命军事委员会规定颁布。地方如有特殊需要保守机密者，得作补充规定报告上级机关备案。

第四条 各级人民政府和各武装部队均须成立保密组织，负责领导保密工作，其组织通则另定之。

各民主党派、各人民团体、各机关、学校、工厂、企业、矿山、仓库等，得视其需要建立保守国家机密的制度及保密组织。

第五条 各级人民政府、各武装部队、各民主党派、各人民团体、各机关、学校、工厂、企业、矿山、仓库等人员，对于国家机密均须严格保守，不得泄露。各单位应注意对所属人员进行保守国家机密的教育，加强其严格保守国家机密的自觉性和纪律性。各单位须根据具体情况，将保守国家机密随时向人民群众进行必要的宣传与教育；对需要严格保密的场所，得由当地政府组织人民保密，并得订立保密公约，互相监督执行。

第六条　经管及承办国家机密的工作人员须经过人事部门切实严格审查，选拔确属可靠者担任。

第七条　有关国家机密的电报、文件、资料、统计之缮校、印刷、监印、收发、传递、阅读、保管、销毁、档案，须建立严密的管理、检查制度，并供给其必要的物质设备。

第八条　凡重要会议，须依据工作需要，确定出席列席人员，并须经一定机关审查批准。对协助会议工作的人员，亦须严格审查并进行保密教育。会议场所须严密布置警卫。会议文件须由主管人员审查批准始得印发；非经允许应于会后交回；非经允许不得摘抄；不需收回的文件亦须登记清楚。非经允许个人不得记录。会议情况不准对外泄露。会议内容需要传达时，须指定专人负责传达，并须确定传达内容与传达对象。

第九条　各级人民政府使用之密码，由中央人民政府政务院及各大行政区人民政府（军政委员会）的机要部门统一制定和批准使用；各级武装部队使用之密码，由中央人民政府人民革命军事委员会及一级军区、野战军司令部的机要部门统一制定和批准使用。

第十条　各级人民政府及各武装部队必须设置无线电台者，政府系统须按级报经中央人民政府政务院或大行政区人民政府（军政委员会）批准；军事系统须按级报经中央人民政府人民革命军事委员会总参谋部或一级军区、野战军司令部批准。

第十一条　凡有关国家政策的新闻、论文、资料的公布或报道，属于政务范围者，由中央人民政府政务院统一规定发布办法；属于军事范围者，由中央人民政府人民革命军事委员会统一规定发布办法。

凡报刊公布、电台广播的新闻、论文、资料等，内容均不得涉及国家机密。各通讯社、报馆、广播电台、出版机关均应订定发布新闻、论文、资料的保密审查办法。

第十二条　凡政府系统所属单位出版刊物，须经中央人民政府政务院或各大行政区人民政府（军政委员会）分别批准；凡军事系统所属单位出版刊物，须经中央人民政府人民革命军事委员会总参谋部、总政治部及一级军区或野战军司令部、政治部分别批准。上述刊物，不得登载国家的机密文件、泄露国家的机密；于付印前，须由主管首长作保密审查。

第十三条 凡有下列行为之一者,以反革命论罪,依惩治反革命条例惩处:

一、出卖国家机密于国内外敌人者;

二、故意泄露国家机密于国内外敌人者;

三、出卖国家机密于国内外奸商者。

第十四条 凡利用国家机密进行投机取利者,送司法机关或军事法庭依法惩处。

第十五条 凡因疏忽泄露国家机密或遗失国家机密材料者,应视其情节轻重予以处分。

第十六条 凡有下列成绩之一者,给以表扬或奖励:

一、在敌人面前英勇不屈能坚守国家机密者;

二、在任何危急情况下,不顾艰险能保守国家机密者;

三、对非法利用、出卖、盗窃国家机密分子和案件能及时检举破获者;

四、发现遗失、泄露机密事件能及时补救者;

五、一贯遵守保密制度并能推动他人保护国家机密有显著成绩者。

第十七条 各级人民政府的监察机关,须将保护国家机密的监督工作,列为经常任务之一。

第十八条 各单位得根据本条例规定具体实施办法。

第十九条 本条例经中央人民政府政务院政务会议通过呈请中央人民政府主席批准后公布施行。

第二十条 本条例之解释权和修改权属中央人民政府政务院。

21. 关于加强报纸工作中马克思列宁主义和毛泽东思想宣传的决定

（中共中央中南局1951年8月发布）

随着国家建设事业的发展和人民群众政治觉悟的提高,报纸在党的全部巨大活动中的作用已日益显示其重要。现在,全区已有报纸64种,每日出版843,718份。据不完全统计,全区现有工农通讯员17,162人,读报组30,496个。这说明党领导下的报纸网,已经成为广大人民群众的讲坛,成为党对人民群众进行革命教育的强大工具。

经过报纸对人民群众进行革命的教育,乃是党在人民群众中实现自己的政治思想领导的重要方法之一。在对人民群众解释党的各种政策,交流群众革命斗争经验,提高群众政治觉悟,启发群众积极参加革命事业和建设事业,吸引群众以批评与自我批评精神监督党的与人民政府的各种工作方面,报纸都起了巨大作用。在抗美援朝、土地改革、镇压反革命和城市民主改革的伟大革命斗争中,报纸在动员、教育和组织群众方面更显示了它的重大作用。

目前,报纸工作的重大弱点,乃是宣传马克思列宁主义和毛泽东思想的经常性、系统性和深刻性之不足。马克思列宁主义和毛泽东思想是党的一切宣传工作的基础,因而也就是报纸工作的基础。我们党依据马克思列宁主义和毛泽东思想,已经领导中国人民取得战胜帝国主义侵略和封建主义压迫的伟大革命胜利。现在,为着巩固革命胜利,巩固人民民主专政,发展人民民主建设事业,以及争取社会主义前途,我们党又正在领导全国人民进行各种巨大的工作。这就需要我们在全体党员中、全体工人阶级中、全体农民中和全国人民中继续扩大和加强马克思列宁主义和毛泽东思想的宣传教育工作,以便从政治上和思想上保证这些工作的顺利完成。这就是今后党的宣传工作的基本任务,也是报纸工作的基本任务。

为着加强马克思列宁主义和毛泽东思想的宣传教育工作,党领导下的报纸网必须担负这样的任务,即经常地、系统地而又通俗地宣传党的世界观、辩证唯物论和历史唯物论,宣传党的最低纲领人民民主主义和最高纲领共产主义;根据马克思列宁主义和毛泽东思想,经常地、系统地总结新中国各项建设事业的巨大成就,概括人民政治经济文化各方面的生活,指出人民生活发展的规律和前进的方向,促进人民生活中新事物的生长和旧事物的死亡,同时对于一切反动的错误的思想及其影响,经常地、系统地进行有力的批判,帮助人民"脱离国内外反动派的影响,改造自己从旧社会得来的坏习惯坏思想,不使自己走入反动派指引的错误道路上去,并继续前进,向着社会主义社会和共产主义社会发展。"(毛泽东:《论人民民主专政》)

应该在党内教育全体党员特别是领导干部学会利用报纸来对人民群众进行革命的教育工作,提高报纸在宣传马克思列宁主义和毛泽东思想这一事业上的作用。为此目的,特作出以下决定:

(一)全区各级党组织领导下的报纸,应该毫无例外地按照党的原则改善编辑部的工作,把编辑部的工作放在宣传马克思列宁主义和毛泽东思想的基础上来进行。报纸的思想内容应该提到马克思列宁主义和毛泽东思想的水平上来。这就是,要用马克思列宁主义和毛泽东思想的立场、观点和方法,阐明国内外一切重大事件,阐明新中国的建设事业和人民群众的实际生活,借以教育全区干部和人民逐步提高其对于工人阶级(通过共产党)领导的以工农联盟为基础的争取社会主义前途的新民主主义社会制度的完整的思想认识,使他们充分了解人民民主事业的正确性和伟大性,充分认识人民民主专政的正义性和必要性,充分认识新中国国家制度和社会制度的优越性及其走向社会主义的光明前途,充分信任党和毛泽东同志的正确领导,从而激发他们对于这个经过百年来斗争始获成功的新兴社会制度的高度热爱和自豪心,自觉的将个人利益与国家利益密切联结起来,为今天建设新民主主义和将来争取社会主义前途而奋斗。同时,结合各项实际,向帝国主义思想及对于帝国主义的各种奴性崇拜行为,向封建主义思想及其各种变形展开坚决的斗争。就当前来说,尤要首先反对对于美帝国主义的任何卑怯思想与情绪,建立仇视、蔑视、鄙视美帝国主义的高度民族自尊心,树立联合苏联和世界劳动人民共同斗争的国际主义精神。这就是说,我们必须在全体干部和人民群众中建立中国人民政治协商会议共同纲领第八条、第四十一、四十二条及第五十四条中所规定的立国根本思想及新中国的国民基本道德观念。这种完整的爱国主义思想是在中国新民主主义社会制度业已建立之后能够经常发挥伟大作用的力量,是保证祖国顺利完成新民主主义建设、和稳步走向社会主义社会和共产主义社会的思想基础。这就是各级报纸(包括一切思想工作)在当前宣传马克思列宁主义和毛泽东思想这一事业上的迫切任务。

（二）各报应以适当篇幅有系统地而又通俗地宣传解释马克思列宁主义和毛泽东思想的基本知识。用这种基本知识来武装人民群众,乃是党对人民群众进行革命教育的基础。除对工农群众进行共同纲领基本思想的教育外,对工人群众要有系统地进行共产主义基本知识的教育。对农民群众要有系统地进行工农联盟思想和适当的社会主义前途的教育。广大群众实际生活中反映出来的各种政治思想问题,各级报纸均应随时注意进行有系统的通俗的解答。

（三）各级报纸在进行具体工作任务的宣传时,必须充分注意提高其政治性和思想性,即把党和国家领导的各项巨大实际工作的宣传和上述党的政治思想教育结合起来,说明各种具体工作任务的政治意义,使人民群众在完成当前各项具体工作任务时具有充分的觉悟性和积极性。必须懂得我们党和国家的根本政治利益在于人民群众政治觉悟性和积极性的提高,因为党和国家的一切工作都必须依靠人民群众的自觉、自愿和自动。因此,必须反对宣传中的教条主义性质的倾向,即脱离实际工作而只是进行一般的空洞的政治思想的宣传，也要反对宣传中的经验主义性质的倾向，即抛弃政治思想教育而只是进行盲目的实际工作的技术宣传。后一种性质倾向正是今天报纸工作中比较普遍的现象，尤须加意克服。

（四）各级报纸均应设立"党的生活"栏，用以对全体共产党员、青年团员和非党积极分子进行关于共产党和共产主义基本知识的教育，以此提高全党的政治思想水平。同时，还应在报纸上开展公开的批评与自我批评，克服当前在一部分党员干部中存在着的忽视政治的倾向、某些无政府无纪律的行为和各种侵入党内的非工人阶级的思想意识，从而保证党在政治上、思想上和组织上的纯洁性和严肃性，巩固党在各种战线上作为工人阶级先锋队的领导威信和作用。

（五）各级报纸对于党在人民群众中的全部思想工作，包括干部教育工作、群众政治工作、文学艺术工作、国民教育工作、科学工作、出版工作、宗教工作等，必须进行经常的有系统的严格的检查和批判，表扬成绩，分析缺点，指出改进办法，以实现党对思想工作的指导，发挥党在全体党员和全体人民中思想工作的巨大力量。特别是表扬各种思想工作中的优良成绩和正确作风，乃是鼓励前进克服落后的有效方法，尤须注意采用。

（六）各级报纸必须在自己工作中坚决依靠人民群众中的先进分子，进一步扩大与加强和这些先进分子的政治联系，吸引他们积极参加报纸编辑部的工作，通过他们进一步联系实际，联系群众，开展批评与自我批评。同时，还要帮助他们加强作为社会活动家和社会舆论代表的思想修养，使他们懂得参加报纸工作就是自己从事社会活动和政治活动的一种方式。因此，参加报纸工作的积极分子，必须自己是各种工作中密切联系群众的有政治觉悟的先进人物。

（七）各级报纸为执行上述任务，可根据本身条件在编辑部之下设立宣传部门，调配有相当理论修养的干部负责主持这一部门工作，并吸收当地有经验的优秀的报告员和宣传员参加这一部门工作。

（八）各级党委对于所属报纸必须加强思想政治领导。党委会应定期讨论报纸工作。党委书记或常委之一应亲自负责指导报纸的日常政治工作。报纸主要负责干部应视可能与必要，允许其列席党委例会，阅读有关政策的文件。党委并应采取有效办法，帮助报纸编辑部工作人员学习马克思列宁主义和毛泽东思想，有计划地提高他们的理论水平和思想水平。

22. 关于整理党内外报刊的决定

(中共中央东北局1951年发布)

目前东北一级及各省、市党内外报刊的出版,相当紊乱,并有严重的形式主义倾向。如有的系统一个部出版几种报刊,一个局、一个处(甚至招待处)也出版刊物;有的业务刊物东北一级有了,省、市也照样出版一个,而许多报刊的人员配备和领导却非常薄弱;内部刊物的出版不经一定机关批准,并任意刊印党的秘密文件或秘密电报。结果是许多报刊分工不明,对象不清,内容重复,既浪费了大量人力物力,又达不到广泛教育干部与群众的目的。其中且有不少报刊,内容不经主要领导干部审查,时常发生严重泄露党与国家机密的现象,甚至宣传错误的理论与观点,或宣传不成熟甚至错误的工作经验,而不加批判、改正。另一方面的情形,则是出版物中适合于工农群众的通俗读物数量极少,难于满足工农群众的要求。为了克服报刊出版中此种严重的无计划状态和不合理现象,特作如下决定:

一、东北一级党的和人民团体的系统由东北局宣传部负责,政府系统由东北人民政府办公厅负责,各省、市由党的各省、市委员会负责,于七月底以前,将所有党内外报刊作一次严格的登记、清理和检查,分别提出应停(或合并)应留的意见,交东北局审核。

二、原则上规定东北局和东北人民政府各出版一个综合性的内部刊物(东北军区按中央军委规定另行决定),分别指导全区党、政和人民团体的工作,发至县级;此种刊物的内容必须按照中央决定,分别由东北局书记、副书记或东北人民政府主席、副主席亲自审阅。各省、市的党、政、民则合出一内部刊物,内容须经过党委书记或副书记审查,有关政府稿件,应经省、市政府主席审查,主要对象为区级干部。省、市以下各级党委、政府、人民团体,一律不得出版内部刊物。

三、东北一级各部委,应视需要并经批准后最多出版一种公开的业务刊物,内容应经各部、委负责人的亲自审查,并力求通俗,以适合于广大干部的要求。各省、市党、政系统的各部、委、厅、局均不单独出版业务刊物,而在党委宣传部直接领导下设立通俗出版社,出版一个或两个综合性的通俗刊物,内容要完全适合略具文化程度的区村干部和工农群众。

四、各省、市委必须加强对各省、市党报的领导,充分利用党报指导工作,凡可公开发表的文件均应在报纸上发表。各地党报并应在指导性与群众性相结合的原则下,力求通俗易懂,不仅要使广大区村或工矿的干部得到工作上的指导,同时亦要使有初级文化程度的工农群众能读懂或听懂。为了使省报能照顾城市读者群众,按需要和可能的情况可另出文字通俗、字大图多的农民版,以满足广大农民和文化程度很低的农村干部的要求;工矿城市的报纸,主要对象应是工人群众,可每隔两日或三日出版一期。

五、今后出版内部刊物的一般的批准权属于东北局宣传部,公开业务性报刊必须经东北人民政府或各省、市人民政府的正式批准后统一向东北人民政府出版局登记,取得正式证件后始能公开发行。否则即为违法出版,应受到一定的处分。

六、在报刊整理工作进行完毕后,各部门应随时利用报纸(报纸不便登载的可用通报形式)指导下级工作。在工厂、学校、机关、团体内部,可利用墙报、黑板报、读报组、广播收音站等形式,并组织和发挥宣传员的作用,进行时事政策和业务的宣传教育。经审查决定停刊的报刊,其专职干部,凡适合继续报刊工作者,仍应分配作报刊工作;其通讯网人员,应积极介绍给当地党报或上级出版之业务报刊。

七、各地务于七月底以前将进行情况和具体意见报告东北局。关于报刊保密规定,东北局将另有指示。

23. 西南区组织报刊发行站暂行办法

(西南军政委员会1951年9月6日发布)

第一条 为壮大发行力量,广泛地建立群众合作性的报刊发行站起见,特制定本办法。

第二条 发行站在行政上受当地政府文教部门领导,业务上受当地邮电局领导。

第三条 发行站的设立:

(1) 县、市、区发行会议应研究如何建立发行站,责成一定组织负主要责任进行。

(2) 凡机关、学校、企业、工厂、矿场、街巷、村庄等,得视情况需要成立发行站。

(3) 在乡村可以农民协会为主,由党、政、青年、妇联等群众组织协助,通过乡农代会选派专人成立发行站。

(4) 在城市由团、工会、青年、妇联群众组织,工商联合会和抗美援朝分会协同组成之。

(5) 发行站的名称应冠以所在地地名,如"×××县(村)发行站",并由邮电局制发招牌一块,依照邮政代办所招牌式样与尺寸。

(6) 发行站可设站长一人,发行员若干人,或设站长兼发行员一人。

(7) 邮电局应在发行会议上提出建设发行站计划,并主动与各级党、政府、群众组织联系,加速建立发行站工作。

第四条　发行站的任务:

(1) 推销报刊。在其工作范围内积极发展新订户巩固旧订户。

(2) 投送报刊。从邮运员或邮政代办所取得报刊后,应用最快的方法送给读者。

(3) 收缴报刊费。应按期向订户收取报刊费汇交邮电局,其手续遵照邮电局规定办理。

(4) 零售报纸期刊及图书。

(5) 组织读报组,开展群众性的阅读报刊、书籍的运动,并搜集反映读者对报刊内容及发行方面的意见。

(6) 在其投送范围内,代送政府的通知及公文和邮电局或邮政代办所的邮件,并代收乡村外寄邮件交相关邮电局或邮政代办所办理手续。

第五条　发行站的权利:

(1) 发行站发行之报刊,由邮电局按售价提给百分之五,书籍提给百分之二,作为办公费或奖金。

(2) 成绩优良者由邮电局或报刊社书店另予精神或物质的奖励。

(3) 对邮电局报刊社书店提出批评或建议。

(4) 邮电局吸收工作人员时,发行站工作成绩优良之人员得尽先录用。

(5) 发行站人员可参加邮电局召开的扩大发行业务会议。

第六条　发行站工作人员以不脱离生产义务工作为原则,但乡村发行站工作人员如必须脱离生产取送报刊时,得由群众用等价交换方法供给或补助生活费用。

第七条　邮电局得视发行站为一集体订户随时增减报刊数目,按期将报刊总包送交发行站签收,或由邮政代办所转交。

第八条　发行站应用之单据表册由邮电局免费供给,文具自备。

第九条　本办法由西南邮电管理局、新闻出版局呈经西南军政委员会批准实行,并报邮电局、新闻总署备案,修正时亦同。

24. 管理书刊出版业印刷业发行业暂行条例

(中央人民政府政务院第116次政务会议通过,1952年8月16日公布)

第一条 本条例依据中国人民政治协商会议共同纲领第五条、第四十一条、第四十九条之规定制定之。

第二条 本条例所称书刊出版业印刷业发行业系指有固定场所及设备,经营图书、期刊的出版、印刷、发行业务之企业。

第三条 凡书刊出版业印刷业发行业,不论公营、公私合营、私营,不论专营、兼营,除法令另有规定者外,一律依照本条例管理之。

第四条 凡公营、公私合营之书刊出版业印刷业发行业,均应持其直属上级(机关、团体或企业)之证件及营业申请书,叙明业务范围、设备情况(必要时并应附呈营业计划书及其附件),向当地出版行政机关申请核准营业。

第五条 凡私营之书刊出版业印刷业发行业,均应具备营业申请书,叙明发起缘由、集资方法、业务范围、设备情况(必要时并应附呈营业计划书及其附件)、负责人姓名、简历、觅取铺保两家,向当地出版行政机关申请核准营业。

第六条 凡公营、公私合营、私营之书刊出版业印刷业发行业,经核准营业发给营业许可证后,应凭许可证另向当地工商行政机关申请登记。

第七条 凡书刊出版业印刷业发行业,如有变更组织、更换牌号、转业、合并、停业、歇业及变更企业负责人或执行业务负责人等情事时,均应呈请出版行政机关核准。出版行政机关对于停业、歇业之核准,应与工商行政机关会商。

第八条 凡经营书刊出版业者,应遵守下列各款规定:

一、应有确定之专业方向;

二、应设有编辑机构或专职之编辑人员;

三、应定期编制选题计划、编辑计划及出版计划,呈报当地出版行政机关;

四、应在出版物版权页上标明营业许可证号码;

五、不得印行违反中国人民政治协商会议共同纲领及政府法令之书刊;

六、不得发表泄露国家机密之文字图表;

七、不得侵害他人之著作、出版权益;

八、各级人民政府法令文件之出版权属于各级人民出版社及其授权之出版社,其他出版业不得编印或翻印；

九、每种书刊出版后，应向各级出版行政机关及国立图书馆送缴样本，其办法另订之；

十、发刊定期刊物，应向出版行政机关另行申请登记，其办法另订之。

第九条 凡经营书刊印刷业者，应遵守下列各款规定：

一、不得承印政府明令禁止出版之各种书刊；

二、不得承印违反中国人民政治协商会议共同纲领及政府法令之书刊；

三、印成之书刊，应于送货时每种送缴当地出版行政机关一份。

第十条 凡经营书刊发行业者，应遵守下列各款规定：

一、不得发售明令禁止发行之各种书刊；

二、不得经售非法进口之国外书刊；

三、从事书刊流动供应，应经当地出版行政机关之许可。

第十一条 凡违反本条例第八条至第十条之各款规定者，由出版行政机关给予警告或撤销其营业许可证等处分。撤销许可证时，应通知当地工商行政机关撤销其登记。

第十二条 书刊出版业印刷业发行业有下列情形之一时，出版行政机关得撤销其营业许可证，并通知当地工商行政机关撤销其登记：

一、经核准营业后，发觉申请事项不实或经营业务逾越核准范围而情形严重者；

二、冒用他人之著作、出版、印刷、发行名义者；

三、出版业无故停止出版超过六个月者。

第十三条 本条例施行细则，由中央人民政府出版总署另订之。

第十四条 本条例由中央人民政府政务院公布施行。

25．期刊登记暂行办法

（中央人民政府政务院第116次政务会议通过，1952年8月16日公布）

第一条 依据《管理书刊出版业印刷业发行业暂行条例》第八条第十款之规定，特制定本办法。

第二条 本办法所称之期刊，为用文字或图画连续出版公开发行之下列刊物：

一、除新闻纸外之定期刊物；

二、虽非定期刊行而以期刊之形式编辑发行者。

但机关、团体、军队、学校、企业出版之内部期刊,如愿享受新闻纸期刊邮递之待遇者,亦得按本办法办理登记手续。

第三条 各种期刊发行前,应由主要负责人具函向当地出版行政机关领取申请登记书及申请登记表,逐项据实填明,申请登记;经受理之出版行政机关呈报上级机关核准并发给登记证后,方得发刊。

第四条 领有登记证之期刊,除按照《管理书刊出版业印刷业发行业暂行条例》予以管理外,并应遵守下列各项规定:

一、每期应刊载登记证之号码(单张者刊载于刊名下,装订成册者刊载于底封面上方靠近书脊处);

二、每期版权页上并应载明出版者、编辑者(主编人)之姓名及编辑、印刷、发行处所之地址;

三、登记证有效期满前一个月,应申请换发登记证或延长其原登记证之有效期限;

四、登记证遗失时,应即申请补领;

五、如有合并、转让、改换名称或变更出版者、主编人等情事时,应申请变更登记;

六、决定停刊时,应申请撤销登记,并将登记证缴销。

第五条 违反本办法之各条规定者,各地出版行政机关得呈准上级机关予以警告、一定时期的停刊或撤销登记证等处分。

第六条 本办法公布后,各地人民政府(军事管制委员会)所发布之报纸期刊(杂志)通讯社暂行或试行登记办法中有关期刊登记之办法,一律废止之。

第七条 本办法施行细则,由中央人民政府出版总署另订之。

第八条 本办法由中央人民政府政务院公布施行。

26. 关于国际时事宣传的决定

(中共中央1952年8月27日发布)

鉴于各地报纸在国际时事宣传上不断发生违背中央外交政策的错误,对中国人民在国际关系中的地位和利益造成不良影响,考查此种错误之所以发生,一因各地难于了解国际关系和外交政策,一因宣传工作中还存在着分散、不集中和无政府无纪律现象,

因此,对于今后的国际时事宣传,特作如下规定:

一、国际时事的报道和评论,完全集中于中央,经中央审查后,统一由新华社和《人民日报》发表。中央其他报纸及各地报纸除刊载新华社和《人民日报》的报道和评论外,在未得中央同意和批准以前,不得发表任何报道和评论,如有必要发表者,须先经中央批准。

二、涉及我国国际关系和外交的地方性事件,亦统一由新华社发表消息,如果为了某种外交上的考虑,需要在地方报纸上单独发表报道和评论,亦须呈报中央批准。

三、对于某些重大政治事件,如有必要发动群众团体表示拥护、同情或抗议,以形成全国范围的社会舆论,统一由中央决定并通知各地。各地在得到通知后,可按照新华社报道和《人民日报》的精神发表有关的消息和评论。

四、为了国际礼节的需要,在外宾到各地参观时,各地报纸可以自行发表礼节性的消息,不在上述规定的范围之内。

以上决定,望各级党委督促自己领导的报纸切实执行。至于加强和改进国际时事宣传工作的具体办法,中央当另作通知。

27. 关于加强报纸、期刊出版发行工作的规定

(中共中央1952年12月20日发布)

为了使报纸、期刊的出版更有秩序,合理地使用印刷和发行力量,加强报纸、期刊出版发行工作中的计划性,特作如下规定:

(一)除了已规定报纸按时出版外,期刊也应按时出版,不得无故缺期,以免发行工作紊乱。如一年内无故缺期达三次以上者,出版行政机关应采取适当措施,必要时得令其停刊。在期刊多的城市,应由出版行政机关排定期刊出版日程,改变目前多数期刊集中于月初和月中出版并经常延期出版的状况,以免印刷业忽紧忽松,妨碍生产和工人健康。

(二)为便于控制纸张分配计划,全国报纸除在元旦、五一、七一、国庆四天可以出增刊一大张外,平时不得增刊,但《人民日报》《光明日报》《大公报》《天津日报》《东北日报》《解放日报》《新闻日报》《文汇报》《群众日报》《长江日报》《新华日报》可酌出增刊半大张,至多不得超过每周一次。

（三）依据同一理由，报纸、期刊的年度和季度计划经核定后，即应按核定的发行控制数字印行，不得临时任意加印份数，突破季度或年度的出版计划。

（四）为使出版工作正常化，便于管理和提高工作水平，非经核准兼营出版社的报社、期刊社，除了出版资料性的书籍（如年鉴、手册等）外，不应出版其他书籍。一般报社、期刊社仍可编辑书籍，但应统一由出版社出版。

（五）为保护报纸工作人员特别是编辑人员的健康，报社应设法建立适当的休息制度。苏联除《真理报》外，其它报纸每周只出六天，星期日工作人员休息，故星期一一律休刊。目前我国有的省级报纸如《辽西日报》亦已实行星期一休刊制度，有些报纸如《山西日报》《新湖南报》《广西日报》、山东《大众日报》《察哈尔日报》《黑龙江日报》等均规定在星期一减少二分之一篇幅，登载地方新闻和少数全国要闻，或刊载半张画刊。实行此种办法的地方，一般反映良好。此种办法应予推广。望全国各种日报尤其是省级报纸考虑可否规定每周只出六期，每逢星期一休刊一天，在有一种以上报纸的大城市，各报每周可轮流休刊，或除一种外均于每周休刊一天，或首先减少一半篇幅，刊载不用在当夜编辑的画刊、地方新闻、要闻简报等。

第二篇　社会主义新闻法制初创时期的新闻法制史料

（1953年1月—1956年12月）

1. 新闻纸统一分配调拨办法

（出版总署1953年1月9日发布）

一、分配范围

（一）经各级人民政府核准登记的报社，不论国营、地方国营、公私合营和私营，均可提出用纸计划，向当地新闻出版行政机关申请分配纸张。

（二）遵照政务院《管理书刊出版业印刷业发行业暂行条例》及《期刊登记暂行办法》申请营业和申请登记，并经新闻出版行政机关核准营业和核准登记的国营、地方国营出版社和杂志社（除期刊须申请登记外，杂志社并应作为书刊出版业申请核准营业），均可提出用纸计划，向当地新闻出版行政机关申请分配纸张。核准营业和核准登记的公私合营出版社、杂志社，在其出版计划、发行数量和书刊价格，由新闻出版行政机关严格审核和控制的条件下，也得配给纸张。

（三）私营出版社和杂志社需用纸张，应自行采购，不列入分配范围之内。但由政府指定其出版任务，并控制其出版物价格者，其需用于该部分出版物的纸张，可由当地新闻出版行政机关严格地审查其出版计划，并予以核准．然后按核准的出版计划，配给一定品种和数量的纸张。

（四）政府机关、人民团体、公立学校、国营企业如经常出版公开发售的出版物，需要申请分配纸张者,除已成立出版机构,并已遵照政务院《管理书刊出版业印刷业发行业暂行条例》向新闻出版行政机关申请核准营业者外,一般一律不分配纸张。

(五)军委系统所属机关、部队出版物需用纸张,根据政务院财政经济委员会规定,由军委统一处理,不属于新闻出版系统分配范围。

(六)经新闻出版行政机关核准配纸的报社、出版社、杂志让,其所属印刷厂如兼营承印外件者,其承印品(包括报刊、图书)所需之新闻纸,不得包括在该报社、出版社、杂志社的用纸计划内,并不得由该报社、出版社、杂志社代为申请。

(七)报社、出版社、杂志社申请分配纸张,以国家规定的统一分配物资的机制新闻纸为限,其他品种的纸张不属于分配范围。

二、申请程序

(一)报社、出版社、杂志社(包括接受政府指定出版任务的私营出版社、杂志社的该部分出版物)申请配纸,必须根据新闻出版行政机关核定的报纸发行数字或书刊出版计划,计算用纸量,在每年度开始前三个月编制全年(分季、分月、分规格)用纸计划,呈报当地新闻出版行政机关审核。

(二)省(市)新闻出版行政机关将所辖报社、出版社、杂志社全年用纸计划审核汇总后,连同报纸发行数字、书刊出版计划的副本呈报大行政区新闻出版行政机关复核,并抄报本署;大行政区新闻出版行政机关应将全区各省(市)所报的用纸计划汇总后,连同报纸发行数字、书刊出版计划汇总清单,呈报本署,并将副本分送当地财委会(东北区为计划委员会)及有关部门。

华北三省二市及内蒙古自治区新闻出版行政机关,应将核定了的用纸计划汇总后,连同报纸发行数字、书刊出版计划副本呈报华北行政委员会文教局,并同时抄报本署。

(三)人民日报、人民出版社、学习杂志社等中央一级报社、出版社、杂志社,应将全年用纸计划连同报纸发行数字、书刊出版计划副本迳报本署审核。

三、计划的编制

(一)报社、出版社、杂志社编制全年用纸计划,应根据批准了的报纸发行数字、书刊出版计划精确计算用纸量,不得多报或虚报。报社、出版社、杂志社用纸计划经新闻出版行政机关审核批准后,不得中途要求变更增减。如有特殊原因必须变更增减,应在事先报经新闻出版行政机关审核批准。

（二）报社、出版社、杂志社编制用纸计划时，可包括印刷过程及原材料的损耗量，其最高标准，卷筒新闻纸不得超过10%，平版新闻纸不得超过5%。

（三）报社、出版社、杂志社为了防备纸张供应脱节，应根据用纸实际情况，另行编制定量储备计划。年度储备计划的储备额连同上年度结存量，至多不得超过全年用纸量的20%，至少不得低于8%。

四、分配手续

（一）全国新闻出版系统需用的新闻纸，由本署统一分配。本署根据各大行政区、华北三省二市及内蒙古自治区新闻出版行政机关所报全年用纸计划复核后，即按政务院财政经济委员会物资分配局批准的分配数量，制订分配平衡计划，由本署与中央轻工业部签订新闻纸供需总协议书，保证供应。如个别地区产量不足不能平衡时，其差额由本署商同中央轻工业部调拨他区余额补足之。同时本署依据核定后的各区分配总额，与各大行政区、华北三省二市、内蒙古自治区新闻出版行政机关分别签订全年供需协议书。

（二）全年供需总协议签订后，各大行政区新闻出版行政机关应根据总协议精神，与本区工业部门另订分区协议（华北三省二市及内蒙古自治区新闻出版行政机关不另向工业部门订协议书），并分配和监督各省（市）用纸单位按季向指定的造纸厂（本区或外区）签订定货合同，并保证严格执行分配计划，不得临时少定、不定或不履行合同。

（三）关于纸张质量标准，在中央签订总协议书时，由中央轻工业部提出各大区工业部门规定的新闻纸产品的一般标准纸样，与本署协商决定后，即作为全区订货的标准纸样。

（四）凡经新闻出版行政机关核准分配纸张的报社、出版社、杂志社，不得向贸易部门另行采购新闻纸。如因特殊原因经过新闻出版行政机关核准购进者，其耗用量仍应按月列入"月度用纸实际消耗报告表"内，并注明其来源。

五、用纸的审核

（一）报社、出版社、杂志社必须按照本署规定，按月填报"月度用纸实际消耗报告表"。送经当地新闻出版行政机关审核后转报大行政区新闻出版行政机关与本署，大行政区新闻出版行政机关应将各省市表报复核汇总报送本署。

华北三省二市及内蒙古自治区新闻出版行政机关,应将各报社、出版社、杂志社所填报的"月度用纸实际消耗报告表"审核后呈报本署。中央一级报社、出版社、杂志社的"月度用纸实际消耗报告表"迳报本署。

(二)报社、出版社、杂志社如有采用手工造土产纸,当地新闻出版行政机关亦应规定其按月填报"月度用纸实际消耗报告表",报送大区新闻出版行政机关转报本署。

(三)新疆地区各报社、出版社、杂志社需用新闻纸,暂不列入统一分配范围。但当地新闻出版行政机关亦应规定其按月填报"月度用纸实际消耗报告表",报送西北区新闻出版行政机关转报本署。

(四)报社、出版社、杂志社在计划年度如因报纸发行数字或书刊出版计划变更而分配新闻纸有过多存量时,应据情呈报,听候处理,不得自行转让出售或移作别用。

2. 关于同级党报不得批评同级党委问题给广西省委宣传部的复示(节摘)

(中共中央宣传部1953年3月发布)

……党报是党委的机关报,党报编辑部无权以报纸与党委会对立。党报编辑部如有不同的意见,它可在自己权限内向党委会提出,必要时并可向上级党委、上级党报直至中央提出,但不经请示不能擅自在报纸上批评党委会,或利用报纸来进行自己与党委会的争论,这是一种脱离党委领导的做法,也是一种严重的无组织无纪律现象。党委会如犯了错误,应由党委会用自己的名义在报纸上进行自我批评。报纸编辑部的责任是:一方面不应在报纸上重复这种错误,另一方面可在自己权限内向党委会直至上级党组织揭发这些错误。报纸编辑部即在上述情况下亦无权以报纸与党委会对立。这是党报在其和党委会的关系中必须遵循的原则。

3. 关于地方报纸等候紧急新闻时间的通知(节摘)

(中共中央宣传部1953年6月18日发布)

……

当重大事件和重要文告发布时,往往因为通知和发布过迟,地方报纸在出版时遇到极大困难,或延误出版,或改版重印,并因而引起读者群众对报纸的不满。这种状况的确需要改进。一般地,地方报纸无配合外交斗争的责任,对于必需等候的最后紧急新闻不宜受过份机械的约束。因此,应当采取以下的办法来改善这种状况。

（一）凡有重要新闻发布,临时通知在次日见报者,一般只限于北京各报纸（日报）,其余各地报纸除中央有特殊指令者外,可不受此约束；

（二）凡有重要新闻发布,在二十四时（即晚间十二时）以前预告者,京津沪三地报纸应在次日见报,其他各地报纸不受此约束。如二十四时以前未有预告者,津、沪两地报纸也不受此约束。

（三）凡有重要新闻发布,在二十四时以前预告并指定某些省、市报纸均须于次日见报者,被指定的省市报纸均应在次日见报。未被指定的省市报纸不受此约束。

（四）一部份白天编印的或四开的省报,一般可以采用新华社的通俗口语广播。但遇有极重大新闻或文告发布,事先接到指定见报的预告并发稿完毕时间不迟于二十四时者,仍应遵守指定次日见报的规定,并必须登载全文。

以上规定,虽属必要,但究竟是一种行政性、技术性的规定。各级党委宣传部仍应注意在报纸工作人员中进行教育,提高其政治水平,使他们在遇到重大政治事件时能迅速而熟练地作出正确的判断和处理报纸出版时间,任何时候都是要服从于政治的要求和利益的,而且根据过去延安《解放日报》和重庆《新华日报》的经验,在比今天困难得多的条件下,两报仍能依靠全体工作人员的努力,克服各种困难,做到截稿最迟,出版最早,这种精神是值得发扬的。

4. 关于新华社记者采写内部参考资料的规定

（中共中央 1953 年 7 月发布）

新华通讯社是国家的通讯社。它的任务是要成为消息总汇,充分地、及时地、精确地报道对人民群众有教育意义、对实际工作有指导或参考意义的新事物、新情况、新人物和新经验。同时,由于新华社的记者分布较广,还可以并应当利用他们的便利条件,反映工作中存在的一些问题、缺点和群众的思想情况,供给中央负责同志参考。因此,新华社除发行通讯稿,并根据资产阶级通讯社资料编印《参考消息》外,还编印了一种《内部参考》。《内部参考》曾大量地、及时地反映了各方面、各地区许多重要情况和问题,但是也有不少缺点,例如有些资料内容不够确实,有些论断不适当或错误,有些记者在采写过程中不尊重当地党委意见甚或干预当地工作。为了克服这些缺点,现作如下规定:

一、关于新华社记者采写参考资料的范围,主要可包括这样几个方面:

1. 党的政策方针在各地贯彻执行中的情况和问题,特别是那些对领导机关有参考价值的实际工作中的困难、偏向、错误和缺点的情况;

2. 各阶层人民当前的政治思想情况,各阶层人民对国内外重大政治事件的意见,各阶层人民在生活和工作中所遇到的困难和对于领导机关的意见;

3. 统一战线工作中的问题;

4. 工作中一些尚不成熟、带试验性的不宜公开报道的工作经验;

5. 各地自然灾害的详细情况和反革命分子活动情况;

6. 其他不宜于公开发表的重要情况。

二、关于新华社记者在采写参考资料中应注意的问题:

1. 写参考资料内容必须注意确实,力求客观全面,反对粗枝大叶,道听途说,并防止片面夸大。要注意说明问题是什么时候发生和存在的,现在情况如何,并要说明资料的来源及其可靠性,以便领导机关对这些问题有较全面的正确的了解。

2. 记者写参考资料时,只负责客观真实地反映情况,不要对所反映的问题作出结论,也不要向有关方面提出处理的要求。记者不得参预当地的争论,不得干预当地的工作。

三、关于和党委的关系:新华社的各地记者必须在总社领导下同时在各级党委监督下进行工作。必须注意防止任何不尊重党委意见的现象发生。当然,尊重党委意见,并不是说记者在某些问题上不可以有不同的意见和看法,不应当把他们见到的工作的缺点向中央反映。为了工作的便利,兹规定:新华社记者反映地委以下工作中的情况和问题的资料,可直接发给新华社总社,反映省市一级工作中的问题的资料,要送给省市委负责人阅后发给新华社总社,如省市委对资料提出不同意见而记者认为仍应向中央反映时,应将省市委意见一并报告新华社总社。

四、以上规定,一般地适用于各中央局各分局各省市委机关报记者采写内部参考材料的工作(《人民日报》已决定不出内部参考资料)。中央分局和省委的报纸记者在反映地委一级工作中的问题时,应送地委负责人阅后发给报社,如地委提出不同意见而记者仍认为应向分局和省委反映时,应将地委意见一并报告报社。市委报纸记者与区委关系同。

五、党报按照中央《在报纸刊物上展开批评和自我批评的决定》在党委领导下所进行的公开的批评,不适用本件的规定。其中所发生的具体问题的解决办法,另行规定。

5. 关于《人民日报》记者和特派记者的规定

（中共中央 1953 年 7 月 30 日发布）

《人民日报》为了加强和全国各地党组织和群众的联系,及时报道各方面的工作,决定在各大行政区、各省和工矿区逐步设立常驻的记者站或地方特派记者。过去《人民日报》的记者或因交代不够,或因选择不严,或因时来时去,特别是因为未规定他们的工作应受各地高级党委指导,所以他们的工作曾经有过不少缺点。现规定《人民日报》记者站或地方特派记者的任务是在当地党委领导下,深入进行群众工作,熟悉当地情况,按照《人民日报》的编辑方针、当地党委的要求和实际工作情况,订出报道计划,经过当地党委批准,组织党内外积极分子和广大通讯员,来完成报道计划,求得比较全面比较系统地反映当地各方面工作的主要情况和重要问题。现将已确定的派驻你区的记者名单、简历通知如后。望各地党委按照记者不同的政治条件和工作需要,准予列席党的适当会议和阅读文件,并由党委的常委中一位同志负责经常指示记者进行工作并审阅其稿件。

6. 关于引用毛主席或中央其他负责同志
言论应注意事项的规定（节摘）

（中共中央 1953 年 8 月发布）

……今后各级党、政机关及人民团体,不论是公开作报告或发布文告,凡印证毛主席或中央其他负责同志言论时,均应以其正式发表的文章或公开的文件为准;对于毛主席或中央其他负责同志在党内会议或政府的会议上的口头指示,在中央未予公开发表之前(或未经中央批准可以公开发表),任何机关、团体一律不得在对内或对外的文件上加以引用;即使在党内会议上作口头传达时,亦应将传达部分与传达者的个人领会和个人见解部分严格分开,禁止随意引伸,或把个人见解夹杂在所传达的毛主席或中央其他负责同志的指示当中,以免混淆不清,发生错误。……

7. 关于中央人民政府任免国家机关工作人员新闻发布办法的规定

(中央人民政府政务院1953年10月29日发布)

第一条　为明确中央人民政府任免国家机关工作人员新闻发布之范围及手续,特制定本办法。

第二条　新华通讯社及北京《人民日报》发表下列人员:

一、经中央人民政府委员会任免或批准任免者:

(一)中央人民政府委员会办公厅主任、副主任;

(二)中央人民政府政务院(下简称政务院)总理、副总理、政务委员、秘书长、副秘书长,委员会的主任(主任委员)、副主任(副主任委员)、委员,部长、副部长,院长、副院长,署长、副署长,行长、副行长;

(三)驻外国的特命全权大使、大使、公使、全权代表;

(四)中央人民政府人民革命军事委员会主席、副主席、委员,人民解放军总司令、副总司令、总参谋长、副总参谋长,总政治部主任、副主任,总后方勤务部部长、副部长,总干部管理部部长、副部长;

(五)中央人民政府最高人民法院院长、副院长、委员、秘书长、副秘书长;

(六)中央人民政府最高人民检察署检察长、副检察长、委员、秘书长、副秘书长;

(七)中央人民政府国家计划委员会主席、副主席、委员、秘书长、副秘书长;

(八)大学校长、副校长,专门学院院长、副院长;

(九)大行政区行政委员会主席、副主席、委员;

(十)省人民政府主席、副主席、委员;

(十一)中央直属市人民政府市长、副市长、委员;

(十二)省级以上的民族自治区人民政府主席、副主席、委员。

二、经政务院任免或批准任免者:

(一)政务院秘书厅主任、副主任;

(二)驻外国的公使衔参赞、公使衔总领事、参赞、总领事。

第三条　经中央人民政府委员会或政务院任免之工作人员不属于本办法第二条所列范围者,如有必要交由新华通讯社及北京《人民日报》发表时,须经政务院批准。

第四条　本办法第二条所列之工作人员,经中央人民政府委员会或政务院任免或批准任免并发表后,其中第一款的第一——八项,各地报纸均可转载。各大行政区报纸可转载本大区行政委员会主席、副主席、委员及所属省(市)人民政府主席(市长)、副主席(副市长)、委员名单;各省(市)报纸可转载本大区行政委员会主席、副主席、委员及本省(市)人民政府主席(市长)、副主席(副市长)、委员名单。

第五条　经中央人民政府委员会或政务院任免或批准任免之工作人员不经新华通讯社及北京《人民日报》发表者,可分由各大区行政委员会、省(市)人民政府根据中央人民政府人事部关于通过任免的通知交由当地新华通讯社及报纸发表之:

一、大区新华通讯社及报纸发表下列人员:

(一)本大区行政委员会的秘书长、副秘书长、厅(室)主任、副主任,委员会主任(主任委员)、副主任(副主任委员)、委员、秘书长、副秘书长,局长、副局长、处长、副处长(与局并列的处);

(二)最高人民法院本大区分院院长、副院长;

(三)最高人民检察署本大区分署检察长、副检察长、委员、秘书长、副秘书长。

二、省级以上民族自治区新华通讯社及报纸发表下列人员:

(一)本民族自治区人民政府秘书长、副秘书长,委员会主任(主任委员)、副主任(副主任委员)、委员,部长、副部长,局长、副局长(与部并列的局),人民法院院长、副院长,人民检察署检察长、副检察长、委员;

(二)本民族自治区所属行署主任、副主任,盟人民政府盟长、副盟长、委员;

(三)县(旗、市)人民政府县(旗、市)长、副县(旗、市)长、委员。

三、省新华通讯社及报纸发表下列人员:

(一)本省人民政府秘书长、副秘书长,委员会主任(主任委员)、副主任(副主任委员)、委员,厅长、副厅长,局长、副局长、处长、副处长(与厅并列的局、处),人民法院院长、副院长,人民检察署检察长、副检察长、委员;

(二)本省所属行署主任、副主任,专员、副专员,盟人民政府盟长、副盟长、委员,相当于行署及专署的民族自治区人民政府主席、副主席、委员;

(三)本省直属市人民政府市长、副市长、委员;

(四) 县（旗、市）人民政府县（旗、市）长、副县（旗、市）长、委员及相当于县的民族自治区人民政府主席、副主席、委员。

四、中央直属市新华通讯社及报纸发表下列人员：

本市人民政府秘书长、副秘书长，委员会主任（主任委员）、副主任（副主任委员）、委员，局长、副局长，处长、副处长（与局并列的处），人民法院院长、副院长，人民检察署检察长、副检察长、委员。

本条所列人员，一般只发表名单，不发表简历；民族事务委员会及相当于行署、专署之民族自治区人民政府委员会名单，可于姓名下加注民族名称。

第六条　经各级人民代表大会（或人民代表会议）选举产生之各级人民政府委员会名单，必要时可在当地报纸先行发表，但须注明正报请政务院批准任命或报请政务院转请中央人民政府委员会批准任命中。

第七条　凡交由新华通讯社或报纸发表之任免名单，中央由中央人民政府人事部部长（或指定的副部长）核订后送请政务院秘书长（或指定的副秘书长）签发；大行政区、省级以上民族自治区、省（市）分由大行政区行政委员会、省级以上民族自治区及省（市）人民政府人事局、厅的局长或厅长核订后送请秘书长签发。

关于新闻发布之联系、督促、检查事宜，中央由政务院秘书厅负责，地方由各级主管部门负责。

8. 关于调整全国报刊的补充规定（节摘）

（中共中央宣传部1953年12月发布）

......

(四) 在这次调整以后，报刊的创办、停办或改变刊名刊期，应按以下规定办理：

(1) 大区级或者（市）级报刊，应经中央宣传部批准；

(2) 省属市及地委报刊，应经中央局批准并报中央宣传部备案；

(3) 县及工厂小报的创办及停办，由省（市）委批准，并报中央局及中央宣传部备案；

(4) 各级报刊的创办或停办或改变刊名刊期，均须向出版总署登记。

......

9. 关于各地报社春节及纪念日休刊办法的统一规定

（出版总署 1954 年 1 月 23 日发布）

关于各地报社春节及纪念日休刊办法，前新闻总署曾有过规定，自新闻总署撤销至今，本署尚未规定过新的办法，致每届节日各报社有来函询问的。兹根据中央人民政府政务院 1949 年 12 月 23 日政秘字第 138 号通令规定之年节及纪念日放假办法，并考虑到报纸出版在人民生活中的重要性，统一规定报社春节及纪念日休刊办法如下：

一、新年（一月一日）：放假 1 天，各报社可于 1 月 2 日休刊。

二、春节：放假 3 天，各报社可于夏历正月初一休刊，初二、初三两日可根据各地情况酌量减少篇幅或出联合版（在有两种以上报纸之城市），由报社根据当地情况提请当地党政领导机关决定。

三、劳动节：（五月一日）放假 1 天，各报社可于 5 月 2 日休刊。

四、国庆节：（十月一日）放假两天，各报社可于 10 月 2 日休刊 1 天。

五、以上假期中如遇星期日，凡已规定星期日休刊的报纸不能因此增多休刊日期。

六、在休刊日，如遇有重大政治事件时，仍应酌情出版。

七、个别大城市（如北京、上海）报社，如果认为休刊太多，影响读者文化生活，愿意在规定的休刊假期照常出版或出版联合版者，可由当地报社自行联合商定补充办法，报当地出版行政机关备案。

10. 关于在报刊上发表国民经济数字应遵守原则的通知（节摘）

（中共中央 1954 年 3 月发布）

……鉴于在报纸上发表有关国民经济的数字，无论全国性的或地方性的数字，均涉及党和国家的政策，许多数字还有极大的机密性质，因此，凡是能够公开发表的数字均应符合正确、合理和统一的要求。今后发表此类数字，均应遵守由国家统计机关统一发布的原则，全国报刊在发表各项数字时，均应事先征得同级统计机关的同意；涉及全国性的数字，并应征得中央国家统计局的同意。各级党委应负发表数字的政治责任，即应严格监督报刊切实执行上述发表数字的要求和原则，遇有违背上述要求和原则的错误发生，应即进行检查和纠正。……

11. 关于改进报纸工作的决议

（中共中央政治局 1954 年 7 月 17 日通过）

一

全国的报纸工作在最近几年内有很大成绩，在各种斗争和建设事业中已成为党在全国范围内宣传和贯彻党的路线、方针和政策，指导实际工作，联系和教育广大人民群众的有力武器。但是，目前许多报纸的党性和思想性仍然不强，联系实际和联系群众不够密切，报纸上的批评和自我批评还没有经常充分的开展，部分的批评不严肃不正确，关于马克思列宁主义的理论宣传和关于党的生活的宣传都很薄弱，报纸上的经济宣传存在许多缺点，关于国际问题的宣传也注意得不够。大多数报纸的评论工作非常薄弱，在新闻报道方面也存在着反映人民群众的多方面的活动不够，以及公式化、概念化、迟缓、冗长、不通俗等严重缺点。这些缺点，是和各级党委对报纸工作缺乏经常领导的状况分不开的。

目前报纸的基本任务，是宣传党在过渡时期的总路线和国家建设的第一个五年计划，宣传第七届中央委员会第四次全体会议所通过的关于增强党的团结的决议，为团结、教育和组织工人阶级、全体劳动人民和全国人民进行社会主义建设和社会主义改造而奋斗。全党必须加强对报纸工作的领导、监督和支持，认真地克服报纸工作中现存的缺点，发扬已有的成绩，使各级党委机关报和其他人民报纸在社会主义建设与社会主义改造的新时期发挥重大的作用。

二

为了实现上述的基本任务，克服报纸工作现存的缺点，必须着重地从下列几个方面来改进报纸工作：

加强理论宣传。各级党委必须以大力提高报纸的理论宣传水平，使各级党委机关报、特别是省、市以上党委机关报进一步成为宣传马克思列宁主义，宣传党的总路线，宣传社会主义思想，宣传党的政策和决议的重要基地，成为反对一切脱离马克思列宁主义,脱离党的总路线的倾向和与资产阶级思想作斗争的重要武器。理论宣传必须密切联系实际问题和干部群众的思想状况,并应注意与干部理论教育工作密切结合起来。

加强党的生活的宣传。各级党委的机关报应在编辑部内设立或切实加强党的生活组。党委机关报必须有系统地说明党的生活中的重大问题,反对党内正在滋长的骄傲自满情绪、资产阶级个人主义思想,反对夸大个人作用、个人崇拜、破坏党的民主集中制和集体领导原则、党的纪律松弛、党的组织生活不健全、党内民主生活和批评自我批评不发展等不良倾向;加强宣传党对广大人民群众的政治工作和组织工作;加强宣传党在各项建设中的政治领导的正确实施;加强宣传党在整个国家建设事业中的领导作用,党的组织的堡垒作用和干部、党员的模范作用。

加强经济宣传。各级党委必须经常通过报纸去动员千百万群众开展劳动竞赛、提高劳动生产率,争取在工业农业等方面全面完成和超额完成国家建设的第一个五年计划,逐步完成对农业、手工业和资本主义工商业的社会主义改造。在经济宣传中要有以国家的社会主义工业化为主体的整体观念,对于工业和农业、交通运输、财经工作和贸易工作的发展,对于全国性的经济和地方性的经济的发展,都要适当注意宣传。报纸应该积极支持工人阶级和农民群众(首先是参加了互助合作组织的农民)的一切创举,把先进生产单位、先进生产者的典型经验和重要成就推广到整个建设战线上去。对于有重大价值的先进经验和生产技术,应当从它们的政治意义和经济意义着眼来进行宣传。应当经常用实际事例宣传人民生活的逐步改善,说明这是我们国家发展生产的根本目的,并说明必须服从国家计划,艰苦奋斗,发展生产,才能使人民生活得到进一步的改善。经济宣传所占的篇幅,一般地应不少于报纸版面的百分之四十。在经济宣传中必须严格注意保密。

在加强经济宣传的同时,必须环绕经济建设经常进行关于巩固人民民主专政、巩固工农联盟、巩固国防、保卫祖国的安全和独立、提高革命警惕性、加强民族团结和加强文化教育建设的宣传。

加强国际问题的宣传。全国性的报纸应经常发表国际问题的各种评论和述评,经常解释我国的对外政策,经常介绍苏联和人民民主国家的生活和建设成就,经常揭露帝国主义的侵略和战争阴谋及其内部矛盾,支持国际和平运动,支持被压迫民族和被压迫人民的正义斗争,经常向广大人民进行国际主义的教育。各地方报纸应经常对国际问题作通俗的解释。新华通讯社应逐步做到经常以解释国际问题的通俗文章供给地方报纸。

为了达到上述要求,报纸的评论工作必须加强。全国性的报纸应该根据党的总路线和各项政策决议,逐步做到对于国内和国际发生的重大问题发表有高度思想政治水平的评论;各地方的报纸除了转载《人民日报》的重要评论外,也应该逐步做到对于当地实际生活和地方工作中的各种重要问题经常发表正确的评论、省(市)以上的报纸应建立和加强文艺评论和图书评论的工作。

报纸上的新闻报道必须认真地加以改进。应当准确地,多方面地、生动地、及时地报道人民的实际生活,报道党和人民政府的政策的实施情况和各种工作的具体成就,使新闻报道充分发挥以事实进行政治鼓动的作用。新华通讯社所发布的新闻电讯亦应根据上述要求,作进一步的改进。

三

各级党委必须根据七届四中全会的决议积极地广泛地开展批评和自我批评,特别是自下而上的批评,不断地发扬人民群众的积极性和创造性,不断地揭发和克服党和国家工作中的缺点和错误,向一切离开和歪曲党的路线的现象作斗争,向一切妨碍党中央统一领导的言论和行动作斗争,向资产阶级思想对于党、工人阶级和劳动人民的侵蚀作斗争,在这些斗争中来教育和培养干部,改进和推动工作,捍卫党的总路线,捍卫党和国家的纪律,捍卫党的团结和人民的团结。

报纸是党用来开展批评和自我批评的最尖锐的武器。为了广泛地开展批评和自我批评,各级党委应充分地和正确地利用报纸这一有力的武器。中央一九五○年四月十九日《关于在报纸刊物上展开批评和自我批评的决定》发表以后,各地党委和党报编辑部虽然在这方面作了一些努力,取得了一定的成绩,但多数党委和报纸对于这一工作不是基本上进行得好,而是基本上进行得不好。主要原因是:党委对于领导和支持报纸开展批评和自我批评做得不够,党的一部分干部中存在着严重的骄傲情绪和压制批评的现象,缺乏对批评特别是劳动人民自下而上的批评的"热烈欢迎和坚决保护的革命态度";报纸上发表的批评有一部分发生事实错误和态度不适当,甚至有些报纸曾发生过脱离党委领导的倾向。中央责成各地党委并领导党报编辑部,对于四年以来在报纸上开展批评和自我批评的情况做一次认真的检查,采取有效的改进办法,并向中央报告。

各级党委要经常注意,把报纸是否充分地开展了批评,批评是否正确和干部是否热烈欢迎并坚决保护劳动人民自下而上的批评,作为衡量报纸的党性、衡量党内民主生活和党委领导强弱的尺度,要保证党委的机关报能够经常地开展正确的健全的批评和自我批评;要通过报纸广泛地吸收来自人民群众的意见,正确地负责处理人民来信。

批评的目的是为了有利于人民的事业、有利于党的工作和党的团结,不是为批评而批评。各级党委要负责领导报纸,要求在报纸上积极展开批评与自我批评,同时要求在报纸上发表的批评对党、对国家、对人民、对工作、以至对被批评者都有帮助。在报纸上公开揭露错误,进行严肃的批评与自我批评,要想完全不被敌人利用是不可能的。在我党已成为执政党的现在,如果以害怕被敌人利用为藉口而拒绝在报纸上公开进行批评和自我批评,那是完全错误的。同时,鉴于目前的国际国内环境,在报纸上公开进行批评与自我批评时,又必需在政治上作周到的考虑,使人民所得的多,敌人能够利用的少,不做这样的考虑也是错误的。因此,党委要对报纸编辑部经常给以关于开展批评的具体指示。

党委和报纸编辑部要善于区别正确的批评和破坏性的批评,支持正确的批评,反对破坏性的批评。党委和报纸编辑部还要善于区别应当在报纸上发表的批评和只应在党内刊物和文件中进行的批评。在报纸上进行批评的时候,还应当区别不同的情况,采取不同的方针:对典型的坏人和对那些犯有严重错误而且坚持不改正错误的分子,不只是应该进行批评,而且要进行无情的斗争,给以严重的打击和应有的制裁;而对于在工作中犯了一般性质的缺点和错误,或虽然犯了严重或比较严重的错误但是愿意改正并实行改正的同志,就应该采取同志的态度进行批评,以便大家团结起来,消灭这些缺点和错误。

为了切实保障在报纸上正确地健全地充分地开展批评和自我批评,报纸编辑部要在党委领导下积极负责,在报纸上发表的批评的事实必须经过认真的调查研究,批评的态度和观点必须正确,严格按照党的原则、中央的决议和党委的意图办事,做到实事求是。党报编辑部和党委如有不同意见,除必须执行党委的决定外,有权向上级党委或上级党委机关报申诉。各级党委应从各方面给报纸编辑部的工作以积极的支持,在组织上加强党委机关报,并责成编辑部努力加强和提高报纸编辑、记者的党性锻炼和政治水平,经常开展编辑部内部的批评和自我批评,经常听取读者对报纸编辑部的批评,使编辑和记者们能够担负这一极端严肃的政治任务。各级党的组织和每个党员,对于党委机关报所进行的事实调查,有责任给以诚实的迅速的答复。

各级党委应使报纸的批评收到确实的效果,经常教育党员特别是被批评者对报纸上的批评采取正确态度。被批评者对于自己的缺点和错误,必须进行诚恳的、深入的检讨,并采取改正错误或缺点的切实措施;对报纸上的批评认为不正确或有部分失实的,应当实事求是地加以解释,但是对于其中正确的部分,即令是只有百分之五,也必须虚心接受。被批评者不接受正确的批评或不肯改正错误者,应当继续受到批评,直到他们改正为止;凡是对批评者施行打击报复或压制批评的,经过调查属实,不管他是什么人,不管他的职位多么高,应当受到应得的处分。受批评者所在地区的党委机关报,必须转载上级党委机关报的批评稿件;有关的党委对于上级党委机关报所揭发的缺点和错误应当采取措施予以改正。各级党委的纪律检查委员会和各级政府的人民监察机关,在党委的统一领导下,应协助报纸开展批评和自我批评,并保证它的实际效果。

四

必须有计划地改进现有的各种报纸,使各种报纸都具有它自己的鲜明的特点,并把这些报纸办好;并逐渐创造条件,来发展中等城市和县的定期报纸以及大中型工厂的基层报纸。

以工人为对象的报纸应加强对工人群众的共产主义教育,推动劳动竞赛,工会报纸并应着重工会建设问题的宣传。农民报纸应通俗地向农民群众说明农业的社会主义改造的道理,普及农业生产和科学卫生知识。青年团的报纸应加强对青、少年群众的爱国主义和共产主义的教育,注意普及体育卫生运动,多方面发挥青、少年的特点和加强青年团建设问题的宣传。各种报纸应加强有关妇女工作的宣传。无论工人报纸、农民报纸、青年报纸和其他报刊都要经常地有系统地宣传社会主义工业化、宣传工农联盟和党的领导作用的思想。

少数民族地区的报纸,应注意宣传党的民族政策,宣传爱国主义和民族团结,并按照当地的特点适当地进行关于党在过渡时期的总路线的宣传。各少数民族地区,凡有条件的就应创办民族文字的报纸。

各级地方报纸应当密切结合地方情况,贯彻党委在地方工作中的方针,充分反映地方建设的成就和群众的活动,同时又不应当忽视对全国问题和国际问题的宣传。在一般情况下,地方材料在地方报纸上所占的篇幅应在二分之一以上,但不超过三分之二。

中等以上城市报纸和地委报纸的创办应经过省委的决定和中央的批准;县级报纸的创办应由省委批准,并报中央备案。基层生产单位,首先是巨大的工厂或企业创办报纸,须经省(市)委批准,并报中央备案。

工厂和农村已有的墙报或黑板报应由党的支部领导青年团和工会组织认真地把它办好,并组织报纸的工农通讯员在自己的周围;它的篇幅应充满群众性的生产鼓动,表扬模范,开展批评,并为提高工农群众的政治和文化水平而斗争。

各级党委应重视领导报纸的出版和发行工作。政府的新闻出版部门应加强对于报纸的出版业务的管理。所有日报,应争取在清晨六时全部印就并及时发出,为此目的,新华社应尽力提早重要新闻与照片的发稿时间,做到每晚十二时截止发稿。必须改进报纸发行工作,切实改善订报手续,切实开展在城市和交通线上的报纸零售工作,利用一切可能来改进对农村和工厂递送报纸的工作。全党要注意把发行党报当作政治工作来做,但群众订报必须出于完全自愿,严禁强迫摊派。各级党委宣传部必须加强对发行工作的监督和检查。

青年团和工会的一切组织应积极推销和充分利用党委机关报和其他人民报纸开展经常的群众政治工作。在工厂和农村中,党的支部应把领导和组织读报作为宣传工作的重要方式之一。

五

整顿报纸编辑部的工作,提高在职的新闻干部的水平,并加强对新闻干部的培养和训练工作,是改进报纸工作的迫切的和根本的任务之一。

各级党委必须督促报纸的总编辑和编辑委员会,经常讨论党和政府的决议和指示,加强对各方面实际工作和群众思想情况的调查研究工作,制订编辑部定期的和专题的宣传计划,加强集体领导,消除工作中无计划的状态。报纸工作人员应努力在工作过程中加强党性锻炼,认真学习各种新的知识,学习苏联报纸工作经验,进一步树立理论与实际相结合、密切地联系群众和批评自我批评的工作作风,注意语言文字的纯洁和通俗化,并为消灭报纸上的错误而斗争。

必须切实加强报纸的群众工作,认真处理和充分利用读者的来稿来信,在提高质量、克服形式主义的基础上认真地有计划地开展工农通讯员运动,认真地组织各方面的作者积极分子特别是先进生产者、各方面的专家和作家来参加报纸工作。中央一级的报纸和各省(市)委的机关报应当根据需要逐步在各地设立常驻记者或记者站,在当地党委的指导下,深入了解各地党的生活、人民生活及实际工作中的重要问题,并组织作者积极分子,领导工农通讯员,来共同完成加强地方生活报道的任务。

为了加强对新闻干部的培养和训练,中央责成马列学院设立新闻班,负责训练现有省(市)委机关报的总编辑、副总编辑、编委委员,省农民报的总编辑,省以上报纸的党员编辑组长和记者,及条件与此相当的新华通讯社的、广播电台的和出版机关的党员干部。省(市)委及其以上的党校、干部训练班和团校也应该调训地委报纸的党员领导骨干、省(市)报记者、编辑及条件与此相当的新华通讯社的、广播电台的和出版机关的党员干部,提高他们的理论和政治水平。所有报纸的编辑部都应注意领导在职干部的理论、政治和业务学习。

扩大现有的大学新闻系的学生数目,逐步地充实省(市)以上的报纸、通讯社、广播电台、期刊和出版机关的干部。中央民族学院及各地方少数民族干部学校应负责培养用少数民族文字出版的报纸、期刊、出版机关以及广播台和通讯社所需要的少数民族新闻干部。

上述院校的新闻班或选修的新闻课程,应由所在地区的党委机关报、通讯社和广播台的负责人员担任教课工作并编写教材。

六

改进报纸工作的决定关键,是加强各级党委对自己机关报的领导。党委的机关报是党委的一个工作部门,各级党的委员会应该把它们的机关报紧紧地掌握在自己手里,并从政治上、组织上用大力健全和充实自己的机关报。

各级党委应以党委委员之一去担任同级党报总编辑的实际职务。如暂时因人选困难,即应使现任党报总编辑的同志列席党委的常委会议和全体会议,作为过渡办法。党的机关报由党委书记之一直接加以领导,在重要问题上及时给以指示。党委应定期讨论报纸工作,但应注意不要烦琐地干涉编辑部的日常工作。党委对于自己的机关报一方面要严格监督,另一方面要努力培养报纸编辑部的独立工作能力。

各报总编辑、副总编辑和编辑委员应由同级党委任命并经上一级党委批准（中央一级由中央直接任命）；编辑组长和记者须由同级党委任命并报告上级党委备案。各级党委对自己的机关报的工作人员应加强教育，从思想作风和组织上加以整顿，抽调一批党性坚强的、有新闻工作能力的党员和政治上可靠的非党干部，来加强报纸编辑部。现有的能够胜任工作的新闻干部应该尽可能固定下来。各级党委机关报的调整干部的工作，应不迟于一九五五年上半年完成。

党委各部门和政府各业务部门的会议，应吸收党委机关报及其他报纸的有关干部列席。各级党委应责成党委会的和政府的各部门加强对党报工作的协助；下级党委应积极参加上级党报的工作，并指导上级党报派驻当地的记者的工作。全党同志都必须积极参加党报的工作，并把这一工作当作自己的重要政治任务。

各省（市）委应建立和加强所属宣传部报刊处的工作。省（市）委宣传部报刊处的职责，是协助党委监督除同级党委机关报以外的报刊、广播台和出版机关以及下级党报及其他新闻出版机构的工作。对报刊工作实行监督和指导的经常的方式之一是作报刊述评。中央责成《人民日报》经常发表报纸述评，逐渐发挥"报纸的报纸"的作用。各省（市）委机关报也应经常发表对下级报纸的述评。

各级党委除加强对自己机关报的领导外，并应依照本决议的精神，加强对新华通讯社、广播电台及其它人民报纸的领导和监督。

12. 关于统一和加强国营、地方国营、公私合营报社、杂志社、出版社企业管理的规定（节摘）

（中共中央宣传部 1954 年 8 月发布）

……为着加强对公营和公私合营的新闻出版企业的领导和管理，兹特规定：

（一）确定全国国营、地方国营和公私合营的报社、杂志社和出版社的企业经营，原则上均由中央人民政府出版总署和各级出版行政机关统一管理，其具体办法如下：

甲、省（市）以上党委所直接领导的报社、杂志社、出版社的企业经营，包括出版、发行计划、印刷生产、基本建设、劳动工资、财务收支、物资供应、印刷成品的出售价格等，应即分别由出版总署和省（市）地方行政机关的新闻出版处（局）统一管理。省辖市和专区党委所领导的报社、杂志社的企业经营，应由省辖市文教局（科）和专区文教科统一管理。但这些企业的编辑部的业务和干部工作,仍由各级党委直接领导。

乙、各级国家行政机关的业务部门和人民团体所办的新闻出版企业的管理,除财务计划和基本建设原则上可由各该业务部门和各该人民团体直接管理,同时受同级出版行政机关监督外,亦适用上述甲项规定。

丙、少数民族自治区域的新闻出版企业的管理系统,应参照上述原则,由该企业所在地的党委宣传部研究解决。

丁、公私合营的新闻出版企业,凡无政府业务部门或人民团体直接管理者,应由新闻出版行政机关管理。凡已有政府业务部门或人民团体直接管理者,适用上述乙项规定。

以上规定不包括军委系统所属新闻出版企业在内。

(二)加强新闻出版单位的企业经营的管理的目的,在于保证这些单位完成自己的政治任务;同时,在于使这些企业能够尽可能地为国家节省和积累建设的资金。因此,出版行政部门在对这些企业的经营业务实行统一的管理时,应照顾到这些单位编辑部工作上的需要,并应接受当地党委的统一领导。出版总署和各级出版行政机关的管理方针,应着重于使这些企业的经营能够做到合理化,精简行政管理机构并提高其工作效率,特别是发掘和利用这些企业所附属的印刷企业的内部潜力。

(三)为着加强对新闻出版企业的经营业务的管理,各省(市)地方行政机关凡未设立新闻出版处的,应当设立;凡已设立但是干部薄弱的,应当适当加强。各大区行政委员会撤销后,它们所属的新闻出版行政机构的人力,原则上应当用来设立或加强所属省(市)的新闻出版处。

各省属市和专区,凡是有新闻出版企业的,应在市的文教局(科)和专署的文教科之下设立专人管理新闻出版行政工作,人数得为一人到三人;他们的工作同时受所隶属的省新闻出版处直接领导。

各级党委宣传部和各报社、杂志社和出版社的党员负责干部,应保证上述规定的执行。各级党委宣传部和各级政府文委,应召集同级出版行政机关、有关的业务部门、群众团体、各国营、地方国营和公私合营的新闻出版单位的负责人讨论执行上述规定的办法。

13. 中华人民共和国宪法(节摘)

(1954年9月20日第一届全国人民代表大会第一次会议通过)

……

第一章 总纲

第一条 中华人民共和国是工人阶级领导的、以工农联盟为基础的人民民主国家。

第二条 中华人民共和国的一切权力属于人民。人民行使权力的机关是全国人民代表大会和地方各级人民代表大会。

全国人民代表大会、地方各级人民代表大会和其他国家机关,一律实行民主集中制。

第三条 中华人民共和国是统一的多民族的国家。

各民族一律平等。禁止对任何民族的歧视和压迫,禁止破坏各民族团结的行为。

各民族都有使用和发展自己的语言文字的自由,都有保持或者改革自己的风俗习惯的自由。

各少数民族聚居的地方实行区域自治。各民族自治地方都是中华人民共和国不可分离的部分。

第四条 中华人民共和国依靠国家机关和社会力量,通过社会主义工业化和社会主义改造,保证逐步消灭剥削制度,建立社会主义社会。

……

第三章 公民的基本权利和义务

第八十五条 中华人民共和国公民在法律上一律平等。

第八十六条 中华人民共和国年满十八岁的公民,不分民族、性别、职业、社会出身、宗教信仰、教育程度、财产状况、居住期限,都有选举权和被选举权。但是有精神病的人和依照法律被剥夺选举权和被选举权的人除外。

妇女有同男子平等的选举权和被选举权。

第八十七条 中华人民共和国公民有言论、出版、集会、结社、游行、示威的自由。国家供给必需的物质上的便利,以保证公民享受这些自由。

第八十八条　中华人民共和国公民有宗教信仰的自由。

第八十九条　中华人民共和国公民的人身自由不受侵犯。任何公民，非经人民法院决定或者人民检察院批准，不受逮捕。

第九十条　中华人民共和国公民的住宅不受侵犯，通信秘密受法律的保护。

中华人民共和国公民有居住和迁徙的自由。

第九十一条　中华人民共和国公民有劳动的权利。国家通过国民经济有计划的发展，逐步扩大劳动就业，改善劳动条件和工资待遇，以保证公民享受这种权利。

第九十二条　中华人民共和国劳动者有休息的权利。国家规定工人和职员的工作时间和休假制度，逐步扩充劳动者休息和休养的物质条件，以保证劳动者享受这种权利。

第九十三条　中华人民共和国劳动者在年老、疾病或者丧失劳动能力的时候，有获得物质帮助的权利。国家举办社会保险、社会救济和群众卫生事业，并且逐步扩大这些设施，以保证劳动享受这种权利。

第九十四条　中华人民共和国公民有受教育的权利。国家设立并且逐步扩大各种学校和其他文化教育机关，以保证公民享受这种权利。

国家特别关怀青年的体力和智力的发展。

第九十五条　中华人民共和国保障公民进行科学研究、文学艺术创作和其他文化活动的自由。国家对于从事科学、教育、文学、艺术和其他文化事业的公民的创造性工作，给以鼓励和帮助。

第九十六条　中华人民共和国妇女在政治的、经济的、文化的、社会的和家庭的生活各方面享有同男子平等的权利。

第九十七条　中华人民共和国公民对于任何违法失职的国家机关工作人员，有向各级国家机关提出书面控告或者口头控告的权利。由于国家机关工作人员侵犯公民权利而受到损失的人，有取得赔偿的权利。

第九十八条　中华人民共和国保护国外华侨的正当的权利和利益。

第九十九条　中华人民共和国对于任何由于拥护正义事业、参加和平运动、进行科学工作而受到迫害的外国人，给以居留的权利。

第一百条　中华人民共和国公民必须遵守宪法和法律，遵守劳动纪律，遵守公共秩序，尊重社会公德。

第一百零一条　中华人民共和国的公共财产神圣不可侵犯。爱护和保卫公共财产是每一个公民的义务。

第一百零二条　中华人民共和国公民有依照法律纳税的义务。

第一百零三条　保卫祖国是中华人民共和国每一个公民的神圣职责。

依照法律服兵役是中华人民共和国公民的光荣义务。

……

14. 关于在报刊出版物上保守国家工业建设秘密的指示（节摘）

（中共中央1954年12月14日发布）

……

一、保密范围和原则

甲、一切军事工业和军需工业，其一切情况，一律禁止公开发表。

……

乙、除军事工业及军需工业外，一切国营重工业和轻工业，其保密范围和原则，应遵守以下的规定：

（一）按企业性质分为三类：第一类为其一切情况禁止公开发表者；第二类为在一定范围内允许公开发表者；第三类为关于该企业范围内的问题均可公开发表者，属于此类的企业有一般日用品制造的轻工业和准备给外国人参观的企业。上述三类由各工业部门分别开列名单，经国务院保密委员会批准后下达通知。

（二）属于第二类的企业，其可以公开发表的范围应约束在行政技术管理方面的一般情况，党在工人中的政治工作，工会和其它群众团体的一般活动和劳动竞赛，工人和工程技术人员在提高生产方面的创举，工人和工程技术人员的政治的、文化的、技术的、和社会活动等；而投资总额、设计能力、主要设备、产品种类、生产总值、工人总数、用水用电总量等则属于保密范围。

（三）属于第二类企业的新产品，其中有关国防或国家技术机密者一律不得公开报道，其他可以在遵守应行保密的事项的条件下，作适当的报道，说明这种产品在国民经济上的一般意义。

（四）一个地区或一个系统的国营工业，未经国务院保密委员会批准，一律不得在下述范围内作综合的概括全貌的公开的报道：建设的总规划、工程的总规模、工厂总数、职工总数、生产总数的绝对数字、总的生产能力、产品的全部品名等。

（五）属于上述禁止公开发表的范围，任何方式的公开发表都是禁止的，即不仅适用于报刊出版物，也适用于广告和传单；不仅适用于直陈式的说明（如产品数量有多少），也适用于可以计算出绝对数字的类比式的说明（如产品数量等于多少）；不仅适用于文字，也适用于形象（如照片、图表、地图等）。

丙、属于141个建设项目的企业，其保密范围和原则如下：

（一）141个项目中的军工项目，按上述甲项的规定，其一切情况一律不准公开发表。

（二）141个项目中的重工业，在严格遵守乙项第二条规定的条件下，允许公开发表的单位限于：吉林电石炭化钙厂……等48个项目。

（三）关于鞍山钢铁公司，今后的报道应严格执行上述乙项第二条的规定，其中第二制钢厂的一切情况不得公开发表，薄板厂在上述乙项第二条规定适当范围内可以公开发表。武汉钢铁公司和包头钢铁公司亦应严格执行上述乙项第二条对于第二类企业的规定。

（四）上述141项中可以公开发表的企业，一律不得公开指明为属于141个建设项目。

丁、西安、兰州、太原、吉林、包头、北京、沈阳、哈尔滨、成都、富拉尔基等十处的城市规划的具体内容，一律不得公开发表。

戊、全国工业地区的分布状况一律不得公开发表，工业区的部署及其总体规划，非经国务院保密委员会批准不得公开发表。

己、直接供应军事工业的重要的战略资源，包括重要的煤铁矿区、重要的有色金属矿区和所有的稀有金属矿区，一律不得公开发表。可以公开发表的资源，其确实的地理位置、埋藏量、和化验分析结果等，一律不得公开发表。可以公开发表的矿区及其保密范围，由地质部根据本指示另行规定并报国务院保密委员会批准。

庚、其他财政经济、交通运输、农林畜牧、科学研究以及国民经济计划方面的保密范围和原则由有关各部委和机关根据本指示另行规定并报国务院保密委员会批准后下达通知。

二、保密措施

甲、原中央人民政府保密委员会应改组为国务院保密委员会,由国务院秘书长领导,负责监督和管理在报刊出版物上保守国家经济秘密的工作。中央宣传部应负责对该委员会在这方面的工作实行监督。

乙、在公安部内设立宣传保密处,作为国务院保密委员会的办公机构,负责进行日常工作。

丙、各报纸、期刊、出版社应设置专人或小组,向公安部宣传保密处备案(必要时由公安部加以训练),担负保密的执行责任,对每期报刊和每册出版物在付印前实行保密检查。各报纸、期刊、出版社并应每半年定期进行一次保密检查,将检查结果报告国务院保密委员会和中央宣传部。

丁、对全国性的报纸、期刊、出版社为保密而设置的专人或小组的工作,由公安部宣传保密处负责检查和监督;对地方性的报纸、期刊、出版社的专人或小组的工作,由省(市)保密委员会进行检查和督促。

戊、各经济部门和科学研究部门应制订本部门在宣传工作上的保密守则,责成本部门工作人员严守国家秘密,任何人投向报刊出版物的稿件应受本部门保密的检查。各有关部门并应根据业务范围内的保密守则,对报纸、期刊、出版社送请审查的稿件执行审查责任。

己、各报纸刊物现有记者应普遍进行一次审查,凡政治面目有严重问题者一律不得继续担任记者工作。今后各报纸刊物的记者必须依照中央关于改进报纸工作的决议,由有关党委审查批准后方得任用。

庚、凡一切情况禁止公开发表的企业,未经国务院保密委员会的许可,不得接受记者的采访。

辛、国务院保密委员会和公安部应同有关部门密切联系,采取自下而上的办法,逐步规定每一个工厂、每一个企业和每一个部门的保密细则,对于目前已建和正在建设中的企业,应即由各有关部门协同国务院保密委员会和公安部,着手整理和开列保密清单。自今以后,凡新建的企业,均须经国务院保密委员会规定其保密范围,并下达通知后,各报刊出版社才能据以进行宣传。

壬、国务院保密委员会应定期召集有经济、技术、科学、公安和宣传部门负责人员参加的会议，对有关工业建设及其它国民经济部门的保密事项和规定，结合建设计划发展的情况，进行审查和重新厘定。

癸、国务院保密委员会应会同公安部、监察部、司法部和国务院法制局，起草关于在报刊出版物上泄露国家秘密的法律责任及法律处分的条例。

为执行上述规定，各级党委宣传部应负责在所属报刊、出版工作人员中进行一次提高革命警惕和严守国家秘密的教育，并对过去泄密现象进行一次检查。

15. 管理书刊租赁业暂行办法

（1955年7月20日经国务院批准）

第一条 依照中华人民共和国宪法第八十七条、第九十四条、第九十六条，第一百条的规定，为了保障正当的有益的书刊图画的流通，改进人民的文化生活，保护青年、少年、儿童的体力和智力的健全发展，维护社会公共秩序，制定本办法。

第二条 本办法所称书刊租赁业系指经营报纸、期刊、书籍、画册、图片租赁业务的店铺摊贩。

第三条 经营书刊图画租赁业务的，不论专营、兼营（包括书刊发行业兼营租赁或书刊租赁业兼营发行在内），不论已否领有营业许可证，都应具备营业申请书，叙明集资方法、营业范围、设备情况、设铺设摊或在当地流动营业的地段，负责人姓名、简历，向当地文化行政机关申请或重新申请核准营业，经文化机关核准发营业许可证后，凭许可证向当地工商行政机关登记，领取营业执照。

第四条 书刊租赁业者应该租赁和发行正当的有益于人民身心健康的书刊和图画，不得租赁和发行违反中华人民共和国宪法和法律法令的书刊图画，以及政府命令禁止的其他书刊图画。

第五条 书刊租赁业者如有变更牌记、转业、合并、停业、歇业、变更营业负责人、营业范围、营业地点或地段等情事时，都应分别报请文化行政机关和工商行政机关核准。

第六条 违反本办法第四条、第五条规定的应由当地人民委员会或自治机关分别情况，决定给予警告、没收其部分或全部书刊图画、勒令暂停营业；或者撤销其营业许可证，并由当地工商行政机关吊销其营业执照；情节严重的，由当地人民法院依法惩处。

第七条 各省、直辖市人民委员会和自治区自治机关可以根据本办法和当地具体情况,另订补充办法。

第八条 本办法由国务院公布施行。

16. 关于地方人民广播电台管理办法的规定

（国务院 1955 年 9 月 12 日发布）

国务院为加强对地方广播事业的领导,并明确划分各省、自治区、直辖市、省辖市人民委员会及广播事业局关于管理地方广播电台的职责,作如下规定:

一、各省、自治区、直辖市、省辖市人民广播电台为各该省、自治区、直辖市、省辖市人民委员会的直属机构,受各该级人民委员会及广播事业局的领导。

二、各省、自治区、直辖市、省辖市人民广播电台的编制、财务、计划及一般行政业务,受各该级人民委员会的领导。

三、各省、自治区、直辖市人民广播电台的广播业务、广播技术和广播事业建设规划,受广播事业局的领导;省辖市人民广播电台的上述业务,由广播事业局通过该省人民广播电台加以领导。

四、广播事业局根据上述规定,领导和管理地方人民广播电台的下列工作:

（一）审查和批准地方人民广播电台的新建、合并和撤销;

（二）检查地方人民广播电台执行政府和广播事业局有关广播事业的决议、命令和指示的情况;

（三）批准地方人民广播电台的广播节目时间表,规定地方人民广播电台联播中央人民广播电台广播节目的时间;管理地方人民广播电台的集体记者;

（四）供给地方人民广播电台适用的文稿、录音带及专用唱片;

（五）总结和推广有关广播工作的经验;

（六）统一管理与国外广播机构的联系;

（七）统一提出全国广播事业建设的方针并规划其任务;审核地方人民广播电台广播事业长期计划及年度计划;综合编制和平衡全国广播事业长期计划及年度计划并检查其执行情况;

（八）审核或协助进行有关地方人民广播电台广播技术基本建设的设计;

（九）统一分配广播频率和监督频率的使用;

（十）协助地方人民广播电台改善技术管理,制订有关技术定额和技术规程;

（十一）研究和推广广播站、收音站的工作经验;

（十二）代办广播器材的国外订货。

五、各省、自治区人民委员会及各省、自治区人民广播电台对所辖市人民广播电台的管理范围,由各该省、自治区人民委员会规定后实施。

17. 关于处理违法的图书杂志的决定

（1955年11月8日第一届全国人大常委会第23次会议通过,
1956年2月公布施行）

全国人民代表大会常务委员会第二十一次会议和第二十三次会议讨论了国务院周恩来总理提出的《图书杂志审查处理暂行条例》（草案）。认为有下列情形之一的图书杂志:（一）反对人民民主专政,违反政府现行政策和法律、法令的;（二）煽动对民族和种族的歧视和压迫,破坏国内各民族团结的;（三）妨碍邦交,反对世界和平,宣传帝国主义侵略战争的;（四）泄露国家机密的;（五）宣扬盗窃、淫秽、凶杀、纵火及其他犯罪行为,危害人民身体健康,败坏社会公德,破坏公共秩序的;（六）其他违反宪法和法律、法令的,都是违法的。

各级主管机关经过审查确实后,可以呈准国务院或者省、直辖市人民委员会、自治区自治机关,按照这些图书杂志的违法情节,分别作停止发行、停止出卖、停止出租或者没收等处理。

对于出卖租上述违法图书杂志的生活困难的书商书贩,可以采取收购收换的办法处理。

所提《图书杂志审查处理条例》,可以暂不制定。

18. 关于报纸和期刊的创办、停办或改刊的办理手续的几项规定

（中共中央1956年2月发布）

报纸的创办、停办或改刊（包括改变刊名、刊期,刊张等）的办理手续,中共中央在一九五四年十月二十五日颁发的《关于改进报纸工作的决议》中曾对报纸的创办、停办手

续作了原则规定。一九五三年十二月十三日和一九五五年五月十七日中央宣传部关于地方报刊的创办停办或改变刊名刊期的问题亦曾发出通知和作了补充规定。但是由于上述规定对办理手续规定得还不够具体和完善,再加上各地党委又没有认真贯彻执行,以致使批办和呈办手续上,出现了一些混乱现象。为了统一全国报纸的创办、停办或改刊的办理手续,中央特再作以下几项具体规定:

一、党中央的机关报和国务院的机关报的创办、停办或改刊,应经过中共中央政治局决定和批准。

二、中央级各种全国性的报纸和期刊,其创办、停办或改刊应经过中央批准。

三、各省(市)委、自治区党委的机关报的创办或停办,应由各省(市)委、自治区党委作出决定,并报中央批准;上述各种报纸的改刊,应由各省(市)委、自治区党委决定批准,并报中央备案。各省(市)级的工人报、农民报、青年报和相当于这一级的其它报纸,各省(市)级的期刊,无论是创办、停办或改刊,均由省(市)委、自治区党委决定批准,并报中央备案。

四、省、自治区属市市委机关报及地委机关报和相当于这一级的其它报纸和期刊的创办、停办或改刊,应由省委、自治区党委批准,并报中央备案。

五、县级报纸的创办、停办或改刊,应由省委、自治区党委批准。

六、各地铁路管理局、铁路工程局、铁路专业公司、设计院的报纸和期刊的创办、停办或改刊须经铁道部政治部同意,报请所在地(省)委、自治区党委批准。铁路工厂的报纸的创办、停办或改刊,可直接报请所在地省(市)委、自治区党委批准。

七、工矿企业报纸的创办、停办或改刊,应由省(市)委,自治区党委批准。

八、各级报纸和期刊的创办、停办或改刊,在办好批准手续后,均须向中华人民共和国文化部备案登记。地方工会和青年团地方组织的报纸,同时还要向中华全国总工会和青年团中央办理备案手续。

九、部队系统的报纸的创办、停办或改刊的办理手续,由中国人民解放军总政治部另行拟定。

十、此规定自公布之日起实行,过去所发有关报纸的创办、停办或改刊的规定和通知一律作废。

19. 关于广播事业体制问题的初步意见（节摘）

（广播事业局 1956 年 6 月 6 日发布）

有关广播事业体制问题，主要有：一、广播事业的领导关系及组织机构；二、广播事业局与地方广播事业的关系；三、广播事业与邮电事业的关系。

一、广播事业的领导关系和组织机构

广播事业局为国务院直属机构，负责对全国和对国外广播，同时管理全国广播事业。

省、自治区、直辖市设广播管理局（处），为各该级人民委员会直属机构，管理省、自治区、直辖市广播电台和收听网（如广播站、收音站等）。

省、自治区、直辖市和部分省辖市、自治州设有广播电台，省辖市、县和部分企业、学校等设有有线广播站和收音站。

……

第三篇 社会主义新闻法制曲折发展时期的新闻法制史料

(1957年1月—1978年12月)

1. 进出口印刷品管理试行办法(节摘)

(国务院1966年1月26日批转)

......

第九条 非贸易性印刷品有下列内容之一的,除本办法另有规定的以外,未经海关管理局通知,禁止进口:

(一)对我进行诽谤污蔑,煽动颠覆破坏活动和制造"两个中国"的。

(二)攻击马列主义、社会主义、宣传修正主义的。

(三)吹嘘帝国主义的威慑力量和实力政策,美化帝国主义和各国反动派的。

(四)宣扬淫秽色情、封建迷信,描绘恐怖凶杀、荒诞神怪的。

(五)其他对我政治、经济、文化、道德有害的以及中央一级管理进出口印刷品部门规定禁止进口的。

......

第十五条 非贸易性印刷品有下列情形之一的,除本办法另有规定的以外,未经海关管理局通知,禁止出口:

(一)我国内部发行的报刊、图书。

(二)我国解放后影印的资本主义国家的书刊。

(三)我国地方出版社出版的教科书。

（四）我国1964年6月以前出版的涉及边界的地图。

（五）因有泄密、政治错误等问题，经中央一级管理进出口印刷品部门规定禁止出口的和本办法第九条所列内容的印刷品。

非贸易性印刷品，属于我国革命、历史、文化、艺术、科学方面的重要文物的，按照国务院关于文物保护管理的规定，禁止出口。

……

第十七条 我国机关、团体等单位（包括用个人名义）对外赠送交换印刷品，按下列规定办理：

（一）国务院外事办公室批准可以对外赠送交换的报纸、期刊，中央一级出版社和上海市出版社公开出版准许出口的图书，海关径放行。

（二）超出本条（一）项范围的报纸、期刊须单独报经国务院外事办公室批准。

……

第十九条

……

（二）我国工作人员携带非秘密性质的一般内部刊物、技术资料、工程图纸，由省级以上派遣单位领导审查批准，出具证明；带出"秘密"级的内部刊物、机密性的援外技术资料、工程图纸，按外交部关于派遣临时信使的规定办理。

……

2. 关于改进革命群众组织的报刊宣传的意见

（中共中央1967年5月14日发布）

在无产阶级文化大革命中，革命群众组织编印的各种报刊、传单，在宣传战线上起了重要的作用。现在，根据这类报刊宣传工作中出现的一些问题，提出如下改进意见：

一、革命群众组织的报刊，应严格遵守毛主席、林副主席和中共中央、中央军委的指示，并参照《人民日报》《红旗杂志》《解放军报》的重要社论和评论进行宣传。

二、毛主席、林副主席没有公开发表的文章、讲话、批示，都一律不许擅自刊登和印发。中央的内部文件、会议记录和负责同志的内部讲话，一律不要擅自刊登，也不要以小册子和其他形式编印流传。

三、中国人民解放军是毛主席亲手缔造的、林彪同志直接领导的非常战斗化、非常无产阶级化的军队。报刊上不许公开发表反对人民解放军的文章和报导。对于他们的支援工作有意见,可以向上级反映,也可以当面批评。有的报刊,在中央作出明确规定之后,还发表公开反对人民解放军的文章,这是完全错误的。

四、必须严格保守党和国家的机密。目前,群众组织的报刊泄密现象相当严重,在一些文章、报导中,透露了国防工程、设施,部队调动情况,备战计划、措施,以及经济建设、外交斗争、机要事物等等重要机密。这种现象必须迅速制止。

五、宣传要突出政治。对于党内走资本主义道路的当权派和资产阶级反动学术"权威",要着重从政治上、思想上揭深批透。不要搞"黄色新闻"及其他庸俗、低级的东西。

六、对国际问题的发言权集中于中央。对于国际上重大问题的宣传,要按照中央的方针政策进行。

七、在宣传报导中,不要传播道听途说、捕风捉影的"马路新闻",尤其不要轻信和传播政治谣言。

3. 关于加强上海报刊工作的决定

(中共上海市委员会1971年4月9日发布)

我们的报纸是阶级斗争和巩固无产阶级专政的工具。伟大领袖毛主席指出:"办好报纸,把报纸办得引人入胜,在报纸上正确地宣传党的方针政策,通过报纸加强党和群众的联系,这是党的工作中的一项不可小看的、有重大原则意义的问题。"

在毛主席无产阶级革命路线的指引下,上海各报刊在宣传马克思主义、列宁主义、毛泽东思想,在推动全市的革命大联合、三结合,深入开展革命大批判,落实党的政策,完成斗、批、改各项任务等方面,作出了自己的贡献。但是,随着革命形势的发展,广大读者反映:上海一地报刊过多,内容重复,不利于进一步加强党的宣传工作。市委也深感报刊过多,不易管好。经过反复酝酿,市委决定《支部生活》《工人造反报》自四月中旬起停刊,集中力量办好《文汇报》和《解放日报》。

宣传马克思主义、列宁主义、毛泽东思想,宣传毛主席的无产阶级革命路线,宣传党的方针政策,批判资产阶级,批判修正主义,批判资产阶级唯心主义,是党的报刊的首要任务。毛主席教导我们:"办好报纸的根本问题是报社人员的思想革命化问题。"报纸的工作人员要切记解放以来报社的领导权多次被资产阶级篡夺的历史教训,要加强对马克思主义、列宁主义、毛泽东思想的学习,加强向群众学习,深入批判修正主义的新闻路线,还应该根据"三三制"的原则,分期分批到五·七干校和工厂、农村去参加劳动,参加实际工作,作调查研究,不断提高自己马克思列宁主义的思想水平,在革命的、群体斗争的风浪中,认真改造自己的世界观。市委希望各报刊同志在这次报刊调整的过程中及调整以后,都能在革命化的道路上取得新成就。

要办好报纸,必须加强党对报刊的领导。列宁曾经指出:"党掌握的各种机关报刊,都必须由确实忠于无产阶级革命事业的可靠的共产党人来主持。"报社内部应在清队、整党的基础上,建立党委领导下的分工负责制,坚持民主集中制。在宣传上一切重大问题,必须加强组织性和纪律性。加强请示报告,保证作到在伟大领袖毛主席和以毛主席为首、林副主席为副的党中央领导下,"统一认识,统一政策,统一计划,统一指挥,统一行动"。

遵照毛主席的教导:"我们的报纸也要靠大家来办,靠全体人民群众来办,靠全党来办,而不能只靠少数人关起门来办。"全市的各级党组织都应该关心、支持和监督报刊的工作。应当向广大群众说明,停办《支部生活》和《工人造反报》是为了集中力量办好《文汇报》和《解放日报》,加强对报刊宣传工作的统一集中领导。这样做,报刊数量少了,要求更高了,不是减轻了全党办报的责任,而是加重了责任。各级党组织应当继续加强对报刊通讯员的领导,积极向报刊提供工作情况,提供稿件,提出对报刊的批评和建议,把我们的报纸办得更好。对已订的《支部生活》杂志和《工人造反报》,也可改订《文汇报》《解放日报》或退款。希望各级党组织协助邮政局细致地做好这项工作。

4. 中华人民共和国宪法(节摘)

(1975年1月17日第四届全国人民代表大会第一次会议通过)

第一条 中华人民共和国是工人阶级领导的以工农联盟为基础的无产阶级专政的社会主义国家。

第二条 中国共产党是全中国人民的领导核心。工人阶级经过自己的先锋队中国共产党实现对国家的领导。

马克思主义、列宁主义、毛泽东思想是我国指导思想的理论基础。

第三条 中华人民共和国的一切权力属于人民。人民行使权力的机关，是以工农代表为主体的各级人民代表大会。

各级人民代表大会和其他国家机关，一律实行民主集中制。

各级人民代表大会代表，由民主协商选举产生。原选举单位和选民，有权监督和依照法律的规定随时撤换自己选出的代表。

第四条 中华人民共和国是统一的多民族的国家。实行民族区域自治的地方，都是中华人民共和国不可分离的部分。

各民族一律平等。反对大民族主义和地方民族主义。

各民族都有使用自己的语言文字的自由。

……

第十二条 无产阶级必须在上层建筑其中包括各个文化领域对资产阶级实行全面的专政。文化教育、文学艺术、体育卫生、科学研究都必须为无产阶级政治服务，为工农兵服务，与生产劳动相结合。

第十三条 大鸣、大放、大辩论、大字报，是人民群众创造的社会主义革命的新形式。国家保障人民群众运用这种形式，造成一个又有集中又有民主，又有纪律又有自由，又有统一意志又有个人心情舒畅、生动活泼的政治局面，以利于巩固中国共产党对国家的领导，巩固无产阶级专政。

……

第二十六条 公民的基本权利和义务是，拥护中共产党的领导，拥护社会主义制度，服从中华人民共和国宪法和法律。

保卫祖国，抵抗侵略，是每一个公民的神圣职责。依照法律服兵役是公民的光荣义务。

第二十七条 年满十八岁的公民，都有选举权和被选举权。依照法律被剥夺选举权和被选举权的人除外。

公民有劳动的权利，受教育的权利。劳动者有休息的权利，在年老、疾病或丧失劳动能力的时候，有获得物质帮助的权利。

公民对于任何违法失职的国家机关工作人员，有向各级国家机关提出书面控告或者口头控告的权利，任何人不得刁难、阻碍和打击报复。

妇女在各方面享有同男子平等的权利。婚姻、家庭、母亲和儿童受国家保护。

国家保护国外华侨的正当权利和利益。

第二十八条　公民有言论、通信、出版、集会、结社、游行、示威、罢工的自由，有信仰宗教的自由和不信仰宗教、宣传无神论的自由。

公民的人身自由和住宅不受侵犯。任何公民，非经人民法院决定或者公安机关批准，不受逮捕。

……

5. 中华人民共和国宪法（节摘）

（1978年3月5日第五届全国人民代表大会第一次会议通过）

……

第三章　公民的基本权利和义务

第四十四条　年满十八岁的公民，都有选举权和被选举权。依照法律被剥夺选举权和被选举权的人除外。

第四十五条　公民有言论、通信、出版、集会、结社、游行、示威、罢工的自由，有运用"大鸣、大放、大辩论、大字报"的权利。

第四十六条　公民有信仰宗教的自由和不信仰宗教、宣传无神论的自由。

第四十七条　公民的人身自由和住宅不受侵犯。

任何公民，非经人民法院决定或者人民检察院批准并由公安机关执行，不受逮捕。

……

第五十二条　公民有进行科学研究、文学艺术创作和其他文化活动的自由。国家对于从事科学、教育、文学、艺术、新闻、出版、卫生、体育等文化事业的公民的创造性工作，给以鼓励和帮助。

第五十三条　妇女在政治的、经济的、文化的、社会的和家庭的生活各方面享有同男子平等的权利。男女同工同酬。

男女婚姻自主。婚姻、家庭、母亲和儿童受国家的保护。

国家提倡和推行计划生育。

……

第五十五条　公民对于任何违法失职的国家机关和企业、事业单位的工作人员,有权向各级国家机关提出控告。公民在权利受到侵害的时候,有权向各级国家机关提出申诉。对这种控告和申诉,任何人不得压制和打击报复。

第五十六条　公民必须拥护中国共产党的领导,拥护社会主义制度,维护祖国统一和各民族的团结,遵守宪法和法律。

第五十七条　公民必须爱护和保卫公共财产,遵守劳动纪律,遵守公共秩序,尊重社会公德,保守国家机密。

……

第五十九条　中华人民共和国对于任何由于拥护正义事业、参加革命运动、进行科学工作而受到迫害的外国人,给以居留权利。

……

第四篇　社会主义新闻法制恢复重建时期的新闻法制史料

（1979年1月—1997年9月）

1. 关于征集图书、杂志、报纸样本的办法

（国家出版局1979年4月10日发布）

第一条　为保存我国出版物，并及时提供有关资料，特制订本办法。

第二条　凡出版社、杂志社和报社编辑、出版的各种图书、杂志、报纸，均应在出版物出版后即向国家出版事业管理局、版本图书馆（包括二库）及北京图书馆缴送出版物样本。缴送样本办法如下：

第三条　关于图书

（一）出版单位出版的图书（包括一般书籍、课本、图片、画册、画像等）凡是公开发行、只限国内发行和内部发行的，均从第一次出版起，每出一版和每印一个印次，按附表所列单位、份数，分别缴送样本。

（二）各地租型印制的图书，按附表缴送国家出版事业管理局、版本图书馆样本各一份。

（三）同一种图书，先后有不同装帧、开本、版式、纸张、字号的版本（包括印刷少量的特装本、展览本等）出版时，为了完整地保存各种不同的版本，上列各种不同版本均应另向版本图书馆及版本图书馆第二书库各缴送样本一份。

（四）机关团体、厂矿、高等院校等单位出版的出版物中，有研究参考及保存价值的图书，有关出版单位应向版本图书馆选送样本，或由版本图书馆主动向有关单位

征集。

（五）版本图书馆担负长期保存各种出版物样本的任务，出版单位应选择质量较好的版本缴送，为便于及时汇编新书目录和提供出版情况资料，出版单位应在印刷厂少量印装出样书时即提前向版本图书馆缴送样本。

第四条　关于杂志

（一）出版社、杂志社编辑、出版的定期、不定期或有连续期号的杂志，并通过邮局、书店或自办发行的（包括公开发行、只限国内发行和内部发行）均应按照附表所列单位、份数，分别缴送样本（活页形式的"供领导参考""内部资料""情况反映""情况简报""科技情报"及打字、油印和报纸形式的非正式刊物，均不属缴送样本范围）。

（二）机关团体出版有研究、参考、保存价值的刊物，出版单位应向版本图书馆选送样本，或由版本图书馆主动向有关单位征集。

第五条　关于报纸

（一）中央、中央直辖市、省、自治区及省会所在的市一级出版的报纸，报社均应按照附表所列单位份数缴送报纸合订本（包括报纸的缩印本、目录和索引）。

（二）《解放军报》，国务院各部委或省、自治区所属厂矿、企业、学校编辑、出版发行的报纸，均按附表所列单位、份数缴送报纸合订本（包括报纸的目录和索引）。

第六条　本办法自1979年4月起施行。

2. 中华人民共和国刑法（节摘）

（1979年7月1日第五届全国人大第二次会议通过，1980年1月1日施行）

……

第三十九条　第一款（二）（被判处管制的犯罪分子，在执行期间）未经执行机关批准，不得行使言论、出版、集会、结社、游行、示威自由的权利；

……

第五十四条　剥夺政治权利是剥夺下列权利：

……

（二）言论、出版、集会、结社、游行、示威自由的权利。

……

第一百零五条

……

以造谣、诽谤或者其他方式煽动颠覆国家政权、推翻社会主义制度的,处五年以下有期徒刑、拘役、管制或者剥夺政治权利;首要分子或者罪行重大的,处五年以上有期徒刑。

第一百一十一条　为境外的机构、组织、人员窃取、刺探、收买、非法提供国家秘密或者情报的,处五年以上十年以下有期徒刑;情节特别严重的,处十年以上有期徒刑或者无期徒刑;情节较轻的,处五年以下有期徒刑、拘役、管制或者剥夺政治权利。

……

第一百二十四条　破坏广播电视设施、公用电信设施,危害公共安全的,处三年以上七年以下有期徒刑;造成严重后果的,处七年以上有期徒刑。

过失犯前款罪的,处三年以上七年以下有期徒刑;情节较轻的,处三年以下有期徒刑或者拘役。

……

第一百五十二条　以牟利或者传播为目的,走私淫秽的影片、录像带、录音带、图片、书刊或者其他淫秽物品的,处三年以上十年以下有期徒刑,并处罚金;情节严重的,处十年以上有期徒刑或者无期徒刑,并处罚金或者没收财产;情节较轻的,处三年以下有期徒刑、拘役或者管制,并处罚金。

单位犯前款罪的,对单位判处罚金,并对其直接负责的主管人员和其他直接责任人员,依照前款的规定处罚。

……

第二百一十七条　以营利为目的,有下列侵犯著作权情形之一,违法所得数额较大或者有其他严重情节的,处三年以下有期徒刑或者拘役,并处或者单处罚金;违法所得数额巨大或者有其他特别严重情节的,处三年以上七年以下有期徒刑,并处罚金:

(一)未经著作权人许可,复制发行其文字作品、音乐、电影、电视、录像作品、计算机软件及其他作品的;

(二)出版他人享有专有出版权的图书的;

(三)未经录音录像制作者许可,复制发行其制作的录音录像的;

(四)制作、出售假冒他人署名的美术作品的。

第二百一十八条　以营利为目的,销售明知是本法第二百一十七条规定的侵权复制品,违法所得数额巨大的,处三年以下有期徒刑或者拘役,并处或者单处罚金。

……

第二百二十一条　捏造并散布虚伪事实,损害他人的商业信誉、商品声誉,给他人造成重大损失或者有其他严重情节的,处二年以下有期徒刑或者拘役,并处或者单处罚金。

第二百二十二条　广告主、广告经营者、广告发布者违反国家规定,利用广告对商品或者服务作虚假宣传,情节严重的,处二年以下有期徒刑或者拘役,并处或者单处罚金。

……

第二百四十六条　以暴力或者其他方法公然侮辱他人或者捏造事实诽谤他人,情节严重的,处三年以下有期徒刑、拘役、管制或者剥夺政治权利。

前款罪,告诉的才处理,但是严重危害社会秩序和国家利益的除外。

……

第二百四十九条　煽动民族仇恨、民族歧视,情节严重的,处三年以下有期徒刑、拘役、管制或者剥夺政治权利;情节特别严重的,处三年以上十年以下有期徒刑。

第二百五十条　在出版物中刊载歧视、侮辱少数民族的内容,情节恶劣,造成严重后果的,对直接责任人员,处三年以下有期徒刑、拘役或者管制。

……

第二百八十二条　以窃取、刺探、收买方法,非法获取国家秘密的,处三年以下有期徒刑、拘役、管制或者剥夺政治权利;情节严重的,处三年以上七年以下有期徒刑。

非法持有属于国家绝密、机密的文件、资料或者其他物品,拒不说明来源与用途的,处三年以下有期徒刑、拘役或者管制。

……

第二百八十八条　违反国家规定,擅自设置、使用无线电台(站),或者擅自占用频率,经责令停止使用后拒不停止使用,干扰无线电通讯正常进行,造成严重后果的,处三年以下有期徒刑、拘役或者管制,并处或者单处罚金。

单位犯前款罪的,对单位判处罚金,并对其直接负责的主管人员和其他直接责任人员,依照前款的规定处罚。

……

第三百六十三条 以牟利为目的,制作、复制、出版、贩卖、传播淫秽物品的,处三年以下有期徒刑、拘役或者管制,并处罚金;情节严重的,处三年以上十年以下有期徒刑,并处罚金;情节特别严重的,处十年以上有期徒刑或者无期徒刑,并处罚金或者没收财产。

为他人提供书号,出版淫秽书刊的,处三年以下有期徒刑、拘役或者管制,并处或者单处罚金;明知他人用于出版淫秽书刊而提供书号的,依照前款的规定处罚。

第三百六十四条 传播淫秽的书刊、影片、音像、图片或者其他淫秽物品,情节严重的,处二年以下有期徒刑、拘役或者管制。

组织播放淫秽的电影、录像等音像制品的,处三年以下有期徒刑、拘役或者管制,并处罚金;情节严重的,处三年以上十年以下有期徒刑,并处罚金。

制作、复制淫秽的电影、录像等音像制品组织播放的,依照第二款的规定从重处罚。

向不满十八周岁的未成年人传播淫秽物品的,从重处罚。

……

第三百六十七条 本法所称淫秽物品,是指具体描绘性行为或者露骨宣扬色情的诲淫性的书刊、影片、录像带、录音带、图片及其他淫秽物品。

有关人体生理、医学知识的科学著作不是淫秽物品。

包含有色情内容的有艺术价值的文学、艺术作品不视为淫秽物品。

……

第三百九十八条 国家机关工作人员违反保守国家秘密法的规定,故意或者过失泄露国家秘密,情节严重的,处三年以下有期徒刑或者拘役;情节特别严重的,处三年以上七年以下有期徒刑。

非国家机关工作人员犯前款罪的,依照前款的规定酌情处罚。

3. 关于修改《中华人民共和国宪法》第四十五条的决议

(1980年9月10日第五届全国人民代表大会第三次会议通过)

中华人民共和国第五届全国人民代表大会第三次会议同意第五届全国人民代表大会常务委员会提出的关于修改《中华人民共和国宪法》第四十五条的议案。

为了充分发扬社会主义民主,健全社会主义法制,维护安定团结的政治局面,保障社会主义现代化建设的顺利进行,决定将《中华人民共和国宪法》第四十五条"公民有言论、通信、出版、集会、结社、游行、示威、罢工的自由,有运用'大鸣、大放、大辩论、大字报'的权利。"修改为"公民有言论、通信、出版、集会、结社、游行、示威、罢工的自由",取消原第四十五条中"有运用'大鸣、大放、大辩论、大字报'的权利"的规定。

4. 关于管理外国新闻机构常驻记者的暂行规定

(国务院 1981 年 3 月 9 日发布)

第一条　外国新闻机构请求派遣记者常驻中国进行采访报道,应当向中华人民共和国外交部提出申请,经批准后,向外交部新闻司办理登记手续。

第二条　常驻记者不得向其所代表的新闻机构以外的其他新闻机构发稿。

两个以上新闻机构要求派出同一名常驻记者,各有关新闻机构都应当分别按照第一条规定履行申请和登记手续。

第三条　中华人民共和国外交部新闻司办理常驻记者登记时,发给为期一年的记者证。常驻记者及其家属应当持记者证向当地公安机关申请办理居留手续,领取居留证件。

第四条　外国新闻机构要求更换常驻记者,应当提前四十五天向中华人民共和国外交部提出申请,经批准后,自新记者开始工作,原记者停止采访报道活动。

常驻记者及其家属,人员变动,住址变动,都应当申请办理居留证件的相应的变更手续。

第五条　常驻记者所持记者证期满,需要继续其采访报道活动的,应当在期满前十天向中华人民共和国外交部新闻司申请办理延期手续。

常驻记者停止在中国的业务活动,应当提前三十天书面通知中华人民共和国外交部新闻司,并于税务和其他有关事宜清理完毕后,办理注销登记手续。

第六条　中华人民共和国政府依法保护常驻记者的正当权益,并对其采访报道活动提供方便。

第七条　常驻记者租用房屋、聘请工作人员,应当委托当地外事服务单位办理。

第八条　常驻记者不得在中国境内架设电台。对于业务需要的新闻电信线路、通信设备等,应当向当地电信、电视等单位申请租用。

第九条 常驻记者采访机关、团体、企业、事业和其他单位,都应当按照中华人民共和国外交部新闻司的要求,事先向有关当局提出申请,经同意后始能进行。

第十条 常驻记者应当遵照中国税法规定,向当地税务机关办理纳税登记手续,照章纳税。

第十一条 常驻记者进口办公、生活用品和交通工具,应当向中国海关申报,办理纳税等有关手续。

上述进口物品,非经海关批准,不得私自出售或转让。

第十二条 常驻记者的业务活动不得超出正常的采访报道范围。常驻记者及其家属在中国的一切活动以及出入中国国境,都应当遵守中国的法律、法令和有关规定。违法的,由中国有关主管机关依法处理。

第十三条 本规定未尽事宜,应当根据中国有关法律、法令和规定办理。

第十四条 本规定自发布之日起施行。

5. 中华人民共和国宪法(节摘)

(1982年12月4日第五届全国人民代表大会第五次会议通过)

……

第二十二条 国家发展为人民服务、为社会主义服务的文学艺术事业、新闻广播电视事业、出版发行事业、图书馆博物馆文化馆和其他文化事业,开展群众性的文化活动。

国家保护名胜古迹,珍贵文物和其他重要历史文化遗产。

……

第三十五条 中华人民共和国公民有言论、出版、集会、结社、游行、示威的自由。

……

第三十七条 中华人民共和国公民的人身自由不受侵犯。

任何公民,非经人民检察院批准或者决定或者人民法院决定并由公安机关执行,不受逮捕。

禁止非法拘禁和以其他方法剥夺或者限制公民的人身自由,禁止非法搜查公民的身体。

第三十八条　中华人民共和国公民的人格尊严不受侵犯。禁止用任何方法对公民进行侮辱、诽谤和诬告陷害。

……

第四十一条　中华人民共和国公民对于任何国家机关和国家工作人员，有提出批评和建议的权利；对于任何国家机关和国家工作人员的违法失职行为，有向有关国家机关提出申诉、控告或者检举的权利，但是不得捏造或者歪曲事实进行诬告陷害。

对于公民的申诉、控告或者检举，有关国家机关必须查清事实，负责处理。任何人不得压制和打击报复。……

第四十七条　中华人民共和国公民有进行科学研究、文学艺术创作和其他文化活动的自由。国家对于从事教育、科学、技术、文学、艺术和其他文化事业的公民的有益于人民的创造性工作，给以鼓励和帮助。

……

第五十一条　中华人民共和国公民在行使自由和权利的时候，不得损害国家的、社会的、集体的利益和其他公民的合法的自由和权利。

……

第五十三条　中华人民共和国公民必须遵守宪法和法律，保守国家秘密，爱护公共财产，遵守劳动纪律，遵守公共秩序，尊重社会公德。

……

6. 图书、期刊版权保护试行条例实施细则（节摘）

（文化部 1985 年 1 月 1 日发布）

……

第十六条　（一）《试行条例》第十六条所列四种情况下使用已经发表的作品，使用者应事先征求作者有无修改意见，如在征求修改意见的通知发出之日起的一个月内，未收到作者修改意见，即可认为作者无修改意见。如在此期限内收到作者修改意见，则应使用作者修改后的作品。

（二）"学校教材、广播教材和业余教育教材"指下列情况下编写的教材：

(1) 由教育部和国务院其他各部委及各省、自治区、直辖市教育行政机构根据教育部和国务院其他各部委制定的教学大纲组织编写的学校教材；

(2) 由国务院各部委的教育部门为提高本系统职工科学、文化水平组织编写的在职或业余教育教材；

(3) 由广播电视部或教育部组织编写的广播电视教材；

(4) 由教育部及各省、自治区、直辖市教育行政机构为扫盲或为农村教育而组织编写的扫盲课本和各种农村教育教材；

(5) 由部队军级和军级以上的政治或军事训练部门为部队政治、文化教育和军事技术训练组织编写的教材。

未经版权所有者同意，任何单位和个人不得编写出版上述教材的习题解答。

(三)"报纸"专指以报道国内外政治、经济、文化、社会等方面的新闻为主的中央和地方各级党委或政府的机关报，政协和各民主党派以及工青妇的中央机关报，中国日报，经济日报，解放军报和各种军报，以及向文化部申请并得到批准适用《试行条例》第十六条规定的其他报纸。此类报纸转载小说、诗歌、剧本、乐谱、报告文学等文艺作品，仍需征求版权所有者同意并向其支付报酬。

经国务院有关部委批准，专门承担对外宣传任务的外文版期刊按报纸对待，适用《试行条例》第十六条的规定。

各种文艺报、市场信息报等专业性报纸按期刊对待，适用第十七条的规定。

7. 中华人民共和国民法通则（节摘）

（1986年4月12日中华人民共和国主席令第37号公布）

……

第九十四条　公民、法人享有著作权（版权），依法有署名、发表、出版、获得报酬等权利。

……

第九十九条　公民享有姓名权，有权决定、使用和依照规定改变自己的姓名，禁止他人干涉、盗用、假冒。

法人、个体工商户、个人合伙享有名称权。企业法人、个体工商户、个人合伙有权使用、依法转让自己的名称。

第一百条 公民享有肖像权,未经本人同意,不得以营利为目的使用公民的肖像。

第一百零一条 公民、法人享有名誉权,公民的人格尊严受法律保护,禁止用侮辱、诽谤等方式损害公民、法人的名誉。

第一百零二条 公民、法人享有荣誉权,禁止非法剥夺公民、法人的荣誉称号。

……

第一百一十八条 公民、法人的著作权(版权)、专利权、商标专用权、发现权、发明权和其他科技成果权受到剽窃、篡改、假冒等侵害的,有权要求停止侵害,消除影响,赔偿损失。

……

第一百二十条 公民的姓名权、肖像权、名誉权、荣誉权受到侵害的,有权要求停止侵害,恢复名誉,消除影响,赔礼道歉,并可以要求赔偿损失。

法人的名称权、名誉权、荣誉权受到侵害的,适用前款规定。

……

8. 期刊管理暂行规定

(新闻出版署1988年11月24日发布)

第一章 总 则

第一条 为促进社会主义科学文化事业的繁荣和发展,加强期刊的行政管理,使期刊更好地为建设社会主义的物质文明和精神文明服务,特制定本规定。

第二条 本规定所称期刊,是指有固定名称,用卷、期或年、月顺序编号,成册的连续出版物。

第三条 凡经新闻出版行政管理部门审核批准,履行登记注册手续,领取"报刊登记证",编入"国内统一刊号"的期刊,即视为正式期刊。正式期刊的发行分为"公开"和"内部"两种。公开发行的正式期刊可以在国内外公开征订、销售;内部发行的正式期刊只能在国内按指定范围征订、发行,不得在社会上公开征订、陈列和销售,禁止向国外发行。

第四条 凡持有"内部报刊准印证",用于本系统、本单位指导工作、交流经验、交换信息,并在行业内进行交换的资料性、非商品性内部期刊,称为"非正式期刊"。非正式期刊不编入"国内统一刊号",不得公开发行、陈列,不准销售,不得进行任何经营活动。

第五条 任何期刊不得刊载下列内容:

(一)煽动颠覆人民民主专政政权和社会主义制度、分裂国家或煽动叛乱、暴乱的;

(二)煽动反对中国共产党领导的;

(三)煽动抗拒、破坏宪法和法律实施的;

(四)泄露国家秘密,危害国家安全,损害国家利益的;

(五)煽动民族、种族歧视或仇视、破坏民族团结的;

(六)宣扬凶杀、淫秽色情或教唆犯罪的;

(七)诽谤或侮辱他人的;

(八)妨害司法部门公正审理案件的;

(九)法律禁止刊载的其他内容。

第六条 期刊管理采用系统分口管理与新闻出版行政管理部门归口管理相结合的办法,中央和国务院各部委、各直属机构、各民主党派、人民团体和地方各系统对自己及所属单位办的期刊应当认真进行管理;各期刊还应当接受新闻出版行政管理部门的指导和管理。

第二章 期刊的审批

第七条 创办正式期刊,应当具备下列条件:

(一)有符合宪法规定的、为社会主义精神文明和物质文明建设服务的宗旨;

(二)有确定的主办单位和明确的专业范围和编辑方针;

(三)有切实担负领导责任的上级主管部门;

(四)有健全的编辑部,有符合本专业要求的专职主编及一定数量的专职编辑;

(五)有必需的资金、固定的办公场所、承印单位。

第八条 创办正式期刊,应当按照本规定第六条的要求提出申请书,并须写明期刊名称、刊期、开本、篇幅、发行范围等主要事项,经主管部门审核后报批。

第九条 中央和国务院各部委、各直属机构、各民主党派、人民团体及其所属单位创办正式期刊(含委托地方单位办的期刊),经主管部委、直属机构、民主党派、人民团体领导机构审核同意后,按期刊的学科分类,属社会科学的报新闻出版署审批;属自然科学、技术类的报国家科委,在新闻出版署与国家科委商定的数额内,由国家科委核准,报新闻出版署备案;解放军系统创办正式期刊,由解放军总政治部核准后,报新闻出版署备案,其中属自然科学、技术类的还须报国家科委备案。

第十条 地方单位创办正式期刊,属社会科学的由主管部门向省级新闻出版局提出申请,在新闻出版署确定的指标内核批;属自然科学、技术类的由主管部门向省级科委和新闻出版局提出申请,经共同审核后,在新闻出版署确定的指标内核批。核批前均须向新闻出版署期刊局进行刊名查重,并报新闻出版署备案;自然科学、技术类的并须报国家科委备案。

第十一条 两个以上单位合办的期刊,须确定一个主要主办单位和主管部门,由一个部门报批;中央单位和地方单位合办(含委托地方单位办的)的期刊,由中央单位按第八条规定办理。

第十二条 与国外合办的期刊,凡在中华人民共和国政府管辖范围内发行的,由中方办刊单位按第八条和第九条的规定申请报批,同时必须提供以下有关材料:

(一)双方合作意向书,包括办刊目的、学科、刊载范围、明确的责任和终审权、版权归属、利益分配、合作期限;

(二)合作对方具有法人资格的登记证明;

(三)合作对方的资信情况。

第十三条 与香港、澳门地区或台湾合作办刊,按前款的规定办理。

第十四条 已经批准登记的期刊改变刊名、主办单位、文种,应当依照本规定第八条、第九条、第十六条重新报批。

其他登记项目的变动,属中央单位办的期刊由中央部委级单位核批,属地方单位办的由省级新闻出版局核批,均报新闻出版署备案;自然科学、技术类的,还须报国家科委备案。

第十五条 期刊不得随意出版增刊。如确有必要出版的增刊(含精选、精华本),中央单位办的期刊,自然科学、技术类的,须报国家科委核批,其他类期刊,报新闻出版署核批。地方办的期刊,报省级新闻出版局核批。国家科委及省级新闻出版局在核批后,均报新闻出版署备案。出版期刊合订本及年度目录索引不在此限。

期刊出版增刊,其宗旨、开本和发行范围应当与正刊一致。

第十六条　备案机关发现备案件有重名或违反规定等问题,得退回原核批机关重新核批。

第十七条　非正式期刊的核批,属中央单位办的,由中央部委级部门核批;地方单位办的由省级新闻出版局核批。

非正式的期刊改为正式期刊,应按本规定第六条、第七条、第八条、第九条申报审批。

第三章　期刊的登记与出版

第十八条　按本规定第八条、第九条、第十六条批准的期刊,由主办单位持批准文件,向编辑部(编辑部须与主办单位或承办单位同地)所在地的省级新闻出版局申请办理登记,并填报申请登记表。

正式期刊申请登记表经审核无误后,发给编有"国内统一刊号"的"报刊登记证";非正式期刊发给"内部报刊准印证"。

期刊登记副本,由登记机关于发证后15天内报新闻出版署备案。

登记机关在审核批准文件或期刊申请登记表时,如发现有与登记项目不符者,应当发还核批机关重新核批。

第十九条　按本规定第十五条批准出版的增刊,由办刊单位持批准件,向原登记机关办理登记。由登记机关发给一次性的"增刊许可证"。

第二十条　凡按本规定第十四条批准改变名称的期刊,由办刊单位持批准件向主办单位所在地的省级新闻出版局办理新刊登记。

有按本规定第十四条改变主办单位的,由办刊单位持批准件向所在地的省级新闻出版局申请办理变更登记。

期刊改变登记地的,须按本规定第八条、第九条并持注销证明重新报批,经批准后予以登记。

第二十一条　每期期刊只许有一种版本。期刊的不同版别、文种均按不同的期刊发给登记证,一刊一号。

第二十二条　期刊登记的收费,按国家的有关规定办理。

第二十三条　公开发行的期刊,可持登记证向国际连续出版物数据系统中国国家中心申请国际标准刊号。

第二十四条　期刊从批准之日起,办刊单位在3个月之内不办理登记者,批准件自行失效,登记机关不再受理登记。经登记后半年内不出刊的或无故停刊半年的期刊,由登记机关注销登记,不得继续出刊。如要继续办刊或重新出刊,应按本规定第八条、第九条重新报批。

第二十五条　期刊停刊须由办刊单位持主管部门的证明向期刊登记机关办理注销登记,向登记机关缴回"报刊登记证"或"内部报刊准印证",并及时报新闻出版署备案;自然科学、技术类的还须报国家科委备案。

第二十六条　期刊每年登记、变更登记、注销登记的情况,由各地登记机关汇总后于年底前报新闻出版署期刊管理局。

第二十七条　正式期刊"报刊登记证"的有效期和换发时间,由新闻出版署规定;非正式期刊的"内部报刊准印证"的有效期和换发时间由省级新闻出版局规定。

第二十八条　业经登记的期刊,须按"报刊登记证"或"内部报刊准印证"的登记项目出版。"报刊登记证"或"内部报刊准印证"为期刊合法出版的凭证,只限经登记的期刊持有使用。严禁转借、转让、出租和出卖,其登记项目也不得擅自涂改。

严禁用书号出版期刊或变相出版期刊,也不得用刊号出版图书。

第二十九条　期刊必须在封底或目录页上刊载版本记录,包括主办单位、出版单位、印刷单位、发行单位、出版日期、主编姓名、发行范围、定价或工本费、国内统一刊号或准印证编号和广告经营许可证编号。其中国内统一刊号或准印证编号须印在封底下方。领有国际标准刊号的期刊,同时应刊载此项刊号。

正式期刊须在封面上刊载期刊名称和年、月、期、卷。不得以要目替代刊名。

正式期刊出版增刊,除须刊印国内统一刊号外,还须同时刊印一次性增刊许可证编号,并在封面刊印正刊名称和注明"增刊"。禁止用书号出版增刊。

第三十条　各期刊出版后,应按规定及时向新闻出版行政管理部门送缴样本。

第四章　期刊社的经营

第三十一条　凡独立经营、单独核算的出版正式期刊的期刊社,经上级主管部门和新闻出版行政管理部门同意后,可向工商行政管理机关申请营业执照,在国家法律、法规允许的范围内开展多种经营活动。

出版内部发行的正式期刊的期刊社,不得开展公开的、涉外的经营活动。出版非正式期刊的期刊社,不得进行经营活动。

刊登有关报纸、期刊的广告,须验明"报刊登记证";刊登有关图书的广告,须注明出版单位名称。正式期刊不得刊登有关非正式期刊、报纸和其他内部出版物的广告;公开发行的期刊不得为内部发行的正式报刊、图书做广告。

第三十二条　凡公开发行的期刊,应依照《中华人民共和国商标法》的规定,办理期刊名称的商标注册。

第三十三条　公开发行的期刊不得转载或摘编内部发行的图书、报纸、期刊和其他内部出版物的内容;特殊情况须转载的,须征得被转载或摘编的出版物出版单位的同意。

公开发行的期刊不得刊登涉及内部发行出版物的出版、活动消息。

第三十四条　期刊在外地设立办事处、记者站或在登记地以外的地区印制和总发行,须经本地和当地新闻出版局的批准,并接受当地新闻出版行政管理机关的管理。内部发行的正式期刊和非正式期刊不准设立办事处、记者站或其他类似机构。

第三十五条　期刊社的内部组织机构、人员编制、经费、经营核算方式等,由期刊主办单位或上级主管部门决定。

第五章　处　罚

第三十六条　凡违反本规定,由新闻出版行政管理机关区别情节轻重,给予下列行政处罚:

（一）警告;

（二）罚款;

（三）没收非法收入;

（四）停止出售,没收或销毁违法期刊;

（五）定期停刊;

（六）停业整顿;

（七）撤销登记。

第三十七条　省、自治区、直辖市和计划单列市的新闻出版局给予前条第（四）、（五）、（六）、（七）项规定的处罚,须报新闻出版署核准。

第三十八条 违反本规定,不经批准和登记,擅自从事期刊出版活动,或者以收买、假冒、伪造期刊的名称、登记号和其他手段,从事期刊的出版、印刷、发行活动,构成犯罪的,由司法机关依法追究刑事责任;尚未构成犯罪的,由新闻出版行政管理机关、工商行政管理机关和公安机关在本部门的权限内,依照有关规定处理。

第六章 附 则

第三十九条 本规定由新闻出版署负责解释。

第四十条 本规定自发布之日起施行。

9.《期刊管理暂行规定》行政处罚实施办法

（新闻出版署1988年11月24日发布）

第一条 根据《期刊管理暂行规定》（以下简称《规定》）,为实施有关行政处罚的规定,制定本办法。

第二条 凡违反《期刊管理暂行规定》,由新闻出版行政管理机关依照本办法给予下列行政处罚:

（一）警告;

（二）罚款;

（三）没收非法收入;

（四）停止出售,没收或销毁违法期刊;

（五）定期停刊;

（六）停业整顿;

（七）撤销登记。

第三条 省、自治区、直辖市和计划单列市的新闻出版局给予期刊社前条第（四）、（五）、（六）、（七）项规定的处罚,须报新闻出版署核准。

各级新闻出版行政管理机关依照本办法,查处违法行为,执行行政处罚决定,可以采取检查、查封、扣押有关期刊的行政措施。

第四条 一种期刊有两种以上违反本办法行为的,视具体情节从重或者合并处罚。

第五条 期刊社对登记地新闻出版行政管理机关的处罚决定不服的,可以在接到通知后 10 日内向上一级新闻出版行政管理机关提出申诉,由上一级新闻出版管理机关在接到申诉后 15 日内作出决定。

申诉期间不影响处罚决定的执行。

第六条 期刊刊载《规定》第五条第(一)、第(二)项内容之一的,处以撤销登记,没收非法收入和停止出售,没收或销毁违法期刊。

第七条 期刊刊载《规定》第五条第(三)、第(四)、第(五)、第(六)项内容之一的,处以定期停刊,可以并处没收非法收入或者停止出售,没收或销毁违法期刊;情节严重的,撤销登记。

第八条 期刊刊载《规定》第五条第(七)、第(八)项内容之一的,处以警告,可以并处停止出售,没收或销毁违法期刊;情节严重的,停业整顿。

第九条 期刊刊载《规定》第五条第(九)项内容的,参照以上第六、第七、第八条的规定处罚。

第十条 内部发行的正式期刊擅自改变发行范围的,处以总定价 0.5 倍以上 1 倍以下的罚款,并处以没收非法收入和停止出售,没收或销毁违法期刊。

第十一条 非正式期刊公开发行、陈列、销售和擅自进行经营活动的,处以总定价 0.5 倍以上 1 倍以下的罚款和没收非法收入情节严重的,撤销登记。

第十二条 期刊超越报批的专业范围或违背编辑方针而出版的,处以总定价 1 倍以上 2 倍以下的罚款,可以并处没收非法收入或者停止出售,没收或销毁违法期刊。

第十三条 期刊有下列违反管理规定行为之一的,处以没收非法收入和停止出售,没收或销毁违法期刊,可以并处总定价 1 倍以上 5 倍以下的罚款;情节严重的,停业整顿:

(一)期刊擅自出版增刊的;

(二)出版的增刊与正刊的宗旨、开本和发行范围不一致的。

第十四条 期刊擅自更改刊名,处以定期停刊,并应恢复原刊名。

第十五条 期刊以一个刊号出两种以上版本的,处以停业整顿,并处没收非法收入和停止出售,没收或销毁违法期刊,可以并处总定价 1 倍以上 2 倍以下的罚款;情节严重的,撤销登记。

第十六条 同一期期刊出两种以上版本的,处以没收非法收入和停止出售,没收或销毁违法期刊,可以并处总定价 1 倍以上 2 倍以下的罚款,情节严重的停业整顿。

第十七条　期刊有下列违反管理规定行为之一的,处以警告;情节严重的,定期停刊。

（一）期刊擅自涂改其合法出版凭证登记项目的;

（二）期刊未经新闻出版行政管理机关的批准,而不按登记的刊期出版的。

第十八条　期刊转借、转让其合法出版凭证的,处以停业整顿,并处总定价1倍以上2倍以下的罚款和停止出售,没收或销毁违法期刊;情节严重的,撤销登记。期刊出租、出卖其合法出版凭证的,处以撤销登记,没收非法收入和停止出售,没收或销毁违法期刊,可以并处总定价1倍以上5倍以下的罚款。

第十九条　期刊用刊号出版图书,处以没收非法收入和停止出售,没收或销毁违法图书,可以并处总定价1倍以上2倍以下的罚款;情节严重的,停业整顿。

第二十条　期刊不在封底或目录页上刊载版本记录的,处以警告;情节严重的,罚款1千元。

第二十一条　期刊有下列违反管理规定行为之一的,处以总定价0.5倍以上1倍以下的罚款,可以并处停止出售,没收或销毁违法期刊;情节严重的,停业整顿。

（一）正式期刊在封面上不刊载期刊名称和年、月、期、卷,或者以总期号代替年、月、期、卷的;

（二）正式期刊在封面上以要目代替刊名或者刊名小于要目的;

（三）正式期刊出版增刊,不刊印国内统一刊号和一次性增刊许可证编号或者在封面上不刊印正刊名称,不注明"增刊"的。

第二十二条　期刊出版后,不按规定及时缴送样本的,处以警告;情节严重的,撤销登记。

第二十三条　公开发行的期刊擅自转载或摘编内部发行的图书、报纸、期刊和其他内部出版物内容的,或者刊登涉及内部发行出版物的出版、活动消息的,处以警告,可以并处总定价0.5倍以上1倍以下的罚款;情节严重的,停止出售,没收或销毁违法期刊。

第二十四条　民族自治地方不能全部适用本办法规定的,可以由自治区新闻出版行政管理机关根据当地情况和本办法的基本原则,制定变通或者补充的规定,报请当地自治区人民政府和新闻出版署批准施行。

第二十五条　本办法所说的"以上""以下"都连本数在内。

第二十六条　本办法自1989年9月1日起施行。

10. 关于认定淫秽及色情出版物的暂行规定

（新闻出版署 1988 年 12 月 27 日发布）

第一条 为了实施《国务院关于严禁淫秽物品的规定》和《关于重申严禁淫秽出版物的规定》，明确淫秽及色情出版物的认定标准，特制定本暂行规定。

第二条 淫秽出版物是指在整体上宣扬淫秽行为，具有下列内容之一，挑动人们的性欲，足以导致普通人腐化堕落，而又没有艺术价值或者科学价值的出版物：

（一）淫亵性地具体描写性行为、性交及其心理感受；

（二）公然宣扬色情淫荡形象；

（三）淫亵性地描述或者传授性技巧；

（四）具体描写乱伦、强奸或者其它性犯罪的手段、过程或者细节，足以诱发犯罪的；

（五）具体描写少年儿童的性行为；

（六）淫亵性地具体描写同性恋的性行为或者其它性变态行为，或者具体描写与性变态有关的暴力、虐待、侮辱行为；

（七）其它令普通人不能容忍的对性行为的淫亵性描写。

第三条 色情出版物是指在整体上不是淫秽的，但其中一部分有第二条（一）至（二）项规定的内容，对普通人特别是未成年人的身心健康有毒害，而缺乏艺术价值或者科学价值的出版物。

第四条 夹杂淫秽、色情内容而具有艺术价值的文艺作品；表现人体美的美术作品；有关人体的解剖生理知识、生育知识、疾病防治和其它有关性知识、性道德、性社会学等自然科学和社会科学作品，不属于淫秽出版物、色情出版物的范围。

第五条 淫秽出版物、色情出版物由新闻出版署负责鉴定或者认定。新闻出版署组织有关部门的专家组成淫秽及色情出版物鉴定委员会，承担淫秽出版物、色情出版物的鉴定工作。

各省、自治区、直辖市新闻出版局组织有关部门的专家组成淫秽及色情出版物鉴定委员会，对本行政区域内发现的淫秽出版物及色情出版物提出鉴定或者认定意见报新闻出版署。

第六条 本规定所称的出版物包括书籍、报纸、杂志、图片、画册、挂历、音像制品及印刷宣传品。

本规定所称的普通人是指生理和精神正常的成年人。

第七条　本规定由新闻出版署负责解释。

11. 关于港澳记者来内地采访的管理办法

（中共中央宣传部 国务院港澳办公室 1989 年 9 月 18 日发布）

为做好港澳记者来内地采访的管理工作，特制定本办法：

一、港澳记者要求来内地采访，须提前 15 天向新华社香港分社提出申请。申请者应提出本新闻机构的委派书和具体采访计划（包括采访项目、采访对象、活动地区、停留时间等），经新华社香港分社转告国务院港澳办公室，获审批同意后，才能来内地进行采访。

港澳记者要求到广东、福建、海南省和上海市采访，同样需按规定提出申请，经新华社香港分社转告有关省、市党委，获同意后，方可前往采访。

采访内地的突发事件，可向新华社香港分社提出申请，由该社报中央有关主管部门和中宣部，经批准后，方可前往采访。

二、受理申请采访的港澳记者，是指在港澳地区正式出版和发布新闻的报纸、通讯社、广播电台和电视台的记者、编辑。外国或其他地区新闻机构驻港澳记者（包括港澳籍记者）不在此列。

三、获准来内地采访的港澳记者，由中华全国新闻工作者协会（简称中国记协，下同）负责接待、管理，其中广播、影视记者的接待安排，应与广播电影电视部协商。采访地在北京，或先至北京然后转赴外地采访的港澳记者，须到中国记协办理登记、申领《采访证》，凭《采访证》进行采访。径赴各省、自治区、直辖市采访的港澳记者，经申请获准后，须提前 15 天将登记表和照片寄交中国记协，由中国记协登记后，将《采访证》寄交当地记协代发，并由其负责接待、管理。

《采访证》为一次性证件，逾期作废。

四、各省、自治区、直辖市邀请港澳记者采访，须事先将邀访目的、对象、内容、停留时间等告新华社香港分社，经同意后由该社代为邀请。北京市和中央有关部门邀请港澳记者采访，须报国务院港澳办，获准后转告新华社香港分社代为邀请。各地、各单位均不得径行邀请港澳记者来内地采访。

五、港澳记者专门来内地采访重要的政治、经贸活动或学术、文化、体育等交流活动,经批准后,由该项活动的主办单位负责接待,其采访活动不得超出该专项范围。

六、获准来内地采访的港澳记者进行一般的采访活动,由接待单位负责协助联系。联系时,应将采访内容告知被采访的单位和个人,征得同意。凡要求采访我党和国家领导人者,由中国记协报中央有关部门审批。要求采访省、自治区、直辖市领导人者,由地方记协报当地有关部门审批。未经批准,任何单位和个人不得私自为港澳记者联系和安排采访。

七、目前,除香港《大公报》《文汇报》《香港经济导报》经批准在内地派驻记者或设立办事处外,暂停办理其他港澳新闻机构在内地派驻记者或设立办事处外,暂停办理其他港澳新闻机构在内地派驻记者或设立机构事宜。港澳新闻机构不得雇用内地人员为其变相的常驻记者,不得在内地聘用特约记者和通讯员。

八、内地所有机关、单位、个人不得擅自向港澳新闻机构投稿。对港澳记者以电话对内地机关、单位、个人进行采访一律予以婉拒。

九、在内地进行采访活动的港澳记者,受国家法律保护;同时必须遵守国家法律、法令和服规定,不得进行与记者身份不符的活动。违者视情节轻重,分别由接待单位给予口头警告、收回《采访证》或由政法部门依法追究。

以探亲、旅游等名义持港澳同胞回乡证入境的港澳记者,不得进行采访活动。

12. 外国记者和外国常驻新闻机构管理条例

（国务院1990年1月19日发布）

第一条 为了促进国际交往和信息传播,管理外国记者和外国常驻新闻机构在境内的活动,便利其开展业务,制定本条例。

第二条 本条例适用于外国常驻记者、外国短期采访记者(外国常驻记者和外国短期采访记者统称外国记者)和外国常驻新闻机构。

外国常驻记者,是指依照本条例由外国新闻机构派遣常驻中国六个月以上从事新闻采访报道业务的职业记者。

外国短期采访记者,是指依照本条例来中国六个月以内、从事新闻采访报道业务的职业记者。

外国常驻新闻机构,是指依照本条例由外国新闻机构在中国境内设立,从事新闻采访报道业务并有一名或者一名以上人员的分支机构。

第三条 中华人民共和国政府依法保障外国记者和外国常驻新闻机构的合法权益,并为其正常业务活动提供方便。外国记者和外国常驻新闻机构必须遵守中华人民共和国的法律、法规。

第四条 中华人民共和国外交部(以下简称外交部)是外国记者和外国常驻新闻机构的主管部门。

第五条 外国新闻机构派遣常驻记者,应当向外交部新闻司(以下简称新闻司)提出申请。申请书应当由该机构总部负责人签署,并包括以下内容和文件:

(一)该新闻机构基本情况;

(二)派遣记者的姓名、性别、年龄、国籍、职别、履历、常驻地区;

(三)派遣记者的职业记者证明文件。两个或者两个以上外国新闻机构派遣同一名常驻记者的,应当依照前款规定分别行申履行申请手续,并在各自申请书中注明该记者所兼任的记者身份。

第六条 派遣常驻记者的申请经批准后,该记者应当在抵达中国后七天内,持该机构总部负责人签署的委任书和本人的护照,到新闻司办理注册手续,领取外国记者证。

驻北京以外地区的外国常驻记者,应当在抵达中国后七天内,到新闻司委托的地方人民政府外事办公室(以下简称新闻司委托的机关)办理前款规定的手续。

第七条 外国新闻机构设立常驻新闻机构,应当向新闻司提出申请。申请书应当由该法定代表人签署,并包括以下内容和文件:

(一)该新闻机构基本情况;

(二)在中国境内设立机构的名称、常驻地区、业务范围、人数、负责人及其他人员的姓名、性别、年龄、国籍、职别、履历;

(三)该新闻机构本国注册证书副本。

第八条 设立常驻新闻机构的申请经批准后,该常驻新闻机构负责人应当在抵达中国后七天内,持外国新闻机构法定代表人签署的委任书和本人及其他人员的护照到新闻司办理注册手续,领取《外国常驻新闻机构证》。

驻北京以外地区的外国常驻新闻机构,其负责人应当在抵达中国后七天内,到新闻司委托的机关办理前款规定的手续。

第九条　外国常驻记者离开中国一个月以上六个月以内,其派遣机构要求派遣代任记者的,应当由该机构总部负责人事先向新闻司或者新闻司委托的机关提出书面申请,并附具代任记者的姓名、性别、年龄、国籍、职别、履历和职业记者的证明文件。代任记者经批准并办理证件后,方可从事业务活动。

第十条　外国常驻记者应当每满一年到新闻司或者新闻司委托的机关办理一次《外国记者证》送验、延期手续。无正当理由逾期三十天不办理送验、延期手续的,自行丧失外国常驻记者资格。

外国常驻新闻机构更换负责人、增减人员或者作其他重大变更,应当向新闻司提出申请,经批准并办理变更注册手续。

第十一条　外国记者随国家元首、政府首脑或者外交部长来中国访问,应当由该国外交部事先统一向中国外交部申请并经批准。

第十二条　外国短期采访记者、记者团组到中国采访报道,应当向中国驻外使领馆或者中国国内有关部门提出申请,经批准后,到中国驻外使领馆或者外交部授权的签证机关办理签证。

应中国国内单位邀请的外国短期采访记者、记者团组应当持邀请函电到中国驻外使领馆或者外交部授权的签证机关办理签证。

第十三条　外国短期采访记者在中国境内的采访活动由接待单位负责安排、提供协助。外国短期采访记者因正当理由需要延长采访时间的,须经接待单位同意并按规定办理延长签证手续。

第十四条　外国记者和外国常驻新闻机构应当在注册的业务范围或者商定的采访计划内进行业务活动。

外国记者和外国常驻新闻机构应当遵守新闻职业道德,不得歪曲事实、制造谣言或者以不正当手段采访报道。

外国记者和外国常驻新闻机构不得进行与其身份和性质不符或者危害中国国家安全、统一、社会公共利益的活动。

第十五条　外国记者采访中国的主要领导人,应当通过新闻司提出申请,并经同意;外国记者采访中国政府部门或者其他单位,应当通过有关外事部门申请,并经同意。

外国记者赴中国开放地区采访,应当事先征得有关省、自治区、直辖市人民政府外事办公室同意；赴中国非开放地区采访，应当向新闻司提出书面申请，经批准并到公安机关办理旅行证件。

第十六条　外国常驻记者和外国常驻新闻机构应当依照中国的有关规定，租用房屋设立办公场所。

外国记者和外国常驻新闻机构通过当地外事服务单位可以聘用中国公民担任工作人员或者服务人员；聘用本国或者第三国公民担任工作人员或者服务人员，须经新闻司同意。

第十七条　外国记者和外国常驻新闻机构不得在中国境内架设无线电收发信机和安装卫星通信设备；

在中国境内使用对讲机及类似通信设备，须向中国政府通信主管部门提出申请，并经批准。外国短期采访记者因特殊情况，需要携带和安装卫星通信设备，须向外交部提出申请，并经批准。

第十八条　外国常驻记者应当于离任前三十天书面通知新闻司，并在离境前到新闻司或者新闻司委托的机关注销《外国记者证》。外国常驻新闻机构应当于关闭前30天通知新闻司，并在关闭后到新闻司或者新闻司委托的机关缴销《外国常驻新闻机构证》。

第十九条　外国记者和外国常驻新闻机构违反本条例规定的，新闻司可以视情节，予以警告、暂停或者停止其业务活动、吊销《外国记者证》或者《外国常驻新闻机构证》。

违反《中华人民共和国外国人入境出境管理法》或者其他法律、法规的，由中国有关主管机关依法处理。

第二十条　除本条例规定的外国记者和外国常驻新闻机构外，其他外国人和机构不得在中国境内从事新闻业务活动，违者由中国公安机关视情节予以相应处罚。

第二十一条　本条例由外交部负责解释。

省、自治区、直辖市可以根据本条例，制定实施办法。

第二十二条　本条例自发布之日起施行。

1981年3月9日国务院发布的《中华人民共和国国务院关于管理外国新闻机构常驻记者的暂行规定》同时废止。

13. 内部报刊管理原则

(中共中央宣传部 新闻出版署 1990 年 5 月 16 日发布)

一、内部报刊是指持"内部报刊准印证"、不列入"国内统一刊号"的报刊,不是指持"报刊登记证"、列入"国内统一刊号"的报刊中限定内部发行部分。

二、内部报刊是在本系统、本行业、本单位内用于指导工作、交流经验、交换信息的非商品性连续出版物。它不是独立机构,不具备法人资格。"内部报刊准印证"只发给此类出版物。

三、申办内部报刊,应具备下列条件:

1. 有符合宪法规定的、为社会主义精神文明和物质文明建设服务的宗旨;

2. 有明确的主办单位、明确的专业范围和编辑方针;

3. 有切实担负领导责任的上级主管单位。属中央单位办的内部报刊,应由中央部委级部门主管;地方单位办的内部报刊,应由地方厅局级部门主管;中央单位在地方办的内部报刊,应由本单位设在当地的下属部门(司局级以上,含司局级)主管,中央部委级单位不得直接主管在地方办的内部报刊。

4. 有固定的编辑部。编辑部成员必须是主办单位编制内的正式工作人员。编辑部应与主办单位同在一地。

5. 有必需的资金、固定的办公场所、承印单位。

四、内部报刊由各省、自治区、直辖市新闻出版局在党委宣传部的指导下统一审批(审批自然科学技术类内部报刊时,应征求当地科委或国家科委的意见)。内部报刊准印证由各省、自治区、直辖市新闻出版局统一发放。其他部门不得审批内部报刊和发放内部报刊准印证。

五、内部报刊不得刊载下列内容:

1. 煽动颠覆人民民主专政政权和社会主义制度,分裂国家或煽动叛乱、暴乱的;

2. 煽动反对中国共产党领导的;

3. 煽动抗拒、破坏宪法和法律实施的;

4. 泄露国家机密,危害国家安全,损害国家利益的;

5. 煽动民族、种族歧视或仇视、破坏民族团结的;

6. 宣扬凶杀、淫秽色情或教唆犯罪的;

7. 诽谤或侮辱他人的;

8. 妨害司法部门公正审理案件的;

9. 法律禁止刊载的其他内容。

六、内部报刊的发放和交换范围不得超越本行业、本系统。内部报刊不准公开陈列、销售。更不得通过交换或赠送方式传播到国外和港、澳、台地区。

七、内部报刊不准定价出售,只能经省级新闻出版管理部门会商当地物价管理部门核准后,收取一定的工本费,并不得以此盈利。

八、内部报刊不得进行或参与任何经营活动(包括经营广告),不得开展公开性的社会活动,不得在广播、电视和正式报刊上为自己进行广告宣传。

九、内部报刊不得设立记者站、办事处或以任何名义建立本编辑部以外的其他组织机构。

十、内部报刊不得擅自出版增刊、增页,严禁以"内部报刊准印证"出版图书、资料等。

十一、内部报刊违反管理规定的,由省、自治区、直辖市新闻出版局根据情节轻重,给予警告、罚款、没收非法收入、没收或销毁、停刊整顿、停刊等行政处罚。

14. 中华人民共和国著作权法(节摘)

(1990年9月7日中华人民共和国主席令第31号公布)

第一章 总则

第一条 为保护文学、艺术和科学作品作者的著作权,以及与著作权有关的权益,鼓励有益于社会主义精神文明、物质文明建设的作品的创作和传播,促进社会主义文化和科学事业的发展与繁荣,根据宪法制定本法。

第二条 中国公民、法人或者非法人单位的作品,不论是否发表,依照本法享有著作权。

外国人的作品首先在中国境内发表的,依照本法享有著作权。

外国人在中国境外发表的作品,根据其所属国同中国签订的协议或者共同参加的国际条约享有的著作权,受本法保护。

第三条 本法所称的作品,包括以下列形式创作的文学、艺术和自然科学、社会科学、工程技术等作品:

(一)文字作品;

(二)口述作品;

(三)音乐、戏剧、曲艺、舞蹈作品;

(四)美术、摄影作品;

(五)电影、电视、录像作品;

(六)工程设计、产品设计图纸及其说明;

(七)地图、示意图等图形作品;

(八)计算机软件;

(九)法律、行政法规规定的其他作品。

第四条 依法禁止出版、传播的作品,不受本法保护。

著作权人行使著作权,不得违反宪法和法律,不得损害公共利益。

第五条 本法不适用于:

(一)法律、法规,国家机关的决议、决定、命令和其他具有立法、行政、司法性质的文件,及其官方正式译文;

(二)时事新闻;

(三)历法、数表、通用表格和公式。

第六条 民间文学艺术作品的著作权保护办法由国务院另行规定。

第七条 科学技术作品中应当由专利法、技术合同法等法律保护的,适用专利法、技术合同法等法律的规定。

第八条 国务院著作权行政管理部门主管全国的著作权管理工作;各省、自治区、直辖市人民政府的著作权行政管理部门主管本行政区域的著作权管理工作。

第二章 著作权

第一节 著作权人及其权利

第九条 著作权人包括:

(一)作者;

(二)其他依照本法享有著作权的公民、法人或者非法人单位。

第十条 著作权包括下列人身权和财产权：

（一）发表权，即决定作品是否公之于众的权利；

（二）署名权，即表明作者身份，在作品上署名的权利；

（三）修改权，即修改或者授权他人修改作品的权利；

（四）保护作品完整权，即保护作品不受歪曲、篡改的权利；

（五）使用权和获得报酬权，即以复制、表演、播放、展览、发行、摄制电影、电视、录像或者改编、翻译、注释、编辑等方式使用作品的权利；以及许可他人以上述方式使用作品，并由此获得报酬的权利。

第二节 著作权归属

第十一条 著作权属于作者，本法另有规定的除外。

创作作品的公民是作者。

由法人或者非法人单位主持，代表法人或者非法人单位意志创作，并由法人或者非法人单位承担责任的作品，法人或者非法人单位视为作者。

如无相反证明，在作品上署名的公民、法人或者非法人单位为作者。

第十二条 改编、翻译、注释、整理已有作品而产生的作品，其著作权由改编、翻译、注释、整理人享有，但行使著作权时，不得侵犯原作品的著作权。

第十三条 两人以上合作创作的作品，著作权由合作作者共同享有。没有参加创作的人，不能成为合作作者。

合作作品可以分割使用的，作者对各自创作的部分可以单独享有著作权，但行使著作权时不得侵犯合作作品整体的著作权。

第十四条 编辑作品由编辑人享有著作权，但行使著作权时，不得侵犯原作品的著作权。

编辑作品中可以单独使用的作品的作者有权单独行使其著作权。

第十五条 电影、电视、录像作品的导演、编剧、作词、作曲、摄影等作者享有署名权，著作权的其他权利由制作电影、电视、录像作品的制片者享有。

电影、电视、录像作品中剧本、音乐等可以单独使用的作品的作者有权单独行使其著作权。

第十六条 公民为完成法人或者非法人单位工作任务所创作的作品是职务作品，

除本条第二款的规定以外,著作权由作者享有,但法人或者非法人单位有权在其业务范围内优先使用。作品完成两年内,未经单位同意,作者不得许可第三人以与单位使用的相同方式使用该作品。

有下列情形之一的职务作品,作者享有署名权,著作权的其他权利由法人或者非法人单位享有,法人或者非法人单位可以给予作者奖励:

(一)主要是利用法人或者非法人单位的物质技术条件创作,并由法人或者非法人单位承担责任的工程设计、产品设计图纸及其说明、计算机软件、地图等职务作品;

(二)法律、行政法规规定或者合同约定著作权由法人或者非法人单位享有的职务作品。

第十七条　受委托创作的作品,著作权的归属由委托人和受托人通过合同约定。合同未作明确约定或者没有订立合同的,著作权属于受托人。

第十八条　美术等作品原件所有权的转移,不视为作品著作权的转移,但美术作品原件的展览权由原件所有人享有。

第十九条　著作权属于公民的,公民死亡后,其作品的使用权和获得报酬权在本法规定的保护期内,依照继承法的规定转移。

著作权属于法人或者非法人单位的,法人或者非法人单位变更、终止后,其作品的使用权和获得报酬权在本法规定的保护期内,由承受其权利义务的法人或者非法人单位享有;没有承受其权利义务的法人或者非法人单位的,由国家享有。

第三节　权利的保护期

第二十条　作者的署名权、修改权、保护作品完整权的保护期不受限制。

第二十一条　公民的作品,其发表权、使用权和获得报酬权的保护期为作者终生及其死亡后五十年,截止于作者死亡后第五十年的 12 月 31 日;如果是合作作品,截止于最后死亡的作者死亡后的第五十年的 12 月 31 日。

法人或者非法人单位的作品、著作权(署名权除外)由法人或者非法人单位享有的职务作品,其发表权、使用权和获得报酬权的保护期为五十年,截止于作品首次发表后第五十年的 12 月 31 日,但作品自创作完成后五十年内未发表的,本法不再保护。

电影、电视、录像和摄影作品的发表权、使用权和获得报酬权的保护期为五十年,截止于作品首次发表后第五十年的 12 月 31 日,但作品自创作完成后五十年内未发表的,本法不再保护。

第四节 权利的限制

第二十二条 在下列情况下使用作品,可以不经著作权人许可,不向其支付报酬,但应当指明作者姓名、作品名称,并且不得侵犯著作权人依照本法享有的其他权利:

(一)为个人学习、研究或者欣赏,使用他人已经发表的作品;

(二)为介绍、评论某一作品或者说明某一问题,在作品中适当引用他人已经发表的作品;

(三)为报道时事新闻,在报纸、期刊、广播、电视节目或者新闻纪录影片中引用已经发表的作品;

(四)报纸、期刊、广播电台、电视台刊登或者播放其他报纸、期刊、广播电台、电视台已经发表的社论、评论员文章;

(五)报纸、期刊、广播电台、电视台刊登或者播放在公众集会上发表的讲话,但作者声明不许刊登、播放的除外;

(六)为学校课堂教学或者科学研究,翻译或者少量复制已经发表的作品,供教学或者科研人员使用,但不得出版发行;

(七)国家机关为执行公务使用已经发表的作品;

(八)图书馆、档案馆、纪念馆、博物馆、美术馆等为陈列或者保存版本的需要,复制本馆收藏的作品;

(九)免费表演已经发表的作品;

(十)对设置或者陈列在室外公共场所的艺术作品进行临摹、绘画、摄影、录像;

(十一)将已经发表的汉族文字作品翻译成少数民族文字在国内出版发行;

(十二)将已经发表的作品改成盲文出版。

以上规定适用于对出版者、表演者、录音录像制作者、广播电台、电视台的权利的限制。

第三章 著作权许可使用合同

第二十三条 使用他人作品应当同著作权人订立合同或者取得许可,本法规定可以不经许可的除外。

第二十四条　合同包括下列主要条款：

（一）许可使用作品的方式；

（二）许可使用的权利是专用使用权或者非专有使用权；

（三）许可使用的范围、期间；

（四）付酬标准和办法；

（五）违约责任；

（六）双方认为需要约定的其他内容。

第二十五条　合同中著作权人未明确许可的权利，未经著作权人许可，另一方当事人不得行使。

第二十六条　合同的有效期限不超过十年。合同期满可以续订。

第二十七条　使用作品的付酬标准由国务院著作权行政管理部门会同有关部门制定。合同另有约定的，也可以按照合同支付报酬。

第二十八条　出版者、表演者、录音录像制作者、广播电台、电视台等依照本法取得他人的著作权使用权的，不得侵犯作者的署名权、修改权、保护作品完整权和获得报酬权。

第四章　出版、表演、录音录像、播放

第一节　图书、报刊的出版

第二十九条　图书出版者出版图书应当和著作权人订立出版合同，并支付报酬。

第三十条　图书出版者对著作权人交付出版的作品，在合同约定期间享有专有出版权。合同约定图书出版者享有专有出版权的期限不得超过十年，合同期满可以续订。图书出版者在合同约定期间享有的专有出版权受法律保护，他人不得出版该作品。

第三十一条　著作权人应当按照合同约定期限交付作品。图书出版者应当按照合同约定的出版质量、期限出版图书。

图书出版者不按照合同约定期限出版，应当依照本法第四十七条的规定承担民事责任。图书出版者重印、再版作品的，应当通知著作权人，并支付报酬。图书脱销后，图书出版者拒绝重印、再版的，著作权人有权终止合同。

第三十二条　著作权人向报社、杂志社投稿的，自稿件发出之日起十五日内未收到报社通知决定刊登的，或者自稿件发出之日起三十日内未收到杂志社通知决定刊登的，

可以将同一作品向其他报社、杂志社投稿。双方另有约定的除外。作品刊登后,除著作权人声明不得转载、摘编的外,其他报刊可以转载或者作为文摘、资料刊登,但应当按照规定向著作权人支付报酬。

第三十三条 图书出版者经作者许可,可以对作品修改、删节。报社、杂志社可以对作品作文字性修改、删节,对内容的修改,应当经作者许可。

第三十四条 出版改编、翻译、注释、整理、编辑已有作品而产生的作品,应当向改编、翻译、注释、整理、编辑作品的著作权人和原作品的著作权人支付报酬。

……

第四节 广播电台、电视台播放

第四十条 广播电台、电视台使用他人未发表的作品制作广播、电视节目,应当取得著作权人的许可,并支付报酬。广播电台、电视台使用他人已发表的作品制作广播、电视节目,可以不经著作权人许可,但著作权人声明不许使用的不得使用;并且除本法规定可以不支付报酬的以外,应当按照规定支付报酬。广播电台、电视台使用改编、翻译、注释、整理已有作品而产生的作品制作广播、电视节目,应当向改编、翻译、注释、整理作品的著作权人和原作品的著作权人支付报酬。

第四十一条 广播电台、电视台制作广播、电视节目,应当同表演者订立合同,并支付报酬。

第四十二条 广播电台、电视台对其制作的广播、电视节目,享有下列权利:

(一)播放;

(二)许可他人播放,并获得报酬;

(三)许可他人复制发行其制作的广播、电视节目,并获得报酬。

前款规定的权利的保护期为五十年,截止于该节目首次播放后第五十年的12月31日。被许可复制发行的录音录像制作者还应当按照规定向著作权人和表演者支付报酬。

第四十三条 广播电台、电视台非营业性播放已出版的录音制品,可以不经著作权人、表演者、录音制作者许可,不向其支付报酬。

第四十四条 电视台播放他人的电影、电视和录像,应当取得电影、电视制片者和录像制作者的许可,并支付报酬。

第五章 法律责任

第四十五条 有下列侵权行为的,应当根据情况,承担停止侵害、消除影响、公开赔礼道歉、赔偿损失等民事责任:

(一)未经著作权人许可,发表其作品的;

(二)未经合作作者许可,将与他人合作创作的作品当作自己单独创作的作品发表的;

(三)没有参加创作,为谋取个人名利,在他人作品上署名的;

(四)歪曲、篡改他人作品的;

(五)未经著作权人许可,以表演、播放、展览、发行、摄制电影、电视、录像或者改编、翻译、注释、编辑等方式使用作品的,本法另有规定的除外;

(六)使用他人作品,未按照规定支付报酬的;

(七)未经表演者许可,从现场直播其表演的;

(八)其他侵犯著作权以及与著作权有关的权益的行为。

第四十六条 有下列侵权行为的,应当根据情况,承担停止侵害、消除影响、公开赔礼道歉、赔偿损失等民事责任,并可以由著作权行政管理部门给予没收非法所得、罚款等行政处罚:

(一)剽窃、抄袭他人作品的;

(二)未经著作权人许可,以营利为目的,复制发行其作品的;

(三)出版他人享有专有出版权的图书的;

(四)未经表演者许可,对其表演制作录音录像出版的;

(五)未经录音录像制作者许可,复制发行其制作的录音录像的;

(六)未经广播电台、电视台许可,复制发行其制作的广播、电视节目的;

(七)制作、出售假冒他人署名的美术作品的。

第四十七条 当事人不履行合同义务或者履行合同义务不符合约定条件的,应当照民法通则有关规定承担民事责任。

第四十八条 著作权侵权纠纷可以调解,调解不成或者调解达成协议后一方反悔的,可以向人民法院起诉。当事人不愿调解的,也可以直接向人民法院起诉。

第四十九条 著作权合同纠纷可以调解,也可以依据合同中的仲裁条款或者事后达成的书面仲裁协议,向著作权仲裁机构申请仲裁。对于仲裁裁决,当事人应当履行。当事人一方不履行仲裁裁决的,另一方可以申请人民法院执行。

受申请的人民法院发现仲裁裁决违法的,有权不予执行。人民法院不予执行的,当事人可以就合同纠纷向人民法院起诉。

当事人没有在合同中订立仲裁条款,事后又没有书面仲裁协议的,可以直接向人民法院起诉。

第五十条　当事人对行政处罚不服的,可以在收到行政处罚决定书三个月内向人民法院起诉,期满不起诉又不履行的,著作权行政管理部门可以申请人民法院执行。

……

15. 报纸管理暂行规定

(新闻出版署1990年12月25日发布)

第一章　总　则

第一条　为促进我国报纸事业的繁荣与健康发展,加强报纸的行政管理,使报纸更好地为社会主义服务,为人民服务,特制定本规定。

第二条　本规定所称报纸,是指有固定名称、刊期、开版,以新闻报道为主要内容,每周至少出版一期的散页连续出版物。

对现有以非新闻性内容为主或出版周期超过一周的、以报纸形式出版的散页连续出版物的管理,也适用本规定。

第三条　凡经新闻出版行政管理部门审核批准,履行登记注册手续,领取"报刊登记证"(由新闻出版署统一印制),编入"国内统一刊号"(CN××——××××)的报纸,即为"正式报纸"。正式报纸的发行分为"公开"和"内部"两种。公开发行的,可以在全国或以某个地域为主的范围内公开征订、陈列、销售;经新闻出版署批准后可向国外征订、陈列、销售。内部发行的,只能在国内指定范围内征订、陈列、销售,不得在社会上公开发行。

第四条　正式报纸的合订本(含缩印本),应视为报纸本身的自然延伸。

第五条　出版正式报纸的报社,可在法律和有关规定的范围内开展新闻业务及其他有益于社会和人民的活动。

第六条　凡经新闻出版行政管理部门审核批准,履行登记注册手续,领取"内部报刊准印证"(由省级新闻出版行政管理部门统一印制),用于本系统本单位内指导工作、交流经验的报纸(不含文件性材料和简报),称为"非正式报纸"。"非正式报纸"属非卖品,不编入"国内统一刊号",不得公开征订、发行、陈列或销售,不得刊登广告和刊出定价,出版非正式报纸的报社不得进行任何经营活动。

第七条　我国的报纸事业是中国共产党领导的社会主义新闻事业的重要组成部分,必须坚持为社会主义服务、为人民服务的基本方针,坚持以社会效益为最高准则,宣传马克思列宁主义、毛泽东思想,宣传中国共产党和中华人民共和国政府的方针和政策;传播信息和科学技术、文化知识,为人民群众提供健康的娱乐;反映人民群众的意见和建议,发挥新闻舆论的监督作用。

第八条　任何报纸不得刊载下列内容:

(一)煽动抗拒、破坏宪法和法律实施的;

(二)煽动颠覆人民民主专政政权和破坏社会主义制度、分裂国家或煽动叛乱、暴乱的;

(三)煽动反对中国共产党领导的;

(四)泄露国家机密,危害国家安全,损害国家利益的;

(五)煽动民族、种族歧视或仇视、破坏民族团结的;

(六)破坏社会安定和煽动动乱的;

(七)宣扬凶杀、淫秽、色情、封建迷信或伪科学,教唆犯罪和有害青少年身心健康的;

(八)诽谤或侮辱他人的;

(九)法律禁止刊登的其他内容。

第九条　报社因新闻业务需要,按有关规定,经新闻出版行政管理部门批准,可设置一定数量的记者站。记者站是报社根据新闻采访需要常驻编辑部以外地区的派出机构,不是独立机构,不具有法人资格,不得从事经营活动。记者站不得再设立分支机构。

记者站应接受当地新闻出版行政管理部门的管理。

报社不得设立社外编辑部或类似机构。

出版非正式报纸的报社,不得设立记者站或其他类似机构。

第二章 报纸的审批

第十条 创办正式报纸应当具备下列条件：

（一）有符合宪法规定的、为社会主义精神文明和物质文明建设服务的宗旨；

（二）有确定的并与主办单位、主管部门的工作业务一致的专业分工范围和编辑方针；

（三）有确定的、能切实担负领导责任的主办单位和主管部门。主管部门在中央应为部级以上（含副部级）单位；在省为厅（局）级以上（含副厅级）单位；在地（市）、县（市）为县级以上（含县级）单位；

（四）有能坚持四项基本原则、符合专业要求、具有相应专业技术职务的专职总编辑和一定数量的专职编辑、记者组成的编辑部；

（五）有与所办报纸规模相适应的创办资金、办公场所、出版与印刷条件和维持正常出版所需的正当可靠的资金来源。

第十一条 中央单位（即中央和国务院各部委、直属机构，各民主党派和全国性群众团体及其直属单位）创办正式报纸，由报纸主管部门审核同意后，报新闻出版署审批。解放军系统创办报纸，由解放军总政治部审核同意后，报新闻出版署审批。

地方单位创办正式报纸，由报纸主管部门向所在地新闻出版行政管理部门（暂未建立的，可直接向省级新闻出版行政管理部门）提出申请，经核准并报省级新闻出版行政管理部门审核同意后，报新闻出版署审批。

第十二条 两个或两个以上单位合办报纸，须确定一个主要主办单位和一个主管部门并由主管部门提出申请。

第十三条 创办正式报纸，须符合本规定第十条的要求，并由报纸主管部门向审批机关提出申请书，申请书须写明下列内容：

（一）创办报纸的理由、报纸的宗旨和专业范围；

（二）报纸的主办单位和主管部门；

（三）报纸的名称、刊期、开张、版数、发行范围及方式；

（四）报社主要负责人的姓名、简历、行政职务和专业技术职务；报社组织机构简况；

（五）报社办公场所和印刷场所的地址（办公场所应与主管部门、主办单位同在一地）；

（六）资金来源。

申请书上述六款内容不周全或申报不实的，审批机关不予审批。

第十四条　同一名称的正式报纸的不同版别、文种，一般按不同报纸对待，须分别申请"国内统一刊号"。

第十五条　创办非正式报纸，由报纸主管部门向所在地新闻出版行政管理部门（暂未建立的，可直接向省级新闻出版行政管理部门）提出申请，经核准后，报省级新闻出版行政管理部门审批。

第十六条　非正式报纸或由非正式期刊改为正式报纸的，由正式期刊改为正式报纸的，均按创办正式报纸程序履行申报审批手续。

第三章　报纸的登记

第十七条　经批准登记注册的正式报纸，由其主办单位凭新闻出版署批准文件到所在地省级新闻出版行政管理部门办理登记注册手续，其程序为：

（一）报纸主办单位填写"报纸申请登记表"（由新闻出版署统一印制），并由报纸主管部门审核签章；

（二）登记机关对"报纸申请登记表"审核无误后，发给"报刊登记证"，并编入"国内统一刊号"当地序列；

（三）"报纸申请登记表"一式4份。除留存报社、所在地新闻出版行政管理部门、登记机关各一份外，另一份应由登记机关于报纸登记后15天内报送新闻出版署备案。所在地暂未建立新闻出版行政管理部门的，登记机关留存2份。

第十八条　报纸登记注册后，可依照《中华人民共和国商标法》的规定，办理报纸名称的商标注册。

第十九条　经批准登记注册的非正式报纸，由其主办单位凭省级新闻出版行政管理部门的批准文件到所在地新闻出版行政管理部门（暂未建立的，可直接到省级新闻出版行政管理部门）办理登记注册手续，领取"内部报刊准印证"。

第二十条　"报刊登记证"的有效期和换发时间，由新闻出版署规定；"内部报刊准印证"的有效期和换发时间，由省级新闻出版行政管理部门规定。

第二十一条　报纸自批准之日起，办报单位在60天内不办理登记注册手续的，其批准文件自行失效,登记机关不再予以登记注册。如要继续办理登记注册手续,须重新申请和审批。

报纸经登记注册后半年不出版的,由登记机关注销登记。如要继续出版,须重新申请和审批。

第二十二条　报纸停办,应由其主办单位提前30天向登记机关提交书面报告及主管部门的证明文件,办理停办手续。

报纸出版过程中,若报纸的主管部门没有承担或通过正式文件表示不再承担相应责任,则该报即自行失去继续出版的合法权利,新闻出版行政管理部门应及时注销该报登记。报纸注销登记,应由其主办单位到登记机关办理注销手续。

报纸因违反本规定或国家其他有关法律、法规而被新闻出版行政管理部门责令撤销登记的,应由其主办单位到登记机关办理撤销手续。

报纸办理停办、注销登记或撤销登记手续后,由登记机关报新闻出版署备案。

报纸停办、注销登记或撤销登记的善后事宜,由报纸主管部门和主办单位共同负责妥善处理。

报纸停办、注销登记或撤销登记以后,报社不得再以报纸名义继续进行新闻业务活动和其他任何活动。

第四章　报纸的出版

第二十三条　报纸的主管部门和主办单位应当认真按照国家有关法律、法规,切实对所办的报纸进行管理,在报纸的政治方向上要加强领导和监督,在报纸的资金、人员编制等方面要给予必要的保证,并承担相应的政治、法律、行政和经济等方面的责任。

第二十四条　报纸必须按规定经有关新闻出版行政管理部门批准登记注册后方可出版,否则属非法出版。

报纸经批准登记注册后,严禁转让其刊号和出版权,其他单位或个人不得以出资代办或其他方式控制或接管报纸。

第二十五条　报纸经批准出版之后,不得擅自改变其办报宗旨、编辑方针和专业分工范围。

第二十六条　经批准出版的报纸,必须与"报刊登记证"或"内部报刊准印证"的登记项目相符。不得利用"报刊登记证"或"内部报刊准印证"出版登记项目以外的其他出版物。

第二十七条 公开发行的报纸,不得直接转载内部发行的报纸、期刊、图书或其他内部出版物的内容;转载或摘编国外和港、澳、台报纸、期刊、图书内容时,须遵守国家有关规定。

第二十八条 正式报纸出版时须在每期固定位置标出:

(一)"国内统一刊号";

(二)出版日期;

(三)期号;

(四)发行方式(邮发的应标明邮发代号);

(五)报社地址、电话、电报挂号和邮政编码;

(六)定价;

(七)印刷厂名称;

(八)"广告经营许可证"编号。

第二十九条 非正式报纸应在每期固定位置标明"内部报刊准印证"全称及编号。需收取工本费的,应标明工本费数额。

第三十条 报纸经批准出版之后,应向新闻出版行政管理部门及时缴送样报、合订本,并按国家有关规定向北京图书馆、中国版本图书馆缴送样报、合订本。

第三十一条 已批准出版的报纸,自批准之日起半年内可出版试刊。

第三十二条 正在申报而未获批准创办的报纸,其筹备组织和人员,不得以该报社名义对外进行公开活动。

第三十三条 各地报纸(含非正式报纸)每年的有关情况统计,由省级新闻出版行政管理部门汇总,于第二年1月31日前,统一报新闻出版署。

第五章 报纸的变更

第三十四条 报纸的变更是指:变更主管部门、主办单位、名称、文种、刊期、开版、定价、发行范围,临时增版、临时增期和中断出版等。

第三十五条 正式报纸的主管部门和主办单位不得随意变更,确因特殊原因需要变更的,变更主办单位应由其主管部门向原审核批准机关申报;变更主管部门应由其主管部门与拟接管报纸的主管部门分别向原审核批准机关申报,经批准后,方可变更。

第三十六条　正式报纸需变更名称、文种的,应由其主管部门向原审核批准机关申报,经批准后,方可变更。

第三十七条　正式报纸需变更刊期、开版和发行范围的,由其主管部门向新闻出版行政管理部门提出申请。中央单位的报纸,由新闻出版署审批;地方单位的报纸,由所在地省级新闻出版行政管理部门审批,经批准后方可变更,并报新闻出版署备案。

第三十八条　正式报纸需变更定价的,按国家有关规定办理。

第三十九条　正式报纸需临时增版、增期的,报社应持主管部门的批准文件在30天前向新闻出版行政管理部门提出申请(因特殊情况,未能在30天前申请的,须经特别批准)。中央单位的报纸,由新闻出版署审批;地方单位的报纸,由所在地省级新闻出版行政管理部门审批,经批准后方可出版。

正式报纸临时增版、增期应按批准文件规定的日期、文种、开版等进行出版,其内容应与报纸的宗旨、编辑方针一致;临时增版、增期的报纸印数应与主报的印数一致(因特殊情况,临时增期印数需少于主报印数的,须经特别批准),并随主报发行。不得单独发售或借此提高报纸定价。

非正式报纸不得临时增版、增期。

报纸不得随意减版、减期(因不可抗力的情况引起的除外)。

第四十条　正式报纸出版"号外",须事先向新闻出版行政管理部门报告,经同意后方可出版。中央单位的报纸,向新闻出版署报告;地方单位的报纸,向所在地省级新闻出版行政管理部门报告。

第四十一条　正式报纸如连续3个月不出版的,便自行失去出版资格,由登记机关注销登记。如需继续出版,须重新申请和审批。

第四十二条　两家或两家以上正式报纸需合并为一家报纸的,由各有关报社的主管部门共同向新闻出版行政管理部门提出申请,经批准并办理有关手续后,方可合并。中央单位的报纸,由新闻出版署审批;地方单位的报纸,由所在地省级新闻出版行政管理部门审批。

第四十三条　非正式报纸的变更,由其主管部门向所在地新闻出版行政管理部门(暂未建立的,可直接向省级新闻出版行政管理部门)提出申请,经核准后,报省级新闻出版行政管理部门审批。

第六章 报社的经营

第四十四条 凡出版正式报纸的报社,可在法律和政策规定的范围内,结合自身业务,开展有偿服务和多种经营活动。

第四十五条 凡出版正式报纸,且具有法人资格的报社开展有偿服务和多种经营活动,应持报纸主管部门的批准文件,向有关新闻出版行政管理部门和工商行政管理部门提出申请,获准并领取营业执照后,方可开展有偿服务和多种经营活动(经营项目凡涉及国家有特殊规定的,应事先获得有关部门批准)。

报社开展有偿服务和多种经营活动必须由报社的经营部门进行,其他部门和人员一律不得从事经营活动。

第四十六条 凡出版正式报纸的报社经营广告业务,须持"报刊登记证"向有关工商行政管理部门申请"广告经营许可证",获准后方可开展广告业务。

报社开展广告业务,应由报社的广告部门及专职广告人员进行,其他部门和人员一律不得经营广告业务。

第四十七条 正式报纸为报纸、期刊刊登广告,须验明其"报刊登记证";为图书、音像出版物刊登广告,须验明其出版单位。

公开发行的报纸不得为内部发行的报纸、期刊和图书刊登广告。

第四十八条 报社经营广告业务必须遵守国家的有关法律、法规。报纸刊登任何形式的广告,均应在报纸明显位置注明"广告"字样,严禁以新闻形式刊登广告,收取费用。

第七章 处 罚

第四十九条 报社违反本规定的,新闻出版行政管理部门除建议其主管部门对有关责任人员给予相应的行政处分外,还可视其情节轻重,直接给予报社下列行政处罚:

(一)警告;

(二)罚款;

(三)停止出售、没收或销毁报纸;

(四)没收非法所得;

(五)停止出版一至五期;

（六）停业整顿一至三个月；

（七）撤销登记。

以上处罚，可以并处。

报社因受到处罚或报纸停刊而对读者造成经济损失的，由报社负责赔偿。

各地新闻出版行政管理部门给予本条第（三）、（四）、（五）款规定的处罚，须报省级新闻出版行政管理部门核准；给予本条第（六）、（七）款规定的处罚，须报新闻出版署核准。

第五十条　报纸的内容违反本规定第八条规定，触犯刑法，构成犯罪的，由司法机关依法追究其刑事责任。

第五十一条　凡假冒、伪造、变造"报刊登记证"、"内部报刊准印证"、报纸刊号和非法出版报纸的，由新闻出版行政管理部门、工商行政管理部门和公安部门在本部门权限内，依照有关规定给予行政处罚；构成犯罪的，由司法机关追究其刑事责任。

第八章　附　则

第五十二条　本规定生效后，以前涉及报纸行业管理的其他规定，凡与本规定有抵触的，均以本规定为准。

第五十三条　本规定由新闻出版署解释。

第五十四条　本规定自公布之日起施行。

16. 关于惩治走私、制作、贩卖、传播淫秽物品的犯罪分子的决定

（1990年12月28日中华人民共和国主席令第39号公布）

为了惩治走私、制作、贩卖、传播淫秽的书刊、影片、录像带、录音带、图片或者其他淫秽物品的犯罪分子，维护社会治安秩序，加强社会主义精神文明建设，抵制资产阶级腐朽思想的侵蚀，特作如下决定：

一、以牟利或者传播为目的，走私淫秽物品的，依照关于惩治走私罪的补充规定处罚。不是为了牟利、传播、携带、邮寄少量淫秽物品进出境的，依照海关法的有关规定处罚。

二、以牟利为目的，制作、复制、出版、贩卖、传播淫秽物品的，处三年以下有期徒刑

或者拘役,并处罚金;情节严重的,处三年以上十年以下有期徒刑,并处罚金;情节特别严重的,处十年以上有期徒刑或者无期徒刑,并处罚金或者没收财产。情节较轻的,由公安机关依照治安管理处罚条例的有关规定处罚。

为他人提供书号,出版淫秽书刊的,处三年以下有期徒刑或者拘役,并处或者单处罚金;明知他人用于出版淫秽书刊而提供书号的,依照前款的规定处罚。

三、在社会上传播淫秽的书刊、影片、录像带、录音带、图片或者其他淫秽物品,情节严重的,处二年以下有期徒刑或者拘役。情节较轻的,由公安机关依照治安管理处罚条例的有关规定处罚。

组织播放淫秽的电影、录像等音像制品的,处三年以下有期徒刑或者拘役,可以并处罚金;情节严重的,处三年以上十年以下有期徒刑,并处罚金。情节较轻的,由公安机关依照治安管理处罚条例的有关规定处罚。

制作、复制淫秽的电影、录像等音像制品组织播放的,依照第二款的规定从重处罚。

向不满十八岁的未成年人传播淫秽物品的,从重处罚。

不满十六岁的未成年人传抄、传看淫秽的图片、书刊或者其他淫秽物品的,家长、学校应当加强管教。

四、利用淫秽物品进行流氓犯罪的,依照刑法第一百六十条的规定处罚;流氓犯罪集团的首要分子,或者进行流氓犯罪活动危害特别严重的,依照关于严惩严重危害社会治安的犯罪分子的决定第一条的规定,可以在刑法规定的最高刑以上处刑,直至判处死刑。

利用淫秽物品传授犯罪方法的,依照关于严惩严重危害社会治安的犯罪分子的决定第二条的规定处罚,情节特别严重的,处无期徒刑或者死刑。

五、单位有本决定第一条、第二条、第三条规定的违法犯罪行为的,对其直接负责的主管人员和其他直接责任人员,依照各该条的规定处罚,对单位判处罚金或者予以罚款,行政主管部门并可以责令停业整顿或者吊销执照。

六、有下列情节之一的,依照本决定有关规定从重处罚:

(一)犯罪集团的首要分子;

(二)国家工作人员利用工作职务便利,走私、制作、复制、出版、贩卖、传播淫秽物品的;

(三)管理录像、照像、复印等设备的人员,利用所管理的设备,犯有本决定第二条、

第三条、第四条规定的违法犯罪行为的;

(四)成年人教唆不满十八岁的未成年人走私、制作、复制、贩卖、传播淫秽物品的。

七、淫秽物品和走私、制作、复制、出版、贩卖、传播淫秽物品的违法所得以及属于本人所有的犯罪工具,予以没收。没收的淫秽物品,按照国家规定销毁。罚没收入一律上缴国库。

八、本决定所称淫秽物品,是指具体描绘性行为或者露骨宣扬色情的诲淫性的书刊、影片、录像带、录音带、图片及其他淫秽物品。

有关人体生理、医学知识的科学著作不是淫秽物品。

包含有色情内容的有艺术价值的文学、艺术作品不视为淫秽物品。

淫秽物品的种类和目录,由国务院有关主管部门规定。

九、本决定自公布之日起施行。

17. 中华人民共和国未成年人保护法(节摘)

(1991年9月4日第七届全国人大常委会第21次会议通过)

......

第三十二条 国家鼓励新闻、出版、信息产业、广播、电影、电视、文艺等单位和作家、艺术家、科学家以及其他公民,创作或者提供有利于未成年人健康成长的作品。出版、制作和传播专门以未成年人为对象的内容健康的图书、报刊、音像制品、电子出版物以及网络信息等,国家给予扶持。

国家鼓励科研机构和科技团体对未成年人开展科学知识普及活动。

......

第三十四条 禁止任何组织、个人制作或者向未成年人出售、出租或者以其他方式传播淫秽、暴力、凶杀、恐怖、赌博等毒害未成年人的图书、报刊、音像制品、电子出版物以及网络信息等。

......

第五十八条 对未成年人犯罪案件,新闻报道、影视节目、公开出版物、网络等不得披露该未成年人的姓名、住所、照片、图像以及可能推断出该未成年人的资料。

......

第六十四条　制作或者向未成年人出售、出租或者以其他方式传播淫秽、暴力、凶杀、恐怖、赌博等图书、报刊、音像制品、电子出版物以及网络信息等的,由主管部门责令改正,依法给予行政处罚。

18. 关于有线电视台、站电视节目管理的暂行规定

（广播电影电视部 1992 年 2 月 19 日发布）

第一条　有线电视是广播电视事业的重要组成部分,是党和人民的喉舌,是无线电视台的补充、延伸和发展。为加强有线电视台、站的节目管理,根据《有线电视管理暂行办法》《〈有线电视管理暂行办法〉实施细则》和国家有关法律、法规及电视宣传管理规章,制定本规定。

第二条　本规定所称"电视节目",是指有线电视台、站转播节目和自办节目。

转播节目是指有线电视台、站收转无线电视台的节目和电视教学节目。

自办节目是指有线电视台自制的供本台播出的新闻、专题性节目或有线电视台、站通过合法供片渠道购买、交换、租赁的专题、文艺、教育、科技、服务等各类电视节目和录像制品。有线电视站不得播放自制节目。

第三条　有线电视台、站必须领取广播电影电视部颁发的《有线电视台许可证》或省级广播电视行政管理部门颁发的《有线电视站许可证》后,才能播放节目。

第四条　有线电视台、站必须安排专用转播频道完整地直接传送中央电视台、当地省级电视台节目和国家教委办的电视教学节目。

有线电视台、站必须在获得本台、站播映权后,方可在自办节目频道中使用国内无线电视台制作、引进并播出的电视节目,《中华人民共和国著作权法》另有规定的除外。

第五条　有线电视台、站应以转播中央台和省市台节目为主,自办节目为辅,要根据贴近群众、贴近生活、贴近实际和具有多功能服务手段的特征自办节目。强化宣传、教育功能。有线电视台要重点办好与本区域、本单位密切相关的新闻节目,每个自办节目日必须有新闻节目(含重播,每周自制新闻不得少于 30 分钟)。要努力办好社会、科技、知识、文化教育节目。运用图文广播等形式为观众提供经济、科技、文娱、交通、天气等社会服务。节目应充分满足不同层次观众的需求,可设置专门频道播放某一类别的(如教学辅导、科技讲座等)电视节目。有线电视站应合理编排播放内容,每日必须安排

一定时间播放各类专题或教育性的录像制品。

第六条 有线电视台、站播放的影视剧、录像制品应以国产的为主,外国及港、澳、台影视剧、录像制品不得超过每周影视剧、录像制品总播出量的1/3。

第七条 有线电视台、站播放持有广播电影电视部颁发的《电视剧制作许可证》单位制作的国产电视剧以外的其他文艺性节目,必须由省级广播电视行政管理部门所指定的机构统一提供。各省(区、市)确定的供片机构,要做好统一供片工作。同时,广播电影电视部指定中央电视台所属中国电视国际服务公司向各省(区、市)供片机构提供一部分供有线电视台、站播放的节目。

第八条 中国电视国际服务公司提供3/4节目母带和封面、内贴。各省级有线电视节目供片机构可按双方的协议购买节目的地区播放权,根据本地有线电视台、站的数量复制子带,并须经省级广播电视行政管理部门加贴《有线电视节目准播证》后,按行政区域分别向有线电视台、站提供。

第九条 有线电视台、站播放的外国及港、澳、台影视剧,必须经广播电影电视部地方管理司审查同意。部地方司每年年初确定供有线电视台、站播放的外国及港、澳、台影视的数额,由中国电视国际服务公司集中引进,通过省级供片机构统一向有线电视台、站提供。

第十条 已公开出版发行的国产录像制品,必须经省级广播电视行政管理部门审查批准,并在其录像带上加贴《有线电视节目准播证》后,由省级供片机构向有线电视台、站统一提供。审批机构应将审查片名、审批结果一式两份,按季分别报地方司和音像处备案。

第十一条 已公开出版发行的国产电影录像带,须经广播电影电视部音像管理处查审批准。各省级有线电视供片机构可依据公布的批准片目直接向中国电影发行放映公司或当地省(区、市)电影公司联系购买,并须经省级广播电视行政管理部门加贴《有线电视节目准播证》后,统一向有线电视台、站提供。

第十二条 提供的有线电视节目,必须按各省级有线电视供片渠道供应,严禁以任何方式出版发行并不得在无线电视台、录像放映单位播放。有线电视台、站不得将所供录像制品自行翻录、出租或转借。

第十三条 有线电视一律不得自办商品广告节目。

第十四条 中央电视台播出《新闻联播》、当地省级电视台播出全省新闻联播及其他规定转播的重要节目时,有线电视台、站不得同时播出文艺(含影剧、录像制品)节目。

第十五条　有线电视台自办节目频道应定时显示本台台标。

第十六条　有线电视台、站每年应保证足够的专款购置电视节目。

第十七条　有下列情况之一的,禁止在有线电视台、站播放、收转:

（一）违反国家宪法、法律、法规、规章和政策的电视节目;

（二）反动、淫秽以及妨碍国家安全和社会治安的电视节目;

（三）未取得本台、站播放权的电视节目;

（四）未持有广播电影电视部颁发的《电视剧制作许可证》单位制作的国产电视剧;

（五）未经广播电影电视部批准播放的海外影视剧和录像制品;

（六）未加贴《有线电视节目准播证》的录像制品;

（七）港、澳、台地区播出的电视节目;

（八）利用卫星地面接收设施接收的外国及港、澳、台电视节目。

第十八条　有线电视台、站应建立健全电视节目审查、播放、管理制度,按月编制节目播出计划,并上报当地党委宣传部、广播电视行政管理部门及上一级广播电视行政管理部门备案。

第十九条　对违反本规定的有线电视台、站,县级以上(含县级)广播电视行政管理部门可视其情节轻重,根据《有线电视管理暂行办法》《〈有线电视管理暂行办法〉实施细则》中有关条款给予处罚。

第二十条　各省级广播电视行政管理部门应加强对有线电视台、站的节目管理,制定相应的管理措施。各地已制定的有关规定,与本规定不符的,应根据本规定作必要的修改。

第二十一条　本规定由广播电影电视部负责解释。

第二十二条　本规定自公布之日起施行。

19. 报社记者站管理暂行办法

（新闻出版署1992年3月2日发布）

第一条　为加强和完善对报社记者站的管理,根据《报纸管理暂行规定》,特制定本办法。

第二条　本办法所称"记者站"是指报社根据新闻采访需要常驻编辑部以外地区的派出机构,不具有法人资格。

第三条　记者站可在国家法律、法规或政策允许的范围内开展采访、组稿、通联等新闻业务活动。记者站不得进行与新闻业务无关的其他活动,更不得利用其名义从事广告、赞助、开办经济实体或进行其他经营活动。

第四条　记者站必须经过报社申请并得到新闻出版行政管理部门批准,履行登记注册手续后,方可建立。除记者站外,报社不得建立分社、社外编辑部或其他派出机构,有特殊情况需建立的,须经新闻出版署批准。

记者站不得再设立其他分支机构。

第五条　可以申请建立记者站的,必须是出版编入"国内统一刊号"(CN××—×××)、以新闻报道为主要内容的报纸的报社。持"内部报刊准印证"的报社,一律不建记者站。

第六条　记者站的建站范围:

(一)中央、国务院各部委、直属机构、各人民团体、民主党派主办的全国性报纸,可在省会和计划单列城市建立记者站,一般不在上述规定范围外(包括经济特区)建站。

(二)各省、自治区、直辖市党委机关报,可在本省(自治区、直辖市)的地区(市)建立记者站,除因特殊需要外,一般不在省外建站。

(三)各省、自治区、直辖市的地区(市)党委机关报,可在本地区(市)的县(市)建立记者站,一般不得跨地区建立记者站。

(四)各省厅(局)办的报纸、县委机关报、省及省以下的专业性、行业性报纸及其他报纸一般不建记者站。

第七条　中央单位的报社在规定范围内建立记者站的,须经建站所在地省级新闻出版行政管理部门审批。个别确因特殊需要必须在规定范围外(包括经济特区)建站的,须向建站所在地省级新闻出版行政管理部门专门申请,提出需要在建站地区进行长期采访的充分理由,经审核批准后,方可建站。审批机关对这类建站申请,应从严审批。

第八条　地方单位的报社在本省(自治区、直辖市)范围内建立记者站,须经建站所在地新闻出版行政管理部门正式同意,并经本地省级新闻出版行政管理部门批准。

第九条　地方单位的个别报社,因特殊需要,必须在规定范围以外跨省建立记者站的,须向本省和建站省双方省级新闻出版行政管理部门专门申请,提出需要在建站地区进行长期采访的充分理由,经审核批准后,方可建站。审批机关对这类建站申请,应从严审批。

第十条 建立记者站,应由报社向审批机关提出正式书面申请,其内容包括：

（一）建立记者站的理由；

（二）报社主管部门对建立记者站的批准文件；

（三）记者站工作人员简况；

（四）符合本办法规定的记者站人员编制的证明文件；

（五）记者站经费来源的有关证明；

（六）办公场所情况。

上述六款内容不全或申请不实的,审批机关可拒绝审批。

第十一条 经批准建立的记者站应持审批机关的批准件到所在地新闻出版行政管理部门(暂未建立的,可直接到省级新闻出版行政管理部门)办理登记注册手续,填写《记者站登记表》(省级新闻出版行政管理部门统一印制),领取《记者站登记证》(省级新闻出版行政管理部门统一印制)。

登记机关对已登记注册的记者站,应于注册后30天内在当地主要新闻媒介上予以公告。

第十二条 对记者站的人员数量应严格控制。记者站的记者主要应是该报社编制内具有新闻专业技术职务并专门从事新闻采访的人员;个别有特殊情况的,也可以由建站所在地政府编制委员会专门向该报社记者站下达编制指标调人,或从所在地本系统管理机关内正式行文借调。所调人员必须具有相当于记者或记者以上的专业技术职务,并专职为该报从事新闻采访工作。

第十三条 报社应按照国家法律、法规对所属记者站进行领导和管理,在记者站的资金、人员编制、办公场所等方面给予必要保证,并切实承担政治、经济、行政方面的领导和管理责任。

第十四条 记者站除接受报社的领导和管理外,还应接受当地新闻出版行政管理部门的指导、监督和管理。

第十五条 正在申请而未获批准的记者站,其筹备组织或人员不得以该记者站名义对外进行公开活动。

第十六条 经批准建立的记者站,必须公开挂牌,方可开展业务活动。经批准登记的记者站在3个月内仍不挂牌开展活动的,由登记机关注销登记,如需继续建站,须重新申请和审批。

第十七条 《记者站登记表》的登记项目有变更(如人员、办公场所等)时,需提前到登记机关履行变更登记手续。

第十八条 《记者站登记证》的有效期及换发时间,由省级新闻出版行政管理部门规定。

第十九条 报社准备撤销记者站的,应向原审批机关提出撤销文件,并办理注销登记手续;记者站因违反管理规定或国家有关法律、法规,被新闻出版行政管理部门责令撤销的,应办理注销登记手续。记者站撤销的善后事项由报社负责处理,公章上交登记机关。

记者站注销登记后,应由登记机关于30天内在当地主要新闻媒介上予以公告。

第二十条 报社或记者站违反本办法的,由新闻出版行政管理部门进行查处,根据情节轻重可给予下列行政处罚:

(一)警告;

(二)通报批评;

(三)没收非法收入;

(四)罚款;

(五)撤销记者站登记。

以上处罚,可以并处。

第二十一条 凡假冒、伪造、变造"记者站登记证"或盗用记者站名义进行活动的,由新闻出版行政管理部门(或会同其他管理部门)依照有关规定进行处理;未经批准和未履行登记注册手续的记者站,由新闻出版行政管理部门(或会同其他管理部门)予以取缔。

第二十二条 本办法由新闻出版署解释。

第二十三条 本办法自公布之日起施行。

20. 新闻出版保密规定

（国家保密局 中央对外宣传小组 新闻出版署 广播电影电视部 1992 年 6 月 13 日发布）

第一章 总 则

第一条 为在新闻出版工作中保守国家秘密，根据《中华人民共和国保守国家秘密法》第二十条，制定本规定。

第二条 本规定适用于报刊、新闻电讯、书籍、地图、图文资料、声像制品的出版和发行以及广播节目、电视节目、电影的制作和播放。

第三条 新闻出版的保密工作，坚持贯彻既保守国家秘密又有利于新闻出版工作正常进行的方针。

第四条 新闻出版单位及其采编人员和提供信息单位及其有关人员应当加强联系，协调配合，执行保密法规，遵守保密制度，共同做好新闻出版的保密工作。

第二章 保密制度

第五条 新闻出版单位和提供信息的单位，应当根据国家保密法规，建立健全新闻出版保密审查制度。

第六条 新闻出版保密审查实行自审与送审相结合的制度。

第七条 新闻出版单位和提供信息的单位，对拟公开出版、报道的信息，应当按照有关的保密规定进行自审；对是否涉及国家秘密界限不清的信息，应当送交有关主管部门或其上级机关、单位审定。

第八条 新闻出版单位及其采编人员需向有关部门反映或通报的涉及国家秘密的信息，应当通过内部途径进行，并对反映或通报的信息按照有关规定作出国家秘密的标志。

第九条 被采访单位、被采访人向新闻出版单位的采编人员提供有关信息时，对其中确因工作需要而又涉及国家秘密的事项，应当事先按照有关规定的程序批准，并向采编人员申明；新闻出版单位及其采编人员对被采访单位、被采访人申明属于国家秘密的事项，不得公开报道、出版。

对涉及国家秘密但确需公开报道、出版的信息，新闻出版单位应当向有关主管部门建议解密或者采取删节、改编、隐去等保密措施，并经有关主管部门审定。

第十条　新闻出版单位采访涉及国家秘密的会议或其他活动，应当经主办单位批准。主办单位应当验明采访人员的工作身份，指明哪些内容不得公开报道、出版，并对拟公开报道、出版的内容进行审定。

第十一条　为了防止泄露国家秘密又利于新闻出版工作的正常进行，中央国家机关各部门和其他有关单位，应当根据各自业务工作的性质，加强与新闻出版单位的联系，建立提供信息的正常渠道，健全新闻发布制度，适时通报宣传口径。

第十二条　有关机关、单位应当指定有权代表本机关、单位的审稿机构和审稿人，负责对新闻出版单位送审的稿件是否涉及国家秘密进行审定。对是否涉及国家秘密界限不清的内容，应当报请上级机关、单位审定；涉及其他单位工作中国家秘密的，应当负责征求有关单位的意见。

第十三条　有关机关、单位审定送审的稿件时，应当满足新闻出版单位提出的审定时限的要求，遇有特殊情况不能在所要求的时限内完成审定的，应当及时向送审稿件的新闻出版单位说明，并共同商量解决办法。

第十四条　个人拟向新闻出版单位提供公开报道、出版的信息，凡涉及本系统、本单位业务工作的或对是否涉及国家秘密界限不清的，应当事先经本单位或其上级机关、单位审定。

第十五条　个人拟向境外新闻出版机构提供报道、出版涉及国家政治、经济、外交、科技、军事方面内容的，应当事先经过本单位或其上级机关、单位审定。向境外投寄稿件，应当按照国家有关规定办理。

第三章　泄密的查处

第十六条　国家工作人员或其他公民发现国家秘密被非法报道、出版时，应当及时报告有关机关、单位或保密工作部门。

泄密事件所涉及的新闻出版单位和有关单位，应当主动联系，共同采取补救措施。

第十七条　新闻出版活动中发生的泄密事件，由有关责任单位负责及时调查；责任暂时不清的，由有关保密工作部门决定自行调查或者指定有关单位调查。

第十八条　对泄露国家秘密的责任单位、责任人，应当按照有关法律和规定严肃处理。

第十九条 新闻出版工作中因泄密问题需要对出版物停发、停办或者收缴以及由此造成的经济损失,应当按照有关主管部门的规定处理。

新闻出版单位及其采编人员和提供信息的单位及其有关人员因泄露国家秘密所获得的非法收入,应当依法没收并上缴国家财政。

第四章 附 则

第二十条 新闻出版工作中,各有关单位因有关信息是否属于国家秘密问题发生争执的,由保密工作部门会同有关主管部门依据保密法规确定。

第二十一条 本规定所称的"信息"可以语言、文字、符号、图表、图像等形式表现。

第二十二条 本规定由国家保密局负责解释。

第二十三条 本规定自 1992 年 10 月 1 日起施行。

21. 民政部新闻发布工作办法

(民政部 1993 年 5 月 25 日发布)

一、新闻发布工作的指导思想

认真贯彻党的十四大精神,坚持"一个中心,两个基本点"的基本路线和"一要稳定、二要鼓劲"的原则,主动、及时地向国内外新闻媒介介绍我国民政工作的方针、政策和民政事业改革开放及发展情况,扩大民政工作的社会影响,唤起社会各界和有关部门关心支持民政工作,进一步促进民政工作的改革和发展。

二、新闻发布的主要内容

1. 国务院和民政部关于民政工作的重大决定和改革措施;
2. 有关民政工作的重要法律、法规的颁布和实施情况;
3. 民政部举办的重大社会活动;
4. 与民政工作有关的国内较重大的突发性事件(包括严重的自然灾害等);
5. 民政工作的改革成果和取得的重大成就;

6. 国内外关注的民政工作有关问题；

7. 其他有必要发布的事项。

三、新闻发布的主要形式

1. 重大的需向国内外发布的内容，报国务院新闻办公室，由部长或主管副部长在国务院新闻办公室组织的中外记者招待会上发布，部新闻发言人和业务司的有关领导参加并回答记者提问。

2. 重要的需要新闻媒介宣传的内容，由民政部召开新闻发布会（视内容决定可否邀请外国记者参加），由新闻发言人发布，主管业务司领导参加并回答记者提问。

3. 随时接待中外记者来访，根据记者提出的问题，由新闻发言人或安排有关负责同志回答问题。

四、新闻发言人由部办公厅主任担任。新闻发布的具体组织、接待工作由办公厅宣传处负责。宣传处要和国务院新闻办公室经常沟通情况，保持联系。

五、新闻发布的书面材料由主管业务单位准备，经新闻发言人审核后，报主管部长审定。书面材料包括：(1) 新闻发布稿及有关背景材料；(2) 有关问题的答问口径。

六、为加强新闻发布工作的计划性，各有关单位要结合本职业务和工作的一般规律，会同办公厅共同制定好年度新闻发布计划。各单位的计划于每年三月底前送办公厅汇总。临时需要发布的事项，可随时组织安排。

七、新闻发布是一项全局性的重要工作，各有关单位要本着"实事求是""内外有别""注重实效"的原则，互相沟通，密切配合，共同做好这项工作。

22. 关于出版单位的主办单位和主管单位职责的暂行规定

（新闻出版署1993年6月29日发布）

第一条 为了适应新闻出版事业发展的需要，明确出版单位的主办单位和主管单位的职责，特制定本规定。

第二条 举办出版单位，必须有确定的主办单位和主管单位。

第三条 出版单位是指依照国家有关规定举办，经国家新闻出版行政管理部门审核批准并履行登记注册手续的报社、期刊社（编辑部）、图书出版社和音像出版社。

第四条　主办单位是指出版单位的上级领导部门。

主办单位所办的出版单位的专业分工范围，应与主办单位的业务范围相一致。主办单位所办的出版单位的办公场所应与主办单位在同一城市或同一行政区域。

两个或两个以上单位联合申办出版单位，应确定其中一个单位为主要的主办单位以及相应的主管单位。

第五条　主管单位是指出版单位创办时的申请者，并是该出版单位的主办单位（两个或两个以上主办单位的则为主要主办单位）的上级主管部门。

主管单位，在中央应是部级（含副部级）以上单位；在省、自治区、直辖市应是厅（局）级以上单位；在自治州、设县的市和省、自治区设立的行政公署，应是局（处）级以上单位；在县级行政区域，应是县（处）级领导机关。

第六条　主管单位、主办单位与出版单位之间必须是领导与被领导的关系，不能是挂靠与被挂靠的关系。出版单位的主要负责人员应是主办单位所属的在职人员，禁止将出版单位承包给其他组织和个人。

出版单位在主管单位和主办单位的领导和管理下负责开展各项业务活动，保证出版物的编辑、出版、印刷、发行工作的正常进行。

第七条　出版单位根据工作需要设置的社委会、编委会、编辑室、管理委员会等机构，均为出版单位的内部管理机构，不能作为出版单位的主办单位或主管单位。

第八条　主办单位对所办出版单位负有下列职责：

（一）领导、监督出版单位遵照中国共产党的基本路线、方针、政策和国家的法律、法规、政策以及办社（报、刊）方针、宗旨、专业范围，做好出版工作及有关各项工作；审核出版单位的重要宣传、报道或选题计划，审核批准重要稿件（书稿、评论、报道等）的出版或发表；决定所属出版单位的出版物发行或不发行；对出版单位在出版物内容等方面发生的严重错误和其他重大问题，承担直接领导责任。

（二）依照国家的有关规定为出版单位的设立提供和筹集必要的资金、设备，并创造其他必要条件，办理核准登记手续，依法取得企业法人或者事业单位法人资格。

（三）依照国家的有关规定，决定出版单位经营管理国有资产的责任制形式；遵循国家有关规定和责、权、利相统一的原则，保证出版单位的经营自主权，但应对出版单位各项经营活动切实担负监督职责；监督出版单位严格执行国家财政、税收和国有资产管理的法律、法规，定期进行审计，确保出版单位财产的保值、增值。出版单位为实现社会效益目标而形成政策性亏损,主办单位应当给予相应的补贴或者其他方式的补偿。

(四)审核出版单位的内部机构的设置,考核并提出任免出版单位的负责人的建议,报主管单位批准。

(五)向主管单位汇报出版单位的工作情况,贯彻落实主管单位的有关决定和意见。

(六)承担出版单位或出版物停办后的资产清算、人员安置和其他善后工作。

(七)国家规定的和上级主管部门规定的其他职责。

第九条　主管单位对所属的出版单位及其主办单位负有下列职责:

(一)监督出版单位及其主办单位贯彻执行中国共产党的基本路线、方针、政策和国家的法律、法规、政策;采取行政措施和经济措施保证出版单位的出版工作坚持为人民服务、为社会主义服务的方向,坚持以社会效益为最高准则;有权决定所属出版单位的出版物发行或不发行;对出版单位在出版物内容等方面发生的严重错误和其他重大问题,承担领导责任。

(二)审核批准出版单位的重大宣传、报道或选题计划,批准有重要影响的稿件的出版或发表;决定出版单位或出版物的停办或变更,并向新闻出版行政管理部门提出书面报告。

(三)对主办单位对出版单位的领导和管理工作进行检查、监督、指导,并可提出意见或作出决定。

(四)扶持、协助主办单位为出版单位提供或筹措资金、购置设备。

(五)与主办单位共同负责出版单位或出版物停办后的资产清算、人员安置和其他善后工作。

(六)国家规定的其他职责。

第十条　主办单位与主管单位是同一机构的,该机构对本规定第八、九条规定的职责均应履行。

第十一条　主办单位决定不再履行本规定第八条规定的职责时,应及时用书面形式报告其主管部门和新闻出版行政管理部门,并由其主管单位直接履行主办单位的职责;主管单位应在两个月内决定该出版单位停办或者另行指定新的适当的主办单位;逾期仍没有合格的主办单位的,由新闻出版行政管理部门根据有关规定对该出版单位注销登记。

第十二条　主管单位决定不再履行本规定第九条规定的职责时,应作出停办该出版单位的决定并以书面形式报告新闻出版行政管理部门,新闻出版行政管理部门即对该出版单位注销登记。

第十三条　出版单位因严重亏损,无力清偿到期债务,主办单位或主管单位又不代替清偿的,主管单位应当决定其停办,并书面报告新闻出版行政管理部门,对该出版单位注销登记,依法进行清算。

第十四条　主管单位、主办单位不能履行职责或违反本规定,致使出版单位丧失继续举办条件的,由新闻出版行政管理部门对该出版单位撤销登记。

23. 在京举办新闻发布会登记暂行办法

（新闻出版署1993年9月8日发布）

第一条　根据《国务院办公厅关于在京举办新闻发布会问题的补充通知》（国办发〔1993〕46号,以下简称《通知》）,制定本办法。

第二条　按照《通知》规定在北京举办的新闻发布会,凡应由新闻出版署办理登记手续的,均适用本办法。

第三条　在北京举办新闻发布会,举办单位应当依照下列规定取得批准,持审核同意的批件,到新闻出版署办理登记手续。

（一）国务院部门所属单位须经国务院有关部门审核批准；

（二）各省、自治区、直辖市、计划单列市所属单位须经所在省、自治区、直辖市和计划单列市人民政府审核批准；

（三）企事业、群众团体和个人在京举办新闻发布会,须经所隶属的国务院部门或所在省、自治区、直辖市和计划单列市人民政府审核批准。

第四条　办理新闻发布会登记手续,举办者须在举办日期的7日前到登记机关提出书面申请。申请书中应当载明新闻发布会的目的、理由、内容、时间、地点、人数、经费来源、经费数额、举办单位名称和地址、负责人和联系人的姓名、住址、电话以及邀请新闻单位名单。

第五条　新闻发布会的主要内容,应以改革开放、经济建设、精神文明建设和人民群众关心的重大问题为主。一般企业开业,产品上市等商业活动不宜举办新闻发布会。

第六条　凡涉及物质产品、科技成果、技术专利等内容的新闻发布会,登记时应提供省、自治区、直辖市、计划单列市以上质量、监督、检验、专利等主管部门的认定书或证明书。

第七条　新闻发布会涉及对外宣传,需邀请外国及港、澳、台新闻机构的记者或驻华使馆人员参加的,应由新闻出版署和国务院新闻办公室共同审核同意后方可办理登记手续。

第八条　凡符合登记要求的新闻发布会,由举办者填写《在京新闻发布会登记表》(由新闻出版署统一印制),登记机关对有关文件和登记表审核后,应在举办日期的3日前将准予登记的决定书面通知举办单位或联系人,并发给登记证。不予登记的,登记机关也应在举办日期的3日前书面通知举办单位或联系人。

第九条　新闻发布会应按照登记时间、地点、内容进行,举办者不得随意变更有关登记事项。

第十条　举办新闻发布会必须严格遵守宪法和法律,不得违反《通知》的有关规定。

第十一条　应登记而未按规定登记的新闻发布会,不得在北京举行,违者由有关部门追究举办单位负责人和直接责任人员的责任。

第十二条　对应登记未按规定登记而举办的新闻发布会,新闻单位不予采访,不予报道。

第十三条　本办法由新闻出版署解释。

第十四条　本办法自发布之日起施行。

24. 中国新闻工作者职业道德准则

(新闻出版署1994年1月1日修订)

中国新闻事业是中国共产党领导的有中国特色社会主义事业的重要组成部分。新闻工作者要适应形势发展的需要,努力学习和宣传马克思列宁主义、毛泽东思想和邓小平建设有中国特色社会主义理论,坚决贯彻执行党的基本路线、基本方针,坚持以科学的理论武装人,以正确的舆论引导人,以高尚的精神塑造人,以优秀的作品鼓舞人,牢牢把握正确的舆论导向,为人民服务,为社会主义服务,为全党全国工作大局服务,为推进社会主义物质文明和社会主义精神文明建设,实现我国社会主义现代化的宏伟目标努力奋斗。

继承和发扬党的新闻工作优良传统,树立良好的职业道德,维护新闻工作的严肃性和声誉,对于发挥新闻舆论的引导作用,对于建设一支政治强、业务精、纪律严、作风正的新闻队伍,保证新闻事业健康发展,具有十分重要的意义。树立正确的世界观、人生观、价值观,自觉遵守新闻职业道德,应该是每一个有理想、有抱负、有操守和富于敬业精神的新闻工作者对自己的基本要求。

一、全心全意为人民服务

为人民服务是社会主义道德建设的核心,是社会主义道德的集中体现,也是我国新闻工作的根本宗旨。

新闻工作者要在党的领导下,发挥密切党和政府同人民群众联系的桥梁、纽带作用,坚持对党、对国家负责和对广大群众负责的一致性。努力使党和政府的方针、政策及时、准确、广泛地同群众见面,为人民群众提供参与政治、经济、文化等社会生活以及了解世界所需要的新闻和信息,热情宣传他们建设社会主义的伟大创造和奉献精神,准确反映他们的愿望、呼声和正当要求。

支持符合人民利益的正确思想和行为,勇于批评、揭露违背人民利益的错误言行和消极腐败现象,积极、正确发挥舆论监督作用。

牢固树立群众观点,满腔热情地做好群众工作,密切联系群众,重视群众来稿,妥善处理群众有关建议、批评、申诉和检举的来信、来访,开展多种多样为群众服务的活动。

二、坚持正确的舆论导向

新闻工作者要增强政治意识、大局意识、责任意识,坚持正确的舆论导向。在新闻报道中,要弘扬爱国主义、集体主义、社会主义的主旋律,动员和团结全国各族人民投身到建设祖国、振兴中华的伟大事业中来。要坚持团结稳定鼓劲、正面宣传为主的方针,造成有利于推进改革开放、建立社会主义市场经济体制、发展社会生产力的舆论,有利于加强社会主义精神文明建设和民主法制建设的舆论,有利于鼓舞和激励人们为国家富强、人民幸福和社会进步而艰苦创业、开拓创新的舆论,有利于人们分清是非、坚持真善美、抵制假恶丑的舆论,有利于国家统一、民族团结、人民心情舒畅、社会政治稳定的舆论。新闻报道不得宣扬色情、凶杀、暴力、愚昧、迷信及其他格调低劣、有害人们身心健康的内容。

三、遵守宪法、法律和纪律

新闻工作者必须在宪法和法律的范围内活动，自觉遵守宪法、法律和宣传纪律。

坚定地宣传、贯彻党的理论、路线、方针、政策。不得利用自己掌握的舆论工具，宣传同中央决定相违背的内容。

维护宪法规定的公民权利，不揭人隐私，不诽谤他人，要通过合法和正当的手段获取新闻，尊重被采访者的声明和正当要求。

维护司法尊严。对于司法部门审理的案件不得在法庭判决之前作定性、定罪和案情的报道；公开审理案件的报道，应符合司法程序。

严格遵守和正确宣传国家的民族政策和宗教政策，坚决维护各民族的团结，维护安定团结的政治局面。

严格保守党和国家的秘密，自觉维护国家的利益和安全。

四、维护新闻的真实性

真实是新闻的生命。新闻工作者要坚持发扬实事求是的作风，深入基层、深入实际、深入群众，加强调查研究，报实情、讲真话，不得弄虚作假，不得为追求轰动效应而捏造、歪曲事实。

力求全面地看问题，防止主观性、片面性、绝对化，努力做到从总体上、本质上把握事物的真实性。

采写和发表新闻要客观公正。不得从个人或小团体利益出发，利用自己掌握的舆论工具发泄私愤，或作不公正的报道。

工作要认真负责，避免报道失实。如有失实，应主动承担责任，及时更正。

五、保持清正廉洁的作风

新闻工作者要坚持发扬清正廉洁的作风，自觉抵制拜金主义、享乐主义、个人主义思想的侵蚀，坚决反对"有偿新闻"等不正之风，树立行业新风。

新闻工作者不得以任何名义索要、接受或借用采访报道对象的钱、物、有价证券、信用卡等；参加各种会议和活动不得索取和接受任何形式的礼金；不得在企事业单位兼职以获取报酬；不允许个人擅自组团进行采访报道活动；不得利用职务之便谋取私利。

新闻报道和经营活动要严格分开。新闻单位不得用新闻形式做广告；不得向编采部门下达"创收"任务。记者编辑不得从事广告或其他经营活动。

坚持廉洁自律，提倡勤俭作风，记者不得向被采访地区或单位提出工作以外的个人生活方面的特殊要求。要自觉遵守财经纪律和财务制度，严禁讲排场、比阔气、挥霍公款。

六、发扬团结协作精神

团结协作，形成合力，是社会主义新闻工作的一大优势。新闻界同行之间应建立平等、团结、友爱、互助的关系。提倡互相学习、相互支持，开展正当的业务竞争。

尊重同行和其他作者的著作权，反对抄袭、剽窃他人的劳动成果。

在同国外新闻界交往中，要维护祖国的尊严，维护中国新闻工作者的尊严。

25. 有线电视管理规定（节摘）

（1994年2月3日广播电影电视第12号令公布）

第一章　总则

第一条　为了加强对有线电视的管理，促进社会主义物质文明和精神文明建设，制定本规定。

第二条　本规定所称的有线电视，是指下列单独或混合利用电缆、光缆或者微波的特定频段传送电视节目的公共电视传输系统：

（一）接收、传送无线广播电视节目，播放自办广播电视节目的有线电视台；

（二）接收、传送无线电视节目的共用天线系统。

第三条　我国有线电视是广播电视事业的重要组成部分，是无线电视的延伸和补充。有线电视的事业建设、宣传工作和维护运营工作，必须同无线电视一样，纳入广播电视事业的总体规划和系统管理。

第四条　国家对有线电视实行统一领导，分级管理。国家广播电影电视部负责全国有线电视管理工作和有线电视事业发展规划。省（自治区、直辖市）、市（地、州、盟）、县（市、旗）广播电视行政管理部门负责本行政区域内的有线电视管理工作和有线电视事业发展规划、建设、运营。

……

第四章　有线电视节目管理

第二十条　有线电视台播放的电视节目必须符合国家法律、法规。严禁播放反动、淫秽以及妨碍国家安全和社会安定的电视节目或者录像制品。

第二十一条　有线电视台必须安排专用频道完整地直接传送中央电视台、省级电视台和当地电视台的电视节目以及国家教委办的电视教学节目。

第二十二条　有线电视台播放的自办电视节目包括：

（一）自制电视节目；

（二）购买或交换的影视剧和录像制品；

（三）购买或交换的其它专题、文艺节目。

第二十三条　有线电视台播放已公开出版发行的录像制品，必须经省级广播电视行政管理部门审查同意并贴有《有线电视节目准播证》方可播放。有线电视台播放的录像制品，实行统一供片。向有线电视台提供录像制品的单位，由各省级广播电视行政管理部门确定。

第二十四条　有线电视台播放的境外影视剧（含录像制品）必须是经广播电影电视部审查批准同意播放的影视剧目，并由广播电影电视部指定的单位统一提供。

第二十五条　有下列情况之一的禁止在有线电视台播放或转播：

（一）违反国家法律、法规、规章和政策的电视节目；

（二）未取得播放权的电视节目、电影片及录像制品；

（三）未持有广播电影电视部颁发的《电视剧制作许可证》单位制作的国产电视剧；

（四）未经广播电影电视部批准播放的境外影视剧和录像制品；

（五）未取得《有线电视准播证》的录像制品；

（六）港、澳、台地区的电视节目；

（七）卫星传送的境外电视节目。

第二十六条　设立有线电视台的单位应当建立健全设备、片目、播出等管理制度，必须按月编制播出的节目单,经设立单位主管领导审核后,报当地县级以上(含县级)广播电视行政管理部门备案。

第二十七条　共用天线系统只能接收、传送无线电视节目,不得播放其它电视、录像节目。

第五章　法律责任

第二十八条　县级以上(含县级)地方各级广播电视行政管理部门负责对当地有线电视设施和有线电视播放活动进行监督检查,对违反本规定的行为,可视情节轻重,给予相应的行政处罚:

(一)对违反本规定第七条、第八条、第九条、第十条、第十一条的,可以处以警告、二万元以下的罚款,并可以同时没收其播映设备;

(二)对违反本规定第二十条、第二十一条、第二十三条、第二十四条、第二十五条、第二十六条、第二十七条的,可以处以警告、二万元以下的罚款或者吊销许可证,并可以建议直接责任人所在单位对其给予行政处分;

(三)对违反本规定第十五条、第十六条未获有线电视台、共用天线系统设计(安装)许可证,私自承揽有线电视台、共用天线系统设计、安装的,除责令其停止非法业务活动外,可以处以三万元以下的罚款。

第二十九条　有线电视设施是国家广播电视设施的重要组成部分,受法律保护。对任何破坏有线电视设施的行为,依照国务院发布的《广播电视设施保护条例》追究法律责任。

第三十条　当事人对广播电视行政管理部门的行政处罚决定不服的,可以在收到处罚决定书之日起十五日内,向作出行政处罚决定的机关的上一级机关申请复议。上一级广播电视行政管理部门应当在收到复议申请之日起一个月内作出复议决定。当事人对复议决定不服的,可以在接到复议决定之日起十五日内向人民法院提起诉讼。当事人在规定的期限内不申请复议、也不向人民法院提起诉讼、又不履行处罚决定的,由作出处罚决定的机关申请人民法院强制执行。

第三十一条　对违反本规定,构成违反治安管理的行为,由公安机关依照《中华人民共和国治安管理处罚条例》的规定予以处罚;情节严重构成犯罪的,由司法机关依法追究刑事责任。

第六章 附 则

第三十二条 依照本规定收取的设计费、安装费、验收测试费、建设费和收视维护费,其标准由省级广播电视行政管理部门商同级物价行政管理部门制定。

第三十三条 本规定由广播电影电视部负责解释。实施细则由广播电影电视部制定。

第三十四条 本规定自发布之日起施行。

26. 煤炭工业部新闻工作暂行规定

(煤炭工业部 1994 年 5 月 26 日发布)

第一条 为加强煤炭行业新闻工作的管理,正确发挥舆论导向的作用,更好地为改革开放和社会主义现代化建设服务,依据党中央、国务院关于新闻工作的方针、原则及有关法规,结合煤炭行业实际,制定本规定。

第二条 煤炭行业新闻工作是党的宣传思想工作的重要组成部分。要以建设有中国特色社会主义理论为指针,坚持党的基本路线,把握正确的舆论导向。

第三条 煤炭行业新闻工作要坚持团结、稳定、鼓劲、正面宣传为主的方针,加强舆论引导,发挥舆论监督作用,为煤炭工业的改革开放的现代化建设创造良好的舆论环境。

第四条 煤炭行业新闻工作要严格遵守党的宣传和新闻工作纪律,坚持内外有别的原则。宣传报道必须与党和国家的路线、方针、政策及有关法律法规保持一致。

第五条 煤炭行业新闻工作要严守各项保密规定,防止失密泄密。

第六条 煤炭工业部(以下简称煤炭部)新闻工作由政策法规司(以下简称政法司)归口管理。其职责是:

(一)根据煤炭部党组的指示,提出一个时期煤炭行业新闻报道要点,统一宣传口径;

(二)组织安排煤炭部的新闻发布;

(三)负责煤炭企事业单位、群众团体在北京举办新闻发布会的审批工作;

(四)负责审核煤炭部在京直属企事业单位新闻类报刊办理登记注册的有关事宜;

（五）负责审核在京部属企事业单位的新闻音像制品工作；

（六）负责联系、邀请、接待、组织新闻记者参加煤炭部各类重要会议、重大活动的工作；

（七）负责接待、组织、安排新闻记者对煤炭部部长、副部长、司局长以及重要活动采访工作；

（八）负责重要新闻稿件（包括音像类新闻稿件，下同）的组稿、审查工作；

（九）负责组织煤炭行业外的"煤炭好新闻"的评奖工作；

（十）归口管理中国煤炭报的工作；

（十一）管理由上级主管部门交办的新闻工作。

第七条　煤炭部机关司局负责以下新闻工作：

（一）以煤炭部各司局名义举办的活动，需要邀请记者参加，一般由各司自行组织、安排，并事先报政法司备案；

（二）煤炭部所属企事业单位、社团组织举办的活动，需要邀请记者参加，由主办单位自行办理；

（三）外国常驻记者、外国短期采访记者和港澳台记者来采访，由部国际合作司根据外交部、中华全国新闻工作者协会、新华社香港分社和澳门分社或港澳台办的安排或通知，商政法司后予以组织、安排。有关稿件的审查按本规定第八条、第九条、第十条处理。

第八条　以下稿件要经煤炭部部长或副部长审查：

（一）有关涉外工作并对国家、煤炭部有重大影响的稿件；

（二）党中央、国务院领导同志在煤炭行业的活动、讲话和对煤炭行业的指示、批示、题词等稿件；

（三）煤炭部重大改革设想，重要工作部署，以及煤炭部党组、部长办公会研究决定的事项；

（四）煤炭部部长和副部长的讲话、文章、指示、批示；

（五）煤炭部的重要事件、活动以及政法司认为需要部领导审定的稿件。

第九条　以下稿件要经政法司审定：

（一）煤炭部领导指定政法司审定的有关涉外工作的重要事件、活动以及煤炭部部长、副部长讲话等稿件；

(二)根据煤炭部的决定、文件撰写、录制的稿件;

(三)根据煤炭部领导审定过的材料撰写的稿件;

(四)煤炭部领导交办需要在新闻报刊发表的稿件;

(五)由煤炭部组织新闻记者采写的稿件;

(六)由煤炭部组织机关司局同志撰写的重要稿件;

(七)新闻单位、记者送煤炭部审查的稿件。

第十条　凡涉及党和国家及有关部门机密的稿件,要按保密规定办理,或送煤炭部保密委员会审查。

第十一条　煤炭行业新闻工作者要遵守职业道德,不准利用采访和报道搞"有偿新闻",不准向被采访和报道部门、个人索要财物。禁止以记者的名义招揽所谓"新闻广告"。

第十二条　凡领取"内部报刊准印证"的报刊社为非正式报刊社,不得开展涉外的经营活动。

第十三条　经批准出版正式报纸的报社开展有偿服务和多种经营活动,必须由报社经营部门进行,其它部门和人员一律不得从事经营活动。

第十四条　煤炭行业新闻出版单位不得自行决定建立新闻出版(图书、期刊、报纸、音像出版、印刷、复录、发行)三资企业。如果需要建立,要经煤炭部同意,报国家新闻出版署批准。

第十五条　根据中央规定中国新闻社不担负对内发稿任务(对内新闻发布统一由新华社负责),煤炭行业对内新闻宣传单位不要采用中国新闻社的稿件。

第十六条　凡发表和出版有关党和国家主要领导人工作和生活情况的作品,要按有关规定办理。

第十七条　各类影、视、文学等题材作品以及各类年鉴、刊物、图书、出版、音像,凡属于应该审查的,按本规定办理。

第十八条　凡违反本规定,造成影响和损失的,按有关法律法规,追究当事者的责任。

第十九条　本规定由煤炭部政策法规司负责解释。

第二十条　本规定自发布之日起施行。

27. 中华人民共和国广告法（节摘）

（1994年10月27日中华人民共和国主席令第34号公布）

……

第十三条　广告应当具有可识别性，能够使消费者辨明其为广告。

大众传播媒介不得以新闻报道形式发布广告。通过大众传播媒介发布的广告应当有广告标记，与其他非广告信息相区别，不得使消费者产生误解。

……

第十八条　禁止利用广播、电影、电视、报纸、期刊发布烟草广告。

禁止在各类等候室、影剧院、会议厅堂、体育比赛场馆等公共场所设置烟草广告。

烟草广告中必须标明"吸烟有害健康"。

……

第二十六条　从事广告经营的，应当具有必要的专业技术人员、制作设备，并依法办理公司或者广告经营登记，方可从事广告活动。

广播电台、电视台、报刊出版单位的广告业务，应当由其专门从事广告业务的机构办理，并依法办理兼营广告的登记。

……

第三十条　广告发布者向广告主、广告经营者提供的媒介覆盖率、收视率、发行量等资料应当真实。

……

第三十四条　利用广播、电影、电视、报纸、期刊以及其他媒介发布药品、医疗器械、农药、兽药等商品的广告和法律、行政法规规定应当进行审查的其他广告，必须在发布前依照有关法律、行政法规由有关行政主管部门（以下简称广告审查机关）对广告内容进行审查；未经审查，不得发布。

28. 报纸质量管理标准（试行）

（新闻出版署1995年3月20日发布）

第一条　为促进我国报纸事业的繁荣和健康发展，进一步完善报纸的行政管理，保证报纸质量,特制定本质量管理标准。

第二条　本质量管理标准适用于编入国内统一刊号的正式报纸。

第三条　报纸出版必须以邓小平同志建设有中国特色的社会主义理论为指导,坚持为社会主义服务、为人民服务的基本方针,坚持四项基本原则和正确的舆论导向,坚持为全党全国工作大局服务的思想,正确宣传中国共产党和国家的方针政策,为社会主义精神文明建设和物质文明建设服务。报纸的各项内容必须符合本报的办报宗旨和专业分工范围,在本报的专业分工范围内开展和从事新闻报道及有关信息的传播活动。

第四条　报纸的出版,必须遵守国家宪法、法律和法规。报社必须严格按照《报纸管理暂行规定》等法规进行报纸的出版及其他有关活动。

第五条　报纸所载内容必须真实、准确;稿件选用要求具有指导性、新闻性、时效性和可读性;版面内容要求信息量大、并能综合运用新闻手段;版面设计要求中心突出、图文并茂、有自己的风格;标题制作要求题文相符、表达准确、文字精练、生动形象;栏目设置要求特色鲜明;文字校对要求严格、准确,无明显差错。

第六条　报纸的印刷制作要求清晰,无缺笔断划和模糊不清的现象。

第七条　报纸刊登广告必须遵守《中华人民共和国广告法》及其他有关法律、法规。广告内容真实、可信,语言文字必须文明、规范,不得违反社会公德和国家利益。

第八条　报纸作为大众传播媒介,要求有一定的社会发行量。各类报纸在出版一定时间后,其发行量应达到与本报专业分工和读者对象范围适应的水平。

第九条　报纸是一种面向社会和广大读者的传媒,必须在读者中建立起良好的形象和必要的社会信誉。

第十条　新闻出版行政管理部门可依据本质量管理标准对报纸质量进行检查、评定,并根据查评结果,对不符合质量标准的报纸进行整顿提高,对发现违规行为者可依据《报纸管理暂行规定》,给予警告、罚款、停期、停业整顿、撤销登记等处罚。

第十一条　本质量管理标准由新闻出版署组织实施。

第十二条　本质量管理标准由新闻出版署负责解释。

第十三条　本质量管理标准自公布之日起施行。

29. 社会科学期刊质量管理标准(试行)

(新闻出版署1995年6月13日发布)

第一章 总　则

第一条　为促进我国期刊事业的健康、繁荣发展,进一步完善期刊的行政管理体系,保证社会科学期刊的质量,特制定本质量管理标准。

第二条　本质量管理标准适用于编入国内统一刊号的社会科学类正式期刊。

第三条　社会科学期刊出版必须以马克思列宁主义、毛泽东思想和建设有中国特色社会主义理论和党的基本路线为指导,坚持为人民服务、为社会主义服务的方向,贯彻"双百"方针,弘扬社会主义时代主旋律,以科学的理论武装人,以正确的舆论引导人,以高尚的精神塑造人,以优秀的作品鼓舞人,正确宣传中国共产党和国家的方针政策。

第四条　社会科学期刊所载内容必须遵守宪法和法律,不得违反宪法确定的基本原则,必须按照《期刊管理暂行规定》等法规进行期刊的出版及其他有关活动。

第五条　社会科学期刊在出版过程中,内容必须符合本刊的办刊宗旨和专业分工范围,在本刊专业分工范围内进行出版活动。

第二章　业务标准

第六条　社会学科期刊所载内容必须真实、准确、及时,稿件选用应积极传播和积累一切有益于经济发展和社会进步的科学技术和文化知识,丰富人民的精神生活,有益于弘扬民族文化,促进国际文化交流。

(一)学术理论类期刊:能反映国内学术水平,论点明确、论据充分,并具有创新性、探索性和较高学术价值。

(二)工作指导类期刊:选题应面向本行业、本系统,信息传递及时,提出的观点针对性强,有很强的指导性。

(三)时事政治类期刊:必须正确宣传中国共产党和我国政府的方针、政策,报道内容要真实、准确、及时、注重宣传实效,熔思想性、知识性、可读性于一体。

(四)文学艺术类期刊:应积极弘扬主旋律,做到题材多样化,反映时代精神,继承、弘扬民族优秀文化,汲取、借鉴世界优秀文化,格调健康,品位高雅,有较高的艺术水平,能多方面地满足人民的审美需要。

（五）综合文化生活类期刊：内容应健康向上，思想性强，知识面广，具有较强的科学和可读性，作品题材新颖，富有独创性，报道真实、准确，正确引导人民的人生观及道德观。

（六）教学辅导类期刊：所用文章应科学精练，正确无误，适合刊物读者对象，具有针对性、教育性、实用性，有助于学习、掌握科学文化知识，开拓视野，培养创造能力。

（七）信息文摘类期刊：选登的信息应真实，时效性强，信息量大，有利于社会的发展，有利于传播和积累科学文化知识。

第七条　社会科学期刊的编辑加工，应遵守国家颁布的有关标准及出版、印刷等有关规定；版式设计疏密得当，图文协调，主题突出，转接页少；封面、插图、图片设计新颖、大方、健康，具有艺术美感，与办刊宗旨和刊物内容一致，版本记录项目齐全；文字没有繁简混用情况。

第八条　社会科学期刊印成品应字体清晰，墨迹浓淡适宜、不浸不透，图幅清洁，线条规范，无倒转，照片层次分明，反差适度；装帧整齐、坚固、美观，无夹、缺、损、折、联、白页等；按期出版，无拖期现象。

第三章　质量管理

第九条　新闻出版行政管理部门可依据本质量管理标准对社会科学期刊进行检查、评定和分级，并根据查评结果，对不符合质量标准的社会科学期刊，限期改正，情节严重的给予撤销登记的处罚。

第十条　各地新闻出版行政管理部门可根据本标准，结合本地实际情况，制定具体实施办法，给予撤销登记处罚的应按《期刊管理暂行规定》第37条规定的程序进行核准。

第四章　附　则

第十一条　本质量标准由新闻出版署组织施行。

第十二条　本质量标准由新闻出版署负责解释。

第十三条　本质量标准自发布之日起施行。

30. 关于报刊社社长、总编辑（主编）任职条件的暂行规定

（新闻出版署 1995 年 10 月 19 日发布）

第一条　为提高报刊质量，使之更好地为社会主义精神文明和物质文明建设服务，制定本规定。

第二条　报刊社社长、总编辑（主编）应有较高的马克思主义理论修养和政策水平，有强烈的事业心和高度的责任感，有积极的开拓精神和良好的职业道德。

第三条　报刊社社长、总编辑（主编）应坚持建设有中国特色社会主义的理论和党的基本路线，坚持为人民服务、为社会主义服务的方针，坚持为全党全国大局服务的原则，执行社会主义新闻出版的工作方针和政策，遵守国家的有关法律、法规。

第四条　报刊社社长、总编辑（主编）应熟悉报刊编辑出版及经营管理业务，熟悉与报刊有关的专业知识，具有较丰富的采编工作经验和较高的写作能力，胜任终审定稿工作，有较强的组织协调和经营管理能力。

第五条　报刊社社长、总编辑（主编）须参加新闻出版署（或本省、自治区、直辖市新闻出版局）按相应岗位规范和培训要求举办的培训班进行培训，并取得社长、总编辑（主编）岗位培训合格证书。

第六条　报社社长、总编辑应具有以下专业技术资格：

一、中央及国务院各部委、直属机构主办的报纸，地方省级党委机关报，其社长、总编辑应具有副高级以上（含副高级）的新闻专业技术职称，或相应专业技术职称，并有 5 年以上编采工作经历。

二、省、自治区、直辖市厅局级主办的报纸，地区（市）党委机关报，其社长、总编辑应具有副高级以上（含副高级）的新闻专业技术职称。或相应专业技术职称。

三、其他报纸，其社长、总编辑应具有中级以上（含中级）的新闻专业技术职称。

第七条　期刊社社长、总编辑（主编）应具有以下专业技术资格：

一、中央及国务院各部委、直属机构主办的刊物，地方省级党委和政府机关刊物，其社长、总编辑应具有副编审以上（含副编审）的职称，或相应专业技术职务。

二、省、自治区、直辖市厅局级主办的刊物，地区（市）党委政府机关刊物，其社长、总编辑应具有副编审以上（含副编审）的职称，或相应专业技本职务。

三、各种专业技术类刊物，其社长、总编辑应具有本专业中级技术职务或相应专业

职称。

第八条 报刊社社长、总编辑(主编)必须是中华人民共和国公民,必须是主管、主办单位的在编人员,必须具备行为端正、道德品质良好等素质。有刑事犯罪记录、违法记录和劣迹表现者,受过重大行政纪律处分者不能担任社长、总编辑(主编)。

第九条 所主持的报刊被停刊整顿者,报刊被新闻出版管理部门多次警告批评而不纠正者,其负有直接责任的社长、总编辑应调离社长、总编辑(主编)的工作岗位,并不得再担任其他报刊的社长、总编辑(主编)。

第十条 新闻出版管理部门在对报刊实施年检及在对新申办报刊进行审核时,对社长、总编辑(主编)的任职条件应进行认真审查,不符合条件的不予登记和审批。特殊情况须经新闻出版署批准。

第十一条 本规定适用于报刊社副社长、副总编辑(副主编)。

第十二条 在执行本现定中有特殊情况者,需报新闻出版行政部门审核批准。

第十三条 本规定由新闻出版署负责解释。

第十四条 本规定自发布之日起施行。

31. 关于报纸增出地方广告专版的规定(试行)

(新闻出版署1996年1月4日发布)

为规范报纸增出地方广告专版行为,保证报纸出版和广告经营活动的正常秩序,现对报纸增出地方广告专版作如下规定:

一、地方广告专版系"报纸登记证"登记版数以外临时增出的区域发行的广告专版;

二、该专版限在省、自治区、直辖市范围发行,不得扩大或缩小发行范围;

三、报社增出地方广告专版须在出版前一月内由报社主管部门向新闻出版署申报,经批准并在当地新闻出版局备案后方可出版发行;报社一次最多只能申请增出三个月的地方广告专版;增版印数不足一万者不得出此类广告专版。

四、该专版印数须与报纸当地发行量一致,并随当日报纸附送;

五、增版序号须在原报版序后顺序标明,并在报头下方显著位置标明"今日×开×版"字样;在增版版头显著位置注明"本版只限××地区发行,印数××万份"字样;

六、本规定限在发行数为 100 万以上的中央报纸试行。

七、本规定由新闻出版署解释。

八、本规定自公布之日起施行。

32. 中华人民共和国戒严法(节摘)

(1996 年 3 月 1 日第八届全国人大常委会第十八次会议通过)

……

第十三条 戒严期间,戒严实施机关可以决定在戒严地区采取下列措施,并可以制定具体实施办法:

(一)禁止或者限制集会、游行、示威、街头讲演以及其他聚众活动;

(二)禁止罢工、罢市、罢课;

(三)实行新闻管制;

(四)实行通讯、邮政、电信管制;

(五)实行出境入境管制;

(六)禁止任何反对戒严的活动。

……

第十八条 戒严期间,对戒严地区的下列单位、场所,采取措施,加强警卫:

(一)首脑机关;

(二)军事机关和重要军事设施;

(三)外国驻华使领馆、国际组织驻华代表机构和国宾下榻处;

(四)广播电台、电视台、国家通讯社等重要新闻单位及其重要设施;

(五)与国计民生有重大关系的公用企业和公共设施;

(六)机场、火车站和港口;

(七)监狱、劳教场所、看守所;

(八)其他需要加强警卫的单位和场所。

33. 外国通讯社及其所属信息机构在中国境内发布经济信息的管理办法

（新华通讯社1996年4月15日发布）

第一章 总 则

第一条 为了维护国家主权,保护国内经济信息用户的合法权益,促进我国经济信息事业的健康发展,根据国务院办公厅《关于授权新华通讯社对外国通讯社及其所属信息机构在外国境内发布经济信息实行归口管理的通知》(以下简称《管理通知》),制定本办法。

第二条 外国通讯社及其所属信息机构,包括其合资、独资公司或委托代理公司,在中国境内发布经济信息由新华通讯社归口管理。新华通讯社涉外信息管理中心具体承办归口管理工作。

第二章 外国通讯社及其所属信息机构在中国境内发布经济信息的审批

第三条 外国通讯社及其所属信息机构在中国境内发布经济信息必须经新华通讯社审批。申请审批需向新华通讯社涉外信息管理中心提交书面申请。

书面申请,需提供下列材料：

1. 外国通讯社及其所属信息机构合法存在的证明文件；
2. 播发经济信息的种类及内容简介；
3. 传播手段及技术服务说明材料；
4. 各种经济信息的收费标准及收费方法；
5. 在中国境内开办的经营经济信息公司、合资公司、办事处或委托技术服务公司、代理公司的有关情况。

第四条 已在中国境内发布经济信息的外国通讯社及其所属信息机构,需向新华通讯社涉外信息管理中心补办书面申请,补办申请材料除本办法第三条规定材料外,还需向新华通讯社涉外信息管理中心提供其在中国境内的经济信息用户名称、法定住所及双方签订的合同副本。

第五条 新华通讯社涉外信息管理中心,自收到外国通讯社及其所属信息机构全部申请材料之日起,二十天内对申请作出答复。本办法第三条、第四条所述材料,凡涉及商业机密,新华通讯社涉外信息管理中心应当负责予以保密。

第六条　经新华通讯社批准,允许在中国境内发布经济信息的外国通讯社及其所属信息机构,其发布的信息种类、传播手段、收费标准、收费方法、技术服务方式等内容,需经新华通讯社涉外信息管理中心审核认定。

上述内容如需变更,必须向新华通讯社涉外信息管理中心提交变更书面申请,如调整收费标准,由新华通讯社核报国家计委审批。新华通讯社涉外信息管理中心自收到申请材料之日起,十日内给予答复。

第七条　未经新华通讯社审批的外国通讯社及其所属信息机构,不准在中国境内发布经济信息。

第八条　新华通讯社涉外信息管理中心对外国通讯社及其所属信息机构所发布的各类经济信息进行同步审视,外国通讯社及其所属信息机构需无偿提供接收其经济信息的设备(和相应的技术服务)及在中国境内发布的各类经济信息。

第九条　经批准在中国境内发布经济信息的外国通讯社及其所属信息机构,需向新华通讯社缴纳监管费。监管费缴纳办法另定。

第三章　中国境内用户使用外国通讯社及其所属信息机构经济信息的审批

第十条　中国境内用户使用外国通讯社及其所属信息机构经济信息,必须经新华通讯社审批。自《管理通知》发布之日起,需要使用外国通讯社及其所属信息机构经济信息的单位,必须向新华通讯社涉外信息管理中心申请办理登记手续。凡已订购外国通讯社及其所属信息机构经济信息的用户,必须向新华通讯社涉外信息管理中心申请补办登记手续。需要使用外国通讯社及其所属机构经济信息的单位应提出书面申请,并提供下列材料:

1. 法人和非法人的证明文件(复印件);
2. 申请单位的简要介绍材料;
3. 订购经济信息种类;
4. 经济信息使用情况及范围;
5. 接收经济信息的方式。

第十一条　已订购外国通讯社及其所属信息机构经济信息的用户,在补办登记手续时需提供与外国通讯社及其所属信息机构签订的合同文本(复印件)和法人、非法人的证明文件(复印件)以及法定住所。

第十二条　新华通讯社涉外信息管理中心应当自收到申请材料之日起,十天内对用户所提出的申请作出答复。任何单位未经新华通讯社涉外信息管理中心登记审核,均不得订购外国通讯社及其所属信息机构的经济信息。

第十三条　经批准订购外国通讯社及其所属信息机构经济信息的用户,原则上为最终用户,对所抄收经济信息的使用范围,必须按新华通讯社涉外信息管理中心审核认定的合同执行。

第十四条　中国境内用户向新华通讯社涉外信息管理中心办理登记手续,不缴纳监管费用。

第四章　技术服务

第十五条　涉外信息实行归口管理后,用户原接收信息的设备及方式不变,其技术服务及设备安装仍由外国通讯社及其所属信息机构负责。

第五章　合同管理

第十六条　外国通讯社及其所属信息机构与中国境内的用户必须签订经济合同。合同的内容必须遵守《中华人民共和国涉外经济合同法》及相关法律、法规的规定。

第十七条　外国通讯社及其所属信息机构与中国境内用户签订的合同,需报新华通讯社涉外信息管理中心审批、备案,方可执行。外国通讯社及其所属信息机构在《管理通知》颁布前与用户已签订合同的,按照本管理办法第四条有关规定,补办审批、备案手续。

第十八条　外国通讯社及其所属信息机构与中国境内的用户签订经济合同,必须向新华通讯社涉外信息管理中心提交合同正本。合同除应具备主要条款外,还必须包括下列内容：

1. 信息种类；
2. 信息的收费标准及总额；
3. 提供信息服务的期限；

4. 传播、接收信息的方式与技术服务。

第十九条　新华通讯社涉外信息管理中心为此类经济合同的批准机关。当事人双方如变更或解除原合同,其变更需报批准机关批准,其解除应报批准机关备案。对中国境内用户的合同管理,依照本管理办法第十条、第十一条和第十三条的有关规定执行。

第六章　监督管理

第二十条　新华通讯社涉外信息管理中心在同步审视外国通讯社及其所属信息机构所发布的各类信息中,如发现有《管理通知》第四项所列的内容,新华通讯社将会同有关部门对外国通讯社及其所属信息机构依法处理。对违反本管理办法第三条、第四条、第六条、第七条、第八条、第九条规定的外国通讯社及其所属信息机构,新华通讯社视情节轻重采取取消其在中国境内的部分、全部经济信息发布业务、直到撤消其在中国境内发布经济信息资格等措施。

第二十一条　对违反本办法第十条、第十一条、第十二条第二款、第十三条规定的中国境内用户,新华通讯社视情节轻重采取不予登记、停止其接收外国通讯社及其所属信息机构的经济信息、直至撤消登记等措施。

第七章　附　则

第二十二条　台湾、香港、澳门地区的通讯社及其所属信息机构在我境内发布经济信息,参照本管理办法执行。其它信息机构在向中国境内发布的经济信息中若转发外国通讯社及其所属信息机构提供的经济信息,参照本管理办法执行。

第二十三条　新华通讯社涉外信息管理中心根据全国各地的具体情况,设立新华通讯社涉外信息管理中心办事机构,为用户办理登记、审核手续。

第二十四条　本办法由新华通讯社负责解释。

第二十五条　本办法自发布之日起施行。

34. 广播电台、电视台设立审批管理办法

(广播电影电视部1996年5月24日第19号令公布)

第一条　为加强对设立广播电台、电视台的管理,根据国家有关规定,制定本办法。

第二条 本办法所称广播电台、电视台是指县级以上各级人民政府设立的无线广播电台、电视台。

有线广播电台、电视台的设立按有关行政法规和部门规章的规定办理。

第三条 广播电台、电视台的设立实行统一规划、合理布局、分级建设、协调发展的原则。

广播电影电视部负责全国广播电台、电视台的规划、设立审批和宏观管理。

省级广播电视行政部门负责本行政区域内广播电台、电视台的规划、设立审核和具体管理,并接受广播电影电视部的领导。

第四条 中央、省、设区的市、县(市)四级政府的广播电视行政部门可以申请设立广播电台、电视台,并按全国广播电视的总体规划进行覆盖。

第五条 教育行政部门可以申请设立专业性的教育电视台,其他行政部门、企事业单位或者个人不得设立广播电台、电视台。

禁止境外组织或个人单独或者与境内组织、个人合作在境内设立广播电台、电视台。

禁止地方广播电台、电视台联合开办跨行政区域的或全国性的广播电台、电视台。

第六条 设立广播电台、电视台,应该具备下列条件:

(一)符合广播电视建设、发展的总体规划;

(二)有频率资源;

(三)有必需的基本建设投资和稳定的资金保障;

(四)有必要数量的采编、制作、播出等专业人员和管理人员编制;

(五)有相应的行使广播电视行政管理职能的机构;

(六)广播电影电视部规定的其他条件。

中央和省级广播电台、电视台第一套节目未覆盖到的地方申请设立广播电台(县级调频台除外)、电视台,还应具有转播中央和省级广播电台、电视台第一套节目的设备和经费。

第七条 中央广播电台、电视台由广播电影电视部设立。

设立地方广播电台、电视台,由当地广播电视行政部门提出申请,经同级政府同意后,由省级广播电视行政部门审核,报广播电影电视部审批。

第八条 获准设立广播电台、电视台的,应按规定的程序和广播电视技术标准进行工程建设,工程验收合格,领取频率执照和广播或电视执照后,方可投入使用。

频率执照和广播或电视执照由广播电影电视部统一印制。

第九条　广播电台、电视台的发射台址、发射机频率、功率、天线高度和其他技术参数经批准后,不得擅自变更;确需变更的,应由省级广播电视行政部门审核后,报广播电影电视部审批。

第十条　广播电台、电视台的呼号由广播电影电视部审定。

地方广播电台、电视台的呼号以当地行政区域名称命名。已经批准的用非行政区域名称作呼号的广播电台、电视台自本办法发布之日起,一律在原有呼号前冠以当地行政区域名称。

广播电台、电视台的呼号经审定后,不得擅自变更。

第十一条　广播电台、电视台终止须按原审批程序报批,其广播或电视执照由发放部门收回。

广播电台、电视台因特殊情况需停止播出的,须经省级以上广播电视行政部门同意。未经批准连续停止播出超过30天的,视为终止,应按前款规定办理有关手续。

第十二条　广播电台、电视台因宣传工作需要,在经济条件、频率资源和节目制作能力允许的情况下,经过广播电影电视部批准,可以增加节目套数或开办专业台。其申报程序参照本办法第七条。

第十三条　部分地域辽阔、地形复杂的省、自治区可以申请利用卫星传送方式解决本省(区)的广播电视节目覆盖。其报批程序是:省、自治区广播电视行政部门提出申请,经同级政府同意后,报广播电影电视部批准。具体管理办法另行制定。

第十四条　教育行政部门申请设立教育电视台应符合全国广播电视的总体规划,并由国家教育委员会审核后,报广播电影电视部审批,其所需频道由广播电影电视部统一指配。

教育电视台设立管理办法由广播电影电视部会同国家教育委员会另行制定。

第十五条　违反本办法第五条的,由省级以上广播电视行政部门责令其停止播出,没收其设备,并视情节轻重,处以其投资总额一至二倍的罚款;对直接责任人处以两千元至五千元的罚款。

第十六条　违反本办法第九条、第十条规定的,由县级以上广播电视行政部门给予警告,责令其停止违法行为,并限期整改,可以并处、单处五千元至两万元的罚款;情节严重的,由广播电影电视部吊销其广播或电视执照,并建议给予其领导人行政处分。

第十七条 违反本办法第十二条规定的广播电台、电视台,由省级以上广播电视行政部门给予警告,责令其停止违法行为,没收其设备,可以并处、单处其投资总额二至五倍的罚款;情节严重的,由广播电影电视部吊销其广播或电视执照,并建议给予其领导人行政处分。

第十八条 违反本办法第十三条规定的,由省级以上广播电视行政部门给予警告,责令其停止利用卫星传送节目,可以并处、单处二万元至五万元的罚款;情节严重的,由广播电影电视部吊销其广播或电视执照,并建议给予其领导人行政处分。

第十九条 广播电视站的设立由省级广播电视行政部门参照本办法审批。

第二十条 本办法发布前经批准设立的广播电台、电视台,在本办法发布之日起半年内,由省级以上广播电视行政部门依照本办法进行重新审核。符合条件的,由广播电影电视部发给广播或电视执照。不符合条件的,责令其限期整改。经整改仍达不到规定条件的,由广播电影电视部取消其呼号,改为转播台。

第二十一条 本办法由广播电影电视部负责解释。

第二十二条 本办法自发布之日起施行,原广发地字[1984]224号文同时废止。

35. 关于加强新闻管理工作的暂行规定

(文化部1996年10月16日发布)

一、为了做好我部新闻宣传工作,加强新闻宣传管理,有计划地宣传党和国家关于文化工作的路线、方针、政策,全面准确地宣传文化事业的成就,为改革文化体制和繁荣文艺创造良好的舆论环境,特制定本规定。

二、文化部根据新闻宣传工作的需要,确定新闻发言人。根据部党组授权,新闻发言人代表文化部对外发布所有重要新闻。

三、对新闻宣传工作必须加强归口管理。我部的新闻宣传管理工作由办公厅负责,具体工作由办公厅报刊宣传处承担。文化部举办重要的新闻发布会、记者招待会,由办公厅请示新闻发言人,经批准后负责组织、承办及与新闻单位联系的工作。

四、各司局以文化部名义举办新闻发布会、记者招待会,必须事先与办公厅取得联系。经办公厅报请新闻发言人批准后,由办公厅与会议举办单位联系,共同参与会议的准备、组织工作。邀请部领导或中央有关领导参加会议,须按有关程序办理。

五、各司局以文化部名义举办新闻发布会、记者招待会,必须提前向办公厅报送下列会议材料:(一)关于召开新闻发布会或记者招待会的报批件;(二)会议拟定日期和议程安排;(三)新闻发布稿;(四)主要发言人的发言稿;(五)会议涉及到的有关背景材料。未经办公厅报请新闻发言人批准,任何单位与个人均不得擅自以文化部名义举办新闻发布会或记者招待会。

六、各司局、各单位邀请新闻单位来本部门采访或向外界报道涉及到文化部全局性工作等重要内容,以及报道社会普遍关心而敏感的题材或突发事件,必须事先与办公厅联系,由办公厅根据内容的需要报请新闻发言人审核批准。未经批准不得擅自邀请新闻单位来本部门采访,也不得擅自向外界报道上述内容的新闻。报道稿件见报(刊)或播出前,要经被采访者过目,并送主管部门领导审核。

七、各司局、各单位举办不涉及文化部全局性工作的业务活动,如需要邀请新闻单位,或以本单位的名义召开新闻发布会、记者招待会,须按本规定第五条向办公厅报送会议材料,申请领取《关于同意在京举办新闻发布会的批复》,到新闻出版署履行登记手续。

八、新闻发布会、记者招待会涉及对外宣传,需邀请外国及港、澳、台新闻机构的记者或驻华使馆人员参加时,除按本规定第三、四、七条办理审批手续外,还须报新闻出版署和国务院新闻办公室共同审核批准。

九、新闻单位记者来文化部机关或直属单位采访,各单位都要热情接待,积极、慎重、准确地介绍有关情况。如涉及到重要内容和敏感问题的采访,按本规定第六条的有关规定办理。

十、举办新闻发布会、记者招待会所需费用,均由举办单位按有关规定支付。

36. 出版管理条例

(1997年1月2日国务院第210号令公布)

第一章 总 则

第一条 为了加强对出版活动的管理,发展和繁荣有中国特色的社会主义出版事业,保障公民依法行使出版自由的权利,促进社会主义精神文明和物质文明建设,根据宪法,制定本条例。

第二条　在中华人民共和国境内从事出版活动,适用本条例。

本条例所称出版活动,包括出版物的出版、印刷或者复制、发行。

本条例所称出版物,是指报纸、期刊、图书、音像制品、电子出版物等。

第三条　出版事业必须坚持为人民服务、为社会主义服务的方向,坚持以马克思列宁主义、毛泽东思想和建设有中国特色社会主义理论为指导,传播和积累一切有益于提高民族素质、有益于经济发展和社会全面进步的科学技术和文化知识,弘扬民族优秀文化,促进国际文化交流,丰富和提高人民的精神生活。

第四条　从事出版活动,应当将社会效益放在首位,实现社会效益与经济效益的最佳结合。

第五条　公民依法行使出版自由的权利,各级人民政府应当予以保障。

公民在行使出版自由的权利的时候,必须遵守宪法和法律,不得反对宪法确定的基本原则,不得损害国家的、社会的、集体的利益和其他公民的合法的自由和权利。

第六条　国务院出版行政部门对全国的出版活动实施监督管理。国务院其他有关行政部门按照国务院规定的职责分工,监督管理有关的出版活动。

县级以上地方各级人民政府有关行政部门监督管理本行政区域内出版活动的职权划分,由省、自治区、直辖市人民政府规定。

第七条　全国性出版行业的社会团体按照其章程,在国务院出版行政部门的指导下,实行自律管理。

第二章　出版单位的设立与管理

第八条　报纸、期刊、图书、音像制品和电子出版物等应当由出版单位出版。

本条例所称出版单位,包括报社、期刊社、图书出版社、音像出版社和电子出版物出版社等。

法人出版报纸、期刊,不设立报社、期刊社的,其设立的报纸编辑部、期刊编辑部视为出版单位。

第九条　国务院出版行政部门制定全国出版单位总量、结构、布局的规划,指导、协调出版事业发展。

第十条　设立出版单位,应当具备下列条件:

(一)有出版单位的名称、章程;

(二)有符合国务院出版行政部门认定的主办单位及其必要的上级主管机关;

(三)有确定的业务范围;

(四)有30万元以上的注册资本;

(五)有固定的工作场所;

(六)有适应业务范围需要的组织机构和符合国家规定的资格条件的编辑出版专业人员。

审批设立出版单位,除依照前款所列条件外,还应当符合出版单位总量、结构、布局的规划。

第十一条　设立出版单位,由其主办单位持申请书向所在地省、自治区、直辖市人民政府出版行政部门提出申请;省、自治区、直辖市人民政府出版行政部门审核同意后,转报国务院出版行政部门审批。

第十二条　设立出版单位的申请书应当载明下列事项:

(一)出版单位的名称、地址;

(二)出版单位的主办单位及其必要的上级主管机关的名称、地址;

(三)出版单位的主要负责人或者法定代表人的姓名、住址以及资格证明文件;

(四)出版单位的资金来源及数额。

设立报社、期刊社或者报纸编辑部、期刊编辑部的,申请书还应当载明报纸或者期刊的名称、刊期、开版或者开本、印刷场所。

申请书应当附具出版单位的章程和设立出版单位的主办单位及其必要的上级主管机关的有关证明材料。

第十三条　国务院出版行政部门应当自收到设立出版单位的申请书之日起180日内,作出批准或者不批准的决定,并由省、自治区、直辖市人民政府出版行政部门书面通知主办单位;不批准的,应当说明理由。

第十四条　设立出版单位的主办单位应当自收到国务院出版行政部门的批准决定通知之日起60日内,向所在地省、自治区、直辖市人民政府出版行政部门登记,领取出版许可证。登记事项由国务院出版行政部门规定。

出版单位经登记后,持出版许可证向工商行政管理部门依法领取营业执照。

第十五条　报社、期刊社、图书出版社、音像出版社和电子出版物出版社等应当具备法人条件,经核准登记后,取得法人资格,以其全部法人财产独立承担民事责任。

依照本条例第八条第三款的规定,视为出版单位的报纸编辑部、期刊编辑部不具有法人资格,其民事责任由其主办单位承担。

第十六条　出版单位改变名称、主办单位或者其必要的上级主管机关、业务范围,合并或者分立,出版新的报纸、期刊或者报纸、期刊改变名称、刊期的,应当依照本条例第十一条、第十二条的规定重新办理审批手续。

出版单位除前款所列变更事项外的其他事项的变更,应当经主办单位及其必要的上级主管机关审查同意后,向所在地省、自治区、直辖市人民政府出版行政部门申请变更登记,并由其转报国务院出版行政部门备案。

第十七条　出版单位终止出版活动的,由所在地省、自治区、直辖市人民政府出版行政部门注销登记,并向国务院出版行政部门备案。

第十八条　图书出版社、音像出版社和电子出版物出版社自登记之日起满180日未从事出版活动的,报社、期刊社自登记之日起满90日未出版报纸、期刊的,由登记机关注销登记,并向国务院出版行政部门备案。

因不可抗力或者其他正当理由发生前款所列情形的,出版单位可以向登记机关申请延期。

第十九条　图书出版社、音像出版社和电子出版物出版社的年度出版计划及涉及国家安全、社会安定等方面的重大选题,应当经由所在地省、自治区、直辖市人民政府出版行政部门转报国务院出版行政部门备案,具体办法由国务院出版行政部门制定。

第二十条　国务院出版行政部门和省、自治区、直辖市人民政府规定的县级以上地方人民政府有关行政部门应当加强对出版单位出版活动的日常监督管理。出版单位应当按照国务院出版行政部门的规定将从事出版活动的情况向出版行政部门提出书面报告。

第二十一条　出版单位不得向任何单位或者个人出售或者以其他形式转让本单位的名称、书号、刊号或者版号,并不得出租本单位的名称、刊号。

第二十二条　出版单位发行其出版物前,应当按照国家有关规定向北京图书馆、中国版本图书馆和国务院出版行政部门免费送交样本。

第三章　出版物的出版

第二十三条　公民可以依照本条例规定,在出版物上自由表达自己对国家事务、经济和文化事业、社会事务的见解和意愿,自由发表自己从事科学研究、文学艺术创作和其他文化活动的成果。

第二十四条　出版单位实行编辑责任制度,保障出版物刊载的内容符合本条例的规定。

合法出版物受法律保护。任何组织和个人不得非法干扰、阻止、破坏出版物的出版。

第二十五条　任何出版物不得含有下列内容:

(一)反对宪法确定的基本原则的;

(二)危害国家的统一、主权和领土完整的;

(三)危害国家的安全、荣誉和利益的;

(四)煽动民族分裂,侵害少数民族风俗习惯,破坏民族团结的;

(五)泄露国家秘密的;

(六)宣扬淫秽、迷信或者渲染暴力,危害社会公德和民族优秀文化传统的;

(七)侮辱或者诽谤他人的;

(八)法律、法规规定禁止的其他内容的。

第二十六条　以未成年人为对象的出版物不得含有诱发未成年人模仿违反社会公德的行为和违法犯罪的行为的内容,不得含有恐怖、残酷等妨害未成年人身心健康的内容。

第二十七条　出版物的内容不真实或者不公正,致使公民、法人或者其他组织的合法权益受到侵害的,其出版单位应当公开更正,消除影响,并依法承担民事责任。

报纸、期刊发表的作品内容不真实或者不公正,致使公民、法人或者其他组织的合法权益受到侵害的,当事人有权要求更正或者答辩,有关出版单位应当在其近期出版的报纸、期刊上予以发表;拒绝发表的,当事人可以向人民法院提起诉讼。

第二十八条　出版物必须按照国家的有关规定载明有关作者、出版者、印刷者或者复制者、发行者的名称、地址、书号、刊号或者版号、出版日期、刊期以及其他有关事项。

出版物的规格、开本、版式、装帧、校对等必须符合国家标准和规范要求,保证出版物的质量。

第二十九条 任何单位和个人不得伪造、假冒出版单位或者报纸、期刊名称出版出版物。

第三十条 中学小学教科书由国务院教育行政部门审定或者组织审定，由国务院或者省、自治区、直辖市人民政府的出版行政部门指定的出版、印刷、发行单位承担出版、印刷、发行。

第四章 出版物的印刷或者复制和发行

第三十一条 从事出版物印刷或者复制业务的单位，应当按照国家有关规定向所在地省、自治区、直辖市人民政府出版行政部门提出申请，经审核许可，并向公安机关和工商行政管理部门依法登记后，方可从事出版物的印刷或者复制。

未经许可并依法登记的，不得印刷报纸、期刊、图书，不得复制音像制品、电子出版物。

第三十二条 出版单位委托印刷或者复制单位印刷或者复制出版物的，必须提供符合国家规定的印刷或者复制出版物的有关证明。印刷或者复制单位不得接受非出版单位和个人的委托，印刷报纸、期刊、图书或者复制音像制品、电子出版物。印刷或者复制单位不得擅自印刷、发行报纸、期刊、图书或者复制、发行音像制品、电子出版物。

第三十三条 印刷或者复制单位经所在地省、自治区、直辖市人民政府出版行政部门批准，可以承接境外出版物的印刷或者复制业务；但是，产品应当全部运输出境，不得在境内发行。

境外委托印刷或者复制的出版物的内容，应当经省、自治区、直辖市人民政府出版行政部门审核。委托人应当持有著作权人授权书，并向著作权行政管理部门登记备案。

第三十四条 印刷或者复制单位应当自完成出版物的印刷或者复制之日起一年内，留存一份承接的出版物样本备查。

第三十五条 从事报纸、期刊、图书总发行业务的发行单位，经国务院出版行政部门审核许可，并向工商行政管理部门依法领取营业执照后，方可从事报纸、期刊、图书总发行业务。

从事报纸、期刊、图书批发业务的发行单位，经省、自治区、直辖市人民政府规定的有关行政部门审核许可,并向工商行政管理部门依法领取营业执照后,方可从事报纸、期刊、图书的批发业务。

邮政企业发行报纸、期刊,依照邮政法的规定办理。

第三十六条　从事报纸、期刊、图书零售业务的单位和个人,经省、自治区、直辖市人民政府规定的县级人民政府有关行政部门批准,并向工商行政管理部门依法领取营业执照后,方可从事出版物的零售业务。

第三十七条　出版单位可以发行本出版单位出版的出版物,不得发行其他出版单位出版的出版物。

第三十八条　印刷或者复制单位、发行单位不得印刷或者复制、发行有下列情形之一的出版物:

(一)含有本条例第二十五条、第二十六条禁止内容的;

(二)非法进口的;

(三)伪造、假冒出版单位名称或者报纸、期刊名称的;

(四)未署出版单位名称的;

(五)中学小学教科书未经依法审定的;

(六)侵犯他人著作权的。

第五章　保障与奖励

第三十九条　国家制定有关政策,保障、促进出版事业的发展与繁荣。

第四十条　国家支持、鼓励下列优秀的、重点的出版物的出版:

(一)对阐述、传播宪法确定的基本原则有重大作用的;

(二)对在人民中进行爱国主义、集体主义、社会主义教育和弘扬社会公德、职业道德、家庭美德有重要意义的;

(三)对弘扬民族优秀文化和及时反映国内外新的科学文化成果有重大贡献的;

(四)具有重要思想价值、科学价值或者文化艺术价值的。

第四十一条　国家对教科书的出版发行,予以保障。

国家扶持少数民族语言文字出版物和盲文出版物的出版发行。

国家对少数民族地区、边疆地区、经济不发达地区和在农村发行出版物,实行优惠政策。

第四十二条 报纸、期刊交由邮政企业发行的,邮政企业应当保证及时、准确发行。承运出版物的运输企业,应当对出版物的运输提供方便。

第四十三条 国家对为发展、繁荣出版事业做出重要贡献的单位和个人,给予奖励。

第四十四条 对非法干扰、阻止和破坏出版物出版、印刷或者复制、发行的行为,县级以上各级人民政府及其有关部门,应当及时采取措施,予以制止。

第六章 法律责任

第四十五条 未经批准,擅自设立出版单位或者擅自从事出版物的出版、印刷或者复制、发行业务的,予以取缔,没收出版物和从事非法活动的主要专用工具、设备以及违法所得,并处违法所得2倍以上10倍以下的罚款;构成犯罪的,依法追究刑事责任。

第四十六条 从事出版、印刷或者复制、发行业务,有下列行为之一的,没收出版物和违法所得,并处违法所得3倍以上10倍以下的罚款;情节严重的,责令停业整顿或者吊销许可证;构成犯罪的,依法追究刑事责任:

(一)出版含有本条例第二十五条、第二十六条禁止内容的出版物的;

(二)明知他人出版含有本条例第二十五条、第二十六条禁止内容的出版物而向其出售、出租或者以其他形式转让本出版单位的名称、书号、刊号、版号的;

(三)伪造、假冒报纸、期刊名称,出版含有本条例第二十五条、第二十六条禁止内容的出版物的;

(四)印刷或者复制、发行明知含有本条例第二十五条、第二十六条禁止内容的出版物的;

(五)印刷或者复制、发行明知含有本条例第二十五条、第二十六条禁止内容的境外出版物的。

第四十七条 盗印、盗制出版物的,没收出版物和违法所得,并处违法所得3倍以上10倍以下的罚款;情节严重的,责令停业整顿或者吊销许可证;构成犯罪的,依法追究刑事责任。

第四十八条 出版单位出售、出租或者以其他形式转让本出版单位的名称、书号、刊号、版号的,没收违法所得,并处违法所得2倍以上5倍以下的罚款情节严重的,责令停业整顿或者吊销许可证。

第四十九条　伪造、假冒出版单位或者报纸、期刊名称出版出版物的,予以取缔,没收出版物和违法所得,并处违法所得3倍以上5倍以下的罚款;侵犯其他出版单位合法权益的,依法承担民事责任。

第五十条　印刷或者复制单位未取得印刷或者复制合法手续而印刷或者复制出版物的,发行单位和个人发行未署出版单位名称的出版物或者未经依法审定的中学小学教科书的,没收出版物和违法所得,可以并处违法所得5倍以下的罚款;情节严重的,责令停业整顿或者吊销许可证。

第五十一条　违反本条例规定,印刷或者复制、发行境外出版物的,没收出版物和违法所得,并处违法所得2倍以上5倍以下的罚款;情节严重的,责令停业整顿或者吊销许可证。

第五十二条　本条例规定处以行政处罚的违法行为,其他有关法律、行政法规对处罚机关和处罚的种类、幅度另有规定的,从其规定;其他有关法律、行政法规未作规定的,由国务院出版行政部门或者省、自治区、直辖市人民政府规定的县级以上地方人民政府有关行政部门决定。吊销许可证的处罚,由原发证部门决定。

第五十三条　有关出版行政部门的工作人员滥用职权、玩忽职守、徇私舞弊,构成犯罪的,依法追究刑事责任;尚不构成犯罪的,依法给予行政处分。

第七章　附　则

第五十四条　行政法规对音像制品的出版、复制、发行另有规定的,适用其规定。
电子出版物的具体管理办法,由国务院出版行政部门根据本条例的原则制定。

第五十五条　境内出版物出口和境外出版物进口、印刷或者复制、发行的具体管理办法,由国务院出版行政部门会同国务院有关部门制定,报国务院批准后施行。

第五十六条　本条例施行前按照国家有关规定已经设立的出版单位,应当在规定的期限内依照本条例的规定重新办理审批手续。

第五十七条　本条例自1997年2月1日起施行。

37. 关于禁止有偿新闻的若干规定(节摘)

(广播电影电视部 新闻出版署 中共中央宣传部 1997年1月23日发布)

……

一、新闻单位采集、编辑、发表新闻,不得以任何形式收取费用。新闻工作者不得以任何名义向采访报道对象索要钱物,不得接受采访报道对象以任何名义提供的钱物、有价证券、信用卡等。

二、新闻工作者不得以任何名义向采访报道对象借用、试用车辆、住房、家用电器、通讯工具等物品。

三、新闻工作者参加新闻发布会和企业开业、产品上市以及其他庆典活动,不得索取和接受各种形式的礼金。

四、新闻单位在职记者、编辑不得在其他企事业单位兼职以获取报酬;未经本单位领导批准,不得受聘担任其他新闻单位的兼职记者、特约记者或特约撰稿人。

五、新闻工作者个人不得擅自组团进行采访报道活动。

六、新闻工作者在采访活动中不得提出工作以外个人生活方面的特殊要求,严禁讲排场、比阔气、挥霍公款。

七、新闻工作者不得利用职务之便要求他人为自己办私事,严禁采取"公开曝光""编发内参"等方式要挟他人以达到个人目的。

八、新闻报道与广告必须严格区别,新闻报道不得收取任何费用,不得以新闻报道形式为企业或产品做广告。凡收取费用的专版、专刊、专页、专栏、节目等,均属广告,必须有广告标识,与其他非广告信息相区别。

九、新闻报道与赞助必须严格区分,不得利用采访和发表新闻报道拉赞助。新闻单位必须把各种形式的赞助费,或因举办"征文""竞赛""专题节目"等得到的"协办经费",纳入本单位财务统一管理,合理使用,定期审计。在得到赞助或协办的栏目、节目中,只可刊播赞助或协办单位的名称,不得以文字、语言、图象等形式宣传赞助或协办单位的形象和产品。

十、新闻报道与经营活动必须严格分开。新闻单位应由专职人员从事广告等经营业务,不得向编采部门下达经营创收任务。记者、编辑不得从事广告和其他经营活动。

……

38. 中国新闻工作者职业道德准则

(中华全国新闻工作者协会 1997 年 1 月 26 日修订发布)

中国新闻事业是中国共产党领导的有中国特色社会主义事业的重要组成部分。新闻工作者要适应形势发展的需要,努力学习和宣传马克思列宁主义、毛泽东思想和邓小平建设有中国特色社会主义理论,坚决贯彻执行党的基本路线、基本方针,坚持以科学的理论武装人,以正确的舆论引导人,以高尚的精神塑造人,以优秀的作品鼓舞人,牢牢把握正确的舆论导向,为人民服务,为社会主义服务,为全党全国工作大局服务,为推进社会主义物质文明建设和社会主义精神文明建设,实现我国社会主义现代化的宏伟目标努力奋斗。

继承和发扬党的新闻工作优良传统,树立良好的职业道德,维护新闻工作的严肃性和声誉,对于发挥新闻舆论的引导作用,对于建设一支政治强、业务精、纪律严、作风正的新闻队伍,保证新闻事业健康发展,具有十分重要的意义。树立正确的世界观、人生观、价值观,自觉遵守新闻职业道德,应该是每一个有理想、有抱负、有操守和富于敬业精神的新闻工作者对自己的基本要求。

一、全心全意为人民服务

为人民服务是社会主义道德建设的核心,是社会主义道德的集中体现,也是我国新闻工作的根本宗旨。

新闻工作者要在党的领导下,发挥密切党和政府同人民群众联系的桥梁、纽带作用,坚持对党、对国家负责和对广大群众负责的一致性。

努力使党和政府的方针、政策及时、准确、广泛地同群众见面,为人民群众提供参与政治、经济、文化等社会生活以及了解世界所需要的新闻和信息,热情宣传他们建设社会主义的伟大创造和奉献精神,准确反映他们的愿望、呼声和正当要求。

支持符合人民利益的正确思想和行为,勇于批评、揭露违背人民利益的错误言行和消极腐败现象,积极、正确发挥舆论监督作用。

牢固树立群众观点,满腔热情地做好群众工作,密切联系群众,重视群众来稿,妥善处理群众有关建议、批评、申诉和检举的来信、来访,开展多种多样为群众服务的活动。

二、坚持正确的舆论导向

新闻工作者要增强政治意识、大局意识、责任意识,坚持正确的舆论导向。在新闻报道中,要弘扬爱国主义、集体主义、社会主义的主旋律,动员和团结全国各族人民投身到建设祖国、振兴中华的伟大事业中来。要坚持团结稳定鼓劲、正面宣传为主的方针,造成有利于推进改革开放、建立社会主义市场经济体制、发展社会生产力的舆论,有利于加强社会主义精神文明建设和民主法制建设的舆论,有利于鼓舞和激励人们为国家富强、人民幸福和社会进步而艰苦创业、开拓创新的舆论,有利于人们分清是非、坚持真善美、抵制假恶丑的舆论,有利于国家统一、民族团结、人民心情舒畅、社会政治稳定的舆论。新闻报道不得宣扬色情、凶杀、暴力、愚昧、迷信及其他格调低劣、有害人们身心健康的内容。

三、遵守宪法、法律和纪律

新闻工作者必须在宪法和法律的范围内活动,自觉遵守宪法、法律和宣传纪律。

坚定地宣传、贯彻党的理论、路线、方针、政策。不得利用自己掌握的舆论工具,宣传同中央决定相违背的内容。

维护宪法规定的公民权利,不揭人隐私,不诽谤他人,要通过合法和正当的手段获取新闻,尊重被采访者的声明和正当要求。

维护司法尊严。对于司法部门审理的案件不得在法庭判决之前作定性、定罪和案情的报道;公开审理案件的报道,应符合司法程序。

严格遵守和正确宣传国家的民族政策和宗教政策,坚决维护各民族的团结,维护安定团结的政治局面。严格保守党和国家的秘密,自觉维护国家的利益和安全。

四、维护新闻的真实性

真实是新闻的生命。新闻工作者要坚持发扬实事求是的作风,深入基层、深入实际、深入群众,加强调查研究,报实情、讲真话,不得弄虚作假,不得为追求轰动效应而捏造、歪曲事实。

力求全面地看问题,防止主观性、片面性,努力做到从总体上、本质上把握事物的真实性。

采写和发表新闻要客观公正。不得从个人或小团体利益出发,利用自己掌握的舆论工具发泄私愤,或作不公正的报道。

工作要认真负责,避免报道失实。如有失实,应主动承担责任,及时更正。

五、保持清正廉洁的作风

新闻工作者要坚持发扬清正廉洁的作风,自觉抵制拜金主义、享乐主义、个人主义思想的侵蚀,坚决反对"有偿新闻"等不正之风,树立行业新风。

新闻工作者不得以任何名义索要、接受或借用采访报道对象的钱、物、有价证券、信用卡等;参加各种会议和活动不得索取和接受任何形式的礼金;不得在企事业单位兼职以获取报酬;不允许个人擅自组团进行采访报道活动;不得利用职务之便谋取私利。

新闻报道和经营活动要严格分开。新闻单位不得用新闻形式做广告;不得向编采部门下达"创收"任务。记者编辑不得从事广告或其他经营活动。

坚持廉洁自律,提倡勤俭作风,记者不得向被采访地区或单位提出工作以外的个人生活方面的特殊要求。要自觉遵守财经纪律和财务制度,严禁讲排场、比阔气、挥霍公款。

六、发扬团结协作精神

团结协作,形成合力,是社会主义新闻工作的一大优势。新闻界同行之间应建立平等、团结、友爱、互助的关系。提倡互相学习,互相支持,开展正当的业务竞争。

尊重同行和其他作者的著作权,反对抄袭、剽窃他人的劳动成果。

在同国外新闻界交往中,要维护祖国的尊严,维护中国新闻工作者的尊严。

39. 印刷业管理条例

(国务院1997年3月8日第212号令公布)

第一章 总 则

第一条 为了加强印刷业管理,维护印刷业经营者的合法权益和社会公共利益,促进社会主义精神文明和物质文明建设,制定本条例。

第二条　本条例适用于出版物、包装装潢印刷品及其他印刷品的印刷经营活动。

本条例所称出版物,包括报纸、期刊、书籍、地图、年画、图片、挂历、画册及音像制品、电子出版物的装帧封面等。

本条例所称包装装潢印刷品,包括商标标识、彩色包装盒(袋)、纸制包装用品、印铁制罐、以介绍产品为内容的广告宣传品等。

本条例所称其他印刷品,包括文件、资料、图表、票证、名片等。

本条例所称印刷经营活动,是指经营排版、制版、印刷、装订、复印、影印、打印等活动。

第三条　印刷业经营者必须遵守有关法律、行政法规和国家有关印刷管理的其他规定,提高质量,不断满足社会需要。

禁止印制含有反动、淫秽、迷信内容和国家明令禁止印制的其他内容的出版物、包装装潢印刷品及其他印刷品。

第四条　国务院新闻出版行政部门依照规定负责印刷监督管理工作;其中,包装装潢印刷经营活动由国务院授权的机构负责监督管理。国务院公安部门、工商行政管理部门在各自职责范围内负责对印刷业进行监督管理。

县级以上地方各级人民政府负责新闻出版、包装装潢印刷品的管理部门及其职责,由省、自治区、直辖市人民政府规定。

第五条　印刷行业的社会团体按照其章程,在业务主管部门的指导下,实行自律管理。

第二章　印刷企业的设立

第六条　国家实行印刷经营许可制度。未经批准,任何单位和个人不得从事印刷经营活动。

第七条　设立印刷企业,应当具备下列条件:

(一)有企业的名称、章程;

(二)有确定的业务范围;

(三)有生产经营场所和必要的设备等生产经营条件;

(四)有适应业务范围需要的组织机构和人员;

(五)有关法律、行政法规规定的其他条件。

第八条 设立出版物印刷企业,应当向所在地省、自治区、直辖市人民政府新闻出版行政部提出申请,经审核批准,取得出版物印制许可证,并按照有关规定持证向公安部门申请,经核准,取得特种行业许可证后,持出版物印制许可证、特种行业许可证向工商行政管理部门注册登记,取得营业执照后,方可印制出版物。

第九条 设立包装装潢印刷品印刷企业,应当向所在地省、自治区、直辖市人民政府规定的包装装潢印刷品管理部门提出申请,经审核批准,取得包装装潢印刷品印制许可证,并按照国家有关规定持证向公安部门提出申请,经核准,取得特种行业许可证后,持包装装潢印刷品印制许可证、特种行业许可证向工商行政管理部门申请注册登记,取得营业执照后,方可印制包装装潢印刷品。

第十条 已经设立的包装装潢印刷品印刷企业申请兼营出版物印刷的,应当向所在地省、自治区、直辖市人民政府规定的包装装潢印刷品管理部门提出申请,经审核批准,取得包装装潢印刷品印制许可证后,按照国家有关规定向公安部门、工商行政管理部门申请变更登记,经核准,方可印制包装装潢印刷品。

第十一条 已经设立的出版物印刷企业申请兼营包装装潢印刷品印刷的,应当向所在地省、自治区、直辖市人民政府规定的包装装潢印刷品管理部门提出申请,经审核批准,取得包装装潢印刷品印制许可证后,按照国家规定向公安部门、工商行政管理部门申请变更登记,经核准,方可印制包装装潢印刷品。

第十二条 申请其他印刷品印刷经营活动的企业和个人,应当向所在地县级以上地方人民政府负责新闻出版的行政部门提出申请,经审核批准,取得其他印刷品印制许可证,并按照国家有关规定持证向公安部门提出申请,经核准,取得特种行业许可证后,持其他印刷品印制许可证、特种行业许可证向工商行政管理部门申请注册登记,取得营业执照后,方可开业。

取得出版物印制许可证或者包装装潢印刷品印制许可证的印刷企业,可以从事本条例规定的其他印刷品的印刷经营活动。

第十三条 设立印刷物或者其他印刷品的中外合资经营企业、中外合作经营企业,应当经所在地省、自治区、直辖市人民政府新闻出版行政部门同意,并报国家新闻出版行政部门审核批准后,依法办理其他手续。

第十四条 印刷包装装潢印刷品的中外合资经营企业、中外合作经营企业,应当经所在地省、自治区、直辖市人民政府规定的包装装潢印刷品管理部门同意,并报国务院授权的机构审核批准后,依法办理其他手续。

第十五条　禁止设立外商独资经营的印刷企业。

第十六条　印刷业经营者变更主要登记事项、停业、转业、合并、分立或者迁移,须经原审批部门审批,向原办理登记的公安部门、工商行政管理部门办理变更登记、注销登记。

第十七条　单位内部设立印刷厂(所),必须向所在地县级以上地方人民政府负责新闻出版的行政部门、保密部门办理登记手续后,按照国家有关规定向公安部门备案,并不得从事印刷经营活动;从事印刷经营活动的,必须依照本章的规定办理手续。

第十八条　本章的规定适用于排版、制版、装订、复印、影印、打印等单项印刷经营活动。

第三章　出版物的印刷

第十九条　国家鼓励出版物印刷企业及时印刷体现国内外新的优秀文化成果的出版物,重视印刷传统文化精品和有价值的学术著作,提高印刷质量,正确使用祖国的语言文字。

第二十条　出版物印刷企业不得印制国家明令禁止出版的出版物和非出版单位出版的出版物。

第二十一条　印刷出版物实行印制合同制度。出版物的每一个印刷品种,委托印刷单位和承接印刷企业都应当按照国家有关规定签订印制合同。

第二十二条　承接出版单位委托印制图书、期刊的,印刷企业必须验证并收存出版单位盖章的图书、印制委托书;承接出版单位委托印制报纸的,必须验证报纸登记证;承接出版单位委托印制报纸、期刊的增刊的,除验证登记证外,还必须验证新闻出版行政部门的批准文件或者准印证。

第二十三条　承接内部资料性出版物印制的,印刷企业必须验证省、自治区、直辖市人民政府新闻出版行政部门核发的准印证。

第二十四条　跨省、自治区、直辖市印制出版物的,印刷企业除必须验证委托印刷单位所在地省、自治区、直辖市人民政府新闻出版行政部门核发的批准文件外,还必须验证本印刷企业所在地省、自治区、直辖市人民政府新闻出版行政部门核发的准印证。

第二十五条　承接境外出版物印制的,印刷企业必须持有关著作权的合法证明文件,经省、自治区、直辖市人民政府新闻出版行政部门批准;印制的出版物必须全部出境,不得在境内销售。

第二十六条　委托印刷单位必须按照国家有关规定在委托印制的出版物上刊载出版单位的名称、地址、书号、刊号或者版号、出版日期或者刊期,承接印刷企业的真实名称和地址,以及其他有关事项。

第二十七条　承接印刷企业不得销售、擅自加印或者接受第三人委托加印受委托印制的出版物,不得盗印出版物。

第二十八条　承接印刷企业不得将出版单位委托印制的出版物纸型及印刷底片出租、出借、出售或者以其他任何方式转让给其他单位或者个人。

第二十九条　印刷企业不得编印征订、销售出版物,不得假冒或者盗用他人名义印制、销售出版物。

第四章　包装装潢印刷品的印刷

第三十条　包装装潢印刷企业不得印制假冒或者伪造他人的商标标识和商品包装装潢印刷品,不得印制可能对消费者产生误导的广告、说明等宣传品。

第三十一条　承接以介绍产品为内容的广告宣传品印制的,印刷企业必须按照国家有关规定验证包装装潢印刷品管理部门核发的准印证,并验证委托印刷单位的营业执照和广告经营资格证明。

第三十二条　承接商标标识印制的,按照国家有关商标印制管理的规定执行。

第三十三条　承接包装装潢印刷品印制的,印刷企业应当将印制的成品、半成品、废品和印版、纸型、底片、原稿等全部交付委托印刷单位,不得擅自留存。

第三十四条　承接境外包装装潢印刷品印制的,必须经所在地省、自治区、直辖市人民政府规定的包装装潢印刷品管理部门审核,印制的包装装潢印刷品必须全部运输出境,不得在境内销售。

第五章　其他印刷品的印刷

第三十五条　印制标有密级的文件、资料、图表等,按照国家有关国家秘密载体管理的规定办理。

第三十六条　印制布告、通告、重大活动工作证、通行证、在社会上流通使用的票证的,委托印刷单位必须出具主管部门的证明,并按照国家有关规定向承接印刷企业所在地公安部门办理准印手续,在指定的印刷企业印制。

印制机关、团体、部队、学校、企业事业单位内部使用的有价票证或者无价票证、有单位名称的介绍信、工作证、会员证、出入证等专用印件的,委托印刷单位必须出具委托印制证明。

承接印刷企业对前两款印件不得留样本、样张,确因业务考虑需要留样本、样张的,应当征得委托印刷单位同意,在所留件上加盖"样本""样张"戳记,并妥善保管,不得丢失。

第三十七条 印刷宗教用品的,按照国家有关宗教印刷管理的规定办理。

第六章 罚 则

第三十八条 违反本条例规定擅自设立印刷企业,从事印刷经营活动的,由公安部门、工商行政管理部门予以取缔,没收违法所得和进行违法活动的主要专用工具、设备,并处违法所得2倍以上10倍以下的罚款,没收违法所得,并处2万元以下的罚款。

第三十九条 违反本条例规定,未取得出版物印制许可证的印刷企业,擅自从事出版物印制的,由省、自治区、直辖市人民政府规定的县级以上地方人民政府负责新闻出版管理的部门责令停产停业,没收所印制的出版物和违法所得,并处所印制的出版物总定价2倍以上10倍以下。

第四十条 违反本条例规定,未取得包装装潢印刷品印刷许可证的印刷企业,擅自从事包装装潢印刷品印制的,由省、自治区、直辖市人民政府规定的县级以上地方人民政府负责包装装潢印刷品管理的部门责令停产停业,没收所印制的包装装潢印刷品和违法所得,并处所印制的包装装潢印刷品总定价2倍以上10倍以下的罚款。

第四十一条 出版物印刷企业有下列行为之一的,由省、自治区、直辖市人民政府规定的县级以上地方人民政府负责新闻出版管理的部门根据情节给予警告、没收违法所得,并处所印刷的出版物总定价2倍以上10倍以下的罚款;情节严重的,由原发证机关吊销许可证:

(一)非法承接印制他人委托的出版物的;

(二)假冒或者盗用他人名义,印制出版物的;

(三)盗印他人出版物的;

（四）非法加印或者销售受委托印制的出版物的；

（五）编印、征订、销售出版物的；

（六）擅自将出版单位委托印制出版物的纸型及印刷底片出租、出借、出售或者以其他任何方式转让他人的；

（七）未经批准，承接境外出版物印制的。

第四十二条　包装装潢印刷企业有下列行为之一的，由省、自治区、直辖市人民政府规定的县级以上地方人民政府负责装潢印刷品管理的部门根据情节给予警告、没收违法所得，并处所印制的印刷品总定价2倍以上10倍以下的罚款；情节严重的，由原发证机关吊销许可证：

（一）非法承接印制他人委托的包装装潢印刷品的；

（二）盗印他人包装装潢印刷品的；

（三）未经批准，擅自承接境外包装装潢印刷品印制的。

第四十三条　印刷企业或者个人印制含有反动、淫秽、迷信内容或者国家明令禁止印制的其他内容的出版物、包装装潢印刷品或者其他印刷品的，非法印制国家明令禁止出版的出版物或者非出版单位出版的出版物的，或者非法印制证件、文件、有价证券等其他印刷品的，依照有关的法律、行政法规给予处罚。

第四十四条　印刷管理部门的工作人员滥用职权、玩忽职守、徇私舞弊，构成犯罪的，依法追究刑事责任；尚不构成犯罪的，依法给予行政处分。

第七章　附　则

第四十五条　依据本条例发放许可证，除按照法定标准收取成本费外，不得收取其他任何费用。

第四十六条　本条例自1997年5月1日起施行。

40. 广播电视管理条例

（国务院1997年8月11日第228号令公布）

第一章　总　则

第一条　为了加强广播电视管理，发展广播电视事业，促进社会主义精神文明和物质文明建设,制定本条例。

第二条 本条例适用于在中华人民共和国境内设立广播电台、电视台和采编、制作、播放、传输广播电视节目等活动。

第三条 广播电视事业应当坚持为人民服务、为社会主义服务的方向,坚持正确的舆论导向。

第四条 国家发展广播电视事业。县级以上人民政府应当将广播电视事业纳入国民经济和社会发展规划,并根据需要和财力逐步增加投入,提高广播电视覆盖率。国家支持农村广播电视事业的发展。国家扶持民族自治地方和边远贫困地区发展广播电视事业。

第五条 国务院广播电视行政部门负责全国的广播电视管理工作。县级以上地方人民政府负责广播电视行政管理工作的部门或者机构(以下统称广播电视行政部门)负责本行政区域内的广播电视管理工作。

第六条 全国性广播电视行业的社会团体按照其章程,实行自律管理,并在国务院广播电视行政部门的指导下开展活动。

第七条 国家对为广播电视事业发展做出显著贡献的单位和个人,给予奖励。

第二章 广播电台和电视台

第八条 国务院广播电视行政部门负责制定全国广播电台、电视台的设立规划,确定广播电台、电视台的总量、布局和结构。本条例所称广播电台、电视台是指采编、制作并通过有线或者无线的方式播放广播电视节目的机构。

第九条 设立广播电台、电视台,应当具备下列条件:

(一)有符合国家规定的广播电视专业人员;

(二)有符合国家规定的广播电视技术设备;

(三)有必要的基本建设资金和稳定的资金保障;

(四)有必要的场所。

审批设立广播电台、电视台,除依照前款所列条件外,还应当符合国家的广播电视建设规划和技术发展规划。

第十条 广播电台、电视台由县、不设区的市以上人民政府广播电视行政部门设立,其中教育电视台可以由设区的市、自治州以上人民政府教育行政部门设立。其他任何单位和个人不得设立广播电台、电视台。国家禁止设立外资经营、中外合资经营和中外合作经营的广播电台、电视台。

第十一条 中央的广播电台、电视台由国务院广播电视行政部门设立。地方设立广播电台、电视台的,由县、不设区的市以上地方人民政府广播电视行政部门提出申请,本级人民政府审查同意后,逐级上报,经国务院广播电视行政部门审查批准后,方可筹建。

中央的教育电视台由国务院教育行政部门设立,报国务院广播电视行政部门审查批准。地方设立教育电视台的,由设区的市、自治州以上地方人民政府教育行政部门提出申请,征得同级广播电视行政部门同意并经本级人民政府审查同意后,逐级上级,经国务院教育行政部门审核,由国务院广播电视行政部门审查批准后,方可筹建。

第十二条 经批准筹建的广播电台、电视台,应当按照国家规定的建设程序和广播电视技术标准进行工程建设。建成的广播电台、电视台,经国务院广播电视行政部门审查符合条件的,发给广播电台、电视台许可证。广播电台、电视台应当按照许可证载明的台名、台标、节目设置范围和节目套数等事项制作、播放节目。

第十三条 广播电台、电视台变更台名、台标、节目设置范围或者节目套数的,应当经国务院广播电视行政部门批准。广播电台、电视台不得出租、转让播出时段。

第十四条 广播电台、电视台终止,应当按照原审批程序申报,其许可证由国务院广播电视行政部门收回。广播电台、电视台因特殊情况需要暂时停止播出的,应当经省级以上人民政府广播电视行政部门同意;未经批准,连续停止播出超过 30 日的,视为终止,应当依照前款规定办理有关手续。

第十五条 乡、镇设立广播电视站的,由所在地县级以上人民政府广播电视行政部门负责审核,并按照国务院广播电视行政部门的有关规定审批。机关、部队、团体、企业事业单位设立有线广播电视站的,按照国务院有关规定审批。

第十六条 任何单位和个人不得冲击广播电台、电视台,不得损坏广播电台、电视台的设施,不得危害其安全播出。

第三章 广播电视传输覆盖网

第十七条 国务院广播电视行政部门应当对全国广播电视传输覆盖网按照国家的统一标准实行统一规划,并实行分级建设和开发。县级以上地方人民政府广播电视行政部门应当按照国家有关规定，组建和管理本行政区域内的广播电视传输覆盖网。组建广播电视传输覆盖网，包括充分利用国家现有的公用通信等各种网络资源，应当确保广播电视节目传输质量和畅通。

本条例所称广播电视传输覆盖网，由广播电视发射台、转播台（包括差转台、收转台，下同）、广播电视卫星、卫星上行站、卫星收转站、微波站、监测台（站）及有线广播电视传输覆盖网等构成。

第十八条　国务院广播电视行政部门负责指配广播电视专用频段的频率，并核发频率专用指配证明。

第十九条　设立广播电视发射台、转播台、微波站、卫星上行站，应当按照国家有关规定，持国务院广播电视行政部门核发的频率专用指配证明，向国家的或者省、自治区、直辖市的无线电管理机构办理审批手续，领取无线电台执照。

第二十条　广播电视发射台、转播台应当按照国务院广播电视行政部门的有关规定发射、转播广播电视节目。广播电视发射台、转播台经核准使用的频率、频段不得出租、转让，已经批准的各项技术参数不得擅自变更。

第二十一条　广播电视发射台、转播台不得擅自放自办节目和插播广告。

第二十二条　广播电视传输覆盖网的工程选址、设计、施工、安装，应当按照国家有关规定办理，并由依法取得相应资格证书的单位承担。广播电视传输覆盖网的工程建设和使用的广播电视技术设备，应当符合国家标准、行业标准。工程竣工后，由广播电视行政部门组织验收，验收合格的，方可投入使用。

第二十三条　区域性有线广播电视传输覆盖网，由县级以上地方人民政府广播电视行政部门设立和管理。区域性有线广播电视传输覆盖网的规划、建设方案，由县级人民政府或者设区的市、自治州人民政府的广播电视行政部门报省、自治区、直辖市人民政府广播电视行政部门批准后实施，或者由省、自治区、直辖市人民政府广播电视行政部门报国务院广播电视行政部门批准后实施。

同一行政区域只能设立一个区域性有线广播电视传输覆盖网。有线电视站应当按照规划与区域性有线电视传输覆盖网联网。

第二十四条　未经批准，任何单位和个人不得擅自利用有线广播电视传输覆盖网播放节目。

第二十五条　传输广播电视节目的卫星空间段资源的管理和使用，应当符合国家有关规定。广播电台、电视台利用卫星方式传输广播电视节目,应当符合国家规定的条件,并经国务院广播电视行政部门审核批准。

第二十六条 安装和使用卫星广播电视地面接收设施,应当按照国家有关规定向省、自治区、直辖市人民政府广播电视行政部门申领许可证。进口境外卫星广播电视节目解码器、解压器及其他卫星广播电视地面接收设施,应当经国务院广播电视行政部门审查同意。

第二十七条 禁止任何单位和个人侵占、哄抢或者以其他方式破坏广播电视传输覆盖网的设施。

第二十八条 任何单位和个人不得侵占、干扰广播电视专用频率,不得擅自截传、干扰、解扰广播电视信号。

第二十九条 县级以上人民政府广播电视行政部门应当采取卫星传送、无线转播、有线广播、有线电视等多种方式,提高农村广播电视覆盖率。

第四章 广播电视节目

第三十条 广播电台、电视台应当按照国务院广播电视行政部门批准的节目设置范围开办节目。

第三十一条 广播电视节目由广播电台、电视台和省级以上人民政府广播电视行政部门批准设立的广播电视节目制作经营单位制作。广播电台、电视台不得播放未取得广播电视节目制作经营许可的单位制作的广播电视节目。

第三十二条 广播电台、电视台应当提高广播电视节目质量,增加国产优秀节目数量,禁止制作、播放载有下列内容的节目:

(一)危害国家的统一、主权和领土完整的;

(二)危害国家的安全、荣誉和利益的;

(三)煽动民族分裂,破坏民族团结的;

(四)泄露国家秘密的;

(五)诽谤、侮辱他人的;

(六)宣扬淫秽、迷信或者渲染暴力的;

(七)法律、行政法规规定禁止的其他内容。

第三十三条 广播电台、电视台对其播放的广播电视节目内容,应当依照本条例第三十二条的规定进行播前审查,重播重审。

第三十四条 广播电视新闻应当真实、公正。

第三十五条 设立电视剧制作单位,应当经国务院广播电视行政部门批准,取得电视剧制作许可证后,方可制作电视剧。电视剧的制作和播出管理办法,由国务院广播电视行政部门规定。

第三十六条 广播电台、电视台应当使用规范的语言文字。广播电台、电视台应当推广全国通用的普通话。

第三十七条 地方广播电台、电视台或者广播电视站,应当按照国务院广播电视行政部门的有关规定转播广播电视节目。乡、镇设立的广播电视站不得自办电视节目。

第三十八条 广播电台、电视台应当按照节目预告播放广播电视节目;确需更换、调整原预告节目的,应当提前向公众告示。

第三十九条 用于广播电台、电视台播放的境外电影、电视剧,必须经国务院广播电视行政部门审查批准。用于广播电台、电视台播放的境外其他广播电视节目,必须经国务院广播电视行政部门或者其授权的机构审查批准。向境外提供的广播电视节目,应当按照国家有关规定向省级以上人民政府广播电视行政部门备案。

第四十条 广播电台、电视台播放境外广播电视节目的时间与广播电视节目总播放时间的比例,由国务院广播电视行政部门规定。

第四十一条 广播电台、电视台以卫星等传输方式进口、转播境外广播电视节目,必须经国务院广播电视行政部门批准。

第四十二条 广播电台、电视台播放广告,不得超过国务院广播电视行政部门规定的时间。广播电台、电视台应当播放公益性广告。

第四十三条 国务院广播电视行政部门在特殊情况下,可以作出停止播出、更换特定节目或者指定转播特定节目的决定。

第四十四条 教育电视台应当按照国家有关规定播放各类教育教学节目,不得播放与教学内容无关的电影、电视片。

第四十五条 举办国际性、全国性的广播电视节目交流、交易活动,应当经国务院广播电视行政部门批准,并由指定的单位承办。举办区域性广播电视节目交流、交易活动,应当经举办地的省、自治区、直辖市人民政府广播电视行政部门批准,并由指定的单位承办。未经批准,任何单位和个人不得举办广播电视节目的交流、交易活动。

第四十六条 对享有著作权的广播电视节目的播放和使用,依照《中华人民共和国著作权法》的规定办理。

第五章 罚 则

第四十七条 违反本条例规定,擅自设立广播电台、电视台、教育电视台、有线广播电视传输覆盖网、广播电视站的,由县级以上人民政府广播电视行政部门予以取缔,没收其从事违法活动的设备,并处投资总额1倍以上2倍以下的罚款。擅自设立广播电视发射台、转播台、微波站、卫星上行站的,由县级以上人民政府广播电视行政部门予以取缔,没收其从事违法活动的设备,并处投资总额1倍以上2倍以下的罚款;或者由无线电管理机构依照国家无线电管理的有关规定予以处罚。

第四十八条 违反本条例规定,擅自设立广播电视节目制作经营单位或者擅自制作电视剧及其他广播电视节目的,由县级以上人民政府广播电视行政部门予以取缔,没收其从事违法活动的专用工具、设备和节目载体,并处1万元以上5万元以下的罚款。

第四十九条 违反本条例规定,制作、播放、向境外提供含有本条例第三十二条规定禁止内容的节目的,由县级以上人民政府广播电视行政部门责令停止制作、播放、向境外提供,收缴其节目载体,并处1万元以上5万元以下的罚款;情节严重的,由原批准机关吊销许可证;违反治安管理规定的,由公安机关依法给予治安管理处罚;构成犯罪的,依法追究刑事责任。

第五十条 违反本条例规定,有下列行为之一的,由县级以上人民政府广播电视行政部门责令停止违法活动,给予警告,没收违法所得,可以并处2万元以下的罚款;情节严重的,由原批准机关吊销许可证:

(一)未经批准,擅自变更台名、台标、节目设置范围或者节目套数的;

(二)出租、转让播出时段的;

(三)转播、播放广播电视节目违反规定的;

(四)播放境外广播电视节目或者广告的时间超出规定的;

(五)播放未取得广播电视节目制作经营许可的单位制作的广播电视节目或者未取得电视剧制作许可的单位制作的电视剧的;

（六）播放未经批准的境外电影、电视剧和其他广播电视节目的；

（七）教育电视台播放本条例第四十四条规定禁止播放的节目的；

（八）未经批准，擅自举办广播电视节目交流、交易活动的。

第五十一条　违反本条例规定，有下列行为之一的，由县级以上人民政府广播电视行政部门责令停止违法活动，给予警告，没收违法所得和从事违法活动的专用工具、设备，可以并处 2 万元以下的罚款；情节严重的，由原批准机关吊销许可证：

（一）出租、转让频率、频段，擅自变更广播电视发射台、转播台技术参数的；

（二）广播电视发射台、转播台擅自播放自办节目、插播广告的；

（三）未经批准，擅自利用卫星方式传输广播电视节目的；

（四）未经批准，擅自以卫星等传输方式进口、转播境外广播电视节目的；

（五）未经批准，擅自利用有线广播电视传输覆盖网播放节目的；

（六）未经批准，擅自进行广播电视传输覆盖网的工程选址、设计、施工、安装的；

（七）侵占、干扰广播电视专用频率，擅自截传、干扰、解扰广播电视信号的。

第五十二条　违反本条例规定，危害广播电台、电视台安全播出的，破坏广播电视设施的，由县级以上人民政府广播电视行政部门责令停止违法活动；情节严重的，处 2 万元以上 5 万元以下的罚款；造成损害的，侵害人应当依法赔偿损失；构成犯罪的，依法追究刑事责任。

第五十三条　广播电视行政部门及其工作人员在广播电视管理工作中滥用职权、玩忽职守、徇私舞弊，构成犯罪的，依法追究刑事责任；尚不构成犯罪的，依法给予行政处分。

第六章　附　则

第五十四条　本条例施行前已经设立的广播电台、电视台、教育电视台、广播电视台发射台、转播台、广播电视节目制作经营单位，自本条例施行之日起 6 个月内，应当依照本条例的规定重新办理审核手续；不符合本条例规定的，予以撤销；已有的县级教育电视台可以与县级电视台合并，开办教育节目频道。

第五十五条　本条例自 1997 年 9 月 1 日起施行。

41. 出版物印刷管理规定

(新闻出版署1997年8月18日第9号令公布)

第一章 总 则

第一条 为了加强出版物印刷管理,维护出版者和出版物印刷经营者的合法权益,制止非法印刷活动,促进社会主义精神文明和物质文明建设,根据《出版管理条例》和《印刷业管理条例》,制定本规定。

第二条 凡从事出版物印刷经营活动,必须遵守本规定。

本规定所称出版物,包括报纸、期刊、书籍、地图、年画、图片、挂历、画册及音像制品、电子出版物的装帧封面等。

本规定所称印刷经营活动,包括排版、制版、印刷、装订等经营活动。

第三条 出版者和出版物印刷经营者必须遵守国家有关法律、行政法规及规章进行出版物印刷经营活动,提高产品质量,满足社会需求。

禁止印刷含有反动、淫秽、迷信内容和国家明令禁止出版、印制的其他内容的出版物。

第四条 新闻出版署依照《印刷业管理条例》负责印刷业的监督管理工作;省、自治区、直辖市新闻出版局依照所在地省、自治区、直辖市人民政府的授权,监督管理本行政区域内的印刷业,并负责本规定的实施。

第二章 出版物印刷企业的设立

第五条 国家实行出版物印刷经营许可制度。未经批准,任何单位和个人不得从事出版物印刷经营活动。

第六条 出版物印刷企业分为书刊印刷国家级定点企业,书刊印刷省级定点企业,出版物印刷许可企业,出版物排版、制版、装订专项许可企业。

第七条 设立专营或兼营出版物印刷企业,应当具备下列条件:

(一)有企业的名称、章程;

(二)有确定的业务范围;

(三)有生产经营场所和必要的设备等生产经营条件;

（四）有适应业务范围需要的组织机构和人员；

（五）符合国家有关法律、行政法规规定的其他条件。

审批设立出版物印刷企业除依照前款规定外，还应当符合国家有关出版物印刷企业总量、结构和布局的规划。

第八条　申请设立专营或兼营出版物印刷企业，应当按以下程序办理：

（一）向所在地省、自治区、直辖市新闻出版局提出申请，并报送下列文件、资料：

1. 申请书和可行性研究报告；

2. 企业章程；

3. 企业主管部门的申报意见；

4. 经营场地（所）证明；

5. 法定代表人证明；

6. 资金（资产）证明。

（二）经所在地省、自治区、直辖市新闻出版局审核批准，取得出版物印制许可证。

（三）按照国家有关规定，持出版物印制许可证向公安部门申请，经核准，取得特种行业许可证。

（四）按照国家有关规定，持出版物印制许可证、特种行业许可证向工商行政管理部门申请注册登记，取得营业执照后，方可印刷出版物。

（五）对取得《出版物印制许可证》的企业，经所在地省、自治区、直辖市新闻出版局审批，可确定为书刊印刷省级定点企业，并颁发《书刊印刷省级定点企业证书》；对书刊印刷省级定点企业，经所在地省、自治区、直辖市新闻出版局审核，报新闻出版署审批，可确定为书刊印刷国家级定点企业，并颁发《书刊印刷国家级定点企业证书》。

第九条　设立印刷出版物的中外合资经营企业、中外合作经营企业应当按以下程序办理：

（一）合资、合作企业中方应当向所在地省、自治区、直辖市新闻出版局提出申请，并报送下列文件、资料：

1. 申请书和可行性研究报告；

2. 合同和章程；

3. 董事长、副董事长、董事人选名单；

4. 中方主管部门的申报意见；

5. 外商投资者资信证明及身份证明。

（二）经所在地省、自治区、直辖市新闻出版局审核，报新闻出版署审批后，依法办理其他手续。

第十条　禁止设立外商独资经营的出版物印刷企业。

第十一条　出版物印刷企业变更主要登记事项、停业、转业、合并、联营、分立或迁移，须经所在地省、自治区、直辖市新闻出版局审批，并向原办理登记的公安部门、工商行政管理部门办理变更登记、注销登记。

第三章　出版物的印刷管理

第十二条　印刷出版物实行印刷合同制度。对出版物每一个印刷品种，出版单位与出版物印刷企业都应当按照国家有关规定签订印刷合同。

第十三条　书刊印刷国家级定点企业和书刊印刷省级定点企业可承接印刷全国范围内的出版物；出版物印刷许可企业可承接印刷所在地省、自治区、直辖市行政区内的出版物，经所在地省、自治区、直辖市新闻出版局批准，可承接印刷其他省、自治区、直辖市行政区内的出版物；出版物排版、制版、装订专项许可企业一般只能承接所在地省、自治区、直辖市行政区内出版物的排版、制版、装订业务，确需承接所在地省、自治区、直辖市行政区外出版物的排版、制版、装订业务的，必须经所在地和有关的省、自治区、直辖市新闻出版局协商并共同批准。

第十四条　出版单位委托印刷出版物必须遵守以下规定：

（一）出版单位必须按照国家有关规定在委托印刷的出版物上刊载出版单位的名称、地址、书号、刊号、版号、条形码、出版日期、刊期、承接印刷企业的真实名称和地址，以及其他有关事项。

（二）出版单位只能委托出版物印刷企业印刷出版物。

（三）出版单位委托所在地书刊印刷国家级定点企业和书刊印刷省级定点企业印刷图书、期刊，必须向承接印刷企业开具由新闻出版署统一监制的《图书、期刊印制委托书》(以下简称《委托书》)；委托印刷报纸，必须向承接印刷企业出示报纸登记证及出具委托印刷证明；委托印刷报纸、期刊增版或增刊，必须向承接印刷企业出示报纸、期刊登记证及委托印刷证明，并出具所在地省、自治区、直辖市新闻出版局的批准文件或准印证。

（四）出版单位委托所在地出版物印刷许可企业和出版物排版、制版、装订专项许可企业印刷出版物，必须经所在地省、自治区、直辖市新闻出版局批准，并办理前款规定的手续。

（五）出版单位跨省、自治区、直辖市委托印刷出版物，还须经本出版单位所在地和承接印刷企业所在地省、自治区、直辖市新闻出版局批准。

（六）出版单位委托印刷中学小学教科书必须到由省、自治区、直辖市新闻出版局指定的出版物印刷企业印刷。

（七）出版单位委托印刷出版物的排版、制版、印刷、装订各工序不能在同一个出版物印刷企业内完成的，必须分别向各承接印刷企业开具《委托书》。

（八）出版单位申请到境外印刷时，由所在地省、自治区、直辖市新闻出版局审核，报新闻出版署审批，并按规定办理有关手续。

第十五条　非出版单位委托印刷内部资料性出版物，须经省、自治区、直辖市新闻出版局批准。

第十六条　出版物印刷企业承接印刷出版物必须遵守以下规定：

（一）书刊印刷国家级定点企业和书刊印刷省级定点企业承接所在地出版单位委托印刷的图书、期刊，必须验证并收存出版单位加盖公章的《委托书》；承接出版单位委托印刷的报纸，必须验证出版单位的报纸登记证并收存该出版单位的委托印刷证；承接出版单位委托印刷的报纸、期刊增版或增刊，除验证登记证及收存委托印刷证明外，还必须验证并收存所在地省、自治区、直辖市新闻出版局的批准文件或准印证。

（二）出版物印刷许可企业和出版物排版、制版、装订专项许可企业承接所在地出版单位委托印刷的出版物，须验证并收存所在地省、自治区、直辖市新闻出版局的批准文件及前款规定的手续。

（三）出版物印刷企业承接印刷所在地非出版单位委托印刷的内部资料性出版物，须验证并收存所在地省、自治区、直辖市新闻出版局核发的准印证。

（四）出版物印刷企业跨省、自治区、直辖市承接印刷出版物，还必须验证并收存出版单位所在地和本印刷企业所在地省、自治区、直辖市新闻出版局的批准文件。

（五）出版物印刷企业承接境外出版物印刷业务的，须持有境外出版单位出具的有关著作权的合法证明文件，并经所在地省、自治区、直辖市新闻出版局批准；印刷的出版物必须全部运输出境，不得在境内发行。

（六）出版物印刷企业从出版单位承接的印刷业务，不得擅自委托给其他印刷企业印刷，不得将出版单位委托印刷的出版物的型版及底片出租、出借、出售或者以其他任何方式转让给其他单位或者个人。

（七）出版物印刷企业不得销售、擅自加印或者接受第三人委托加印受委托印刷的出版物。

（八）出版物印刷企业不得承接未经省、自治区、直辖市新闻出版局批准的非出版单位委托印刷的内部资料性出版物。

第十七条　出版物印刷企业不得编印、征订、销售出版物，不得假冒或者盗用他人名义印刷、销售出版物，不得盗印出版物。

第十八条　出版物印刷企业必须接受所在地省、自治区、直辖市新闻出版局的监督检查和年度核验。

第十九条　《出版物印制许可证》《书刊印刷国家级定点企业证书》《书刊印刷省级定点企业证书》由新闻出版署监制，省、自治区、直辖市新闻出版局核发。

第四章　罚　则

第二十条　未经批准，擅自委托和承接印刷出版物的，由所在地省、自治区、直辖市人民政府规定的县级以上地方人民政府负责新闻出版的行政部门责令停止非法活动或停产停业，没收所印刷的出版物和从事非法活动的主要专用工具、设备以及违法所得，并处所印刷的出版物总定价2倍以上10倍以下的罚款。

第二十一条　出版单位有下列行为之一的，由省、自治区、直辖市新闻出版局根据情节轻重，给予警告、没收出版物，并处出版物总定价2倍以上10倍以下的罚款，情节严重的，由原发证机关吊销许可证：

（一）委托非出版物印刷企业印刷出版物的；

（二）不提供符合国家规定的印刷出版物的有关证明的；

（三）其他违反有关规定的。

第二十二条　出版物印刷企业有下列行为之一的，由省、自治区、直辖市人民政府规定的县级以上地方人民政府负责新闻出版的行政部门根据情节轻重，给予警告、没收出版物和违法所得，并处所印刷的出版物总定价2倍以上10倍以下的罚款，情节严重的，由原发证机关吊销许可证：

(一) 不按规定承接印刷出版物的;

(二) 擅自将出版单位委托印刷的出版物委托他人印刷或非法承接印刷他人委托的出版物的;

(三) 假冒、盗用他人名义印刷、销售出版物的;

(四) 盗印他人出版物的;

(五) 非法加印或者销售委托印刷的出版物的;

(六) 编印、征订、销售出版物的;

(七) 擅自将出版单位委托印刷出版物的型版及底片出租、出借、出售或者以其他任何方式转让他人的;

(八) 未经批准,承接境外出版物印刷的;

(九) 其他违反有关规定的。

第五章 附 则

第二十三条 中学小学教科书印制管理办法,由各省、自治区、直辖市新闻出版局根据本规定的原则制定。

第二十四条 本规定自发布之日起施行。

第五篇　社会主义新闻法制发展新阶段的新闻法制史料

(1997年9月—2009年9月)

1. 卫星传输广播电视节目管理办法

(广播电影电视部1997年9月23日发布)

第一条　为加强对利用卫星方式传输广播电视节目活动的管理,提高广播电视覆盖率,根据《广播电视管理条例》的规定,制订本办法。

第二条　本办法所称"卫星传输广播电视节目"是指境内广播电台、电视台利用卫星方式传输广播电视节目,以扩大广播电视覆盖的活动。

第三条　广播电影电视部负责全国的卫星广播电视频段和转发器使用的规划和管理,负责全国的卫星传输广播电视节目活动的审批和监督管理。

省级人民政府广播电视行政部门负责本行政区域内的卫星传输广播电视节目活动的初审和日常监督检查工作。

第四条　利用卫星方式传输广播电视节目,应当逐渐采用数字压缩技术,坚持广播节目与电视节目共星发射、共缆传输、共同入户的原则。

第五条　省级以上广播电台、电视台可以申请利用卫星方式传输广播电视节目。

第六条　广播电台、电视台利用卫星方式传输广播电视节目,应当具备以下条件:

(一)符合全国广播电视发展的总体规划和覆盖要求;

(二)有足够的资金保障;

(三)自制节目能力达到每天5小时以上,节目播出时间达到每天18小时以上;

（四）有健全的节目审查和管理制度；

（五）有利用电视通道副载波传输广播节目的条件和设备，有开展卫星多工应用的方案；

（六）有随时关断卫星广播电视节目的技术保证；

（七）广播电影电视部规定的其他条件。

第七条 中央的广播电台、电视台利用卫星方式传输广播电视节目，应当向广播电影电视部提出书面申请。中国教育电视台利用卫星方式传输电视节目，应当报经国家教育委员会批准，并向广播电影电视部提出书面申请。

省级广播电台、电视台利用卫星方式传输广播电视节目，应当向省级人民政府广播电视行政部门提出书面报告。省级人民政府广播电视行政部门认为需要利用卫星方式传输的，应当报经同级人民政府批准，并向广播电影电视部提出书面申请。

书面申请应当包括经费、设备、节目储备来源、管理制度、技术参数和人员编制等内容。

第八条 省级人民政府广播电视行政部门申请利用卫星方式传输广播电视节目，应当向广播电影电视部提交以下材料：

（一）书面申请；

（二）省级广播电台、电视台的书面报告；

（三）省级人民政府的批准文件；

（四）资金保障的证明。

第九条 广播电影电视部负责对利用卫星方式传输广播电视节目的申请进行审批。经批准后，方可使用卫星转发器，建设卫星上行站。

第十条 卫星上行站的建设应当符合国家有关规定和标准。工程竣工，由广播电影电视部组织进行工程验收、入网测试、模拟演练。经验收合格后，方可正式向卫星传送节目。

第十一条 卫星广播电视节目应当符合国家法律、法规的规定，坚持正确的舆论导向。

第十二条 卫星广播电视节目不得出现以下内容：

（一）危害国家的统一、主权和领土完整的；

（二）危害国家的安全、荣誉和利益的；

（三）煽动民族分裂，破坏民族团结的；

（四）泄露国家秘密的；

（五）诽谤、侮辱他人的；

（六）宣扬淫秽、迷信或者渲染暴力的；

（七）法律、行政法规规定禁止的其他内容。

第十三条　利用卫星方式传输广播电视节目的广播电台、电视台应当在节目播出前一周向广播电影电视部报送卫星广播电视节目表。

第十四条　利用卫星方式传输广播电视节目的广播电台、电视台应当建立、健全节目审查责任制度，严格审查卫星广播电视节目。

第十五条　广播电视行政部门应当加强对卫星广播电视节目和卫星上行站的监督检查，建立重大事故报告制度。

第十六条　广播电视行政部门设立监测中心，负责对卫星广播电视节目进行监测，并定期报告监测情况。

第十七条　广播电影电视部设立视听评议机构，负责对卫星广播电视节目进行收听、收看和评议，并定期公布评议结果。

第十八条　广播电影电视部在特殊情况下，可以做出关闭卫星转发器的决定。

第十九条　利用卫星方式传输广播电视节目的广播电台、电视台播放本办法第十二条规定禁止内容的节目的，省级以上人民政府广播电视行政部门应当责令其整改，给予警告，收缴其节目载体，并处1万元以上5万元以下的罚款；情节严重的，由广播电影电视部责令其停止使用卫星转发器，吊销其广播电台、电视台许可证。构成犯罪的，由司法机关依法追究其刑事责任。

第二十条　利用卫星方式传输广播电视节目的广播电台、电视台违反本办法第十三条、第十四条规定的，由广播电影电视部责令其改正。

第二十一条　违反本办法，擅自利用卫星方式传输广播电视节目的，省级以上人民政府广播电视行政部门应当责令其停止违法活动，给予警告，没收违法所得和从事违法活动的专用工具、设备，可以并处2万元以下的罚款；情节严重的，由原批准机关吊销其广播电台、电视台许可证。

第二十二条　本办法由广播电影电视部负责解释。

第二十三条　本办法自发布之日起实施。

2. 关于加强证券期货信息传播管理的若干规定

(中国证券监督管理委员会　新闻出版署　邮电部　广播电影电视部
国家工商行政管理局　公安部 1997 年 12 月 12 日发布)

第一条　为了加强对证券期货信息传播的管理，规范证券期货信息传播行为，保护投资者和社会公众的利益，维护社会秩序，制定本规定。

第二条　下列传播媒体依照本规定可以刊发和传播证券期货信息：

（一）经新闻出版署批准公开发行的证券期货专业报刊；

（二）经新闻出版署批准公开发行的综合类、经济类报刊；

（三）各类通讯社；

（四）经广播电影电视部批准设立的广播电台、电视台、有线台；

（五）经邮电部门批准设立的电话信息服务台、寻呼台；

（六）依法登记注册的计算机信息服务公司；

（七）中国证券监督管理委员会（以下简称中国证监会）会同有关部门认定的其他传播媒体。

第三条　本规定所称证券期货信息是指与证券期货市场相关，可能会对市场产生影响的信息，包括：

（一）国家颁布的法律、法规及政策性信息；

（二）证券期货主管部门发布的规章、规范性文件，发言人谈话，以及其他政策性信息；

（三）交易所、上市公司等按照法定程序发布的信息；

（四）有关证券期货市场的研究、报道等信息；

（五）分析并预测证券、期货市场及个股、期货品种或合约的行情走势，提供具体投资建议的分析文章、评论、报告等信息；

（六）中国证监会会同有关部门认定的其他信息。

第四条　传播证券期货信息，必须遵守国家法律、法规、规章，坚持客观、准确、完整和公正的原则。

禁止任何单位和个人制造和传播证券期货市场虚假信息。

第五条　任何单位和个人未经新闻出版署批准，不得印刷、出版、销售载有证券期货信息的各类出版物；未经邮电部门批准不得开办以传播证券期货信息为内容的电话信息服务台和寻呼台；未经广播电视行政部门批准，不得开办以证券期货信息为内容的广播电视服务；未经工商行政管理部门核准不得从事证券期货计算机信息服务。

内部报刊所载的证券期货信息只能限于内部使用，不得向社会公众提供。

省内发行报刊刊载证券期货信息的，应严格限定在本省范围内发行。

第六条　证券期货专业报刊不得向任何机构和个人出租版面，不得与个人合办栏目。与机构合办栏目，稿件的终审权在报刊社，报刊社不得准许合作方工作人员以本报刊社记者的身份从事采访活动。

第七条　证券期货专业报刊、经济类报刊刊发本规定第三条所述第（五）项信息时，必须对撰稿人是否具有经中国证监会批准的从事证券期货投资咨询业务的执业资格进行审查，撰稿人不能提供证明文件时，其稿件不得刊发。

证券期货专业报刊、经济类报刊刊发第三条所述第（五）项信息时，必须署明作者的真实单位和真实姓名。

第八条　综合类报刊开设证券期货专刊、专版或刊发第三条所述第（五）项信息，需经新闻出版署审批。

第九条　电台、电视台不得向任何机构和个人出租节目时间开办证券期货节目；不得与个人合办证券期货节目；聘请个人做证券期货节目主持人播发第三条所述第（五）项信息时，必须对被聘人员是否具备经中国证监会批准的从事证券期货投资咨询业务的执业资格进行审查，被聘人员不能提供证明文件时，电台、电视台不能聘其主持该类节目。与机构合办证券期货节目，节目的终审权在电台、电视台。电台、电视台不得准许合作方的工作人员以本电台、电视台记者身份从事采访活动。

第十条　电台、电视台播发第三条所述第（五）项信息时，必须对撰稿人是否具备经中国证监会批准的从事证券期货投资咨询业务的执业资格进行审查。撰稿人不能提供证明文件时，其稿件不得播发。

电台、电视台播发第三条所述第（五）项信息时，必须说明作者的真实单位和真实姓名。

第十一条　寻呼台不得发布第三条所述第（四）、（五）项信息。

第十二条　电话信息服务台、计算机信息服务公司聘请人员主持或传播第三条所述第（五）项信息时，被聘者或撰稿人必须是经中国证监会批准的具有从事证券期货投资咨询业务执业资格的咨询人员。

在其产品(软件)中刊载第三条所述第(五)项咨询报告时,报告撰稿人必须署明真实姓名,并且是经中国证监会批准的具有从事证券期货投资咨询业务执业资格的咨询人员。

第十三条　传播媒体有违反本规定的行为,由有关主管部门会同证券期货监督管理部门,根据各自的职能,视情节轻重,依法分别给予警告、罚款、责令暂停其传播第三条所述第(五)项信息,直至吊销其营业执照或刊号,并对直接责任人员和有关领导人员依法给予处罚;构成犯罪的,由司法机关依法追究刑事责任。

第十四条　各省、自治区、直辖市有关主管部门可以依据本规定制定具体实施办法。

第十五条　本规定由中国证监会会同有关部门负责解释。

第十六条　本规定自1998年4月1日起执行。

3. 司法行政系统新闻单位采编案件的规定(试行)

（司法部1999年7月6日发布）

为进一步贯彻落实中宣部、新闻出版署等有关部门关于加强对新闻单位从业人员进行职业道德教育,维护国家法律和执法机关的尊严,严格新闻工作的政治纪律、宣传纪律,始终坚持正确的舆论导向,正确处理社会效益同经济效益的关系等规定,减少司法行政系统新闻法制报刊采编报道、舆论宣传偏差,避免失误,真正做到有利于改革开放,有利于社会稳定,有利于促进公正司法、严格执法,现就新闻单位从业人员对案件的采编报道作如下规定:

1. 采编人员对有关案件进行采访时必须履行报批程序,特别是对采访影响较大的或有争议的案件,应事先上报采访计划,经采编部门领导批准后(必要时须经单位领导批准),方可进行采访。

2. 记者在采访案件需要查阅案卷或有关证据时,应出示单位介绍信和记者证(工作证),征得被采访单位的同意。

3. 对有关案件的新闻报道要坚持真实、客观、公正的原则,稿件完成后要先送部门主编领导审改签署意见,然后送主管总编辑签发并打出小样,再由发稿部门送达被采访单位或个人认真核对事实,最后送主管部门审核。特别对有争议的稿件,一定要在征求被采访单位主管机关或党委的意见后,再决定是否采用。

4. 记者、编辑采写、编发的案件报道被本部主编否决后,不得擅自转送其他业务部门。如有必要转送其他业务部门的案件报道,应有本部门主编签署的明确意见和分管总编的签字。

5. 案件报道应与司法程序一致,对司法机关正在审理的案件,不得在法庭判决前作定罪、定性或偏袒报道,不准利用新闻报道干预公、检、法机关办案。对纪检、监察部门正在或已做处理的案件报道,应征得相关部门的同意并按规定报经领导审核后才能发稿。

6. 案件报道既要突出法制特色,又要注意把握分寸,树立自身形象。不得过细、过多地描述具体犯罪情节,渲染色情、暴力、愚昧、迷信及其他格调不高的内容。

7. 严禁以稿谋私,刊发有偿新闻。采编人员不得向被采访地区或单位提出与采访无关的特殊要求,不得以稿件或版面作交易,接受礼品、吃请或索取钱财、有价证券。严禁以记者身份参与诉讼收取报酬。

8. 采编人员要严守国家秘密,不得向外泄漏政法机关、行政机关内部掌握的情况或材料,参加外事采访活动,需经主管领导批准。

9. 采编人员应注重自身素质的提高,坚持新闻报道的原则,自觉遵守工作纪律,不得从个人或小团体的私利出发,利用案件报道发泄私愤或做某种交易。

10. 对刊发失实的案件报道,首先要查明原因,分清责任。然后,视其情节轻重,严肃处理相关责任人员。对该报(刊)因失实报道所造成的严重后果或产生不良的社会效应,应按有关规定,及时采取适当方式予以纠正和挽回影响。

11. 本试行规定自公布之日起施行。

4. 报刊刊载虚假、失实报道处理办法

(新闻出版署 1999 年 7 月 8 日发布)

为了保证报刊新闻报道内容的真实、准确、公正,维护公民、法人或其他组织的合法权益,维护报刊的出版秩序,根据《出版管理条例》相关条款,对报刊刊载虚假、失实报道

和纪实作品的处理作如下规定:

一、报纸、期刊必须遵守新闻出版法规,刊载新闻报道和纪实作品必须真实、准确、公正。报刊不得刊载虚假、失实的报道和纪实作品。

二、报纸、期刊刊载虚假、失实报道和纪实作品,有关出版单位应当在其出版的报纸、期刊上进行公开更正,消除影响;致使公民、法人和其他组织的合法权益受到侵害的,有关出版单位应当依法承担民事责任。

三、报纸、期刊刊载虚假、失实报道和纪实作品,致使公民、法人或其他组织的合法权益受到侵害的,当事人有权要求更正或者答辩,有关出版单位应当在其出版的报纸、期刊上予以发表;拒绝发表的,当事人可以向人民法院提起诉讼。

四、报纸、期刊因刊载虚假、失实报道和纪实作品而发表的更正或答辩,必须符合以下要求:

(一)凡公开更正的,应自虚假、失实报道和纪实作品发现之日起,在其最近出版的一期报纸、期刊的同等版位上发表;

(二)凡按当事人要求进行更正或发表答辩的,应自当事人提出要求之日起,在其最近出版的一期报纸、期刊的同等版位上,予以发表。

五、报纸、期刊转载虚假、失实报道和纪实作品,其更正和答辩,按照本办法第四条的规定办理。

六、报纸、期刊刊载虚假、失实报道和纪实作品,造成不良社会影响的,新闻出版署或者所在地省、自治区、直辖市新闻出版局可视情节轻重,对其采取下列行政措施:

(一)下达违规通知单;

(二)通报批评;

(三)责令限期更正或检讨。

七、报纸、期刊刊载虚假、失实报道和纪实作品致使国家和社会公共利益受到损害、造成严重社会影响的,新闻出版署或者所在地省、自治区、直辖市新闻出版局可视情节轻重,给予警告或10000元以下罚款的行政处罚。

八、报纸、期刊刊载虚假、失实报道和纪实作品被采取行政措施或受到行政处罚的,新闻出版署、所在地省、自治区、直辖市新闻出版局还可同时建议其主管部门、主办单位对违规报刊进行整顿,对有关责任人给予相应的行政处分。

九、本办法自发布之日起实施。

5. 民政部新闻宣传工作管理规定

（民政部 1999 年 10 月 10 日发布）

第一条 为加强民政新闻宣传工作的统一管理，使民政新闻宣传制度化、规范化，制定本规定。

第二条 民政新闻宣传必须遵循以下原则：

（一）讲政治的原则。坚持马列主义、毛泽东思想、邓小平理论，坚持党的基本路线，坚决贯彻执行党和国家的方针政策，在政治上与党中央保持一致。

（二）为中心工作服务的原则。紧密围绕民政中心工作，积极宣传有关法律、法规和政策，积极宣传民政工作的新成果、新经验，为促进民政事业的改革和发展创造良好的舆论环境。

（三）正确导向、弘扬正气的原则。努力宣传民政系统的先进单位和先进个人，大力弘扬为党分忧、为民解愁、甘于奉献、勇于开拓、清正廉洁、扎实工作的"孺子牛"精神。

（四）严守新闻纪律的原则。严格执行党和国家关于新闻宣传的规定和纪律，自觉遵守国家和民政部的有关保密规定，确保新闻宣传不违规违纪，不泄露秘密。

第三条 民政新闻宣传实行集中统一归口管理。民政部新闻办公室是民政部负责新闻宣传的职能部门，在办公厅的直接领导下统一组织协调全部的新闻宣传工作，其主要职责是：

（一）拟定和组织实施新闻宣传工作计划；

（二）组织筹办新闻发布会；

（三）组织、协调、督查各业务司（局）和部直属事业单位、部管社团的新闻宣传工作；

（四）组织民政系统重大典型的宣传活动；

（五）加强与各地民政部门的联系，逐步建立全国民政宣传网络；

（六）总结民政宣传经验，承办民政宣传工作先进单位和个人的表彰事宜，评选反映民政工作的好新闻；

（七）加强与中央宣传部门、国务院新闻部门、国家广播电影电视部门和各新闻单位的联系，为民政工作创造一个良好的宣传环境。

第四条 各司（局）和部直属事业单位要由一名领导主管本单位的新闻宣传工作，

并指定一名处级干部为新闻联系人,其职责是:

(一)拟定本单位年度和季度新闻宣传计划;

(二)执行部新闻宣传计划;

(三)为部新闻宣传提供文字材料和声像材料;

(四)协助组织接待记者采访。

第五条　民政部设新闻发言人,新闻发言人由办公厅主任担任。新闻发布的具体组织、协调和联络工作由部新闻办公室负责。

第六条　各司(局)需以部名义召开新闻发布会,应先向办公厅提出申请,由办公厅或办公厅报请有关领导批准后举行。

第七条　部直属事业单位和部管社团在京举行新闻发布会,除需报部批准外,还需持部有关批件,到国务院新闻出版部门办理登记手续后,方可举行。

第八条　以部名义举行新闻发布会,由相关业务部门提供有关的新闻材料和背景材料,并提前3天送至部新闻办公室。

第九条　以部名义举行的新闻发布会一般由部新闻发言人主持,由新闻发言人或有关单位负责人发布新闻。发布重要新闻,可请部领导出席、讲话或由部领导发布新闻。

第十条　新闻发布的主要内容:

(一)国务院和民政部作出的有关民政工作的重大决定;

(二)民政工作的重要法律、法规、规章的颁布和实施;

(三)民政部举办的重大社会活动;

(四)严重的自然灾害和大规模的救灾救济工作;

(五)民政工作取得的重大成就;

(六)国内外及港、澳、台关注的民政工作的有关问题;

(七)其他有必要发布的新闻。

第十一条　需以国务院新闻部门名义举行中外记者新闻发布会,由部新闻办公室按程序报批。

第十二条　以部名义召开的会议的宣传报道工作,由部新闻办公室负责制定宣传计划,并组织实施。会议的新闻稿和有关材料,由有关业务司(局)提供。召开会议应提前10天向部新闻办公室通报。

以国务院名义召开的会议,由部新闻办公室负责与国务院有关部门协调制定宣传计划,并配合实施。

第十三条　各新闻单位记者来部采访,应向部新闻办公室提出申请,说明要采访的单位、人员和要采访的问题。部新闻办公室与有关方面协商同意后,予以安排。

第十四条　各司(局)接待新闻记者采访,要进行认真充分的准备。为记者提供的材料,要经过业务司(局)领导审查同意,重要的,要经过部领导批准。记者采写的新闻稿件,经被采访人员审阅同意后方能发表。

第十五条　各新闻单位采访部领导,要提前7天向部新闻办公室提出申请,并提供采访提纲。部新闻办公室请示厅、部领导同意后,予以安排。

第十六条　部领导接受记者采访的参考材料,由相关业务司(局)准备,并于部领导接受采访前至少提前3天将材料分送部领导和部新闻办公室。

第十七条　除紧急情况外,各新闻单位采访部领导的新闻稿件,要先送部新闻办公室,由部新闻办公室初审后呈部领导审阅同意,方能发表。

第十八条　已发表的新闻稿件出现政治性错误或失实、泄密等问题,由审稿者负责。记者(含作者)违背被采访者、审稿者意愿而发表有错误、有问题的报道,责任由记者个人自负。

第十九条　部外事司是民政部外国(含港澳台)记者工作的归口管理部门,其职责是：

(一)根据部领导授权,邀请、接待外国记者；

(二)负责外国记者来访的审核和报批；

(三)审定司(局)安排的采访项目；

(四)掌握外国记者的采访和报道情况；

(五)视情况派人参与重要和敏感问题的采访。

接待外国记者的情况要及时向部新闻办公室通报。

第二十条　民政部接受捐赠,部领导会见外宾,需要宣传的,部各有关司(局)要至少提前2天将有关情况以书面形式告部新闻办公室。

第二十一条　凡以部名义在新闻媒介发表的文件和稿件,须报部领导审批；以部直属事业单位、部管社团名义发表的,须经单位领导审批；个人署名文章不得引用尚未公开的内部讲话、材料和统计资料。涉及首次对外公布民政统计数字的,须经财务和机关事务司审核。

第二十二条　通过国际互联网发布新闻,由部新闻办公室统一负责。

第二十三条　本规定自发布之日起施行。

6. 出版物市场管理暂行规定

（新闻出版署1999年11月8日发布）

第一章　总　则

第一条　为加强出版物市场管理,建立全国统一、开放、竞争、有序的出版物市场,发展和繁荣出版发行事业,促进社会主义精神文明和物质文明建设,根据国务院《出版管理条例》,制定本规定。

第二条　本规定适用于出版物的总发行、批发、零售等发行业务及监督管理。

出版物的出租、散发、附送等行为,适用本规定。

第三条　本规定所称出版物,是指图书、报纸、期刊、音像制品和电子出版物等。

图书包括各类书籍、画册、挂历、图片、年画、年历等。

报纸是指有固定名称、刊期、开版,每周至少出版一期的连续出版物。

期刊是指有固定名称和栏目,用卷、期或年、季、月、旬、周顺序编号,成册的连续出版物。

音像制品是指录有内容的录音带、录像带、唱片、激光唱盘和激光视盘等。

电子出版物是指以数字代码方式将图文声像等信息编辑加工后存储在磁、光、电等介质上,通过计算机或者具有类似功能的设备读取使用,用以表达思想、普及知识和积累文化,并可复制发行的传播媒体。

第四条　本规定所称发行,包括出版物的征订、储运、批发、零售（包括邮购,下同）、投递及互联网上购销等经营行为。

总发行是指出版物印制（复制）完成后,统一由具有总发行资格的出版物发行单位负责该出版物在全国发行的经营行为。

批发是指以一定折扣、批量,在一定区域内向出版物发行单位销售出版物的经营行为。

零售是指直接向用户或读者销售出版物的经营行为;邮购是通过邮送方式向用户或读者销售出版物的经营行为。

投递是指将出版物递送至用户或读者的经营行为。

第五条　从事出版物发行业务必须遵守国家的有关法律、法规和规章,坚持为人民服务和为社会主义服务的方向。

第六条　新闻出版署依照《出版管理条例》负责全国出版物市场的指导和监督管理工作,负责制定全国出版物市场结构、布局和发展的规划,指导省、自治区、直辖市新闻出版局根据社会经济发展的实际情况制定本地区出版物市场发展规划和管理细则。

省、自治区、直辖市新闻出版局负责本行政区域内出版物市场的监督管理工作,并负责组织市县级新闻出版行政部门按分级管理的原则实施本规定。

第七条　音像制品的发行管理按照国家有关规定实施。

第二章　出版物发行审批

第八条　任何单位和个人从事出版物发行业务,必须经新闻出版行政部门审核批准,法律另有规定的除外。

第九条　申请从事出版物总发行业务的单位,应经其上级主管机关同意,省、自治区、直辖市新闻出版局审核后,报新闻出版署批准、颁发《出版物发行(总发行)许可证》,并向工商行政管理部门领取营业执照,方可从事出版物总发行业务。

第十条　申请设立出版物批发单位或申请从事出版物批发业务的单位,经地市级新闻出版行政部门审核,省、自治区、直辖市新闻出版局批准,报新闻出版署备案,由省、自治区、直辖市新闻出版局颁发《出版物发行(批发)许可证》,并向工商行政管理部门领取营业执照后,方可开展出版物批发业务。

第十一条　申请设立出版物零售、投递、出租单位或申请从事出版物零售、投递、出租业务的单位和个人,由当地县级新闻出版行政部门批准,经地市级新闻出版行政部门报省、自治区、直辖市新闻出版局备案,由当地县级新闻出版行政部门颁发《出版物发行(零售、投递、出租)许可证》,并向工商行政管理部门领取营业执照后,方可从事出版物的零售、投递、出租业务。

第十二条　从事出版物总发行业务的单位,应具备下列条件:

(一)具有法人资格的国有出版物发行单位或国家核准的国有资本控股的出版物

发行公司;

（二）有符合新闻出版署认定的、能够承担行政责任的上级主管机关;

（三）有与出版物总发行业务相适应的、相对固定的发行专业人员;

（四）有与出版物总发行业务相适应的设备和固定的经营场所,注册资金不少于1 000万元;

（五）有向全国（包括农村、边远地区）发货的能力和相应的备货能力;

（六）有健全的管理制度;

（七）行政法规及新闻出版署规定的其他条件。

第十三条　设立出版物批发单位或从事出版物批发业务的单位,应具备下列条件：

（一）国有、集体所有制企事业单位,依法设立的公司;

（二）有符合省、自治区、直辖市新闻出版局认定的能够承担行政责任的主管单位;

（三）有与出版物批发业务相适应的相对固定的发行专业人员;

（四）有与出版物批发业务相适应的设备和固定的经营场所,注册资金不少于50万元;

（五）法规、规章及省、自治区、直辖市新闻出版局规定的其他条件。

第十四条　设立出版物零售、投递、出租单位或从事出版物零售、投递、出租业务的单位和个人,应具备下列条件：

（一）经营者必须有当地常住户口;

（二）经营者应经过专业培训并取得相应证书;

（三）有一定的设施和资金,有固定的经营场所,法人的注册资金不少于10万元;

（四）新闻出版行政部门规定的其他条件。

第十五条　设立出版物总发行、批发、零售、投递、出租等单位或从事出版物总发行、批发、零售、投递、出租业务的单位除依照前款条件外,还必须符合有关出版物市场总量、结构和布局的规划。

第十六条　中外合资、中外合作企业不得从事出版物总发行、批发业务;出版物印制、复制单位不得从事或间接从事出版物的总发行、批发、零售业务。

第十七条　组建出版物批发、零售等交易市场,设立读者俱乐部等进行出版物交流、销售活动的经营性组织,应经当地省级新闻出版行政部门批准,报新闻出版署备案。

设立全国性的出版物连锁销售组织,应经总部所在地省级新闻出版行政部门审核,报新闻出版署批准。

开办中外合资、中外合作的出版物零售单位,应经当地省级新闻出版行政部门审核,报新闻出版署批准。

第十八条　经批准从事出版物发行业务的单位,根据新闻出版行政部门核准的经营范围,在原审批部门备案后,可进行互联网上出版物的购销活动,非出版物发行单位不得开办"网上书店"或进行互联网上出版物的购销活动。

第十九条　申请设立出版物发行、出租单位或申请从事出版物发行、出租业务的单位或个人,应按前款要求向新闻出版行政部门提交申请书、章程及有关证明材料。

第二十条　新闻出版行政部门自收到申请书之日起60天内,应作出批准或不予批准的决定。不予批准的,要说明理由。

第二十一条　经批准从事出版物发行业务的单位和个人,需变更登记事项的,应事前向原审批部门提出申请,经批准后方可变更。

出版物发行单位和个人歇业、被撤销、破产或因其他原因终止营业应向审批部门办理注销登记,缴回许可证。

第三章　出版物发行管理

第二十二条　从事出版物发行、出租等业务必须遵守下列规定:

(一)不得发行、散发、附送和出租含有反对宪法,危害国家利益和主权,违反国家民族政策,宣扬淫秽、迷信、暴力及法律、法规禁止内容的出版物;

(二)不得发行、散发、附送和出租国家明令查禁的出版物;

(三)不得发行、散发、附送和出租盗版、盗印的出版物;

(四)不得发行、散发、附送和出租无书号、刊号、版号及伪造、假冒出版单位出版的非法出版物;

(五)不得以任何形式参与买卖书号、刊号、版号;

(六)不得发行和出租内部资料性出版物;

(七)不得从非出版物发行单位和出版物零售单位进货;

(八)不得超出新闻出版行政部门核定的经营范围经营,也不得超越新闻出版行政部门限定的区域、地点经营;

(九)不得张贴和散发有法律、法规禁止内容的或有欺诈性文字的征订单、广告和宣传画；

（十）不得搭配销售、出租出版物和强行推销出版物；

（十一）不得擅自更改出版物标价和版权页；

（十二）《出版物发行许可证》应在经营场所明显处张挂，不得涂改、复制，不得以任何形式出借、出租、转让和转包。

第二十三条　出版单位委托出版物总发行单位征订发行出版物，应使用统一的《出版物征订发行委托书》；不得向无出版物总发行权的单位转让或变相转让出版物总发行权，不得委托无出版物批发权的单位批发出版物或代理出版物批发业务，不得委托非出版物发行单位发行出版物。

第二十四条　出版单位可从事本单位出版物的总发行、批发、零售等业务，但不得发行其他出版单位的出版物。

第二十五条　出版单位在注册登记城市之外设立发行分支机构，应经出版单位注册所在地和当地省级新闻出版行政部门批准，报新闻出版署备案。出版单位设立的发行分支机构不具备法人资格，只能从事本单位出版的出版物的发行业务。

第二十六条　出版单位和出版物发行单位在注册登记地址之外另设立具有法人资格的出版物发行单位，均应根据所从事的业务范围，经注册所在地新闻出版行政部门同意后，向当地新闻出版行政部门申报，并由当地新闻出版行政部门分别按照第九、十、十一、十二、十三、十四、二十、二十一条的有关规定办理审批手续。

第二十七条　新闻出版行政部门要加强对出版物发行单位的管理，按时对出版物发行单位进行年检。省、自治区、直辖市新闻出版局应加强对出版物批发、零售等交易市场的指导和管理，做到管理规范化、标准化和科学化。要建立出版物市场检查队伍，完善出版物售前送审制度和年检制度。

第二十八条　省、自治区、直辖市新闻出版局和全国性出版、发行行业协会，可以申请主办全国性的出版物订货、展销活动。

具有出版物总发行权的出版、发行单位，省级出版、发行行业协会，可以申请主办本省的地方或专业性出版物订货、展销活动，可以接受委托承办全国性的出版物订货、展销活动。

不具有出版物总发行权的发行单位，不得主办或接受委托承办任何出版物订货、展销活动。

第二十九条　举办全国性出版物订货、展销活动,主办单位应提前六个月报新闻出版署审核批准。

举办地方或专业性的出版物订货、展销活动,应提前四个月报当地省级新闻出版行政部门审批,并报新闻出版署备案。

第三十条　中小学教科书、大中专教材、党和国家的重要文献、领导人的著作,由新闻出版署核准的出版物发行单位经营,其他出版物发行单位及个人均不得经营。

第三十一条　按规定内部发行的出版物应由省、自治区、直辖市新闻出版局核准的出版物发行单位或者出版单位在内部出售,其他出版物发行单位及个人均不得经营。

内部发行的出版物,禁止在公开发行的报刊、广播、电视等宣传媒体上宣传和刊登广告,禁止在门市部公开陈列。

第三十二条　按照有关规定进口的境外出版物由新闻出版署核准的出版物发行单位经营,其他单位发行或展销境外出版物,应经省、自治区、直辖市新闻出版局审核同意后,报新闻出版署批准。

境外来料加工的出版物必须按有关规定运返境外规定地点,需要在境内发行、散发、附送的,按进出口出版物的有关规定办理。境外出版物不得用于营业性出租。

台湾地区和香港、澳门特别行政区的出版物参照境外出版物管理。

第三十三条　新闻出版行政部门根据国家有关法律、法规取缔和销毁的出版物,由出版单位出版的,并从出版物发行单位进货的,其经济损失由出版单位负担,经济索赔一律通过原供货渠道逐级办理。

第四章　罚　则

第三十四条　违反本规定,未经批准擅自从事出版物发行的,由新闻出版行政部门予以取缔,没收其发行的全部出版物和违法所得,以及从事非法活动的主要工具、设备,并处违法所得2倍以上10倍以下的罚款;没有违法所得的,处3 000元以上10 000元以下的罚款。

第三十五条　违反本规定,有下列行为之一的,由新闻出版行政部门没收违法发行的出版物和违法所得,并处违法所得3倍以上10倍以下的罚款;没有违法所得的,处2 000元以上10 000元以下的罚款;情节严重的,由原发证部门责令停业整顿或者吊销许可证:

（一）发行、散发、附送和出租含有反对宪法，危害国家利益和主权，违反国家民族政策，宣扬淫秽、迷信、暴力及法律、法规禁止内容的出版物的；

（二）发行、散发、附送和出租国家明令查禁的出版物的；

（三）发行、散发、附送和出租盗版、盗印的出版物的；

（四）发行、散发、附送和出租无书号、刊号、版号及伪造、假冒出版单位出版的非法出版物的。

第三十六条 违反本规定，擅自发行中小学教科书和发行、展销或出租境外出版物的，由新闻出版行政部门没收违法发行、展销或出租的出版物和违法所得，并处违法所得2倍以上5倍以下的罚款；没有违法所得的，处2 000元以上10 000元以下的罚款；情节严重的，由原发证部门责令停业整顿或者吊销许可证。

第三十七条 违反本规定，有下列行为之一的，由新闻出版行政部门没收违法发行的出版物和违法所得，并处违法所得3倍以下的罚款；没有违法所得的，处1 000元以上10 000元以下的罚款：

（一）发行和出租内部资料性出版物或擅自发行规定由内部发行的出版物的；

（二）擅自发行大中专教材的；

（三）出版单位发行非本单位出版的出版物的；

（四）从非出版物发行单位和出版物零售单位进货的；

（五）向无出版物总发行权的单位转让或变相转让出版物总发行权的；

（六）委托无出版物批发权的单位批发出版物或代理出版物批发业务的；

（七）委托非出版物发行单位发行出版物的；

（八）出版物零售单位从事出版物批发活动的。

第三十八条 违反本规定，有下列行为之一的，由新闻出版行政部门处1 000元以上5 000元以下的罚款：

（一）参与买卖书号、刊号、版号的；

（二）超出新闻出版行政部门核定的经营范围经营，或超越新闻出版行政部门限定的区域、地点经营的；

（三）张贴和散发有法律、法规禁止内容的或有欺诈性文字的征订单、广告和宣传画的；

（四）搭配销售（出租）出版物和强行推销出版物的；

(五)擅自更改出版物标价和版权页的;

(六)《出版物发行许可证》没有在经营场所明显处张挂的,或涂改、复制、出借、出租、转让、转包许可证的;

(七)擅自变更登记事项的。

第三十九条　违反本规定,未经批准设立出版物批发、零售等交易市场,予以取缔,并对主办单位处 10 000 元的罚款。

第四十条　违反本规定,未经批准擅自主办或接受委托承办出版物订货、展销活动的,由新闻出版行政部门对主办单位和承办单位处 1 000 元以上 10 000 元以下的罚款;对参加未经批准的出版物订货、展销活动的出版单位和出版物发行单位处 500 元以上 5 000 元以下的罚款。

第四十一条　违反本规定,公开宣传和陈列内部出版物的,由新闻出版行政部门处 500 元以上 5 000 元以下的罚款。

第五章　附　则

第四十二条　本规定由新闻出版署负责解释。

第四十三条　本规定自公布之日起施行。

7. 网上播出前端的设立审批管理暂行办法

(国家广播电影电视总局 1999 年 11 月 12 日发布)

第一条　为贯彻《国务院办公厅转发信息产业部国家广播电影电视总局关于加强广播电视有线网络建设管理意见的通知》(国办发〔1999〕82 号),加强设立网上播出前端的管理,根据《广播电视管理条例》和国家广播电影电视总局的职能及国家有关规定,制定本办法。

第二条　本办法所称的网上播出前端,包括网上广播电视节目播出前端和网上广播电视类节目播出前端两种。

网上广播电视节目播出前端,是指为利用各种网络向公众播出自办广播电视节目或自行转播、录播、直播广播电视节目供公众收看、收听而设置的播出设备组合。

网上广播电视类节目播出前端,是指非广播电视部门为利用各种网络向社会播出自办或自行转播、录播、直播广播电影电视类节目供公众收看、收听而设置的播出设备组合。

第三条　县级以上(含县级)各级广播电视行政部门,负责本行政区域内设立网上播出前端的管理工作。

第四条　网上广播电视节目播出前端只能由经国家广播电影电视总局批准建立的广播电视播出机构、转播台和按国家广播电影电视总局有关规定设立的有线广播电视站、广播电视站设立,禁止其他任何单位设立网上广播电视节目播出前端播放或转播广播电视节目。

第五条　在计算机网络(包括国际互联网)上设立广播电视类节目播出前端以计算机点播等形式播放、转播广播电影电视类节目的,必须报经国家广播电影电视总局批准,并持有《网上传播广播电影电视类节目许可证》。

第六条　申请设立网上广播电视类节目播出前端的机构,应当同时具备以下条件:

(一)符合通过各种网络向公众传播广播电影电视类节目的具体规划、技术标准和管理要求;

(二)有与业务规模相适应的自有资金、设备及场所;

(三)拥有与其业务相适应的符合国家规定的广播电影电视类节目资源;

(四)拥有必要的专业人员;

(五)符合国家法律、法规及其他有关规定。

第七条　申请设立网上广播电视类节目播出前端的单位,须持与本办法第六条规定有关的书面材料,向省级广播电视行政部门提出申请,经审核同意后,由省级广播电视行政部门报国家广播电影电视总局审批,经审核批准的,由审批机关发给《网上传播广播电影电视类节目许可证》。

第八条　申请成立专门机构设立网上广播电视类节目播出前端从事播出业务的,由发起单位按本办法第七条规定办理审批手续。以公司形式经营此类业务的应凭《网上传播广播电影电视类节目许可证》到工商行政管理部门办理注册登记手续。

第九条　持有《网上传播广播电影电视类节目许可证》的单位,只能按许可证载明的标识、播出方式、播出范围、节目类别进行播出。

第十条　网上播出前端的设立管理实行年检制度。

第十一条　《网上传播广播电影电视类节目许可证》由国家广播电影电视总局统一

印制。

第十二条 网上广播电视类节目播出前端播放节目的管理,由国家广播电影电视总局另行规定。

第十三条 违反本办法第四条规定,擅自设立网上广播电视节目播出前端向公众播放或转播广播电视节目的,依据《广播电视管理条例》第四十七条规定,由县级以上广播电视行政部门予以取缔,没收其从事违法活动的设备,并处投资总额1倍以上2倍以下的罚款。

第十四条 违反本办法第五条规定,擅自在计算机网络(包括国际互联网)上设立广播电视类节目播出前端以计算机点播的形式向公众播放、转播广播电影电视类节目的,由省级以上广播电视行政部门责令停止违法活动,给予警告、没收违法所得,可以并处3万元以下罚款。

第十五条 自本办法下发之日起,由非广播电视播出机构设立的网上广播电视节目播出前端必须停止使用;各类机构已设立的网上广播电视类节目播出前端,自本办法下发之日起三个月内,按本办法的有关规定申请报批,经批准的,方可使用。

第十六条 本办法自发布之日起施行。

8. 互联网站从事登载新闻业务管理暂行规定

(信息产业部 国务院新闻办公室 2000 年 11 月 6 日发布)

第一条 为了促进我国互联网新闻传播事业的发展,规范互联网站登载新闻的业务,维护互联网新闻的真实性、准确性、合法性,制定本规定。

第二条 本规定适用于在中华人民共和国境内从事登载新闻业务的互联网站。

本规定所称登载新闻,是指通过互联网发布和转载新闻。

第三条 互联网站从事登载新闻业务,必须遵守宪法和法律、法规。

国家保护互联网站从事登载新闻业务的合法权益。

第四条 国务院新闻办公室负责全国互联网站从事登载新闻业务的管理工作。

省、自治区、直辖市人民政府新闻办公室依照本规定负责本行政区域内互联网站从事登载新闻业务的管理工作。

第五条 中央新闻单位、中央国家机关各部门新闻单位以及省、自治区、直辖市和省、自治区人民政府所在地的市直属新闻单位依法建立的互联网站（以下简称新闻网站），经批准可以从事登载新闻业务。其他新闻单位不单独建立新闻网站，经批准可以在中央新闻单位或者省、自治区、直辖市直属新闻单位建立的新闻网站建立新闻网页从事登载新闻业务。

第六条　新闻单位建立新闻网站（页）从事登载新闻业务，应当依照下列规定报国务院新闻办公室或者省、自治区、直辖市人民政府新闻办公室审核批准：

（一）中央新闻单位建立新闻网站从事登载新闻业务，报国务院新闻办公室审核批准。

（二）中央国家机关各部门新闻单位建立新闻网站从事登载新闻业务，经主管部门审核同意，报国务院新闻办公室批准。

（三）省、自治区、直辖市和省、自治区人民政府所在地的市直属新闻单位建立新闻网站从事登载新闻业务，经所在地省、自治区、直辖市人民政府新闻办公室审核同意，报国务院新闻办公室批准。

（四）省、自治区、直辖市以下新闻单位在中央新闻单位或者省、自治区、直辖市直属新闻单位的新闻网站建立新闻网页从事登载新闻业务，报所在地省、自治区、直辖市人民政府新闻办公室审核批准，并报国务院新闻办公室备案。

第七条　非新闻单位依法建立的综合性互联网站（以下简称综合性非新闻单位网站），具备本规定第九条所列条件的，经批准可以从事登载中央新闻单位、中央国家机关各部门新闻单位以及省、自治区、直辖市直属新闻单位发布的新闻的业务，但不得登载自行采写的新闻和其他来源的新闻。非新闻单位依法建立的其他互联网站，不得从事登载新闻业务。

第八条　综合性非新闻单位网站依照本规定第七条从事登载新闻业务，应当经主办单位所在地省、自治区、直辖市人民政府新闻办公室审核同意，报国务院新闻办公室批准。

第九条　综合性非新闻单位网站从事登载新闻业务，应当具备下列条件：

（一）有符合法律、法规规定的从事登载新闻业务的宗旨及规章制度；

（二）有必要的新闻编辑机构、资金、设备及场所；

（三）有具有相关新闻工作经验和中级以上新闻专业技术职务资格的专职新闻编辑负责人，并有相应数量的具有中级以上新闻专业技术职务资格的专职新闻编辑人员；

（四）有符合本规定第十一条规定的新闻信息来源。

第十条　互联网站申请从事登载新闻业务，应当填写并提交国务院新闻办公室统一制发的《互联网站从事登载新闻业务申请表》。

第十一条　综合性非新闻单位网站从事登载中央新闻单位、中央国家机关各部门新闻单位以及省、自治区、直辖市直属新闻单位发布的新闻的业务，应当同上述有关新闻单位签订协议，并将协议副本报主办单位所在地省、自治区、直辖市人民政府新闻办公室备案。

第十二条　综合性非新闻单位网站登载中央新闻单位、中央国家机关各部门新闻单位以及省、自治区、直辖市直属新闻单位发布的新闻，应当注明新闻来源和日期。

第十三条　互联网站登载的新闻不得含有下列内容：

（一）违反宪法所确定的基本原则；

（二）危害国家安全，泄露国家秘密，煽动颠覆国家政权，破坏国家统一；

（三）损害国家的荣誉和利益；

（四）煽动民族仇恨、民族歧视，破坏民族团结；

（五）破坏国家宗教政策，宣扬邪教，宣扬封建迷信；

（六）散布谣言，编造和传播假新闻，扰乱社会秩序，破坏社会稳定；

（七）散布淫秽、色情、赌博、暴力、恐怖或者教唆犯罪；

（八）侮辱或者诽谤他人，侵害他人合法权益；

（九）法律、法规禁止的其他内容。

第十四条　互联网站链接境外新闻网站，登载境外新闻媒体和互联网站发布的新闻，必须另行报国务院新闻办公室批准。

第十五条　违反本规定，有下列情形之一的，由国务院新闻办公室或者省、自治区、直辖市人民政府新闻办公室给予警告，责令限期改正；已取得从事登载新闻业务资格的，情节严重的，撤销其从事登载新闻业务的资格：

（一）未取得从事登载新闻业务资格，擅自登载新闻的；

（二）综合性非新闻单位网站登载自行采写的新闻或者登载不符合本规定第七条规定来源的新闻的，或者未注明新闻来源的；

（三）综合性非新闻单位网站未与中央新闻单位、中央国家机关各部门新闻单位以及省、自治区、直辖市直属新闻单位签订协议擅自登载其发布的新闻，或者签订的协议未履行备案手续的；

（四）未经批准，擅自链接境外新闻网站，登载境外新闻媒体和互联网站发布的新闻的。

第十六条　互联网站登载的新闻含有本规定第十三条所列内容之一，构成犯罪的，依法追究刑事责任；尚不构成犯罪的，由公安机关或者国家安全机关依照有关法律、行政法规的规定给予行政处罚。

第十七条　互联网站登载新闻含有本规定第十三条所列内容之一或者有本规定第十五条所列情形之一的，国务院信息产业主管部门或者省、自治区、直辖市电信管理机构依照有关法律、行政法规的规定，可以责令关闭网站，并吊销其电信业务经营许可证。

第十八条　在本规定施行前已经从事登载新闻业务的互联网站，应当自本规定施行之日起60日内依照本规定办理相应的手续。

第十九条　本规定自发布之日起施行。

9. 印刷业管理条例（2001）

（国务院2001年8月2日第315号令公布）

第一章　总　则

第一条　为了加强印刷业管理，维护印刷业经营者的合法权益和社会公共利益，促进社会主义精神文明和物质文明建设，制定本条例。

第二条　本条例适用于出版物、包装装潢印刷品和其他印刷品的印刷经营活动。

本条例所称出版物，包括报纸、期刊、书籍、地图、年画、图片、挂历、画册及音像制品、电子出版物的装帧封面等。

本条例所称包装装潢印刷品，包括商标标识、广告宣传品及作为产品包装装潢的纸、金属、塑料等的印刷品。

本条例所称其他印刷品，包括文件、资料、图表、票证、证件、名片等。

本条例所称印刷经营活动，包括经营性的排版、制版、印刷、装订、复印、影印、打印等活动。

第三条　印刷业经营者必须遵守有关法律、法规和规章，讲求社会效益。

禁止印刷含有反动、淫秽、迷信内容和国家明令禁止印刷的其他内容的出版物、包装装潢印刷品和其他印刷品。

第四条　国务院出版行政部门主管全国的印刷业监督管理工作。县级以上地方各级人民政府负责出版管理的行政部门（以下简称出版行政部门）负责本行政区域内的印刷业监督管理工作。

县级以上各级人民政府公安部门、工商行政管理部门及其他有关部门在各自的职责范围内，负责有关的印刷业监督管理工作。

第五条　印刷业经营者应当建立、健全承印验证制度、承印登记制度、印刷品保管制度、印刷品交付制度、印刷活动残次品销毁制度等。具体办法由国务院出版行政部门会同国务院公安部门制定。

印刷业经营者在印刷经营活动中发现违法犯罪行为，应当及时向公安部门或者出版行政部门报告。

第六条　印刷行业的社会团体按照其章程，在出版行政部门的指导下，实行自律管理。

第二章　印刷企业的设立

第七条　国家实行印刷经营许可制度。未依照本条例规定取得印刷经营许可证的，任何单位和个人不得从事印刷经营活动。

第八条　设立印刷企业，应当具备下列条件：

（一）有企业的名称、章程；

（二）有确定的业务范围；

（三）有适应业务范围需要的生产经营场所和必要的资金、设备等生产经营条件；

（四）有适应业务范围需要的组织机构和人员；

（五）有关法律、行政法规规定的其他条件。

审批设立印刷企业，除依照前款规定外，还应当符合国家有关印刷企业总量、结构和布局的规划。

第九条　设立从事出版物、包装装潢印刷品和其他印刷品印刷经营活动的企业，应当向所在地省、自治区、直辖市人民政府出版行政部门提出申请；其中，设立专门从事名片印刷的企业，应当向所在地县级人民政府出版行政部门提出申请。申请人经审核批准的,取得印刷经营许可证;并按照国家有关规定持印刷经营许可证向公安部门提出申请,经核准,取得特种行业许可证后,持印刷经营许可证、特种行业许可证向工商行政管理部门申请登记注册,取得营业执照。

个人不得从事出版物、包装装潢印刷品印刷经营活动;个人从事其他印刷品印刷经营活动的,依照前款的规定办理审批手续。

第十条　出版行政部门受理设立从事印刷经营活动的企业申请,应当自收到申请之日起60日内作出批准或者不批准的决定。批准设立申请的,应当发给印刷经营许可证;不批准设立申请的,应当通知申请人并说明理由。

印刷经营许可证应当注明印刷企业所从事的印刷经营活动的种类。

印刷经营许可证不得出售、出租、出借或者以其他形式转让。

第十一条　印刷业经营者申请兼营或者变更从事出版物、包装装潢印刷品或者其他印刷品印刷经营活动,或者兼并其他印刷业经营者,或者因合并、分立而设立新的印刷业经营者,应当依照本条例第九条的规定办理手续。

印刷业经营者变更名称、法定代表人或者负责人、住所或者经营场所等主要登记事项,或者终止印刷经营活动,应当向原办理登记的公安部门、工商行政管理部门办理变更登记、注销登记,并报原批准设立的出版行政部门备案。

第十二条　国家允许设立中外合资经营印刷企业、中外合作经营印刷企业,允许设立从事包装装潢印刷品印刷经营活动的外资企业。具体办法由国务院出版行政部门会同国务院对外经济贸易主管部门制定。

第十三条　单位内部设立印刷厂(所),必须向所在地县级以上地方人民政府出版行政部门办理登记手续,并按照国家有关规定向公安部门备案;单位内部设立的印刷厂(所)印刷涉及国家秘密的印件的,还应当向保密工作部门办理登记手续。

单位内部设立的印刷厂(所)不得从事印刷经营活动;从事印刷经营活动的,必须依照本章的规定办理手续。

第三章　出版物的印刷

第十四条　国家鼓励从事出版物印刷经营活动的企业及时印刷体现国内外新的优秀文化成果的出版物,重视印刷传统文化精品和有价值的学术著作。

第十五条　从事出版物印刷经营活动的企业不得印刷国家明令禁止出版的出版物

和非出版单位出版的出版物。

第十六条　印刷出版物的,委托印刷单位和印刷企业应当按照国家有关规定签订印刷合同。

第十七条　印刷企业接受出版单位委托印刷图书、期刊的,必须验证并收存出版单位盖章的印刷委托书,并在印刷前报出版单位所在地省、自治区、直辖市人民政府出版行政部门备案;印刷企业接受所在地省、自治区、直辖市以外的出版单位的委托印刷图书、期刊的,印刷委托书还必须事先报印刷企业所在地省、自治区、直辖市人民政府出版行政部门备案。印刷委托书由国务院出版行政部门规定统一格式,由省、自治区、直辖市人民政府出版行政部门统一印制。

印刷企业接受出版单位委托印刷报纸的,必须验证报纸出版许可证;接受出版单位的委托印刷报纸、期刊的增版、增刊的,还必须验证主管的出版行政部门批准出版增版、增刊的文件。

第十八条　印刷企业接受委托印刷内部资料性出版物的,必须验证县级以上地方人民政府出版行政部门核发的准印证。

印刷企业接受委托印刷宗教内容的内部资料性出版物的,必须验证省、自治区、直辖市人民政府宗教事务管理部门的批准文件和省、自治区、直辖市人民政府出版行政部门核发的准印证。

出版行政部门应当自收到印刷内部资料性出版物或者印刷宗教内容的内部资料性出版物的申请之日起 30 日内作出是否核发准印证的决定,并通知申请人;逾期不作出决定的,视为同意印刷。

第十九条　印刷企业接受委托印刷境外的出版物的,必须持有关著作权的合法证明文件,经省、自治区、直辖市人民政府出版行政部门批准;印刷的境外出版物必须全部运输出境,不得在境内发行、散发。

第二十条　委托印刷单位必须按照国家有关规定在委托印刷的出版物上刊载出版单位的名称、地址、书号、刊号或者版号,出版日期或者刊期,接受委托印刷出版物的企业的真实名称和地址,以及其他有关事项。

印刷企业应当自完成出版物的印刷之日起 2 年内,留存一份接受委托印刷的出版物样本备查。

第二十一条　印刷企业不得盗印出版物,不得销售、擅自加印或者接受第三人委托加印受委托印刷的出版物,不得将接受委托印刷的出版物纸型及印刷底片等出售、出租、出借或者以其他形式转让给其他单位或者个人。

第二十二条　印刷企业不得征订、销售出版物,不得假冒或者盗用他人名义印刷、销售出版物。

第四章　包装装潢印刷品的印刷

第二十三条　从事包装装潢印刷品印刷的企业不得印刷假冒、伪造的注册商标标识,不得印刷容易对消费者产生误导的广告宣传品和作为产品包装装潢的印刷品。

第二十四条　印刷企业接受委托印刷注册商标标识的,应当验证商标注册人所在地县级工商行政管理部门签章的《商标注册证》复印件,并核查委托人提供的注册商标图样;接受注册商标被许可使用人委托,印刷注册商标标识的,印刷企业还应当验证注册商标使用许可合同。印刷企业应当保存其验证、核查的工商行政管理部门签章的《商标注册证》复印件、注册商标图样、注册商标使用许可合同复印件 2 年,以备查验。

国家对注册商标标识的印刷另有规定的,印刷企业还应当遵守其规定。

第二十五条　印刷企业接受委托印刷广告宣传品、作为产品包装装潢的印刷品的,应当验证委托印刷单位的营业执照或者个人的居民身份证;接受广告经营者的委托印刷广告宣传品的,还应当验证广告经营资格证明。

第二十六条　印刷企业接受委托印刷包装装潢印刷品的,应当将印刷品的成品、半成品、废品和印板、纸型、底片、原稿等全部交付委托印刷单位或者个人,不得擅自留存。

第二十七条　印刷企业接受委托印刷境外包装装潢印刷品的,必须事先向所在地省、自治区、直辖市人民政府出版行政部门备案;印刷的包装装潢印刷品必须全部运输出境,不得在境内销售。

第五章　其他印刷品的印刷

第二十八条　印刷标有密级的文件、资料、图表等,按照国家有关法律、法规或者规章的规定办理。

第二十九条　印刷布告、通告、重大活动工作证、通行证、在社会上流通使用的票证的,委托印刷单位必须出具主管部门的证明,并按照国家有关规定向印刷企业所在地公安部门办理准印手续,在公安部门指定的印刷企业印刷。公安部门指定的印刷企业必须验证主管部门的证明和公安部门的准印证明,并保存主管部门的证明副本和公安部门的准印证明副本 2 年,以备查验;并且不得再委托他人印刷上述印刷品。

印刷机关、团体、部队、企业事业单位内部使用的有价票证或者无价票证,或者印刷有单位名称的介绍信、工作证、会员证、出入证、学位证书、学历证书或者其他学业证书等专用证件的,委托印刷单位必须出具委托印刷证明。印刷企业必须验证委托印刷证明。

印刷企业对前两款印件不得保留样本、样张;确因业务参考需要保留样本、样张的,应当征得委托印刷单位同意,在所保留印件上加盖"样本""样张"戳记,并妥善保管,不得丢失。

第三十条　印刷企业接受委托印刷宗教用品的,必须验证省、自治区、直辖市人民政府宗教事务管理部门的批准文件和省、自治区、直辖市人民政府出版行政部门核发的准印证;省、自治区、直辖市人民政府出版行政部门应当自收到印刷宗教用品的申请之日起 10 日内作出是否核发准印证的决定,并通知申请人;逾期不作出决定的,视为同意印刷。

第三十一条　从事其他印刷品印刷经营活动的个人不得印刷标有密级的文件、资料、图表等,不得印刷布告、通告、重大活动工作证、通行证、在社会上流通使用的票证,不得印刷机关、团体、部队、企业事业单位内部使用的有价或者无价票证,不得印刷有单位名称的介绍信、工作证、会员证、出入证、学位证书、学历证书或者其他学业证书等专用证件,不得印刷宗教用品。

第三十二条　接受委托印刷境外其他印刷品的,必须事先向所在地省、自治区、直辖市人民政府出版行政部门备案;印刷的其他印刷品必须全部运输出境,不得在境内销售。

第三十三条　印刷企业和从事其他印刷品印刷经营活动的个人不得盗印他人的其他印刷品,不得销售、擅自加印或者接受第三人委托加印委托印刷的其他印刷品,不得将委托印刷的其他印刷品的纸型及印刷底片等出售、出租、出借或者以其他形式转让给其他单位或者个人。

第六章　罚　则

第三十四条　违反本条例规定,擅自设立印刷企业或者擅自从事印刷经营活动的,由公安部门、工商行政管理部门依据法定职权予以取缔,没收印刷品和违法所得以及进行违法活动的专用工具、设备,违法经营额1万元以上的,并处违法经营额5倍以上10倍以下的罚款;违法经营额不足1万元的,并处1万元以上5万元以下的罚款;构成犯罪的,依法追究刑事责任。

单位内部设立的印刷厂(所)未依照本条例第二章的规定办理手续,从事印刷经营活动的,依照前款的规定处罚。

第三十五条 印刷业经营者违反本条例规定,有下列行为之一的,由县级以上地方人民政府出版行政部门责令停止违法行为,责令停业整顿,没收印刷品和违法所得,违法经营额1万元以上的,并处违法经营额5倍以上10倍以下的罚款;违法经营额不足1万元的,并处1万元以上5万元以下的罚款;情节严重的,由原发证机关吊销许可证;构成犯罪的,依法追究刑事责任:

(一)未取得出版行政部门的许可,擅自兼营或者变更从事出版物、包装装潢印刷品或者其他印刷品印刷经营活动,或者擅自兼并其他印刷业经营者的;

(二)因合并、分立而设立新的印刷业经营者,未依照本条例的规定办理手续的;

(三)出售、出租、出借或者以其他形式转让印刷经营许可证的。

第三十六条 印刷业经营者印刷明知或者应知含有本条例第三条规定禁止印刷内容的出版物、包装装潢印刷品或者其他印刷品的,或者印刷国家明令禁止出版的出版物或者非出版单位出版的出版物的,由县级以上地方人民政府出版行政部门、公安部门依据法定职权责令停业整顿,没收印刷品和违法所得,违法经营额1万元以上的,并处违法经营额5倍以上10倍以下的罚款;违法经营额不足1万元的,并处1万元以上5万元以下的罚款;情节严重的,由原发证机关吊销许可证;构成犯罪的,依法追究刑事责任。

第三十七条 印刷业经营者有下列行为之一的,由县级以上地方人民政府出版行政部门、公安部门依据法定职权责令改正,给予警告;情节严重的,责令停业整顿或者由原发证机关吊销许可证:

(一)没有建立承印验证制度、承印登记制度、印刷品保管制度、印刷品交付制度、印刷活动残次品销毁制度等的;

(二)在印刷经营活动中发现违法犯罪行为没有及时向公安部门或者出版行政部门报告的;

（三）变更名称、法定代表人或者负责人、住所或者经营场所等主要登记事项，或者终止印刷经营活动，不向原批准设立的出版行政部门备案的；

（四）未依照本条例的规定留存备查的材料的。

单位内部设立印刷厂（所）违反本条例的规定，没有向所在地县级以上地方人民政府出版行政部门、保密工作部门办理登记手续，并按照国家有关规定向公安部门备案的，由县级以上地方人民政府出版行政部门、保密工作部门、公安部门依据法定职权责令改正，给予警告；情节严重的，责令停业整顿。

第三十八条　从事出版物印刷经营活动的企业有下列行为之一的，由县级以上地方人民政府出版行政部门给予警告，没收违法所得，违法经营额1万元以上的，并处违法经营额5倍以上10倍以下的罚款；违法经营额不足1万元的，并处1万元以上5万元以下的罚款；情节严重的，责令停业整顿或者由原发证机关吊销许可证；构成犯罪的，依法追究刑事责任：

（一）接受他人委托印刷出版物，未依照本条例的规定验证印刷委托书、有关证明或者准印证，或者未将印刷委托书报出版行政部门备案的；

（二）假冒或者盗用他人名义，印刷出版物的；

（三）盗印他人出版物的；

（四）非法加印或者销售受委托印刷的出版物的；

（五）征订、销售出版物的；

（六）擅自将出版单位委托印刷的出版物纸型及印刷底片等出售、出租、出借或者以其他形式转让的；

（七）未经批准，接受委托印刷境外出版物的，或者未将印刷的境外出版物全部运输出境的。

第三十九条　从事包装装潢印刷品印刷经营活动的企业有下列行为之一的，由县级以上地方人民政府出版行政部门给予警告，没收违法所得，违法经营额1万元以上的，并处违法经营额5倍以上10倍以下的罚款；违法经营额不足1万元的，并处1万元以上5万元以下的罚款；情节严重的，责令停业整顿或者由原发证机关吊销许可证；构成犯罪的，依法追究刑事责任：

（一）接受委托印刷注册商标标识，未依照本条例的规定验证、核查工商行政管理部门签章的《商标注册证》复印件、注册商标图样或者注册商标使用许可合同复印件的；

（二）接受委托印刷广告宣传品、作为产品包装装潢的印刷品，未依照本条例的规定验证委托印刷单位的营业执照或者个人的居民身份证的，或者接受广告经营者的委托印刷广告宣传品，未验证广告经营资格证明的；

（三）盗印他人包装装潢印刷品的；

（四）接受委托印刷境外包装装潢印刷品未依照本条例的规定向出版行政部门备案的，或者未将印刷的境外包装装潢印刷品全部运输出境的。

印刷企业接受委托印刷注册商标标识、广告宣传品，违反国家有关注册商标、广告印刷管理规定的，由工商行政管理部门给予警告，没收印刷品和违法所得，违法经营额1万元以上的，并处违法经营额5倍以上10倍以下的罚款；违法经营额不足1万元的，并处1万元以上5万元以下的罚款。

第四十条　从事其他印刷品印刷经营活动的企业和个人有下列行为之一的，由县级以上地方人民政府出版行政部门给予警告，没收印刷品和违法所得，违法经营额1万元以上的，并处违法经营额5倍以上10倍以下的罚款；违法经营额不足1万元的，并处1万元以上5万元以下的罚款；情节严重的，责令停业整顿或者由原发证机关吊销许可证；构成犯罪的，依法追究刑事责任：

（一）接受委托印刷其他印刷品，未依照本条例的规定验证有关证明的；

（二）擅自将接受委托印刷的其他印刷品再委托他人印刷的；

（三）将委托印刷的其他印刷品的纸型及印刷底片出售、出租、出借或者以其他形式转让的；

（四）伪造、变造学位证书、学历证书等国家机关公文、证件或者企业事业单位、人民团体公文、证件的，或者盗印他人的其他印刷品的；

（五）非法加印或者销售委托印刷的其他印刷品的；

（六）接受委托印刷境外其他印刷品未依照本条例的规定向出版行政部门备案的，或者未将印刷的境外其他印刷品全部运输出境的；

（七）从事其他印刷品印刷经营活动的个人超范围经营的。

第四十一条　有下列行为之一的，由公安部门给予警告，没收印刷品和违法所得，违法经营额1万元以上的，并处违法经营额5倍以上10倍以下的罚款；违法经营额不足1万元的，并处1万元以上5万元以下的罚款；情节严重的，责令停业整顿或者吊销特种行业许可证：

（一）印刷布告、通告、重大活动工作证、通行证、在社会上流通使用的票证，印刷企业没有验证主管部门的证明和公安部门的准印证明的，或者再委托他人印刷上述印刷品的；

（二）不是公安部门指定的印刷企业，擅自印刷布告、通告、重大活动工作证、通行证、在社会上流通使用的票证的。

（三）印刷业经营者伪造、变造学位证书、学历证书等国家机关公文、证件或者企业事业单位、人民团体公文、证件的。

印刷布告、通告、重大活动工作证、通行证、在社会上流通使用的票证，委托印刷单位没有取得主管部门证明的，或者没有按照国家有关规定向印刷企业所在地公安部门办理准印手续的，或者未在公安部门指定的印刷企业印刷的，由县级以上人民政府公安部门处以 500 元以上 5 000 元以下的罚款。

第四十二条　印刷业经营者违反本条例规定，有下列行为之一的，由县级以上地方人民政府出版行政部门责令改正，给予警告；情节严重的，责令停业整顿或者由原发证机关吊销许可证：

（一）从事包装装潢印刷品印刷经营活动的企业擅自留存委托印刷的包装装潢印刷品的成品、半成品、废品和印板、纸型、印刷底片、原稿等的；

（二）从事其他印刷品印刷经营活动的企业和个人擅自保留其他印刷品的样本、样张的，或者在所保留的样本、样张上未加盖"样本""样张"戳记的。

第四十三条　印刷业经营者被处以吊销许可证行政处罚的，应当按照国家有关规定到工商行政管理部门办理变更登记或者注销登记；逾期未办理的，由工商行政管理部门吊销营业执照。

第四十四条　印刷企业被处以吊销许可证行政处罚的，其法定代表人或者负责人自许可证被吊销之日起 10 年内不得担任印刷企业的法定代表人或者负责人。

从事其他印刷品印刷经营活动的个人被处以吊销许可证行政处罚的，自许可证被吊销之日起 10 年内不得从事印刷经营活动。

第四十五条　依照本条例的规定实施罚款的行政处罚，应当依照有关法律、行政法规的规定，实行罚款决定与罚款收缴分离；收缴的罚款必须全部上缴国库。

第四十六条　出版行政部门、公安部门、工商行政管理部门或者其他有关部门违反本条例规定，擅自批准不符合设立条件的印刷企业，或者不履行监督职责，或者发现违法行为不予查处,造成严重后果的,对负责的主管人员和其他直接责任人员给予降级或者撤职的行政处分;构成犯罪的,依法追究刑事责任。

第七章 附 则

第四十七条　本条例施行前已经依法设立的印刷企业,应当自本条例施行之日起180日内,到出版行政部门换领《印刷经营许可证》。

依据本条例发放许可证,除按照法定标准收取成本费外,不得收取其他任何费用。

第四十八条　本条例自公布之日起施行。1997年3月8日国务院发布的《印刷业管理条例》同时废止。

10. 中华人民共和国著作权法(节摘)

(2001年10月27日中华人民共和国主席令第58号修正公布)

第一章 总 则

第一条　为保护文学、艺术和科学作品作者的著作权,以及与著作权有关的权益,鼓励有益于社会主义精神文明、物质文明建设的作品的创作和传播,促进社会主义文化和科学事业的发展与繁荣,根据宪法制定本法。

第二条　中国公民、法人或者其他组织的作品,不论是否发表,依照本法享有著作权。

外国人、无国籍人的作品根据其作者所属国或者经常居住地国同中国签订的协议或者共同参加的国际条约享有的著作权,受本法保护。

外国人、无国籍人的作品首先在中国境内出版的,依照本法享有著作权。

未与中国签订协议或者共同参加国际条约的国家的作者以及无国籍人的作品首次在中国参加的国际条约的成员国出版的,或者在成员国和非成员国同时出版的,受本法保护。

第三条　本法所称的作品,包括以下列形式创作的文学、艺术和自然科学、社会科学、工程技术等作品:

(一)文字作品;

（二）口述作品；

（三）音乐、戏剧、曲艺、舞蹈、杂技艺术作品；

（四）美术、建筑作品；

（五）摄影作品；

（六）电影作品和以类似摄制电影的方法创作的作品；

（七）工程设计图、产品设计图、地图、示意图等图形作品和模型作品；

（八）计算机软件；

（九）法律、行政法规规定的其他作品。

第四条　依法禁止出版、传播的作品，不受本法保护。

著作权人行使著作权，不得违反宪法和法律，不得损害公共利益。

第五条　本法不适用于：

（一）法律、法规，国家机关的决议、决定、命令和其他具有立法、行政、司法性质的文件，及其官方正式译文；

（二）时事新闻；

（三）历法、通用数表、通用表格和公式。

第六条　民间文学艺术作品的著作权保护办法由国务院另行规定。

第七条　国务院著作权行政管理部门主管全国的著作权管理工作；各省、自治区、直辖市人民政府的著作权行政管理部门主管本行政区域的著作权管理工作。

第八条　著作权人和与著作权有关的权利人可以授权著作权集体管理组织行使著作权或者与著作权有关的权利。著作权集体管理组织被授权后，可以以自己的名义为著作权人和与著作权有关的权利人主张权利，并可以作为当事人进行涉及著作权或者与著作权有关的权利的诉讼、仲裁活动。

著作权集体管理组织是非营利性组织，其设立方式、权利义务、著作权许可使用费的收取和分配，以及对其监督和管理等由国务院另行规定。

第二章　著作权

第一节　著作权人及其权利

第九条　著作权人包括：

（一）作者；

(二)其他依照本法享有著作权的公民、法人或者其他组织。

第十条 著作权包括下列人身权和财产权：

(一)发表权,即决定作品是否公之于众的权利;

(二)署名权,即表明作者身份,在作品上署名的权利;

(三)修改权,即修改或者授权他人修改作品的权利;

(四)保护作品完整权,即保护作品不受歪曲、篡改的权利;

(五)复制权,即以印刷、复印、拓印、录音、录像、翻录、翻拍等方式将作品制作一份或者多份的权利;

(六)发行权,即以出售或者赠与方式向公众提供作品的原件或者复制件的权利;

(七)出租权,即有偿许可他人临时使用电影作品和以类似摄制电影的方法创作的作品、计算机软件的权利,计算机软件不是出租的主要标的的除外;

(八)展览权,即公开陈列美术作品、摄影作品的原件或者复制件的权利;

(九)表演权,即公开表演作品,以及用各种手段公开播送作品的表演的权利;

(十)放映权,即通过放映机、幻灯机等技术设备公开再现美术、摄影、电影和以类似摄制电影的方法创作的作品等的权利;

(十一)广播权,即以无线方式公开广播或者传播作品,以有线传播或者转播的方式向公众传播广播的作品,以及通过扩音器或者其他传送符号、声音、图像的类似工具向公众传播广播的作品的权利;

(十二)信息网络传播权,即以有线或者无线方式向公众提供作品,使公众可以在其个人选定的时间和地点获得作品的权利;

(十三)摄制权,即以摄制电影或者以类似摄制电影的方法将作品固定在载体上的权利;

(十四)改编权,即改变作品,创作出具有独创性的新作品的权利;

(十五)翻译权,即将作品从一种语言文字转换成另一种语言文字的权利;

(十六)汇编权,即将作品或者作品的片段通过选择或者编排,汇集成新作品的权利;

(十七)应当由著作权人享有的其他权利。

著作权人可以许可他人行使前款第(五)项至第(十七)项规定的权利,并依照约定或者本法有关规定获得报酬。

著作权人可以全部或者部分转让本条第一款第(五)项至第(十七)项规定的权利,并依照约定或者本法有关规定获得报酬。

第二节　著作权归属

第十一条　著作权属于作者,本法另有规定的除外。

创作作品的公民是作者。

由法人或者其他组织主持,代表法人或者其他组织意志创作,并由法人或者其他组织承担责任的作品,法人或者其他组织视为作者。

如无相反证明,在作品上署名的公民、法人或者其他组织为作者。

第十二条　改编、翻译、注释、整理已有作品而产生的作品,其著作权由改编、翻译、注释、整理人享有,但行使著作权时不得侵犯原作品的著作权。

第十三条　两人以上合作创作的作品,著作权由合作作者共同享有。没有参加创作的人,不能成为合作作者。

合作作品可以分割使用的,作者对各自创作的部分可以单独享有著作权,但行使著作权时不得侵犯合作作品整体的著作权。

第十四条　汇编若干作品、作品的片段或者不构成作品的数据或者其他材料,对其内容的选择或者编排体现独创性的作品,为汇编作品,其著作权由汇编人享有,但行使著作权时,不得侵犯原作品的著作权。

第十五条　电影作品和以类似摄制电影的方法创作的作品的著作权由制片者享有,但编剧、导演、摄影、作词、作曲等作者享有署名权,并有权按照与制片者签订的合同获得报酬。

电影作品和以类似摄制电影的方法创作的作品中的剧本、音乐等可以单独使用的作品的作者有权单独行使其著作权。

第十六条　公民为完成法人或者其他组织工作任务所创作的作品是职务作品,除本条第二款的规定以外,著作权由作者享有,但法人或者其他组织有权在其业务范围内优先使用。作品完成两年内,未经单位同意,作者不得许可第三人以与单位使用的相同方式使用该作品。

有下列情形之一的职务作品,作者享有署名权,著作权的其他权利由法人或者其他组织享有,法人或者其他组织可以给予作者奖励:

（一）主要是利用法人或者其他组织的物质技术条件创作，并由法人或者其他组织承担责任的工程设计图、产品设计图、地图、计算机软件等职务作品；

（二）法律、行政法规规定或者合同约定著作权由法人或者其他组织享有的职务作品。

第十七条 受委托创作的作品，著作权的归属由委托人和受托人通过合同约定。合同未作明确约定或者没有订立合同的，著作权属于受托人。

第十八条 美术等作品原件所有权的转移，不视为作品著作权的转移，但美术作品原件的展览权由原件所有人享有。

第十九条 著作权属于公民的，公民死亡后，其本法第十条第一款第（五）项至第（十七）项规定的权利在本法规定的保护期内，依照继承法的规定转移。

著作权属于法人或者其他组织的，法人或者其他组织变更、终止后，其本法第十条第一款第（五）项至第（十七）项规定的权利在本法规定的保护期内，由承受其权利义务的法人或者其他组织享有；没有承受其权利义务的法人或者其他组织的，由国家享有。

第三节 权利的保护期

第二十条 作者的署名权、修改权、保护作品完整权的保护期不受限制。

第二十一条 公民的作品，其发表权、本法第十条第一款第（五）项至第（十七）项规定的权利的保护期为作者终生及其死亡后五十年，截止于作者死亡后第五十年的12月31日；如果是合作作品，截止于最后死亡的作者死亡后第五十年的12月31日。

法人或者其他组织的作品、著作权（署名权除外）由法人或者其他组织享有的职务作品，其发表权、本法第十条第一款第（五）项至第（十七）项规定的权利的保护期为五十年，截止于作品首次发表后第五十年的12月31日，但作品自创作完成后五十年内未发表的，本法不再保护。

电影作品和以类似摄制电影的方法创作的作品、摄影作品，其发表权、本法第十条第一款第（五）项至第（十七）项规定的权利的保护期为五十年，截止于作品首次发表后第五十年的12月31日，但作品自创作完成后五十年内未发表的，本法不再保护。

第四节 权利的限制

第二十二条 在下列情况下使用作品，可以不经著作权人许可，不向其支付报酬，

但应当指明作者姓名、作品名称,并且不得侵犯著作权人依照本法享有的其他权利:

(一)为个人学习、研究或者欣赏,使用他人已经发表的作品;

(二)为介绍、评论某一作品或者说明某一问题,在作品中适当引用他人已经发表的作品;

(三)为报道时事新闻,在报纸、期刊、广播电台、电视台等媒体中不可避免地再现或者引用已经发表的作品;

(四)报纸、期刊、广播电台、电视台等媒体刊登或者播放其他报纸、期刊、广播电台、电视台等媒体已经发表的关于政治、经济、宗教问题的时事性文章,但作者声明不许刊登、播放的除外;

(五)报纸、期刊、广播电台、电视台等媒体刊登或者播放在公众集会上发表的讲话,但作者声明不许刊登、播放的除外;

(六)为学校课堂教学或者科学研究,翻译或者少量复制已经发表的作品,供教学或者科研人员使用,但不得出版发行;

(七)国家机关为执行公务在合理范围内使用已经发表的作品;

(八)图书馆、档案馆、纪念馆、博物馆、美术馆等为陈列或者保存版本的需要,复制本馆收藏的作品;

(九)免费表演已经发表的作品,该表演未向公众收取费用,也未向表演者支付报酬;

(十)对设置或者陈列在室外公共场所的艺术作品进行临摹、绘画、摄影、录像;

(十一)将中国公民、法人或者其他组织已经发表的以汉语言文字创作的作品翻译成少数民族语言文字作品在国内出版发行;

(十二)将已经发表的作品改成盲文出版。

前款规定适用于对出版者、表演者、录音录像制作者、广播电台、电视台的权利的限制。

第二十三条 为实施九年制义务教育和国家教育规划而编写出版教科书,除作者事先声明不许使用的外,可以不经著作权人许可,在教科书中汇编已经发表的作品片段或者短小的文字作品、音乐作品或者单幅的美术作品、摄影作品,但应当按照规定支付报酬,指明作者姓名、作品名称,并且不得侵犯著作权人依照本法享有的其他权利。

前款规定适用于对出版者、表演者、录音录像制作者、广播电台、电视台的权利的限制。

……

第四章　出版、表演、录音录像、播放

第一节　图书、报刊的出版

第二十九条　图书出版者出版图书应当和著作权人订立出版合同,并支付报酬。

第三十条　图书出版者对著作权人交付出版的作品,按照合同约定享有的专有出版权受法律保护,他人不得出版该作品。

第三十一条　著作权人应当按照合同约定期限交付作品。图书出版者应当按照合同约定的出版质量、期限出版图书。

图书出版者不按照合同约定期限出版,应当依照本法第五十三条的规定承担民事责任。

图书出版者重印、再版作品的,应当通知著作权人,并支付报酬。图书脱销后,图书出版者拒绝重印、再版的,著作权人有权终止合同。

第三十二条　著作权人向报社、期刊社投稿的,自稿件发出之日起十五日内未收到报社通知决定刊登的,或者自稿件发出之日起三十日内未收到期刊社通知决定刊登的,可以将同一作品向其他报社、期刊社投稿。双方另有约定的除外。

作品刊登后,除著作权人声明不得转载、摘编的外,其他报刊可以转载或者作为文摘、资料刊登,但应当按照规定向著作权人支付报酬。

第三十三条　图书出版者经作者许可,可以对作品修改、删节。

报社、期刊社可以对作品作文字性修改、删节。对内容的修改,应当经作者许可。

第三十四条　出版改编、翻译、注释、整理、汇编已有作品而产生的作品,应当取得改编、翻译、注释、整理、汇编作品的著作权人和原作品的著作权人许可,并支付报酬。

第三十五条　出版者有权许可或者禁止他人使用其出版的图书、期刊的版式设计。

前款规定的权利的保护期为十年,截止于使用该版式设计的图书、期刊首次出版后第十年的12月31日。

……

第三十九条　录音录像制作者使用他人作品制作录音录像制品,应当取得著作权人许可,并支付报酬。

录音录像制作者使用改编、翻译、注释、整理已有作品而产生的作品,应当取得改编、翻译、注释、整理作品的著作权人和原作品著作权人许可,并支付报酬。

录音制作者使用他人已经合法录制为录音制品的音乐作品制作录音制品,可以不经著作权人许可,但应当按照规定支付报酬;著作权人声明不许使用的不得使用。

第四十条　录音录像制作者制作录音录像制品,应当同表演者订立合同,并支付报酬。

第四十一条　录音录像制作者对其制作的录音录像制品,享有许可他人复制、发行、出租、通过信息网络向公众传播并获得报酬的权利;权利的保护期为五十年,截止于该制品首次制作完成后第五十年的 12 月 31 日。

被许可人复制、发行、通过信息网络向公众传播录音录像制品,还应当取得著作权人、表演者许可,并支付报酬。

第四节　广播电台、电视台播放

第四十二条　广播电台、电视台播放他人未发表的作品,应当取得著作权人许可,并支付报酬。

广播电台、电视台播放他人已发表的作品,可以不经著作权人许可,但应当支付报酬。

第四十三条　广播电台、电视台播放已经出版的录音制品,可以不经著作权人许可,但应当支付报酬。当事人另有约定的除外。具体办法由国务院规定。

第四十四条　广播电台、电视台有权禁止未经其许可的下列行为:

(一)将其播放的广播、电视转播;

(二)将其播放的广播、电视录制在音像载体上以及复制音像载体。

前款规定的权利的保护期为五十年,截止于该广播、电视首次播放后第五十年的 12 月 31 日。

第四十五条　电视台播放他人的电影作品和以类似摄制电影的方法创作的作品、录像制品,应当取得制片者或者录像制作者许可,并支付报酬;播放他人的录像制品,还应当取得著作权人许可,并支付报酬。

第五章 法律责任和执法措施

第四十六条 有下列侵权行为的,应当根据情况,承担停止侵害、消除影响、赔礼道歉、赔偿损失等民事责任:

(一)未经著作权人许可,发表其作品的;

(二)未经合作作者许可,将与他人合作创作的作品当作自己单独创作的作品发表的;

(三)没有参加创作,为谋取个人名利,在他人作品上署名的;

(四)歪曲、篡改他人作品的;

(五)剽窃他人作品的;

(六)未经著作权人许可,以展览、摄制电影和以类似摄制电影的方法使用作品,或者以改编、翻译、注释等方式使用作品的,本法另有规定的除外;

(七)使用他人作品,应当支付报酬而未支付的;

(八)未经电影作品和以类似摄制电影的方法创作的作品、计算机软件、录音录像制品的著作权人或者与著作权有关的权利人许可,出租其作品或者录音录像制品的,本法另有规定的除外;

(九)未经出版者许可,使用其出版的图书、期刊的版式设计的;

(十)未经表演者许可,从现场直播或者公开传送其现场表演,或者录制其表演的;

(十一)其他侵犯著作权以及与著作权有关的权益的行为。

第四十七条 有下列侵权行为的,应当根据情况,承担停止侵害、消除影响、赔礼道歉、赔偿损失等民事责任;同时损害公共利益的,可以由著作权行政管理部门责令停止侵权行为,没收违法所得,没收、销毁侵权复制品,并可处以罚款;情节严重的,著作权行政管理部门还可以没收主要用于制作侵权复制品的材料、工具、设备等;构成犯罪的,依法追究刑事责任:

(一)未经著作权人许可,复制、发行、表演、放映、广播、汇编、通过信息网络向公众传播其作品的,本法另有规定的除外;

(二)出版他人享有专有出版权的图书的;

(三)未经表演者许可,复制、发行录有其表演的录音录像制品,或者通过信息网络向公众传播其表演的,本法另有规定的除外;

（四）未经录音录像制作者许可，复制、发行、通过信息网络向公众传播其制作的录音录像制品的，本法另有规定的除外；

（五）未经许可，播放或者复制广播、电视的，本法另有规定的除外；

（六）未经著作权人或者与著作权有关的权利人许可，故意避开或者破坏权利人为其作品、录音录像制品等采取的保护著作权或者与著作权有关的权利的技术措施的，法律、行政法规另有规定的除外；

（七）未经著作权人或者与著作权有关的权利人许可，故意删除或者改变作品、录音录像制品等的权利管理电子信息的，法律、行政法规另有规定的除外；

（八）制作、出售假冒他人署名的作品的。

第四十八条　侵犯著作权或者与著作权有关的权利的，侵权人应当按照权利人的实际损失给予赔偿；实际损失难以计算的，可以按照侵权人的违法所得给予赔偿。赔偿数额还应当包括权利人为制止侵权行为所支付的合理开支。

权利人的实际损失或者侵权人的违法所得不能确定的，由人民法院根据侵权行为的情节，判决给予五十万元以下的赔偿。

第四十九条　著作权人或者与著作权有关的权利人有证据证明他人正在实施或者即将实施侵犯其权利的行为，如不及时制止将会使其合法权益受到难以弥补的损害的，可以在起诉前向人民法院申请采取责令停止有关行为和财产保全的措施。

人民法院处理前款申请，适用《中华人民共和国民事诉讼法》第九十三条至第九十六条和第九十九条的规定。

第五十条　为制止侵权行为，在证据可能灭失或者以后难以取得的情况下，著作权人或者与著作权有关的权利人可以在起诉前向人民法院申请保全证据。

人民法院接受申请后，必须在四十八小时内作出裁定；裁定采取保全措施的，应当立即开始执行。

人民法院可以责令申请人提供担保，申请人不提供担保的，驳回申请。

申请人在人民法院采取保全措施后十五日内不起诉的，人民法院应当解除保全措施。

第五十一条　人民法院审理案件，对于侵犯著作权或者与著作权有关的权利的，可以没收违法所得、侵权复制品以及进行违法活动的财物。

第五十二条　复制品的出版者、制作者不能证明其出版、制作有合法授权的，复制品的发行者或者电影作品或者以类似摄制电影的方法创作的作品、计算机软件、录音录像制品的复制品的出租者不能证明其发行、出租的复制品有合法来源的,应当承担法律责任。

第五十三条　当事人不履行合同义务或者履行合同义务不符合约定条件的,应当依照《中华人民共和国民法通则》《中华人民共和国合同法》等有关法律规定承担民事责任。

第五十四条　著作权纠纷可以调解,也可以根据当事人达成的书面仲裁协议或者著作权合同中的仲裁条款,向仲裁机构申请仲裁。

当事人没有书面仲裁协议,也没有在著作权合同中订立仲裁条款的,可以直接向人民法院起诉。

第五十五条　当事人对行政处罚不服的,可以自收到行政处罚决定书之日起三个月内向人民法院起诉,期满不起诉又不履行的,著作权行政管理部门可以申请人民法院执行。

第六章　附　则

第五十六条　本法所称的著作权即版权。

第五十七条　本法第二条所称的出版,指作品的复制、发行。

第五十八条　计算机软件、信息网络传播权的保护办法由国务院另行规定。

第五十九条　本法规定的著作权人和出版者、表演者、录音录像制作者、广播电台、电视台的权利,在本法施行之日尚未超过本法规定的保护期的,依照本法予以保护。

本法施行前发生的侵权或者违约行为,依照侵权或者违约行为发生时的有关规定和政策处理。

第六十条　本法自1991年6月1日起施行。

11. 出版管理条例(2001)

(国务院2001年12月25日第343号令公布)

第一章　总　则

第一条　为了加强对出版活动的管理,发展和繁荣有中国特色社会主义出版事业,保障公民依法行使出版自由的权利,促进社会主义精神文明和物质文明建设,根据宪法,制定本条例。

第二条　在中华人民共和国境内从事出版活动,适用本条例。本条例所称出版活动,包括出版物的出版、印刷或者复制、进口、发行。

本条例所称出版物,是指报纸、期刊、图书、音像制品、电子出版物等。

第三条　出版事业必须坚持为人民服务、为社会主义服务的方向,坚持以马克思列宁主义、毛泽东思想和邓小平理论为指导,传播和积累有益于提高民族素质、有益于经济发展和社会进步的科学技术和文化知识,弘扬民族优秀文化,促进国际文化交流,丰富和提高人民的精神生活。

第四条　从事出版活动,应当将社会效益放在首位,实现社会效益与经济效益相结合。

第五条　公民依法行使出版自由的权利,各级人民政府应当予以保障。公民在行使出版自由的权利的时候,必须遵守宪法和法律,不得反对宪法确定的基本原则,不得损害国家的、社会的、集体的利益和其他公民的合法的自由和权利。

第六条　国务院出版行政部门负责全国的出版活动的监督管理工作。国务院其他有关部门按照国务院规定的职责分工,负责有关的出版活动的监督管理工作。县级以上地方各级人民政府负责出版管理的行政部门(以下简称出版行政部门)负责本行政区域内出版活动的监督管理工作。县级以上地方各级人民政府其他有关部门在各自的职责范围内,负责有关的出版活动的监督管理工作。

第七条　出版行政部门根据已经取得的违法嫌疑证据或者举报,对涉嫌违法从事出版物出版、印刷或者复制、进口、发行等活动的行为进行查处时,可以检查与违法活动有关的物品;对有证据证明是与违法活动有关的物品,可以查封或者扣押。

第八条　出版行业的社会团体按照其章程,在出版行政部门的指导下,实行自律管理。

第二章　出版单位的设立与管理

第九条　报纸、期刊、图书、音像制品和电子出版物等应当由出版单位出版。本条例所称出版单位,包括报社、期刊社、图书出版社、音像出版社和电子出版物出版社等。法人出版报纸、期刊,不设立报社、期刊社的,其设立的报纸编辑部、期刊编辑部视为出版单位。

第十条　国务院出版行政部门制定全国出版单位总量、结构、布局的规划，指导、协调出版事业发展。

第十一条　设立出版单位，应当具备下列条件：

（一）有出版单位的名称、章程；

（二）有符合国务院出版行政部门认定的主办单位及其主管机关；

（三）有确定的业务范围；

（四）有30万元以上的注册资本和固定的工作场所；

（五）有适应业务范围需要的组织机构和符合国家规定的资格条件的编辑出版专业人员；

（六）法律、行政法规规定的其他条件。审批设立出版单位，除依照前款所列条件外，还应当符合国家关于出版单位总量、结构、布局的规划。

第十二条　设立出版单位，由其主办单位向所在地省、自治区、直辖市人民政府出版行政部门提出申请；省、自治区、直辖市人民政府出版行政部门审核同意后，报国务院出版行政部门审批。

第十三条　设立出版单位的申请书应当载明下列事项：

（一）出版单位的名称、地址；

（二）出版单位的主办单位及其主管机关的名称、地址；

（三）出版单位的法定代表人或者主要负责人的姓名、住址、资格证明文件；

（四）出版单位的资金来源及数额。

设立报社、期刊社或者报纸编辑部、期刊编辑部的，申请书还应当载明报纸或者期刊的名称、刊期、开版或者开本、印刷场所。

申请书应当附具出版单位的章程和设立出版单位的主办单位及其主管机关的有关证明材料。

第十四条　国务院出版行政部门应当自收到设立出版单位的申请之日起90日内，作出批准或者不批准的决定，并由省、自治区、直辖市人民政府出版行政部门书面通知主办单位；不批准的，应当说明理由。

第十五条　设立出版单位的主办单位应当自收到批准决定之日起60日内，向所在地省、自治区、直辖市人民政府出版行政部门登记，领取出版许可证。登记事项由国务院出版行政部门规定。

出版单位经登记后,持出版许可证向工商行政管理部门登记,依法领取营业执照。

第十六条　报社、期刊社、图书出版社、音像出版社和电子出版物出版社等应当具备法人条件,经核准登记后,取得法人资格,以其全部法人财产独立承担民事责任。

依照本条例第九条第三款的规定,视为出版单位的报纸编辑部、期刊编辑部不具有法人资格,其民事责任由其主办单位承担。

第十七条　出版单位变更名称、主办单位或者其主管机关、业务范围,合并或者分立,出版新的报纸、期刊,或者报纸、期刊变更名称、刊期的,应当依照本条例第十二条、第十三条的规定办理审批手续,并到原登记的工商行政管理部门办理相应的登记手续。

出版单位除前款所列变更事项外的其他事项的变更,应当经主办单位及其主管机关审查同意,向所在地省、自治区、直辖市人民政府出版行政部门申请变更登记,并报国务院出版行政部门备案后,到原登记的工商行政管理部门办理变更登记。

第十八条　出版单位终止出版活动的,应当向所在地省、自治区、直辖市人民政府出版行政部门办理注销登记,并报国务院出版行政部门备案后,到原登记的工商行政管理部门办理注销登记。

第十九条　图书出版社、音像出版社和电子出版物出版社自登记之日起满180日未从事出版活动的,报社、期刊社自登记之日起满90日未出版报纸、期刊的,由原登记的出版行政部门注销登记,并报国务院出版行政部门备案。

因不可抗力或者其他正当理由发生前款所列情形的,出版单位可以向原登记的出版行政部门申请延期。

第二十条　图书出版社、音像出版社和电子出版物出版社的年度出版计划及涉及国家安全、社会安定等方面的重大选题,应当经所在地省、自治区、直辖市人民政府出版行政部门审核后报国务院出版行政部门备案;涉及重大选题,未在出版前报备案的出版物,不得出版。具体办法由国务院出版行政部门制定。

期刊社的重大选题,应当依照前款规定办理备案手续。

第二十一条　出版行政部门应当加强对本行政区域内出版单位出版活动的日常监督管理。

出版单位应当按照国务院出版行政部门的规定,将从事出版活动的情况向出版行政部门提出书面报告。

第二十二条　出版单位不得向任何单位或者个人出售或者以其他形式转让本单位

的名称、书号、刊号或者版号、版面,并不得出租本单位的名称、刊号。

第二十三条　出版单位发行其出版物前,应当按照国家有关规定向国家图书馆、中国版本图书馆和国务院出版行政部门免费送交样本。

第三章　出版物的出版

第二十四条　公民可以依照本条例规定,在出版物上自由表达自己对国家事务、经济和文化事业、社会事务的见解和意愿,自由发表自己从事科学研究、文学艺术创作和其他文化活动的成果。

合法出版物受法律保护,任何组织和个人不得非法干扰、阻止、破坏出版物的出版。

第二十五条　出版单位实行编辑责任制度,保障出版物刊载的内容符合本条例的规定。

第二十六条　任何出版物不得含有下列内容:

(一)反对宪法确定的基本原则的;

(二)危害国家统一、主权和领土完整的;

(三)泄露国家秘密、危害国家安全或者损害国家荣誉和利益的;

(四)煽动民族仇恨、民族歧视,破坏民族团结,或者侵害民族风俗、习惯的;

(五)宣扬邪教、迷信的;

(六)扰乱社会秩序,破坏社会稳定的;

(七)宣扬淫秽、赌博、暴力或者教唆犯罪的;

(八)侮辱或者诽谤他人,侵害他人合法权益的;

(九)危害社会公德或者民族优秀文化传统的;

(十)有法律、行政法规和国家规定禁止的其他内容的。

第二十七条　以未成年人为对象的出版物不得含有诱发未成年人模仿违反社会公德的行为和违法犯罪的行为的内容,不得含有恐怖、残酷等妨害未成年人身心健康的内容。

第二十八条　出版物的内容不真实或者不公正,致使公民、法人或者其他组织的合法权益受到侵害的,其出版单位应当公开更正,消除影响,并依法承担其他民事责任。

报纸、期刊发表的作品内容不真实或者不公正,致使公民、法人或者其他组织的合法权益受到侵害的,当事人有权要求有关出版单位更正或者答辩,有关出版单位应当在其近期出版的报纸、期刊上予以发表;拒绝发表的,当事人可以向人民法院提起诉讼。

第二十九条　出版物必须按照国家的有关规定载明作者、出版者、印刷者或者复制者、发行者的名称、地址,书号、刊号或者版号,出版日期、刊期以及其他有关事项。

出版物的规格、开本、版式、装帧、校对等必须符合国家标准和规范要求,保证出版物的质量。

第三十条　任何单位和个人不得伪造、假冒出版单位名称或者报纸、期刊名称出版出版物。

第三十一条　中学小学教科书由国务院教育行政部门审定或者组织审定,其出版、印刷、发行单位由省级以上人民政府出版行政部门、教育行政部门会同价格主管部门以招标或者其他公开、公正的方式确定;其他任何单位或者个人不得从事中学小学教科书的出版、印刷、发行业务。具体办法和实施步骤由国务院出版行政部门会同国务院教育行政部门、价格主管部门规定。

第四章　出版物的印刷或者复制和发行

第三十二条　从事出版物印刷或者复制业务的单位,应当向所在地省、自治区、直辖市人民政府出版行政部门提出申请,经审核许可,并依照国家有关规定到公安机关和工商行政管理部门办理相关手续后,方可从事出版物的印刷或者复制。

未经许可并办理相关手续的,不得印刷报纸、期刊、图书,不得复制音像制品、电子出版物。

第三十三条　出版单位不得委托未取得出版物印刷或者复制许可的单位印刷或者复制出版物。

出版单位委托印刷或者复制单位印刷或者复制出版物的,必须提供符合国家规定的印刷或者复制出版物的有关证明,并依法与印刷或者复制单位签订合同。

印刷或者复制单位不得接受非出版单位和个人的委托印刷报纸、期刊、图书或者复制音像制品、电子出版物,不得擅自印刷、发行报纸、期刊、图书或者复制、发行音像制品、电子出版物。

第三十四条　印刷或者复制单位经所在地省、自治区、直辖市人民政府出版行政部门批准,可以承接境外出版物的印刷或者复制业务;但是,印刷或者复制的境外出版物必须全部运输出境,不得在境内发行。

境外委托印刷或者复制的出版物的内容,应当经省、自治区、直辖市人民政府出版行政部门审核。委托人应当持有著作权人授权书,并向著作权行政管理部门登记。

第三十五条　印刷或者复制单位应当自完成出版物的印刷或者复制之日起2年内,留存一份承接的出版物样本备查。

第三十六条　从事报纸、期刊、图书的全国性连锁经营业务的单位,应当由其总机构所在地省、自治区、直辖市人民政府出版行政部门审核许可后,报国务院出版行政部门审查批准,并向工商行政管理部门依法领取营业执照。

从事报纸、期刊、图书总发行业务的发行单位,经国务院出版行政部门审核许可,并向工商行政管理部门依法领取营业执照后,方可从事报纸、期刊、图书总发行业务。

从事报纸、期刊、图书批发业务的发行单位,经省、自治区、直辖市人民政府出版行政部门审核许可,并向工商行政管理部门依法领取营业执照后,方可从事报纸、期刊、图书的批发业务。

邮政企业发行报纸、期刊,依照邮政法的规定办理。

第三十七条　从事报纸、期刊、图书零售业务的单位和个人,经县级人民政府出版行政部门批准,并向工商行政管理部门依法领取营业执照后,方可从事出版物的零售业务。

第三十八条　出版单位可以发行本出版单位出版的出版物,不得发行其他出版单位出版的出版物。

第三十九条　国家允许设立从事图书、报纸、期刊分销业务的中外合资经营企业、中外合作经营企业、外资企业。具体实施办法和步骤由国务院出版行政部门会同国务院对外经济贸易主管部门按照有关规定规定。

第四十条　印刷或者复制单位、发行单位不得印刷或者复制、发行有下列情形之一的出版物:

(一) 含有本条例第二十六条、第二十七条禁止内容的;

(二) 非法进口的;

(三) 伪造、假冒出版单位名称或者报纸、期刊名称的;

(四) 未署出版单位名称的;

(五) 中学小学教科书未经依法审定的;

(六) 侵犯他人著作权的。

第五章 出版物的进口

第四十一条 出版物进口业务,由依照本条例设立的出版物进口经营单位经营;其中经营报纸、期刊进口业务的,须由国务院出版行政部门指定。

未经批准,任何单位和个人不得从事出版物进口业务;未经指定,任何单位和个人不得从事报纸、期刊进口业务。

第四十二条 设立出版物进口经营单位,应当具备下列条件:

(一)有出版物进口经营单位的名称、章程;

(二)是国有独资企业并有符合国务院出版行政部门认定的主办单位及其主管机关;

(三)有确定的业务范围;

(四)有与出版物进口业务相适应的组织机构和符合国家规定的资格条件的专业人员;

(五)有与出版物进口业务相适应的资金;

(六)有固定的经营场所;

(七)法律、行政法规和国家规定的其他条件。

审批设立出版物进口经营单位,除依照前款所列条件外,还应当符合国家关于出版物进口经营单位总量、结构、布局的规划。

第四十三条 设立出版物进口经营单位,应当向国务院出版行政部门提出申请,经审查批准,取得国务院出版行政部门核发的出版物进口经营许可证后,持证到工商行政管理部门依法领取营业执照。

设立出版物进口经营单位,还应当依照对外贸易法律、行政法规的规定办理相应手续。

第四十四条 出版物进口经营单位进口的出版物,不得含有本条例第二十六条、第二十七条禁止的内容。

出版物进口经营单位负责对其进口的出版物进行内容审查。省级以上人民政府出版行政部门可以对出版物进口经营单位进口的出版物直接进行内容审查。出版物进口经营单位无法判断其进口的出版物是否含有本条例第二十六条、第二十七条禁止内容的,可以请求省级以上人民政府出版行政部门进行内容审查。省级以上人民政府出版行政部门应出版物进口经营单位的请求,对其进口的出版物进行内容审查的,可以按照国务院价格主管部门批准的标准收取费用。

国务院出版行政部门可以禁止特定出版物的进口。

第四十五条　出版物进口经营单位应当在进口出版物前将拟进口的出版物目录报省级以上人民政府出版行政部门备案;省级以上人民政府出版行政部门发现有禁止进口的或者暂缓进口的出版物的,应当及时通知出版物进口经营单位并通报海关。对通报禁止进口或者暂缓进口的出版物,出版物进口经营单位不得进口,海关不得放行。

出版物进口备案的具体办法由国务院出版行政部门制定。

第四十六条　发行进口出版物的,必须从依法设立的出版物进口经营单位进货;其中发行进口报纸、期刊的,必须从国务院出版行政部门指定的出版物进口经营单位进货。

第四十七条　出版物进口经营单位在境内举办境外出版物展览,必须报经国务院出版行政部门批准。未经批准,任何单位和个人不得举办境外出版物展览。

依照前款规定展览的境外出版物需要销售的,应当按照国家有关规定办理相关手续。

第六章　保障与奖励

第四十八条　国家制定有关政策,保障、促进出版事业的发展与繁荣。

第四十九条　国家支持、鼓励下列优秀的、重点的出版物的出版:

(一)对阐述、传播宪法确定的基本原则有重大作用的;

(二)对在人民中进行爱国主义、集体主义、社会主义教育和弘扬社会公德、职业道德、家庭美德有重要意义的;

(三)对弘扬民族优秀文化和及时反映国内外新的科学文化成果有重大贡献的;

(四)具有重要思想价值、科学价值或者文化艺术价值的。

第五十条　国家对教科书的出版发行,予以保障。

国家扶持少数民族语言文字出版物和盲文出版物的出版发行。

国家对在少数民族地区、边疆地区、经济不发达地区和在农村发行出版物,实行优惠政策。

第五十一条　报纸、期刊交由邮政企业发行的,邮政企业应当保证按照合同约定及时、准确发行。

承运出版物的运输企业,应当对出版物的运输提供方便。

第五十二条 国家对为发展、繁荣出版事业作出重要贡献的单位和个人,给予奖励。

第五十三条 对非法干扰、阻止和破坏出版物出版、印刷或者复制、进口、发行的行为,县级以上各级人民政府出版行政部门及其他有关部门,应当及时采取措施,予以制止。

第七章 法律责任

第五十四条 出版行政部门或者其他有关部门的工作人员,利用职务上的便利收受他人财物或者其他好处,批准不符合法定设立条件的出版、印刷或者复制、进口、发行单位,或者不履行监督职责,或者发现违法行为不予查处,造成严重后果的,依照刑法关于受贿罪、滥用职权罪、玩忽职守罪或者其他罪的规定,依法追究刑事责任;尚不够刑事处罚的,给予降级或者撤职的行政处分。

第五十五条 未经批准,擅自设立出版物的出版、印刷或者复制、进口、发行单位,或者擅自从事出版物的出版、印刷或者复制、进口、发行业务,假冒出版单位名称或者伪造、假冒报纸、期刊名称出版出版物的,由出版行政部门、工商行政管理部门依照法定职权予以取缔;依照刑法关于非法经营罪的规定,依法追究刑事责任;尚不够刑事处罚的,没收出版物、违法所得和从事违法活动的专用工具、设备,违法经营额1万元以上的,并处违法经营额5倍以上10倍以下的罚款,违法经营额不足1万元的,并处1万元以上5万元以下的罚款;侵犯他人合法权益的,依法承担民事责任。

第五十六条 有下列行为之一,触犯刑律的,依照刑法有关规定,依法追究刑事责任;尚不够刑事处罚的,由出版行政部门责令限期停业整顿,没收出版物、违法所得,违法经营额1万元以上的,并处违法经营额5倍以上10倍以下的罚款;违法经营额不足1万元的,并处1万元以上5万元以下的罚款;情节严重的,由原发证机关吊销许可证:

(一)出版、进口含有本条例第二十六条、第二十七条禁止内容的出版物的;

(二)明知或者应知出版物含有本条例第二十六条、第二十七条禁止内容而印刷或者复制、发行的;

(三)明知或者应知他人出版含有本条例第二十六条、第二十七条禁止内容的出版物而向其出售或者以其他形式转让本出版单位的名称、书号、刊号、版号、版面,或者出租本单位的名称、刊号的。

第五十七条 有下列行为之一的,由出版行政部门责令停止违法行为,没收出版物、违法所得,违法经营额1万元以上的,并处违法经营额5倍以上10倍以下的罚款;违法经营额不足1万元的,并处1万元以上5万元以下的罚款;情节严重的,责令限期停业整顿或者由原发证机关吊销许可证:

(一)进口、印刷或者复制、发行国务院出版行政部门禁止进口的出版物的;

(二)印刷或者复制走私的境外出版物的;

(三)发行进口出版物未从本条例规定的出版物进口经营单位进货的。

第五十八条 走私出版物的,依照刑法关于走私罪的规定,依法追究刑事责任;尚不够刑事处罚的,由海关依照海关法的规定给予行政处罚。

第五十九条 有下列行为之一的,由出版行政部门没收出版物、违法所得,违法经营额1万元以上的,并处违法经营额5倍以上10倍以下的罚款;违法经营额不足1万元的,并处1万元以上5万元以下的罚款;情节严重的,责令限期停业整顿或者由原发证机关吊销许可证:

(一)印刷或者复制单位未取得印刷或者复制许可而印刷或者复制出版物的;

(二)印刷或者复制单位接受非出版单位和个人的委托印刷或者复制出版物的;

(三)印刷或者复制单位未履行法定手续印刷或者复制境外出版物的,印刷或者复制的境外出版物没有全部运输出境的;

(四)印刷或者复制单位、发行单位或者个人发行未署出版单位名称的出版物的;

(五)出版、印刷、发行单位出版、印刷、发行未经依法审定的中学小学教科书,或者非依照本条例规定确定的单位从事中学小学教科书的出版、印刷、发行业务的。

第六十条 出版单位出售或者以其他形式转让本出版单位的名称、书号、刊号、版号、版面,或者出租本单位的名称、刊号的,由出版行政部门责令停止违法行为,给予警告,没收违法经营的出版物、违法所得,违法经营额1万元以上的,并处违法经营额5倍以上10倍以下的罚款;违法经营额不足1万元的,并处1万元以上5万元

第六十一条 有下列行为之一的,由出版行政部门责令改正,给予警告;情节严重的,责令限期停业整顿或者由原发证机关吊销许可证:

(一)出版单位变更名称、主办单位或者其主管机关、业务范围,合并或者分立,出

版新的报纸、期刊,或者报纸、期刊改变名称、刊期,以及出版单位变更其他事项,未依照本条例的规定到出版行政部门办理审批、变更登记手续的;

(二)出版单位未将其年度出版计划和涉及国家安全、社会安定等方面的重大选题备案的;

(三)出版单位未依照本条例的规定送交出版物的样本的;

(四)印刷或者复制单位未依照本条例的规定留存备查的材料的;

(五)出版物进口经营单位未依照本条例的规定将其进口的出版物目录备案的。

第六十二条　未经批准,举办境外出版物展览的,由出版行政部门责令停止违法行为,没收出版物、违法所得;情节严重的,责令限期停业整顿或者由原发证机关吊销许可证。

第六十三条　印刷或者复制、批发、零售、出租、散发含有本条例第二十六条、第二十七条禁止内容的出版物或者其他非法出版物的,当事人对非法出版物的来源作出说明、指认,经查证属实的,没收出版物、违法所得,可以减轻或者免除其他行政处罚。

第六十四条　单位违反本条例,被处以吊销许可证行政处罚的,应当按照国家有关规定到工商行政管理部门办理变更登记或者注销登记;逾期未办理的,由工商行政管理部门吊销营业执照。

第六十五条　单位违反本条例被处以吊销许可证行政处罚的,其法定代表人或者主要负责人自许可证被吊销之日起10年内不得担任出版、印刷或者复制、进口、发行单位的法定代表人或者主要负责人。

第六十六条　依照本条例的规定实施罚款的行政处罚,应当依照有关法律、行政法规的规定,实行罚款决定与罚款收缴分离;收缴的罚款必须全部上缴国库。

第七章　附　则

第六十七条　行政法规对音像制品的出版、复制、进口、发行另有规定的,适用其规定。

接受境外机构或者个人赠送出版物的管理办法、订户订购境外出版物的管理办法、互联网出版管理办法和电子出版物出版的管理办法,由国务院出版行政部门根据本条例的原则另行制定。

第六十八条　本条例自2002年2月1日起施行。

1997年1月2日国务院发布的《出版管理条例》同时废止。

12. 广播电视播出机构工作人员违反宣传纪律处分处理暂行规定

（国家广播电影电视总局2002年5月21日发布）

第一条 为了确保广播电视宣传坚持党性原则，坚持正确的舆论导向，根据《国务院关于国家行政机关工作人员的奖惩暂行规定》《广播电视管理条例》《中共中央宣传部、国家广播电影电视总局关于建立违纪违规广播电视播出机构警告制度的意见》《中国新闻工作者职业道德准则》《关于禁止有偿新闻的若干规定》等有关规定，制定本规定。

第二条 本规定所称"广播电视播出机构"是指经国务院广播电影电视行政部门批准设立的全国广播电影电视系统的广播电台、电视台、广播电视台等播出广播电视节目的机构。

第三条 广播电视播出机构的工作人员在宣传工作中应当遵守宣传纪律，不得违反宣传工作管理规定，播出的语言、文字、声音、图像等，不得含有违反宪法、法律、法规、规章、党和国家政策等的错误内容。

第四条 在宣传工作中违反政治纪律，播出下列内容之一的，对负有直接责任的主管人员和其他直接责任人员，给予记大过或者降级处分；情节较重的，给予降职或者撤职处分；情节严重的，给予开除留用察看或者开除处分。

（一）反对宪法确定的基本原则的；

（二）反对四项基本原则的；

（三）反对中国共产党的基本理论、基本路线、基本纲领的；

（四）反对党和国家重大政策的；

（五）危害国家统一、主权和领土完整的；

（六）煽动仇视政府，扰乱社会秩序，破坏社会稳定的；

（七）煽动民族仇恨、民族歧视，破坏民族团结的；

（八）传播政治谣言、侮辱、毁谤或丑化党和国家及领导人形象的；

（九）其他违反政治纪律内容的。

第五条 宣扬邪教的，对负有直接责任的主管人员和其他直接责任人员，给予记大过或者降级处分；情节较重的，给予降职或者撤职处分；情节严重的，给予开除留用察看或者开除处分。

第六条 在宣传工作中，播出内容泄露国家秘密的，对负有直接责任的主管人员和其他直接责任人员，情节较轻的，给予记过、记大过或者降级处分；情节较重的，给予降职或者撤职处分；情节严重的，给予开除留用察看或者开除处分。

第七条 在宣传工作中危害国家安全或者损害国家荣誉和利益，有下列情形之一的，对负有直接责任的主管人员和其他直接责任人员，给予记过、记大过或者降级处分；情节较重的，给予降职或者撤职处分；情节严重的，给予开除留用察看或者开除处分。

（一）违反我国对外政策，播出不符合我国外交口径的言行，造成不良影响的；

（二）违反规定报道涉外案件，造成不良影响的；

（三）对外提供违反《广播电视管理条例》第三十二条规定的广播电视节目，被境外组织利用的；

（四）有其他危害国家安全或者损害国家荣誉和利益行为的。

第八条 违反民族、宗教政策，有下列情形之一的，对负有直接责任的主管人员和其他直接责任人员，给予记过、记大过或者降级处分；情节较重的，给予降职或者撤职处分；情节严重的，给予开除留用察看或者开除处分。

（一）因错误宣传报道诱发不安定事件的；

（二）违反规定报道境外民族分裂或宗教极端分子的恐怖活动，造成不良后果的；

（三）播出贬损少数民族祖先、文化、重要人物、风俗习惯或其他伤害少数民族同胞感情的内容，引起少数民族群众强烈不满的；

（四）播出贬损合法宗教信仰、宗教组织、宗教领袖、神职人员、宗教礼仪或宗教活动的内容，造成不良后果的；

（五）违反规定允许境外传媒在我国境内播放宗教节目的；

（六）播出其他违反民族、宗教政策内容，造成不良后果的。

第九条 在宣传工作中，有下列情形之一的，对负有直接责任的主管人员和其他直接责任人员，情节较轻的，给予警告或者记过处分；情节较重的，给予记大过、降级、降职或者撤职处分；情节严重的，给予开除留用察看或者开除处分。

（一）播出宣扬淫秽、赌博行为内容的；

（二）播出宣扬暴力或教唆犯罪内容的；

(三）播出宣扬伪科学或鼓吹封建迷信内容的；

(四）有其他妨害社会管理秩序行为的。

第十条 违反有关规定，有下列情形之一的，对负有直接责任的主管人员和其他直接责任人员，情节较轻的，给予警告或者记过处分；情节较重的，给予记大过、降级、降职或者撤职处分；情节严重的，给予开除留用察看或者开除处分：

（一）违反新闻真实性原则，制作播出虚假新闻，拒不更正或澄清事实的；

（二）对重要事件进行错误报道，造成不良影响的；

（三）超越司法程序，对案件进行定罪、定性式报道，造成不良影响的；

（四）违反规定报道群体性事件、案件，给社会稳定带来损害的；

（五）违反规定发表分析预测、炒作个股的消息、文章等，误导股市，造成不良后果的；

（六）违反规定片面报道会议讨论内容，触及敏感问题，造成不良后果的；

（七）违反规定播出汛情、疫情、震情及核事故等重大事故的；

（八）新闻报道中有其他违法违纪行为的。

第十一条 在宣传工作中侵犯他人人身权利或其他合法权利，有下列情形之一的，对负有直接责任的主管人员和其他直接责任人员，情节较轻的，给予警告或者记过处分；情节较重的，给予记大过、降级、降职或者撤职处分；情节严重的，给予开除留用察看或者开除处分。

（一）侮辱或者诽谤他人，侵害他人合法权益的；

（二）报道各类案件时，未征得办案人、被害人、检举人、知情人同意，公开他们的姓名、地址、工作单位、图像及其他相关资料的；

（三）播出未成年犯罪嫌疑人的姓名、地址、图像及其他相关资料的；

（四）播出披露未成年人隐私的；

（五）播出内容泄露商业秘密或个人隐私、个人档案内容，造成不良后果的；

（六）播出其他侵犯他人人身权利、合法权利内容的。

第十二条 在宣传工作中违反规定或者严重不负责任，有下列情形之一的，对负有直接责任的主管人员和其他直接责任人员，情节较轻的，给予警告或者记过处分；情节较重的，给予记大过、降级或者降职处分；情节严重的，给予撤职、开除留用察看或者开除处分。

（一）违反审稿（片）制度规定，擅自播发稿件、节目的；

（二）预告的重要节目或指定的节目无正当理由不按要求播出，或受众关注的节目未按计划播出，引起受众强烈不满或其他严重后果的；

（三）未经审查批准播放广播电视节目，造成不良影响的；

（四）广告充当新闻播出的；

（四）在直播节目中，未按规定采用必要设备，所播内容造成不良影响的；

（五）涉及法律、医药及科技等专门知识不按有关规定处理，播出错误内容，造成不良后果的；

（六）有其他违反宣传工作规定行为或失职行为的。

第十三条　违反宣传工作管理规定，有下列情形之一的，对负有直接责任的主管人员和其他直接责任人员，情节较轻的，给予警告或者记过处分；情节较重的，给予记大过、降级或者降职处分；情节严重的，给予撤职、开除留用察看或者开除处分。

（一）在采访工作中，违背党和国家政策或者损害国家尊严、利益，造成不良后果的；

（二）有违反《关于禁止有偿新闻的若干规定》行为的；

（三）未经批准，擅自以编辑记者身份采访，造成不良后果的；

（四）有其他违反宣传工作管理规定行为的。

第十四条　广播电视播出机构发生上述违反宣传纪律的行为，造成严重不良影响或严重后果的，对负有主要领导责任、重要领导责任的主要负责人实行责任追究，在其他直接责任人员所受处分档次以下，酌情给予处分、处理。

第十五条　违反宣传纪律，造成较严重不良影响或较严重后果的，给予纪律处分后，调离宣传岗位或解除聘用合同。因故意违反宣传纪律被开除或辞退的，广播电影电视系统各单位不得重新录用、聘用其为广播电影电视工作人员；因过失违反宣传纪律被开除或辞退的，广播电影电视系统各单位三年内不得重新录用、聘用其为广播电影电视工作人员。

第十六条　广播电视播出机构中的共产党员违反宣传纪律的，还应根据《广播电视播出机构中的共产党员违反宣传纪律党纪处分暂行规定》给予党纪处分。广播电影电视系统的报刊、出版社、信息网站、发射台、转播台、监测台（站）等，参照执行本规定。

第十七条　广播电视播出机构工作人员违反宣传纪律行为触犯刑律的，移送司法机关处理。

第十八条　给予有关责任者处分,按照干部人事管理权限进行;处分后的工资处理按国家人事部的有关文件执行。

第十九条　本规定由国家广播电影电视总局监察局负责解释。

第二十条　本规定自下发之日起施行。

13. 互联网出版管理暂行规定

（中国新闻出版总署中国信息产业部2002年6月27日第17号令公布）

第一章　总　则

第一条　为了加强对互联网出版活动的管理,保障互联网出版机构的合法权益,促进我国互联网出版事业健康、有序地发展,根据《出版管理条例》和《互联网信息服务管理办法》,制定本规定。

第二条　从事互联网出版活动应当遵守宪法和有关法律、法规,坚持为人民服务、为社会主义服务的方向,传播和积累一切有益于提高民族素质、推动经济发展、促进社会进步的思想道德、科学技术和文化知识,丰富人民的精神生活。

第三条　在中华人民共和国境内从事互联网出版活动,适用本规定。

第四条　新闻出版总署负责监督管理全国互联网出版工作,其主要职责是:

（一）制定全国互联网出版规划,并组织实施;

（二）制定互联网出版管理的方针、政策和规章;

（三）制定全国互联网出版机构总量、结构和布局的规划,并组织实施;

（四）对互联网出版机构实行前置审批;

（五）依据有关法律、法规和规章,对互联网出版内容实施监管,对违反国家出版法规的行为实施处罚。

省、自治区、直辖市新闻出版行政部门负责本行政区域内互联网出版的日常管理工作,对本行政区域内申请从事互联网出版业务者进行审核,对本行政区域内违反国家出版法规的行为实施处罚。

第五条　本规定所称互联网出版,是指互联网信息服务提供者将自己创作或他人创作的作品经过选择和编辑加工,登载在互联网上或者通过互联网发送到用户端,供公众浏览、阅读、使用或者下载的在线传播行为。其作品主要包括：

（一）已正式出版的图书、报纸、期刊、音像制品、电子出版物等出版物内容或者在其他媒体上公开发表的作品；

（二）经过编辑加工的文学、艺术和自然科学、社会科学、工程技术等方面的作品。

本规定所称互联网出版机构,是指经新闻出版行政部门和电信管理机构批准,从事互联网出版业务的互联网信息服务提供者。

第二章 行政审批与监督管理

第六条 从事互联网出版活动,必须经过批准。未经批准,任何单位或个人不得开展互联网出版活动。

互联网出版机构依法从事互联网出版活动,任何组织和个人不得干扰、阻止和破坏。

第七条 从事互联网出版业务,除符合《互联网信息服务管理办法》规定的条件以外,还应当具备以下条件：

（一）有确定的出版范围；

（二）有符合法律、法规规定的章程；

（三）有必要的编辑出版机构和专业人员；

（四）有适应出版业务需要的资金、设备和场所。

第八条 申请从事互联网出版业务,应当由主办者向所在地省、自治区、直辖市新闻出版行政部门提出申请,经省、自治区、直辖市新闻出版行政部门审核同意后,报新闻出版总署审批。

第九条 申请从事互联网出版业务,应提交以下材料：

（一）新闻出版总署统一制发的《互联网出版业务申请表》；

（二）机构章程；

（三）资金来源、数额及其信用证明；

（四）主要负责人或者法定代表人及主要编辑、技术人员的专业职称证明和身份证明；

（五）工作场所使用证明。

第十条　新闻出版行政部门应当自受理申请之日起 60 日内,做出批准或者不批准的决定,并由所在地省、自治区、直辖市新闻出版行政部门书面通知主办者;不批准的,应当说明理由。

第十一条　互联网出版业务经批准后,主办者应当持新闻出版行政部门的批准文件到省、自治区、直辖市电信管理机构办理相关手续。

第三章　互联网出版机构的权利和义务

第十二条　互联网出版机构,应当在其网站主页上标明新闻出版行政部门批准文号。

第十三条　互联网出版机构改变名称、主办者,合并或者分立,应当依据本规定第八条、第九条的规定办理变更手续,并应持新闻出版行政部门的批准文件到省、自治区、直辖市电信管理机构办理相应的手续。

第十四条　互联网出版机构终止互联网出版业务,主办者应当自终止互联网出版业务之日起 30 日内到所在地省、自治区、直辖市新闻出版行政部门办理注销手续,并报新闻出版总署备案。同时,到相关省、自治区、直辖市电信管理机构办理互联网信息服务业务经营许可证的变更或注销手续。

第十五条　互联网出版机构自登记之日起满 180 日未开展互联网出版活动的,由原登记的新闻出版行政部门注销登记,并向新闻出版总署备案。同时,向相关省、自治区、直辖市电信管理机构通报。

第十六条　互联网出版机构出版涉及国家安全、社会安定等方面的重大选题,应当依照重大选题备案的规定,报新闻出版总署备案。未经备案的重大选题,不得出版。

第十七条　互联网出版不得载有以下内容:

(一)反对宪法确定的基本原则的;

(二)危害国家统一、主权和领土完整的;

(三)泄露国家秘密、危害国家安全或者损害国家荣誉和利益的;

(四)煽动民族仇恨、民族歧视,破坏民族团结,或者侵害民族风俗、习惯的;

(五)宣扬邪教、迷信的;

(六)散布谣言,扰乱社会秩序,破坏社会稳定的;

(七)宣扬淫秽、赌博、暴力或者教唆犯罪的;

（八）侮辱或者诽谤他人,侵害他人合法权益的;

（九）危害社会公德或者民族优秀文化传统的;

（十）有法律、行政法规和国家规定禁止的其他内容的。

第十八条　以未成年人为对象的互联网出版内容不得含有诱发未成年人模仿违反社会公德的行为和违法犯罪的行为的内容,以及恐怖、残酷等妨害未成年人身心健康的内容。

第十九条　互联网出版的内容不真实或不公正,致使公民、法人或者其他组织合法利益受到侵害的,互联网出版机构应当公开更正,消除影响,并依法承担民事责任。

第二十条　互联网出版机构发现所登载或者发送的作品含有本规定第十七条、第十八条所列内容之一的,应当立即停止登载或者发送,保存有关记录,并向所在地省、自治区、直辖市新闻出版行政部门报告并同时抄报新闻出版总署。

第二十一条　互联网出版机构应当实行编辑责任制度,必须有专门的编辑人员对出版内容进行审查,保障互联网出版内容的合法性。互联网出版机构的编辑人员应当接受上岗前的培训。

第二十二条　互联网出版机构应当记录备份所登载或者发送的作品内容及其时间、互联网地址或者域名,记录备份应当保存60日,并在国家有关部门依法查询时,予以提供。

第二十三条　从事互联网出版活动,应当遵守国家有关著作权的法律、法规,应当标明与所登载或者发送作品相关的著作权记录。

第四章　罚　则

第二十四条　未经批准,擅自从事互联网出版活动的,由省、自治区、直辖市新闻出版行政部门或者新闻出版总署予以取缔,没收从事非法出版活动的主要设备、专用工具及违法所得,违法经营额1万元以上的,并处违法经营额5倍以上10倍以下罚款;违法经营额不足1万元的,并处1万元以上5万元以下罚款。

第二十五条　违反本规定第十二条的,由省、自治区、直辖市新闻出版行政部门或者新闻出版总署予以警告,并处5 000元以上5万元以下罚款。

第二十六条　违反本规定第十六条的,责令停止登载或者发送未经备案的重大选题作品,由省、自治区、直辖市新闻出版行政部门或者新闻出版总署予以警告,并处1万元以上5万元以下罚款;情节严重的,责令限期停业整顿或者撤销批准。

第二十七条 互联网出版机构登载或者发送本规定第十七条、第十八条禁止内容的,由省、自治区、直辖市新闻出版行政部门或者新闻出版总署没收违法所得,违法经营额1万元以上的,并处违法经营额5倍以上10倍以下罚款;违法经营额不足1万元的,并处1万元以上5万元以下罚款;情节严重的,责令限期停业整顿或者撤销批准。

第二十八条 违反本规定第二十二条的,由省、自治区、直辖市电信管理机构责令改正;情节严重的,责令停业整顿或者暂时关闭网站。

第五章 附 则

第二十九条 本规定施行前按照国家有关规定已经从事互联网出版活动的,应当自本规定施行之日起60日内依据本规定第八条、第九条的规定办理审批手续。

第三十条 本规定自2002年8月1日起施行。

14. 出版物市场管理规定(2003)

(新闻出版总署2003年7月24日第20号令公布)

第一章 总 则

第一条 为规范出版物发行活动及其监督管理,建立全国统一、开放、竞争、有序的出版物市场体系,发展社会主义出版产业,根据《出版管理条例》和有关法律、行政法规,制定本规定。

第二条 本规定适用于出版物发行活动及其监督管理。

本规定所称出版物,是指报纸、期刊、图书、电子出版物等。

本规定所称发行,包括总发行、批发、零售以及出租、展销等活动。

本规定所称总发行,是指出版物总发行单位统一包销出版物。

本规定所称批发,是指向其他出版物经营者销售出版物。

本规定所称零售,是指直接向消费者销售出版物。

本规定所称出租,是指以收取租金的形式向读者提供出版物。

本规定所称展销,是指在固定场所或者以固定方式于一定时间内集中展览、销售、订购出版物。

第三条　国家实行出版物发行许可制度，未经许可，任何单位和个人不得从事出版物发行活动。

依法设立的出版物发行单位和经批准从事出版物发行业务的个人可以依法从事出版物发行活动，非依法律规定，任何单位和个人不得干涉。

第四条　新闻出版总署负责全国出版物发行活动的监督管理工作，负责制定全国出版物发行业发展规划。

省、自治区、直辖市新闻出版行政部门负责本行政区域内出版物发行活动的监督管理，制定本省、自治区、直辖市出版物发行业发展规划。

省级以下各级人民政府新闻出版行政部门负责本行政区域内出版物发行活动的监督管理。

第五条　新闻出版总署和省、自治区、直辖市新闻出版行政部门制定出版物发行网点设置规划须经科学论证，遵循合法公正、符合实际、促进发展的原则。

省、自治区、直辖市新闻出版行政部门制定的出版物发行网点设置规划须经新闻出版总署审核同意，报本级人民政府批准，并在本行政区域内公布，否则不得作为出版物发行单位的审批依据。

第二章　出版物发行单位设立

第六条　设立出版物总发行企业或者其他单位从事出版物总发行业务，应当具备下列条件：

（一）有确定的企业名称和经营范围；

（二）以出版物发行为主营业务；

（三）有与出版物总发行业务相适应的发行专业人员，法定代表人或者主要负责人应当具有高级以上出版物发行员职业资格，发行人员应当具有初级以上出版物发行员职业资格；

（四）有与出版物总发行业务相适应的设备和固定的经营场所，经营场所的营业面积不少于1 000平方米；

（五）注册资本不少于2 000万元；

（六）具备相应的计算机管理条件和健全的管理制度。

第七条　申请设立出版物总发行企业或者其他单位申请从事出版物总发行业务，须向新闻出版总署提交本条第二款规定的申请材料，新闻出版总署应当自收到申请材料之日起 60 个工作日内做出批准或者不予批准的决定，并书面告知申请人。批准的，由新闻出版总署颁发《出版物经营许可证》，申请人持《出版物经营许可证》到工商行政管理部门依法领取营业执照；不予批准的，应当说明理由。

申请材料包括下列书面材料：

（一）申请书，载明单位的名称、地址、法定代表人或者主要负责人姓名、住址、资本来源、资本数额等；

（二）组织机构和章程；

（三）注册资本信用证明；

（四）经营场所的情况及使用权证明；

（五）法定代表人或者主要负责人的身份证明；

（六）法定代表人或者主要负责人及发行专业人员的职业资格证书；

（七）相应计算机管理条件的证明材料。

第八条　设立出版物批发企业或者其他单位从事出版物批发业务，应当具备下列条件：

（一）有确定的企业名称和经营范围；

（二）有与出版物批发业务相适应的发行专业人员，法定代表人或者主要负责人应当具有中级以上出版物发行员职业资格，发行人员应当具有初级以上出版物发行员职业资格；

（三）有与出版物批发业务相适应的设备和固定的经营场所，其中进入批发市场的单店营业面积不少于 50 平方米，独立设置经营场所的营业面积不少于 500 平方米；

（四）注册资本不少于 200 万元；

（五）具备相应的计算机管理条件。

第九条　申请设立出版物批发企业或者其他单位申请从事出版物批发业务，须向所在地地市级新闻出版行政部门提交本条第三款规定的申请材料，地市级新闻出版行政部门自收到申请材料之日起 15 个工作日内提出审核意见，连同申请材料报省、自治区、直辖市新闻出版行政部门审批。

省、自治区、直辖市新闻出版行政部门自收到申请材料之日起30个工作日内做出批准或者不予批准的决定，并书面告知申请人。批准的，由省、自治区、直辖市新闻出版行政部门颁发《出版物经营许可证》，并报新闻出版总署备案，申请人持《出版物经营许可证》到工商行政管理部门依法领取营业执照。不予批准的，应当说明理由。

申请材料包括下列书面材料：

（一）申请书，载明单位的名称、地址、法定代表人或者主要负责人的姓名、住址、资本来源、资本数额等；

（二）企业章程；

（三）注册资本信用证明；

（四）经营场所的情况及使用权证明；

（五）法定代表人或者主要负责人身份证明；

（六）法定代表人或者主要负责人及发行专业人员的职业资格证书；

（七）相应计算机管理条件的证明材料。

第十条　设立出版物零售、出租企业或者其他单位、个人从事出版物零售、出租业务，应当具备下列条件：

（一）有确定的名称和经营范围；

（二）经营者应当具有初级以上出版物发行员职业资格；

（三）有与其业务相适应的固定的经营场所。

第十一条　申请设立出版物零售、出租企业或者其他单位、个人申请从事出版物零售、出租业务，须向当地县级人民政府新闻出版行政部门提交本条第二款规定的申请材料，新闻出版行政部门应当自收到申请材料之日起30个工作日内做出批准或者不予批准的决定，并书面告知申请人。批准的，颁发《出版物经营许可证》，并报上一级新闻出版行政部门备案。申请人持《出版物经营许可证》到工商行政管理部门依法领取营业执照。不予批准的，应当说明理由。

申请材料包括下列书面材料：

（一）申请书，载明单位名称、地址、法定代表人或者主要负责人的姓名、住址等；

（二）经营场所的情况及使用权证明；

（三）经营者的身份证明和职业资格证书。

第十二条　设立出版物连锁经营企业或者其他连锁经营企业从事出版物连锁经营

业务,应当具备下列条件:

(一)有确定的企业名称和章程;

(二)符合连锁经营的组织形式和经营方式;

(三)注册资本不少于300万元,从事全国性连锁经营的,注册资本不少于1 000万元;

(四)有10个以上的直营连锁门店;

(五)有与连锁经营业务相适应的发行专业人员,法定代表人或者主要负责人应当具有中级以上出版物发行员职业资格,发行人员应当具有初级以上出版物发行员职业资格;

(六)总部及其门店有与其业务相适应的经营场所,其中样本店的经营面积不低于500平方米;

(七)具备相应的计算机管理条件和健全的管理制度。

第十三条　申请设立出版物连锁经营企业或者其他连锁经营企业申请从事出版物连锁经营业务,须向总部所在地地市级新闻出版行政部门提交本条第三款规定的申请材料,地市级新闻出版行政部门自收到申请材料之日起15个工作日内提出审核意见,连同申请材料报省、自治区、直辖市新闻出版行政部门审批;申请设立全国性出版物连锁经营企业或者其他连锁经营企业申请从事全国性出版物连锁经营业务,须向总部所在地省、自治区、直辖市新闻出版行政部门提交本条第三款规定的申请材料,省、自治区、直辖市新闻出版行政部门自收到申请材料之日起15个工作日内提出审核意见,连同申请材料报新闻出版总署审批。

审批机关应当自收到申请材料之日起60个工作日内做出批准或者不予批准的决定,并书面告知申请人。批准的,由省、自治区、直辖市新闻出版行政部门颁发《出版物经营许可证》,并报新闻出版总署备案;批准从事全国性连锁经营的,由新闻出版总署颁发《出版物经营许可证》。申请人持《出版物经营许可证》到工商行政管理部门依法领取营业执照。不予批准的,应当说明理由。

申请材料包括下列书面材料:

(一)申请书,载明单位的名称、地址、法定代表人或者主要负责人的姓名、住址、资本来源、资本数额;

(二)组织机构和章程;

（三）注册资本信用证明；

（四）开店计划；

（五）总部和连锁门店经营场所名单及使用权证明；

（六）法定代表人或者主要负责人的身份证明；

（七）法定代表人或者主要负责人及发行专业人员的职业资格证书；

（八）相应计算机管理条件的证明材料。

第十四条　直营连锁门店不需单独办理《出版物经营许可证》，可以凭出版物连锁经营单位总部的《出版物经营许可证》复印件报门店所在地县级人民政府新闻出版行政部门备案后，到工商行政管理部门依法领取营业执照。

出版物连锁经营单位开设非直营连锁门店，连锁门店须按照本规定第十条、第十一条的有关规定办理审批手续，已具有《出版物经营许可证》的除外。

第十五条　设立从事图书、报纸、期刊分销业务的中外合资经营企业、中外合作经营企业和外资企业，按照新闻出版总署和对外经济贸易合作部制定的《外商投资图书、报纸、期刊分销企业管理办法》办理。

第十六条　申请设立通过互联网等信息网络从事出版物发行业务的企业或者其他单位申请通过互联网等信息网络从事出版物发行业务，按照本规定第八条、第九条的规定办理。

出版物总发行企业、批发企业可以通过互联网等信息网络从事出版物发行业务，无需审批。

第十七条　申请设立在本省、自治区、直辖市内发展会员的书友会、读书俱乐部或者其他类似组织，出版单位申请设立发行本版出版物的书友会、读书俱乐部或者其他类似组织，按照本规定第十条、第十一条的规定办理。

申请设立跨省、自治区、直辖市发展会员的书友会、读书俱乐部或者其他类似组织，按照本规定第八条、第九条的规定办理。

出版物总发行企业、批发企业可以设立书友会、读书俱乐部或者其他类似组织，出版物零售单位可以设立在本省、自治区、直辖市内发展会员的书友会、读书俱乐部或者其他类似组织，无需审批。

第十八条　设立出版物批发市场，应当具备下列条件：

（一）有充足的供批发单位集中经营的固定场所，营业面积不少于5 000平方米；

（二）进入批发市场的经营单位必须是具有出版物批发权的出版物发行企业；

（三）有健全的市场管理机构和规章制度；

（四）具备基本的办公、仓储、交通、通讯设施，能为经营单位提供必要的服务；

（五）市场管理机构及经营单位能够全部实行计算机统一管理；

（六）法规、规章规定的其他条件。

第十九条　申请设立出版物批发市场，应当向所在地省、自治区、直辖市新闻出版行政部门提交本条第二款规定的申请材料，省、自治区、直辖市新闻出版行政部门应当自收到申请材料之日起 30 个工作日内，根据新闻出版总署规定的限额做出批准或者不予批准的决定，并书面告知申请人。批准的，报新闻出版总署备案；不予批准的，应当说明理由。

申请材料包括下列书面材料：

（一）申请书，申请书应当载明市场的名称、地址、市场主办单位的名称、地址、市场主要负责人的姓名、住址等；

（二）市场主要负责人的有效身份证明；

（三）市场的管理机构、组织章程和管理制度；

（四）市场经营场所的情况和使用权证明；

（五）市场的平面设计图和透视图；

（六）能够全部实行计算机统一管理的证明材料。

批发市场超出新闻出版总署规定限额的，由省、自治区、直辖市新闻出版行政部门审核同意后，报新闻出版总署批准。

第二十条　出版单位的发行部门改制的发行企业可以从事本版出版物的总发行，但须按照本规定第六条、第七条的规定办理手续。

出版单位设立出版物发行企业，批发、零售其他出版单位出版的出版物，须按照本规定第八条、第九条或者第十条、第十一条的规定办理手续。

出版单位设立发行本版出版物的不具备法人资格的发行分支机构，须报发行分支机构所在地省级新闻出版行政部门批准。

第二十一条　出版物发行单位变更名称、业务范围，兼并其他出版物发行单位，因合并、分立而设立新的出版物发行单位，超过批准部门行政区域变更地址，须依照本规定办理批准手续。

出版物发行单位变更其他登记事项,到原登记的工商行政管理部门办理相应手续后,向批准的新闻出版行政部门备案。

出版物发行单位因歇业、被撤销、破产或者因其他原因终止经营的,须向批准的新闻出版行政部门办理注销登记,缴回许可证。

第二十二条 设立出版物总发行、批发、零售企业或者其他单位、个人从事出版物总发行、批发、零售业务,除具备本规定第六条、第八条、第十条规定的条件外,还须符合新闻出版总署和省、自治区、直辖市新闻出版行政部门制定的出版物发行网点设置规划。

第二十三条 新闻出版行政部门对申请人的申请材料应当及时审查,发现申请材料不完备的,应当在收到申请材料之日起3个工作日内明确告知申请人需要补正的内容。

第三章 出版物发行活动管理

第二十四条 任何组织和个人不得发行下列出版物:

(一)含有《出版管理条例》第二十六条、第二十七条禁止内容的违禁出版物;

(二)各种非法出版物,包括:未经批准擅自出版、印刷或者复制的出版物,伪造、假冒出版单位或者报刊名称出版的出版物,非法进口的出版物,买卖书号、刊号、版号出版的出版物等;

(三)侵犯他人著作权或者专有出版权的出版物;

(四)新闻出版行政部门明令禁止出版、印刷或者复制、发行的出版物。

第二十五条 内部资料性出版物须在本系统、本行业或者本单位内部免费分发,任何组织和个人不得发行。

第二十六条 从事出版物发行业务的单位和个人,必须遵守下列规定:

(一)不得从非出版物出版、发行单位进货;

(二)不得以任何形式参与买卖书号、刊号、版号;

(三)不得超出新闻出版行政部门核准的经营范围、经营地点经营;

(四)不得张贴和散发有法律、法规禁止内容的或者有欺诈性文字的征订单、广告和宣传画;

(五)不得搭配销售出版物和强行推销出版物;

（六）不得擅自更改出版物版权页；

（七）《出版物经营许可证》应在经营场所明显处张挂，不得涂改、复制，不得以任何形式出卖、出借、出租、转让。

第二十七条　出版单位对本版出版物具有总发行权。

出版单位委托出版物总发行单位发行出版物，应使用统一的《出版物发行委托书》；不得向无出版物总发行权的单位转让或者变相转让出版物总发行权，不得委托无出版物批发权的单位批发出版物或者代理出版物批发业务，不得委托非出版物发行单位发行出版物。

第二十八条　进入出版物批发市场的经营单位在出版物销售前，须将出版物样本报送批发市场管理机构审验，报送审验的出版物样本必须与所销售的出版物一致。

第二十九条　省、自治区、直辖市新闻出版行政部门和全国性出版、发行行业协会，可以申请主办全国性的出版物订货、展销活动。

出版单位、总发行单位、省级出版、发行行业协会，可以申请主办跨省专业性或者本省、自治区、直辖市出版单位出版的地方性出版物订货、展销活动，可以接受委托承办全国出版物订货、展销活动。

第三十条　举办全国性出版物订货、展销活动，主办单位须至少提前6个月报新闻出版总署审批，新闻出版总署应当在收到申请之日起2个月内做出决定，并通知主办单位。

举办跨省专业性出版物订货、展销活动，主办单位须至少提前3个月报当地省级新闻出版行政部门审核同意后，报新闻出版总署审批，新闻出版总署应当在收到申请之日起1个月内做出决定，并通知主办单位。

举办本省、自治区、直辖市出版单位出版的地方性出版物订货、展销活动，主办单位须至少提前2个月报当地省级新闻出版行政部门审批，该新闻出版行政部门应当在收到申请之日起半个月内做出决定，并通知主办单位，同时报新闻出版总署备案。

第三十一条　由省级以上新闻出版行政部门、教育行政部门会同价格主管部门以招标或者其他公开、公正的方式确定的出版物发行企业可以从事中小学教科书的发行，其他任何单位或者个人不得从事中小学教科书的发行业务。

第三十二条　内部发行的出版物不得公开宣传、陈列、展示和销售。

第三十三条　发行进口出版物的，必须从依法设立的出版物进口经营单位进货；其中发行进口报纸、期刊的,必须从新闻出版总署指定的出版物进口经营单位进货。

第三十四条 从事出版物发行业务的单位或者个人须将出版物发行进销货清单等有关非财务票据保存两年以上,以备查验。

从事出版物发行业务的单位或者个人须将出版物仓储地址、面积、管理人员的情况报批准的新闻出版行政部门备案;仓储地址、面积、管理人员情况如有变更,须在变更之日起15天内向批准的新闻出版行政部门备案。

第三十五条 非出版物出版、印刷、复制和发行单位从事出版物储存、运输活动,非出版物出版、发行单位从事出版物投递活动,须经县级以上新闻出版行政部门批准,并按照省级以上新闻出版行政部门的规定从事出版物的储存、运输、投递活动。

第三十六条 任何组织和个人不得从事本规定第二十四条所列出版物的征订、储存、运输、邮寄、投递、散发、附送等活动。

第三十七条 从事出版物发行业务的单位和个人必须按照《中华人民共和国统计法》、新闻出版总署《新闻出版统计管理办法》和国家规定的有关统计制度如实报送统计资料,不得以任何借口拒报、迟报、虚报、瞒报以及伪造和篡改统计资料。

第三十八条 从事出版物发行业务的单位和个人须按照新闻出版总署和省、自治区、直辖市新闻出版行政部门的规定,向指定的数据库管理单位提供有关数据。

第三十九条 从事出版物发行业务的单位和个人应当按照新闻出版总署的规定履行审核登记手续。

第四章 罚 则

第四十条 未经批准,擅自设立出版物发行单位,或者擅自从事出版物发行业务的,依照《出版管理条例》第五十五条处罚。

第四十一条 违反本规定发行违禁出版物的,依照《出版管理条例》第五十六条处罚。

第四十二条 违反本规定发行侵犯他人著作权或者专有出版权的出版物的,依照《中华人民共和国著作权法》和《中华人民共和国著作权法实施条例》的规定处罚。

第四十三条 违反本规定发行非法出版物和新闻出版行政部门明令禁止出版、印刷或者复制、发行的出版物的,由新闻出版行政部门责令停止违法行为,没收违法经营额5倍以上10倍以下的罚款;违法经营额不足1万元的,并处1万元以上5万元以下的罚款;情节严重的,责令限期停业整顿或者由原发证部门吊销许可证。

第四十四条　违反本规定第二十四条的,在按照本规定第四十一条,第四十二条、第四十三条给予行政处罚的同时,须吊销法定代表人或者主要负责人和直接责任人的出版物发行员职业资格证书。

第四十五条　未经法定方式确定而发行中小学教科书的,依照《出版管理条例》第五十九条的规定处罚。

违反规定发行进口出版物的,依照《出版管理条例》第五十七条的规定处罚。

第四十六条　有下列行为之一的,由新闻出版行政部门责令停止违法行为,予以警告,没收违法所得和违法发行的出版物,并处3千元以上3万元以下罚款:

(一)发行内部资料性出版物的;

(二)向无总发行权的单位转让或变相转让出版物总发行权的;

(三)从非出版物出版、发行单位进货的;

(四)出版单位违反本规定第二十七条第二款的;

(五)超出新闻出版行政部门核准的经营范围、经营地点经营的;

(六)参与买卖书号、刊号、版号的;

(七)出卖、出借、出租转让《出版物经营许可证》的;

(八)不按规定履行审核登记手续的;

(九)擅自变更登记事项的。

第四十七条　有下列行为之一的,由新闻出版行政部门责令停止违法行为,予以警告,没收违法所得和违法发行的出版物,并处2千元以上2万元以下罚款:

(一)张贴和散发有法律、法规禁止内容的或有欺诈性文字的征订单、广告和宣传画的;

(二)搭配销售出版物和强行推销出版物的;

(三)擅自更改出版物版权页的;

(四)《出版物经营许可证》没有在经营场所明显处张挂或者擅自涂改、复制许可证的;

(五)违反本规定第二十八条、第三十四条、第三十八条的;

(六)公开宣传、陈列、销售规定应由内部发行的出版物的。

第四十八条　未经批准擅自设立出版物批发市场,按照擅自设立出版物发行单位处罚。未经批准擅自主办出版物订货、展销活动,按照擅自从事出版物发行业务处罚。

第四十九条　违反本规定第三十五条从事出版物储存、运输、投递活动的,由新闻出版行政部门责令停止违法行为,没收违法所得,并处 2 千元以上 2 万元以下罚款。

第五十条　从事征订、储存、运输、投递、散发、附送本规定第二十四条所列出版物的,分别按照本规定第四十一条、第四十二条或者第四十三条处理。

第五十一条　违反本规定第三十七条的,按照新闻出版总署《新闻出版统计管理办法》处理。

第五章　附　　则

第五十二条　本规定第十二条、第十三条所称全国性连锁经营,是指跨省、自治区、直辖市连锁经营。

第五十三条　《出版物经营许可证》的样式由新闻出版总署规定,由新闻出版总署或者省、自治区、直辖市新闻出版行政部门统一印制。

第五十四条　本规定自 2003 年 9 月 1 日起施行。

新闻出版署于 1999 年 11 月 22 日发布施行的《出版物市场管理暂行规定》同时废止,本规定施行前与本规定不一致的其他规定不再执行。

15. 广播电视广告播放管理暂行办法

（国家广播电影电视总局 2003 年 9 月 15 日第 17 号令公布）

第一条　为保证广播电视广告的正确导向,规范广播电视广告播放行为,加强广播电视广告管理,根据《中华人民共和国广告法》、《广播电视管理条例》等有关法律、法规,制定本办法。

第二条　广播电台、电视台（含广播电视台）从事广告播放等活动,适用本办法。

第三条　国家广播电影电视总局负责对全国广播电视广告播放活动的管理。县级以上地方广播电视行政部门负责对本辖区内的广播电视广告播放活动的管理。

第四条　广播电视广告应当真实合法,不得含有虚假内容,不得误导消费者。

第五条　广播电视广告应当符合社会主义精神文明建设的要求,应当遵守社会公德和职业道德,有利于人民群众的身心健康。

第六条　广播电视广告应当维护国家尊严和利益,尊重祖国传统文化,不得含有危害国家统一、主权和领土完整的内容。商业广告中不得出现国旗、国徽、国歌及国家领导人的形象和声音。不得利用或篡改领袖人物名言作为商业广告用语。

第七条　广播电视广告应当维护民族团结,遵守国家民族、宗教政策,不得含有宣扬民族分裂、亵渎民族风俗习惯的内容。

第八条　广播电视广告应当维护社会公共秩序,树立社会主义道德风尚,不得含有乱扔废弃物、践踏绿地、毁坏花草树木等破坏环境,以及不利于自然生态、珍稀野生动物保护等内容。

第九条　广播电视广告应当有利于青少年儿童的身心健康,不得含有可能引发青少年儿童不文明举止、不良行为或不利于父母、长辈对青少年儿童进行正确教育的内容。

第十条　广播电视广告应当尊重妇女、残疾人,不得歧视、侮辱妇女、残疾人,不得出现不文明的人物形象。

第十一条　广播电视广告应当健康文明,不得播放含有色情或性暗示等内容的广告,不得播放治疗性病的广告。广播电视广告不得播放含有宣扬赌博、暴力或者教唆犯罪内容的广告。

第十二条　广播电视广告应当尊重科学,不得含有宣扬迷信、邪教、伪科学的内容。

第十三条　广播电视广告应当使用规范的语言文字,不得故意使用错别字或用谐音乱改成语。除注册商标及企业名称外,不得使用繁体字。

第十四条　禁止广播电台、电视台播放烟草制品广告及麻醉药品、精神药品、毒性药品、放射性药品等特殊药品广告。

第十五条　广播电视广告应当与其他广播电视节目有明显区分,不得以新闻报道形式播放或变相播放广告。时政新闻节目及时政新闻类栏目不得以企业或产品名称冠名。有关人物专访、企业专题报道等节目中不得含有地址、电话、联系办法等广告宣传内容。

第十六条　广播电台、电视台每套节目中每天播放公益广告的数量不得少于广告总播出量的3%。

第十七条　广播电台、电视台每套节目每天播放广播电视广告的比例,不得超过该套节目每天播出总量的20%。其中,广播电台在11:00至13:00之间、电视台在19:00

至21:00之间,其每套节目中每小时的广告播出总量不得超过节目播出总量的15%,即9分钟。

第十八条 播放广播电视广告应当保持广播电视节目的完整性,除在节目自然段的间歇外,不得随意插播广告。除19:00至21:00以外,电视台播放一集影视剧(一般为45分钟左右)中,可以插播一次广告,插播时间不得超过2.5分钟。

第十九条 播放广播电视广告应当尊重大众生活习惯,不得在6:30至7:30、11:30至12:00以及18:30至20:00之间人们用餐时播放容易引起受众反感的广告,如治疗痔疮、脚气等类药品及卫生巾等卫生用品的广告。

第二十条 广播电台、电视台应当严格按照国家有关规定控制酒类广告的播出。每套电视节目每日播放的酒类广告不超过12条,其中19:00至21:00间不超过2条;每套广播节目每小时播放的酒类广告,不得超过2条。

第二十一条 发射台、转播台(包括差转台、收转台)、有线广播电视传输网络机构在转播和传输广播电视节目时,应当保证被转播和传输节目的完整性。不得以任何形式插播自行组织的广告,不得任意切换原广告或以游动字幕、叠加字幕等形式干扰节目的完整性。

第二十二条 电视台播放广告时不得隐匿本台(频道)标志。播放以企业或产品冠名的节目、栏目时,企业或产品的标志只能出现在屏幕的右下方,数量不得超过1个,标志画面不得大于本台(频道)标志,不得遮盖正常节目的字幕。

第二十三条 禁止广播电视广告主、广告经营者干预广播电视节目的播放。

第二十四条 广播电台、电视台从事广告经营活动的机构应取得国家规定的资质,非广告经营部门不得从事广播电视广告经营活动,记者不得借采访名义承揽广告业务。

第二十五条 广播电台、电视台应当建立健全广告经营播出管理制度,加强对广告业务承接登记、审核、档案保存的管理。

广播电台、电视台应当健全广告审查员制度,对拟播放的广播电视广告内容、企业资质等进行审查,未经广告审查员签字的广告不得发布。

第二十六条 县级以上广播电视行政部门应当建立对广播电视广告的监听监看制度,对发现的问题及时进行处理。

第二十七条 县级以上广播电视行政部门及广播电台、电视台应当建立公众投诉机制,对受众提出批评性意见的广播电视广告及时检查,并将结果答复投诉者。

第二十八条 违反本办法的,依据《中华人民共和国广告法》和《广播电视管理条例》予以处罚。

第二十九条 违反本办法第十七、十八、十九、二十、二十一条规定,情节轻微的,由县级以上广播电视行政部门予以警告、责令限期改正,并可处以 2 万元以下罚款。拒不改正或 60 日内连续 3 次出现违规行为的,由省级以上广播电视行政部门做出暂停播放广告、暂停相关频道(频率)播出的处理决定。情节严重的,由原批准机关吊销许可证,同时对直接责任人和主要负责人追究相关责任。

第三十条 本办法自 2004 年 1 月 1 日起施行。

16. 广播电视编辑记者、播音员主持人资格管理暂行规定

(国家广播电影电视总局 2004 年 6 月 1 日第 26 号令发布)

第一章 总 则

第一条 为规范广播电视编辑记者、播音员主持人执业资格管理,提高从业人员素质,加强广播电视队伍建设,制定本规定。

第二条 本规定适用于广播电视编辑记者、播音员主持人资格考试、执业注册、证书发放与管理等活动。

第三条 国家对广播电视编辑记者、播音员主持人实行资格认定制度。

在依法设立的广播电视节目制作、广播电视播出机构(以下简称制作、播出机构)连续从事广播电视采访编辑、播音主持工作满一年的人员,应当依照本规定通过考试和注册取得执业资格并持有执业证书。

第四条 国家广播电影电视总局(以下简称广电总局)负责全国广播电视编辑记者、播音员主持人资格认定的管理和监督。

省级广播电视行政部门负责实施本行政区域内广播电视编辑记者、播音员主持人资格考试、执业注册、证书发放与监督管理。

第二章 资格考试

第五条 广播电视编辑记者资格考试与播音员主持人资格考试(以下简称资格考

试)分别举行,实行全国统一大纲、统一命题、统一组织、统一标准的制度。

资格考试原则上每年上半年举行一次。报名、考试的时间由广电总局确定,在受理报名前3个月向社会公告。

第六条　广电总局负责确定考试科目、组织编写考试大纲、建立考试试题库、组织命题等工作;负责组织资格考试、确定考试合格标准,监督、检查、指导省级广播电视行政部门实施本行政区域内的考务工作。

第七条　资格考试试卷从资格考试试题库中随机抽取生成。

第八条　符合下列条件的人员,可以报名参加资格考试:

(一)遵守宪法、法律、广播电视相关法规、规章;

(二)坚持四项基本原则,拥护中国共产党的基本理论、基本路线和方针政策;

(三)具有完全民事行为能力;

(四)具有大学专科及以上学历(含应届毕业生)。

第九条　有下列情形之一的,不能报名参加考试,已经办理报名手续的,报名无效:

(一)因故意犯罪受过刑事处罚的;

(二)受过党纪政纪开除处分的。

第十条　报名参加考试的人员,到报名点办理报名手续。经审查合格后,领取准考证。凭准考证、身份证,在指定的时间、地点参加考试。

第十一条　广电总局自考试结束之日起60个工作日内公布考试成绩和合格标准。参加考试的人员可以通过广电总局政府网站或指定的其他方式查询考试成绩。

第十二条　考试合格的,由省级广播电视行政部门颁发《广播电视编辑记者资格考试合格证》或《广播电视播音员主持人资格考试合格证》。

第十三条　考试中有违反考场纪律、扰乱考场秩序等行为的,视情节轻重,给予取消相关科目成绩、本次考试成绩、下一年度考试资格的处理。

第十四条　任何行政机关或行业组织不得组织强制性的资格考试考前培训,不得指定教材或者其他助考材料。

第三章　执业注册

第十五条　从事广播电视采访编辑、播音主持工作,应当取得相关执业资格。

未取得相关执业资格的人员,应当在持有相关执业证书的人员指导下从事实习等辅助性工作。

第十六条 具备下列条件的人员，可以申请相关执业资格注册：

（一）已取得《广播电视编辑记者资格考试合格证》或《广播电视播音员主持人资格考试合格证》；

（二）在制作、播出机构相应岗位实习满一年；

（三）身体状况能胜任所申请执业的工作岗位要求；

（四）无本规定第九条所列情形；

（五）以普通话为基本用语的播音员主持人，取得与岗位要求一致的普通话水平测试等级证书。

第十七条 执业资格注册，按以下程序办理：

（一）由申请人所在的制作、播出机构统一向省级广播电视行政部门（以下称注册机关）提交以下材料：

1. 申请人填写的《注册申请表》、相关资格考试合格证和学历证书复印件；

2. 申请人所在的制作、播出机构同意聘用申请人从事广播电视编辑记者或播音主持工作的书面意见。

（二）符合条件的，由注册机关在法定期限内办理注册手续，发放《中华人民共和国广播电视编辑记者证》或《中华人民共和国播音员主持人证》。

第十八条 《中华人民共和国广播电视编辑记者证》和《中华人民共和国播音员主持人证》由广电总局统一印制，由注册机关统一注册，有效期为2年。注册机关应将注册情况在一个月内报广电总局备案。

《中华人民共和国广播电视编辑记者证》和《中华人民共和国播音员主持人证》是广播电视编辑记者、播音员主持人的执业凭证，在全国范围内有效。

第十九条 注册有效期届满需要延续的，申请人应当在有效期届满30日前提出延续申请，填写《延续注册申请表》，由所在的制作、播出机构向注册机关办理延续注册手续。

第二十条 注册有效期内，持证人变更工作单位并继续从事广播电视采访编辑、播音主持工作的，应当在变更工作单位后一个月内填写《变更注册申请表》，并提交执业证书，由变更后所在的制作、播出机构向所在地注册机关办理变更注册手续。

因工作变更或退休不再执业的，由原所在的制作、播出机构收回执业证书，并交原注册机关统一销毁。

第二十一条 广电总局和注册机关应当向社会公布注册人员名单等信息。

第二十二条 持证人应妥善保管执业证书,不得出借、出租、转让、涂改和损毁。

第二十三条 有下列情形之一的,注册机关不予办理注册手续;制作、播出机构应将责任人调离广播电视采访编辑或播音主持岗位:

(一)出现本规定第九条所列情形的;

(二)因本人过错造成重大宣传事故的;

(三)违反职业纪律、违背职业道德,造成恶劣影响的;

(四)品行不端、声誉较差的。

出现本条第(一)、(二)、(三)项情形的,申请人在3年内不得再次提出注册申请。

第二十四条 以欺骗、贿赂等不正当手段取得的执业证书无效,注册机关应予以撤销。申请人在3年内不得再次提出注册申请。

第二十五条 当事人对注册机关的有关决定持有异议的,可以自接到决定之日起60日内向广电总局申请复议。

第四章 权利与义务

第二十六条 广播电视编辑记者、播音员主持人在执业活动中享有以下权利:

(一)以所在的制作、播出机构的名义从事广播电视节目采访编辑或播音主持工作,制作、播出机构应当提供完成工作所必需的物质条件;

(二)人身安全、人格尊严依法不受侵犯;

(三)参加继续教育和业务培训;

(四)指导实习人员从事采访编辑、播音主持工作;

(五)依法享有的其他权利。

第二十七条 广播电视编辑记者、播音员主持人在执业活动中应当履行以下义务:

(一)遵守法律、法规、规章;

(二)尊重公民、法人和其他组织的合法权益;

(三)坚持正确的舆论导向;

(四)恪守职业道德,坚持客观、真实、公正的原则;

(五)严守工作纪律,服从所在机构的管理,认真履行岗位职责;

(六) 努力钻研业务,更新知识,不断提高政策理论水平和专业素养;

(七) 树立良好的公众形象和健康向上的精神风貌;

(八) 依法应当履行的其他义务。

第五章 附 则

第二十八条 本规定实施前,在广播电视播出机构工作并取得编辑记者、播音员主持人从业资格的人员,符合广电总局规定条件的,经本人申请,可以通过审核取得本规定要求的执业资格,获得执业证书。具体办法由广电总局另行规定。

第二十九条 聘请境外人员从事广播电视采访编辑、播音主持工作的,依照国家有关规定执行。

第三十条 本规定自2004年8月1日起施行,广电总局《播音员主持人持证上岗规定》(广电总局令第10号)同时废止。

17. 出版物市场管理规定(2004)

(新闻出版总署2004年6月18日第23号令公布)

第一章 总 则

第一条 为规范出版物发行活动及其监督管理,建立全国统一、开放、竞争、有序的出版物市场体系,发展社会主义出版产业,根据《出版管理条例》和有关法律、行政法规,制定本规定。

第二条 本规定适用于出版物发行活动及其监督管理。

本规定所称出版物,是指报纸、期刊、图书、电子出版物等。

本规定所称发行,包括总发行、批发、零售以及出租、展销等活动。

本规定所称总发行,是指出版物总发行单位统一包销出版物。

本规定所称批发,是指向其他出版物经营者销售出版物。

本规定所称零售,是指直接向消费者销售出版物。

本规定所称出租,是指以收取租金的形式向读者提供出版物。

本规定所称展销,是指在固定场所或者以固定方式于一定时间内集中展览、销售、订购出版物。第三条 国家实行出版物发行许可制度，未经许可，任何单位和个人不得从事出版物发行活动。

依法设立的出版物发行单位和经批准从事出版物发行业务的个人可以依法从事出版物发行活动，非依法律规定，任何单位和个人不得干涉。

第四条 新闻出版总署负责全国出版物发行活动的监督管理工作，负责制定全国出版物发行业发展规划。

省、自治区、直辖市新闻出版行政部门负责本行政区域内出版物发行活动的监督管理，制定本省、自治区、直辖市出版物发行业发展规划。

省级以下各级人民政府新闻出版行政部门负责本行政区域内出版物发行活动的监督管理。

第五条 新闻出版总署和省、自治区、直辖市新闻出版行政部门制定出版物发行网点设置规划须经科学论证，遵循合法公正、符合实际、促进发展的原则。

省、自治区、直辖市新闻出版行政部门制定的出版物发行网点设置规划须经新闻出版总署审核同意，报本级人民政府批准，并在本行政区域内公布，否则不得作为出版物发行单位的审批依据。

第二章 出版物发行单位设立

第六条 设立出版物总发行企业或者其他单位从事出版物总发行业务，应当具备下列条件：

（一）有确定的企业名称和经营范围；

（二）以出版物发行为主营业务；

（三）有与出版物总发行业务相适应的发行人员，法定代表人或者主要负责人应当具有高级以上出版物发行员职业资格或者新闻出版总署认可的与出版物发行专业相关的中级以上专业技术资格；

（四）有与出版物总发行业务相适应的设备和固定的经营场所，经营场所的营业面积不少于1 000平方米；

（五）注册资本不少于2 000万元；

（六）具备相应的计算机管理条件和健全的管理制度。

第七条 申请设立出版物总发行企业或者其他单位申请从事出版物总发行业务，

须向新闻出版总署提交本条第二款规定的申请材料,新闻出版总署应当自受理申请之日起 20 个工作日内做出批准或者不予批准的决定,并书面告知申请人。批准的,由新闻出版总署颁发《出版物经营许可证》,申请人持《出版物经营许可证》到工商行政管理部门依法领取营业执照;不予批准的,应当说明理由。

申请材料包括下列书面材料:

(一)申请书,载明单位的名称、地址、法定代表人或者主要负责人姓名、住址、资本来源、资本数额等;

(二)组织机构和章程;

(三)注册资本信用证明;

(四)经营场所的情况及使用权证明;

(五)法定代表人或者主要负责人的身份证明;

(六)法定代表人或者主要负责人的职业或者技术资格证书;

(七)相应计算机管理条件的证明材料。

第八条 设立出版物批发企业或者其他单位从事出版物批发业务,应当具备下列条件:

(一)有确定的企业名称和经营范围;

(二)有与出版物批发业务相适应的发行人员,法定代表人或者主要负责人应当具有中级以上出版物发行员职业资格或者新闻出版总署认可的与出版物发行专业相关的中级以上专业技术资格;

(三)有与出版物批发业务相适应的设备和固定的经营场所,其中进入批发市场的单店营业面积不少于 50 平方米,独立设置经营场所的营业面积不少于 500 平方米;

(四)注册资本不少于 200 万元;

(五)具备相应的计算机管理条件。

第九条 申请设立出版物批发企业或者其他单位申请从事出版物批发业务,须向所在地地市级新闻出版行政部门提交本条第三款规定的申请材料,地市级新闻出版行政部门自受理申请之日起 20 个工作日内提出审核意见,连同申请材料报省、自治区、直辖市新闻出版行政部门审批。

省、自治区、直辖市新闻出版行政部门自受理申请之日起 20 个工作日内做出批准或者不予批准的决定,并书面告知申请人。批准的,由省、自治区、直辖市新闻出版行政部门颁发《出版物经营许可证》,并报新闻出版总署备案。申请人持《出版物经营许可证》到工商行政管理部门依法领取营业执照。不予批准的,应当说明理由。

申请材料包括下列书面材料:

(一)申请书,载明单位的名称、地址、法定代表人或者主要负责人的姓名、住址、资本来源、资本数额等;

(二)企业章程;

(三)注册资本信用证明;

(四)经营场所的情况及使用权证明;

(五)法定代表人或者主要负责人身份证明;

(六)法定代表人或者主要负责人的职业或者技术资格证书;

(七)相应计算机管理条件的证明材料。

第十条　设立出版物零售企业或者其他单位、个人从事出版物零售业务,应当具备下列条件:

(一)有确定的名称和经营范围;

(二)经营者应当具有初级以上出版物发行员职业资格或者新闻出版总署认可的与出版物发行专业相关的初级以上专业技术资格;

(三)有与其业务相适应的固定的经营场所。

第十一条　申请设立出版物零售企业或者其他单位、个人申请从事出版物零售业务,须向当地县级人民政府新闻出版行政部门提交本条第二款规定的申请材料,新闻出版行政部门应当自受理申请之日起20个工作日内做出批准或者不予批准的决定,并书面告知申请人。批准的,颁发《出版物经营许可证》,并报上一级新闻出版行政部门备案。申请人持《出版物经营许可证》到工商行政管理部门依法领取营业执照。不予批准的,应当说明理由。

申请材料包括下列书面材料:

(一)申请书,载明单位名称、地址、法定代表人或者主要负责人的姓名、住址等;

(二)经营场所的情况及使用权证明;

(三)经营者的身份证明和职业或者技术资格证书。

第十二条　设立出版物出租单位或者其他单位、个人从事出版物出租业务的,应当于取得营业执照后15日内持营业执照复印件及经营地址、法定代表人或者主要负责人情况等材料到当地县级人民政府新闻出版行政部门备案。

第十三条 设立出版物连锁经营企业或者其他连锁经营企业从事出版物连锁经营业务,应当具备下列条件:

(一)有确定的企业名称和章程;

(二)符合连锁经营的组织形式和经营方式;

(三)注册资本不少于300万元,从事全国性连锁经营的,注册资本不少于1 000万元;

(四)有10个以上的直营连锁门店;

(五)法定代表人或者主要负责人应当具有中级以上出版物发行员职业资格或者新闻出版总署认可的与出版物发行专业相关的中级以上专业技术资格;

(六)总部及其门店有与其业务相适应的经营场所,其中样本店的经营面积不低于500平方米;

(七)具备相应的计算机管理条件和健全的管理制度。

第十四条 申请设立出版物连锁经营企业或者其他连锁经营企业申请从事出版物连锁经营业务,须向总部所在地地市级新闻出版行政部门提交本条第三款规定的申请材料,地市级新闻出版行政部门自受理申请之日起20个工作日内提出审核意见,连同申请材料报省、自治区、直辖市新闻出版行政部门审批;申请设立全国性出版物连锁经营企业或者其他连锁经营企业申请从事全国性出版物连锁经营业务,须向总部所在地省、自治区、直辖市新闻出版行政部门提交本条第三款规定的申请材料,省、自治区、直辖市新闻出版行政部门自受理申请之日起20个工作日内提出审核意见,连同申请材料报新闻出版总署审批。

审批机关应当自受理申请之日起20个工作日内做出批准或者不予批准的决定,并书面告知申请人。批准的,由省、自治区、直辖市新闻出版行政部门颁发《出版物经营许可证》,并报新闻出版总署备案;批准从事全国性连锁经营的,由新闻出版总署颁发《出版物经营许可证》。申请人持《出版物经营许可证》到工商行政管理部门依法领取营业执照。不予批准的,应当说明理由。

申请材料包括下列书面材料:

(一)申请书,载明单位的名称、地址、法定代表人或者主要负责人的姓名、住址、资本来源、资本数额;

（二）组织机构和章程；

（三）注册资本信用证明；

（四）开店计划；

（五）总部和连锁门店经营场所名单及使用权证明；

（六）法定代表人或者主要负责人的身份证明；

（七）法定代表人或者主要负责人的职业或者技术资格证书；

（八）相应计算机管理条件的证明材料。

第十五条　直营连锁门店不需单独办理《出版物经营许可证》，可以凭出版物连锁经营单位总部的《出版物经营许可证》复印件报门店所在地县级人民政府新闻出版行政部门备案后，到工商行政管理部门依法领取营业执照。

出版物连锁经营单位开设非直营连锁门店，连锁门店须按照本规定第十条、第十一条的有关规定办理审批手续，已具有《出版物经营许可证》的除外。

第十六条　设立从事图书、报纸、期刊分销业务的中外合资经营企业、中外合作经营企业和外资企业，按照新闻出版总署和对外经济贸易合作部制定的《外商投资图书、报纸、期刊分销企业管理办法》办理。

第十七条　申请设立通过互联网等信息网络从事出版物发行业务的企业或者其他单位申请通过互联网等信息网络从事出版物发行业务，按照本规定第八条、第九条的规定办理。

出版物总发行企业、批发企业可以通过互联网等信息网络从事出版物发行业务，无需审批。

第十八条　申请设立在本省、自治区、直辖市内发展会员的书友会、读书俱乐部或者其他类似组织，出版单位申请设立发行本版出版物的书友会、读书俱乐部或者其他类似组织，按照本规定第十条、第十一条的规定办理。

申请设立跨省、自治区、直辖市发展会员的书友会、读书俱乐部或者其他类似组织，按照本规定第八条、第九条的规定办理。

出版物总发行企业、批发企业可以设立书友会、读书俱乐部或者其他类似组织，出版物零售单位可以设立在本省、自治区、直辖市内发展会员的书友会、读书俱乐部或者其他类似组织，无需审批。

第十九条　设立出版物批发市场，应当具备下列条件：

（一）有充足的供批发单位集中经营的固定场所，营业面积不少于 5000 平方米；

（二）进入批发市场的经营单位必须是具有出版物批发权的出版物发行企业；

（三）有健全的市场管理机构和规章制度；

（四）具备基本的办公、仓储、交通、通讯设施，能为经营单位提供必要的服务；

（五）市场管理机构及经营单位能够全部实行计算机统一管理；

（六）法规、规章规定的其他条件。

第二十条　出版单位的发行部门改制的发行企业可以从事本版出版物的总发行，但须按照本规定第六条、第七条的规定办理手续。

出版单位设立出版物发行企业，批发、零售其他出版单位出版的出版物，须按照本规定第八条、第九条或者第十条、第十一条的规定办理手续。

出版单位可以设立发行本版出版物的不具备法人资格的发行分支机构，出版单位须持新闻出版总署核发的《出版物经营许可证》复印件及分支机构设立地址、人员情况等相关材料于分支机构设立后 15 日内到所在地省、自治区、直辖市出版行政部门备案。分支机构的建立应符合当地出版物发行网点规划。

第二十一条　出版物发行单位变更名称、业务范围，兼并其他出版物发行单位，因合并、分立而设立新的出版物发行单位，超过批准部门行政区域变更地址，须依照本规定办理批准手续。

出版物发行单位变更其他登记事项，到原登记的工商行政管理部门办理相应手续后，向批准的新闻出版行政部门备案。

出版物发行单位因歇业、被撤销、破产或者因其他原因终止经营的，须向批准的新闻出版行政部门办理注销登记，缴回许可证。

第二十二条　设立出版物总发行、批发、零售企业或者其他单位、个人从事出版物总发行、批发、零售业务，除具备本规定第六条、第八条、第十条规定的条件外，还须符合新闻出版总署和省、自治区、直辖市新闻出版行政部门制定的出版物发行网点设置规划。

第二十三条　新闻出版行政部门对申请人的申请材料应当及时审查，发现申请材料不完备的，应当在收到申请材料之日起 5 个工作日内明确告知申请人需要补正的全部内容，逾期不告知的，自收到申请材料之日起即为受理。

第三章　出版物发行活动管理

第二十四条　任何组织和个人不得发行下列出版物：

（一）含有《出版管理条例》第二十六条、第二十七条禁止内容的违禁出版物；

（二）各种非法出版物，包括：未经批准擅自出版、印刷或者复制的出版物，伪造、假冒出版单位或者报刊名称出版的出版物，非法进口的出版物，买卖书号、刊号、版号出版的出版物等；

（三）侵犯他人著作权或者专有出版权的出版物；

（四）新闻出版行政部门明令禁止出版、印刷或者复制、发行的出版物。

第二十五条　内部资料性出版物须在本系统、本行业或者本单位内部免费分发，任何组织和个人不得发行。

第二十六条　从事出版物发行业务的单位和个人，必须遵守下列规定：

（一）不得从非出版物出版、发行单位进货；

（二）不得以任何形式参与买卖书号、刊号、版号；

（三）不得超出新闻出版行政部门核准的经营范围、经营地点经营；

（四）不得张贴和散发有法律、法规禁止内容的或者有欺诈性文字的征订单、广告和宣传画；

（五）不得搭配销售出版物和强行推销出版物；

（六）不得擅自更改出版物版权页；

（七）《出版物经营许可证》应在经营场所明显处张挂，不得涂改、复制，不得以任何形式出卖、出借、出租、转让。

第二十七条　出版物发行单位应当建立职业培训制度，按照《劳动法》和国家确定的职业分类以及出版物发行员职业技能标准，组织本单位从业人员参加经过国家劳动行政部门批准的考核鉴定机构所实施的职业技能鉴定考核。

第二十八条　出版单位对本版出版物具有总发行权。

出版单位委托出版物总发行单位发行出版物，应使用统一的《出版物发行委托书》；不得向无出版物总发行权的单位转让或者变相转让出版物总发行权，不得委托无出版物批发权的单位批发出版物或者代理出版物批发业务，不得委托非出版物发行单位发行出版物。

第二十九条　进入出版物批发市场的经营单位在出版物销售前，须将出版物样本报送批发市场管理机构审验，报送审验的出版物样本必须与所销售的出版物一致。

第三十条　省、自治区、直辖市新闻出版行政部门和全国性出版、发行行业协会，可以申请主办全国性的出版物订货、展销活动。

省级以上出版、发行协会可以申请主办地方性出版物订货、展销活动；全国性出版、发行行业协会可以申请主办跨省专业性出版物订货、展销活动，其下属各专业委员会可接受委托承办。

第三十一条　举办全国性出版物订货、展销活动，主办单位须至少提前6个月报新闻出版总署审批，新闻出版总署应当在收到申请之日起2个月内做出决定，并通知主办单位。

举办地方性或者专业性的出版物订货、展销活动，主办单位须在活动举办前1个月持活动方案、参展单位名单、展场位置图、组委会人员名单等有关材料报所在地省、自治区、直辖市新闻出版行政部门备案。

第三十二条　由省级以上新闻出版行政部门、教育行政部门会同价格主管部门以招标或者其他公开、公正的方式确定的出版物发行企业可以从事中小学教科书的发行，其他任何单位或者个人不得从事中小学教科书的发行业务。

第三十三条　内部发行的出版物不得公开宣传、陈列、展示和销售。

第三十四条　发行进口出版物的，必须从依法设立的出版物进口经营单位进货；其中发行进口报纸、期刊的，必须从新闻出版总署指定的出版物进口经营单位进货。

第三十五条　从事出版物发行业务的单位或者个人须将出版物发行进销货清单等有关非财务票据保存2年以上，以备查验。

从事出版物发行业务的单位或者个人须将出版物仓储地址、面积、管理人员的情况报批准的新闻出版行政部门备案；仓储地址、面积、管理人员情况如有变更，须在变更之日起15天内向批准的新闻出版行政部门备案。

第三十六条　从事出版物储存、运输、投递活动，应当接受新闻出版行政部门的监督检查。

第三十七条　任何组织和个人不得从事本规定第二十四条所列出版物的征订、储存、运输、邮寄、投递、散发、附送等活动。

第三十八条　从事出版物发行业务的单位和个人必须按照《中华人民共和国统计法》、新闻出版总署《新闻出版统计管理办法》和国家规定的有关统计制度如实报送统计资料，不得以任何借口拒报、迟报、虚报、瞒报以及伪造和篡改统计资料。

第三十九条　从事出版物发行业务的单位和个人须按照新闻出版总署和省、自治区、直辖市新闻出版行政部门的规定,向指定的数据库管理单位提供有关数据。

第四十条　从事出版物发行业务的单位和个人应当按照新闻出版总署的规定履行审核登记手续。

第四章　罚　则

第四十一条　未经批准,擅自设立出版物发行单位,或者擅自从事出版物发行业务的,依照《出版管理条例》第五十五条处罚。

第四十二条　违反本规定发行违禁出版物的,依照《出版管理条例》第五十六条处罚。

第四十三条　违反本规定发行侵犯他人著作权或者专有出版权的出版物的,依照《中华人民共和国著作权法》和《中华人民共和国著作权法实施条例》的规定处罚。

第四十四条　违反本规定发行非法出版物和新闻出版行政部门明令禁止出版、印刷或者复制、发行的出版物的,由新闻出版行政部门责令停止违法行为,没收违法发行的出版物和违法所得,违法经营额1万元以上的,并处违法经营额5倍以上10倍以下的罚款;违法经营额不足1万元的,并处1万元以上5万元以下的罚款;情节严重,责令限期停业整顿或者由原发证部门吊销许可证。

第四十五条　违反本规定第二十四条的,在按照本规定第四十二条、第四十三条、第四十四条给予行政处罚的同时,由发证单位注销其法定代表人或者主要负责人和直接责任人的出版物发行员职业资格证书。

第四十六条　未经法定方式确定而发行中小学教科书的,依照《出版管理条例》第五十九条的规定处罚。

违反规定发行进口出版物的,依照《出版管理条例》第五十七条的规定处罚。

第四十七条　有下列行为之一的,由新闻出版行政部门责令停止违法行为,予以警告,没收违法所得和违法发行的出版物,并处3千元以上3万元以下罚款:

(一)发行内部资料性出版物的;

(二)向无总发行权的单位转让或者变相转让出版物总发行权的;

(三)从非出版物出版、发行单位进货的;

(四)出版单位违反本规定第二十八条第二款的;

(五)超出新闻出版行政部门核准的经营范围、经营地点经营的。

（六）参与买卖书号、刊号、版号的；

（七）出卖、出借、出租、转让《出版物经营许可证》的；

（八）不按规定履行审核登记手续的；

（九）擅自变更登记事项的；

（十）设立出版物出租单位或者其他单位、个人从事出版物出租业务未按本规定备案的；

（十一）符合本规定要求的主办单位举办地方性或者跨省专业性出版物订货、展销活动未按本规定备案的。

第四十八条　有下列行为之一的，由新闻出版行政部门责令停止违法行为，予以警告，没收违法所得和违法发行的出版物，并处 2 千元以上 2 万元以下罚款：

（一）张贴和散发有法律、法规禁止内容的或者有欺诈性文字的征订单、广告和宣传画的；

（二）搭配销售出版物和强行推销出版物的；

（三）擅自更改出版物版权页的；

（四）《出版物经营许可证》没有在经营场所明显处张挂或者擅自涂改、复制许可证的；

（五）违反本规定第二十九条、第三十五条、第三十九条的；

（六）公开宣传、陈列、销售规定应由内部发行的出版物的。

第四十九条　未经批准擅自设立出版物批发市场，按照擅自设立出版物发行单位处罚。

未经批准擅自主办全国性出版物订货、展销活动或者不符合本规定要求的主办单位擅自主办地方性或者跨省专业性出版物订货、展销活动的，按照擅自从事出版物发行业务处罚。

第五十条　从事征订、储存、运输、投递、散发、附送本规定第二十四条所列出版物的，分别按照本规定第四十二条、第四十三条或者第四十四条处理。

第五十一条　违反本规定第三十八条的，按照新闻出版总署《新闻出版统计管理办法》处理。

第五章　附　则

第五十二条　除已由省、自治区、直辖市新闻出版行政部门按照新闻出版总署的限额依法批准的出版物批发市场外,各省、自治区、直辖市不得再批准设立或者变相设立出版物批发市场,不得扩大现有批发市场规模;已经批准的批发市场内的批发单位5年内须达到本规定关于独立设置经营场所的批发单位的条件。

第五十三条　本规定第十三条、第十四条所称全国性连锁经营,是指跨省、自治区、直辖市连锁经营。

第五十四条　《出版物经营许可证》的样式由新闻出版总署规定,由新闻出版总署或者省、自治区、直辖市新闻出版行政部门统一印制。

第五十五条　本规定自2003年9月1日起施行。

新闻出版署于1999年11月22日发布施行的《出版物市场管理暂行规定》同时废止,本规定施行前与本规定不一致的其他规定不再执行。

18. 境外卫星电视频道落地管理办法

（国家广播电影电视总局2004年6月18日第27号令公布）

第一条　为加强对通过卫星方式传送的境外电视频道(以下简称境外卫星电视频道)在中国境内落地的管理,制定本办法。

第二条　国家广播电影电视总局(以下简称广电总局)负责对境外卫星电视频道落地实行归口管理,对境外卫星电视频道落地实行审批制度。

第三条　经广电总局批准,境外卫星电视频道可以在三星级以上涉外宾馆饭店、专供境外人士办公居住的涉外公寓等规定的范围及其他特定的范围落地。

第四条　申请落地的境外卫星电视频道,应具备下列条件:

(一)所播放的内容不违反中国法律、法规、规章的规定;

(二)在本国(地区)为合法电视媒体;

(三)具备与中国广播电视互利互惠合作的综合实力,承诺并积极协助中国广播电视节目在境外落地;

(四)申请落地的频道及其直接相关机构对中国友好,与中国有长期友好的广播电视交流和合作;

(五)同意通过广电总局指定的机构(以下简称指定机构)统一定向传送其频道节目,承诺不通过其他途径在中国境内落地;

（六）同意并委托指定机构独家代理其在中国境内落地的所有相关事宜。

第五条　广电总局每年审批一次境外卫星电视频道落地申请，每次有效期限一年，一般在每年7月至9月办理。

第六条　对于一个境外广播电视机构，原则上只批准其所属的一个卫星电视频道在规定的范围内落地；原则上不批准新闻类境外卫星电视频道在境内落地；不批准境内广播电视机构及其他有关部门、团体、企业、个人在境外开办、合办的卫星电视频道在境内落地。特殊情况，须报广电总局特殊批准。

第七条　申请境外卫星电视频道落地，由指定机构向广电总局提出。

指定机构在申请前，应对拟代理落地的境外卫星电视频道是否具备第四条规定的条件、代理的技术条件等进行评估，并将有关工作情况报广电总局。广电总局对是否同意指定机构与该境外卫星电视频道洽商落地事宜提出意见，不同意洽商的，广电总局不受理指定机构的该项申请。

第八条　指定机构申请境外卫星电视频道落地，应提交：

（一）该境外卫星电视频道填写的《卫星电视频道备忘录》；

（二）该境外卫星电视频道提供的符合本办法第四条和第六条规定内容的证明材料以及解码器等收视装置。有关材料应以中文书写，以其他文字书写的，应附中文译本，并以中文译本为准；

（三）指定机构的评估报告；

（四）指定机构与境外卫星电视频道签署的合作协议。

第九条　广电总局对符合本办法第四条和第六条规定条件的境外卫星电视频道，应依照行政许可法规定的期限作出是否准予落地的决定。

第十条　经批准落地的境外卫星电视频道，必须遵守中国有关境外卫星电视管理的各项规定。

第十一条　经批准落地的境外卫星电视频道，应按照指定机构的要求相应调整原卫星信号的播出覆盖范围、方式等；履行与指定机构的协议；不得擅自在中国境内开展其电视频道及其品牌和有关接收设备的推广活动。

第十二条　经批准落地的境外卫星电视频道，禁止播放载有下列内容的节目：

（一）危害中国国家统一、主权和领土完整的；

（二）危害中国国家安全，损害中国荣誉和利益，泄露中国国家秘密的；

（三）煽动中国民族分裂、民族仇恨、民族歧视，破坏中国民族团结，侵害中国民族风俗习惯的；

（四）危害中国社会稳定，宣扬淫秽、暴力、迷信、邪教，教唆犯罪的；

（五）诽谤、侮辱他人，侵犯他人合法权益的；

（六）危害中国社会公德，诋毁中华民族优秀文化传统的；

（七）其他违反中国法律、法规、规章规定的。

第十三条　经批准落地的境外卫星电视频道的下列事项变更，须事先向指定机构通报协商，并由指定机构报广电总局：

（一）频道及其直接相关机构的股份结构、经营权、投资人、主要管理人员的变化；

（二）频道名称、频道类别、节目构成、播音语言、字幕等《卫星电视频道备忘录》所列重要事项的改变；

（三）频道播出信号加密与否的变化、信号传送卫星及其覆盖区域等有关技术参数的变化；

（四）涉及本办法第四条和第六条规定内容事项的变更。

广电总局认为因上述事项变更，经批准落地的频道已不符合本办法规定的，可予以相应处理直至停止其落地资格。

第十四条　各级广播电视行政部门依照《卫星电视广播地面接收设施管理规定》（国务院第129号令）及有关规定，管理有关境外卫星电视的接收活动。

第十五条　指定机构应采取必要的措施，协助广播电视行政部门对所代理的境外卫星电视频道的有关行为和播放内容进行监督，配合广电总局实施相关处理，对所发现的问题及时报告。

经批准落地的境外卫星电视频道播出违反本办法第十二条规定内容的，指定机构应即时停止违规内容的传送。

第十六条　经批准落地的境外卫星电视频道违反本办法规定，情节轻微的，由广电总局给予警告，要求其陈述情况和纠正；情节严重的，暂停其特定内容传送、暂停或取消有关频道落地资格。

第十七条　经批准落地的境外卫星电视频道造成不良影响的，除接受相应处理外，应按照广电总局的要求在相同的传播范围内消除不良影响。

第十八条　经广电总局批准在境内特定地区落地的境外电视频道，参照本办法管理。

第十九条 本办法自 2004 年 8 月 1 日起施行。

广电总局《境外卫星电视频道落地管理办法》(广电总局令第 22 号)同时废止。

19. 广播电视站审批管理暂行规定

(国家广播电影电视总局 2004 年 7 月 6 日第 32 号令公布)

第一条 为规范广播电视站的管理,依据《广播电视管理条例》,制定本规定。

第二条 省级广播电视行政部门根据国家广播电视发展规划和当地广播电视发展的实际情况,制定本辖区内广播电视站的规划和布局,负责本辖区内广播电视站的审批和日常管理工作。

第三条 市辖区、乡镇以及企事业单位、大专院校可申请设立广播电视站。

每个申请单位只能设立一个广播电视站,并只能在广播电视行政部门核定的区域范围内播出广播电视节目。

第四条 设立广播电视站,应当具备下列条件:

(一)符合国家和本辖区广播电视事业和产业建设发展规划;

(二)有符合国家规定的广播电视专业人员;

(三)有符合国家规定的广播电视技术设备;

(四)有必要的基本建设资金和稳定的资金保障;

(五)有必要的场所;

(六)省级广播电视行政部门规定的其他条件。

第五条 申请设立广播电视站,须由申请单位向当地县级以上广播电视行政部门提出申请,逐级审核同意后,报省级广播电视行政部门审批。

申请设立广播电视站,应提交以下材料:

(一)申请书;

(二)广播电视节目转播技术方案、覆盖范围以及自办广播业务或电视业务的主要内容;

(三)人员、资金、场地、设备的相关证明文件;

(四)省级广播电视行政部门要求提交的其它文件。

第六条　县级以上各级广播电视行政部门应按照《行政许可法》规定的期限,履行受理、审核职责。申请人符合法定条件的,由省级广播电视行政部门作出准予行政许可书面决定;依法作出不予行政许可决定的,应当书面通知申请人并说明理由。

第七条　广播电视站应按规定转播好中央、省级和当地的广播电视节目。条件具备的,应与当地区域性有线广播电视传输覆盖网联网。

广播电视站不得称广播电台、电视台,不得接收、传送境外电视节目,不得在转播节目中插播自办节目和广告,不得将广播电视站出租、转让、承包给其他单位或个人。

第八条　广播电视站可自办广播节目,通过有线方式传输。

市辖区、大专院校和国有或国有控股特大型企业设立的广播电视站确有需要,可在公共频道中插播少量自办的本单位新闻、专题以及广告等电视节目,通过有线方式传输。

乡镇设立的广播电视站不得自办电视节目。

第九条　市辖区、乡镇广播电视站原则上应当由当地广播电视行政部门实施垂直统一管理。

第十条　省级广播电视行政部门须将广播电视站的审批、管理情况,于每年的6月份和12月份以书面形式报国务院广播电视行政部门备案。

第十一条　省级广播电视行政部门可以根据当地实际,依照本规定制定本辖区内广播电视站的审批管理办法。

第十二条　违反本规定有关条款的,由县级以上广播电视行政部门按照《广播电视管理条例》进行处罚。

第十三条　本办法自2004年8月10日起施行。

20. 广播电视节目传送业务管理办法

(国家广播电影电视总局2004年7月6日第33号令公布)

第一章　总　则

第一条　为加强广播电视节目传送业务管理,规范广播电视节目传送秩序,制定本办法。

第二条 本办法所称广播电视节目传送业务,是指利用有线方式从事广播电视节目传输和接入服务的活动。

第三条 国家广播电影电视总局(以下简称广电总局)负责全国广播电视节目传送业务的管理。县级以上广播电视行政部门负责本行政区域内广播电视节目传送业务的管理。

第四条 国家对广播电视节目传送业务实行许可制度。

第二章 业务许可

第五条 利用有线方式从事广播电视节目传送业务,须按本办法规定领取《广播电视节目传送业务经营许可证》。

利用无线、微波、卫星等其他方式从事广播电视节目传送业务,应当按照国家有关规定办理相关审批手续。

第六条 下列机构可以申请《广播电视节目传送业务经营许可证》：

（一）经广电总局批准设立的广播电视播出机构；

（二）经广电总局批准设立的广播影视集团(总台)及所属机构；

（三）拥有有线广播电视网络经营权的国有或国有控股机构。

第七条 禁止外商独资、中外合作、中外合资机构从事广播电视节目传送业务。

第八条 申请《广播电视节目传送业务经营许可证》,应当具备以下条件：

（一）符合国家广播电视节目传送业务总体规划和业务要求；

（二）具有确保广播电视节目安全传送所需的设备、资金、技术、人员及相关管理制度；

（三）资费标准符合国家有关规定；

（四）有从事经营活动的场所及相应网络资源；

（五）有长期提供传送服务的信誉和能力；

（六）有合法的广播电视节目信号来源；

（七）其他法律、行政法规规定的条件。

第九条 申请《广播电视节目传送业务经营许可证》,须提交以下材料：

（一）有线电视网络建设及覆盖情况、传送内容(应写明具体频道、节目名称)、传送范围、技术手段(数字传输或模拟传输)、传送方式(节目传输或接入服务)等内容的说明；

（二）申办机构基本情况。申办机构为企业单位的，应提供企业章程、验资报告、营业执照、股东背景情况的说明，事业单位应提供事业单位法人代码证；

（三）《广播电视节目传送业务经营许可证》申请表；

（四）从事广播电视节目传送业务的技术方案、运营方案、管理制度；

（五）人员、设备、场所的证明资料（包括法定代表人或主要负责人及主要业务管理人员、专业技术人员的资格证明和身份证明文件、工作场所使用权证明文件）；

（六）广播电视节目安全传送方案；

（七）广播电视节目信号来源证明。

第十条　申请利用有线方式在省级行政区域内或跨省（市）从事广播电视节目传送业务的，应向地（市）级以上广播电视行政部门提出申请，并提交符合本办法第九条规定的申报材料，经逐级审核，报广电总局审批。符合条件的，广电总局予以颁发《广播电视节目传送业务经营许可证》。申请利用有线方式在同一地（市）行政区域内从事广播电视节目传送业务的，应向县级以上广播电视行政部门提出申请，经逐级审核，报省级广播电视行政部门审批。符合条件的，省级广播电视行政部门予以颁发《广播电视节目传送业务经营许可证》。

在同一省（市）内两个以上地（市）级行政区域经营广播电视节目传送业务的，视为在省级行政区域内经营广播电视节目传送业务，依照本条第一款规定报广电总局审批。

第十一条　负责受理的广播电视行政部门应按照行政许可法规定的期限和权限，履行受理、审核职责。申请人的申请符合法定标准的，有权作出决定的广播电视行政部门应作出准予行政许可的书面决定；依法作出不予行政许可决定的，应当书面通知申请人并说明理由。

第十二条　《广播电视节目传送业务经营许可证》包含传送内容、传送范围、技术手段、传送方式等事项。

持证机构应当按照许可证载明的事项从事广播电视节目传送业务。

第十三条　持证机构变更许可证事项、注册资本、股东、持股比例及停止从事广播电视节目传送业务，应提前六十日报原发证机关批准。国家对停止从事传送业务有其他规定的，还应当按照有关规定做执行。

持证机构营业场所、法定代表人等重要事项发生变更的，应在三十日内书面告知原发证机关。

持证机构为广播电视播出机构、广播电视节目制作经营机构传送节目素材的,不须另行申请变更许可证事项。

第三章 传送管理

第十四条 从事广播电视节目传送业务的机构应当在《广播电视频道播出许可证》规定的传输覆盖范围内传送频道节目。

第十五条 广播电视播出机构不得通过未获得广播电视节目传送业务许可的机构传送其节目信号。

第十六条 从事广播电视节目传送业务的机构不得利用所拥有的网络或频率资源擅自开办广播电视节目,不得为非法开办的节目以及来源非法的广播电视节目信号提供传送服务,不得擅自传送境外卫星电视节目。

第十七条 禁止传送含有下列内容的广播电视节目信号:

(一)反对宪法确定的基本原则的;

(二)危害国家统一、主权和领土完整的;

(三)泄漏国家秘密、危害国家安全或者损害国家荣誉和利益的;

(四)煽动民族仇恨、民族歧视,破坏民族团结,或者侵害民族风俗、习惯的;

(五)宣扬邪教、迷信的;

(六)扰乱社会秩序,破坏社会稳定的;

(七)宣传淫秽、赌博、暴力或者教唆犯罪的;

(八)侮辱或者诽谤他人,侵害他人合法权益的;

(九)危害社会公德或者民族优秀文化传统的;

(十)有法律、行政法规和国家规定禁止的其他内容的。

第十八条 从事广播电视节目传送业务的机构不得在所传送的节目中插播其他节目、数据、图像、文字及其他信息。

第十九条 从事接入服务的持证机构,在有线电视网络停止模拟电视信号播出前,应当在模拟频道中完整传送广电总局规定必须传送的广播电视节目。

第二十条 从事接入服务的持证机构应当提供长期、稳定的服务。

第二十一条 从事广播电视节目传送业务的机构应当向广播电视行政部门设立的

监测机构提供所传送节目的完整信号，不得干扰、阻碍监测活动。

第四章 罚 则

第二十二条 违反本办法规定，擅自从事广播电视节目传送业务的，由县级以上广播电视行政部门责令停止违法活动，没收违法所得，并处一万元以上三万元以下罚款。构成犯罪的，依法追究刑事责任。

第二十三条 违反本办法规定，有下列行为之一的，由县级以上广播电视行政部门责令停止违法活动，给予警告，没收违法所得，可以并处二万元以下罚款。构成犯罪的，依法追究刑事责任：

（一）未完整传送广电总局规定必须传送的广播电视节目的；

（二）擅自在所传送的节目中插播节目、数据、图像、文字及其他信息的；

（三）未按照许可证载明事项从事传送业务的；

（四）营业场所、注册资本、股东及持股比例、法定代表人等重要事项发生变更，未在规定期限内书面通知原发证机关的；

（五）未向广播电视行政部门设立的监测机构提供所传送节目的完整信号，或干扰、阻碍监测活动的。

第二十四条 违反本办法规定，有下列行为之一的，由县级以上广播电视行政部门责令停止违法活动，给予警告，没收违法所得，可以并处二万元以下罚款；情节严重的，由原发证机关吊销许可证。构成犯罪的，依法追究刑事责任：

（一）擅自开办广播电视节目的；

（二）为非法开办的节目以及非法来源的广播电视节目信号提供传送服务的；

（三）擅自传送境外卫星电视节目的。

第五章 附 则

第二十五条 本办法自 2004 年 8 月 10 日起施行。广电总局《经营广播电视节目传送业务审批管理暂行办法》（广发社字〔1997〕714 号）和《关于广播电视节目传输管理的实施细则（试行）》（广发办字〔2001〕1497 号）同时废止。

21. 广播电台电视台审批管理办法

（国家广播电影电视总局 2004 年 8 月 18 日第 37 号令公布）

第一条 为规范广播电台、电视台管理，保障广播电视事业和产业的健康发展，根据《广播电视管理条例》，制定本办法。

第二条 本办法所称广播电台、电视台是指采编、制作并通过有线、无线、卫星或其他方式向社会公众播放广播电视节目的广播电视播出机构（含广播电视台、教育电视台、广播影视集团、总台、具备独立法人资格的广播电台、电视台分台等）。

第三条 国家广播电影电视总局（以下简称广电总局）负责制定全国广播电台、电视台的设立规划，确定广播电台、电视台的总量、布局和结构，负责全国广播电台、电视台的设立审批和监督管理工作。

县级以上地方广播电视行政部门负责本行政区域内广播电台、电视台的管理工作。

第四条 国家禁止设立外资经营、中外合资经营和中外合作经营的广播电台、电视台。

第五条 广播电台、电视台原则上由县、不设区的市以上广播电视行政部门或经批准的广播影视集团（总台）设立，其中教育电视台可以由设区的市、自治州以上教育行政部门设立。

第六条 广播电台、电视台的设立、合并应当具备下列条件：

（一）符合国家广播电视事业和产业发展规划以及相关的国家、行业标准；

（二）有符合国家规定的广播电视专业人员、技术设备和必要的场所；

（三）有必要的基本建设资金和稳定的资金保障；

（四）有明确的频道定位和确定的传输覆盖范围；

（五）传输覆盖方式和技术参数符合国家广播电视传输覆盖网规划。

第七条 中央级广播电台、电视台的设立、合并和相关事项变更，直接报广电总局审批。地方级广播电台、电视台的设立和变更，由本级广播电视行政部门向上级广播电视行政部门提出申请，逐级审核后，报广电总局审批。

教育电视台的设立、合并和相关事项的变更，由设区的市、自治州以上教育行政部门征得同级广播电视行政部门同意后，向上级教育行政部门提出申请，逐级审核后，经国务院教育行政部门审核同意，报广电总局审批。

第八条 申请设立、合并广播电台、电视台的,须提交以下申请材料:

(一)申请书;

(二)可行性报告。报告应载明以下内容:

1. 人力资源;

2. 资金保障及来源;

3. 场地、设备;

4. 节目频道设置规划(含频道定位、栏目设置);

5. 传输覆盖范围、方式和技术参数;

6. 运营规划。

(三)拟使用的台名、台标、呼号,并附台标设计彩色样稿、创意简述和电子文稿;

(四)本级人民政府同意设立、合并的批准文件;

(五)筹备计划。

第九条 广播电台、电视台申请调整节目套数和节目设置范围的,须提交以下申请材料:

(一)申请书;

(二)可行性报告。报告应载明以下内容:

1. 调整节目套数和节目设置范围的理由;

2. 人力资源;

3. 资金保障及来源;

4. 场地、设备;

5. 节目频道设置规划(含频道定位、栏目设置);

6. 传输覆盖范围、方式和技术参数;

7. 运营规划。

(三)筹备计划。

第十条 广播电台、电视台的台名、呼号等原则上应与国务院确定的行政区划名称一致。

台标可以由图案、汉字、数字和字母组合而成,并与其他广播电台、电视台或其他机构已使用的标识有明显区别,播出时在屏幕左上角标出。广播电台、电视台所属节目频道的标识应以台标为主体,与频道名称或简称、序号等组合而成。

第十一条　广播电台、电视台申请变更台名、台标、呼号的,须提交以下申请材料:

(一)申请书;

(二)拟变更的台名、台标、呼号及其设计彩色样稿、创意简述和电子文稿。因行政区划变更的,须提交国务院关于变更行政区划的批准文件复印件。

因其他原因变更台名、呼号的,申请书中应充分说明变更的理由。

第十二条　广播电台、电视台申请变更传输覆盖范围、方式、技术参数的,须向本级广播电视行政部门提交以下申请材料:

(一)申请书;

(二)对技术参数的使用建议、必要的设计文件或技术评估报告。

申请书中应说明变更传输覆盖范围、方式、技术参数的理由及对广播电视传输覆盖网的影响。

第十三条　副省级城市以上广播电视行政部门或经批准的广播影视集团(总台)设立的广播电台、电视台可以按照国家广播电视事业、产业建设和技术发展规划,利用卫星方式传输本台广播电视节目。

利用卫星方式传输本台广播电视节目的,应向本级广播电视行政部门提出申请,由本级广播电视行政部门报经同级人民政府同意后,逐级上报,由广电总局审批。

第十四条　申请利用卫星方式传输本台广播电视节目的,须提交以下申请材料:

(一)申请书;

(二)可行性报告。报告应载明以下内容:

1. 以卫星方式传输广播电视节目的理由;

2. 人力资源;

3. 资金保障及来源;

4. 场地和设备;

5. 节目频道设置规划(含频道定位、栏目设置);

6. 运营规划。

(三)节目审查和管理制度;

(四)安全传输与播出方案、技术方案;

(五)本级人民政府批准文件;

(六)筹备计划。

第十五条　副省级城市以上广播电视行政部门或经批准的广播影视集团（总台）设立的广播电台、电视台在合法存续期间，可以向本级广播电视行政部门申请在本行政区域范围内设立分台，经逐级审核后，由广电总局审查批准。

广播电台、电视台设立分台的，须提交以下申请材料：

（一）申请书；

（二）可行性报告。报告应载明以下内容：

1．人力资源；

2．资金来源；

3．场地、设备；

4．节目频道设置规划（含频道定位、栏目设置）；

5．传输覆盖范围、方式和技术参数。

（三）台名、台标、呼号，并附台标设计彩色样稿、创意简述和电子文稿。

第十六条　广播电台、电视台设立的分台，应于开播前向所在地的广播电视行政部门备案，并接受所在地广播电视行政部门的属地管理。

第十七条　申请人提交的所有申请材料均一式五份。负责受理的广播电视行政部门应按照行政许可法规定的期限和权限，履行受理、审核职责。广电总局对申请材料做最终审查，申请人的申请符合法定标准的，作出准予行政许可的书面决定；依法作出不予行政许可决定的，应当书面通知申请人并说明理由。

第十八条　广电总局对经批准设立的广播电台、电视台颁发《广播电视播出机构许可证》，并同时对批准开办的每套广播电视节目颁发《广播电视频道许可证》。

许可证有效期为三年，自颁发之日起计算。期满后如需继续开办，须于有效期届满180日前按本办法第六条、第七条、第八条规定提出申请，经逐级审核同意后换发许可证。

《广播电视播出机构许可证》和《广播电视频道许可证》由广电总局统一印制、换发。

第十九条　广播电台、电视台终止的，应充分说明理由，并按原设立审批程序逐级上报广电总局审批，其《广播电视播出机构许可证》及《广播电视频道许可证》由广电总局收回。

第二十条　广播电台、电视台应当按照批准的设立主体、台名、呼号、台标、节目设置范围、节目套数、传输覆盖范围、方式、技术参数等制作、播放节目。

第二十一条 广播电台、电视台因特殊情况需要暂时停止播出的,应当经省级以上广播电视行政部门同意;未经批准,连续停止播出超过30日的或自广电总局批准之日起超过180日尚未开播的,视为终止。

第二十二条 广播电台、电视台频道可区分为公益性频道和经营性频道两类。允许两类频道按照各自不同的特点和目标要求,从机构设置上适当分开,采用相应的组织管理方式和生产经营方式。具体管理办法另行制定。

第二十三条 广播电台、电视台可以跨地区合办经批准设立的广播电视频道或栏目。

第二十四条 合办广播电视频道及栏目,应由该频道或栏目所属广播电台、电视台向本级广播电视行政部门提出申请,经逐级审核后,由广电总局审查批准。

合办广播电视频道或栏目的,应提交以下申请材料:

(一)申请书;

(二)可行性报告。报告应载明以下内容:

1. 合办广播电视频道或栏目的理由;

2. 人力资源;

3. 资金保障及来源;

4. 场地、设备;

5. 节目资源及设置规划;

6. 传输覆盖范围、方式和技术参数;

7. 运营规划。

(三)合作合同。

第二十五条 县级广播电视台原则上不自办电视频道,其制作的当地新闻和经济类、科技类、法制类、农业类、重大活动类专题、有地方特色的文艺节目以及广告等,在本省、自治区、直辖市行政区域内公共频道预留时段中插播。

第二十六条 广播电视付费频道的审批管理按照广电总局有关规定执行。

第二十七条 广播电台、电视台申报的技术方案、安全传输与播出方案、传输覆盖范围、方式、技术参数应符合广电总局有关规定。

第二十八条 违反本办法的,依照《广播电视管理条例》进行处罚。

第二十九条 本办法自2004年9月20日起施行。广播电影电视部《广播电台、电视台设立审批管理办法》(广播电影电视部第 19 号令)同时废止。

22. 中国广播电视编辑记者职业道德准则

（国家广播电影电视总局 2004 年 12 月 7 日发布）

广播电视是当今最具影响力的大众传媒之一,是党、政府和人民的喉舌。为加强广播电视队伍建设,倡导良好的职业精神和职业道德,规范广播电视编辑记者的职业行为,特制定本准则。

一、责任

第一条 广播电视编辑记者所从事的事业,担负着传播先进文化,弘扬民族精神,维护国家利益,促进经济社会发展,推动人类文明的崇高使命和社会责任。

第二条 热爱祖国和人民,珍视国家和人民赋予的权利,全心全意为人民服务,为社会主义服务,为党和国家工作的大局服务。

第三条 忠诚党的新闻事业,坚持党性原则,坚定执行党的路线、方针、政策。

第四条 自觉遵守宪法和法律、法规。

第五条 保守国家秘密。

第六条 真实报道新闻,正确引导舆论,努力传播知识,热情提供服务,不断满足广大人民群众的精神和文化需要。

二、真实

第七条 广播电视编辑记者应该对报道内容的真实和准确负责,报道必须以事实为依据,不编造新闻,不歪曲、夸大事实。

第八条 消息来源必须真实可靠。应深入新闻现场采集第一手信息,保证新闻要素准确无误;未经证实的消息,应加以说明;除需要对提供信息者保密外,报道中应指明消息来源。

第九条 认真核实报道内容,包括基本事实、背景资料、引述转述语言等。对稿件中采用的声音、图像、数据、文件摘录及其他材料,做到真实、准确、科学、统一。

第十条 报道中的细节必须真实,不加以拔高、想象和夸张。报道所采用的声音、图像均应来自新闻现场或与报道主题相关的采编活动,而非个人编造或拼接。

第十一条 在报道、说明、解释和评论事实时,要全面把握和正确反映社会生活的本质和主流,避免因为报道肤浅、片面而导致公众对事物的判断产生偏差或错误。

第十二条 报道一经发布,如果发现错误,应立即公开更正。

三、公正

第十三条 广播电视编辑记者应坚持客观公正的职业理念,坚持深入实际,调查研究,忠于事实,追求真理的职业精神。

第十四条 坚持准确、公正、全面、客观的报道原则。不从个人或小团体利益出发进行影响公共利益的报道。

第十五条 区分报道事实和评价事实,不将评论或猜测作为认定的事实发表。

第十六条 不参与任何可能有损于自身公正和信誉的组织及活动;不在自己服务的媒体上发表本人及亲属涉诉事件的报道和评论;不阻挠正当的舆论监督。

第十七条 正确行使舆论监督职能,勇于批评和揭露违法违纪行为、消极腐败现象和违背社会公德的不良风气,弘扬社会正气,捍卫社会公正,维护社会稳定。

第十八条 批评性或揭露性报道要有利于问题的解决。不追求所谓"轰动效应"、哗众取宠;不以个人情绪代替政策法律、发泄私愤、中伤他人。尊重被批评者申辩的权利。

第十九条 案件报道不应影响司法公正和法律判决。不偏袒诉讼任何一方;案件判决前,不作定罪、定性报道;不针对法庭审判活动进行暗访;报道公开审理的案件,应遵守相关法律规定。

第二十条 报道中避免对种族、性别、年龄、职业、宗教信仰、教育程度、居住地等的任何歧视。

四、导向

第二十一条 广播电视编辑记者必须树立政治意识,大局意识,责任意识,坚持正确的舆论导向。

第二十二条 把好政治关、事实关、安全播出关。杜绝政治导向问题和政策性错误,不给不良言论、有害信息提供传播渠道。

第二十三条 坚持正面宣传为主的方针,及时传达党的主张,反映人民呼声,营造积极健康向上的舆论环境。

第二十四条 报道内容要符合特定的政治、经济、文化、道德、习俗等社会环境要求。

第二十五条 坚持正确的新闻价值取向,维护国家尊严、民族荣誉和社会道德规范。不宣扬利己主义、拜金主义、享乐主义的人生观、价值观和生活方式。

第二十六条 坚持把社会效益放在首位,严肃认真地考虑新闻传播的社会效果。不片面追求经济利益,不报道危害国家安全、影响社会稳定、违背社会公德、损害公共利益的内容。坚持报道的高品质、高品位,不迎合庸俗、低级趣味。

第二十七条 对重大事件、社会热点和敏感问题的报道,应注意把握分寸、时机、力度,释疑解惑,积极引导。不炒作和蓄意制造舆论"热点",误导受众。

五、品格

第二十八条 广播电视编辑记者应恪守敬业奉献、诚实公正、团结协作、遵纪守法的职业道德。

第二十九条 尊重公民和法人的名誉权、荣誉权,尊重个人隐私权、肖像权,不揭人隐私,避免损害他人名誉的报道。

第三十条 努力营造有利于未成年人健康成长的文化环境。不传播含有恐怖、暴力、色情、封建迷信和伪科学的内容。

第三十一条 报道意外事件,应顾及受害人及家属的感受,在提问和录音、录像时应避免对其心理造成伤害。

第三十二条 尊重和保护未成年人、妇女、老人和残疾人的合法权益。报道违法犯罪的未成年人和性侵犯的受害者时,录音、图像应经过特殊处理,使之不可辨认;不公布其真实姓名,不描述犯罪过程。

第三十三条 涉及使用其他新闻来源的报道时,应尊重其他新闻来源和相关作者的知识产权。对内容的选择应忠实于原作,不断章取义。

第三十四条 尊重采访对象的声明和要求,采访时应主动出示工作证件或单位介绍信。

第三十五条 保持良好的社会形象。进行报道活动时,衣着、语言和行为要符合大众审美情趣,避免在社会上产生不良影响。

第三十六条 同行之间互相尊重,互相学习,互相支持,开展正当的业务竞争。

六、廉洁

第三十七条 广播电视编辑记者应该清正廉洁,克己奉公,反对任何形式的"有偿新闻"。

第三十八条 不利用职务之便,直接或间接地为本人、亲属及其他人谋取私利。

第三十九条 不擅自组团进行采访活动,不参加他人擅自组织的采访活动。不以任何名义索要、接受和借用报道对象的钱物。

第四十条 不以批评报道相威胁或以表扬报道相引诱,为个人和小团体谋利。不以"公开曝光""编发内参"等方式要挟他人以达到个人目的或其它不正当目的。

第四十一条 严格区分新闻报道与广告,不以任何形式从事广告和其他经营活动。不利用新闻报道拉赞助、拉广告;不以新闻报道形式为企业或产品做变相广告或形象宣传;广告和广告信息应有明确广告标识。

第四十二条 自觉遵守有关廉政的规章制度和财经纪律,自觉接受公众和有关部门的监督。

七、附则

第四十三条 全国各广播电视制作、播出机构的编辑记者遵守本准则。

第四十四条 违犯本准则的编辑记者,将在行业内通报批评;触犯党纪政纪的,给予党纪政纪处分;触犯法律的,移送司法机关处理。

23. 中国广播电视播音员主持人职业道德准则

（国家广播电影电视总局2004年12月7日发布）

广播电视是当今最具影响力的大众传媒之一,是党、政府和人民的喉舌。为加强广播电视队伍建设,倡导良好的职业精神和职业道德,规范广播电视播音员主持人的职业行为,特制定本准则。

一、责任

第一条　广播电视播音员主持人所从事的事业,担负着传播先进文化,弘扬民族精神,维护国家利益,促进经济社会发展,推动人类文明的崇高使命和社会责任。

第二条　热爱祖国和人民,珍视国家和人民赋予的权利,全心全意为人民服务,为社会主义服务,为党和国家工作的大局服务。

第三条　忠诚党的新闻事业,坚持党性原则,坚定执行党的路线、方针、政策。

第四条　自觉遵守宪法和法律、法规。

第五条　保守国家秘密。

第六条　真实报道新闻,正确引导舆论,努力传播知识,热情提供服务,不断满足广大人民群众的精神和文化需要。

二、品格

第七条　广播电视播音员主持人应恪守敬业奉献、诚实公正、团结协作、遵纪守法的职业道德,谦虚谨慎,追求德艺双馨。

第八条　坚持播出内容与播出形式的高品质、高品位,不迎合低级趣味,拒绝有害于民族文化、社会公德的庸俗报道。

第九条　努力营造有利于未成年人健康成长的文化环境。不动员未成年人参与可能损害他们性格和感情的节目;对有可能被未成年人模仿而导致不良后果的播出内容和播出形式要加以防范。

第十条　采访意外事件,应顾及受害人及亲属的感受,在提问和录音、录像时应避免对其心理造成伤害。

第十一条　尊重公民和法人的名誉权、荣誉权,尊重个人隐私权、肖像权。不揭人隐私,避免损害他人名誉的报道。

第十二条　尊重和保护未成年人、妇女、老人和残疾人的合法权益。报道违法犯罪的未成年人和性侵犯的受害者时,录音、图像应经过特殊处理,使之不可辨认;不公布其真实姓名,不描述犯罪过程。

第十三条　同行之间互相尊重,互相学习,互相支持,开展正当的业务竞争。

三、形象

第十四条　广播电视播音员主持人直接代表广播电台、电视台的形象,言谈举止有着广泛的社会影响和示范效应,应自觉树立良好形象,维护媒体公信力。

第十五条　树立良好的声屏形象,尊重大众审美情趣和欣赏习惯。服饰、发型、化妆、声音、举止等要与节目(栏目)定位相协调,大方、得体,避免媚俗。

第十六条　形象设计要符合中华民族的文化传统,不盲目模仿境外和外国人的形象,不用外国人的名字作艺名。

第十七条　少儿节目主持人的服饰、发型、化妆、声音、举止要充分考虑到对未成年人的影响,展示积极健康向上的形象和精神风貌。

第十八条　严格约束日常行为。在工作和生活中要保持良好仪表和文明举止;自尊自爱,不参加任何有损于媒体形象、自身形象的组织和活动;要有公众人物的自觉意识,接受社会、公众和媒体较常人更为严格的监督。

第十九条　确立正确的公众人物观念。尊重观众、听众,热情礼貌地对待观众、听众;不以个人知名度和社会影响寻求利益、谋求优惠、照顾和方便;在涉及个人的纠纷中,不以强调个人工作身份和个人知名度影响、干扰和破坏法律、法规的实施。

第二十条　努力提高政治素养、文化内涵、语言能力、心理素质,保持外在形象和内在素质的和谐统一。

四、语言

第二十一条　广播电视播音员主持人要积极推广、普及普通话,规范使用通用语言文字,维护祖国语言和文字的纯洁,发挥示范作用。

第二十二条　除特殊需要,一律使用普通话。不模仿有地域特点的发音和表达方式,不使用对规范语言有损害的口音、语调、粗俗语言、俚语、行话,不在普通话中夹杂不必要的外文。

第二十三条　用词造句要遵守现代汉语的语法规则,语序合理,修辞恰当,层次清楚。避免滥用方言词语、文言词语、简称略语或生造词语。

第二十四条　表达要通俗易懂、准确生动、富有内涵、朴素大方。避免艰涩、易生歧义的语言和煽情、夸张的表达。

第二十五条　不追求低俗的主持风格和极端个人化的主持方式。

第二十六条　与受众和嘉宾平等交流、沟通，做到相互尊重、理解、通达、友善，赢得公众信赖。

五、廉洁

第二十七条　广播电视播音员主持人应该清正廉洁，自觉抵制拜金主义、享乐主义、个人主义的侵蚀，反对任何形式的"有偿新闻"。

第二十八条　不利用工作、身份之便，直接或间接地为本人、亲属及其他人谋取私利。

第二十九条　不以任何名义索要、接受和借用采访对象的任何钱物，采访活动中不提出与工作无关的个人要求。

第三十条　严格区分新闻报道与广告。不以新闻报道形式为企业或产品做变相广告或形象宣传。

第三十一条　不从事广告和其他经营活动。不将自己的名字、声音、形象用于任何带有商业目的的文章、图片及音像制品中。

第三十二条　不私自从事未经本单位批准的节目主持、录音、录像、配音工作及以个人赢利为目的的社会活动。

第三十三条　自觉遵守有关廉政的规章制度和财经纪律，自觉接受人民群众的监督。

六、附则

第三十四条　全国各广播电视制作、播出机构的播音员主持人遵守本准则。

第三十五条　违犯本准则的播音员主持人，将在行业内通报批评；触犯党纪政纪的，给予党纪政纪处分；触犯法律的，移送司法机关处理。

24. 订户订购进口出版物管理办法

（新闻出版总署2004年12月31日第27号令发布）

第一条　为了满足国内单位和个人、在华外国机构、外商投资企业外籍人士和港、澳、台人士对进口出版物的阅读需求,加强对进口出版物的管理,根据《出版管理条例》和有关法律、法规,制定本办法。

第二条　在中国境内订户订购进口出版物适用本办法。

本办法所称进口出版物,是指由出版物进口经营单位进口的,在外国以及在中国香港特别行政区、澳门特别行政区和台湾地区出版的图书、报纸(含过期报纸)、期刊(含过期期刊)、电子出版物等。

本办法所称出版物进口经营单位,是指依照《出版管理条例》设立的从事出版物进口业务的单位。

本办法所称订户,是指通过出版物进口经营单位订购进口出版物的国内单位和个人、在华外国机构、外商投资企业和在华长期工作、学习、生活的外籍人士以及港、澳、台人士。

本办法所称订购,是指订户为满足本单位或者本人的阅读需求,向出版物进口经营单位预订购买进口出版物。

第三条　国家对进口出版物的发行实行分类管理,对进口报纸、期刊和限定发行范围的进口图书、电子出版物等实行订户订购、分类供应的发行方式;非限定发行范围的进口图书、电子出版物实行市场销售的发行方式。

进口报纸、期刊分为限定发行范围的和非限定发行范围的两类。

限定发行范围的进口报纸、期刊、图书、电子出版物的种类由新闻出版总署确定。

第四条　订户订购进口出版物由出版物进口经营单位经营。其中,订户订购进口报纸、期刊的业务,须由新闻出版总署指定的出版物进口经营单位经营;订户订购限定发行范围的进口图书、电子出版物的业务,须由新闻出版总署指定的出版物进口经营单位按照批准的业务范围经营。

未经新闻出版总署批准,任何单位和个人不得从事订户订购进口报纸、期刊和限定发行范围的进口图书、电子出版物的经营活动。

出版物进口经营单位委托非出版物进口经营单位代理征订或者代理配送进口出版物,须事先报新闻出版总署同意。

第五条　国内单位订户订购非限定发行范围的进口报纸、期刊,持单位订购申请书,直接到新闻出版总署指定的报纸、期刊进口经营单位办理订购手续。国内个人订户应通过所在单位办理订购手续。

第六条 可以订购限定发行范围的进口报纸、期刊、图书和电子出版物的国内单位订户由新闻出版总署确定。

第七条 国内单位订户订购限定发行范围的进口报纸、期刊、图书、电子出版物,中央单位订户由所属中央各部委审批;地方单位订户经所在地省、自治区、直辖市新闻出版局审核后报送同级党委宣传部审批。获得批准的订户持单位订购申请书和有关批准文件,到新闻出版总署指定的出版物进口经营单位办理订购手续。

第八条 在华外国机构、外商投资企业和在华长期工作、学习、生活的外籍人士和港、澳、台人士订购进口报纸、期刊,应持单位订购申请书或者本人身份证明,到新闻出版总署指定的报纸、期刊进口经营单位办理订购手续。

第九条 出版物进口经营单位负责对订购限定发行范围的进口报纸、期刊、图书、电子出版物的订户进行审核,并将审核后的订户名单、拟订购进口报纸、期刊、图书、电子出版物的品种和数量报送新闻出版总署批准。出版物进口经营单位依照批准后的订户名单及进口报纸、期刊、图书、电子出版物的品种和数量供应订户。

第十条 未经批准,擅自从事进口出版物的订户订购业务,按照《出版管理条例》第五十五条处罚。

违反本办法其他规定的,由新闻出版行政部门责令改正,给予警告;情节严重的,并处3万元以下的罚款。

第十一条 办法自2005年2月1日起施行。

25. 报社记者站管理办法

(新闻出版总署2005年1月10日第29号令公布)

第一章 总 则

第一条 为适应报社开展新闻业务的需要,维护记者站的工作和管理秩序,根据国务院《出版管理条例》和《国务院对确需保留的行政审批项目设定行政许可的决定》,制定本办法。

第二条 本办法所称报社记者站,是指报社根据新闻采访需要在其登记地以外地区设立的从事采访、组稿、通联等新闻业务活动的派出机构。

报社记者站不具有法人资格。

第三条 报社记者站依照本办法设立,可以依法从事与其报社业务范围相一致的有关采访、组稿、通联等新闻业务活动。

第四条 报社记者站不得从事与新闻业务无关的其他活动,不得从事出版物发行、广告、开办经济实体及其他经营活动,不得设立分支机构。

第五条 除记者站以外,报社不得以办事处、通联站、工作站等名义设立从事新闻业务活动的其他派出机构。

第二章 报社记者站的设立

第六条 经新闻出版总署批准设立并获得报纸出版许可证,同时有新闻采访业务的报社,根据其新闻采访需要,可以申请设立记者站。教学辅导类报纸、文摘类报纸、高等学校校报等不得设立记者站。

第七条 中央和国务院各部委、各直属机构,各民主党派,全国性社团组织及其直属单位,国有特大型企业等单位主管的报社可以在省会城市和计划单列城市设立记者站;各省、自治区、直辖市党委机关报社和省级单位主管的报社可以在本省所辖的地区(市、州、盟)设立记者站;各省、自治区、直辖市的地区(市、州、盟)党政机关报社,可以在本地区所辖的市、县设立记者站。本条所指报社可以在本条规定范围内设立一家记者站。

第八条 设立报社记者站应当具备以下条件:

(一)符合本办法第七条规定并确有采访需要;

(二)报社具备有效管理记者站的条件和能力;

(三)记者站记者须是持有新闻出版总署核发的新闻记者证的报社专职人员;

(四)记者站有固定的办公场所;

(五)记者站具有维持日常工作的资金来源;

(六)法规、规章规定的其他条件。

第九条 本办法第七条第一款所列报社在省会城市和计划单列城市设立记者站,须经设站所在地省、自治区、直辖市新闻出版行政部门审批。确因特殊需要必须在规定范围以外设站的,须向设站所在地省、自治区、直辖市新闻出版行政部门特别申请,提出需要在设站地区进行长期采访的充分理由,经审核批准后,方可设立。国有特大型企业主管的企业报社,设站地点如有特殊要求,报社须向设站所在地省、自治区、直辖市新闻出版行政部门特别申请,说明充分理由,经审核批准后,方可设立。

第十条　本规定第七条第二款、第三款所列报社在本省、自治区、直辖市范围内设立记者站,须经设站地的地(市、州、盟)级新闻出版行政部门审核同意,由省、自治区、直辖市新闻出版行政部门批准。确因特殊情况需要在规定范围以外跨省设立记者站的,须向设站地省、自治区、直辖市新闻出版行政部门特别申请,提出需要在设站地区进行长期采访的充分理由,经该省、自治区、直辖市新闻出版行政部门审核批准后,方可设立。

第十一条　报业集团或者拥有多家子报的报社可以该集团或者报社名义设站,其属下报社不再单独设站。

第十二条　报社设立记者站,须依据本办法第九条、第十条的规定向新闻出版行政部门提交书面申请和有关材料。

（一）设立记者站的理由;

（二）记者站的业务范围、活动方式;

（三）报社对记者站的管理方式、管理制度和必要的保障条件及管理责任等。

有关材料包括:

（一）记者站人员简况及其从业资格证明;

（二）报社出具的符合本办法规定的记者站人员编制或者劳动聘用合同等证明文件;

（三）报社主管单位同意设立记者站的文件;

（四）记者站经费来源的有关证明;

（五）记者站办公场所的有关证明等。

第十三条　经批准设立的记者站应持审批机关的批准文件,于15个工作日内到设站所在地新闻出版行政部门办理登记注册手续,填写《记者站登记表》,领取《记者站登记证》。

登记机关对已登记注册的记者站,应在注册后20个工作日内在当地主要新闻媒介上予以公告。

第十四条　记者站的筹备组织或者人员擅自以该记者站名义对外进行公开活动的,审批机关经查证属实,可以拒绝受理其设站申请。

第十五条　除本办法第七条所列报社外,其他确有必要设立记者站的报社设立记者站,由省、自治区、直辖市新闻出版行政部门按照本办法从严审批。

第三章　管理和监督

第十六条　记者站的驻站记者人数不得超过5人。记者站不得设在党政机关。党政机关工作人员不得兼任记者站工作。记者站的筹备组织或者人员不得以该记者站名义对外进行公开活动。

第十七条　记者站须接受所在地新闻出版行政部门的指导、监督和管理。

第十八条　新闻出版行政部门应当加强对报社记者站的监督管理。新闻出版行政部门发现报社记者站已不具备本办法第八条规定的任何条件,应当责令报社在一个月内改正;报社在一个月内未改正的,由批准设立该记者站的新闻出版行政部门撤销该记者站。

第十九条　经批准设立的记者站须在登记后的三个月内正式挂牌并开展活动,否则由登记机关注销其登记并报审批机关备案。

第二十条　报社终止其记者站业务活动,应及时向审批登记机关提交书面报告,并办理注销登记手续。未办理手续的,审批机关可拒绝受理该报社重新设立记者站的申请。

第二十一条　《记者站登记表》的登记项目发生变更,记者站应在15个工作日内持有关证明文件到登记机关办理变更登记手续。不按时办理变更登记手续的,登记机关不予通过其年度审核。

第二十二条　《记者站登记证》的有效期及换发时间,由省、自治区、直辖市新闻出版行政部门规定。

第二十三条　记者站年度审核每年一次,具体时间由省、自治区、直辖市新闻出版行政部门规定。

省、自治区、直辖市新闻出版行政部门须将本地记者站年度审核情况及时报新闻出版总署备案。

第二十四条　记者站年度审核由记者站登记机关负责。记者站须在规定时间内接受年度审核。

年度审核的内容包括:

(一) 记者站登记项目;

(二) 报社提交的记者站工作评估报告;

(三) 记者站有无违法情况;

(四) 记者站记者采编从业资格条件;

(五) 其他有关材料。

第二十五条 登记机关在年度审核中发现记者站存在违法行为,应责令其立即改正;对违法情节严重的,其年度审核不予通过。

记者站未通过年度审核的,由登记机关注销登记,并报审批机关备案。

第二十六条 记者站因违反有关法律、法规和规章,被新闻出版行政部门依法撤销的,须办理注销登记手续,交回《记者站登记证》。

记者站注销登记后,登记机关应于20个工作日内在当地主要新闻媒介上予以公告。

第二十七条 报社对其记者站应履行管理职责,监督其记者站依法开展活动。对记者站的违法行为,须及时向记者站所在地新闻出版行政部门报告,并依法对记者站的主要负责人和直接责任人给于行政处分。

第四章 罚 则

第二十八条 报社未经批准擅自设立记者站或类似记者站的办事处、通联站、工作站等机构的,其他组织或者个人擅自设立记者站或者类似记者站的办事处、通联站、工作站等机构或者假冒、盗用记者站名义进行活动的,由新闻出版行政部门予以取缔,给予3万元以下罚款。

第二十九条 报社记者站驻站记者超过本办法规定人数以及将记者站设在或者变相设在党政机关的,由新闻出版行政部门责令改正,给予2万元以下罚款。

第三十条 记者站从事发行、广告、开办经济实体以及其他经营活动的,由所在地新闻出版行政部门责令停止违法行为,给予警告,并处3万元以下罚款;情节严重的,由登记机关注销其登记。

第三十一条 记者站擅自设立分支机构的,由所在地新闻出版行政部门责令停止违法行为,给予警告,并处2万元以下罚款;情节严重的,由登记机关注销其登记。

第五章 附 则

第三十二条 本规定所称《记者站登记表》《记者站登记证》由省、自治区、直辖市新闻出版行政部门统一印制。

第三十三条 本办法自2005年3月1日起施行。1992年3月2日新闻出版署颁布的《报社记者站管理暂行办法》同时废止,本办法生效前颁布的与本办法不一致的其他规定同时不再执行。

26. 新闻记者证管理办法

(新闻出版总署2005年1月10日第28号令公布)

第一章 总 则

第一条 为规范新闻记者证发放、使用及管理,保障新闻记者的正常采访活动,维护新闻记者和社会公众的合法权益,根据《国务院对确需保留的行政审批项目设定行政许可的决定》,制定本办法。

第二条 全国新闻机构使用统一样式的记者证,证件名称为新闻记者证。

新闻记者证是我国新闻机构的新闻采编人员从事新闻采访活动使用的有效工作身份证件,由新闻出版总署统一印制并核发。

第三条 新闻记者证由新闻出版总署统一编号,并加盖新闻出版总署印章、新闻记者证核发专用章、新闻记者证年度审核专用章和本新闻机构钢印方为有效。

其他任何单位或者个人不得制作、仿制新闻记者证,不得制作、发放专供采访使用的其它正式证件。

第四条 本办法所称新闻机构,是指经国家有关行政部门批准获得出版许可证的报社和新闻性期刊出版单位以及通讯社、广播电台、电视台、新闻电影制片厂等具有新闻采编业务的单位。其中,报纸、新闻性期刊的出版单位由新闻出版总署认定;广播、电视新闻机构的认定,以国家广播电影电视总局的有关批准文件为依据。

第二章 审核与发放

第五条 新闻出版总署负责全国新闻记者证的核发工作。

第六条　中央单位所办新闻机构经主管部门审核所属新闻机构采编人员资格条件后,向新闻出版总署申报、领取新闻记者证。

第七条　省和省以下单位所办新闻机构经主管部门审核所属新闻机构采编人员资格条件后,向所在地省、自治区、直辖市新闻出版行政部门申报、领取新闻记者证,由省、自治区、直辖市新闻出版行政部门向新闻出版总署备案。

第八条　记者站的新闻采编人员资格条件由设立该记者站的新闻机构审核,主管部门同意,并经记者站登记地省、自治区、直辖市新闻出版行政部门核准,由设立该记者站的新闻机构分别向新闻出版总署或者省、自治区、直辖市新闻出版行政部门申报、领取新闻记者证。

第九条　解放军总政治部宣传部新闻出版局负责解放军和武警部队(不含边防、消防、警卫部队)新闻机构记者证的审核发放工作,并向新闻出版总署备案。

第十条　除解放军和武警部队(不含边防、消防、警卫部队)系统外,新闻记者证申请、审核和发放工作统一通过新闻出版总署的"全国新闻记者证管理及核验网络系统"进行。

第十一条　新闻机构中发给新闻记者证的人员须具备下列条件:

(一)遵守国家法律、法规和新闻工作者职业道德;

(二)具备大学专科以上学历和经国务院有关部门认定的新闻采编从业人员;

(三)在新闻机构编制内从事新闻采编工作的人员,或者经新闻机构正式聘用从事新闻采编工作且连续聘用时间已达一年以上的非编制内人员。

本条所称"经新闻机构正式聘用",是指新闻采编人员与其所在新闻机构签有聘用合同。

"经新闻机构正式聘用"指新闻采编人员与所属新闻机构签有合法劳动聘用合同。

第十二条　下列人员不发新闻记者证:

(一)新闻机构中党务、行政、后勤、经营、广告、工程技术等非采编岗位的工作人员;

(二)新闻机构以外的工作人员,包括为新闻单位提供稿件或节目的通讯员、特约撰稿人、特约记者,专职或兼职为新闻机构采编新闻稿件的其他人员;

(三)教学辅导类报纸、高等学校校报工作人员;

(四)受过刑事处罚的人员。

第三章　使用与更换

第十三条　新闻采编人员从事新闻采访工作必须持有新闻记者证,并应在新闻采访中主动向采访对象出示。

新闻记者证持有者从事新闻采访的合法权益受法律保护。

第十四条　新闻记者证不得用于以下活动:

(一)经营性活动;

(二)非职务行为;

(三)违反法律规定的活动;

(四)违反新闻职业道德的活动。

第十五条　新闻记者证只限本人使用,不得转借或者涂改。

第十六条　新闻记者证每五年统一换发一次。新闻记者证换发的具体办法由新闻出版总署另行制定。

新闻机构中编制内的新闻采编人员的新闻记者证有效期为五年。经新闻机构正式聘用的非编制内新闻采编人员的新闻记者证有效期与其聘用合同期相同。

第十七条　新闻记者证实行年度审核制度。新闻记者证年度审核办法由新闻出版总署另行制定。

未通过年度审核的新闻记者证,由发证机关注销,不得继续使用。

第十八条　新闻记者证持有者离开本新闻机构或者采编岗位,新闻机构应及时收回其新闻记者证,并立即向发证机关办理注销手续。

第十九条　新闻记者证因污损、残破等各种原因无法继续使用,由新闻机构持原证到发证机关更换新证,原新闻记者证编号同时作废。

第二十条　新闻记者证因遗失需要补领的,由新闻机构在适当媒体上公告一周后,到发证机关申请补领新证,原新闻记者证编号同时作废。

第二十一条　新闻机构因工作需要补领新闻记者证,按照本办法第二章办理。

第二十二条　新闻机构撤销,其申领的新闻记者证同时作废。该新闻机构的主管单位负责收回作废的新闻记者证,交由发证机关注销。

第二十三条　采访国内、国际重大活动,活动主办单位制作的一次性临时采访证件必须随新闻记者证一同使用。

第四章 监管与责任

第二十四条 新闻出版总署和各省、自治区、直辖市新闻出版行政部门负责对新闻机构的新闻记者证发放、使用和年度审核进行监督管理。

第二十五条 新闻机构的主管单位应履行对所属新闻机构新闻记者证的申领审核和规范使用的管理责任,依法对违反本办法的新闻机构、新闻采编人员进行处理,对情节严重的,向发证机关申请注销其新闻记者证。

第二十六条 新闻机构应履行对所属新闻采编人员资格条件审核及新闻记者证申请、发放、使用和管理责任,并对新闻记者证持有者的采访活动进行监督管理。

新闻机构对其所属新闻记者证持有者违法违纪行为的举报,应及时组织调查处理,对情节严重的,应向发证机关申请注销新闻记者证。

新闻机构解除与所属采编人员劳动关系,未及时到发证机关办理新闻记者证注销手续的,承担由此产生的法律后果。

新闻机构未按新闻出版总署或者各省、自治区、直辖市新闻出版行政部门规定进行新闻记者证年度审核的,由发证机关注销其全部新闻记者证。

第二十七条 新闻机构应在其所属媒体上公布"全国新闻记者证管理及核验网路系统"的网址,方便社会公众查验新闻记者证,并接受监督。

第二十八条 新闻记者证持有者应遵守有关法律规定和新闻职业道德,不得以新闻报道为名从事有偿新闻、强拉广告或者向采访对象索取不正当利益。

第二十九条 被采访以及社会公众可以对新闻记者证持有者的新闻采访活动予以监督,可以通过"全国新闻记者证管理及核验网络系统"验明新闻记者证真伪,并对新闻记者证持有者的违法违纪行为予以举报。

第三十条 新闻机构、新闻采编人员违反本办法,由新闻出版总署或者各省、自治区、直辖市新闻出版行政部门予以警告,情节严重的,注销新闻记者证。

新闻机构擅自扩大新闻记者证发放范围、私自仿制或者使用无效记者证的,由新闻出版总署或者各省、自治区、直辖市新闻出版行政部门责令其改正,给予3万元以下的罚款,并建议其主管单位给予其主管负责人党纪政纪处分。

第五章 附 则

第三十一条 本办法自 2005 年 3 月 1 日起施行。本办法生效前颁布的与本办法不一致的其它规定同时不在执行。

27. 互联网著作权行政保护办法

（国家版权局、信息产业部令 2005 年 4 月 29 日第 5 号令公布）

第一条 为了加强互联网信息服务活动中信息网络传播权的行政保护，规范行政执法行为，根据《中华人民共和国著作权法》及有关法律、行政法规，制定本办法。

第二条 本办法适用于互联网信息服务活动中根据互联网内容提供者的指令，通过互联网自动提供作品、录音录像制品等内容的上载、存储、链接或搜索等功能，且对存储或传输的内容不进行任何编辑、修改或选择的行为。

互联网信息服务活动中直接提供互联网内容的行为，适用著作权法。

本办法所称"互联网内容提供者"是指在互联网上发布相关内容的上网用户。

第三条 各级著作权行政管理部门依照法律、行政法规和本办法对互联网信息服务活动中的信息网络传播权实施行政保护。国务院信息产业主管部门和各省、自治区、直辖市电信管理机构依法配合相关工作。

第四条 著作权行政管理部门对侵犯互联网信息服务活动中的信息网络传播权的行为实施行政处罚，适用《著作权行政处罚实施办法》。侵犯互联网信息服务活动中的信息网络传播权的行为由侵权行为实施地的著作权行政管理部门管辖。侵权行为实施地包括提供本办法第二条所列的互联网信息服务活动的服务器等设备所在地。

第五条 著作权人发现互联网传播的内容侵犯其著作权，向互联网信息服务提供者或者其委托的其他机构（以下统称"互联网信息服务提供者"）发出通知后，互联网信息服务提供者应当立即采取措施移除相关内容，并保留著作权人的通知 6 个月。

第六条 互联网信息服务提供者收到著作权人的通知后，应当记录提供的信息内容及其发布的时间、互联网地址或者域名。互联网接入服务提供者应当记录互联网内容提供者的接入时间、用户帐号、互联网地址或者域名、主叫电话号码等信息。

前款所称记录应当保存60日,并在著作权行政管理部门查询时予以提供。

第七条　互联网信息服务提供者根据著作权人的通知移除相关内容的,互联网内容提供者可以向互联网信息服务提供者和著作权人一并发出说明被移除内容不侵犯著作权的反通知。反通知发出后,互联网信息服务提供者即可恢复被移除的内容,且对该恢复行为不承担行政法律责任。

第八条　著作权人的通知应当包含以下内容:

(一)涉嫌侵权内容所侵犯的著作权权属证明;

(二)明确的身份证明、住址、联系方式;

(三)涉嫌侵权内容在信息网络上的位置;

(四)侵犯著作权的相关证据;

(五)通知内容的真实性声明。

第九条　互联网内容提供者的反通知应当包含以下内容:

(一)明确的身份证明、住址、联系方式;

(二)被移除内容的合法性证明;

(三)被移除内容在互联网上的位置;

(四)反通知内容的真实性声明。

第十条　著作权人的通知和互联网内容提供者的反通知应当采取书面形式。

著作权人的通知和互联网内容提供者的反通知不具备本办法第八条、第九条所规定内容的,视为未发出。

第十一条　互联网信息服务提供者明知互联网内容提供者通过互联网实施侵犯他人著作权的行为,或者虽不明知,但接到著作权人通知后未采取措施移除相关内容,同时损害社会公共利益的,著作权行政管理部门可以根据《中华人民共和国著作权法》第四十七条的规定责令停止侵权行为,并给予下列行政处罚:

(一)没收违法所得;

(二)处以非法经营额3倍以下的罚款;非法经营额难以计算的,可以处10万元以下的罚款。

第十二条　没有证据表明互联网信息服务提供者明知侵权事实存在的,或者互联网信息服务提供者接到著作权人通知后,采取措施移除相关内容的,不承担行政法律责任。

第十三条　著作权行政管理部门在查处侵犯互联网信息服务活动中的信息网络传播权案件时,可以按照《著作权行政处罚实施办法》第十二条规定要求著作权人提交必备材料,以及向互联网信息服务提供者发出的通知和该互联网信息服务提供者未采取措施移除相关内容的证明。

第十四条　互联网信息服务提供者有本办法第十一条规定的情形,且经著作权行政管理部门依法认定专门从事盗版活动,或有其他严重情节的,国务院信息产业主管部门或者省、自治区、直辖市电信管理机构依据相关法律、行政法规的规定处理;互联网接入服务提供者应当依据国务院信息产业主管部门或者省、自治区、直辖市电信管理机构的通知,配合实施相应的处理措施。

第十五条　互联网信息服务提供者未履行本办法第六条规定的义务,由国务院信息产业主管部门或者省、自治区、直辖市电信管理机构予以警告,可以并处三万元以下罚款。

第十六条　著作权行政管理部门在查处侵犯互联网信息服务活动中的信息网络传播权案件过程中,发现互联网信息服务提供者的行为涉嫌构成犯罪的,应当依照国务院《行政执法机关移送涉嫌犯罪案件的规定》将案件移送司法部门,依法追究刑事责任。

第十七条　表演者、录音录像制作者等与著作权有关的权利人通过互联网向公众传播其表演或者录音录像制品的权利的行政保护适用本办法。

第十八条　本办法由国家版权局和信息产业部负责解释。

第十九条　本办法自 2005 年 5 月 30 日起施行。

28. 中国广播电视播音员主持人自律公约

（中国广播电视协会 2005 年 9 月制定颁布）

广播电视播音员主持人是广播电视的形象代表,在传播先进文化,弘扬民族精神,维护国家利益,促进社会进步方面担负着不可推卸的责任。为了更好地贯彻执行国家广播电影电视总局制定的《中国广播电视播音员主持人职业道德准则》,提高职业素养,规范职业行为,制定本自律公约。

一

第一条　自觉遵守《中国广播电视播音员主持人职业道德准则》。

第二条　加强政治理论学习,不断提高政治素养和政策水平,认真落实"以科学的理论武装人,以正确的舆论引导人,以高尚的精神塑造人,以优秀的作品鼓舞人"的要求。

第三条　热爱祖国,热爱人民,全心全意为人民服务,为社会主义服务,为党和国家工作大局服务。

第四条　认真贯彻执行党的路线、方针、政策。自觉遵守宪法和法律、法规,严守国家机密。

第五条　发扬敬业奉献、诚实公正、团结协作的精神,努力做有责任、有道德、有专长的德艺双馨的播音员主持人。

二

第六条　努力钻研业务,更新知识,不断提高业务理论水平和专业素质,努力追求艺术创作的高品位,自觉抵制危害民族精神,损害社会公德的庸俗思想和文化糟粕。

第七条　自觉抵制低级趣味,拒绝可能被青少年模仿造成身心伤害的内容和形式,营造有利于未成年人健康成长的文化环境。

第八条　尊重公民的名誉权、隐私权,尊重和保护未成年人、妇女、老人、残疾人的合法权益。

第九条　以推广普及普通话、规范使用通用语言文字、维护祖国语言和文字的纯洁性为己任,自觉发挥示范作用。

第十条　除特殊需要外,一律使用普通话,不模仿地域音及其表达方式,不使用对规范语言有损害的口音、语调、粗俗语言、俚语、行话,不在普通话中夹杂不必要的外语,不模仿港台话及其表达方式。

第十一条　不断加强语文修养,用词造句要遵守现代汉语的语法规则,语序合理,修辞恰当,不滥用方言词语、文言词语、简称略语或生造词语。

第十二条　力求语言、语调、语音的表达形式与表达内容的一致性。表达要通俗易懂、准确生动、富有内涵、朴素大方,避免艰涩、易生歧义的语言和刻意煽情夸张的表达方式。

第十三条 树立健康向上的声屏形象,尊重大众审美情趣和欣赏习惯。服饰、发型、化妆、声音、举止要与节目(栏目)定位相协调,大方得体,拒绝媚俗。

第十四条 言谈举止要得体,活泼而不轻浮,亲和而不失礼仪,感情真挚而不煽情挑逗。反对扭怩作态、矫揉造作,拒绝粗俗。

三

第十五条 自觉维护广播电视媒体的公信力和播音员主持人的公众形象。自觉约束日常行为,自尊自爱,洁身自好。

第十六条 自觉抵制拜金主义、享乐主义、个人主义的侵蚀,坚决抵制任何形式的有偿新闻。

第十七条 不利用工作、身份之便,直接或间接地为本人、亲属及他人谋取私利。不接受和借用采访对象的钱物。

第十八条 不从事广告和其他经营活动,不从事未经本单位批准的节目主持、录音、录像、配音及以个人赢利为目的的社会活动。

四

第十九条 各级、各地广播电视制作、播出机构的播音员主持人均应遵守本自律公约。

第二十条 遵守本自律公约方能取得《中国广播电视播音主持作品奖暨"金话筒奖"》参评资格。

第二十一条 违犯本自律公约的,将由中国广播电视协会予以通报,并终止其《中国广播电视播音主持作品奖暨"金话筒奖"》入选资格;情节严重者,协会将建议行政主管部门取消其播音主持岗位资格。

第二十二条 本公约解释权属于中国广播电视协会。自颁布之日起执行。

29. 互联网新闻信息服务管理规定

（2005年9月25日国务院新闻办公室、信息产业部第37号令公布）

第一章 总 则

第一条 为了规范互联网新闻信息服务，满足公众对互联网新闻信息的需求，维护国家安全和公共利益，保护互联网新闻信息服务单位的合法权益，促进互联网新闻信息服务健康、有序发展，制定本规定。

第二条 在中华人民共和国境内从事互联网新闻信息服务，应当遵守本规定。

本规定所称新闻信息，是指时政类新闻信息，包括有关政治、经济、军事、外交等社会公共事务的报道、评论，以及有关社会突发事件的报道、评论。

本规定所称互联网新闻信息服务，包括通过互联网登载新闻信息、提供时政类电子公告服务和向公众发送时政类通讯信息。

第三条 互联网新闻信息服务单位从事互联网新闻信息服务，应当遵守宪法、法律和法规，坚持为人民服务、为社会主义服务的方向，坚持正确的舆论导向，维护国家利益和公共利益。

国家鼓励互联网新闻信息服务单位传播有益于提高民族素质、推动经济发展、促进社会进步的健康、文明的新闻信息。

第四条 国务院新闻办公室主管全国的互联网新闻信息服务监督管理工作。省、自治区、直辖市人民政府新闻办公室负责本行政区域内的互联网新闻信息服务监督管理工作。

第二章 互联网新闻信息服务单位的设立

第五条 互联网新闻信息服务单位分为以下三类：

（一）新闻单位设立的登载超出本单位已刊登播发的新闻信息、提供时政类电子公告服务、向公众发送时政类通讯信息的互联网新闻信息服务单位；

（二）非新闻单位设立的转载新闻信息、提供时政类电子公告服务、向公众发送时政类通讯信息的互联网新闻信息服务单位；

（三）新闻单位设立的登载本单位已刊登播发的新闻信息的互联网新闻信息服务

单位。

根据《国务院对确需保留的行政审批项目设定行政许可的决定》和有关行政法规，设立前款第（一）项、第（二）项规定的互联网新闻信息服务单位，应当经国务院新闻办公室审批。

设立本条第一款第（三）项规定的互联网新闻信息服务单位，应当向国务院新闻办公室或者省、自治区、直辖市人民政府新闻办公室备案。

第六条　新闻单位与非新闻单位合作设立互联网新闻信息服务单位，新闻单位拥有的股权不低于51％的，视为新闻单位设立互联网新闻信息服务单位；新闻单位拥有的股权低于51％的，视为非新闻单位设立互联网新闻信息服务单位。

第七条　设立本规定第五条第一款第（一）项规定的互联网新闻信息服务单位，应当具备下列条件：

（一）有健全的互联网新闻信息服务管理规章制度；

（二）有5名以上在新闻单位从事新闻工作3年以上的专职新闻编辑人员；

（三）有必要的场所、设备和资金，资金来源应当合法。

可以申请设立前款规定的互联网新闻信息服务单位的机构，应当是中央新闻单位，省、自治区、直辖市直属新闻单位，以及省、自治区人民政府所在地的市直属新闻单位。

审批设立本条第一款规定的互联网新闻信息服务单位，除应当依照本条规定条件外，还应当符合国务院新闻办公室关于互联网新闻信息服务行业发展的总量、结构、布局的要求。

第八条　设立本规定第五条第一款第（二）项规定的互联网新闻信息服务单位，除应当具备本规定第七条第一款第（一）项、第（三）项规定条件外，还应当有10名以上专职新闻编辑人员；其中，在新闻单位从事新闻工作3年以上的新闻编辑人员不少于5名。

可以申请设立前款规定的互联网新闻信息服务单位的组织，应当是依法设立2年以上的从事互联网信息服务的法人，并在最近2年内没有因违反有关互联网信息服务管理的法律、法规、规章的规定受到行政处罚；申请组织为企业法人的，注册资本应当不低于1000万元人民币。

审批设立本条第一款规定的互联网新闻信息服务单位，除应当依照本条规定条件外，还应当符合国务院新闻办公室关于互联网新闻信息服务行业发展的总量、结构、布局的要求。

第九条　任何组织不得设立中外合资经营、中外合作经营和外资经营的互联网新闻信息服务单位。

互联网新闻信息服务单位与境内外中外合资经营、中外合作经营和外资经营的企业进行涉及互联网新闻信息服务业务的合作，应当报经国务院新闻办公室进行安全评估。

第十条　申请设立本规定第五条第一款第（一）项、第（二）项规定的互联网新闻信息服务单位，应当填写申请登记表，并提交下列材料：

（一）互联网新闻信息服务管理规章制度；

（二）场所的产权证明或者使用权证明和资金的来源、数额证明；

（三）新闻编辑人员的从业资格证明。

申请设立本规定第五条第一款第（一）项规定的互联网新闻信息服务单位的机构，还应当提交新闻单位资质证明；申请设立本规定第五条第一款第（二）项规定的互联网新闻信息服务单位的组织，还应当提交法人资格证明。

第十一条　申请设立本规定第五条第一款第（一）项、第（二）项规定的互联网新闻信息服务单位，中央新闻单位应当向国务院新闻办公室提出申请；省、自治区、直辖市直属新闻单位和省、自治区人民政府所在地的市直属新闻单位以及非新闻单位应当通过所在地省、自治区、直辖市人民政府新闻办公室向国务院新闻办公室提出申请。

通过省、自治区、直辖市人民政府新闻办公室提出申请的，省、自治区、直辖市人民政府新闻办公室应当自收到申请之日起20日内进行实地检查，提出初审意见报国务院新闻办公室；国务院新闻办公室应当自收到初审意见之日起40日内作出决定。向国务院新闻办公室提出申请的，国务院新闻办公室应当自收到申请之日起40日内进行实地检查，作出决定。批准的，发给互联网新闻信息服务许可证；不批准的，应当书面通知申请人并说明理由。

第十二条　本规定第五条第一款第（三）项规定的互联网新闻信息服务单位，属于中央新闻单位设立的，应当自从事互联网新闻信息服务之日起1个月内向国务院新闻办公室备案；属于其他新闻单位设立的，应当自从事互联网新闻信息服务之日起1个月内向所在地省、自治区、直辖市人民政府新闻办公室备案。

办理备案时，应当填写备案登记表，并提交互联网新闻信息服务管理规章制度和新闻单位资质证明。

第十三条　互联网新闻信息服务单位依照本规定设立后,应当依照有关互联网信息服务管理的行政法规向电信主管部门办理有关手续。

第十四条　本规定第五条第一款第(一)项、第(二)项规定的互联网新闻信息服务单位变更名称、住所、法定代表人或者主要负责人、股权构成、服务项目、网站网址等事项的,应当向国务院新闻办公室申请换发互联网新闻信息服务许可证。根据电信管理的有关规定,需报电信主管部门批准或者需要电信主管部门办理许可证或者备案变更手续的,依照有关规定办理。

本规定第五条第一款第(三)项规定的互联网新闻信息服务单位变更名称、住所、法定代表人或者主要负责人、股权构成、网站网址等事项的,应当向原备案机关重新备案;但是,股权构成变更后,新闻单位拥有的股权低于51%的,应当依照本规定办理许可手续。根据电信管理的有关规定,需报电信主管部门批准或者需要电信主管部门办理许可证或者备案变更手续的,依照有关规定办理。

第三章　互联网新闻信息服务规范

第十五条　互联网新闻信息服务单位应当按照核定的服务项目提供互联网新闻信息服务。

第十六条　本规定第五条第一款第(一)项、第(二)项规定的互联网新闻信息服务单位,转载新闻信息或者向公众发送时政类通讯信息,应当转载、发送中央新闻单位或者省、自治区、直辖市直属新闻单位发布的新闻信息,并应当注明新闻信息来源,不得歪曲原新闻信息的内容。

本规定第五条第一款第(二)项规定的互联网新闻信息服务单位,不得登载自行采编的新闻信息。

第十七条　本规定第五条第一款第(一)项、第(二)项规定的互联网新闻信息服务单位转载新闻信息,应当与中央新闻单位或者省、自治区、直辖市直属新闻单位签订书面协议。中央新闻单位设立的互联网新闻信息服务单位,应当将协议副本报国务院新闻办公室备案;其他互联网新闻信息服务单位,应当将协议副本报所在地省、自治区、直辖市人民政府新闻办公室备案。

中央新闻单位或者省、自治区、直辖市直属新闻单位签订前款规定的协议,应当核验对方的互联网新闻信息服务许可证,不得向没有互联网新闻信息服务许可证的单位提供新闻信息。

第十八条 中央新闻单位与本规定第五条第一款第(二)项规定的互联网新闻信息服务单位开展除供稿之外的互联网新闻业务合作,应当在开展合作业务 10 日前向国务院新闻办公室报告;其他新闻单位与本规定第五条第一款第(二)项规定的互联网新闻信息服务单位开展除供稿之外的互联网新闻业务合作,应当在开展合作业务 10 日前向所在地省、自治区、直辖市人民政府新闻办公室报告。

第十九条 互联网新闻信息服务单位登载、发送的新闻信息或者提供的时政类电子公告服务,不得含有下列内容:

(一)违反宪法确定的基本原则的;

(二)危害国家安全,泄露国家秘密,颠覆国家政权,破坏国家统一的;

(三)损害国家荣誉和利益的;

(四)煽动民族仇恨、民族歧视,破坏民族团结的;

(五)破坏国家宗教政策,宣扬邪教和封建迷信的;

(六)散布谣言,扰乱社会秩序,破坏社会稳定的;

(七)散布淫秽、色情、赌博、暴力、恐怖或者教唆犯罪的;

(八)侮辱或者诽谤他人,侵害他人合法权益的;

(九)煽动非法集会、结社、游行、示威、聚众扰乱社会秩序的;

(十)以非法民间组织名义活动的;

(十一)含有法律、行政法规禁止的其他内容的。

第二十条 互联网新闻信息服务单位应当建立新闻信息内容管理责任制度。不得登载、发送含有违反本规定第三条第一款、第十九条规定内容的新闻信息;发现提供的时政类电子公告服务中含有违反本规定第三条第一款、第十九条规定内容的,应当立即删除,保存有关记录,并在有关部门依法查询时予以提供。

第二十一条 互联网新闻信息服务单位应当记录所登载、发送的新闻信息内容及其时间、互联网地址,记录备份应当至少保存 60 日,并在有关部门依法查询时予以提供。

第四章 监督管理

第二十二条 国务院新闻办公室和省、自治区、直辖市人民政府新闻办公室,依法对互联网新闻信息服务单位进行监督检查,有关单位、个人应当予以配合。

国务院新闻办公室和省、自治区、直辖市人民政府新闻办公室的工作人员依法进行实地检查时,应当出示执法证件。

第二十三条　国务院新闻办公室和省、自治区、直辖市人民政府新闻办公室,应当对互联网新闻信息服务进行监督;发现互联网新闻信息服务单位登载、发送的新闻信息或者提供的时政类电子公告服务中含有违反本规定第三条第一款、第十九条规定内容的,应当通知其删除。互联网新闻信息服务单位应当立即删除,保存有关记录,并在有关部门依法查询时予以提供。

第二十四条　本规定第五条第一款第(一)项、第(二)项规定的互联网新闻信息服务单位,属于中央新闻单位设立的,应当每年在规定期限内向国务院新闻办公室提交年度业务报告;属于其他新闻单位或者非新闻单位设立的,应当每年在规定期限内通过所在地省、自治区、直辖市人民政府新闻办公室向国务院新闻办公室提交年度业务报告。

国务院新闻办公室根据报告情况,可以对互联网新闻信息服务单位的管理制度、人员资质、服务内容等进行检查。

第二十五条　互联网新闻信息服务单位应当接受公众监督。

国务院新闻办公室应当公布举报网站网址、电话,接受公众举报并依法处理;属于其他部门职责范围的举报,应当移交有关部门处理。

第五章　法律责任

第二十六条　违反本规定第五条第二款规定,擅自从事互联网新闻信息服务,或者违反本规定第十五条规定,超出核定的服务项目从事互联网新闻信息服务的,由国务院新闻办公室或者省、自治区、直辖市人民政府新闻办公室依据各自职权责令停止违法活动,并处1万元以上3万元以下的罚款;情节严重的,由电信主管部门根据国务院新闻办公室或者省、自治区、直辖市人民政府新闻办公室的书面认定意见,按照有关互联网信息服务管理的行政法规的规定停止其互联网信息服务或者责令互联网接入服务者停止接入服务。

第二十七条　互联网新闻信息服务单位登载、发送的新闻信息含有本规定第十九条禁止内容,或者拒不履行删除义务的,由国务院新闻办公室或者省、自治区、直辖市人民政府新闻办公室给予警告,可以并处1万元以上3万元以下的罚款;情节严重的,由电信主管部门根据有关主管部门的书面认定意见,按照有关互联网信息服务管理的行政法规的规定停止其互联网信息服务或者责令互联网接入服务者停止接入服务。

互联网新闻信息服务单位登载、发送的新闻信息含有违反本规定第三条第一款规定内容的,由国务院新闻办公室或者省、自治区、直辖市人民政府新闻办公室依据各自职权依照前款规定的处罚种类、幅度予以处罚。

第二十八条　违反本规定第十六条规定,转载来源不合法的新闻信息、登载自行采编的新闻信息或者歪曲原新闻信息内容的,由国务院新闻办公室或者省、自治区、直辖市人民政府新闻办公室依据各自职权责令改正,给予警告,并处5 000元以上3万元以下的罚款。

违反本规定第十六条规定,未注明新闻信息来源的,由国务院新闻办公室或者省、自治区、直辖市人民政府新闻办公室依据各自职权责令改正,给予警告,可以并处5 000元以上2万元以下的罚款。

第二十九条　违反本规定有下列行为之一的,由国务院新闻办公室或者省、自治区、直辖市人民政府新闻办公室依据各自职权责令改正,给予警告,可以并处3万元以下的罚款:

(一)未履行备案义务的;

(二)未履行报告义务的;

(三)未履行记录、记录备份保存或者提供义务的。

第三十条　违反本规定第十七条第二款规定,向没有互联网新闻信息服务许可证的单位提供新闻信息的,对负有责任的主管人员和其他直接责任人员依法给予行政处分。

第三十一条　国务院新闻办公室和省、自治区、直辖市人民政府新闻办公室以及电信主管部门的工作人员,玩忽职守、滥用职权、徇私舞弊,造成严重后果,构成犯罪的,依法追究刑事责任;尚不构成犯罪的,对负有责任的主管人员和其他直接责任人员依法给予行政处分。

第六章　附　则

第三十二条　本规定所称新闻单位是指依法设立的报社、广播电台、电视台和通讯社;其中,中央新闻单位包括中央国家机关各部门设立的新闻单位。

第三十三条 本规定自公布之日起施行。

30. 期刊出版管理规定

（新闻出版总署2005年9月30日第31号令公布）

第一章 总　则

第一条　为了促进我国期刊业的繁荣和发展,规范期刊出版活动,加强期刊出版管理,根据国务院《出版管理条例》及相关法律法规,制定本规定。

第二条　在中华人民共和国境内从事期刊出版活动,适用本规定。

期刊由依法设立的期刊出版单位出版。期刊出版单位出版期刊,必须经新闻出版总署批准,持有国内统一连续出版物号,领取《期刊出版许可证》。

本规定所称期刊又称杂志,是指有固定名称,用卷、期或者年、季、月顺序编号,按照一定周期出版的成册连续出版物。

本规定所称期刊出版单位,是指依照国家有关规定设立,经新闻出版总署批准并履行登记注册手续的期刊社。法人出版期刊不设立期刊社的,其设立的期刊编辑部视为期刊出版单位。

第三条　期刊出版必须坚持马克思列宁主义、毛泽东思想、邓小平理论和"三个代表"重要思想,坚持正确的舆论导向和出版方向,坚持把社会效益放在首位、社会效益和经济效益相统一的原则,传播和积累有益于提高民族素质、经济发展和社会进步的科学技术和文化知识,弘扬中华民族优秀文化,促进国际文化交流,丰富人民群众的精神文化生活。

第四条　期刊发行分公开发行和内部发行。

内部发行的期刊只能在境内按指定范围发行,不得在社会上公开发行、陈列。

第五条　新闻出版总署负责全国期刊出版活动的监督管理工作,制定并实施全国期刊出版的总量、结构、布局的规划,建立健全期刊出版质量评估制度、期刊年度核验制度以及期刊出版退出机制等监督管理制度。

地方各级新闻出版行政部门负责本行政区域内的期刊出版活动的监督管理工作。

第六条　期刊出版单位负责期刊的编辑、出版等期刊出版活动。

期刊出版单位合法的出版活动受法律保护。任何组织和个人不得非法干扰、阻止、破坏期刊的出版。

第七条　新闻出版总署对为我国期刊业繁荣和发展做出突出贡献的期刊出版单位及个人实施奖励。

第八条　期刊出版行业的社会团体按照其章程，在新闻出版行政部门的指导下，实行自律管理。

第二章　期刊创办和期刊出版单位设立

第九条　创办期刊、设立期刊出版单位，应当具备下列条件：

（一）有确定的、不与已有期刊重复的名称；

（二）有期刊出版单位的名称、章程；

（三）有符合新闻出版总署认定条件的主管、主办单位；

（四）有确定的期刊出版业务范围；

（五）有30万元以上的注册资本；

（六）有适应期刊出版活动需要的组织机构和符合国家规定资格条件的编辑专业人员；

（七）有与主办单位在同一行政区域的固定的工作场所；

（八）有确定的法定代表人或者主要负责人，该法定代表人或者主要负责人必须是在境内长久居住的中国公民；

（九）法律、行政法规规定的其他条件。

除前款所列条件外，还须符合国家对期刊及期刊出版单位总量、结构、布局的总体规划。

第十条　中央在京单位创办期刊并设立期刊出版单位，经主管单位审核同意后，由主办单位报新闻出版总署审批。

中国人民解放军和中国人民武装警察部队系统创办期刊并设立期刊出版单位，由中国人民解放军总政治部宣传部新闻出版局审核同意后报新闻出版总署审批。

其他单位创办期刊并设立期刊出版单位，经主管单位审核同意后，由主办单位向所在地省、自治区、直辖市新闻出版行政部门提出申请，省、自治区、直辖市新闻出版行政部门审核同意后，报新闻出版总署审批。

第十一条 两个以上主办单位合办期刊,须确定一个主要主办单位,并由主要主办单位提出申请。

期刊的主要主办单位应为其主管单位的隶属单位。期刊出版单位和主要主办单位须在同一行政区域。

第十二条 创办期刊、设立期刊出版单位,由期刊出版单位的主办单位提出申请,并提交以下材料:

(一)按要求填写的《期刊出版申请表》;

(二)主管单位、主办单位的有关资质证明材料;

(三)拟任出版单位法定代表人或主要负责人简历、身份证明文件及国家有关部门颁发的职业资格证书;

(四)编辑出版人员的职业资格证书;

(五)办刊资金来源、数额及相关的证明文件;

(六)期刊出版单位的章程;

(七)工作场所使用证明;

(八)期刊出版可行性论证报告。

第十三条 新闻出版总署应当自收到创办期刊、设立期刊出版单位的申请之日起90日内,作出批准或者不批准的决定,并直接或者由省、自治区、直辖市新闻出版行政部门书面通知主办单位;不批准的,应当说明理由。

第十四条 期刊主办单位应当自收到新闻出版总署批准决定之日起60日内办理注册登记手续:

(一)持批准文件到所在地省、自治区、直辖市新闻出版行政部门领取《期刊出版登记表》,填写一式五份,经期刊主管单位审核签章后,报所在地省、自治区、直辖市新闻出版行政部门,省、自治区、直辖市新闻出版行政部门应在15日内,将《期刊出版登记表》报送新闻出版总署备案;

(二)公开发行的期刊,可以向ISSN中国国家中心申领国际标准连续出版物号,并向新闻出版总署条码中心申领条型码;

(三)省、自治区、直辖市新闻出版行政部门对《期刊出版登记表》审核无误后,在10日内向主办单位发放《期刊出版许可证》;

(四)期刊出版单位持《期刊出版许可证》到工商行政管理部门办理登记手续,依法领取营业执照。

《期刊出版登记表》由期刊出版单位、主办单位、主管单位及所在地省、自治区、直辖市新闻出版行政部门各留存一份。

第十五条 期刊主办单位自收到新闻出版总署的批准文件之日起 60 日内未办理注册登记手续，批准文件自行失效，登记机关不再受理登记，期刊主办单位须把有关批准文件缴回新闻出版总署。

期刊出版单位自登记之日起满 90 日未出版期刊的，由新闻出版总署撤销《期刊出版许可证》，并由原登记的新闻出版行政部门注销登记。

因不可抗力或者其他正当理由发生前款所列情形的，期刊出版单位可以向原登记的新闻出版行政部门申请延期。

第十六条 期刊社应当具备法人条件，经核准登记后，取得法人资格，以其全部法人财产独立承担民事责任。

期刊编辑部不具有法人资格，其民事责任由其主办单位承担。

第十七条 期刊出版单位变更名称、合并或者分立、改变资本结构，出版新的期刊，依照本规定第十条至第十四条的规定办理审批、登记手续。

第十八条 期刊变更名称、主办单位或主管单位、登记地、业务范围、刊期的，依照本规定第十条至第十四条的规定办理审批、登记手续。

期刊变更刊期，新闻出版总署可以委托省、自治区、直辖市新闻出版行政部门审批。

本规定所称期刊业务范围包括办刊宗旨、文种。

第十九条 期刊出版单位变更期刊开本、法定代表人或者主要负责人、在同一登记地内变更地址，经其主办单位审核同意后，由期刊出版单位在 15 日内向所在地省、自治区、直辖市新闻出版行政部门备案。

第二十条 期刊休刊，期刊出版单位须向所在地省、自治区、直辖市新闻出版行政部门备案并说明休刊理由和期限。

期刊休刊时间不得超过一年。休刊超过一年的，由新闻出版总署撤销《期刊出版许可证》，所在地省、自治区、直辖市新闻出版行政部门注销登记。

第二十一条 期刊出版单位终止期刊出版活动的，经主管单位同意后，由其主办单位向所在地省、自治区、直辖市新闻出版行政部门办理注销登记，并由省、自治区、直辖市新闻出版行政部门报新闻出版总署备案。

第二十二条　期刊注销登记,以同一名称设立的期刊出版单位须与期刊同时注销,并到原登记的工商行政管理部门办理注销登记。

注销登记的期刊和期刊出版单位不得再以该名称从事出版、经营活动。

第二十三条　中央期刊出版单位组建期刊集团,由新闻出版总署批准;地方期刊出版单位组建期刊集团,向所在地省、自治区、直辖市新闻出版行政部门提出申请,经审核同意后,报新闻出版总署批准。

第三章　期刊的出版

第二十四条　期刊出版实行编辑责任制度,保障期刊刊载内容符合国家法律、法规的规定。

第二十五条　期刊不得刊载《出版管理条例》和其他有关法律、法规以及国家规定的禁止内容。

第二十六条　期刊刊载的内容不真实、不公正,致使公民、法人或者其他组织的合法权益受到侵害的,期刊出版单位应当公开更正,消除影响,并依法承担其他民事责任。

期刊刊载的内容不真实、不公正,致使公民、法人或者其他组织的合法权益受到侵害的,当事人有权要求期刊出版单位更正或者答辩,期刊出版单位应当在其最近出版的一期期刊上予以发表;拒绝发表的,当事人可以向人民法院提出诉讼。

期刊刊载的内容不真实、不公正,损害公共利益的,新闻出版总署或者省、自治区、直辖市新闻出版行政部门可以责令该期刊出版单位更正。

第二十七条　期刊刊载涉及国家安全、社会安定等重大选题的内容,须按照重大选题备案管理规定办理备案手续。

第二十八条　公开发行的期刊不得转载、摘编内部发行出版物的内容。

期刊转载、摘编互联网上的内容,必须按照有关规定对其内容进行核实,并在刊发的明显位置标明下载文件网址、下载日期等。

第二十九条　期刊出版单位与境外出版机构开展合作出版项目,须经新闻出版总署批准,具体办法另行规定。

第三十条　期刊出版质量须符合国家标准和行业标准。期刊使用语言文字须符合国家有关规定。

第三十一条　期刊须在封底或版权页上刊载以下版本记录:期刊名称、主管单位、主办单位、出版单位、印刷单位、发行单位、出版日期、总编辑（主编）姓名、发行范围、定价、国内统一连续出版物号、广告经营许可证号等。

领取国际标准连续出版物号的期刊须同时刊印国际标准连续出版物号。

第三十二条　期刊须在封面的明显位置刊载期刊名称和年、月、期、卷等顺序编号，不得以总期号代替年、月、期号。

期刊封面其他文字标识不得明显于刊名。

期刊的外文刊名须是中文刊名的直译。外文期刊封面上必须同时刊印中文刊名；少数民族文种期刊封面上必须同时刊印汉语刊名。

第三十三条　一个国内统一连续出版物号只能对应出版一种期刊，不得用同一国内统一连续出版物号出版不同版本的期刊。

出版不同版本的期刊，须按创办新期刊办理审批手续。

第三十四条　期刊可以在正常刊期之外出版增刊。每种期刊每年可以出版两期增刊。

期刊出版单位出版增刊，应在申请报告中说明拟出增刊的文章编目、印数、定价、出版时间、印刷单位，经其主管单位审核同意后，由主办单位报所在地省、自治区、直辖市新闻出版行政部门审批；批准的，发给一次性增刊许可证。

增刊内容必须符合正刊的业务范围，开本和发行范围必须与正刊一致；增刊除刊印本规定第三十一条所列版本纪录外，还须刊印增刊许可证编号，并在封面刊印正刊名称和注明"增刊"。

第三十五条　期刊合订本须按原期刊出版顺序装订，不得对期刊内容另行编排，并在其封面明显位置标明期刊名称及"合订本"字样。

期刊因内容违法被新闻出版行政部门给予行政处罚的，该期期刊的相关篇目不得收入合订本。

被注销登记的期刊，不得制作合订本。

第三十六条　期刊出版单位不得出卖、出租、转让本单位名称及所出版期刊的刊号、名称、版面，不得转借、转让、出租和出卖《期刊出版许可证》。

第三十七条　期刊出版单位利用其期刊开展广告业务，必须遵守广告法律规定，发布广告须依法查验有关证明文件，核实广告内容，不得刊登有害的、虚假的等违法广告。

期刊的广告经营者限于在合法授权范围内开展广告经营、代理业务，不得参与期刊的采访、编辑等出版活动。

第三十八条　期刊采编业务与经营业务必须严格分开。

禁止以采编报道相威胁，以要求被报道对象做广告、提供赞助、加入理事会等损害被报道对象利益的行为牟取不正当利益。

期刊不得刊登任何形式的有偿新闻。

第三十九条　期刊出版单位的新闻采编人员从事新闻采访活动，必须持有新闻出版总署统一核发的新闻记者证，并遵守新闻出版总署《新闻记者证管理办法》的有关规定。

第四十条　具有新闻采编业务的期刊出版单位在登记地以外的地区设立记者站，参照新闻出版总署《报社记者站管理办法》审批、管理。其他期刊出版单位一律不得设立记者站。

期刊出版单位是否具有新闻采编业务由新闻出版总署认定。

第四十一条　期刊出版单位不得以不正当竞争行为或者方式开展经营活动，不得利用权力摊派发行期刊。

第四十二条　期刊出版单位须遵守国家统计法规，依法向新闻出版行政部门报送统计资料。

期刊出版单位应配合国家认定的出版物发行数据调查机构进行期刊发行数据调查，提供真实的期刊发行数据。

第四十三条　期刊出版单位须在每期期刊出版 30 日内，分别向新闻出版总署、中国版本图书馆、国家图书馆以及所在地省、自治区、直辖市新闻出版行政部门缴送样刊 3 本。

第四章　监督管理

第四十四条　期刊出版活动的监督管理实行属地原则。

省、自治区、直辖市新闻出版行政部门依法负责对本行政区域期刊和期刊出版单位的登记、年度核验、质量评估、行政处罚等工作，对本行政区域的期刊出版活动进行监督管理。

其他地方新闻出版行政部门依法对本行政区域内期刊出版单位及其期刊出版活动进行监督管理。

第四十五条 期刊出版管理实施期刊出版事后审读制度、期刊出版质量评估制度、期刊年度核验制度和期刊出版从业人员资格管理制度。

期刊出版单位应当按照新闻出版总署的规定,将从事期刊出版活动的情况向新闻出版行政部门提出书面报告。

第四十六条 新闻出版总署负责全国期刊审读工作。地方各级新闻出版行政部门负责对本行政区域内出版的期刊进行审读。下级新闻出版行政部门要定期向上一级新闻出版行政部门提交审读报告。

主管单位须对其主管的期刊进行审读,定期向所在地新闻出版行政部门报送审读报告。

期刊出版单位应建立期刊阅评制度,定期写出阅评报告。新闻出版行政部门根据管理工作的需要,可以随时调阅、检查期刊出版单位的阅评报告。

第四十七条 新闻出版总署制定期刊出版质量综合评估标准体系,对期刊出版质量进行全面评估。

经期刊出版质量综合评估,期刊出版质量未达到规定标准或者不能维持正常出版活动的,由新闻出版总署撤销《期刊出版许可证》,所在地省、自治区、直辖市新闻出版行政部门注销登记。

第四十八条 省、自治区、直辖市新闻出版行政部门负责对本行政区域的期刊实施年度核验。年度核验内容包括期刊出版单位及其所出版期刊登记项目、出版质量、遵纪守法情况等。

第四十九条 年度核验按照以下程序进行:

(一)期刊出版单位提出年度自检报告,填写由新闻出版总署统一印制的《期刊登记项目年度核验表》,经期刊主办单位、主管单位审核盖章后,连同本年度出版的样刊报省、自治区、直辖市新闻出版行政部门;

(二)省、自治区、直辖市新闻出版行政部门对期刊出版单位自检报告、《期刊登记项目年度核验表》及样刊进行审核查验;

(三)经核验符合规定标准的,省、自治区、直辖市新闻出版行政部门在《期刊出版许可证》上加盖年度核验章;《期刊出版许可证》上加盖年度核验章即为通过年度核验,期刊出版单位可以继续从事期刊出版活动;

(四)省、自治区、直辖市新闻出版行政部门在完成期刊年度核验工作30日内向新闻出版总署提交期刊年度核验工作报告。

第五十条 有下列情形之一的,暂缓年度核验:

(一)正在限期停业整顿的;

(二)经审核发现有违法情况应予处罚的;

(三)主管单位、主办单位未履行管理责任,导致期刊出版管理混乱的;

(四)存在其他违法嫌疑需要进一步核查的。

暂缓年度核验的期限由省、自治区、直辖市新闻出版行政部门确定,报新闻出版总署备案。缓验期满,按本规定第四十八条、第四十九条重新办理年度核验。

第五十一条 期刊有下列情形之一的,不予通过年度核验:

(一)违法行为被查处后拒不改正或者没有明显整改效果的;

(二)期刊出版质量长期达不到规定标准的;

(三)经营恶化已经资不抵债的;

(四)已经不具备本规定第九条规定条件的。

不予通过年度核验的,由新闻出版总署撤销《期刊出版许可证》,所在地省、自治区、直辖市新闻出版行政部门注销登记。

未通过年度核验的,期刊出版单位自第二年起停止出版该期刊。

第五十二条 《期刊出版许可证》加盖年度核验章后方可继续使用。有关部门在办理期刊出版、印刷、发行等手续时,对未加盖年度核验章的《期刊出版许可证》不予采用。

不按规定参加年度核验的期刊出版单位,经催告仍未参加年度核验的,由新闻出版总署撤销《期刊出版许可证》,所在地省、自治区、直辖市新闻出版行政部门注销登记。

第五十三条 年度核验结果,核验机关可以向社会公布。

第五十四条 期刊出版从业人员,应具备国家规定的新闻出版职业资格条件。

第五十五条 期刊出版单位的社长、总编辑须符合国家规定的任职资格和条件。

期刊出版单位的社长、总编辑须参加新闻出版行政部门组织的岗位培训。

期刊出版单位的新任社长、总编辑须经过岗位培训合格后才能上岗。

第五章 法律责任

第五十六条 期刊出版单位违反本规定的,新闻出版行政部门视其情节轻重,可以采取下列行政措施:

（一）下达警示通知书；

（二）通报批评；

（三）责令公开检讨；

（四）责令改正；

（五）责令停止印制、发行期刊；

（六）责令收回期刊；

（七）责成主办单位、主管单位监督期刊出版单位整改。

警示通知书由新闻出版总署制定统一格式，由新闻出版总署或者省、自治区、直辖市新闻出版行政部门下达给违法的期刊出版单位，并抄送违法期刊出版单位的主办单位及其主管单位。

本条所列行政措施可以并用。

第五十七条　未经批准，擅自设立期刊出版单位，或者擅自从事期刊出版业务，假冒期刊出版单位名称或者伪造、假冒期刊名称出版期刊的，依照《出版管理条例》第五十五条处罚。

期刊出版单位擅自出版增刊、擅自与境外出版机构开展合作出版项目的，按前款处罚。

第五十八条　出版含有《出版管理条例》和其他有关法律、法规以及国家规定禁载内容期刊的，依照《出版管理条例》第五十六条处罚。

第五十九条　期刊出版单位违反本规定第三十六条的，依照《出版管理条例》第六十条处罚。

期刊出版单位允许或者默认广告经营者参与期刊采访、编辑等出版活动的，按前款处罚。

第六十条　期刊出版单位有下列行为之一的，依照《出版管理条例》第六十一条处罚：

（一）期刊变更名称、主办单位或主管单位、登记地、业务范围、刊期，未依照本规定办理审批手续的；

（二）期刊出版单位变更名称、合并或分立、改变资本结构、出版新的期刊，未依照本规定办理审批手续的；

（三）期刊出版单位未将涉及国家安全、社会安定等方面的重大选题备案的；

（四）期刊出版单位未依照本规定缴送样刊的。

第六十一条　期刊出版单位违反本规定第四条第二款的，依照新闻出版总署《出版物市场管理规定》第四十八条处罚。

第六十二条　期刊出版单位有下列行为之一的，由新闻出版总署或者省、自治区、直辖市新闻出版行政部门给予警告，并处3万元以下罚款：

（一）期刊出版单位变更期刊开本、法定代表人或者主要负责人、在同一登记地内变更地址，未按本规定第十九条报送备案的；

（二）期刊休刊未按本规定第二十条报送备案的；

（三）刊载损害公共利益的虚假或者失实报道，拒不执行新闻出版行政部门更正命令的；

（四）公开发行的期刊转载、摘编内部发行出版物内容的；

（五）期刊转载、摘编互联网上的内容，违反本规定第二十八条第二款的；

（六）未按照本规定第三十一条刊载期刊版本记录的；

（七）违反本规定第三十二条关于期刊封面标识的规定的；

（八）违反本规定第三十三条，"一号多刊"的；

（九）出版增刊违反本规定第三十四条第三款的；

（十）违反本规定第三十五条制作期刊合订本的；

（十一）刊登有偿新闻或者违反本规定第三十八条其他规定的；

（十二）违反本规定第四十一条，以不正当竞争行为开展经营活动或者利用权力摊派发行的。

第六十三条　期刊出版单位新闻采编人员违反新闻记者证的有关规定，依照新闻出版总署《新闻记者证管理办法》的规定处罚。

第六十四条　期刊出版单位违反记者站的有关规定，依照新闻出版总署《报社记者站管理办法》的规定处罚。

第六十五条　对期刊出版单位做出行政处罚，新闻出版行政部门应告知其主办单位和主管单位，可以通过媒体向社会公布。

对期刊出版单位做出行政处罚，新闻出版行政部门可以建议其主办单位或者主管单位对直接责任人和主要负责人予以行政处分或者调离岗位。

第六章 附 则

第六十六条 本规定施行后,新闻出版署《期刊管理暂行规定》和《〈期刊管理暂行规定〉行政处罚实施办法》同时废止,此前新闻出版行政部门对期刊出版活动的其他规定,凡与本规定不一致的,以本规定为准。

第六十七条 本规定自2005年12月1日起施行。

31. 报纸出版管理规定

（新闻出版总署2005年9月30日第32号令公布）

第一章 总 则

第一条 为促进我国报业的发展与繁荣,规范报纸出版活动,加强报纸出版管理,根据国务院《出版管理条例》及相关法律法规,制定本规定。

第二条 在中华人民共和国境内从事报纸出版活动,适用本规定。

报纸由依法设立的报纸出版单位出版。报纸出版单位出版报纸,必须经新闻出版总署批准,持有国内统一连续出版物号,领取《报纸出版许可证》。

本规定所称报纸,是指有固定名称、刊期、开版,以新闻与时事评论为主要内容,每周至少出版一期的散页连续出版物。

本规定所称报纸出版单位,是指依照国家有关规定设立,经新闻出版总署批准并履行登记注册手续的报社。法人出版报纸不设立报社的,其设立的报纸编辑部视为报纸出版单位。

第三条 报纸出版必须坚持马克思列宁主义、毛泽东思想、邓小平理论和"三个代表"重要思想,坚持正确的舆论导向和出版方向,坚持把社会效益放在首位、社会效益和经济效益相统一和贴近实际、贴近群众、贴近生活的原则,为建设中国特色社会主义营造良好氛围,丰富广大人民群众的精神文化生活。

第四条 新闻出版总署负责全国报纸出版活动的监督管理工作,制定并实施全国报纸出版的总量、结构、布局的规划,建立健全报纸出版质量综合评估制度、报纸年度核验制度以及报纸出版退出机制等监督管理制度。

地方各级新闻出版行政部门负责本行政区域内的报纸出版活动的监督管理工作。

第五条　报纸出版单位负责报纸的编辑、出版等报纸出版活动。

报纸出版单位合法的出版活动受法律保护。任何组织和个人不得非法干扰、阻止、破坏报纸的出版。

第六条　新闻出版总署对为我国报业繁荣和发展做出突出贡献的报纸出版单位及个人实施奖励。

第七条　报纸出版行业的社会团体按照其章程,在新闻出版行政部门的指导下,实行自律管理。

第二章　报纸创办与报纸出版单位设立

第八条　创办报纸、设立报纸出版单位,应当具备下列条件:

(一)有确定的、不与已有报纸重复的名称;

(二)有报纸出版单位的名称、章程;

(三)有符合新闻出版总署认定条件的主管、主办单位;

(四)有确定的报纸出版业务范围;

(五)有30万元以上的注册资本;

(六)有适应业务范围需要的组织机构和符合国家规定资格条件的新闻采编专业人员;

(七)有与主办单位在同一行政区域的固定的工作场所;

(八)有符合规定的法定代表人或者主要负责人,该法定代表人或者主要负责人必须是在境内长久居住的中国公民;

(九)法律、行政法规规定的其他条件。

除前款所列条件外,还须符合国家对报纸及报纸出版单位总量、结构、布局的规划。

第九条　中央在京单位创办报纸并设立报纸出版单位,经主管单位同意后,由主办单位报新闻出版总署审批。

中国人民解放军和中国人民武装警察部队系统创办报纸并设立报纸出版单位,由中国人民解放军总政治部宣传部新闻出版局审核同意后报新闻出版总署审批。

其他单位创办报纸并设立报纸出版单位,经主管单位同意后,由主办单位向所在地省、自治区、直辖市新闻出版行政部门提出申请,省、自治区、直辖市新闻出版行政部门审核同意后,报新闻出版总署审批。

第十条　两个以上主办单位合办报纸,须确定一个主要主办单位,并由主要主办单位提出申请。

报纸的主要主办单位应为其主管单位的隶属单位。报纸出版单位和主要主办单位须在同一行政区域。

第十一条　创办报纸、设立报纸出版单位,由报纸出版单位的主办单位提出申请,并提交以下材料:

(一)按要求填写的《报纸出版申请表》;

(二)主办单位、主管单位的有关资质证明材料;

(三)拟任报纸出版单位法定代表人或者主要负责人的简历、身份证明文件及国家有关部门颁发的职业资格证书;

(四)新闻采编人员的职业资格证书;

(五)报纸出版单位办报资金来源及数额的相关证明文件;

(六)报纸出版单位的章程;

(七)工作场所使用证明;

(八)报纸出版可行性论证报告。

第十二条　新闻出版总署自收到创办报纸、设立报纸出版单位申请之日起90日内,作出批准或者不批准的决定,并直接或者由省、自治区、直辖市新闻出版行政部门书面通知主办单位;不批准的,应当说明理由。

第十三条　报纸主办单位应当自收到新闻出版总署批准决定之日起60日内办理注册登记手续:

(一)持批准文件到所在地省、自治区、直辖市新闻出版行政部门领取并填写《报纸出版登记表》,经主管单位审核签章后,报所在地省、自治区、直辖市新闻出版行政部门;

(二)《报纸出版登记表》一式五份,由报纸出版单位、主办单位、主管单位及省、自治区、直辖市新闻出版行政部门各存一份,另一份由省、自治区、直辖市新闻出版行政部门在15日内报送新闻出版总署备案;

(三)省、自治区、直辖市新闻出版行政部门对《报纸出版登记表》审核无误后,在10日内向主办单位发放《报纸出版许可证》,并编入国内统一连续出版物号;

(四)报纸出版单位持《报纸出版许可证》到工商行政管理部门办理登记手续,依法领取营业执照。

第十四条　报纸主办单位自收到新闻出版总署的批准文件之日起 60 日内未办理注册登记手续，批准文件自行失效，登记机关不再受理登记，报纸主办单位须把有关批准文件缴回新闻出版总署。

报纸出版单位自登记之日起满 90 日未出版报纸的，由新闻出版总署撤销《报纸出版许可证》，并由原登记的新闻出版行政部门注销登记。

因不可抗力或者其他正当理由发生前款所列情形的，报纸出版单位的主办单位可以向原登记的新闻出版行政部门申请延期。

第十五条　报社应当具备法人条件，经核准登记后，取得法人资格，以其全部法人财产独立承担民事责任。

报纸编辑部不具有法人资格，其民事责任由其主办单位承担。

第十六条　报纸出版单位变更名称、合并或者分立，改变资本结构，出版新的报纸，依照本规定第九条至第十三条的规定办理审批、登记手续。

第十七条　报纸变更名称、主办单位、主管单位、刊期、业务范围，依照本规定第九条至第十三条的规定办理审批、登记手续。

报纸变更刊期，新闻出版总署可以委托省、自治区、直辖市新闻出版行政部门审批。

本规定所称业务范围包括办报宗旨、文种。

第十八条　报纸变更开版，经主办单位审核同意后，由报纸出版单位报所在地省、自治区、直辖市新闻出版行政部门批准。

第十九条　报纸出版单位变更单位地址、法定代表人或者主要负责人、报纸承印单位，经其主办单位审核同意后，由报纸出版单位在 15 日内向所在地省、自治区、直辖市新闻出版行政部门备案。

第二十条　报纸休刊连续超过 10 日的，报纸出版单位须向所在地省、自治区、直辖市新闻出版行政部门办理休刊备案手续，说明休刊理由和休刊期限。

报纸休刊时间不得超过 180 日。报纸休刊超过 180 日仍不能正常出版的，由新闻出版总署撤销《报纸出版许可证》，并由所在地省、自治区、直辖市新闻出版行政部门注销登记。

第二十一条　报纸出版单位终止出版活动的，经主管单位同意后，由主办单位向所在地省、自治区、直辖市新闻出版行政部门办理注销登记，并由省、自治区、直辖市新闻出版行政部门报新闻出版总署备案。

第二十二条　报纸注销登记,以同一名称设立的报纸出版单位须与报纸同时注销,并到原登记的工商行政管理部门办理注销登记。

注销登记的报纸和报纸出版单位不得再以该名称从事出版、经营活动。

第二十三条　中央报纸出版单位组建报业集团,由新闻出版总署批准;地方报纸出版单位组建报业集团,向所在地省、自治区、直辖市新闻出版行政部门提出申请,经审核同意后,报新闻出版总署批准。

第三章　报纸的出版

第二十四条　报纸出版实行编辑责任制度,保障报纸刊载内容符合国家法律、法规的规定。

第二十五条　报纸不得刊载《出版管理条例》和其他有关法律、法规以及国家规定的禁止内容。

第二十六条　报纸开展新闻报道必须坚持真实、全面、客观、公正的原则,不得刊载虚假、失实报道。

报纸刊载虚假、失实报道,致使公民、法人或者其他组织的合法权益受到侵害的,其出版单位应当公开更正,消除影响,并依法承担相应民事责任。

报纸刊载虚假、失实报道,致使公民、法人或者其他组织的合法权益受到侵害的,当事人有权要求更正或者答辩,报纸应当予以发表;拒绝发表的,当事人可以向人民法院提出诉讼。

报纸因刊载虚假、失实报道而发表的更正或者答辩应自虚假、失实报道发现或者当事人要求之日起,在其最近出版的一期报纸的相同版位上发表。

报纸刊载虚假或者失实报道,损害公共利益的,新闻出版总署或者省、自治区、直辖市新闻出版行政部门可以责令该报纸出版单位更正。

第二十七条　报纸发表或者摘转涉及国家重大政策、民族宗教、外交、军事、保密等内容,应严格遵守有关规定。

报纸转载、摘编互联网上的内容,必须按照有关规定对其内容进行核实,并在刊发的明显位置标明下载文件网址、下载日期等。

第二十八条　报纸发表新闻报道,必须刊载作者的真实姓名。

第二十九条　报纸出版质量须符合国家标准和行业标准。报纸使用语言文字须符合国家有关规定。

第三十条　报纸出版须与《报纸出版许可证》的登记项目相符,变更登记项目须按本规定办理审批或者备案手续。

第三十一条　报纸出版时须在每期固定位置标示以下版本记录:

(一)报纸名称;

(二)报纸出版单位、主办单位、主管单位名称;

(三)国内统一连续出版物号;

(四)总编辑(社长)姓名;

(五)出版日期、总期号、版数、版序;

(六)报纸出版单位地址、电话、邮政编码;

(七)报纸定价(号外须注明"免费赠阅"字样);

(八)印刷单位名称、地址;

(九)广告经营许可证号;

(十)国家规定的涉及公共利益或者行业标准的其他标识。

第三十二条　一个国内统一连续出版物号只能对应出版一种报纸,不得用同一国内统一连续出版物号出版不同版本的报纸。

出版报纸地方版、少数民族文字版、外文版等不同版本(文种)的报纸,须按创办新报纸办理审批手续。

第三十三条　同一种报纸不得以不同开版出版。

报纸所有版页须作为一个整体出版发行,各版页不得单独发行。

第三十四条　报纸专版、专刊的内容应与报纸的宗旨、业务范围相一致,专版、专刊的刊头字样不得明显于报纸名称。

第三十五条　报纸在正常刊期之外可出版增期。出版增期应按变更刊期办理审批手续。

增期的内容应与报纸的业务范围相一致;增期的开版、文种、发行范围、印数应与主报一致,并随主报发行。

第三十六条　报纸出版单位因重大事件可出版号外;出版号外须在报头注明"号外"字样,号外连续出版不得超过3天。

报纸出版单位须在号外出版后 15 日内向所在地省、自治区、直辖市新闻出版行政部门备案,并提交所有号外样报。

第三十七条　报纸出版单位不得出卖、出租、转让本单位名称及所出版报纸的刊号、名称、版面,不得转借、转让、出租和出卖《报纸出版许可证》。

第三十八条　报纸刊登广告须在报纸明显位置注明"广告"字样,不得以新闻形式刊登广告。

报纸出版单位发布广告应依据法律、行政法规查验有关证明文件,核实广告内容,不得刊登有害的、虚假的等违法广告。

报纸的广告经营者限于在合法授权范围内开展广告经营、代理业务,不得参与报纸的采访、编辑等出版活动。

第三十九条　报纸出版单位不得在报纸上刊登任何形式的有偿新闻。

报纸出版单位及其工作人员不得利用新闻报道牟取不正当利益,不得索取、接受采访报道对象及其利害关系人的财物或者其他利益。

第四十条　报纸采编业务和经营业务必须严格分开。

新闻采编业务部门及其工作人员不得从事报纸发行、广告等经营活动;经营部门及其工作人员不得介入新闻采编业务。

第四十一条　报纸出版单位的新闻采编人员从事新闻采访活动,必须持有新闻出版总署统一核发的新闻记者证,并遵守新闻出版总署《新闻记者证管理办法》的有关规定。

第四十二条　报纸出版单位根据新闻采访工作的需要,可以依照新闻出版总署《报社记者站管理办法》设立记者站,开展新闻业务活动。

第四十三条　报纸出版单位不得以不正当竞争行为或者方式开展经营活动,不得利用权力摊派发行报纸。

第四十四条　报纸出版单位须遵守国家统计法规,依法向新闻出版行政部门报送统计资料。

报纸出版单位应配合国家认定的出版物发行数据调查机构进行报纸发行量数据调查,提供真实的报纸发行数据。

第四十五条　报纸出版单位须按照国家有关规定向国家图书馆、中国版本图书馆和新闻出版总署以及所在地省、自治区、直辖市新闻出版行政部门缴送报纸样本。

第四章 监督管理

第四十六条 报纸出版活动的监督管理实行属地原则。

省、自治区、直辖市新闻出版行政部门依法负责本行政区域报纸和报纸出版单位的登记、年度核验、质量评估、行政处罚等工作,对本行政区域的报纸出版活动进行监督管理。

其他地方新闻出版行政部门依法对本行政区域内报纸出版单位及其报纸出版活动进行监督管理。

第四十七条 报纸出版管理实施报纸出版事后审读制度、报纸出版质量评估制度、报纸出版年度核验制度和报纸出版从业人员资格管理制度。

报纸出版单位应当按照新闻出版总署的规定,将从事报纸出版活动的情况向新闻出版行政部门提出书面报告。

第四十八条 新闻出版总署负责全国报纸审读工作。地方各级新闻出版行政部门负责对本行政区域内出版的报纸进行审读。下级新闻出版行政部门要定期向上一级新闻出版行政部门提交审读报告。

主管单位须对其主管的报纸进行审读,定期向所在地新闻出版行政部门报送审读报告。

报纸出版单位应建立报纸阅评制度,定期写出阅评报告。新闻出版行政部门根据管理工作需要,可以随时调阅、检查报纸出版单位的阅评报告。

第四十九条 新闻出版总署制定报纸出版质量综合评估标准体系,对报纸出版质量进行全面评估。

经报纸出版质量综合评估,报纸出版质量未达到规定标准或者不能维持正常出版活动的,由新闻出版总署撤销《报纸出版许可证》,所在地省、自治区、直辖市新闻出版行政部门注销登记。

第五十条 省、自治区、直辖市新闻出版行政部门负责对本行政区域的报纸出版单位实施年度核验。年度核验内容包括报纸出版单位及其所出版报纸登记项目、出版质量、遵纪守法情况、新闻记者证和记者站管理等。

第五十一条 年度核验按照以下程序进行:

(一)报纸出版单位提出年度自检报告,填写由新闻出版总署统一印制的《报纸出版年度核验表》，经报纸主办单位、主管单位审核盖章后，连同核验之日前连续出版的30期样报，在规定时间内报所在地省、自治区、直辖市新闻出版行政部门；

（二）省、自治区、直辖市新闻出版行政部门对报纸出版单位自检报告、《报纸出版年度核验表》等送检材料审核查验；

（三）经核验符合规定标准的，省、自治区、直辖市新闻出版行政部门在其《报纸出版许可证》上加盖年度核验章；《报纸出版许可证》上加盖年度核验章即为通过年度核验，报纸出版单位可以继续从事报纸出版活动；

（四）省、自治区、直辖市新闻出版行政部门自完成报纸出版年度核验工作后的30日内，向新闻出版总署提交报纸年度核验工作报告。

第五十二条　有下列情形之一的，暂缓年度核验：

（一）正在限期停刊整顿的；

（二）经审核发现有违法情况应予处罚的；

（三）主管单位、主办单位未履行管理责任，导致报纸出版管理混乱的；

（四）存在其他违法嫌疑需要进一步核查的。

暂缓年度核验的期限由省、自治区、直辖市新闻出版行政部门确定，报新闻出版总署备案。缓验期满，按照本规定第五十条、第五十一条重新办理年度核验。

第五十三条　有下列情形之一的，不予通过年度核验：

（一）违法行为被查处后拒不改正或者没有明显整改效果的；

（二）报纸出版质量长期达不到规定标准的；

（三）经营恶化已经资不抵债的；

（四）已经不具备本规定第八条规定条件的。

不予通过年度核验的，由新闻出版总署撤销《报纸出版许可证》，所在地省、自治区、直辖市新闻出版行政部门注销登记。

未通过年度核验的，报纸出版单位自第二年起停止出版该报纸。

第五十四条　《报纸出版许可证》加盖年度核验章后方可继续使用。有关部门在办理报纸出版、印刷、发行等手续时，对未加盖年度核验章的《报纸出版许可证》不予采用。

不按规定参加年度核验的报纸出版单位，经催告仍未参加年度核验的，由新闻出版总署撤销《报纸出版许可证》，所在地省、自治区、直辖市新闻出版行政部门注销登记。

第五十五条　年度核验结果，核验机关可以向社会公布。

第五十六条　报纸出版从业人员,应具备国家规定的新闻出版职业资格条件。

第五十七条　报纸出版单位的社长、总编辑须符合国家规定的任职资格和条件。

报纸出版单位的社长、总编辑须参加新闻出版行政部门组织的岗位培训。

报纸出版单位的新任社长、总编辑须经过岗位培训合格后才能上岗。

第五章　法律责任

第五十八条　报纸出版单位违反本规定的,新闻出版行政部门视其情节轻重,可采取下列行政措施:

(一)下达警示通知书;

(二)通报批评;

(三)责令公开检讨;

(四)责令改正;

(五)责令停止印制、发行报纸;

(六)责令收回报纸;

(七)责成主办单位、主管单位监督报纸出版单位整改。

警示通知书由新闻出版总署制定统一格式,由新闻出版总署或者省、自治区、直辖市新闻出版行政部门下达给违法的报纸出版单位,并抄送违法报纸出版单位的主办单位及其主管单位。

本条所列行政措施可以并用。

第五十九条　未经批准,擅自设立报纸出版单位,或者擅自从事报纸出版业务,假冒报纸出版单位名称或者伪造、假冒报纸名称出版报纸的,依照《出版管理条例》第五十五条处罚。

第六十条　出版含有《出版管理条例》和其他有关法律、法规以及国家规定禁载内容报纸的,依照《出版管理条例》第五十六条处罚。

第六十一条　报纸出版单位违反本规定第三十七条的,依照《出版管理条例》第六十条处罚。

报纸出版单位允许或者默认广告经营者参与报纸的采访、编辑等出版活动,按前款处罚。

第六十二条　报纸出版单位有下列行为之一的,依照《出版管理条例》第六十一条处罚：

（一）报纸出版单位变更名称、合并或者分立，改变资本结构，出版新的报纸，未依照本规定办理审批手续的；

（二）报纸变更名称、主办单位、主管单位、刊期、业务范围、开版，未依照本规定办理审批手续的；

（三）报纸出版单位未依照本规定缴送报纸样本的。

第六十三条　报纸出版单位有下列行为之一的，由新闻出版总署或者省、自治区、直辖市新闻出版行政部门给予警告，并处3万元以下罚款：

（一）报纸出版单位变更单位地址、法定代表人或者主要负责人、承印单位，未按照本规定第十九条报送备案的；

（二）报纸休刊，未按照本规定第二十条报送备案的；

（三）刊载损害公共利益的虚假或者失实报道，拒不执行新闻出版行政部门更正命令的；

（四）在其报纸上发表新闻报道未登载作者真实姓名的；

（五）违反本规定第二十七条发表或者摘转有关文章的；

（六）未按照本规定第三十一条刊登报纸版本记录的；

（七）违反本规定第三十二条，"一号多版"的；

（八）违反本规定第三十三条，出版不同开版的报纸或者部分版页单独发行的；

（九）违反本规定关于出版报纸专版、专刊、增期、号外的规定的；

（十）报纸刊登广告未在明显位置注明"广告"字样，或者以新闻形式刊登广告的；

（十一）刊登有偿新闻或者违反本规定第三十九条其他规定的；

（十二）违反本规定第四十三条，以不正当竞争行为开展经营活动或者利用权力摊派发行的。

第六十四条　报纸出版单位新闻采编人员违反新闻记者证的有关规定，依照新闻出版总署《新闻记者证管理办法》的规定处罚。

第六十五条　报纸出版单位违反报社记者站的有关规定，依照新闻出版总署《报社记者站管理办法》的规定处罚。

第六十六条　对报纸出版单位做出行政处罚，应告知其主办单位和主管单位，可以通过媒体向社会公布。

对报纸出版单位做出行政处罚,新闻出版行政部门可以建议其主办单位或者主管单位对直接责任人和主要负责人予以行政处分或者调离岗位。

第六章 附 则

第六十七条 以非新闻性内容为主或者出版周期超过一周,持有国内统一连续出版物号的其他散页连续出版物,也适用本规定。

第六十八条 本规定施行后,新闻出版署《报纸管理暂行规定》同时废止,此前新闻出版行政部门对报纸出版活动的其他规定,凡与本规定不一致的,以本规定为准。

第六十九条 本规定自2005年12月1日起施行。

32. 信息网络传播权保护条例

(国务院2006年5月18日第468号令公布)

第一条 为保护著作权人、表演者、录音录像制作者(以下统称权利人)的信息网络传播权,鼓励有益于社会主义精神文明、物质文明建设的作品的创作和传播,根据《中华人民共和国著作权法》(以下简称著作权法),制定本条例。

第二条 权利人享有的信息网络传播权受著作权法和本条例保护。除法律、行政法规另有规定的外,任何组织或者个人将他人的作品、表演、录音录像制品通过信息网络向公众提供,应当取得权利人许可,并支付报酬。

第三条 依法禁止提供的作品、表演、录音录像制品,不受本条例保护。

权利人行使信息网络传播权,不得违反宪法和法律、行政法规,不得损害公共利益。

第四条 为了保护信息网络传播权,权利人可以采取技术措施。

任何组织或者个人不得故意避开或者破坏技术措施,不得故意制造、进口或者向公众提供主要用于避开或者破坏技术措施的装置或者部件,不得故意为他人避开或者破坏技术措施提供技术服务。但是,法律、行政法规规定可以避开的除外。

第五条 未经权利人许可,任何组织或者个人不得进行下列行为:

(一)故意删除或者改变通过信息网络向公众提供的作品、表演、录音录像制品的权利管理电子信息,但由于技术上的原因无法避免删除或者改变的除外;

(二)通过信息网络向公众提供明知或者应知未经权利人许可被删除或者改变权

利管理电子信息的作品、表演、录音录像制品。

第六条　通过信息网络提供他人作品,属于下列情形的,可以不经著作权人许可,不向其支付报酬:

(一)为介绍、评论某一作品或者说明某一问题,在向公众提供的作品中适当引用已经发表的作品;

(二)为报道时事新闻,在向公众提供的作品中不可避免地再现或者引用已经发表的作品;

(三)为学校课堂教学或者科学研究,向少数教学、科研人员提供少量已经发表的作品;

(四)国家机关为执行公务,在合理范围内向公众提供已经发表的作品;

(五)将中国公民、法人或者其他组织已经发表的、以汉语言文字创作的作品翻译成的少数民族语言文字作品,向中国境内少数民族提供;

(六)不以营利为目的,以盲人能够感知的独特方式向盲人提供已经发表的文字作品;

(七)向公众提供在信息网络上已经发表的关于政治、经济问题的时事性文章;

(八)向公众提供在公众集会上发表的讲话。

第七条　图书馆、档案馆、纪念馆、博物馆、美术馆等可以不经著作权人许可,通过信息网络向本馆馆舍内服务对象提供本馆收藏的合法出版的数字作品和依法为陈列或者保存版本的需要以数字化形式复制的作品,不向其支付报酬,但不得直接或者间接获得经济利益。当事人另有约定的除外。

前款规定的为陈列或者保存版本需要以数字化形式复制的作品,应当是已经损毁或者濒临损毁、丢失或者失窃,或者其存储格式已经过时,并且在市场上无法购买或者只能以明显高于标定的价格购买的作品。

第八条　为通过信息网络实施九年制义务教育或者国家教育规划,可以不经著作权人许可,使用其已经发表作品的片断或者短小的文字作品、音乐作品或者单幅的美术作品、摄影作品制作课件,由制作课件或者依法取得课件的远程教育机构通过信息网络向注册学生提供,但应当向著作权人支付报酬。

第九条　为扶助贫困,通过信息网络向农村地区的公众免费提供中国公民、法人或者其他组织已经发表的种植养殖、防病治病、防灾减灾等与扶助贫困有关的作品和适应基本文化需求的作品,网络服务提供者应当在提供前公告拟提供的作品及其作者、拟支付报酬的标准。自公告之日起 30 日内,著作权人不同意提供的,网络服务提供者不得提供其作品;自公告之日起满 30 日,著作权人没有异议的,网络服务提供者可以提供其作品,并按照公告的标准向著作权人支付报酬。网络服务提供者提供著作权人的作品后,著作权人不同意提供的,网络服务提供者应当立即删除著作权人的作品,并按照公告的标准向著作权人支付提供作品期间的报酬。

依照前款规定提供作品的,不得直接或者间接获得经济利益。

第十条 依照本条例规定不经著作权人许可、通过信息网络向公众提供其作品的,还应当遵守下列规定:

(一)除本条例第六条第(一)项至第(六)项、第七条规定的情形外,不得提供作者事先声明不许提供的作品;

(二)指明作品的名称和作者的姓名(名称);

(三)依照本条例规定支付报酬;

(四)采取技术措施,防止本条例第七条、第八条、第九条规定的服务对象以外的其他人获得著作权人的作品,并防止本条例第七条规定的服务对象的复制行为对著作权人利益造成实质性损害;

(五)不得侵犯著作权人依法享有的其他权利。

第十一条 通过信息网络提供他人表演、录音录像制品的,应当遵守本条例第六条至第十条的规定。

第十二条 属于下列情形的,可以避开技术措施,但不得向他人提供避开技术措施的技术、装置或者部件,不得侵犯权利人依法享有的其他权利:

(一)为学校课堂教学或者科学研究,通过信息网络向少数教学、科研人员提供已经发表的作品、表演、录音录像制品,而该作品、表演、录音录像制品只能通过信息网络获取;

(二)不以营利为目的,通过信息网络以盲人能够感知的独特方式向盲人提供已经发表的文字作品,而该作品只能通过信息网络获取;

(三)国家机关依照行政、司法程序执行公务;

(四)在信息网络上对计算机及其系统或者网络的安全性能进行测试。

第十三条 著作权行政管理部门为了查处侵犯信息网络传播权的行为,可以要求网络服务提供者提供涉嫌侵权的服务对象的姓名（名称）、联系方式、网络地址等资料。

第十四条　对提供信息存储空间或者提供搜索、链接服务的网络服务提供者，权利人认为其服务所涉及的作品、表演、录音录像制品，侵犯自己的信息网络传播权或者被删除、改变了自己的权利管理电子信息的，可以向该网络服务提供者提交书面通知，要求网络服务提供者删除该作品、表演、录音录像制品，或者断开与该作品、表演、录音录像制品的链接。通知书应当包含下列内容：

（一）权利人的姓名（名称）、联系方式和地址；

（二）要求删除或者断开链接的侵权作品、表演、录音录像制品的名称和网络地址；

（三）构成侵权的初步证明材料。

权利人应当对通知书的真实性负责。

第十五条　网络服务提供者接到权利人的通知书后，应当立即删除涉嫌侵权的作品、表演、录音录像制品，或者断开与涉嫌侵权的作品、表演、录音录像制品的链接，并同时将通知书转送提供作品、表演、录音录像制品的服务对象；服务对象网络地址不明、无法转送的，应当将通知书的内容同时在信息网络上公告。

第十六条　服务对象接到网络服务提供者转送的通知书后，认为其提供的作品、表演、录音录像制品未侵犯他人权利的，可以向网络服务提供者提交书面说明，要求恢复被删除的作品、表演、录音录像制品，或者恢复与被断开的作品、表演、录音录像制品的链接。书面说明应当包含下列内容：

（一）服务对象的姓名（名称）、联系方式和地址；

（二）要求恢复的作品、表演、录音录像制品的名称和网络地址；

（三）不构成侵权的初步证明材料。

服务对象应当对书面说明的真实性负责。

第十七条　网络服务提供者接到服务对象的书面说明后，应当立即恢复被删除的作品、表演、录音录像制品，或者可以恢复与被断开的作品、表演、录音录像制品的链接，同时将服务对象的书面说明转送权利人。权利人不得再通知网络服务提供者删除该作品、表演、录音录像制品，或者断开与该作品、表演、录音录像制品的链接。

第十八条　违反本条例规定，有下列侵权行为之一的，根据情况承担停止侵害、消除影响、赔礼道歉、赔偿损失等民事责任；同时损害公共利益的，可以由著作权行政管理部门责令停止侵权行为，没收违法所得，并可处以 10 万元以下的罚款；情节严重的，著作权行政管理部门可以没收主要用于提供网络服务的计算机等设备；构成犯罪的，依法追究刑事责任：

（一）通过信息网络擅自向公众提供他人的作品、表演、录音录像制品的；

（二）故意避开或者破坏技术措施的；

（三）故意删除或者改变通过信息网络向公众提供的作品、表演、录音录像制品的权利管理电子信息，或者通过信息网络向公众提供明知或者应知未经权利人许可而被删除或者改变权利管理电子信息的作品、表演、录音录像制品的；

（四）为扶助贫困通过信息网络向农村地区提供作品、表演、录音录像制品超过规定范围，或者未按照公告的标准支付报酬，或者在权利人不同意提供其作品、表演、录音录像制品后未立即删除的；

（五）通过信息网络提供他人的作品、表演、录音录像制品，未指明作品、表演、录音录像制品的名称或者作者、表演者、录音录像制作者的姓名（名称），或者未支付报酬，或者未依照本条例规定采取技术措施防止服务对象以外的其他人获得他人的作品、表演、录音录像制品，或者未防止服务对象的复制行为对权利人利益造成实质性损害的。

第十九条　违反本条例规定，有下列行为之一的，由著作权行政管理部门予以警告，没收违法所得，没收主要用于避开、破坏技术措施的装置或者部件；情节严重的，可以没收主要用于提供网络服务的计算机等设备，并可处以 10 万元以下的罚款；构成犯罪的，依法追究刑事责任：

（一）故意制造、进口或者向他人提供主要用于避开、破坏技术措施的装置或者部件，或者故意为他人避开或者破坏技术措施提供技术服务的；

（二）通过信息网络提供他人的作品、表演、录音录像制品，获得经济利益的；

（三）为扶助贫困通过信息网络向农村地区提供作品、表演、录音录像制品，未在提供前公告作品、表演、录音录像制品的名称和作者、表演者、录音录像制作者的姓名（名称）以及报酬标准的。

第二十条　网络服务提供者根据服务对象的指令提供网络自动接入服务，或者对服务对象提供的作品、表演、录音录像制品提供自动传输服务，并具备下列条件的，不承担赔偿责任：

（一）未选择并且未改变所传输的作品、表演、录音录像制品；

（二）向指定的服务对象提供该作品、表演、录音录像制品，并防止指定的服务对象以外的其他人获得。

第二十一条　网络服务提供者为提高网络传输效率，自动存储从其他网络服务提供者获得的作品、表演、录音录像制品，根据技术安排自动向服务对象提供，并具备下列条件的，不承担赔偿责任：

（一）未改变自动存储的作品、表演、录音录像制品；

（二）不影响提供作品、表演、录音录像制品的原网络服务提供者掌握服务对象获取该作品、表演、录音录像制品的情况；

（三）在原网络服务提供者修改、删除或者屏蔽该作品、表演、录音录像制品时，根据技术安排自动予以修改、删除或者屏蔽。

第二十二条　网络服务提供者为服务对象提供信息存储空间，供服务对象通过信息网络向公众提供作品、表演、录音录像制品，并具备下列条件的，不承担赔偿责任：

（一）明确标示该信息存储空间是为服务对象所提供，并公开网络服务提供者的名称、联系人、网络地址；

（二）未改变服务对象所提供的作品、表演、录音录像制品；

（三）不知道也没有合理的理由应当知道服务对象提供的作品、表演、录音录像制品侵权；

（四）未从服务对象提供作品、表演、录音录像制品中直接获得经济利益；

（五）在接到权利人的通知书后，根据本条例规定删除权利人认为侵权的作品、表演、录音录像制品。

第二十三条　网络服务提供者为服务对象提供搜索或者链接服务，在接到权利人的通知书后，根据本条例规定断开与侵权的作品、表演、录音录像制品的链接的，不承担赔偿责任；但是，明知或者应知所链接的作品、表演、录音录像制品侵权的，应当承担共同侵权责任。

第二十四条　因权利人的通知导致网络服务提供者错误删除作品、表演、录音录像制品，或者错误断开与作品、表演、录音录像制品的链接，给服务对象造成损失的，权利人应当承担赔偿责任。

第二十五条　网络服务提供者无正当理由拒绝提供或者拖延提供涉嫌侵权的服务对象的姓名（名称）、联系方式、网络地址等资料的，由著作权行政管理部门予以警告；情节严重的，没收主要用于提供网络服务的计算机等设备。

第二十六条　本条例下列用语的含义：

信息网络传播权，是指以有线或者无线方式向公众提供作品、表演或者录音录像制品，使公众可以在其个人选定的时间和地点获得作品、表演或者录音录像制品的权利。

技术措施，是指用于防止、限制未经权利人许可浏览、欣赏作品、表演、录音录像制品的或者通过信息网络向公众提供作品、表演、录音录像制品的有效技术、装置或者部件。

权利管理电子信息，是指说明作品及其作者、表演及其表演者、录音录像制品及其制作者的信息，作品、表演、录音录像制品权利人的信息和使用条件的信息，以及表示上述信息的数字或者代码。

第二十七条　本条例自2006年7月1日起施行。

33. 外国通讯社在中国境内发布新闻信息管理办法

（新华通讯社2006年9月10日发布）

第一条　为了规范外国通讯社在中国境内发布新闻信息和国内用户订用外国通讯社新闻信息，促进新闻信息健康、有序传播，根据国家法律、行政法规和国务院的有关规定，制定本办法。

第二条　外国通讯社在中国境内发布文字、图片、图表等新闻信息，适用本办法。

本办法所称外国通讯社包括具有通讯社性质的外国新闻信息发布机构。

第三条　新华通讯社对外国通讯社在中国境内发布新闻信息实行统一管理。

第四条　根据《国务院对确需保留的行政审批项目设定行政许可的决定》，外国通讯社在中国境内发布新闻信息，应当经新华通讯社批准，并由新华通讯社指定的机构（以下简称指定机构）代理。外国通讯社不得在中国境内直接发展新闻信息用户。

除指定机构外，任何单位和个人不得经营、代理外国通讯社的新闻信息。

第五条　外国通讯社申请在中国境内发布新闻信息，应当具备以下条件：

（一）在所在国家（地区）有相应的合法资质；

（二）在新闻信息发布业务领域有良好信誉；

（三）有确定的业务范围；

（四）有与其开展业务相适应的技术传播手段；

（五）中国法律、行政法规规定的其他条件。

第六条　外国通讯社在中国境内发布新闻信息，应当向新华通讯社提交书面申请，并提供下列材料：

（一）所在国家（地区）主管当局出具的相应的合法资质证明；

（二）所在国家（地区）有关机构出具的良好信誉记录证明；

（三）所发布新闻信息的细目、说明和样品；

（四）传播手段说明；

（五）新华通讯社规定的其他材料。

第七条　指定机构代理外国通讯社在中国境内发布新闻信息，应当具备以下条件，并向新华通讯社提交书面申请：

（一）有合法资质；

（二）在新闻信息代理发布业务领域有良好信誉；

（三）有开展与其代理业务相适应的服务网络和技术传播手段；

（四）中国法律、行政法规和部门规章规定的其他条件。

第八条　新华通讯社应当自收到外国通讯社和指定机构提交申请材料之日起20日内作出批准或者不批准决定。批准的，发给批准文件；不批准的，书面通知申请人并说明理由。

第九条　外国通讯社依据批准文件核定的业务范围在中国境内发布新闻信息，应当与指定机构签订代理协议，并自协议签订之日起15日内报新华通讯社备案。

第十条　外国通讯社变更业务范围、传播手段等事项的，应当在变更前向新华通讯社重新申请核发批准文件。

第十一条　外国通讯社在中国境内发布的新闻信息不得含有下列内容：

（一）违反《中华人民共和国宪法》确定的基本原则的；

（二）破坏中国国家统一、主权和领土完整的；

（三）危害中国国家安全和国家荣誉、利益的；

（四）违反中国的宗教政策，宣扬邪教、迷信的；

（五）煽动民族仇恨、民族歧视，破坏民族团结，侵害民族风俗习惯，伤害民族感情的；

（六）散布虚假信息，扰乱中国经济、社会秩序，破坏中国社会稳定的；

（七）宣扬淫秽、暴力或者教唆犯罪的；

（八）侮辱、诽谤他人，侵害他人合法权益的；

（九）危害社会公德或者中华民族优秀文化传统的；

（十）中国法律、行政法规禁止的其他内容。

第十二条　新华通讯社对外国通讯社在中国境内发布的新闻信息有选择权，发现含有本办法第十一条所列内容的，应当予以删除。

第十三条　国内用户订用外国通讯社新闻信息，应当与指定机构签订订用协议，不得以任何方式直接订用、编译和刊用外国通讯社的新闻信息。

国内用户使用外国通讯社新闻信息时，应当注明来源，并不得以任何形式转让。

第十四条　外国通讯社和指定机构应当每年在规定期限内分别就其发布、代理新闻信息的情况向新华通讯社提交报告。

新华通讯社可以根据报告情况进行核查；经核查合格的，方可继续从事新闻信息的发布或者代理业务。

第十五条　任何单位和个人发现有违反本办法行为的，有权向新华通讯社举报，新华通讯社应当依法调查、处理。

第十六条　外国通讯社违反本办法规定，有下列情形之一的，由新华通讯社视情节给予警告、限期改正、暂停特定内容发布、暂停或取消发布资格：

（一）超出批准文件核定的业务范围发布新闻信息的；

（二）直接或者变相发展新闻信息用户的；

（三）发布的新闻信息含有本办法第十一条所列内容的。

第十七条　国内用户违反本办法规定，有下列情形之一的，由新华通讯社视情节给予警告、限期改正、责令指定机构中止或者解除订用协议：

（一）超出订用协议范围使用外国通讯社新闻信息的；

（二）转让所订用的外国通讯社新闻信息的；

（三）使用外国通讯社新闻信息不注明来源的。

第十八条　违反本办法规定，有下列情形之一的，由新华通讯社提请国务院有关部门依法给予行政处罚：

（一）未经新华通讯社批准发布新闻信息的，未经新华通讯社指定机构订用外国通讯社新闻信息的；

(二)擅自经营、代理外国通讯社新闻信息的;

(三)擅自直接编译、刊用外国通讯社新闻信息的。

第十九条 指定机构违反本办法规定,代理未经批准的外国通讯社新闻信息的,由新华通讯社责令改正,对直接负责的主管人员和其他直接责任人员给予纪律处分。

第二十条 新华通讯社工作人员有下列行为之一的,由新华通讯社给予纪律处分:

(一)向不符合本办法规定条件的申请人颁发批准文件的;

(二)不依法履行监督管理职责的;

(三)接到对违法行为的举报后不依法调查处理的;

(四)有滥用职权、玩忽职守、徇私舞弊等行为的。

第二十一条 香港特别行政区、澳门特别行政区、台湾地区的通讯社及其他具有通讯社性质的新闻信息发布机构,在内地发布新闻信息,参照本办法执行。

第二十二条 本办法自发布之日起施行。

1996年4月15日新华通讯社发布的《外国通讯社及其所属信息机构在中国境内发布经济信息的管理办法》同时废止。

34. 北京奥运会及其筹备期间外国记者在华采访规定

(国务院2006年11月1日第477号令公布)

第一条 为了便于北京奥运会及其筹备期间外国记者在中国境内依法采访报道,传播和弘扬奥林匹克精神,制定本规定。

第二条 北京奥运会及其筹备期间,外国记者在中国境内采访报道北京奥运会及相关事项适用本规定。

本规定所称北京奥运会是指第29届奥林匹克运动会和第13届残疾人奥林匹克运动会。

第三条 外国记者来华采访,应当向中国驻外使领馆或者外交部授权的签证机构申请办理签证。

持奥林匹克身份注册卡的外国记者,在奥林匹克身份注册卡的有效期内免办签证,凭奥林匹克身份注册卡、有效护照或者其他旅行证件多次入出中华人民共和国国境。

第四条 外国记者来华采访所携带的合理数量的自用采访器材可以免税入境,有关器材应当在采访活动结束后复运出境。

外国记者办理自用采访器材免税入境的,应当到中国驻外使领馆办理器材确认函,入境时凭器材确认函和 J-2 签证办理通关手续;持奥林匹克身份注册卡的外国记者,可以凭第 29 届奥林匹克运动会组织委员会出具的器材确认函办理通关手续。

第五条　外国记者因采访报道需要可以在履行例行报批手续后,临时进口、设置、使用无线电通信设备。

第六条　外国记者在华采访,只需征得被采访单位和个人的同意。

第七条　外国记者可以通过外事服务单位聘用中国公民协助采访报道工作。

第八条　北京奥运会外国记者服务指南由第 29 届奥林匹克运动会组织委员会依据本规定制定。

第九条　本规定自 2007 年 1 月 1 日起施行,2008 年 10 月 17 日自行废止。

35. 北京奥运会及其筹备期间台湾记者在祖国大陆采访规定

（国务院台湾事务办公室 2006 年 12 月 27 日发布）

第一条　为了便于北京奥运会及其筹备期间台湾记者在祖国大陆依法采访报道,传播和弘扬奥林匹克精神,制定本规定。

第二条　北京奥运会及其筹备期间,台湾记者在祖国大陆采访报道北京奥运会及相关事项适用本规定。

本规定所称北京奥运会是指第 29 届奥林匹克运动会和第 13 届残疾人奥林匹克运动会。

第三条　台湾记者来大陆采访,应当向主管机关授权的相关机构申请办理台湾居民来往大陆通行证签注手续。

持奥林匹克身份注册卡的台湾记者,在奥林匹克身份注册卡的有效期内免办签注,凭奥林匹克身份注册卡和台湾居民来往大陆通行证多次入出大陆。

第四条　台湾记者来大陆采访所携带的合理数量的自用采访器材可以免税入境,有关器材应当在采访活动结束后复运出境。

台湾记者办理自用采访器材免税入境的,应当到主管机关授权的相关机构办理器材确认函,入境时凭器材确认函和台湾居民来往大陆通行证有效签注办理通关手续;持奥林匹克身份注册卡的台湾记者，可以凭第 29 届奥林匹克运动会组织委员会出具的器材确认函办理通关手续。

第五条　台湾记者因采访报道需要可以在履行例行报批手续后，临时进口、设置、使用无线电通信设备。

第六条　台湾记者在祖国大陆采访，只需征得被采访单位和个人的同意。

第七条　台湾记者可以通过有关服务单位聘用大陆居民协助采访报道工作。

第八条　北京奥运会记者服务指南由第 29 届奥林匹克运动会组织委员会依据本规定制定。

第 9 条　本规定自 2007 年 1 月 1 日起施行，2008 年 10 月 17 日自行废止。

36. 北京奥运会及其筹备期间港澳记者在内地采访办法

（国务院港澳事务办公室 2006 年 12 月 30 日发布）

第一条　为了便于北京奥运会及其筹备期间港澳记者在内地依法采访报道，传播和弘扬奥林匹克精神，制定本办法。

第二条　北京奥运会及其筹备期间，港澳记者在内地采访报道北京奥运会及相关事项适用本办法。

本办法所称北京奥运会是指第 29 届奥林匹克运动会和第 13 届残疾人奥林匹克运动会。

第三条　港澳记者来内地采访，可持港澳居民来往内地通行证、奥林匹克身份注册卡或其他有效证件多次入出内地。

持其他有效证件进入内地采访，且需办理签证手续的，应向外交部驻香港特派员公署或者外交部驻澳门特派员公署申请办理签证。

第四条　港澳记者来内地采访所携带的合理数量的自用采访器材可以免税入境，有关器材应当在采访活动结束后复运出境。

港澳记者办理自用采访器材免税入境的，应当到中央人民政府驻香港联络办公室或者中央人民政府驻澳门联络办公室办理器材确认函，入境时凭器材确认函和港澳居民来往内地通行证或者其他有效证件办理通关手续；持其他有效证件且需办理签证手续的，凭器材确认函和 J-2 签证办理通关手续；持奥林匹克身份注册卡的港澳记者，可以凭第 29 届奥林匹克运动会组织委员会出具的器材确认函办理通关手续。

第五条　港澳记者因采访报道需要可以在履行例行报批手续后,临时进口、设置、使用无线电通信设备。

第六条　港澳记者在内地采访,只需征得被采访单位和个人的同意。

第七条　港澳记者可以通过有关服务单位聘用内地居民协助采访报道工作。

第八条　北京奥运会港澳记者服务指南由第 29 届奥林匹克运动会组织委员会依据本办法制定。

第九条　本办法自 2007 年 1 月 1 日起施行,2008 年 10 月 17 日自行废止。

37. 进出境印刷品及音像制品监管办法

（海关总署 2007 年 4 月 18 日第 161 号令公布）

第一条　为了规范海关对进出境印刷品及音像制品的监管,根据《中华人民共和国海关法》(以下简称《海关法》)及其他有关法律、行政法规的规定,制定本办法。

第二条　本办法适用于海关对运输、携带、邮寄进出境的印刷品及音像制品的监管。

进出境摄影底片、纸型、绘画、剪贴、手稿、手抄本、复印件及其他含有文字、图像、符号等内容的货物、物品的,海关按照本办法有关进出境印刷品的监管规定进行监管。

进出境载有图文声像信息的磁、光、电存储介质的,海关按照本办法有关进出境音像制品的监管规定进行监管。

第三条　进出境印刷品及音像制品的收发货人、所有人及其代理人,应当依法如实向海关申报,并且接受海关监管。

第四条　载有下列内容之一的印刷品及音像制品,禁止进境:

(一)反对宪法确定的基本原则的;

(二)危害国家统一、主权和领土完整的;

(三)危害国家安全或者损害国家荣誉和利益的;

(四)攻击中国共产党,诋毁中华人民共和国政府的;

(五)煽动民族仇恨、民族歧视,破坏民族团结,或者侵害民族风俗、习惯的;

(六)宣扬邪教、迷信的;

（七）扰乱社会秩序，破坏社会稳定的；

（八）宣扬淫秽、赌博、暴力或者教唆犯罪的；

（九）侮辱或者诽谤他人，侵害他人合法权益的；

（十）危害社会公德或者民族优秀文化传统的；

（十一）国家主管部门认定禁止进境的；

（十二）法律、行政法规和国家规定禁止的其他内容。

第五条　载有下列内容之一的印刷品及音像制品，禁止出境：

（一）本办法第四条所列内容；

（二）涉及国家秘密的；

（三）国家主管部门认定禁止出境的。

第六条　印刷品及音像制品进出境，海关难以确定是否载有本办法第四条、第五条规定内容的，依据国务院有关行政主管部门或者其指定的专门机构的审查、鉴定结论予以处理。

第七条　个人自用进境印刷品及音像制品在下列规定数量以内的，海关予以免税验放：

（一）单行本发行的图书、报纸、期刊类出版物每人每次 10 册（份）以下；

（二）单碟（盘）发行的音像制品每人每次 20 盘以下；

（三）成套发行的图书类出版物，每人每次 3 套以下；

（四）成套发行的音像制品，每人每次 3 套以下。

第八条　超出本办法第七条规定的数量，但是仍在合理数量以内的个人自用进境印刷品及音像制品，不属于本办法第九条规定情形的，海关应当按照《中华人民共和国进出口关税条例》有关进境物品进口税的征收规定对超出规定数量的部分予以征税放行。

第九条　有下列情形之一的，海关对全部进境印刷品及音像制品按照进口货物依法办理相关手续：

（一）个人携带、邮寄单行本发行的图书、报纸、期刊类出版物进境，每人每次超过 50 册（份）的；

（二）个人携带、邮寄单碟（盘）发行的音像制品进境，每人每次超过 100 盘的；

（三）个人携带、邮寄成套发行的图书类出版物进境，每人每次超过 10 套的；

（四）个人携带、邮寄成套发行的音像制品进境，每人每次超过 10 套的；

（五）其他构成货物特征的。

有前款所列情形的，进境印刷品及音像制品的收发货人、所有人及其代理人可以依法申请退运其进境印刷品及音像制品。

第十条　个人携带、邮寄进境的宗教类印刷品及音像制品在自用、合理数量范围内的，准予进境。

超出个人自用、合理数量进境或者以其他方式进口的宗教类印刷品及音像制品，海关凭国家宗教事务局、其委托的省级政府宗教事务管理部门或者国务院其他行政主管部门出具的证明予以征税验放。无相关证明的，海关按照《中华人民共和国海关行政处罚实施条例》（以下简称《实施条例》）的有关规定予以处理。

散发性宗教类印刷品及音像制品，禁止进境。

第十一条　印刷品及音像制品的进口业务，由国务院有关行政主管部门批准或者指定经营。未经批准或者指定，任何单位或者个人不得经营印刷品及音像制品进口业务。

其他单位或者个人进口印刷品及音像制品，应当委托国务院相关行政主管部门指定的进口经营单位向海关办理进口手续。

第十二条　除国家另有规定外，进口报纸、期刊、图书类印刷品，经营单位应当持国务院新闻出版行政主管部门的进口批准文件、目录清单、有关报关单证及其他需要提供的文件向海关办理进口手续。

第十三条　进口音像制品成品或者用于出版的音像制品母带（盘）、样带（盘），经营单位应当持《中华人民共和国文化部进口音像制品批准单》（以下简称《批准单》）、有关报关单证及其他需要提供的文件向海关办理进口手续。

第十四条　非经营音像制品性质的单位进口用于本单位宣传、培训及广告等目的的音像制品，应当按照海关的要求交验《批准单》、合同、有关报关单证及其他需要提供的文件；数量总计在 200 盘以下的，可以免领《批准单》。

第十五条　随机器设备同时进口，以及进口后随机器设备复出口的记录操作系统、设备说明、专用软件等内容的印刷品及音像制品进口时，进口单位应当按照海关的要求交验合同、发票、有关报关单证及其他需要提供的文件，但是可以免领《批准单》等批准文件。

第十六条 境外赠送进口的印刷品及音像制品,受赠单位应当向海关提交赠送方出具的赠送函和受赠单位的接受证明及有关清单。

接受境外赠送的印刷品超过100册或者音像制品超过200盘的,受赠单位除向海关提交上述单证外,还应当提交国务院有关行政主管部门的批准文件。

第十七条 出口印刷品及音像制品,相关单位应当依照有关法律、法规的规定,向海关办理出口手续。

第十八条 用于展览、展示的印刷品及音像制品进出境,主办或者参展单位应当按照国家有关规定向海关办理暂时进出境手续。

第十九条 运输、携带、邮寄国家禁止进出境的印刷品及音像制品进出境,如实向海关申报的,予以收缴,或者责令退回,或者在海关监管下予以销毁或者进行技术处理。

运输、携带、邮寄国家限制进出境的印刷品及音像制品进出境,如实向海关申报,但是不能提交许可证件的,予以退运。

第二十条 下列进出境印刷品及音像制品,由海关按照放弃货物、物品依法予以处理:

(一)收货人、货物所有人、进出境印刷品及音像制品所有人声明放弃的;

(二)在海关规定期限内未办理海关手续或者无人认领的;

(三)无法投递又无法退回的。

第二十一条 违反本办法,构成走私行为、违反海关监管规定行为或者其他违反《海关法》行为的,由海关依照《海关法》和《实施条例》的有关规定予以处理;构成犯罪的,依法追究刑事责任。

第二十二条 进入保税区、出口加工区及其他海关特殊监管区域和保税监管场所的印刷品及音像制品的通关手续,依照有关规定办理。

第二十三条 享有外交特权和豁免的外国驻中国使馆、领馆及人员,联合国及其专门机构以及其他与中国政府签有协议的国际组织驻中国代表机构及人员进出境印刷品及音像制品,依照有关规定办理。

第二十四条 各类境外企业或者组织在境内常设代表机构或者办事处(不包括外国人员子女学校)及各类非居民长期旅客、留学回国人员、短期多次往返旅客进出境公用或者自用印刷品及音像制品数量的核定和通关手续,依照有关规定办理。

第二十五条 本办法下列用语的含义:

印刷品,是指通过将图像或者文字原稿制为印版,在纸张或者其他常用材料上翻印的内容相同的复制品。

音像制品,是指载有内容的唱片、录音带、录像带、激光视盘、激光唱盘等。

散发性宗教类印刷品及音像制品,是指运输、携带、邮寄进境,不属于自用、合理数量范围并且具有明显传播特征、违反国家宗教事务法规及有关政策的印刷品及音像制品。

以下,包括本数在内。

第二十六条 本办法由海关总署负责解释。

第二十七条 本办法自 2007 年 6 月 1 日起施行。

1991 年 6 月 11 日海关总署令第 21 号发布的《中华人民共和国海关对个人携带和邮寄印刷品及音像制品进出境管理规定》同时废止。

38. 外国常驻新闻机构和外国记者采访条例

(国务院 2008 年 10 月 17 日第 537 号令公布)

第一条 为了便于外国常驻新闻机构和外国记者在中华人民共和国境内依法采访报道,促进国际交往和信息传播,制定本条例。

第二条 本条例所称外国常驻新闻机构,是指外国新闻机构在中国境内设立、从事新闻采访报道业务的分支机构。

本条例所称外国记者包括外国常驻记者和外国短期采访记者。外国常驻记者是指由外国新闻机构派遣,在中国境内常驻 6 个月以上、从事新闻采访报道业务的职业记者;外国短期采访记者是指在中国境内停留期不超过 6 个月、从事新闻采访报道业务的职业记者。

第三条 中国实行对外开放的基本国策,依法保障外国常驻新闻机构和外国记者的合法权益,并为其依法从事新闻采访报道业务提供便利。

第四条 外国常驻新闻机构和外国记者应当遵守中国法律、法规和规章,遵守新闻职业道德,客观、公正地进行采访报道,不得进行与其机构性质或者记者身份不符的活动。

第五条 中华人民共和国外交部(以下简称外交部)主管外国常驻新闻机构和外国

记者事务。国务院新闻办公室和其他部门在各自职责范围内负责外国常驻新闻机构和外国记者有关事务。

地方人民政府外事部门受外交部委托，办理本行政区域内外国常驻新闻机构和外国记者事务。地方人民政府新闻办公室和其他部门在各自职责范围内负责本行政区域内外国常驻新闻机构和外国记者有关事务。

第六条　外国新闻机构在中国境内设立常驻新闻机构、向中国派遣常驻记者，应当经外交部批准。

第七条　外国新闻机构申请在中国境内设立常驻新闻机构，应当直接或者通过中国驻外使领馆向外交部提交以下材料：

（一）由该新闻机构总部主要负责人签署的书面申请；

（二）该新闻机构情况介绍；

（三）拟设立机构的负责人、拟派遣的常驻记者以及工作人员情况介绍；

（四）该新闻机构在所在国设立的证明文件副本。

第八条　在中国境内设立常驻新闻机构的申请经批准后，该常驻新闻机构负责人应当自抵达中国之日起7个工作日内，持本人护照到外交部办理外国常驻新闻机构证；其中，驻北京市以外地区的常驻新闻机构，其负责人应当自抵达中国之日起7个工作日内，持本人护照到外交部委托的地方人民政府外事部门办理外国常驻新闻机构证。

第九条　外国新闻机构申请向中国派遣常驻记者，应当直接或者通过中国驻外使领馆向外交部提交以下材料：

（一）由该新闻机构总部负责人签署的书面申请；

（二）拟派遣记者情况介绍；

（三）拟派遣记者在所在国从事职业活动的证明文件副本。

两个以上外国新闻机构派遣同一名常驻记者的，应当依照前款规定分别办理申请手续，并在各自的书面申请中注明该记者所兼职的外国新闻机构。

第十条　向中国派遣常驻记者的申请经批准后，被派遣的外国记者应当自抵达中国之日起7个工作日内，持本人护照到外交部办理外国常驻记者证；其中，驻北京市以外地区的常驻记者，应当自抵达中国之日起7个工作日内，持本人护照到外交部委托的地方人民政府外事部门办理外国常驻记者证。

外国记者办理外国常驻记者证后，应当到居住地公安机关办理居留证。

第十一条　外国常驻新闻机构变更机构名称、常驻地区等事项,应当向外交部提交书面申请,经批准后办理变更手续。

外国常驻新闻机构变更负责人、办公地址等事项,应当在变更后7个工作日内书面告知外交部;其中,驻北京市以外地区的常驻新闻机构变更负责人、办公地址等事项,应当在变更后7个工作日内书面告知外交部委托的地方人民政府外事部门。

第十二条　外国常驻记者证有效期届满需要延期的,外国常驻记者应当提前向外交部或者外交部委托的地方人民政府外事部门提出申请,办理延期手续;逾期不办理的,视为自动放弃外国常驻记者资格,其外国常驻记者证将被注销。

第十三条　外国常驻新闻机构拟终止业务的,应当在终止业务30日前告知外交部,并自终止业务之日起7个工作日内到外交部或者外交部委托的地方人民政府外事部门办理外国常驻新闻机构证及其常驻记者的外国常驻记者证注销手续。

外国常驻新闻机构连续10个月以上无常驻记者,视为该机构已经自动终止业务,其外国常驻新闻机构证将被注销。

外国常驻记者在中国境内居留时间每年累计少于6个月的,其外国常驻记者证将被注销。

外国常驻新闻机构应当在其常驻记者离任前到外交部或者外交部委托的地方人民政府外事部门办理该记者外国常驻记者证注销手续。

第十四条　外国常驻新闻机构证、外国常驻记者证被注销后,应当向社会公布。

外国常驻记者证被注销的记者,其记者签证自注销之日起10日后自动失效。

外国常驻记者证被注销的记者,应当自外国常驻记者证被注销之日起10日内持相关证明,到居住地公安机关申请办理签证或者居留证变更登记。

第十五条　外国记者常驻或者短期采访,应当向中国驻外使领馆或者外交部授权的签证机构申请办理记者签证。

第十六条　外国记者随国家元首、政府首脑、议长、王室成员或者高级政府官员来中国访问,应当由该国外交部或者相关部门向中国驻外使领馆或者外交部授权的签证机构统一申请办理记者签证。

第十七条　外国记者在中国境内采访,需征得被采访单位和个人的同意。

外国记者采访时应当携带并出示外国常驻记者证或者短期采访记者签证。

第十八条　外国常驻新闻机构和外国记者可以通过外事服务单位聘用中国公民从

事辅助工作。外事服务单位由外交部或者外交部委托的地方人民政府外事部门指定。

第十九条　外国常驻新闻机构和外国记者因采访报道需要，在依法履行报批手续后，可以临时进口、设置和使用无线电通信设备。

第二十条　外国人未取得或者未持有有效的外国常驻记者证或者短期采访记者签证，在中国境内从事新闻采访报道活动的，由公安机关责令其停止新闻采访报道活动，并依照有关法律予以处理。

第二十一条　外国常驻新闻机构和外国记者违反本条例规定的，由外交部予以警告，责令暂停或者终止其业务活动；情节严重的，吊销其外国常驻新闻机构证、外国常驻记者证或者记者签证。

第二十二条　外国常驻新闻机构和外国记者违反中国其他法律、法规和规章规定的，依法处理；情节严重的，由外交部吊销其外国常驻新闻机构证、外国常驻记者证或者记者签证。

第二十三条　本条例自 2008 年 10 月 17 日起施行。

1990 年 1 月 19 日国务院公布的《外国记者和外国常驻新闻机构管理条例》同时废止。

39. 台湾记者在祖国大陆采访办法

（国务院台湾事务办公室 2008 年 11 月 1 日发布）

第一条　为方便台湾记者在大陆依法采访，加强海峡两岸新闻交流，以加深两岸人民的相互了解，促进两岸关系和平发展，推进祖国和平统一进程，特制定本办法。

第二条　本办法所称台湾记者，是指在正常出版和发布新闻的台湾新闻机构内从事新闻采访报道业务的职业记者。

第三条　国务院台湾事务办公室（以下简称国务院台办）主管台湾记者在大陆采访事务，依法保障台湾记者的合法权益。各省、自治区、直辖市台办及深圳市、新疆生产建设兵团台办受国务院台办委托，办理本行政区域内台湾记者采访事务。

第四条　台湾记者来大陆采访，应当向主管部门授权的相关机构申请办理台湾居民来往大陆通行证签注手续。

第五条　台湾新闻机构申请在大陆驻点采访，由国务院台办审批。台湾记者来北京驻点采访,向国务院台办申请;来大陆其他地区驻点采访,向相关省、自治区、直辖市台办及深圳市、新疆生产建设兵团台办申请。获准在大陆驻点采访的台湾记者,可申请三个月以内的采访期限;如有需要,经批准可延长一次,期限不得超过三个月,驻点期间可多次往返。

第六条　台湾记者在北京采访,要求延长采访期限的,向中华全国新闻工作者协会申请;在其他地区采访,要求延长采访期限的,向所在省、自治区、直辖市台办及深圳市、新疆生产建设兵团台办申请,并办理相关手续。

第七条　台湾记者在大陆采访,需征得被采访单位和个人的同意。采访时应当随身携带并出示主管部门委托签注机构、中华全国新闻工作者协会和相关省、自治区、直辖市台办及深圳市、新疆生产建设兵团台办代发的台湾记者采访证。

第八条　台湾记者可以通过有关部门指定的服务单位聘用大陆居民从事辅助工作。

第九条　台湾记者因采访报道需要,在依法履行报批手续后,可以临时进口、设置和使用无线电通信设备。

第十条　台湾记者应当遵守国家法律、法规和规章,遵守新闻职业道德,客观、公正地进行采访报道,不得进行与其机构性质或者记者身份不符的活动。

违反本办法,将由主管部门视情节轻重给予相应的处罚;违反国家其他法律、法规和规章的,将依法处理。

第十一条　本办法由国务院台办负责解释。

第十二条　本办法自颁布之日起施行。2002年12月2日公布的《关于台湾记者来祖国大陆采访的规定》同时废止。

40. 电子出版物出版管理规定(节摘)

（新闻出版总署2008年2月21日第34号令公布）

第一章　总　则

第一条　为了加强对电子出版物出版活动的管理,促进电子出版事业的健康发展与繁荣,根据国务院《出版管理条例》《国务院对确需保留的行政审批项目设定行政许可的决定》和有关法律、行政法规,制定本规定。

第二条　在中华人民共和国境内从事电子出版物的制作、出版、进口活动,适用本规定。

本规定所称电子出版物,是指以数字代码方式,将有知识性、思想性内容的信息编辑加工后存储在固定物理形态的磁、光、电等介质上,通过电子阅读、显示、播放设备读取使用的大众传播媒体,包括只读光盘(CD－ROM、DVD－ROM等)、一次写入光盘(CD－R、DVD－R等)、可擦写光盘(CD－RW、DVD－RW等)、软磁盘、硬磁盘、集成电路卡等,以及新闻出版总署认定的其他媒体形态。

第三条　电子出版物不得含有《出版管理条例》第二十六条、第二十七条禁止的内容。

第四条　新闻出版总署负责全国电子出版物出版活动的监督管理工作。

县级以上地方新闻出版行政部门负责本行政区域内电子出版物出版活动的监督管理工作。

第五条　国家对电子出版物出版活动实行许可制度;未经许可,任何单位和个人不得从事电子出版物的出版活动。

第二章　出版单位设立

第六条　设立电子出版物出版单位,应当具备下列条件:

(一)有电子出版物出版单位的名称、章程;

(二)有符合新闻出版总署认定条件的主管、主办单位;

(三)有确定的电子出版物出版业务范围;

(四)有200万元以上的注册资本;

(五)有适应业务范围需要的设备和工作场所,其固定工作场所面积不得少于200平方米;

(六)有适应业务范围需要的组织机构,有2人以上具有中级以上出版专业职业资格;

(七)法律、行政法规规定的其他条件。

除依照前款所列条件外,还应当符合国家关于电子出版物出版单位总量、结构、布局的规划。

第七条　设立电子出版物出版单位,经其主管单位同意后,由主办单位向所在地省、自治区、直辖市新闻出版行政部门提出申请;经省、自治区、直辖市新闻出版行政部门审核同意后,报新闻出版总署审批。

第八条　申请设立电子出版物出版单位,应当提交下列材料:

(一)按要求填写的申请表,应当载明出版单位的名称、地址、资本结构、资金来源及数额,出版单位的主管、主办单位的名称和地址等内容;

(二)主办单位、主管单位的有关资质证明材料;

(三)出版单位章程;

(四)法定代表人或者主要负责人及本规定第六条要求的有关人员的资格证明和身份证明;

(五)可行性论证报告;

(六)由依法设立的验资机构出具的注册资本验资证明;

(七)工作场所使用证明。

第九条　新闻出版总署自受理设立电子出版物出版单位的申请之日起90日内,作出批准或者不批准的决定,直接或者由省、自治区、直辖市新闻出版行政部门书面通知主办单位;不批准的,应当说明理由。

第十条　设立电子出版物出版单位的主办单位应当自收到批准决定之日起60日内,向所在地省、自治区、直辖市新闻出版行政部门登记,领取新闻出版总署颁发的《电子出版物出版许可证》。

电子出版物出版单位持《电子出版物出版许可证》向所在地工商行政管理部门登记,依法领取营业执照。

第十一条　电子出版物出版单位自登记之日起满180日未从事出版活动的,由省、自治区、直辖市新闻出版行政部门注销登记,收回《电子出版物出版许可证》,并报新闻出版总署备案。

因不可抗力或者其他正当理由发生前款所列情形的,电子出版物出版单位可以向省、自治区、直辖市新闻出版行政部门申请延期。

第十二条　电子出版物出版单位变更名称、主办单位或者主管单位、业务范围、资本结构,合并或者分立,须依照本规定第七条、第八条的规定重新办理审批手续,并到原登记的工商行政管理部门办理相应的登记手续。

电子出版物出版单位变更地址、法定代表人或者主要负责人的,应当经其主管、主办单位同意,向所在地省、自治区、直辖市新闻出版行政部门申请变更登记后,到原登记的工商行政管理部门办理变更登记。

省、自治区、直辖市新闻出版行政部门须将有关变更登记事项报新闻出版总署备案。

第十三条　电子出版物出版单位终止出版活动的,应当向所在地省、自治区、直辖市新闻出版行政部门办理注销登记手续,并到原登记的工商行政管理部门办理注销登记。

省、自治区、直辖市新闻出版行政部门应将有关注销登记报新闻出版总署备案。

第十四条　申请出版连续型电子出版物,经主管单位同意后,由主办单位向所在地省、自治区、直辖市新闻出版行政部门提出申请;经省、自治区、直辖市新闻出版行政部门审核同意后,报新闻出版总署审批。

本规定所称连续型电子出版物,是指有固定名称,用卷、期、册或者年、月顺序编号,按照一定周期出版的电子出版物。

第十五条　申请出版连续型电子出版物,应当提交下列材料:

(一)申请书,应当载明连续型电子出版物的名称、刊期、媒体形态、业务范围、读者对象、栏目设置、文种等;

(二)主管单位的审核意见。

申请出版配报纸、期刊的连续型电子出版物,还须报送报纸、期刊样本。

第十六条　经批准出版的连续型电子出版物,新增或者改变连续型电子出版物的名称、刊期与出版范围的,须按照本规定第十四条、第十五条办理审批手续。

第十七条　出版行政部门对从事电子出版物制作的单位实行备案制管理。电子出版物制作单位应当于单位设立登记以及有关变更登记之日起30日内,将单位名称、地址、法定代表人或者主要负责人的姓名及营业执照复印件、法定代表人或主要负责人身份证明报所在地省、自治区、直辖市新闻出版行政部门备案。

本规定所称电子出版物制作,是指通过创作、加工、设计等方式,提供用于出版、复制、发行的电子出版物节目源的经营活动。

第三章 出版管理

第十八条 电子出版物出版单位实行编辑责任制度,保障电子出版物的内容符合有关法规、规章规定。

第十九条 电子出版物出版单位应于每年12月1日前将下一年度的出版计划报所在地省、自治区、直辖市新闻出版行政部门,省、自治区、直辖市新闻出版行政部门审核同意后报新闻出版总署备案。

第二十条 电子出版物出版实行重大选题备案制度。涉及国家安全、社会安定等方面重大选题,涉及重大革命题材和重大历史题材的选题,应当按照新闻出版总署有关选题备案的规定办理备案手续;未经备案的重大选题,不得出版。

第二十一条 出版电子出版物,必须按规定使用中国标准书号。同一内容,不同载体形态、格式的电子出版物,应当分别使用不同的中国标准书号。

出版连续型电子出版物,必须按规定使用国内统一连续出版物号,不得使用中国标准书号出版连续型电子出版物。

第二十二条 电子出版物出版单位不得以任何形式向任何单位或者个人转让、出租、出售本单位的名称、电子出版物中国标准书号、国内统一连续出版物号。

第二十三条 电子出版物应当符合国家的技术、质量标准和规范要求。

出版电子出版物,须在电子出版物载体的印刷标识面或其装帧的显著位置载明电子出版物制作、出版单位的名称,中国标准书号或国内统一连续出版物号及条码,著作权人名称以及出版日期等其他有关事项。

第二十四条 电子出版物出版单位申请出版境外著作权人授权的电子出版物,须向所在地省、自治区、直辖市新闻出版行政部门提出申请;所在地省、自治区、直辖市新闻出版行政部门审核同意后,报新闻出版总署审批。

第二十五条 申请出版境外著作权人授权的电子出版物,应当提交下列材料:

(一)申请书,应当载明电子出版物名称、内容简介、授权方名称、授权方基本情况介绍等;

(二)申请单位的审读报告;

(三)样品及必要的内容资料;

(四)申请单位所在地省、自治区、直辖市著作权行政管理部门的著作权合同登记证明文件。

出版境外著作权人授权的电子游戏出版物还须提交游戏主要人物和主要场景图片资料、代理机构营业执照、发行合同及发行机构批发许可证、游戏文字脚本全文等材料。

第二十六条　新闻出版总署自受理出版境外著作权人授权电子出版物申请之日起,20日内作出批准或者不批准的决定;不批准的,应当说明理由。

审批出版境外著作权人授权电子出版物,应当组织专家评审,并应当符合国家总量、结构、布局规划。

第二十七条　境外著作权人授权的电子出版物,须在电子出版物载体的印刷标识面或其装帧的显著位置载明引进出版批准文号和著作权授权合同登记证号。

第二十八条　已经批准出版的境外著作权人授权的电子出版物,若出版升级版本,须按照本规定第二十五条提交申请材料,报所在地省、自治区、直辖市新闻出版行政部门审批。

第二十九条　出版境外著作权人授权的电子游戏测试盘及境外互联网游戏作品客户端程序光盘,须按照本规定第二十五条提交申请材料,报所在地省、自治区、直辖市新闻出版行政部门审批。

第三十条　电子出版物出版单位与境外机构合作出版电子出版物,须经主管单位同意后,将选题报所在地省、自治区、直辖市新闻出版行政部门审核;省、自治区、直辖市新闻出版行政部门审核同意后,报新闻出版总署审批。

新闻出版总署自受理合作出版电子出版物选题申请之日起20日内,作出批准或者不批准的决定;不批准的,应当说明理由。

第三十一条　电子出版物出版单位申请与境外机构合作出版电子出版物,应当提交下列材料:

(一)申请书,应当载明合作出版的电子出版物的名称、载体形态、内容简介、合作双方名称、基本情况、合作方式等,并附拟合作出版的电子出版物的有关文字内容、图片等材料;

(二)合作意向书;

(三)主管单位的审核意见。

第三十二条　电子出版物出版单位与境外机构合作出版电子出版物,应在该电子出版物出版30日内将样盘报送新闻出版总署备案。

第三十三条　出版单位配合本版出版物出版电子出版物，向所在地省、自治区、直辖市新闻出版行政部门提出申请，省、自治区、直辖市新闻出版行政部门审核同意的，发放电子出版物中国标准书号和复制委托书，并报新闻出版总署备案。

第三十四条　出版单位申请配合本版出版物出版电子出版物，应提交申请书及本版出版物、拟出版电子出版物样品。

申请书应当载明配合本版出版物出版的电子出版物的名称、制作单位、主要内容、出版时间、复制数量和载体形式等内容。

第三十五条　电子出版物发行前，出版单位应当向国家图书馆、中国版本图书馆和新闻出版总署免费送交样品。

第三十六条　电子出版物出版单位的从业人员，应当具备国家规定的出版专业职业资格条件。

电子出版物出版单位的社长、总编辑须符合国家规定的任职资格和条件。

电子出版物出版单位的社长、总编辑须参加新闻出版行政部门组织的岗位培训，取得岗位培训合格证书后才能上岗。

第三十七条　电子出版物出版单位须遵守国家统计规定，依法向新闻出版行政部门报送统计资料。

……

第七章　年度核验

第五十条　电子出版物出版单位实行年度核验制度，年度核验每两年进行一次。省、自治区、直辖市新闻出版行政部门负责对本行政区域内的电子出版物出版单位实施年度核验。核验内容包括电子出版物出版单位的登记项目、设立条件、出版经营情况、遵纪守法情况、内部管理情况等。

第五十一条　电子出版物出版单位进行年度核验，应提交以下材料：

（一）电子出版物出版单位年度核验登记表；

（二）电子出版物出版单位两年的总结报告，应当包括执行出版法规的情况、出版业绩、资产变化等内容；

（三）两年出版的电子出版物出版目录；

（四）《电子出版物出版许可证》的复印件。

第五十二条　电子出版物出版单位年度核验程序为：

（一）电子出版物出版单位应于核验年度的1月15日前向所在地省、自治区、直辖市新闻出版行政部门提交年度核验材料；

（二）各省、自治区、直辖市新闻出版行政部门对本行政区域内电子出版物出版单位的设立条件、开展业务及执行法规等情况进行全面审核，并于该年度的2月底前完成年度核验工作；对符合年度核验要求的单位予以登记，并换发《电子出版物出版许可证》；

（三）各省、自治区、直辖市新闻出版行政部门应于核验年度的3月20日前将年度核验情况及有关书面材料报新闻出版总署备案。

第五十三条　电子出版物出版单位有下列情形之一的，暂缓年度核验：

（一）不具备本规定第六条规定条件的；

（二）因违反出版管理法规，正在限期停业整顿的；

（三）经审核发现有违法行为应予处罚的；

（四）曾违反出版管理法规受到行政处罚，未认真整改，仍存在违法问题的；

（五）长期不能正常开展电子出版物出版活动的。

暂缓年度核验的期限由省、自治区、直辖市新闻出版行政部门确定，最长不得超过3个月。暂缓期间，省、自治区、直辖市新闻出版行政部门应当督促、指导电子出版物出版单位进行整改。暂缓年度核验期满，对达到年度核验要求的电子出版物出版单位予以登记；仍未达到年度核验要求的电子出版物出版单位，由所在地省、自治区、直辖市新闻出版行政部门提出注销登记意见，新闻出版总署撤销《电子出版物出版许可证》，所在地省、自治区、直辖市新闻出版行政部门办理注销登记。

第五十四条　不按规定参加年度核验的电子出版物出版单位，经书面催告仍未参加年度核验的，由所在地省、自治区、直辖市新闻出版行政部门提出注销登记意见，新闻出版总署撤销《电子出版物出版许可证》，所在地省、自治区、直辖市新闻出版行政部门办理注销登记。

第五十五条　出版连续型电子出版物的单位按照本章规定参加年度核验。

第八章　法律责任

第五十六条　电子出版物出版单位违反本规定的，新闻出版总署或者省、自治区、直辖市新闻出版行政部门可以采取下列行政措施：

（一）下达警示通知书；

（二）通报批评；

（三）责令公开检讨；

（四）责令改正；

（五）责令停止复制、发行电子出版物；

（六）责令收回电子出版物；

（七）责成主办单位、主管单位监督电子出版物出版单位整改。

警示通知书由新闻出版总署制定统一格式，由新闻出版总署或者省、自治区、直辖市新闻出版行政部门下达给违法的电子出版物出版单位，并抄送违法电子出版物出版单位的主办单位及其主管单位。

本条所列行政措施可以并用。

第五十七条　未经批准，擅自设立电子出版物出版单位，擅自从事电子出版物出版业务，伪造、假冒电子出版物出版单位或者连续型电子出版物名称、电子出版物专用中国标准书号出版电子出版物的，按照《出版管理条例》第五十五条处罚。

图书、报纸、期刊、音像等出版单位未经批准，配合本版出版物出版电子出版物的，属于擅自从事电子出版物出版业务，按照前款处罚。

第五十八条　从事电子出版物制作、出版业务，有下列行为之一的，按照《出版管理条例》第五十六条处罚：

（一）制作、出版含有《出版管理条例》第二十六条、第二十七条禁止内容的电子出版物的；

（二）明知或者应知他人出版含有《出版管理条例》第二十六条、第二十七条禁止内容的电子出版物而向其出售、出租或者以其他形式转让本出版单位的名称、电子出版物专用中国标准书号、国内统一连续出版物号、条码及电子出版物复制委托书的。

第五十九条　电子出版物出版单位出租、出借、出售或者以其他任何形式转让本单位的名称、电子出版物专用中国标准书号、国内统一连续出版物号的,按照《出版管理条例》第六十条处罚。

第六十条　有下列行为之一的,按照《出版管理条例》第六十一条处罚:

(一)电子出版物出版单位变更名称、主办单位或者主管单位、业务范围、资本结构,合并或者分立,电子出版物出版单位变更地址、法定代表人或者主要负责人,未依照本规定的要求办理审批、变更登记手续的;

(二)经批准出版的连续型电子出版物,新增或者改变连续型电子出版物的名称、刊期与出版范围,未办理审批手续的;

(三)电子出版物出版单位未按规定履行年度出版计划和重大选题备案的;

(四)出版单位未按照有关规定送交电子出版物样品的;

(五)电子出版物进口经营单位违反本规定第三十八条未经批准进口电子出版物的。

第六十一条　电子出版物出版单位未依法向新闻出版行政部门报送统计资料的,依据新闻出版总署、国家统计局联合颁布的《新闻出版统计管理办法》处罚。

第六十二条　有下列行为之一的,由新闻出版行政部门责令改正,给予警告,可并处三万元以下罚款:

(一)电子出版物制作单位违反本规定第十七条,未办理备案手续的;

(二)电子出版物出版单位违反本规定第二十一条,未按规定使用中国标准书号或者国内统一连续出版物号的;

(三)电子出版物出版单位出版的电子出版物不符合国家的技术、质量标准和规范要求的,或者未按本规定第二十三条载明有关事项的;

(四)电子出版物出版单位出版境外著作权人授权的电子出版物,违反本规定第二十四条、第二十七条、第二十八条、第二十九条有关规定的;

(五)电子出版物出版单位与境外机构合作出版电子出版物,未按本规定第三十条办理选题审批手续的,未按本规定第三十二条将样盘报送备案的;

(六)电子出版物进口经营单位违反本规定第四十一条的;

(七)委托复制电子出版物非卖品违反本规定第四十二条的有关规定,或者未按第四十四条标明电子出版物非卖品统一编号的;

(八)电子出版物出版单位及其他委托复制单位违反本规定第四十五条至第四十

九条的规定,委托未经批准设立的复制单位复制,或者未遵守有关复制委托书的管理制度的。

第九章 附 则

第六十三条 本规定自 2008 年 4 月 15 日起施行,新闻出版署 1997 年 12 月 30 日颁布的《电子出版物管理规定》同时废止,此前新闻出版行政部门对电子出版物制作、出版、进口活动的其他规定,凡与本规定不一致的,以本规定为准。

41. 香港澳门记者在内地采访办法

(国务院港澳事务办公室 2009 年 2 月 6 日发布)

第一条 为了便于香港和澳门记者在内地依法采访报道,制定本办法。

第二条 本办法所称香港和澳门记者必须是香港或者澳门居民,并在香港或者澳门依法注册的,香港或者澳门特区政府核准出版、发行、经营的时事类报纸、刊物以及电台、电视台、通讯社等新闻机构从事新闻报道工作的职业记者。

第三条 香港和澳门记者应当遵守国家法律、法规和规章,遵守新闻职业道德,客观、公正地进行采访报道,不得进行与其机构性质或者记者身份不符的活动。

第四条 香港和澳门新闻机构在内地设立常驻记者站及派遣常驻记者事宜,按照现行办法办理。

第五条 香港和澳门记者来内地采访,需向中央人民政府驻香港特别行政区联络办公室或中央人民政府驻澳门特别行政区联络办公室领取由中华全国新闻工作者协会制发的港澳记者采访证。

第六条 香港和澳门记者在内地采访,需征得被采访单位和个人的同意,采访时应当携带并出示港澳新闻机构常驻内地记者证或港澳记者采访证。

第七条 港澳记者可以通过有关部门指定的服务单位聘用内地居民从事辅助工作。

第八条 香港和澳门记者因采访报道需要,在依法履行报批手续后,可以临时进口、设置和使用无线电通信设备。

第九条 本办法由国务院港澳事务办公室负责解释。

第十条　本办法自公布之日起实施。

42. 报纸期刊审读暂行办法

（新闻出版总署2009年2月9日发布）

第一条　为履行报刊出版管理职责，切实加强报刊出版管理，维护报刊出版秩序，提高报刊出版质量，促进我国报刊业健康繁荣发展，依据《出版管理条例》《报纸出版管理规定》《期刊出版管理规定》的有关规定制定本办法。

第二条　报刊审读是新闻出版行政部门和报刊主管单位在报刊出版后组织有关人员，依法对报刊出版质量进行的审阅和评定，是报刊出版事后管理的重要制度。

第三条　凡经新闻出版总署批准，持有"国内统一连续出版物号"，领取《报纸出版许可证》和《期刊出版许可证》的报刊，应列入审读范围。

第四条　报刊审读工作坚持以马克思列宁主义、毛泽东思想、邓小平理论和"三个代表"重要思想为指导，深入贯彻落实科学发展观，坚持党的领导，坚持正确的舆论导向和出版方向，坚持把社会效益放在首位，督促报刊出版单位严格遵守国家有关法律法规，努力传播社会主义核心价值观，传播和积累有益于提高民族素质、经济发展和社会进步的科学技术和文化知识，弘扬中华民族优秀文化，丰富人民群众的精神文化生活，努力为推动社会主义经济建设、政治建设、文化建设、社会建设以及生态文明建设作出积极贡献。

报刊审读工作坚持实事求是、依法行政的原则，努力保障审读结论客观、公正。

第五条　新闻出版总署负责全国报刊审读工作，承担协调、指导省级新闻出版行政部门，以及中央部门报刊主管单位组织开展审读工作；负责研究、汇总各地新闻出版行政部门，以及中央部门报刊主管单位提交的审读报告；研究处理审读中发现的有关问题；提出加强和改进审读工作的意见；负责向中央和国务院报告审读工作发现的重大问题；根据需要调阅报刊出版单位阅评报告；整理编发报刊审读有关通报材料。

第六条　地方各级新闻出版行政部门负责本行政区域内的报刊审读工作，负责协调、指导下级新闻出版行政部门和报刊主管单位对报刊进行审读；研究、汇总下级新闻出版行政部门和报刊主管单位提交的审读报告；研究处理审读中发现的问题；负责向上级新闻出版行政部门报送审读报告；根据需要调阅当地报刊出版单位的阅评报告；整理和编发报刊审读的有关简报材料。

地方新闻出版行政部门报送的审读报告应包括：对本行政区域内报刊组织开展审读的基本情况，审读动态和舆情分析，审读中发现的主要问题及其处理情况，报刊主管主办单位和出版单位对存在问题的整改情况。

第七条　中央部门报刊主管单位负责对其主管报刊进行审读，并向新闻出版总署提交审读报告。地方报刊主管单位负责对其主管报刊进行审读，向所在地新闻出版行政部门提交审读报告。主管单位提交的审读报告应包括：对其主管的报刊组织开展审读工作的基本情况，审读中发现的主要问题及处理情况，对新闻出版行政部门认定的违规问题进行处理和整改的情况。

第八条　报刊出版单位在实施三审制度的同时，建立并实行报刊阅评制度，定期写出阅评报告，指导本单位出版工作，供新闻出版行政部门根据管理工作需要调阅和检查。阅评报告的形式由报刊出版单位自行决定。

第九条　报刊审读包括以下各项：

（一）是否刊载《出版管理条例》和其他法律、法规以及国家规定的禁止内容；

（二）新闻报道是否坚持真实、全面、客观、公正的原则，是否刊载虚假、失实报道；发表或摘转涉及国家重大政策、军事、民族、宗教、外交、保密等内容是否符合有关规定；

（三）刊载涉及重大革命和重大历史题材的内容，是否按规定履行重大选题备案程序，办理有关审批手续；

（四）报道涉及灾情疫情、交通事故、安全生产、刑事案件、社会稳定等重大、敏感和突发事件，是否符合有关规定；

（五）是否刊载有悖于社会主义道德风尚，格调低下的文章，是否含有色情淫秽、凶杀暴力、迷信愚昧等有害内容；

（六）转载、摘编社会自由来稿和互联网信息，是否符合有关规定，是否按规定对其内容进行核实，并标明下载文件网址、下载日期等；是否转载、摘编内部发行出版物的内容；

（七）刊登广告是否符合国家有关法律法规，是否刊载虚假违法、内容低俗的广告；报纸刊登广告是否在明显位置注明"广告"字样，是否违反规定以新闻报道形式刊登广告；

（八）报刊标示的版本记录是否符合规定，专版、专刊、增刊的内容是否与报刊宗旨、业务范围一致；

（九）出版质量是否符合报刊质量管理的有关要求，出版形式是否符合报刊出版形式规范的有关要求；

（十）出版质量是否符合现行国家标准和行业标准，使用语言文字是否符合国家通用语言文字法的规定。

第十条　各级新闻出版行政部门和报刊主管单位应设立相应的审读机构，安排具有较高的马克思主义理论修养和政策水平，有强烈事业心和高度责任感，熟悉出版工作方针政策、相关法律法规，熟悉报刊编辑出版业务的专职、兼职及聘用人员承担报刊审读工作。

第十一条　各级新闻出版行政部门依据《出版管理条例》的规定，切实履行监管职责，落实报刊审读经费。

第十二条　各级新闻出版行政部门和报刊主管单位要切实加强对审读工作的领导，健全制度，明确职责，组织对审读人员的培训，指导审读人员的工作，增强审读工作的针对性和实效性，不断提高审读质量和水平。

第十三条　新闻出版行政部门组织开展审读工作，可以采取一般审读、重点审读、全面审读、专题审读、抽查审读、书面审读、跟踪审读和谈话交流等形式进行。审读工作应与年度核验、专项检查等日常管理工作相结合。

第十四条　报刊审读工作应充分利用现代技术手段，逐步建立报刊审读网络系统，完善审读信息的编发、审核、传递、发布、记录、存储等办法。

第十五条　新闻出版行政部门负责编发各种形式的报刊审读简报材料，及时向报刊主管主办单位和出版单位通报，必要时可要求报刊出版单位反馈核查、整改情况。

第十六条　新闻出版行政部门对审读中发现的问题，应及时予以认定，并依据相关规定做出处理。

第十七条　对审读中发现的易产生不良社会影响的重大内容问题，各地报刊主管主办单位要立即向当地新闻出版行政部门报告，省级新闻出版行政部门和中央部门报刊主管单位要立即向新闻出版总署报告，不报或迟报造成后果的，要按规定追究责任。

第十八条　对坚持开展审读工作，效果显著、成绩突出的下级新闻出版行政部门、报刊主管单位和报刊出版单位，新闻出版总署和地方新闻出版行政部门应予以表彰。

43. 报刊记者站管理办法

（新闻出版总署2009年8月6日第43号令公布）

第一章 总 则

第一条 为规范报刊记者站的管理，保障报刊出版单位依法开展新闻采编活动，根据有关法规和国务院决定，制定本办法。

第二条 本办法适用于报刊记者站的设立及其监督管理。

第三条 本办法所称报刊记者站，是指境内报刊出版单位根据新闻业务需要在其登记地以外地区设立的从事新闻采访、组稿等活动的派出机构。

报刊记者站不具有法人资格。

第四条 报刊记者站依照本办法设立，可以依法从事与其报刊业务范围相一致的有关新闻采访、组稿等活动。

报刊记者站名称由报刊名称和记者站所在行政区域或者单位名称组成。

第五条 除报刊记者站以外，报刊出版单位不得以办事处、通联站、工作站等名义设立从事新闻业务活动的其他派出机构。

报刊出版单位设立的从事出版物发行、广告等经营业务的其他机构不得从事新闻业务活动。

第六条 未经批准，任何机构和人员不得设立报刊记者站。

任何机构和人员不得假冒、盗用报刊记者站名义开展活动。

第二章 报刊记者站的设立

第七条 经新闻出版总署批准设立并获得报纸、期刊出版许可证，同时有新闻采访业务的报刊出版单位，根据其新闻业务需要，可以申请设立记者站。

期刊设立记者站仅限于新闻性期刊，其他期刊和教学辅导类报纸、文摘类报纸、高等学校校报等不得设立记者站。

第八条 中央和国家机关各部门、各直属机构，各民主党派，全国性社团组织及其直属单位，国有大型企业等单位主管的报刊出版单位可以在省会城市、计划单列城市设立记者站。

各省、自治区、直辖市党委机关报社和省级单位主管的报刊出版单位可以在本省、自治区所辖的地、市、州、盟或者本直辖市所辖的区、县设立记者站。

各地、市、州、盟党委机关报社,可以在本地、市、州、盟所辖的市、县设立记者站。

报刊出版单位在符合规定的各区域只得设立一家记者站。

第九条 报刊出版单位设立记者站应当具备以下条件：

（一）符合本办法第七条规定并确有新闻采访需要；

（二）报刊出版单位具备有效管理记者站的条件和能力,报刊出版单位及其已设立的记者站近两年内未出现违反新闻出版法规、规章的问题；

（三）记者站采编人员须为符合申领新闻记者证条件的报刊出版单位专职人员,记者站站长须具有中级以上职称并有5年以上新闻采编工作经历；

（四）记者站有固定的办公场所；

（五）记者站有报刊出版单位提供的维持日常工作的经费；

（六）法规、规章规定的其他条件。

除前款所列条件外,还须符合各省、自治区、直辖市新闻出版行政部门对报刊记者站总量、结构、布局的规划。

第十条 本办法第八条第一款所列报刊出版单位在省会城市、计划单列城市设立记者站,须经设站所在地省、自治区、直辖市新闻出版行政部门审批。

因特殊需要必须在规定范围以外设站的,须向设站所在地省、自治区、直辖市新闻出版行政部门特别申请,提出需要在设站地区进行长期采访的充分理由,经审核批准后,方可设立。

第十一条 本规定第八条第二款、第三款所列报刊出版单位在本省、自治区、直辖市范围内设立记者站,须经设站地的地、市、州、盟新闻出版行政部门审核同意,由省、自治区、直辖市新闻出版行政部门批准。

因特殊需要在规定范围以外跨省设立记者站的,须经报刊出版单位所在地省、自治区、直辖市新闻出版行政部门审核同意后,向设站地省、自治区、直辖市新闻出版行政部门特别申请,提出需要在设站地区进行长期采访的充分理由,经设站地省、自治区、直辖市新闻出版行政部门审核批准后,方可设立。

第十二条 报业集团、期刊集团或者拥有多家子报子刊的报刊出版单位可以该集团或者报刊出版单位名义设站,其属下报刊不再单独设站。

第十三条　报刊出版单位设立记者站,须依据本办法第十条、第十一条的规定向新闻出版行政部门提交申请书和有关材料。申请书内容包括：

（一）设立记者站的理由；

（二）记者站的业务范围、活动方式；

（三）报刊出版单位对记者站的管理方式、管理制度和必要的保障条件及管理责任等。

有关材料包括：

（一）记者站人员基本情况及其从业资格证明；

（二）报刊出版单位出具的符合本办法规定的记者站人员编制或者劳动合同等证明文件；

（三）报刊主管单位同意设立记者站的文件；

（四）报刊出版单位出具的记者站经费来源证明；

（五）记者站办公场所的有关证明等。

第十四条　经批准设立的记者站应持省、自治区、直辖市新闻出版行政部门的批准文件,于15日内到设站所在地新闻出版行政部门办理登记注册手续,填写《记者站登记表》,领取《记者站登记证》。

第十五条　《记者站登记证》的有效期及换发时间,由省、自治区、直辖市新闻出版行政部门规定。

第十六条　报刊出版单位负责记者站筹备工作的组织或者人员在新闻出版行政部门批准设立记者站前,不得以记者站或者记者站筹备组织的名义对外开展活动。

第十七条　报刊出版单位不得以派记者驻地方长期工作方式代替设立记者站。

第三章　报刊记者站的人员及活动

第十八条　报刊出版单位须在记者站登记后三个月内派遣记者到记者站开展工作,并在其到岗前为其申领新闻记者证。

报刊记者站的新闻记者证应注明报刊记者站名称。

第十九条　报刊记者站的驻站记者人数不超过5人,按照本规定第十二条设立的记者站驻站记者人数可以根据实际需要适当增加。

第二十条　报刊记者站工作人员须为报刊出版单位正式在编人员或者与报刊出版

单位签有劳动合同的专职人员。

在报刊记者站从事新闻采访活动的人员必须是持有新闻记者证的新闻记者；未持有新闻记者证的人员不得在报刊记者站从事新闻采访活动。

报刊记者站不得自行聘用工作人员从事新闻采访活动。

第二十一条　报刊记者站不得设在党政机关，党政机关工作人员不得兼任报刊记者站工作。

第二十二条　报刊记者站不得从事与新闻采访无关的其他活动，不得以报刊记者站名义发布新闻，不得从事出版物发行、广告、开办经济实体及其他经营活动，不得利用行政权力摊派发行，不得设立分支机构。

第二十三条　报刊记者站及其工作人员不得以新闻机构、报刊记者站或者新闻记者名义谋取不正当利益，不得以新闻报道为名要求采访对象订报刊、做广告、提供赞助或者从事经营活动，不得搞有偿新闻、虚假报道，不得从事违反新闻职业道德的活动。

第二十四条　报刊记者站工作人员发生变更，报刊出版单位应在15日内持有关材料报所在地省、自治区、直辖市新闻出版行政部门备案。

第二十五条　《记者站登记表》的登记地址、电话等项目发生变更，报刊记者站应在15日内持有关材料到登记机关办理变更登记手续。

第二十六条　报刊出版单位终止其记者站业务活动，应及时向省、自治区、直辖市新闻出版行政部门提交书面报告，并到登记机关办理注销登记手续，交回《记者站登记证》。

第四章　监督管理

第二十七条　新闻出版总署负责对全国报刊记者站进行监督管理，地方各级新闻出版行政部门负责对本行政区域内设立的报刊记者站进行监督管理。

下一级新闻出版行政部门应定期向上一级新闻出版行政部门报告报刊记者站设立、变更及其监督管理情况。

第二十八条　报刊出版单位应履行管理职责，监督记者站及其工作人员依法开展活动。对报刊记者站及其工作人员的违法行为，须及时向新闻出版总署和报刊记者站所在地新闻出版行政部门报告，并依法追究报刊记者站主要负责人和直接责任人的责任。

第二十九条　报刊记者站须接受新闻出版总署和所在地新闻出版行政部门的指导、监督和管理,并按时向所在地新闻出版行政部门缴送样报样刊。

第三十条　报刊记者站年度核验每年一次,年度核验工作每年2月开始,4月15日前结束,各省、自治区、直辖市新闻出版行政部门须在4月30日前,将本地报刊记者站年度核验情况报新闻出版总署。

第三十一条　报刊记者站年度核验由省、自治区、直辖市新闻出版行政部门统一组织。报刊记者站须按时参加年度核验。年度核验内容主要为:记者站工作情况、记者站登记项目变更情况、记者站及其工作人员有无违法情况、记者站记者持有记者证情况等。

年度核验材料包括:

(一)报刊出版单位提交的记者站工作评估报告;

(二)记者站本年度发表新闻报道的目录及其样报样刊;

(三)其他必需的有关材料。

第三十二条　登记机关在年度核验中发现报刊记者站存在违法行为,应责令其立即改正;违法情节严重的,其年度核验不予通过。

报刊记者站未通过年度核验的,由登记机关注销登记。

第三十三条　各省、自治区、直辖市新闻出版行政部门,可根据报刊记者站发表新闻报道的数量、质量等情况,对其新闻采编活动进行评估,并根据评估结果实行退出机制。

被确定退出的报刊记者站,由登记机关注销登记。

第三十四条　报刊记者站被新闻出版行政部门依法撤销的,须及时到登记机关办理注销登记手续,交回《记者站登记证》。

报刊记者站注销登记后,登记机关应于20日内在当地主要媒体上予以公告。

第五章　法律责任

第三十五条　报刊出版单位及其记者站、工作人员违反本办法的,新闻出版行政部门视其情节轻重,可采取下列行政措施:

(一)通报批评;

(二)责令公开检讨;

(三)责令改正;

(四)责成主管单位、主办单位监督整改。

本条所列行政措施可以并用。

第三十六条 报刊记者站出现以下情形之一的,由新闻出版行政部门责令报刊出版单位限期改正;报刊出版单位未按期改正的,由省、自治区、直辖市新闻出版行政部门注销该记者站:

(一)报刊记者站已不具备本办法第九条规定要求的;

(二)违反本办法第十八条,未按规定开展工作的;

(三)违反本办法第三十一条,未按规定参加年度核验的。

第三十七条 报刊出版单位有以下行为之一的,由新闻出版行政部门给予警告:

(一)违反本办法第十六条,以报刊记者站或者记者站筹备组织的名义对外开展活动的;

(二)违反本办法第十七条,以派记者驻地方长期工作方式代替设立记者站的;

(三)违反本办法第二十六条、第三十四条,未办理注销登记手续的。

第三十八条 报刊出版单位、报刊记者站有以下行为之一的,由新闻出版行政部门给予警告,并处3万元以下罚款,情节严重的,撤销该记者站:

(一)违反本办法第十九条、第二十条、第二十一条,违规设立报刊记者站或者派驻、使用人员的;

(二)违反本办法第二十二条、第二十三条,从事有关活动的;

(三)违反本办法第二十四条、第二十五条,未按规定办理备案、变更手续的;

(四)违反本办法第二十八条,未履行管理职责的;

(五)违反本办法第二十九条,不服从新闻出版行政部门管理或者未按时缴送样报样刊的。

第三十九条 报刊出版单位以及其他境内机构和人员有以下行为之一的,由新闻出版行政部门予以取缔,并处3万元以下罚款,没收违法所得;构成犯罪的,依法追究刑事责任:

(一)违反本办法第五条,以办事处、通联站、工作站等名义设立从事新闻业务活动的其他派出机构;

(二)违反本办法第六条,擅自设立报刊记者站或者假冒、盗用报刊记者站名义开展活动的。

第六章　附　则

第四十条　境内报刊出版单位的分社从事新闻采访、组稿等活动,适用本办法。

第四十一条　本规定所称《记者站登记表》《记者站登记证》由省、自治区、直辖市新闻出版行政部门统一印制。

第四十二条　本办法自2009年10月1日起施行。

2005年1月10日新闻出版总署颁布的《报社记者站管理办法》同时废止,本办法生效前颁布的与本办法不一致的其他规定不再执行。

44. 新闻记者证管理办法

（新闻出版总署2009年8月24日第44号令公布）

第一章　总　则

第一条　为规范新闻记者证的管理,保障新闻记者的正常采访活动,维护新闻记者和社会公众的合法权益,根据有关法规和国务院决定,制定本办法。

第二条　本办法适用于新闻记者证的申领、核发、使用和管理。

在中华人民共和国境内从事新闻采编活动,须持有新闻出版总署核发的新闻记者证。

第三条　新闻记者证是新闻记者职务身份的有效证明,是境内新闻记者从事新闻采编活动的唯一合法证件,由新闻出版总署依法统一印制并核发。

境内新闻机构使用统一样式的新闻记者证。

第四条　本办法所称新闻记者,是指新闻机构编制内或者经正式聘用,专职从事新闻采编岗位工作,并持有新闻记者证的采编人员。

本办法所称新闻机构,是指经国家有关行政部门依法批准设立的境内报纸出版单位、新闻性期刊出版单位、通讯社、广播电台、电视台、新闻电影制片厂等具有新闻采编业务的单位。其中,报纸、新闻性期刊出版单位由国务院新闻出版行政部门认定;广播、电影、电视新闻机构的认定,以国务院广播电影电视行政部门的有关批准文件为依据。

第五条　新闻记者持新闻记者证依法从事新闻采访活动受法律保护。各级人民政府及其职能部门、工作人员应为合法的新闻采访活动提供必要的便利和保障。

任何组织或者个人不得干扰、阻挠新闻机构及其新闻记者合法的采访活动。

第六条　新闻记者证由新闻出版总署统一编号，并签印新闻出版总署印章、新闻记者证核发专用章、新闻记者证年度核验标签和本新闻机构（或者主办单位）钢印方为有效。

其他任何单位或者个人不得制作、仿制、发放、销售新闻记者证，不得制作、发放、销售专供采访使用的其他证件。

第二章　申领与核发

第七条　新闻出版总署负责全国新闻记者证的核发工作，省、自治区、直辖市新闻出版行政部门负责审核本行政区域新闻机构的新闻记者证。

第八条　新闻记者证由新闻机构向新闻出版行政部门申请领取。申领新闻记者证须由新闻机构如实填写并提交《领取新闻记者证登记表》《领取新闻记者证人员情况表》以及每个申领人的身份证、毕业证、从业资格证（培训合格证）、劳动合同复印件等申报材料。

第九条　新闻机构中领取新闻记者证的人员须同时具备下列条件：

（一）遵守国家法律、法规和新闻工作者职业道德；

（二）具备大学专科以上学历并获得国务院有关部门认定的新闻采编从业资格；

（三）在新闻机构编制内从事新闻采编工作的人员，或者经新闻机构正式聘用从事新闻采编岗位工作且具有一年以上新闻采编工作经历的人员。

本条所称"经新闻机构正式聘用"，是指新闻采编人员与其所在新闻机构签有劳动合同。

第十条　下列人员不发新闻记者证：

（一）新闻机构中党务、行政、后勤、经营、广告、工程技术等非采编岗位的工作人员；

（二）新闻机构以外的工作人员，包括为新闻单位提供稿件或者节目的通讯员、特约撰稿人，专职或兼职为新闻机构提供新闻信息的其他人员；

（三）教学辅导类报纸、高等学校校报工作人员以及没有新闻采访业务的期刊编辑人员；

（四）有不良从业记录的人员、被新闻出版行政部门吊销新闻记者证并在处罚期限内的人员或者受过刑事处罚的人员。

第十一条　中央单位所办新闻机构经主管部门审核所属新闻机构采编人员资格条件后，向新闻出版总署申领新闻记者证，由新闻出版总署批准后发放新闻记者证。

第十二条　省和省以下单位所办新闻机构经主管部门审核所属新闻机构采编人员资格条件后，向所在地省、自治区、直辖市新闻出版行政部门申领新闻记者证，由省、自治区、直辖市新闻出版行政部门审核并报新闻出版总署批准后，发放新闻记者证。

其中，地、市、州、盟所属新闻机构申领新闻记者证须经地、市、州、盟新闻出版行政部门审核后，报省、自治区、直辖市新闻出版行政部门。

第十三条　记者站的新闻采编人员资格条件经设立该记者站的新闻机构审核，主管部门同意后，向记者站登记地省、自治区、直辖市新闻出版行政部门申领新闻记者证，由省、自治区、直辖市新闻出版行政部门审核并报新闻出版总署批准后，发放新闻记者证。

在地、市、州、盟设立的记者站，申领新闻记者证应报当地新闻出版行政部门逐级审核后，报省、自治区、直辖市新闻出版行政部门。

新闻机构记者站的新闻记者证应注明新闻机构及记者站名称。

第十四条　解放军总政治部宣传部新闻出版局负责解放军和武警部队（不含边防、消防、警卫部队）新闻机构新闻记者证的审核发放工作，并向新闻出版总署备案。

第十五条　除解放军和武警部队（不含边防、消防、警卫部队）系统外，新闻记者证申领、审核、发放和注销工作统一通过新闻出版总署的"全国新闻记者证管理及核验网络系统"进行。

第三章　使用与更换

第十六条　新闻采编人员从事新闻采访工作必须持有新闻记者证，并应在新闻采访中主动向采访对象出示。

新闻机构中尚未领取新闻记者证的采编人员，必须在本新闻机构持有新闻记者证的记者带领下开展采访工作，不得单独从事新闻采访活动。

第十七条　新闻机构非采编岗位工作人员、非新闻机构以及其他社会组织或者个人不得假借新闻机构或者假冒新闻记者进行新闻采访活动。

第十八条　新闻记者使用新闻记者证从事新闻采访活动，应遵守法律规定和新闻职业道德，确保新闻报道真实、全面、客观、公正，不得编发虚假报道，不得刊播虚假新闻，不得徇私隐匿应报道的新闻事实。

第十九条　新闻采访活动是新闻记者的职务行为，新闻记者证只限本人使用，不得转借或者涂改，不得用于非职务活动。

新闻记者不得从事与记者职务有关的有偿服务、中介活动或者兼职、取酬，不得借新闻采访工作从事广告、发行、赞助等经营活动，不得创办或者参股广告类公司，不得借新闻采访活动牟取不正当利益，不得借舆论监督进行敲诈勒索、打击报复等滥用新闻采访权利的行为。

第二十条　新闻记者与新闻机构解除劳动关系、调离本新闻机构或者采编岗位，应在离岗前主动交回新闻记者证，新闻机构应立即通过"全国新闻记者证管理及核验网络系统"申请注销其新闻记者证，并及时将收回的新闻记者证交由新闻出版行政部门销毁。

第二十一条　新闻记者证因污损、残破等各种原因无法继续使用，由新闻机构持原证到发证机关更换新证，原新闻记者证编号保留使用。

第二十二条　新闻记者证遗失后，持证人须立即向新闻机构报告，新闻机构须立即办理注销手续，并在新闻出版总署或者省、自治区、直辖市新闻出版行政部门指定的媒体上刊登遗失公告。

需要重新补办新闻记者证的，可在刊登公告一周后到发证机关申请补领新证，原新闻记者证编号同时作废。

第二十三条　新闻机构撤销，其原已申领的新闻记者证同时注销。该新闻机构的主管单位负责收回作废的新闻记者证，交由发证机关销毁。

第二十四条　采访国内、国际重大活动，活动主办单位可以制作一次性临时采访证件，临时采访证件的发放范围必须为新闻记者证的合法持有人，并随新闻记者证一同使用。

第二十五条　新闻记者证每五年统一换发一次。新闻记者证换发的具体办法由新闻出版总署另行制定。

第四章　监督管理

第二十六条　新闻出版总署和各省、自治区、直辖市新闻出版行政部门以及解放军总政治部宣传部新闻出版局负责对新闻记者证的发放、使用和年度核验等工作进行监督管理。

各级新闻出版行政部门负责对新闻记者在本行政区域内的新闻采编活动进行监督管理。

新闻出版行政部门根据调查掌握的违法事实,建立不良从业人员档案,并适时公开。

第二十七条　新闻机构的主管单位须履行对所属新闻机构新闻记者证的申领审核和规范使用的管理责任,加强对所属新闻机构及其新闻记者开展新闻采编活动的监督管理。

第二十八条　新闻机构须履行对所属新闻采编人员资格条件审核及新闻记者证申领、发放、使用和管理责任,对新闻记者的采访活动进行监督管理,对有违法行为的新闻记者应及时调查处理。

新闻机构应建立健全新闻记者持证上岗培训和在岗培训制度,建立健全用工制度和社会保障制度,及时为符合条件的采编人员申领新闻记者证。

新闻机构不得聘用存在搞虚假报道、有偿新闻、利用新闻报道谋取不正当利益、违法使用新闻记者证等不良从业记录的人员。

第二十九条　新闻机构每年应定期公示新闻记者证持有人名单和新申领新闻记者证人员名单,在其所属媒体上公布"全国新闻记者证管理及核验网络系统"的网址和举报电话,方便社会公众核验新闻记者证,并接受监督。

第三十条　被采访人以及社会公众有权对新闻记者的新闻采访活动予以监督,可以通过"全国新闻记者证管理及核验网络系统"等途径核验新闻记者证、核实记者身份,并对新闻记者的违法行为予以举报。

第三十一条　新闻记者涉嫌违法被有关部门立案调查的,新闻出版总署可以视其涉嫌违法的情形,通过"全国新闻记者证管理及核验网络系统"中止其新闻记者证使用,并根据不同情形依法处理。

第三十二条　新闻记者证实行年度核验制度,由新闻出版总署和各省、自治区、直辖市新闻出版行政部门以及解放军总政治部宣传部新闻出版局分别负责中央新闻机构、地方新闻机构和解放军及武警部队（不含边防、消防、警卫部队）新闻机构新闻记者证的年度核验工作。

新闻记者证年度核验每年1月开始，3月15日前结束，各省、自治区、直辖市新闻出版行政部门和解放军总政治部宣传部新闻出版局须在3月31日前，将年度核验报告报新闻出版总署。

新闻机构未按规定进行新闻记者证年度核验的，由发证机关注销其全部新闻记者证。

第三十三条　新闻记者证年度核验工作由新闻机构自查，填写《新闻记者证年度核验表》，经主管单位审核后，报新闻出版行政部门依法核验。年度核验的主要内容是：

（一）检查持证人员是否仍具备持有新闻记者证的所有条件；

（二）检查持证人员本年度内是否出现违法行为；

（三）检查持证人员的登记信息是否变更。

通过年度核验的新闻记者证，由新闻出版行政部门核发年度核验标签，并粘贴到新闻记者证年度核验位置，新闻记者证的有效期以年度核验标签的时间为准。未通过年度核验的新闻记者证，由发证机关注销，不得继续使用。

第五章　法律责任

第三十四条　新闻机构及其工作人员违反本办法的，新闻出版行政部门视其情节轻重，可采取下列行政措施：

（一）通报批评；

（二）责令公开检讨；

（三）责令改正；

（四）中止新闻记者证使用；

（五）责成主管单位、主办单位监督整改。

本条所列行政措施可以并用。

第三十五条　新闻机构工作人员有以下行为之一的，由新闻出版总署或者省、自治区、直辖市新闻出版行政部门给予警告，并处3万元以下罚款，情节严重的，吊销其新闻记者证，构成犯罪的，依法追究刑事责任：

（一）违反本办法第十七条，从事有关活动的；

（二）违反本办法第十八条，编发虚假报道的；

（三）违反本办法第十九条，转借、涂改新闻记者证或者利用职务便利从事不当活动的；

（四）违反本办法第二十条，未在离岗前交回新闻记者证的。

第三十六条　新闻机构有以下行为之一的，由新闻出版总署或者省、自治区、直辖市新闻出版行政部门没收违法所得，给予警告，并处3万元以下罚款，可以暂停核发该新闻机构新闻记者证，并建议其主管单位、主办单位对其负责人给予处分：

（一）违反本办法第六条，擅自制作、仿制、发放、销售新闻记者证或者擅自制作、发放、销售采访证件的；

（二）违反本办法第八条，提交虚假申报材料的；

（三）未按照本办法第九条、第十条，严格审核采编人员资格或者擅自扩大发证范围的；

（四）违反本办法第十六条，新闻机构内未持有新闻记者证的人员从事新闻采访活动的；

（五）违反本办法第二十条，未及时注销新闻记者证的；

（六）违反本办法第二十二条，未及时办理注销手续的；

（七）违反本办法第二十八条，未履行监管责任、未及时为符合条件的采编人员申领新闻记者证的或者违规聘用有关人员的；

（八）违反本办法第二十九条，未公示或公布有关信息的；

（九）违反本办法第三十二条，未按时参加年度核验的；

（十）对本新闻机构工作人员出现第三十五条所列行为负有管理责任的。

第三十七条　社会组织或者个人有以下行为之一的，由新闻出版行政部门联合有关部门共同查处，没收违法所得，给予警告，并处3万元以下罚款，构成犯罪的，依法追究刑事责任：

（一）擅自制作、仿制、发放、销售新闻记者证或者擅自制作、发放、销售采访证件的；

（二）假借新闻机构、假冒新闻记者从事新闻采访活动的；

（三）以新闻采访为名开展各类活动或者谋取利益的。

第三十八条 新闻记者因违法活动被吊销新闻记者证的,5年内不得重新申领新闻记者证,被追究刑事责任的,终身不得申领新闻记者证。

第六章 附 则

第三十九条 国外及香港、澳门、台湾新闻机构的人员在境内从事新闻采访活动,不适用本办法。

第四十条 本办法自 2009 年 10 月 15 日起施行。

2005 年 1 月 10 日新闻出版总署颁布的《新闻记者证管理办法》同时废止,本办法生效前颁布的与本办法不一致的其它规定不再执行。

45. 广播电视广告播出管理办法

（国家广播电影电视总局 2009 年 9 月 8 日第 61 号令公布）

第一章 总 则

第一条 为了规范广播电视广告播出秩序,促进广播电视广告业健康发展,保障公民合法权益,依据《中华人民共和国广告法》《广播电视管理条例》等法律、行政法规,制定本办法。

第二条 广播电台、电视台（含广播电视台）等广播电视播出机构（以下简称"播出机构"）的广告播出活动,以及广播电视传输机构的相关活动,适用本办法。

第三条 本办法所称广播电视广告包括公益广告和商业广告（含资讯服务、广播购物和电视购物短片广告等）。

第四条 广播电视广告播出活动应当坚持以人为本,遵循合法、真实、公平、诚实信用的原则。

第五条 广播影视行政部门对广播电视广告播出活动实行属地管理、分级负责。

国务院广播影视行政部门负责全国广播电视广告播出活动的监督管理工作。

县级以上地方人民政府广播影视行政部门负责本行政区域内广播电视广告播出活动的监督管理工作。

第六条 广播影视行政部门鼓励广播电视公益广告制作和播出,对成绩显著的组织、个人予以表彰。

第二章 广告内容

第七条 广播电视广告是广播电视节目的重要组成部分,应当坚持正确导向,树立良好文化品位,与广播电视节目相和谐。

第八条 广播电视广告禁止含有下列内容:

(一)反对宪法确定的基本原则的;

(二)危害国家统一、主权和领土完整,危害国家安全,或者损害国家荣誉和利益的;

(三)煽动民族仇恨、民族歧视,侵害民族风俗习惯,伤害民族感情,破坏民族团结,违反宗教政策的;

(四)扰乱社会秩序,破坏社会稳定的;

(五)宣扬邪教、淫秽、赌博、暴力、迷信,危害社会公德或者民族优秀文化传统的;

(六)侮辱、歧视或者诽谤他人,侵害他人合法权益的;

(七)诱使未成年人产生不良行为或者不良价值观,危害其身心健康的;

(八)使用绝对化语言,欺骗、误导公众,故意使用错别字或者篡改成语的;

(九)商业广告中使用、变相使用中华人民共和国国旗、国徽、国歌,使用、变相使用国家领导人、领袖人物的名义、形象、声音、名言、字体或者国家机关和国家机关工作人员的名义、形象的;

(十)药品、医疗器械、医疗和健康资讯类广告中含有宣传治愈率、有效率,或者以医生、专家、患者、公众人物等形象做疗效证明的;

(十一)法律、行政法规和国家有关规定禁止的其他内容。

第九条 禁止播出下列广播电视广告:

(一)以新闻报道形式发布的广告;

(二)烟草制品广告;

(三)处方药品广告;

(四)治疗恶性肿瘤、肝病、性病或者提高性功能的药品、食品、医疗器械、医疗广告;

(五)姓名解析、运程分析、缘份测试、交友聊天等声讯服务广告;

（六）出现"母乳代用品"用语的乳制品广告；

（七）法律、行政法规和国家有关规定禁止播出的其他广告。

第十条 时政新闻类节（栏）目不得以企业或者产品名称等冠名。有关人物专访、企业专题报道等节目中不得含有地址和联系方式等内容。

第十一条 投资咨询、金融理财和连锁加盟等具有投资性质的广告，应当含有"投资有风险"等警示内容。

第十二条 除福利彩票、体育彩票等依法批准的广告外，不得播出其他具有博彩性质的广告。

第三章 广告播出

第十三条 广播电视广告播出应当合理编排。其中，商业广告应当控制总量、均衡配置。

第十四条 广播电视广告播出不得影响广播电视节目的完整性。除在节目自然段的间歇外，不得随意插播广告。

第十五条 播出机构每套节目每小时商业广告播出时长不得超过12分钟。其中，广播电台在11:00至13:00之间、电视台在19:00至21:00之间，商业广告播出总时长不得超过18分钟。

在执行转播、直播任务等特殊情况下，商业广告可以顺延播出。

第十六条 播出机构每套节目每日公益广告播出时长不得少于商业广告时长的3%。其中，广播电台在11:00至13:00之间、电视台在19:00至21:00之间，公益广告播出数量不得少于4条（次）。

第十七条 播出电视剧时，可以在每集（以45分钟计）中插播2次商业广告，每次时长不得超过1分30秒。其中，在19:00至21:00之间播出电视剧时，每集中可以插播1次商业广告，时长不得超过1分钟。

播出电影时，插播商业广告的时长和次数参照前款规定执行。

第十八条 在电影、电视剧中插播商业广告，应当对广告时长进行提示。

第十九条 除电影、电视剧剧场或者节（栏）目冠名标识外，禁止播出任何形式的挂角广告。

第二十条 电影、电视剧剧场或者节（栏）目冠名标识不得含有下列情形：

（一）单独出现企业、产品名称，或者剧场、节（栏）目名称难以辨认的；

（二）标识尺寸大于台标，或者企业、产品名称的字体尺寸大于剧场、节（栏）目名称的；

（三）翻滚变化，每次显示时长超过 5 分钟，或者每段冠名标识显示间隔少于 10 分钟的；

（四）出现经营服务范围、项目、功能、联系方式、形象代言人等文字、图像的。

第二十一条　电影、电视剧剧场或者节（栏）目不得以治疗皮肤病、癫痫、痔疮、脚气、妇科、生殖泌尿系统等疾病的药品或者医疗机构作冠名。

第二十二条　转播、传输广播电视节目时，必须保证被转播、传输节目的完整性。不得替换、遮盖所转播、传输节目中的广告；不得以游动字幕、叠加字幕、挂角广告等任何形式插播自行组织的广告。

第二十三条　经批准在境内落地的境外电视频道中播出的广告，其内容应当符合中国法律、法规和本办法的规定。

第二十四条　播出商业广告应当尊重公众生活习惯。在 6:30 至 7:30、11:30 至 12:30 以及 18:30 至 20:00 的公众用餐时间，不得播出治疗皮肤病、痔疮、脚气、妇科、生殖泌尿系统等疾病的药品、医疗器械、医疗和妇女卫生用品广告。

第二十五条　播出机构应当严格控制酒类商业广告，不得在以未成年人为主要传播对象的频率、频道、节（栏）目中播出。广播电台每套节目每小时播出的烈性酒类商业广告，不得超过 2 条；电视台每套节目每日播出的烈性酒类商业广告不得超过 12 条，其中 19:00 至 21:00 之间不得超过 2 条。

第二十六条　在中小学生假期和未成年人相对集中的收听、收视时段，或者以未成年人为主要传播对象的频率、频道、节（栏）目中，不得播出不适宜未成年人收听、收视的商业广告。

第二十七条　播出电视商业广告时不得隐匿台标和频道标识。

第二十八条　广告主、广告经营者不得通过广告投放等方式干预、影响广播电视节目的正常播出。

第四章　监督管理

第二十九条　县级以上人民政府广播影视行政部门应当加强对本行政区域内广播

电视广告播出活动的监督管理,建立、完善监督管理制度和技术手段。

第三十条　县级以上人民政府广播影视行政部门应当建立公众举报机制,公布举报电话,及时调查、处理并公布结果。

第三十一条　县级以上地方人民政府广播影视行政部门在对广播电视广告违法行为作出处理决定后5个工作日内,应当将处理情况报上一级人民政府广播影视行政部门备案。

第三十二条　因公共利益需要等特殊情况,省、自治区、直辖市以上人民政府广播影视行政部门可以要求播出机构在指定时段播出特定的公益广告,或者作出暂停播出商业广告的决定。

第三十三条　播出机构从事广告经营活动应当取得合法资质,非广告经营部门不得从事广播电视广告经营活动,记者不得借采访名义承揽广告业务。

第三十四条　播出机构应当建立广告经营、审查、播出管理制度,负责对所播出的广告进行审查。

第三十五条　播出机构应当加强对广告业务承接登记、审核等档案资料的保存和管理。

第三十六条　药品、医疗器械、医疗、食品、化妆品、农药、兽药、金融理财等须经有关行政部门审批的商业广告,播出机构在播出前应当严格审验其依法批准的文件、材料。不得播出未经审批、材料不全或者与审批通过的内容不一致的商业广告。

第三十七条　制作和播出药品、医疗器械、医疗和健康资讯类广告需要聘请医学专家作为嘉宾的,播出机构应当核验嘉宾的医师执业证书、工作证、职称证明等相关证明文件,并在广告中据实提示,不得聘请无有关专业资质的人员担当嘉宾。

第三十八条　因广告主、广告经营者提供虚假证明文件导致播出的广告违反本办法规定的,广播影视行政部门可以对有关播出机构减轻或者免除处罚。

第三十九条　国务院广播影视行政部门推动建立播出机构行业自律组织。该组织可以按照章程的规定,采取向社会公告、推荐和撤销"广播电视广告播出行业自律示范单位"等措施,加强行业自律。

第五章　法律责任

第四十条　违反本办法第八条、第九条的规定,由县级以上人民政府广播影视行政部门责令停止违法行为或者责令改正,给予警告,可以并处三万元以下罚款;情节严重的,由原发证机关吊销《广播电视频道许可证》《广播电视播出机构许可证》。

第四十一条 违反本办法第十五条、第十六条、第十七条的规定,以及违反本办法第二十二条规定插播广告的,由县级以上人民政府广播影视行政部门依据《广播电视管理条例》第五十条、第五十一条的有关规定给予处罚。

第四十二条 违反本办法第十条、第十二条、第十九条、第二十条、第二十一条、第二十四条至第二十八条、第三十四条、第三十六条、第三十七条的规定,或者违反本办法第二十二条规定替换、遮盖广告的,由县级以上人民政府广播影视行政部门责令停止违法行为或者责令改正,给予警告,可以并处二万元以下罚款。

第四十三条 违反本办法规定的播出机构,由县级以上人民政府广播影视行政部门依据国家有关规定予以处理。

第四十四条 广播影视行政部门工作人员滥用职权、玩忽职守、徇私舞弊或者未依照本办法规定履行职责的,对负有责任的主管人员和直接责任人员依法给予处分。

第六章 附 则

第四十五条 本办法自2010年1月1日起施行。2003年9月15日国家广播电影电视总局发布的《广播电视广告播放管理暂行办法》同时废止。

第二编

回归祖国后香港、澳门和台湾地区的新闻法制史料

(1945.10—2009.9)

第一篇　回归祖国后香港地区的新闻法制史料

（1997—2009）

1. 中华人民共和国香港特别行政区基本法（节摘）

（1997年7月1日施行）

第一章　总则

第一条　香港特别行政区是中华人民共和国不可分离的部分。

第二条　全国人民代表大会授权香港特别行政区依照本法的规定实行高度自治，享有行政管理权、立法权、独立的司法权和终审权。

……

第五条　香港特别行政区不实行社会主义制度和政策，保持原有的资本主义制度和生活方式，五十年不变。

……

第八条　香港原有法律，即普通法、衡平法、条例、附属立法和习惯法，除同本法相抵触或经香港特别行政区的立法机关作出修改者外，予以保留。

……

第十一条　根据中华人民共和国宪法第三十一条，香港特别行政区的制度和政策，包括社会、经济制度，有关保障居民的基本权利和自由的制度，行政管理、立法和司法方面的制度，以及有关政策，均以本法的规定为依据。

香港特别行政区立法机关制定的任何法律，均不得同本法相抵触。

第二章　中央和香港特别行政区的关系

第十二条　香港特别行政区是中华人民共和国的一个享有高度自治权的地方行政区域，直辖于中央人民政府。

第十三条　中央人民政府负责管理与香港特别行政区有关的外交事务。

中华人民共和国外交部在香港设立机构处理外交事务。

中央人民政府授权香港特别行政区依照本法自行处理有关的对外事务。

第十四条　中央人民政府负责管理香港特别行政区的防务。

香港特别行政区政府负责维持香港特别行政区的社会治安。（下略）

……

第十七条　香港特别行政区享有立法权

香港特别行政区的立法机关制定的法律须报全国人民代表大会常务委员会备案。备案不影响该法律的生效。

全国人民代表大会常务委员会在征询其所属的香港特别行政区基本法委员会后，如认为香港特别行政区立法机关制定的任何法律不符合本法关于中央管理的事务及中央和香港特别行政区的关系的条款，可将有关法律发回，但不作修改。经全国人民代表大会常务委员会发回的法律立即失效。该法律的失效，除香港特别行政区的法律另有规定外，无溯及力。

第十八条　在香港特别行政区实行的法律为本法以及本法第八条规定的香港原有法律和香港特别行政区立法机关制定的法律。

全国性法律除列于本法附件三者外，不在香港特别行政区实施。凡列于本法附件三之法律，由香港特别行政区在当地公布或立法实施。（略）

全国人民代表大会常务委员会决定宣布战争状态或因香港特别行政区内发生香港特别行政区政府不能控制的危及国家统一或安全的动乱而决定香港特别行政区进入紧急状态，中央人民政府可发布命令将有关全国性法律在香港特别行政区实施。

第十九条　香港特别行政区享有独立的司法权和终审权。

香港特别行政区法院除继续保持香港原有法律制度和原则对法院审判权所作的限制外，对香港特别行政区所有的案件均有审判权。

香港特别行政区法院对国防、外交等国家行为无管辖权。香港特别行政区法院在审理案件中遇有涉及国防、外交等国家行为的事实问题,应取得行政长官就该等问题发出的证明文件,上述文件对法院有约束力。行政长官在发出证明文件前,须取得中央人民政府的证明书。

……

第二十三条 香港特别行政区应自行立法禁止任何叛国、分裂国家、煽动叛乱、颠覆中央人民政府及窃取国家机密的行为,禁止外国的政治性组织或团体在香港特别行政区进行政治活动,禁止香港特别行政区的政治性组织或团体与外国的政治性组织或团体建立联系。

第三章 居民的基本权利和义务

第二十四条 香港特别行政区居民,简称香港居民,包括永久性居民和非永久性居民(下略)。

第二十五条 香港居民在法律面前一律平等。

……

第二十七条 香港居民享有言论、新闻、出版的自由,结社、集会、游行、示威的自由,组织和参加工会、罢工的权利和自由。

第二十八条 香港居民的人身自由不受侵犯。

香港居民不受任意或非法逮捕、拘留、监禁。禁止任意或非法搜查居民的身体、剥夺或限制居民的人身自由。禁止对居民施行酷刑、任意或非法剥夺居民的生命。

第二十九条 香港居民的住宅和其他房屋不受侵犯。禁止任意或非法搜查、侵入居民的住宅和其他房屋。

第三十条 香港居民的通讯自由和通讯秘密受法律的保护。除因公共安全和追查刑事犯罪的需要,由有关机关依照法律程序对通讯进行检查外,任何部门或个人不得以任何理由侵犯居民的通讯自由和通讯秘密。

第三十一条 香港居民有在香港特别行政区境内迁徙的自由,有移居其他国家和地区的自由。香港居民有旅行和出入境的自由。有效旅行证件的持有人,除非受到法律制止,可自由离开香港特别行政区,无需特别批准。

第三十二条 香港居民有信仰的自由。

香港居民有宗教信仰的自由,有公开传教和举行、参加宗教活动的自由。

第三十三条　香港居民有选择职业的自由。

第三十四条　香港居民有进行学术研究、文学艺术创作和其他文化活动的自由。

第三十五条　香港居民有权得到秘密法律咨询、向法院提起诉讼、选择律师及时保护自己的合法权益或在法庭上为其代理和获得司法补救。

香港居民有权对行政部门和行政人员的行为向法院提起诉讼。

第三十六条　香港居民有依法享受社会福利的权利。劳工的福利待遇和退休保障受法律保护。

第三十七条　香港居民的婚姻自由和自愿生育的权利受法律保护。

第三十八条　香港居民享有香港特别行政区法律保障的其他权利和自由。

第三十九条　《公民权利和政治权利国际公约》《经济、社会与文化权利的国际公约》和国际劳工公约适用于香港的有关规定继续有效，通过香港特别行政区的法律予以实施。

香港居民享有的权利和自由，除依法规定外不得限制，此种限制不得与本条第一款规定抵触。

第四十条　"新界"原居民的合法传统权益受香港特别行政区的保护。

第四十一条　在香港特别行政区境内的香港居民以外的其他人，依法享有本章规定的香港居民的权利和自由。

第四十二条　香港居民和在香港的其他人有遵守香港特别行政区实行的法律的义务。

第四章　政治体制（略）

第五章　经济（略）

第六章　教育、科学、文化、体育、宗教、劳工和社会服务

……

第一百四十条　香港特别行政区政府自行制定文化政策，以法律保护作者在文学艺术创作中所获得的成果和合法权益。

……

第一百四十四条　香港特别行政区政府保持原在香港实行的对教育、医疗卫生、文化、艺术、康乐、体育、社会福利、社会工作等方面的民间团体机构的资助政策。原在香港各资助机构任职的人员均可根据原有制度继续受聘。

……

第一百四十八条　香港特别行政区的教育、科学、技术、文化、艺术、体育、专业、医疗卫生、劳工、社会福利、社会工作等方面的民间团体和宗教组织同内地相应的团体和组织的关系，应以互不隶属、互不干涉和互相尊重的原则为基础。

第四十三条　香港特别行政区的教育、科学、技术、文化、艺术、体育、专业、医疗卫生、劳工、社会福利、社会工作等方面的民间团体和宗教组织可同世界各国、各地区及国际的有关团体和组织保持和发展关系，各该团体和组织可根据需要冠用"中国香港"的名义，参与有关活动。

第七章　对外事务（略）

第八章　本法的解释和修改

第一百五十八条　本法的解释权属于全国人民代表大会常务委员会。

全国人民代表大会常务委员会授权香港特别行政区法院在审理案件时对本法关于香港特别行政区自治范围内的条款自行解释。

香港特别行政区法院在审理案件时对本法的其他条款也可解释。但如香港特别行政区法院在审理案件时需要对本法关于中央人民政府管理的事务或中央和香港特别行政区关系的条款进行解释，而该条款的解释又影响到案件的判决，在对该案件作出不可上诉的终局判决前，应由香港特别行政区终审法院请全国人民代表大会常务委员会对有关条款作出解释。如全国人民代表大会常务委员会作出解释，香港特别行政区法院在引用该条款时，应以全国人民代表大会常务委员会的解释为准。但在此以前作出的判决不受影响。

全国人民代表大会常务委员会在对本法进行解释前，征询其所属的香港特别行政区基本法委员会的意见。

第九章　附　则

第一百六十条　香港特别行政区成立时，香港原有法律除由全国人民代表大会常务委员会宣布为同本法抵触者外，采用为香港特别行政区法律，如以后发现有的法律与本法抵触，可依照本法规定的程序修改或停止生效。

在香港原有法律下有效的文件、证件、契约和权利义务，在不抵触本法的前提下继续有效，受香港特别行政区的承认和保护。

2. 本地报刊注册条例

（1997年7月1日公布施行）

本条例旨在就本地报刊及通讯社的注册、报刊发行人牌照的发出及相关事宜订定条文。

第一条　本条例可引称为《本地报刊注册条例》。

第二条　释义

（附注：具追溯力的适应化修订——见1999年第34号第3条）

在本条例中，除文意另有所指外——

"公共机构"(public body)的涵义与《防止贿赂条例》（第201章）中该词的涵义相同；（由1988年第51号第2条增补）

"本地报刊"(local newspaper)指在香港印刷或制作的报刊；（由1987年第15号第4条代替）

"地址"(address)就个人而言，指该人的住址或通常营业地点；就任何法团而言，则指该法团在香港的总办事处；（由1987年第15号第4条修订）

"印刷文件"(printed document)包括所有载有文字、图片或符号的纸张、布块或其他类似物料，而该等文字、图片或符号是或看似是全部或部分由任何机械、电动或其他复印程序在香港制作的，亦包括汇集该等张纸、布块或其他物料的装订本或其他固定装本，但并不包括——

(a) 任何只拟作及只用作一般真正商业、专业、社交或行政用途的文件；或

(b) 任何公共机构所发出或使用的任何其他文件；（由1987年第15号第4条代替。由1988年第51号第2条修订）

"东主"(proprietor)包括承租人；

"报刊"(newspaper)指公众可得到的任何报章或其他刊物及其增刊，而该报章或

其他刊物及其增刊——

（a）是载有新闻、消息、事件，或载有任何与该等新闻、消息或事件有关或与公众所关注的任何其他事宜有关的按语、论述或评论的；及

（b）是为销售或免费分发而印刷或制作，并以定期（不论是每半年、每季、每月、每两周、每周、每日出版一次或按其他刊期出版）或分辑或分期的方式每相隔不超过 6 个月出版一次的；及

（c）内容并非仅限于附表所指明的任何一个或多个项目；（由 1987 年第 15 号第 4 条代替）

"注册主任（Registrar）指由行政长官委任为报刊注册主任的人员，并包括任何由行政长官委任为副报刊注册主任的人；（由 1999 年第 34 号第 3 条修订）

"违反"（contravene）包括没有遵从；

"编辑"（editor）在如编辑人数超过一名时，指总编辑，并包括任何以总编辑身份行事或执行总编辑的任何通常职能的人。

第三条　（由 1987 年第 15 号第 5 条废除）

第四条　（由 1987 年第 15 号第 5 条废除）

第五条　（由 1987 年第 15 号第 5 条废除）

第六条　（由 1987 年第 15 号第 5 条废除）

第七条　本地报刊的注册

(1) 所有本地报刊均须按照根据第 18 条订立的规例注册。

(1A) 本地报刊根据第(1)款注册时，所用名称不得与另一本地报刊所已注册的名称相同。（由 1988 年第 51 号第 3 条增补）

(2) 任何本地报刊的东主可在任何时间向注册主任发出通知，表示他意欲终止该本地报刊的注册；注册主任一经接获该通知便须取消该本地报刊的注册，而该本地报刊的注册在取消注册当日即告终止。

第八条　（由 1987 年第 15 号第 7 条废除）

第九条　（由 1987 年第 15 号第 7 条废除）

第十条　（由 1987 年第 15 号第 7 条废除）

第十一条　提供不正确详情属于违法

凡本条例或根据本条例订立的规例规定须提供任何详情而遵从该规定提供的任何

详情并不正确,则核证该项详情为正确的人须当作已犯本条例所订立的罪行,除非他证明——

(a) 他相信所提供的详情属于正确;及

(b) 即使他尽了合理的努力亦不能发现所提供的详情并不正确。

第十二条　本地报刊注册纪录册的核证摘录可被接纳为证据

在针对任何本地报刊的东主、承印人、出版人或编辑的任何法律程序中,申诉人或原告人可提交注册主任按照根据第18条订立的规例而储存的本地报刊注册纪录册所载的任何记项,或提交取自该注册纪录册的任何核证摘录,作为——(由1987年第15号第8条修订)

(a) 证明该记项或摘录所陈述事宜属于正确的证据;或

(b) 证明该记项或摘录所示的详情是由看来是提供并核证该等详情的填报人所提供并核证的证据。

第十三条　有关承印人的推定

在任何法律程序中,除非相反证明成立,否则凡以承印人名义见于任何本地报刊或其他文件的人,均须推定事实上为该本地报刊或其他文件的承印人。

第十四条　(由1987年第15号第10条废除)

第十五条　东主、承印人、出版人及编辑的转承责任

就任何罪行而对任何本地报刊的东主、承印人、出版人或编辑或任何其他文件的承印人作出审讯时,如出版该本地报刊的某期所载的事宜或该文件所载的事宜是构成该罪行的一项要素,被控人即须被推定会出版该期或该份文件(视属何情况而定)所载的全部事宜,除非他证明该次出版并未得到他的授权或同意,或他并不知情,以及该次出版并非因他本人不小心或不谨慎所导致。

(由1955年第57号第3条代替。由1987年第15号第11条修订)

第十六条　法律程序文件的送达

在不损害任何其他送达方法的原则下,任何致予本地报刊的东主、承印人、出版人或编辑的民事或刑事法律程序文件,如已留交在该本地报刊办事处的注册地址的成年人,或已以挂号邮达方式送往该地址,则就所有目的而言均须当作已妥为送达。

(由1987年第15号第12条修订)

第十七条　须将本地报刊交付注册主任

(1)每份本地报刊的出版人或承印人(如无出版人),须于该份本地报刊出版当日或次日(假期除外),将该份本地报刊及其已出版的所有第二或其他不同版次或印次各一份,交付或安排交付注册主任。

(2)根据第(1)款交付注册主任的每份本地报刊,须载有该报刊的承印人或出版人的签署、全名及地址,或载有该承印人或出版人为该目的而委任并授权的其他人的签署、全名及地址,而该人的获委任及授权是已呈报注册主任的。

(3)注册主任须保持管有根据第(1)款交付他的每份本地报刊为期不少于6个月,之后可将其毁灭或另行处置。

(由1987年第15号第13条代替)

第十七条A　适用于民事或刑事法律程序的证据

(1)凡有人要求将一份根据第17(1)条交付注册主任的本地报刊,在任何民事或刑事法律程序中提交作为证据,注册主任须安排将该份本地报刊提交法院,费用由申请人负担,或在取得交还该份本地报刊的合理保证后,将该份本地报刊交付申请人。

(2)根据第(1)款提交或交付的一份本地报刊,须为该份本地报刊所载任何事宜或事物的充分证据。

(3)根据第(1)款提交或交付的一份本地报刊的每名东主、承印人、出版人或编辑,均须分别当作为所有在名称、内容或外观上与该份提交或交付的本地报刊相同的本地报刊(轻微差异可予不理)的东主、承印人、出版人或编辑,但如该东主、承印人、出版人或编辑证明该等本地报刊并非他所印刷、出版或编辑,亦非在他知情或同意之下印刷、出版或编辑,则属例外。

(由1987年第15号第13条增补)

第十八条　规例

附注

具追溯力的适应化修订——见1999年第34号第3条

行政长官会同行政会议可就以下事项订立规例——(由1999年第34号第3条修订)

(a)本地报刊、通讯社及其东主、承印人、出版人及编辑的注册,以及为此目的而储

存注册纪录册;(由1987年第15号第14条代替)

(b) 按照规例所订明的条件将牌照发给报刊发行人;

(c) 禁止由并非报刊持牌发行人的人发行报刊;

(d) 规管发行不属于报刊整体部分,但随同报刊或夹附于报刊的文件;

(e) 报刊发行人向注册主任提供在香港以外地方印刷或制作的报刊一份;

(f) (由1987年第15号第14条废除)

(g) 关于注册或牌照发出所须提供的详情,就所需详情的任何更改而须作出的通知,以及批准或拒准任何该等更改生效所须采取的方式及须附加的条件;

(h) 确定任何本地报刊或其他印刷文件的承印人的身份及印刷或出版时间的方式,特别是关于承印人名称及地址须印于本地报刊及其他印刷文件上的规定;

(i) 禁止编辑、印刷、出版、管有及发行不符合依据本条订立的规例的规定的本地报刊及其他印刷文件;

(j) 须由承印人保留本地报刊及其他印刷文件,须在该等保留本上注明的详情及向订明的人提交保留本;

(k) (由1987年第15号第14条废除)

(l) 批准豁免受本条例或根据本条例订立的任何规例的全部或任何条文规限;

(m) 费用;

(n) 表格;

(o) 本条例规定须由规例订定的任何事项。

(由1955年第57号第4条代替。由1987年第15号第14条修订)

第十九条　停止出版等

如任何本地报刊停刊或通讯社停发新闻通报连续为期不少于6个月,该本地报刊或通讯社根据任何当其时有效的规例所作的注册须当作已经失效。

(由1955年第57号第5条增补　由1987年第15号第15条修订)

第二十条　罚则

(1) 任何人犯本条例所订的罪行——

(a) 经循简易程序定罪,可处罚款＄5 000及监禁1年;及

(b) 经循公诉程序定罪,可处罚款＄15 000及监禁3年;

(2) 一份本地报刊的每名承印人或出版人,如违反第17条关于将该份本地报刊交

付注册主任办事处的条文,一经循简易程序定罪,可处罚款＄1000。

(由1987年第15号第16条修订)

第二十一条　附表的修订

附注

具追溯力的适应化修订——见1999年第34号第3条

行政长官会同行政会议可籍在宪报刊登公告,修订附表。

附表

被排除于报刊定义范围之外的刊物

项	描述
1	学术性杂志。
2	历书。
3	漫画及连环画。
4	图片集(不论是否附有说明)。
5	商业广告及商业宣传单与小册子。
6	商业传单。
7	公司及合伙报告书及公司招股章程。
8	消费情报及报告。
9	竞选小册子及海报。
10	财政、经济及统计报告。
11	有关会所、教育机构、专业协会、社团、工会及其他组织的资料单张及通讯。
12	地图、图表及列表。
13	价目表。
14	公开演辞及陈述。
15	赛马提示、出赛状态报导及其他有关资料。
16	宗教资料。
17	销售目录。
18	单张乐谱。
19	商品目录及杂志。

20　旅游小册子。

（由 1987 年第 15 号第 18 条代替）

3. 书刊注册条例

（1997 年 7 月公布施行）

本条例旨在就首次在香港印刷、制作或出版的书刊的注册及保存订定条文。

第一条　简称

本条例可引称为《书刊注册条例》。

第二条　释义

在本条例中，除文意另有所指外——

"出版人"（publisher）——

（a）就在香港出版的书刊而言，指其出版人或该出版人在香港的代理人；

（b）就在香港印刷或制作但并非在香港出版的书刊而言，指其出版人在香港的代理人，或在无代理人的情况下，则指主要负责印刷或制作该书刊的人；

（c）就书刊的影印本而言，指其出版人在香港的代理人，或在无代理人的情况下，同指在香港主要负责影印该书刊的人；

"书刊"（book）包括——

（a）每一册书、一册书的部分或分册；

（b）所有杂志、期刊、年报，或其他同类的定期刊物；及

（c）各别印刷或制作的所有小册子、乐谱、地图、图表、列表或图则，但不包括附表所指明的任何书刊；

"新书刊"（new book）指以下书刊——

（a）在本条例生效后

（i）首次在香港印刷或制作的书刊；

（ii）首次在香港出版的书刊，不论其最初在何处印刷或制作；或

（b）在香港以外地方印刷、制作或出版的书刊在本条例生效后首次在香港影印成为影印本的书刊。

（由 1985 年第 67 号法律公告修订）

第三条　每本新书刊送交民政事务局局长的事宜

(1) 任何新书刊的出版人,须于该书刊在香港出版、印刷、制作或以其他方式制成后 1 个月内,将该书刊 5 本连同附属该书刊的所有地图、图片或其他刻印,免费送交民政事务局局长;该等书刊须予妥当钉装、缝线或缝制,并须以印刷或制作该书刊及其任何地图、图片或其他刻印所用的最佳纸张制作而成。

(2) 上述书刊的出版人须于民政事务局局长所指明由送交该书刊后起计的某期限内,将民政事务局局长所规定有关该书刊的详情,以书面送交民政事务局局长,使其能按照第 5 条将该书刊注册。

(3) 任何人违反第(1)或(2)款,即属犯罪,一经定罪,可处罚款＄2 000。

(由 1985 年第 67 号法律公告修订;由 1997 年第 362 号法律公告修订;由 1998 年第 192 号法律公告修订;由 1998 年第 206 号法律公告修订)

第四条　新书刊的注册及处置

附注

具追溯力的适应化修订——见 2000 年第 59 号第 3 条

民政事务局局长在接获根据第 3 条送交他的新书刊后,须——(由 1985 年第 67 号法律公告修订;由 1997 年第 362 号法律公告修订;由 1998 年第 192 号法律公告修订;由 1998 年第 206 号法律公告修订)

(a) 按照第 5 条将该书刊的详情登记;及

(b) 将该书刊一本送予——

(i)（由 2000 年第 59 号第 3 条废除）

(ii) 香港大会堂图书馆或他所批准的其他图书馆;及

(c) 将该书刊的其余各本给予他所选定的任何公共文化或教育团体,或按他认为适当的其他方式予以处置。

第五条　于香港出版、印刷或制作的书刊的注册纪录册

(1) 民政事务局局长须储存注册纪录册,将根据第 3 条送交他的每本新书刊记录。

(2) 该注册纪录册的格式及所载拟注册的每本书刊的详情,须按民政事务局局长认为适当者而定。

(由 1985 年第 67 号法律公告修订;由 1997 年第 362 号法律公告修订;由 1998 年

第192号法律公告修订;由1998年第206号法律公告修订)

第六条 附表的修订

附注

具追溯力的适应化修订——见2000年第59号第3条

行政长官可籍宪报刊登的命令修订附表。

(由2000的第59号第3条修订)

附表

无须注册的书刊

1. 每星期出版不少于4次的报章。

2. 并非提供予公众人士的书刊。

3. 内容纯粹是价目表、销售目录、商业通讯或商业广告的刊物。

4. 淫亵及不雅物品管制条例

(1999年7月1日公布施行)

本条例旨在管制内容属于或含有淫亵或不雅资料(包括暴力、腐化或可厌的资料)的物品,设立审裁处以裁定物品是否淫亵或不雅,或裁定公开展示的事物是否不雅,以及将物品评定为属淫亵、不雅或非淫亵亦非不雅的类别,并为附带事宜订定条文。

第Ⅰ部 导言

第一条 简称

本条例可引称为《淫亵及不雅物品管制条例》

(1987年制定)

第二条 释义

(附注:具追溯力的适应化修订——见1998年第25号第2条)

(1) 在本条例中,除文意另有所指外

"手令"(warrant)指根据第34(1)条发出的手令;

"司法常务官"(Registrar)指高等法院司法常务官;(由1998年第25号第2条

修订)

"申请"(application)指根据第 13 条提出的申请,"申请人"(applicant)亦须据此解释;

"主审裁判官"(presiding magistrate)指根据第 7 条获委任主审的裁判官;

"全面聆讯"(full hearing)指审裁处根据第 15 条举行的全面聆讯;

"青少年"(juvenile)指未满 18 岁的人;

"物品"(article)指内容属于或含有供阅读、观看或供阅读兼观看的资料的任何物件,亦指任何录音,以及录有一幅或多幅图像的任何影片、录影带、纪录碟或其他纪录;

"协助人员"(assisting officer)指根据第 34(2)条协助获授权人员执行手令的警务人员或香港海关人员;

"评定类别"(classfication)指审判处根据第 Ⅲ 部评定的类别,包括暂定类别,"经评定"(classified)亦须据此解释;

"督察"(inspector)指根据第 36B(1)条授权的公职人员;(由 1995 年第 73 号第 2 条增补)

"暂定类别"(interim classification)指审裁处根据第 14 条暂时评定的类别;

"审裁委员"(adjudicator)指根据第 5 条获委任为审裁委员小组成员的审裁委员;

"审裁委员小组"(panel of adjudicators)指根据第 5 条设立的审裁委员小组;

"审裁处"(Tribunal)指根据第 6 条委出的淫亵物品审裁处;

"获授权人员"(authorized officer)指由根据第 34 条所发手令授权的人。

"营业地点"(place of business)——

(a) 就根据《公司条例》(第 32 章)成立的公司而言,包括其注册办事处;及

(b) 就《公司条例》(第 32 章)第 Ⅺ 部适用的公司而言,如任何人的姓名已向公司注册处处长提交以根据该部登记,包括该人的地址;(由 1995 年第 73 号第 2 条增补)

(2) 就本条例而言——

(a) 任何事物因为淫亵而不宜向任何人发布,即属淫亵;及

(b) 任何事物因为不雅而不宜向青少年发布,即属不雅。

(3) 就第(2)款而言,"淫亵"(obscenity)及"不雅"(indecency)包括暴力、腐化及可厌。

(4) 除第 24(1E) 及 (1F) 条外,就本条例而言,任何人有以下行为,不论是否为了牟利,均属将物品发布——(由 1995 年第 73 号第 2 条修订)

(a) 将物品派发、传阅、出售、出租、交给或出借予公众人士或部分公众人士;

(b) 就以下物品来说——

(Ⅰ) 内容属于或含有供观看资料的物品;或

(Ⅱ) 性质是录音或是录有一幅或多幅图像的影片、录影带、纪录碟或其他纪录的物品,将该等物品向公众人士或部分公众人士或为公众人士或部分公众人士出示、播放或放映。[比照 1959c.66s.1(2)U.K.]

(5) 就第(4)款而言——

(a) "物品"(article)包括拟用于制造或复制物品的任何物件,不论是单独或作为配件使用;及[比照 1964c.74s.2(1)U.K]

(b) "人""人士"(person)包括控制或管理任何会所或任何看来是会所的东西的人;"公众人士"(public)则包括该会所的成员。

(6) 为施行本条例,在裁定公开展示的事物是否不雅时——

(a) 该事物没有展示的部分,须不予理会;及

(b) 可考虑某物件与另一物件并列所产生的效果。[比照 1981c.42s.1(5)U.K.]

(7) 任何事物如在以下地方展示或可从以下地方看见,则就本条例而言,须当作公开展示——

(a) 任何公众街道,公众码头或公园;及

(b) 公众人士(凭缴费或其他方式)可进入或获准进入的任何地方,但公众人士须缴付完全用于参观或包括用于参观所展示不雅事物的费用方可获准进入的地方除外。[比照 1981 c.42s.1(2)U.K.](1987 年制定)

第三条 本条例对某些影片等不适用

本条例不适用于以下事物——

(a) 与《电影检查条例》(第 392 章)第 2 条所指的上映有关的、在该条例第 2(1) 条中所指的影片,而该影片——

(Ⅰ) 具备根据该条例第 9 条发出且属有效的豁免证明费,或根据该条例第 13 条发出且属有效的核准证明书;

(Ⅱ) 除该条例第 32(2A) 条另有规定外,已根据第 32(3) 条所指的经撤销规例第 5

条获准上映；

（aa）根据《电影检查条例》(第392章)第15A条获准作该条例第2条所指的发布的录影带或雷射碟；(由1993年第63号第22条增补)

（ab）具备根据《电影检查条例》(第392章)第15B条发出的证明书的包装物；(由1993年第63号第22条增补)

（ac）（Ⅰ）根据《电影检查条例》(第392章)第15K(5)条获发证明书的宣传资料；或

（Ⅱ）电影检查监督根据该条例第15K(5)(b)条已拒绝核准的宣传资料；(由1995年第74号第30条增补)

（b）除《电影检查条例》(第392章)第32(2A)条另有规定外，该条例第32(1)条所提述的，已根据该条例第32(3)条所指的经撤销规例第8条获准发布或上映的事物；或

（c）《广播条例》(第562章)第2(1)条所指并获准根据该条例提供的材料。(由2000年第48号第44条代替)

(1987年制定。由1988年第25号第33(4)条代替。由1993年第63号第22条修订)

第四条 评定类别及条件的生效日期

为本条例的施行——

（a）在司法常务官根据第19(2)条发出关于物品或事物评定类别的公告之前，该评定类别不得被视为生效；及

（b）在司法常务官根据第19(2)条发出关于所定条件的公告之前，该等条件不得被视为已根据第8(2)(c)条定下。

第Ⅱ部 淫亵物品审裁处

第五条 审裁委员小组

(附注：具追溯力的适应化修订——见1998年第25号第2条)

(1) 为施行本条例，现设立审裁委员小组。

(2) 审裁委员小组由终审法院首席法官不时以书面通知委任的资格人士组成。

(3) 就第(2)款而言，凡终审法院首席法官认为符合以下条件的人，即有资格获委任为审裁委员小组成员

(a) 通常居于香港,居住期不少于 7 年;及

(b) 通晓书面英文或书面中文。

(4) 根据第(2)款获委任的人,须在委任通知书指明的期间出任审裁委员小组成员;各成员的指明任期不超过 3 年,并有资格再获委任。

(5) 审裁委员小组成员可以书面通知终审法院首席法官而辞职。

(6) 审裁委员如有以下情形,终审法院首席法官可发出书面通知,将其姓名从审裁委员小组名单中删除——

(a) 不再通常居于香港;

(b) 被定罪;

(c) 被宣布为破产人;或

(d) 终审法院首席法官认为其疏忽职守或不能执行职责。

(7) 终审法院首席法官如作以下事项,须在宪报发出公告——

(a) 根据第(2)款委任审裁委员;及

(b) 根据第(6)款删除审裁委员的姓名。

第六条 淫亵物品审裁处的委出

(1) 司法常务官可委出为施行本条例而不时所需数目的审裁处

(2) 根据本条委出的审裁处,称为淫亵物品审裁处。

第七条 审裁处成员

(1) 除第 15(1A)条另有规定外,审裁处由司法常务官所委任的以下人士组成——(由 1995 年第 73 号第 3 条修订)

(a) 主审裁判官一名;及

(b) 从审裁委员小组选出不少于 2 名的审裁委员。

(2) 除第(3)款另有规定外,审裁处成员之间如有任何分歧,须以多数成员的决定为审裁处的决定。如分歧的成员人数相等,则须以主审裁判官的决定为审裁处的决定。

(3) 在审裁处进行的法律程序中出现的法律论点,须由主审裁判官裁定并以书面述明裁定理由。

(1987 年制定)

第八条 审判权

(1) 对于由法院或裁判官根据第Ⅴ部转交的任何物品或公开展示事物,审裁处可为施行本条例裁定——(由 2003 年第 31 号第 22 条修订)

(a) 该物品是否淫亵或不雅;

(b) 该事物是否不雅;或

(c) 就物品的发布或任何事物的公开展示而根据第 28 条提出的免责辩护理由是否已证明成立。

(2) 对于根据第 13 条呈交的物品,审裁处如认为可能属《防止儿童色情物品条例》(第 579 章)第 2(1)条所指的儿童色情物品,须拒绝所提出的评定类别申请;在任何其他情况下,审裁处——(由 2003 年第 31 号第 22 条修订)

(a) 如认为不能加以适当描述以根据第 19 条发出评定类别公告,可拒绝所提出的评定类别申请;或

(b) 可按以下方式评定该物品的类别——

(Ⅰ) 如认为既非淫亵亦非不雅,评定为第Ⅰ类;

(Ⅱ) 如认为属不雅,评定为第Ⅱ类;或

(Ⅲ) 如认为属淫亵,评定为第Ⅲ类;及

(c) 可在评定物品为第Ⅱ类时,就该物品的发布定下条件。

(3) 为施行第(1)(c)款,可就根据第 28 条提出的免责辩护理由接受专家的意见,以确立或否定该项理由。

(1987 年制定)

第九条 豁免权

任何——

(a) 审裁处的成员;

(b) 出席审裁处聆讯的证人、诉讼的一方、代表或其他人士,在审裁处进行的法律程序中,或在审裁处行使职能时,享有的特权及豁免权,与他在法庭上曾享有的相同。

(1987 年制定)

第十条 审裁处指引

(1) 审裁处在裁定物品是否淫亵或不雅,或裁定公开展示的事物是否不雅时,或在评定物品类别时,须考虑以下各项——

(a) 一般合理的社会人士普遍接受的道德礼教标准,且就物品而言,考虑该等标准

时并可考虑检查员根据《电影检查条例》(第 392 章)第 10 条就该条例第 2(1)条所指的影片所作的决定;(由 1988 年第 25 号第 33(4)条代替)

  (b) 物品或事物整体上产生的显著效果;

  (c) 如属物品,其发布对象、拟发布对象或相当可能发布的对象是那些人,或是那一类别或年龄组别的人;及

  (d) 如属公开展示的事物,该事物对象或相当可能发布的对象是那些人,或是那一类别或年龄组别的人;及

  (e) 该物品或事物是否具有真正目的,或其内容是否只是掩饰,以使其任何部分成为可予接受者。

  (2) 在审裁处进行的法律程序中,可就审裁处根据第(1)款必须或可以考虑的事项接纳专家的意见,以确立或否定该事项。[比照 1963 No. 22 S. 11 N. Z.]

  (1987 年制定)

  第十一条　权力

  审裁处——

  (a) 根据第Ⅴ部行使审判权时,具有《裁判官条例》(第 227 章)授予裁判官的权力,而为此目的,该条例内凡提述裁判官之处,即当作包括提述审裁处;

  (b) 根据第Ⅲ部行使审判权时,可在符合该部及第Ⅷ部的规定下,决定本身的处事程序,尤其可——

  (Ⅰ) 收取及考虑任何资料,不论该资料是以口头证供、书面陈述、文件或其他方式提出,仅管该资料在民事或刑事诉讼中并非可接纳的证据;

  (Ⅱ) 籍主审裁判官签署通知书,要求任何人出席审裁处的聆讯、提出证供及交出文件;

  (Ⅲ) 主持宣誓;

  (Ⅳ) 向出席审裁处聆讯的人进行经任何形式宣誓或未经宣誓的讯问,并要求他回答由审裁处提出或在审裁处同意下提出的所有问题;

  (Ⅴ) 决定收取第(Ⅰ)节所述资料的方式;

  (Ⅵ) 决定审裁处检视、观看或审查物品的方式;

  (c) 可作出下列事项:

  (Ⅰ) 本条所授权力的所有附带事项;或

(Ⅱ)为根据本条例履行其职能而合理需要作出的所有事项。

(1987年制定)

第十二条 与审裁处有关的罪行

任何人——

(a)拒绝遵从或没有遵从审裁处的合法命令、要求或指示;

(b)扰乱或以其他方式干扰审裁处的法律程序,即属犯罪,可处罚款＄10 000及监禁6个月。

(1987年制定)

第Ⅲ部 审裁处对物品所作的评定类别

第十三条 物品呈交审裁处的方式

(1)任何物品的作者、印刷人、制造商、出版人、进口商、发行人或版权拥有人,或委托设计、生产或发布任何物品的人,可用订明的表格提出申请,将该物品呈交司法常务官,以便由审裁处评定类别。

(2)律政司司长及获政务司司长为此事授权的公职人员,可用订明的表格提出申请,将任何物品呈交司法常务官,以便由审裁处评定类别。(由1997年第362号法律公告修订)

(1987年制定)

第十四条 暂定类别

(1)除第17(2)条另有规定外,凡有根据第13条呈交的物品,审裁处——

(a)须以非公开形式及在申请人或其他人不在场的情况下考虑该物品,并须于该物品呈交后5天内将其暂定类别;或

(b)(除第(2)款另有规定外)如于(a)段所述期限届满时仍未将物品暂定类别,则须考虑有关申请,犹如该申请是根据第15条提出的全面聆讯要求一样。

(2)主审裁判官可在第(1)(a)款所述期内,随时将该期限延长一段时间,但以不超过5天为限,并须将延期之事通知申请人。

(3)除第7(3)条另有规定外,审裁处——

(a)无须为所作的任何暂定类别提出理由;

(b)可就申请人呈交的物品向该人作出指引;及

(c) 须提出该物品属淫亵或不雅的部分。(由 1995 年第 73 号第 4 条修订)

(1987 年制定)

第十五条　全面聆讯的要求

(1) 审裁处将物品暂定类别后,根据第 13 条呈交或有资格呈交该物品的人,可——

(a) 于该项暂定类别生效后 5 天内;及

(b) 用订明的表格向司法常务官发给书面通知,要求审裁处在全面聆讯中覆核该项暂定类别。

(1A) 除第(2)(b)款另有规定外,依据第(1)款或第 17 条举行全面聆讯的审裁处,须由司法常务官所委任的以下人士组成——(由 1996 年第 391 号法律公告修订)

(a) 主审裁判官一名;及

(b) 从审裁委员小组选出 4 名或 4 名以上的审裁委员。(由 1995 年第 73 号第 5 条增补)

(2) 在全面聆讯中——

(a) 根据第 13(1)条呈交或有资格呈交该全面聆讯所涉物品的人及其代表,以及律政司司长及其代表,均可出席及作出陈述;及(由 1997 年第 362 号法律公告修订)

(b) 任何审裁委员如曾是作出暂定类别的审裁处成员,即无资格在该全面聆讯中以审裁处成员身份出席。(由 1995 年第 73 号第 5 条代替)

(3) 司法常务官须在全面聆讯举行日期最少 5 天之前,在香港每日出版及普遍流通的中英文报章各一份,发出举行全面聆讯的公告一次,但本款并不规定司法常务官须就押后举行全面聆讯发出公告。

(4) 按照第(3)款发出的公告,如于不同日期在该款所提述的报章发布,则公告须当作在最后的发布日期发出。

(5) 如无人根据第(1)款要示举行全面聆讯以覆核暂定类别,该暂定类别须当作由作出该暂定类别的审裁处所作的评定类别。

(6) 在全面聆讯中,审裁处须指出该物品属淫亵或不雅的部分。(由 1995 年第 73 号第 5 条增补)

(1987 年制定)

第十六条　全面聆讯须公开举行

(1) 除第(2)及(3)款另有规定外,全面聆讯须公开举行。

(2) 如审裁处认为为了公众道德而需要在举行全面聆讯时禁止任何人或某些人在场,则主审裁判官可发出指示,禁止该等人士在场;但本款所授权力,不得用于禁止根据第13条呈交或有资格呈交物品的人或其代表在场,或禁止真正为报章、杂志、电台或电视台从事记者工作的人在场。

(3) 审裁处不论是否有根据第(2)款发出指示,均可发出命令,禁止在电台或电视上广播,或以其他方式发布任何有关在审裁处提出的全部或部分证供的报导或描述。

(1987年制定)

第十七条 对物品的重新考虑

(1) 除第(2)款另有规定外,审裁处可自行动议或在根据第13条呈交或有资格呈交物品的人请求下,重新考虑物品的评定类别,并可更改或维持该项评定类别。

(2) 如根据第13条呈交的物品曾于呈交前的3年内经评定类别,则审裁处可拒绝对其评定类别作重新考虑的请求。

(3) 本部适用于为重新考虑评定类别而作出的动议或请求,犹如该项动议或请求是根据第15条提出的全面聆讯要求一样。

(1987年制定)

第十八条 关于出版人等发出评定类别通知的规定

(1) 凡物品经评定为第Ⅰ类或第Ⅱ类,其印刷人、制造商、出版人、发行人及进口商如于该评定类别生效后向任何人发布该物品,数量在2份以上时,须将该评定类别及根据第8(2)c条定下的任何条件,以订明方式通知该人。

(2) 任何人违反第(1)款的规定,即属犯罪,可处罚款＄200 000及监禁12个月。

(1987年制定)

第十九条 关于司法常务官发出公告的规定

(1) 司法常务官须按照第(2)款的规定,发出有关以下事项的公告——

(aa)审裁处根据第8(2)条对于审裁处认为可能属儿童色情物品的任何物品,拒绝所提出的评定类别申请;(由2003年第31号第23条增补)

(a) 任何暂定类别;

(b) 以下任何评定类别——

(Ⅰ)在全面聆讯中作出的评定类别;

(Ⅱ)根据第15(5)条当作由审裁处作出的评定类别;或

(Ⅲ)根据第17条重新考虑后作出的评定类别;及

(c)根据第8(2)(c)条定下的任何条件。

(2)根据第(1)款发出的公告,须在香港每日出版及普遍流通的中英文报章各一份刊登一次。

(3)按照第(2)款发出的公告,如于不同日期在该款所提述的报章发布,则公告须当作在最后的发布日期发出。

(4)司法常务官须按他认为适当的形式储存及保存一份登记册,登记所有根据本条例发出的公告。

(1987年制定)

第二十条 司法常务官须备存储存库

(1)司法常务官须按他认为适当的方式储存及保存一个储存库,储存根据第13条呈交以待评定类别的物品。

(2)除获得审裁处同意外,根据第13条呈交以待评定类别的所有物,须由经评定类别的日期起存于储存库内5年,其后可按照司法常务官的指示加以处置。

(1987年制定)

第Ⅳ部 罪 行

第二十一条 禁止发布淫亵物品

(1)除第(2)款另有规定外,任何人——

(a)发布淫亵物品;

(b)管有淫亵物品以供发布;或

(c)输入淫亵物品以供发布,不论是否知道该物品是淫亵物品,均属犯罪,可处罚款＄1 000 000及监款3年。

(2)根据第(1)款所提控罪的免责辩护如下——

(a)被告人证明在指称为罪行发生的时间,控罪所指的物品经评定为第Ⅲ类物品;但如该证供证明他犯了本部所订的其他罪行,他可因此而被定罪,犹如他已经控犯该其他罪行一样;

(b) 被告人证明控罪所指的物品经评定为第Ⅰ或第Ⅱ类物品,或证明在指称为罪行发生的时间,控罪所指的物品经评定为第Ⅰ或第Ⅱ类物品;

(c)（如属根据第(1)(b)或(c)款提出的控罪）被告人证明在指称为罪行发生的时间,控罪所指的物品是:

（Ⅰ）由他管有或输入,以根据第13条将该物品,其复制本或印刷本呈交司法常务官;或

（Ⅱ）由根据《广播条例》（第562章）领有牌照的人管有或输入,以根据该条例呈交作根据该条例提供之用;（由2000年第48号第44条代替）

(d)（如属根据第(1)(b)款提出的控罪）被告人证明在指称为罪行发生的时间,他:

（Ⅰ）未有合理机会检查控罪所指的物品;及

（Ⅱ）有合理理由相信该物品并不淫亵;及

(e)（如属根据第(1)(c)款提出的控罪）被告人证明在指称为罪行发生的时间,他有合理理由相信控罪所指的物品并不淫亵。

(1987年制定)

第二十二条 禁止向青少年发布不雅物品的规定

(1) 除第(2)款另有规定外,任何人向青少年人发布不雅物品,不论是否知道该物品是不雅物品,或是否知道该人是青少年,均属犯罪,首次定罪,可处罚款＄400 000及监禁12个月,第二次或其后定罪,可处罚款＄800 000及监禁12个月。（由1995年第73号第6条修订）

(2) 根据本条所提控罪的免责辩护如下——

(a) 被告人证明控罪所指的物品经评定为第Ⅰ类物品,或证明在指称为罪行发生的时间,控罪所指的物品经评定为第Ⅰ类物品;

(b) 被告人证明在指称为罪行发生的时间,他曾查阅看来是属于该青少年的身份证或护照,并有合理理由相信青少年不是青少年;或

(c) 被告人证明已遵照审裁处根据第8(2)(c)条定下的条件发布该不雅物品。

(1987年制定)

第二十三条 禁止展示不雅事物

(1) 凡有公开展示的不雅事物,则作该项展示的人,或任何导致或准许作该项展示的人,不论是否知道该事物是不雅事物,均属犯罪,首次定罪,可处罚款＄400 000及监

禁12个月,第二次或其后定罪,可处罚款＄800 000及监禁12个月。(由1995年第73号第7条修订)

(2) 本条不适用于——

(a) 在根据《广播条例》(第562章)领有牌照的公司所提供的电视节目服务中出现的事物;或(由2000年第48号第44条代替)

(b) 在真正美术馆或博物馆内进行而只能从该美术馆或博物馆内看见的物品展示中出现的事物。

(1987年制定)

[比照1981c42 s.1 U.K.]

第二十四条 发布不雅物品的限制

(1) 任何人不得在以下情况下发布不雅物品——

(a)(Ⅰ) 该物品没有封面和封底,亦没有包装物,或其封面和封底或其包装物不是不雅的,但如该物品连同其封面和封底或其包装物(如有的话),以透明封套密封,则属例外;

(Ⅱ) 该物品的封面或封底,或其封面和封底是不雅的(不论该物品是否有任何包装物,亦不论该包装物是否不雅的),但如该物品连同封面和封底,及连同其包装物(如有的话),以完全不透明封套密封,则属例外;

(Ⅲ) 该物品的包装物是不雅的(不论该物品是否有任何封面或封底,亦不论该等封面或封义是否不雅的),但如该物品连同其封面和封底(如有的话),及连同其包装物,以完全不透明封套密封,则属例外;

(b) 该物品——

(Ⅰ) 是(a)(Ⅰ)段所描述的物品,但如该物品有符合第(1D)款所指明格式的告示,并按照第(1C)款的规定展示该告示,则属例外;及

(Ⅱ) 是(a)(Ⅱ)或(Ⅲ)段所描述的物品,但如该物品及其完全不透明封套分别有符合第(1D)款所指明格式的告示,并按照第(1C)款的规定展示该告示,则属例外;及

(c) 该物品,及其透明封套或完全不透明封套(视属何情况而定)不符合第(1A)及(1B)款的有关规定。(由1995年第73号第8条代替)

(1A) 除第(1B)及(1C)款另有规定外,凡发布任何不雅物品——

(a) 而该物品是以完全不透明封套密封的,则该完全不透明封套上,除展示该物品

的名称、发布日期、发行期数及售价外,不得展示其他事物;或

(b) 而该物品是以透明封套密封的,则该透明封套上,不得展示任何事物。(由1995年第73号第8条增补)

(1B) 凡发布任何不雅物品——

(a)（Ⅰ) 而该物品没有包装物,则其封面或封底上;

（Ⅱ）而该物品有包装物,则不论它是否有任何封面或封底,其包装物上;或

（Ⅲ）而该物品没有封面和封底,亦没有包装物,则一张加于该物品上并覆盖该物品整个表面的标贴上;

(b) 如该物品以完全不透明封套密封,除按照(a)段的规定外,亦于该完全不透明封套两面的其中一面,须清楚而显眼地印上其出版人的姓名或名称、营业地点的详细地址及电话号码。(由1995年第73号第8条增补)

(1C) 凡发布任何不雅物品——

(a)（Ⅰ）第(1)款所提述的告示须以容易令人注意的方式,展示于该物品的封面和封底上;

（Ⅱ）而该物品没有封面和封底,亦没有包装物,第(1)款所提述的告示须以容易令人注意的方式,展示于加于该物品上并覆盖该物品整个表面的标贴上;及

(b) 而该物品连同其封面和封底或其包装物(如有的话)以完全不透明封套密封,第(1)款所提述的告示须以容易令人注意的方式,展示于该完全不透明封套的两面。(由1995年第73号第8条增补)

(1D) 第(1)款所提述的告示须符合以下格式——

WARNING：THIS ARTICLE CONTAINS MATERIAL WHICH MAY OFFEND AND MAY NOT BE DISTRIBUTED, CIRCULATED, SOLD, HIRED, GIVEN, LENT, SHOWN, PLAYED OR PROJECTED TO A PERSON UNDER THE AGE OF 18 YEARS

警告:本物品内容可能令人反感;不可将本物品派发、传阅、出售、出租、交给或出借予年龄未满18岁的人士或将本物品向该等人士出示、播放或放映。

而以下规定适用于该告示——

(a) 构成该告示的英文字母及中文字样:

（Ⅰ）(A) 须占该物品的封面和封底的面积的20%或以上;

(B) 在该物品没有封面和封底的情况下,须占该物品的包装物的面积的 20％ 或以上;或

(C) 在该物品没有封面和封底,亦没有包装物的情况下,须占加于该物品上并覆盖该物品整个表面的标贴的面积的 20％ 或以上;

(Ⅱ) 在该物品连同其封面和封底或其包装物(如有的话)以完全不透明封套密封的情况下,须占该不透明封套的面积的 20％ 或以上;

(b) (a)段所提述的英文字母及中文字样的颜色,须与底色有对比效果;

(c) 在告示展示的范围内,不得载有构成该告示的英文字母和中文字样以外的其他事物。(由 1995 年第 73 号第 8 条增补)

(1E) (a)(Ⅰ) 如不雅物品的出版人及印刷人为同一人,则该人;或

(Ⅱ) 在其他情况下,则该物品的出版人,须确保第(1A)(1B)(1C)及(1D)款的规定均得以遵从。

(b) 除第(3)款另有规定外,任何出版人或印刷人(视属何情况而定)违反(a)段的规定,无论他是否知道该物品为不雅物品,他即属犯罪,首次定罪,可处罚款 $400 000 及监禁 12 个月,第二次或其后定罪,可处罚款 $800 000 及监禁 12 个月。

(c) 任何不是不雅物品的出版人的人,如故意或明知而容许在该物品或其完全不透明封套(视何者适当而定)上印上其姓名或名称作为该物品的出版人,即属犯罪,可处第 5 级罚款及监款 6 个月。(由 1995 年第 73 号第 8 条增补)

(1F) 在第(1E)款中,就不雅物品而言——

"出版人"(the publisher)指安排、管理或控制不雅物品的印刷、制造或复制(视属何情况而定)的人;

"印刷人"(the printer)指印刷、制造或复制不雅物品的人(视属何情况而定)。(由 1995 年第 73 号第 8 条增补)

(2) 除第(3)款另有规定外,任何人违反第(1)款的规定,不论是否知道该物品是不雅物品,均属犯罪,首次定罪,可处罚款 $400 000 及监禁 12 个月,第二次或其后定罪,可处罚款 $800 000 及监禁 12 个月。(由 1995 年第 73 号第 8 条修订)

(3) 对于根据本条提出的控罪,被告人如证明控罪所指的物品经评定第Ⅰ类物品,或证明在指称为罪行发生的时间,控罪所指的物品经评定为第Ⅰ类物品,即可作为该控罪的免责辩护。

(1987年制定)

第二十五条 有关暂定类别的罪行

凡物品只在暂定类别下经评定为第Ⅲ类物品,任何人发布该物品,不论是否知道该物品已经评定为该类别,均属犯罪,可处罚款＄1 000 000及监禁3年。

(1987年制定)

第二十六条 禁止发布第Ⅲ类物品

任何人如将任何经审裁处评定为第Ⅲ类的物品(只在暂定类别下经评定者除外)——

(a) 加以发布；

(b) 管有以供发布；

(c) 输入以供发布；

不论该人是否知道该物品已经评定为类别,均属犯罪,可处罚款＄1 000 000及监禁3年。

(1987年制定)

第二十七条 发布第Ⅱ类物品的限制

审裁处根据第8(2)条就经评定为第Ⅱ类的物品定下条件后,任何人不按照该等条件发布该物品,则不论是否知道该物品已经评定为该类别,或是否知道已定下该等条件,均属犯罪,首次定罪,可处罚款＄400 000及监禁12个月,第二次或其后定罪,可处罚款＄800 000及监禁12个月。

(1987年制定。由1995年第73号第9条修订)

第二十七条A 禁止管有不雅物品以供发布

(1) 除第(2)款另有规定外,任何人管有任何不雅物品以供发布,而就该物品而言,第24条的任何规定或根据第8(2)(c)条任何条件遭违反,则不论他是否知道该物品为不雅物品或该不雅物品违反第24条的任何规定或违反根据第8(2)(c)条定下的任何条件,他即属犯罪,首次定罪,可处罚款＄400 000及监禁12个月,第二次或其后定罪,可处罚款＄800 000及监禁12个月。

(2) 对于根据本条提出的控罪,如被告人证明以下事项,即可作为该控罪的免责辩护——

(a) 控罪所指的物品经评定为第Ⅰ类物品,或在指称为罪行发生的时间,控罪所指

的物品经评定为第Ⅰ类物品;

(b) 在指称为罪行发生的时间,控罪所指的物品是——

(Ⅰ) 由被告人管有,以根据第13条将该物品,其复制本或印刷本呈交司法常务官;或

(Ⅱ) 由被告人作为根据《广播条例》(第562章)领有牌照的人所管有,以根据该条例呈交作根据该条例提供之用;(由2000年第48号第44条代替)

(c) 在指称为罪行发生的时间,他——

(Ⅰ) 没有合理机会检查控罪所指的物品;

(Ⅱ) 有合理理由相信该物品并非不雅;

(d) 在指称为罪行发生的时间,他有良好及充分的理由相信第24条的规定及根据第8(2)(c)条定下的条件已获遵从。

(由1995年第73号第10条增补)

第二十八条 以公益作为免责辩护

凡有因发布物品或公开展示事物而根据本部提出的控罪,如得到审裁处同意该项发布或展示是拟为公益而作的,理由是发布该物品或展示该事物有利于科学、文学、艺术、学术或大众关注的其他事项,即可作为该控罪的免责辩护。

第Ⅴ部 审裁处的裁定

第二十九条 审裁处的专有审判权

(1) 审裁处具专有审判权,以为本条例的施行裁定——(由2003年第31号第24条修订)

(a) 物品是否淫亵或不雅;

(b) 公开展示的事物是否不雅;

(c) 为发布物品或公开展示事物而根据第28条提出的免责辩护理由是否已证明成立。

(2) 除第(3)款另有规定外,在任何在法院或裁判官席前进行的民事或刑事法律程序中,如为本条例的施行出现关于第(1)款所述事项的问题,有关法院或裁判官须将该问题转交审裁处;而该项民事或刑事法律程序的各方或其代表可在有关该问题的审裁处聆讯中出席并作陈述;如法律程序各方之中并无公职人员,则律政

司司长或其代表亦可在该聆讯中出席并作陈述。(由 1997 年第 362 号法律公告修订)

(3) 在任何在法院或裁判官席前进行的民事或刑事法律程序中,如有人为本条例的施行承认物品属淫亵或不雅,或为本条例的施行承认公开展示的事物属不雅,有关法院或裁判官可予以接受而对该人作出裁决,在此情况下,第(1)及(2)款即不适用。

(1987 年制定。由 2003 年第 31 号第 24 条修订)

[比照 1963 No. 22 S. 12 N. Z.]

第Ⅵ部 上 诉

第三十条 上诉

(附注:具追溯力的适应化修订——见 1998 年第 25 号第 2 条)

(1) 在审裁处席前进行的法律程序的任何一方,可在审裁处就法律论点作出决定后 14 天内,向司法常务官发出上诉通知书,列明上诉理由,就该项决定向原诉讼法庭上诉。(由 1998 年第 25 号第 2 条修订)

(2) 凡有根据第(1)款发出的上诉通知,司法常务官须编定上诉的聆讯日期,该日期不得迟于通知发出后 28 天;但如司法常务官认为将上诉聆讯日期编定在该期间内并不切实可行,则可将该日期编定在通知发出后的 56 天内。

(1987 年制定)

第三十一条 聆讯上诉的程序

(附注:具追溯力的适应化修订——见 1998 年第 25 号第 2 条;1999 年第 55 号第 3 条)

对于根据第 30 条提出的上诉——

(a) 原讼法庭可维持审裁处的决定,亦可命令审裁处重新聆讯或重新进行有关法律程序,以按照该法院所决定的法律论点作出裁定;

(b) 原讼法庭的权力及职责,由高等法院首席法官或高等法院首席法官不时委任的一位法官行使及执行;及(由 1999 年第 558 号第 3 条修订)

(c) 原讼法庭可就讼费发出其认为适当的命令。

(1987 年制定。由 1995 年第 79 号第 50 条修订;第 1998 年第 25 号第 2 条修订)

第Ⅶ部 执 行

第三十三条 与发布有关的推定

就本条例而言,任何人——

(a) 管有拟用于制造或复制副本以供发布的物品,即当作管有该物品以供发布;及

(b) 管有一项物品数量在 2 份以上而管有的情况令人合理地怀疑他拟发布该物品,则在没有相反证明的情况下,须推定为管有该物品以供发布。

(1987 年制定。由 1995 年第 73 号第 11 条修订)

第三十三条 某些事项的证明

(1) 凡看来是由司法常务官签署的文件,核证——

(a) 某物品已于某时间经评定为第Ⅰ类、第Ⅱ类和第Ⅲ类物品;

(b) 有关该物品的公告,已按照第 19(2)条的规定,以该文件指明的方式及在该文件指明的日期发出,则该文件在任何法律程序中出示时,即须接纳为证据,而无须再加证明;除非证明该文件并非由司法常务官签署,否则该文件即为所载事项的确证。

(2) 凡看来是由主审裁判官签署,述明审裁处的决定或裁定的文件,在任何法律程序中出示时,即须接纳为证据,而无须再加证明;除非证明该文件并非由主审裁判官签署,否则该文件即为所载事项的确证。

(1987 年制定)

第三十四条 根据手令而作的搜查及检取

(1) 裁判官如信纳经宣誓而作的告发,认为有合理理由怀疑在任何处所、地点、船只、飞机或车辆之内或之上,有——

(a) 与第 21、24、26 或 27A 条所订罪行有关的物品,不论该罪行是已发生、正在发生或即将发生的;或(由 1995 年第 73 号第 12 条修订)

(b) 作该罪行证据的物件,不论该物件本身是该罪行的证据,或是载有该罪行的证据,可发出手令,授权任何警务人员或香港海关人员进入该处所、地点、船只、飞机或车辆,以搜寻、检取、带走及扣留该物品或物件。

(2) 获授权人员——

(a) 如属警务人员,可召请香港海关任何人员;或

(b) 如属香港海关人员,可召请任何警务人员,协助行使本条授予的权力。

(3) 获授权人员或协助人员可在日夜任何时间——

(a) 进入及搜查手令内指明的任何处所或地点;或

(b) 截停、登上及搜查手令内指明的任何船只、飞机或车辆。

(4) 获授权人员或协助人员可检取、带走及扣留——

(a) 他有合理理由怀疑与第 21、24 或 27A 条所订罪行有关的物品,不论该罪行是已发生、正在发生或即将发生的;(由 1987 年第 245 号法律公告修订;由 1995 年第 73 号第 12 条修订)

(b) 他有合理理由怀疑是该罪行证据或载有该罪行证据的任何物件。

(5) 在本条内——

"飞机"(aircraft)不包括军用飞机;

"船只"(vessel)不包括军用船舰或具有军用船舰地位的船叟。

(1987 年制定)

第三十五条 持有手令人员的附带权力

获授权人员或协助人员根据手令行使权力时,可——

(a) 使用合理所需的武力,以进入他有权进入及搜查的任何处所或地点;

(b) 使用合理所需的武力,以截停、登上或搜查他有权截停、登上及搜查的任何船只、飞机或车辆;

(c) 使用合理所需的武力,以带走妨碍他行使该等权力的任何人或物件;

(d) 制止任何人接近、登上或离开他有权进入及搜查的任何船只、飞机或车辆,甚至搜查完毕为止。

(1987 年制定)

第三十六条 香港海关人员的检取行动

除根据第 34 条可行使的权力外,香港海关人员可检取、带走及扣留——

(a) 他有合理理由怀疑与第 21(1)(c) 或 26(c) 条所订罪行有关的物品,不论该罪行是已发生、正在发生或即将发生的;及

(b) 他有合理理由怀疑是该罪行证据或载有该罪行证据的任何物件。

(1987 年制定)

第三十六条 A 警务人员的检取行动

除根据第 34 条可行使的权力外,任何警务人员——

(a) 如有合理理由怀疑有人已经或正在就在公众地方的任何物品犯第 22、23、24、27 或 27A 条所订罪行,他可检取、带走及扣留该物品;及

(b) 可检取、带走及扣留他有合理理由怀疑是该等罪行的证据或载有该等罪行证据的公众地方的任何物件。

(由 1995 年第 73 号第 13 条增补)

第三十六条 B　督察的检取行动

(1) 影视及娱乐事务管理处处长可以书面授权任何公职人员为督察,以施行本条例。

(2) 任何督察——

(a) 如有合理理由怀疑有人已经或正在就公众地方的任何物品犯第 23、24、27 或 27A 条所订罪行,他可检取、带走及扣留该物品;

(b) 可检取、带走及扣留他有合理理由怀疑是该等罪行的证据或载有该等罪行证据的在公众地方的任何物件。

第三十七条　遭扣留物品须呈交裁判官

根据第 34、36、36A 或 36B 条遭扣留而根据第 39 条可予没收的物品或物件,须在扣留后于切实可行范围内尽快呈交裁判官,以按照本部处理;但本条不适用于根据第Ⅳ部提出的控罪所指的物品。

(1987 年制定。由 1995 年第 73 号第 14 条修订)

第三十八条　妨碍行为

(1) 任何人——

(a) 妨碍获授权人员或协助人员行使本条例所授予的权力;

(b) 不遵从获授权人员或协助人员于执行手令时作出的合理规定、指示或要求,即属犯罪,可处第 5 级罚款及监禁 6 个月。(由 1993 年第 63 号第 23 条修订;由 1995 年第 73 号第 15 条修订)

(2) 任何人妨碍任何警务人员行使第 36A 条所授予的权力或妨碍任何督察行使第 36B 条所授予的权力,即属犯罪,可处第 3 级罚款及监禁 6 个月。(由 1995 年第 73 号第 15 条增补)

(1987 年制定)

第三十九条 可予没收的规定

(1) 以下物品可予没收——

(a) 淫亵物品;或

(b) 经评定为第Ⅲ类的物品(只在暂定类别下经评定者除外)。

(2) 除第(3)款另有规定外,任何以下物件可予没收——

(a) 用以放映或显示第(1)款所述物品的机器或仪器;或

(b) 用以印制第(1)款所述物品的印制本的机器、电版、工具、用具、摄影软片或材料。

(2A) 任何根据第34、36A或36B条被检取、带走或扣留的物品,均可予没收。

(由1995年第73号第16条增补)

(3) 凡根据第13(1)条呈交的物品经评定为第Ⅲ类物品,则第(2)(b)款所述物件如为作该项呈交而曾用以印制、制造或复制该物品或该物品的印制本,不得单以此为理由而根据本条予以没收。

(1987年制定)

第四十条 没收令

(1) 除第(2)款另有规定外,并在符合第41条的规定下,凡裁判官接获没收令申请——

(a) 如待他处理的物品根据第39(1)条可予没收,须命令予以没收;

(b) 如待他处理的物件根据第39(2)条可予没收,可命令予以没收;

(c) 如待他处理的物件根据第39(2A)条可予没收,可命令予以没收。(由1995年第73号第17条增补)

(2) 如就发布物品而根据第21(2)(b)、(c)、(d)或(e)、22(2)、23(2)、24(3)、27A(2)或28条(视属何情况而定)提出的免责辩护理由证明成立,则不得根据第(1)款发出没收令。(由1995年第73号第17条修订)

(3) 纵使无人因某物品或物件被定罪,亦可根据第(1)款发出命令,以没收该物品或物件。

(4) 根据第(1)款被命令没收的物品或物件,须依照裁判官指示的方式予以处置。

(1987年制定)

第四十一条 与没收有关的程序

(1) 除第(3)及(4)款另有规定外,裁判官根据第40条命令没收任何物品或物件之前，须向以下人士发出传票——

(a) 该物品或物件遭检取所在的任何处所的占用人或摊挡的拥有人；

(b) 该物品或物件遭检取所在的任何船只、飞机或车辆的拥有人；

(c) 遭检取的物品或物件的拥有人，传召其于传票上指明的日期出庭，提出不应没收该物品或物件的因由。

(2) 除第(1)款所述的人外，其他人士如属该遭检取物品的作者或制造商，或该物品遭检取前可能经其手的人，或享有遭检取的物品或物件的某项权益的人，均可于传票上指明的日期出庭，向裁判官提出不应没收该物品或物件的因由。

(3) 如裁判官信纳在第(1)款指明的人士中的任何人因任何理由不能寻获或其身分不能确定，可免发传票予该人。

(4) 根据第(1)款发出的传票如基于任何理由未有送达，而裁判官信纳已尽合理所能将传票送达传票上指定的人，则即使该传票未有送达，而传票上指定的人亦未有机会提出不应没收该物品或物件的因由，裁判官仍可根据第40条发出没收令。

(5) 就任何物品发出的没收令适用于整份物品，但如裁判官认为有特别理由发出其他指示，则属例外。

(6) 在本条内，"拥有人"（owner）——

(a) 就摊挡而言，包括该摊挡的任何占用人；

(b) 就船只而言，包括该船只的任何承租人及船长；

(c) 就飞机而言，包括该飞机的任何操作人员；

(d) 就车辆而言，包括该车辆的驾驶人。

第四十二条 不雅事物的清除

(1) 除第(2)款另有规定外，并在符合第43条的规定下，裁判官接获公职人员的申请后，如信纳任何建筑物或其他构筑物上有公开展示的不雅事物，可命令该建筑物或构筑物的拥有人移去或抹除该不雅事物。

(2) 如就任何事物的公开展示而根据第28条提出的免责辩护理由证明成立，则裁判官不得根据第(1)款发出命令。

(3) 如接获根据第(1)款所发命令的人，没有于命令中指明的时间内遵从该命令，或如该命令没有指明时间，则该人没有于合理时间内遵从该命令，裁判官可发出手令，授权警务人员在任何必需的协助下，进入有关处所或地点，并于必要时破门或强行进入该处所或地点,以执行该命令。

(4) 警务人员根据第(3)款执行命令时,具有警务人员根据第 34 条执行手令时具有的一切权力。

(5) 警务处处长可向裁判官申请发出命令,下令根据第(1)款发出的命令所针对而又不遵从该命令的人,须缴付警务人员因根据第(3)款执行该命令而合理招致的开支,而裁判官可根据《裁判官条例》(第 227 章)第 69 条发出缴付该等开支的命令,即使其款额超过该条所述款额亦然。

(1987 年制定)

第四十三条 与清除有关的程序

(1) 裁判官根据第 42 条发出命令移去或抹除不雅事物之前,除非信纳基于任何理由不能寻获该条所述建筑物或其他构筑物的拥有人或不能确定其身份,否则须向该人发出传票,传召其于传票上指明的日期出庭,提出不应发出命令移去或抹除该不雅事物的因由。

(2) 除第(1)款所述的人外,其他人士如属第 42 条所述不雅事物的拥有人或制造商,亦可在传票上指明的日期出庭,向裁判官提出不应发出命令移去或抹除该不雅事物的因由。

(3) 第 41(4)及(6)条适用于根据第 42 条发出的移去或抹除不雅事物的命令,一如适用于根据第 40 条发出的没收命令一样。

(1987 年制定)

第Ⅷ部 规则、规例及司法常务官的权力

第四十四条 终审法院首席法官可订立规则

(附注:具追溯力的适应化修订——见 1998 年第 25 号第 2 条)

终审法院首席法官可订立有关惯例及程序的规则,以应用于根据本条例而在审裁处或裁判官席前进行或在法院进行的法律程序,以及根据本条例提出的上诉,尤其可订立规则以订定——(由 1998 年第 25 号第 2 条修订)

(a) 根据本条例提出申请的方式;

(b) 法庭或裁判官将问题转交审裁处的事宜;

(c) 审裁处所作评定类别或所作裁定的记录方法;

(d) 文件的送达；

(e) 上诉或在审裁处进行的法律程序中所用文件的格式；

(f) 在审裁处的出庭发言权；

(g) 就在审裁处进行的法律程序或根据第30条提出的上诉而发出通知的事宜；及

(h) 审裁处法律程序中讼费的判给、评定及追讨。

第四十五条　司法常务官的权力

司法常务官可——

(a) 就审裁处事务的分配及处理作出指示；

(b) 决定审裁处所订立或发出文件的格式；及

(c) 准许他认为适当的人士或某类人士，在缴付订明的费用后查看——

（Ⅰ）司法常务官根据第19(4)条储存的公告登记册；及

（Ⅱ）司法常务官根据第20条储存的物品储存库。

(1987年制定)

第四十六条　规例

(附注：具追溯力的适应化修订——见1999年第55号第3条)

行政长官会同行政会议可订立规例，订定——（由1999年第55号第3条修订）

(a) 各项费用；

(b) 根据第18条发出通知的方式；

(c) 赋权予审裁处或司法常务官，将订明的费用免除；及

(d) 向审裁委员付给酬金及津贴。

(1987年制定)

第四十七条　(已失时效而略去)

第Ⅸ部

第四十八条　(已失时效而略去)

5. 香港人权法案条例(节摘)

第1条　享受权利不分区别

(1) 人人得享受人权法案所确认之权利，无分种族、肤色、性别、语言、宗教、政见或

其它主张、民族本源或社会阶级、财产、出生或其它身分等等。

(2) 人权法案所载一切公民及政治权利之享受,男女权利,一律平等。

〔比照《公民权利和政治权利国际公约》第2及3条〕

第5条 人身自由和安全

(1) 人人有权享有身体自由及人身安全。任何人不得无理予以逮捕或拘禁。非依法定理由及程序,不得剥夺任何人之自由。

(2) 执行逮捕时,应当场向被捕人宣告逮捕原因,并应随即告知被控案由。

(3) 因刑事罪名而被逮捕或拘禁之人,应迅即解送法官或依法执行司法权力之其它官员,并应于合理期间内审讯或释放。候讯人通常不得加以羁押,但释放得令具报,于审讯时、于司法程序之任何其它阶段、并于一旦执行判决时,候传到场。

(4) 任何人因逮捕或拘禁而被夺自由时,有权声请法院提审,以迅速决定其拘禁是否合法,如属非法,应即令释放。

(5) 任何人受非法逮捕或拘禁者,有权要求执行损害赔偿。

〔比照《公民权利和政治权利国际公约》第九条〕

第14条 对私生活、家庭、住宅、通信、名誉及信用的保护

(1) 任何人之私生活、家庭、住宅或通信,不得无理或非法侵扰,其名誉及信用,亦不得非法破坏。

(2) 对于此种侵扰或破坏,人人有受法律保护之权利。

〔比照《公民权利和政治权利国际公约》第17条〕

第15条 思想、信念及宗教自由

(1) 人人有思想、信念及宗教之自由。此种权利包括保有或采奉自择之宗教或信仰之自由,及单独或集体、公开或私自以礼拜、戒律、躬行及讲授表示其宗教或信仰之自由。

(2) 任何人所享保有或采奉自择之宗教或信仰之自由,不得以胁迫侵害之。

(3) 人人表示其宗教或信仰之自由,非依法律,不受限制,此项限制以保障公共安全、秩序、卫生或风化或他人之基本权利自由所必要者为限。

(4) 父母或法定监护人确保子女接受符合其本人信仰之宗教及道德教育之自由,得受尊重。

〔比照《公民权利和政治权利国际公约》第18条〕

第16条 意见和发表的自由

(1) 人人有保持意见不受干预之权利。

(2) 人人有发表自由之权利;此种权利包括以语言、文字或出版物、艺术或自己选择之其它方式,不分国界,寻求、接受及传播各种消息及思想之自由。

(3) 本条第(2)项所载权利之行使,附有特别责任及义务,故得予以某种限制,但此种限制以经法律规定,且为下列各项所必要者为限——

(甲)尊重他人权利或名誉;或

(乙)保障国家安全或公共秩序,或公共卫生或风化。

[比照《公民权利和政治权利国际公约》第19条]

第17条 和平集会的权利

和平集会之权利,应予确认。除依法律之规定,且为民主社会维护国家安全或公共安宁、公共秩序、维持公共卫生或风化、或保障他人权利自由所必要者外,不得限制此种权利之行使。

[比照《公民权利和政治权利国际公约》第21条]

第18条 结社的自由

(1) 人人有自由结社之权利,包括为保障其本身利益而组织及加入工会之权利。

(2) 除依法律之规定,且为民主社会维护国家安全或公共安宁、公共秩序、维持公共卫生或风化、或保障他人权利自由所必要者外,不得限制此种权利之行使。本条并不禁止对军警人员行使此种权利,加以合法限制。

(3) 本条并不授权采取立法措施或应用法律,妨碍《关于结社自由及保障组织权利之国际劳工组织1948年公约》中适用于香港的规定所规定之保证。

[比照《公民权利和政治权利国际公约》第22条]

一九九八年二月二十五日

6. 香港特别行政区立法会议事规则(节摘)

(前略)

第86条 允许新闻界及公共人士入场

在符合立法会主席不时订定的规则下,新闻界及公众人士得准进入立法会旁听立法会的会议,而立法会秘书须确保该等规则得以遵从。

第88条 新闻界及公众人士离场

(1) 在立法会、全体委员会、委员会或小组委员会会议上,议员可随时无经预告而起立动议新闻界及公众人士离场,并指明新闻界及公众人士离场适用于当天会议的余下程序,抑或只于审议某些事项的一段时间。议案一经动议,立法会主席、全体委员会主席、委员会主席或小组委员会主席随即须提出该待议议题,而立法会、全体委员会、委员会或小组委员会须先行处理该议题,然后继续处理该议案动议时立法会、全体委员会、委员会或小组委员会当前的事项。

(2) 立法会主席或全体委员会主席可随时命令新闻界及公众人士离场,并命令将会议厅各门关闭。

(3) 当立法会、全体委员会、委员会或小组委员会,或立法会主席或全体委员会主席根据第(1)及(2)款作出命令时,新闻界及公众人士须立即离开会议厅或委员会或小组委员会正举行会议的委员会会议室,而立法会秘书或委员会秘书须确保此项命令得以遵从。

一九九八年七月三日

7. 广播条例

(2000年第48号法律公告,是年7月7日施行。2004年7月7日法律修订。)

本条例旨在为广播服务的提供而发牌给公司,规管持牌人提供的广播服务,并就附带或相关事宜订定条文。

〔本条例(第13、14、16及17条除外)〕2000年7月7日

第13、14、16及17条〕2001年2月16日 2001年第45号法律公告〕

(本为2000年第48号)

第1条 简称(2001年2月16日)

第Ⅰ部 导言

(1) 本条例可引称为《广播条例》。

(2)—(3)(已失时效而略去)

简称及生效日期(2004年7月7日)

第Ⅰ部 导言

(1) 本条例可引称为《广播条例》。

(2) 除第(3)款另有规定外,本条例自本条例在宪报刊登当日起实施。

(3) 第13、14、16及17条自资讯科技及广播局局长以宪报公告指定的日期起实施。

第2条 释义(2004年7月7日)

(1) 在本条例中,除文意另有所指外——

"公司"(company) 的涵义,与《公司条例》(第32章)第2(1)条中该词的定义所具有者相同;

"支配优势"(dominant position) 指按照第14条解释的支配优势;

"公众地方"(public place) 指公众人士或部分公众人士不时在缴付或不缴付费用情况下,可进入或获准进入的地方;

"不符合持牌资格人士"(disqualified person) 的涵义,与附表1第1部中该词的定义所具有者相同;

"切实可行"(practicable) 指合理地切实可行;

"本地收费电视节目服务"(domestic pay television programme service) 指符合以下说明的电视节目服务——

(a) 拟供或可供公众在定期或以其他方式缴付收看费的情况下在香港接收;

(b) 拟供或可供由超过5000个指明处所组成的观众接收;及

(c) 以香港为主要目标市场;

"本地免费电视节目服务"(domestic free television programme service) 指符合以下说明的电视节目服务——

(a) 拟供或可供公众在香港免费接收;

(b) 拟供或可供由超过5000个指明处所组成的观众接收;及

(c) 以香港为主要目标市场;

"司长"(Chief Secretary) 指政务司司长;

"申述"(representations) 指书面申述;

"主要人员"(principal officer) 的涵义,与附表1第1部中该词的定义所具有者相同;

"出租"(let for hire) 包括邀请出租;

"未经批准的解码器"(unauthorized decoder) 指能让人在无须缴付收看费的情况下，将根据牌照提供而须收取收看费的锁码电视节目或锁码电视节目服务以经解码后的形式收看的解码器；(由2004年第8号第2条增补)

"有表决权股份"(voting share) 就任何法团而言，在某类股份使其注册拥有人有权在该法团的股东会议上投票的情况下，指该类股份；

"行使控制"(exercise control) 的涵义，与附表1第1部中该词所具有者相同；

"收看费"(subscription) 指为取得在香港收看电视节目服务的权利而须由某人缴付或他人代其缴付的费用；

"住宅"(domestic premises) 指为供居住而建造或拟作居住用途的处所；

"材料"(material) 包括图画(不论是否活动)、言语文字、音乐及其他声音，不论是否同时制作、说出或发出的；

"非本地电视节目服务"(non-domestic television programme service) 指符合以下说明的电视节目服务——

(a)(i) 拟供或可供公众——

(A) 在香港免费接收；或

(B) 在定期或以其他方式缴付收看费的情况下在香港接收；或

(ii) 并非拟供和可供公众——

(A) 在香港免费接收；或

(B) 在定期或以其他方式缴付收看费的情况下在香港接收；及

(b) 并非以香港为主要目标市场；

"其他须领牌电视节目服务"(other licensable television programme service) 指符合以下说明的电视节目服务——

(a) 拟供或可供免费或在定期或以其他方式缴付收看费的情况下在香港接收；及

(b)(i) 除第(12)款另有规定外，拟供或可供由不超过5 000个指明处所组成的观众接收；或

(ii) 拟供或可供酒店房间接收；

"表决控制权"(voting control) 及 "表决控权人"(voting controller) 的涵义，与附表1第1部中该两词的定义所分别具有者相同；

"法团"(corporation) 指公司或其他法人团体；

"附属公司"(subsidiary)的涵义,与《公司条例》(第32章)中该词的涵义相同;

"限制"(restriction)包括约束;

"指明"(specified)就任何格式而言,指根据第41条指明;

"指明处所"(specified premises)指在香港的任何住宅或酒店房间;

"订明条例"(prescribed Ordinance)指——

(a) 本条例;

(b)《电讯条例》(第106章);或

(c)《广播事务管理局条例》(第391章);

"要约出售"(offer for sale)包括邀请作出出售要约;

"持牌人"(licensee)指持有牌照的人;

"相联者"(associate)——

(a) 除(b)段另有规定外——

(i) 就持有表决控制权的表决控权人而言,其涵义与附表1第1部中"相联者"的定义所具有者相同;

(ii) 就不符合持牌资格人士而言,其涵义与附表1第1部中"相联者"的定义所具有者相同,但该定义中提述表决控权人,须解释为提述不符合持牌资格人士;

(iii) 就持牌人而言,其涵义与其就持有表决控制权且属法团的表决控权人而所具有者相同,但附表1第1部中"相联者"定义中提述属法团的表决控权人,均须解释为提述持牌人;

(iv) 就任何对持牌人行使控制的人而言,其涵义与附表1第1部中"相联者"的定义所具有者相同,但该定义中提述表决控权人,须解释为提述对持牌人行使控制的人;

(b) 不包括按照根据第(2)款所作公告中的条文而不属相联者的人;

"酒店房间"(hotel room)指《酒店房租税条例》(第348章)第2(1)条所指的住房;

"条件"(conditions)就任何牌照而言,指该牌照所指明的条件、本条例所指明并适用于该牌照的条件,以及根据第10(3)条作出的通知所指明并适用于该牌照的条件;

"通常居于香港"(ordinarily resident in Hong Kong)——

(a) 就个人而言,指——

(i) 在任何公历年内,居于香港不少于180天;或

(ii) 在任何连续 2 个公历年内,居于香港不少于 300 天;

(b) 就法团而言,指符合以下说明——

(i) 积极参与该法团的督导的该法团董事——

(A) 有 2 名,而他们均属个人;或

(B) 多于 2 名,而其中过半数者属个人,

而该等属个人的董事当其时按照(a)段而言属通常居于香港,以及最少曾于一段连续不少于 7 年的期间如此居于香港;及

(ii) 法团的控制及管理均真正在香港作出及进行;

"报刊"(newspaper) 指公众可得到的符合以下说明的任何报章或其他刊物或其增刊——

(a) 载有新闻、消息、事件的报导,或载有任何与该等新闻、消息或事件有关或与公众所关注的任何其他事宜有关的评注、论述或评论;

(b) 是为销售或免费分发而出版,并以定期(不论是每半年、每季、每月、每两周、每周、每日出版一次或按其他刊期出版)或分辑或分期的方式每相隔不超逾 6 个月出版一次的;及

(c) 内容并非仅限于附表 2 所指明的任何一个或多于一个项目;

"提供"(provide) 就广播服务而言,包括设立及营运;

"牌照"(licence) 指——

(a) 根据第 8(1)条批给提供本地免费电视节目服务或本地收费电视节目服务的牌照;或

(b) 根据第 8(2)条批给提供非本地电视节目服务或其他须领牌电视节目服务的牌照;

"电讯"(telecommunications) 的涵义,与《电讯条例》(第 106 章)第 2(1)条中该词的定义所具有者相同;

"电讯局长"(Telecommunications Authority) 指根据《电讯条例》(第 106 章)第 5 条委任的电讯管理局局长;

"业务守则"(Code of Practice) 指根据第 3 条批准的业务守则;

"电视节目"(television programme) 指活动视觉表示图像(即包含于能被人看成活动图像的视觉图像序列之中的图像),亦指声音与该等图像的组合,而其目的是在于提

供资讯、启迪开导或提供娱乐，但并不包括主要由字母与号码组成的文字、数据、图形、图表、图样或电子视像游戏所组成的视觉图像；

"电视节目服务"(television programme service)——

(a) 除(b)段另有规定外——

(i) 指藉电讯发送提供包括电视节目的服务，而——

(A) 该等节目是向在香港或香港以外的公众人士提供或可让该等人士随时收看的；或

(B) 该等节目是同时或应要求发送予备有适合接收该服务的器材的多于1个指明处所内的人的，不论发送方式是点至点式、点至多点式或是两者的组合；并

(ii) 包括按照第(5)(a)款所指公告的条文而属电视节目服务的某项服务，亦包括按照该等条文而属某类别电视节目服务的某类别服务其中的某项服务；

(b) 不包括符合以下说明的服务——

(i) 只包含纯粹为在公众地方演出或展示而制作的电视节目；

(ii) 只包含完全或主要拟为接收者的营商、业务、雇佣或专业而制作的电视节目（但不包括传送至酒店房间的电视节目）；

(iii) 只包含附表3所指明的服务；或

(iv) 按照第(5)(b)款所指公告的条文而不属电视节目服务的某项服务，或按照该等条文而不属某类别电视节目服务的某类别服务中的某项服务；

"解码器"(decoder) 指为使（不论单独抑或连同任何其他器具）锁码电视节目服务得以被解码而设计或改装的任何器具、器具的部件或其他电子或实体形式的部件；

"领牌服务"(licensed service) 指属牌照的标的之广播服务；

"履约保证"(performance bond) 就任何持牌人而言，指符合以下说明并藉以保证该持牌人遵守其牌照条件的优先履约保证或银行担保——

(a) 由一间《银行业条例》(第155章)第2(1)条所指的银行发出；

(b) 以政府为受惠人；及

(c) 符合根据第(3)款发出的通知书中适用于该持牌人的条文；

"广管局"(Broadcasting Authority) 指根据《广播事务管理局条例》(第391章)第3条设立的广播事务管理局；

"广播服务"(broadcasting service) 指——

(a) 本地免费电视节目服务;

(b) 本地收费电视节目服务;

(c) 非本地电视节目服务;或

(d) 其他须领牌电视节目服务;

"影响""影响力"(influence)的涵义,与附表1第1部中该两词的定义所具有者相同;

"职能"(function)包括权力及责任;

"锁码装置"(television programme service locking device)指令到获提供或将会获提供电视节目服务的人能控制该服务的取用的装置。

(2)广管局可在宪报公告指明该局信纳——

(a)该公告所指明的人并无在关乎某持牌人或不符合持牌资格人士的有关交易中一致行动;及

(b)该等人士彼此均无能力影响对方与该持牌人或不符合持牌资格人士之间的业务往还,而藉该公告宣布该等人士并非相联者。

(3)行政长官会同行政会议或广管局(视情况所需而定)可藉书面通知,指明在第(1)款"履约保证"的定义中所述的优先履约保证或银行担保的格式及款额。

(4)就本条例而言——

(a)以点至点方式发送,指每项发送(在同一时间可以有多于一项发送,但每项发送均是互相独立和分开的)均是在某点与单独的另外一点之间进行的;

(b)以点至多点方式发送,指每项发送均是在某点与另外多于一点之间进行的;

(c)如任何电视节目属互动节目并除此以外属电视节目,则该节目并不仅因此而不属电视节目。在本段中,"互动节目"指在设计上令收看者能参与或影响其内容及呈现方式的节目。

(5)行政长官会同行政会议可藉宪报公告——

(a)宣布该公告所指明的某项服务属电视节目服务,或宣布某类别服务属某类别电视节目服务;

(b)宣布该公告所指明的某项服务并非电视节目服务,或宣布某类别服务并非某类别电视节目服务。

(6)本条例中对执行职能的提述,须解释为包括行使权力或履行责任(视情况所需而定)。

(7) 就任何法团而言,如2人或多于2人享有联权共有权益,则为施行本条例,他们每人均须视为独享全部权益。

(8) 就本条例而言——

(a) 除在另有述明的情况下,附表1及4对本地免费电视节目服务、本地免费电视节目服务牌照及本地免费电视节目服务牌照的持牌人具有效力,并就该服务、牌照及持牌人而具有效力;

(b) 除在另有述明的情况下,附表1及5对本地收费电视节目服务、本地收费电视节目服务牌照及本地收费电视节目服务牌照的持牌人具有效力,并就该服务、牌照及持牌人而具有效力;

(c) 除在另有述明的情况下,附表6对非本地电视节目服务、非本地电视节目服务牌照及非本地电视节目服务牌照的持牌人具有效力,并就该服务、牌照及持牌人而具有效力;

(d) 除在另有述明的情况下,附表7对其他须领牌电视节目服务、其他须领牌电视节目服务牌照及其他须领牌电视节目服务牌照的持牌人具有效力,并就该服务、牌照及持牌人而具有效力。

(9) 为免生疑问,现宣布——

(a) 电视节目服务包括该服务所包含的广告;

(b) 根据第(2)款作出的公告及根据第(3)款发出的通知,均不属附属法例;

(c) 根据第(5)款作出的公告属附属法例;

(d) 凡牌照所指明的条件有对电讯局长或广管局的批准的提述(或以具相同意思的用词描述),则电讯局长或广管局(视属何情况而定)可在其认为合适的条件规限下给予该项批准;

(e) 本条例中规定向广管局或任何其他人披露或以其他方式提供资料或文件的条文,并不规定任何人披露或以其他方式提供不能在原讼法庭民事法律程序中强迫他披露或以其他方式提供作为证据的资料或文件。

(10) 第(9)(e)款不适用于律师披露其委托人的姓名或名称及地址。

(11) 电讯局长及广管局在行使本条例赋予他们的权力时——

(a) 必须只在有合理理由的情况下,并在顾及有关的考虑因素后,方可根据本条例得出任何意见或发出或作出任何指示、裁定或决定；

(b) 如根据本条例得出任何意见或作出或发出任何裁定、指示或决定，必须以书面提供得出该意见或发出或作出该指示、裁定或决定（视属何情况而定）的原因。

(12) 如广管局信纳某项其他须领牌电视节目服务只拟供或可供某单一屋苑接收，广管局可藉送达有关的持牌人或寻求成为持牌人的人的书面通知，宽免在"其他须领牌电视节目服务"的定义中(b)(i)段指明的规定。

(13) 在本条例中——

(a) 对"telecommunications"的提述包括对"telecommunication"的提述；

(b) 对"Telecommunications"的提述包括对"Telecommunication"的提述。

第Ⅱ部　业务守则及指引

第3条　广管局对业务守则的批准

(1) 在符合第(8)款的规定下，广管局可就本条例施加于持牌人的规定或就牌照条件向持牌人提供实务指引——

(a) 批准和发出该局认为就上述目的而言属适合的业务守则（不论是否由该局拟备）；及

(b) 批准该局认为就上述目的而言属适合并由其他人或拟由其他人发出的业务守则。

(2) 凡广管局根据第(1)款批准任何业务守则，该局须藉宪报公告——

(a) 指出有关的守则，并指明该项批准的生效日期；及

(b) 指明该守则是为施行本条例什么规定或什么牌照条件而批准的。

(3) 广管局可——

(a) 不时修订该局根据本条拟备的业务守则的全部或其中任何部分；及

(b) 批准对或拟对当其时已根据本条批准的业务守则的全部或任何部分作出的修订，而第(2)款的条文在经必要的变通后，适用于根据本款作出的批准，一如该等条文适用于根据第(1)款作出的批准。

(4) 广管局可随时撤回任何根据本条而对某业务守则作出的批准。

(5) 凡广管局根据第(4)款撤回对某业务守则的批准，该局须藉宪报公告指出该守则，并指明该局对该守则的批准终止有效的日期。

(6) 本条例中提述"业务守则",即提述该守则经根据本条批准而对其全部或部分作出的任何修订而在当其时具有效力的版本。

(7) 根据第(1)(b)款赋予广管局批准业务守则的权力,包括批准该守则的某部分的权力,而在本条例中,"业务守则"据此可理解为包括该守则的某部分。

(8) 广管局在根据第(1)款批准业务守则或根据第(3)款批准对该守则的修订或拟作出的该等修订前——

(a)(如该守则或该经如此修订的守则(视属何情况而定)将会全部或部分适用于某些持牌人)须谘询该局认为合适的并代表该等持牌人的团体;及

(b)(在该守则或该经如此修订的守则(视属何情况而定)涉及广播服务的技术标准的范围内)须在该局认为合适的情况下谘询电讯局长。

(9) 为免生疑问,现宣布:广管局可为不同类别的持牌人,根据第(1)款批准不同的业务守则,亦可为该款所述的相同或不同的规定或就牌照条件,如此批准不同的业务守则。

第4条　指引

(1) 广管局可不时安排拟备不抵触本条例并关乎——

(a) 广管局拟执行本条例赋予该局的职能的方式的指引;

(b) 广管局认为合适的与本条例有关的其他事宜的指引,

并安排以宪报公告刊登该等指引,以使持牌人或寻求成为持牌人的公司有所依循。

(2) 在不损害第(1)款的一般性的原则下,广管局须在切实可行范围内,尽快发出示明以下事项的指引——

(a) 广管局拟根据第9(2)条执行其职能的方式,包括发牌准则以及广管局拟考虑的其他有关事宜;

(b) 广管局拟根据第10(2)条执行其职能的方式,包括发牌准则以及广管局拟考虑的其他有关事宜;

(c) 广管局拟执行其根据第13或14条得出意见的职能的方式;

(d) 广管局拟根据第18(2)条执行其职能的方式,包括广管局拟考虑的准则。

(3) 广管局于根据第(2)(c)款发出指引前,须向可能会受该等指引影响的持牌人的代表团体进行在有关个案的整体情况下属合理的谘询。

第Ⅲ部　对广播服务的规管

第5条　无牌提供广播服务的罪行

(1) 任何人除非根据并按照牌照提供广播服务,否则不得提供广播服务。

(2) 任何人违反第(1)款,即属犯罪——

(a) 一经循简易程序定罪,可处第6级罚款及监禁2年;

(b) 一经循公诉程序定罪,可处罚款＄1 000 000及监禁5年。

第6条　未经批准的解码器(2004年7月7日)

(1) 任何人不得在营商过程或业务运作中进口、出口、制造、出售、要约出售或出租任何未经批准的解码器。

(1A) 任何人不得在没有合法授权或合理辩解的情况下,为任何营商或业务的目的,或在与任何营商或业务有关连的情况下,管有或使用任何未经批准的解码器,或授权另一人如此行事。(由2004年第8号第3条增补)

(2) 任何人违反第(1)或(1A)款,即属犯罪——(由2004年第8号第3条修订)

(a) 一经循简易程序定罪,可处第6级罚款及监禁2年;

(b) 一经循公诉程序定罪,可处罚款＄1 000 000及监禁5年。

(3) 凡经证明任何人曾——

(a) 在营商过程或业务运作中进口、出口、制造、出售、要约出售或出租任何未经批准的解码器;或

(b) 为任何营商或业务的目的,或在与任何营商或业务有关连的情况下,管有或使用任何未经批准的解码器,或授权另一人如此行事,则除非有相反证据,否则须推定该人当时知道该解码器是未经批准的解码器。(由2004年第8号第3条代替)

(4) 就本条而言,如某公司、其他法人团体或某合伙曾作出第(1)或(1A)款提述的任何作为,则除非有相反证据证明任何在该作为作出时担任该公司或法人团体的董事的人或该合伙的合伙人,并无授权作出该作为,否则须推定该人亦曾作出该作为。(由2004年第8号第3条代替)

(5) 在根据本条进行的法律程序中,除非有相反证据,否则须推定处所内的任何未经批准的解码器由该处所的特许持有人、租客、承租人、占用人、拥有人及掌管该处所的人所管有。(由2004年第8号第3条代替)

(6) 凡某雇员在其受雇工作期间犯第(1)或(1A)款所订罪行,在不损害任何其他人的法律责任的原则下,该雇员的雇主亦属犯该罪行,但不得处以监禁。(由 2004 年第 8 号第 3 条代替)

(7) 凡凭借本条对第(6)款提述的雇主就其雇员所犯罪行而提起检控,则该雇主如提出以下证明,即可以之作为免责辩护——

(a) 他已对其雇员有所管制,以确保其雇员相当不可能会违反第(1)或(1A)款行事;或

(b) 他已采取所有切实可行的步骤,以防止该罪行发生。(由 2004 年第 8 号第 3 条代替)

(8) 在为本条所订罪行而进行的法律程序中,被控人如证明他是在其受雇工作期间按照雇主的指示行事,而他又没有合理理由相信有关的解码器属未经批准的解码器,即可以此作为免责辩护。(由 2004 年第 8 号第 3 条代替)

(9) 第(8)款不适用于符合以下说明的雇员——

(a) (如雇主是法人团体)属该法人团体的董事、经理、秘书或其他相类高级人员或本意是以任何该等身分行事的人或(如法人团体的事务是由其成员管理的)犹如该法人团体的董事一样身负管理职能的该法人团体的成员;

(b) (如雇主是合伙)属与该合伙的管理有关的人;

(c) (如雇主是独资经营)属与该独资经营的管理有关的人;或

(d) (如是任何其他情况)属与雇主的业务的管理有关的人。(由 2004 年第 8 号第 3 条代替)

第 7 条 为未有领牌的收费电视节目服务提供解码器及接收器材的罪行(2004 年 7 月 7 日)

(1) 除第(2)款另有规定外,任何人不得在营商过程或业务运作中进口、出口、制造、出售、要约出售或出租任何解码器,以供用于单一接收电视系统作接收任何没有作为收费服务而领有牌照的广播服务之用。

(2) 第(1)款并不就以下服务或解码器而适用——

(a) 并非作为收费服务领有牌照的锁码广播服务;或

(b) 并不是第(4)款所指公告宣布为就第(1)款而言不属解码器的某款或某类别解码器的解码器。

(3) 任何人违反第(1)款,即属犯罪——

(a) 一经循简易程序定罪,可处第 6 级罚款及监禁 2 年;

(b) 一经循公诉程序定罪,可处罚款 $1 000 000 及监禁 5 年。

(3A) 凡经证明任何人曾在营商过程或业务运作中进口、出口、制造、出售、要约出售或出租任何属第(1)款所描述的一类解码器,则除非有相反证据,否则须推定该人当时知道该解码器属第(1)款所描述的一类解码器。(由 2004 年第 8 号第 4 条增补)

(3B) 就本条而言,如某公司、其他法人团体或某合伙曾作出第(1)款提述的任何作为,则除非有相反证据证明任何在该作为作出时担任该公司或法人团体的董事的人或该合伙的合伙人,并无授权作出该作为,否则须推定该人亦曾作出该作为。(由 2004 年第 8 号第 4 条增补)

(3C) 在根据本条进行的法律程序中,除非有相反证据,否则须推定处所内的任何属第(1)款所描述的一类解码器由该处所的特许持有人、租客、承租人、占用人、拥有人及掌管该处所的人所管有。(由 2004 年第 8 号第 4 条增补)

(3D) 凡某雇员在其受雇工作期间犯第(1)款所订罪行,在不损害任何其他人的法律责任的原则下,该雇员的雇主亦属犯该罪行,但不得处以监禁。(由 2004 年第 8 号第 4 条增补)

(3E) 凡凭借本条对第(3D)款提述的雇主就其雇员所犯罪行而提起检控,则该雇主如提出以下证明,即可以之作为免责辩护——

(a) 他已对其雇员有所管制,以确保其雇员相当不可能会违反第(1)款行事;或

(b) 他已采取所有切实可行的步骤,以防止该罪行发生。(由 2004 年第 8 号第 4 条增补)

(3F) 在为本条所订罪行而进行的法律程序中,被控人如证明他是在其受雇工作期间按照雇主的指示行事,而他又没有合理理由相信有关的解码器属第(1)款所描述的一类解码器,即可以此作为免责辩护。(由 2004 年第 8 号第 4 条增补)

(3G) 第(3F)款不适用于符合以下说明的雇员——

(a) (如雇主是法人团体)属该法人团体的董事、经理、秘书或其他相类高级人员或本意是以任何该等身分行事的人或(如法人团体的事务是由其成员管理的)犹如该法人团体的董事一样身负管理职能的该法人团体的成员;

(b) (如雇主是合伙)属与该合伙的管理有关的人;

(c)（如雇主是独资经营）属与该独资经营的管理有关的人；或

(d)（如是任何其他情况）属与雇主的业务的管理有关的人。（由2004年第8号第4条增补）

(4) 电讯局长可藉宪报公告宣布某款解码器或某类别解码器就第(1)款而言不属解码器或某类别解码器（视属何情况而定）。

(5) 在本条中，"单一接收电视系统"（Television Receive Only System）指接收卫星电视讯号以供单一指明处所使用的系统，该系统须是并不将所接收的有关讯号向处于该指明处所以外的人传送的。

(6) 为免生疑问，现宣布第(4)款所指的公告属附属法例。

第7A条　第6及7条的补充条文（2004年7月7日）

(1) 电讯局长或电讯局长就此以书面授权的公职人员，如有合理理由相信任何人已犯或已企图犯第6(1)或(1A)或7(1)条所订罪行，可——

(a) 规定该人在他指明的任何地方交出——

(i) 该人在营商过程或业务运作中进口、出口、制造、出售、要约出售或出租的任何未经批准的解码器或解码器，以供他检查；或

(ii) 该人为任何营商或业务的目的，或在与任何营商或业务有关连的情况下，管有或使用的任何未经批准的解码器或解码器，或他所授权的另一人如此管有或使用的任何未经批准的解码器或解码器，以供他检查；

(b) 逮捕他合理地怀疑犯有第6(1)或(1A)或7(1)条所订罪行的任何人；

(c) 在符合第(3)款的规定下，进入并搜查符合下述情况的处所，即他合理地相信该人在其内已犯或已企图犯第6(1)或(1A)或7(1)条所订罪行者，并可规定向他交出关于(a)段提述的任何未经批准的解码器或解码器的任何簿册或文件；

(d) 检取、移走和扣留——

(i) (a)段提述的任何未经批准的解码器或解码器；

(ii) 他觉得是或相当可能是含有第6(1)或(1A)或7(1)条所订罪行的证据的任何物件。

(2) 凡第(1)款提述的公职人员根据该款(b)段逮捕任何人，该公职人员须在没有延误下，将该人带往警署以在该处按照《警队条例》（第232章）处置，或为该目的而将该人交付警务人员羁押。

(3) 如有关处所属住宅,则在依据任何根据第(4)款所发出的手令的情况下,方可根据第(1)(c)款进入或搜查该处所。

(4) 如裁判官根据经宣誓而作的告发,信纳有合理理由怀疑在任何住宅内有任何根据第(1)(d)款可予检取的物件,而该住宅是裁判官有合理理由相信是已犯或已企图犯第6(1)或(1A)或7(1)条所订罪行的人所管有或使用的,则裁判官可发出手令,授权电讯局长或任何其他公职人员进入并搜查该住宅。

(5) 电讯局长或电讯局长就此以书面授权的任何公职人员在行使根据第(1)款或依据任何根据第(4)款所发出的手令而具有的权力时,可——

(a) 破启他获赋权或授权进入并搜查的地方的任何外门或内门;

(b) 强行移走任何妨碍他或抗拒他获赋权作出或进行的逮捕、扣留、搜查、检查、检取或移走的人或物件;

(c) 扣留任何在他获赋权或授权搜查的地方所发现的人,直至搜查完毕。

(6) 在有人已就任何未经批准的解码器或解码器或已企图就该等解码器违反第6(1)或(1A)或7(1)条的规定的情况下,裁判官或法庭可应电讯局长或由他人代其提出的申请,或应电讯局长就此以书面授权的任何公职人员所提出的申请,命令没收该等解码器并将其归予政府,不论是否有就该项违反或企图违反而针对任何人提起法律程序。

(7) 任何人故意妨碍电讯局长或电讯局长就此以书面授权的任何公职人员行使根据本条向他授予的权力,即属犯罪,一经循简易程序定罪,可处第4级罚款及监禁6个月。

(由2004年第8号第5条增补)

第7B条 民事补救办法

(1) 任何持牌人因有人违反第6(1)或(1A)条而蒙受损失或损害,可针对该人提起诉讼而申索损害赔偿或申请发出强制令或申索其他适当的补救、命令或济助。

(2) 任何人即使未因违反第6(1)或(1A)条而被检控或定罪,持牌人仍可根据第(1)款针对该人提起诉讼。

(3) 如任何人管有或使用任何未经批准的解码器以收看任何拟供或可供公众在定期或以其他方式缴付收看费的情况下在香港接收的电视节目服务,或授权另一人如此行事,持牌人可针对该人提起诉讼而申索损害赔偿或申请发出强制令或申索其他适当的补救、命令或济助。

(由2004年第8号第5条增补)

第Ⅳ部　牌照——一般条文

第8条　可获批给牌照的人

（1）行政长官会同行政会议可应任何公司以指明格式向其提出的申请，按照本条例批给牌照，以准许提供本地免费电视节目服务或本地收费电视节目服务。

（2）广管局可应任何公司以指明格式向该局提出的申请，按照本条例批给牌照，以准许提供非本地电视节目服务或其他须领牌电视节目服务。

（3）在不抵触第（4）款的条文下，如任何公司属某法团的附属公司，则本地免费电视节目服务牌照不得批给该公司。

（4）在不损害附表1、4、5、6及7的实施的原则下，除非本条例另有规定，否则不符合以下说明的公司不得获批给及持有牌照——

（a）就本地免费电视节目服务牌照或本地收费电视节目服务牌照而言——

（i）该公司符合第2（1）条"通常居于香港"定义中（b）段的说明；

（ii）第（iv）节所规定的过半数董事积极参与该公司的督导；

（iii）该公司每次董事会议的法定人数中，过半数董事均是在当其时属通常居于香港，并最少曾于一段不少于7年的连续期间通常居于香港的个人；

（iv）该公司过半数董事及该公司过半数主要人员（包括负责挑选或制作电视节目或安排电视节目播放时间的主要人员）均是在当其时属通常居于香港，并最少曾于一段不少于7年的连续期间通常居于香港的个人，但经广管局事先以书面批准者除外；及

（v）并无任何不符合持牌资格人士对该公司行使控制，但如在申请牌照时已披露某人不符合资格一事，则属例外；

（b）就非本地电视节目服务牌照或其他须领牌电视节目服务牌照而言，不少于一位该公司的董事或主要人员是在当其时属通常居于香港，并最少曾于一段不少于7年的连续期间通常居于香港的个人；及

（c）就任何牌照而言，该公司根据其组织章程大纲及组织章程细则获赋权全面遵从本条例条文及其牌照条件（不论是实际上有的或所建议有的条件）。

第9条　广管局应牌照申请作出的建议

（1）就第8（1）或（2）条而提出的申请须符合指明格式并呈交广管局。

（2）广管局须考虑就本地免费电视节目服务牌照或本地收费电视节目服务牌照提

出的申请,并就该等申请向行政长官会同行政会议作出建议。

(3) 凡有申请向广管局呈交,广管局须——

(a) 在切实可行范围内尽快安排在宪报刊登一项公告,而该项公告须述明——

(i) 申请人的姓名或名称、申请人所申请的牌照的类别以及广管局认为合适的其他详情;及

(ii) 有兴趣的公众人士可在该项公告所指明的日期(该日期不得早于该项公告刊登后 21 天)或之前,就该项申请向广管局作出申述;及

(b) 考虑在上述日期或之前收到的申述(如有的话)。

第 10 条　批给牌照

(1) 行政长官会同行政会议经考虑依据第 9(2)条作出的建议后,可根据第 8(1)条批给牌照,而牌照须受行政长官会同行政会议认为合适并在牌照上指明的条件所规限。

(2) 在不抵触第(3)款的条文下,广管局可根据第 8(2)条批给牌照,而牌照须受该局认为合适并在牌照上指明的条件所规限。

(3) 行政长官会同行政会议可藉书面通知,指明规限根据第 8(1)条批给的某牌照或某类别牌照的条件;广管局可藉书面通知,指明规限根据第 8(2)条批给的某牌照或某类别牌照的条件。

(4) 行政长官会同行政会议或广管局(视情况所需而定)可在其认为公众利益有此需要的情况下,在持牌人获得合理机会根据第(5)款作出申述后,在牌照有效期内随时更改该牌照。

(5) 持牌人可就建议根据第(4)款作出的更改,向广管局作出申述;如有关牌照是行政长官会同行政会议所批给的,则广管局须向行政长官会同行政会议中肯地反映该等申述。

(6) 在实施建议根据第(4)款作出的更改前,行政长官会同行政会议或广管局(视情况所需而定)须考虑根据第(5)款作出的申述(如有的话)。

(7) 牌照或牌照的权益不得全部及部分转让。

第 11 条　牌照的延期或续期

(1) 行政长官会同行政会议或广管局(视情况所需而定)可在牌照的有效期内,按照本条例条文将牌照续期或延期,而该项续期或延期在牌照的有效期届满时生效。

(2) 持牌人须向广管局呈交符合指明格式申请——

(a) 要求将其牌照续期或延期;而

(b) 申请书须于牌照的有效期届满日期前 24 个月或之前(或广管局在个别个案中指明的较短期间)呈交。

(3) 就本地免费电视节目服务牌照或本地收费电视节目服务牌照而言,广管局须在接获根据第(2)款呈交的申请书后,在切实可行范围内尽快(最迟需于牌照有效期届满的 12 个月前)向行政长官会同行政会议呈交关于牌照续期或不予续期的建议、或牌照延期或不予延期的建议,以及(如属适当的话)规限该牌照续期或延期的条件。

(4) 如第(3)款适用的本地免费电视节目服务牌照或本地收费电视节目服务牌照获续期或延期 6 年或以上,广管局须按照广管局所决定的聆讯程序进行公开聆讯。

(5) 行政长官会同行政会议须考虑根据第(3)款作出的建议,并在切实可行范围内尽快——

(a) 将建议所关乎的牌照续期或延期,而该牌照须受行政长官会同行政会议认为合适并在该牌照上指明的条件所规限;或

(b) 决定不将该牌照续期或延期。

(6) 就非本地电视节目服务牌照或其他须领牌电视节目服务牌照而言,广管局须于该牌照的有效期届满前并在有关个案的整体情况下属合理的时间内——

(a) 将牌照续期或延期,而该牌照须受广管局认为合适并在该牌照上指明的条件所规限;或

(b) 决定不将牌照续期或延期。

第 12 条　关于电视节目服务是否以香港为主要目标市场的裁定

(1) 持牌人(包括寻求成为持牌人的人)在香港或从香港提供电视节目服务之前,须向广管局提出符合指明格式的申请,要求该局裁定该服务一旦提供是否会以香港为主要目标市场。

(2) 广管局须在接获根据第(1)款就某电视服务提出的申请后,在切实可行的范围内尽快以书面作出裁定,示明该局认为该电视节目服务(如提供的话)——

(a) 以香港为主要目标市场;或

(b) 并非以香港为主要目标市场。

(3) 广管局如根据第(2)款作出裁定,须在其后在切实可行的范围内尽快将该裁定的一份文本,连同一份述明该局支持该裁定的理由陈述书,送达有关的持牌人或寻求成

为持牌人的人。

(4) 在符合第(5)款的规定下,如广管局根据第(2)款作出裁定("旧裁定")而其后不再认同作出旧裁定所持理由,则该局——

(a) 须以书面作出进一步裁定("新裁定"),示明该局认为旧裁定所针对的电视节目服务——

(i) 以香港为主要目标市场;或

(ii) 并非以香港为主要目标市场;

(b) 须在作出新裁定后,在切实可行的范围内尽快将新裁定的一份文本,连同一份述明该局支持新裁定的理由陈述书,送达有关的持牌人或寻求成为持牌人的人;

(c) 在新裁定的文本送达有关的持牌人或寻求成为持牌人的人时,旧裁定即须当作已予废除,但如新裁定订明旧裁定会在较后的日期被废除,则属例外;及

(d) 如广管局日后不再认同作出新裁定所持理由,则本款在经必要的变通后适用于新裁定,一如其适用于旧裁定一样。

(5) 广管局在根据第(4)款作出裁定前,须——

(a) 给予有关的持牌人合理机会,让其就以下事项向广管局作出申述——

(i) 有关的电视节目服务是否以香港为主要目标市场;或

(ii) 有关的电视节目服务是否并非以香港为主要目标市场;及

(b) 考虑该等申述(如有的话)。

(6) 在裁定任何电视节目服务是否以香港为主要目标市场时,须考虑(但不限于)以下事项——

(a) 该服务是否涵盖香港;

(b) 该服务的广告及收看费的收入(如适用的话)是否主要来自香港;

(c) 提供该服务的语言,以及该服务目标市场的观众性质及人数;及

(d) 持牌人有否在香港积极推广该服务或由第三方代其在香港积极推广该服务。

(7) 在本条中,"电视节目服务"(television programme service)包括电视节目服务的任何部分。

第Ⅴ部 关于领牌服务的规定

第13条 禁止反竞争行为(2001年2月16日)

(1) 除第(4)及(5)款另有规定外,持牌人不得从事广管局认为目的在于防止、扭曲或在相当程度上限制电视节目服务市场竞争的行为,亦不得从事该局认为会有如此效果的行为。

(2) 广管局可认为第(1)款所述的行为包括(但不限于)以下行为——

(a) 直接或间接议定电视节目服务市场内价格的厘定;

(b) 防止或限制向竞争者提供货品或服务的行为;

(c) 直接或间接议定持牌人之间按议定的地域或顾客界限分享电视节目服务市场;

(d) 对制作、市场、技术发展或投资的限制或控制;

(e) 对交易上的其他各方所订立的相等协议施加不同的条件,以致他们处于竞争劣势;

(f) 规定协议的其他各方须接受附加的义务方与其订立协议,而该等附加的义务,就其性质或商业惯例而言,是与协议的标的事项无关的。

(3) 在不抵触第(4)款的规定下,在任何协议中的条文订定或直接或间接容许第(1)款所禁止的行为的范围内,该条文属无效。

(4) 广管局可——

(a) 就持牌人向其提出的符合指明格式的申请;

(b) 以指明的理由;及

(c) 藉向持牌人送达书面通告,

豁免该申请指明的行为使其不受第(1)款的规限。该项豁免须受广管局在该通知指明的该局认为合适的条件所规限。

(5) 第(1)款并不适用于——

(a) 对任何就在电视节目服务中纳入该服务的全部或主要由持牌人所制作的电视节目所施加的限制;或

(b) 任何订明限制。

(6) 为免生疑问,现宣布本条中的任何条文均不损害关于版权或商标的法律的施行而产生的权利的存在。

第14条　禁止滥用支配优势(2001年2月16日)

(1) 在电视节目服务市场处于支配优势的持牌人,不得滥用其支配优势。

(2) 如广管局认为某持牌人能够在不受其竞争者及顾客的在竞争方面的相当程度约制下行事,则该持牌人即属处于支配优势。

(3) 广管局在考虑某持牌人是否处于支配优势时,须顾及包括(但不限于)以下事宜的有关事宜——

(a) 持牌人的市场占有率;

(b) 持牌人作出定价及其他决定的能力;

(c) 竞争者进入有关电视节目服务市场的任何障碍;

(d) 广管局在征询有关电视节目服务市场的持牌人的意见后,在根据第 4 条发出的关于市场支配优势评估的指引内规定的其他有关事宜。

(4) 如广管局认为某名处于支配优势的持牌人作出目的在于防止、扭曲或在相当程度上限制有关电视节目服务市场竞争的行为,或作出有如此效果的行为,则该名持牌人即须当作滥用其支配优势。

(5) 广管局可认为第(4)款所述的行为包括(但不限于)以下行为——

(a) 掠夺式定价;

(b) 在价格上的歧视,但在该歧视只是为提供有关服务或其他事项的成本或可能成本的差别而作合理调整的范围内,则属例外;

(c) 规定协议的其他各方须接受苛刻或与协议的标的事项无关的条款或条件,方与其订立协议;

(d) 在向竞争者提供服务方面存有歧视。

第 15 条　第 13 及 14 条的补充条文

(1) 为施行第 13 或 14 条,广管局可考虑持牌人的相联者的行为或该相联者在电视节目服务市场的地位。

(2) 任何人因持牌人违反第 13(1)或 14(1)条而蒙受损失或损害,或因持牌人违反与第 13(1)或 14(1)条有关的发牌条件、裁定或指示而蒙受损失或损害,可针对该持牌人提起诉讼,申索损害赔偿,或申请发出强制令或申索其他适当的补救、命令或济助。

(3) 凡第(2)款提述的违反——

(a) 发生已逾 3 年;或

(b) 已导致根据第 28 条施加处罚,而自施加处罚起计已逾 3 年,则任何人不得根据该款就该项违反提起诉讼。(a)及(b)段所提述的时间,以较后者为准。

(4) 为免生疑问,现宣布:凡广管局得出第13(1)条所提述的意见,违反该条的行为即告发生;凡广管局得出第14(4)条所提述的意见,违反第14(1)条的行为即告发生。

第16条 规定持牌人停止作出某些行为的通知(2001年2月16日)

广管局可藉送达持牌人的书面通知——

(a) 规定持牌人自该通知指明的日期起,停止及不得作出该通知指明为该局认为属违反第13(1)或14(1)条的行为;

(b) 指示持牌人在该通知指明的限期内,采取该通知指明为该局认为对确保或有助确保持牌人遵守该条属于适当的步骤。

第17条 分开报帐(2001年2月16日)

(1) 持牌人如根据《电讯条例》(第106章)持有牌照("另一牌照"),须采纳能确保以下事宜的报帐方式——

(a) 持牌人的与其根据本条例所持牌照有关的活动,无须参照持牌人的与另一牌照有关的活动,亦可易于明了;及

(b) 持牌人的与另一牌照有关的活动,无须参照持牌人的与其根据本条例所持牌照的活动,亦可易于明了。

(2) 广管局可藉送达第(1)款适用的持牌人的书面通知,指示该持牌人采纳符合以下说明的报帐方式——

(a) 该指示所指明者;

(b) 目的在于确保或有助确保该款得获遵守者;及

(c) 与香港所一般公认的会计原则一致的。

第18条 关于提供服务的规定

(1) 如持牌人的领牌服务是本地免费电视节目服务或本地收费电视节目服务,则除第(2)款另有规定外,持牌人须在牌照指明的期间或广管局以书面决定的其他期间内,以节目能在全港接收(以广管局感到满意者为准)的方式提供服务,或(如属本地收费电视节目服务)供该牌照为此而指明的香港区域接收。

(2) 广管局可藉送达持牌人的书面通知,豁免持牌人使其无需于该通知指明的期间内就该通知指明的香港任何区域遵守第(1)款。

第19条 学校的电视节目

广管局可藉送达本地免费电视节目服务持牌人的书面通知,规定该持牌人将政府

所提供的学校教育电视节目免费纳入其领牌服务内。

第20条　电视节目服务锁码装置

持牌人(本地免费电视节目服务持牌人除外)的领牌服务如属——

(a) 本地收费电视节目服务；

(b) 在香港提供的非本地电视节目服务,而使用在香港提供的该服务是须缴付收看费的；或

(c) 任何其他须领牌电视节目服务,

则须提供令广管局满意的锁码装置,但如该服务是提供予酒店房间者,则属例外。

第21条　对不被视为适当人选的人的限制

(1) 持牌人及任何对持牌人行使控制的人,须为适当人选,并须保持为适当人选。

(2) 除第(3)款另有规定外,持牌人须在每年的4月1日或该日之前,以指明格式向广管局提供资料,使该局能确定并核实该持牌人或对该持牌人行使控制的人是否适当人选。

(3) 第(2)款不适用于持牌不足4个月的持牌人。

(4) 在决定持牌人或对持牌人行使控制的人是否适当人选时,须考虑——

(a) 持牌人或该人的业务纪录；

(b) 持牌人或该人在其必须具诚信公正品格的情况下的纪录；

(c) 持牌人或该人在香港的刑事纪录,而该等纪录是关于香港法律所订的涉及贿赂、伪造帐目、贪污或不诚实的罪行的；及

(d) 持牌人或该人在香港以外地方的刑事纪录,而该等纪录所关乎的行为,假若是在香港作出的即会构成或组成(c)段所述的持牌人或该人的香港刑事纪录部分内容者。

第22条　防止干预持牌人在节目内容方面的独立性

(1) 持牌人不得协议在其领牌服务内包括或不包括任何材料,但持牌人正在订约以求获得供应给其领牌服务的材料则不在此限。

(2) 任何协议中如有任何规定持牌人在其领牌服务内包括或不包括任何材料的条文,不得针对该持牌人强制执行该条文,但如该材料属根据该协议将会供应的材料,则不在此限。

第23条　关于电视节目服务的一般规定

(1) 持牌人在任何时间均须负责确保其领牌服务不包括潜送讯息。

(2) 除第(3)款另有规定外,持牌人须——

(a) 遵守其牌照条件;

(b) 遵守本条例所订并适用于该持牌人的规定;

(c) 遵从根据本条例发出或作出并适用于该持牌人的任何指示、命令、决定或裁定;

(d) 遵守适用于该持牌人的业务守则的所有条文;及

(e) 在不影响任何与本条有关的业务守则的实施、根据第 42(1)(e)条订立的规例或广管局根据《广播事务管理局条例》(第 391 章)第 9 条而有的职能的原则下,确保其领牌服务在电视节目内容及广播技术方面均维持达到适当标准。

(3) 第(2)款不适用于政府所提供的材料。

(4) 为免生疑问,现宣布:如持牌人的领牌服务包括或会包括根据《电影检查条例》(第 392 章)获豁免或核准上映或公布的材料,持牌人亦不因此而获免履行根据本条例他须履行的任何责任。

(5) 在本条中——

"潜送讯息"(subliminal message) 指播送时间短暂而不足以使人对所播送材料留下有意识的印象;

"标准"(standards) 就电视节目内容而言,包括规定可于一天内的哪个时间提供某类别电视节目内容的限制。

第Ⅵ部　牌照的执行

第 24 条　广管局及电讯局长的指示

(1) 广管局可向持牌人发出书面指示(关于技术标准的指示除外),规定持牌人须采取有关通知指明的该局认为必须的行动,以使持牌人遵守某订明条例的任何条文、任何牌照条件或适用于持牌人的业务守则的任何条文。

(2) 电讯局长可向持牌人发出书面指示,规定持牌人须采取关乎技术标准而在有关通知内指明的该局认为必须的行动,以使持牌人遵守某订明条例的任何条文、任何牌照条件或适用于持牌人的业务守则的任何条文。

(3) 广管局须安排在宪报刊登根据第(1)款发出的指示,或以其认为合适的其他方式刊登。

第25条　对持牌人业务的调查

(1) 广管局如信纳为妥善履行其根据某订明条例而具有的职能以确保持牌人遵守某牌照条件,或遵守该条例所订并适用于该持牌人的规定,或遵守根据该条例发出或作出的并适用于该持牌人的指示、命令、决定或裁定,或遵守适用于该持牌人的业务守则条文,以致有此需要,可以书面授权任何人在该局于授权书内指明的时间,作出以下全部或任何一项行动——

(a) 规定持牌人或获授权的人合理地相信是受雇于或从事某名本条适用人士的有关业务的人,出示与该业务有关并由持牌人或该人(视属何情况而定)管有或控制的任何数据、簿册、文件或纪录,以供检查;

(b) 检查根据(a)段出示的数据、簿册、文件或纪录或其中任何记项,并如认为合适的话,将该等文件或其中任何记项复制副本;

(c) 移走(a)段所提述的数据、簿册、文件或纪录或(b)段所提述的副本,以供他本人及广管局检查;及

(d) 规定持牌人或获授权的人合理地相信是受雇于或从事某名本条适用人士的有关业务的人,向获授权的人及广管局提供任何经获授权的人指明并与根据(a)段出示的数据、簿册、文件或纪录有关的解释或进一步详情。

(2) 任何与根据本条作出的调查有关的资料或事项如非以可阅读形式或易于明白的方式记载,第(1)款所赋的规定出示任何数据、簿册、文件或纪录的权力,包括规定将该等数据、簿册、文件或纪录或其中任何有关部分以可阅读形式和易于明白的方式出示或复制的权力。

(3) 裁判官如根据广管局主席、广管局副主席或《广播事务管理局条例》(第391章)所指的行政主管经宣誓而作的告发,信纳——

(a) 为妥善履行第(1)款所提述的广管局的职能,有必要进入该告发人有合理理由相信是由某名本条适用人士使用或占用,并且用作存放、贮存或使用关乎该人的有关业务的数据、簿册、文件或纪录的处所;及

(b) 进入上述处所的要求已遭拒绝或相当可能遭拒绝,

可发出手令授权根据第(1)款获授权的人进入上述处所,而该人——

(i) 可在上述处所行使第(1)款所指明的权力;及

(ii) 可检走、移走和扣留上述处所内他有合理理由相信会提供相当可能会协助广

管局妥善履行其根据本条例所具职能的数据、簿册、文件或纪录或其任何副本,及将其复制副本。

(4) 本条适用人士的雇员、董事、主要人员或代理人,须协助而不得妨碍根据本条行使权力的人。

(5) 根据本条移走的数据、簿册、文件或纪录可在不超逾自移走当日起计的6个月的期间内予以保留,但如为进行任何刑事法律程序而需要该等数据、簿册、文件或纪录,则可在该等程序所需的较长期间内予以保留。

(6) 根据本条移走任何数据、簿册、文件或纪录的人须在切实可行的范围内尽快发出收据,并须准许假使该项目并无遭移走则会有权查阅该项目的人在任何合理时间查阅该项目、将其复制副本及摘录其中内容,但上述准许须受广管局就保管或其他方面所施加的合理条件规限。

(7) 根据第(1)或(3)款行使权力的人,均须获给予授权予他的授权书文本,并须在有人提出要求时,出示其身分证明及授权证明以供查阅。

(8) 第(1)(a)或(b)及(3)款所赋予的权力,包括以下权力——

(a) 规定第(1)(a)款所述的人,以显象或印刷或其他书面形式或以电脑磁碟,或兼以此两种形式,提取或检索或安排提取或检索第(10)款所提述并由正行使该权力的人所指明的资料;如资料经提取或检索后属印刷或其他书面形式,则亦包括规定第(1)(a)款所描述的人将资料交付正行使该权力的人;

(b) 藉着通常用于提取或检索的设备,以上述的其中一种或两种形式自行提取或检索任何如此提述的资料;及

(c) 检查任何如此提取或检索的资料,及在认为合适时将该项资料带走。

(9) 本条适用于持牌人及其相联者。

(10) 在本条中——

"有关业务"(relevant business) 指与提供电视节目服务直接相关或相联的业务;

"数据、簿册、文件或纪录"(data, book, document or record) 包括符合以下说明的资料——

(a) 关乎任何有关业务;及

(b) 其记录形式使资料可藉在收到提取或检索的指示后即自动操作的设备而提取或检索的。

(11) 为免生疑问,现宣布:《释义及通则条例》(第1章)第XII部的条文适用于本条。

第26条 广管局可获取资料

(1) 广管局如信纳有合理理由相信任何人(持牌人除外)管有或相当可能管有关乎广管局对违反或涉嫌违反本条例的牌照条件、规定或根据本条例发出或作出的指示、命令、决定或裁定的调查的资料或文件,则可向该人送达书面通知——

(a) 视情况所需而要求该人于该通知所指明的一个在有关个案的整体情况下属合理的日期("有关日期")之前——

(i) 以书面向广管局提供该资料或文件;或

(ii) 向广管局交出该文件;及

(b) 述明如该人认为不能够或不愿遵从该要求,则该人可在有关日期之前以书面向广管局作出申述,述明该人为何持有该意见;而

(c) 该通知须附有本条的中文及英文文本各一份。

(2) 广管局如收到任何人作出的第(1)(b)款所提述的申述,须——

(a) 考虑该申述;及

(b) 向该人送达书面通知("首述通知"),述明广管局已考虑该申述以及——

(i) 根据第(1)款送达该人的通知自首述通知的送达日期起撤回;或

(ii) 该根据第(1)款送达的通知继续有效,并且广管局将会在首述通知所指明的日期根据第(3)款寻求作出命令,除非该人已在该日期前遵从该根据第(1)款送达的通知。

(3) 如根据第(1)款向任何人送达的通知("有关通知")没有根据第(2)(b)(i)款被撤回,而该人亦没有在有关日期之前或在根据第(2)款送达该人的通知所指明的日期之前(视情况所需而定)遵从有关通知,则裁判官——

(a) 如基于经宣誓而作的告发,信纳有合理理由相信该人管有或相当可能管有与有关通知有关的资料或文件,而且该资料或文件是关乎广管局对违反或涉嫌违反本条例的牌照条件、规定或根据本条例发出或作出的指示、命令、决定或裁定的调查的;并

(b) 经考虑广管局就有关通知而收到的第(1)(b)款所提述的申述(如有的话)后,可作出命令,规定该人须在该命令所指明的时间内,以书面向广管局提供该资料或文件或向广管局交出该文件(视情况所需而定)。

(4) 任何人为遵从第(1)款所指的通知或第(3)款所指的命令而向广管局提供或交出的资料或文件,在如此提供或交出时须以该通知送达时的资料或文件为准,但该资料

或文件可顾及符合以下说明的处理——

（a）在上述时间与在该资料或文件如此提供或交出的时间之间所作出的；而且

（b）不论是否有该通知的送达亦会作出的。

（5）广管局不得披露根据本条向其提供或交出的资料或文件，但如第（6）款的规定获得符合，而广管局认为披露有关资料或文件（视属何情况而定）是符合公众利益的，则属例外。

（6）如广管局拟披露任何人根据本条提供或交出的资料或文件，则广管局须给予该人合理机会就拟作的披露作出申述，并须在作出披露该资料或文件（视属何情况而定）的最后决定前，考虑所有该等申述。

（7）为免生疑问，现宣布凡任何人（"前者"）根据本条提供或交出任何资料或文件，即使该资料或文件属某项与另一人订立的并且是防止前者发放该资料或文件的保密协议的标的，前者亦无须就该项提供或交出违反该协议而承担任何民事法律责任或对任何申索负上法律责任。

（8）任何人无合理辩解而——

（a）没有遵从第（3）款所指的命令；

（b）没有遵从第（4）款；或

（c）明知而提供虚假或具误导性的资料，以充作遵从第（1）款所指的通知或第（3）款所指的命令，该人即属犯罪，一经定罪，可处第 5 级罚款及监禁 2 年。

（9）在本条中，"处理"（processing）就任何资料或文件而言，包括藉自动化方法或其他方法将该资料或文件的全部或任何部分修订、扩增、删除或重新排列。

第 27 条　机密资料须予保密

（1）除第（2）款另有规定外——

（a）任何人以保密方式，向广管局、该局授权的人、该局委出的委员会、该委员会委出的委员会、电讯局长或电讯局长授权的人提供的任何资料及出示的任何数据、簿册、文件或纪录，均须视为机密；及

（b）所有上述资料、数据、簿册、文件或纪录及其任何副本，均属以保密方式向广管局的委员、该局委出的委员会、为执行责任或施行本条例或《广播事务管理局条例》（第 391 章）而行事的公职人员透露或展示而不得向任何其他人透露或展示，但有提供或出示上述资料、数据、簿册、文件或纪录的人的书面准许并按照该准许而行事者，则不在此限。

(2) 第(1)款不得解释为禁止在以下情况下披露资料——

(a) 目的是在香港提起或进行任何刑事法律程序或任何与刑事法律程序相关的调查,不论该等程序或调查是否根据本条例提起或进行;

(b) 与民事法律程序相关,而广管局是该程序的一方;

(c) 利便广管局或电讯局长,对指称持牌人违反订明条例某条文的行为的投诉作出调查或裁定;或

(d) 广管局认为是符合公众利益的,但须受第(3)款所规限。

(3) 广管局在作出根据第(2)(c)或(d)款披露某人以保密方式提供的资料的最后决定前,须给予该人合理机会就拟作的披露作出申述,并考虑所有该等申述。

(4) 任何人可在他指明的条件的规限下,准许广管局、获该局授权的人、电讯局长或获电讯局长授权的人,向任何人或任何指明的人——

(a) 透露该人向其提供的指明资料;或

(b) 展示该人向其交出的指明文件或该文件的任何副本。

(5) 在本条中,"数据、簿册、文件或纪录"(data, book, document or record)的涵义与第25(10)条中该等词语所具有者相同。

第28条 持牌人须支付罚款

(1) 在符合本条规定下,广管局可藉送达持牌人的书面通知,规定持牌人缴付凭借本条而施加并在该通知中指明的罚款。

(2) 广管局如信纳持牌人违反——

(a) 牌照条件;

(b) 本条例所订并适用于该持牌人的规定;

(c) 根据本条例发出或作出并适用于该持牌人的指示、命令、决定或裁定;或

(d) 适用于该持牌人的业务守则条文,可向该持牌人施加罚款。

(3) 根据本条施加的罚款,首次施加者不得超逾＄200 000,第二次施加者不得超逾＄400 000,而其后任何一次施加者则不得超逾＄1 000 000。

(4) 如广管局认为根据第(3)款施加罚款,就持牌人违反第13(1)或14(1)条而言并不足够——

(a) 则在以下两个期间中较迟届满的期间内——

(i) 该项违反发生后的3年;或

(ii)（如广管局在该项违反发生后的 3 年内知悉该项违反）广管局知悉该项违反后的 3 年，广管局可向原讼法庭提出申请；

(b) 并根据(a)段提出申请，在不损害本条例的条文、根据本条例订立的规例的条文或任何牌照条件赋予广管局的权力的原则下，原讼法庭可对该持牌人施加罚款，罚款额不超过＄2 000 000 或该持牌人于有该违反行为的期间在有关电视节目服务市场的营业额的 10％的款额(两者以较高者为准)，原讼法庭并可指明罚款到期须缴付的时限。

(5) 除非在有关个案的整体情况下，根据本条施加的罚款就引致罚款的一项或一连串违反行为而言属适当及合理，否则广管局不得施加该项罚款。

(6) 除非广管局已给予持牌人合理机会就拟施加罚款所关乎的事宜向其作出申述，否则该局不得施加罚款。

(7) 如已就持牌人牌照条件的违反而通知兑现履约保证，广管局不得就该项违反而施加罚款。

(8) 如持牌人已因违反本条例某规定而就有关罪行被定罪，广管局不得就该项违反而施加罚款。

第 29 条　追讨罚款

(1) 根据第 28(1)条施加的罚款，可由广管局作为民事债项追讨。

(2) 如有根据第 34 条提出的上诉，而行政长官会同行政会议——

(a) 免除有关罚款，则第(1)款不适用；或

(b) 减少有关罚款的款额，则第(1)款就该已减少的罚款而适用。

(3) 任何看来是由广管局作出、表明有罚款到期并须支付给该局的证明书，即为该项事实的表面证据。

(4) 在第 28(1)条所指的通知送达持牌人后的 30 天内，该持牌人须向库务署署长支付藉该通知所施加的罚款。

第 30 条　持牌人须在电视节目服务内作出一项更正或道歉

(1) 在第(3)款的规限下，广管局可在第(2)款指明的情况下，藉送达持牌人的书面通知，指示持牌人以该通知所指明的方式(包括指明限期及指明于一天内的哪个时间)在其领牌服务内作出一项该局所批准的形式的更正或道歉或同时包括两者。

(2) 广管局如信纳持牌人有以下情况，可根据第(1)款发出指示——

(a) 违反牌照条件；

(b) 违反本条例所订并适用于该持牌人的规定;

(c) 违反根据本条例发出或作出并适用于该持牌人的指示、命令、决定或裁定;或

(d) 违反适用于该持牌人的业务守则条文。

(3) 除非持牌人已获给予合理机会就其遭投诉的事宜向广管局作出申述,否则广管局不得根据第(1)款发出指示。

(4) 在持牌人执行根据本条发出的指示时,持牌人可宣布是依据该指示行事的。

第 31 条　暂时吊销牌照

(1) 在符合本条条文的规定下,广管局可藉送达持牌人的书面通知,将持牌人的牌照暂时吊销,为期该通知指明的不超过 30 天的期间。

(2) 只有在以下情况下,方可根据第(1)款暂时吊销牌照——

(a) 持牌人没有——

(i) 在自付款到期须付之日起计的 30 天内,支付持牌人根据本条例所欠的任何牌照费或任何其他费用或收费;或

(ii) 支付——

(A) 按原讼法庭根据第 28(4)(b)条所指明的到期须付的罚款;或

(B) 根据第 29(4)条到期须付的罚款;或

(b) 经顾及所有情况(包括自牌照发出以来以下事件发生的次数和严重程度)后,有适用于有关个案的以下事件——

(i) 持牌人违反——

(A) 牌照条件;

(B) 本条例所订并适用于该持牌人的规定;

(C) 根据本条例发出或作出并适用于该持牌人的指示、命令、决定或裁定;或

(D) 适用于该持牌人的业务守则条文;

(ii) 另一人违反第(i)节所述的条件、规定、指示、命令、决定、裁定或条文,而该项违反是在持牌人的同意或纵容下发生。

(3) 在根据第(1)款决定是否暂时吊销牌照前,广管局须——

(a) 向持牌人送达书面通知,述明——

(i) 广管局正在考虑暂时吊销其牌照,以及考虑暂时吊销牌照的理由及任何其他原因;

(ii) 关于暂时吊销牌照的建议的申述,可在该通知所指明的一段不少于自该通知送达之日起计的 28 天的期间内向广管局作出;及

(b) 考虑就暂时吊销牌照的建议而向该局作出的申述;及

(c)(如属本地免费电视节目服务或本地收费电视节目服务,而第(2)(b)款适用)按照广管局所决定的聆讯程序进行公开聆讯。

(4) 根据第(1)款作出的暂时吊销牌照——

(a) 在不抵触(b)段的条文下,在根据第 34 条提出反对暂时吊销牌照的上诉期限届满之前,不得生效;或

(b) 在有根据第 34 条提出反对暂时吊销牌照的上诉的情况下,则在上诉撤回、放弃或裁定之前,不得生效。

第 32 条　撤销牌照

(1) 广管局如认为行政长官会同行政会议或该局(视情况所需而定)可能有因由根据第(4)款撤销任何牌照,该局须按照第 33 条的规定进行研讯;如该牌照是由行政长官会同行政会议批给的,该局亦须就撤销事宜向行政长官会同行政会议呈交建议。

(2) 广管局可按该局所决定的聆讯程序进行公开聆讯,以作为其研讯的一部分,如广管局的研讯涉及第(4)(c)款的条文,则该局须按该等程序进行公开聆讯,以作为其研讯的一部分。

(3) 在不损害广管局根据第(2)款所决定的程序的一般性的原则下——

(a) 尽管第 27 条另有规定,该局可将其在公开聆讯中收取的任何数据、簿册、文件或纪录,在保密条件或其他条件的限制下向该局认为适当的人透露,或将该等数据、簿册、文件或纪录视为机密;及

(b) 该局须以其认为合适的方式,发表一份公开聆讯报告,如牌照是由行政长官会同行政会议批给的,则报告须连同该局向行政长官会同行政会议作出的建议一同发表。

(4) 如在符合第(5)款的规定下,在第 33 条已获遵从后,行政长官会同行政会议或广管局(视情况所需而定),可在以下情况下藉送达持牌人的书面通知撤销有关牌照——

(a) 持牌人没有——

(i) 在自持牌人根据本条例所欠的任何牌照费或任何其他费用或收费到期须付之日起计的 60 天内,支付该等牌照费、费用或收费;或

(ii) 在——

(A) 按原讼法庭根据第28(4)(b)条所指明的到期须付的罚款；或

(B) 根据第29(4)条到期须付的罚款,到期须付之日起计的60天内,支付该等罚款；

(b) 持牌人——

(i) 并非为合并或重整而正在进行强制清盘或自动清盘；或

(ii) 与其债权人订立债务重整协议或债务偿还安排；或

(c) 经顾及整体情况（包括自牌照发出以来以下事件发生的次数和严重程度）后,有适用于有关个案的以下事件——

(i) 持牌人违反——

(A) 牌照条件；

(B) 本条例所订并适用于该持牌人的规定；

(C) 根据本条例发出或作出并适用于该持牌人的指示、命令、决定或裁定；或

(D) 适用于该持牌人的业务守则条文,并且没有遵守根据第24(1)条就该项违反所发出的指示；

(ii) 另一人违反第(i)节所述的条件、规定、指示、命令、决定、裁定或条文,而该项违反是在该持牌人的同意或纵容下发生的。

(5)(a) 在考虑广管局的建议之前,行政长官会同行政会议不得行使第(4)款所赋予的权力；而

(b) 在考虑其认为合适的资料、事项及意见之前,行政长官会同行政会议或广管局不得行使第(4)款所赋予的权力。

(6) 行政长官会同行政会议根据第(4)款作出的撤销,在撤销通知送达持牌人当日或该通知指明的较后日期生效。

(7) 广管局根据第(4)款作出的撤销——

(a) 在不抵触(b)段的条文下,在根据第34条提出反对撤销牌照的上诉期限届满之前,不得生效；或

(b) 在有根据第34条提出反对撤销牌照的上诉的情况下,则在上诉撤回、放弃或裁定之前,不得生效。

第33条　广管局所作的研讯

(1) 广管局如根据第32(1)条进行研讯,可考虑从任何来源所收取的资料及事项。

(2) 以下条文就根据第 32(1) 条所进行的研讯而适用——

(a) 广管局须向持牌人送达书面通知,述明——

(i) 该局正在考虑撤销其牌照;

(ii) 考虑撤销其牌照的理由及任何其他原因;及

(iii) 关于撤销牌照的建议的申述,可在该通知所指明的一段不少于自该通知送达之日起计的 28 天的期间内向广管局作出;

(b) 广管局须考虑就撤销牌照的建议而向该局作出的申述。

(3) 广管局须考虑持牌人作出的申述,以及该局基于该等申述而认为有需要的进一步资料及事项。

第 34 条　向行政长官会同行政会议提出上诉

(1) 除本条条文另有规定外,持牌人(包括寻求成为持牌人的人)如因——

(a) (i) 广管局在行使本条例或《广播事务管理局条例》(第 391 章)赋予该局的酌情权时所作的决定(包括在牌照上指明某项条件的决定);或

(ii) 电讯局长在行使本条例赋予他的酌情权时所作的决定;

(b) 根据本条例发出或作出的指示、命令、决定或裁定所载的任何事项;或

(c) 业务守则所载的任何事项,感到受屈,可于自有关决定、指示、命令或裁定发出或作出之日或业务守则公布之日(视属何情况而定)起计的 30 天内,以呈请方式向行政长官会同行政会议提出上诉。

(2) 在符合第 31(4) 及 32(7) 条的规定下,在根据第(1)款提出的上诉有所裁定之前,持牌人须遵从该款提述而该项上诉所针对的事项。

第 35 条　上诉的裁定

(1) 在裁定根据第 34 条提出的上诉时,行政长官会同行政会议——

(a) 可听取广管局或行政长官会同行政会议认为适当的其他人士的意见及从该局或该等其他人士收取资料;及

(b) 须给予有关持牌人合理机会就所听取或收取的该等意见及资料(如有的话)作出申述。

(2) 行政长官会同行政会议可藉确认、更改或推翻上诉所针对的决定、指示、命令或裁定而裁定任何上诉,而在适当的情况下,亦可藉指示按其所指明者修改有关业务守则的条文而裁定任何上诉。

第Ⅷ部 法庭作出的禁止及禁制

第36条 法庭可禁播某些电视节目等

(1) 持牌人不得将相当可能有以下情况的节目或其任何部分纳入其领牌服务内——

(a) 在香港煽动针对任何群体的仇恨,而该群体是按肤色、种族、性别、宗教、国籍、族裔或原属国籍所界定的;

(b) 导致香港的法律与秩序全面崩溃;或

(c) 严重损害香港的公共卫生或道德风化。

(2) 凡司长合理地相信将任何电视节目或其任何部分纳入某领牌服务内会违反第(1)款,司长可根据本条向原讼法庭申请作出命令。

(3) 在紧急情况下,司长可藉誓章以单方面的法律程序申请根据第(2)款作出临时命令,但在其他情况下,申请须藉动议或传票提出。

(4) 凡司长根据第(2)款提出申请,原讼法庭如信纳将任何电视节目或其任何部分纳入某领牌服务内会违反第(1)款,则可作出命令,禁止将该节目的全部或其任何部分纳入该领牌服务内,并规定原讼法庭认为会明知而牵涉入上述违反的人采取原讼法庭指示的步骤,以实行该项禁止。

(5) 凡司长根据第(2)款提出申请,原讼法庭可藉命令规定第(4)款提述的持牌人或任何其他人,向原讼法庭交出该持牌人或该人所管有或控制的任何关乎该申请所针对的电视节目的材料。

(6) 凡第(3)款适用于根据第(2)款作出的申请,原讼法庭在信纳个案属紧急的情况下,方可根据第(4)或(5)款作出临时命令。

(7) 根据第(5)款交出的任何材料在任何刑事法律程序中,均不得接纳为针对交出该材料的持牌人或其他人的证据。

(8) 在不抵触第(9)款的条文下,法院规则可就下述事宜作出规定——

(a) 根据本条作出的命令的撤销及更改;

(b) 关乎该等命令的法律程序;及

(c) 讼费。

(9) 根据《高等法院条例》(第4章)第54条订立法院规则的权力,须包括为施行本条而订立法院规则的权力。

（10）高等法院司法常务官或聆案官不得行使原讼法庭根据本条具有的司法管辖权。

第Ⅷ部　杂项

第37条　竞赛

尽管《赌博条例》（第148章）的条文另有规定，在有关竞赛符合业务守则所订而适用于该等竞赛的标准的情况下，可在与已纳入领牌服务内的电视节目有关连的情况下予以筹办，而该等竞赛可成为该等节目的一部分。

第38条　技术设备的检查和测试

（1）电讯局长或其就此而以书面授权的人，可于任何合理时间，检查和测试持牌人用以或拟用以提供任何电视节目服务的设备或其部分，以确定持牌人是否遵从某些技术标准，而该等技术标准是电讯局长认为持牌人为遵从根据订明条例所订任何规定、任何牌照条件或适用于持牌人的业务守则的任何条文所需的。

（2）就第（1）款所指的检查或测试而言，持牌人的董事、主要人员及其他雇员须——

（a）在电讯局长或其为该项检查或测试而授权的人的要求下，向电讯局长或该人提供用以或拟用以提供任何电视节目服务的设备或其部分，并准许该设备或其部分接受检查和测试；

（b）在电讯局长或该人提出要求时，提供电讯局长或该人认为是根据本条行使其权力所需要的解释或详情；及

（c）以电讯局长或该人指明的方式协助电讯局长或该人进行该项检查或测试。

（3）第（2）款并不规定任何人必须回答导致或可能导致他入罪或与他不知情的事宜相关的问题，该款亦不规定该人提供不属可合理地预期是由该人管有或控制的资料。

第39条　持牌人须呈交申报表

（1）持牌人须于每年的4月1日或之前，向广管局呈交符合指明格式的申报表，列明持牌人的董事及主要人员的姓名或名称及居住地址，并示明该等董事及主要人员当其时是否通常居于香港以及是否最少曾于一段连续不少于7年的期间通常居于香港。

（2）本地免费电视节目服务持牌人或本地收费电视节目持牌人于呈交第（1）款所指的申报表时，须同时呈交该持牌人的公司秘书或其中一名董事所作的法定声明，示明在紧接该申报表涵盖的年份之前的一年当中，是否曾有任何不符合持牌资格人士对该

持牌人行使控制。

(3) 在不损害第(1)款的实施的原则下,任何持牌人如在其董事或主要人员方面有任何更改,须于自该项更改发生当日起计的7天内,向广管局呈交符合指明格式的申报表,列明该项更改的详情。

(4) 持牌人须于接获广管局要求之后的一段合理时间内,应要求向该局呈交该局认为是根据本条例执行其职能所需的其他资料。

第40条 文件的送达

(1) 本条例规定须送达某人的文件(不论如何描述)可藉下述方式送达:预付邮资(如有需要的话)将载有该文件的信封和以挂号方式邮寄,信封上须列明该人为收件人并以该人的通常或最后为人所知的居住或营业地址为邮寄地址;除非有相反证据,否则在该信件于一般邮递过程中会寄达收件人之时,该文件即须当作已送达该人并由该人在该时间收取。

(2) 就本条而言,任何公司须当作以其注册办事处为其通常营业地址,而任何其他法人团体则须当作以其主要办事处或其经营业务的任何其他地方为其通常营业地址。

第41条 广管局指明格式的权力

(1) 在符合第(2)款的规定下,广管局可为本条例所规定的文件(不论如何描述)指明格式,并可为施行本条例而指明该局认为合适的其他文件(不论如何描述)的格式。

(2) 如本条例明文规定某格式(不论是指明格式或非指明格式)须符合本条例所订的某项规定,则第(1)款赋予广管局的权力须受该项规定限制,但如广管局认为该局就该格式而行使的该项权力并没有违反该规定,则该规定在此情况下不得限制该局就该格式而行使的该项权力。

(3) 广管局可以下述方式行使第(1)款赋予的权力——

(a) 将符合以下说明的法定声明纳入该款提述的任何文件的指明格式内——

(i) 须由填写该指明格式的文件的人作出的;及

(ii) 声明尽该人所知及所信,该文件所载的详情资料是或并非是真实正确的;

(b) 在广管局认为合适的情况下,就该款所提述的任何文件指明多于1种格式,作为互相替代之用,或供特定情况或特定个案之用。

(4) 根据本条有指明格式的文件——

(a) 须按照该文件中指明的指示及指引完成;

(b) 须附有该文件中指明的其他文件；及

(c) 如有规定填具后，须提交予——

(i) 广管局；

(ii) 代表广管局的人；或

(iii) 任何其他人，则须按该文件中指明的方式（如有的话）如此提交。

第42条 规例

(1) 行政长官会同行政会议可藉规例——

(a) 就任何牌照而在任何人对电视节目服务的提供、持牌人的董事局或持牌人与其领牌服务相关而使用或备存的财产所作出的直接或间接控制方面，作出本条例其他条文指明的规定以外的规定；

(b) 赋权广管局一般地或就个别个案以规例所指明的理由宽免或免除(a)段所述的规定；

(c) 就本地免费电视节目服务牌照或本地收费电视节目服务牌照而在持牌人的任何有表决权股份的直接或间接实益拥有权或控制方面，作出本条例其他条文指明的规定以外的规定；

(d) 就下述事宜订定条文，以确保任何本地免费电视节目服务持牌人遵从附表1第3及4部的规定——

(i) 关乎该附表所指的表决控权人的事宜；及

(ii) 对持牌人的有表决权股份或在任何持牌人的有表决权股份中的权利、所有权及权益的持有、获取或处置；

(e) 指明电视节目及广告的标准，包括（但不限于）对一天内可以广播节目及广告的时间的限制，并就不同的持牌人及不同的广播服务如此行事；

(f) 订明根据本条例可予订明的事宜；

(g) 就附带或附属于(a)(b)(c)(d)(e)或(f)段所提述事宜的事宜，实行该等事宜而有需要的事宜，订定条文。

(2) 除第(3)款另有规定外，根据第(1)款订立的规例须经立法会批准。

(3) 除第(4)款另有规定外，第(2)款不适用于根据第(1)(f)款订立的规例，而在根据第(1)(g)款订立的规例关乎第(1)(f)款的范围内，第(2)款亦不适用于该等规例。

(4) 第(3)款不适用于关乎第13(4)(b)或(5)(b)条的规例。

(5) 除第(6)款另有规定外,任何根据本条订立的规例,可订定违反规例中的任何指明条文,即属犯罪——

(a) 一经循简易程序定罪,可处第 5 级罚款及监禁 6 个月;及

(b) 一经循公诉程序定罪,可处第 6 级罚款及监禁 12 个月。

(6) 根据第(1)(d)款订立的规例可订定,违反根据该款订立的指明条文,即属犯罪,可处不超过 $1 000 000 的罚款及监禁不超过 2 年。

第 43 条　附表 1 至 8 的修订等

(1) 行政长官会同行政会议可藉宪报公告修订附表 1 至 8 中任何附表,但对附表 1 或 3 作出的修订则须经立法会的批准。

(2) 附表 4、5、6 或 7 中关乎牌照申请人、持牌人或领牌服务的事宜的任何条文,是增补而非取代本条例中关乎该事宜的任何其他条文。

第 44 条　废除、过渡及保留条文以及相应修订

(1)《电视条例》(第 52 章)现予废除。

(2) 附表 8 所列的过渡性及保留条文,于第(1)款实施时即适用。

(3) 附表 9 指明的成文法则按该附表所列方式修订。

(附表略)

二〇〇〇年七月七日

8. 电讯条例

本条例旨在为电讯、电讯服务与电讯器具及设备的发牌和管制订定更完备的条文。

［1963 年 1 月 1 日］(本为 1962 年第 46 号)

第 Ⅰ 部　导言

第 1 条　简称(2000 年 6 月 12 日)

本条例可引称为《电讯条例》。

(由 2000 年第 36 号第 2 条代替)

第 2 条　释义（2003 年 1 月 8 日）

（1）在本条例中，除文意另有所指外——

"干扰"（interference）指由任何或任何组合的发射、辐射或感应所引起的无用能量对电讯网络、电讯系统或电讯装置的接收的影响，表现为性能下降、以及资讯（如没有上述无用能量则可从该电讯网络、电讯系统或电讯装置中提取出者）的误解或遗漏；

"互连协议"（interconnection agreement）指第 36A 条所述类型的协议，不论该协议是在彼此同意下订立的，或是依据根据该条作出的决定而订立的；

"公共电讯服务"（public telecommunications service）指提供予公众使用的电讯服务；

"公众地方"（public place）指公众或部分公众（在缴费或无须缴费的情况下，）可不时进入或获准不时进入的地方，但不包括船只、航空器、车辆或其他运输工具；

"全面服务责任"（universal service obligation）指由负有全面服务责任的传送者牌照持牌人向所有在香港境内受该责任保障的人提供良好、有效率和持续的基本服务；

"收费电话机"（payphone）指接驳至公共电讯系统，而且在用来打电话前须先付费用或获得授权（指明的免费通话除外）方能使用的电话；

"有害干扰"（harmful interference）指危害生命或财产的安全，或严重地降低、妨碍或重复中断任何在香港以内或以外合法经营的电讯服务的干扰；

"局长"（Authority）指根据第 5 条委任的电讯管理局局长；

"车辆"（vehicle）具有《进出口条例》（第 60 章）第 2 条给予该词的涵义；（由 2003 年第 33 号第 3 条增补）

"固定传送者牌照"（fixed carrier licence）指就在固定地点之间进行通讯而发出的传送者牌照；

"固定传送者牌照持牌人"（fixed carrier licensee）指固定传送者牌照的持有人；

"空间物体"（space object）具有《外层空间条例》（第 523 章）第 2 条给予该词的涵义；

"持牌人"（licensee）——

（a）指根据本条例批给的牌照的持有人；

（b）包括符合以下说明的牌照（节目服务牌照除外）的持有人——

（i）根据已被《广播条例》（第 562 章）第 44(1) 条废除的条例批给的牌照；

（ii）在紧接该项废除之前有效的牌照；及

（iii）凭借《广播条例》（第 562 章）附表 8 当作是根据本条例批给的牌照；（由 2000

年第48号第44条代替)

"指配"(assign) 包括指明；

"政策局局长"(Secretary) 指行政长官为本条例的施行而委任的政府总部某政策局局长；

"相联人士"(associated person)——

(a) 就任何属自然人的持牌人而言,包括——

(i) 该持牌人的亲属；

(ii) 该持牌人的合伙人及该合伙人的亲属；

(iii) 该持牌人身为合伙人的合伙；

(iv) 由该持牌人或其合伙人或其身为合伙人的合伙所控制的法团；

(v) 第(iv)节所提述的法团的董事或主要高级人员；

(b) 就任何属法团的持牌人而言,包括——

(i) 相联法团；

(ii) 控制该法团的人,如该人属自然人,亦包括该人的亲属；

(iii) 控制该法团的人的合伙人；如该合伙人属自然人,亦包括该合伙人的亲属；

(iv) 该法团或相联法团的董事或主要高级人员,以及该董事或主要高级人员的亲属；

(v) 该法团的合伙人；如该合伙人属自然人,亦包括该合伙人的亲属；

(c) 就任何属合伙的持牌人而言,包括——

(i) 该合伙的任何合伙人；如该合伙人属自然人,亦包括该合伙人的亲属；

(ii) 由该合伙或其任何合伙人控制的法团,如该合伙的任何合伙人属自然人,亦包括由该合伙人的亲属控制的法团；

(iii) 合伙人身为董事或主要高级人员的法团；

(iv) 第(iii)节所提述的法团的董事或主要高级人员；

"相联法团"(associated corporation)——

(a) 就任何持牌人而言,指由该持牌人控制的法团；

(b) 就任何属法团的持牌人而言,亦指——

(i) 控制该持牌人的法团；或

(ii) 如该持牌人般受同样控制的法团；

"航空过境货物"(air transit cargo)指在进口及托运出口时均是以航空器运载的过境物品;(由2003年第33号第3条增补)

"航空转运货物"(air transhipment cargo)具有《进出口条例》(第60章)第2条给予该词的涵义;(由2003年第33号第3条增补)

"讯息"(message)指藉电讯传送或接收的任何通讯,或交由电讯人员藉电讯传送的或交由电讯人员传递的任何通讯;

"基本服务"(basic service)指——

(a) 公共交换式电话服务,当中包括接驳服务、持续提供接驳、提供专用电话号码、适当的电话号码索引列表(除非顾客另有指示)、无交换功能的标准电话(除非顾客选择自备电话)、标准计帐和收费服务,以及持牌人需要使用的有关附属服务和设施;

(b) 合理数目的公众收费电话机,包括设置在公有或私有设施之内而公众可使用(包括间歇性使用)的收费电话机;

(c) 合理数目的为方便听觉受损人士有效使用而设计的公众收费电话机;

(d) 合理数目的为供身体伤残人士(包括(但不限于)使用轮椅人士)使用而设计的公众收费电话机;

(e) 由服务员提供的电话号码索引查询服务、故障报告服务、疑难解决服务及接驳服务;

(f) 热带气旋警告服务;

(g) 雷暴及豪雨警报服务;

(h) 水浸警报服务;

(i) 提供一个或多于一个紧急服务的电话号码;及

(j) 局长根据在第37条下订立的规例而包括的其他服务;

"专利牌照"(exclusive licence)指就电讯网络、电讯系统、电讯装置或电讯服务的经营或提供而以专利形式发出的牌照;

"控制"(control)就任何相联法团而言,指——

(a) 具有该法团全体大会中15%或以上的表决权的实益权益,或控制该法团全体大会中15%或以上的表决权的行使;或

(b) 控制该法团董事局中15%或以上的董事;

"船只"(vessel)的涵义与《船舶及港口管制条例》(第313章)给予该词的涵义

相同；

"通讯"(communication)包括——

(a)人与人、物与物或人与物之间的通讯；及

(b)通过下述形式进行的通讯：语言、音乐或其他声音、文字、影像(不论是否活动的)或任何其他形式的讯号或由不同形式的讯号组成的讯号；

"无线电波"(radio waves)指在无人造波导的空间中传播而频率低于3000吉赫的电磁波；

"无线电通讯"(radiocommunications)指藉无线电波进行的电讯通讯；

"无线电通讯发送器具"(radiocommunications transmitting apparatus)指任何以无线电波进行发送的器具或任何该等器具的任何元件；(由2003年第33号第3条增补)

"无线电通讯装置"(radiocommunications installation)指无线电发射器、接收机、天线、支撑结构、用作或拟用作与无线电通讯相关的附属设备或器具；

"无线电发射器"(radio transmitter)指任何设计作或拟作发送或发射无线电波的无线电通讯器具；

"无线电频谱"(radio spectrum)指能进行无线电通讯的频率范围；

"发出"(issue)包括批给；

"传送者牌照"(carrier licence)指就设置或维持向公众往来传送通讯的电讯网络而发出的牌照，而该等通讯是以点对点、点对多点或广播形式在位于香港的固定地点之间、移动地点之间或固定地点与移动地点之间传送的，或是以该等形式在位于香港与香港以外地方的固定地点之间、移动地点之间或固定地点与移动地点之间传送的，而该等位于香港的地点是被未批租政府土地所分开的，但该等牌照并不包括附表1所列的牌照；(由2003年第30号第2条修订)

"传送者牌照持牌人"(carrier licensee)指传送者牌照的持有人；

"过境物品"(article in transit)具有《进出口条例》(第60章)第2条给予该词的涵义；(由2003年第33号第3条增补)

"号码可携性"(number portability)指在电讯服务的任何顾客更换电讯服务的使用地点或提供者时，可让该顾客将指配给他的号码或编码保留的能力；

"号码计划"(numbering plan)指香港的电讯号码计划，该计划列出使用于或设计

以供使用于根据以下其中一项而设置、操作和维持的任何电讯设施的号码及编码计划，以及就与该等电讯设施相关而使用或设计以供如此使用的号码及编码计划——

（a）牌照；或

（b）行政长官会同行政会议根据第 39 条作出的命令；

"电讯"(telecommunications) 指藉导向电磁能或无导向电磁能或藉此二者而发送、发射或接收通讯，但拟让人眼直接接收或看见的任何发送或发射除外；

"电讯人员"(telecommunications officer) 指与电讯服务相关而受雇的人；

"电讯市场"(telecommunications market) 指任何提供或获取电讯网络、电讯系统、电讯装置或顾客设备或服务的市场；

"电讯系统"(telecommunications system) 指藉导向电磁能或无导向电磁能或藉此二者而传送通讯的电讯装置或连串装置；

"电讯服务"(telecommunications service) 指藉导向电磁能或无导向电磁能或藉此二者而传送通讯的服务；

"电讯业"(telecommunications industry) 指由提供或供应电讯网络、电讯系统、电讯装置、顾客设备或服务的人组成的行业；

"电讯装置"(telecommunications installation) 指为电讯网络、电讯系统或电讯服务或与电讯网络、电讯系统或电讯服务相关而维持的器具或设备；

"电讯网络"(telecommunications network) 指藉导向电磁能或无导向电磁能或藉此二者而传送通讯的系统或连串系统；

"电讯线路"(telecommunications line) 指为电讯或与电讯相关而用作或拟用作持续人造波导的任何导线、电缆、管道、光纤、丝线、线路、输送管、电线杆、接线柱、管子、导管、支撑结构、附属设备或器具或其他物质媒体；

"对外服务"(external services) 指——

（a）香港与香港以外的地方之间的电讯服务；或

（b）香港以外的多于一个地方之间经香港转驳的电讯服务；

"网络"(network) 指电讯网络；

"辐射干扰"(radiated interference) 指任何并非通过导向媒体发送的干扰；

"机场货物转运区"(cargo transhipment area of Hong Kong International Airport) 具有《进出口条例》(第 60 章)第 2 条给予该词的涵义；(由 2003 年第 33 号第 3 条增补)

"亲属"(relative)指有关人士的配偶、父母、子女、兄弟或姊妹(不论是全血亲、半血亲或姻亲);

"声音广播接收器具"(sound broadcast receiving apparatus)指只能接收声音的器具,而该等声音是藉无线电通讯或导线发送让公众接收的;

"优势"(dominant position)具有第7L条给予该词的涵义;

"转运货物"(transhipment cargo)具有《进出口条例》(第60章)第2条给予该词的涵义;(由2003年第33号第3条增补)

"类别牌照"(class licence)指局长根据第7B条刊登宪报的牌照;

"顾客设备"(customer equipment)指由传送者牌照持牌人的顾客获取而拟接驳至该持牌人的网络的设备。

(2) 为免生疑问,现宣布——

(a) 第7C(1)条所指的公告及第32J(4)条所指的命令并非附属法例;

(b) 第32I(1)及32K(6)条所指的命令是附属法例。

(由2000年第36号第2条代替)

第3条　对官方的适用范围

除另有明文规定外,本条例对官方并无约束力,而对官方所设置或维持的任何电讯设施,或对官方为该等电讯设施或与该等电讯设施相关而管有或使用的任何作电讯之用的器具,亦不适用。

第4条　官方权利的保留

本条例并不阻止官方摒除其他人而设置与维持任何电讯设施。

第5条　电讯管理局局长的委任

第Ⅱ部　电讯管理局局长的委任

为施行本条例,总督可委任其认为合适的公职人员为电讯管理局局长。

第6条　权力的转授

局长可一般地或就任何个别情况,用书面以具名方式或提述某一公职的方式,将他在本条例下的权力及职能中他认为有需要者,转授予任何公职人员;但——

(a) 根据本条作出的任何转授均不妨碍局长随时行使或执行经如此转授的任何权力或职能;及

(b) 本条并不授权局长将藉根据第37条订立的规例授予他的下述权力,转授予任何公职人员,即局长可就任何一个或多于一个类别的器具定下电气或辐射干扰的限度的权力。(由 1966 年第 26 号第 2 条代替)

第 6A 条　局长的权力(2000 年 6 月 16 日)

(1) 局长可作出一切有需要作出的事情以执行他在本条例下的职能。

(2) 政策局局长可向局长发出书面政策指示,而局长须依据该等指示执行他的职能和行使他的权力。

(3) 就局长行使他在本条例下的权力而言——

(a) 当他根据本条例得出意见或作出决定或发出指示时,他须基于合理理由和顾及有关考虑因素;

(b) 当他根据本条例得出意见或作出决定或发出指示时——

(i) 他须就该意见、决定或指示(视属何情况而定)以书面提供理由;

(ii) 不得偏离根据第 6D 条发出的适用于该意见、决定或指示(视属何情况而定)的标的事宜的指引,但如他就该项偏离以书面提供理由,则属例外。

(4) 根据第(2)款发出的政策指示,可包括不得在有关指示所指明的日期前发出属于可根据第 7(5)条发出的类别的新牌照的指示。

(5) 根据第(2)款发出的政策指示须在发出后于切实可行的范围内尽快在宪报刊登。

(由 2000 年第 36 号第 3 条增补)

第 6B 条　局长就关乎香港与香港以外地方之间的服务的权力(2000 年 6 月 16 日)

(1) 如属持牌人与香港以外地方的国际公共交换服务供应商订立的协议或安排,而其目的是在于大幅歪扭在提供该地方或另一地方与香港之间的对外服务方面的竞争,或订立该协议或安排会有如此效果,则持牌人不得订立该等协议或安排。

(2) 凡局长在谘询有关持牌人的意见后,合理地断定任何协议或安排是大幅歪扭在提供某地方或另一地方与香港之间的对外服务方面的竞争的,则局长可向有关持牌人发出指示,而该持牌人须遵从该等指示。

(3) 为免生疑问,在本条中,"协议或安排"(agreement or arrangement) 包括关于服务供应商之间的付款(不论是藉国际分帐方式或是分帐费方式处理的付款、收益分配、终接费或任何其他同类的收费)的协议、安排、协定或同类者。

(由 2000 年第 36 号第 3 条增补)

第6C条　谘询(2000年6月16日)

(1) 局长在执行本条例下的任何职能或行使本条例下的任何权力之前,可谘询——

(a) 可能直接受此事影响的人;或

(b) 公众人士。

(由2000年第36号第3条增补)

第6D条　指引(2003年7月18日)

(1) 在第(4)款的规限下,局长可为了就本条例的条文提供实务性指引,发出局长认为就此而言是适当的指引。

(2) 在不损害第(1)款的一般性的原则下,局长须在切实可行范围内尽快发出——(由2003年第30号第3条修订)

(a) 示明他拟执行他决定牌照(由局长发出者)申请的职能的方式(包括发牌准则以及他拟考虑的其他有关事宜)的指引;

(aa) 指明他在根据第7P(1)条得出任何意见或在得出第7P(7)(a)或(b)条所指的任何意见前须考虑的事宜(包括但不限于附表2所列的事宜)的指引,但该指引的发出须受第(2A)款的规限;(由2003年第30号第3条增补)

(b) 关于第14(6)(a)条所提述的原则在仲裁程序中的应用问题的指引,但该指引的发出须受第(3)款的规限。(由2003年第30号第3条修订)

(2A) 在不损害第6C条的一般性的原则下,局长在根据第(2)(aa)款发出指引前,须向可能受第7P条的实施所影响的人进行在有关个案的整体情况下属合理的谘询。(由2003年第30号第3条增补)

(3) 在不损害第6C条的一般性的原则下,局长在根据第(2)(b)款发出指引之前,须就(b)段所述因素向(a)段所述的人进行在有关个案的整体情况下属合理的谘询——

(a) 可能受第14(1A)条的实施所影响的人;

(b) 为第(2)(b)款所提述的目的而须予考虑的因素。

(4) 在不损害第6C条的一般性的原则下,局长在发出指引之前——

(a) 如指引是关乎检验是否存在第7L(2)条所订明的优势的,须向有关电讯市场的持牌人进行在有关个案的整体情况下属合理的谘询;

(b) 如指引是列明根据第36A(1)条作出决定所依准则的指导原则,以及在应用第

36A(3)及(3B)条于该等决定时为第 36A(3)及(3B)条的施行而须考虑的事宜,局长须向电讯业进行在有关个案的整体情况下属合理的谘询;

(c) 如指引是列明根据第 36AA(6)条作出决定所依准则的指导原则,局长须向——

(i) 电讯业;及

(ii) 其他可能直接受有关决定所影响的人,进行在有关个案的整体情况下属合理的谘询。

(由 2000 年第 36 号第 3 条增补)

第 7 条 发出牌照(2003 年 7 月 18 日)

第Ⅲ部 对电讯的管制

(1) 行政长官会同行政会议在不抵触第 IIIA 部的规定下,可就本条例所指的专利牌照——

(a) 决定牌照的条件,包括(但不限于)——

(i) 牌照的有效期;

(ii) 费用及专营权费的缴付;

(iii) 付款的频密程度;

(b) 批给牌照;及

(c) 按他认为合适而刊登关于批给牌照的公告。

(2) 政策局局长可藉规例订明——

(a) 传送者牌照(专利牌照除外)的一般条件,包括牌照的有效期;及

(b) 须缴付的费用,包括传送者牌照(专利牌照除外)的发牌费、续牌费及牌照年费。

(3) 在根据第(2)款订立规例之前,政策局局长须——

(a) 藉宪报公告,邀请有利害关系的公众人士在公告所指明的日期或之前作出申述,所指明的日期不得在公告刊登后的 21 日内;及

(b) 考虑在该日期或之前收到的申述。

(4) 政策局局长可藉在宪报刊登的命令,修订附表 1。(由 2003 年第 30 号第 4 条修订)

(5) 局长可发出专利牌照以外的牌照。

(6) 除专利牌照及传送者牌照外,局长可就任何牌照决定——

(a) 牌照的格式;

(b) 牌照的条件;

(c) 牌照的有效期;

(d) 拟发出的牌照(包括类别牌照)的种类;

(e) 须缴付的费用,包括发牌费、续牌费及牌照年费。

(7) 在不局限就牌照所订明的条件及牌照所附加的条件的一般性质的原则下,该等条件可关乎——

(a) 服务的提供方式;

(b) 互连;

(c) 干扰;

(d) 技术标准的依循;

(e) 对有关指示、指引、业务守则、规例、本条例及国际义务的遵从;

(f) 全面服务责任;

(g) 会计常规;

(h) 资料的提供;

(i) 收费;

(j) 网络协调;

(k) 顾客资料的保障;

(l) 对不公平的市场操作的禁止;

(m) 对处于优势的持牌人的规管;

(n) 履约保证的提供。

(8) 局长须将其发出的牌照的格式,连同该牌照所施加的一般条件,在宪报刊登。

(9) 局长须备存一份登记册,录载他在宪报刊登的牌照及一般条件。

(10) 局长可授权根据某牌照提供附属及相联服务,凡有如此授权该等服务的提供,该牌照须当作是就该等服务而批给的。

(11) 凡局长拒绝向任何人发出牌照,则他须以书面向该人提供拒绝的理由。

(12) 凡可根据第(5)款发出的牌照是关乎使用某频谱,而根据第32I条,使用该频谱的频谱使用费——

(a) 须由该频谱的使用者缴付;及

(b) 须以根据第 32I(2)(b)条订明的方法厘定,

则局长在决定有关的牌照申请时,可将由该方法产生或得出的费用(如有的话)视为关乎该等申请的一个决定因素。(由 2001 年第 12 号第 2 条增补)

(由 2000 年第 36 号第 4 条代替)

第 7A 条 特别牌照条件(2001 年 4 月 6 日)

局长可对他获赋权发出的牌照附加与本条例相符而又不抵触所订明的一般条件的特别条件,包括在传送者牌照上附加特别条件,以增补所订明的一般条件,而该等特别条件的解释,须受限于所订明的一般条件。

(由 2000 年第 36 号第 4 条增补)

第 7B 条 类别牌照(2000 年 6 月 16 日)

(1) 类别牌照给予某人在符合该类别牌照的条件下,进行该类别牌照上指明的活动的权利,而该等活动除非是根据牌照进行,否则根据第 8(1)条是受禁止的。

(2) 局长可为电讯网络、电讯系统、电讯装置或电讯服务设立类别牌照。

(3) 局长在设立类别牌照之前,须——

(a) 藉宪报公告,邀请有利害关系的公众人士在公告所指明的日期或之前作出申述,所指明的日期不得在公告刊登后的 21 日内;及

(b) 考虑在该日期或之前收到的申述。

(4) 局长不得就符合以下说明的电讯网络、电讯系统、电讯装置或电讯服务设立类别牌照——

(a) 受专利牌照所规限的;或

(b) 规定须有传送者牌照的。

(5) 局长须确保类别牌照与政策局局长所发出的一般政策指示及根据本条例订立的规例相符。

(6) 局长须在宪报刊登类别牌照,指明——

(a) 合资格人士可提供或使用的电讯网络、电讯系统、电讯装置或电讯服务;

(b) 类别牌照的条件;及

(c) 任何人在合资格获发类别牌照之前须具备的资格。

(7) 在不局限就牌照所订明的条件及牌照所附加的条件的一般性质的原则下,局长可在类别牌照的条件中包括——

(a) 电讯网络、电讯系统、电讯装置或电讯服务的范围;

(b) 提供电讯网络、电讯系统、电讯装置或电讯服务的技术及操作标准;

(c) 有关的人提供电讯网络、电讯系统、电讯装置或电讯服务的方式;

(d) 有关的人提供电讯网络、电讯系统、电讯装置或电讯服务的地点;

(e) 在电讯网络、电讯系统、电讯装置或电讯服务的提供方面消费者的权利;

(f) 电讯网络、电讯系统、电讯装置或电讯服务的互连规定;

(g) 要求有关的人提供资料(包括电讯网络、电讯系统、电讯装置或电讯服务的技术、财务及会计资料)的规定;

(h) 要求有关的人公布根据类别牌照所提供的服务或不同类别服务的收费的规定;

(i) 确保所提供的服务合乎公平原则的规定,及确保该服务质素的规定;

(j) 确保有关的人遵从公平市场操守的规定;

(k) 要求有关的人在开始提供电讯网络、电讯系统、电讯装置或电讯服务之前向局长登记的规定;

(l) 要求须依循号码计划的规定;

(m) 对非法使用电讯网络、电讯系统、电讯装置或电讯服务的禁止;

(n) 任何安全规定;及

(o) 局长认为为管制根据类别牌照进行的活动而需要的任何其他规定。

(由 2000 年第 36 号第 4 条增补)

第 7C 条　类别牌照的更改(2000 年 6 月 16 日)

(1) 局长可藉宪报公告更改任何类别牌照的条件。

(2) 局长在更改任何类别牌照时可——

(a) 指明某人可根据该牌照进一步提供的电讯网络、电讯系统、电讯装置或电讯服务;

(b) 更改或撤销某人可根据该牌照提供的电讯网络、电讯系统、电讯装置或电讯服务的种类;

(c) 增加该牌照的条件;及

(d) 更改或撤销该牌照的条件。

(3) 局长不得更改任何类别牌照,令其——

(a) 与政策局局长的一般政策指示不相符;

(b) 与根据本条例订立的规例不相符;或

(c) 与专利牌照持牌人或传送者牌照持牌人的权利不相符。

(4) 在更改任何类别牌照之前,局长须藉宪报公告——

(a) 述明他拟更改该公告指明的类别牌照;

(b) 述明对该类别牌照作出更改的标的事项;

(c) 列出公众人士可在何处购买该类别牌照及拟作的更改的文本;

(d) 邀请有利害关系的公众人士在公告所列日期或之前作出申述;及

(e) 提供地址,让公众人士可按址送交有关拟作的更改的申述。

(5) 任何人可在宪报公告所列日期或之前就对该类别牌照拟作的更改向局长作出申述。

(6) 在更改任何类别牌照之前,局长须考虑任何人作出的所有申述。

(7) 如本条的规定已实质上获符合,局长即可更改有关类别牌照。

(由 2000 年第 36 号第 4 条增补)

第 7D 条　类别牌照登记册(2000 年 6 月 16 日)

(1) 局长须备存一份关于他所设立的各种类别牌照的登记册。

(2) 类别牌照如指明其持牌人须向局长登记,则局长须备存一份关于该等已登记持牌人的登记册。

(3) 局长须备存登记册以供公众于电讯管理局的正常办公时间内查阅。

(由 2000 年第 36 号第 4 条增补)

第 7E 条　许可证(2000 年 6 月 16 日)

(1) 局长可向任何人发出许可证,许可为以下项目进行第 8 条所禁止的活动——

(a) 为实地测试的目的;

(b) 为示范的目的;

(c) 就某事件;或

(d) 为局长所决定的目的,该项许可为期不得超过 6 个月。

(2) 局长可发出附有条件的许可证,而该等条件是为根据本条例规管电讯而需要或适宜的。

（由 2000 年第 36 号第 4 条增补）

第 7F 条　收费（2000 年 6 月 16 日）

(1) 持牌人须按照牌照规定或局长以书面发出的指示公布其收费。

(2) 持牌人须在所公布的收费内包括提供有关电讯服务的条款，该等条款须包括——

(a) 服务说明；

(b) 在提供服务时给予或容许的折扣、折价、回佣或信贷；

(c) 与该服务有关的货品或其他服务的提供；

(d) 与该服务有关的货品或其他服务的费用支付；及

(e) 局长认为需要作为有关条款及条件的一部分的任何其他有关资料。

(3) 传送者牌照持牌人如没有局长的事先书面同意，不得在没有向其顾客要约提供各自收费的独立电讯服务的情况下，将多项电讯服务合并在单一收费之内。

(4) 局长可规定传送者牌照持牌人将其包括在合并收费内的多项电讯服务的其中一项，按指明的单一收费独立提供。

（由 2000 年第 36 号第 4 条增补）

第 7G 条　价格管制（2000 年 6 月 16 日）

政策局局长可藉规例规定——

(a) 在电讯市场处于优势的任何固定传送者牌照持牌人，须受政策局局长根据局长的意见而决定的价格管制措施所规限；及

(b) 局长为施行收费管制而指明的在电讯市场处于优势的传送者牌照持牌人，不得收取高于或低于该持牌人所公布的收费的费用。

（由 2000 年第 36 号第 4 条增补）

第 7H 条　会计常规（2000 年 6 月 16 日）

持牌人须采纳局长所指明的与一般接纳的会计原则相符的会计常规。

（由 2000 年第 36 号第 4 条增补）

第 7I 条　资料（2000 年 6 月 16 日）

(1) 提供或要约提供公共电讯服务的人，须依照局长所要求的方式及时间，向局长提供局长为执行其职能或行使其权力以确保该人遵从对他适用的本条例条文、牌照条

件及局长的决定和指示而合理地需要的与该人的业务有关的资料。

(2) 就根据第(1)款合理地要求提供的资料而言,任何人不得基于该等资料属某项防止该人将资料发放的保密协议所针对的资料而拒绝提供。

(3) 在符合第(4)款的规定下,并且是在局长认为披露资料是符合公众利益的情况下,局长可披露根据本条向他提供的资料。

(4) 如局长拟披露根据本条取得的资料,而他认为有关披露——

(a) 会导致将提供资料的人的业务、商业或财政事务的资料发放;及

(b) 可被合理地预期会使该人的合法业务、商业或财政事务受到不利影响,则局长在作出最后决定将资料披露之前,须给予该人合理机会就局长拟作的披露作出申述。

(5) 为免生疑问,现宣布凡任何人("前者")提供局长根据第(1)款合理地要求他提供的资料,即使该等资料属某项与另一人订立并防止前者将资料发放的保密协议的标的之资料,前者亦无须就该资料的提供违反该协议而承担任何民事法律责任或对任何申索负上法律责任。

(6) 本条并不规定任何人提供不能在原讼法庭民事法律程序中强迫他提供或交出作为证据的资料。

(由 2000 年第 36 号第 4 条增补)

第 7J 条　设施的检查等(2000 年 6 月 16 日)

(1) 局长可在给予持牌人合理的事先书面通知下,进入和检查持牌人在内装置设施(包括与该设施相关的设备)或用作提供服务的香港办事处、处所及地方,以核实持牌人有遵从发牌条件。

(2) 持牌人须提供和维持使局长能够进行以下各项的设施:检查、测试、阅读或量度(视情况需要而定)任何电讯装置、设备(包括(但不限于)测试工具)、用作或拟用作装置电讯设施或提供电讯服务的处所或地方;上述须提供和维持的设施必须达致局长所定的合理技术标准。

(3) 持牌人可自行选择派出一名代表在局长进行检查、测试、阅读或量度时在场,如局长事先以书面要求并给予合理的事先书面通知,则持牌人必须派出一名代表在局长进行检查、测试、阅读或量度时在场。

(4) 局长可在给予持牌人合理的事先书面通知下,指示持牌人证明某电讯装置是

符合本条例或根据本条例订立的规例所施加的技术规定的,或是符合局长根据本条例或该等规例发出的任何其他指示所施加的技术规定的。

(5)持牌人须为本条的施行提供足够的测试工具及操作职员,并须遵从局长根据本条作出的指示。

(6)如局长就某办事处、处所或地方行使他在第(1)款下的权力的方式——

(a)会打扰持牌人或其他人正在该办事处、处所或地方内进行的作业;而

(b)所造成的打扰在有关个案的整体情况下,是超过恰当行使该权力所需的,则局长不得以该方式就该办事处、处所或地方行使该权力。

(由 2000 年第 36 号第 4 条增补)

第 7K 条　反竞争行为(2000 年 6 月 16 日)

(1)持牌人不得作出局长认为目的是在于防止或大幅限制电讯市场的竞争的行为,亦不得作出局长认为会有如此效果的行为。

(2)局长在考虑某行为是否具有第(1)款所订明的目的或效果时,须顾及有关事宜,包括(但不限于)——

(a)电讯市场内厘定价格的协议;

(b)防止或限制向竞争者提供货品或服务的行动;

(c)持牌人之间按议定的地域或顾客界限分享电讯市场的协议;

(d)有关牌照的条件。

(3)在不局限第(1)款的一般性质的原则下,如任何持牌人——

(a)订立具有该款所订明的目的或效果的协议、安排或协定;

(b)在没有局长的事先书面授权下,规定获取电讯网络、电讯系统、电讯装置、顾客设备或服务的人亦须从该持牌人或任何其他人处获取指明的电讯网络、电讯系统、电讯装置、顾客设备或服务,或规定该人不得从该持牌人或任何其他人处获取指明的电讯网络、电讯系统、电讯装置、顾客设备或服务,作为提供或接驳至该等电讯网络、电讯系统、电讯装置、顾客设备或服务的条件;

(c)给予相联人士不当的优惠,或从相联人士处收取不公平的利益,而局长认为因此会能够将任何竞争者置于重大不利位置或会防止或大幅限制竞争,则该持牌人即属作出第(1)款所订明的行为。

(由 2000 年第 36 号第 4 条增补)

第7L条 滥用优势(2000年6月16日)

(1) 在电讯市场处于优势的持牌人,不得滥用其优势。

(2) 如局长认为某持牌人能够在不受其竞争者及顾客的重大竞争性限制下行事,则该持牌人即属处于优势。

(3) 局长在考虑某持牌人是否处于优势时,须顾及有关事宜,包括(但不限于)——

(a) 持牌人的市场占有率;

(b) 持牌人作出定价及其他决定的权力;

(c) 竞争者进入有关电讯市场的任何障碍;

(d) 产品差异及促销的程度;

(e) 局长在第6D(4)(a)条所提述的指引内规定的其他有关事宜。

(4) 如局长认为某名处于优势的持牌人已作出目的是在于防止或大幅限制电讯市场的竞争的行为,或已作出有如此效果的行为,则该名持牌人即当作已滥用其优势。

(5) 局长可认为以下行为(但不限于以下行为)属于第(4)款所提述的行为——

(a) 掠夺式定价;

(b) 在价格上的歧视,除非该歧视只是为合理地顾及提供电讯网络、电讯系统、电讯装置、顾客设备或服务的成本或可能成本的差别而作出的;

(c) 规定合约的其他各方须接纳苛刻或与合约标的无关的条款或条件,方与其订立合约;

(d) 有关持牌人作出安排(第7K(3)(b)条提述的授权所针对的安排除外),规定获取电讯网络、电讯系统、电讯装置、顾客设备或服务的人亦须从该持牌人或另一人处获取指明的电讯网络、电讯系统、电讯装置、顾客设备或服务,或规定该人不得从该持牌人或另一人处获取指明的电讯网络、电讯系统、电讯装置、顾客设备或服务,作为该持牌人提供或接驳至该等电讯网络、电讯系统、电讯装置、顾客设备或服务的条件;

(e) 在向竞争者提供服务方面存有歧视。

(由2000年第36号第4条增补)

第7M条 具误导性或欺骗性的行为(2000年6月16日)

持牌人在提供或获取电讯网络、电讯系统、电讯装置、顾客设备或服务时(包括(但不限于)促销、推广或宣传该等网络、系统、装置、顾客设备或服务),不得作出局长认为属具误导性或欺骗性的行为。

(由 2000 年第 36 号第 4 条增补)

第 7N 条　不得歧视(2000 年 6 月 16 日)

(1) 在符合第(4)款的规定并在不损害第 7K 条的实施的原则下,在电讯市场处于优势的持牌人,不得在收费或提供服务条件方面对在市场获取服务的人之间存有歧视。

(2) 在符合第(4)款的规定下,专利牌照持牌人或传送者牌照持牌人,不得对合法地获取和使用电讯网络、电讯系统、电讯装置、顾客设备或服务以向公众提供服务的人,及其他没有向公众提供服务的人之间存有歧视。

(3) 歧视包括——

(a) 收费方面的歧视,除非该歧视只是为合理地顾及提供服务的成本或可能成本的差别而作出的;

(b) 在功能特性方面的歧视;及

(c) 在其他提供服务条款或条件方面的歧视。

(4) 只有在局长认为有关歧视具有防止或大幅限制电讯市场的竞争的目的或效果时,第(1)及(2)款的禁止规定才适用。

(由 2000 年第 36 号第 4 条增补)

第 7O 条　适用于被废除的第 7 条的过渡性条文(2000 年 6 月 16 日)

凡在紧接《2000 年电讯(修订)条例》(2000 年第 36 号)第 4 条的生效日期前,有根据第 7 条批给或当作根据第 7 条批给而有效期仍未届满的牌照,则在该生效日期当日及之后,该等牌照在尚余的有效期(以在紧接该生效日期前尚余的有效期为准)内须当作是根据本条例批给的牌照,并且须受在紧接该生效日期前附于该等牌照的相同条件所规限,而本条例的其他条文(包括在本条例下取消、撤回或暂时吊销根据本条例批给的牌照的权力)即据此而适用。

(由 2000 年第 36 号第 4 条增补)

第 7P 条　局长可规管就传送者牌照持牌人作出的改变(2000 年 6 月 16 日)

(1) 如在本条生效后有就某传送者牌照持牌人作出的改变,则——

(a) 在第(2)款的规限下,局长可作出他认为为使他能就该项改变是否具有或相当可能具有大幅减少电讯市场中的竞争的效果得出意见而需要的调查;及

(b) (如局长在作出上述调查后,得出意见认为该项改变具有或相当可能具有大幅减少电讯市场中的竞争的效果)局长可藉送达书面通知予该持牌人,指示该持牌人采取局长认为为消除或防止出现任何该等效果而需要、并在该通知指明的行动,但局长如信纳该项改变令或相当可能令公众得益,并信纳该项得益大于任何该等效果对或相当可能对公众造成的任何损害,则可不发出该指示。

(2) 第(1)(a)款所指的调查只可于局长知道或理应知道(以较早者为准)有关改变出现后的2个星期内展开。

(3) 局长在根据第(1)款得出任何意见或发出任何指示前,须——

(a) 给予所有传送者牌照持牌人及任何有利害关系的人合理机会向局长作出申述;及

(b) 考虑根据(a)段作出的申述(如有的话)。

(4) 在不局限局长根据第(1)(b)款可指示有关传送者牌照持牌人采取的行动的一般性质的原则下,该行动可包括致使就有关改变作出改动。

(5) 获送达第(1)(b)款所指的通知的传送者牌照持牌人,须遵从该通知内的指示。

(6) 如有就某传送者牌照持牌人建议作出的改变,该持牌人或任何有利害关系的人可书面向局长申请同意该项建议作出的改变。

(7) 如局长在接获根据第(6)款提出的申请后——

(a) 得出意见认为有关建议作出的改变不会或并非相当可能会具有大幅减少电讯市场中的竞争的效果,则局长须决定给予同意;或

(b) 得出意见认为有关建议作出的改变会或相当可能会具有大幅减少电讯市场中的竞争的效果,则局长可决定——

(i) 拒绝给予同意;

(ii) 在内容为有关传送者牌照持牌人须采取局长认为为消除或防止出现任何该等效果而需要的行动的指示的规限下,给予同意;或

(iii) (如局长信纳有关建议作出的改变会令或相当可能会令公众得益,并信纳该项得益会大于任何该等效果会对或相当可能会对公众造成的任何损害)给予同意而不发出第(ii)节所指的指示。

(8) 局长在得出第(7)款所指的任何意见或根据该款作出任何决定或发出任何指示前,须——

(a) 给予所有传送者牌照持牌人及任何有利害关系的人合理机会向局长作出申述;及

(b) 考虑根据(a)段作出的申述(如有的话)。

(9) 局长须藉送达书面通知予第(6)款提述的传送者牌照持牌人及(如某有利害关系的人根据该款提出申请)有关的有利害关系的人,告知该持牌人及(如适用的话)该人——

(a) 根据第(7)(a)或(b)(i)、(ii)或(iii)款作出的决定;

(b) (如根据第(7)(b)(ii)款作出决定)局长指示该持牌人采取的行动。

(10) 在不局限局长根据第(7)(b)(ii)款可指示有关传送者牌照持牌人采取的行动的一般性质的原则下,该行动可包括致使就有关建议作出的改变作出改动。

(11) 如第(6)款提述的建议作出的改变——

(a) 依据局长根据第(7)(a)或(b)(iii)款给予的同意而生效;或

(b) 依据局长根据第(7)(b)(ii)款给予的同意并在符合局长根据该款发出的指示的情况下生效,局长不得根据第(1)(b)款就该项改变发出指示。

(12) 在第(13)款的规限下,局长——

(a) 因根据第(7)(a)或(b)(i)、(ii)或(iii)款作出决定而招致;或

(b) 就处理根据第(6)款提出的申请而招致,的任何费用或开支的款额,可作为拖欠局长的债项而向根据第(6)款提出申请的传送者牌照持牌人或有利害关系的人追讨。

(13) 根据第(12)款可予追讨的款额,不得超逾附表3指明的款额。

(14) 如局长——

(a) 根据第(1)款得出任何意见或发出任何指示,他须以他认为适当的方式发表该意见或指示;或

(b) 得出第(7)款所指的任何意见或根据该款作出任何决定或发出任何指示,他须以他认为适当的方式发表该意见、决定或指示。

(15) 政策局局长可藉在宪报刊登的命令,修订附表3。

(16) 为施行第(1)及(6)款,如有以下情况,即属有就某传送者牌照持牌人作出的改变——

(a) 除第(17)款另有规定外,某人(不论单独或连同任何相联人士)成为该持牌人多于15%的有表决权股份的实益拥有人或表决控权人

(b) 某人(不论单独或连同任何相联人士)成为该持牌人多于30％的有表决权股份的实益拥有人或表决控权人；或

(c) 某人(不论单独或连同任何相联人士)——

(i) 成为该持牌人多于50％的有表决权股份的实益拥有人或表决控权人；或

(ii) 凭借规管该持牌人或任何其他法团的组织章程大纲或组织章程细则或其他文书所赋予的权力,或凭借在其他情况下获赋予的权力,而取得(包括藉收购有表决权股份而取得)确保该持牌人的事务是按照该人意愿处理的权力。

(17) 第(16)(a)款在以下情况下不适用：在该款提述的人成为有关传送者牌照持牌人多于15％但不多于30％的有表决权股份的实益拥有人或表决控权人时——

(a) 该人(不论单独或连同任何相联人士)并非或并不同时成为任何其他传送者牌照持牌人多于5％的有表决权股份的实益拥有人或表决控权人；及

(b) 该人(不论单独或连同任何相联人士)没有凭借规管任何其他传送者牌照人或任何其他法团的组织章程大纲或组织章程细则或其他文书所赋予的权力,或凭借在其他情况下获赋予的权力,而具有(包括藉持有有表决权股份而具有)或同时取得(包括藉收购有表决权股份而取得)确保该其他持牌人的事务是按照该人的意愿处理的权力。

(18) 在本条中——

"有利害关系的人"(interested person)——

(a) 就第(1)款提述的改变而言,指就有关传送者牌照持牌人作出第(16)(a)、(b)或(c)款提述的任何作为的人；

(b) 就第(6)款提述的建议作出的改变而言,指拟就有关传送者牌照持牌人作出第(16)(a)、(b)或(c)款提述的任何作为的人；

"有表决权股份"(voting shares) 指传送者牌照持牌人的股份,而该等股份是使其注册拥有人有权在该持牌人的股东会议上投票的；

"表决控制权"(voting control) 指控制(不论直接或间接)附于一股或多于一股传送者牌照持牌人的有表决权股份的表决权的行使的控制权,亦指控制(不论直接或间接)该等表决权的行使的能力,而该项控制是——

(a) 藉行使一项权利(此项权利的行使是赋予行使表决权的能力或控制行使表决权的能力的)而进行的；

(b) 藉一项行使上述表决权的权利而进行的；

(c) 根据任何责任或义务而进行的；

(d) 透过代名人而进行的；

(e) 透过或藉着一项信托、协议、安排、谅解或常规而进行的，不论该项信托、协议、安排、谅解或常规是否具有法律上或衡平法上的效力，亦不论其是否基于法律上或衡平法上的权利；或

(f) 作为传送者牌照持牌人的有表决权股份的押记人而进行的，但如该等股份的承押记人（或承押记人的代名人）已根据有关押记向押记人发出书面通知，表示有意行使附于该等股份的表决权，则作别论；

"表决控权人"(voting controller) 指单独或连同一名或多于一名其他人持有表决控制权的人；

"相联人士"(associated person) 就某人而言，具有第 2(1) 条中"相联人士"的定义所给予的涵义，但——

(a) 在该定义中对"该持牌人"的提述，须解释为对该人的提述；及

(b) 在该人属法团的情况下，在该定义中对"相联法团"的提述，须解释为对由该人控制的法团、控制该人的法团或如该人般受同样控制的法团的提述。

(19) 就本条而言，不能识别以某人作为表决控权人的有表决权股份并不具关键性。

（由 2003 年第 30 号第 5 条增补）

第 8 条　除根据牌照进行外，禁止设置与维持电讯设施等（2007 年 2 月 2 日）

(1) 除根据与按照总督会同行政局批给的牌照或以局长批给或设立的适当牌照行事外，任何人不得在香港或在于香港注册或领牌的任何船舶、航空器或空间物体上——（由 1990 年第 39 号第 3 条修订；由 1990 年第 74 号第 104(3) 条修订；由 2000 年第 36 号第 5 条修订）

(a) 设置或维持任何电讯设施；或

(aa) 在业务运作中，要约提供电讯服务；或（由 2000 年第 36 号第 5 条增补）

(b) 管有或使用任何作无线电通讯之用的器具或产生并发射无线电波的任何种类器具，即使这些器具并非预定作无线电通讯之用；或

(c) 在营商过程或业务运作中，经营作无线电通讯之用的器具或材料，或该等器具

的元件,或经营产生并发射无线电波的任何种类器具,不论该等器具是否预定作或是否能够作无线电通讯之用的;或

(d) 为在营商过程或业务运作中予以售卖而示范任何作无线电通讯之用的器具或材料。

(1A) 就第(1)(aa)款而言,如某人——

(a) 作出要约,而该要约若被接纳则会构成由该人提供电讯服务的协议、安排或协定,或会构成由另一名已与该人作出提供电讯服务安排的人提供电讯服务的协议、安排或协定;或

(b) 邀请其他人作出(a)段所提述的一类要约,则该人须视为要约提供电讯服务。(由 2000 年第 36 号第 5 条增补)

(2) 为免生疑问,特此声明:即使任何被他人借用、租赁或租用任何作电讯之用的器具的人或正在维持由其他器具组成或与其他器具连接的任何电讯设施的人,是根据本条例批给的牌照的持有人,此事实亦不豁免借用、租赁或租用该器具的人或维持、管有或使用组成或连接该电讯设施的器具的人(视属何情况而定),使其无须领取根据本条例规定领取的一个或多于一个牌照。

(3) (由 1995 年第 40 号第 7 条废除)

(4) 尽管有第(1)款的规定,无须就下列各项而根据该款领取任何牌照——

(a) 任何声音广播接收器具;

(b) 该等声音广播接收器具的任何材料或元件;

(c) 任何电视接收机;

(d) 电视接收机的任何材料或元件;(由 1968 年第 2 号第 3 条增补。由 1972 年第 17 号第 2 条修订)

(e) 任何下述系统,即在不改变频率的情况下,藉不跨越任何公众街道或未批租政府土地的导线或其他物料,将已根据《广播条例》(第 562 章)获发牌照的任何公司所提供的电视节目,由单一天线传送至位于一幢或(如各幢建筑物均由同一人拥有)多于一幢建筑物的输出点的系统;或(由 1973 年第 57 号第 2 条增补。由 1998 年第 29 号第 105 条修订;由 2000 年第 48 号第 44 条修订)

(f) 任何下述闭路电视系统,即由一部藉不跨越公众街道或未批租政府土地的导线或其他物料连接至接收器的电视发射器(不论是否有相联的声频系统)组成的系统,

而——(由1998年第29号第105条修订)

(i) 该系统是仅在操作该系统的人所占用的处所之内,仅为内部资讯或保安通讯目的而操作的,或在该人所占用的住用处所内,仅为私人娱乐目的而操作的;及

(ii) 除只宣传由操作该系统的人售卖或提供的货品或服务的广告宣传材料,或由该人免费发送的广告宣传材料外,并无该等材料藉该系统发送。(由1973年第57号第2条增补。由1973年第62号第2条修订)

(5) 尽管有第(1)(b)款的规定,如无线电通讯发送器具属某物品而该物品的输入或输出根据第9A、9B或9C条获豁免,则无须就管有该器具领取任何牌照。(由2003年第33号第3条增补)

第9条 对输入与输出无线电通讯发送器具的管制(2004年1月8日)

除根据和按照由局长批给的许可证外,任何人不得将任何无线电通讯发送器具输入香港或由香港输出,除非该人是牌照持有人,而牌照授权他在营商过程或业务运作中经营该等器具。(由2003年第33号第3条修订)

第9A条 第9条对航空过境或航空转运货物的适用(略)

第9B条 第9条对过境物品的适用(略)

第9C条 第9条对转运货物的适用(略)

第10条 对在香港水域内的船只上使用无线电通讯器具的管制(略)

第11条 对在香港以内的航空器上使用无线电通讯器具的管制(略)

第12条 使用船只或航空器上的器具时不得干扰电讯(略)

第13条 在紧急情况下由政府接管电讯电台

(1) 凡总督认为已发生紧急情况,而由政府控制电讯电台是有利于公众服务的,则他可藉由他签署的手令,指示或安排手令所指明的电讯电台被接管和用于政府服务,以及在不抵触政府服务的情况下用于他认为合适的普通服务;或指示和授权他认为合适的人以他指示的方式,对他所指明的电讯电台加以控制。

(2) 任何上述手令的有效期,由其发出起计不得多于一星期,但在总督认为上述紧急情况持续的整段期间内,他可连续每星期发出手令。

(3) 政府须向根据本条被接管的任何电讯电台的拥有人,支付政府与拥有人之间藉协议协定的款项,或如有分歧则支付藉仲裁定出的款项,作为有关公司因本条所授予的权力的行使而蒙受的任何利润损失的补偿。

第ⅢA部　声音广播牌照(2000年7月7日)

第13A条　释义(2000年7月7日)

(1) 就本部而言——

"公司"(company)具有《公司条例》(第32章)第2(1)条给予该词的涵义;

"有表决权股份"(voting shares)指公司的股份,而该等股份是使其股东有权在公司的股东会议上投票的;

"法团"(corporation)指公司或其他法人团体;

"附属公司"(subsidiary)指属《公司条例》(第32章)第2条所指附属公司的公司;

"持牌人"(licensee)指根据第13C条批给的牌照的持有人;

"通常居于香港"(ordinarily resident in Hong Kong)——

(a) 就任何个人而言,指——

(i) 在任何公历年内,居于香港不少于180天;或

(ii) 在任何连续2个公历年内,居于香港不少于300天;及

(b) 就任何公司而言,指符合下述情况的公司——

(i) 是根据《公司条例》(第32章)在香港成立与注册的;并且

(ii) 在该公司中——

(A) 如积极参与该公司的管理的董事不多于2名,则每一人均须符合下述条件;或

(B) 如积极参与该公司的管理的董事多于2名,则其中过半数的每一人均须符合下述条件,即当其时通常居于香港,且他们每一人均曾于任何时间连续居于香港不少于7年;及

(iii) 公司的控制及管理均是真正在香港作出的;

"丧失资格的人"(disqualified person)指——

(a) 广告宣传代理商;

(b) 在业务运作中供应材料予持牌人进行广播的人;

(c) 持牌人;

(d) 不论在香港以内或以外在业务运作中发送声音或电视材料的人;

(da) (i)《广播条例》(第562章)第2(1)条所指的本地免费电视节目服务持牌人或本地收费电视节目服务持牌人;或

(ii) 第(i)节所提述持牌人的相联者(按该条所指者);(由 2000 年第 48 号第 44 条增补)

(e) 对某法团作出控制的人,而该法团属(a)、(b)、(c)、(d)或(da)(i)段所提述的人;(由 2000 年第 48 号第 44 条修订)

"牌照"(licence) 指根据第 13C 条批给的牌照;

"广播"(broadcasting) 指透过无线电波,将声音(属于电视广播一部分的除外)发送,以供公众接收;

"广播事务管理局"(Broadcasting Authority) 指根据《广播事务管理局条例》(第 391 章)第 3 条设立的广播事务管理局。

(2) 就本部而言,任何人如有下述情况,即属对任何公司或法团作出控制——

(a) 他在该公司或法团担任职位;或

(b) 除(c)段另有规定外,他是该公司或法团多于 35% 的有表决权股份的实益拥有人;或

(c) 就任何属持牌人的法团而言,他是该法团多于 15% 的有表决权股份的实益拥有人。

(3) 就任何属持牌人的法团而言,任何人不会仅因他在该法团担任职位或他是该法团多于 15% 的有表决权股份的实益拥有人而成为丧失资格的人。

第 13B 条　牌照的申请

任何符合第 13F 条的法团可以广播事务管理局决定的格式,向广播事务管理局申请设置与维持广播服务的牌照。

第 13C 条　牌照的批给

(1) 广播事务管理局须考虑根据第 13B 条提出的申请,并就该等申请向总督会同行政局作出建议。

(2) 经考虑根据第(1)款就设置与维持广播服务的牌照的申请而作出的建议后,总督会同行政局可向申请人批给牌照,而在不损害本条例或《广播事务管理局条例》(第 391 章)的原则下,该牌照须受总督会同行政局于牌照内指明的费用、专营权费或任何其他收费的缴付(不论按年或以其他方式缴付)所规限,并须受总督会同行政局于牌照内指明的条款及条件所规限。

(3) 在不损害第(2)款的一般性的原则下,任何牌照均可包括——

(a)（由 1996 年第 62 号第 2 条废除）

(b) 广播事务管理局可暂时吊销该牌照的条件。

第 13D 条　牌照的有效期

(1) 任何牌照——

(a) 均于该牌照所指明的期间内有效，或如该牌照并无指明任何期间，则在总督会同行政局藉命令决定的期间内有效；及

(b) 均须于上述有效期内在该牌照所指明的日期续期，或如该牌照并无指明该等日期，则在总督会同行政局藉命令决定的日期续期。

(2) 总督会同行政局根据第(1)(a)或(b)款作出的命令，须在宪报刊登。

第 13E 条　牌照的续期

(1) 在根据第 13D(1)(b)条任何牌照须续期的日期前不少于 15 个月或总督会同行政局所准许的较短期间，广播事务管理局须就该牌照的续期和应施加的条款及条件向总督会同行政局呈交建议。

(2) 经考虑根据第(1)款呈交的建议后，总督会同行政局可——

(a) 在他所指明的条款及条件的规限下将该牌照续期；或

(b) 以批给新牌照作取代的方式将该牌照续期，而在如此行事时，可施加他所指明的条款及条件；或

(c) 拒绝将该牌照续期。

(3) 拒绝将牌照续期的决定的通知，须于牌照须续期的有关日期前最少 12 个月发给有关的持牌人。

(4) 凡为妥为遵从本条而有需要，总督会同行政局可延展任何牌照的期限。

第 13F 条　持牌人的资格

牌照可批给以下法团或只可由其持有——

(a) 根据《公司条例》(第 32 章)在香港成立与注册的公司；

(b) 并非附属公司；

(c) 根据其组织章程大纲获赋权全面遵从本条例的条文及其牌照的条款及条件。

第 13G 条　丧失资格的人

(1) 除第(2)款及第 13H(2)(b)条另有规定外，任何丧失资格的人(其成为丧失资格的人的理由已于其牌照申请中予以披露者除外)不得对属持牌人的法团作出控制。

(2) 尽管有第(1)款的规定,总督会同行政局可向以下法团批给牌照——

(a) 属丧失资格的人者;

(b) 由丧失资格的人就该法团作出控制者;或

(c) 属丧失资格的人,且由丧失资格的人就该法团作出控制者,而牌照可载有关于该丧失资格的人和其所作出的控制的下述条件,即总督会同行政局根据第13C条施加者。

第13H条　由丧失资格的人增强控制

(1) 除第(2)款另有规定外,任何对属持牌人的法团作出控制的丧失资格的人,不得藉下述方法扩大该项控制的基础——

(a) 扩大他作为实益拥有人而持有的该法团有表决权股份的百分率;或

(b) 改变他在该法团所担任的职位。

(2) 在属法团的持牌人提出申请时,总督会同行政局如信纳为公众利益而有需要,可准许——

(a) 持牌人扩大由丧失资格的人对该法团作出的控制的基础;或

(b) 持牌人让任何丧失资格的人能够对该法团作出控制。

第13I条　不合资格的人

(1) 如不合资格的人对持牌人的有表决权股份或在该等股份中直接或间接享有任何权利、所有权或权益,则该等有表决权股份的总和,在任何时间均不得超逾持牌人有表决权股份总数的49%。

(2) 第(1)款适用于持牌人以下的有表决权股份,即就可在持牌人的股东大会上藉投票而决定的任何问题或其他事宜而言,该等股份所附有的表决权当其时是可行使的。

(3) 就本条而言,任何人除非符合下述条件,否则均属"不合资格的人"(unqualified person)——

(a) 他当其时通常居于香港,并曾于任何时间连续居于香港不少于7年;或

(b) 该人是通常居于香港的公司。

(4) 就本条而言,根据条例而设立的或成立为法团的法团,须在(但仅在)以下情况下视为通常居于香港的公司——

(a) 当其时积极参与该法团的管理的每一人,或如有多于2名此类人士,则其中过半数的每一人均属当其时通常居于香港,并曾于任何时间连续居于香港不少于7年;

并且

(b) 当其时该法团的管理是真正在香港作出的。

(5) 就本条而言,凡于2名或多于2名对有表决权股份或在有表决权股份中享有联权共有权利、所有权或权益的人士中,有任何一名或多于一名属不合资格的人,则该名或该等不合资格的人即视为摒除任何其他人而独享全部权利、所有权或权益。

第13J条 对处置或获取的临时限制(2003年4月1日)

(1) 除非获广播事务管理局同意,否则在向某持牌人批给牌照的日期后3年的期间内,不得直接或间接转让或获取对以下股份的或在以下股份中的权利、所有权或权益,即合计超逾在向该持牌人批给牌照当日该持牌人的有表决权股份总数15％的股份。

(2) 任何交易、授产安排、协议或谅解,若无本款的话,其效果会构成对第(1)款的违反者,均属无效。

(3) 任何人行使或看来是行使任何权利,以处置或获取第(1)款所提述对有表决权股份的或在有表决权股份中的任何权利、所有权或权益,而他知道若无第(2)款的话,则该项处置或获取的结果会构成对第(1)款的违反,即属犯罪,可处罚款＄100000。

(4) 本条不适用于——

(a) 任何人以真正行使其作为遗产代理人、清盘人、接管人或破产案中的受托人的职能为依据而进行的转让或获取;

(b) 仅以保证形式对下述人士作出的转让,而该转让的目的是为下述人士以下述身分在其通常业务运作中达成一项交易——

(i) 任何认可财务机构;

(ii)《保险公司条例》(第41章)所指的获授权保险人;或

(iii)《证券及期货条例》(第571章)附表1第1部第1条所界定的交易所参与者,或根据该条例第Ⅴ部获发牌经营证券交易或证券保证金融资的业务的法团或获注册经营该等业务的认可财务机构。(由2002年第5号第407条代替)

(5) 在第(4)(b)款中,"认可财务机构"(authorized financial institution)指《银行业条例》(第155章)所指的"认可机构"。

第13K条 广播事务管理局的指示

(1) 凡已达成任何交易、授产安排、协议或谅解(不论是否具有法律效力),而其效果是会构成对第13G、13H或13I条的违反,广播事务管理局可就作为有关的交易、授产安排、协议或谅解的标的物之有表决权股份——

(a) 藉向持牌人送达书面通知,指示该等有表决权股份所附有的表决权,即使持牌人组织章程细则内载有任何不同的规定或在本款以外的香港法律有任何不同的条文,亦不得在该通知所指明的期间内在持牌人的股东大会上就任何事宜而行使;

(b) 向对该等有表决权股份或在该等有表决权股份中享有任何权利、所有权或权益的任何人送达书面通知,指示该人由收到该通知的日期起计在该通知所指明的期限内(该期限不得少于60天),以并非不合资格或丧失资格的人(视情况需要而定)为受益人而将该等权利、所有权或权益转让或处置,或将某一数量的该等权利、所有权或权益如此转让或处置,而所转让或处置的数量是为达到终止该违例事项的目的所需的。

(2) 凡根据第(1)(b)款向任何人送达通知,该人可向广播事务管理局申请,将遵从该通知所载规定的期限延展或再延展。

(3) 凡有根据第(2)款提出的申请,广播事务管理局只有经考虑该个案的情况后信纳申请是合理的,方可批予延展或再延展。

(4) 凡根据第(1)款向任何人送达通知,除第(2)及(3)款另有规定外,该人须遵从通知所载的规定。

(5) 除第(2)及(3)款另有规定外,任何人在根据第(1)(b)款向其送达的通知所指明的期限内(或根据第(2)款而容许的延展期限内)没有遵从通知所载的规定,即属犯罪,可处罚款$100000,而在定罪后上述罪行持续的期间,可处罚款每天$2000。

(6) 如股份属根据第(1)(a)款送达任何持牌人的通知的标的物,而该持牌人明知而容许有关表决权在任何股东大会上行使,即属犯罪,可处罚款$100000。

(7) 在持牌人股东大会上通过的决议,不得仅因某些表决权(即根据第(1)(a)款就该等表决权而送达的通知仍属有效的表决权)曾被行使而无效。

第13L条 专营权费的追讨(1997年7月1日)

(1) 持牌人依据任何牌照而须缴付且属欠政府的专营权费,可由政府在任何具司法管辖权的法院中作为民事债项而予以追讨。

(2) 任何看来由财政司司长签署的证明书,表明某项根据牌照须缴付的专营权费乃欠政府者,即为该事实的表面证据。(由1997年第362号法律公告修订)

第 13M 条　法院可禁播某些节目等

具追溯力的适应化修订——见 1998 年第 25 号第 2 条

(1) 持牌人不得广播相当可能有下述情况的节目、广告、公告或其他材料,或其任何部分——

(a) 煽动针对任何群体的仇恨,而该等群体是参照肤色、种族、性别、宗教、国籍或人种或国族本源而予以界定的;

(b) 整体而言,导致法律与秩序崩溃;或

(c) 严重损害公众卫生或道德。

(2) 凡政务司司长合理地相信广播任何节目、广告、公告或其他材料,或其任何部分,会违反第(1)款的条文,他可向原讼法庭申请根据本条作出命令。(由 1997 年第 362 号法律公告修订)

(3) 根据第(2)款提出的申请,在紧急情况下,可藉誓章单方面申请作出临时命令,但在其他情况下,申请须藉动议或传票提出。

(4) 有申请根据第(2)款提出时,原讼法庭如信纳广播任何节目、广告、公告或其他材料,或其任何部分,会违反第(1)款的条文,则可藉命令禁止广播该节目、广告、公告或其他材料的全部或任何部分,并规定该法院认为会明知而牵涉入上述的违反的人,采取该法院所指示的步骤,以实行该项禁制。

(5) 有申请根据第(2)款提出时,原讼法庭可藉命令规定持牌人或第(4)款所提述的任何其他人,向该法院交出由他们管有或控制的关于该节目、广告或公告的材料。

(6) 根据第(5)款交出的任何材料,在任何针对交出该材料的持牌人或人而进行的刑事法律程序中,均不可接纳为证据。

(7) 不得根据本条规定任何人提供任何关于享有法律特权的项目的材料。

(8) 在符合第(9)款的规定下,法院规则须就下述事宜作出规定——

(a) 根据本条作出的命令的撤销与更改;

(b) 关于该等命令的法律程序;及

(c) 讼费。

(9) 根据《高等法院条例》(第 4 章)第 54 条订立法院规则的权力,须包括为施行本条而订立法院规则的权力。

（10）原讼法庭根据本条而具有的司法管辖权，不得由该法院的司法常务官或聆案官行使。

（由1993年第22号第49条代替。由1998年第25号第2条修订）

第13N条 规例

（1）为确保本部获得遵从，总督会同行政局可订立规例——

(a) 规管对于持牌人的（不论直接或是间接的）拥有权或控制；及

(b) 规管对于对持牌人有表决权股份的或在该等股份中的权利、所有权及权益的持有、获取或处置。

（2）在不损害第（1）款的一般性的原则下，根据本条订立的规例——

(a) 可授权广播事务管理局调查对于持牌人的有表决权股份的拥有权或控制，而为进行此项调查，可授权局长规定任何人提供关于其对任何上述有表决权股份或在该等股份中所享有的任何权利、所有权或权益的详情，并提供据其所知任何其他人对该等有表决权股份或在该等股份中所享有的任何权利、所有权或权益的详情；

(b) 可授权广播事务管理局规定持牌人提供关于他人对持牌人股份或在该等股份中享有的任何权利、所有权或权益，而在该等规例中所指明的详情，包括任何上述权利、所有权或权益的转让的详情；

(c) 可授权广播事务管理局规定持牌人从任何人取得(b)段所提述的详情，和规定该人（藉声明或其他方式）提供该等详情；

(d) 凡任何人不按照或拒绝按照该等规例提供关于该人对任何上述有表决权股份或在该等股份中所享有的任何权利、所有权或权益的详情，可赋权广播事务管理局暂时中止该等股份所附有的表决权；

(e) 可授权广播事务管理局规定持牌人设置与备存股份登记册，记载对上述有表决权股份或在该等股份中享有的权利、所有权及权益的细节及其转让的详情；

(f) 可订明在根据第13K(1)条发出指示时须依循的程序；

(g) 可规管关于对上述有表决权股份的或在该等股份中的权利、所有权及权益的转让的事宜。

（3）根据本条订立的规例可规定违反规例的指明条文，即属犯罪，可处罚款不超逾$100 000。

第13O条 关于标准及技术规定的规例

总督会同行政局可订立规例,以——

(a) 确立由持牌人广播的节目及广告宣传材料的标准;及

(b) 订定持牌人在广播时须遵从的技术规定。

(第IIIA部由1989年第51号第3条增补)

第14条 在土地上等设置与维持电讯线路等的权力(略)

第15条 关于补偿的争议(略)

第16条 因土地等的使用而有需要将线路、接线柱或装置移走等(略)

第17条 干扰电讯的树木(略)

第18条 影响电讯线路等的工作(略)

第19条 进入土地等以对电讯线路等进行检查、修理等的权力(略)

第20条 违反第8条即属犯罪(略)

第21条 违反第9条即属犯罪(略)

第22条 第10、11或12条遭违反时的罚则(略)

第23条 藉未领牌的电讯设施发送或接收讯息等

任何人在知道或有理由相信任何电讯设施正于违反本条例下维持,而却藉该电讯设施发送或接收讯息,或从事任何上述讯息的发送或接收所附带的任何服务,或传递任何讯息以便藉该电讯设施进行发送,或收取任何藉此传送的讯息,即属犯罪,一经循简易程序定罪,可处罚款＄50000。

(由1994年第18号第5条修订)

第23A条 对售卖由声音广播接收器具或电视接收机接收的讯息的罚则

任何人未获局长同意而——

(a) 售卖;或

(b) 提供作出售;或

(c) 为报酬而发布或复制,由他本人或任何其他人藉声音广播接收器具或电视接收机接收到的任何讯息或资讯,或该等讯息或资讯的意思或涵义,即属犯罪,一经循简易程序定罪,可处罚款＄10 000及监禁6个月。

(由1968年第2号第4条增补。由1972年第17号第4条修订;由1994年第18号第6条修订)

第 24 条　电讯人员等人所犯的罪行(2007 年 6 月 1 日)

(1) 任何电讯人员或任何虽非电讯人员但其公务与电讯服务相关的人,如——(由 2007 年第 9 号第 63 条修订)

(a) 故意毁灭、隐匿或更改他已接收以进行发送或传递用的任何讯息;

(b) 伪造任何讯息,或使用他知道是伪造或经更改的讯息;

(c) 故意不发送任何讯息,或故意截取或扣留或阻延任何讯息;

(d) 既非依据其职务亦非按法院指示,向并非某讯息所致予的人的任何人复制该讯息或披露该讯息或该讯息的大意,即属犯罪,一经循简易程序定罪,可处罚款＄20000 及监禁 2 年。(由 1994 年第 18 号第 7 条修订)

(2) 本条不适用于电讯人员或任何虽非电讯人员但其公务与电讯服务相关者的人为以下目的而作出的任何作为——

(a) 利便本条例或《非应邀电子讯息条例》(第 593 章)获遵从;

(b) 实施持牌人的牌照的条款或条件,或持牌人与其顾客订立的任何合约;或

(c) 利便遵从持牌人的顾客所提出的、与该持牌人向该顾客提供的服务相关的合法要求。(由 2007 年第 9 号第 63 条增补)

第 25 条　电讯人员以外的人隐匿讯息等

任何不属电讯人员或不属虽非电讯人员但其公务与电讯服务相关者的人,如——

(a) 故意隐匿、扣留或阻延拟传递予另一人的讯息;或 (由 1972 年第 48 号第 4 条修订)

(b) 经电讯人员要求将他所管有而拟传递予另一人的讯息交给该人员,而拒绝或忽略如此行事,即属犯罪,一经循简易程序定罪,可处罚款＄20000 及监禁 12 个月。

(由 1994 年第 18 号第 8 条修订)

第 26 条　电讯人员发送未予缴费的讯息

任何电讯人员意图欺诈而藉电讯发送尚未缴付由本条例或根据本条例订明的收费的讯息,即属犯罪,一经循简易程序定罪,可处罚款＄20000 及监禁 2 年。

(由 1994 年第 18 号第 9 条修订)

第 27 条　蓄意损坏电讯装置

任何人损坏、移走或以任何方式干扰电讯装置,而意图是——

(a) 阻止或妨碍任何讯息的发送或传递;或

(b) 截取或找出任何讯息的内容,即属犯罪,一经循简易程序定罪,可处罚款 $20000 及监禁 2 年。

(由 1994 年第 18 号第 10 条修订)

第 27A 条 藉电讯而在未获授权下取用电脑资料

(1) 任何人藉着电讯,明知而致使电脑执行任何功能,从而在未获授权下取用该电脑所保有的任何程式或数据,即属犯罪,一经定罪,可处罚款 $20000。

(2) 就第(1)款而言——

(a) 该人的意图不一定要针对——

(i) 任何个别程式或数据;

(ii) 任何个别种类的程式或数据;或

(iii) 任何个别电脑所保有的程式或数据;

(b) 任何人如无权控制对电脑所保有的程式或数据的有关种类的取用,且有下述情况,则他对电脑所保有的任何程式或数据的该类取用,即属未获授权——

(i) 他未获有此权利的人授权,使他获得对该电脑所保有的程式或数据的该类取用;

(ii) 他不相信自己已获如此授权;及

(iii) 他不相信若他曾申请适当的授权,则他本已获如此授权。

(3) 第(1)款的效力,并不损害关于检查、搜查或检取权力的任何法律。

(4) 尽管有《裁判官条例》(第 227 章)第 26 条的规定,关于本条所订罪行的法律程序,可在发生该罪行的 3 年内或检控人发现该罪行的 6 个月内(以最先届满的期间为准)任何时间提出。

(由 1993 年第 23 号第 2 条增补)

第 28 条 虚假或具欺骗性的遇险等的讯息

任何人藉电讯发送或安排藉电讯发送遇险、紧急、安全或识别的虚假讯号,而——

(a) 明知或相信该讯号是虚假的;或

(b) 意图欺骗,即属犯罪,一经循简易程序定罪,可处第 3 级罚款及监禁 2 年。

(由 1996 年第 62 号第 3 条代替)

第 29 条 未经准许而进入某些土地

任何人无合法权限或辩解而进入或逗留在提供电讯服务的人所占用的任何土地,即属犯罪,一经循简易程序定罪,可处罚款 $5000。

（由1994年第18号第12条修订）

第30条　违反根据第33条所作命令的罚则

任何人不遵从根据第33条所作出的命令，即属犯罪，一经循简易程序定罪，可处罚款＄20 000及监禁12个月。

（由1994年第18号第13条修订）

第31条　妨碍局长等

任何人故意妨碍局长或任何公职人员行使本条例向他授予的权力，即属犯罪，一经循简易程序定罪，可处罚款＄20 000及监禁6个月。

（由1994年第18号第14条修订）

第32条　法团犯罪时董事等的法律责任

如犯本条例所订某罪行的人是法团，而该罪行经证明是在任何董事或关涉于该法团的管理的其他人员同意或纵容之下而犯的，则该董事或其他人员即属犯有同样罪行。

第32A条　使用未获授权的频率

持牌人管有或使用以某频率操作的或装置在某地点的无线电发射器，而该频率或地点是其牌照所没有授权的，该持牌人即属犯罪，一经定罪，可处第5级罚款及监禁2年。

（由2000年第36号第16条增补）

第32B条　未获授权而经营无线电发射器（2000年6月6日）

获授权在营商过程或业务运作中经营无线电发射器的持牌人——

（a）出售或要约出售或交付无线电发射器予某人，而该人并没有获批给牌照或获发许可证使其可管有或使用该发射器，亦没有获豁免使其无须领牌而可管有或使用该发射器；

（b）出售或要约出售或交付无线电发射器，而根据牌照上的条件该项出售或交付是被禁止的；或

（c）（如牌照条件有规定持牌人在出售或交付特定类别的无线电发射器时，即须按照牌照条件在交易登记册上予以记录）在出售或交付特定类别的无线电发射器时并无作出记录，该持牌人即属犯罪，一经定罪，可处第5级罚款及监禁2年。

（由2000年第36号第16条增补）

第32C条　未获授权而改装无线电发射器（2000年6月6日）

任何人在明知而无合法辩解的情况下改装或安排改装根据本条例获批给牌照或根据在本条例下发出的许可证获授权的无线电发射器,使到管有或使用该经改装的无线电发射器违反该牌照或该许可证的规定,该人即属犯罪,一经定罪,可处第5级罚款及监禁2年。

(由2000年第36号第16条增补)

第32D条　标准(略)

第32E条　关于验证的规定(略)

第32F条　局长对于号码计划的权力(略)

第32G条　频谱的管理(2000年6月16日)

第ⅤB部　无线电频谱的管理以及防止干扰

(1)局长须促进无线电频谱作为香港公众资源的有效率的编配和使用。

(2)在不损害第6C条的一般性的原则下,局长在根据第32H(2)(a)及(b)及32I(1)条行使其权力之前,须向——

(a)电讯业;及

(b)其他可能直接受此事影响的人,进行在有关个案的整体情况下属合理的谘询。

(第ⅤB部由2000年第36号第17条增补)

第32H条　编配频率的权力(2001年5月25日)

(1)局长可——

(a)将在香港使用或在于香港注册或领牌的船舶、航空器或空间物体上使用的无线电频谱所有部分的频率及频带指配;及

(b)为在香港注册或领牌的卫星指配卫星轨道位置及参数,局长并须备存一份载有已指配的频率、频带及卫星轨道位置及参数的中央登记册。

(2)局长可——

(a)在符合第32G(2)条的谘询规定下,将无线电频谱的任何部分分为他认为适当数目的频带,并指明每一频带的一般用途;

(b)在符合第32G(2)条的谘询规定下,将某频带分为他认为适当的频道,并指明每一频道的一般用途;

(c)将频率或频带指配予无线电通讯器具的使用者,并指明该频率或频带的用途

(3) 在符合第(4)款的规定下,局长可更改或撤销已指配的频率、频带、卫星轨道位置或参数,或更改其用途以及使用条件。

(4) 局长只有在已就拟作出的更改或撤销向获指配有关频率、频带、卫星轨道位置或参数的持牌人给予合理通知的情况下,方可根据第(3)款行使其权限。

(5) 任何人不得在香港或在于香港注册或领牌的任何船舶、航空器或空间物体上,使用无线电频谱任何部分内的任何频率,但如该频率是局长指配的,或是位于局长指配的频带内,或该频率是用作局长所指明的用途以及其使用是符合局长所指明的条件的,则属例外。

(6) 凡可根据第(1)款作出的指配关乎使用某频谱,而根据第32I条,使用该频谱的频谱使用费——

(a) 须由该频谱的使用者缴付;及

(b) 须以根据第32I(2)(b)条订明的方法厘定,则局长在决定有关的指配申请时,可将由该方法产生或得出的费用(如有的话)视为关乎该等申请的一个决定因素。(由2001年第12号第3条增补)

(第VB部由2000年第36号第17条增补)

第32I条　频谱使用费(2001年5月25日)

(1) 在符合第32G(2)条的谘询规定下,局长可藉命令指定任何频带,而使用该频带内的频谱的使用者须缴付频谱使用费。

(2) 政策局局长可藉规例订明——

(a) 频谱使用费的水平;或

(b) 厘定频谱使用费的方法,该方法可以是——

(i) 拍卖或投标,或两者兼用;或

(ii) 政策局局长认为合适的任何方法,包括融合第(i)节所述的方法的任何方法。(由2001年第12号第4条代替)

(3) 频谱使用费可以专营权费作基准而计算,或以其他当中包含超出纯粹收回局长提供服务的费用的元素的基准而计算。

(4) 在不损害第(2)及(3)款的一般性原则下,政策局局长根据第(2)(b)款订立规例订明厘定频谱使用费的方法的权力,包括订立规例以规定以下全部或任何项目的权力——

(a) 赋权政策局局长——

(i) 藉在宪报刊登或以其他方式发布公告的方式;并

(ii) 以下述形式——

(A) 最低定额费用;

(B) 参照某公式、百分率或某事件或一系列事件的发生而厘定的最低费用;

(C)(如有关最低费用是参照某事件或一系列事件的发生而厘定的)就同一频谱使用费指明的、由2项或多于2项最低费用组成的一系列最低费用;

(D) 一项最低费用,而该费用的厘定会在某事件或一系列事件发生时有所更改;

(E) 参照另一最低费用或以厘定另一最低费用的方式厘定的最低费用,不论该另一最低费用现时或将来是否须缴付;

(F) 一项最低费用,而该费用的厘定随着牌照的有效期或其中部分期间而更改,或参照牌照的有效期或其中部分期间而计算;或

(G) 任何2个或多于2个(A)、(B)、(C)、(D)、(E)或(F)分节指明的形式的组合(不论是全部或部分),指明频谱使用费的最低费用;

(b) 赋权局长——

(i) 宣传、举行、进行、暂停、取消或完成该方法所关乎的拍卖或投标;

(ii) 藉在宪报刊登的公告,指明该方法所关乎的拍卖或投标的条款及条件(包括关乎缴付该费用的条款及条件)。(由2001年第12号第4条增补)

(5) 在不损害第(4)(b)(ii)款的一般性原则下,在该款所指的公告中指明的拍卖或投标的条款及条件,可包括关乎以下全部或任何项目的条款及条件——

(a) 在符合(c)段的规定下,局长在决定任何人是否有资格参与该项拍卖或投标时所须采用的准则;

(b) 在符合(c)段的规定下,局长在决定任何2个或多于2个根据(a)段所述的准则属有资格参与该项拍卖或投标的人是否就该项拍卖或投标而言属相关者时,所须采用的准则(不论该等人士以任何指明于次述准则中的方式而属相关的);

(c) 局长在决定(b)段所述的相关者中谁有资格参与该项拍卖或投标时所须采用的准则或依循的程序;

(d) 竞投人或投标人(包括准竞投人、准投标人或任何代表竞投人、投标人、准竞投

人或准投标人行事的人)须向局长提交或提供保证,该项保证的种类及价值须为局长藉在宪报刊登的公告或其他方式指明者,而价值可按第(4)(a)款所述的最低费用的某百分率计算;

(e) 除非获得局长书面同意及基于该公告指明的原因,否则竞投人或投标人不得撤回其出价或标书;

(f) 局长可基于该公告指明的原因拒绝接纳某项出价或标书,或取消某竞投人或投标人的资格;

(g)(i) 局长可基于该公告指明的原因将(d)段所述的保证(包括该项保证所赚取的任何利息)的全部或部分没收归予政府或以其他方式强制执行该项保证的全部或部分;

(ii) 在不抵触第(6)款的情况下,局长可在以下情况取消、撤回或暂时吊销任何牌照——

(A) 第7(12)条适用于该牌照的发出,或第32H(6)条适用于根据第32H(1)条就该牌照所关乎的频谱作出的指配;并且

(B) 基于该公告指明的原因;

(iii) 局长可指明任何旨在促进或确保该项拍卖或投标是以公平、有效率及有秩序的方式进行的规定,或任何具促进或确保该项拍卖或投标是如此进行的效果的规定。(由2001年第12号第4条增补)

(6) 在不损害局长可据之而行使第(5)(g)(ii)款所述的权力的任何其他理由的一般性原则下,局长在以下条件获符合的情况下,方可依据任何指称有理由行使该权力的申诉而行使该权力——

(a) 该项申诉是由参与该项申诉所关乎的拍卖或投标的竞投人或投标人作出;及

(b) 该项申诉是在公开宣布该项拍卖或投标的结果的日期后3个月内向局长作出。(由2001年第12号第4条增补)

(7) 不论本条例其他条文有何规定,局长具有所有为强制执行在第(4)(b)(ii)款所指的公告中指明的拍卖或投标的条款及条件而必需有的权力。(由2001年第12号第4条增补)

(8) 依据本条缴付的频谱使用费须拨入政府一般收入。(由2001年第12号第4条增补)

(9) 现宣布——

(a) 依据本条而须缴付的频谱使用费,是根据第7(2)或37(1)(g)条订明的任何费用之外的额外须缴付的费用;

(b) 单凭本会符合第(6)款的申诉(该申诉若非在有关牌照发出前或有关频谱指配前作出,则本属符合第(6)款)不足阻止局长根据第7(5)条将该牌照发予或根据第32H(1)条将频谱指配予该申诉所针对的竞投人或投标人;

(c) 第(4)(a)(i)或(b)(ii)或(5)(d)款所述的宪报公告不是附属法例。(由2001年第12号第4条增补)

(10) 政府可将欠政府的频谱使用费(包括其任何部分)作为民事债项予以追讨。(由2001年第12号第4条增补)

(11) 在不损害第(4)(a)款的一般性的原则下,在本条(包括第(3)款)中——

"事件"(event)包括日期;

"频谱使用费"(spectrum utilization fee)包括定额费用、以某公式计算的费用、以另一方式确定的费用、或上述费用的任何形式组合。(由2001年第12号第4条增补)

(第VB部由2000年第36号第17条增补)

第32J条 干扰(略)

第32K条 关乎操作人员的考试、发证及授权(略)

第32L条 释义(略)

第32M条 上诉委员会的成立及成员资格(略)

第32N条 向上诉委员会提出上诉(略)

第32O条 上诉委员会的程序及权力等(略)

第32P条 不作披露的特权(略)

第32Q条 上诉委员会的决定为最终决定(略)

第32R条 向上诉法庭呈述案件(略)

第32S条 与上诉有关的罪行等(略)

第32T条 豁免权(略)

第32U条 规则(略)

第33条 为提供便利而截取讯息的命令(2006年8月9日)

第Ⅵ部　补充及杂项

(1) 为提供以下行动合理所需的便利或令该等便利可予提供的目的——

(a) 查察或发现在违反本条例或根据本条例订立的规例的任何条文或违反根据本条例批给的牌照的条款或条件的情况下提供的任何电讯服务;或

(b) 执行不时根据《截取通讯及监察条例》(第589章)发出或续期的对电讯截取的订明授权,行政长官可命令截取任何类别的讯息。

(2) 第(1)款所指的命令本身并不授权取得任何个别讯息的内容。

(3) 在本条中——

"内容"(contents)就任何讯息而言,具有《截取通讯及监察条例》(第589章)第2(6)条就该条所表述的通讯而给予该词的涵义;

"订明授权"(prescribed authorization)具有《截取通讯及监察条例》(第589章)第2(1)条给予该词的涵义;

"电讯截取"(telecommunications interception)具有《截取通讯及监察条例》(第589章)第2(1)条给予该词的涵义。

(由2006年第20号第68条代替)

第Ⅵ部　补充及杂项

第33条　为提供便利而截取讯息的命令

(1) 为提供以下行动合理所需的便利或令该等便利可予提供的目的——

(a) 查察或发现在违反本条例或根据本条例订立的规例的任何条文或违反根据本条例批给的牌照的条款或条件的情况下提供的任何电讯服务;或

(b) 执行不时根据《截取通讯及监察条例》(第589章)发出或续期的对电讯截取的订明授权,行政长官可命令截取任何类别的讯息。

(2) 第(1)款所指的命令本身并不授权取得任何个别讯息的内容。

(3) 在本条中—

"内容"(contents)就任何讯息而言,具有《截取通讯及监察条例》(第589章)第2(6)条就该条所表述的通讯而给予该词的涵义;

"订明授权"(prescribed authorization)具有《截取通讯及监察条例》(第589章)第

2(1)条给予该词的涵义;

"电讯截取"(telecommunications interception)具有《截取通讯及监察条例》(第589章)第2(1)条给予该词的涵义。

(由2006年第20号第68条代替)

第34条 关于牌照等的一般条文(略)

第35条 局长的权力(略)

第35A条 查阅纪录、文件及帐目(略)

第35B条 全面服务责任(略)

第36条 没收(略)

裁判官或法院可应由局长或代表局长或由任何公职人员提出的申请,命令将已有违反或已有试图违反本条例之事发生所关乎的任何器具没收归官方所有,而不论是否已就该项违反或试图违反而针对任何人提起法律程序。

第36A条 局长可决定互连条款(略)

第36AA条 共用设施(略)

第36B条 局长的指示(略)

第36C条 局长或法院可施加罚款(略)

第36D条 局长可获取资料(略)

第37条 规例(略)

第38条 (由1983年第69号第5条废除)

第39条 豁免

(1) 总督会同行政局可藉命令豁免任何人或任何类别的人,使其免受本条例或免受本条例内他认为合适的任何条文管限。

(2) 在不减损《释义及通则条例》(第1章)第40条的条文的原则下,根据本条所发的命令可规定,根据本条批给的任何豁免均须有下述条件,即获批给豁免的人或类别的人,不得就已作出的豁免所关乎的任何服务、设施或电路,直接或间接定下或征收较局长藉宪报所刊命令不时指明的收费为高的任何收费,或使该等收费须予缴付。(由1983年第69号第6条增补)

第39A条 补救(略)

第39B条 豁免(略)

第40条　过渡性条文

(1) 由总督会同行政局根据已废除的《电讯条例》(1936年第18号)批给而在本条例的生效日期属有效的任何牌照,须当作是由总督会同行政局根据和按照本条例批给的。

(2) 在本条例的生效日期已根据已废除的《电讯条例》(1936年第18号)在任何土地之内、土地上方或土地之上合法设置与维持的电讯线路或接线柱,须当作是根据和按照本条例在上述土地之内、土地上方或土地之上设置与维持的。

第41条　确认有效

为免生疑问,特此声明:凡于《1982年电讯(修订)条例》(1982年第57号)生效日期前任何时间,局长就任何广播转播电台或闭路电视批给任何牌照而其意是在行使其根据第7条所具有的权力,则该项批给不得仅因该牌照当时不属《电讯规例》(第106章,附属法例A)附表1第2栏所指明的牌照而无效。

(由1982年第57号第2条增补)

(附表略)

二〇〇〇年六月十二日

9. 电讯(传送者牌照)规例

赋权条文　版本日期01/04/2001(第106章第7(2)条文)

[2001年4月1日](本为2001年第19号法律公告)

第1条　(已失时效而略去)

第2条　释义

在本规例中,除文意另有所指外——

"有限制固定传送者牌照"(fixedcarrier(restricted)licence)指一项固定传送者牌照,而该牌照仅令持牌人有权设置或维持用作传送《广播条文例》(第562章)第2(1)条文所指的电视节目的电讯网络;

"有限制移动传送者牌照"(mobilecarrier(restricted)licence)指—

(a) "移动传送者牌照"的定义的(a)或(b)段所述的移动传送者牌照;及

(b) 就所使用的移动电台主要并非于陆上使用的无线电通讯而发出的移动传送者

牌照;"地球站"(earthstation)指位于地球表面或地球大气层主要部分之内的电台,而该电台的用途是—

(a) 与一个或多于一个空间电台进行通讯,或接收该等空间电台发出的讯息;或

(b) 与一个或多于一个相同种类的电台,透过一个或多于一个用途是反射无线电通讯讯号的反射衞星或透过其他在太空的物体,而进行通讯,或透过该等衞星或物体接收该等电台发出的讯息;

"固定传送者牌照"(fixedcarrierlicence)不包括空间电台传送者牌照;

"空间电台"(spacestation)指位于空间物体上的无线电通讯电台;

"空间电台传送者牌照"(spacestationcarrierlicence)指授权持牌人作出下述行为的传送者牌照：为进行遥测、追踪、控制及监察空间物体及为进行空间无线电通讯的目的而设置、管有、维持、使用及操作空间电台或地球站;

"现有牌照"(existinglicence)指符合以下说明的牌照—

(a) 凭借本条文例第7O条文当作是根据本条文例批给的;及

(b) 属"传送者牌照"的定义所指的;

"移动传送者牌照"(mobilecarrierlicence)指就—

(a) 移动地点之间;或

(b) 固定地点与移动地点之间,

的通讯而发出的传送者牌照,但不包括空间电台传送者牌照;

"电台"(station)指在某一地点为传送无线电通讯服务而必需的发射器或接收机或发射器及接收机的组合,包括附属设备;

"传送者牌照"(carrierlicence)不包括专利牌照。

第3条　传送者牌照的一般条文件 版本日期 01/04/2001

(1) 除第(2)款另有规定外,传送者牌照的一般条文件为附表1指明者。

(2) 第(1)款不适用于现有牌照。

第4条　传送者牌照的有效期 版本日期 01/04/2001

(1) 在第(2)至(7)款的规限下,固定传送者牌照、有限制固定传送者牌照、移动传送者牌照或空间电台传送者牌照的有效期为附表2就该牌照指明者。

(2) 第(1)款不适用于现有牌照。

(3) 凡现有牌照的持有人将该牌照交回局长,以换取局长根据本条文例第7(5)条

文发出符合以下说明的传送者牌照—

（a）发予该持有人的；而

（b）在符合第（4）款的规定下获局长认为是相等于该现有牌照的，则尽管有附表2的规定，该传送者牌照须自该现有牌照交回之时起生效，并于紧接该现有牌照在交回时尚余的有效期届满时届满。

（4）为施行第（3）款—

（a）凡传送者牌照所关乎的频带（如有的话）与现有牌照所关乎的频带相同，则该传送者牌照相等于该现有牌照；而

（b）不论就该传送者牌照而须缴付的费用，是否与就该现有牌照而须缴付的费用相同。

（5）凡—

（a）某现有牌照根据《电讯规例》（第106章，附属法例）可予延展或续期至《电讯规例》（第106章，附属法例）指明的期限（"指明期限"）为止或不超过该指明期限；及

（b）局长已根据本条文例第7(5)条文发出传送者牌照—

（i）予该现有牌照的持有人；而

（ii）该传送者牌照获局长认为是相等于该现有牌照的（但无需理会须就该传送者牌照缴付的费用），则尽管有附表2的规定，该传送者牌照须自该现有牌照届满时起生效，并于该传送者牌照所指明的期限届满，该期限不得后于适用于该现有牌照的指明期限。

（6）如非因按第（3）款所述将现有牌照交回局长以换取传送者牌照则第（5）款本应适用于该现有牌照的话，则尽管有附表2的规定，该传送者牌照的延展或续期的有效期，须于该传送者牌照所指明的期限届满，该期限不得后于《电讯规例》（第106章，附属法例）就该现有牌照的延展或续期（视属何情况而定）而指明的期限。

（7）为免生疑问，现宣布本条文—

（a）不得解释为赋予任何人获发传送者牌照的权利或特权；及

（b）不得解释为赋予任何人获延展传送者牌照的有效期或将传送者牌照续期的权利或特权。

第5条　与载运若干物品予有关连人士有关的罪行 版本日期 01/04/2005

（1）为施行第（2）款，"指明人士"（specified person）—

(a) 就在特区注册的某船舶而言,指该船舶的拥有人或船长;

(b) 就任何其他船舶而言—

(i) 指当其时租用该船舶的人;或

(ii) 在该船舶的船长是在特区的人或是兼具香港永久性居民及中国公民身分的人的情况下,指该船长;

(c) 就在特区注册的某飞机而言,指该飞机的营运人或机长;

(d) 就任何其他飞机而言—

(i) 指当其时租用该飞机的人;

(ii) 在该飞机的营运人是在特区的人,或是兼具香港永久性居民及中国公民身分的人,或是根据特区法律成立为法团或组成的团体的情况下,指该营运人;或

(iii) 在该飞机的机长是在特区的人或是兼具香港永久性居民及中国公民身分的人的情况下,指该机长;或

(e) 就车辆而言,指该车辆的营运人或驾驶人。

(2) 如船舶、飞机或车辆在违反第4(1)条的情况下使用,则每名指明人士均属犯罪—

(a) 一经循公诉程序定罪,可处罚款及监禁7年;或

(b) 一经循简易程序定罪,可处第6级罚款及监禁6个月。

(3) 在就与违反第4(1)条有关的罪行而进行的任何法律程序中,被控人如证明他既不知道亦无理由相信—

(a) 有关的物品属禁制物品;或

(b) 有关的物品的载运属下述载运途程或其任何组成部分—

(i) 载运予有关连人士或该等人士指定的对象;或

(ii) 载运至某目的地,以将该等物品直接或间接交付予有关连人士或该等人士指定的对象,

即可以此作为免责辩护。

第5条 须就传送者牌照缴付的费用 版本日期 01/04/2001

(1) 除第(2)及(3)款另有规定外,就固定传送者牌照、有限制固定传送者牌照、移动传送者牌照、有限制移动传送者牌照或空间电台传送者牌照而须缴付的费用为附表3就该牌照指明者。

(2) 第(1)款不适用于现有牌照,但适用于《广播条文例》(第562章)附表8第2(1)(b)或(2)(b)条文所述的现有牌照。

(3) (a)除(b)段另有规定外,尽管有附表3的规定,每年就第4(3)条文所述的传送者牌照缴付该附表指明的费用的日期为—

(i) 根据《电讯规例》(第106章,附属法例)每年就交回局长以换取传送者牌照的现有牌照缴付费用的日期;或

(ii) 行政长官会同行政会议就该现有牌照而指明的日期,视情况需要而定。

(b) 尽管有附表3的规定,每年就属《广播条文例》(第562章)附表8第2(1)(b)或(2)(b)条文所述的牌照的有限制固定传送者牌照缴付附表3指明的费用的日期为7月7日。

(4) 如第(3)(b)款所述的有限制固定传送者牌照在紧接该款所述的适用于该牌照的日期之后尚余有效期不足1年,则该款所述的费用须以尚余有效期在1年中所占的部分,按比例计算。

第6条 现有牌照对固定电讯网络服务牌照等的提述 版本日期 01/04/2001

(1) 除第(2)款另有规定外,凡在现有牌照内提述本条文的列表第1栏所述的词语(包括该词语的文法变体及同根词句),须包括提述该列表第2栏与其相对之处所述的词语(包括次述词语的文法变体及同根词句),而据此,持牌人须按照经如此解释的有关提述遵从该牌照的规定。

(2) 如第(1)款就该款所述的任何提述的施行,会与本条文例第70条文的条文就该提述的施行有所抵触,则在如此抵触的范围内,第(1)款不适用于该款所述的任何提述。

列表

第1栏　第2栏

现有牌照　传送者牌照

固定电讯网络服务牌照　固定传送者牌照

个人通讯服务的公共无线电通讯服务牌照移动传送者牌照

公共移动无线电话服务的公共无线电通讯服务牌照移动传送者牌照

公共无线电通讯服务牌照(陆地移动业务以外的服务)有限制移动传送者牌照

附表1 条文传送者牌照的一般条文件 版本日期 01/04/2001

[第 3 条文]

1. 定义及释义

1.1 在本牌照中,除另有规定或文意另有所指外,所有的字或词句均具有《电讯条文例》(第 106 章)("本条文例")给予该字或词句的涵义,或(视属何情况而定)具有《释义及通则条文例》(第 1 章)给予该字或词句的涵义。解释本牌照时不得考虑标题及题目。

1.2 本牌照不得解释为批给持牌人提供有关的服务的专利权。

1.3 如局长曾就有关的服务的提供而批给牌照或领牌豁免(不论如何描述),则该等牌照或豁免均由本牌照取替。

1.4 本牌照的批给,并不授权持牌人进行任何事情以侵犯根据本条文例获批给的专利牌照,或根据任何其他条文例获批给经营及提供电讯网络、系统、装置或服务的专利权。

2. 转让

2.1 持牌人只可在获局长的事先书面同意,并在局长认为合适的合理条文件规限下,将本牌照或在本牌照下的任何准许、权利或利益转让。局长在给予同意时,须考虑他认为合适考虑的事宜,该等事宜包括(但不限于)该项转让对市场结构的影响,以及受让人在财政及技术上的能力和经营的可行性。

3. 国际公约

3.1 持牌人须时刻履行和遵守《国际电信联盟宪章及公约》的规定及附录于该公约的规例及建议中述明适用于香港的部分,以及其他国际公约、协议、议定书、谅解或同类文件,其范围是本条文件第 3.1 条文所描述的该等文书对香港有施加义务,而局长有向持牌人作出通知者,但如局长以书面豁免持牌人使其无须如此遵从则除外。

3.2 如政府曾就任何国际公约、协议、议定书或谅解或同类文件或它们的修订的拟备或商议被谘询,或曾参与任何国际公约、协议、议定书或谅解或同类文件或它们的修订的拟备或商议,而它们的标的事项是电讯,或其他政府预期会对根据本牌照而提供的服务可能有重大影响的事项,则政府会在切实可行的范围内,给予持牌人合理的机会作出陈述,表达对此事的意见。

4. 一般地遵从

4.1 持牌人须遵从本条文例、根据本条文例订立的规例、牌照条文件或局长根据本条文例可发出的其他文书。

5. 服务的提供

5.1 在符合本牌照附表1及本牌照中关于提供有关的服务的任何特别条文件的情况下,持牌人须在本牌照的有效期内,时刻以局长满意的方式经营、维持和提供良好、有效率及不间断的服务。如持牌人提出书面申请,则局长可豁免该服务的某部分或某些部分受不间断提供服务的规定的规限。

6. 顾客约章

6.1 除非获得局长批给书面豁免,否则持牌人须拟备一份顾客约章,列出向持牌人的顾客提供的服务的最低标准,并向持牌人的雇员就他们与顾客的关系及事务往来给予指引。

7. 顾客资料保密

7.1 除非顾客以局长批准的形式同意,或为防止或侦查罪行,或为拘捕或检控罪犯,或获任何法律授权或根据任何法律获授权,否则持牌人不得披露该顾客的资料。

7.2 持牌人不得使用其顾客提供或在向其顾客提供有关的服务的过程中取得的资料,但持牌人为提供该服务或与持牌人提供该服务有关而使用者,则属例外。

8. 网络的纪录及图则

8.1 持牌人须备存根据本牌照而提供的电讯装置(包括无线电通讯装置)及电讯节点及交换机(如有的话)的纪录及图则(包括总体网络图则及电缆路线图),以及局长合理所需的关于该网络的任何其他细节,包括(但不限于)来自操作支援系统的资料、通讯流量资料,以及有关该网络处理任何通讯的方式的资料库资料("网络资料")。

8.2 持牌人须按局长规定,在合理时间内向局长或局长以书面授权的人提供网络资料,供局长为其本身目的而审阅。

9. 对干扰及妨碍的管制

9.1 持牌人须采取合理措施,以不会对任何合法电讯服务造成任何有害的干扰或实际妨碍,或对任何合法电讯或公用设施服务提供者的设施的装置、维持、操作、调校、修理、更改、移走或更换造成任何实际妨碍的方式,装置、维持和操作有关的服务及网络。

9.2 持牌人须采取合理措施,以确保有关的服务的顾客不会由于使用该服务而对合法电讯服务或公用设施服务造成有害的干扰。

9.3 局长可发出他认为合适的合理指示,以避免本条文件第9.1条文所提述的有害干扰或实际妨碍。持牌人须遵从该等指示。

10. 对公共建筑物及树木的附加装置的限制

10.1 除非获政府产业署署长的事先书面同意,否则有关的网络的任何部分不得附于任何政府建筑物;另外,除非获渔农自然护理署署长或康乐及文化事务署署长的事先书面同意,否则有关的网络的任何部分不得附于政府土地上的任何树木。

11. 遵从

11.1 如持牌人为提供有关的服务,或为装置、维持或操作有关的网络,而以合约形式雇用任何人("承办人"),持牌人须继续对承办人有否遵从及履行本牌照的各项条文件,负上责任。

12. 无线电通讯装置的规定

12.1 由持牌人或代表持牌人操作的每个无线电通讯装置只能在本牌照附表3指明的地点使用,并须采用该附表指明的发射及频率及具有该附表所指明的类别与特性,而采用的功率及天线的特性须为该附表就当时正在采用的发射类别及特性而指明者。

12.2 组成每个无线电通讯装置的器具,须时刻符合局长发出的技术标准。

12.3 组成每个无线电通讯装置的器具,须属局长批准的类型,而其设计、构造、维持及操作须令使用该器具不会对任何无线电通讯造成任何干扰。

12.4 无线电通讯装置只可由持牌人或由持牌人授权的人操作。持牌人不得容许未获授权的人接触组成无线电通讯装置的器具。持牌人须确保操作每个无线电通讯装置的人时刻遵守本牌照的各项条文件。

12.5 未获局长事先书面批准,持牌人不得更改—

(a) 任何无线电通讯装置;或

(b) 任何无线电通讯装置的地点。

12.6 如任何电讯装置(包括无线电通讯装置)跨越或可能会坠落或被吹倒在任何架空电线(包括电力照明及电车的电线)或电力器具上,则该装置须予以防护,至令该电线或器具的拥有人合理满意的程度。

13. 频率的使用

13.1 由持牌人或代表持牌人操作的无线电通讯装置只能在局长指配的频率操作。

14. 安全

14.1 持牌人须采取适当及足够的安全措施，以保障与所操作或使用的一切装置、设备及器具相关的人命及财产的安全，包括免于暴露在根据本牌照操作或使用的装置、设备或器具发散的电力或辐射危险下。

14.2 持牌人须遵从局长不时订明的安全标准及规格及局长作出的关于安全事宜的任何指示。

15. 禁止向政府申索

15.1 持牌人不得就由政府或代表政府进行工程而引致有关的网络的任何部分受干扰或中断以致对该网络构成干扰，而根据侵权法或合约法向政府提出申索。

16. 弥偿

16.1 如由于持牌人或其任何雇员、代理人或承办人就提供有关的服务或就装置、维持和操作有关的网络的活动，而导致或与该等活动有关而使政府招致或使他人针对政府提出损失、申索、收费、支出、诉讼、损害或索求，持牌人须就此向政府作出弥偿。

17. 非持牌人所能控制的违反事项

17.1 如持牌人能证明并令局长合理地信纳，违反本牌照是由非持牌人所能控制的情况造成的，而持牌人亦已采取一切他可采取的合理步骤以纠正该项违反，则持牌人无须对该项违反负上法律责任。

17.2 如本条文件第17.1条文所提述的情况导致有关的服务的暂停或中断，而影响持牌人相当数目的顾客为期超过7天，则持牌人须向局长提交详尽的书面报告，详述该项违反的因由和表明是否或何时能够继续提供该服务。

17.3 如局长在考虑根据本条文件第17.2条文提交的报告后，合理地相信即使有该报告所勾划的情况，持牌人在一段合理时间内会能够提供有关的服务，则局长可指示持牌人在局长以书面指示的合理期间内重新提供该服务。持牌人须遵从该指示。

18. 公布牌照

18.1 持牌人或局长可以其认为合适的方式，酌情决定使公众可获知本牌照的条文款及条文件，包括任何特定条文件。

附表2 条文传送者牌照的有效期　版本日期01/04/2001

［第4条文］

1. 固定传送者牌照照除第2条文另有规定外，固定传送者牌照的有效期—

(a) 为自发出牌照当日起计的 15 年;及

(b) 在该牌照获得续期的情况下,须加上一段局长指明的不超过 15 年的期间。

2. 有限制固定传送者牌照有限制固定传送者牌照的有效期——

(a) 为一段局长指明的不超过自发出牌照当日起计的 12 年的期间;及

(b) 在该牌照获得续期(包括任何连串的续期)的情况下,须加上一段局长指明的不超过 12 年的期间。

3. 移动传送者牌照移动传送者牌照的有效期为自发出牌照当日起计的 15 年。

4. 空间电台传送者牌照空间电台传送者牌照的有效期为自发出牌照当日起计的 20 年。

附表 3 条须就传送者牌照缴付的费用　版本日期 01/05/2004

[第 5 条文]

第 1 部　固定传送者牌照(有限制固定传送者牌照除外)

1. 在固定传送者牌照(不包括有限制固定传送者牌照)发出时及在牌照继续有效期内每年的发出牌照周年日,均须缴付费用 \$1 000 000。如该牌照只准许提供对外服务,则该费用为 \$200 000。(2003 年第 134 号法律公告;2004 年第 34 号法律公告)

2. 在固定传送者牌照(不包括有限制固定传送者牌照)的每个发出或续期周年日,均须就以电讯线路或无线电通讯方式接驳至根据有关牌照设置和维持的网络的每 100 个顾客接驳点,缴付费用 \$700。如该牌照只准许提供对外服务,则无需缴付该费用。(2003 年第 134 号法律公告)

3. 除第 4 条文另有规定外,在有关固定传送者牌照(不包括有限制固定传送者牌照)发出时及每个发出牌照周年日,均须就管理获指配的无线电频率缴付费用,有关费用的计算公式如下——

(a) 如无线电频率是指配予持牌人专用的,则——

(i) 就当时获指配在 1 吉赫以下的每 1 千赫(不足 1 千赫亦作 1 千赫计算)频率,缴付 \$50;

(ii) 就当时获指配在 1 吉赫至 10.999 吉赫内的每 1 千赫(不足 1 千赫亦作 1 千赫计算)频率,缴付 \$(50-4F),F 是当时获指配的频带内最接近的较低吉赫整数的频率;

(iii) 就当时获指配在 11 吉赫至 18.999 吉赫内的每 1 千赫(不足 1 千

赫计算)频率,缴付＄(20－F),F是当时获指配的频带内最接近的较低吉赫整数的频率;

(iv) 就当时获指配在19吉赫或以上的每1千赫(不足1千赫亦作1千赫计算)频率,缴付＄1;

(b) 如无线电频率的任何部分是以非专用或共用形式指配予持牌人,则按照(a)段列出的公式计算的费用须按比例减少,而减少因数须—

(i) 相等于局长授权使用或预留使用该部分无线电频率的人数;

(ii) 在须缴付该费用的日期厘定。

4. 管理以下任何频带内的无线电频率,无须根据第3条文缴付任何费用—

6.765—6.795兆赫

13.553—13.567兆赫

26.957—27.283兆赫

40.66—40.7兆赫

2 400—2 500兆赫

5.725—5.875吉赫

24.0—24.25吉赫

61—61.5吉赫

122—123吉赫

244—246吉赫

第2部 有限制固定传送者牌照

1. 在有限制固定传送者牌照发出时及在牌照继续有效期内每年的发出牌照周年日,均须缴付费用＄100 000。

2. 在有限制固定传送者牌照的每个发出或续期周年日,均须就以电讯线路或无线电通讯方式接驳至根据有关牌照设置和维持的网络的每100个顾客接驳点,缴付费用＄700。

3. 除第4条文另有规定外,在有关有限制固定传送者牌照发出时及每个发出牌照周年日,均须就管理获指配的无线电频率缴付费用,有关费用的计算公式如下—

(a) 如无线电频率是指配予持牌人专用的,则—

(i) 就当时获指配在 1 吉赫以下的每 1 千赫(不足 1 千赫亦作 1 千赫计算)频率,缴付 $50;

(ii) 就当时获指配在 1 吉赫至 10.999 吉赫内的每 1 千赫(不足 1 千赫计算)频率,缴付 $(50-4F),F 是当时获指配的频带内最接近的较低吉赫整数的频率;

(iii) 就当时获指配在 11 吉赫至 18.999 吉赫内的每 1 千赫(不足 1 千赫亦作 1 千赫计算)频率,缴付 $(20-F),F 是当时获指配的频带内最接近的较低吉赫整数的频率;

(iv) 就当时获指配在 19 吉赫或以上的每 1 千赫(不足 1 千赫亦作 1 千赫计算)频率,缴付 $1;

(b) 如无线电频率的任何部分是以非专用或共用形式指配予持牌人,则按照(a)段列出的公式计算的费用须按比例减少,而减少因数须—

(i) 相等于局长授权使用或预留使用该部分无线电频率的人数;

(ii) 在须缴付该费用的日期厘定。

4. 管理以下任何频带内的无线电频率,无须根据第 3 条文缴付任何费用—

6.765—6.795 兆赫

13.553—13.567 兆赫

26.957—27.283 兆赫

40.66—40.7 兆赫

2 400—2 500 兆赫

5.725—5.875 吉赫

24.0—24.25 吉赫

61—61.5 吉赫

122—123 吉赫

244—246 吉赫

第 3 部 移动传送者牌照(有限制移动传送者牌照除外)

1. 在移动传送者牌照(不包括有限制移动传送者牌照)发出时及在牌照继续有效期内每年的发出牌照周年日,须缴付的年费的款额为—(a)就有关的服务而装置的第 1 个至第 50 个基地电台每个基地电台 $1 000

(b) 就有关的服务而装置的第 51 个至第 100 个基地电台每个基地电台 $ 500

(c) 就有关的服务而装置的第 101 个或以后的基地电台每个基地电台 $ 100

(d) 就有关的服务的顾客使用的首 200 个(总数不足 200 个亦作 200 个计算)的移动电台(2002 年第 30 号法律公告;2004 年第 34 号法律公告) $ 4 000

(e) 就有关的服务的顾客使用的额外每 100 个(不足 100 个亦作 100 个计算)移动电台(2002 年第 30 号法律公告;2004 年第 34 号法律公告) $ 2 000

(f) 就指配予持牌人的每 1 千赫的频率 $ 50

2. 为厘定根据第 1 条文须缴付的费用,电台的数目及获指配的频率宽度,须为在有关的移动传送者牌照发出时或在发出牌照周年日时获授权或正被使用者。

第 4 部　有限制移动传送者牌照

1. 在有限制移动传送者牌照发出时及在牌照继续有效期内每年的发出牌照周年日,须缴付的年费的款额为—

(a) 每个牌照 $ 50 000;及

(b) 每个有关的服务的持牌人所操作的陆地电台或陆地地球站 $ 1 000。

第 5 部　空间电台传送者牌照

1. 就空间电台传送者牌照(第 2 条文所述的空间电台传送者牌照除外)—
(a) 在牌照发出时须缴付最初费用 $ 450 000;及
(b) 在牌照继续有效期内每年的发出牌照周年日,均须缴付费用 $ 150 000。

2. 就只准许持牌人设置、管有、维持、使用及操作地球站的空间电台传送者牌照—
(a) 在牌照发出时须缴付最初费用 $ 120 000;及
(b) 在牌照继续有效期内每年的发出牌照周年日,均须缴付费用 $ 80 000。

二〇〇一年四月一日

第二篇　回归祖国后澳门地区的新闻法制史料

（1999—2009）

1. 中华人民共和国澳门特别行政区基本法（节摘）

1993年3月31日第八届全国人民代表大会第一次会议通过

1993年3月31日中华人民共和国主席令第3号公布

自1999年12月20日起实施

第二条　中华人民共和国全国人民代表大会授权澳门特别行政区依照本法的规定实行高度自治，享有行政管理权、立法权、独立的司法权和终审权。

第二十七条　澳门居民享有言论、新闻、出版的自由，结社、集会、游行、示威的自由，组织和参加工会、罢工的权利和自由。

第三十二条　澳门居民的通讯自由和通讯秘密受法律保护。除因公共安全和追查刑事犯罪的需要，由有关机关依照法律规定对通讯进行检查外，任何部门或个人不得以任何理由侵犯居民的通讯自由和通讯秘密。

第六十七条　澳门特别行政区立法会是澳门特别行政区的立法机关。

第一百二十五条　澳门特别行政区政府自行制定文化政策，包括文学艺术、广播、电影、电视等政策。

澳门特别行政区政府依法保护作者的文学艺术及其它的创作成果和合法权益。

澳门特别行政区政府依法保护名胜、古迹和其它历史文物，并保护文物所有者的合法权益。

第一百二十六条　澳门特别行政区政府自行制定新闻、出版政策。

第一百三十三条 澳门特别行政区的教育、科学、技术、文化、新闻、出版、体育、康乐、专业、医疗卫生、劳工、妇女、青年、归侨、社会福利、社会工作等方面的民间团体和宗教组织同全国其它地区相应的团体和组织的关系,以互不隶属、互不干涉、互相尊重的原则为基础。

第一百三十四条 澳门特别行政区的教育、科学、技术、文化、新闻、出版、体育、康乐、专业、医疗卫生、劳工、妇女、青年、归侨、社会福利、社会工作等方面的民间团体和宗教组织可同世界各国、各地区及国际的有关团体和组织保持和发展关系,各该团体和组织可根据需要冠用"中国澳门"的名义,参与有关活动。

2. 行政长官批示(第 145/2002 号)

规范新闻自由及信息权的行使,以及新闻机构、报社及通讯社的活动的八月六日第 7/90/M 号法律的第五十八条,订定了向定期刊物发放官方补助,以加强信息权在政治及经济影响下的独立性。

制定新闻局组织架构的五月九日第 24/94/M 号法令,同样规定协助社会传播媒介及其从业员执行职务为新闻局的职责。

澳门特别行政区政府对一般信息期刊的补助制度,分别受七月二十五日第 122/GM/91 号批示及十一月三日第 210/2000 号行政长官批示规范;七月二十五日第 122/GM/91 号批示为中、葡文的定期信息出版物制定了补助制度,而十一月三日第 210/2000 号行政长官批示则制定了《鼓励本地报业提升竞争力方案》,该方案的期限经四月二十三日第 76/2001 号行政长官批示延长至二〇〇一年十二月三十一日。

在《鼓励本地报业提升竞争力方案》停止实施及第 122/GM/91 号批示经过十多年的实施后,根据所得结果并考虑到在社会传播媒介方面出现极大的变化,有需要对上述补助制度作出修改。

数码科技的普及、市场一体化及多媒体的出现,加快了社会传播媒介对全球信息的提供及取得,与此同时亦加剧了业界之间的竞争,尤其是与邻近地区同业的竞争,而本地报业亦不能避免。

处于快速、不断转变的世界,除巩固现有的优点外,还需广泛发挥新科技的潜力,适当地开发科技市场的各种业务。

另一方面，在一个民主和多元的社会，社会传播媒介对基本权利的行使，担当着不可或缺的角色，而对于一个受科技转变影响的行业，政府有责任参与其现代化和专业化。

对社会健康发展及促进社会和谐，报业担当着不可取代的角色，除了向当局反映舆论，也是不同社会团体之间的沟通渠道。

以上为指引本法规所订的澳门特别行政区政府对定期刊物的新补助制度的整体方针。

经新闻局建议；

行政长官行使《澳门特别行政区基本法》第五十条赋予的职权，并根据八月六日第7/90/M号法律第五十八条第一款的规定，作出本批示。

第一章　总则

一、本批示规范澳门特别行政区政府对定期刊物的补助制度，是透过补充措施，以相关经济从业员来推动报业，目的为确保适当条件以行使信息权。

二、定期刊物的补助制度包括以下方式：

（一）以弥补生产负担为目的之财政上的直接共同分担；

（二）以协助报业在优化、革新、专业培训、提升专业资格等方面的计划，以及其它对社会传播有显著利益的计划为目的之直接补助。

三、下列者可受惠于定期刊物补助制度：

（一）出版法所订明的出版定期刊物的实体所有人或出版社，但该等刊物须以中文或葡文为主出版的一般信息刊物；

（二）举办在社会传播方面具显著利益的活动的社团或其它实体。

四、本法规不适用于下列定期刊物：

（一）由政治团体直接或透过他人拥有或出版的定期刊物；

（二）由劳工团体、雇主团体或专业团体直接或透过他人拥有或出版的定期刊物；

（三）由行政当局、立法会或司法机关直接或间接拥有或出版的定期刊物；

（四）赠阅刊物；

（五）内容淫亵或煽动暴力的刊物；

（六）不符合法律对出版物所定概念者。

五、申请本法规规定的补助,由新闻局受理及审核。

六、行政长官有权限就本批示所订补助的发放作出具说明理由的决定。

第二章 财政上的直接共同分担

七、财政上的直接共同分担是对部分生产负担所作的无偿共同分担。

八、共同分担的金额及支付程序,每年透过行政长官批示订定。

九、第三款(一)项所指的实体,如在递交申请之日,其出版物同时具备以下各项条件,可受惠于财政上的直接共同分担:

(一)在过去五年刊期不少于一星期;

(二)刊物必须已出版及注册不少于五年;

(三)刊物连同副刊及单张的广告篇幅,不超过总篇幅的60%,计算有关的标准是从在递交申请之前十二个月内所出版的刊物中,选取最少三期作为计算基础。

十、拟申请财政上的直接共同分担的实体,须以任何一种官方语言书写的申请书,并附同生产负担的年度预算表,亲自递交或以双挂号方式邮寄到新闻局。

十一、经核实具备一般及特定的条件后,在审议财政上的直接共同分担申请时,须特别考虑在职工作人员的数目及刊物的刊期。

第三章 直接补助

第一节 优化技术的补助

十二、优化技术的补助,旨在透过新的设施、方式及技术,提高一般信息的定期刊物的素质。

十三、优化技术的补助,是对落实已批核投资计划的部分费用之无偿直接共同分担。

十四、共同分担的金额及优化技术补助的支付程序,按第八款所指,每年透过行政长官批示订定。

十五、第九款所指的实体,可受惠于优化技术补助。

十六、拟申请优化技术补助的实体,须以任何一种官方语言书写的申请书,并附同有关投资计划及补助运用建议书,亲自递交或以双挂号方式邮寄到新闻局,必要时申请者须作补充说明。

十七、经核实具备一般及特定的条件后,在审议优化技术补助申请时,须特别考虑下列情况:

(一)所递交的计划是否符合申请实体的整体需求;

(二)之前所获得的补助;

(三)在职工作人员的数目;

(四)有关刊物的刊期。

十八、审议投资计划时,须特别考虑下列因素:

(一)计划实行后,是否对定期刊物带来较大的自主权;

(二)计划的革新性;

(三)计划在经济上的可行性;

(四)投资的社会效益。

第二节 人力资源的培训及专业资格提升的补助

十九、第三款所指的实体,可在举办新闻传播和企业组织管理方面的人力资源培训及提升专业资格的活动上,申请无偿补助,以资助全部或部分费用。

二十、凡欲获取人力资源培训及提升专业资格补助的实体,须将申请书,并附同以下数据,亲自递交或以双挂号方式邮寄到新闻局:

(一)培训活动计划的详细说明;

(二)参加人数;

(三)培训活动的费用。

第三节 特别补助

二十一、第三款所指的实体,在经适当说明理由的情况下,可申请特别补助,作为举办或落实对社会传播有显著利益的活动,如举办研讨会,设立新闻奖,与澳门特别行政区以外的实体合作等活动。

第四章 共同规定

二十二、本法规所定补助的受惠实体,须按已核准的申请的规定,全面并严格执行计划。

二十三、本批示所定补助的受惠实体,可透过具说明理由的申请书,向行政长官申请修改已核准的投资计划的许可。

二十四、第二章及第三章第一节所指补助的受惠实体,必须最迟于发给补助翌年的一月三十一日,提交有关按所订条件实际运用补助款项的报告,但因充分理由而获行政长官予以延期者,不受此限。

二十五、上述实体在发放补助之日起计两年内,不得将已核准计划中所载的有形不动产的组成部分或设备的组件全部或部分出售、出租、转让或以任何方式设定负担,并在相同期间内,须确保该等不动产的组成部分或设备的组件用于作为发放补助依据的社会传播机构,但因显著理由而获行政长官明确许可的情况除外。

二十六、第二章和第三章第一节所指补助的申请,应于每年三月或自申请人具备取得补助的所有一般和特定的条件起计一个月内提出。

第五章　监察

二十七、监察根据本批示发放的补助的运用及受惠实体为获取该等补助而提供的数据,属新闻局的权限。

第六章　制裁

二十八、补助款项的支付,可因下列原因而中止或取消:

(一) 受惠实体就其受惠资格或获发放补助提供不正确或有误导成分的数据;

(二) 受惠实体在运用所收取款项期间有不规则行为;

(三) 受惠实体中止业务;

(四) 嗣后出现第四款所规定的情况。

二十九、作出上款(一)项及(二)项所指行为,可导致受剥夺领取补助权利的附加制裁,期限最长为两年。

三十、中止或取消支付款项,不妨碍提起其它有关退回不当收取的款项的程序。

三十一、侵害受刑法保护的利益的行为或举止,按刑法规定处分。

三十二、处理本章所定制裁的程序,属新闻局的权限。

三十三、科处本章所定的制裁,属行政长官的权限。

第七章　最后规定

三十四、因适用本批示而引致的负担,由每年登录于新闻局预算的款项支付。

三十五、废止七月二十五日第122/GM/91号批示。

三十六、本年度有关第二十六款所指的补助,应于本批示生效日起计一个月内提出申请。

三十七、本批示于公布翌日生效,但不妨碍已批给补助的款项的支付效力追溯至二零零二年一月一日。

二〇〇二年六月二十四日
行政长官　何厚铧

3. 行政长官批示(第76/2001号)

经分析由受益机构提交的补助款项运用报告书后,考虑到有需要维持公布于二〇〇〇年十一月十三日第四十六期《澳门特别行政区公报》第一组之第210/2000号行政长官批示所设立的《鼓励报业提升竞争力方案》;

基此,根据新闻局作出的建议;

行政长官行使《澳门特别行政区基本法》第五十条赋予的职权,并根据第210/2000号行政长官批示第二款的规定,作出本批示。

延长第210/2000号行政长官批示所设立的《鼓励报业提升竞争力方案》期限至二〇〇一年十二月三十一日。

二〇〇一年四月二十三日
行政长官　何厚铧

4. 行政长官批示(第210/2000号)

鉴于本地经济持续低迷,信息科技及全球信息网络迅速发展,邻近地区同业不断竞争,令本澳定期报刊面对各种困难。

鉴于报业对促进社会的健康发展及和谐具有不可取代的功能,且担当向行政当局传达民情的角色,是社会各阶层沟通的渠道。

不容忽视的是,政府对定期报刊的协助方案正是为保障报道权的行使提供恰当条件。

经新闻局建议;

行政长官行使《澳门特别行政区基本法》第五十条赋予的职权,并根据八月六日第7/90/M号法律第五十八条第一款的规定,作出本批示。

一、核准《鼓励本地报业提升竞争力方案》。方案以直接资助方式,鼓励本地报业在新闻传播和组织管理方面优化技术、培训专业人才及提升专业资格。

二、《鼓励本地报业提升竞争力方案》为期一年,行政长官可透过批示续期一次,期限最长为一年。

三、《鼓励本地报业提升竞争力方案》是以直接方式资助以下项目:技术更新、专业培训、交流活动、信息取得及其它符合本方案宗旨的项目。

四、凡二〇〇〇年六月三十日已在澳门出版并继续出版,按出版法规定在新闻局登记,且最少每周出版一次的中文及/或葡文报章出版机构,均可受惠于本批示所定的资助。

五、资助金额是根据报业机构规模及申请人提出的投资计划而定。

六、本批示订定的资助,由新闻局受理申请及审核。

七、申请资助者必须在本批示公布日起,三十天内向新闻局递交以中文或葡文填写的申请表格,并附同发展计划及资助运用建议书,以双挂号邮寄或直接送交新闻局,必要时申请者须作补充说明。

八、审核申请人建议的投资计划时,特别考虑下列因素:

(一) 实行投资计划后,对报业机构带来较大的自主权;

(二) 投资计划的革新性质;

(三) 投资计划的可行性;

(四) 投资计划的社会效益。

九、符合本鼓励方案条件的资助申请,连同新闻局局长意见书,一并呈交行政长官批示。

十、对受惠机构运用根据本批示发放的资助的监察权属新闻局。

十一、受惠机构应于每年十二月向新闻局提交已收取的资助款项的运用报告书。

十二、资助款项的支付,可因下列原因中止或取消:

（一）受惠机构就其资格或批给资助金额提供不正确或有误导成份的数据；

（二）受惠机构在运用获批给款项时有不规则行为；

（三）受惠机构中止业务。

十三、上款所指的中止或取消支付款项不妨碍提起其它程序，使受惠机构退回不当收取之款项。

十四、执行本批示所引致的费用由登录于新闻局预算的款项支付。

十五、本批示订定的鼓励方案不妨碍适用其它已有的支持报业措施。

十六、本批示公布翌日生效，但不妨碍批给资助款项的支付效力追溯至二〇〇〇年七月一日。

二〇〇〇年十一月三日

行政长官　何厚铧

第三篇　回归祖国后台湾地区的新闻法制史料

（1945—2009）

1. 管理收复区报纸通讯社杂志电影广播事业暂行办法

行政院训令平陆字第 21231 号 34 年 9 月 27 日（补登）

甲、敌伪报纸、通讯社、杂志及电影、广播事业之处置。

（一）敌伪机关或私人经营之报纸、通讯社、杂志及电影制片、广播事业，一律查封，其财产由宣传部会同当地政府接收管理。但其中原属未附逆之私人及非敌国人民财产，而由敌伪占有，经查明确实，并经中央核准后，得予退还。

（二）附逆报纸、通讯社、杂志及电影事业之处置。

（1）凡自国军撤退后，（其在收复地区各地，利用外商名义，掩护经营者，则在太平洋战事发生后。）继续在沦陷区公开出版或摄制，附逆有据者，概依本办法处之。

（2）附逆之报纸、通讯社、杂志、电影事业，先由宣传部通知各地政府查封，听候处置。

（3）敌伪及附逆之报纸、通讯社、图书、杂志等印刷品，凡其内容含有敌伪宣传之毒素，声势抗战利益者，经宣传部审查后，应由地方政府予以销毁。

（三）中央宣传部为便利推进宣传计，前期没收查封之敌伪或附逆报纸、通讯社、杂志、电影制片、广播等事业所有之印刷机、房屋建筑、工作用具及其他财产，经中央核准后，得会同当地政府启封利用。

乙、报纸、通讯社复员办法。

（一）宣传部、政治部、各级党部、政府原在收复区各地，沦陷前，所办之报纸、通讯社应在原地迅即恢复出版，以利宣传。

（二）各地沦陷前之商办报纸、通讯社，照下列优先程序，经政府核准后，得在原地恢复出版。

（1）原在该地发行之报纸、通讯社于该地沦陷后，随政府内迁，继续出版，致力抗战宣传。

（2）原在该地发行之报纸、通讯社，因地方沦陷，以致遭受牺牲，无力迁地出版，但其发行人及主持人仍保持忠贞，或至内地服务抗战工作，有案可稽，由原发行人申请复业者。

（三）凡自收复区因战事内移，继续出版之报纸、通讯社，应以各返原地恢复出版为原则，始得出版。

（四）各级地方政府或军师政治部，请求在收复区办理报纸、通讯社时，应依法申请登记后，始得出版。

（五）新请设立之报纸、通讯社，依实际情形，另定限制办法。

（六）收复区报纸、通讯社，自政府正式接收日起，一律重新登记。

（七）经政府核准出版之报纸、通讯社，在一年之内，不得作变更登记之请求。

（八）杂志之登记，由政府斟酌各地情形办理。

丙、新闻检查及电影检查之处理。

（一）收复区出版之报纸及通讯社稿，在地方尚未完全平定以前，应由当地政府施行检查。

（二）各地新闻检查工作，应受宣传部之指导，并由宣传部派员协助地方政府办理之。

（三）电影检查办法另定之。

2. 中央宣传部接管台湾文化宣传事业计划纲要

中国国民党中央执行委员会宣传部宣字收字第 49 号

一、由本部派遣特派员随同台湾行政长官前往该区协助接管敌伪经营之新闻出版广播电影及其他文化事业。

二、敌伪机关或私人经营之报社、通讯社、计及电影制片厂、广播台等，一律予以查封。

三、前项没收查封之报社、通讯社、出版社、电影制片厂、广播电台等，所有印刷机器、房屋建筑、工作用具及其他财产,经中央核准后由本部特派员会同公署启封利用,为便于推进本党之宣传计,中宣部有优先利用之权。

四、台北《南海日报》(即前台湾《日日新闻》)改组为《光复日报》,由中宣部派员前往主持,其余台北之《台湾新民报》、台南之《台南新闻》《台湾新报》及台中之《台湾新闻》,高雄之《高雄新报》、花莲港之《东台湾新报》等设备如尚未毁,由本部特派员与公署共同会商处理办法呈中央核准。

五、同盟社台湾分社由中央通讯社派员接收,改为该社台湾分社,并即开始工作。

六、台湾总督府映画队由中央电影摄影场派员接收,改为该场台湾分场,并即开始工作。

七、台湾オフヤット印刷株式会社改为台湾印刷公司,由公署接收,其余没收之小规模印刷所由本部特派员会同公署共同拟订处理办法呈中央核准后实施。

八、台北、台中、台南放送局均由中央广播事业管理处派员接收,改为台北、台中、台南广播电台,并即开始工作。

九、台湾省军政机关及主要民间文化团体拟在台湾区内设办事报馆、通讯社及出版社应依法申请登记,但必要时得呈准先行出版再行履行登记手续。

十、在未恢复平时状态前严格限制报社、通讯社、出版社、电影制片厂之设立,其限制办法由中央另定之。

十一、各地图书馆、书店、博物馆一律予以查封,原主应开列清单听候本部特派员与台湾警总司令部政治部(以下简称政治部)会同派员前往清查,其含有敌人文化毒素者一律没收焚毁,余得发还原主。

十二、在未恢复平时状态前,新闻、电影、什杂刊物、通讯社稿均应施行检查审定,由本部特派员协助政治部办理之。

3. 台湾省行政长官公署宣传委员会组织规程

第 1 条 本规程依台湾省行政长官公署组织条例第 5 条之规定制订之。

第 2 条 台湾省行政长官公署宣传委员会受行政长官之指挥监督,掌理左列事项:

一、关于本署图书之出版事项

二、关于本署报纸杂志之发行事项

三、关于本署招待记者及发布新闻之事项

四、关于广播之指导事项

五、关于电影戏剧之演出及指导事项

六、关于幻灯之放映事项

七、其他有关政令及文化宣传事项

第3条 本会设置主任委员一人,简任。委员三人至七人,内二人是任,余荐任。并得有主任委员就本省公教人员中,提请行政长官派五至十一人为兼任委员,组织之。

主委员总理会务,指挥监督所属职员,并于会议时为主席。

第4条 本会置秘书一人或二人,专员六人至十二人,均荐任。干事八人至十五人委任,并得用雇员十人至二十人。

第5条 本会会议规则及办事细则另定之。

第6条 本规程自公布日施行。

4. 查禁书籍办法

台湾省行政长官训令

查本省沦陷五十年之久在文化思想上,敌人遗毒甚深,亟待查禁,兹规定查禁书籍办法如次:

一、凡

(1) 赞扬"皇军"战绩者;

(2) 鼓励人民参与"大东亚"战争者;

(3) 报导占领我国土地情形,以炫耀日本武力者;

(4) 宣扬"皇民化"奉公队之运动者;

(5) 诋毁总理、总裁及我国国策者;

(6) 曲解三民主义者;

(7) 损害我国权益者;

(8) 宣传犯罪方法,妨碍治安者

等图书、报纸、杂志、画报,一律禁止售购。

二、全省各书店摊,应即自动检查,如有上述各种违禁图书杂志画报,速自封存列表听候处置,如敢隐匿,一经查出,从重处罚。

三、台北市,即由本公署宣传委员会,会同警备处及宪兵团派员组织检查队,实行检查,并查封存数量,限于3月10日以前集中焚毁,其他各市县抄发查禁原则,转饬各书店书摊自行检查封存,由各市县依照上述办法时间,实行检查,集中焚毁。

5. 新闻纸杂志日文版废止日期未便再予延期

台湾省行政长官公署代电　致未冬署宣字第12149号　35年8月2日

新竹市参议会张议长何副议长均【钧】鉴:

贵会35年7月25日新参字第109号代电悉。查台湾既经光复,其通行文字,自应以本国文字为限,惟念本省沦陷五十年,情形特殊,故准各报纸杂志刊行日文版,但此种措施,原属一时之权宜之计,自不能任其过久,致碍本国文字之推行,经决定以一年为期,故自本年10月25日起,所有本省报纸杂志之日文版,必须一律废止,事关国策,未便予延长,希查照为荷。

台湾省行政长官陈仪致未(冬)署宣新印

6. 废止新闻纸日文版未便展期

台湾省行政长官公署宣传委员会代电　致未冬署宣字第15209号　35年8月14日

高雄市参议会彭议长林副议长均【钧】鉴:

贵会35年8月2日高市参总字第65号公函敬悉。查本省报纸杂志之日文版,决定自本年10月25日起,一律废止案,前经长官公署以未冬署字第12149号电复新竹参议会,并刊登35年8月5日秋字第31期公报在案。准函前由,所请暂缓废止新闻日文版一节,未便照办,相应复请查照为荷。

台湾省行政长官公署宣传委员会主任委员夏声涛未(寒)(35)宣新印

7. 本省新闻纸杂志附刊日文版应自本年 10 月 25 日起一律撤除

台湾省行政长官公署代电　致酉东署宣字第 29418 号　35 年 10 月 1 日

各县市政府：

本署前以台湾沦陷五十年，一部分台胞，因受日人强施日文教育之结果，对祖国文字，未克熟习，故光复之初，暂准各新闻纸杂志附刊日文版，此种措施，原属一时权宜之计，现本省光复，瞬届周年，为执行国策，自未便久任日文与国文并行使用，至碍本国文字之推行，特定自本年十月廿五日起，所有本省境内新闻纸杂志附刊之日文版，应一律撤除，除公告外，希转饬该辖区内各新闻杂志社一体遵照为要。

行政长官陈仪酉东（卅五）署宣印

8. 广播无线电台设置规则

行政院 1946 年 1 月核准，1946 年 2 月 24 日交通部公布施行，4 月 23 日将第 18 条修正，10 月 5 日将第 25 条修正，12 月 16 日将第 22 条修正公布

第 1 条　本规则依电信条例第 5 条之规定制定之。

第 2 条　本规则所称之广播无线电台（以下简称广播电台），系指用无线电传播语言、音乐、歌曲等，供一般公众收听之电台而言，此项广播电台之设置运用，均应依照本规则之规定办理。

第 3 条　广播电台除国营者外，分为下刊两类：

（一）公营广播电台　凡中华民国政府机关所办广播电台，除交通部所办者，系属国营电台外，其余均称为公营广播电台。

（二）民营广播电台　凡中华民国公民或正式立案完全华人组织设置之公司厂商、学校、团体，所设广播电台，均称为民营广播电台。

第 4 条　凡外籍机关人民，非完全华人组织设置之公司厂商、学校、团体，一律不准在中国境内设立广播电台。

前项公司厂商学校团体之职员，虽全系华人而其行政权系由外籍机关或人民者掌握，或其行政权虽操于华人，而其资产之一部属于外籍机关或人民者，亦同。

第 5 条　本规则各条所称广播电台,除于文内叙明公营或民营者外,均系包括公营民营两类电台而言。

第 6 条　凡欲设置广播电台,均应先行填具申请登记表(由交通部印制空白书表发给填用),并将下列各项叙明送请交通部审核,经核准发给许可证后,方可架设。

(一)申请人姓名住址经历(如系公司厂商学校团体,应将名称地址组织情形立案机关及负责人姓名住址经历叙明);

(二)设立广播电台之目的;

(三)广播电台名称组织概算及其经费来源;

(四)发射机电力地址,制造厂家及详细工程计划(应附详细路线图);

(五)播音室地点。

第 7 条　广播电台许可证之有效期间,为自核发之日起满六个月为止,申请人必须于该期间内将电台建设完成,其因特别事故未能在期内设成者,得于期满前申述理由,附缴原许可证申请交通部展期三个月,但以一次为限。

第 8 条　广播电台建设完成,应即申请交通部派员查验核发执照,俟查验合格发给执照后,方准播音,其原领之许可证,并应于核发执照后缴纳。

第 9 条　广播电台如须试验播音,应以夜间零时至六时为限,并应先行报请交通部查核。

第 10 条　广播电台执照之有效期间,为自核发之日起满一年为止,如拟于期满后,继续设置运用,应于期满前一个月内申请交通部换发新执照,此项新执照之有效期间,为自旧照失效之日起满一年为止。

第 11 条　在本规则公布前设立广播电台,无论以前已否领有交通部许可证,或暂用执照,均应按照本规则之规定补请执照,凡公营广播电台,应在本规则公布后三个月以内,将申请手续续办后,逾期不得继续播音,民营广播电台,应即日停止播音,俟请准发给执照后,方得恢复。

第 12 条　广播电台许可证或执照,如有遗失,应即登报声明作废,并报请交通部补发。

第 13 条　广播电台许可证,或执照内,所载事项,如拟予以变更,应先行申请交通部核准换发新证照。

第14条 凡依照前两条规定补发之许可证或执照,其有效期间,应仍以原许可证或执照之期间为准。

第15条 凡申请核发换发补发广播电台许可证,应附缴证书费五百元,印花税费二百元,申请核发换发补发广播电台执照,应附缴执照费两千元,印花税费二百元。

第16条 广播电台许可证执照,均不得移转租让。

第17条 凡公营广播电台,如系地方政府所设者,应以供所辖区域内公众收听为标的,其电力以一百瓦特至五千瓦特为限,民营广播电台,应以供所在市县内公众收听为标的,其电力以五十瓦特至五百瓦特为限,此项地方政府所设及民营电台波长均限用中波(550千周至1500千周)。

第18条 广播电台之分布,每省不得超过十座,并以散布各市县为原则,特别市除上海市不得超过十五座,南京市不得超过十座外,其余每市不得超过六座,民营广播电台在上列各项数目中,上海市不得超过三分之二,其他各省市不得超过半数。

综上各项数目,交通部仍得随时酌量减少核准之。

第19条 广播电台周率,由交通部于核发许可证时,指定其呼号,由交通部于核发执照时指定。

第20条 广播电台之周率,应力求稳定,所用周率,如系中波,应随时测验调整,使与指定周率上下相差不逾0.02千周。

第21条 广播电台必须用晶体控制振荡器。

第22条 广播电台播音节目,应以左列各项为限:

(一)教育及公益演讲;

(二)新闻报告(以上两项之每日播音时间,公营电台,应占多数,民营电台亦不得少于全日播音时间20%);

(三)音乐歌曲,及其他娱乐节目;

(四)商业报告(民营电台播送以上两项节目,至多不能超过每日播音时间80%,公营电台应不予播送商业广告)。

第23条 广播电台,除经交通部核定有特种使命者外,其播音语言,应以中国语言为主。

第24条 广播电台在播音时间内,至多每隔三十分钟必须将台名呼号及所用周率报告一次。

第25条　广播电台不得播送不真确之消息,或违反政府法令,危害治安,有伤风化之一切言论消息、歌曲文词。

第26条　交通部得将政府机关政令消息,以及其他有益民众之节目,发交广播电台播送,或派员前往自行播送,或规定转播另一广播电台之节目,各广播电台,均应照办,不得托故拒绝。

第27条　关于广播电台播音节目,交通部得在不与本规则抵触之范围内,另订详细章则管理之。

第28条　广播电台,未经领有交通部执照,或已领执照而已被取消,或已遗失未经请准补发者,均不得播音。

第29条　广播电台之周率呼号,及其他一切事项,经交通部规定或核准后,非经申请核准,不得变更。

第31条　广播电台不得扰乱或妨害任何合法电台之电讯,并不得扰乱或妨害其他广播电台之播音。

第31条　交通部得随时派员携带证明文件至各广播电台检查机件,及簿籍图表,并其他有关事项,各广播电台,不利托故拒绝。

第32条　交通部或其所派人员,对广播电台一切事项,有所指示改善,广播电台,应尽速照办。

第33条　遇有船舶电台,航空电台遇险呼救,而所用周率与广播电台周率相近时,电台或亲自闻得,或经交通部所属海岸电台,或陆地电台之通知,应即停止播音,以避干扰,而利救险电报之传递,必俟救险电报之传递确已终止时,始得继续播音。

第34条　广播电台技术,及播音人员,交通部得命其登记。

第35条　广播电台不得向任何电台或收讯机传递不属广播性质之语言电码,或数目字,如有违背,应分别按发递电话电报,应纳之费三倍偿还交通部电信机关损失。

第36条　广播电台,如因故欲停止播音若干时日,应先行报请交通部查核,如停止播音逾两个月,交通部得吊销其执照。

第37条　广播电台,如拟停办,应先报告交通部查核,并将执照缴销,其机件天线等,均应拆卸。

第38条　广播电台停办后,其机件存放地方,应报告交通部查核,非经核准,不得移动,或出售转让。

第39条　广播电台,违反本规则任何一条时,除电信条例及统制电信器材法规,另有规定者,应照各该规定办理外,其他事项,由交通部按情节轻重予左列处分:

(一)警告;

(二)停止播音(自一日至一个月);

(三)吊销执照限令拆除电台。

第40条　凡违反第35条之规定者,除赔偿交通部电信机关损失外,应仍按前之规定处罚。

第41条　广播电台,如有违反规章之处,应由该台主管人员负完全责任,交通部除对于广播电台,按照第39条之规定予以处分外,并得通知设台人,对电台主管人予以记过、罚薪或撤职处分。

第42条　国际无线电规则,及交通部分布之各项法规内有关于广播电台,而与本规则不相抵触之各项规定,均适用之。

第43条　本规则自公布之日起施行。

9. 各地报纸缩减篇幅暂行办法

内政部1947年2月22日颁布

台湾省行政长官公署新闻室代电叁陆寅感新字

第25510号1947年3月27日施行

一、上海南京报纸原有篇幅在三大张以上者,缩为三大张,其余则依次递减为二张半二张,原有篇幅在二张以下者,可自由减缩。

二、其他各地报纸篇幅以两大张为最高额,原未出及两大张者不增,原在一张以上者,可自由减缩。

三、除国定纪念日及本报创刊纪念日外,不得出增刊。

四、各报广告及新闻之编排,应力求节约篇幅地位。

五、各地报纸至迟在二月十六日以前,须开始依照标准减缩篇幅。

六、黄色刊物,由本部另订限制办法。

10. 绥靖期内新闻杂志书报均应检查后方准发行

台湾省警备总司令部 1947 年 3 月 19 日公报第 142 号

查在绥靖期内为杜绝奸伪煽惑活动巩固地方计时有新闻杂志书报均应检查,除台北市应送由本部第一处负责检查外,其他各地均应送由当地最高军事机关检查后方准发行。除分令外特此公告通知。

11. 动员戡乱完成宪政实施纲要(节摘)

1947 年 7 月 18 日中华民国国民政府颁布,1991 年 5 月 17 日废止。

第一条　本纲要依国务会议通过厉行全国总动员以戡平共匪叛乱如期实施宪政案及国家总动员法之规定,制定之。

第七条　为维持安宁秩序,政府对于煽动叛乱之集合及言论行动,应依法处罚。

第十四条　人民基本权利,均应切实尊重,妥为保障,降因动员戡乱所必须之各种法令必须切实施行者外,任何法外侵扰行为,均应严行防制。

第十六条　违反本纲要第三至第七条或依据各该条所定办法,应行制裁或限制之行为者,依妨碍国家总动员惩罚暂行条例惩罚之。

12. 台湾省新闻处组织规程(节摘)

台湾省政府令叁陆未真府秘法字第 43221 号

第一条　台湾省新闻处(以下简称本处)隶属台湾省政府,其组织依本规程之规定。

第二条　本处之职掌如左:

一、关于新闻之发布事项;

二、关于本府与新闻界之联系事项;

三、关于政令之转布事项;

四、关于新闻记载图书杂志之分析事项;

五、关于摄制新闻电影片之指导事项;

六、关于电影、戏剧、广播、及其他艺术宣传之辅导事项;

七、关于宣传品之编印事项；

八、其他有关政令及文化之宣传事项。

13. 国家总动员法（节摘）

中华民国国民政府 1942 年 3 月 29 日公布；台湾省政府 1947 年 12 月 11 日公告

第 22 条　本法实施后，政府必要时得对报馆及通讯社之设立，报纸通讯稿及其他印刷物之记载，加以限制、停止，或命其为一定之记载。

第 23 条　本法实施后，政府必要时得对人民之言论、出版、著作、通讯、集会、结社加以限制。

14. 妨害国家总动员惩罚暂行条例（节摘）

中华民国国民政府 1942 年 6 月 29 日公布；台湾省政府 1947 年 12 月 11 日公告

第八条　有左列事情之一者，处一年以下有其徒刑、拘役或一千元以上罚金。

一、拒绝或妨碍国家总动员法第十三条之检查者。

二、违反国家总动员法第二十一条第一项规定所发之命令，而拒绝使用者。

三、违反或妨碍国家总动员法第九条、第十二条或第二十二条规定所发之命令者。

第十条　违反国家总动员法第二十二条规定所发之命令者，其处罚依出版法之规定，必要时并得加重其刑至二分之一。

15. 戡乱时期危害国家紧急治罪条例（节摘）

中华民国国民政府 1947 年 12 月 25 日公布；台湾省政府 1947 年 12 月 25 日公告

第六条　以文字或图画或演说为匪徒宣传者，处三年以上七年以下有其徒刑。

16. 新闻纸杂志及书籍用纸节约办法

行政院 1947 年 9 月 5 日通过(36)四防 55113 号训令

台湾省政府 1948 年 1 月 9 日(37)子佳府新字第 5491 号代电

第 1 条　各地报纸关于新闻及广告之编排,应力求节约篇幅,原在一张以上者均应于本办法公布后自动缩减为一张,其原在二张以上者不得超过二张,原在三张以上者不得超过二张半。

第 2 条　各地杂志篇幅,应依照下述规定：

一、周刊每期以十六页为度；

二、半月刊每期以三十二页为度；

三、月刊以上以六十四页为度。

前期页数均以单面计算,封皮可另加四页。

第 3 条　新闻纸杂志及书籍应尽量采用国产纸张。

第 4 条　内政部得根据事实需要,酌量调剂各地新闻纸杂志之数量,期于节约之中并收均衡文化发展之实效。

第 5 条　无充分资金固定地址之新闻纸杂志,并应严格限制其登记。

17. 各县市处理新闻工作暂行办法

台湾省政府训令 37 寅哿府绎乙字第 36543 号

一、在各倒市政府未设置新闻专管机关前,关于新闻工作,由各县市政府秘书室办理,指定专责人员一人兼管。

二、各县市政府新闻工作范围如左：

(一) 关于记者招待及与宣传机关联系事项；

(二) 关于政令宣导事项；

(三) 关于新闻杂志申请登记,新闻资料采访供应事项。

三、各区乡镇新闻工作专办政令宣导事宜,在区署由总务课负责,指定课员一人兼办,在区公所及乡镇公所应各指定干事一人兼办。

四、各县市政府应将以上各级办理新闻工作人员名单,列送省新闻处备查,以资联系。

18. 戒严法（修正,节摘）

第11条　戒严地区域内,最高司令官有执行左列事项之权:

一、得停止集会、结社及游行请愿,并取缔言论、讲学、新闻杂志、图书、告白、标语暨其他出版物之认为与军事有妨害者。

（其他略）

19. 电影检查法（修正）

第1条　电影片无论本国制或外国制,应依本法经检查核准,领有准演执照后,始得映演。

第2条　电影片之检查及取缔事宜,由内政部电影检查处负责办理,其组织条例另定之。

第3条　电影片持有人,应于映演前,向检查机关申请检查。

第4条　电影片有左列各款情形之一者,应予修改或删剪或禁演。

一、损害中华民国利益或民族尊严者。

二、破坏公共秩序者。

三、妨害善良风俗者。

四、提倡迷信邪说者。

根据前期各款之规定,由内政部另订电影片检查标准,呈请行政院核准后施行之。

第5条　电影片经检查后,认为无第四条各款之情形者,发给准演执照。

本国制之电影片,非经核准领有出国证明者,不得运往国外映演。

第6条　电影片之准演执照,以三年为有效期间,期满后如仍须映演,应重行申请检查。

第7条　领有准演执照之电影片,如改换名称或变更情节时,应重行申请检查。

第 8 条　领有准演执照之电影片,其每复制片应申请添发准演执照一份。

第 9 条　电影片因内容特殊,得限制其映演地区,并于准演执照内注明之。

第 10 条　电影片经检查认为有害儿童心理者,得限制十二岁以下之儿童观看,并于准演执照内注明。

第 11 条　领有准演执照之电影片,如因国内外情势变迁,发生第四条各款情形之可能者,得调回复检,重予核定。

第 12 条　经修改或经删剪或已禁演之电影片,如因情势变迁,其须修改或删剪或禁演之原因消失时,电影片持有人得重行申请检查。

第 13 条　电影片持有人于申请检查时,应缴纳电影片检查费每五百公尺二十元,不满五百公尺者以五百公尺计。

依第 6 条、第 7 条或第 12 条之规定重行申请检查者,应缴纳加倍之检查费。

第 14 条　领有准演执照之电影片,于映演时,应由映演人瘵执照向当地主管机关呈验,不得收费。

前期电影片于映演时,如发现有轶出原核准之范围者,当地主管机关除即予停止映演,暂行扣押其影片外,并报请内政部电影检查处核办。

第 15 条　内政部电影检查处得派员携带证件,至电影片映演场所施行查验。

第 16 条　不为第 3 条之申请检查而映演电影片者,扣押其电影片,处电影片持有人一千元至三千元之罚金,处映演人一千元至三千元之罚金或一日至三日之停业。

扣押之电影片经查明有第四条各款之情形者,除处罚外,并予没收。

扣押之电影片经查明无第四第各款之情形者,经检查机关处罚并核定后,得申请发还。

第 17 条　不为第 6 条之重行申请检查或不为第 8 条之申请添发准演执照而映演电影片者,扣押其电影片,处电影持有人五百元至一千元之罚金,处映演人五百元至一千元之罚金或一日至二日之停业。

前期扣押之电影片,于处罚后,得重行申请检查或申请添发准演执照。

第 18 条　不为第 7 条之重行申请检查而映演电影片者,扣押其电影片,处其负责人一千元至二千元之罚金,其责任在映演人者,并处一日至三日之停业。

前期扣押之电影片,经检查机关处罚并核定后,得申请发还。

第 19 条　不依第 9 条或第 10 条之规定而映演电影片者,处映演人五百元至一千元之罚金或一日至二日停业。

第20条 伪造或涂改准演执照而映演电影片者,扣押其电影片,处伪造或涂改行为之负责人一千元至三千元之罚金,其责任在映演人者,并处三日之停业。

扣押之电影片经查明有第四条各款之情形者,除处罚外,并予没收。

扣押之电影片经查明无第四第各款之情形者,经检查机关处罚并核定后,得申请发还。

第21条 不照检查机关核定之修改或删剪而映演电影片者,扣押其电影片,处其负责人一千元至三千元之罚金,其责任在映演人者,并处三日之停业。

前期扣押之电影片,经检查机关处罚并核定后,得申请发还。

第22条 映演业经查禁之电影片者,没收其电影片,处电影片持有人四千元之罚金,处映演人二千元之罚金并三日之停业。

第23条 不为第14条之呈难执照而映演电影片者,处映演人一日至三日之停业。

前期处分由当地主管机关核定执行。

第24条 第16条至第23条各条所列行政处分及罚金,由内政部电影检查处核定办理。

第25条 本办法施行细则由内政部定之。

第26条 本办法自公布日施行。

20. 动员戡乱时期军事新闻发布办法

行政院(37)四防字第56601号

第一条 为厉行动员戡乱,加速完成剿匪工作,特依出版法第24条之规定,订定本办法。

第二条 全国各地报纸通讯社杂志广播电台,在动员戡乱期间,有关军事新闻之采访传布,悉依本办法办理之。

第三条 国防部政工局军事发布组为军事新闻发布机关,除经常以最迅速之方法供给各报社通讯社广播电台军事新闻稿外,并负责答复有关军事新闻之询问。

整编军以上各级政工处,得依照国防部之规定,发布新闻。

第四条 记者前往战地采访军事新闻,须向国防部政工局或当地高级军事机关申请登记,发给记者证明书。

第五条 各地报纸通讯社杂志广播电台刊载或传播之军事新闻,如系自行采访者,必须详细注明该项消息确切之来源,以便军事主管机关认为系泄露军事机密时加以追究,否则应自负刑法上之责任。

第六条 前期所定追究责任时,报纸杂志通讯社广播电台不得拒绝作证。

第七条 下列各项,非经军事新闻发布机关正式公布,均视军事机密。

(一)国军剿匪部队(包括陆海空军及保安队地方团队)之兵种编制装备番号驻防或作战地点部队集中与调动之日期地点。

(二)国军秘密军事会议内容作战计划及命令。

(三)国军军事最高当局及高级指挥官之行动及其军事报告或计划。

(四)国军所用武器之性能。

(五)国军作战之战果或损失及补充情形。

(六)俘虏含有秘密性重要口供。

(七)国军军用飞机场要塞测量局电台军器与燃料仓库重要军需工业之地点及情形。

(八)国军防御工整供应给养之交通线及后方防空设备地点及内容。

(九)国军整训之实施及后方训练基地详细情形。

(十)驻在各绥靖区内部队之现况。

(十一)共匪在国军后方流窜骚扰情形。

(十二)当地最高军事机关认为足资共匪利用之有关军事资料或文件。

第八条 军事主管机关对于有关泄露军事机密事项,除依照军机防护法处理外,对于报纸通讯社杂志广播电台刊载或传播军事机密新闻,未详细注明消息来源或于事后未能提供证据指出确切来源时,得根据刑法第一百零九条第一项及刑法第一百一十一条之规定,请求司法检察官起诉。

第九条 本办法自公布日施行。

21. 戡乱时期邮电抽查条例

第1条 戡乱时期为避免紧急危难维持社会秩序起见,依据中华民国宪法第二章

第二十三条之规定，特制定本条例施行邮电检查，至戒严地区之邮电检查，仍依戒严法第十一条第四款办理。

第2条　各重要地方在发现有共匪份子潜伏活动企图扰乱地方治安及其他不法行为者，当地卫戍司令部、保安司令部、防守司令部等或驻军最高司令部依据情报认为有实施邮电检查之必要时，应会同当地最高行政机关呈经隶属之绥靖公署或剿匪总部层转行政院核准后实施。

第3条　经行政院核准执行抽查任务之军政机关，应将奉准之文件抄送当地邮电两局洽办，并由行政院将核准之施检单位随时令知交通部转饬当地邮电两局洽办。

第4条　实施邮电抽查之范围如左：

（子）防护军事机密之泄露。

（丑）检查扰乱金融及非法交易之电信。

（寅）检查企图造谣惑众扰乱治安破坏军事危害国家之电信及刊物。

第5条　施检单位对于违反第四条各款规定之邮电刊物，应分别送交当地主管机关依法处理之。

第6条　施检人员如有违反本条例之规定者，受审人得报告主管机关依法惩办。

第7条　邮电两局对于根据情报抽查邮电时，应有保守秘密之义务。

第八条　本条例之公布日施行。

22. 台湾省无线电台管制办法

台湾省政府、台湾省警备总司令部

第1条　台湾省政府、台湾省警备总司令部（以下简称本部）为明了本省境内无线电报（话）台（以下简称无线电台）设置情形及取缔非法无线电台之存在起见，特订定本办法。

第2条　凡在本省境内陆海空军及其他军事机关所有无线电台，均须领有国防部登记证，各公私机关团体及飞机船舶专用无线电台，均须领有交通部执照，并分别向本部或省政府登记在案者始准收发通讯。

第3条　凡在本省境内陆海空军与其他军事机关及公私机关团体与飞机船舶专用无线电台，均应将台名、地址、呼号、波长、机件程式、连络单位、边络时间、电力、收发讯机、线路图、电台主管人、报务人姓名、证照字号、证照年月日等（格式如附表）于每年一月七月填送三份，分送本部、省政府及邮电管理局备查。

第4条　关于航空船舶无线电台，应照国际电信公约之规定办理，如在停航中擅自通讯者，得由本部或各该警备区指挥部会同交通部所属电讯机关依法办理之。

第5条　关于学术试验无线电台应照学术试验无线电台设置规则之规定办理，其所领交通部执照，送由各该警备区指挥部注记，并转报本部备查。

第6条　关于广播无线电台，应照广播无线电台设置规则之规定办理，并将所领交通部执照送请本部注记备查。

第7条　陆军野战部队（包括各军师独立团营及军师团管区）编制内所属电台，除属于移动性质随军行动得免请领登记证外，其留置后方工作者，仍须请领登记证，违者一律依法予以制止。

第8条　军事机关学校如在编制外需要临时组设电台时，须事先报请国防部核准，俟核发登记证后，并向本部登记有案者始准架设通讯。

第9条　凡军用电台登记证所列各栏，如有变更，应即检同原证报请直属高级主管单位转请换发新证。

第10条　凡专用电台执照期满，如欲继续设置，应依照各机关及公私团体专用电台统制办法第10条之规定，于期满一个月前申请交通部发给新照，至新照有效期间。为自旧照失效之次日起满一年为止。

第11条　凡军用电台之周率、呼号，由本部指定之，专用电台之风云变幻呼号，依各机关及公私团体专用电台统制办法第16条及第17条之规定，由交通部核发执照时指定之。

第12条　凡军用及专用电台之呼号周率电力及其他有关事项经核准后，概不得自行变更。

第13条　各新闻通讯社及各报社抄收广播新闻，应依照设机抄收国内外广播新闻暂行规则办理之。

第14条　本部及各警备区指挥部或邮电管理局得随时会同宪警派遣主办电讯监

察人员携带证明文件分赴各军用及专用电台调查一切通讯有关事项。

第15条 违反本办法之规定者,由省政府或本部依照各有关电讯法令,分别惩处之。

第16条 本办法自颁发之日起施行。

(附表略)

23. 台湾省无线电器材管制办法

台湾省政府、台湾省警备总司令部

第1条 台湾省政府、台湾省警备总司令部(以下简称本部)为明瞭全省无线电器材进出及存储起见,特订定本办法。

第2条 凡由国外或省外运输无线电器材,应持有交通部之进口护照或转口凭证方准进口。其属于陆海空军所用者,并应呈请国防部核准转知交通部核发护照或凭证。

第3条 进口器材属于发射品者,领照时须详叙用途,其代人订购者,并须附缴订购人所具之用途说明书。

第4条 凡购置无线电发射器材,应先由卖主填具申请书,呈请交通部核发许可证后,凭以向厂商购置,各厂商非凭该项许可证,不得出卖,至转卖时亦同。

第5条 进口护照之有效期间,依照请领无线电材料进口护照办法第九条之规定,自填发之日起满三个月为止,逾限即行作废,转口凭证有效期间,由填发机关核定之。

第6条 各厂商所存无线电器材,应按月造报出纳状况表(格式如附表)两份,一份送本部(或各该管警备区指挥部),一份送邮电管理局备查。

第7条 本部或各警备区指挥部,得随时会同当地邮电局派员检查各厂商有无擅自买卖或转让发射器材情事。

第8条 凡欲由本省境内转运无线电材料者,应依照请领无线电材料转口凭证办法第二条之规定,填具申请书并开具料单三份,先向交通部台湾邮电管理局领得无线电器材转口凭证,送经本部查验核准后方准转运出口。其为陆海空军所用者,应领有交通部护照并送经本部核准后,方准转运出口。

第9条 本部或各警备区指挥部暨各地宪警及海关人员均应协同防止无线电器材

之非法携带进出口。

第 10 条　违反本办法之规定者,依照请领无线电材料进口护照办法第十六条及请领无线电材料转口凭证办法第十条之规定,分别惩处之。

第 11 条　本办法自颁发之日起施行。

(附表略)

24. 台湾省政府台湾省警备总司令部布告全省戒严

台湾省政府、台湾省警备总司令部戒字第一号布告

一、本部为确保本省治安秩序,特自 5 月 19 日零时起,宣告全省戒严。

二、自同日起,除基隆、高雄、马公三港口在本部监护之下,仍予开放,并规定省内海上交通航线(办法另行公布)外,其余各港,一律封锁,严禁出入。

三、戒严期间规定及禁止事项如左:

(1) 自同日起,基隆、高雄两港市每日上午 1 时起至 5 时止,为宵禁时间,非经特许一律断绝交通,其他各城市必要时,由各地戒严司令官依各地情形规定实行外,暂不宵禁;

(2) 基隆、高雄两市各商店及公共娱乐场所,统限于下午 12 时前停止营业;

(3) 全省各地商店或流动摊贩,不得有抬高物价、闭门停业、囤积日用品扰乱市场之情事;

(4) 无论出入境旅客均应遵照本部规定办理出入境手续,并受出入境之检查;

(5) 严禁聚众集会、罢工、罢课及游行请愿等行动;

(6) 严禁以文字标语,或其他方法散布谣言;

(7) 严禁人民携带枪弹、武器或危险物品;

(8) 居民无论家居外出皆须随带身份证,以备检查,否则一律拘捕。

四、戒严期间,意图扰乱治安,有左列行为之一者,依法处死刑:

(1) 造谣惑众者;

(2) 聚众暴动者;

(3) 扰乱金融者;

(4) 抢劫或抢夺财物者;

(5) 罢工罢市扰乱秩序者；

(6) 鼓动学潮，公然煽动他人犯罪者；

(7) 破坏交通通信，或盗窃交通通信器材者；

(8) 妨害公众之用水及电气煤气事业者；

(9) 放火、决水，发生公共危险者；

(10) 未受允准，持有枪弹或爆裂物者。

25. 台湾省戒严期间新闻杂志图书管理办法

台湾省警备总司令部(38)总致字第83号代电

一、本办法根据本省戒严令第3条及戒严规定事项订定之。

二、凡诋毁政府或首长，记载违背三民主义，挑拨政府与人民感情，散布失败投机之言论及失实之报道，意图惑乱人民视听，妨害戡乱军事进行，及影响人心秩序者，均在查禁之列。

三、类别：

甲、内政部已有明令查禁者。

乙、未经内政部明令查禁，而其性质与第二条所列之情节相同者，亦在查禁之列，其名称由本部随时公布之。

丙、未经依法办理申请登记核准有案擅自刊行者。

丁、泄露下列未经军事新闻发布机关正式公布之军事秘密者：

(一) 国军剿匪部队（包括陆海空军及保安队地方团队）之兵种、编制、装备、番号、驻防或作战地点、部队集中与调动之日期及地点；

(二) 国军秘密军事会议内容、作战计划及命令；

(三) 国军军事最高当局及高级指挥官之行动及其军事报告或计划；

(四) 国军所用战器之性能；

(五) 国军作战之战界或损失及补充之情形；

(六) 俘虏之含有秘密性口供；

(七) 国军军用机场、要塞测量局、电台、军器与燃料仓库重要军需工业之地点及设备情形；

（八）国军防御工整供应给养之交通线及后方防空设备之地点及内容；

（九）国军整训之实施及后方训练基地之详细情形；

（十）驻扎各绥靖区内部队之现况；

（十一）共匪在国军后方流窜扰乱情形及其在匪区用以欺骗军民于一时之怀柔政策；

（十二）当地最高军事机关认为足资共匪利用之有关军事资料或文件。

四、管制办法：

（一）由本部会同邮局悉予扣检，本省人民凡接获是项文字记载者，应将原作呈送当地警局，并说明与发件人之关系，如存匿不报或私相传递蓄意使其流传，一经查获，即以意图妨碍戡乱罪论处。

（二）由各地区驻军、宪兵队、警察局严密查禁，经售或持有该项文字记载之书店或人民，应悉数将其呈交当地警局，不得有存匿不报及私相传递之行为。

（三）各港口交通站之检查机关，对旅客携带之行李及在该地起卸之印刷品应严密检查，如发觉有该项文字记载，应即没收，并视其动机及数量之多寡决定对持有人惩处与否。

（四）情节轻者予以警告，情节重者予以拘捕，依法惩处，并没收其书画报刊或封闭其店肆馆所。

五、本办法自宣布戒严之日起实行。

26. 惩治叛乱条例（节摘）

1950年4月26日修正公布。1991年5月22日废止。

第4条 有左列情形之一者，处死刑、无期徒刑、或十年以上有期徒刑。

二、将军事政治上之秘密文书图表消息或物品泄露或交付叛徒者。

第7条 散布谣言或传播不实之消息，足以妨害治安或摇动人心者，处无期徒刑或七年以上有期徒刑。

第8条 以文字图书演说为利于叛徒之宣传者，处七年以上有期徒刑。

27. 查缉私设电台

台湾省政府代电叁捌午册府综电子第 40328 号

各县市政府：

一、准交通部午虞邮穗字第 675 号代电开："据电信总局七月一日呈称'查全国未登记之私设电台数目极多，最近汕头于二日内破获四起，可见一斑，此种私设电台不仅侵害电信业，而对于政治军事金融尤其多影响，祇以环境情形各有特殊，非有军事政治力量不中心彻底扑除，除拟由本局提高管告密及破获奖金外，并请由各地方政府及军警加紧缉集'。等情；查私设电台确属弊害滋多，拟请转饬各县市政府惠予协助切实加紧查缉。至电信总局所拟提高核发奖金办法，业经西部核准，兹将该项办法抄附，并请查照"等由。

二、除分电外，希即遵办为要。

主席　陈诚

附：抄破获收发商电之私设电台核发奖金办法

一、经人民告发并经军警破获收发商电之私设电台告密人奖金最高额(300)字(合30元)，军警机关奖金最高额共计(700)字(合70元)。

二、由军警机关自行破获商电之私设电台奖金最高额共计(1 000)字(合100元)。

28. 台湾省戒严期间无线电台管制办法

台湾省政府、台湾省警备总司令部(38)未齐府综机字第 45060 号

此办法公布之时，同时废止《台湾省无线电台管制办法》和《台湾省无线电器材管制办法》。1951 年 10 月 30 日修正，1960 年 6 月 13 日再次修正名称，将台湾省改为台湾省区。

第 1 条　台湾省政府台湾省警备总司令部(以下简称本部)为明了本省无线电台设置情形及取缔非法无线电台之存在起见，特订定本办法。

第 2 条　凡在本省内陆海空军宪警部队以及各军事机关团体无线电报话台(以下简称军用电台)，应领有国防部发给之军用无线电台登记证，国公私营机关团体飞机船舶广播电台等所用无线电报话台(以下简称专用电台),必须领有交通部发给之专用无线电台执照。其未领有证照者,除因特殊需要经申请核准者外,一律不得设立。

第3条 凡领有(未领有)规定证照之军专用电台,均应于本年八月底以前照附表一填具申请登记表二份报本部核备,其未领有证照之电台,由本部核发许可证(如附表二),始得收发通信,必要时均有受征义务,不得藉故逃避。

第4条 陆军野战部队(包括军队独立团营)编制内所属电台,及海军舰艇电台、空军谍报电台、飞行部队电台,除应依本办法填申请登记表二份报本部备查外,得免领许可证。

第5条 许可证有效期间为自核发日起满六个月为止,期满如欲继续设置时,应于期满一个月前申请核发。

第6条 凡本省内军专用电台,必须注意履行左列各事项:

一、关于电台之概况、人事、通讯网、密本种类、机件、器材,均应按照本规定调查表(格式三、四、五)于次月三日前按月呈报本部备查。

二、关于电信之保密上严禁谈话,并禁用明码或未经审查之简单密本,报头尾亦应译成密码拍,以确保电讯机密。

三、关于电台之异动,凡更正台名,迁移台址或变换呼号周率及联络地点时,均应随时呈报本部备查。

四、凡军专用电台,奉命撤收或离开本省时,应将许可证缴销。

五、关于来去之电报,所有电报应一律采用规定之密本,并经主管盖章,如系明码或私心电,该台长及报务员应拒绝收发,并通知纠正。必要时得派员前往各该台对译其来往电报。

六、关于电台之联络,除由各该台之上级规定者外,不得私与他台及匪区台通讯。

第7条 凡本省业余学术电台,必须注意履行左列各事项:

一、关于电台之概况、人事、机件、器材、联络地点、呼号、周率、电力等项,均应按月呈报本部备查。

二、关于电台之联络,应按照规定与合法之业余电台联络,并在指定业余周波内收发明码无线电话报,并须每次均得有详细之工作记录,不得收发有关消息与商情。

三、关于电台之机件与器材,凡经登记之机件,不得任意改装或增加电力,并禁止兼营无线电器材之买卖,与代人保修装发射电机。

第8条 凡广播电台,必须注意履行左列各事项:

一、关于电台之概况、人事、机件、广播节目等项,均应按月呈报本部备查。

二、关于电台之播音,应按照规定周率播送,并应避免干扰,至民营广播电台,不得手头密码或明码之电报。

第9条 凡在本省内之外侨,不得设立无线电台及收发报机,至外箱机关电台经向政府申请核准有案者,不在此限。

第10条 凡有违反本办法之规定者,按其情节之轻重,得依左列各款规定分别处理之:

一、其情节较轻者,得通知其主管机关纠正或议处。

二、其情节较重者,得勒令暂停工作或查扣其电机及有关文件与电信器材,并得传讯其工作人员。

三、其情节重大者,得依法拘捕其人员,并查封其电台与证物。

第11条 本部认为有必要时,得派员前往各电台查询,各该台不得藉故拒绝。

第12条 本部派员执行检查任务时,应先出示身份证明文件,方得履行职务,否则扭送本部法办。

第13条 本部对被检查电台之一切有关机密情事,有绝对保密之责任。

第14条 各电台工作人员,如发现可疑之记号与非法电台之线索时,应即以最迅速机密方式通知本部,以便办理。

第15条 本办法自颁发之日起施行。

(附表略)

29. 台湾省戒严期间无线电发射器材管制办法

台湾省政府、台湾省警备总司令部(38)未齐府综机字第45060号

第1条 台湾省政府、台湾省警备总司令部(以下简称本部)为配合本省戒严期间无线电台管制需要起见,特参照国防部卅七熙和字第00283号代电颁布之绥靖区无线电发射器材管制办法之规定,订定本办法。

第2条 凡在本省内经营无线电发射器材之厂商,应将现有无线电发射器材名称

数量存放地点详列登记表,向本部申请登记,并由本部会同交通部当地电信局审查合格,经核发特许证后,方得对外营业。

第3条 凡经特许之厂商,应将无线电发射器材产销出纳情形详实造具器材产销出纳报告表二份,按月呈报本部备查。

第4条 凡需购用无线电发射器材者,应先填具申请书详叙用途及拟购器材名称数量,向本部申请发给准购证,由各特许厂商凭证交易,并收集该证运用器材产销出纳报告表按月汇交本部备查。

第5条 凡需交由特许厂商装修发射机者,应先填具申请书详述缘由机件名称种类或修理部分,向西部申请发给装修证,由各厂商凭证装修,并收集该证运同器材装修出纳报告表按月汇缴本部核查。

第6条 凡进出口或过境之无线电器材,应向交通部当地电信局请领进出口护照或转口凭证,送由本部加盖检验戳记,方得提取运行。

第7条 进口护照转口凭证之有效期间,为自填发之日起满三个月为止,逾期即予作废。

第8条 为处理本办法第二、第六两条规定业务之使得迅捷计,必要时得由当地电信局派员驻留本部会同专责办理。

第9条 各特许厂商遇有迁移地址变换经理或负责人及改换名称加股加记时,均应报告本部备查,如有因故停业者,应先申述缘由并报明存货名称数量及处置办法凭核。

第10条 凡私人及未经特许之厂商,如有私自买卖无线电发射器材及装修发射机者,应予查扣,并依法惩办。

第11条 凡外侨经营或购运无线电发射器材者,亦应依照本办法之规定办理。

第12条 各特许厂商如有发现可疑之顾客或黑市之交易,应以最迅速机密方法报告本部办理,其原报人当另优予奖励。

第13条 凡在本省内持运无线电发射器材者,必须备有本办法第六条规定之证明文件,并应接受本部之检查,违者得查扣其器材,并将持运人员予以法办。

第14条 本省各地宪警及海关人员,均应依照本办法协同防止无线电器材之非法进出口,并应随时呈报本部依法处理。

第 15 条 凡私人持有之无线电发射器材,应依式(格式六)于本办法颁发七日起一个月内向本部登记,违者依法从严惩处。

第 16 条 本办法自颁发之日起施行。

(附表略)

30. 台湾省戒严期间新闻杂志图书管制办法

1950 年 3 月 18 日奉东南军政长官公署(39)署防字 132 号代电核准

一、本办法根据戒严法第 11 条第一项及台湾省戒严令第 3 条第六项订定之。

二、凡诋毁政府或首长,记载违背三民主义,挑拨政府与人民感情,散布失败投机之言论及失实之报道,意图惑乱人民视听,妨害戡乱军事进行,及影响人心秩序者,均查禁之。

三、有左列情形之一者查禁之。

甲、内政部及本省省政府新闻处已有明令查禁者,性质与第二条所列之情形情节相同者。

乙、未经内政部及本省省政府新闻处明令查禁,而其性质与第二条所列之情节相同者,亦在查禁之列,其名称由本部随时公布之。

丙、未经依法办理申请登记核准有案,擅自刊行者。

丁、泄露下列未经军事新闻发布机关正式公布之军事秘密者。

(一)国军剿匪部队(包括陆海空军及保安队地方团队)之兵种编制装备番号驻防或作战地点、部队集中与调动之日期及地点。

(二)国军秘密军事会议内容、作战计划及命令。

(三)国军军事最高当局及高级指挥官之行动及其军事报告或计划。

(四)国军所用战器之性能。

(五)国军作战之战界或损失及补充之情形。

(六)俘虏之含有秘密性口供。

(七)国军军用机场、要塞测量局、电台、军器与燃料仓库重要军需工业之地点及设备情形。

（八）国军防御工整供应给养之交通线，后方防空设备之地点及内容。

（九）国军整训之实施，及后方训练基地之详细情形；

（十）驻扎各地区内部队之现况。

（十一）共匪在国军后方流窜扰乱情形，及其在匪区用以欺骗军民于一时之虚伪手段。

（十二）当地最高军事机关认为足资共匪利用之有关军事资料或文件。

四、管制办法：

（一）凡在台湾出版及运入台湾之书刊报纸杂志，均应送三份至台湾省保安司令部以备审查。

（二）由台湾省保安司令部会同邮局检查，遇有应查禁报纸杂志书刊，即予扣留。

（三）本省人民凡接获反动文字记载者，应将原件呈送当地警察局并说明与发件人之关系，如存匿不报或私相传递，蓄意使其流传，一经查获即予拘办。

（四）各地区宪兵部队警察局应负责查禁经售或持有违禁之报纸杂志书刊。

（五）各港口机场及车站之检查机关，对旅客携带之行李，及在该地起卸之印刷品，应严密检查，如发现有违禁之文字记载，应即没收，并视其动机及数量之多寡，决定对持有人惩处与否。但惩处时应将其情形呈报台湾省保安司令部。

（六）持有或贩卖违禁之报纸杂志书刊之人，情节轻者予以警告，情节重者予以拘捕依法惩处，并没收其书报刊物或封闭其店肆馆所。

（七）本办法自呈奉东南军政长官公署核准公布之日施行。

31. 台湾省书报杂志摊贩管理办法

台湾省政府、台湾省保安司令部（39）未寝府综法第59425号令

一、本省为管理售卖快报杂志之摊贩（以下简称书刊摊贩），以防止不良宣传起见，特订定本办法。

二、台北市书刊摊贩由省政府新闻处、保安司令政治部会同台北市政府及宪警机关派员按现有人数办理调查登记，台北市以外各城市及重要区镇书刊摊贩由各该地主管行政机关及警察机关办理调查登记。

三、书刊摊贩须有国民身份证,由主管机关负责调查人员于执行任务时验明之。

四、凡经调查登记之摊贩,由省政府会同保安司令部发给许可证,并由保安司令部发给准售杂志及禁售书刊目录,此项目录得由新闻处通知保安司令部随时增删之。

前期摊贩如系在台北以外各城市区镇营业者,得由保安司令部将许可证及目录发交(或递发)各该地主管行政机关转给具领。

五、摊贩登记时应具甘结,自具结日起不得贩售或接受寄售前条准售杂志目录外,杂志及禁售书籍目录内之书籍,违者除没收其违禁书刊外,并吊销其许可证,情节重大者,依法拘捕。

六、摊贩改业时应向保安司令部缴销许可证,在台北市以外之各城市区镇营业者,得缴由当地主管行政机关转送(或递转)保安司令部注销。

七、本省各县市书店贩售各种杂志者,准用本办法之规定。

八、本办法由台湾省政府及台湾省保安司令部会衔公布施行。

32. 新闻纸社派遣新闻记者出国申请办法

内政部公布施行

第1条　新闻纸社(报社通讯社及杂志社之内容以登载时事为主要者)派遣新闻记者出国,除政府特准者外,依本办法之规定申请之。

第2条　新闻纸社非具有左列各款之规定者,不得派遣新闻记者出国:

1. 经内政部登记给证发行逾三年且示曾停刊者;

2. 新闻纸发行数经常在台南分,杂志在贰千分以上者;

3. 于国外存有外汇足供派驻外记者于驻外期间所需之费用者。

第3条　出国新闻记者,应具有左列各款规定之资格:

1. 具有记者法第3条规定之资格者;

2. 在国内已加入所服务之新闻纸社所在地之新闻记者公会者;

3. 通晓派往国家之语文者。

第4条　新闻纸社派遣新闻记者出国,应填具申请表(附式),检同有关证明文件(第2条三款第3条一款二款所定),依照核发普通出国护照办法第7条之规定,呈由发行所在地之主管官署审核层转内政部核准后转请外交部核发一年有效之出国护照。

第5条　驻外新闻记者之通讯,由各该新闻纸社按月汇报内政部审核备查,如到达目的地后逾半年尚未发稿或中上发稿逾半年者,均视同停止执行职务,由内政部转请外交部饬知该记者所在地或附近之使领馆拒发其护照之展期签证。

第6条　记者团出国参观考察,得由主办之新闻纸社或其主持人开列名单迳呈内政部核办。

第7条　本办法自公布日施行。

33. 检查取缔违禁书报杂志影剧歌曲实施办法

台湾省政府保安司令部公布施行

一、本办法依戒严法第11条台湾省戒严令第3条及台湾省戒严期间新闻杂志图书管制办法第2条第本条之规定订定之。

二、实施检查取缔违禁书报杂志影剧歌曲之机关,依左列各款之规定:

（一）台北市由保安司令部市政府指派人员携带检查证及违禁书刊目录随时随地依法执行,并将会同有关机关组织检查小组施行突击检查,警察担任一般勤务时,(如巡查检查)如发现出售或持有违禁书刊图片禁唱歌曲,得依本办法之规定予以取缔。

（二）各县市及重要乡镇,应由当地县市政府及警察机关组织检查小组,随时予以检查取缔。

（三）各港口及飞机场由各该地联合检查处(组)对进口之书报杂志及一切印刷品,应严密检查,凡已列入违禁目录者,悉予查扣报候处理。

三、检查对象为各县市之书店、书刊摊贩、印刷厂商、出版社、杂志社、电影院、戏院、广播电台、公共场所及设有音乐之茶社餐馆。

四、检查内容为各种出版物(包括连环图画儿童玩阅之画片)音乐歌曲电影戏曲图片。

五、执行检查人员应注意遵守左列事项:

（一）检查应依照台湾省戒严期间新闻杂志图书管制办法第2、第3两条所订定之违禁书刊禁唱歌曲目录,慎重执行。

（二）担任检查之人员，必须服装整齐，佩带符号或证章，必要时应携带公文。

（三）检查人员态度言语须和蔼，检查细密，被检查者如有不明时，应详予解释，不得盛气凌人。

（四）检查人员应向被检查者之负责人出示证件及违禁书刊目录，并会同被检查者执行检查。

（五）查获违禁书刊图片唱片等，应即出具收据，开列品名数量签字或盖章，并会同被检查者执行检查。

（六）查获违禁书刊过多，无法立即携回时，得加以封存候提，或开具检扣通知书，指定其自行送达主管机关；倘有藉帮不遵规定办理者，得依法予以惩处。

（七）对于已经查出之禁唱唱片，应予封存，并随时检查之。

（八）检查执行完毕，应缮具检查纪录，除记载检查时间查获违禁书刊名称数量外，并令被检查者之负责人签字或盖章，情节重要时，应邀请邻里长证明。

（九）执行检查，除确系列入违禁书刊报纸图画照片目录外，绝对不得任意检扣。

（十）执行检查时，被检查者如有抗拒或其他不法行为，得通知附近宪警协助办理。

（十一）凡查扣之违禁书刊图画照片，须立即全部缴送保安司令部处理，台北市以外之各县市，由检查小组缴送各县市政府处理。

六、各县市政府取缔违禁书刊歌曲，应将办理经过及查禁名称数量处理情形等，于每月终了列表报核，情节重大者，应随时具报。

七、检查人员工作努力成绩优异者，得予以精神或物质之奖励，其不遵守规定或藉端敲索者，一经查觉，从严惩办。

八、本办法自颁发之日起施行。

34. 新闻纸杂志换领登记证须知

内政部内警字 388 号公函

一、凡经本部核准登记依法发行之新闻纸杂志等，依本须知换领登记证。

二、换领登记证自 40 年 4 月起至 6 月止，使其不换领者视为停止发行，依法注销其登记。

三、换证或领证者须备发行人最近一寸半身像 4 张（地方主管官署省政府内政部各存之登记申请书及登记证各贴一张），每证工本费新台币 5 元。

四、原已领得登记者，须缴还原证。

五、依法应注销者，不予换发。

六、发行所地址原辖区内有变更时应予注明。

35. 妨害军机治罪条例（节摘）

1951 年 5 月 6 日公布并施行；1954 年 5 月 4 日修正公布；

1957 年 5 月 2 日修正公布；1972 年 2 月 8 日修正公布。

第 1 条　本条例称军机者指军事上应保守秘密之消息、文字、图画或物品。

前期消息文书图画或物品之种类范围由国防部以命令定之。

第 3 条　因刺探收集而得之军机，泄漏、交付或公示他人者，处死刑、无期徒刑或十年以上有期徒刑。

因刺探、收集而得之军机，泄漏、交付或公示于外国或其派遣之人者，处死刑或无期徒刑。

预备或阴谋犯第一项或第二项之罪者，处三年以上十年以下有期徒刑。

第 4 条　因偶然得知或偶然持有军机泄漏交付或公示于他人者处七年以下有期徒刑。

因偶然得知或偶然持有军机泄漏交付或公示于外国或其派遣之人者处七年以上有期徒刑。

36. 台湾省戒严期间广播无线电收音机管制办法

奉行政院 1950 年 11 月 16 日台卅九（交）字第 6294 号代电核准；12 月 1 日台湾省保安司令部安益字第 1710 号公告颁布；1951 年 5 月 8 日奉行政院台四十（交）字第 2384 号代电修正。

第 1 条　本办法依据交通部广播无线电收音机登记规则及台湾省戒严期间无线电

发射器材管制办法订定之。

第 2 条　所有本省广播无线电收音机装户,均应于本办法公布之日起一个月内,向当地电信局或台湾电信管理局易照章登记(暂不收登记费)。

第 3 条　前台湾邮电管理局及现台湾电信管理局所发登记证继续有效,并由电信管理局将各地登记及异动情形,按月汇表转送保安司令部(以下简称保安部)备查。

第 4 条　凡收音机有 CW 设备可作收报机之用,以及收音机有播音机设备者,概照收报机论,除照本办法第二条办理登记外,并参照台湾省戒严期间无线电发射器材管制办法第 2、15、16 各条规定,由当地电信局于登记后将登记表按旬呈由台湾电信管理局转送保安司令部备查。

凡非收音机设备之播音机,须援照台湾省戒严无线电发射器材管制办法 2、15、16 各条之规定向保安部登记,但在台北区以外者,仍可由各地电信局代办登记,各该局应将登记表按旬送保安部备查。

第 5 条　凡经营无线电发射器材特许厂商所有之收音机,除自用者应照第 2 条之规定申请登记证外,余均须按照台湾省戒严期间无线电(发射)器材管制办法规定,自本办法公布之月起,应将收音机品名数量按月列入产销出纳报告表呈报保安部查核。

第 6 条　凡购买收音机须先向保安部请领准购证(申请手续可由特许厂商代办),凭证向特许厂商购买,并须立即按照第 2 条之规定办理登记手续。

第 7 条　凡登记之收音机如欲出售时,得凭登记证交由保安部核准之特许厂商寄售,如属转让者,其受让人应事先向指定登记地区之电信局办妥过户手续,请领新证,并将原持有人之登记证一并缴销。

第 8 条　凡因机件损坏需要修理或自行补充真空管时,收音机装户得凭登记证向保安部申请办理,其申请手续可由特许厂商代办。

第 9 条　凡收音机装户欲持收音机或收音播音机出口或转口者,须持登记证向交通部申请换发出口或转口凭证,再送保安部查验盖戳放行。

第 10 条　凡进口之无线电收音机,应于一周内向当地电信局申请登记,并由台湾电信管理局于请领进口护照时通知之。

第11条 凡收音机装户迁移住址者,应于三日内申请换发新证。

第12条 收音机装户应随时接受检查人员之查询,检查人员于执行任务时,不得无故兹扰,并应出示身份证明文件,如无证件,被查询之装户可扭送保安部或附近宪警机关法办。

第13条 凡违反本办法第4至12条规定及有左列情事之一者,得按其情节轻重予以纠正警告,或传讯户没收机件,或移送军法机关法办。

一、逾期未登记者;

二、与登记所报不符者;

三、收听奸匪电台广播,将奸匪广播予以笔录或散布流言者;

四、未经核准,利用收音机作收报用者;

五、将收音机线路改装为发射用者。

第14条 任何人民及邻里长如发现收音机装户有违反本办法第十三条之规定者,应以最迅速之方法密向保安部或当地宪警负责检举,保安部或宪警机构对于检举人姓名身份绝对保守秘密,并于查明属实后从优给奖。

第15条 本省各地宪警机构如发现或接获检举当地收音机用户违反本办法各项规定者,除应协同执行本办法之各项规定外,并须立即呈报保安部核办。

第16条 本办法自公布日起实施。

37. 从严审核新闻纸杂志登记案

行政院40年6月14日台40(教)字第3148号训令第7点开

台湾省全省报纸杂志已达饱和点,为节约用纸起见,今后新申请登记之报社杂志通讯社应从严限制登记。

38. 台湾广播无线电收音机收费暂行规则

1950年11月3日行政院令;1951年6月22日行政院令修正;
1951年12月11日行政院令废止。

第1条 为发展广播事业,加强对民众服务,依据电信条例第五条之规定并参酌广播事业辅导会议决议案制定本规则。

第2条　不论军公机关及商号住户工厂,凡装有收音机者除照章登记外,均应按季缴纳收听费。

第3条　每年分春夏秋冬四季(一至三月为春季余类推),每一收音机,一般装户按季缴纳收听费台币拾元,军人装户经缴验军人证件者得减半缴纳收听费每季台币五元。

第4条　每一收音机装户,应将每季收听费于每季三个月内缴送当地电信局代收汇解,如当地无电信局,应缴由邮局转送附近电信局汇收转缴,如有收音机于该季第三个月内装置者,不满一个月者,本季收听费免予缴纳,其余均按全季收听费缴纳,其装置日期以登记证为凭。

第5条　装户缴纳收听费后,必须制取电信管理局正式收据,妥为保存备查。

第6条　凡如期缴纳收听费者,各广播电台可凭缴费收据予以服务上之一切优待。

第7条　倘有装户不依期缴纳收听费者,由电信局函催,必要时请当地宪警机构协同催缴。

第8条　装户逾季缴纳收听费者,应按收听费加征一倍,作为滞纳费。

第9条　装户欠缴收听费逾两季者,由宪警机构派员封闭其收音机,必要时得吊销其登记证。

第10条　每季所收收听费,由广播事业辅导会议决定支配之。

第11条　本规则自公布之日起施行。

39. 管制匪报书刊入口办法

1951年7月6日台湾省保安司令部安达字第0380号令颁布;1952年1月14日国防部(41)茂万字第3575号代电核定修订;1960年8月25日行政院台49防字第4696号令核定修订;1960年11月1日国防部(49)详诚字第1842号令颁布。

第1条　政府为管制匪报书刊之入口,特依戒严法第11条第1款之规定订定本办法。

第2条 申请订购匪报书刊入口,以左列机构为限:

一、属于研究匪情之高级专业机构。

二、属于对匪实施心战之高级策划机构。

三、属于高级特种教育训练机构。

四、各部会成立之匪情研究机构。

五、行政院特准设立之学术性匪情研究机构。

第3条 前条所列以外之单位,需要匪情资料参考时,由本部在前条所列之机构,择一指定成立匪情资料馆统一供应之。

第4条 订购匪报书刊之机构应备文并填送申请表二份向台湾警备总司令部申请。

第5条 前条申请表内应载明匪报书刊名称详细用途,及负责保管人姓名职级等事项,其申请表由台湾警备总司令部统一印制。

第6条 经核准入口之匪报书刊,均应依台湾警备总司令部指定之港口及信箱代号入口。

第7条 匪报书刊入口,由台湾警备总司令部负责检查,各订购机构收件后,应立簿登记并加盖各该机构戳记及"不得借阅"字样。

第8条 未经事前核准携带或邮寄入口之匪报书刊或经核准入口而与原请准数量不符合之匪报书刊,应由台湾警备总司令部予以检扣,报请上级核办。

第9条 各机构订购之匪报书刊,台湾警备总司令部应于每年六月及十二月,列表本部检查。

第10条 台湾警备总司令部应于每半年报请本部派员会同抽查各机关所订购匪报书刊之保管情形一次,如有保管不密或私自借出流传情事,保管及主管人员均应依法惩处。

第11条 各机构订购之匪报书刊,台湾警备总司令部应于每年12月以前,集会审查一次,并核定下一年订购单位及订购种数。

第12条 本办法自公布日施行。

40. 台湾省各县市违禁书刊检查小组组织及检查工作补充规定

保安司令部安达字 401 号公布

一、本规定依据台湾省政府、保安司令部检查取缔违禁书报杂志影剧歌曲实施办法第 2 条款及第 6 条订定之。

二、各县市书刊检查小组人选规定由教育科（局）二至三员，社会科一员同组织之，并由警察局长兼任组长，承县市长之命负指导监督考核之。

三、各县重要乡镇得视需要设置分组，由县（市）政府及警察指派适当人员组织之，并由警察分局长任分组长依照规定执行检查工作，检查证件由各县（市）政府依照规定格式制发。

四、所有各县（市）检查小组（包括分组）应一律于 40 年 6 月底以前组织完成，并将名册报备。

五、各县（市）检查小组担任执行检查之范围如左。

（一）检查取缔辖境内各种快报杂志之查禁有案及内容欠妥者。

（二）取缔未经核准登记擅自发行之新闻纸杂志。

（三）取缔各公共场所及商店播放黄色歌曲及日本歌曲。

（四）电影由警察局查验其准演执照后方得上演。

（五）戏剧由教育科（局）先行审查其原本核可后通知警察局，惟于上演之第一场，检查小组应派员检视其演出内容是否与原剧本相符。

六、查禁书刊歌曲目录由本部会同有关机关核定后颁发，在目录未颁发前，暂依左列原则办理。

（一）共匪及已附匪作家著作及翻译一律查禁。

（二）内容左倾为匪宣传者一律查禁。

（三）内容欠妥未经查禁有案而一时不能决定者，予以吊阅审查，如应查禁者，报部核备。

（四）凡日文书刊未经核准进口粘贴准售证者一律查禁。

七、查禁没收之书刊一律用三联单收据。

八、本部颁发之书报杂志歌曲检查证，不得持以进入影剧院，如有须特别检查时，由各县(市)政府或警察局办文执行。

九、各县市检查小组(包括分组)应于每月终将查禁之书刊歌曲等列表报部备查,并每月召开工作检讨会一次,将会议纪录报部。

十、担任检查人员如有不遵或徇情卖放,藉端敲索情事,除由各检查组长严予考察究办外,其原属长官亦应负监督考核之责。

十一、本规定未列举事项,一律依照检查取缔违禁书报杂志影剧歌曲实施办法办理。

41. 台湾省戒严期间无线电台管制办法(修正)

行政院台(40)交字4710、5724号代电修正;

奉国防部(40)10月30日闻聂字第308号代电颁行。

第1条 台湾省保安司令部(以下简称本部)为维护车窗电信安全配合军事防止无线电台非法通信并取缔非法无线电台之存在起见,特订定本办法。

第2条 凡在本省内陆海空军宪警部队以及各军事机关团体无线电报(话)及广播电台(以下简称军用电台),应领有本部发给之军用无线电台许可证,公私营机关团体飞机船舶无线电报(话)及广播电台暨报社通讯社所设之收发报台(以下简称专用电台)均须领有交通部发给之专用无线电台执照,其未领有证照者,一律不得设立。

第3条 凡领有规定证照之军专用电台,均应填具电台申请登记表(附表一)二份,报本部核备。

第4条 陆军野战部队(包括军队独立团营)编制内所属电台及海军舰艇电台、空军谍报电台、飞行部队电台,除应依本办法填申请登记表二份报本部备查外,得免领许可证。

第5条 情报或谍报电台(指中央核定之情谍报单位所设立之电台)得免领许可证,惟填具电台通讯网调查报告表(附表二)报本部备查。

嗣后如有异动应随时事先报备,并指定电信联络专员与本部切取联系,以便咨询。

第6条 凡未向交通部或本部报备有案而私自架设之任何电台或增设之收发报机,一律视为非法电台。

第7条 许可证有效期间为自核发日起满六个月止期满,如欲继续设置时,应于期满一个月前申请换发。

第 8 条　凡本省内之军专用电台自经核准设立后,均须注意履行左列各事项:

一、电台通信网络调查报告表电台人事调查表(附表式三),应按照规定表式于每月初三日前详填三份,报本部备查。

二、凡更正台名迁移台址或变换呼号周率联络单位密本种类及人事概况时,均应事先随时报本部备查。

三、机上严禁谈话并禁用明码(包括报头尾)或未经审查合格之密本拍发电报,以确保电信机密。

四、凡军专用电台奉命撤销或离开本省时,应将许可证或执照缴销。

五、不得拍发未经其主管盖章之任何电报。

六、本部得随时派员前往各该台及其主管机关对译其来往电报。

六、关于电台之联络单位,除依各台之上级机关规定办理者外,不得私与其他台及匪区台通信。

第 9 条　国营电台之台址呼号周率联络单位地点机件程式电力主管姓名等项应由国营电信机关通知本部备查。

第 10 条　凡本省业余学术试验电台均须注意履行左列各事项:

一、电台之概况人事机件器材联络地点呼号周率电力等项,均应按月呈报本部备查。

二、在指定周波内与合法之业余学术试验电台联络收发明码无线电话(报),并须将每次通信情形详细记录汇报本部备查。

三、不得收发机要消息及商情等有关业余学术试验电台范围以外之任何电信。

四、凡经登记之机件不得任意改装或增加电力,并禁止兼营无线电器材之买卖与代人装修发射电机。

五、各军事学校及通信训练班队于无线电通信实习时,应将实习计划(包括实习时间地点通信诸元及机器程式等)报国防部备查。

第 11 条　凡广播电台均须注意履行左列各事项:

一、电台之概况人事机件广播节目等项均应按月呈报本部备查。

二、关于电台之播音应按照规定周率播送并应避免干扰。

三、民营广播电台不得播送密码或明码之电报。

四、不得播送违反政府国策之任何言论及歌曲。

第12条 凡在本省内之外侨不得设立无线电台及收发报机,至外侨机关电台经向政府申请核准有案者,不在此限。

第13条 本部派员前往各电台查询各电台不得藉故拒绝。

第14条 凡违反本办法第2条、第6条、第12条之规定者,依电信条例第21条之规定没收其全部杆线机器及附件。

第15条 凡有违反本办法第3条、第4条、第5条、第7条、第8条、第10条、第11条、第13条之规定者,按其情节依左列各款处罚:

一、警告。

二、予电台三天以上三个月以下之封闭。

三、有关工作人员依法议处。

四、吊销许可证或执照。

五、凡与匪区电台通报者,队傻挂准之电台外,不论其情节轻重,一律依法处罚。

第16条 本部派员执行检查任务时,应先出示电信监察工作证,方得履行职务,如无证件或持证人与证件所列不符,可扭送本部或附近军警机关转解本部法办。

第17条 本部对被检查电台之一切有关机密情事,有绝对保密之责任。

第18条 各电台工作人员如发现可疑之记号与非法电台之线索时,应即以最迅速机密之方法通知本部,以便办理。本部对密报人之姓名当严守秘密,并于全案破获后予以荣誉嘉奖或就获案物资之价值提出三成充奖。

第19条 本办法自颁发之日起施行。

(附表略)

42. 修正出版法

第一章 总则

第1条 本法称出版品者谓用机械印刷或化学方法所印制而供出售或散布之文书、图画。发音片视为出版品。

第2条　出版品分左列三类：

一、新闻纸类

甲、新闻纸　指用一定名称，其刊期每日或每隔六日以下之期间，按期发行者而言。

乙、杂志　指用一定名称，其刊期在七日以上三月以下之期间，按期发行者而言。

二、书籍类　指杂志以外装订成本之图书册籍而言。

三、其他出版品类　前两款以外之一切出版品属之。

第3条　本法称发行者，谓主办出版品之人。

第4条　本法称著作人者，谓著作文书图画发音片之人。

笔记他人之演述，登载于出版品者，其笔记之人视为著作人，但演述人予以承认者应同负著作人之责任。

关于著作物之编纂，其编纂人视为著作人，但原著作人予以承诺者，应同负著作人之责任。

关于著作物之翻译，其翻译人视为著作人。

关于专用学校、公司、会所或其他团体名义著作之出版品，其学校、公司、会所或其他团体之代表人视为著作人。

出版品所登载广告、启事，以委托登载人为著作人，如委托登载人不明，或无负民事责任之能力者以发行人为著作人。

第5条　本法称编辑人者，谓掌管编辑出版品之人。

第6条　本法称印刷人者，谓主管印刷出版品之人。

第7条　本法称地方主管官署者，为发行所所在地之直辖市或县（市）政府。

第8条　外籍人民得依本法规定申请发行出版品，并遵守中华民国关于出版品之一切法令，但该外籍人民之本国出版法律，对于中华民国人民有差别待遇时，不得享受本法所给予之待遇。

第二章　新闻纸及杂志

第9条　新闻纸或杂志之发行，应由发行人于首次发行前，填具登记申请书呈经该管直辖市政府或该管县（市）政府转呈省政府，核与规定相符者准予发行，并转请内政部发给登记者。

前期登记手续,各级机关均应于十日内为之,并不收费用。

登记申请书应载明之事项如左:

一、名称;

二、发行旨趣;

三、刊期;

四、组织概况;

五、资本数额;

六、发行所及印刷所之名称及所在地;

七、发行人及编辑人之姓名、性别、年龄、籍贯、经历及住所。

第 10 条　前条所定应申请登记之事项有变更者,其发行人应于变更后七日内,按照登记时之程序,申请变更登记。

前项变更登记之申请,如系变更新闻纸或杂志之名称,发行人或发行所所在地管辖者,应于变更前附缴原领登记证,按照前条之规定重行登记。

第 11 条　有左列情形之一者不得为新闻纸或杂志之发行人或编辑人:

一、国内无住所者;

二、禁治产者;

三、被处二月以上之刑在执行中者;

四、褫夺公权尚未复权者。

第 12 条　新闻纸或杂志废止发行者,原发行人应按照登记时之程序,申请注销登记。

新闻纸或杂志获准登记后满三个月尚未发行者,或发行中断,新闻纸逾期三个月、杂志逾期六个月尚未继续发行者,均视为废止发行。

前项所定限期,如因不可抗力或有其他正当事由,发行人得呈请延展。

第 13 条　新闻纸或杂志记载发行人之姓名、登记证号数、发行年月日、发行所、印刷所之名称及所在地。

第 14 条　新闻纸或杂志之发行人,应于每次发行时分送内政部地方主管官署及国立中央图书馆各一份。

第 15 条　新闻纸或杂志登载事项,涉及之人要求更正,或登载辩驳书者,在日刊之新闻纸应于接到要求后三日内更正，或登载辩驳书，在非日刊之纸或杂志，应于接到要求时之次期为之，但其更正或辩驳之内容显违法令，或未记明要求人之姓名住所或自原登载之日起逾六个月而始行要求者，不在此限。

更正或辩驳书之登载，其版面应与原谅所载者相同。

第三章　书籍及其他出版品

第 16 条　发行书籍或其他出版品之出版业，其发行权应属于依法设立之出版业公司或书店。

第 17 条　发行书籍或其他出版品之出版业，应依第九条第一项、第二项之规定申请登记，登记申请书应载明之事项如左：

一、出版业公司或书店之名称组织及所在地；

二、资本数额；

三、印制所之名称及所在地；

四、发行书籍或其他出版品之类别；

五、发行人及编辑人之姓名、性别、年龄、籍贯、经历及住所。

第 18 条　发行书籍或其他出版品之出版业公司或书店之发行变更登记，准用第 10 条之规定。

第 19 条　发行书籍或其他出版品之出版业发行人及编辑人，准用第 11 条之规定。

第 20 条　机关、学校、团体有著作人或其继承人、代理人出版发行书籍或其他出版品者，不适用第 17 条至第 19 条之规定。

第 21 条　书籍或其他出版品，应记载著作人发行人之姓名、住址、发行年月日、发行版次、发行所、印制所之名称及所在地。

第 22 条　出版品之为学校或社会教育各类教科图书发音片者，应经教育部审定后方得印行。

第 23 条　书籍或其他出版品于发行时，应由发行人分别寄送内政部及国立中央图书馆各一份。改订增删原有之出版品而为发行者，亦同；但出版品系发音片时，得免予寄送国立中央图书馆。

第四章 出版之奖励及保障

第 24 条 出版事业或出版品合于左列各款情形之一者应予以奖励或补助：

一、合于宪法第 167 条第三款之规定者；

二、对文化教育有重大贡献者；

三、宣扬国策有重大贡献者；

四、在边疆海外或贫瘠地区发行出版品，对当地社会有重大贡献者；

五、印行重要学术专门著作，或边疆海外及职业学校教科书者。

前项奖励或补助另以法律定之。

第 25 条 新闻纸、杂志、教科书及经政府奖励之重要学术专门著作之发行，得免征营业税。

第 26 条 出版品委托国营交通机构代为传递时，得予以优待。

第 27 条 新闻纸或杂志，采访新闻或征集资料，政府机关应予以便利。

前期新闻资料之传递准用前条之规定。

第 28 条 出版品所需纸张及其他印刷原料，主管官署得视实际需要情形，计划供应之。

第 29 条 发行出版品之出版机构或发行人、著作人、编辑人、印刷人之事业进行遇有侵害情事，政府应迅速采有效之措施，予以保障。

第 30 条 新闻纸或杂志违反第 33 条至第 36 条之禁载及限制事项，发行已逾三个月者，不得再予处分。

第 31 条 新闻纸或杂志因受本法所定之行政处分提起诉愿时，其受理官署应于十日内予以决定。

书籍及其他出版品之诉愿得于一个月之内决定之。

诉愿人如依法提起行政诉讼时，行政法院应于受理日起一个月内裁决之。

第 32 条 为行政处分之官署，如因处分失当，而应负法律责任者，依有关法律办理。

第五章 出版品登载事项之限制

第 33 条 出版品不得为左列各款之记载：

一、触犯或煽动他人触犯内乱罪、外患罪者；

二、触犯或煽动他人触犯妨害公务罪、妨害投票罪，或妨害秩序罪者；

三、触犯或煽动他人触犯亵渎祀典罪，或妨害风化罪。

第 34 条　出版品不得登载禁止公开诉讼事件之辩论。

第 35 条　战时或遇有变乱或依宪法为急速处分时，得依中央政府命令之所定，禁止或限制出版品关于政治、军事、外交之机密或危害地方治安事项之记载。

第 36 条　以更正、辩驳书、广告等方式登载于出版品者，应受第 33 条至第 35 条所规定之限制。

第六章　行政处分

第 37 条　出版品如违反本法规定，行政官署得为左列之行政处分：

一、罚款；

二、警告；

三、禁止出售散布或扣押出版品；

四、定期停止发行。

第 38 条　出版品有左列情形之一者得予以罚款：

一、违反第 14 条或第 23 条之规定不寄送出版品经催告不理者，得处以该出版品未送部分售价五倍以下之罚款。

二、不为第 13 条或第 21 条规定之记载或记载不实者处一百元以下之罚款。

第 39 条　出版品违反第 33 条第二款及第 34 条之规定，情节轻微者得予以警告。

第 40 条　出版品有左列情形之一者，得予以严重警告或同时禁止其出售及散布，必要时并得予以扣押。

一、出版品违反第 22 条之规定者；

二、出版品之记载违反第 33 条第一款之规定者；

三、出版品之记载违反第 33 条第二款第三款之规定情节重大者；

四、出版品之记载违反第 34 条之规定情节重大者；

五、出版品之记载违反第 35 条之规定者。

依前期规定扣押之出版品，如经发行人之请求，得于删除禁载事项之记载或禁令解除时返还之。

第41条 出版品有左列情形之一者,得定期停止其发行。

一、不为第9条或第17条之申请登记,或就应登记之事项为不实之陈述而发行出版品者。

二、不为第10条或第18条之申请变更登记而发行出版品者。

三、出版品之记载违反第33第之第一款之规定情节重大者。

四、出版品之记载违反第35条之规定情节重大者。

前期定期停止发行处分非经内政部核定不得执行。

第42条 国外发行之出版品有应受第39条处分之情形者,内政部得禁止其进口。

前期违禁进口之出版品省政府或直辖市政府得扣押之。

第43条 违反本法之规定除依第38条至第42条之规定分别处罚外,其触犯刑法者依刑法办理。

第七章 附则

第44条 本法施行细则由内政部定之。

第45条 本法自公布日施行。

43. 修正出版法施行细则

内政部公布施行

第1条 本细则依出版法第44条之规定订定之。

第2条 出版法及本细则关于地方主管官署之规定,于特区行政公署或设治局准用之。

第3条 出版法所称新闻纸,包括报纸及通讯稿。

第4条 出版品审核标准,除依出版法第5章各条规定者外,并适用中央政府依法颁发关于出版品之禁止或限制之命令。

第5条 出版法所称之出版业公司,指一切发行书籍或其他出版品之企业机构依照公司法组织者,书店指一切发行书籍或其他出版品之独资或合伙组织者,出版业之用书局印书馆出版社或其他名称者,视其性质分别适用之。

第 6 条 出版业公司或书店另在他地设立分支机构者,或同一新闻纸或杂志另在他地出版发行者,仍应依照出版法第 9 条之规定办理登记。

第 7 条 新闻纸或杂志之国外航空版运至国内各地发行者,视为独立之新闻纸或杂志,应依出版法之规定,向印刷所在地之地方主管官署登记。

第 8 条 出版法第九条第三项第五款所定登记申请书,应载明之资本数目,如系刊行新闻纸者,得分别依照左列各款之规定定其数额:

一、在人口百万以上之省政府或市政府所在地刊行报纸者三万元以上,发行通讯稿者,一万三千五百元以上,发行杂志者二万二千五百元以上。

二、在人口未满百万之省政府或市政府所在地刊行报纸者三万元以上,发行通讯稿者九千元以上,发行杂志者一万五千元以上。

三、在特区行政公署县政府或设治局所在地刊行报纸者四千五百元以上,必行通讯稿者九百元以上,发行杂志者二千三百元以上,但该地尚无报纸通讯稿杂志之发行而创刊报纸者,得减低至二千三百元以上,无创刊通讯稿者,得减低至三百元以上,创刊杂志者,得减低至一千一百元以上。

四、新闻杂志国外航空版之资本数额,比照前三款之规定办理。

前项第三款所订区域以外之地方发行新闻纸杂志者,其资本数额得由省市政府或特区行政公署酌定,分别函报内政部查核备案。

第 9 条 出版法第 17 条第二项第二款所订登记申请书,应载明之资本数额比照前条发行报纸之资本数额办理。

第 10 条 出版业公司或书店除依前条规定办理登记外,并应依商业登记法及公司法之规定向主管官署办理商业登记。

第 11 条 本细则施行前已登记之新闻纸杂志如申请变更登记时,应依照第七条之规定之资本额登记之。

第 12 条 出版业公司或书店应于本细则施行后三个月内为发行之登记。

不为前期规定限期办理登记者,得依出版法第 41 条之规定停止其发行。

第 13 条 出版法第 9 条第三项第七款所定登记申请书应载明之经历,如为新闻纸之发行人时,应具左列资格之一者为合格。

一、在教育部认可之国内外大学或专科学校毕业得有证书取得新闻记者资格,并服务新闻事业一年以上,有证明文件者。

二、在教育部认可之高级中学毕业取得新闻记者资格,并服务新闻事业三年以上有证明文件者。

三、有新闻学术著作经内政部审定注册者。

四、取得新闻记者资格并服务新闻事业五年以上有证明文件者。

第14条　出版法第9条第三项第七款所定登记申请书应载明之经历,如为杂志之发行人时,应具左列资格之一者为合格。

一、在教育部认可之国内外大学或专科学校毕业得有证书者。

二、在教育部认可之高级中学毕业并从事文化工作三年以上有证明文件者。

三、有专门著作经内政部审定注册者。

四、从事出版事业或其他文化事业五年以上有证明文件者。

第15条　新闻纸杂志或出版业公司书店之发行人依出版法第9条申请登记时,应照规定申请之。

第16条　地方主管官署对于依出版法第9条及第17条所为之登记申请时,应切实加以审核,除不予核转者得迳行饬知外,其与规定相符者,应于登记申请书内加具审核意见。直辖市政府以一份存查一份转送内政部。县(市)政府以一份申请书内加具意见心一份存查,一份咨送内政部。

第17条　前两条规定于新闻纸杂志或出版业公司书店变更登记或注销登记时准用之。

第18条　新闻纸杂志或出版业公司书店变更发行人登记者,应由前发行人与新发行人共同具名申请之。

第19条　出版法第41条第一项第二款所规定之定期停止发行,得停止至该出版品完成为合法登记时为止。

出版法第41条第一项第三款第四款所规定之情节重大者,得经核定后停止该出版品为其一年以下之发行。但其情形特殊者,主管官署得报请内政部延长之。

第20条　新闻纸杂志依出版法第13条应记载之登记证号数在申请核准后,未领到登记证时应记载申请核准之年月日。

不为前项所规定之记载或记载不实者,准用出版法第38条之规定处罚之。

第21条 登记证因故遗失或损坏时,其发行人应即登报声明作废,并检同所登声明报纸呈请地方主管官署转请补发之。

第22条 依出版法第23条规定应寄送之书籍或其他出版品应依左列规定时间内迳送之。

一、新闻纸或杂志于每次发刊后即日寄送。

二、出版业公司或书店发行之书籍应于每月底造具书目并栓同本月份内所出版之书籍汇寄之。

三、机关学校团体及个人所出版发行之书籍应于发行后十日内为之。

前项应寄送之书籍或其他出版品为便于审核有无违反出版法第五章各条规定之禁止登载事项,并应检送各该主管官署一份。

第23条 发行人依出版法第14条、第20条分送出版品时应制备出版品分送簿,盖用邮政机关或分送机关之递寄,或收受戳记以备查考。

第24条 出版法第24条应予奖励或补助之出版品应经中央主管机关审定后依法办理之。

第25条 出版法第25条规定之新闻纸杂志教科书及经政府奖励之重要学术专门著作发行免缴营业税者,须凭中央主管机关所发给之登记证审定执照或奖励之证明为之。

第26条 出版法第26条规定之出版品如系新闻纸杂志教科书委托国营交通机构代为传递时,所予之优待须凭中央主管机关所发给之登记证或审定执照为之。

侨务委员会核准登记国外侨胞发行之新闻纸杂志向国内销售时,其经销人得凭内政部发给之登记证享受前期之优待。

第27条 战时各省政府及直辖市政府为计划供应出版品所需之纸张,及其他印刷原料应基于节约原则及中央政府之命令调节辖区内新闻纸杂志数量。

第28条 关于出版品登载事项之限制,由地方主管官署负责审核。如有触犯出版法第33条至第36条之禁载及限制事项者,应即依法予以处分。若出版品违反禁载及限制之事项已逾三个月,除刑事部分仍依法办理外,其行政部分依出版法第30条之规定不予处分。但地方主管官署首长应负失职之责。

第29条　地方主管官署依出版法第37条第一项第二款之警告处分,应以书面为之。

第30条　新闻纸杂志因发行中断而暂行停刊者,其发行人应呈报地方主管官署转报内政部备案。

前项停刊日数每年积计新闻纸不得逾三个月,杂志不得逾六个月,违者视为废止发行,注销其登记。但合于出版法第12条第三项之情形者,不在此限。

第31条　出版法及本细则所规定之申请书登记等格式另定之。

第32条　本细则自公布之日起施行。

44. 广播收音机登记规则

1952年12月18日交通部发参(41)字第09126号代电公布

1959年7月15日修正颁布

第1条　本规则依电信法第2条及第30条之规定制定之。

第2条　凡为收听广播而装设收音机者,应向当地交通部电信局申请登记,领取执照,如当地无电信局,应即向邻近地方之电信局办理。

第3条　收音机无论系购自厂商,或自行配装零件而成,须合左列之规定:

(甲)机件装置及线路不能任意变更,作为发报或发话之用。

(乙)不发生强烈振荡,以干扰收发电信。

第4条　收音机如用天线,不可接近电报电话电灯,及其他电力线路,其引入屋内之天线,应装避雷器,于收音机不用时连接地线。

第5条　收音机如用地线,应焊接于深埋地下之金属片。

第6条　收音机之频率范围,以国际电信公约附属无线电规则所规定之广播频率为限。

第7条　收音机每架发给执照一纸,自填发之日起,有效期间一年,期满申请换发,不得顶替转让或租借。

第8条　收音机执照每纸征收执照费银元十元,由各地电信局按当地能用币制折收,解部汇缴国库。

各级学校、社教机关、图书馆、博物馆、儿童福利机构、少年感化院、公立医疗机关、监狱,为公众服务装用之收音机,暨现职军警人员、盲哑人装用之收音机,其执照费减半计收。

部队使用之收音机其执照一律免收执照费。

执照期满申请换发仍应缴纳执照费。

第9条　收音机执照规定免贴印花。

第10条　电信局对于各收音机之装置情形,及曾否登记领取执照,得随时派员检查,并调验执照,此项检查人员,备有身份证明文件,装户应予便利,并详答所询。

第11条　收音机及其装置,倘有不合格程式之处,经查明通知后,即应完全改正。

第12条　轻便携带或装置于汽车上之收音机,须经电信局在执照上详细注明,方得随时随装户或汽车通行,执照须与收音机安置一处,随时备查。

第13条　装户于本县市境内迁移住址时,应于迁移后向电信局申请更正装机地点,装户在本国境内迁移时,可凭执照转运,于到达目的地后,向当地电信局办理登记,并更正住址。

第14条　装户对于机器程式有所变更时,应于事先开列变动情形,向当地电信局申请更正。

第15条　执照如有遗失,应登报声明作废,重行申请补发。

第16条　装户不依照本规则之规定申请登记领取执照者,经查报后,除仍应补行登记领取执照及缴纳执照费外,并依照行政执行法应处银元十元之罚金,执照期满后始请换领者,除应按年缴纳执照费外,其期满逾一个月者,处银元一元之罚金,逾二个月者,处银元二元之罚金,逾三个月者,处银元五元之罚金,逾六个月以上者,处银元十元之罚金。

本规则第八条第二项所规定之装户如不申请登记领照或逾期始请换发新照者,按前二项规定减半罚之。

第17条　本规则呈奉行政院核准公布施行。

45. 台湾省戒严期间新闻纸杂志图书管制办法(修正本)

行政院 1953 年 7 月 27 日内字 4330 号令准予备查

第 1 条　依戒严法第 11 条第一项之规定订定本办法。

第 2 条　新闻纸、杂志、图书、告白、标语及其他出版品不得为下列各款记载：

一、未经军事新闻发布机关公布属于《军机种类范围令》所列之各项军事消息；

二、有关国防政治外交之机密；

三、为共匪宣传之图画文字；

四、诋毁国家元首之图画文字；

五、违背反共抗俄国策之言论；

六、足以混淆视听,影响民心士气,或危害社会治安之言论；

七、挑拨政府与人民情感之图画文字。

第 3 条　本戒严地区遇有变乱或战事发生,本省保安司令部于必要时,得对新闻纸杂志及其他出版品实行事先检查。

前期措施之开始另以命令行之。

第 4 条　凡在本省发行之新闻纸、图书及其他出版品,应于发行时检具一份送本省保安司令部备查。

第 5 条　新闻纸、杂志、图书及其他出版品来台行销,应呈经主管机关核准后,始得进口。

第 6 条　书刊进口时,由本省保安司令部施行检查。

第 7 条　违反本办法第 2 条之规定者,除法令另有规定外,得按其情节轻重,予以处分,并得扣押其出版品。

第 8 条　违反本办法第 4 条之规定者,得比照出版法第 38 条第一款之规定办理之。

第 9 条　违反本办法第 5 条之规定者,得将该项书刊扣押,并得酌情退还原地或补办申请进口手续。

第 10 条　本办法自公布之日起施行。

46. 战时出版品禁止或限制登载事项

内政部根据《出版法》第 35 条规定制定

一、涉及政府、军事、外交之机密而有损国家利益者。

二、夸大描述盗匪流氓等非法行为而有诲盗作用者。

三、描述自杀行为而有助自杀风气之虞者。

四、描述少年犯罪行为而有助长少年犯罪之虞者。

五、描述赌博或吸食烟毒之情景足以诱人堕落者。

六、描述猥亵行为而有诲淫作用足以影响社会治安者。

七、传播荒谬怪诞邪说淆乱社会视听者。

八、记载不实之消息，意图毁谤或侮辱元首或政府机关名誉，足以淆乱社会视听者。

九、对于法院刊事诉讼进行中案件之批评足以淆乱社会视听者。

47. 战时新闻用纸节约办法

一、政府在战时为节约用纸这消费，特订定本办法。

二、各报社发行之新闻纸，除特定纪念日外，其篇幅一律不得超过对开一张半。

三、前条所称特定纪念日，各报得出增刊，但其篇幅不得超过对开一张半。

四、特定纪念日规定如左：

子、中华民国开国纪念日（一月一日）

丑、革命先烈纪念日（三月二十九日）

寅、孔子诞辰纪念日（九月二十八日）

卯、国庆纪念日（十月十日）

辰、台湾光复节（十月二十五日）

巳、总统寿辰（三月三十一日）

午、国父诞辰纪念日（十一月十二日）

未、各报创刊纪念日

五、本办法自中华民国四十四年五月一日起施行。

48. 修正出版法

第一章 总则

第1条 本法称出版品者,谓用机械印刷或化学方法所印制而供出售或散布之文书、图画。发音片视为出版品。

第2条 出版品分左列三类:

一、新闻纸类

甲、新闻纸 指用一定名称,其刊期每日或每隔六日以下之期间,按期发行者而言。

乙、杂志 指用一定名称,其刊期在七日以上三月以下之期间,按期发行者而言。

二、书籍类 指杂志以外装订成本之图书册籍而言。

三、其他出版品类 前两款以外之一切出版品属之。

第3条 本法称发行人者,谓主办出版品,并有发行权之人。

新闻纸、杂志及出版业,系公司组织或共同经营者,其发行权应属于依法设立之公司或从其契约之规定。

第4条 本法称著作人者,谓著作文书、图画、发音片之人。

笔记他人之演述,登载于出版品者,其笔记之人视为著作人,但演述人予以承认者,应同负著作人之责任。

关于著作物之编纂,其编纂人视为著作人,但原著作人予以承诺者,应同负著作人之责任。

关于著作物之翻译,其翻译人视为著作人。

关于专用学校、公司、会所或其他团体名义著作之出版品,其学校、公司、会所或其他团体之代表人视为著作人。

出版品所登载广告、启事,以委托登载人为著作人,如委托登载人不明,或无负民事责任之能力者,以发行人为著作人。

第5条 本法称编辑人者,谓掌管编辑出版品之人。

第6条 本法称印刷人者,谓主管印刷出版品之人。

第7条 本法称地方主管官署者在中央为内政部,在地方为省(市)政府及县(市)

政府。

第8条 外籍人民得依本法规定申请发行出版品,并遵守中华民国关于出版品之一切法令,但该外籍人民之本国出版法律,对于中华民国人民有差别待遇时,不得享受本法所给予之待遇。

第二章 新闻纸及杂志

第9条 新闻纸或杂志之发行,应由发行人于首次发行前,填具登记申请书呈经该管直辖市政府或该管县(市)政府转呈省政府,核与规定相符者,准予发行,并转请内政部发给登记证。

前期登记手续,各级机关均应于十日内为之,并不收费用。

登记申请书应载明之事项如左:

一、名称;

二、发行旨趣;

三、刊期;

四、组织概况;

五、资本数额;

六、发行所及印刷所之名称及所在地;

七、发行人及编辑人之姓名、性别、年龄、籍贯、经历及住所。

第10条 前条所定应申请登记之事项有变更者,其发行人应于变更后七日内,按照登记时之程序,申请变更登记。

前项变更登记之申请,如系变更新闻纸或杂志之名称,发行人或发行所所在地管辖者,应于变更前附缴原领登记证,按照前条之规定重行登记。

第11条 有左列情形之一者不得为新闻纸或杂志之发行人或编辑人:

一、国内无住所者;

二、禁治产者;

三、被处二月以上之刑在执行中者;

四、褫夺公权尚未复权者。

第12条 新闻纸或杂志废止发行者,原发行人应按照登记时之程序,申请注销登记。

新闻纸或杂志获准登记后满三个月尚未发行者，或发行中断新闻纸逾期三个月、杂志逾期六个月尚未继续发行者，注销其登记。

前项所定限期，如因不可抗力或有其他正当事由，发行人得呈请延展。

第 13 条　新闻纸或杂志记载发行人之姓名、登记证号数、发行年月日、发行所、印刷所之名称及所在地。

第 14 条　新闻纸或杂志之发行人，应于每次发行时分送内政部地方主管官署及国立中央图书馆各一份。

第 15 条　新闻纸或杂志登载事项，涉及之人要求更正或登载辩驳书者，在日刊之新闻纸应于接到要求后三日内更正，或登载辩驳书，在非日刊之纸或杂志，应于接到要求时之次期为之，但其更正或辩驳之内容显违法令，或未记明要求人之姓名、住所或自原登载之日起逾六个月而始行要求者，不在此限。

第三章　书籍及其他出版品

第 16 条　发行书籍或其他出版品之出版业，应依第 9 条第一项、第二项之规定申请登记。登记申请书应载明之事项如左：

一、出版业公司或书店之名称组织及所在地；

二、资本数额；

三、印制所之名称及所在地；

四、发行书籍或其他出版品之类别；

五、发行人及编辑人之姓名、性别、年龄、籍贯、经历及住所。

第 17 条　发行书籍或其他出版品之出版业公司或书店之发行变更登记，准用第 10 条之规定。

第 18 条　发行书籍或其他出版品之出版业发行人及编辑人，准用第 11 条之规定。

第 19 条　机关、学校、团体有著作人或其继承人、代理人，出版发行书籍或其他出版品者，不适用第 16 条至第 18 条之规定。

第 20 条　书籍或其他出版品，应记载著作人发行人之姓名、住址、发行年月日、发行版次、发行所、印制所之名称及所在地。

第 21 条　出版品之为学校或社会教育各类教科图书发音片者,应经教育部审定后方得印行。

第 22 条　书籍或其他出版品于发行时,应由发行人分别寄送内政部及国立中央图书馆各一份。改订增删原有之出版品而为发行者,亦同;但出版品系发音片时,得免予寄送国立中央图书馆。

第四章　出版之奖励及保障

第 23 条　出版事业或出版品,合于左列各款情形之一者,应予以奖励或补助:

一、合于宪法第 167 条第三款之规定者;

二、对教育文化有重大贡献者;

三、宣扬国策有重大贡献者;

四、在边疆海外或贫瘠地区发行出版品,对当地社会有重大贡献者;

五、印行重要学术专门著作,或边疆海外及职业学校教科书者。

前项奖励或补助另以法律定之。

第 24 条　新闻纸、杂志、教科书及经政府奖励之重要学术专门著作之发行,得免征营业税。

第 25 条　出版品委托国营交通机构代为传递时,得予以优待。

第 26 条　新闻纸或杂志采访新闻或征集资料,政府机关应予以便利。

前期新闻资料之传递准用前条之规定。

第 27 条　出版品所需纸张及其他印刷原料,主管官署得视实际需要情形,计划供应之。

第 28 条　发行出版品之出版机构或发行人、著作人、编辑人、印刷人之事业进行,遇有侵害情事,政府应迅速采有效之措施,予以保障。

第 29 条　新闻纸或杂志违反第 32 条至第 35 条之禁载及限制事项,发行已逾三个月者,不得再予处分。

第 30 条　新闻纸或杂志因受本法所定之行政处分提起诉愿时,其受理官署应于一个月内予以决定。诉愿人如依法提起行政诉讼时,行政法院应于受理日起一个月内裁决之。

第31条 为行政处分之官署,如因处分失当,而应负法律责任者,依有关法律办理。

第五章 出版品登载事项之限制

第32条 出版品不得为左列各款之记载:

一、触犯或煽动他人触犯内乱罪、外患罪者;

二、触犯或煽动他人触犯妨害公务罪、妨害投票罪,或妨害秩序罪者;

三、触犯或煽动他人触犯亵渎祀典罪,或妨害风化罪。

第33条 出版品对于尚在侦查或审判中之诉讼事件,或承办该事件之司法人员,或与该事件有关之诉讼关系人,不得评论,并不得登载禁止公开诉讼事件之辩论。

第34条 战时或遇有变乱,或依宪法为急速处分时,得依中央政府命令之所定,禁止或限制出版品关于政治、军事、外交之机密或危害地方治安事项之记载。

第35条 以更正、辩驳书、广告等方式登载于出版品者,应受第32条至第34条所规定之限制。

第六章 行政处分

第36条 出版品如违反本法规定,行政官署得为左列之行政处分:

一、警告;

二、罚锾;

三、禁止出售散布进口或扣押投入;

四、定期停止发行。

五、撤销登记。

第37条 出版品违反第32条第三款及第33条之规定,情节轻微者,得予以警告。

第38条 出版品有左列情形之一者得予以罚锾:

一、违反第14条或第22条之规定,不寄送出版品,经催告无效者,处100元以下罚锾。

二、不为第13条或第20条规定之记载,或记载不实者,处300元以下之罚锾。

三、不为第15条之更正,或已更正而与登载事项涉及之人或机关,要求更正或登载辩驳书之内容不符,经当事人向该主管官署检举,并查明属实者,处 500 元以下罚锾。

第 39 条　出版品有左列情形之一者,得禁止其出售及散布,必要时并得予以扣押。

一、不依第 9 条或第 16 条之规定呈准登记,而擅自发行出版品者。

二、出版品违反第 21 条之规定者;

三、出版品之记载违反第 32 条第二款第三款之规定情节重大者;

四、出版品之记载违反第 33 条之规定情节重大者;

五、出版品之记载违反第 34 条之规定者。

依前期规定扣押之出版品,如经发行人之请求,得于删除禁载事项之记载或禁令解除时返还之。

第 40 条　出版品有左列情形之一者,得定期停止其发行。

一、出版品就应登记事项为不实之陈述而发行者。

二、不为第 10 条或第 17 条之申请变更登记,而发行出版品者。

三、出版品之记载违反第 32 条第一款之规定者。

四、出版品之记载违反第 32 条第二款及第三款之规定情节重大者。

五、出版品之记载违反第 34 条之规定情节重大者。

六、出版品经依第 37 条之规定连续三次警告无效者。

前期定期停止发行处分,非经内政部核定不得执行,其期间不得超过一年。违反第一项第三款之规定者,得同时扣押其出版品。

第 41 条　出版品有左列情形之一者,由内政部予以撤销登记。

一、出版品之记载触犯或煽动他人触犯内乱罪、外患罪情节重大,经依法判决确定者。

二、出版品之记载以触犯或煽动他人触犯妨害风化罪为主要内容,经予以三次定期停止发行处分,而继续违反者。

第 42 条　出版品经依法注销登记,或撤销登记或予以定期停止发行处分后,仍继续发行者,得没入之。

第 43 条　国外发行之出版品,有应受第 37 条及第 39 条至 41 条处分之情形者,内政部得禁止进口。

前项违禁进口之出版品,省政府或直辖市政府得扣押之。

第44条 违反本法之规定除依第37条至第43条之规定分别处罚外,其触犯其他法律者依各该有关法律办理。

第七章 附则

第45条 本法施行细则由内政部定之。

第46条 本法自公布日施行。

49. 电视广播电台设置暂行规则

1959年3月31日交通部交邮(48)字第2667号令公布

1960年5月31日交参(49)字第4733号令修正

第1条 依照电信法第2条及第27条之规定,特订定《电视广播电台设置暂行规则》。(以下简称本规则)

第2条 本规则所称之电视广播电台,系指用无线电同时传输见像及声音信号,以供大众接收之电台而言,此项电台之设置,均应照规定办理。

第3条 政府、公私团体、或国民经交通部核准,得在中国境内设立电视广播电台。

第4条 电视广播电台分为下列两类:

一、政府或其所属机构设置者,称为公营电视广播电台。

二、国民个人或组织公司设置者,称为民营电视广播电台。

第5条 电视广播电台以分区设置为原则,并可呈准增设转播系统。

第6条 设置电视广播电台,应先行依照下列各项,填具申请书(由交通部印制空白申请书供用)送经交通部核准,发给许可证后,方可架设。

一、申请人姓名住址学历经历或公司名称、地址、组织情形、及负责人姓名、住址、经历(检附有关证件)。

二、设立电视广播电台之目的。

三、电视广播电台名称、组织、概算及经费来源。(附资金证明)

四、发射机电力、制造厂家、装设地址、及详细工程计划。(包括发射机详细线路图、天线构造,及电场覆盖面积等)

五、播送室地点,及室内之设备详单。

六、其他设备。

第 7 条　电视广播电台架设许可证之有效期间为一年,申请者必须于限期内,完成该电台建设,并应将筹备电台进度随时报部,其因故未能如期完成者,得于限期届满前申述理由,附缴原许可证,申请展期六个月,但以一次为限。

第 8 条　电视广播电台装妥后,应先申请交通部核准,始能开始试播。

第 9 条　电视广播电台建设完成,应即申请交通部派员查验,俟查验符合电视广播技术标准规范之规定,由交通部发给执照,方准开播,其原领之架设许可证,并应于领取执照时缴销。

第 10 条　电视广播电台执照之有效期间为两年,如拟于期满后继续设置,应于期满前一个月内,申请交通部换发新执照。

第 11 条　电视广播电台架设许可证或执照如有遗失、损坏,应即登报声明作废,并申请补发。

第 12 条　电视广播电台架设许可证或执照内所载事项,如有变更,须先行申请核准。

第 13 条　依前条规定,补发之架设许可证或执照,其有效期间以原证照之有效期间为准。

第 14 条　申请核发、换发、补发电视广播电台架设许可证或执照时,均应照交通部之规定,缴纳证书费或执照费,并照印花率之规定,购贴印花。

第 15 条　电视广播电台架设许可证、执照,均不得出租或转让。

第 16 条　电视广播电台之设置及技术标准,依照交通部电视广播技术标准规范之规定办理。

第 17 条　电视广播电台见像发射机之电功率,最低不小于一千瓦。

第 18 条　电视广播电台之频率,由交通部核发架设许可证时指定之,未经核准不得变更,电视频路暂以下列频路为限。

（一）174 至 180 兆周,声音信号载波 179.75 兆周,见像信号载波 175.25 兆周。

（二）186 至 192 兆周,声音信号载波 191.75 兆周,见像信号载波 187.25 兆周。

（三）198 至 204 兆周,声音信号载波 203.75 兆周,见像信号载波 199.25 兆周。

（四）204 至 210 兆周，声音信号载波 209.75 兆周，见像信号载波 205.25 兆周。

第 19 条　电视广播电台之呼号，由交通部核发执照时指定之，未经核准，不得变更。

第 20 条　电视广播电台不得播送违反政府法令，危害治安，有伤风化之一切声音见像信号。

第 21 条　电视广播电台之节目分类及每日播送时间成分比率，文化教育类及新闻类各不得少于 20%。

第 22 条　电视广播电台未经领有执照，或已领有执照，而已被取消，或过期作废，或已遗失未经请准补发者，均不得播送节目。

第 23 条　交通部得随时派员携带证明文件，至各电视广播电台检查机件，及查询其他有关事项，各电视广播电台不得托故拒绝。

第 24 条　交通部或其派人员对电视广播电台有所指示改善，电视广播电台应尽速照办。

第 25 条　电视广播电台应将全部职员名册、简历，送请交通部备查，如有更动，应于月终列表送请更正。

第 26 条　电视广播电台每日播送节目时间，不得少于三小时，如因故欲停止广播若干时日，应先申请交通部查核。如停止广播逾期两个月，而无正当理由者，交通部得吊销其执照。

第 27 条　电视广播电台如拟停办，应先报请交通部核准，并将执照缴销，其机件、天线、及其他设备，均应拆卸，并将拆存机件地点，报请交通部查核，非经核准，不得移动或出售转让。

第 28 条　电视广播电台违反本规则时，除另有法令规定从其规定外，由交通部按情节轻重，予以左列处分。

一、警告。

二、停止广播（自一日至一个月）。

三、吊销执照，限令撤除电台。

第 29 条　本办自奉呈 行政院核准公布之日起施行。

50. 电视广播接收机登记规则

交通部1949年3月31日交邮(48)字第2367号令公布

交参(49)字第4733号及5378号令修正

第1条 本规则依电信法第2条及第31条之规定制定之。

第2条 凡为接收电视广播而装设接收机者,应向当地交通部电信局申请登记,领取执照,如当地无电信局,应即向邻近地方之电信局办理。

第3条 电视接收机无论系购自厂商,或自行配装零件而成,机件装置及线路,不能任意变更,改作其他用途。

第4条 电视接收机之天线,还可接近电报、电话、电灯及其他电力线路,其引入屋内部分,应装避雷器,电视接收面不有香,须连接地线。

第5条 电视接收机之频率范围,以适应国际电信公约附属无线电规则之电视广播频率为限。

第6条 电视接收机每架发给执照一纸,自填发之日起,有效期间一年,期满申请换发,不得顶替转让或租借。

第7条 电视接收机执照第纸征收执照费银元二十元,由各地电信局按当地通用币制折合解部汇缴国库。

各级学校、社团机关、图书馆、博物馆、儿童福利机关、少年感化院、公立医疗机构、监狱,为公众服务之电视接收机,暨现职军警人员装用之电视接收机,执照费减半计收。

部队使用之电视接收机之执照,一律免收执照费。

执照期满,申请换发,队部队用者免收执照费外,仍应缴纳执照费。

第8条 电视接收机执照规定免贴印花。

第9条 电信局对于各电视接收机之装置情形及曾否登记,领取执照,得随时派员检查,并调验执照,此项检查人员备有身份证明文件,装户应予便利,并详答所询。

第10条 电视接收机及其装置,倘有不合格各式之处,经查明通知后,应即完全改正。

第11条 装户于本县市境内迁移住址,应于迁移后向电信局申请更正装机地点,装户基本国境内迁移时,可凭执照转运,于到达目的地后,向当地电信局办理登记,并更正住址。

第 12 条　装户对于机器程式有所变更时,应于事先开列变动情形,向当地电信局申请更正。

第 13 条　执照如遗失,应登报声明作废,重行申请补发。

第 14 条　装户不依照本规则之规定,申请登记领取执照者,经查报后,除仍应补行登记,领取执照及缴纳执照费外,并依照行政执行法第五条之规定,处以银元叁拾元之罚金。

本规则第 7 条第二项及第三项所规定之装户,如不申请登记领照或逾期始请换发亲按前项规定减半罚之。

第 15 条　本规则呈奉行政院核准公布后施行。

51. 广播无线电台设置及管理规则

1959 年 11 月 24 日行政院台(48)交字第 6628 号令核准

1959 年 12 月 21 日交通部交邮(48)字第 10849 号令公布

第 1 条　本规则依电信法第 2 条及第 27 条之规定制定之。

第 2 条　本规则所称之广播无线电台(以下简称广播电台)系指用无线电波传播语言、音乐、歌曲等,供一般公众收听之电台而言,其设置运用及管理,均依本规则之规定。

第 3 条　广播电台分为左列两类:

一、公营广播电台:凡由政府机关设置经营,或由政府与人民合营,政府资本超过 50%,或由公营事业转投资与人民合营,其出资超过 50% 者,均属公营广播电台。

二、民营广播电台:凡属公营以外,由本国人民或完全由本国人民依法组织之公司申请核准设置经营者,均属民营广播电台。

三、广播电台之分类一经确定不得变更。

第 4 条　军用电台之设置及管理,除另依国防部订颁之《军用广播电台设置与管理办法》办理外,其他一般事项,及拟具设台计划时,国防交通两部应先密切联系,取得协调。

公民营电台申请设台拟具计划时,在技术方面国防交通两部应先取得协调。

第 5 条 凡外籍机关人民,及非完全由本国人民组织设置之公司、厂商、学校、团体,一律不准在中国境内设立广播电台。

前项公司、厂商、学校团体之职员,虽全系本国人民,而其管理职权操之于外籍机关或人民,或其管理职权虽操于本国人民,而其资产之一部属于外籍机关或人民亦同。

第 6 条 本规则各条所称广播电台,除指明公营或民营者外,均包括公营民营两类电台在内。

第 7 条 凡设置广播电台,均应先行填具申请书、登记表,并将左列各项叙明,送主脱色审核,经核准发给架设许可证后,方准设置。

(一) 申请人姓名、地址、学历、经历(如系政府机关、或公司,应将名称地址组织情形、隶属或公司执照及负责人姓名、住址、经历叙明)。

(二) 设立广播电台之目的。

(三) 广播电台名称、组织、经费概算及其经费来源(应附确实证明)。

(四) 发射机电力功率、安装地址、拟采购机器厂牌及工程计划(应附详细线路图)。

(五) 播音室设备及地点。

(六) 拟聘用专任技术人员姓名及学历、经历。

第 8 条 广播电台设置申请人应为电台之负责人,对电台负完全责任,如申请人为公司组织,该公司组织之法定负责人为电台之负责人,其有左列情形之一者,不得为广播电台申请人。

(一) 国内无住所者。

(二) 禁治产者。

(三) 剥夺公权尚未复权者。

第 9 条 广播电台应有专任技术人员一人,负责该台各项机件之调整使用,维护与检修。

前项技术人员应向交通部请领执业证书,并以具有左列资格之一者为合格。

一、高等考试或相当高等考试之特种考试电机技师考试及格者。

二、国内外专科以上学校电机电信科系毕业者。

三、凡从事广播技术工作五年以上确有成绩经交通部审查合格者。

第 10 条　广播电台架设许可证之有效期间,为自核发之日起,满六个月为止,申请人必须于该期间内将电台建设完成。其因特别事故未能在期内建设完成者,得于期满前一个月内申述理由,附缴原架设许可证,申请交通部展期三个月,但以一次为限。

第 11 条　广播电台架设完成,应即向交通部申请查验,交通部于接到申请一星期内派员查验其机器设备,经查验合格准先试播两星期,在试播期内经查频率音质均属正常无不良之反应时,即由交通部发给执照开始正式播音。其原领之设架许可证,并应于核发执照后缴纳。

第 12 条　广播电台试播,应以夜间零时至六时为限,必要时得增加自八时至十时,及自十八时至二十时为试播时间,并均应先报请交通部核准。

第 13 条　广播电台之执照规定一机一照,其执照有效期间,为自核发之日起满一年为止。如于期满后继续运用,应于期满前一个月内,向部申请换发新执照,其有效期间,为自旧照失效之日起满一年为止。

第 14 条　广播电台架设许可证或执照,如有遗失,应即登报声明作废,并报请交通部补发。

第 15 条　广播电台架设许可证或执照内所载设置事项,如须变更,应先向交通部申请核准换发新证或执照。

第 16 条　凡依前两条规定补发,换发之架设许可证或执照,其有效期间仍以原许可证或执照之期间为准。

第 17 条　申请核发换发补发广播电台架设许可证或执照,均应照交通部规定缴纳证书费或执照费,并照印花税率之规定,购贴印花。

第 18 条　广播电台架设许可证或执照,不得移转租转。

第 19 条　广播电台之电功率,中频不得小于一千瓦,高频不得小于五百千瓦。

第 20 条　广播电台之设置,以平均散布各县市为原则。中央政府所在地及直辖市不得超过八座,省辖各市不得超过四座。每县及省辖地方行政管理局(如阳明山管理局)各不得超过二座。

前期数目,公民营广播电台均不得超过半数,交通部并得视技术情形,随时酌量减少核准之。

第 21 条　民营广播电台申请增设第二广播部投时,以高频率为限。

第 22 条　广播电台经与行政院指定之机关订有合约,经常广播宣扬政教所需之节目,及公营电台负有特殊任务经交通部核准者,其电台台数、电功率及使用频率范围,得依照申请程序报由交通部转报行政院核准,不受本规则第 19、第 20、第 21 各条规定之限制。

第 23 条　在各县市境内申请设置广播电台,须事先调查安装发射机地点附近如有其他电信设备,应尽量设法避让,不使有足以妨碍或干扰该项设备原有通信工作之事实发生。

第 24 条　广播电台频率,由交通部于核发架设许可证时指定之,其呼号由交通部于核发执照时指定之。

第 25 条　广播电台之房屋、机件、设备及发射机之技术标准,悉依广播电台工程技术及设备标准规范之规定。

第 26 条　广播电台发射机必须使用晶体控制振荡器,还得擅自折除,其频率应随时注意校测调整,力求稳定,频率容许差度,并应符合广播电台工程技术及设备标准规范之规定。

第 27 条　广播电台播音节目之分类及每日播音时间成分比率规定如左:

一、新闻类:公营不得少于 15%,民营不得少于 10%,包括:(一) 新闻,(二) 通讯,(三) 时事评论,(四) 其他。

二、文艺类:公营不得超过 40%,民营不得少于 50%,包括:(一) 小说,(二) 诗歌,(三) 故事,(四) 音乐,(五) 戏剧,(六) 民间艺术,(七) 其他。

三、教学类:公营不得少于 25%,民营不得少于 15%,包括:(一) 常识讲座,(二) 学术讲座,(三) 专科讲座,(四) 其他。

四、服务类:公营不得少于 15%,民营不得少于 5%,包括:(一) 政令宣传,(二) 气象预报,(三) 社会服务,(四) 宗教宣传,(五) 其他。

五、商业广告类:公营不得播送商业广告,其播音语言,应以国语为主。

第 28 条　广播电台除经政府赋予特殊任务者外,其播音语言,应以国语为主。

第 29 条　广播电台除政府赋予特殊任务者在播音时间内,每隔三十分钟,必须将台名呼号及所有频率用国语报告一次。

第30条 广播电台不得播送不正确之消息或违反政府法令、危害治安、有伤风化之一切言论、消息、歌曲、文词。

第31条 交通部得将政府机关下令消息,以及其他有益民众之节目,发交广播电台播送或派员前往电台自行播送或规定转播另一电台之节目,各广播电台均应照办,不得藉故拒绝。

第32条 广播电台之节目,悉依广播无线电台节目规范之规定。

第33条 广播电台未经领有交通部执照,或原领执照已被撤销或经遗失请准补发者,均不得播音。

第34条 广播电台之频率呼号及其他一切事项,经交通部规定或核准者,非经申请核准,不得变更。

第35条 广播电台不得扰乱妨害任何合法之有线无线电信,及其他广播电台之播音。

第36条 交通部派员携带证明文件至各广播电台检查机件及簿籍图表及其他有关事项时,各广播电台不得藉故拒绝。

第37条 交通部或其所派人员对广播电台有所指示改善,广播电台应尽速照办。

第38条 遇有船舶电台或航空器电台遇险呼救,所用频率与广播电台所用频率相近时,广播电台或亲自发觉,或经交通部所属海岸电台或其他电台之通知,应即停止播音,以利救险电报之传递。俟该救险电报之传递确已终止时,始得继续播音。

第39条 广播电台应备节目日记及工作日记,按日详记,保留两年,以备查考。

第40条 民营广播电台,每年应将业务状况,存储主要器材及机件设备改进情形,于年终造报交通部查核。

第41条 广播电台庆按月将全部职员简历,报请交通部及有关机关备查,遇有变动,并应于当月终列表报告交通部。

第42条 广播电台除政府赋予特殊任务者外,非经交通部核准不得传递不属广播性质之言语电码或数目字。

第43条 广播电台如因故须暂停止播音,应先报请交通部查核,如停止播音逾两企业月者,交通部得吊销其执照。

第44条 电台如须停办应先报交通部查核,并将执照缴销,其机件天线等均应拆卸,存放地点,并应报交通部查核,非经核准,不得他移或出售转让。

第45条 广播电视违反本规则之规定时,除电信法及电信器材管制法令另有规定者,应依各该规定办理外,得由交通部按情节轻重予以左列处分:

一、警告;

二、停止播音(自一日至一个月);

三、吊销执照,限令拆除电台。

第46条 凡违反第42条之规定者,除适用前条规定处理外,并应分别按发递电话电报应纳之费三倍赔偿电信机关之损失。

第47条 国际无线电规则及交通部颁布之各项法令内有关广播电台而与本规则不相抵触之各项规定,仍适用之。

第48条 本规则呈奉行政院核准后自公布日施行。

52. 广播无线电台节目规范

第一章 总 则

第1条 本规范依据广播无线电台设置及管理规则第32条订定之。

第2条 广播无线电台(以下简称广播电台)播音比率之分类及每日播音时间成分比率规定如下:

一、新闻类:公营不得少于15%,民营不得少于10%,包括:(一)新闻,(二)通讯,(三)时事评论,(四)其他。

二、文艺类:公营不得超过40%,民营不得少于50%,包括:(一)小说,(二)诗歌,(三)故事,(四)音乐,(五)戏剧,(六)民间艺术,(七)其他。

三、教学类:公营不得少于25%,民营不得少于15%,包括:(一)常识讲座,(二)学术讲座,(三)专科讲座,(四)其他。

四、服务类:公营不得少于15%,民营不得少于5%,包括:(一)政令宣传,(二)气象预报,(三)社会服务,(四)宗教宣传,(五)其他。

五、商业广告类:公营不得播送商业广告,其播音语言,民营不得超过20%。

第 3 条　广播电台之播音节目必须恪守下列规定：

一、奉行国家政策；

二、遵守国家法律；

三、维护国家安全；

四、发挥社会功效；

五、倡导善良风俗；

六、不得扰乱公共秩序；

七、不得损害他人权益。

第 4 条　广播电台除经政府赋予特殊任务或有特殊原因经向政府主管机关报准有案者外，其播音语言应用国语；惟方言节目（如闽南语新闻等）得以方言播送，但其比率不得超过 40%。

第 5 条　广播电台订定之节目表，应予报备，又其出版有关节目之期刊、剧本、歌集或教材亦应按期检送政府主管机关节目部门每式三份，以备考。

第二章　新闻节目

第 6 条　广播电台不得播送经已证明不实及显易引起误会之新闻。

第 7 条　广播电台不得将任何广告作为新闻播报。

第 8 条　广播电台不得对有伤社会风化事件作刻意渲染之新闻报道。

第 9 条　广播电台播送时事评论，必须公正客观，不得有故意曲解或附会之情事。

第三章　文艺节目

第 10 条　广播电台不得播送查禁有案之小说、歌曲、音乐、戏剧及其他地方性之文艺，并不得藉词疏忽而免除其责任。

第 11 条　经常在广播电台担任音乐、戏剧、故事、或民间艺术之团体或个人，应由各该电台将其团体名称、组成份子略历或个人略历向政府主管机关报备，以资查考。

第 12 条　政府主管机关得随时通知任何电台将其所播文艺节目原稿送审或报备，或由节目主持人解释其所播节目之内容，各该电台应即照办。

第 13 条　政府主管机关得依据有关法令随时通知任何电台停播或免播某项或某

类文艺节目,各该电台应即照办。

第四章 教学节目

第 14 条 广播电台播送教学节目应配合当前社会教育政策或需要。

第 15 条 广播电台播送教学节目应予订定课程暨进度,按照实施。

第五章 服务节目

第 16 条 广播电台宣传政令应说明解说,言词力求亲切诚挚。

第 17 条 广播电台与气象机构密取联系,选择适当时间预报当日天时气候二次至四次,以利民众作息,倘遇气候剧变时,应自动随时加强播报。

第 18 条 广播电台应适应社会需要及听众要求,尽量办理有关社会服务之目的。

第 19 条 广播电台对任何服务节目,不得涉及对有关方面之恶意批评。

第六章 商业性广告

第 20 条 公营广播电台应不得播送商业广告。

第 21 条 民营广播电台播送商业广告节目,除应遵守本规范第 3 条各款之规定外,并应遵守下列规定:

一、不得有夸大失实之内容。

二、不利有引人堕落之内容。

三、不得有作伪、欺骗之内容。

四、不得有提倡迷信之内容。

五、食物及药品非经卫生机关鉴定合格,各行业非经取得开业执照,不得为其作广告宣传。

六、其他临时规定事项。

民营广播电台播送商业广告节目时,如有违反本条各款之情事,政府主管机关得随时令其停止播送。

第 22 条 民营广播电台播送商业广告,不得超过下列规定时间:

一、五分钟之节目其播送广告时间为一分十五秒。

二、十分钟之节目其播送广告时间为一分十五秒。

三、十五分钟之节目其播送广告时间为一分十五秒。

四、二十分钟之节目其播送广告时间为一分十五秒。

五、二十五五分钟之节目其播送广告时间为一分十五秒。

六、三十分钟之节目其播送广告时间为一分十五秒。

七、四十五分钟之节目其播送广告时间为一分十五秒。

八、六十分钟之节目其播送广告时间为一分十五秒。

九、节目交换时插播广告,其时间以三分钟为限。

第23条 民营广播电台播送商业广告节目应由电台节目部门专责办理,不得任由广告商人自行播送。

广告商人自备节目付资送请电台播送时,电台节目部门应于事先审听其全部内容,否则自备如有违反第三条及第二十一条各款规定情事者,应由电台负其责任。

第24条 民营广播电台播送商业广告,应予保留原稿,为时半年。

政府主管机关得因需要,随时通知任何民营电台检送某项商业广告原稿,该电台应即照办。

第七章 指定节目与节目辅导

第25条 政府主管机关得因宣传或教育之需要,订颁宣传办法或指定电台播送某项节目或转播某一电台之节目,或迳派员前往电台播送,各该电台应即照办。

第26条 政府主管机关为充实广播内容辅导电台节目,得酌情灌制有关辅助宣传、教育之影音片带,或编辑有关资料发交广播电台应用,其详细办法另订之。

第八章 电台辨认

第27条 广播电台除政府赋予特殊任务者外,在播音时间内每隔三十分钟必须将该台台名、呼号,及所用频率用国语报告一次,以资辨认。

第28条 广播电台在规定报告台名、呼号及所用频率时间,倘遇当时节目不便中断,可酌予变通,但应于此项节目开始或间歇时间以及结束时为之。

第九章 节目日记

第29条 广播电台应备节目日记逐日记载下列诸事项：

一、日期。

二、电台之呼号、地点及频率。

三、报告台名、呼号及所用频率之时间。

四、每项广播节目之简要内容。

五、播送商业广告者，其名称、时间及简要内容。

六、政府主管机关规定节目之办理情形。

七、节目负责人之签署。

此项表式由政府主管机关统一制订颁发，以资划一，其表式另订之。

第30条 广播节目日记应予保管两年，以备查考。

第31条 广播电台节目日记应分填副本一份，于每届一周后五日内检送政府主管机关节目部门收存备查。

第32条 广播电台节目日记在规定保管期内，除原登记人外，他人不得作任何修改，节目日记倘有修改，应即报备。

第十章 节目考评

第33条 政府主管机关为督导改进各广播电台办理播音节目之设计、编排、撰稿、播送之技巧及效果，得于每年年终举行考评一次，其详细办法另订之。

第十一章 附　则

第34条 广播电台如有违反本规范任何条款之情事，由政府主管机关按情节轻重，依据广播无线电台设置及管理规则第四十五条之规定处分之。

第35条 本规范自《广播无线电台设置及管理规则》公布日起同时施行。

53. 广播收音机及电视接收机登记规则

1963年7月1日交通部公布

1968年6月24日、1970年6月27日修正公布

第1条 本规则依电信法第2条、第30条、第31条之规定制定之。

第2条 凡广播收音机（以下简称收音机）及电视接收机（以下简称接收机）均应向当地交通电信局或经委托办理之机构厂商申请登记，领取执照。

第3条 收音机或接收机无论购自厂商或自行装配，一经登记，其机件装置及线路，不得任意变更，改作发讯或其他用途。

第4条 收音机或接收机之天线，应避免接近电报、电话、电灯及其他电力线路，以免发生感应或危险，其引入屋内部分，并应装避雷器，不用时须连接地线。

第5条 收音机或接收机之频率范围，以适应国际电信公约附属无线电规则之广播频率为限。

第6条 收音机或接收机每架发给执照一纸，免贴印花，执照遗失，应申请补发，如有变更，应申请更正。

第7条 收音机或接收机转让过户，应申请换发执照。

第8条 请领执照时，应缴纳执照费，六石以及六石以下电晶体收音机执照每纸征收执照费新台币20元，其他收音机执照，每纸征收执照费新台币40元；接收机执照，每纸征收执照费新台币80元。

请领执照由各地电信局或经委托办理之厂商代办并收取费用，转让过户换领执照时，由各地电信局免费办理，惟原执照如属免费或半费者，转让后因持照人身份不同时应补收执照费或执照费之差额。所收费用，汇解国库。

各级学校、社教机关、图书馆、博物馆、儿童福利机构、少年感化防火墙、公立医疗机构、监狱等为公众服务所装用者，及现职军警人员、盲哑人装用者，执照费减半计收，部队装用者免收执照费。

第9条 电信局对于收音机或接收机之装用情形及曾否登记，得随时派员调查，此项检查人员，必须备有证明文件。

第10条 装户不依照本规则之规定，申请登记领取执照者，经查报后除仍应补行

登记,领取执照及缴纳执照费外,并依照行政执行法第 5 条之规定处以罚锾,未领取收音机执照者处以银元 10 元之罚锾;未领取接收机执照者处以银元 20 元之罚锾。

第 11 条　执照期满未请换领者,除应按年缴纳执照费外,其期满后按左列逾期时间予以罚锾。

一、收音机执照部分

(一)逾期一个月者罚锾银元 1 元。

(二)逾期二个月者罚锾银元 2 元。

(三)逾期三个月以上者罚锾银元 5 元。

(四)逾期六个月以上者按应纳执照费处罚之。

二、接收机执照逾期未换者,比照前款加倍处罚之。

第 12 条　本规则自公布日施行。

54. 广播及电视无线电台设置及管理规则

1963 年 7 月 1 日交通部公布

第一章　总则

第 1 条　交通部为管理广播及电视事业,依电信法第 2 条及第 27 条之规定订定本规则。

第 2 条　凡以无线电波传播声音及影像,供公众接收之广播电台暨电视电台,其设置及管理,均依本规则之规定。

第 3 条　本规则所称电台,系包括广播及电视两种电台。

第 4 条　电台分为左列二类:

第一类:凡政府机关团体为推行其本身业务而设置者为第一类电台。

第二类:凡中华民国个人或组设之公司设置者为第二类电台。

第 5 条　机关电台之设置及管理,由国防部掌理,但所用发射方式、频率及呼号依电信法第 6 条规定由国防部交通部会同办理。

第二章　电台设置

第 6 条　电台之设置,应先填具申请书及登记表,叙明左列事项,送请交通部审核,经核准发给架设许可证后,方得设置。

一、申请人姓名、住址、学历及经历。(第一类电台为机关团体首长;第二类电台,独资经营者为其本人,公司组织者为其法定之负责人。)

二、电台名称、类别、组织情形及经费来源(公司组织应有登记证,私人设置者应有资金证明)。

三、设立电台之目的。

四、发射机电功率及其制造厂牌、安装地点、工程计划(附详细线路图及房屋设计图)。

五、播音室、摄影室、转播机等设备及地点。

六、各部分主管姓名及其学历经历。

第 7 条　设置电台之申请人应为电台之负责人,对电台负完全责任,但第一类电台之申请人得指定代表为电台之负责人。

第 8 条　第二类电台以具有左列资格之一者为合格。

一、国内外大专学校毕业从事文教新闻或电信事业一年以上者。

二、高级中学毕业,从事文教新闻或电信事业三年以上者。

三、曾任公职五年以上有志于广播电视事业者。

第 9 条　电台之工程负责人,以具有左列资格之一者为合格。

一、高等考试或特种考试电机技师考试及格者。

二、国内外专科以上学校电机电信科系毕业者。

三、从事广播工程技术工作确有成绩者。

第 10 条　电台之节目负责人,以具有左列资格之一者为合格。

一、高等考试有关新闻、文教科类考试及格者。

二、国内专科以上学校新闻划广播及文法系毕业者。

三、高中以上学校毕业从事电台节目工作确有成绩者。

第 11 条　电台负责人及各部门主管应造具详历表送部备查,变动时亦同。

第12条　电台回调许可证之有效期间,为自核发之日起,满六个月为止,申请人必须于该期间内将电台建设完成。其因特别事故未能在期内建设完成者,得于期满前一个月内申述理由,附缴原回调许可证,申请交通部展期三个月,但以一次为限。

第13条　既设电台换装发射机,亦应向交通部请领架设许可证。

第14条　电台架设完成,应即向交通部申请查验,交通部于接到申请一星期内派员查验其机器设备,经查验合格准先试播两星期,在试播期内经查频率、音质或影像均属正常无不良之反应时,即由交通误了发给执照开始政工播放。其原领之架设许可证,并应于核发执照后缴销。

第15条　电台试播时间,应以不妨碍其他电台之播放为则,并应先报交通部核准。

第16条　电台之执照规定一机一照(电视台发射机包括见像声音及中继设备全套称为一机),其执照有效期间,为自核发之日起满后继续运用,应于期满前一个月内,向交通部申请换发新执照,其有效期间,为自旧照失效之日起满一年为止。

第17条　电台架设许可证或执照,如有遗失,应即登报声明作废,并报请交通部补发。

第18条　电台架设许可证或执照内所载设置事项,如须变更,应先向交通部申请核准换发新证或新照。

第19条　凡依前两条规定补发,换领之架设许可证或执照,其有效期间仍以原诱惑证或执照之期间为准。

第20条　申请核发、换发、补发电台架设诱惑证或执照,均应照交通部规定缴纳证书费或执照费,并照印花税率之规定购贴印花。

第21条　电台架设许可证或执照,不得移转租让。

第22条　交通部得派员携带证明文件至电台查验机件设备。

第23条　电台之设置数目及地区之分配依左列规定：

(甲) 广播电台

一、中央政府所在地不得超过八座。

二、省政府所在地及直辖市不得超过四座。

三、县市及省辖地方行政区不得超过二座。

(乙) 电视电台

一、中央政府所在地不得超过四座。

二、省政府所在地及直辖市不得超过二座。

三、县市及省辖地方行政区，以利用已有电台之转播系统，设置分台为原则。

前项电台第二类电台不得超过其中半数；第一类电台交通部视频率及技术标准等原因酌量核准之，不受此项限制。

第 24 条　电台发射功率，依左列之规定：

(甲) 广播电台

第一类或第二类电台均不得低于五百瓦特，省级设置之第一类电台不得超过五千瓦特，县级设置之第一类电台不得超过一千瓦特，第二类电台概不得超过一千瓦特。

(乙) 电视电台

第一类或第二类电台均不得低于一千瓦特。

前项电台发射，交通部得因事实需要督饬调整之。

第 25 条　在各县市境内申请设置电台，须事前调查安装发射机地点附近如有其他电信设备，应尽量设法避让，不使有中心妨碍或干扰该项设备原有通信工作之事实发生。

第 26 条　电台发射频率及呼号，由交通部于核发架设许可证时指定之。

第 27 条　电台如因故须暂停止播放，应先报请交通部查核，但停止播放不得逾两星期。

第 28 条　电台如须停办应先报交通部查核，并将执照缴销，其机件天线等均应拆卸，存放地点，并应报交通部查核。非经核准不得他移或出售转让。

第 29 条　电台未经领有交通部执照，或原领执照已被撤销，或经遗失未经请准补发者，均不得开播。

第 30 条　电台设置完成，应按申请书所定设台目的，推行业务，不得作设置目的以外之其他用途。第一类电台并不得随播商业广告。

第三章　电台技术标准及主要设备

第 31 条　电台之工程技术标准及主管设备由交通部审核，依交通部订颁之《广播无线电工程技术设备标准规范》及《黑白电视广播技术标准规范》之规定办理。

第 32 条　电台设备之维护,应经常保持良好,如发觉不合规定之处,交通部得通知限期改善,其不能如期发送者,视其情节轻重分别议处。

第四章　电台之节目

第 33 条　电台播放之声音或影像统称节目,其每日播放时间比率、文化、教育及新闻服务各不得少于20％,第二类电台播放广告不得超过20％。

第 34 条　电台节目所用言语除因特殊原因经奉主管机关核准者外,应以国语为主。

第 35 条　电台不得播放违反政府法令、危害治安、有伤风化之节目。

第 36 条　各主管机关对于电台各项节目,得依法令之规定予以检查或审核。

第五章　罚则

第 37 条　电台违反本规则规定,视情节之轻重予以左列之处分：

一、警告。

二、停止播放(一日至一个月)。

三、吊销执照。

第 38 条　电台节目违反法令之规定者,除由有关主管机关依法办理外,并得依前条之规定处分之。

第六章　附则

第 39 条　本规则自公布日施行。

55. 动员时期无线电收音机及电视接收机管制办法

行政院令

第 1 条　为防止无线电收音机及电视接收机非常买卖或改装利用,并取缔收听军用通信或匪俄广播,以确保地方治安,配合动员需要,特依《国家总动员法》第 7 条及第 23 条之规定制订本办法。

第 2 条　凡装设无线电收音机或电视接收机者,均应依照《广播收音机及电视接收机登记规则》之规定向当地电信局领取执照,期满换照。

第3条　为维护军机案例,电视接收机使用之频率范围,应以210兆周以下174兆周以上为限。

第4条　收音机装有GW设备可作收报机之用者,除照本办法第2条办理外,并须将所领之执照送请电信监察机关(在台湾为台湾警备总司令部)登记,未设电信监察机关之地区由当地电信局代办登记。

第5条　经营无线电器材之特许厂商所有自用之收音机或电视接收机,均应照本办法第2、3、4条之规定办理。

第6条　凡新购、进出口、转口收音机或电视接收机者,应于申请准购证进出口转口证照时,同时向当地电信局办理领照或换照手续,惟在省境内移动者得凭收音机或电视接收机执照转运,并向当地电信局更正装机地址。

第7条　由国外进口之电视接收机,其频率不合本办法第3条之规定者,其174兆周以下之频路,应于办理领照手续之前自行截除,并携截除证明送请当地电信局核验发照,其截除部分不得自行恢复使用。

第8条　经登记领照之收音机或电视接收机得凭执照转让他人或售于无线电特许厂商,或委任其代售,但受让人即向当地电信局办理过户手续,将原持有之执照缴销,并请领新执照。

第9条　收音机或电视接收机修理需要购用受管制之器材者,应先凭其执照填具申请书,向当地电信监察机关申请发给准购证,由特许厂商凭证交易。

第10条　本国船舶上装置之收音机或电视接收机,应由船主向船籍港电信局登记领照,并适用本办法之有关规定。

第11条　收音机或电视接收机装户,不得将电机改为发报机。

第12条　收音机装户不得收听匪俄广播,但机关黑体因业务需要时收听抄录匪俄由于让他经报由电信监察机关核准者不在此限。

第13条　违反本办法第2条、第4条至第6条、及第8条至第10条之规定者,除《广播收音机及电视接收机登记规则》另有规定者,应从其规定外,依左列各款规定处罚之。

一、第一次警告。

二、第二次依行政执行法之规定科处罚锾。

第14条 违反本办法第3、7、11条之规定者,依妨害国家总动员惩罚暂行条例之规定处罚之。

第15条 违反本办法第12条规定者,依左列规定处罚之:

一、第一警告。

二、第二次依行政执行法之规定科处罚锾,并得斟酌情形扣留其收音机。

收听匪俄广播散布谣言或抄录传播,足以妨害治安动摇人心者,依惩治叛乱条例第6条规定处罚之。

第16条 任何人民于发现有收听军用通信或匪俄广播者应即将收听之姓名住址及收听时间,向当地宪警机关或电信监察机关密告检举,各机关对于检举之姓名应保守秘密,如因破获匪谍案件时,依《戡乱时期检肃匪谍条例》第14条规定奖励之。

第17条 各地宪警机关于发现或接获检举当地收音机或电视接收机装户有违反本办法各项规定者,须立即呈报电信监察机关核办。

第18条 电信监察机关必要时对于收音机或电视接收机装户得派员查询之,查询人员须先出示身份证明文件,始得执行任务。

第19条 本办法自公布日起施。

56. 台湾省各县市文化工作处理事项

台湾省政府令(56)16府新一字第2864号

台湾省警备总司令部令(56)19拯闵0119号

为加强对匪文化作战,取缔违法出版品,兹将本省各县市文化工作处理事项规定如下:

一、各县市(局)为检查取缔违法出版品,加强对匪文化作战,应成立文化工作执行小组。

二、各县市(局)文化工作执行小组依左列规定组织之:

1. 各县市(局)文化工作执行小组,由县市政府(局)新闻室(股)、教育局(科)、警察局(所)、社会局(科)及其他有关机关派员组成;市政府由新闻室主任担任小组长,县政府指派秘书一人担任小组长。

2. 各县市重要乡镇得视实际需要,设置分组,由县市文化工作执行小组指派人员组织之。

三、各县市(局)文化工作执行小组负责处理左列各事项:

1. 依据出版法,台湾戒严期间新闻纸杂志图书管制办法及有关法令,取缔辖境内查禁有案及内容不妥之各种出版品与未经依法登记,擅自发行之出版品。

2. 文化情报之收集、统计、分析与反映事项。

3. 其他有关发展文化事业事项。

四、各县市(局)书店、书刊摊贩、印刷厂商、出版社、唱片厂商,为检查对象。

五、检查人员检查时应出示检查证,检查证由省政府制定式样,交由各县市政府(局)自行制发,并送省新闻处备查。

六、经查获之违法出版品,应出具三联单收据,开列名称、数量、签章后交付被检查者,将书刊携回并按规定呈报主管官署处理。

七、查禁书刊数量过多无法立即携回时,得予封存候提,或开具检扣通知单,指定其自行送交小组。

八、查扣违禁之出版品累积太多致无法保管时,可先行宣告没入,定期邀请有关单位会同监毁列册报备。

九、对内容欠妥书刊以借阅方式掣给借据审查处理。

十、各县市政府(局)应将文化工作执行小组所需经费统稿各该县市政府(局)新闻室(股)年度预算内,以应需要。

十一、各县市(局)文化工作执行小组应于每月至少召开工作会报一次,并将执行工作情形按月呈报主管机关核备,并分送各有关机关备查。

十二、检查人员工作努力成绩优异者,由各县市政府从优叙奖,违法徇情者从严惩处。

57. 战时新闻用纸节约办法

行政院台 56 闻 2861 号令修正公布

一、政府在战时为节约新闻用纸之消费,特订定本办法。

二、各报社发行之新闻纸,除特定纪念日外,其篇幅一律不得超过对开两大张半。

三、前条所称纪念日各报得出增刊,但不得超过对开一张。

四、特定纪念日规定如左:

1. 中华民国开车纪念日(1月1日)

2. 革命先烈纪念日(3月29日)

3. 孔子诞辰纪念日(9月28日)

4. 国庆纪念日(10月10日)

5. 台湾光复节(10月25日)

6. 总统寿辰(10月31日)

7. 国父诞辰纪念日(11月12日)

8. 行宪纪念日(12月25日)

9. 各报创刊纪念日

五、本办法自颁布日施行。

58. 国内电报规则(节摘)

交通部公布

根据《电信法》第2条制订,将电报分为政务及军事、公务、私务、公益及特种电报五类,其中新闻电报属于私务电报。

第4节 私务电报

第33条 新闻电报——新闻报社通讯社或电视、广播电台之新闻记者,经交通部电信局核准发给凭照而拍发之新闻报道电报,列作新闻电报,并规定下列各款:

一、拍发新闻电报应缴验凭照,并只可发交凭照内所载之新闻机构及用该机构之名称,不得用该机构内具有任何资格之个人名义或用该机构在他埠之办事处接转。

二、新闻电报之电文以关于政治、文教、社会、工商业等消息,用于刊登新闻纸、电视或广播者为限,不得含有私事性质或类似广告之文字,如发觉其内容不属新闻电报或并非自行发刊或电视广播或刊播之前先将电报传达私人或各种场所,或出售分送其他新闻机构而非同时刊播者,应分别依照寻常或加急电报收费。

三、新闻电报限用中文或英文明语书写,每电不论文中文或英文至少以十四字起算收费。

四、新闻电报分寻常新闻电报与加急新闻电报二种,分别按寻常电报及加急电报次序传递。

五、寻常新闻电报照特定之新闻电报价目收费,加急新闻电报照寻常电报价目收费。

六、中文新闻电报之来报,电信机构不予代译。

七、新闻电报得由收报人付费,收报新闻机构应依照第六十二条之规定,缴付足敷一个月之预存报费交收报电信机构于月终结算。

八、新闻电报仅用"分送"、"分送并通知各收报人"二项特别业务,但以二张以上凭照并收报新闻机构系在同一地方为限。

59. 台湾省新闻工作会报办法

台湾省政府令

第1条 台湾省政府(以下简称本府)为加强新闻工作,发挥省属机关新闻工作整体之功能,由本府新闻处近期举行新闻工作会报(以下简称本会报)。

第2条 本会报由左列人员组织之,必要时得邀请有关人员参加;并由本府新闻处处长为召集人。

一、本府各厅处局会团新闻室主任。

二、本府三级单位新闻室或公共关系室主任。

三、未设新闻室或公共关系室之省属单位新闻联络负责人员。

四、各市政府新闻室主任,各县政府新闻股长。

五、本府新闻处第一、二、三科科长。

六、本府新闻处发布室主任及承办人员。

第3条 本会报之任务如左:

一、遵照上级宣传政策及省宣传会报所决定之宣传方针,策进省政宣传工作。

二、各项省政重要宣传活动之策划与推进。

三、省属机关对各项省政宣传工作之分工与合作问题之研讨。

四、各县市政府宣传工作之策进。

五、省属机关新闻联击与公共关系业务之推进。

六、省属机关新闻发布工作之加强与技术之改进。

七、省座谈会新闻联击工作之加强与总体作业之策划。

八、其他有关新闻工作事项。

第4条 本会报依左列规定分别举行之,均由召集人担任主席:

一、每月一次,由本府合署办公厅处局会团人员参加。

二、每三个月举行扩大会报一次,除前款人员外,加邀省属三级单位人员参加。

三、每年举行全体会报一次,除第一、二款人员外,各县市政府新闻室股主管均应参加。

第5条 本会报决定事项,遂由本府新闻处依照权责分别处理之。

第6条 本会报经常事务由召集人指定人员办理之。

第7条 本办法自公布日施行。

60. 台湾地区戒严时期出版物管制办法

行政院1970年5月5日台59内3858号令核准修正

国防部1970年5月22日(59)崇法字1633号公布

第1条 为管制出版物特依戒严法第11条第一款之规定订定本办法。

第2条 匪首、匪干之作品或译著及匪伪之出版物一律查禁。

第3条 出版物不得有左列各款情形之一:

一、泄漏有关国防、政治、外交之机密者。

二、泄漏未经军事新闻发布机关公布属于"军机种类范围令"所列之各项军事消息者。

三、为共匪宣传者。

四、诋毁国家元首者。

五、违背反共国策者。

六、淆乱视听,中心影响民心士气或危害社会治安者。

七、挑拨政府与人民情感者。

八、内容猥亵有悖公序良俗或煽动他人犯罪者。

第 4 条　本戒严地区遇有变乱或战事发生,台湾警备总司令部对出版物得事先检查。

前项措施之开始,另以命令行之。

第 5 条　凡在本地区印刷或出版发行之出版物,应于印就发行时,检具样本一份,送台湾警备总司令部备查。

第 6 条　在本地区以外之出版物,除确供自用,经港口机场检查单位查核放行者外,应呈经主管机关核准后,始得进口。

第 7 条　凡出版物进口时,应由台湾警备总司令部查验。

第 8 条　出版物有本办法第 2 条或第 3 条之情事者,对其出版发行人应依有关法令予以处分,并扣押其出版物。

第 9 条　违反本办法第 5 条之规定者,得比照出版法第 38 条之第一款之规定办理之。

第 10 条　违反本办法第 6 条之规定者,应将其出版物扣押,其在一个月内,提出申请经主管机关核准者,得于补办进口手续后发还。

第 11 条　本办法自公布日施行。

61. 广播收音机及电视接收机登记规则(节摘)

交通部 1970 年 6 月 27 日交邮(59)字第 7072 号令修正公布

第 10 条　装户不依照本规则之规定,申请登记领取执照者,经查报后除仍应补行登记,领取执照及缴纳执照费外,并依照行政执行法第 5 条之规定处以罚锾,折合新台币计收,未领取六石及六石以下电晶体收音机执照者罚锾新台币 20 元,未领取其他收音机执照者罚锾新台币 40 元,未领取接收机执照者罚锾新台币 80 元。

62. 奖励检举违法出版品原则

台湾省政府(59)55 府新一字第 41442 号令颁

台湾省政府(59)144 府新一字第 91809 号令修正

一、凡文字、图画及其他出版品内容如有左列记载情事者，均可提出检举之：

1. 违反出版法第 32 条各款之规定：

（1）触犯或煽动他人触犯内乱罪外患罪者；

（2）触犯或煽动他人触犯妨害公务罪妨害投票罪或妨害秩序罪者；

（3）触犯或煽动他人触犯亵渎祀典罪或妨害风化罪。

2. 违反出版法第 34 条："战时或遇有变乱或依宪法为急速处分时，得依中央政府命令之所定，禁止或限制出版品关于政治军事外交之机密或危害地方治安事项之记载。"

3. 违反《台湾地区戒严时期出版物管制办法》第 3 条各款之规定情节重大者。

（1）泄漏有关国防、政治、外交之机密者。

（2）泄漏未经军事新闻发布机关公布属于"军机种类范围令"所列之各项军事消息者。

（3）为共匪宣传者。

（4）诋毁国家元首者。

（5）违背反共国策者。

（6）淆乱视听，中心影响民心士气或危害社会治安者。

（7）挑拨政府与人民情感者。

（8）内容猥亵有悖公序良俗或煽动他人犯罪者。

二、检举人可以口头或局面方式，向县(市)政府新闻室(股)或当地警察机关提出检举，但局面检举需详填真实姓名、住址、身份证字号，以便查询。

三、凡经检举而查获正在印刷或散布出售之违法出版品合乎第一条之规定确具贡献者，应由该管县市政府予以奖励。

63. 妨害军机治罪条例（修正，节摘）

第 4 条　因偶然得知或偶然持有之军机，泄漏、交付或公示他人者，处三年以上十年以下有期徒刑。

因偶然得知或偶然持有之军机，泄漏、交付或公示于外国或其派遣之人者，处七年以上有期徒刑。

因过失犯前二项之罪者，处三年以下有期徒刑。

64. 动员时期电信监察实施办法（节摘）

第一章　总则

第 1 条　动员时期政府为防止无线电台，非法通信及收听匪伪或敌对国家之广播，并监察全国无线电通信是否恪守有关电信法令，爰依照《国家总动员法》第 7 条第一项及第 23 条之规定，订定本办法。

第 2 条　为严密全国电信监察，国防部视情况需要，得在全国各地区指定或设立电信监察机构，隶属当地最高治安机关执行电信监察任务，并实施电信保防布建。

第 3 条　本办法电信监察之范围为军用、公用、民用、专用之无线电报（话）台、广播、电视、无线电、传真、学术试验、教育、航空、船舶、车辆等电台，凡以电能发送或接收音信影像图片者，均属之。（以下简称电台）

第 4 条　电信监察机构工作值勤人员，应佩有电信监察工作证，执行勤务时，应出示证明身份。

第二章　电台一般监察

第 5 条　电台之设立，应依左列规定办理：

一、各军事机关、部队、学校，应按其隶属系统，申请核准，并请领军用无线电台执照。

二、各公私机构,应向交通部申请核准,并请领无线电台执照。

三、外籍人民及团体,不得在我国境内,设置任何性质之无线电台或收发信机,但外国机关经我国政府特准者,不在此限。

四、海军船舰、军用收音机上之电信设施,及情(谍)报单位在台湾地区设置情(谍)报台,免领无线电台执照,但通信诸元等,应送当地电信监察机构备查。

五、无线电台名称、地址、通信诸元、电机程式、电力、主管姓名及人事等资料应送当地电信监察机构备查。

六、凡领有执照之上述电台,均应填具申请表,运用执照(架设许可证)一并送当地电信监察机构验印登记,不得私自增设通信设备及任何改装或增加电力。

第6条 凡领有执照之电台撤销或离境时,应通知该地区电信监察机构注记,并缴销执照。

第7条 交通部核准专用电台、广播电视台、业余学术试验台及船舶车辆台等设立、换照时,应同时通知当地电信监察机构登注。

第8条 电台不得私自与规定以外之电台及不法电台通信。

第9条 军用电台应特别遵守左列规定:

一、不得拍发经主管核准之电报。

二、各军事学校或通信训练实施难住演习前,应将演习时间、地点、通信诸无及电机电力、人员等列报当地电信监察机构备查。

第10条 公私机构专用电台应特别遵守左列规定:

一、更换台名、地址、电机等均应向交通部或其委托机关换领执照。

二、不得拍发未经主管核准之电信。

三、非经主管机关核准,严禁机上用明码或明语联络。

第11条 业余及学术试验电台应特别遵守左列规定:

一、电台之联络地点,通信纪录等资料,应按月送当地电信监察机构备查。

二、限于在指定频率内用明语通信。

三、不得收发业余及学术电台范围以外之电信。

四、不得经营无线电器材买卖及代人装修无线电收发报机。

第12条 广播电视台应特别遵守左列规定:

一、广播节目资料应按月送当地电信监察机构备查。

二、电台播音应照规定频率播送,避免干扰。

三、不得播送违反国策或妨碍动员戡乱之任何言论、歌曲、戏剧等节目。

四、基于国策及军事需要,政府得指定发射频率广播方式,及交付特定之任务。

第13条　凡领有执照之电台所填送之各项资料应按接受当地电信监察机构备查。

第14条　战时或发生紧急情况时,政府基于军事及地方治安之需要,凡非军用通信设施,得纳入军事管制支援军事作战。

第三章　突袭期间电信监察(略)
第四章　民航电信监察(略)
第五章　船舶电信星空(略)

第六章　视听接收监察

第35条　电视接收机频率范围应照左列规定办理:

一、国内制造者,应以216兆赫以下,174兆赫以上为限。

二、国内进口者,在规定频率范围以外者,应在领照前自行截除,不得自行恢复使用。

第36条　接收机(收音及电视机)装有CW设备可作收报机用者,队除向当地电信局领取执照外,并送请电信监察机构剪除登记。

第37条　接收机(收音及电视机)用户应遵守左列规定:

一、不得将接收机改为发报机。

二、不得收听匪伪及敌对国家之广播,但机关、团体因业务需要抄收匪伪及敌对国家广播,经当地最高治安机关核准者,不在此限。

第38条　凡人民、机构、团体发现可疑通信广播,及有收听匪伪及敌对国家之广播者,应遵守左列之规定办理:

一、即将收听人姓名、住址、收听时间或可疑电台速向当地宪警或电信监察机构检举。

二、宪警机关对于检举人应予保密,并迅速将违规或可疑者,呈报当地最高治安机构核办。

前项因检举而破获匪谍案件者,得依照《戡乱时期检肃匪谍条例》第14条第二项之规定奖励之。

第七章 罚 则

第39条 军用电台违反本办法之规定者,由当地电信监察机构层报国防部核处。

第40条 专用、公用、民有和、航空台或陆上航用台、广播电视台、业余及学术试验台等违反本办法之规定者得按情节轻重,依左列各款处罚:

一、警告。

二、有关工作人员,通知该主管予以议处。

三、予电台一日以上,一月以下之封闭。

四、吊销电台执照。

五、情节较重者,依法惩办。

第41条 船舶电信人员违反本办法之规定者,除另有处罚规定,从其规定外,得按其情节轻重,由当地最高治安机关征会交通部同意,依左列各款处罚之:

一、书面警告。

二、调岸察看。

三、吊存执业证书一月以上一年以下。

四、撤销执照证书。

五、情节较重者,依法惩办。

第42条 接收机(收音及电视机)用户违反本办法第35条至第37条之规定者,除另有处罚规定,从其规定外,应依左列各款处罚:

一、第一次警告。

二、第二次处以银元30元以上之罚锾,并得斟酌情形扣留其接收机。

三、凡收听匪伪及敌对国家广播,散布谣言,或抄录传播不实之消息,足以妨害治安或动摇人心者,依法惩办。

第八章　附　则

第43条　本办法自公布日施行。

65. 取缔匪伪物品办法

行政院台63经字第0786号令;1974年4月17日修正第5条;1976年2月6日修正第6条至第10条;1977年6月13日修正第7条。

第1条　为加强对匪经济作战,禁止匪伪物品进口,特参酌《海关缉私条例》及《惩治走私条例》,并依《国家总动员法》第19条订定本办法。

第2条　本办法所称之匪伪物品,系指匪伪生产、制造、加工等物品,有匪伪标志(文字或图案),或虽无匪伪标志而经鉴定确系匪伪之物品。

第3条　匪伪物品除供医疗用之中药,在未有代用品以前,经由经济部国际贸易局核准进口者外,一律禁止进口。

旅客、船员及航空器服务人员不得携带匪伪物品进口。外宾及侨胞携带进口之匪伪物品,由海关予以扣留保管,俟其出境时予以发还,限期携带出境。

第4条　取缔匪伪物品进口,凡已设海关之地点,由海关负责,台湾警备总司令部及台湾地区警察机关所属检查单位协助之;未设海关地点,由台湾警备总司令部负责。

第5条　违反第3条第二项规定,或以其它方法私运匪伪物品进口者,由海关依《海关缉私条例》及《惩治走私条例》有关规定处理;其有妨害军事或治安或因而扰乱金融情节重大者,应依《妨害国家总动员惩罚暂行条例》有关规定处理。

第6条　进口商依规定程序所进口之货物中有匪伪物品者,除合于左列规定之一,准予办理退关外,余均予没入:

一、自装载该货物之运输工具进口后,于报关前自动向海关申报误装匪伪物品者。

二、于报关后发现系误装匪伪物品,经提出事前并不知情之确实证明并经调查属实者。

第7条　如有公开陈列、经销、贩卖匪伪物品之情事,除经查明其来源应依第5条规定处理者外,由警察机关依违警罚法第54条第一项第十一款及第22条之规定予以处罚,并没入其物品。

前项没入之物品,警察机关应即呈送台湾警备总司令部处理。

第8条　匪伪物品之鉴定,由台湾警备总司令部随时向港、澳及海外地区搜集匪伪出口物品之样品,并详列说明书送交各港口、机场海关检查组及台湾省警务处、台北市警察局,作为检查取缔之依据。

凡查获无标志且未经搜集样品之匪伪物品,均送由台湾警备总司令部作专案调查,或邀请专家鉴定之。

第9条　本办法之规定,于敌对国家及地区物品之取缔准用之。

前项敌对国家及地区另定之。

第10条　本办法自发布日施行。

66. 加强杂志管理执行要点

行政院公布施行

一、从严审核申请登记案件:地方政府对杂志申请登记案,应就其发行人资格、资金证明以及其发行旨趣从严审核,避人情关说,致有浮滥呈转核准登记之现象。同时对新申请登记之杂志,除审核其法定要件外,并请协调治安机关对发行人之背景素行作深入之调查。对已发行之杂志受到定期停止发行处分,其发行人在停刊期间不准另行申请登记发行杂志。

二、从严审查杂志内容:杂志有下列情形者,分别予以不计期,或以违反发行旨趣论处。

1. 有左列情形者,一律不予计期,并严限自次期起改进。

(1) 出现抄袭、拼凑者;

(2) 油印发行者;

(3) 广告超过篇幅三分之一者;

(4) 未按期送备查,经催送后补送之杂志,如与原发行之形态、质量不同者;

(5) 未近期发行送备经催告一个月以上始行补送者。

2. 凡有左列情形者,一律以违反发行旨趣论处:

(1) 其内容与发行旨趣不符者;

(2) 内容涉及诲淫者;

(3) 内容涉及人身攻击者;

(4) 内容涉及捕风捉影、捏造事实者;

(5) 内容涉及攻讦政府或公务员者;

(6) 对民间民营间某一企业或产品做渲染或尖刻不实之批评,藉以敛财之杂志;

(7) 以报导内幕新闻为号召,揭发私人隐私者。

三、加重行政处分权限:对杂志擅自设立分销机构,滥发记者证件以及假借创刊周年纪念,刊登政府机关首长庆贺之虚伪广告者,应严审其内容,稍有违反发行旨趣之处,即予以停刊处分。

1. 经核准于原登记发行所所在地以外设立办事处、管理处、总管理处、分销处等招摇撞骗,强销出版品之杂志,经劝导无效者,应严审其出版品,内容稍有违反发行旨趣之处,即予停刊处分,并请警察机关严加取缔,依法办理。

2. 擅自发行纪念特刊或某人新任该刊社长、分销延长、主任名义,刊登政府机关首长庆贺之虚伪广告者。

3. 滥发记者证经查属实者,除移法法办外,应严审其内容,稍有违反发行旨趣之处即予停刊处分。

四、防止杂志投机取巧:为防止杂志或报纸、通讯社混淆,严格规定单张发行或以报纸型发行,及虽半夜成册但无封面之杂志,应于封面刊载"杂志"(杂志二字应使用与其名称同样大小字体)及"期刊"字样(XX杂志周刊),否则以违反出版法第40条第一项第一款论处。

67. 广播电视法

第一章 总 则

第1条 为管理与辅导广播及电视事业,以阐扬国策、宣导政令、报导新闻、评论时事,推动社会教育,发扬中华文化,提供高尚娱乐,增进公共福利,特制定本法。

第2条 本法用辞释义如左:

一、称广播者,指以无线电或有线电传播声音,藉供公众直接之收听。

二、称电视者,指以无线电或有线电传播声音、影像,藉供公众直接之收视与收听。

三、称广播、电视电台者,指依法核准设立之广播电台与电视电台,简称电台。

四、称广播、电视事业者,指经营广播电台与电视电台之事业。

五、称电波频率者,指无线电广播、电视电台发射无线电波所使用之频率。

六、称呼号者,指电台以文字及数字序列表明之标识。

七、称电功率者,指电台发射机发射电波强弱能力,以使用电压与电流之乘积表示之。

八、称节目者,指广播与电视电台播放有主题与系统之声音或影像,内容不涉及广告者。

九、称广告者,指广播电视内容为推广宣传商品或服务而收取报酬者。

第3条 广播电视事业之主管机关为行政院新闻局(以下简称新闻局)。

电台主要设备及工程技术之审核、电波监理、频率、呼号及电功率之使用与变更、电台执照之核发与换发,由交通部主管。

前项主要设备,由交通部定之。

第4条 广播、电视事业使用之电波频率,为国家所有,由交通部会同新闻局规划支配。

前项电波频率不得出租或转让。

第5条 政府机关所设立之电台为公营电台。由中华民国人民组设之股份有限公司或财团法人所设立之电台为民营电台。必要时各类电台得联合经营之。

第6条 军事机关设立军用电台,其所用发射方式、频率及呼号,由国防部会同交通部处理。

军用电台节目之管理,准用本法之规定。

第7条 遇有天然灾害、紧急事故时,政府为维护公共安全与公众福利,得由主管机关通知电台停止播送,指定转播特定节目或为其他必要之措施。

第二章 电台设立

第8条 电台应依电波频率之分配,力求普遍均衡;其设立数目与地区分配,由新闻局会同交通部定之。

第9条　为阐扬国策，配合教育需求，提高文化水准，播放空中教学与办理国际广播需要，应保留适当之电波频率；其频率由新闻局与交通部会同有关机关定之。

第10条　电台之设立，应填具申请书，送由新闻局转送交通部核发电台架设许可证，始得装设。装设完成，向交通部申请查验合格，分别由交通部发给电台执照，新闻局发给广播或电视执照后始得正式播放。

电台设立分台、转播站，准用前项规定。

第11条　电视增力机、变频机及社区共同天线电视设备设立办法，由新闻局会同交通部定之。

第12条　广播或电视执照，有效期间为二年，期满应申请换发。

第13条　广播、电视事业之组织及其负责人与从业人员之资格，应符合新闻局之规定。

第14条　广播、电视事业之停播，股权之转让，变更名称或负责人，应经新闻局许可。

前项停播时间，除不可抗力外，逾三个月者，其电波频率，由交通部收回之。

第15条　电台设备标准及广播、电视事业工程人员资格，应符合交通部之规定。

第三章　节目管理

第16条　广播、电视节目分为左列四类：

一、新闻及政令宣导节目。

二、教育文化节目。

三、公共服务节目。

四、大众娱乐节目。

第17条　前条第一款至第三款节目之播放时间所占每周总时间，广播电台不得少于45%，电视电台不得少于50%。

大众娱乐节目，应以发扬中华文化，阐扬伦理、民主、科学及富有教育意义之内容为准。

各类节目内容标准及时间分配，由新闻局定之。

第18条　电台具有特种任务或为专业性者，其所播放节目之分配，由新闻局会同有关机关定之。

第 19 条　广播、电视节目中之本国自制节目,不得少于 70％。

外国语言节目,应加映中文字幕或加播国语说明,必要时新闻局得指定改配国语发音。

第 20 条　电台对国内广播播音语言应以国语为主,方言应逐年减少;其所应占比率,由新闻已由视实际需要定之。

第 21 条　广播、电视节目内容,不得有左列情形之一:

一、损害国家利益或民族尊严。

二、违背反共复国国策或政府法令。

三、煽惑他人犯罪或违背法令。

四、伤害儿童身心健康。

五、妨害公共秩序或善良风俗。

六、散布谣言、邪说或淆乱视听。

第 22 条　广播、电视节目对于尚在侦查或审判中之诉讼事件,或承办该事件之司法人员或有关之诉讼关系人,不得评论;并不得报导禁止公开诉讼事件之辩论。

第 23 条　对于电台之报导,利害关系人认为错误,于播送之日起,十五日内要求更正时,电台应于接到要求后七日内,在原节目或原节目同一时间之节目中,加以更正;或将其认为报导并无错误之理由,以书面答复请求人。

前项错误报导,致利害关系人之权益受有实际损害时,电台及其负责人与有关人员应依法负民事或刑事责任。

第 24 条　广播、电视评论涉及他人或机关、团体,致损害其权益时,被评论者,如要求给予相等之答辩机会,不得拒绝。

第 25 条　电台播送之节目,除新闻外,新闻局均得审查,其办法由新闻局定之。

第 26 条　新闻局得指定各公、民营电台,联合或分别播送新闻及政令宣导节目。

第 27 条　电台应将其节目时间表,事前检送新闻局核备;变更节目时亦同。

第 28 条　无论任何类型之节目,凡供电台使用者,其输入或输出,均应经新闻局许可。

第 29 条　电台利用国际电信转播设备,播放国外节目,或将国内节目转播国外者,应先经新闻局许可。

第四章 广告管理

第30条 民营电台具有商业性质者,得播送广告。其余电台,非经新闻局许可,不得为之。

第31条 电台播送广告,不得超过播送总时间15％。

有关新闻及政令宣导节目,播放之方式及内容,不得由委托播送广告之厂商提供。

广告应于节目前后播出,不得于节目中间插播;但节目时间达半小时者,得插播一次,或二次。

广告播送方式与每一时段中之数量分配,由新闻局定之。

第32条 第21条之规定,于广告内容准用之。

第33条 电台所播送之广告,应与节目明显分开;内容应依规定送请新闻局审查。经许可之广告内容与声音、画面,不得变更。

广告内容审查标准,由新闻局定之。

第34条 广告内容涉及药品、食品、化妆品、医疗器材、医疗技术及医疗业务者,应先送经卫生主管机关核准,取得证明文件。

第35条 广播、电视事业之负责人或其它从业人员,不得将电台设备之全部或一部,交由委托播送广告者直接使用。

第五章 奖励辅导

第36条 广播、电视事业合于左列情形之一者,应予奖励:

一、宣扬国策或阐扬中华文化,成绩卓著者。

二、维护国家或社会安全,具有绩效者。

三、办理国际传播,对文化交流有重大贡献者。

四、推行社会教育或公共服务,成绩卓著者。

五、参加全国性或国际性比赛,获得优胜或荣誉者。

六、在边远、贫瘠或特殊地区,经营广播、电视事业,成绩卓著者。

七、对广播、电视学术有重大贡献,或广播、电视技术有发明者。

前项奖励规定,对广播、电视事业负责人与从业人员及节目供应事业准用之。

第37条　前条之奖励,除合于其它法律之规定者,依其规定办理外,由新闻局核给奖牌、奖状或奖金。

第38条　电台采访新闻或征集对业务有关之资料,有关机关应予以便利。

第39条　电台委托或利用国营交通事业机构,传递新闻或电波信号时,得视需要优先办理。

第40条　电台电波发射机天线周围地区,因应国家利益需要,得由新闻局会同内政部、交通部划定范围,报经行政院核定后,函请当地主管建筑机关,限制建筑。

第六章　罚则

第41条　广播、电视事业违反本法规定者,视情节轻重,由新闻局予以左列处分:

一、警告。

二、罚锾。

三、停播。

四、吊销执照。

第42条　广播、电视事业有左列情形之一者,予以警告:

一、违反第13条至第15条、第17条、第19条、第20条或第31条规定者。

二、违反第23条第一项、第24条或第25条规定者。

第43条　广播、电视事业有左列情形之一者,处五千元以上、五万元以下罚锾:

一、经警告后不予改正,或在一年以内再有前条情形者。

二、播送节目或广告,违反第21条第三款至第六款规定之一者。

三、违反第22条、第27条至第29条、第33条第一项或第34条规定者。

第44条　广播、电视事业有左列情形之一者,除处三万元以上、十万元以下罚锾外,并得予以三日以上、三个月以下之停播处分:

一、一年内经处罚二次,再有前二条情形者。

二、播送节目或广告,其内容触犯或煽惑他人触犯妨害公务罪、妨害投票罪、妨害秩序罪、亵渎祀典罪、妨害性自主罪或妨害风化罪,情节重大,经判决确定者。

三、播送节目或广告,违反第21条第一款或第二款规定者。

四、播送节目或广告,违反第21条第三款至第六款之一,情节重大者。

五、违反第30条规定,擅播广告者。

六、违反第35条规定者。

第45条　广播、电视事业有左列情形之一者,吊销其广播或电视执照:

一、播送节目或广告,其内容触犯或煽惑他人触犯内乱罪、外患罪或惩治叛乱条例之罪,经判决确定者。

二、播送节目或广告,其内容违反第21条第一款或第二款规定,情节重大者。

三、违反第4条第二项规定者。

四、违反主管机关依第7条或第26条所为之规定者。

五、被处分停播期间,擅自播送节目或广告者。

六、一年以内已受定期停播处分二次,再有违反本法规定情事者。

前项第一款情形,在判决确定前,新闻局得于报请行政院核定后,先予停播。

第46条　依本法吊销广播或电视执照者,并由交通部吊销其电台执照。

第47条　依本法所处罚锾,受处分人延不缴纳者,得移送法院强制执行。

第48条　依本法所为停播或吊销执照处分,受处分人抗不遵行者,得请该管警察机关协助执行之。

第49条　广播、电视事业负责人与从业人员及节目供应事业负责人与从业人员,违反本法之规定或依本法所为之规定者,得视情节轻重,准用第42条或第43条之规定。

前项人员涉及刑事责任者,依有关法律处之。

第七章　附　则

第50条　本法施行细则、广播电视节目供应事业管理规则及广播电视事业负责人与从业人员管理规则,由新闻局定之。

广播电视事业工程人员管理规则及电台设备标准,由交通部定之。

第51条　本法自公布之日施行。

68. 邮政规则（节摘）

1978年5月17日行政院台(67)字第4237号函修正备查

1978年5月30日交通部交邮(67)字第09248号令发布

第二章 邮件种类

第3节 新闻纸类（新闻纸、杂志）

第21条 出版法所称之新闻纸或杂志以报道或评论政治、经济、科学、文化或其他公益事项为目的，经中央主管新闻行政机关登记者，得向邮政机关申请登记按新闻纸类交寄。

政府或民间机关发行之公报得比照新闻纸或杂志之规定（免附登记证）向邮政机关申请登记为新闻纸类交寄。

已向邮局登记之新闻纸或杂志，如其内容非以报道或评论政治、经济、文化为主，经中央主管新闻行政机关认定系属商业性广告宣传品或公司行号发行专为本身业务宣传之杂志，不得享受新闻纸类资费之优待者，邮局即据以撤销新闻纸或杂志交寄之登记。

第22条 新闻纸或杂志申请交寄登记，应由发行人填具登记申请书，检附中央主管新闻行政机关发给之出版事业登记证正本及影印本（正本验毕发还）暨最近发行之该新闻纸或杂志二份，并指定交寄之邮局，向发行所在地邮区管理局办理登记，核发执照。

前期检附之新闻纸或杂志，须与检送新闻行政主管机关者完全相同。以后每期交寄之新闻纸或杂志及应检送交寄邮局之一份，亦应与每期检送新闻行政主管机关者完全相同。

已登记之新闻纸或杂志，其向邮局登记事项如有变更，依出版法之规定，应办理变更登记者，应于新闻行政主管机关核准变更登记申请后十日内，向邮局申请交寄变更登记。

第23条 经邮政机关登记之新闻纸或杂志，应于其名称之下或封面、封底之明显位置刊明"中华邮政某字第某号执照登记为新闻纸交寄"或"中华邮政某字第某号执照登记为杂志交寄"字样。交寄时应在封套正面注明"新闻纸类"字样，寄往国外者，以国际邮务通用之法文或英文注明之(见附表二)。

第24条 新闻纸得邮派报处所任报社委托经销之证明,向其所在地邮局申请指定一处邮局交寄。

第25条 新闻纸、杂志每件重量不得逾二公斤。其最大或最小尺寸限度与信函之规定同。

第26条 已经登记之新闻纸或杂志发行散张、小册或图书增刊,如在新闻纸或杂志本刊版面明显处刊有"附赠某某增刊若干张或若干册"字样者,得附同本刊,按新闻纸或杂志付费交寄。但所附增刊之名称、张数或册数与本刊所注不符,或增刊之发行人姓名住址与该新闻纸或杂志之发行人不同者,应全件按印刷物付费。

前期散张、小册或图书增刊,含有商业性质者,如目录、传单、市价单等,应按印刷物付费。

第27条 新闻纸或杂志,有左列情形之一者,应按印刷物付费:

一、非经登记之报社或其派报处所或杂志社交寄者。

二、非向指定之邮局窗口交寄者。

三、广告篇幅超过主管新闻行政机关规定者。

四、内页页数或版面不全者。

五、非当期之杂志。但零星补寄订户,并于封面注明"补寄"字样者不在此限。

前期情形,于交割后发现或事后获主管新闻行政机关通知者,寄件人均应按印刷物资费补付差额,并限于接到通知后五日内付清。未付清前,不得再作新闻纸类交寄。

69. 动员戡乱时期国家安全法(节摘)

第1条 动员戡乱时期为确保国家安全,维护社会安定,特制定本法。

本法未规定者,适用其他有关法律之规定。

第2条 人民集会、结社,不得违背宪法或主张共产主义,或主张分裂国土。

前期集会、结社,另以法律定之。

70. 废止台湾地区戒严时期出版物管制办法、管制匪报书刊办法等法令

国防部令

废止《戡乱时期台湾地区港口机场旅客入境出境查验办法》《戡乱时期台湾地区内河船筏检查管理办法》《戒严时期台湾地区各机关及人民申请进出海岸及重要军事设施地区办法》《战时台湾地区公路交通管制办法》《台湾地区戒严时期出版物管制办法》《戡乱时期台湾地区各港区渔船渔民进出港口检查办法》《管制匪报书刊入口办法》《台湾地区沿海海水浴场军事管制办法》《台北卫戍区人员车辆及危险物品进出口检查管制办法》《戒严时期台湾地区国际港口登轮管制办法》《台湾地区戒严通行证核准办法》。

部长 郑为元

71. 台湾地区自七十六年七月十五日零时起解严

（1987 年 7 月 10 日）

准立法院中华民国七十六年七月八日(76)台院议字第一六四一号咨，宣告台湾地区自七十六年七月十五日零时起解严。

总　　统 蒋经国
行政院院长 俞国华
国防部部长 郑为元

72. 卫星广播电视法

1999 年 2 月 3 日"总统"(88)华总一义字第 8800021610 号令公布全文 46 条；2003 年 1 月 15 日"总统"华总一义字第 09200006890 号令修正公布第 6、9、16 条条文；2003 年 12 月 24 日"总统"华总一义字第 09200239051 号令修正公布第 9 条条文

第一章 总 则

第1条(立法目的)

为促进卫星广播电视健全发展,保障公众视听权益,开拓我国传播事业之国际空间,并加强区域文化交流,特制定本法。

第2条(用词定义)

本法用词定义如下:

一、卫星广播电视:指利用卫星进行声音或视讯信号之播送,以供公众收听或收视。

二、卫星广播电视事业:指直播卫星广播电视服务经营者及卫星广播电视节目供应者。

三、直播卫星广播电视服务经营者(以下简称服务经营者):指直接向订户收取费用,利用自有或他人设备,提供卫星广播电视服务之事业。

四、卫星广播电视节目供应者(以下简称节目供应者):指自有或向卫星转频器经营者租赁转频器或频道,将节目或广告经由卫星传送给服务经营者、有线广播电视系统经营者(包括有线电视节目播送系统)或无线广播电视电台者。

五、境外卫星广播电视事业:指利用卫星播送节目或广告至中华民国管辖区域内之外国卫星广播电视事业。

六、卫星转频器(以下简称转频器):指设置在卫星上之通信中继设备,其功用为接收地面站发射之上链信号,再变换成下链频率向地面发射。

第3条(主管机关)

本法所称主管机关为行政院新闻局。

卫星广播电视事业工程技术之主管机关为交通部。

前项有关工程技术管理办法,由交通部定之。

第4条(主管机关通知或指定系统经营者播送特定节目)

遇有天然灾害或紧急事故,主管机关得指定卫星广播电视事业播送特定之节目或讯息。

前项原因消灭后,主管机关应即通知该卫星广播电视事业回复原状继续播送。

有线广播电视系统经营者有关天然灾害及紧急事故应变之规定，于卫星广播电视事业准用之。

第二章 营运管理

第5条（卫星广播电视之经营应申请许可）

卫星广播电视之经营，应申请主管机关许可。

第6条（申请许可之程序与执照之有效期限）【相关罚则】第四项～§36

申请卫星广播电视事业之经营，应填具申请书及营运计划，向主管机关提出申请，经审核许可，发给卫星广播电视事业执照，始得营运。

前项执照有效期限为六年，期限届满前六个月，卫星广播电视事业应向主管机关申请换照。

申请经营卫星广播电视事业填具之申请书或营运计划数据不全得补正者，主管机关应通知限期补正；逾期不补正或补正不全者，驳回其申请。申请换照时，亦同。

主管机关应就卫星广播电视事业所提出之营运计划执行情形，每二年评鉴一次。

前项评鉴结果未达营运计划且得改正者，主管机关应通知限期改正；其无法改正，主管机关应撤销卫星广播电视许可，并注销卫星广播电视事业执照。

第7条（申请服务经营者之营运计划内容）

申请服务经营者之营运计划应载明下列事项：

一、使用卫星之名称、国籍、频率、转频器、频道数目及其信号涵盖范围。

二、开播时程。

三、财务结构及人事组织。

四、节目规画。

五、经营方式及技术发展计划。

六、收费标准及计算方式。

七、其它经主管机关指定之事项。

第8条（申请节目供应者之营运计划内容）

申请节目供应者之营运计划应载明下列事项：

一、预定供应之服务经营者、有线广播电视系统经营者（包括有线电视节目播送系统)或无线广播电视电台之名称。

二、使用卫星之名称、国籍、频率、转频器、频道数目及其信号涵盖范围。

三、开播时程。

四、节目规画。

五、收费标准及计算方式。

六、其它经主管机关指定之事项。

第9条(卫星广播电视事业之资格)

卫星广播电视事业之组织,以股份有限公司及财团法人为限。

卫星广播电视事业最低实收资本额及捐助财产总额,由主管机关定之。

政府、政党、其捐助成立之财团法人及其受托人不得直接、间接投资卫星广播电视事业。

除法律另有规定外,政府、政党不得捐助成立卫星广播电视事业。

本法修正施行前,政府、政党、其捐助成立之财团法人及其受托人有不符前二项所定情形之一者,应于本法修正施行之日起二年内改正。

政党党务工作人员、政务人员及选任公职人员不得投资卫星广播电视事业;其配偶、二亲等血亲、直系姻亲投资同一卫星广播电视事业者,其持有之股份,合计不得逾该事业已发行股份总数百分之一。本法修正施行前,卫星广播电视事业有不符规定者,应自本法修正施行之日起二年内改正。

政府、政党、政党党务工作人员及选任公职人员不得担任卫星广播电视事业之发起人、董事、监察人及经理人。本法修正施行前已担任者,卫星广播电视事业应自本法修正施行之日起六个月内解除其职务。

前二项所称政党党务工作人员、政务人员及选任公职人员之范围,于本法施行细则定之。

卫星广播电视事业不得播送有候选人参加,且由政府出资或制作之节目、短片及广告;政府出资或制作以候选人为题材之节目、短片及广告,亦同。

第10条(外国人投资比例限制)

外国人直接持有卫星广播电视事业之股份,应低于该事业已发行股份总数百分之五十。

第 11 条（申请卫星广播电视事业不予许可之情形）

申请经营卫星广播电视事业有下列情形之一者，主管机关应附具理由驳回其申请：

一、违反第九条、第十条规定者。

二、申请人因违反本法规定经撤销卫星广播电视许可未逾二年者。

三、申请人为设立中公司，其发起人有下列各目情事之一者：

（一）犯组织犯罪防制条例规定之罪，经有罪判决确定者。

（二）曾犯诈欺、背信、侵占罪经受有期徒刑一年以上宣告，服刑期满尚未逾二年者。

（三）曾服公务亏空公款，经判决确定，服刑期满尚未逾二年者。

（四）受破产之宣告，尚未复权者。

（五）使用票据经拒绝往来尚未期满者。

（六）无行为能力或限制行为能力者。

第 12 条（无法于营运计划所载日期开播之展期）

申请人取得卫星广播电视事业执照后，应按营运计划所载日期开播；其无法于该日期开播者，应附具理由，向主管机关申请展期。展期不得逾六个月，并以一次为限。

第 13 条（申请书及营运计划内容之变更）

申请书及营运计划内容于获得许可后有变更时，卫星广播电视事业应向主管机关为变更之申请。但第七条第三款内容有变更者，不在此限。

前项变更内容属设立登记事项者，应于主管机关许可变更后，始得办理设立或变更登记。

第 14 条（执照内容之变更及遗失之补发）

卫星广播电视事业执照所载内容变更时，应于变更后十五日内向主管机关申请换发；遗失时，应于登报声明作废后十五日内申请补发。

前项变更内容属设立登记事项者，应于主管机关许可变更后，始得办理设立或变更登记。

第 15 条（境外卫星广播电视事业设立分公司或代理商之文件）

境外卫星广播电视事业经营直播卫星广播电视服务经营者，应在中华民国设立分公司，于检附下列文件报请主管机关许可后，始得在中华民国播送节目或广告：

一、使用卫星之名称、国籍、频率、转频器、频道数目及其信号涵盖范围。

二、开播时程。

三、节目规画。

四、收费标准及计算方式。

五、其它经主管机关指定之事项。

境外卫星广播电视事业经营卫星广播电视节目供应者，应在中华民国设立分公司或代理商，于检附下列文件报请主管机关许可后，始得在中华民国播送节目或广告：

一、预定供应之服务经营者、有线广播电视系统经营者（包括有线电视节目播送系统）或无线广播电视电台之名称。

二、前项各款文件。

第 6 条第二项至第四项、第 12 条至第 14 条之规定，于境外卫星广播电视事业之分公司或代理商准用之。

第 16 条（暂停或终止营业之程序）

卫星广播电视事业或境外卫星广播电视事业拟暂停或终止经营时，该事业或其分公司、代理商应于三个月前书面报请主管机关备查，并应于一个月前通知订户。

前项所称暂停经营，其暂停经营之期间，由主管机关定之。

第三章　节目及广告管理

第 17 条（播送节目内容之限制）

卫星广播电视事业及境外卫星广播电视事业播送之节目内容，不得有下列情形之一：

一、违反法律强制或禁止规定。

二、妨害儿童或少年身心健康。

三、妨害公共秩序或善良风俗。

第 18 条（节目之分级及标示级别）

主管机关应订定节目分级处理办法。卫星广播电视事业及境外卫星广播电视事业应依处理办法规定播送节目。

主管机关得指定时段、锁码播送特定节目。

卫星广播电视事业、境外卫星广播电视事业之分公司或代理商应将锁码方式报请交通部会商主管机关核定。

第 19 条（节目之完整性与广告区分）

节目应维持完整性，并与广告区分。

卫星广播电视事业及境外卫星广播电视事业应于播送之节目画面标示其识别标识。

第 20 条（广告制播标准）

第 17 条、第 18 条第二项、第三项及第 19 条第二项之规定，于广告准用之。

广告制播标准由主管机关定之。

第 21 条（使用插播式字幕之情形）

卫星广播电视事业非有下列情形之一者，不得使用插播式字幕：

一、天然灾害、紧急事故讯息之播送。

二、公共服务信息之播送。

三、频道或节目异动之通知。

四、与该播送节目相关，且非属广告性质之节目。

五、依其它法令之规定。

第 22 条（广告内容之核准）

卫星广播电视事业播送之广告内容依法应经目的事业主管机关核准者，应先取得目的事业主管机关核准之证明文件，始得播送。

前项规定，于境外卫星广播电视事业播送在国内流通之产品或服务广告，准用之。

第 23 条（广告时间之限制）

广告时间不得超过每一节目播送总时间六分之一。

单则广告时间超过三分钟或广告以节目型态播送者，应于播送画面上标示广告二字。

第 24 条（广告专用频道之设立）

服务经营者得设立广告专用频道，不受前条第一项规定限制。

第 25 条（不得播送未经许可之节目或广告）

服务经营者不得播送未依第十五条规定许可之境外卫星广播电视事业之节目或

广告。

第 26 条（电视节目或广告之事后审查）

主管机关认为有必要时，得于节目或广告播送后二十日内向卫星广播电视事业、境外卫星广播电视事业之分公司或代理商索取该节目、广告及其它相关数据。

第 27 条（播送至国外及应遵守公约及惯例）

卫星广播电视事业得将本国自制节目播送至国外，以利文化交流，并应遵守国际卫星广播电视公约及惯例。

第四章 权利保护

第 28 条（书面契约之订定及内容）

卫星广播电视事业、境外卫星广播电视事业之分公司或代理商应与订户订立书面契约。

契约内容应包括下列事项：

一、各项收费标准及调整费用之限制。

二、频道数、名称及授权期间。

三、订户基本数据使用之限制。

四、有线广播电视系统经营者、有线电视节目播送系统之订户数。但订立书面契约之一方为自然人时，不在此限。

五、卫星广播电视事业及境外卫星广播电视事业受停播、撤销许可处分时之赔偿条件。

六、无正当理由中断约定之频道信号，致订户视、听权益有损害之虞时之赔偿条件。

七、广告播送之权利义务。

八、契约之有效期间。

九、订户申诉专线。

十、其它经主管机关指定之项目。

卫星广播电视事业、境外卫星广播电视事业之分公司或代理商对订户申诉案件应即处理，并建档保存三个月；主管机关得要求卫星广播电视事业、境外卫星广播电视事业之分公司或代理商以书面或于相关节目答复订户。

第29条（定期申报之资料）

卫星广播电视事业、境外卫星广播电视事业之分公司或代理商应于每年定期向主管机关申报前条第二项第一款、第二款、第四款及第七款之资料。

主管机关认为卫星广播电视营运不当，有损害订户权益情事或有损害之虞者，应通知卫星广播电视事业、境外卫星广播电视事业之分公司或代理商限期改正或为其它必要之措施。

第30条（电视节目或广告有误之处置）

对于卫星广播电视之节目或广告，利害关系人认有错误，得于播送之日起，二十日内要求更正；卫星广播电视事业应于接到要求后二十日内，在同一时间之节目或广告中加以更正。卫星广播电视事业认为节目或广告无误时，应附具理由书面答复请求人。

第31条（给予被评论者之答辩机会）

卫星广播电视事业播送之节目评论涉及他人或机关、团体，致损害其权益时，被评论者，如要求给予相当答辩之机会，不得拒绝。

第32条（不得给予差别待遇）

节目供应者无正当理由，不得对有线广播电视系统经营者（包括有线电视节目播送系统）或服务经营者给予差别待遇。

第五章 罚 则

第33条（行政处分之机关）

依本法所为之处罚，由主管机关为之。但违反依第三条第三项所定管理办法者，由交通部为之。

第34条（境外卫星广播电视事业违法之核处）

境外卫星广播电视事业违反本法规定者，核处该事业在中华民国设置之分公司或代理商。

第35条（警告处分之情形）

卫星广播电视事业或境外卫星广播电视事业有下列情形之一者，予以警告：

一、违反依第3条第三项所定管理办法者。

二、违反第 14 条或第 15 条第三项准用第 14 条规定者。

三、违反第 18 条第一项、第三项、第 19 条或第 20 条第一项准用第 18 条第三项、第 19 条第二项规定者。

四、违反第 21 条、第 23 条、第 28 条、第 30 条、第 31 条或第 32 条规定者。

第 36 条（罚则）

卫星广播电视事业或境外卫星广播电视事业有下列情形之一者，处新台币十万元以上一百万元以下罚锾，并通知限期改正：

一、经依前条规定警告后，仍不改正者。

二、违反主管机关依第 4 条第一项、第二项所为指定或继续播送之通知者。

三、经主管机关依第 6 条第四项或第 15 条第三项准用第 6 条第四项规定通知限期改正，逾期不改正者。

四、违反第 16 条、第 22 条或第 25 条规定者。

五、违反第 17 条或第 20 条第一项准用第 17 条规定者。

六、未依第 18 条第二项或第 20 条第一项准用第 18 条第二项指定之时段、方式播送者。

七、未依第 29 条第一项规定申报资料者。

八、未依第 29 条第二项规定改正或为其它必要措施者。

第 37 条（罚则）

卫星广播电视事业或境外卫星广播电视事业有下列情形之一者，处新台币二十万元以上二百万元以下罚锾，并通知限期改正，逾期不改正者，得按次连续处罚：

一、一年内经处罚二次，再有前二条各款情形之一者。

二、拒绝依第 26 条规定提供数据或提供不实数据者。

三、违反第 42 条第二项规定者。

卫星广播电视事业或境外卫星广播电视事业有前项第一款情形者，并得对该频道处以三日以上三个月以下之停播处分。

第 38 条（罚则）

卫星广播电视事业或境外卫星广播电视事业有下列情形之一者，处新台币二十万元以上二百万元以下罚锾，并通知限期改正，逾期不改正者，得按次连续处罚；情节重大

者,得撤销卫星广播电视许可并注销卫星广播电视事业执照,或撤销境外卫星广播电视事业分公司或代理商之许可:

一、有第11条各款情形之一者。

二、未依第13条第一项规定申准,擅自变更者。

三、未依第13条第二项规定,经主管机关许可变更,擅自办理设立或变更登记者。

四、违反第15条第三项准用第十三条规定者。

五、于受停播处分期间,播送节目或广告。

第39条（罚则）

卫星广播电视事业或境外卫星广播电视事业有下列情形之一者,撤销卫星广播电视许可并注销卫星广播电视事业执照,或撤销境外卫星广播电视事业分公司或代理商之许可:

一、以不法手段取得许可者。

二、一年内经受停播处分三次,再违反本法规定者。

三、设立登记经该管主管机关撤销者。

第40条（罚则）

未依本法规定获得卫星广播电视许可、境外卫星广播电视事业分公司或代理商之许可或经撤销许可,擅自经营卫星广播电视业务者,处新台币三十万元以上三百万元以下罚锾,并得按次连续处罚。

第41条（强制执行）

依本法所处罚锾,经限期缴纳,逾期未缴纳者,移送法院强制执行。

第42条（检查及扣押）

主管机关得派员携带证明文件,对卫星广播电视事业或境外卫星广播电视事业分公司、代理商实施检查,并得要求就其设施及本法规定事项提出报告、数据或为其它配合措施,并得扣押违反本法规定之资料或物品。

对于前项之要求、检查或扣押,不得规避、妨害或拒绝。

第一项扣押数据或物品之处理方式由中央主管机关定之,其涉及刑事责任者,依有关法律规定处理。

第六章　附　则

第43条（缴纳审查费及证照费）

主管机关依本法受理申请审核、核发证照,应向申请人收取审查费、证照费;其收费标准由主管机关定之。

第 44 条(本法施行前之经营者申请执照或许可)

本法公布施行前经营卫星广播电视业务者,应于本法施行后六个月内,依本法规定申请许可,取得卫星广播电视事业执照或境外卫星广播电视事业分公司或代理商之许可,始得继续营运。

第 45 条(施行细则)

本法施行细则,由主管机关定之。

第 46 条(施行日)

本法自公布之日施行。

73. 卫星广播电视法施行细则

1990 年 6 月 10 日"行政院"新闻局(88)建广(一)字第 09241 号令订定发布全文 16 条;2003 年 10 月 29 日"行政院"新闻局新广一字第 0920624154 号令删除发布第 3 条条文;2003 年 5 月 24 日"行政院"新闻局新广一字第 0930622947A 号令增订发布第 6-1、6-2、6-3 条条文。

第 1 条 本细则依卫星广播电视法(以下简称本法)第 45 条订定之。

第 2 条 依本法第 6 条第一项申请卫星广播电视事业之经营及依本法第 6 条第二项申请换照,应填具之申请书及营运计划格式,由主管机关定之。

申请卫星广播电视事业之经营,经审核许可者,应提出主管机关之证明文件,于六个月内办妥公司设立或变更登记,再检具公司执照向主管机关申请发给卫星广播电视事业执照。

第 3 条(2003 年 10 月 29 日修正时删除)

申请经营卫星广播电视事业填具之申请书或营运计划数据不全得补正者,主管机关应通知限期补正,逾期不补正或补正不全者,驳回其申请。申请换照时,亦同。

第 4 条 主管机关于受理本法第六条第二项申请换照时,除审核其申请书及营运

计划外,并应审酌下列事项:

一、营运计划执行情形之评鉴结果及改正情形。

二、违反本法之纪录。

三、播送之节目及广告侵害他人权利之纪录。

四、对于订户纷争之处理。

第 5 条 主管机关依本法第 6 条第四项及第 29 条第二项通知限期改正时,应以书面为之,并载明下列事项:

一、应改正之项目。

二、改正之期限。

三、改正后应提出左证资料。

四、逾期不改正之处罚规定。

第 6 条 卫星广播电视事业最低实收资本额如下:

一、直播卫星广播电视服务经营者:新台币二亿元。

二、卫星广播电视节目供应者:新台币五千万元。

三、兼营前二款业务者:新台币二亿元。

第 6 条之一

本法所称政党党务工作人员,指下列人员:

一、政党章程、组织架构明定职位之人员。但属顾问性质者,不在此限。

二、政党章程、组织架构明定之各部门及直辖市、县(市)分支机构之正、副主管。

第 6 条之二

本法所称政务人员,指依政务人员退职抚恤条例第二条所定之下列人员:

一、依宪法规定由总统任命之人员及特任、特派之人员。

二、依宪法规定由总统提名,经国民大会或立法院同意任命之人员。

三、依宪法规定由行政院长提请总统任命之人员。

四、其它依法律规定之中央或地方政府比照简任第十二职等以上职务之人员。

第 6 条之三

本法所称选任公职人员,指下列人员:

一、总统、副总统。

二、立法委员。

三、直辖市、县(市)及乡(镇、市)地方自治团体首长。

四、直辖市及县(市)民意机关民意代表。

第7条　依本法第十二条申请展期时，应附具理由，并检送下列文件：

一、卫星广播电视事业执照复印件。

二、其它经主管机关指定之文件。

第8条　依本法第13条第一项为变更之申请时，应附具理由，并检送下列文件：

一、变更内容对照表及说明。

二、其它经主管机关指定之文件。

前项文件不全得补正者，主管机关应通知限期补正，逾期不补正或补正不全者，驳回其申请。

第9条　依本法第15条第一项、第二项及第三项准用本法第六条第二项申请许可，应填具申请书及文件，其格式由主管机关定之。

境外卫星广播电视事业之分公司或代理商最低营业资金或最低实收资本额为新台币二千万元。兼营分公司及代理商业务时，亦同。

主管机关依本法第15条第二项核发境外卫星广播电视事业代理商许可时，其许可期限以代理契约书所载代理期限为准，最长不得逾六年。

第2条第二项、第3条至第5条、第7条及第8条规定，于境外卫星广播电视事业之分公司或代理商准用之。

第10条　本法第15条第二项所定代理商，指代理该境外卫星广播电视事业在中华民国境内全区经营卫星广播电视节目供应业务。

依本法第15条第二项申请经营卫星广播电视节目供应业务，同时在中华民国设立分公司及代理商者，应由该分公司报请主管机关许可。

一代理商代理境外卫星广播电视事业二以上频道节目供应者，应分别依本法第十五条第二项报请主管机关许可。

第11条　依本法第16条报请主管机关备查时，应以书面为之，并检送下列文件：

一、暂停经营之期间及理由或终止经营之理由。

二、其它经主管机关指定之文件。

前项第一款暂停经营期间,最长不得逾六个月。

本法第 16 条之通知,应于卫星广播电视事业或境外卫星广播电视事业专用频道、相关节目播送或以书面为之。

第 12 条　本法第 23 条第一项所定广告时间,不包括同频道节目之预告。

本法第 23 条第二项所定标示,应明显可辨识,并于广告开始时全程迭印。

第 13 条　本法第 28 条第二项第七款所定广告播送之权利义务,指与有线广播电视系统经营者(包括有线电视节目播送系统)协议分配之广告时间、时段或其它内容。

第 14 条　本法第 29 条第一项所称定期,指每年四月及十月。

第 15 条　主管机关受理申请案件,应于申请文件齐全后三个月内决定之。

第 16 条　本细则自发布日施行。

74. 公共电视法

第一章　总　则

第 1 条　(立法目的)

为健全公共电视之发展,建立为公众服务之大众传播制度,弥补商业电视之不足;以多元之设计,维护国民表达自由及知之权利,提高文化及教育水平,促进民主社会发展,增进公共福祉,特制定本法。

第 2 条　(公视基金会之成立)

为实现本法之目的,应成立财团法人公共电视文化事业基金会(以下简称公视基金会),经营公共电视台(以下简称电台)。

公视基金会之成立、组织及营运,除本法另有规定外,适用民法有关财团法人之规定。

公视基金会由政府依本法编列预算捐赠部分之金额应逐年递减,第一年金额百分之十,至第三个会计年度为止。

第 3 条　(主管机关)

公视基金会之主管机关为行政院新闻局。

第 4 条 （创立基金及其来源）

公视基金会之创立基金,由主管机关编列预算捐助新台币一亿元,并以历年编列筹设公共电视台预算所购之财产径行捐赠设置,不受预算法第 25 条第一项规定之限制。

公共电视筹备委员会设立时,因业务必要使用之国有财产,除依前项规定径行捐赠者外,由主管机关无偿提供公视基金会使用。但因情势变更,公视基金会之营运、制播之节目已不能达成设立之目的者,不适用之。

第 5 条 （公视基金会事务所在地）

公视基金会设于中央政府所在地;必要时,得设分事务所。

第 6 条 （电台及技术之主管机关）

电台设台主要设备及工程技术之审核,工程人员资格之标准,电台使用频率、呼号、电功率等电波监理,及电台执照之核发与换发,依交通部相关规定办理。

第 7 条 （电台电波频率之使用及限制）

电台所需用之电波频率,由行政院新闻局会同交通部规划指配之。

前项电波频率不得租赁、借贷或转让。

第 8 条 （电台设立之许可）

电台之设立,应由公视基金会填具申请书,送由行政院新闻局转送交通部核发电台架设许可证,始得装设,装设完成,经交通部查验合格,发给电台执照,并经行政院新闻局发给电视执照,始得播放。

电台设立分台、发射台、转播站或中继站,准用前项规定。

第 9 条 （设立分台等土地之取得或使用）

公视基金会为设立分台、发射台、转播站或中继站,而有取得或使用土地之必要时,有关机关应予协助。

第 10 条 （公视基金会之业务）

公视基金会之业务如下:

一、电台之设立及营运。

二、电视节目之播送。

三、电视节目、录像节目带及相关出版品之制作、发行。

四、电台工作人员之养成。

五、电视学术、技术及节目之研究、推广。

六、其它有助于达成第 1 条所定目的之业务。

第 11 条 （公共电视应遵守之原则）

公共电视属于国民全体，其经营应独立自主，不受干涉，并遵守下列之原则：

一、完整提供信息，公平服务公众，不以营利为目的。

二、提供公众适当用电台之机会，尤应保障弱势团体之权益。

三、提供或赞助各种类别之民俗、艺文创作及发表机会，以维护文化之均衡发展。

四、介绍新知及观念。

五、节目之制播，应维护人性尊严；符合自由、民主、法治之宪法基本精神；保持多元性、客观性、公平性及兼顾族群之均衡性。

第 12 条 （公视完整与公平收视机会之提供）

公视基金会于技术及经费许可范围内，应提供国内各地区观众完整与相同质量之电台收视机会。

第二章 组　织

第 13 条 （董事会之组织及董事之选任）

公视基金会设董事会，由董事十一至十五人组织之，依下列程序产生之：

一、由立法院推举十一至十三名社会公正人士组成公共电视董、监事审查委员会（以下简称审查委员会）。

二、由行政院提名董、监事候选人，提交审查委员会以四分之三以上之多数同意后，送请行政院院长聘任之。

选任董事时应顾及性别及族群之代表性，并考虑教育、艺文、学术、传播及其它专业代表之均衡。

董事中属同一政党之人数不得逾董事总额四分之一；董事于任期中不得参与政党活动。

第 14 条 （董事之消极资格）

有下列情形之一者，不得担任董事：

一、公职人员。但公立各级学校及学术研究机构之教学及研究人员，不在此限。

二、政党党务工作人员。

三、无线及有线广播电视事业之负责人或其主管级人员。

四、从事电台发射器材设备之制造、输入或贩卖事业者。

五、投资前二款事业,其投资金额合计超过所投资事业资本总额百分之五者。

六、审查委员会之委员。

七、非本国籍者。

第15条 （董事会职权）

董事会掌理下列事项：

一、决定公视基金会之营运方针。

二、核定年度工作计划。

三、审核公视基金会年度预算及决算。

四、决定电台节目方针及发展方向,并监督其执行。

五、决定分台之设立及废止。

六、修正公视基金会之章程。

七、订定、修正关于事业管理及业务执行之重要规章。

八、遴聘总经理并同意副总经理及其它一级主管之遴聘。

九、人事制度之核定。

十、设立各种咨询委员会。

十一、其它依本法或章程规定应由董事会掌理之事项。

第16条 （董事之任期）

董事每届任期三年,期满得续聘之。

第17条 （董事长之产生及其职权）

董事会置董事长一人,由董事互选之。

董事长对内综理董事会会务,主持董事会会议,对外代表公视基金会。

董事长因故不能执行职务时,应指定董事一人代理之；未指定者,由董事互推一人代理之。

董事长因故不能执行职务逾三个月时,董事会得依决议解除其董事长职务。

第18条 （解聘董事之要件）

董事有下列各款情形之一者,董事会应报请行政院院长解聘之：

一、有第 14 条各款情形之一者。

二、受禁治产或破产宣告者。

三、受有期徒刑以上刑之判决确定者。但受缓刑宣告或易科罚金者，不在此限。

四、经公立医院证明认定身心障碍致不能执行职务者。

五、其它经董事会决议认定有违反职务上义务或有不适于董事职位之行为者。

第 19 条 （董事及董事长出缺之处理）

董事出缺逾董事总额三分之一时，应即依第 13 条规定补聘之。依法补聘之董事，其任期至原任期届满为止。

董事长出缺时，由董事互选一人继任其职务，其任期至原任期届满为止。

第 20 条 （董事之报酬及董事会之召开）

董事长为专任有给职。董事为无给职，开会时支给出席费。

董事会每月至少召开一次，董事长认为有必要或经三分之一以上董事之请求，得召开临时会。

董事会之决议，除本法另有规定外，应有三分之二以上董事出席，以出席董事过半数之同意行之。

第 21 条 （监事会之设立）

公视基金会应设监事会，置监事三至五人，并互选一人为常务监事。

监事应具有大众传播、法律或会计等相关学识经验。监事之任期及解聘，准用本法有关董事之规定。

监事会应稽察公视基金会经费使用之情形，及有无违反公视基金会经费财务稽察办法与其它法律规定。

前项公视基金会之经费财物稽察办法，由董事会定之。

第 22 条 （总经理及副总经理之遴聘程序）

公视基金会置总经理一人，由董事长提请董事会经三分之二以上董事同意后遴聘之；视业务需要置副总经理一至三人，由总经理提请董事会同意后遴聘之。

第 23 条 （总经理及副总经理之职权）

总经理受董事会指挥监督，执行基金会之业务，在执行职务范围内，对外代表基金会；副总经理襄助总经理处理业务，于总经理因故不能视事时，代理其职务。

经理及其它一级主管,由总经理提请董事会同意后聘任之。

第 24 条 （总经理应经董事会同意之法律行为）

总经理为下列行为,应事先经董事会书面之同意:

一、不动产之取得、让与、出租、出借或设定负担。

二、发射设备全部或一部之让与、出租、出借或设定负担。

三、投资与公共电视经营目的有关之其它事业。

四、其它依本法或章程规定应经董事会同意之事项。

公视基金会依前项第三款所投资之事业,以有限公司或股份有限公司为限。

第一项第一款、第二款之行为,应由董事会报请主管机关核备。

第 25 条 （总经理及副总经理不得执行其它业务）

总经理及副总经理不得为现任公职人员或政党职员,不得执行其它业务、从事营利事业或投资报纸、通讯社、广播电视、电影、录像带或其它大众传播事业。

第 26 条 （解聘总经理或副总经理之要件）

总经理或副总经理有下列情形之一者,由董事会解聘之:

一、违反第 24 条第一项各款情形之一者。

二、受禁治产或破产宣告者。

三、经公立医院证明认定身心障碍致不能执行职务者。

四、其它经董事会决议认定有违反职务上义务或有不适于职位之行为者。

第 27 条 （新闻制播公约之制订）

为保障新闻专业自主,新闻部工作人员应互推代表三至五人,与总经理制订新闻制播公约。

第三章　经费及财务

第 28 条 （经费来源）

公视基金会之经费来源如下:

一、政府编列预算之捐赠。

二、基金运用之孳息。

三、国内外公私机构、团体或个人之捐赠。

四、从事公共电视文化事业活动之收入。

五、受托代制节目之收入。

六、其它收入。

第29条 （有效使用经费）

公视基金会应本设立之目的有效使用经费。

第30条 （公视基金会年度事业计划与收支预算之编制）

公视基金会之事业年度与政府会计年度一致。

公视基金会之年度计划及收支预算，由总经理编制后，报请董事会审议。

公视基金会之年度经费需由政府捐赠之部分，应附具年度事业计划及收支预算，提请董事会通过后，报请主管机关循预算程序办理。

第31条 （公视基金会年度余额之处理）

公视基金会之经费于事业年度终了，除保留项目外，如有剩余，应列入基金余额。

第32条 （公视基金会年度决算之处理）

公视基金会应于事业年度终了后，制作年度业务报告书，详列执行成果及收支决算，提经监事会审核，董事会通过后，报请主管机关循决算程序办理。

第33条 （审议预算及决算到会备询或说明人士）

立法院依第30条及第32条规定，审议公视基金会预算及决算时，得邀请公视基金会董事长或总经理到会备询或说明。

第34条 （公视基金会营运及财务之公开）

公视基金会应将其业务计划、基金管理、经费使用、财产目录、资产负债表、损益表及其它有关营运与财务状况之文书，经会计师签证备置于基金会，以供公众查阅。

第35条 （经董事会核定公开之资料）

公视之人事、薪资结构、预算（工程投标项目除外）、研究报告、年度报告、捐赠名单、著作权资料，及其它经董事会核定公开之数据，均应供公众按工本费索阅。

第四章 节目之制播

第36条 （节目制播原则）

节目之制播，应遵守下列规定：

一、致力提升国民之文化水平,并促进全民教育文化之发展。

二、保持多元性,并维持不同型态节目之均衡。

三、保持客观性及公平性,应提供社会大众及各群体公平参与及表达意见之机会。

四、尊重个人名誉并保护隐私权。

五、积极提供适合儿童、青少年、妇女、老人观赏,有益其身心发展及健康之节目。

六、对于尚在侦查或审判中之诉讼事件,或承办该事件之司法人员或有关之诉讼关系人,不得评论;并不得报导禁止公开诉讼事件之辩论。

七、不得为任何政党或宗教团体作政治或宗教之宣传。

八、不得违反法律、妨害公共秩序或善良风俗。

第 37 条 （新闻报导原则）

新闻报导节目,应遵守下列规定:

一、新闻报导节目应与评论明显区分,不得加入报导者个人意见。

二、新闻报导内容应确实、客观、公正,不得歪曲或隐饰重要事实,不得以暗示方法影响收视者判断。

三、新闻报导应兼顾国际性、全国性及地方性重要事件之信息。

第 38 条 （节目使用之语言）

外语节目仅以原音播出者,应附中文字幕。

教育、信息及娱乐性节目应顾及各语群及听障视障观众之需要,并应适度提供地方语言教学节目。

地方戏剧或文化艺术节目,为表达其特色,应以地方语言制播,并附中文字幕。

电台并应提供字幕译码讯号,供观众选择。

新闻性节目应酌量以外国语文播出,以适应国际化之需求。

第 39 条 （节目制作人之注明）

每一节目播送结束时,应注明节目制作人之姓名或名称。

第 40 条 （电台对儿童及少年之保护）

公共电视不得于任何时段,播放儿童及少年不宜观赏之节目。

周一至周五每日十七时至二十时之间,应安排儿童及少年节目至少各半小时;周末及假日应提供儿童及少年节目至少各一小时,其时段由电台依儿童及少年之作息情况定之。

第 41 条 （不得播送商业广告及赞助者之注明）

电台不得播送商业广告。但电台策划制作之节目,接受赞助者,得于该节目播送结束时,注明赞助者之姓名或名称。

第42条 (图书馆之设立及节目带之保存)

电台节目带应至少保存一年以备查询。

电台应设图书馆,长期搜集及保存优良节目带,供公众阅览。

前项图书馆之组织及节目带之管理办法,由董事会定之。

第五章 救 济

第43条 (更正请求权)

对于电台之报导,利害关系人认有错误者,于播送之日起十五日内得请求更正。电台应于接到请求后十日内,在原节目或原节目同一时间之节目或为更正而特设之节目中,加以更正,或将其认为报导并无错误之理由,以书面答复请求人。

因错误之报导,致利害关系人权益受损时,公视基金会及电台相关人员应依法负民事或刑事责任。

第44条 (答辩请求权)

电台之评论涉及个人、机关或团体致损害其权益者,被评论者得请求给予相当之答辩机会。

前项答辩请求权之行使及救济方法,准用前条之规定。

第45条 (公职竞选期间之更正及答辩请求权)

公职竞选活动期间,电台之报导或评论涉及特定之候选人或政党者,该候选人或政党依前二条之规定请求更正或提供答辩机会时,电台应于接到请求后实时予以更正或提供适当之答辩机会;必要时,答辩得以书面为之。

第46条 (申诉与复议程序)

民众对于电视节目,认为有违反第36条至第41条之规定者,得以书面指陈具体事实,于播送之日起十五日内向电台申诉。电台应于接到申诉后一个月内以书面附具理由及不服处置时之复议方法通知申诉人。

电台未履行前项义务,或申诉人不服电台前项之处理者,申诉人得于一个月内以书面向董事会申请复议。董事会接到复议之申请后,于一个月内作成决定,以书面附具理由,送达申诉人、节目制作人及总经理。

节目制作人不服第一项电台之处置者,亦得依前项规定申请复议。

第六章 附 则

第 47 条 （公视基金会章程之订定）

公视基金会董事会应于第一次会议召开之日起三个月内订定章程,由主管机关送立法院备查,并径向法院办理法人登记。

第 48 条 （公视基金会之解散）

公视基金会因情事变更,致不能达到其设立目的时,得依立法院决议解散之。解散后其剩余财产归属国库。

公视基金会之清算,准用民法第 37 条至第 43 条之规定。

第 49 条 （施行日）

本法自公布尔日施行。

75. 有线广播电视法

1993 年 8 月 11 日"总统"(82)华总(一)义字第 3912 号令制定公布全文 71 条;1999 年 2 月 3 日"总统"(88)华总一义字第 8800021600 号令修正发布全文 76 条及名称(原名称:有线电视法);2000 年 1 月 19 日"总统"(89)华总(一)义字第 8900011900 号令修正公布第 3 条条文;2001 年 5 月 30 日"总统"(90)华总一义字第 9000106640 号令修正公布第 19、51、63 条条文;2003 年 1 月 15 日"总统"华总一义字第 09200006880 号令修正公布第 16、19、23、39 条条文;2003 年 12 月 24 日"总统"华总一义字第 09200239041 号令修正公布第 19、20、24、68 条条文;并增订第 37-1 条条文;2007 年 1 月 29 日"总统"华总一义字第 09600011661 号令增订公布第 35-1 条条文。

第一章 总 则

第 1 条 （立法目的）

为促进有线广播电视事业之健全发展,保障公众视听之权益,增进社会福利,特制定本法。

第2条 （用辞定义）

本法用辞定义如下：

一、有线广播电视：指以设置缆线方式传播影像、声音供公众直接视听。

二、有线广播电视系统（以下简称系统）：指有线广播电视之传输网路及包括缆线、微波、卫星地面接收等设备。

三、有线广播电视系统经营者（以下简称系统经营者）：指依法核准经营有线广播电视者。

四、频道供应者：指以节目及广告为内容，将之以一定名称授权予有线电视系统经营者播送之供应事业，其以自己或代理名义为之者，亦属之。

五、基本频道：指订户定期缴交基本费用，始可视听之频道。

六、付费频道：指基本频道以外，须额外付费，始可视听之频道。

七、计次付费节目：指按次付费，始可视听之节目。

八、锁码：指需经特殊解码程序始得视听节目之技术。

九、头端：指接收、处理、传送有线广播、电视信号，并将其播送至分配线网路之设备及其所在之场所。

十、干线网路：指连接系统经营者之头端至头端间传输有线广播、电视信号之网路。

十一、分配线网路：指连接头端至订户间之缆线网路及设备。

十二、插播式字幕：指另经编辑制作而在电视荧幕上展现，且非属于原有播出内容之文字或图形。

十三、有线广播电视节目（以下简称节目）：指系统经营者播送之影像、声音，内容不涉及广告者。

十四、有线广播电视广告（以下简称广告）：指系统经营者播送之影像、声音，内容为推广商品、观念、服务或形象者。

第3条 （主管机关）

本法所称主管机关：在中央为行政院新闻局（以下简称新闻局）；在直辖市为直辖市政府；在县(市)为县(市)政府。

有线广播电视系统工程技术管理之主管机关为交通部。

前项有关工程技术管理之规则,由交通部定之。

第4条 (经营电信业务之规定)

系统经营者经营电信业务,应依电信法相关规定办理。

第5条 (干线网络之铺设)

系统经营者自行设置之网路,其属铺设者,向路权管理机关申请;其属附挂者,向电信、电业等机构申请。经许可筹设有线广播电视者,亦同。

系统经营者前项网路之铺设,得承租现有之地下管沟及终端设备;其铺设网路及附挂网路应依有关法令规定办理。

中央主管机关应会同交通部协助解决偏远地区干线网路之设置。

第6条(网络通过他人土地或建物之铺设方法、通知及变更铺设)

前条第一项网路非通过他人土地或建筑物不能铺设,或虽能铺设需费过钜者,得通过他人土地或建筑物铺设之。但应择其损害最少之处所及方法为之,并应为相当之补偿。

前项网路之铺设,应于施工三十日前以书面通知土地、建筑物所有人或占有人。

依第一项规定铺设网路后,如情事变更时,土地、建筑物所有人或占有人得请求变更其铺设。

对于前三项情形有异议者,得申请辖区内调解委员会调解之或迳行提起民事诉讼。

第7条 (天然灾害或紧急事故之应变)

遇有天然灾害或紧急事故时,主管机关为维护公共安全与公众福利,得通知系统经营者停止播送节目,或指定其播送特定之节目或讯息。

前项原因消灭后,主管机关应即通知该系统经营者回复原状继续播送。

第一项之天然灾害及紧急事故应变办法,由中央主管机关定之。

第二章 有线广播电视审议委员会

第8条 (审议委员会及审议事项)

中央主管机关设有线广播电视审议委员会(以下简称审议委员会),审议下列事项:

一、有线广播电视筹设之许可或撤销许可。

二、有线广播电视营运之许可或撤销许可。

三、执行营运计画之评鉴。

四、系统经营者与频道供应者间节目使用费用及其它争议之调处。

五、系统经营者间争议之调处。

六、其它依本法规定或经中央主管机关提请审议之事项。

第 9 条 （审议委员会之组成）

审议委员会置委员十三人至十五人,由下列人员组成之：

一、专家学者十人至十二人。

二、交通部、新闻局、行政院消费者保护委员会代表各一人。

审议委员会审议相关地区议案时,应邀请各该直辖市或县（市）政府代表一人出席。出席代表之职权与审议委员相同。

审议委员中,同一政党者不得超过二分之一；其担任委员期间不得参加政党活动。

第 10 条 （审议委员之产生及任期）

前条第一项第一款之委员由行政院院长遴聘,并报请立法院备查,聘期三年,期满得续聘之,但续聘以一次为限。聘期未满之委员因辞职、死亡或因故无法执行职务时,应予解聘,并得另聘其它人选继任,至原聘期任满时为止。

第 11 条 （审议会之主席）

审议委员会开会时由委员互推一人为主席,主持会议之进行。

第 12 条 （开议及决议人数）

审议委员会应有五分之三以上委员出席,始得开议,以出席委员过半数之同意,始得决议。

第 13 条 （决议方式）

审议委员会之决议方式,由审议委员会讨论后决定之。

第 14 条 （审议委员之自行回避）

审议委员会委员应本公正客观之立场行使职权,有下列各款情形之一者,应自行回避：

一、审议委员会委员或其配偶、前配偶或未婚配偶,为申请经营有线广播电视之董事、监察人或经理人者。

二、审议委员会委员与申请经营有线广播电视者之董事、监察人或经理人为五亲等内之血亲、三亲等内之姻亲或曾有此亲属关系者。

第 15 条 （申请回避及裁决）

申请经营有线广播电视者对于审议委员会委员，认为有偏颇之虞或其它不适格之原因，得申请回避。

前项申请由主席裁决之。

第 16 条 （未自行回避时所为决议之撤销）

审议委员会委员应自行回避而不回避时，中央主管机关于会议决议后一个月内，得迳行或应利害关系人之申请，撤销该会议所为之决议。其经筹设许可或营运许可者，中央主管机关应撤销其许可，并注销其许可证。

审议委员会对前项撤销之事项，应重行审议及决议。

第 17 条 （审议规则之订定）

审议委员会之审议规则，由中央主管机关定之。

第三章 营运管理

第 18 条 （申请许可）

有线广播电视之筹设、营运，应申请中央主管机关许可。

第 19 条 （经营者身分之限制）

系统经营者之组织，以股份有限公司为限。

外国人直接及间接持有系统经营者之股份，合计应低于该系统经营者已发行股份总数 60%，外国人直接持有者，以法人为限，且合计应低于该系统经营者已发行股份总数 20%。

系统经营者最低实收资本额，由中央主管机关定之。

政府、政党、其捐助成立之财团法人及其受托人不得直接、间接投资系统经营者。

本法修正施行前，政府、政党、其捐助成立之财团法人及其受托人有不符

前项所定情形者，应自本法修正施行之日起二年内改正。

系统经营者不得播送有候选人参加，且由政府出资或制作之节目、短片及广告；政府出资或制作以候选人为题材之节目、短片及广告，亦同。

第 20 条 （本国籍董事、政党公职人员之限制）

系统经营者具有中华民国国籍之董事，不得少于董事人数三分之二；监察人，亦同。

董事长应具有中华民国国籍。

政党党务工作人员、政务人员及选任公职人员不得投资系统经营者；其配偶、二亲等血亲、直系姻亲投资同一系统经营者，其持有之股份，合计不得逾该事业已发行股份总数1‰。本法修正施行前，系统经营者有不符规定者，应自本法修正施行之日起二年内改正。

政府、政党、政党党务工作人员及选任公职人员不得担任系统经营者之发起人、董事、监察人或经理人。本法修正施行前已担任者，系统经营者应自本法修正施行之日起六个月内解除其职务。

前二项所称政党党务工作人员、政务人员及选任公职人员之范围，于本法施行细则定之。

第21条 （系统经营者与其关系企业及直接间接控制者间之限制）

系统经营者与其关系企业及直接、间接控制之系统经营者不得有下列情形之一：

一、订户数合计超过全国总订户数三分之一。

二、超过同一行政区域系统经营者总家数二分之一。但同一行政区域只有一系统经营者，不在此限。

三、超过全国系统经营者总家数三分之一。

前项全国总订户数、同一行政区域系统经营者总家数及全国系统经营者总家数，由中央主管机关公告之。

第22条 （营运计划之载明及提出）

申请有线广播电视之筹设，应填具申请书连同营运计画，于公告期间内向中央主管机关提出。

营运计画应载明下列事项：

一、有线广播电视经营地区。

二、系统设置时程及预定开播时间。

三、财务结构。

四、组织架构。

五、频道之规划及其类型。

六、自制节目制播计画。

七、收费标准及计算方式。

八、订户服务。

九、服务满意度及频道收视意愿调查计画。

十、工程技术及设备说明。

十一、业务推展计画。

十二、人材培训计画。

十三、技术发展计画。

十四、董事、监察人、经理人,或发起人之姓名(名称)及相关资料。

十五、其它中央主管机关指定之事项。

第23条 (外国人投资之限制)

对于有外国人投资之申请筹设、营运有线广播电视案件,中央主管机关认该外国人投资对国家安全、公共秩序或善良风俗有不利影响者,得不经审议委员会之决议,予以驳回。

外国人申请投资有线广播电视,有前项或违反第十九条第二项规定情形者,应驳回其投资之申请。

第24条 (不予许可申请筹设、营运之情形)

申请筹设、营运有线广播电视之案件有下列情形之一者,审议委员会应为不予许可之决议:

一、违反第19条或第20条规定者。

二、违反第21条规定者。

三、工程技术管理不符合交通部依第3条第三项所定之规则者。

四、申请人因违反本法规定经撤销筹设或营运许可未逾二年者。

五、申请人之董事、监察人或经理人有公司法第30条各款情事之一者。

第25条 (许可之情形)

申请筹设、营运有线广播电视案件符合下列规定者,审议委员会得为许可之决议:

一、申请人之财务规划及技术,足以实现其营运计画者。

二、免费提供专用频道供政府机关、学校、团体及当地民众播送公益性、艺文性、社教性等节目者。

三、提供之服务及自制节目符合当地民众利益及需求者。

第 26 条 （申请书及营运计划之变更）

申请书及营运计画内容于获得筹设许可后有变更时，应向中央主管机关为变更之申请。但第 22 条第二项第四款、第十一款、第十二款内容变更者，不在此限。

前项变更内容属设立登记事项者，应于中央主管机关许可变更后，始得办理设立或变更登记。

系统经营者之董事、监察人或经理人变更时，准用前二项规定。

第 27 条 （申请之准驳及复议）

对于申请筹设有线广播电视案件，审议委员会决议不予许可者，中央主管机关应附具理由驳回其申请；其决议许可者，中央主管机关应发给申请人筹设许可证。

不服前项驳回之处分，申请人得于驳回通知书送达之日起三十日内，附具理由提出覆议；审议委员会应于接获覆议申请之日起三十日内，附具理由为准驳之决定。申请覆议以一次为限。

第 28 条 （许可证之内容变更及遗失）

筹设许可证所载内容变更时，应于变更后十五日内向中央主管机关申请换发；遗失时，应于登报声明作废后十五日内申请补发。

第 29 条 （设立登记及补正）

申请人经许可筹设有线广播电视后，应于中央主管机关指定之地区与期间完成设立登记并缴交必要文件。文件不全得补正者，中央主管机关应通知限期补正。

第 30 条 （设置时程及展期）

系统之设置得分期实施，全部设置时程不得逾三年；其无法于设置时程内完成者，得于设置时程届满前二个月内附具正当理由，向中央主管机关申请展期。展期不得逾六个月，并以一次为限。

第 31 条 （查验）

系统之筹设应于营运计画所载系统设置时程内完成，并于设置时程内向中央主管机关提出系统工程查验申请。

前项查验由中央主管机关会同交通部及地方主管机关，自受理申请之日起六个月内为之。

系统经查验合格后二个月内,申请人应向中央主管机关申请营运许可。非经中央主管机关发给营运许可证者,不得营运。

系统经营者除有正当理由,经中央主管机关核可者外,应于取得营运许可证后一个月内开播。

第32条 (经营地区之划分及调整)

有线广播电视经营地区之划分及调整,由中央主管机关会商当地直辖市或县(市)政府审酌下列事项后公告之:

一、行政区域。

二、自然地理环境。

三、人文分布。

四、经济效益。

第33条 (重新受理申请之情形及处理)

有下列情形之一者,中央主管机关应另行公告重新受理申请:

一、在公告期间内,该地区无人申请。

二、该地区无人获得筹设许可或营运许可。

三、该地区任一系统经营者终止经营,经审议委员会决议,须重新受理申请。

四、该地区系统经营者系独占、结合、联合、违反第二十一条规定而有妨害或限制公平竞争之情事,中央主管机关为促进公平竞争,经附具理由,送请审议委员会决议,须重新受理申请。

重新办理公告,仍有前项情形者,中央主管机关得视事实需要,依下列方式择一处理之:

一、会同当地直辖市或县(市)政府重新划分及调整经营地区。

二、奖励或辅导其它行政区域之系统经营者经营。

三、其它经审议委员会决议之方式。

前项第二款奖励之辅导及方式,由中央主管机关定之。

第34条 (不得委托他人经营)

系统经营者不得委托他人经营。

第 35 条 （营运许可之换发及补发）

系统经营者之营运许可，有效期间为九年。系统经营者于营运许可期限届满，仍欲经营时，应于营运许可期限满八年后六个月内，向中央主管机关申请换发。

前项营运许可所载内容变更时，应于变更后十五日内向中央主管机关申准换发；遗失时，应于登报声明作废后十五日内申请补发。

第 35 条之一（申请换发之审查标准及程序）

中央主管机关审查申请换发系统经营者之营运许可案件时，应审酌下列事项：

一、营运计划执行情形之评鉴结果及改正情形。

二、未来之营运计划。

三、财务状况。

四、营运是否符合经营地区民众利益及需求。

五、系统经营者之奖惩纪录及其它影响营运之事项。

前项审查结果，中央主管机关认该系统经营者营运不善或未来之营运计划有改善之必要时，应以书面通知其限期改善。届期无正当理由而未改善者，经审议委员会审议，并经中央主管机关决议不予换发营运许可者，驳回其申请。

前项审查期间及改善期间，中央主管机关得发给临时执照，其有效期间为一年，并以一次为限。

第 36 条 （营运计划执行之评鉴）

审议委员会应就系统经营者所提出之营运计画执行情形，每三年评鉴一次。

前项评鉴结果未达营运计画且得改正者，中央主管机关应依审议委员会决议，通知限期改正；其无法改正，经审议委员会决议撤销营运许可者，中央主管机关应注销营运许可证。

第 37 条 （基本频道之提供）

系统经营者应同时转播依法设立无线电视电台之节目及广告，不得变更其形式、内容及频道，并应列为基本频道。但经中央主管机关许可者，得变更频道。

系统经营者为前项转播，免付费用，不构成侵害著作权。

系统经营者不得播送未经中央主管机关许可之境外卫星广播电视事业之节目或广告。

第 37 条之一（免费播送客语原住民语言节目）

为保障客家、原住民语言、文化，中央主管机关得视情形，指定系统经营者，免费提供固定频道，播送客家语言、原住民语言之节目。

第 38 条 （最大电波泄露量之规定）

系统经营者在系统传输及处理过程中，其电波泄漏不得超过交通部所定之最大电波泄漏量限值。

第 39 条 （暂停或终止经营之核备及通知）

系统经营者拟暂停或终止经营时，除应于三个月前书面报请中央主管机关备查，副知地方主管机关外，并应于一个月前通知订户。

前项所称暂停经营之期间，最长为六个月。

第四章 节目管理

第 40 条 （节目内容之限制）

节目内容不得有下列情形之一：

一、违反法律强制或禁止规定。

二、妨害儿童或少年身心健康。

三、妨害公共秩序或善良风俗。

第 41 条 （节目分级之处理）

中央主管机关应订定节目分级处理办法。系统经营者应依处理办法规定播送节目。

中央主管机关得指定时段，锁码播送特定节目。

系统经营者应将锁码方式报请交通部会商中央主管机关核定。

第 42 条 （节目与广告之区分）

节目应维持完整性，并与广告区分。

非经约定，系统经营者不得擅自合并或停止播送频道。

节目由系统经营者及其关系企业供应者，不得超过可利用频道之四分之一。

系统经营者应于播送之节目画面标示其识别标识。

第 43 条 （本国自制节目之最低占有率）

有线广播电视节目中之本国自制节目，不得少于 20%。

第44条 （主管机关得索取资料）

主管机关认为有必要时，得于节目播送后十五日内向系统经营者索取该节目及相关资料。

主管机关于必要时，得要求系统经营者将提供订户之节目，以不变更内容及形式方式装接于主管机关指定之处所。该节目系以锁码方式播出者，应将解码设备一并装接。

前项指定之处所，以二处为限。

第五章　广告管理

第45条 （广告插播频率）

系统经营者应同时转播频道供应者之广告，除经事前书面协议外不得变更其形式与内容。

广告时间不得超过每一节目播送总时间六分之一。

单则广告时间超过三分钟或广告以节目型态播送者，应于播送画面上标示广告二字。

计次付费节目或付费频道不得播送广告。但同频道节目之预告不在此限。

第46条 （广告播送之协议）

频道供应者应每年定期向审议委员会申报预计协议分配之广告时间、时段、播送内容、播送方式或其它条件。频道供应者如无正当理由拒绝依其申报内容与系统经营者协议，系统经营者得向审议委员会申请调处。

第47条 （广告专用频道）

系统经营者得设立广告专用频道，不受第四十五条第二项之限制。

广告专用频道之数量限制，由中央主管机关定之。

第48条 （插播式字幕的使用）

系统经营者非有下列情形之一者，不得使用插播式字幕：

一、天然灾害、紧急事故讯息之播送。

二、公共服务资讯之播送。

三、频道或节目异动之通知。

四、与该播送节目相关，且非属广告性质之内容。

五、依其它法令之规定。

第49条 （广告内容之核准）

广告内容涉及依法应经各该目的事业主管机关核准之业务者，应先取得核准证明文件，始得播送。

第50条 （广告内容之限制及制播标准）

第40条、第41条第二项、第三项、第42条第四项及第44条之规定，于广告准用之。

广告制播标准由中央主管机关定之。

第六章 费 用

第51条 （收费标准）

系统经营者应于每年八月一日起一个月内向直辖市、县（市）政府申报收视费用，由直辖市、县（市）政府依审议委员会所订收费标准，核准后公告之。

直辖市及县（市）政府得设费率委员会，核准前项收视费用。直辖市及县（市）政府未设费率委员会时，应由中央主管机关行使之。

系统经营者之会计制度及其标准程序，由中央主管机关定之。

系统经营者应于每年一月、四月、七月及十月，向中央主管机关申报前三个月订户数。

第52条 （订户不按期缴交费用之处置）

订户不按期缴交费用，经定期催告仍未缴交时，系统经营者得停止对该订户节目之传送。但应同时恢复订户原有无线电视节目之视听。

系统经营者依前项但书规定办理时，得向订户请求支付必要之器材费用。

第一项但书及前项规定，于视听法律关系终止之情形，适用之。

第53条 （特种基金之成立运用及管理）

系统经营者应每年提拨当年营业额1％之金额，提缴中央主管机关成立特种基金。

前项系统经营者提拨之金额，由中央主管机关依下列目的运用：

一、30％由中央主管机关统筹用于有线广播电视之普及发展。

二、40％拨付当地直辖市、县(市)政府，从事与本法有关地方文化及公共建设使用。

三、30％捐赠财团法人公共电视文化事业基金会。

第一项特种基金之成立、运用及管理办法，由中央主管机关定之。

第54条 （审查费各项费用之缴纳）

主管机关依本法受理申请审核、查验、核发、换发证照,应向申请者收取审查费、证照费;其收费标准由中央主管机关定之。

第七章 权利保护

第55条 (有线电视契约)

系统经营者应与订户订立书面契约。

前项书面契约应于给付订户之收据背面制作发给之。

中央主管机关应公告规定定型化契约应记载或不得记载之事项。

违反前项公告之定型化契约之一般条款无效。该定型化契约之效力依消费者保护法第十六条规定定之。

契约内容应包括下列事项:

一、各项收费标准及调整费用之限制。

二、频道数、名称及频道契约到期日。

三、订户基本资料使用之限制。

四、系统经营者受停播、撤销营运许可、没入等处分时,恢复订户原有无线电视节目之视听,及对其视听权益产生损害之赔偿条件。

五、无正当理由中断约定之频道信号,致订户视、听权益有损害之虞时之赔偿条件。

六、契约之有效期间。

七、订户申诉专线。

八、其它经中央主管机关指定之项目。

系统经营者对订户申诉案件应即妥适处理,并建档保存三个月;主管机关得要求系统经营者以书面或于相关节目答复订户。

第56条 (系统经营者之识别标识许可证字号等数据之播出)

系统经营者应设置专用频道,载明系统经营者名称、识别标识、许可证字号、订户申诉专线、营业处所地址、频道总表、频道授权期限及各频道播出节目之名称。

第57条 (节目及广告之合法授权播送)

有线广播电视播送之节目及广告涉及他人权利者,应经合法授权,始得播送。

第58条 (强制缔约及提供必要之协助)

系统经营者无正当理由不得拒绝该地区民众请求付费视听有线广播电视。

系统经营者有正当理由无法提供民众经由有线电视收视无线电视时,地方主管机关得提请审议委员会决议以其它方式提供收视无线电视。

第59条 (相关线路之拆除义务)

视听法律关系终止后,系统经营者应于一个月内将相关线路拆除。逾期不为拆除时,该土地或建筑物之所有人或占有人得自行拆除,并得向系统经营者请求偿还其所支出之拆除及其它必要费用。

第60条 (主管机关通知限期改善)

主管机关认为有线广播电视营运不当,有损害订户权益情事或有损害之虞者,应通知系统经营者限期改正或为其它必要措施。

第61条 (利害关系人要求更正之处置)

对于有线广播电视之节目或广告,利害关系人认有错误,得于播送之日起,十五日内要求更正,系统经营者应于接到要求后十五日内,在同一时间之节目或广告中,加以更正,如认为节目或广告无误时,应附具理由书面答复请求人。

第62条 (被评论者权益受损时之答辩)

有线广播电视之节目评论涉及他人或机关、团体,致损害其权益时,被评论者如要求给予相当答辩之机会,不得拒绝。

第八章 罚 则

第63条 (处罚机关)

依本法所为之处罚,由中央主管机关为之。但违反依第三条第三项所定之规则及第三十八条规定者,由交通部为之;违反节目管理、广告管理、费用及权利保护各章规定者,由直辖市或县(市)政府为之。直辖市或县(市)政府未能行使职权时,得由中央主管机关为之。

第64条 (警告)

经许可筹设有线广播电视者或系统经营者有下列情形之一时,予以警告:

一、工程技术管理违反依第3条第三项所定之规则者。

二、未依第28条或第35条第二项规定办理换发或补发许可证者。

三、未于第 31 条第三项规定期限内,向中央主管机关申请营运许可者。

四、违反第 37 条第一项、第 41 条第一项、第三项、第 42 条第一项、第二项、第四项、第 43 条、第 45 条、第 48 条或第 50 条第一项准用第 41 条第三项、第 42 条第四项规定者。

五、违反第 51 条第一项、第四项、第 52 条第一项但书或第三项规定者。

六、违反第 55 条、第 56 条、第 58 条、第 61 条或第 62 条规定者。

第 65 条 （罚则）

系统经营者违反第 38 条规定者,处新台币二万元以上二十万元以下罚锾,并通知立即改正,未改正者,按次连续处罚。

前项电波泄漏严重致影响飞航安全、重要通讯系统者,中央主管机关得依交通部之通知令其停播至改正为止。

第 66 条 （罚则）

经许可筹设有线广播电视者或系统经营者,有下列情形之一时,处新台币五万元以上五十万元以下罚锾,并通知限期改正：

一、经依第 64 条规定警告后,仍不改正者。

二、未依第 5 条第一项规定申准,擅自铺设或附挂网路者。

三、违反主管机关依第 7 条第一项、第二项所为停止、指定或继续播送之通知者。

四、经中央主管机关依第 36 条第二项规定通知限期改正,逾期不改正者。

五、违反第 37 条第三项或第 39 条规定者。

六、违反第 40 条、第 49 条或第 50 条第一项准用第 40 条规定者。

七、未依第 41 条第二项或第 50 条第一项准用第 41 条第二项指定之时段、方式播送者。

八、拒绝依第 44 条第二项或第 50 条第一项准用第 44 条第二项主管机关指定之处所装接者。

九、违反第 57 条规定者。

十、未依第 60 条规定改正或为其它必要措施者。

第 67 条 （罚则）

经许可筹设有线广播电视者或系统经营者,有下列情形之一时,处新台币十万元以上一百万元以下罚锾,并通知限期改正,逾期不改正者,得按次连续处罚：

一、一年内经依本法处罚二次,再有第 64 条或第 66 条情形之一者。

二、拒绝依第 44 条第一项或第 50 条第一项准用第 44 条第一项规定提供资料或提供不实资料者。

三、违反第 73 条第二项规定者。

系统经营者有前项第一款情形者,并得对其频道处以三日以上三个月以下之停播处分。

第 68 条 (罚则)

经许可筹设有线广播电视者或系统经营者,有下列情形之一时,处新台币十万元以上一百万元以下罚锾,并通知限期改正,逾期不改正者,得按次连续处罚;情节重大者,得撤销筹设许可或营运许可,并注销筹设许可证或营运许可证:

一、有第 21 条第一项各款情形之一者。

二、有第 24 条第一款、第四款或第五款情形者。

三、未依第 26 条第一项规定申准,擅自变更申请书内容或营运计画者。

四、未依第 26 条第二项或第三项规定,经中央主管机关许可变更,擅自办理设立或变更登记者。

五、未经中央主管机关依第 31 条第三项规定发给营运许可证,擅自营运者。

六、违反第 31 条第四项规定者。

七、未依第 37 条之一中央主管机关之指定提供频道,播送节目者。

八、违反第 42 条第三项规定者。

九、违反第 53 条第一项规定者。

十、于受停播处分期间,播送节目或广告者。

前项限期改正方式如下:

一、处分全部或部分股份。

二、转让全部或部分营业。

三、免除担任职务。

四、其它必要方式。

第 69 条 (罚则)

经许可筹设有线广播电视者或系统经营者,有下列情形之一时,撤销筹设许可或营

运许可,并注销筹设许可证或营运许可证:

一、以不法手段取得筹设许可或营运许可者。

二、一年内经受停播处分三次,再违反本法规定者。

三、设立登记经该管主管机关撤销者。

四、违反第 29 条规定者。

五、违反第 30 条规定未于设置时程内完成系统设置者。

六、违反第 34 条规定者。

七、经依第 65 条第二项规定勒令停播,拒不遵行者。

第 70 条 (罚则)

未依本法规定获得筹设许可或经撤销筹设、营运许可,擅自经营有线广播电视业务者,处新台币二十万元以上二百万元以下罚锾,并得按次连续处罚。

前项经营有线广播电视业务之设备,不问属于何人所有,没入之。

第 71 条 (强制执行)

依本法所处罚锾,经通知限期缴纳,逾期仍不缴纳者,移送法院强制执行。

第九章 附 则

第 72 条 (管理办法之订定及营业登记效力)

本法施行前,未依法定程序架设之有线电视节目播送系统,于本法施行后,经中央主管机关发给登记证者,得继续营业。

系统经营者自开始播送节目之日起十五日内,该地区内前项有线电视节目播送系统应停止播送,原登记证所载该地区失其效力;仍继续播送者,依第七十条规定处罚。但经中央主管机关许可得继续经营者,不在此限。

有线电视节目播送系统登记证之发给、注销、营运及依前项但书许可继续经营之条件及期限等事项,由中央主管机关另定办法管理之。

有线电视节目播送系统之节目管理、广告管理、费用及权利保护准用本法各有关之规定。违反者,依本法处罚之。

系统经营者于其播送节目区域内,有有线电视节目播送系统依第二项但书规定继续营业时,不适用第 25 条第二款及第五十三条规定。

第73条　（主管机关得派员检查）

主管机关得派员携带证明文件，对系统实施检查，要求经许可筹设有线广播电视者或系统经营者，就其设施及本法规定事项提出报告、资料或为其它配合措施，并得扣押违反本法规定之资料或物品。

对于前项之要求、检查或扣押，不得规避、妨碍或拒绝。

第一项扣押资料或物品之处理方式由中央主管机关定之，其涉及刑事责任者，依有关法律规定处理。

第74条　（私接户之责任及赔偿）

未经系统经营者同意，截取或接收系统播送之内容者，应补缴基本费用。

其造成系统损害时，应负民事损害赔偿责任。

前项收视费用，如不能证明期间者，以二年之基本费用计算。

第75条　（施行细则）

本法施行细则，由中央主管机关定之。

第76条　（施行日）

本法自公布尔日施行。

76. 有线广播电视法施行细则

1993年12月20日"行政院"（82）强广一字第24753号令订定发布全文41条；1997年7月2日"行政院"新闻局（86）维广五字第08925号令修正发布第11、16、37、38、39条条文；1999年7月12日"行政院"新闻局（88）建广五字第10907号令修正发布名称及全文37条（原名称：有线电视法施行细则）；2001年9月25日"行政院"新闻局（90）正广五字第12708号令修正发布第4、11、12、33条条文；2003年10月29日"行政院"新闻局新广一字第0920624152号令修正发布第27条条文；并删除第10条条文；2004年5月24日"行政院"新闻局新广一字第0930622945A号令增订发布第12-1～12-3条条文。

第1条　本细则依有线广播电视法（以下简称本法）第75条规定订定之。

第2条　有线广播电视系统经营者(以下简称系统经营者)向电信事业租用干线网路者,应依电信法及该电信事业相关规定办理。

第3条　本法第五条第二项所称地下管沟,指电力、电信事业地下管道、雨水下水道、军警专用电信管道,及其他直辖市政府、县(市)政府之公共工程共同管道。

第4条　有线广播电视审议委员会(以下简称审议委员会)审议依本法第八条第三款所定执行营运计画之评鉴,得另聘请专家、学者参与。

本法第八条第四款所定节目使用费用争议,指年度签约时节目授权费用之争议,所定其他争议,包括订户户数、广告播送权利义务之认定。

系统经营者间或其与频道供应者间因争议申请调处时,应以书面载明申请人及相对人、调处之事项、争议之原因与事实及调处建议方案,并检送相关文件。

第一项评鉴方式,由审议委员会定之。

第5条　审议委员会应就每一申请调处案件作成调处书,记载下列事项,并由当事人及出席调处委员签名或盖章:

一　当事人及其负责人之名称、姓名、性别、年龄、职业、住、居所。如有参加调处之利害关系人时,其姓名、性别、年龄、职业、住、居所。

二　出席调处委员姓名。

三　调处事由。

四　调处之结果,包括调处成立时,当事人之权利义务及违反调处之效力。

五　调处之场所。

六　调处之年、月、日。

第6条　本法第九条第二项所称相关地区,指依本法第三十二条公告之有线广播电视经营地区(以下简称经营地区)。

第7条　申请经营有线广播电视者依本法第十五条第一项申请审议委员会委员回避时,应以书面为之,并检送足资证明之文件。

第8条　本法第十六条第一项所称利害关系人,指与该经营地区系统经营者有直接利害关系之人。

前项利害关系人之认定,由审议委员会审议决定之。

第9条　利害关系人依本法第十六条第一项申请撤销审议委员会所为之决议时,

应以书面检送足资证明有本法第十四条第一款或第二款情形之文件。

第 10 条 （删除）

第 11 条 本法第二十一条第一项及第四十二条第三项所称关系企业，依公司法有关关系企业之规定。

第 12 条 本法第十九条第二项所定间接持有之计算方式，依本国法人占系统经营者之持股比例乘以外国人占该本国法人之持股或出资额比例计算之。

第 13 条 本法第二十一条第一项第二款所称同一行政区域，指同一直辖市或县（市）。

中央主管机关应于每年六月及十二月底前，公告本法第二十一条第一项全国总订户数、同一行政区域系统经营者总家数及全国系统经营者总家数。

第 14 条 本法第二十二条第一项所定申请书，应载明下列事项：

一 以股份有限公司申请者，其名称、董事、监察人、经理人及持股5％以上股东之姓名、国籍、住址、经历、持股数目、比率、金额、股东会议事录、营利事业登记证影本及公司章程。

二 以设立中之股份有限公司申请者，其名称、发起人或预定认股5％以上之认股人之姓名（名称）、国籍、住址、经历、认股数目、比率及金额。

三 经营地区。

四 系统名称及简称。

五 系统头端所在地址及营业场所预定地址。

六 其他经中央主管机关指定之事项。

申请书格式，由中央主管机关定之。

第 15 条 申请筹设有线广播电视填具之申请书或检送之营运计划文件不全得补正者，中央主管机关应通知其限期补正；届期不补正或补正不全者，经审议委员会决议后，驳回其申请。

第 16 条 本法第二十五条第一款所定财务规划，是否足以实现其营运计划，应参酌下列事项认定之：

一 申请人资金来源及其证明文件。

二 申请人之财务与信用纪录及状况。

本法第二十五条第二款所定公益性、艺文性、社教性等节目专用频道之使用规划，由中央主管机关定之。

第17条　本法第二十五条第三款所定提供之服务是否符合当地民众利益及需求，审议委员会得依下列方式认定之：

一　举行公听会。

二　委托其他机构办理民意调查。

三　邀请申请人面谈或至各经营地区访谈。

四　其他适当之方式。

第18条　系统经营者最低实收资本额为新台币二亿元。

第19条　依本法第二十六条第一项为变更之申请时，应叙明理由，并检送下列文件：

一　变更内容对照表及说明。

二　其他经中央主管机关指定之文件。

前项文件不全得补正者，中央主管机关应通知限期补正；届期不补正或补正不全者，经审议委员会决议后，驳回其申请。

第20条　本法第二十九条所定缴交必要文件如下：

一　公司执照、营利事业登记证影本及公司章程。

二　股东名簿及董、监事名册。

三　其他经中央主管机关指定之文件。

第21条　系统之设置，依本法第三十条规定分期实施时，第一期之系统设置，不得少于全部系统设置30％。

第22条　系统之筹设依本法第31条第一项申请工程查验文件不全，无法于设置时程内补正或补正完全者，视同未于设置时程内完成系统设置。

第23条　系统经营者依本法第35条申请换发营运许可证时，应检送下列文件：

一、申请书一份。

二　依本法第二十二条第二项所列事项，叙明未来九年之营运计划。

三　经会计师签证之前七年财务报告书。

四　其他经中央主管机关指定之文件。

前项文件不全得补正者，中央主管机关应通知限期补正；届期不补正或补正不全者,经审议委员会决议后,驳回其申请。

第一项第一款之申请书格式,由中央主管机关定之。

第 24 条 审议委员会审议前条申请案件,应审酌下列事项:

一 营运计划执行情形之评鉴结果及改正情形。

二 违反本法之纪录。

三 对于经营地区订户纷争之处理。

第 25 条 审议委员会决议不予换发营运许可证时,中央主管机关应驳回其申请,原有之营运许可证于期限届满时失其效力。

第 26 条 依本法第三十六条第二项及依本法第六十条通知限期改正时,应以书面为之,并载明下列事项:

一 应改正之项目。

二 改正之期限。

三 改正后应提出佐证资料。

四 届期不改正之处罚规定。

第 27 条 依本法第三十九条第一项规定报请中央主管机关备查时,应以书面为之,并检送下列文件:

一 暂停经营之期间及理由或终止经营之理由。

二 其他经中央主管机关指定之文件。

本法第三十九条第一项所定通知,应于系统经营者专用频道、相关节目中播送或以书面为之。

第 28 条 系统经营者规划或依规定播送锁码节目时,应将锁码方式报请交通部会商中央主管机关核定后,始得播送。

依前项核定之锁码方式,因锁码设备改变或不能有效播送锁码节目时,交通部得通知系统经营者限期重新报请核定;届期未报请核定或未经核定者,前项核定之锁码方式失其效力。

第 29 条 本法第四十二条第三项所称可利用频道,指营运计画中所规划之频道扣除本法第二十五条第二款及本法第五十六条所定专用频道。

本法第四十二条第四项所称节目,指系统经营者自制之节目。

第30条　本法第四十三条所定本国自制节目之比率,以系统经营者可利用频道播送节目之总时数计算之。

第31条　本法第四十五条第二项所定广告时间,不包括同频道节目之预告。

本法第四十五条第三项所定标示,应明显可辨识,并于广告开始时全程叠印。

第32条　本法第四十六条所称定期,指每年四月及十月。

第33条　系统经营者依本法第五十一条第一项申报收视费用时,应检送下列文件:

1　各项费用之计算方式及调整幅度。

2　成本分析及投资报酬率计算书。

3　上一年度资产负债表及损益表。

4　其他经主管机关指定之文件。

本法第五十一条第二项所定费率委员会,由各该直辖市或县（市）政府代表、消费者保护团体代表及传播、财经、会计、法律专家学者等七至十一人组成之。

直辖市、县（市）政府应于每年十一月底前公告第一项收视费用,并副知中央主管机关。

前二项规定于中央主管机关依本法第五十一条第二项核准收视费用时,准用之。

第34条　系统经营者依本法第五十三条第一项规定,向中央主管机关提缴当年营业额1‰之金额,应于每会计年度结束后六个月内为之。

前项系统经营者提缴时,应检附经会计师签证之上一年度财务报告书。

第35条　本法第五十九条所称相关线路,指订户引进线之线缆及设备。

第36条　主管机关对依本法所为申请案件之处理期间,除本法别有规定外,应另行公告之。

第37条　本细则自发布日施行。

77. 广播电视法（修正,节摘）

2003年1月22日"总统"华总一义字第09200007600号令修正发布第10、12、32、42、43条条文;增订第10-1、10-2、12-1、12-2、26-1、44-1、50-1条条文。

第10条　电台之设立,应填具申请书,送由新闻局转送交通部核发电台架设许可证,始得装设。装设完成,向交通部申请查验合格,分别由交通部发给电台执照,新闻局发给广播或电视执照后,始得正式播放。

电台设立分台、转播站,准用前项规定。

广播、电视电台之设立程序、应附申请书格式及附件、营运计划应载明事项等,由主管机关定之。

第10-1条 设立申请书或营运计划经主管机关审查认有补正之必要者,应以书面通知申请人限期补正;届期不补正或补正不全者,驳回其申请。

营运计画于许可设立后有变更者,应向主管机关申请核准。

第10-2条 经主管机关许可设立广播、电视电台者,应于许可设立后六个月内检具电台架设许可申请书,送请主管机关转送交通部,经审查合格后,由交通部发给电台架设许可证,并于完成架设后依规定申请电台执照。

申请人于取得电台执照后六个月内,应检具申请书,向主管机关申请核发广播或电视执照。

前项申请,经主管机关审查认有补正之必要者,应以书面通知申请人限期补正;届期不补正或补正不全者,驳回其申请。

第12条 广播或电视执照,有效期间为二年,期满应申请换发。

申请换发广播或电视执照所缴交之文件,经主管机关审查认应补正时,应以书面通知广播、电视事业限期补正;届期不补正或补正不全者,驳回其申请。

换发广播或电视执照申请书格式及附件等,由主管机关定之。

第12-1条 主管机关审查申请换发广播或电视执照案件时,应审酌左列事项:

一、营运计画执行情形、频率运用绩效评鉴结果及未来之营运计画。

二、财务状况。

三、电台发射机及天线地点是否与核准者相符。

四、营运是否符合特定族群或服务区域民众需求。

五、依本法受奖惩之纪录及足以影响电台营运之事项。

前项审查结果,主管机关认该事业营运不善有改善之必要时,应以书面通知其限期改善;届期不改善或改善无效者,驳回其申请。

前项改善期间,主管机关得发给临时执照,其有效期间为三个月,并以一次为限。

第12-2条 广播、电视执照毁损或所载内容有变更时,应于毁损或变更后十五日内向主管机关申请换发;遗失时,应登报声明作废,并于十五日内申请补发。

依前项规定补发或换发之广播、电视执照,以原执照之有效期间为其有效期间。

第26-1条 主管机关应依电视节目内容予以分级,限制观看之年龄、条件;其分级处理办法,由主管机关定之。电视事业应依处理办法播送节目。

主管机关得指定时段,播送特定节目。

第32条 第21条及第26条之一第二项规定,于广告准用之。

第42条 广播、电视事业有左列情形之一者,予以警告:

一、违反第10条之一第二项、第12条之二第一项、第13条至第15条、第17条、第19条、第20条或第31条规定者。

二、违反第23条第一项、第24条、第25条或第33条第一项规定者。

三、违反依第26条之一第一项所定分级处理办法者。

第43条 有左列情形之一者,电视事业处五千元以上、二十万元以下罚锾;广播事业处三千元以上、三万元以下罚锾:

一、经警告后不予改正,或在一年以内再有前条情形者。

二、播送节目或广告,违反第21条第三款至第六款规定之一或第32条准用第21条第三款至第六款规定之一者。

三、违反第22条、第27条至第29条或第34条规定者。

四、违反第33条第一项规定情节重大者。

五、未依第26条之一第二项或第32条准用第26条之一第二项指定之时段播送节目、广告者。

广播、电视事业因播送节目或广告受前项规定处分者,得停止该一节目或广告之播送。

第44-1条 申请设立广播、电视事业者,于许可设立后,有左列情形之一者,主管机关得废止其许可:

一、违反第10条之一第二项规定,情节重大者。

二、未于取得设立许可六个月内申请电台架设许可证、未于电台架设许可证有效期限内取得电台执照或未于取得电台执照六个月内申请广播或电视执照者。

三、申请广播或电视执照,经主管机关驳回者。

四、发起人所认股数变动达设立许可申请书所载预定实收资本额百分之五十以上者。

五、捐助财产总额或实收资本额低于广播、电视设立申请书所载者。

第50-1条 主管机关依本法规定受理申请许可、审查、核发、换发、补发证照,应向申请者收取审查费、证照费;其收费标准,由主管机关定之。

78. 通讯传播基本法

2003年12月26日"立法院"第五届第四会期第十七次会议通过;2003年1月7日"总统"令华总一义字第09300000301号公布

第一条 为因应科技汇流,促进通讯传播健全发展,维护国民权利,保障消费者利益,提升多元文化,特制定本法。

第二条 本法用词定义如下:

一、通讯传播:指以有线、无线、卫星或其它电子传输设施传送声音、影像、文字或数据者。

二、通讯传播事业:指经营通讯传播业务者。

第三条 为有效办理通讯传播之管理事项,政府应设通讯传播委员会,依法独立行使职权。

国家通讯传播整体资源之规划及产业之辅导、奖励,由行政院所属机关依法办理之。

第四条 政府应设置通讯传播监督管理基金,以支应通讯传播监理业务所需各项支出。

第五条 通讯传播应维护人性尊严、尊重弱势权益、促进多元文化均衡发展。

第六条 政府应鼓励通讯传播新技术及服务之发展;无正当理由,不得限制之。通讯传播相关法规之解释及适用,应以不妨碍新技术及服务之提供为原则。

第七条 政府应避免因不同传输技术而为差别管理。但稀有资源之分配,不在此限。

第八条　通讯传播技术规范之订定及相关审验工作，应以促进互通应用为原则。

第九条　通讯传播事业对于消费之必要信息应予公开并提供公平合理之服务，以保障消费者权益。

第十条　通讯传播稀有资源之分配及管理，应以公平、效率、便利、和谐及技术中立为原则。

第十一条　政府应采必要措施，促进通讯传播基础网络互连。

前项网络互连，应符合透明化、合理化及无差别待遇之原则。

第十二条　政府应配合通讯传播委员会之规画采必要措施，促进通讯传播之接近使用及服务之普及。

第十三条　通讯传播委员会每年应就通讯传播健全发展、维护国民权利、保障消费者利益、提升多元文化、弱势权益保护及服务之普及等事项，提出绩效报告及改进建议。

改进建议涉及现行法律之修正者，通讯传播委员会应说明修正方针及其理由。

前项绩效报告、改进建议，应以适当方法主动公告之并送立法院备查。

第十四条　遇有天然灾害或紧急事故或有发生之虞时，政府基于公共利益，得要求通讯传播事业采取必要之应变措施。

第十五条　为提升通讯传播之发展，政府应积极促进、参与国际合作，必要时，得依法委托民间团体办理。

第十六条　政府应于通讯传播委员会成立后二年内，依本法所揭示原则，修正通讯传播相关法规。

前项法规修正施行前，其与本法规定抵触者，通讯传播委员会得依本法原则为法律之解释及适用；其有竞合者，亦同。

第十七条　本法自公布之日施行。

79．通讯传播委员会组织法

2005年10月25日"立法院"第6届第2会期第7次会议通过

第一条　为落实宪法保障之言论自由，谨守党政军退出媒体之精神，促进通讯传播健全发展，维护媒体专业自主，有效办理通讯传播管理事项，确保通讯传播市场公平有效竞争,保障消费者及尊重弱势权益,促进多元文化均衡发展,提升国家竞争力,特设国家通讯传播委员会(以下简称本会)。

第二条 自本会成立之日起,通讯传播相关法规,包括电信法、广播电视法、有线广播电视法及卫星广播电视法,涉及本会职掌,其职权原属交通部、行政院新闻局、交通部电信总局者,主管机关均变更为本会。其它法规涉及本会职掌者,亦同。

第三条 本会掌理下列事项:

一、通讯传播监理政策之订定、法令之订定、拟订、修正、废止及执行。

二、通讯传播事业营运之监督管理及证照核发。

三、通讯传播系统及设备之审验。

四、通讯传播工程技术规范之订定。

五、通讯传播传输内容分级制度及其它法律规定事项之规范。

六、通讯传播资源之管理。

七、通讯传播竞争秩序之维护。

八、资通安全之技术规范及管制。

九、通讯传播事业间重大争议及消费者保护事宜之处理。

十、通讯传播境外事务及国际交流合作之处理。

十一、通讯传播事业相关基金之管理。

十二、通讯传播业务之监督、调查及裁决。

十三、违反通讯传播相关法令事件之取缔及处分。

十四、其它通讯传播事项之监理。

第四条 本会置委员十三人,均为专任,其中一人为主任委员,特任,对外代表本会;二人为副主任委员,职务比照简任第十四职等;其余委员,职务比照简任第十三职等。委员任期为三年,任满得连任一次。

本会委员依电信、信息、传播、法律或财经等专业学识或实务经验等领域,由各政党(团)接受各界举荐,并依其在立法院所占席次比例共推荐十五名、行政院院长推荐三名,交由提名审查委员会(以下简称审查会)审查。各政党(团)应于本法施行日起十五日内完成推荐。

审查会应于本法施行日起十日内,由各政党(团)依其在立法院所占席次比例推荐十一名学者、专家组成。审查会应于接受推荐名单后,二十日内完成审查,本项审查应以听证会程序公开为之,并以记名投票表决。审查会先以审查会委员总额五分之三以上为可否之同意,如同意者未达十三名时,其缺额随即以审查会委员总额二分之一以上为可否之同意。行政院院长应于七日内依审查会通过同意之名单提名,并送立法院同意后即任命之。

前二项之推荐,各政党(团)未于期限内完成者,视为放弃。

本会应于任命后三日内自行集会成立,并互选正、副主任委员,行政院院长应于选出后七日内任命。主任委员、副主任委员应分属不同政党(团)推荐人选;行政院院长推荐之委员视同执政党推荐人选。

委员任满三个月前,应依第二项、第三项程序提名新任委员;委员出缺过半时,其缺额依第二项、第三项程序办理,继任委员任期至原任期届满为止。

首届审查会所需人员及预算,由本会筹备处支应。第二届审查会所需人员及预算,由本会支应。

第五条 主任委员出缺或因故无法行使职权时,由副主任委员代理;主任委员、副主任委员均出缺或因故无法行使职权时,由其它委员互推一人代理主任委员。

第六条 本会委员于担任职务前三年,须未曾出任政党专任职务、参与公职人员选举或未曾出任政府机关或公营事业之有给职职务或顾问,亦须未曾出任由政府机关或公营事业所派任之有给职职务或顾问。但依本法任命之委员,不在此限。

第七条 本会依法独立行使职权。

本会委员应超出党派以外,独立行使职权。于任职期间应谨守利益回避原则,不得参加政党活动或担任政府机关或公营事业之职务或顾问,并不得担任通讯传播事业或团体之任何专任或兼任职务。

本会委员于其离职后三年内,不得担任与其离职前五年内之职务直接相关之营利事业董事、监察人、经理、执行业务之股东或顾问。

本会委员于其离职后三年内,不得就与离职前五年内原掌理之业务有直接利益关系之事项,为自己或他人利益,直接或间接与原任职机关或其所属机关接洽或处理相关业务。

第八条 本会所掌理事务,除经委员会议决议授权内部单位分层负责者外,应由委员会议决议行之。

下列事项应提委员会议决议,不得为前项之授权:

一、通讯传播监理政策、制度之订定及审议。

二、通讯传播重要计划及方案之审议、考核。

三、通讯传播资源分配之审议。

四、通讯传播相关法令之订定、拟订、修正及废止之审议。

五、通讯传播业务之公告案、许可案及处分案之审议。

六、编制表、会议规则及处务规程之审议。

七、内部单位分层负责明细表之审议。

八、人事室、会计室及政风室以外单位主管遴报任免决定之审议。

九、预算及决算之审核。

十、其它依法应由委员会议决议之事项。

第九条　本会每周举行委员会议一次。必要时,得召开临时会议。

委员会议,由主任委员为主席,主任委员因故不能出席时,由副主任委员代理;主任委员、副主任委员均不能出席时,由其它委员互推一人为主席。

会议之决议,应以委员总额过半数之同意行之。各委员对该决议得提出协同意见书或不同意见书,并同会议决议一并公布之。

本会得经委员会议决议,召开分组委员会议。

本会委员应依委员会议决议,按其专长及本会职掌,专业分工督导本会相关会务。

委员会议开会时,得邀请学者、专家与会,并得请相关机关、事业或团体派员列席说明、陈述事实或提供意见。

委员会议审议第三条或第八条涉及民众权益重大事项之行政命令、行政计划或行政处分,应适用行政程序法第一章第十节听证程序之规定,召开听证会。

第十条　本会置主任秘书一人,职务列简任第十二职等。

第十一条　本会相关人员应由交通部邮电司、交通部电信总局及行政院新闻局广播电视事业处之现有人员,随同业务移拨为原则。

本会各职称之官等、职等及员额,另以编制表定之。

第十二条　本会得商请警政主管机关置专责警察,协助取缔违反通讯传播法令事项。

第十三条　本会所需之人事费用,应依法定预算程序编定。

本会依通讯传播基本法第四条规定设置通讯传播监督管理基金;基金来源如下:

一、由政府循预算程序之拨款。

二、本会办理通讯传播监理业务,依法向受本会监督之事业收取之特许费、许可费、频率使用费、电信号码使用费、审查费、认证费、审验费、证照费、登记费及其它规费之5%至15%。但不包括政府依公开拍卖或招标方式授与配额、频率及其它限量或定额特许执照所得之收入。

三、基金之孳息。

四、其它收入。

通讯传播监督管理基金之用途如下:

一、通讯传播监理业务所需之支出。

二、通讯传播产业相关制度之研究及发展。

三、委托办理事务所需支出。

四、通讯传播监理人员训练。

五、推动国际交流合作。

六、其它支出。

通讯传播监督管理基金之收支、保管及运用办法,由行政院定之。

第二项第二款至第四款之基金额度无法支应通讯传播监督管理基金之用途时,应由政府循公务预算程序拨款支应。

第十四条　本会于年度预算执行中成立,其因调配人力移拨员额及业务时,所需各项经费,得由移拨机关在原预算范围内调整支应,不受预算法第六十二条及第六十三条规定之限制。

第十五条　本法施行前,交通部邮电司、交通部电信总局及行政院新闻局广播电视事业处之现职人员随业务移拨至本会时,其官等、职等、服务年资、待遇、退休、资遣、抚恤、其它福利及工作条件等,应予保障。

前项人员,不受公务人员考试法、公务人员任用法有关特考特用及转调规定之限制。但再转调时,以原请办考试机关及所属机关、本会之职务为限。

第一项人员原依交通事业人员任用条例第八条第一项规定转任者,仍适用原转任规定。但再改任其它非交通行政机关职务时,仍应依交通事业人员任用条例第八条第二项规定办理。

第一项人员所任新职之待遇低于原任职务,其本(年功)俸依公务人员俸给法第十一条规定核叙之俸级支给,所支技术或专业加给较原支数额为低者,准予补足差额,其差额并随同待遇调整而并销。主管人员经调整为非主管人员者,不再支领主管职务加给。

第一项人员,原为中华民国八十五年七月一日电信总局改制之留任人员,及自中华民国八十五年七月一日起至中华民国八十七年六月三十日期间由中华电信股份有限公司商调至电信总局之视同留任人员,已择领补足改制前后待遇差额且尚未并销人员,仍得依补足改制前后待遇差额方式办理。

本法施行前,原中华民国八十五年七月一日电信总局改制之留任人员,其自中华民国八十四年七月一日至中华民国八十五年六月三十日止,如未自行负担补缴该段年资退抚基金费用本息,仍应准视同中华民国八十四年七月一日公务人员退休法修正施行前之任职年资予以采计。

第五项人员,曾具电信总局改制前依交通部核备之相关管理法规雇用之业务服务员、建技教员佐(实习员佐)、差工之劳工年资,其补偿方式,仍依行政院规定办理。

第十六条　自通讯传播基本法施行之日起至本会成立之日前,通讯传播相关法规之原主管机关就下列各款所做之决定,权利受损之法人团体、个人,于本会成立起三个月内,得向本会提起覆审。但已提起行政救济程序者,不在此限:

一、通讯传播监理政策。

二、通讯传播事业营运之监督管理、证照核发、换发及广播、电视事业之停播、证照核发、换发或证照吊销处分。

三、广播电视事业组织及其负责人与经理人资格之审定。

四、通讯传播系统及设备之审验。

五、广播电视事业设立之许可与许可之废止、电波发射功率之变更、停播或吊销执照之处分、股权之转让、名称或负责人变更之许可。

覆审决定,应回复原状时,政府应即回复原状;如不能回复原状者,应予补偿。

第十七条　本法自公布之日施行。

自本会成立后至各相关机关人员、财产完成移拨整并前,本会有关之业务应由本会统筹协调各机关为之。

本卷后记

根据课题设计,本研究项目的成果除了发表系列专题论文外,主体成果将包括四卷正文,即古代卷(远古到中华民国成立前)、近代卷(中华民国成立后至中华人民共和国成立前)、当代卷(中华人民共和国成立的1949年10月至2009年10月)和台港澳卷(古代至公元2009年);年表卷和索引卷和史料卷。其中"史料卷(上)"主要收录远古至中华人民共和国成立前的中国新闻法制史料,"史料卷(下)"主要收录中华人民共和国成立至今和我国台港澳地区的新闻法制史料。

按照课题组各成员任务的分工,负责研究和撰写各分卷正文的课题组成员,还须同时负责与本卷内容相对应部分新闻法制史料的收集工作,然后由倪延年同志负责选编。"史料卷(下)"所收录的新闻法制史料文献,就是由撰写当代卷的薛传会同志、撰写台港澳卷的张晓锋同志以及倪延年同志收集并提供,由倪延年同志选编成册的。在收集史料和选编本卷的中国新闻法制史料过程中,我们努力遵循以下几条原则:

一、辩证性的原则

由于全国胜利的来到比中国共产党与全国人民的预想都快得多,一些必要的法律准备来不及进行。在刚刚建立起全国政权、面临巩固和稳定政权严峻任务的1950年,美英等西方国家又打着"联合国军"的旗号迫使新中国投入了壮烈的抗美援朝战争,志愿军直到1958年才全部回国。这一切,使得中国共产党人及其领导的各级政府没有充分的时间进行政权建设最为基础和重要的法律法令建设,而只好继续沿用战争年代"以党代政"的运行模式。在这种特殊的社会环境下,除了在国民经济恢复时期和过渡时期由国家立法机关和政府职能部门根据授权制定颁布实施的法律法令外,又恢复出现了数量更多的以党内职能部门文件形式出现但实际上旨在规范管理社会新闻活动的具有法律效力的文件。这些文件从其产生主体认识仅仅属于党内文件，似乎不应归入新闻法制的范畴。但这些文件在当时又的确具有只有法律法令才具有的某种依靠国家政权的力量强制执行的属性。既不是新闻法制文献，又实际上具有法律法令才具有的某些强制执行属性，根据辩证性原则，我们把建国前三十年间由中国共产党中央及其职能部门制定下发实行的旨在规范管理社会新闻活动的具有法律效力的文件也纳入新闻法制文献史料的范畴。

二、选择性的原则

在中共十一届三中全会以后，中国以改革开放的姿态，进入以经济建设为中心的历史新时期，国家的民主法制建设回到了健康的轨道。从 20 世纪 70 年代末到 21 世纪初的三十年，是人民中国的社会主义民主和法制建设恢复性超常规迅速发展的时期。在这一时期，不仅国家立法机关和中央政府及其职能部门制定颁布实施了大量法律法令和部门规章，而且全国省级地区的立法机构和省级政府，也根据国家的授权和结合当时当地实际，制定颁布实施了数量更多的地方性法规。面对数量如此众多的法制文献史料，课题组决定原则上只选择收录全国立法机关和中央政府及其组成部门制定颁发具有法律法令和部门规章效力的文献史料；省级地区立法机构及其政府部门制定颁布实行的地方性法规，仅选择收录有代表性的文献史料，其他原则上不予收录，这是要特别说明的。

三、专门性原则

如上所说，自 20 世纪 80 年代到 21 世纪初的 30 年间，是是人民中国的社会主义民主法制建设恢复性超常规迅速发展的时期。无论是全国人民代表大会、国务院以及中央政府部门，都制定颁（公）布了数量众多旨在规范管理社会新闻活动的法律法令或具有法规效力的部门规章，而且也十分注意结合实际情况的变化对旧有法律法令和规章进行及时的修订，从而形成了数量更大的文献史料载体。为此，课题组经过慎重考虑，决定只收录与规范新闻活动直接相关的专门性法律内容或专门性的法律法令法规。其他的法律法令和部门规章尽管与新闻活动有不同程度的联系，但因不是专门为规范和管理社会新闻活动而制定，所以原则上不予收录，以控制本卷的篇幅。

四、客观性原则

这是特指对台湾地区新闻法制史料文献的处理原则。尽管台湾海峡两岸目前还没有统一,但谁也不能否认两岸同属一个中国的事实,因此台湾地区在从日本殖民者统治下回归祖国、实现光复以后,在中国国民党(中间从 2000 年 3 月 - 2008 年 3 月由在台湾成立的"民主进步党"掌握政权)为主导的台湾地区政府制定颁布实施的旨在规范和统制社会新闻传播活动的法律法令和规章,理应属于这一阶段中国新闻法制的范畴。这是客观存在,我们决不应因为意识形态的差异而把这一部分本应属于中国新闻法制的文献史料排斥在外。为此,经过课题组成员认真讨论,决定从既尊重历史,又从实际情况出发,把我国台湾地区自 1945 年 10 月(台湾地区政府把 10 月 25 日规定为"光复节")正式回归祖国以后至 21 世纪初的 60 多年间产生的新闻法制史料,收录在本卷,以求符合历史和事实。同时又因台湾地区在台湾、香港和澳门这三个地区中是首先回归祖国的历史事实,因而把台湾地区在回归祖国以后的新闻法制史料作为本卷第二编的第一部分,然后再依次编排于 1997 年 7 月 1 日回归祖国的香港地区和 1999 年 12 月 20 日回归祖国的澳门地区的新闻法制史料。这也可以说是遵循客观性原则的具体体现之一。

《中国新闻法制通史:史料卷(下)》的内容按照收录文献的产生主体兼及内容主题的原则进行组织。根据这一原则,本卷的史料包括了第一编:中华人民共和国成立以来的新闻法制史料(其中又分为:新民主主义革命最后阶段的新闻法制史料:1949—1952年;社会主义新闻法制初创时期时期的新闻法制史料:1953—1957 年;社会主义新闻法制曲折发展时期的新闻法制史料 1958—1978 年;社会主义新闻法制恢复重建时期的新闻法制史料 1979—1997 年;社会主义新闻法制发展新阶段的新闻法制史料:1997—2009 年)和第二编:回归祖国后台湾、香港、澳门地区的新闻法制史料(其中又分为:回归祖国后台湾地区的新闻法制史料:1945 年 10 月—2009 年 12 月;回归祖国后香港地区的新闻法制史料:1997 年 7 月—2009 年 12 月;回归祖国后澳门地区的新闻法制史料:1999 月 12 月—2009 年 12 月)。其中"第一编:中华人民共和国成立以来的新闻法制史料"按照当代中国的历史发展阶段和文献产生的时间为序进行组织;而"第二编:回归祖国后台湾港香澳门地区的新闻法制史料",则按照这三个地区回归祖国的时间先后进行板块的组织;在每个地区的文献中则按照文献产生的时间为序进行组织。

在国内众多专家学者的支持、扶持和指点下,在有关卷正文的撰写和史料的收集工作中,我们查阅和利用了所有可以查阅和学习借鉴的其他学者专家的研究成果,在中国新闻事业通史方面如方汉奇先生主编的《中国新闻事业通史》和《中国新闻事业编年史》、曾虚白先生的《中国新闻史》、丁淦林先生主编的《中国新闻事业史》、李瞻先生的《中国新闻史》、吴廷俊先生的《中国新闻史新修》、李彬先生的《中国新闻社会史》和方晓红先生的《中国新闻简史》等等;专门新闻事业史方面如马光仁先生的《上海新闻史(1850—1949)》、王天滨先生的《台湾报业史》、《台湾社会新闻史》等;在新闻法制史方面诸如黄瑚先生的《中国近代新闻法制史论》、马光仁先生的《中国近代新闻传播法制史》、陈建云先生的《中国当代新闻传播法制史论》、刘哲民先生的《近现代出版新闻法规汇编》、李彬先生主编的《中国新闻社会史文选》、王培英先生的《中国宪法文献通编》(修订)、马沉主编的《香港法律汇编》以及"香港特别行政区律政司'双语法例资料系统'"等等。除此以外,还有李世凯、怀效锋、曾宪义、李交发和唐自斌及李玉福等先生主编的中国法制史专著(教材)等,都在史料和观点等诸多方面提供了十分重要的基础和借鉴。

在本课题的研究中,课题组的全体同仁得到了所在单位领导和同事们的大力支持和鼓励,得到了南京师范大学各级领导尤其是新闻与传播学院方晓红院长、顾理平书记及其他领导的关心支持,特别是得到了"中国新闻法制通史研究"项目顾问委员会主任委员方汉奇先生,副主任委员赵玉明先生和丁淦林先生,委员程曼丽教授、方晓红教授、方延明教授、黄瑚教授、顾理平教授、李彬教授、罗以澄教授、尹韵公研究员和张昆教授的悉心指导,他们在百忙之中或是通过书信往来、或是参加顾问委员会议、或是当面赐教等不同方式对该项研究给予以热诚的关心、积极的鼓励和精心的指导,谨此表示诚挚的谢意和崇高的敬意。由于客观条件的限制和主观努力的欠缺,本卷史料的收集提供者和选择编排者尽管进了较大的努力,但仍然深知无论在史料文献收集的全面性、选择的精当性和编排的科学性以及少数文献史料格式的统一性等等方面,还不可避免地存在诸多的不足和缺憾,恳请各位专家学者和业内同行批评指正。

倪延年
二〇一一年四月二十五日